【宋】司馬光 等撰

類篇

上

上海古籍出版社

據上海圖書館藏汲古閣影
宋鈔本影印原書版框高
二四〇毫米寬一八〇毫米

新篇

出版説明

《類篇》，北宋王洙等奉詔修纂，後由司馬光繕寫、總成全書。共十五卷，每卷又分上、中、下，故又作四十五卷，共收三萬一千三百一十九字。其部首爲五百四十部，同於《説文解字》，部首排次變動很少。各部所收之字則按韻排列，這也是由《類篇》首創的以部首爲綱、以韻目爲目的字典檢字法。是書的編修，是爲了與《集韻》相配。宋仁宗寶元二年（一〇三九）丁度等奏：「今修《集韻》，添字既多，與顧野王《玉篇》不相參協。欲乞委修韻官將新韻添入，別爲《類篇》，與《集韻》相副施行。」《集韻》按韻編字，《類篇》按部首編字。

《類篇》詮釋部首，廣收異體，探尋字源，保存古音、古訓，闡明古今字形的演變，還在字義説解之後記載異義、異讀，收字豐贍，體例嚴謹。後代學者多據《類篇》

考辨文字、音韻、訓詁。黄侃先生曾稱《類篇》爲「體例最完備之字書」，「集天下字書之大成」，並認爲「看《説文》宜兼看《類篇》」。《類篇》在我國傳統字書史上有重要地位，對於文字學、音韻學、訓詁學、辭書學等方面研究都具有重要價值。

本書據上海圖書館藏汲古閣影宋鈔本影印，並附潘景鄭先生跋文，介紹這部珍本的源流。我社曾於一九八四年通欄影印，綫裝出版，凡十册。該書版本精良，久未重印，現以精裝形式通欄影印再版，並編製部首目録，以應學界之需。

上海古籍出版社

二〇二一年七月

類篇目録

上册

中册

下册

類篇四十五卷

汲古閣毛氏精景寫宋本

怡府藏書

仲炤先生鑒藏秘籍

南陵徐乃昌題記

類篇序

雖有天下甚多之物苟有以待之無不各獲其處也多而至於失其處者非多罪也無以待之則十百而亂有以待之則千萬若一今夫字書之於天下可以爲多矣然而從其有聲也而待之以集韻天下之字以聲相從者無不得也從其有形也而待之以類篇天下之字以形相從者無不得

也既已盡之以其聲矣而又究之以其形
而字書之變曲盡蓋景祐中諸儒始受
詔爲集韻之書既而以爲有形存而聲亡
者不可以責得於集韻於是又
詔爲類篇凡受
詔累年而後成夫天下之物其多而至比
於字書者未始有也然而多不獲其處豈
其無以待之昔周公之爲政登龜取黿攻

梟去蛙之法無不備具而孔子之論禮至於千萬而一有者皆預爲之説夫此將以應天下之無窮故待天下之物使處如治字書則物無足治者凡爲類篇以説文爲本而例有九一曰槻槼異釋而吶肉異形凡同音而異形者皆兩見也二曰天一在年一在眞凡同意而異聲者皆一見也三曰搷之在艸倉之在於凡古意之不可知

者皆從其故也四曰雰古气類也而今附
雨䪩古口類也而今附音凡變古而有異
義者皆從今也五曰壼之在囗無之在林
凡變古而失其眞者皆從古也六曰兂之
附天𡈼之附人凡字之後出而無據者皆
不得特見也七曰王之爲玉朋之爲朋凡
字之失故而遂然者皆明其由也八曰邑
之加邑白之加[illegible]凡集韻之所遺者皆載

於今書也九曰⿰監彡之附小⿰糸甚之附叕凡字之無部分者皆以類相聚也推此九者以求其詳可得而見也凡十四篇目録一篇每篇分上中下總四十五卷文三萬一千三百一十九重音二萬一千八百四十六具于後云

類篇卷第一上　卷之一

朝散大夫右諫議大夫權御史中丞充理檢使上護軍河内郡開國侯食邑一千三百户賜紫金魚袋臣司馬光等奉

敕修纂

十四部

文二千六百

重音一千三百五十五

一惟初太始道立於一造分天地化成萬物凡一之類皆从一古文作弌於悉切古文从弋文二

丕丕攀悲切大也或从十文二　元愚袁切說文始也首也又姓文一　天兲

兂他年切說文顛也至高無上古作兲兂唐武后作而天又鐵因切文三重音一臣光曰唐武后

所撰字別無典據各附本文注下　吏力置切治人者也文一　万無販切數也又密北

切虜複姓北齊特進万俟普文一重音一

文十　重音二

丄高也此古文上指事也凡上之類皆从丄

丄或作上古作二　是掌切上又時亮切文三重音一

㫄旁𣃟𣃟雱旁蒲光切說文溥也隸作旁爾雅二達謂之歧旁古作𣃟𣃟籒作

㫄或作㫄旁又鋪郎切㫄礴混同也又蒲庚切㫄勃白蒿也兔食之壽八百歲又晡橫切騯或作㫄文六重音三

丅下　亥雅切底也指事篆文作下下又後五切下也又亥駕切降也又居迓切以物貸人也文二重音三

帝帝　丁計切諦也王天下之號古作帝帝又丁易切文二重音一

文十三　重音八

示天垂象見吉凶所以示人也从二　二古文上字　三垂日月星也觀乎天文以察時變示神事也凡示之類皆从示古文作𠀁　神至切示又翹夷切地祇也又市之切姓也晉有示眯明又支義切寘也文二重音三

䄙符容切蕢山神名通作逢文一䄊株江切祠不恭也又抽江切文一重音一祇章移切適也又常支切病也一曰安也又翹夷切說文地祇提出萬物者也文一重音二禔衼章移切說文安福也亦作衼禔又常支切引易禔既平又田黎切博雅福也衼又古委切祭山名又居僞切文二重音四䙻山宜切祭名文一禠常支切說文福也又相支切又余支切又翹移切又演爾切文一重音四禕於宜切爾雅美也又於希切文一重音一衹祗𥙊烝夷切說文敬也古作祗𥙊文三禗相咨切神不安皃又新茲切文一重音一祠詳茲切說文春祭曰祠品物少多文詞也仲春之月祠不用犧牲用圭璧及皮幣又象齒切祭無巳也文一重音一

禧虛其切說文禮吉也一曰福也文一祺禥祈居之切說文吉也籀文从基古作祈

又並渠之切文三重音一　禨　居希切祥也又渠希切又巨至切又居氣切又其既切文一重音四

祈⿰𠂆斤　渠希切說文求福也或作⿰𠂆斤祈又古委切祭山名文二重音一　⿰礻虛　休居切秏鬼也

文一　祛　丘於切禳却也文一　禑　元俱切福也文一　⿰礻句　恭于切禰⿰礻句山名文一

祩　鍾輸切慱雅詛也又追輸切又朱戍切文一重音二　禂　追輸切爲牲祭求肥充也鄭康

成說又覩老切禂牲馬祭也又刀号切文一重音二　褸　龍珠切楚俗以二月祭飲食也一曰祈穀

食新曰離膢膢或从示文一　⿰礻吳　訛胡切福也文一　⿱亝示齋⿰⿱亝示𡕒　莊皆切說文戒潔也

隸作齋籀作⿰⿱亝示𡕒文三　祡⿰礻𡯂　鉏佳切說文燒柴樊燎以祭天神引虞書至于岱宗祡古文从隋省

祡又鋤加切文二重音一　禖　謀杯切說文祭也文一　祴　柯開切說文宗廟奏祴樂文一

禛之人切說文以眞受福文一神神⿰示亯乘人切說文天神引出萬物者也古作神
⿰示亯文三禋⿰示因⿰示⿱卣土伊眞切說文潔祀也一曰精意以享爲禋或从因古作禋禋又因蓮切文
三重音一祆他年切胡謂神爲祆又馨煙切唐官有祆正文一重音一禪時連切靜也浮
圖說也又時戰切說文祭天也文一重音一祧⿰示翟他彫切遷廟也古作⿰示翟文二祒
田聊切闕人名莊子有巫咸祒又嵩招切又市沼切文一重音二⿰示焦茲消切祭也又子肖切說
文冠娶禮祭文一重音一䄏祅於喬切說文地反物爲䄏或省文二⿰示曹才勞切祭也祐
也一曰祭彘先文一禂徒刀切神也文一⿰示可虎何切祭也又何佐切文一重音一䄉
牛何切祭名文一禓余章切說文道上祭又徐羊切又尸羊切文一重音二祥徐羊

切說文福也一曰善也文一禓尸羊切強鬼也一曰祭名文一禳如陽切說文礫禳祀
除癘殃也古者燧人禜子所造又汝兩切祭名文一重音一䄃祩於良切說文咎也古作祩
文二禟徒郎切祐也文一⿱彭示⿰礻壴祊晡橫切說文門内祭先祖所以徬徨詩祝祭于
⿱彭示或作⿰礻壴祊祊又分房切周禮祭四方之名文三重音一禜于平切祭水旱也又維傾切又爲命
切說文設緜蕝爲營以禳風雨雪霜水旱癘疫於日月星辰山川也一曰禜衛使災不生禮記雩禜祭水
旱文一重音二禎知盈切說文祥也文一⿰礻冥忙經切福也文一⿰礻靈⿰礻霝郎丁
切神名或从霝文二礽如蒸切福也文一祾閭承切博雅祭也一曰福也又盧登切文
二重音一⿰礻由⿰礻留陳留切祝也或从留又並直祐切⿰礻留又力救切文二重音二禉夷周

切又玆秋切祭天燎柴又以九切又金救切積火燎之也文一重音三禊胡溝切祭求福也文一祲千尋切祲祥地名春秋盟于祲祥又洛林切說文精氣感祥春秋傳見赤黒之祲又七稔切妖氣又子鴆切文一重音三禁居吟切勝也制也又居廕切說文吉凶之忌也一曰制也蔡邕說天子所居曰禁又姓文一重音一禬都甘切胡名史記李牧破殺匈奴滅禬襤文一襤盧甘切禬襤北胡別名文一祪虎委切遷廟也又古委切說文祔鬼祖也又歸謂切文一重音二視善旨切瞻也比也又以時利切文一重音一𥙊礼補履切說文以豚祠司命引漢律祠𥙊司命或省𥙊又必至切又毗志切文二重音二祉渚市切說文福也又丑里切文一重音一祀⿰礻㠯禩⿰示異象齒切說文祭無巳也或从巳从異古作禩文四禦偶舉切說

文祀也文一⿰礻胥寫與切說文祭具也文一祣⿰礻盧兩舉切祭名或作⿰礻盧文二祤火羽切殺祤縣名在馮翊又王矩切文一重音一祖⿰示且揔古切說文始廟也亦姓古作⿰示且文二祜後五切說文福也文一禮礼⿰示乚里弟切說文履也所以事神致福也亦姓古作礼⿰示乚禮又鄰以切體也文三重音一禰祢乃禮切親廟也亦姓或作祢文二裖是忍切說文社肉盛以蜃故謂之裖天子所以親遺同姓引春秋傳石尚來歸裖文一禒禋息淺切說文宗廟之田也或作禋文二⿰礻賴魯旱切懶惶於祭也又落蓋切祙⿰礻賴祝詛文一重音一⿱毳示千短切重祭也又此芮切說文數祭也又充芮切文一重音二祰禞若浩切說文告祭也或从高祰又古老切博雅謝也又居号切報祭謂之祰又沽沃切文二重音三禱⿰礻𠷎⿰⿱𠷎示㚇

覩老切說文告事求福也古作禂籀作⿰⿱𠂤示夒禱禂又刀号切文三重音一 **禍𥚃** 戶果切說文害也神不福也古作𥚃文二 **社社䄯** 常者切說文地主也春秋傳共工之子句龍爲社神一曰周禮二十五家爲社各樹其土所宜之木古作社䄯文三 **⿰礻憂** 於九切福也文一 **⿰礻氣** 是酉切久祭又承呪切祈久年也文一重音一 **禫** 徒感切說文除服祭也文一 **⿰礻獻** 於琰切禳也又於艷切文一重音一 **⿰礻奄** 衣檢切禳也又於贍切汚濁也文一重音一 **祌** 直衆切神名文一 **祱** 式瑞切小祭也又輸芮切博雅祭也一曰過制追服謂之祱又魯外切門祭謂之祱文一重音二 **⿰礻出** 尺類切祟也文一 **祟⿰祟夒** 雖遂切說文神禍也籀作⿰祟夒祟又雪律切文二重音一 **禷** 力遂切說文以事類祭天神文一 **祕** 兵媚切說文神也又州名文一

袜 明祕切老精物也文一 䄍 䃚 莊助切訓也古作䃚文二 祔 符遇切說文後死者合食於先祖文一 祚 存故切福也文一 禘 大計切說文諦祭也引周禮五歲一禘文一 禊 胡計切除惡祭又訖黠切上巳祭名文一重音一 祭 子例切說文祭祀也从示从手持肉又側界切說文周邑也文一重音一 禲 禲 力制切鬼災曰禲春秋傳鬼有所歸乃不爲禲或省通作厲文二 祋 株衛切繹祭謂之祋又株劣切文一重音一 祓 蒲蓋切祭也又補妹切又放吹切福也又分勿切祭名又敷勿切說文除惡祭也文一重音四 禬 黃外切除殃之祭曰禬又古外切說文會福祭也引周禮禬之祝號文一重音一 祽 取內切祭也又祖對切文一重音一 祳 之刃切整也一曰祭肉文一 祮 胡玩切報神祭也又戶括切祀

也又古活切又乎刮切法也又古察切禳祭名文一重音四⿰⿱山示巳區願切祠也福也又苦倦切文一重音一祼祼古玩切說文灌祭也古作祼文二禶則幹切祝神也文一祘蘇貫切說文明視以筭之从二示引逸周書夯民之祘均分以祘之也文一⿰礻亶時戰切說文祭天也一曰讓也王侯功成不敢當故讓於山文一⿱龹示古倦切常山謂祭爲養或从示文一⿰礻⿱龹示力照切祡祭天也文一禡莫駕切說文師行所止恐有慢其神下而祀之曰禡引周禮禡於所征之地又博陌切文一重音一⿰礻昔助駕切索也合聚萬物索饗百神也文一祐尤救切說文助也謂福祐也文一福敷救切藏也史記邦福重寶徐廣讀又方六切說文祐也文一重音一祝祝職救切詛也古作祝祝又之六切說文祭主贊詞者又昌六切國名文二重音二

⿰礻豆大透切祭福也文一⿰礻弇於贍切污觸也文一禄盧谷切說文福也一曰居官所給稟又龍玉切禄禄形見爲禮也文一重音一⿰礻鹿盧谷切祭名文一⿰礻畢壁吉切竈上祭文一祑直質切祭有次也文一⿰礻𠯑古末切說文祀也又乎刮切廣雅法也文一重音一

⿰礻矞古穴切不祥也文一礿禴⿰礻蘥弋灼切說文夏祭也或作禴禴禴又弋笑切文二重音一禚職略切地名在齊文一祏之石切說文宗廟主又常隻切文一重音一⿰礻睪夷益切祭之明日又祭名殷曰彤周曰繹文一⿰礻啇他歷切福也又亭歷切文一重音一禃丞職切專一也文一禝節力切弃臣能播五穀有功於民祀之文一祫曷閤切說文大合祭先祖親疏遠近也周禮三歲一祫又轄夾切文一重音一

文一百七十八　重音九十六

三天地人之道也从三數凡三之類皆从三古文作弎穌甘切三又倉含切謀度也又蘇暫切論語三思而後行文二重音二

文二　重音二

王天下所歸往也董仲舒曰古之造文者三而連其中謂之王三者天地人也而叄通之者王也孔子曰一貫三爲王李陽冰曰中畫近上王者則天之義凡王之類皆

从王古文作𠙻于方切王又于放切興也文二重音一

皇𦤺胡光切大也从自自始也始皇者三皇大君也亦姓古作𦤺文二　皇羽兩切皇皇祭祀之儀文一

閏儒順切說文餘分之月五歲再閏告朔之禮天子居門中从王在門中引周禮閏月王居門中終月也文一

文六　重音一

王石之美有五德潤澤以温仁之方也䚡理自外可以知中義之方也其聲舒揚專以遠聞智之方也不橈而折勇之方銳廉而

不技絜之方也象三王之連丨其貫也凡王之類皆从王古文作𤣩虞欲切臣光曰今隷文或加點文二

瓏攏盧鐘切說文禱旱玉龍或从圭又盧東切埒倉玲瓏玉聲一曰風聲文二重音一璁麤叢切說文石之似玉者又祖動切美石文一重音一玒珙胡公切說文玉也或从共玒又活紅切玉名又古雙切珙又居容切大璧也又古勇切文二重音四珫昌嵩切珥玉名文一玜沽紅切玉名又古雙切文一重音一琮徂宗切說文瑞玉大八寸似車釭又子宋切半璧也禮君享用璧夫人用琮天地記合之象文一重音一瑽七恭切瑽瑢佩玉聲文一瑢餘封切瑽瑢珮音文一⿱雝玉⿱雍玉於容切石次玉一曰玉器或从雍文二⿱巩玉渠容切佩也文一

玼 才支切玉中石也一曰玉病又淺氏切又此禮切說文玉色鮮也又此我切文一重音三

瓗 津垂切玉名又玄圭切赤玉又葵營切又弋睡切又睽桂切文一重音四

珛 旬爲切珛琟玉名文一

𤩽 旬爲切珠也蛇銜之以報隨侯楚辭因从玉文一

璃 鄰知切博雅琉璃珠也文一

瓕 𤦃 民卑切玉名或作𤦃瓕又想氏切又息淺切文二重音二

珪 均窺切玉也又消畦切瑞玉也

琦 渠羈切玉名一曰玩文一重音一

⿰王厶 相咨切說文石之似玉者文一

瑡 霜夷切玉名文一

璾 津私切說文黍稷在器以祀者又在礼切文一

瓃 ⿰王纍 倫追切玉器或作⿰王纍瓃又盧回切又力僞切文二重音二

琟 夷隹切說文石之似玉者文一

瑂 旻悲切說文石之似玉文一

珋

珆 盈之切說文石

之似玉者一曰五色玉或从台瑘又居之切文二重音一琪渠之切玉屬爾雅東方之美者有醫
無閭之珣玗琪焉文一⿰王綦璂渠之切說文弁飾往往冒玉也或从基文二璣居希
切說文珠不圜也又渠希切又巨至切又其既切文一重音三⿰王於衣虛切玉名文一琚
璵斤於切說文瓊琚引詩報之以瓊琚或作璵琚又求於切佩玉名文二重音一璩璖
⿱⿰王巨木求於切環屬戎夷貫耳或作璩璖文三瑧商居切博雅瑧珽笏也又通都切美玉文
一重音一⿰王雩抽居切玉名山海經小華山其陽多⿰王雩琈又通都切文一重音一璵羊諸
切說文璠璵魯之寶玉或書作⿱與玉文一玗⿰王亏雲俱切說文石之似玉者爾雅東方之美者有
醫無閭之珣玗琪焉或作⿰王亏文二⿰王敷琈芳無切⿰王貫⿰王敷美玉也或作琈⿰王敷又淩如切玉名文二

重音一

玞 風無切珷玞石次玉山海經會稽山下多玞石文一

玸 馮無切玉名文一

璑 微夫切說文三采玉文一

珠 鍾輸切說文蚌之陰精引春秋國語珠以禦火災文一

瑜 容朱切說文瑜瑾美玉也文一

[王臾] 容朱切美石文一

[王余] 通都切美玉又同都切文一重音一

㻬 通都切玉名山海經小華山其陽多㻬琈文一

瓐 龍都切博雅碧瓐玉也文一

瑚 洪孤切珊瑚似玉而赤色作樹形文一

[王吳] 珸 訛胡切博雅琨珸石之次玉者或作珸文二

瑦 汪胡切石似玉者又於五切文一重音一

瑅 珶 田黎切瑅瑭玉名或从弟珶又大計切文二重音一

[王黎] 憐題切玻[王黎]玉名文一

瑿 煙溪切美石黑色文一

玭 駢迷切淮珠也又毗賓切說文珠也引宋弘云淮水中出玭珠之有聲者又蒲眠切文一

頁第一上　十三

郎遂

重音二 瑎 居諧切黑石似玉又雄皆切文一重音一 瓌 姑回切偉也周禮大傀異傀或作瓌文一 瑰瓌璝 姑回切說文玫瑰一曰圜好一曰瓊瑰石次玉或作瓌璝瑰璝又胡隈切火齊珠文三重音一 珀 都回切治玉也文一 瓃 盧回切說文玉器也文一 玫 謨杯切說文火齊玫瑰也一曰石之美者文一 珻 謨杯切玉名文一 珆 湯來切龍文之圭一曰瓏珆文一 𤥭 郎才切說文𤥭璝玉也或書作琜文一 珅 升人切玉名文一 璡 資辛切說文石之似玉者又即刃切文一重音一 𤪌珒 資辛切玉名或省文二 玢璸 悲巾切玉文理皃亦从賓玢又數文切又方文切又逋還切又逋閑切璸又蒲眠切文二重音五 瑸 悲巾切理蒼璘瑸文采皃又逋閑切文一重音一 琘 悲巾切石次玉者史記琳

瑉琨珸劉伯莊讀又眉貧切說文石之美者文一重音一**珉玟**眉貧切說文石之美者或作玟玟又無分切玉文文二重音一**珍**知鄰切說文寶也俗作珎非是文一**璘**離珍切璘瑞文皃又里忍切文一重音一**珣**須倫切說文醫無閭珣玗璂引周書所謂夷玉一曰器也又須閏切文一重音一**⿰王篆瑃**敕倫切玉名或从春文二**珢**魚巾切說文石之似玉者又古痕切又古恨切文一重音二**珳**無分切玉文文一**琂**魚軒切說文石之似玉者文一**璠**孚袁切璵璠玉名又符袁切說文魯之寶玉孔子曰美哉璵璠遠而視之奐若也近而視之瑟若也一則理勝二則孚勝文一重音一**琿**胡昆切美玉文一**琨瑻**公渾切說文石之美者引虞書楊州貢瑶琨或从貫文二**瑥**烏昆切闕人名晉有翟瑥文一**璊玧⿰王免**謨奔切說

文玉經色也禾之赤苗謂之虋言璊玉色如之或从允从免璊又模元切玧又余專切玧瑶蠻夷充耳又庚準切瑱也文三重音三**玕⿰王旱**居寒切說文琅玕也引禹貢雝州球琳琅玕古从旱文二**珊**相干切說文珊瑚色赤生於海或生於山又桑葛切文一重音一**瓛**胡官切說文瓛圭公所幸又許建切文一重音一**琯**沽丸切石似玉又古緩切如箎六孔又古困切治金玉使瑩曰琯又古患切貫玉飾也文一重音三**環瑗**胡關切說文璧也肉好若一謂之環或从爰又姓環又胡慣切周官有環人劉昌宗讀瑗又于願切又紓願切玉名又于眷切說文大孔璧人君上除陛以相引爾雅好倍肉謂之瑗肉倍好謂之璧文二重音四**⿲王文辛**逋還切駁文也文一**珗**蕭前切石次玉也文一**琕**蒲眠切珠名文一**珚**因蓮切玉名山海經博山多珚玉文一**玹**

胡千切姓也又胡涓切玉色一曰石次玉又熒絹切玉名文一重音二璉陵延切負連也連古

作璉又力展切瑚璉也文一重音一瑄荀緣切璧大六寸文一璿𤩽壡叡璇

瓗旬宣切說文美玉也引春秋傳璿弁玉纓古作𤩽籒作壡叡或作璇瓗璿又睽桂切又俞芮切

文六重音二⿰王穿昌緣切玉也文一瑼朱遄切玉名文一瓀瑌而宣切珉

也或从耎瑌又乳兖切石次玉者文二重音一琱丁聊切說文治玉也一曰石似玉文一璙

憐蕭切說文玉也又朗鳥切又力弔切文一重音二玿時饒切美玉也文一瓇如招切玉

名又奴刀切又而由切文一重音二瑤餘招切說文玉之美者引詩報之以瓇瑤文一瑫

他刀切美玉一曰玉飾劒文一璈牛刀切樂器文一⿰王勞郎刀切玉名文一珧

餘招切說文蜃甲也所以飾物引禮佩刀天子玉琫而珧珌文一 **珂** 丘何切石次玉文一 **珴**

牛何切奉珪璋皃文一 **玻** 滂禾切玻瓈玉名文一 **瑳** 倉何切玉色鮮白又此我切文

一重音一 **瑕** 何加切說文玉小赤也一曰過也亦姓又居牙切垂瑕地名又舉下切巳也詩烈假

不瑕鄭康成讀文一重音二 **珈** 居牙切說文婦人首飾引詩副笄六珈文一 **瑒** 余章

切玉名又待朗切大圭尺二寸又大梗切玉名長尺二寸祭宗廟有瓚又丑亮切文一重音三 **瓖**

思將切玉名一曰馬帶玦文一 **瑲** 千羊切說文玉聲也引詩鞗革有瑲又初良切又千剛切玉色

也又楚耕切聲也文一重音三 **琩** 蚩良切琩玩鑾夷充耳文一 **璋** 諸良切說文剡上爲

圭半圭爲璋引周禮六幣璋以皮文一 **瑺** 辰羊切玉名文一 **瑭** 徒郎切博雅璑玉也

文一璫都郎切充耳也文一琅⿰王⿱山艮盧當切說文琅玕似珠者一曰琅邪郡古作⿰王⿱山艮俗作瑯非是文二⿰王旁蒲光切⿰王旁瑭玉名文一珖姑黃切玉名文一瑝胡光切說文玉聲也又胡盲切文一重音一璜胡光切說文半璧也文一珩何庚切說文佩上玉也所以節行止文一玶蒲兵切玉名文一瑛於驚切說文玉光也文一瑩于平切石似玉又維傾切又縈定切說文玉也一曰石之次玉者引逸論語如玉之瑩又烏迥切聽瑩疑惑也文一重音三瓔於莖切石次玉又伊盈切石似玉文一重音一琤初耕切說文玉聲又鏗耕切文一重音一玎中莖切又當經切說文玉聲引齊太公子伋謚曰玎公文一重音一玲力耕切玲玎玉聲又郎丁切文一重音一珹時征切美珠也文一瓊璚琁渠營切赤

玉也或从喬或从旋省瓊琁又旬宣切美玉也文三重音一　珵　馳成切佩玉也珩謂之珵一曰玉大六寸又他鼎切珽或作珵文一重音一　瑆　桑經切玉光文一　⿰王并　旁經切玉名又必郢切文一重音一　⿱霝玉　郎丁切說文靈巫以玉事神一曰善也文一　珽　湯丁切大圭長尺二寸又他鼎切文一重音一　珥　如蒸切割牲以釁也周禮珥于社稷又忍止切耳璫又仍吏切說文瑱也文一重音二　⿱仍玉　如蒸切玉器文一　璒　都騰切說文石之似玉者文一　璔　咨騰切玉皃文一　璆　居尤切玉名又渠尤切說文玉磬也又夷周切美玉又張流切又居虯切美玉又渠幽切美玉名出崐崘又力救切文一重音六　球　渠尤切說文玉磬也一曰美玉又渠幽切文一重音一　瑬　力求切說文垂玉也冕飾文一　⿱歍玉　⿱歍玉　夷周切玉名山海經平丘

有遺玉或从卣⿱敫玉又以九切又弋笑切文二重音二

瑠 **琉** 力求切瑠璃珠也或作琉文二

珋 力求切說文石之有光璧珋也出西胡中文一

珘 之由切玉也文一

瑈 而由切說文玉也文一

⿰王取 甾尤切玉文文一

琈 房尤切美玉名文一

⿰王朁 咨林切石似玉又才滛切又緇岑切又鉏簪切文一重音三

璕 徐心切石次玉文一

琛 式針切爾雅寶也郭璞讀又癡林切文一重音一

瑊 諸深切又胡讒切瑊玏石次玉者又居咸切文一重音二

琳 **玪** 犁針切說文美玉也古作玪玪又魚音切玉名又其淹切又居咸切說文玪塾石之次玉者文二重音三

琀 胡南切飯玉又胡紺切文一重音一

璼 盧甘切玉名文一

玵 五甘切美玉也文一

玷 丁兼切敁挆以手稱物敁或作玷又多忝切玉瑕又都念切玉病文一重音二

⿱監玉 居銜切玉名文一 ⿰王乏 亡凡切玉名文一 琫琣 補孔切說文佩刀下飾天子以玉諸侯以金或作琣琣又普罪切闕人名唐有滕王循琣文二重音一 玤⿰王⿸厂丰 補孔切說文石之次玉者以爲系璧或作⿰王⿸厂丰又並部項切文二重音一 ⿰王凡 古勇切辟也文一 璻 祖誄切玉色文一 璽 思此切王者印也籒文从玉文一 理 兩耳切說文治玉也一曰正也文也文一 玘 口己切玉也文一 玼 且礼切玉色鮮絜文一 瑋 羽鬼切廣雅瑰瑋琦琉也一曰美玉又紆胃切文一重音一 珇 在呂切玉文又揔古切琮玉之緣一曰美也文一重音一 珝 火羽切玉名文一 瑀 王矩切說文石之似玉者文一 珷 罔甫切碔砆石似玉珷或作珷文一 ⿰王者 董五切玉名文一 琥 火五切說文發兵瑞玉爲虎文

引春秋傳賜子家雙琥一曰禮西方之玉文一

⿰王扈 後五切玉也文一

玝 阮古切闕人名後蜀有李玝文一

琲 部浼切珠五百枚也亦書作琲又蒲昧切一曰珠十貫爲一琲文一重音一

璀 取猥切說文璀璨玉光文一

⿰王困 巨隕切博雅⿰王困砡齊也一曰玉名又牛尹切又牛吻切文一重音二

瑑 柱允切璧上成文曰瑑又柱兖切又柱戀切引周禮瑑圭璧又陳尼切圭文文一重音三

瑾 几隱切美玉也又渠吝切又巨靳切赤玉也文一重音二

琬 委遠切說文圭有琬者又烏貫切文一重音一

瓚 在坦切宗廟祼器說文三玉二石也四玉一石曰⿰王尨玉石相半曰埒諸侯用之又則肝切一曰雜名又才贊切文一重音二

璮 儻旱切玉名文一

琖 阻限切玉爵也夏曰琖文一

琠 多殄切說文玉也又他典切又他甸切以玉充耳也文一重音

二瑱⿰王殿他典切玉也或从殿瑱又陟刃切玉充耳也又他甸切引詩玉之瑱兮又堂練切玉名文二重音三現胡典切石之次玉者文一琄古泫切玉皃又胡犬切佩玉皃又戶茗切爾雅琄琄刺素食也郭璞讀文一重音二瑐子踐切玉名文一瑑柱兖切圭璧上起兆文一⿰王甗語蹇切玉甗文一璬吉了切說文玉佩文一瑵⿰王爪側絞切說文車蓋玉瑵或从爪文二⿰王號下老切石似玉又後到切說文石之似玉文一重音一珤補抱切說文珍也寶古作珤文一璪子皓切說文玉飾如水藻之文引虞書璪火粉米文一璅子皓切說文石之似玉者又損果切文一重音一瑙⿰王巛山乃老切博雅碼碯石次玉也碯或作瑙⿰王巛山文二瑣損果切說文玉聲也文一瑪母下切瑪碯石之次玉文一璗待朗

切說文金之美者與玉同色禮佩刀諸侯璗琫而璆珌文一

璟璄 於境切玉光也或从竟璟又俱永切文二重音一

璥 舉影切說文玉也又居慶切文一重音一

玖 己有切說文石之次玉黑者引詩貽我佩玖又居又切文一重音一

琇璓 以九切玉名或从莠又並息救切石之次玉者引詩充耳琇瑩文二重音一

璹 是酉切玉名又大到切又神六切玉器也文一重音二

珋 力九切石也文一

⿰王丑 女九切說文印鼻也鈕或从玉亦姓文一

玽 舉后切說文石之次玉者又居侯切玉名文一重音一

⿰王后 舉后切濁也文一

琰 以冉切說文璧上起美色一曰圭之銳上者文一

瑞 樹偽切說文以玉爲信也徐鍇曰从耑諦也文一

珕 力智切蜃屬士佩刀珕琫又郎計切文一重音一

璲 徐醉切佩玉也詩鞙鞙佩璲文

一⿰王季居悸切玉名文一璣其既切珠不圓者文一⿰王斥蘇故切玉名文一

璐魯故切說文玉名文一璏⿰王彗于歲切劒鼻玉亦从彗璏又直例切又王伐切文二

重音二玴⿰王世以制切說文石之似玉者或从世文二珼博蓋切貝飾文一瓂

居太切闕人名晉有建平夷王向瓂文一璯黃外切玉飾冠縫又古外切又苦夬切闕人名晉有

錢璯文一重音二玠⿰王界居拜切說文大圭也引周書稱奉玠圭或从界文二瑇徒對

切瑇瑁又待戴切又徒沃切介蟲文一重音二珮蒲昧切佩玉文一瑁莫佩切瑇瑁龜

屬又莫代切瑁圭四寸又莫報切又謨沃切文一重音三琗取內切玉光又祖對切又思晉切珠

玉光又色櫛切玉英華相帶如瑟弦文一重音三玳待戴切瑇亦作玳文一⿰王隶待戴

切玉名文一

瑁莫代切瑁或省又莫報切圭四寸又謨浟切也文一重音二

璦烏代

切美玉文一

玐思晉切玉名文一

瑨即刃切美石文一

璶徐刃切說文石

之似玉者文一

璺許愼切玉破不離又文運切玉破文一重音一

璭古困切治金玉使瑩

日琯琯或从運文一

𤥭侯旰切石似玉又烏貫切又於袁切文一重音二

瓘古玩切說

文玉也引春秋傳瓘斝文一

玩五換切說文弄也文一

璨蒼案切說文玉光璀璨文

一

瓓郎旰切玉釆文一

瑖都玩切石之似玉者文一

𤩰仕諫切玉名也文一

𤥢才甸切玉名文一

琔堂練切玉色文一

瑓郎甸切玉名文一

現形甸切玉光文一

玔樞絹切玉環文一

璵雛戀切玉名文一

𤦍

玣皮變

切玉飾弁也或作玣文二 珓 居效切杯珓巫以占吉凶器者文一 玡 魚駕切骨似玉者文
一 珦 式亮切玉名又許亮切文一重音一 ⿰王鄉 許亮切玉也珦或从鄉文一 珛
許救切朽玉也又吁玉切朽玉文一重音一 玌 祁幼切玉器文一 瓄 徒谷切玉器一曰圭
名文一 琭 盧谷切玉皃老子琭琭如玉文一 玉⿵𠘨玉 璛 息六切琢玉工或作⿵𠘨玉璛
玉又許救切又須玉切西戎國名亦姓文三重音二 琡 昌六切爾雅璋大八寸謂之琡又之六切
又神六切文一重音二 璹 神六切玉器也文一 珿 初六切等齊也又測角切文一重音
一 ⿰王蜀 殊玉切玉也文一 璞 玣 匹角切玉素也或作玣文二 琢 竹角切說
文治玉也文一 瓆 職日切闕人名後漢有劉瓆文一 珌 ⿰王畢 壁吉切說文佩刀下飾天

子以玉或从畢珌又必結切刀削飾文二重音一㻶逼密切玉管文一⿰王㮚瑮力質切說文玉英華羅列秩秩也引逸論語玉粲之瑮兮其瑮猛也或作瑮文二珬⿰王术雪律切珂謂之珬或作⿰王术文二璱⿰王率色櫛切說文玉英華相帶如瑟弦引詩璱彼玉瓚或作⿰王率文二⿰王屈渠勿切玉名文一玥魚厥切神珠也文一⿰王𠬛莫勃切說文玉屬文一⿰王突陁没切玉瑱文一⿰王韋何葛切石似玉又下瞎切文一重音一⿰王葛居曷如石似玉文一⿰王剌⿰王束瓎郎達切說文玉也或省亦从賴文三玦璚古穴切說文玉佩也或作璚文二玐布拔切玉聲文一⿰王毛闥各切玉名文一珞歷各切瓔珞頸飾又狼狄切小石也文一重音一瓁五郭切玉璞文一珀匹陌切琥珀出罽賓國文一⿰王夜

夷益切玉采文一璧必益切說文瑞玉圜也文一玓丁歷切說文玓瓅明珠色文一碧筆戟切石之青美者又兵彳切文一重音一璬狼狄切說文玉也文一瓅狼狄切說文玓瓅文一瓑狼狄切玉名文一⿰王棘⿰王朿訖力切垂⿰王棘地名字本作棘以其出美玉故从玉或謂玉曰垂⿰王棘亦省文二琙越逼切闕人名漢有公孫琙文一⿱勒玉歷德切說文玲⿱勒玉也謂石之次玉者或省亦書作⿰王勒文二玏⿰王罨遏合切婦人首飾文一⿰王燮悉協切說文石之次玉者文一珨轄夾切蜃飾器文一玾古狎切玉名文一

文三百六十七　重音一百七十六

玨二玉相合爲一玨凡玨之類皆从玨或

作穀訖岳切或从㱿穀又古祿切文二重音一

班逋還切說文分瑞玉一曰次也別也亦姓文一

斑逋還切說文駁文也文一

䡅房六切說文車軨間皮篋古者使奉玉以盛之又勑六切又筆力切又蒲蒙切文一重音三

文五　重音四

气雲气也象形凡气之類皆从气去既切又欺訖切取也文一重音一

氤伊眞切細或作氤又因連切火氣也文一重音一

氛氳符分切祥氣也氛又敷文切文二重音一

氳於云切氤氳氣也文一

𣱼思邀切雨霓爲霄霄或从气文一

文六　重音三

士事也數始於一終於十从一从十孔子曰推十合一爲士凡士之類皆从士鉏里切文一

墫慈損切舞也引詩曰墫墫舞我文一　壻穌計切夫也文一　壯側亮切大也文一

文四

丨上下通也引而上行讀若囟引而下行讀若退凡丨之類皆从丨古本切又息利切又丑二切上小下大中十等字从之又吐外切又敕列切文一重音四

中𠁦𠁩　陟隆切說文和也从口从丨上下通亦姓古作𠁦籀作𠁩中又陟仲切當也又直衆切文三重音二

𣃦　傳容切旗杠又傳江切又知陵切又丑展切文一重音三

文五　重音九

類篇卷第一上

類篇卷第一中　卷之二

朝散大夫右諫議大夫權御史中丞充理檢使上護軍河内郡開國侯食邑一千八百戶賜紫金魚袋臣司馬光等奉

勅修纂

屮　木初生也象丨出形有枝莖也古文或以爲艸字讀若徹凡屮之類皆从屮　丑列切又采早切文一重音一

屯　株倫切說文難也象艸木初生屯然而難引易曰屯剛柔始交而難生一曰厚也又殊倫切屯留縣名在上黨又徒渾切聚也又杜本切文一重音三

岎　撫文切說文艸初生香分布又符分

切文一重音一𤎫熏許云切說文火煙上出也从屮从黑屮黑熏象也隸作熏熏又吁運切灼

也文一重音一𡴞毒母罪切說文艸盛上出也隸作毒又並莫佩切又並謀杯切文二重音二

𡳾𡴀力竹切菌𡳾地蕈叢生田中籀文从三𡳾文二𡴞徒沃切厚也害人之艸文一

文十

艸百卉也从二屮凡艸之類皆从艸或作

草倉老切草又在早切斗櫟實也文二重音一

菄都籠切菄風艸名嶺南平澤有之莖高三二尺先春而生又多貢切艸名文一重音一蓪他東切藥名博雅附支蓪艸文一蕫徒東切艸名爾雅蘱薡蕫郭璞曰似蒲而細又覩動切杜

林曰藕根文一重音一

蘢 盧東切艸名說文天蘥也又魯孔切蘢葺聚皃又盧鍾切蘢古艸名文一重音二

蓬莑 蒲蒙切說文蒿也籒省蓬又蒲蒸切䦨人名蓬蒙羿之弟子又菩貢切艸木盛皃莑又敷容切艸牙始生文二重音三

芃 蒲蒙切說文艸盛也引詩芃芃黍苗又符風切文一重音一

菶 蒲蠓切茂也詩菶菶萋萋又補孔切說文艸盛又蒲蠓切艸亂皃文一重音二

蒙 謨蓬切艸名說文王女也又莫浮切天氣下地不應曰蒙又母揔切蔑蒙飛揚皃文一重音二

夢 謨蓬切說文艸名灌渝博雅甾夢孽也又謨中切艸名又莫鳳切楚謂艸澤曰夢文一重音二

葱蔥 麤叢切說文菜也古作蔥葱又初江切葱靈輜車名文二重音一

葼 祖叢切說文青齊沇冀謂木細枝曰葼文一

藂菆 祖聰切說文艸叢生皃或作菆菆又徂丸切積木以

殯又畱尤切麻蒸也一曰蓐也一曰餘也一曰矢之善者又將侯切莖也儀禮御以蒲蔽又芻數切鳥巢也文二重音四

葓葒 胡公切水艸也或从紅文二

⿱艹空 枯公切莖心艸名文一

蓯 七恭切蓯蓉藥名又祖動切艸名爾雅須葑蓯一曰菶蓯艸皃又筍勇切衝蓯相入皃文一重音二

⿱艹公 沽紅切艸名又思充切菜名又諸容切又祥容切文一重音三

⿱艹公羽 烏公切艸名博雅蓊薹也又鄔孔切蓊鬱艸木盛皃文一重音一

⿱豐艹葑 敷馮切方言蘴蕘蕪菁也陳楚之郊謂之蘴或作葑詩采葑采菲徐邈讀又並敷容切又並方容切蘴又思融切葑又補孔切艸名又芳用切菰根也江東有葑田文二重音五

葻 符風切艸偃風皃又盧含切艸得風皃文一重音一

菘 思充切菜名文一

茺 昌嵩切茺蔚艸名益母也文一

蔠 之戎切艸名爾雅蔠葵蘩露大莖小葉華

紫黃色文一 茙 而融切茙葵艸名一曰茙茙厚皃文一 茸 而融切尨茸亂皃又如容切說文艸茸茸皃又乳勇切艸生皃文一重音二 茽 陟隆切說文艸也又持中切文一重音一

茧 持中切艸名文一 营芎 丘弓切营藭香艸司馬相如說或从弓营又居雄切文二重音一 藭 渠弓切藥艸說文营藭也文一 苳 都宗切說文艸也陸詞曰苣苳冬生文一

莀 奴冬切耕也文一 蕽 奴冬切蓬蕽蘆華文一 芊 敷容切艸盛半半也又下瞎切艸名方言蘇沅湘南謂之芊文一重音一 蓉 餘封切芙蓉荷華文一 蕹 於容切萃也文一

䒊 渠容切萛莢實文一 茳 古雙切茳蘺香艸文一 蘢 莫江切艸名文一 𧆂 踈江切艸名文一 菧菭 章移切揄莢也或作菭菭又陳尼切水石衣又澄之

切菭蘠艸名又堂來切水衣文二重音三

葹 商支切卷葹艸名拔心不死文一

蓰 山宜切物數也五倍曰蓰又所綺切孟子或相倍蓰或相什百又想氏切艸名文一重音二

⿱艹是 常支切說文艸也

芪 常支切說文芪母也一曰知母又翹移切又陳尼切荎藸艸也荎或作芪文一重音二

菥 相支切葴菥艸名似鷰麥文一

⿱艹斯 相支切艸名生水中華可食又斯義切艸名文一重音一

⿱艹挱莎 宣爲切捼⿱艹抄澤手也或作莎⿱艹抄又蘇禾切捼⿱艹抄手相切摩也莎又宣隹切又蘇禾切艸名說文鎬侯也又師加切莎鷄蟲名文二重音四

⿱艹貲 將支切菜名蕪菁也文一

⿱艹⿱此束 津垂切地莫也又遵爲切又壯隨切又敞尔切文一重音三

⿱艹柴 遵爲切地莫也又鉏佳切⿱艹柴葫藥艸文一

茈䓧 才支切爾雅芍鳧茈或从疵茈又鉏佳切茈葫藥艸又淺氏切又蔣重音一

氏切說文茈艸一曰薑類一曰蕨屬文一重音三䕑旬爲切莎也文一䓜珍離切茹
母藥艸文一䕻鄰知切說文草木相附麗土而生引易百穀草木麗乎土又力智切又郎詩切
文一重音二蘺鄰知切說文江蘺蘼蕪文一蘽倫爲切菜名葉似竹生水旁文一
藣藣藣班糜切筍虡飾爾雅髦謂之藣一曰艸名或作藣藣藣又攀糜切藣又蒲糜切
說文艸也又部靡切又部買切又彼義切旌也文三重音五蕃蒲糜切縣名在魯又方煩切說
文艸茂也又符袁切茂也息也文一重音二蘼忙皮切艸名爾雅蘠蘼虋冬又母被切文一重
音一蘪忙皮切說文蘪蕪也又旻悲切香艸文一重音一蓽賓彌切蓽薢藥艸一曰蒿
類一曰蓑衣又頻爾切艸名又補弭切又必袂切又補八切又毗亦切蓽藨艸又蒲歷切說文雨衣又艸

似烏韭文一重音六⿱艹彌⿱艹弥氏畀切艸名或作⿱艹弥文二䔟余支切說文艸萎䔟文一⿱艹⿰弓亏
翹移切繅鉤也文一⿱艹陏勻規切藍蓼秀一曰蔕也一曰地毛莎⿱艹陏也又才規切一曰莎也又尹捶
切又選委切文一重音三蘳翾規切果實見皃一曰黃華也文一萓魚羈切萓萬艸名文
一蔿驅爲切方言楚鄭謂獪曰蔿又吾禾切艸名又呼瓜切譌也又羽委切艸也文一重音三
萎邕危切艸木枯死又鄔毀切藥艸又女委切爾雅熒萎萎又鄔賄切萎腇軟弱也又於僞切說
文食牛也文一重音四荽邕危切藥艸又宣佳切虉屬又鄔毀切又女委切文一重音三⿱艹泜
⿱⿱艹泜皿烝夷切菹也或作⿱⿱艹泜皿又並陳尼切⿱⿱艹泜皿又章移切文二重音二蓍⿱艹旨外脂切說文蒿
屬生千歲三百莖易以爲數天子著九尺諸侯七尺大夫五尺士三尺古作⿱艹旨著又烝夷切文二重音一

萑朱惟切說文艸多皃一曰艸名芄蔚也一曰木名似桂一曰梟未漚者又胡官切艸名亂也文一重音一蒒霜夷切艸名博物志生扶海洲上實如大麥一曰自然穀文一蓷川隹切艸名芄蔚也又通回切說文萑也引詩中谷有蓷文一重音一⿱艹誰視隹切草器文一蕤苼儒隹切艸木花垂皃一曰蕤賓律名或省苼又師庚切地名在魯文二重音一葰荾儒隹切蘬屬或作荾葰又宣隹切又損果切葰人縣名在上黨又數瓦切又祖峻切文二重音四⿱艹私相咨切艸名說文茡荽文一荾芆宣隹切說文蘬屬可以香口或作芆文二蒫津夷切薺實又才何切又咨邪切文一重音二茨津私切具茨山名在滎陽又才資切說文以茅葦蓋屋一曰次也次比艸爲之文一重音一薋津私切艸名博雅苙茿薋一曰菜生水中又才資切

說文艸多皃文一重音一**薺**才資切艸名說文蒺䔧也引詩牆有薺又茨以切艸名又在禮切又才詣切文一重音三**荎**陳尼切說文荎藸艸也一曰蘊荎木名今刺榆又澄之切艸名著也又直質切又徒結切文一重音三**莉**陳尼切姓也又澄之切又憐題切艸名一曰茈莉織荊障文一重音二**蔾**良脂切蒺蔾艸名又憐題切文一重音一**菞**良脂切地名穆天子傳讀書於菞丘又憐題切棃或作菞文一重音一**虆藟蘽蘽**倫追切蔓也或作藟蘽蘽引詩莫莫葛藟虆又魯水切木名文四重音一**蘲蔂**倫追切盛土籠或作蔂蔂又盧戈切文二重音一**莱**倫追切果實垂皃一曰耕多艸又盧對切文一重音一**荑**延知切艸名爾雅荎荑蔱薔一名白蕢又田梨切說文艸也一曰卉木初生葉皃文一重音一**蔩**延知切艸名菟瓜也

又夷眞切又以淺切文一重音二　蓶　夷隹切菜名似烏韭而黃又愈水切文一重音一　葵葵　渠惟切說文菜也隸作葵文一　蘷　渠龜切菜名文一　艽　渠龜切又渠尤切說文遠荒也引詩至于艽野一曰獸蓐文一重音一　蘬藈　丘追切艸名爾雅紅蘢古其大者蘬或作藈又並區韋切說文蘬實也又居韋切葵也又苦軌切艸名又詡鬼切闕人名仲䶕湯左相䶕或作蘬文二重音四　苤　攀悲切艸木花盛皃文一　芘　頻脂切說文艸也又普弭切又補履切又必至切蔭也又毗志切艸也又兵媚切覆也文一重音五　⿱艹毗　頻脂切艸名說文蒿也又邊迷切文一重音一　葿⿱艹溦　旻悲切艸名博雅菇葿黃文內虛或作⿱艹溦文二　薇　旻悲切艸名又無非切說文菜也似藿文一重音一　芝　眞而切說文神艸也文一　菑甾　莊持切說文不耕田

引易不菑畬徐鍇曰从艸巛田田不耕則艸塞之或省菑又將來切說文天火曰烖亦作菑又子㠯切剖裂也周禮居幹之道菑栗不迆沈重讀又側吏切植物地中謂之菑又初吏切甾又將來切廣雅甾拎業也又側吏切田一歲曰甾文二重音六

⿰禾菑 莊時切博雅耕也文一

茬 莊時切山名漢泰山郡有茌山又仕之切說文艸皃濟北有茌平縣文一重音一

蒔 辰之切艸名又時吏切說文更別種文一重音一

茌 仕之切茬或从仕文一

荋 人之切說文艸多葉皃沛城父有揚荋亭又汝來切艸多皃文一重音一

艿 人之切艸名又如蒸切一曰陳艸艸相因又如證切艸芟故生新也一曰艸木不剪文一重音二

⿱艹獄 新茲切艸名文一

蕬 新茲切菟蕬藥艸文一

茲 津之切說文艸木多益文一

薶 陵之切塞也又謨皆切瘞也又暮拜切薶沈祭

山川文一重音二⿱艹狸陵之切豆名可食文一荲陵之切說文艸也一曰羊蹄又勑六

切字林艸名似冬藍蒸食之酢又許六切艸名羊蹄也又蓄力切文一重音三⿱艹釐萊陵之切艸

名夫蓂也或作萊萊又郎才切說文蔓華也一曰姓亦州名又洛代切文二重音二萁⿱艸丌渠之

切說文豆莖也或作芊萁又居之切藄萁梁也文二重音一⿱艹綦⿱艹基⿱艹棊居之切艸名博

雅綦藄蕨也或从基从棊⿱艹棊⿱艹基又渠之切郭璞曰似蕨可食文三重音一⿱艹狋魚其切艸名又魚斤

切說文艸多皃江夏平春有⿱艹狋亭文一重音一蘄渠之切說文艸也江夏有蘄春亭一曰水名又

居希切沛郡有蘄縣又渠希切又渠斤切藥艸廣雅山蘄當歸文一重音三⿱艹𢼸無非切說文菜

也似藿文一菲芳微切艸名芴也一曰艸茂皃又妃尾切一曰薄也又父沸切菜名文一重音

二葩符非切避也幽通賦安慆慆而不葩又符分切枲實也又父沸切文一重音二蘶居希切蒩蘶艸名文一莃香衣切艸名說文兔葵也一曰似葵而小葉狀如藜有毛汋啖之滑文一葳於非切葳蕤艸木𠂤文一芹菥渠希切水艸或作菥芹又渠斤切楚葵也又几隱切菜類蒚又居㷄切文一重音三葦于非切艸名爾雅葦醜刀謝嶠讀又羽鬼切艸名說文大葭也又于貴切織艸也莊子葦蕭而食文一重音二蘇菩牛居切艸名東人呼荏爲蘇或作菩菩又訛胡切說文艸也引楚辭有菩蕭艸文二重音一菸衣虛切艸名說文鬱也一曰𣨙也又依據切蔫菸敗也文一重音一㞡芸丘於切凵盧飯器以柳爲之凵或作㞡芸芸又丘據切艸名文二重音一莒斤於切苴莒艸名文一蕖求於切芙蕖荷摠名文一蘧求於

切說文蘧麥也又權俱切艸名爾雅大菊蘧麥又曰許切文一重音二

蘮 求於切說文菜也似蘇又曰許切蕢蘮艸名蘮或作蘮文一重音一

蕖 求於切闕人名北齊有宋蕖文一

藇 新於切姓也又羊諸切香艸爾雅藒車芞藇又象呂切詩釃酒有藇又演女切苗盛也又羊茹切藷藇艸名文一重音四

蒩 千余切又子余切說文茅藉也引禮封諸侯以土蒩白茅又臻魚切又則吾切茅藉祭也又子與切又揔古切又慈夜切又將豫切澤生艸曰租文一重音七

苴 千余切麻之有子者又子余切說文履中艸一曰包也又臻魚切酢菜也又莊俱切漢有苴氏又宗蘇切茅藉祭也又班交切天苴地名在益州又咨邪切菜壞也一曰獵場又徐嗟切苴咩城在雲南又鋤加切水中浮艸又子與切履中艸一曰艸浮水中又揔古切又側下切土苴和糞艸也一曰糟魄又展賈切一曰不眞物又將

豫切艸也文一重音十三 **苴** 千余切苴蓋艸名又祥余切菜似韭又叢租切苴菇艸生下田可食文一重音二 **蒣** 祥余切艸名又常如切藥艸署預也文一重音一 **蔬** 山於切凡艸菜可食者通名爲蔬郭璞說又雙雛切菌名又爽阻切粒也又所據切菜也文一重音三 **蘇** 山於切木名詩山有扶蘇徐邈讀又孫租切艸名說文桂荏也一曰薪艸曰蘇摯虞曰鳥尾也所謂流蘇者緝鳥尾垂之若流然亦姓又州名文一重音一 **⿱艹舒** 商居切艸名博雅⿱艹舒蔀魚薺也文一 **薯** 商居切艸名文一 **荼** 商居切琭或省又羊諸切艸名茅莠周官有掌荼徐邈讀又同都切說文苦菜也又徐嗟切又時遮切芀也爾雅蔈荂荼又直加切茗也又余遮切荼陵縣名又後五切文一重音七 **菹葅⿱艹阻** 臻魚切酢菜也一曰麋鹿爲菹蘁菹之稱菜內通或作葅⿱艹阻菹又咨邪切澤有

艸曰葅又將豫切文三重音二
藷 專於切艸名說文藷蔗也又陳如切山海經少澤北望多藷薁又常恕切藷薁署預也文一重音二
⿱艹儲 專於切藥艸署預也又常如切又陳如切艸名文一重音二
蕠 人余切蕠蘆艸名蒨也可以染絳又女居切黏著也史記蕠漆其間文一重音一
蒘 人余切藺蒘艸名又女居切藺蒘似芹可食子大如麥著人衣文一重音一
茹 人余切艸根相牽引皃又女居切鬬人名春秋傳莒茹又女加切又忍與切飤也貪也一曰菜茹又如倨切飤馬也又尼攄切艸相連文一重音五
藸 ⿱艹猪 張如切荎藸艸名或作藸藸又陳如切又陟加切藸⿱艹⿰女攵亂艸文二重音二
苧 陳如切艸名可爲繩又丈呂切文一重音一
蒢 陳如切艸名說文黃蒢職也葉似酸漿華小而白中心黃江東以作葅食文一
⿱艹⿰禾者 陳如切薵⿱艹⿰禾者菜名葱也文一
⿱艹稌

陳如切艸名諸蕷諸或作蒢文一**著**陳如切太歲在戊曰著雍又丈呂切門屏閒也又展呂切積也又陟慮切明也立也又陟略切被服也一曰置也又直略切附也文一重音五**䕡**淩如切菴䕡艸名狀如艾蒿近道處處有之文一**藘**淩如切茹藘蒨草文一**蘆**淩如切漏蘆藥艸又龍都切菜名說文蘆菔也一曰薺根一曰葦之未秀者又良何切艸名爾雅葖蘆葩文一重音二**蒘**女居切藸蒘艸名又女加切文一重音一**芧**羊諸切橡也莊子狙公賦芧李軌讀又象呂切又上與切又丈呂切文一重音三**芋**雲俱切艸盛皃又匈于切博雅大也又荒胡切覆也大也有也又王矩切芋尹楚官又王遇切艸名大葉實根駭人故謂之芋文一重音四**⿱艹盂**雲俱切蒩⿱艹盂菜名似韭出塞下文一**蓲**匈于切煦也大玄陽蓲萬物又邕居切艸名又虧于切蓲⿱艹⿰齒青華皃又芳蕪

切蓲蒳華皃又春朱切又威遇切苤也又袪尤切又烏侯切木名爾雅櫙荎今刺榆也櫙或作蓲又於候切煖也熰亦作蓲文一重音八

⿱艹盱 匈于切藥艸蛇牀也文一

⿱艹姁 匈于切芋也文一

萬 恭于切所以正車輪者又曰許切周禮萬之以眡其匡也又王矩切說文艸也又果羽切亦姓漢有萬章文一重音三

⿱艹睢 權倶切艸名爾雅大菊蘧麥亦作⿱艹睢文一

葋⿱艹眗⿱艹劬 權倶切艸名爾雅葋芌煢或作⿱艹眗⿱艹劬文三

蒟 權倶切艸名實可爲醬又果羽切說文果也一曰蒟蒻似芋可食又俱遇切果名出蜀文一重音二

⿱艹敷⿱艹傅 芳蕪切華之通名鋪爲華皃謂之⿱艹敷千寶說或作⿱艹傅⿱艹傅又俯九切艸木莖葉舒布皃又普后切華葉布也又方遇切文二重音三

苦芣 芳無切華盛皃或省芣又房尤切一曰芣苢又俯九切艸名芘芣荍也文二重音二

⿱艹吅 芳蕪切蓲蒳華皃蓲或省

文一

莩 芳無切艸也葭中白皮又房尤切艸名文一重音一

苻 芳無切艸之莩甲又馮無切草名爾雅苻鬼目莖似葛葉負而毛子如耳璫又蓬逋切氏姓本作蒲至苻堅更改爲苻文一重音二

⿱艹膚 風無切艸名博雅地葵地⿱艹膚文一

芙 馮無切芙蕖荷也文一

蔦 馮無切蔦芘艸名生下田根可食文一

蕪 微夫切說文薉也又罔甫切豊也又亡遇切蘪蕪艸名文一重音二

莁 微夫切木名爾雅莁荑蔱蘠一曰白蕢文一

芜 微夫切艸名文一

蕦 詢趨切艸名爾雅臺夫蕦文一

蓃 雙雛切菜蓃椒子聚生成房皃又踈鳩切又蘇后切大澤也藪或作蓃文一重音二

芻 蒭 窻俞切說文刈艸也象包束艸之形或从艸芻又甾尤切文二重音一

茱 慵朱切說文茱萸茱屬文一

薷 汝朱切木耳又而由切香葇菜名葇或作薷文

一重音一蔞⿱艹⿷匚内龍珠切說文艸也可以亯魚一曰艸中之翿翿者或作⿱艹⿷匚西蔞又力求切萬蔞所以正車輪者又郎侯切蒿類又郡羽切艸名木耳又隴主切又力九切喪車飾也又朗口切⿱艹⿷匚西又隴主切艸名香萩也又郎侯切甊或作⿱艹⿷匚西文二重音八萸容朱切茱萸藥艸又勇主切薜萸艸名文一重音蓃容朱切薜蓃艸名又一勇主切文一重音一蕍容朱切藥艸澤蕮也文一萮蘛容朱切蓲蕍華貝或作蘛蕍又徒侯切木名又勇主切蕍茈木耳又俞戌切艸名蘛又余六切艸名榮也張衡曰異荂蓲蘛文二重音四蒲蓬逋切說文水艸可以作席一曰地名又伴姥切艸名生水中又白各切蒲姑地名文一重音二蒱蓬逋切樗蒱戲也老子入胡作文一荹蓬逋切荹攎收亂艸又蒲故切文一重音一菩薄胡切梵言菩提漢言正道又簿亥切說文艸

也又扶缶切艸名又普后切又薄沒切麻菩楊艸名又覃墨切艸名文一重音五 ⿱艹麤 聰徂切說

文艸履也又扨五切文一重音一 葄 叢租切蒩菇艸名蒩或作葄又存故切水芳也文一重音

一 ⿰氵荼 同都切艸名爾雅⿰氵荼虎杖文一 嗏 同都切艸名生水中文一 ⿱艹都 東徒切艸

名文一 ⿱艹斜 同都切禾穗又徐嗟切⿱艹斜⿱艹私茅穗又余遮切一曰蓄積也文一重音二 菟

同都切春秋傳楚人謂虎於菟一曰菟裘魯邑又土故切菟絲藥艸文一重音一 蘆 龍都切蘆

薈藥艸文一 葫 洪孤切蒜名一曰彭葫菰米也又荒胡切菜名大蒜也文一重音一 ⿱艹壺

洪孤切艸名文一 苽菰 攻乎切說文雕苽一名蔣或作菰文二 ⿱艹狐 攻乎切說文艸

多皃江夏平春有菰亭文一 菇 攻乎切王瓜也文一 ⿱艹乎 荒胡切艸名文一 ⿱艹吾

茣 訛胡切艸也或作茣文二 蔦 汪胡切蔦蘆艸名荻也文一 萋 千西切說文艸盛引詩菶菶萋萋又千咨切又此禮切艸盛皃一曰恭順皃文一重音二 蕛 ⿱艹⿱雨弟 田黎切說文蕛苵也郭璞曰蕛似稗布地生或作⿱艹⿱雨弟文二 ⿱艹蹄 田黎切羊⿱艹蹄艸名文一 苐 苐 田黎切艸也一曰卉木初生葉皃或作苐文二 ⿱艹提 ⿱艹徥 田黎切艸名或作⿱艹徥⿱艹提又度皆切除艸也⿱艹徥又度皆切艸木葉垂文二重音二 ⿱艹緹 田黎切艸名薃侯莎其子⿱艹緹文一 藜 憐題切說文艸也文一 ⿱艹犁 憐題切新⿱艹犁國名在匈奴北文一 蒵 弦雞切艸名爾雅蘩菟蒵又戶禮切屧也又胡計切履系一曰艸名文一重音二 茥 涓畦切艸名爾雅茥蒛葐也又傾畦切又涓惠切文一重音二 藈 涓畦切艸名爾雅鉤藈姑又傾畦切王瓜文一重音一 ⿱艹肶 ⿱艹毘 邊迷

切艸名蒿也一曰蔴麻蔴或作蔴莀文二 蓫 緜批切莢蓫艸名葉似榆文一 艾 初佳切艸名又初加切文一重音一 䓱 仄佳切艸名地黄也文一 薢 居諧切艸名爾雅薢茩芵茪又下買切又舉蟹切又居隘切文一重音三 䕸 居諧切禾稾去皮頡又下八切麻莖又訖黠切禾稾去皮祭天以爲蔕文一重音二 蒗 雄皆切艸名如著文一 䔶 公懷切艸名文一 蘹 乎乖切艸名文一 蓑 所乖切蓑蓑艸木葉茂皃又蘇回切華蘂下垂皃又倉回切艸木葉垂皃又蘇禾切艸雨衣秦謂之萆文一重音三 𦯝 呼回切艸名文一 葨 烏回切艸名文一 蒐 姑回切菜名又戶賄切艸名文一重音一 茴 胡隈切藥艸防風葉也一曰茴香文一 䕇 胡隈切艸名芋之惡者曰䕇文一 𦾴 都回切艸盛皃又都昆切艸名蘋或从敦文一

重音一蕢蘈徒回切艸名牛蘈也高尺餘方莖葉長穗間有華紫縹色可以爲飲蕢蘈又通回
切文二重音一雈蘇回切華蘂下垂皃文一菲蒲枚切艸名文一苺謨杯切艸
名爾雅葥山莓又莫代切艸名可食文一重音一荄古哀切艸根又古諧切文一重音一荳
魚開切乾菜又去幾切說文菜之美者雲夢之荳又胡對切文一重音二苔堂來切說文水衣菭
或省文一薹堂來切艸名夫須也一曰芸薹菜名文一𦬁牆來切艸名博雅蘈𦬁蔽也文
一䔟將來切生殖也文一蒖之人切艸名鳧葵也文一蘔之人切說文豕首也
又稽延切文一重音一茞之人切艸也又丞眞切文一重音一莀丞眞切艸多皃文一
芢而鄰切艸名文一薪斯人切說文蕘也一曰大木可析曰薪文一葏資辛

切艸茂也又將先切艸皃詩菁菁者莪李舟說又才先切又咨盈切文一重音三

蓁⿱艹⿰聿彡 資辛切首戴物皃爾雅蓁蓁戴也或作⿱艹⿰聿彡蓁又慈鄰切艸名又緇詵切說文艸盛又鋤榛切木叢生文二重音三

薲蘋 毗賓切說文大萍也或作蘋文二

虋 眉貧切禾名爾雅虋赤苗郭璞讀又謨奔切說文赤苗嘉穀文一重音一

苠⿱艹昏 眉貧切衆多皃太玄人苠苠而處乎中或从昏文二

⿱艹塵蔯 池鄰切堇⿱艹塵菜或作蔯文二

⿱艹粦 離珍切艸名似竹中實又里忍切艸名又良刃切竹類文一重音二

萅⿱芚貝 櫄倫切說文推也从艸从日艸春時生也一曰蠢也古作⿱芚貝文二

蒓 殊倫切水葵文一

蓴 殊倫切說文蒲叢也一曰蒲中秀又徒官切艸叢生文一重音一

芚 殊倫切艸名文一

⿱艹脣 船倫切牛⿱艹脣艸名如蕢斷寸寸有節拔之可復文一

荀 須倫切說文艸也文一 ⿱⿱艹旬大 須倫切闕人名魏有韓⿱⿱艹旬大文一 芚 敕倫切无知皃莊子聖人愚芚李軌讀又徒渾切木始生皃楊子春木之芚兮一曰菜名似莧又治本切无知皃文一重音二 菕 龍春切艸名又盧昆切菕⿱艹露香艸名文一重音一 菫 伊眞切菫⿱艹⿸广土香艸文一

茵 伊眞切說文車重席文一 䓵 規倫切藕小者䓵又于倫切藕紹也爾雅䓵茭文一重音一 菌 區倫切本艸菌桂出交阯皃如竹又巨隕切艸名地蕈又火遠切孟子之山多菌蒲又窘遠切又巨卷切文一重音四 ⿱艹⿰日囷 區倫切地蕈之小者文一 莙 倶倫切艸名爾雅莙牛藻似藻葉大又於云切又拘云切又巨隕切文一重音三 苓 戾因切艸名又郎丁切說文卷耳也一曰茯苓藥艸又靈年切文一重音二 莘蕼辡 疏臻切䝸地名又姓或作蕼辡莘又

斯人切細莘蘂艸文三重音一⿱艹兟踈臻切艸名文一芠無分切艸名文一芬
敷文切㞣或从艸文一蕡符分切說文雜香一曰艸木多實又符袁切又父吻切蕡藹木繁茂
皃文蒲昧切麻也又蒲悶切周禮其實黂蕡又父沸切說文枲實也文一重音五葐符分切博
雅馥葐香也又蒲奔切蕵葐艸名文一重音一蒶符分切蒶蒀積也文一芸⿱艹⿰云云于分
切說文艸也似目宿引淮南子說芸艸可以死復生或作⿱艹⿰云云芸又胡昆切香艸又王問切艸木落之色文
二重音二蕓蒷于分切蕓薹胡菜或从貟文二蒀於云切香也文一蘊於云
切積也又烏昆切方言饒也又紆問切文一重音二薰許云切說文香艸也又吁運切文一重音
一葷⿱艹焄許云切說文臭菜也或作⿱艹焄文二蒑於斤切菜名文一⿺辶芹渠斤

切說文菜類蒿又居隱切又几隱切又戶代切又巨斬切文一重音四

蒝愚袁切說文艸木形一說莖葉布曰蒝又胡官切艸名又七絹切艸木貞文一重音二

芫愚袁切藥艸說文魚毒也又吾官切艸名文一重音一

萲于元切爾雅萲忘憂也施乾讀又許元切又火遠切詐也文一重音二

藼蘐萱許元切說文令人忘憂艸引詩安得藼草或从煖从宣文三

苑於袁切人姓又委遠切說文所以養禽獸也又紆願切周禮禁山之爲苑文一重音二

蒬於袁切說文棘蒬也今遠志又雨阮切藥艸蒬志文一重音一

⿱艹言魚軒切艸名文一

⿱艹軒虛言切⿱艹軒芋艸名生水中文一

⿱艹腱居言切爪病文一

蔫依言切博雅蔫於菸也又於虔切說文菸也文一重音一

藩方煩切說文屏也又符袁切艸名文一重音一

蕃符袁切艸名爾

雅蕁莸藩生山上葉如韭一曰提母又孚袁切文一重音一
薠符袁切說文青蘋似莎者文一
⿱艹䋣蘩符袁切說文白蒿也或作蘩文二
⿱艹樊符袁切艸名文一
⿱艹睆胡昆切⿱艹睆蒲艸名又胡官切說文芙蘺也郭璞曰今西方人呼蒲爲⿱艹睆蒲江東謂之芙蘺又沽丸切又姑還切艸名可爲席又戶袞切又戶管切文一重音五
蒕烏昆切蒕薀水艸又委隕切積也又紆問切文一重音二
⿱艹⿱㫗弟⿱艹⿱目弟菎公渾切說文艸也或从㫗弟从昆菎又古本切艸名蓸也文三重音一
虋謨奔切赤苗嘉穀也又武斐切艸名一曰赤粱也文一重音一
菛謨奔切菛冬艸名文一
蓀⿱艹巽荃⿺辶蓀⿺辶⿱艹巽蘇昆切說文香艸或从巽亦作荃⿺辶蓀⿺辶⿱艹巽蓀又蘇困切荃又逡緣切說文芥脃也又芻刮切又促絕切細布又姝悅切菜名又測劣切艸可以染⿺辶⿱艹巽又鶵兔切文五重音七
蕵

蕵蘇昆切爾雅須蕵蕪郭璞曰似羊蹄葉細或从湌文二　蘔都昆切艸名文一　蒽烏痕切艸名出日南文一　⿱艹寒河干切艸名爾雅葴⿱艹寒漿郭璞曰今酸漿文一　⿱艹韓河干切白韓艸名又侯幹切文一重音一　芉居寒切蔽芉艸名又古旱切一曰薏苡子文一重音一　⿱艹殘財干切艸名文一　苒多寒切艸名文一　⿱艹亶唐干切艸名文一　蘭郎干切說文香艸也亦州名又姓文一　⿱艹⿰𦰩鳥那肝切艸名又如延切又許旱切又虛旰切文一重音三　芄雚胡官切說文芄蘭莞也引詩芄蘭之枝爾雅作雚芄又沽丸切又古貫切文二重音二　莞胡官切說文艸也可以作蓆又沽丸切一曰東莞地名又姑還切又戶袞切又戶管切芙蘺也又戶版切笑皃又古貫切東莞地名又胡慣切莞爾小皃文一重音七　荁胡官切艸名似堇葉大文一

萑胡官切艸名說文亂也文一　莞沽丸切艸名文一　蒰蒲官切艸名文一　蔓謨官切蔓菁艸名蕪菁也又謨還切蔬名又莫半切枝長也莊子攬蔓其枝又無販切說文葛屬文一重音三　⿱艹酸蘇官切艸名文一　⿱艹端多官切艸名文一　⿱艹攣虊⿱艹䜌盧丸切說文鳧葵也或从虊亦省⿱艹攣又閭負切艸名又力轉切又龍眷切虊又力轉切文三重音四　⿱艹孿盧丸切小臣主駕者文一　⿱艹奻居顏切說文艸出吳林山文一　蕑居顏切蘭也亦姓又何閒切艸名又居閑切文一重音二　菅⿱艹⿱开乚居顏切說文茅也古作⿱艹⿱开乚亦姓文二　藖何閒切博雅⿰車真藖⿱臤車也一曰莖餘艸又丘閑切艸名又侯襇切艸餘莖也文一重音二　芊倉先切芊芊茂也又倉甸切艸盛貞文一重音一　⿱艹淺將先切以色飾㡀文一　⿱艹湔才先切艸名說文王

彗也似藜可爲帚文一
葥 才先切車葥藥艸又子賎切艸名說文山莓也文一重音一
萹 卑眠切萹竹艸名又蒲眠切萹蓄艸木動皃又紕延切爾雅竹萹蓄似小藜赤莖節好生道旁可食又補典切又匹典切又匹善切文一重音五
苹 蒲眠切車名所以對敵自蔽隱者又披庚切澎濞水皃澎或作苹又蒲兵切萍也又悲萌切使也又披耕切又旁經切文一重音五
⿱艹顛 多年切艸末文一
⿱艹天 他年切艸名文一
蓮 靈年切說文芙蕖之實也又力展切蓮芍縣名在馮翊又連彥切文一重音二
⿱艹肩 經天切艸名莪葵也文一
⿱艹幵 輕煙切秦⿱艹幵藥艸文一
⿱艹弦 胡千切說文艸名文一
⿱艹肯 ⿱艹玄 圭玄切⿱艹肯明艸名祭以爲藉或从玄文二
⿱艹秈 相然切江南呼粳爲⿱艹秈文一
⿱艹蠲 圭玄切說文麥莖也文一
苮 相然切艸名如莞文一
菤

相然切藠菤艸木動皃文一 葏 將先切說文艸皃文一 ⿱艹難 如延切艸也文一 ⿱艹然

如延切野豆文一 莚 夷然切艸名一曰莚蔓相連屬皃又延面切文一重音一 ⿱艹鍵 渠焉

切艸名文一 ⿱艹便 毗連切⿱艹便蘡艸名文一 葲 從緣切羊葲艸名文一 蔦 余專

切鳶尾艸名夜干也文一 ⿱艹彏 逵員切萑葦之類初生者皆曰⿱艹彏又苦遠切又區願切竹箄萌文一

重音二 蕭 先彫切說文艾蒿也一曰肅也亦國名又姓文一 芀 丁聊切葦華又田聊

切又時饒切文一重音二 ⿱艹彫⿱艹周 丁聊切艸名菰蔣也其米謂之⿱艹彫葫或作⿱艹凋文二 蓧

蓨 他彫切艸名爾雅蓧蓨或作蓧蓧又徒弔切說文艸田器又他歷切又亭歷切盛種於器謂之

蓧蓧又他刀切文二重音四 蓨 他彫切說文苗也又田聊切文一重音一 莜 他彫切艸

田器又田聊切又徒弔切論語以杖荷莜又亭歷切盛種於器文一重音三

苕 田聊切說文艸也又時饒切詩曰苕之華文一重音一

⿱艹遼 憐蕭切艸稀曰⿱艹遼文一

⿱艹聊 憐蕭切艸名文一

⿱艹⿱日絲 憐蕭切艸器文一

蕘 倪幺切藥艸又如招切說文薪也方言蕪菁謂之蕘又尼交切蘴蕘菜名又人要切艸既芟曰蕘文一重音三

藨 普遼切艸名爾雅藨麃又悲嬌切艸名子似覆盆一曰猋藨芀荼別名又蒲嬌切又蒲交切又普刀切又彼小切又滂表切又皋夭切文一重音七

莦 思邀切艸根也又師交切說文惡艸也文一重音一

萷 思邀切萷摻艸木茷皃又師交切萷蔘木枝聳又色角切梢櫂木無枝而柯長而殺者梢或作萷文一重音二

蕉 茲消切說文生枲也又慈焦切艸芥也一曰芟刈又千遙切麻苦雨生壞也文一重音二

茮 茲消切木名說文茮

茮一曰茮蔓子聚生成房皃又乃了切茐茮艸長文一重音一

⿱艹淑 兹消切旱山無艸爲⿱艹淑又式竹切草旱盡也又徒沃切又亭歷切文一重音三

萩菽 兹消切闕人名楚大夫也或作菽又並子小切菽又式竹切說文豆也文二重音二

菬 慈焦切艸也又止少切仙苕也文一重音一

蔈 卑遙切陵苕之黃華者又俾小切又匹沼切一曰艸盛皃又婢小切落也又匹妙切又卑妙切一曰禾末文一重音五

⿱艹猋 卑遙切香艸又俾小切又彼小切文一重音二

薸⿱艹瓢 紕招切萍屬或从瓢又並眺霄切江東語又並彌遙切文二重音二

⿱艹炰 悲嬌切艸名又被表切艸鹿藿也文一重音一

苗 眉鑣切說文艸生於田者一曰夏獵曰苗文一

茅 眉鑣切菅也易扶茅連茹鄭康成讀又謨交切一曰明也亦姓又莫佩切茅蒐蒨艸文一重音二

⿱艹佋 時饒切艸名文一

⿱艹朝

陟遥切姓也文一

䔙 餘招切艸名䔙芅羊桃葉似桃子如小麥通作銚文一

蘨蘨 餘招切說文艸盛皃引夏書厥艸惟蘨古作蘨蘨又夷周切文二重音一

𧄍䔄 餘招切艸名蒲葉也或省䔄又弋笑切藥艸兔絲也一曰玉女文二重音一

葽 伊消切說文艸也引詩四月秀葽劉向說此味苦苦葽也又伊鳥切爾雅葽繞蕀蒬今遠志也又一笑切文一重音二

荍 祁堯切蟲名說文蚍蜉今荊葵又巨夭切又尸周切文一重音二

蘒 祁堯切艸名連蘒文一

虈 虛嬌切艸名說文楚謂之蘺晉謂之虈齊謂之茝文一

蕎 居妖切藥艸大戟又渠嬌切一曰麥屬文一重音一

𦸈 何交切博雅𦸈茭根也又古巧切藕根也江東謂之𦸈一曰弓角接曰𦸈又下巧切又後教切艸根也文一重音三

𦸈茭 何交切黃茅也根可治渴或作茭茭又下巧切文二

重音一

芁 居肴切秦芁藥艸俗作艽非是又披交切又居虬切文一重音二

茭 居肴切說文乾芻一曰牛蘄又下巧切茭茭根也又口教切方言茭媞欺謾也又古歷切弓檠文一重音三

⿱艹歊 虛交切艸皃又虛嬌切又黑角切⿱艹歊暴木器乾而撓減也又黑各切木乾⿱艹歊也一曰艸肥皃文一重音三

苞 班交切說文艸也南陽以爲麤履亦姓又蒲交切匏也又被表切艸名文一重音二

⿱艹尥 披交切藥艸文一

⿱艹巢 鋤交切⿱艹巢麥艸名文一

蒿 呼高切說文菣也又古老切稈也文一重音一

茠⿱艹搞 呼高切拔去田艸也薅或作茠⿱艹搞茠又虛尤切息止也又許候切豆蔻艸實生交趾蔻或作茠文二重音二

茖 居勞切艸名實似瓜文一

⿱艹皋 居勞切說文蒿屬白華文一

⿱艹爊 於刀切菜名文一

蔜 牛刀切艸名爾雅蔜蕿⿱艹縷又魚到切文一重音

一蕔博毛切荒也文一⿱艹勞郎刀切野豆又郎到切⿱艹⿰女寺也文一重音一芼謨袍
切艸也又武道切以菜和羹又莫報切說文艸覆蔓引詩左右芼之文一重音二⿱艹嫂蘇遭切艸
名又蘇老切文一重音一蓸財勞切說文艸也文一萄徒刀切說文艸也文一荷
居何切菏澤水出山陽胡陵或作荷又虎何切譏察也又寒歌切說文荷芙蕖葉又賈我切又下可切儋
也文一重音四⿱艹哥居何切⿱艹哥母艸名出嶺南文一苛虎何切譏察也又寒歌切小艸也又
黑嗟切辨察也又下可切急也文一重音三莪牛何切說文蘿莪蒿屬文一薖古禾
切艸名又苦禾切一曰寬大皃一曰飢意文一重音一⿱艹戈古禾切艸名文一萪苦禾
切艸名海葱也一曰藤類文一萵烏禾切萵苣菜名文一⿱艹禾⿱艹和胡戈切艸名或从和

文二菠逋禾切菠薐菜名文一藩蒲波切白蒿也文一蔢蒲波切蔢蔢茂皃一曰艸根又步卧切蔢苛艸名文一重音一䔢桑何切艸根蔢䔢一曰茂皃文一蔖才何切䕩蔖艸名可苴履又莊加切楚葵也又忖五切一曰艸死曰蔖又坐五切文一重音三䔲當何切姓也文一茤當何切南夷名又哥寄切萎也文一重音一蘿良何切說文莪也文一蓏盧戈切菜名生水中文一茄求迦切菜名子可食又居牙切說文芙蕖莖一曰地名又居何切文一重音二葩苩披巴切說文華也或省苩又薄陌切姓文二重音一芭披巴切闕人名漢有侯芭又邦加切芭蕉艸名文一重音一䒸𦯔徐嗟切枲屬或作𦯔又並余遮切文二重音二𦳟徐嗟切蒣蕬芧穗蒣亦作𦳟文一𦯀徐嗟切菜名又余遮切說

又茚茀也文一重音一莗昌遮切莗萷艸名文一蒩莊加切艸名楚葵也文一茬鉏加切漢書山不茬蘖文一苴鉏加切水中浮草文一椰余遮切木名皮可爲席文一蕸葭何加切芙蕖其葉蕸或省葭又居牙切葭葦之未秀者文二重音一嘉居牙切艸名文一芽牛加切說文萌芽文一花蘤呼瓜切爾雅華荂也或从化亦作蘤文二𦳝余章切艸名又抽良切說文艸枝枝相值葉葉相當又他郎切文一重音二茾余章切茾蒝藥艸文一蕩余章切艸名文一芳敷方切說文香艸也又姓文一芒武方切說文艸耑又謨郎切芒芒廣大皃又呼光切歲在巳曰大芒落又虎晃切昬也文一重音三莣武方切杜榮也又無放切艸名杜榮也文一重音一蘘葙思將切青蘘藥艸或从相蘘又如陽

切艸名說文蘘荷也一名蒚葙又奴當切牂蘘艸名文二重音二**蔣**資良切艸名說文苽蔣也

又子兩切一曰國名文一重音一**⿱艹祥**徐良切菜名文一**蘠薔**慈良切艸名說文蘠

靡虋冬也或省文二**蔏**尸羊切艸名蔏蔞蒿也一曰蔏陸馬尾又諸良切文一重音一**菖**

蚩良切菖蒲艸名蓀也文一**蔁**諸良切說文艸也文一**⿱艹尚**辰羊切艸名文一**⿱艹釀**

如陽切博雅⿱艹釀⿱艹酷蒩也又汝兩切博雅菜蘇也又人㨾切艸名又女亮切說文菜也一曰藏菹文一重音

三**⿰⿱吉己攴**如陽切艸也又奴當切又尼庚切說文牂⿰⿱吉己攴可作縻綆文一重音二**莊⿰爿真**側羊

切恭也爾雅六達之道謂之莊亦姓古作⿰爿真莊又人㨾切恭也文二重音一**⿱艹腸**仲良切雞⿱艹腸菜

名文一**萇**仲良切艸名說文萇楚銚弋一曰羊桃又姓文一**⿱艹殤**仲良切蓫⿱艹殤艸名一

曰馬尾又他郎切一名蔏陸文一重音一薌虚良切穀气又許兩切響或作薌聲也文一重音一𧆛薑居良切說文禦溼之菜或省文二葁居良切山艸文一蔃渠良切蔃萊艸名百合也又巨兩切艸名儉歲人食其根文一重音一英於良切稻初生未移者又於驚切說文艸艸榮而不實者一曰黃英一曰知出萬人爲英又姓亦州名又於莖切以羽飾矛又於慶切飾也文一重音三𦱻曲王切方言隨也一曰艸名文一蓎徒郎切艸名爾雅蓎蒙女羅文一𧂇徒郎切蕪萬一名蔽𧂇文一𧂄都郎切艸名文一莨盧當切說文艸也文一𦽵蒗盧當切𦽵蒗毒藥艸或从浪蒗又郎宕切蒗蕩渠名在譙郡文二重音一蓈盧當切說文禾粟之采生而不成者謂之董蓈文一蒡蒲光切艸名爾雅蒡隱葱似蘇有毛可爲

⿱艹⿺辶且又蒲庚切又補朗切牛蒡艸名文一重音二

茫 謨郎切茫茫廣大皃文一

蒼𦸜 千剛切說文艸色也又姓古作𦸜蒼又采朗切莽蒼寒狀一曰近郊之色文二重音一

藏 茲郎切艸名似薍又慈郎切說文匿也又才浪切物所畜曰藏文一重音二

苀 居郎切艸名葉似蒲叢生又寒剛切列也爾雅苀東蠡文一重音一

䓣 居郎切山海經小陘之山有艸名䓣葉如葵赤莖白華如蘡薁文一

茚 魚剛切說文昌蒲也益州云文一

荒 呼光切說文蕪也一曰艸掩地也一曰遠也又丘岡切虛也又虎晃切昏也又呼浪切田不治也文一重音三

茪 姑黃切艸名爾雅薢茩芵茪郭璞曰芵明也一曰蔆也文一

葟 胡光切博雅葟葟茂也文一

⿱艹庚 居行切艸名文一

蘅 何庚切杜蘅香艸文一

⿱艹囧⿱艹䖵⿱艹眚⿱艹黽 眉耕切艸名說文貝

母也或作蝱萺䖟莔又犬迴切梟屬又許訖切吴王孫休子字文四重音二

萍 蒲兵切說文萍也無根浮水而生者一曰蘋蕭又旁經切文一重音一

萌 眉兵切蕨萌艸名又謨耕切艸芽也又彌登切爾雅萌萌在也文一重音二

荊⿱艹⿰刃刃 居卿切楚木也又姓亦州名古作⿱艹⿰刃刃文二

葝 渠京切艸名山䪻也又渠成切又堅正切鼠尾也文一重音二

莖 於莖切姚莖艸名又何耕切說文枝柱一說艸曰莖竹曰箇木曰枚文一重音一

蘡 於莖切艸名博雅燕薁蘡舌也又伊盈切文一重音一

⿱艹爭 甾莖切說文艸⿱艹爭⿱艹⿱心皿皃又鋤耕切文一重音一

⿱艹登 除耕切說文橘屬又都滕切金⿱艹登艸名文一重音一

⿱艹⿱心皿薴 尼耕切說文艸亂也杜林說艸⿱艹爭⿱艹⿱心皿皃或作薴文二

⿱艹⿱曲⿱冖儿 謨耕切艸名似茗可爲帚文一

菁 咨盈切艸名說文韭華也又倉經切華盛皃又子丁切韭華也

一曰茅有毛刺曰菁茅文一重音二
蔳 咨盈切蕪蔳艸名文一
荿 時征切艸名文一
⿱艹𣎆⿱艹盈 怡成切菊華也或作⿱艹盈文二
⿱艹剄 渠成切𦸔山𦸔或从刀又堅正切艸名
鼠尾也文一重音一
⿱艹頃 窺營切麻屬又犬頴切艸名又犬迥切文一重音二
藑 葵營切艸名說文茅蒥也一曰蕣也又詳兖切艸名爾雅蒥藑茅藑蒥一種華有赤者爲藑郭璞說文一重音一
⿱𤇾凡⿱艹榮 葵營切艸旋貟或作⿱艹榮⿱艹榮又娟營切文二重音一
荓 滂丁切荓蜂摩曳也又旁經切艸名說文馬帚也文一重音一
⿱艹⿰氵甹 滂丁切水中浮艸文一
蓱 旁經切艸名文一
蓂 忙經切蓂莢堯時瑞艸又母迥切又莫狄切爾雅菥蓂大薺文一重音二
艼 湯丁切艸名說文艼熒朐也又都挺切又他鼎切文一重音二
葶 唐丁切葶藶藥艸又都挺切葶薴艸

能毒魚出熊耳山又他鼎切文一重音二 莛 唐丁切說文莛也又苻鼎切艸莖文一重音一 䕘 郎丁切艸名卷耳也一曰茯苓藥艸苓或从領又里郢切文一重音一 蘦 郎丁切艸名說文大苦也文一 蕶 郎丁切艸蕶落也文一 𧆛 郎丁切艸名旱荷也一曰蔬似葵文一 䔅 堅靈切藤類江淮人經綵用之文一 䕍 玄扃切艸名又戶茗切文一重音一 蒸 諸仍切說文析麻中幹也或省蒸又諸應切氣之上達也文二重音一 𧄍 諸仍切博雅𧄍謂之蒕文一 藕 蚩承切巨藕藥艸又詩證切胡麻也文一重音一 艿 如蒸切艸也一曰陳艸相因又如證切艸艿故生新也一曰艸木不翦文一重音一 䔲 皮冰切䔲䔲艸木盛文一 蔆 𧃴 菱 蓤 閭承切說文芰也楚謂之芰秦謂之薢苢或从遴司馬相如說或作菱蓤文四

⿱艹興 虛陵切⿱艹興蕖菜名一曰芸薹文一 ⿱琴金 巨興切艸名根可緣器或从金琴又渠金切艸名生水中文二重音一 藤 徒登切苰藤艸名胡麻也一曰藟也文一 蔆 盧登切菠蔆菜名文一 ⿱艹⿱囟夂 彌登切博雅薉也文一 ⿱艹曾 咨騰切艸名博雅菎⿱艹曾也文一 苰 胡肱切苰藤艸名胡麻也又苦弘切文一重音一 ⿱艹郵 ⿱艹尤 于求切艸名或作⿱艹尤文二 ⿱艹丩 居尤切藥艸文一 ⿱艹仇 渠尤切⿱艹仇⿱艹賛艸名文一 莍 渠尤切說文茮榝實裏如表者又渠幽切又渠竹切爾雅椒榝醜莍莍萸子聚生成房貟郭璞說文一重音二 ⿱艹牛 魚尤切艸名一曰⿱艹牛膝藥艸文一 ⿱艹憂 於求切菜名文一 ⿺辶⿱艹囟 ⿺辶⿱艹卣 夷周切說文艸也或作⿺辶⿱艹卣⿺辶⿱艹囟又以九切文二重音一 ⿱艹囟 夷周切瑞艸爾雅⿱艹囟芝謝嶠讀又徐由切文一重音一 蕕 ⿱艹猷 夷周切說

文水邊艸也一曰臭艸或作⿱艹猷蕕又以九切文二重音一

莤 夷周切水艸名爾雅莤蔓于又以九切又所六切說文禮祭束茅加于裸圭而灌鬯酒是爲象神歆之也一曰莤榼上塞也文一重音二

⿱艹斿 夷周切艸名文一

薵⿱艹⿱罒号 陳留切艸名博雅薵藸葱也或从⿱罒号薵又丈九切艸苞物也文二重音一

⿱艹抽⿱艹擂 陳留切艸名博雅⿱艹抽蒢地榆也或从橊文二

藰 力求切艸名藰弋也又力九切艸名蔁⿱艹陸也文一重音一

蒥 力求切香艸一曰蒥荑藥艸文一

蓅 力求切菜名文一

蓨 思留切乾也文一

萩 雎由切艸名說文蕭也文一

⿱艹酒 將由切酒滓也鄭司農曰稻醴清⿱艹酒又徐由切滓也又茲秋切博雅酒滋液也一曰水名在雍州湭或作⿱艹酒文一重音二

⿱艹泅 徐由切艸名生水田子可食文一

⿱艹州 之由切艸名文一

⿱艹周 之由切艸名似

葵五色文一葇而由切香葇菜名又忍九切菜似蘇文一重音一蒐踈鳩切艸名說
文茅蒐茹藘人血所生可以染絳一曰春獵曰蒐又戶賄切艸名懷羊也又所救切爾雅戢蒐聚也文一
重音二蓃踈鳩切艸名爾雅藪蓃蔞又蘇老切艸也又所九切白滓文一重音二葔
胡溝切艸名薃葔莎文一芤墟侯切病脉徐氏說按之即無舉之來至傍實中空者曰芤文一
苟居侯切苟吻艸名又果羽切又舉后切艸也一曰且也文一重音二蒟居侯切蒟芺艸
名文一芊迷浮切艸名文一⿱艹⿰婁瓜郎侯切鉤⿱艹⿰婁瓜王瓜⿱艹⿰舌瓜⿱艹⿰婁瓜土瓜文一⿱艹⿰羊需奴侯
切艸名文一芯思林切艸名文一蕈徐心切菌也又徒南切艸名生淮南平澤可作
鹽又慈荏切說文桑葽也又式荏切又渠飲切菌生木上又徒感切又徒點切又尋浸切文一重音八

蕁 徐心切艸名海蘿也又徒南切⿱艹冘蕃也文一重音一 ⿱艹深 式針切說文蒲蒻之類文一

葴 諸深切艸名說文馬藍也又其淹切闕人名春秋傳秦有鍼虎鍼或作葴又胡讒切又居咸切文一重音三

蔘 踈簪切木長皃槮或作蔘又蘇含切蔘綏垂皃又蘇甘切又所斬切葦初生者文一重音三

薓葠 踈簪切說文人薓藥艸出上黨或作葠葠又詩廉切喪藉也又子鴆切文二重音二

⿱艹冘莐 持林切艸也生山上葉如韭或从沈⿱艹冘又夷針切又都感切艸名知母又並直禁切文二重音三

蔭 於金切艸木蔭翳也又於禁切說文艸陰地文一重音一

⿰口芩⿱艹嚴 芩 魚音切菜名似蒜生水中古作⿱艹嚴芩⿱艹嚴又魚枕切芩又渠金切說文艸也引詩食野之芩又其淹切文三重音三

菳 祛音切菳荃艸名又居吟切菳⿱艹登艸名又渠金切說文黃菳也文一重音

二蕁徒南切艸名文一蕈徒南切苔也爾雅蕈石衣文一萳那含切艸名又乃感切艸長弱皃文一重音一⿱艹聃那含切艸名博雅蒁蘆葱⿱艹聃也又他甘切艸名葱也文一重音一莮那含切萓莮艸名文一蓭烏含切圜屋曰庵或从艸文一菴䒽烏含切菴䕡艸名或作䒽又並衣廉切菴又衣檢切菴藹木茂皃文二重音二⿱艹音烏含切野艸文一⿱艹淡徒甘切⿱艹淡蘫瓜菹又他甘切文一重音一薝都甘切薝棘艸名文一藍盧甘切說文染青艸也又盧瞰切酸菹文一重音一蘫盧甘切說文瓜菹也一曰水青又呼濫切又盧瞰切酸菹文一重音二苷沽三切說文甘艸也又呼紺切文一重音一⿱艹瀸思廉切艸名百足也又將廉切文一重音一蔪將廉切蔪蔪麥秀又鉏咸切又師銜切刈艸也又疾染切文一重音一

說文艸相蕲苞引書艸木蕲苞又阻減切刈也文一重音四

蘞 徐廉切菜名生山中又慈鹽切艸名五原之韭曰蘞文一重音一

苫 詩廉切說文蓋也亦姓又蚩占切又他兼切青苫藥艸又舒贍切茨屋也文一重音三

薝 之廉切木名山海經爾谷之山多薝棘又覩敢切文一重音一

薟 離鹽切白薟藥艸又火占切辛味一曰薟稀藥艸又馨兼切又魚杴切字林水中野韭又虛嚴切豨薟艸名一曰天名精又力冉切白薟也又苦紺切味過甘也文一重音六

蘝 離鹽切艸名似括樓一曰蔓也又虛嚴切艸味辛毒又力冉切白蘝也又力驗切文一重音三

薕 離鹽切說文蒹也一曰三薕味酸可食一曰薑也文一

菾 徒兼切菜名治病熱又他念切艸木長茂皃文一重音一

萜 徒兼切藥艸文一

蒹 堅嫌切說文雚之未秀者又居咸切文一重音一

菱

亾咸切博雅蕆也文一 **䕌** 乎監切又丘銜切艸名茅屬文一重音一 **芟** 師銜切說文刈艸也又尹捶切艸之黃榮也文一重音一 **芝** 甫凡切說文艸浮水中皃又孚梵切文一重音一

文七百三十三　重音六百六十一

類篇卷第一中

類篇卷第一下　卷之三

朝散大夫右諫議大夫權御史中丞充理檢使護軍河內郡開國侯食邑一千三百戶賜紫金魚袋臣司馬光等奉

勅修纂

董覩動切正也督也又主勇切 董董髮短也文一重音一 𦯬蒲蠓切𦯬茸 艸亂皃文一

茸乳勇切𦯬茸 艸亂皃文一 𦻝丘勇切艸名廣雅𦻝華蘭蒚 也 又欺用切文一

重音 一 𦽙戶講切艸名 似葵文一 茋掌氏切茋蒻艸名小萍 也又軫視切文一重音

一 薾忍氏切說文華盛引詩彼薾 維何又乃禮切文一重音一 菙主棨切擊 馬也一曰

策也又是捶切木名周禮有菙 氏共荊菙以灼龜文一重音一 蘂乳捶切艸木 華蘂文一 惢

乳捶切艸木叢生皃一曰香艸根似茅蜀人所謂葅香又子究切華聚皃又租悅切文一重音二藿
選委切艸木花數皃文一⿱艹矢丈尒切艸名蔦也又矧視切說文菜也又序姊切文一重音二⿱艹役
尹捶切艸名言茨北燕謂之⿱艹役又營隻切文一重音一⿱艹⿰豸有尹捶切艸名說文藍蓼秀一曰帶也
文一芛尹捶切說文艸之葟榮也一曰艸木華初生者為芛又聳尹切又食律切又允律切爾雅
蕍芛葟華榮謂艸木華初生也文一重音三蘤羽委切華榮也文一薳羽委切說文艸也引
春秋傳楚大夫薳子馮又雨阮切薳志藥名文一重音一⿱艹毀虎委切艸名文一䕯補弭
切艸名爾雅䕯鼠莞可以爲蓆文一葞毋婢切爾雅葞春艸文一⿱艹披普靡切艸名文一
茋軫視切⿱艹底蒻艸名萍也⿱艹底或省文一⿱艹⿴囗㐅矧視切說文糞也从艸胃省文一蕹

序娣切芟艸也又大几切又他計切說文除艸也引明堂月令季夏燒薙又大計切文一重音三

荑 序娣切艸名蒿也又羽已切文一重音一

⿱艹軌 矩鮪切香艸文一

⿱艹攵 部鄙切艸木枯落又婢小切落也又被表切餓死曰⿱艹攵又蒲候切文一重音三

⿱艹美 母鄙切艸名文一

芷 渚市切香艸文一

茝 渚市切艸名蘪蕪也又醜止切又掣睨切香艸名齊謂之茝又昌亥切艸名說文囂也文一重音三

⿱艹齒 醜止切馬齒艸名文一

⿱艹始 苜止切艸名文一

⿱艹宰 苐 壯士切⿱艹羡菜也或作苐⿱艹宰又子亥切文二重音一

葸 菓 想止切胡葸艸名枲耳也或作菓文二

葸 想止切博雅慎也一曰質慤皃又息改切論語慎而無禮則葸一曰難順也文一重音一

苢 苡 象齒切薏苢艸名一說禹母吞薏苢而生禹故以爲姓又並養理切說文芣苢馬舄其實

如李令人宜子周書所説苢或从以苢又烏禾切婆苢室韋北狄别種名文二重音二芑口己切說文白苗嘉穀又巨已切詩維穈維芑徐邈讀文一重音一萉口己切藥艸可治金瘍文一萁口已切艸名馬唊之則馴文一薿偶起切說文茂也引詩黍稷薿薿又鄂力切文一重音一䕒展里切艸名紫芎也文一荱武斐切艸名又無沸切艸垂皃文一重音一⿱艹棐妃尾切方言猝也又府尾切文一重音一芔卉詡鬼切艸之總名隸作卉又並許貴切文二重音一⿱艹⿰魚攵偶舉切禁苑也文一⿱艹禦偶舉切翳也文一⿱艹許喜語切虎許藥艸續斷也文一莒苟許切艸名說文齊謂芌爲莒一曰國名文一苣臼許切說文束葦燒一曰苣藤艸名文一⿱艹廣臼許切蕢⿱艹廣艸名文一蔞郡羽切艸名一曰木耳文一⿱艹羽王矩切艸名文一⿱艹剖

斐父切剖蔀艸名薺也又普后切文一重音一莆方矩切艸名談文蒹莆也文一藪主切聘禮十六斗曰籔或从艸又隴主切窶藪帶器又蘇后切說文大澤也九州之藪楊州具區荊州雲夢豫州甫田青州孟諸沇州大野雝州弦圃幽州奚養冀州楊紆并州昭余祁是也又千候切車轂空也衆輻之所輳李軌讀文一重音三蔞隴主切爾雅蔜薞蔞令之蘩蔞一曰雞腸文一薄伴姥切葍薄艸也又伯各切迫也又白各切說文林薄也亦姓又薄革切欂櫨壁柱或作薄文一重音三蔀伴姥切蔀蔀艸名一曰鄣明物又普后切暗也小也一曰星名又薄口切廣雅蔀蔀魚薺也一曰術家推閏法為蔀首文一重音二蒩摠古切說文茱也文一茥統五切艸名爾雅茥夫王生海邊似莞藺越人以為席又動五切又徒故切文一重音二荰動五切荰衡香艸文一萺

類篇一下　三

菡籠五切說文艸也可以束或从卤文二萀火五切豆屬似狸豆而大文一苦孔五切艸名說文大苦苓也一曰急也又果五切略也又苦故切困也今人病不善乗曰苦車文一重音二薣果五切艸名爾雅葒一曰籠薣文一芐芦後五切艸名說文地黃也引禮鈃毛牛藿羊芐豕薇或作芦芐又亥駕切文二重音一蔝母禮切蔝薂艸名文一菧典禮切艸名爾雅苨菧苨文一⿱艹蠡里弟切赤艸也文一⿱艹泥乃禮切露濃謂之⿱艹泥文一苨乃禮切艸名薾屬文一蕒母蟹切蕒藚艸名文一蓓部浼切蓓蕾始華也又簿亥切文一重音一⿱艹陪部浼切黃⿱艹陪艸名又薄亥切文一重音一苺母罪切艸名說文馬苺也又武道切又莫佩切一曰木子似椹文一重音二⿱艹陮杜罪切艸也文一蕾魯猥切蓓蕾始

華也文一

蒷 薄亥切艸也又扶缶切說文王蒷也又蒲昧切艸名山名文一重音二

莓 母亥切艸名實如桑椹又莫佩切博雅葰盆蓙英莓也文一重音一

⿱艹迺 曩亥切艸名文一

萶 尺尹切艸名文一

藎 在忍切艸名又徐刃切一曰進也文一重音一

荵 爾軫切說文荵冬艸又而振切文一重音一

蔨 巨隕切艸名說文地蕈一曰蔨桂一曰鹿藿又窘遠切鹿豆也葉似大豆根黃而香郭璞說又巨卷切又逵眷切文一重音三

⿰⿱艹言勿 武粉切鉤⿰⿱艹言勿艸名文一

⿱艹粉 府吻切艸名文一

蘟 倚謹切蘟蒠菜名似蕨文一

蒠 倚謹切蒠菫艸名文一

菫 几隱切說文艸也根如薺葉如細栁烝食之甘又渠吝切藥名烏頭也又居覲切又居焮切文一重音三

苑 委隕切積也又委遠切艸名說文茈苑出漢中房陵又紆勿切詩有苑者柳又於月切紫苑藥艸文一重音三

葂武遠切闕人名莊子有蔣閭葂又美辨切又文運切文一重音二莬武遠切艸名又美辨切又文運切艸新生文一重音二䓘苦本切䓘艸名似著食之不夭又下懇切文一重音一蓘古本切壅苗也文一苯補衮切苯䔿艸叢生文一䔿祖本切苯䔿草叢生又粗本切文一重音一䓴杜本切篅也文一䓍下罕切艸名文一蔊蘒許旱切菜名味辛或作蘒文二䕸蘇古旱切禾莖也或作蘇又並居案切說文艸也文二重音一藧尸管切藨也文一𦸱苦緩切艸名爾雅菟奚顆凍或作款文一𦶎顆旱切艸名文一𧄝母版切艸名文一𦬁穌典切艸名文一芇彌殄切艸名文一蕇多殄切說文亭歷也文一繭吉典切艸名紫綦也文一𦸸吉典切艸名蔄訓

也又九件切文一重音一蘚息淺切垣衣一曰白艸名文一葥子踐切艸名王彗也又子賤切文一重音一臣光曰此與先韻葥文同按說文前字从止从舟篆文作歬變隸作前後或筆誤歬字加刀作⿰歬刂因而不改今筆勢既殊故从兩出⿱艹雋粗兗切蕾⿱艹雋菜名文一荈尺兗切茶晚取者名荈又樞絹切艸名文一重音一⿱艹⿱夗貝豎兗切艸名無魚也凡水有此艸則無魚文一⿱艹耎乳兗切說文木耳一曰蕣茈文一⿱艹渜乳兗切艸名紅藍也文一⿺辶萹補典切萹竹也或作⿺辶萹文一藊補典切豆名文一蕆丑展切說文敕也引春秋傳以蕆陳事一曰去貨文一⿱艹兗以轉切艸名雀弁也文一⿱艹蹇九件切艸名⿱艹詞也文一菤⿱艹⿱龹廾古轉切艸名爾雅菤耳苓耳形似鼠耳叢生如盤或作⿱艹⿱龹廾菤又古惓切文二重音一⿱艹操子了切艸名山薺也

文一蔦丁了切艸名說文寄生也引詩蔦與女蘿又多嘯切文一重音一蓼朗鳥切說文辛菜薔虞也又魯浩切摎蓼搜索也又力九切糾蓼相引皃又力竹切艸長大皃詩蓼蓼者莪文一重音三芍胡了切艸名鳧茈也又吉了切又職略切又七約切陂名在宋又實若切芍藥香艸又陟略切又丁歷切芙蕖中子又呼旲切陂名文一重音七⿱艹⿰禾勺⿱艹敫胡了切艸名鳧茈也或从敫⿱艹敫文一又刑狄切蓮實也文二重音一菂胡了切蓮子也又丁歷切文一重音一⿱艹皛胡了切艸名文一苭伊鳥切苭茱艸長皃又以紹切又於兆切文一重音二⿱艹小思兆切葽⿱艹小艸名遠志也文一⿱艹少始紹切艸名文一⿱艹羔以紹切艸皃又姑沃切禾皮一曰地名榚或作⿱艹羔文一重音一蓶以紹切艸名鴛韭也文一芺於兆切艸名爾雅鉤芺大如拇指中空初

生可食一曰芺薊味苦江東食以下氣又烏浩切又於到切文一重音二**藐**彌沼切遠也春秋傳

藐諸孤又眉敎切艸名可涤紫又墨角切文一重音二**⿱艹眇**彌沼切艸細莖者又彌笑切文一重

音一**莩**被表切餓死曰莩文一**茆**莫飽切艸名鳧葵也又武道切艸叢生也又力九切

詩言采其茆文一重音二**莦**山巧切藕根細者又色角切梢擢木無枝柯長而殺者梢或作莦文

一重音一**⿱艹⿰镸肖**山巧切艸長皃文一**⿱艹爪**側絞切菜名生水中文一**薻藻**側絞切水

艸或作藻又並子皓切引詩于以采藻文二重音一**薃**下老切艸名爾雅薃侯莎文一**⿱艹杲**

古老切桿也文一**⿱艹⿰亻頁**五老切瓜蔓文一**葆**補抱切說文艸盛皃一曰大也棒上苗也

鼓上飾也又博毛切廣也文一重音一**蓩**武道切艸名說文卷耳也一曰葆也一曰毒草又亡

遇切毒艸名葶藶也又莫候切又莫卜切文一重音三萩武道切艸叢生也又莫後切又莫候切說文細艸叢生文一重音二薻子皓切水艸也文一草在早切說文草斗櫟實文一菿覯老切艸名又陟教切又刀号切又竹角切艸大白文一重音三⿱艹⿰禾尞⿱艹潦魯皓切說文乾梅之屬引周禮饋食之籩其實乾⿱艹⿰禾尞後漢長沙王始煑艸爲⿱艹⿰禾尞或从潦⿱艹⿰禾尞又郎到切文二重音一蓏僳魯果切說文在木曰果在地曰蓏一說有核果無核蓏一說有殼果無殼蓏或作僳文二苲側下切土苴和糞艸也又側駕切酒滏也又疾各切莋或作苲又側格切文一重音三藞呂下切藞⿱艹磋不中皃一曰藞苴泥不熟文一⿱艹磋竹下切藞⿱艹磋不中皃文一⿱艹⿰黃圭户瓦切說文黃華也文一蕮洗野切澤蕮藥艸文一⿱艹象似兩切艸名文一⿱艹兩里養切艸

名文一⿱艹仰茚語兩切艸名昌蒲也或作茚文二⿱艹掌止兩切艸名文一⿱艹桑所兩切艸名文一菵文紡切艸名文一⿱艹黨底朗切艸名文一⿱艹膀補切牛⿱艹膀艸名文一莧戶廣切艸名又虎晃切文一重音一莄古杏切艸莖文一莕

莕荇下梗切艸名荽餘也或作莕莕荇又並戶黯切水艸文三重音一苪補永切艸名文一⿱艹省所景切艸名文一⿱艹兄況永切艸名文一⿱艹耿古幸切博雅芋其莖謂之⿱艹耿文一茼犬熲切艸名又枲屬檾或作茼又犬迥切文一重音一⿺辶茼戶茗切艸名文一茗母迥切茶晚取者文一薡都挺切薡董艸名似蒲而細文二⿱艹甯乃切艸名博雅⿱艹甯薴荏蘇也一曰葶⿱艹甯毒艸文一⿱艹有云九切艸名又尤救切文一重音一⿱艹⿷匚繇

云九切艸名从苗四禾文一⿱艹咎巨九切字林艸名文一⿱艹臼巨九切艸名文一莥
巨九切艸名爾雅蔨鹿藿其實莥又忍九切莥犬狎也一曰習也又勑九切說文鹿藿之實名也又女九
切又女六切鹿豆也文一重音四莠以九切說文禾粟下生艸又息救切荼也文一重音一
草伏缶切草鬱香艸文一⿱艹醜齒九切瑞艸⿱艹祓⿱艹秸也文一⿱艹揉忍九切名似蘇文
一葤丈九切艸苞物也文一⿱艹陸力九切蔏⿱艹陸艸名又力竹切文一重音一⿱艹⿰月丑
⿱艹紐女九切爾雅菌鹿藿其實莥莥或从⿰月丑从紐文二茩很口切艸名說文薢茩也又舉
后切文一重音一苟舉后切艸也苟或作茍文一蕅藕⿱艹⿰禾禺語口切說文芙蕖根
或从耦从偶文三⿱艹林莫後切說文艸也又莫候切文一重音一⿱艹某莫後切艸名文一

茂 莫後切美也又莫候切說文艸豐盛皃文一重音一

藪 蘇后切爾雅萊謂之藪又蘇谷切文一重音一

蘣 他口切廣雅好也又他貢切又他候切文一重音二

蕍 徒口切艸名一曰編艸坐具文一

蔓蔓 七稔切說文覆也或省蔓又楚錦切文二重音一

蕃 式荏切艸名文一

葚 食荏切說文桑實也又時鴆切文一重音一

荏 忍甚切艸名說文桂荏蘇文一

䕲 筆錦切艸名藤也文一

菻𧂇 力錦切蒿屬或从廩菻又力鴆切拂菻西域胡名文二重音一

䕭 渠飲切艸名文一

䕻 古禫切說文艸也一曰薏苡又古送切又古暗切文一重音二

菡 戶感切說文菡閻也文一

荅䕺 戶感切開華也或作頷荅又胡紺切禾欲秀皃文二重音一

蓭 鄔感切繁茂也文一

閻萏䕃 徒感

切說文芙蓉華未發爲菡藺已發爲芙蓉或作萏蓞䕨文四

𦵹菼 吐敢切說文雚之初生一曰薍一曰鵻或作菼又並杜覽切艸名爾雅薍也文二重音一

⿱艹槧 疾染切艸相蔪苞蔪或从槧又所斬切芟艸木也文一重音一

蔪 疾冉切麥秀皃文一

苒 而琰切艸盛皃一曰荏苒柔木文一

芡 巨險切說文雞頭也文一

蒧 多忝切闕人名夫子弟子曾蒧文一

苬 女減切艸名文一

范 父錽切說文艸也文一

蕻⿱艹⿰禾共 胡貢切茂也亦作⿱艹⿰禾共⿱艹⿰禾共又呼貢切吴俗謂艸木萌曰⿱艹⿰禾共文二重音一

⿱艹貢 古送切艸木子聚生文一

藂 粗送切艸稚也文一

茽 直眾切艸卉叢生文一

⿱艹宋 蘇綜切艸名文一

苚 余頌切艸名文一

⿱艹賜 斯義切艸也文一

莿茦 七賜切說文茦也一曰艸芒也或省莿又落蓋切艸名又郎達切蔄屬又

七迹切茦又測革切又楚革切文一重音四 **蘔** 子智切艸名一曰艸積文一 **荔** 力智切艸名似蒲而小根可作刷一曰荔支果名又郎計切又郎甸切蘭或作荔文一重音二 **芰** **⿱艹⿰其攵** 奇寄切說文蔆也古作⿱艹⿰其攵文二 **蔽** 卑義切障也又必至切小皃詩曰蔽芾甘棠又必袂切小艸也一曰奄也又毗祭切塞也又壁吉切又分物切后車以翟羽爲飾也又必列切薆也又匹蔑切別也一曰擊也拂也文一重音七 **蕼** 息利切說文赤蕼也一曰芮也董也文一 **蔧** 雖遂切艸名又旋芮切爾雅葥王蔧文一重音一 **萃** 七醉切萃蔡衣聲又秦醉切說文艸皃一曰聚也又祖外切艸盛皃又取內切副也又昨律切聚也文一重音四 **蒃** 徐醉切艸名似菌⿱艹遂蒃也又徒對切出蒃⿱艹遂疏也謂茈上菌文一重音一 **⿱艹遂** 徐醉切說文禾成秀也文一 **⿱艹致** 陟利切說文艸

篇第一下

大也文一蒞蒞力至切說文臨也或作蒞莅又力遂切又力質切一曰劉莅林木鼓動之聲顏師古說文二重音二蘱力遂切艸名又丘媿切地名春秋傳伐鄀婁取蘱又盧對切爾雅蘱薡董似蒲而細一曰地名文一重音二蕼羊至切赤蕼艸名文一萁几利切艸名文一

䕌直利切幼禾也文一蔇几利切艸多皃又巨至切至也又許旣切一曰地名在魯又居氣切文一重音三蕢臾蕢求位切說文艸器也古象形引論語荷臾而過孔氏之門或作蕢文三繢求位切艸名文一萆必至切艸名爾雅萆鼠莞可爲席又部禮切文一重音一⿱艹鼻毗至切艸名文一茯平祕切車紱也紱或作茯又房六切茯苓藥艸又皁墨切文一重音二⿱艹志職吏切遠志藥艸文一蒔䓁時吏切更別種或作䓁文二芓

茡疾置切說文麻母也或作茡芓又津之切艸名若也又祖似切纏禾本文二重音二 萁羊吏切艸名說文芓也一曰連翹又於記切艸名又逸織切艸名藕翹也⿱艹冀或省文一重音二 ⿱艹記居吏切艸名文一 䓀渠記切艸名文一 薔薏於記切薔苡艸也一曰蓮的中或作薏又並乙力切艸名說文薏苡一曰薔英文二重音一 蔝無沸切說文莖藸也又乙界切五味艸藥又暮拜切又忙戒切文一重音三 芾芳未切小也又方未切詩蔽芾甘棠亦姓又博蓋切文一重音二 茀方味切小皃詩蔽茀甘棠又蒲昧切韋也一說彗星也又放吠切小也又數物切茀蘺艸木翳薈也又分物切說文道多艸不可行又符勿切艸木衆多皃又薄沒切弋射矢名文一重音六 ⿱艹⿰豙頁⿱艹⿰豙頁藙魚既切說文煎茱萸引漢律會稽獻⿱艹⿰豙頁一斗或作⿱艹⿰豙頁藙文三 ⿱艹胄

于貴切艸木𢍜孛之皃文一

蔚紆胃切說文牡蒿也一曰艸木盛皃又紆勿切艸名亦州名文一重音一

藯紆胃切芜藯艸名益母也通作蔚文一

蘶虞貴切艸木採更生也文一

莇牀據切商人七十而耡或作莇又遲據切艸名苟芑也文一重音一

薯常恕切藷或作薯文一

蕷羊茹切藷藇艸名藇或作蕷文一

蕌方遇切艸名說文葍也又方副切文一重音一

苻符遇切藥艸文一

葅仄遇切藏菜文一

莋存故切艸名水芎也文一

蔖徒故切香艸文一

𧄸蕗魯故切蘩𧄸艸名或作蕗文二

芐胡故切艸名可爲繩文一

護胡故切艸名神護也文一

酤藍𨡙苦故切非鬱也一曰菹也或作藍𨡙文三

𦯀古慕切說文艸也文一

蘁五故切逆也又逆各切華跗蕚或从噩文一重音一

薜蒲計

切艸名說文牡贊也又步拜切水艸名又弼角切器破裂也周禮髻貇薜暴又必益切爾雅薜山蘄即當歸也又博厄切文一重音四

蘗 蒲計切艸名牡贊也又博厄切說文黃木也文一重音一

⿱艹疐 丁計切去本也爾雅棗李曰疐之或从艸文一

蔕 丁計切說文瓜當也又當蓋切艸木根也又丑邁切蔕芥刺鯁也蔕或作蔕文一重音二

⿱艹戾 郎計切說文艸也可以涂留黃又力結切紫艸文一重音一

蘻 詰計切艸名爾雅蘻狗毒又吉詣切文一重音一

薊 吉詣切艸名說文芺也又居拜切蔕薊鯁刺也又吉屑切文一重音二

蘮 吉詣切蘮蒘艸名又居例切爾雅蘮蒘竊衣似芹可食又其例切文一重音二

蘙 壹計切艸名一曰艸茂皃文一

蕙 胡桂切香艸文一

蓕 消惠切艸名文一

蕝 祖芮切束茅表位也又租悅切引國語置茅表坐文一重

音芮儒稅切說文芮芮艸生皃一曰國名又奴對一切又儒順切又儒劣切國名文一重音三⿱艹⿰內刂⿱艹⿴囗內儒稅切艸之小者或作⿱艹⿴囗內⿱艹⿰內刂又居例切文二重音一蔱所例切樧也又山戛切說文似茱萸出淮南文一重音一⿱艹⿰祟又初芮切艸出皃又取外切說文艸也又芻刮切除艸也又察色切文一重音三蔡初芮切艸污地也又初戛切艸名有毒殺魚文一重音一茜於例切以艸補鈌又直例切一曰約空也文一重音一藒去例切香艸爾雅藒車芞輿謝嶠讀又丘謁切艸名又居曷切禾長皃又丘傑切又巨列切文一重音四茢力制切艸名一曰茗也又力蘖切說文艻也文一重音一⿱艹渫以制切烝蔥文一⿱艹裔⿱艹裔以制切艸名似蘇而赤或作⿱艹裔文二⿱艹侻俞芮切方言艸生初達謂之⿱艹俛又欲雪切文一重音一蓺藝倪祭切種也一曰技

能也或作藝文二䕼必袂切蔽小艸也一曰奄也蔽或作䕼文一藾落蓋切艸名爾雅苹藾蕭文一萘乃帶切艸名又乃葛切吴中菜名有刺文一重音一茇博蓋切爾雅苕白華茇又蒲蓋切又放吠切竹葦絚也又分物切又北末切說文艸根也春艸根枯引之而發故謂之茇一曰艸之白華爲茇又蒲撥切艸木根也文一重音五蒷博蓋切蒷母藥艸文一茷博蓋切艸葉多皃又蒲蓋切一曰茷茷有法度也又房廢切又房越切說文引春秋傳晉羅茷又北末切艸根也春艸根枯引而發之又蒲撥切木枝葉盤紆皃文一重音五蔡七蓋切說文艸也一曰國名又桑葛切摋⿱殺米散之也⿱殺米或作蔡又七葛切眛蔡宛酋名文一重音二蕞祖外切地名在秦一曰在新豐又祖外切小皃又促絶切艸聚皃又租悅切朝會東茅表位曰蕞又攢活切又側劣切文一重音五

蓋盇居太切說文苫也一曰疑辭古作盇蓋又轄臘切青齊人謂蒲席曰蒲蓋又谷盍切姓也

又居曷切覆也文二重音三藹於蓋切蓋也清也微也文一⿱艹溘於蓋切晻⿱艹溘鬱陰也

文一艾牛蓋切艸名說文冰臺也一曰老也一曰邑名在南昌又魚刈切芟艸也文一重音一薈

烏外切說文艸多皃引詩薈兮蔚兮文一蔽蒯匋苦怪切艸也蔽或作蒯匋蔽又古壞切又

許戒切文三重音二蕢苦怪切艸名赤莧也又苦對切墣也文一重音一⿱艹壞胡怪切艸

名爾雅⿱艹壞烏⿱艹壞文一芥居拜切說文菜也又訖黠切小艸文一重音一薤⿱艹韰下戒切說

文菜也似韭或作⿱艹韰文二⿱艹拜布怪切艸名文一薱徒對切艸木盛皃文一苝

蒲昧切艸名山齏也文一菜倉代切說文艸之可食者文一薆於代切爾雅隱也一曰艸

木盛皃文一

蘎蕟放吠切蘧篨也或作蕟蕟又方伐切艸名文二重音一

葳烏癈切說文蕪也文一

芀而振切芀冬艸名文一

蕣𦶎輸閏切說文木菫朝華暮落者引詩顏如蕣華亦从䑞文二

䒖思晉切藥艸蒿類文一

藎𧅥𦺇徐刃切艸也一曰進也或从𦘔从𡚽藎又在忍切文三重音一

藽櫬初覲切木名槿也或从木文二

蘫即刃切行艸皃文一

藺良刃切艸名說文莞屬又郎甸切馬藺艸名文一重音一

菣𦺉去刃切艸名說文香蒿也或从堅又並輕甸切文二重音一

茚伊刃切艸名文一

䓣具運切芝屬文一

莨居萬切水艸蟹有毒食水莨所爲又古恨切艸名鉤吻文一重音一

菌胡困切艸名文一

𦵩蒲悶切以艸爲界文一

荐徂悶切聚也再也艸也又才甸切說

文薦蓆也一曰再也文一重音一莚徒困切藥艸文一荌於旰切說文艸也又於諫切文一重音一蔓莫半切艸也文一蔡蒼案切艸名可爲蓆文一蘔則旰切艸名爾雅薜牡蘔又子末切艸木叢生也文一重音一蒜蘇貫切說文葷菜一曰山名文一萒徒案切艸名又當割切蕈也文一重音一葮徒玩切木名槿也文一薍盧玩切小蒜根曰薍子又五患切𦵡也入月薍爲葦文一重音一𦾓五患切𦵡也薍或作𦾓文一菚仕諫切艸名文一莧侯襉切說文莧菜也又形甸切菜名蔏陸也文一重音一苭胡辨切艸名文一蔄萌莧切姓也又郎豆切文一重音一蒨倉甸切艸盛皃文一茜倉甸切說文茅蒐也或作𦺅文二𦿆堂練切𦿆蓎艸名蕪荑也文一萰郎甸

切艸名爾雅萰菟荄文一藊眠見切藊藊艸皃文一⿱艹錢子賤切艸名文一蔙

隨戀切艸名文一⿱艹扇式戰切毘⿱艹扇艸名文一⿱艹戰之膳切艸名文一葕延面

切蔓莚也或作葕文一⿱艹弁皮變切雀⿱艹弁艸名文一⿱艹㚈夕嘯切艸名文一藋

⿱艹糴⿱艹穛徒弔切說文堇艸也一曰拜商藋或从米从禾藋又直角切蒴藋藥艸藋或作藋文

三重音一⿱艹好虛到切艸名文一⿱艹秏虛到切吳俗以艸木葉糞田曰⿱艹秏又莫報切艸覆蔓

女一重音一⿱艹抱薄報切鳥伏卵文一萺莫報切說文艸也又莫六切苜蓿苜或从冒又

謨沃切文一重音二⿱艹訶⿱艹呵許箇切菜名或从呵文二⿱艹閜許箇切蔞閜艸名文一⿱艹摩

莫卧切⿱艹摩⿱艹訶艸名文一莝寸卧切說文斬芻也文一藉慈夜切說文祭藉也一曰艸不

編狼藉藉又祥亦切踐也又秦昔切文一重音二

蔗 之夜切艸名說文諸蔗也文一

⿱艹奼 陟駕切⿱艹奼萺藥艸黃芩也文一

⿱艹畼 ⿱艹暢 丑亮切說文艸茂也或从暢文二

⿱艹穰 女亮切說文菜也一曰藏菹文一

萫 許亮切芼羹文一

⿱艹碭 大浪切⿱艹閬⿱艹碭藥艸文一

⿱艹閬 ⿱艹硠 郎宕切⿱艹閬⿱艹碭艸名或作⿱艹硠文二

⿱艹囊 乃浪切⿱艹囊⿱艹囊艸皃文一

⿱艹盂 莫浪切艸名狼尾也又莫更切文一重音一

⿱艹竟 居慶切艸名文一

⿱艹勝 詩證切胡麻也文一

⿱艹凴 部孕切艸盛皃文一

⿱艹⿴囗棘 尤救切艸名又于六切文一重音一

⿱艹囿 尤救切說文艸也又于六切文一重音一

⿺辶⿱艹告 所救切說文艸皃一曰艸雜也文一

蔻 許候切豆蔻艸實生交趾文一

⿱艹購 居候切艸名蒿類文一

⿱艹冓 ⿺辶⿱艹冓 居候切積艸或从遘文二

⿱艹婺 莫候切說文毒

艸也文一莓莫候切覆盆艸也文一蔟千候切大蔟律名蔟湊也萬物始大湊地而出也又千木切說文行蠶蓐也文一重音一荳大透切荳蔻藥艸文一萹郎豆切萹蘆藥艸文一葠子鴆切喪藉艸也文一蔭於禁切說文艸陰地文一⿱艹劒居欠切藥艸蜀夜干治喉病文一蘸莊陷切說文以物没水文一⿱艹潐莊陷切滔⿱艹潐溼皃文一⿱艹⿱亡夂亡梵切博雅薉也艸木蕪蔓也文一蔛胡谷切石蔛藥艸文一⿱艹穀胡谷切菜名生水中文一⿱艹仆普木切小擊也文一⿱艹僕普木切⿱艹僕也文一⿱艹木莫卜切艸名文一藗蘇谷切艸名說文壯茅也文一⿱艹獨徒谷切⿱艹獨落藥艸又殊玉切菜名文一重音一蔍盧谷切艸名鹿蹄也一曰蔍葱文一⿰木菉盧谷切⿰木菉蓮艸名文一⿱艹塵盧谷切⿱艹塵

菌艸名地葖也文一　葍　方六切艸名文一　葍蔔蕧　方六切說文葍也或作蔔蕧又
並芳六切說文蕧盜庚也一曰旋蕧似菊葍蕧又並房六切文三重音二　蕧　芳六切通艸也一名
烏蕧文一　菔　房六切蘆菔艸名一曰刀劒衣又皁墨切菜名說文蘆菔似蕪菁文一重音一　苜
⿱艹牧　莫六切苜蓿艸名或从牧文二　蓿　息六切苜蓿艸名文一　茿⿱艹築　張六切艸
名說文萹茿也或从木文二　蓄　勑六切說文積也又許六切冬菜文一重音一　苖　勑六
切艸名蓨也又許六切羊蹄艸也又徒沃切又他歷切又亭歷切文一重音四　蓫　勑六切艸名惡
菜也又仲六切蓫蕮艸名馬尾也又許六切文一重音二　⿱艹稑　力竹切蔏⿱艹稑艸名文一　⿱艹滲
力竹切艸長大臭文一　萑　余六切說文艸也引詩食鬱及萑文一　蒏　余六切說文艸

也文一 ⿱艹稫 蓄 許六切冬菜或从蓄文二 蘜 丘六切蘜蘼華青黃色又居六切艸名說

文菁也似秋華文一重音一 菊 居六切艸名說文大菊蘧麥文一 蘜 蓻 居六切艸

名治牆也今之秋華或作蓻蘜又即入切說文艸木不生也一曰茅牙又諾叶切文一重音二 ⿱艹鞫

居六切艸名大蘭也葉細華紅紫色文一 ⿱艹⿰革勹 蓺 居六切艸名說文日精也似秋華亦作蓺文二

薁 乙六切艸名說文嬰薁也又於到切文一重音一 ⿱艹告 姑沃切禾皮一曰地名文一

⿱艹海 ⿱艹毒 都毒切艸韓詩⿱艹海萹筑也或省又並徒沃切艸名說文水萹筑也文二重音一 ⿱艹副

徒沃切說文厚也害人之艸文一 蒪 匹沃切蒪且艸名蘘荷也又匹各切文一重音一 ⿱艹蜀

殊玉切⿱艹蜀葵艸名又厨玉切文一重音一 藚 松玉切艸名說文水舄也引詩言采其藚文一 ⿱艹躅

廚玉切艸名博雅羊蘬蘬芠光也文一菉⿱艹綠龍玉切艸名說文王芻也引詩菉竹猗猗或从

綠文二⿱艸⿷匚曲䒼區玉切說文蠶薄也或作䒼文二葯乙角切白芷其葉謂之葯又乙

却切又丁歷切纆也文一重音二⿱艹瓟乙角切艸名蒻也文一藐墨角切艸名說文茈

艸也文一蒴色角切蒴藋藥艸文一⿱艹灼測角切艸名文一⿱艹燋⿱艹⿰米焦

測角切藥艸博雅⿱艹燋蒵⿱艹毒附子也或从禾从米文三藋直角切蒴藋藥艸文一蒻昵角

切⿱艹瓟蒻豆也又日灼切說文蒲子可以爲平席一曰菜名文一重音二⿱艹日入質切艸名文一

⿱艹膝⿱艹悉息七切牛⿱艹膝藥艸或作⿱艹悉文二⿱艹桼茉戚悉切艸名似蘇或作茉文二蒺

昨悉切蒺蔾藥艸又疾力切文一重音一萆壁吉切豆也荊也一曰萆蓖艸名羊蹄也文一苾

簿必切說文馨香也又蒲結切菜名文一重音一

蔤藌 畢切說文芙蕖或从蜜藌又莫筆切文二重音一

⿱艹⿱必山 莫筆切荷本也文一

⿱艹栗 力質切艸名文一

芞 極乙切香艸又許訖切爾雅藒車芞輿又欺訖切又其迄切文一重音三

蒁 越筆切艸名又食律切又劣戌切文一重音二

茁 莊出切艸初生皃又厥律切又之出切艸名蓢萃也又竹律切又側滑切又祖怳切又朱劣切又側劣切文一重音七

⿱艹矞 厥律切艸名又訣律切艸名⿱艹矞子可食一曰馬芹又母版切菜名文一重音二

⿱艹朮 直律切艸名說文山薊也文一

⿱艹鬱 紆勿切芳艸也文一

⿱艹術 勅律切艸名小薊也文一

萃 劣戌切博雅始也一曰艸孚甲出也文一

葎 劣戌切說文艸也似葛有刺又勒沒切文一重音一

⿱艹聿 允律切艸名藜也文一

芴 文拂切艸

名說文菲也又呼骨切芒芴無象也文一重音一

芇分物切艸木盛也文一

䓛曲勿切說文敊也又古忽切文一重音一

蕨居月切菜名說文鼈也又其月切文一重音一

藒居謁切菜名似蕨生水中又阿葛切又丘瞎切藒車香艸文一重音二

藅房越切艸名爾雅葖藅文一

莈莫勃切艸名文一

葧⿱艹敎薄沒切艸名博雅蘩母蒡葧或从敎文二

葖他骨切艸名爾雅葖蘆萉蕪菁屬又陁沒切文一重音一

蓇古忽切艸名不實文一

⿱艹兀五忽切艸名艾屬文一

⿱艹楬⿱艹髦⿱艹褐何葛切水艸似蕨可啖或从髦从褐文三

葛丘曷切艸名又居曷切說文絺綌艸也亦姓文一重音一

蕯桑葛切唐六典有蕯寶府掌胡神文一

蔎桑葛切香皃楚辭懷椒聊之蔎蔎又式列切說文香艸也文一重音一

薘陁葛切艸

名馬舄也文一

萿 戶括切獨活藥艸又苦活切又古活切爾雅萿萿麋舌文一重音二

苦 古活切說文苦蔞果蓏也又食列切艸名文一重音一

萿 古活切字林萿萿瑞草也文一

⿱艹癹 蒲撥切除艸也文一

茇 蒲撥切艸木根文一

菝 蒲撥切菝萿瑞艸也又蒲八切文一重音一

⿱艹𣎳 北末切小皃文一

莌 **⿱艹脫** 他括切艸名生江南或从脫又並徒活切文二重音一

⿱艹𧦝 **葜** 丘八切菝⿱艹𧦝艸名或从契文二

⿱艹戛 訖黠切艸名文一

⿱艹害 下瞎切艸名方言蘇沅湘南謂之⿱艹害文一

⿱艹割 居轄切艸名文一

⿱艹刹 初轄切艸名文一

⿱艹⿱巳夂 側刮切菜名文一

⿱艹屑 先結切艸名文一

⿱艹即 子結切艸約也文一

⿱艹截 昨結切博雅治也一曰艸名文一

苵 **⿱艹戜** 徒結切艸名說文蕛苵也或作⿱艹戜文二

苶 乃結切疲

負一曰止負又而列切又諾叶切一曰忘也文一重音二　菍乃結切艸名又諾叶切又忍甚切木名文一重音二　⿱艹圼⿱艹涅乃結切菜名似蒜生水邊或作⿱艹涅文二　⿱艹頡奚結切龍⿱艹頡艸名馬蓼也文一　⿱艹鴶奚結切鴻⿱艹鴶艸名葒也文一　⿱艹結吉屑切艸名文一　⿱艹血呼決切說文艸也一曰地葢蒨也又呼臭切文一重音一　芵⿱艹決古穴切芵光艸名芵明也从決文二　𣂚⿰⿱屮⿱仌屮斤食列切斷也从斤斷艸籀文从艸在冫中冫寒故折斮又之列切文二重音一　⿱艹辥薛私列切說文艸也或省一曰國名亦姓文二　⿱艹折之列切斷艸文一　茢力蘖切說文芀也文一　⿱艹閱欲雪切菜名葉似竹生水旁文一　蒛傾雪切艸名爾雅茥蒛葢文一　⿱艹朅丘蘖切藒車香艸藒或从朅文一　蘖巨列切艸名文一　⿱蔽魚⿱蔽黽必列切艸名爾

雅蕨⿱艹鱉或从鼈文二若⿱艹叒叒日灼切說文擇菜也从艸右右手也一曰杜若香艸一曰順也如也汝也一曰語辭古作⿱艹叒叒若又人奢切蜀地名又爾者切艸乾也一曰若若綬垂皃一曰今人謂弱爲若文三重音二莂筆別切移蒔也文一藥弋灼切說文治病艸又力灼切勺藥調味和也又式灼切灼藥熱皃文一重音二蘥弋灼切艸名說文爵麥也文一⿱艹濼式灼切艸名爾雅⿱艹濼貫衆文一⿱艹斫職略切艸名廣雅⿱艹斫蘘簞也文一蒦王縛切蒦子菜名文一蘀闥各切說文艸木凡皮葉陊地爲蘀引詩十月隕蘀又直格切蘀蕮藥艸文一重音一落歷各切說文凡艸曰零木曰落一曰宮室始成祭之爲落亦姓漢有巴郡落下閎文一⿱艹僕匹各切博雅⿱艹僕蘀落也文一⿱艹索昔各切艸名又色窄切文一重音一莡倉各切艸名文一

莋疾各切說文越嶲縣名又秦昔切茹艸也文一重音一　葃疾各切葃茹艸名又士革切菜名又秦昔切茹艸也文一重音二　藿曷各切艸名爾雅抱藿首又忽郭切尗之少也文一重音一　茖剛鶴切艸也又各額切說文艸也一曰山葱文一重音一　萼逆各切華跗文一　⿱艹靃忽郭切艸名說文尗之少也文一　⿱艹伯博陌切藍艸文一　⿱艹帛薄陌切艸名象帛文一　芼陟格切藥艸文一　⿱艹澤直格切⿱艹澤蔦藥艸文一　蕐直格切葛屬文一　⿱艹戟訖逆切大⿱艹戟巴⿱艹戟皆藥艸文一　⿱艹敕色責切說文以穀飼馬又測革切文一重音一　蒚下革切西方名蒲中莖為蒚又狼狄切艸名說文夫蘺上也文一重音一　虉逆革切小艸也有雜色似綬一曰鳥名又倪歷切說文綬也文一重音一　蕮蕮思積切馬蕮艸名車

前也或作蔿文二⿱艹脊資昔切艸名文一蓆祥亦切說文廣多也文一⿱艹蹢⿱艹鄭直炙切艸名博雅羊⿱艹蹢⿱艹躅英光也或作⿱艹鄭文二⿱艹益伊昔切⿱艹益母艸茺蔚也文一菥先的切菥蓂菜名大薺也文一⿱艹戚倉歷切艸名文一⿱艹覓莫狄切艸名文一⿱艹適荻亭歷切艸名萑也或从狄文二蔋亭歷切說文艸旱盡也引詩蔋蔋山川文一⿱艹秝狼狄切艸木疏皃文一藶狼狄切葶藶艸名文一⿱艹瀝狼狄切水艸文一⿱艹毄吉歷切說文艸也文一虉倪歷切綬也詩卭有旨虉文一⿱艹職蘵⿱艹戠質力切艸名爾雅⿱艹職黃蒢葉似酸漿華小而白或作蘵亦省文三⿱艹識設職切苦蘵艸名即苦蔘文一葥丞職切藥艸又札色切艸名說文烏喙也一曰附子一歲者又實側切文一重音二薔殺測切艸名說

文薔虞蓼文一　蒠悉即切菲蒠菜名生下溼地似蕪菁可食郭璞說文一　⿱艹冀逸織切艸

名藕麹也文二　芅逸織切銚芅艸名羊桃也文一　⿱艹局⿱艹亟訖力切敵疾也或作⿱艹亟文二

蕀訖力切艸名爾雅髦顛蕀細葉有刺蔓生或謂之女朮文一　⿱艹或越逼切艸木叢最生文

一　葍拍逼切艸名文一　艻歷德切蘿艻菜名文一　蔔皁墨切菜名文一

⿱艹賊疾則切木⿱艹賊艸名文一　葺七入切說文茨也又即入切博雅覆也又席入切又籍入

切文一重音三　⿱艹集即入切艸名菩也又籍入切文一重音一　⿱艹習席入切艸名博雅水苜蓿

也文一　⿱艹歰色入切⿱艹歰⿱艹歰艸聲又側立切香菜文一重音一　蕺側立切艸名葉似喬麥生

隰地又千俠切小折聲文一重音一　⿱艹急直立切艸名也又訖立切艸名蒴藋也文一重音一　苙

力入切畜欄也孟子如追放豚既入其苙一曰藥艸白芷也又極入切白苙艸名菈蕡也文一重音一

蒳蒟昵立切葩蒳艸容皃或作蒟文二　葺一入切艸名一曰葺蒳艸容皃文一　芨乞及切艸名烏頭也又訖立切說文堇艸也又極入切艸名文一重音二　⿱艹⿰立瓜極入切博雅冬瓜⿱艹⿰立瓜也文一　⿱艹邑乙及切艸傷壞也文一　葩乙及切葩蒳艸密皃文一　菌曷閤切艸名文一　⿱艹指作荅切艸名又昨合切文一重音一　⿱艹雜昨合切戶簾也又疾協切文一重音一　荅德合切說文小尗也又託合切解體皃文一重音一　荅蓽託合切菜名生水中大葉或作蓽荅又德盍切文二重音一　⿺辶董達合切蘆菔也方言東魯謂之菈⿺辶董文一　菈落合切菜名蘆菔東魯謂之菈⿺辶董文一　蒳諾合切香艸文一　⿱艹⿰耳非悉盍切艸聲文一

齒從

蒻 託盍切艸名可作布文一 葉 弋涉切說文艸木之葉也又失涉切縣名又達協切書篇名文一重音二 菨 即涉切艸名說文菨餘也叢生水中葉在莖端江東呼爲莕又色甲切棺羽飾也文一重音一 蓵 疾葉切編艸障戶又疾協切艸簾文一重音一 萐 色輒切萐莆瑞艸又悉協切又實洽切萐時生於庖廚扇暑而涼又色甲切文一重音三 ⿱艹耴 陟涉切艸名小葉文一

⿱艹巤 力涉切艸動也文一 ⿱艹牒 達協切艸名又悉協切履中薦也文一重音一 ⿱艹⿰夾瓦 力協切艸葉踈白文一 莢 吉協切說文艸實一曰艸初生一曰蓂莢瑞艸文一 ⿱艹蹀 悉協切履中薦也文一 ⿱艹談 訖洽切艸名文一

文七百十 重音三百七十三

蓐陳艸復生也从艸辱聲一曰蔟也凡蓐之類皆从蓐籒作蓐而蜀切文二

薅薅呼高切說文拔去田艸也从蓐好省聲籒文省文二

文四

茻眾艸也从四屮凡茻之類皆从茻讀與冈同模朗切又滿補切宿艸又文紡切眾艸也又莫後切文一重音三

莽謨朗切南昌謂犬善逐兔艸中爲莽又謨郎切莽蒼艸野之色又滿補切又莫候切文一重音三

莫莫故切又慕各切日且冥也从日在茻又莫白切德正應和曰莫又莫狄切虛元也或引

禮合莫文

葬⿱死土⿱艹⿸厂死 則浪切藏也从死在茻中一其中所以薦之易曰古之葬者厚衣之以薪或作⿱死土古作⿱艹⿸厂死葬又兹郎切瘞也又慈郎切周禮以相葬埋劉昌宗讀也又才浪切藏也

文三重音三

⿱卌巾 未冬切無也定也亦姓文一

文七　重音十二

類篇卷第一下

類篇卷第二上　卷之四

朝散大夫右諫議大夫權御史中丞充理檢使上護軍河內郡開國侯食邑一千三百戶賜紫金魚袋臣司馬光等奉

勑修纂

十四部

文二千三百三十五

重音一千八百三十

小物之微也从八丨見而分之凡小之類皆从小　私兆切

文一

⿰少里 謨皆切少也文一 ⿱尞 憐宵切姓也文一 ⿱大小 他刀切進也又以冉切本廣末狹文一重音一 ⿰曹少 財勞切⿰勞少⿰曹少物未精也文一 ⿰勞少 郎刀切⿰勞少⿰曹少物未精也文一 ⿱⺌大 思嗟切小也文一 尖 子廉切銳也文一 ⿰兼少 勒兼切小也又歷店切文一重音一 ⿱小火 壯咸切銳也文一 ⿰毚少 初銜切⿰監少⿰毚少少也文一 ⿰監少 力銜切⿰監少⿰毚少少也文一 少 尸沼切不多也又始曜切幼也文一重音一 ⿰小乚 乃后切乳子也文一 ⿱能小 乃代切小能也文一 ⿰斬少 巨斬切少也又羌刃切文一重音一 ⿺乀小 子列切小也少也又子悉切蠽名方言蜻其雌者謂之⿺乀小文一重音一 ⿸厂⿱秝小 狼狄切⿰兼少⿸厂⿱秝小小劣也文一

文十八 重音五

八別也象分別相背之形凡八之類皆从八

八 博拔切文一

公⿱八白 古紅切說文平分也从八从厶八猶背也韓非曰背厶爲公一曰封爵名古作⿱八白公又諸容切妐或爲公文二重音一

余 以諸切从八舍省語之舒也又祥余切余吾水名在朔方又商居切四月爲除或省又同都切檮余山名文一重音三

𦥓 以諸切二余也文一

分 甫文切別也从刀以分別物也又符分切趙地名又方問切均也春秋傳捄患分災又符問切別也又皮莧切辦或作分文一重音四

⿱臼分 符分切水名文一

佘 時遮切姓也文一

曾 昨稜切詞之舒也从八从曰四聲又咨騰切則也又姓文一重音一

詹 職廉切多言也徐鍇等曰厃高

也八分也夕故可分也文一㒸徐醉切从意也文一介古拜切畫也人各有介又居賀切竹箇或作介又訖黠切特也漢書介居河北文一重音二个居賀切竹枚也箇或作个又居案切射侯舌也文一重音一尙時亮切曾也庶幾也又辰羊切主也漢官尚書主大計文一重音一必畢吉切分極也又必結切以組約圭也周禮天子圭中必文一重音一𠔁兵列切分也从重八引孝經說曰故上下有別文一尒兒氏切詞之必然也八象氣之分散文一

文十七　重音十四

釆辨別也象獸指爪分別也凡釆之類皆从釆讀若辨古文作𠂻博莧切釆又邦免切揀別也一曰獸懸蹄

又莫晏切文二重音二

番𤳉𤳉 符袁切獸足謂之番从釆田象其掌古作𤳉𤳉番又蒲麋切縣名在魯又孚袁切數也又鋪官切番禺縣名在南海又蒲官切番和縣名在張掖郡又逋禾切番番勇也又蒲波切鄱陽縣名或省又孚萬切更次也又普半切縣名在上谷又補過切獸足文三重音九

鄱𢐀 符袁切生育也或省文二

宷審 式荏切知審諦也宀覆也釆別也包覆而深別之宷悉也篆文作審文二

䊩 古曠切飾色也文一

粙 余救切物有光也文一

悉恖 息七切詳盡也古作恖文二

釋 賞職切解也从釆取其分別物也文一

𨤏 遏合切繪也文一

文十五　重音十一

半物中分也从八从牛牛爲物大可以分也凡半之類皆从半博慢切又普半切大片也又逋潘切文一重音二

胖蒲官切大也禮心廣體胖又補綰切夾脊肉一曰半體也周禮膴胖杜子春讀又普半切半體肉也一曰廣肉文一重音二

叛薄半切半也文一

文三　重音四

牛大牲也牛件也件事理也象角頭三封尾之形凡牛之類皆从牛魚尤切文一

犝㸗徒東切說文無角牛也或从同犝又覯動切文二重音一

⿱從牛常容切引舩淺水中

文一⿰牜夆敷容切牛名又方容切文一重音一犎方容切牛名領上肉㼿胅起如橐駝文一
⿰牜庸餘封切牛名領有隆肉文一牻莫江切說文牛白黑雜毛文一⿰牜罷⿰牜羆班麋
切爾雅⿰牜罷牛今⿰牜畏牛也一曰果下牛或从羆⿰牜罷又步買切牛短足⿰牜羆又蒲麋切又蒲街切文二重音二
犧虛宜切說文宗廟之牲也又桑何切酒尊名飾以翡翠文一重音一犄丘奇切牛名又
於宜切文一重音一⿰牜隹川隹切牛名文一犂⿰牜黎良脂切牛駁文一曰耕也或作⿰牜黎犂
又憐題切耕也又力求切犂然栗然也⿰牜黎又憐題切文二重音三⿰牜纍⿰牜絫⿰牜累倫追切求
子牛一曰騰獿也或作⿰牜絫⿰牜累文三犪渠龜切牛名山海經岷山多犪牛文一⿰牜飛匪微
切獸名如牛白首一目文一⿰牜軍吁韋切牛名文一犩⿰牜嵬語韋切牛名犪也如牛而

大肉數千斤或作犪又並虞貴切獸名犪又羽鬼切文二重音二牸芳無切牛玄脣謂之牸文
一犓窻俞切說文以芻莖養牛引春秋國語犓豢幾何文一⿰牛俞容朱切黑牛也南齊
建武中賜蕭頴胄白⿰牛俞牛文一⿰牛角聰徂切大也疏也物不精也又鋤庚切獸角長又坐五切牛角
直皃文一重音二牾訛胡切獸名文一⿰牛余同都切黃牛虎文文一犀先齊
切說文南徼外牛一角在鼻一角在頂似豕一曰瓠中一曰兵器堅也亦姓又相咨切獸名文一重音一
牴都黎切羝或从牛又椿皆切獬牴獸名性忠直又典禮切說文觸也文一重音二犂
⿰牛斗憐題切耕也或作科文二⿰牛褱乎乖切牛名人目而四角文一⿰牛崔徂回切牛白色
文一⿰牛壽當來切牛羊無子又昌來切又蚩招切又他刀切又徒刀切又蚩周切又去九切文一重

音六⿰牛秦慈鄰切牛名文一⿰牛川船倫切牛行遲也又松倫切文一重音一⿰牛分符分切牝牛文一⿰牛敦都昆切牛名文一犉濡純切黃牛黑脣又都昆切又而宣切文一重音二犇逋昆切走也一曰堂上謂之步門外謂之趨中庭謂之走大路謂之犇文一⿰牛原愚袁切山海經乾山有獸狀如牛而三足名曰⿰牛原又吾官切野牛名角可爲鞏材文一重音一犍⿰牛虔⿰牛曷居言切犗牛或作⿰牛虔⿰牛曷犍⿰牛虔又渠言切犍爲郡名犍又渠焉切又許偃切獸名似牛⿰牛曷又何葛切文三重音四⿰牛干俄干切止牛也文一⿰牛雚巨班切牛角曲又求患切文一重音一牼丘閑切牛⿰桼阝下骨又輕煙切又丘耕切引春秋傳宋司馬牼字牛又何耕切又吉定切文一重音四⿰牛因⿰牛垔於閑切牛尾包謂之⿰牛因或作⿰牛垔文二牽輕煙切說文引前也亦姓又輕甸切

挽也文一重音一牷從緣切說文牛純色文一犉而宣切黃牛黑脣文一犈

逵貟切爾雅牛黑脚犈又古倦切文一重音一犥紕招切說文牛黃白色又普刀切又匹沼切又

滂表切牛白蒼色又被表切毛羽朱色不澤也又滂保切又巨到切文一重音六犪如昭切牛

馴伏又爾紹切說文牛柔謹也文一重音一⿰牛䍃餘招切牛名文一⿰牛卓丑交切角挑也

又敕敎切以角挑物文一重音一牦謨袍切牛名人所謂偏牛者顏師古說文一牧

他刀切說文牛徐行也文一⿰牛曷徒刀切說文牛羊無子文一牢窂臾郎刀切說

文閑養牛馬圈也从牛从舟省取其四周帀也或从穴古作臾牢又郎侯切削約握之中央以安手也儀

禮士喪握手用玄牢文三重音一犐牠𤚏苦禾切博雅郭犐牛屬一曰牛無角也亦

作牪料牪又唐何切又徒禾切料又居尤切大牡謂之料文三重音三　⿰牛可 囊何切獸名似牛白尾文一

犘 謨加切牛名出巴中重千斤文一　⿰牛巴 邦加切牛角相背謂之⿰牛巴文一　⿱沙牛 師加切牛名文一

⿰牛叚 何加切牛有力者又居牙切爾雅牛絕有力欣⿰牛叚文一重音一　牥 分房切牛名日行三百里能行流沙中文一

⿰牛京 呂張切牻牛也引春秋傳牻⿰牛京又力讓切駮牛也文一重音一

⿰牛畺⿰牛姜 居良切說文牛長脊也或从姜文二　⿰牛唐⿰牛堂 徒郎切牛名或从堂文二

⿰牛旁 逋旁切並將牛也文一　⿰牛倉 千剛切牛名文一　犅⿰牛亢 居郎切說文特牛也或从亢文二

⿰牛黃 胡光切牛名文一　牲 師庚切說文牛完全文一　⿰牛平 披耕切說文牛駮如屋文一

⿰牛辛 思營切牲赤色文一　⿰牛嬰 伊盈切牛名文一　⿰牛靈⿰牛令

郎丁切牛名或作⿰牜令文二 ⿰牜曾 慈陵切牛名文一 ⿰牜求 渠尤切角皃又渠幽切文一重音一
⿱此牛 尸周切牛名文一 犨 犫 蚩周切說文牛息聲一曰牛名亦地名或不省文二 ⿰牜交
犙 踈鳩切牛三歲也或从參犙又山幽切又蘇含切又倉含切又姑南切又師銜切文二重音五
⿰牜區 烏侯切特牛也又於口切又區遇切文一重音二 牟 迷浮切說文牛鳴也从牛象其
聲气从口出一曰取也大也又莫後切中年地名又莫候切昬也文一重音二 ⿰牜尋 徐心切牛名文
一 ⿰牜冘 持林切吴牛謂之⿰牜冘又式荏切文一重音一 ⿰牜宂 乳勇切吴牛名文一 ⿱⿰無攵牛
母鄙切獸名似牛又美隕切山牛文一重音一 牝 補履切獸雌者牝又並履切畜母又婢忍切引
易畜牝牛吉又婢善切文一重音三 ⿰牜矣 牀史切牛一歲謂之⿰牜矣文一 ⿱非牛 府尾切說文兩

壁耕也又方未切博雅犇耦耕也又父
沸切覆耕也又補妹切文一重音三 牡 滿補切 禽雄曰
牡又莫後切說文畜 牯 果五切牛 ⿰牛坒 部禮切⿰牛坒
父也文一重音一 名文一 牛馬行
文 ⿰牛解 下買切獬豸獸 ⿰牛堇 几隱切博雅柔 ⿰牛産 所
一 名或作獬文一 也謂牛馴文一 簡
切說文畜牲也又所慶 ⿱臤牛 下簡切牛不從羈謂之
切牸牛文一重音一 ⿱臤牛又牽典切說文牛狠
不从牽也一曰大皃又輕甸 ⿰牛⿱山虫 丑展切牛緩 ⿰牛堯
切又奚結切文一重音三 謂之⿰牛⿱山虫文一
魚小切獸名一曰趙魏 ⿰牛⿱巛目 烏猛切犢也一曰牛鳴
謂牛馬騰躍曰⿰牛堯文一 又於杏切文一重音一
⿰牛句 許后切郭璞曰青州呼犢爲 ⿰牛口 去厚切牛 ⿰牛后
⿰牛句又舉后切文一重音一 名文一
去厚切牛名又於 犃 薄口切廣雅犌犃雄也一 ⿰牛禹
口切文一重音一 曰牛短首謂之犃文一

莫後切說文畜父也文一 牳 莫後切牛名文一 牭 ⿰牛貳 息利切說文四歲牛一曰佷也籀从貳文二 犕 平秘切說文引易犕牛乘馬一曰牛八歲謂之犕又房六切用牛也文一重音一 牸 疾置切牛牝也文一 犔 許既切牛⿰牛堇謂之犔一曰牛餉文一 犚 紆胃切牛名爾雅牛黑耳犚或作⿰牛尉文一 ⿰牛需 儒遇切牛名文一 ⿰牛毘 匹計切牛名文一 ⿱制牛 時制切一角仰也文一 ⿱衛牛 于歲切說文牛踶⿱衛牛也又姑衞切又巨內切觝也又逵穢切牛觸謂之⿱衛牛文一重音三 犡 ⿰牛蠆 落蓋切說文牛白脊也犡或从蠆犡又力制切文二重音一 ⿰牛巿 ⿰牛貝 博蓋切說文二歲牛一曰牛足長大曰⿰牛巿或从貝文二 犗 居拜切說文騬牛也文一 ⿰牛介 居拜切四歲牛文一 ⿱北牛 補妹切廣雅耕也一曰兩壁耕文一 牣 ⿰牛忍 而振切說文牣滿也

引詩於牣魚躍或从忍文二 ⿱分牛 方問切跳擲也山海經依軲山有獸虎爪有甲名曰獜善駚⿱分牛
文一 牶 區願切牛繩鼻謂之牶文一 ⿰牜夭 他甸切牛食艸文一 犦 巴校切牛名出
合浦文一 ⿰牜肖 所教切角銳文一 犒 口到切餉也文一 ⿰牜舍 式夜切爾雅牝曰⿰牜舍
文一 ⿰牜射 神夜切獸名如小麋臍有香文一 ⿰牜各 居訝切說文馬在軛中文一 ⿰牜由
余救切牛目眥黑曰牰又似救切又疾僦切文一重音二 觳 居候切取牛乳也文一 ⿰牜今
巨禁切說文牛舌病也文一 ⿰牜毚 仕懺切角皃文一 犢 ⿰牜蜀 徒谷切說文牛子也或从
蜀文二 ⿰牜隺 胡沃切牛白色又吾沃切又逆角切又力角切又五郭切文一重音四 牿
姑沃切說文牛馬牢也引周書今惟牿牛馬文一 ⿰牜翟 吾沃切牛白色文一 犦 逋沃切牛

名犎也又逋玉切牛名又㹁角切又伯各切文一重音三

⿱角牛 樞王切說文牴也文一

⿰牛菐 匹角切特牛文一

犖 力角切說文駁牛也一曰地名在宋又曰力各切牛駁色文一重音一

物 文拂切說文萬物也牛爲大物天地之數起於牽牛故从牛文一

⿰牛骨 古忽切牛名文一

㸬 盧活切駁也又龍輟切說文牛白脊也文一重音一

⿰牛乍 即各切山牛也又疾各切牛名重千斤出華陰山文一重音一

⿰牛啇 亭歷切博雅⿰牛啇特雄也文一

⿰牛昊 扃闃切牛屬文一

⿰牛畟 節力切牛名文一

犆 逐力切緣也禮羔幦虎犆又敵德切文一重音一

特 敵德切說文朴特牛父也一曰獨也文一

⿰牛習 落合切⿰牛習拉牛抵也文一

⿰牛翕 敵盍切抵也文一

⿰牛巤 力涉切牛名文一

⿰牛劦 檄頰切牛健謂之⿰牛劦文一

文一百七十六　重音九十五

犛西南夷長髦牛也从牛𠩺聲凡犛之類皆从犛莫交切又鳴龍切又陵之切又郎才切又謨袍切犛牛尾也文一重音四

氂陵之切犛氂牛也一曰十毫曰氂又郎才切又謨交切又謨袍切文一重音三

斄𠩺陵之切鄉名古省又並郎才切說文彊曲毛可以箸起衣斄又良脂切牛駮文又湯來切右扶風斄縣又謨交切又謨袍切氂或作斄文二重音四

文四　重音十二

告牛觸人角箸橫木所以告人也从口从

牛易曰僮牛之告凡告之類皆从告古奥切又乎刀切休謁也漢書告歸之田又居勞切白也又居六切讀書用法曰告禮告于甸人又枯沃切吏休假也又沽沃切易初筮告又轄角切文一重音六

𢍺居号切告也誥古作𢍺文一　嚳枯沃切急告之甚也文一

文三　重音六

口人所以言食也象形凡口之類皆从口苦后切文一

哃徒東切哃嘈大言文一　嚨盧東切說文喉也文一　⿱龍口盧東切大聲也文一

⿰口蒙 謨蓬切言不明文一 ⿰口夅 胡公切大聲文一 哅哅 呼公切大聲或作哅文二

⿰口動 呼公切歌聲又乎攻切又杜孔切大歌謂之⿰口動又徒弄切又胡貢切又胡宋切文一重音五

叿哄 呼公切呵也一曰叿叿人聲一曰呢語或作哄叿又胡公切大聲哄又居容切聲也又胡貢切衆聲文二重音三

⿰口公 沽紅切衆口又諸容切又似用切說文爭也文一重音二

嗡 烏公切嗡⿰口公牛聲又烏公切蟲聲又鄔孔切鬧聲文一重音二

噥 奴冬切言多不中謂之噥噥又濃江切嗔語一曰語不明文一重音一

⿰口⿱木灬 居容切聲也文一

噰嗈 於容切爾雅聲也郭璞引詩肅噰和鳴或作嗈噰又委勇切氣咽塞文二重音一

喁 魚容切噞喁魚上見一曰聲也又元俱切噞喁魚口出入又五矩切又語口切于喁聲相和也文一重音三

啌 枯江切喉⿸疒胡也

又虛江切一曰嗔語一曰嗽也文一重音一哤莫江切說文哤異之言一曰雜語文一噇傳江切食無廉也文一吱章移切吱吱聲也又遣尒切行喘謂之吱又去智切文一重音二𠹀商支切聲也文一吹姝爲切說文噓也又尺僞切文一重音一㖷常支切鳥鳴又市之切又田黎切文一重音二唲如之切嚅唲彊笑又鳴皆切嘔唲聲也文一重音一𠰺將之切嫌食也又才支切又余支切文一重音二呲才支切歁食也又余支切又牆支切無食也文一重音二嚱虛宜切嗚嚱歎辭又香義切嚱嚱聲也文一重音一噅吁爲切廣雅醜也一曰謆謂之噅又驅爲切一曰口不正文一重音一吚升脂切呻也又馨夷切說文唸吚呻也文一重音一咨津夷切說文謀事曰咨一曰嗟也又資四切歎聲易曰齎咨文一重音一呢

⿰口貳 女夷切呢喃小聲多言也或从貳呢又乃倚切聲也又女履切言以示人文二重音二

咦 延知切說文南陽謂大呼曰咦又馨夷切博雅笑也又虛其切呼也又直皆切笑皃文一重音三

唯 夷隹切專辭又視隹切何也又愈水切說文諾也文一重音二

咥 馨夷切大笑也又虛其切戲笑皃又脂利切齧也又陟利切止也易咥愓中吉馬融讀又丑二切又虛器切又許四切又許旣切說文引詩咥其笑矣又勑栗切又閱吉切又丁結切咜咥虜姓又徒結切齧堅皃文一重音十一

咿吚 於夷切喔咿彊笑或省吚又許四切呻也文二重音一

吡 篇夷切吡聲文一

⿰口紫 篇夷切⿰口紫呢口皃文一

呞 申之切爾雅牛曰齝吐而噍也齝或作呞又充之切食已復出嚼也又超之切文一重音二

⿰口而咡 人之切吻也或从耳咡又仍吏切口旁曰咡文二重音一

嗤

充之切笑也文一 嗞 津之切說文嗟也廣雅嗞听笑也一曰啼不止文一 ⿰口慈 牆之切涾⿰口慈愧皃文一 台 盈之切說文悅也一曰我也又湯來切三台也又堂來切台背大老也一曰台谷地名又詳吏切嗣古作台文一重音三 嘻 虛其切敕也一曰有所多大之聲周頌有噫嘻也於其切恨聲又許記切笑也文一重音二 唉 虛其切可惡之辭又於其切方言唉⿱殹言然也又英皆切應聲又呼來切歎也又於開切又羽已切又倚駭切飽聲謂之唉又倚亥切又於代切慢也文一重音八 噫 於其切恨聲又於希切哀痛聲又隱巳切歎聲又於記切又乙介切說文飽食息也又於禁切氣出皃又乙力切語辭文一重音六 ⿰口醫 於其切⿰口醫嘘開口笑也文一 听 魚其切听⿰口慈口開皃又魚衣切媿皃又魚斤切笑皃又擬引切大口謂之听又口謹切又語近切又逆吉切文一重

音六嘰居希切說文小食也一曰唏也紂爲象著而箕子嘰又渠希切又巨至切小食文一重音二

唏香衣切說文歔也一曰歔欷懼皃又許几切博雅笑也一曰哀而不泣又許已切方言痛也又許豈切又虛器切又虛位切又許記切啼也又許介切卧息也文一重音七

⿱沂口魚衣切⿱沂口嘰娓皃文一

喡于非切呼聲又羽鬼切又于貴切小兒啼聲文一重音二

唹衣虛切博雅笑也又歐許切文一重音一

噓休居切說文吹也一曰出氣急曰吹緩曰噓又許遇切文一重音一

呿丘於切口開也又去伽切又丘據切又乞業切卧息又乙業切文一重音四

⿰口楚楚居切呵文一

⿰口與羊諸切噓⿰口與引吡也文一重者歌文一

⿱吅亏匈于切歎也驚也文一

⿱呴灬匈于切吹也一曰笑意一曰欠也文一

嘔呴匈于切悅言也史記項羽言語嘔嘔或作呴嘔

又虧于切嘔夷水名在并州又春朱切怒聲又烏侯
切博雅嘔嘔喜也一曰小兒語又於口切說文吐也
又威遇切和悅皃漢書嘔喩受之應劭讀呴又呼侯
切喉中聲又居侯切匈奴單于名史記呴犁胡又火
羽切吹也又許后切厚怒聲又吁句切氣以湿
之也又居候切雉鳴雊或作呴文二重音十一 **⿰口取**
遵須切嚱⿰口取 **嗺** 遵須切高皃又蘇回切促飲也又
不廉也文一 祖回切嗟也一曰嗺頹口動又祖
猥切口醜也 **⿰口芻** 窻俞切吡聲又昵洽切啼 **咮** 鍾
文一重音三 ⿰口芻小人言文一重音一 輸
切說文鳥口也一曰⿱龍言咮多言又汝朱切囁嚅言也
嚅或作咮又張留切鳥喙又朱戍切又株遇切鳥聲
又陟救切又丁候切 **嚅吺** 汝朱切囁嚅言也或作
口也文一重音六 吺吺又當侯切讘吺多
言也文二 **喩** 容朱切嘔喩和悅皃一曰嗙喩歌也
重音一 又俞戍切說文告也一曰曉也亦姓

文一重音一
哺 奔模切說文申時食一曰歠也又匪父切咀嚼也又蒲故切文一重音二
⿱莫口 蒙晡切議誅也文一
唋 通都切吐也文一
嚧 龍都切嚧嚧呼豬聲一曰呼嚧笑也文一
⿰口固 洪孤切牛頷垂胡或作⿰口固文一
⿰口胡 洪孤切⿰口亟⿰口胡聲也文一
⿰口枯 洪孤切喉咽也太玄爲假⿰口枯文一
呱 ⿰口辜 攻乎切說文小兒嗁聲引詩后稷呱矣或从辜呱又烏瓜切文二重音一
呼 荒胡切說文外息也一說於呼歎辭又虛交切吳人謂叫呼爲詨詨或作呼又荒故切又許箇切發聲也春秋傳曰呼役夫又虛訝切裂也文一重音四
嘑 ⿰口雩 荒胡切說文唬也或作⿰口雩亦姓嘑又荒故切謼也文二重音一
吾 ⿱㐅口 訛胡切說文我自稱也一曰御也一曰棒名亦姓古作⿱㐅口吾又牛居切吾吾踈遠皃又牛加切允吾縣名在金城郡文二重音二
嗚 汪胡切說文心

有所惡若吐也一曰口呴也又烏故切歎傷也後漢書噫嗚流涕文一重音一　嚌　前西切烏哀聲又居諧切嚌嚌衆聲又莊皆切嚌嚌喔笑皃又才詣切說文嘗也引周書太保受同祭嚌文一重音三　嘶　先齊切馬鳴文一　呧　田黎切詆訶也又典禮切苛也文一重音一　嗁　啼　㖒　田黎切說文號也或作啼㖒文三　嗘　堅奚切嗘嗘聲也文一　哇　涓畦切謳歌也又希佳切謟聲一曰喉咽結塞皃又於佳切又獲媧切莊子言若哇又烏媧切淫聲又胡卦切文一重音五　[illegible]　希佳切廣雅笑也又倚蟹切笑聲又許訖切文一重音二　啀　嘊　宜佳切犬欲齧或作嘊文二　唲　於佳切嘔唲小兒言文一　咼　喎　[illegible]　空媧切說文口戾不正也或作喎咼[illegible]又火鼃切文三重音一　喍　鉏佳切喍啀犬鬭皃文一　喈　居諧切說文鳥聲一曰喈喈和聲又

許介切文一重音一

啡 蒲皆切吹也又鋪枚切唾聲又普罪切又普亥切又滂佩切卧息一曰睡聲文一重音四

唻 賴諧切唱聲又郎才切又里亥切唻囉歌聲又洛代切呼聲文一重音三

咴 呼回切聲也文一

𡅏 姑回切呼也文一

啍 通回切氣出皃一曰啍譂語不正又朱倫切說文告曉之熟也一曰懇誠又虛良切愚皃又他昆切口氣也又徒渾切又覩猥切譂言文一重音五

嗺 蘇回切促飲也文一

咍 呼來切說文蚩笑也文一

咳 柯開切奇咳漢倉公脈書又何開切說文小兒笑也文一重音一

𡃇 何開切小兒笑也文一

嗯 湯來切嗯嚎語不正又蕩亥切文一重音一

哀 於開切說文閔也亦姓文一

哉 將來切說文言之間也一曰始也文一

嚎 堂來切嗯嚎語不正又坦亥切言舛也文一重音一

唇 之人切驚

也或書作唇又舩倫切又之刃切驚聲文一重音二 **呻** **⿰口身** 升人切說文吟也或从身呻又斯人切文二重音一 **嗔** 稱人切恚也又停年切說文盛氣也引詩振旅嗔嗔文一重音一 **嚬** 眦賔切笑皃文一 **咰** 須倫切春秋傳洛親爲詢詢或作咰文一 **⿰口垔** 伊眞切敬也又於閑切⿰口垔然語聲又因連切說文嗌也文一重音二 **咽** 於巾切鼓節也詩頌鼓咽咽又因連切說文嗌也謂咽喉也又伊甸切博雅呑也又一結切聲塞也文一重音三 **⿰口員** 于分切博雅吐也又羽粉切文一重音一 **君** **⿱一⿵冂口** **艸** **⿲屮冋屮** 拘云切說文尊也从尹發號故从口一曰羣也下之所歸也古作⿱一⿵冂口艸⿲屮冋屮唐武后作⿸厂⿱口王文四 **喧** 許元切說文驚嘑也文一 **喛** 許元切方言喛恚也不欲譍而彊荅一曰愁也又胡戈切嚾喛泣皃又虎猥切哀也又火遠切說文朝鮮謂兒泣不止一曰懼

也又呼玩切文一重音四 咺 許元切懼也又火遠切朝鮮謂兒泣不止曰咺文一重音一 噃 符袁切聲也文一 噴 鋪䰟切說文吒也一曰鼓鼻又芳問切吹聲又方問切莊子噴則大者如珠又普悶切方言恚也文一重音三 ⿰口盆 浦奔切吐也又芳問切水聲文一重音一 ⿰口𦎫 ⿰口敦 他昆切口氣也或从敦⿰口𦎫又覩猥切說文磊⿰口𦎫重聚也⿰口敦又徒渾切文二重音二 吨 徒渾切吨吨言不明也又吐衮切文一重音一 吞 他根切說文咽也亦姓又他年切漢有吞景雲文一重音一 嘆 他干切太息也又佗案切說文吞嘆也文一重音一 嘽 他干切說文喘息也一曰喜也引詩嘽嘽駱馬又稱延切嘽咺迂緩皃又黨旱切慄也又儻旱切嘽延聲舒緩也又齒善切又徒案切嘽嘽喜樂聲文一重音五 唌 唐干切又徐連切說文語唌歎也又夷然切讒說皃又蕩旱切

說文辭誕也文一重音三㘓囒郎干切方言㘓哰謰謱拏也或从蘭又魯旱切詆㘓啞言也文一重音一⿰口官⿰口⿱絲廾姑還切⿰口官⿰口官和鳴也或从⿱絲廾文二⿰口顏牛姦切⿰口顏⿰口顏爭皃文一嘫尼鰥切哽嘫語聲又如延切一曰應也文一重音一⿰口間牛間切齗齗爭訟也或作⿰口間文一噒靈年切誕譂言不正或作噒文一⿰口賢胡千切難也聲也文一嘕⿰口虔虛延切博雅樂也一曰笑皃一曰嘕嘕喜也或从虔又並丘虔切文二重音一嗹陵延切說文謰謱也或从口文一嘹憐蕭切嘹嘵鳴也一曰嗷夜也又力吊切文一重音一嘄堅堯切說文聲嘄嘄也文一噭堅堯切噭噭哭聲又詰弔切口也漢書馬蹄噭千又吉弔切說文吼也一曰呼也又詰歷切食也又吉歷切聲之激也春秋傳噭然如哭文一重音四嘵馨幺切說文懼也引詩唯

子音之嘵嘵文一

吆 伊尭切吆吆聲也文一

哨 思邀切口不正曰哨又蘇遭切方言異隴而西使犬曰哨又七肖切又才笑切說文不容也又丑照切又余救切文一重音五

噍 兹消切啁噍鳥聲又慈焦切聲急也禮其聲噍以殺徐邈讀又將由切鷲雀聲又子笑切醔也又才笑切又疾雀切嗌也文一重音五

嘌 卑遙切疾也聲也又匹妙切車行疾無節文一重音一

噢 紕招切說文疾也引詩匪車噢兮文一

昭 癡宵切喉鳴文一

嗂 餘招切說文喜也文一

喓 伊消切喓喓蟲聲文一

嘺 祁尭切不知意又丘袄切博雅誺也又渠嬌切埤蒼不知誰也又丘召切口不正文一重音三

呺 虛嬌切呺然虛大皃李軌說又乎刀切風聲莊子萬竅怒呺又許后切徐邈讀又後到切文一重音三

唷 何交切聲也文一

咬 居肴切咬

咬鳥聲又於交切洼咬淫聲又古巧切莊子宎者咬者又五巧切嚙齒骨也又許介切風聲文一重音四

嘐 居肴切說文誇語也又虛交切大也孟子其志嘐嘐一曰駭皃一曰啁嘐誇語又披交切言不實而夸又蒲交切大言不實又郎刀切嘐啁語多又巴校切嘐嘐聲也又眉救切說文狂者之妄言也文一重音六

唬 虛交切說文虎鳴也又乎刀切說文呼也又下老切又虛訝切又郭獲切文一重音四

哮 虛交切說文豕驚聲也又孝狡切大呼又許敎切又黑角切文一重音三

嗃嘮 虛交切吳人謂叫呼爲詨詨或作嗃嘮嘮又丑交切說文嘮呶讙也又郎刀切譊或从口文二重音二

嗃 虛交切謷嗃奮迅聲又孝狡切大呼又許敎切大嘷又呼酷切聲也又黑角切恱樂也又黑各切說文嗃嗃嚴酷文一重音五

咻 虛交切炰烋自矜氣健皃烋或从口又虛光切痛念聲又火羽

切噢咻痛聲又吁句切氣以溫之也文一重音三

㕭 於交切㕭咋犬多聲文一

咆⿰口麃 師交

⿰口雹 蒲交切說文嗥也或从麃从⿰口雹⿰口麃又蒲褒切咆又皮教切獸呼文三重音二

咬 交切呑乾物也又所救切驅鳥聲又所六切笑皃文一重音二

吵 初交切闕人名宋大夫吵又彌沼切雉鳴又楚絞切聲也又楚教切輕也文一重音三

啾 莊交切小兒聲又將由切又慈秋切文一重音二

⿰口愁 莊交切啾或从愁又甾尤切嬰小兒啼文一重音一

啁 陟交切說文啁嘐也又都勞切嘐啁語多又張留切啁噍鷰雀聲又甾尤切啁哳鳥聲又他弔切嗁也又徒弔切文一重音五

嘲 陟交切說文謔也文一

呶 尼交切說文讙聲也引詩載號載呶又女加切嘮呶諠也文一重音一

嗥 乎刀切說文咆也文一

嗷 牛刀切說文衆口愁也引詩哀鳴嗷嗷亦

篇 二上 十七

書作嶅文一 嘈 財勞切廣雅嘈呥聲也又慈焦切又在到切喧也文一重音二 叨 他刀

切貪也文一 啕 徒刀切往來言也一曰小兒未能正言也一曰祝也文一 咷 徒刀切說

文楚謂兒泣不止曰噭咷又他弔切又亭歷切噭咷楚歌服虔說文一重音二 嘮 郎刀切嘮嘈大

聲文一 哰 郎刀切嘮哰譁謱言語不解也文一 呵 虎何切博雅呵呵噁噁笑也一曰氣

出又寒歌切唯問也通作何又許箇切嘘氣也一曰責也文一重音二 哬 寒歌切哬哬衆聲文

一 哦 牛何切唫也又語可切文一重音一 ⿰口過 古禾切過咬小兒相應聲文一 唩

烏禾切小兒啼又鄔毀切聲也文一重音一 咊 胡戈切說文相譍也又州名亦姓今作和又胡

卧切應也調也文一重音一 吪 吾禾切說文動也引詩尚寐無吪又呼瓜切口開文一重音一

唆 蘇禾切嗵唆小兒相應聲又數化切俊言也一曰妄言文一重音一 囉 良何切歌助聲又利遮切囉嗻多言也又朗可切聲也又郎佐切歌也文一重音三 哪 囊何切哪哪儺人之聲又乃箇切語助又乃結切咄哪胡人名文一重音二 嗟 遭哥切易大羞之嗟王肅讀又子邪切咨也文一重音一 ⿰口靴 吙 許茄切吐氣也或作吙文二 吧 披巴切大口皃又邦加切文一重音一 㖿 徐嗟切聲也文一 哆 昌遮切大皃又抽加切又敞介切衆意春秋傳於是哆然外齊侯也一曰張口又典可切又齒者切又丁寫切魚口張皃又昌志切聲也又丁賀切緩脣也又陟嫁切又丑亞切文一重音九 嗻 之奢切囉嗻多言又之夜切說文遮也又章恕切語不要也文一重音二 吒 咤 嗄 陟加切噴也怒也或作咤嗄又並陟嫁切咤又都故切說文奠爵酒咤又

闥各切吒又陟格切嘲也喥又達各切㗇何加切
無度也又都故切吒也文三重音六咽也又
虛加切太玄爲㗇呫宋⿰口閜⿰口閕虛加切谽谺谷中大
惟幹讀文一重音一空皃亦作⿰口閜⿰口閕⿰口閜又
許我切大笑又虛訝切話⿰口閜怒呀虛加切說文
皃又並許下切文二重音三張口也文一啞
於加切啞嘔小兒學言又倚下切瘖也又衣駕切聲
也一曰鳥聲又乙却切笑聲又遏鄂切又乙格切引易
笑言啞啞文嘩胡瓜切讙哶彌嗟切苴哶城名
一重音五也文一在雲南又母野切
羊鳴又母婢切嗆千羊切鳥食也一曰愚皃又鋤
文一重音二庚切嗆啍愚怯文一重音一
唐啺⿸广⿰口昜徒郎切說文大言也又國名亦姓古作啺⿸广⿰口昜文三哴盧當切號極無聲曰
唴哴一曰兒啼不止又咉於良切⿸广⿰亻吕聲又於郎切
力讓切文一重音一又倚朗切咉咽悲也文

一重音二吂謨郎切問而不荅曰吂又莫浪切昏耄不知皃文一重音一吭寒剛切咽也又下朗切又口朗切又下浪切文一重音三喤胡光切說文小兒聲引詩其泣喤喤又胡盲切諠也怒也又呼橫切又虎晃切喤呷衆也文一重音三哼虚庚切喻哼愚怯皃文一嚝呼橫切聲也文一嗙晡橫切說文歌聲嗙喻也司馬相如說淮南宋蔡舞嗙喻也一曰叱也又補曠切聲也文一重音一嘭蒲庚切聲也文一呯蒲兵切呼呼聲也文一嚶於莖切說文鳥鳴也文一吰乎萌切鏗鈜鍾鼓聲鈜或从口文一㖓烏宏切牛聲文一噌初耕切噌吰聲也又鋤耕切又慈陵切泓噌空罩嚚意文一重音二⿰口亭除耕切嚚也文一呈馳成切說文平也一曰見也又丑郢切通也又直正切衘也文一重音二名彌并切說

文自命也从口从夕夕者冥也冥不相見故以口自名又忙經切志也又彌正切目諸物也文一重音二

叮當經切叮嚀囑辭文一 吟郎丁切坰蒼吟吟語也文一 聆郎丁切耳聲又一

嚀囊丁切叮嚀囑辭文一 晴於丁切晴吟小語文一 磨於陵切荅言也又於證切文一重音一

⿰口丘袪尤切聲也文一 㖩尼猷切㖩呢小兒聲又如又切惡言文一重音一

叴渠尤切說文高气也臨淮有叴猶縣一曰三隅矛或書作叴文一

周

周之由切說文密也又地名亦姓古作周文二

周時流切譍也文一 嚘於求切說文語未定皃文一

呦於求切鹿鳴又於虬切又於糺切文一重音二

嚋𡄢張流切詶也周書無或譸張爲幻譸或作嚋古作𡄢文二

⿱曰冋時流切雉名又陳留切又承呪切久

也又女夷切文一重音三

𠷎 陳留切誰也又時流切文一重音一

呼 方鳩切吹聲又房尤切又披尤切喉中聲又普溝切吹也文十重音三

㖩 之由切喌喌呼雞聲或省文一

喉 胡溝切說文咽也文一

吽 魚侯切犾吽牙者兩犬爭東方朔說又於金切牛鳴又許后切說文厚怒聲文一重音二

⿰口冓 居侯切⿰口冓咶聲亂一曰大聲又居候切雉鳴雊或作⿰口冓文一重音一

⿰口某 ⿱母口 迷浮切慮難曰謀謀或作⿰口某母亦書作呣文二

嗾 先侯切使犬聲又蘇后切又蘇卧切又千候切又先奏切春秋傳公嗾夫獒又千木切文一重音五

⿰口速 ⿰口造 先侯切使犬聲嗾或从速从造⿰口造又蘇后切又千候切又千木切文二重音三

告 祖侯切謅吺多言也吺或作告文一

嘍 郎侯切謰謱也謱或从口一曰謹也文一

吥 普溝切吸也文一

喑 於金切說文宋齊謂

兒泣不止曰喑又烏含切啼泣無聲謂之喑一曰犬呼又於錦切喑噫聚氣皃李軌讀又鄔感切又於禁切又烏紺切文一重音五

吟 魚音切說文呻也又牛錦切噤吟鎮頤皃又宜禁切長詠也文一重音二

唫 魚音切說文口急也又祛音切又渠飲切文一重音二

嘾 徒南切貪也文一

[口耽] 都含切聲也文一

啉 盧含切聒也一說飲畢曰啉或書作替文一

喃 那含切博雅諵諵語也或作喃又乃感切噆喃甞也文一重音一

哈 呼含切博雅唵也又胡紺切一曰哺也文一重音一

含 胡南切嗛也又胡紺切說文送死口中玉文一重音一

[口函] 胡南切[口函]嘲怒氣文一

[口弇] 吾含切寐聲列子眠中[口弇]囈呻呼文一

啖 徒甘切喑啖少味文一

噡 都甘切噡噡煩語又之廉切多言文一重音一

嚂 盧甘切貪嚂嗜也或从口又虎

覽切聲也又苦濫切呵也文一重音二

喑 鄔甘切喑啖少味文一

⿰口韱 將廉切⿰口韱噉不廉又子豔切文一重音一

呥 如占切呥呥自安皃一曰噍皃又而琰切文一重音一

噞 牛廉切噞喁魚口動皃又魚檢切噞喁魚口上見又魚窆切文一重音二

呫 他兼切甞也又當審切又尺涉切呫囁附耳小語聲一曰多言又託協切文一重音三

嗛 苦兼切說文敬也又乎監切口有所銜也又下忝切鳥獸頰貯食又苦簟切又詰叶切足也文一重音四

喊 虛咸切呵也又居咸切監待意口閉也又虎感切博雅可也又虎覽切聲也又下斬切怒聲又火斬切又苦濫切文一重音六

咸 胡讒切說文皆也悉也从口从戌戌悉也亦姓又古斬切損也又口陷切文一重音二

嘇 師咸切唅嘇物在口中又桑感切又所斬切又七紺切聲也文一重音三

嚵 鋤咸切說

文小啐也一曰啄也又初銜切讒言也又疾染切小食又士冉切博雅嘗也又叉鑑切嘗食文一重音四

咁 乎監切口有所銜也文一 ⿰口嚴⿰口巖 魚銜切呻也⿰口嚴或从巖⿰口巖又牛廉切文二重音一

⿰口東 覩動切多言文一 唪 補孔切說文大笑也又蒲蠓切大聲又父勇切口高皃文一重音二

嗊 虎孔切囉嗊歌也又呼貢切文一重音一 ⿰口汞 戶孔切⿰口汞⿰口汞聲也文一 喠 主勇切不能言也一曰喠⿰口容欲吐又蠢勇切急喘也又豎勇切又取勇切文一重音三

⿰口容⿰口甬 尹竦切喠⿰口容欲吐或从甬文二 噧 許倚切氣聲一曰多言又許介切說文高氣多言也引春秋傳噧言又他達切文一重音二

⿰口朿嘴⿰口朿 祖委切鴟舊頭上角觜觜或作⿰口朿嘴⿰口朿文三 吡 普弭切博雅諀訾毀也訾或作吡又箄必切鳥聲文一重音一 噿 祖誄切鳥啄一曰鳥聲又子尾

切文一重音一呼祖似切呼呼鳥聲文一㠯苟起切言也文一嶷偶起切聲也又魚記切嶷無所聞見也一曰殆也一曰笑皃又鄂力切說文小兒有知也引詩克岐克嶷文一重音二咀子與切咀謂商量斟酌之又在呂切說文含味也文一重音一噳五矩切說文麌鹿羣口相聚皃引詩麀鹿噳噳文一𠯗五矩切欲笑皃文一噢委羽切又顆羽切噢咻痛聲又於九切又威遇切又於到切叫也又乙六切噢咿悲也文一重音五哻火羽切商冠名文一㕮斐父切㕮咀嚼也又匪父切又奉甫切文一重音二嘸斐父切不精明也又罔甫切嘸然陽應文一重音一𠱓腫庚切呼雞聲又冢庚切口不正又朱戍切喙也文一重音二吐統五切說文寫也又土故切歐也文一重音𡃙籠五切𡃙𡃙吴俗呼猪聲文一嚕籠五

切語也文一啓遣禮切說文教也引論語不憤不啓又詰以切開也文一重音一启遣禮切說文開也文一㕧香禮切然也文一嘪毋蟹切嘪嘪羊鳴文一嘅可亥切歎也又丘蓋切又苦會切又口溉切詩嘅其歎矣文一重音三哂吲矢忍切笑不壞顏曰哂或作吲文二𡁶尺尹切吹也文一吮竪尹切舐也又粗兖切說文軟也又竪兖切呧也文一重音二㖖乳尹切吮也文一𡂼以忍切博雅笑也又以淺切又延面切大笑文一重音二㖥巨隕切欲吐皃文一喗牛尹切口大齒醜皃又牛吻切又粗本切文一重音二吻㖧呅武粉切說文口邊也或作㖧呅文三㖢牛吻切說文大口也文一㖾丑憲切㖾嘍癡皃文一㘌鄔本切㘌喗小口文一呠普本切噴也文一

噂祖本切說文聚語也引詩噂沓背憎文一⿰口存粗本切大口也文一囋在坦切嘲也又才贊切讒也又才達切博雅嘈囋聲也又子末切聲多也文一重音三唍戶版切莧爾笑皃或作唍文一唺他典切吐也文一哯⿰口开胡典切說文不歐而吐或从开又並形甸切嬰兒飲乳文二重音一呟古泫切聲也文一喘尺兖切說文疾息也文一㕣⿱⺊㕣以轉切說文山間陷泥地从口从水敗皃讀若沇州之沇古作容文二⿰口寋寋九件切博雅吃也或作謇文二⿰口宠徒了切說文相呼誘也一曰戲也文一⿰口⿱止凶五巧切說文齧骨也文一⿰口草采早切⿰口草⿰口蓼寂靜也文一⿱道口杜皓切說也文一⿰口蓼魯皓切⿰口草⿰口蓼寂靜文一咾魯皓切聲也文一⿰口奇下可切慢⿸麻言聲文一⿱⿰𠂤斤口朗可切⿱⿰𠂤斤口哆垂皃文

一⿰口叵普火切聲也文一喏⿰口尒爾者切應聲或作⿰口尒文一嗄楚瓦切惡言文一⿰口巂戶瓦切疾言皃又胡陌切誇也又雩白切文一重音二咵苦瓦切言喉也文一⿰口方撫兩切如聞也文一⿱鄉口許兩切說文聲也文一嗓寫朗切喉也文一⿰口康口朗切⿰口康咳聲也文一哽古杏切說文語爲舌所介也又於杏切咽聲文一重音一⿰口⿱炏目烏猛切犬聲文一⿰口省所景切愼言也文一⿰口能奴等切多言也文一吜敕九切聲也文一⿰口乳乃后切乳子也文一吼許后切厚怒聲呴或作吼又許候切文一重音一⿰口谷於口切說文吐也文一⿰口取蘇后切使犬聲文一噤渠飲切寒閉口也又巨禁切文一重音一⿰口感古禫切鳥聲又五感切可也又苦濫切呵也文一重音二⿰口函戶感切說

文頤也文一
𢎘 戶感切嘾也艸木之華未發𢎘然象形𢎘或从口文一
歐 戶感切聲也文一
唵 鄔感切博雅啥唵也一曰手進食文一
噆 七感切銜也莊子蟲蝨噆膚又子感切銜也又作荅切說文嗛也一曰齧唇文一重音二
喒 子感切噆噆味也文一
吮 都感切鳥聲文一
嗿 他感切說文聲也引詩有嗿其饁文一
嘾 徒感切說文含深也文一
⿰口甚 徒感切⿰口甚⿰口甚豐厚皃文一
啖啗噉嚪 杜覽切說文噍啖也或作啗噉嚪啖又徒濫切誑也啗噉嚪又徒濫切食也啗又戶黯切物在口中也文四重音三
唊 謙琰切猴頰藏食曰唊又吉協切妄語也又訖洽切多言文一重音二
喊 下斬切怒聲文一
哢 盧貢切鳥聲也文一
嗊 胡貢切衆聲文一
⿰口曲 去仲切鞫訊也又區王切文一重音一
⿰口卉

匹降切攴聲文一**⿰口恚**於避切恚聲文一**嗜咔**時利切欲也說文嗜欲喜之也亦作

咔文二**唎**力至切聲也文一**呬嚊**虛器切說文東夷謂息曰呬引詩犬夷呬矣亦

从鼻呬又丑二切知也又火季切又許四切嚊又匹備切喘息也文二重音四**喟嘳**丘媿切說

文大息也或从貴又並苦怪切又並呼怪切字林息憐也文二重音二**咇**毗至切咇咇哀鳴又

壁吉切咇唧聲出皀又簿必切言不明又逼密切咇節多言又蒲結切語也文一重音四**嚜**密二

切嚜尿欺也又明祕切又莫佩切尿嚜多許也文一重音二**噫**許記切笑也文一**⿰口暨**

許記切聲也文一**唭**去吏切唭嚘無閒見皀一曰紿也文一**⿰口忌**渠記切食也文一

味無沸切說文滋味也又莫拜切飲食之味又莫佩切器光澤也禮瓦不成味文一重音二**⿰口卉**

許貴切叱聲又語許切語相呵拒也又牙葛切嘈嘈哳哳聲也又才達切文一重音三

㖃春遇切使犬聲文一

嗾雙遇切使犬聲文一

嘍龍遇切呼犬聲文一

嗉蘇故切鳥吭容食處爾雅其粻嗉文一

噁烏故切喑噁怒皃又遏鄂切噁噁鳥聲又屋郭切文一重音二

嚌才詣切嘗也文一

嚏嚔丁計切說文悟解氣也詩願言則嚏或作嚔嚏又陟利切礙不行也文二重音一

啇丁計切高聲又施智切說文語時不啇也一曰諟也餘也文一重音一

嚃他計切不嚼也又吐內切又託合切大歠也禮毋嚃羹文一重音二

唳郎計切鶴鳴又力結切嘍唳鳥聲文一重音一

嗀吉詣切聲也又克革切聲也文一重音一

嗌壹計切江東名咽爲嗌又烏懈切方言噎也秦晉謂咽痛曰嗌又乙角切笑聲又乙革切咽喉也又伊昔切文一重音四

噎

壹計切咽痛方言嘶嗌噎也又乙介切氣逆也又益悉切食塞咽也又一結切說文飯窒也文一重音三

嘒嚖[口惠]呼惠切說文小聲也引詩嘒彼小星或从慧从惠文三噦呼惠切聲

徐有節也詩鸞聲噦噦徐邈讀又呼外切又許穢切頤下毛又於月切氣牾也又乙劣切逆氣也文一重

音四喙呼惠切口也又充芮切又許穢切又丁候切文一重音三[口祭]子例切小語又初戞

切小聲文一重音一噬時制切說文啗也一曰喙也又以制切齧也文一重音一[口曳]時制

切語多也山東云又以制切又私列切樂也文一重音二啐輸芮切小歠又倉夬切啗也又蘇對

切聲也又取内切說文驚也又摧内切又祖對切少飲也又即聿切啐嗺聲也又昨律切嘈啐衆聲又才

達切文一重音八啜充芮切嘗也又稱芮切又丑芮切爾雅茹也施乾說又株衛切泣皃又俞

芮切又姝悅切說文嘗也一曰喙也又株劣切言不止文一重音六⿰口冊所例切喝⿰口冊聲也又所邁切文一重音一⿰口毳初芮切跳齧也又楚快切一舉盡臠也又姝悅切歃也文一重音二⿰口率山芮切博雅嘗也又楚快切又朔律切聲也又劣戍切嗚也又所劣切說文小飲也文一重音四嘬山芮切盡臠也一曰齧嘗之與無反魚肉同義又楚快切一舉盡臠也文一重音一呭以制切說文多言也引詩無然呭呭又私列切樂也文一重音一囈倪祭切寐聲列子啽囈呻呼文一呔徒蓋切嘗也文一⿰口厲嚹落蓋切聲也或从賴⿰口厲又他達切高氣多言也文二重音一嗐下蓋切大開口一曰聲也又下瞎切文一重音一嗀喝丘蓋切聲也或作唱又並於邁切噎聲喝又乙介切說文㵣也又何葛切呼也又許葛切文二重音四⿰口盖於蓋切噎

也又乙介切激也又於邁切噫聲又許葛切訶也文一重音三　噯　於蓋切氣也文一　嘊　下解切怒聲文一　喫　口賣切喫話力諍又口戒切又詰歷切說文食也文一重音二　呢　烏懈切聲不平謂之呢又乙革切說文喔也文一重音一　吤　居拜切聲也又居賀切文一重音一

⿰口戒　許介切說文訾言也文一　⿰口⿱非皿　下介切送死歌也文一　⿰癹欠　楚快切一舉盡臠也文一　噲　苦夬切說文咽也一曰譮也亦姓又烏夬切小咽又古外切地名史記魏敗趙于噲又古邁切闕人名燕王噲又古活切腫噲顏色剥錯也王叔之曰盈虛不常皃文一重音四　咶　火夬切博雅息也又胡化切言也又乎刮切息也文一重音二　嗄　乙介切氣逆也又於邁切老子終日號而不嗄一曰楚人謂啼極無聲爲嗄又所嫁切聲變也文一重音二　唄　薄邁切西域謂誦曰

唄文一
⿰口蠆 丑邁切闕人名春秋傳公孫⿰口蠆文一
哱 補妹切亂也又普没切吹也又薄没切亂也文一重音二
⿰口妻 取内切先嘗也文一
⿰口⿱豙心 許穢切博雅殢⿰歹彖極也亦作⿰口⿱豙心文一
⿰口囟 思晉切問也文一
嚍 即刃切憤也楊子通諸人之嚍嚍文一
吝 ⿰口彣 ⿱文右 ⿰口吝 ⿰口⿱文右 良刃切說文恨惜也引易以往吝古作⿰口彣⿱文右或作呅⿰口吝文五
⿰口閵 良刃切鳥聲文一
呁 九峻切吐也文一
問 文運切說文訊也文一
唁 ⿰口獻 牛堰切吊生曰唁古从獻唁又魚戰切⿰口獻又牙葛切又才達切博雅嘈⿰口獻聲也又魚列切說文議罪也文二重音四
⿰口辡 ⿰口辯 孚萬切博雅吐也或从辯文二
吩 普悶切吒也一曰鼓鼻或作吩文二
⿰口孫 蘇困切噴水也文一
咹 於旰切聲止也又阿葛切一曰小語一曰吃也文一重音一
喭 魚旰切弔國曰喭又

魚戰切說文弔生也又語限切小笑皃文一重音二 听 魚旰切聲也文一 喚嚾 呼玩切說文評也或作嚾嚾又吐玩切召呼也文二重音一 㕭 博漫切㕭嗙剛彊皃又普半切㕭嗙失容也一曰剛彊皃又薄半切文一重音二 唸㗛 丁練切說文吅也引詩民之方唸吅或作㗛㗛又堂練切呻也文二重音一 嚥 伊甸切博雅吞也文一 噮 縈絹切噮噮食甘甚也呂氏春秋甘而不噮文一 囀 株戀切聲囀也文一 喭 魚戰切傳言文一 嘯 先弔切說文吹聲也又息六切吹氣若歌又尺栗切呵也文一重音二 叫嘄噭 吉弔切說文嘑也或作嘄噭叫又古幼切聲也文三重音一 嘄 一叫切叫也又倪弔切文一重音一 咲关 仙妙切喜也或作关文二 嚼 子肖切齧也又才笑切又疾雀切噍也文一重音二 召

時照切晉邑又直笑切說文訏也文一重音一喲於敎切叫也文一⿰口豹巴校切誇也文
一⿰口謈巴校切惡怒也文一⿰口駮披敎切大聲文一嚗披敎切嚗然聲也又薄報
切嚗喿多聲又北角切怒聲又匹角切文一重音三⿰口巢仕敎切衆聲文一啅陟敎切啅
啅鳥聲又士角切衆聲又竹角切衆口皃文一重音二⿰口告後到切多言文一⿰口蚤先到
切說文鳥群鳴噪或作⿰口蚤文一啊安賀切愛惡聲也文一⿰口奈乃箇切語助文一⿰氵咨
步卧切燕人謂喜言人惡爲⿰氵咨文一唾吐卧切說文口液也文一⿰口是所嫁切聲變也文一
咋側駕切語聲一曰暫也又助駕切又側格切大聲又實窄切文一重音三嚇哧虛訝
切以口距人謂之嚇亦省嚇又郝格切怒也文二重音一吴胡化切口大皃文一咶胡化

切言也文一吪火跨切開口皃文一㖸烏化切小兒啼文一唱尺亮切說文導
也文一喨力讓切嗁哴啼極無聲也哴或作喨文一唴丘亮切說文秦晉謂兒泣不止
曰唴文一㗨於浪切聲也文一啈亨孟切博雅言也一曰瞋語又牙葛切嘈嘈啈啈聲
也又才達切文一重音二咏爲命切歌也文一嚶於迸切嚶嚶獸聲文一⿰口巠
吉定切字林聲也文一命眉病切說文使也文一⿰口應於證切以言對文一⿰口守
舒救切趚鳥聲文一呪職救切詛也文一㖟承呪切口誨與也文一售承呪
切賣去手也又神六切價也文一重音一嗽所救切盪口也又先奏切欶也又色角切說文吮也
文一重音二嗖所救切駈鳥聲文一噣陟救切說文喙也又丁候切口也又徒谷切畢

星別名又朱欲切蜀鵶鳥名又竹角切鳥食也文一重音四叩丘候切以手至首又去厚切扣也文一重音一⿰口束先奏切吮也又輸玉切吸也又色角切文一重音二㖣哣他候切相與語唾而不受也或作啞文二⿰口賣太透切誦書也文一嗕乃豆切羌別種漢有呼速絫嗕文一⿱心口七鴆切犬吐文一噾於禁切方言啼極無聲齊宋之間謂之噾文一嚂盧瞰切貪也一曰食皃文一唸都念切殿屎呻吟也殿或作唸文一喔烏谷切又乙角切說文雞聲也一曰喔咿強笑文一重音一嗀呼木切歐聲文一嚛呼木切說文食辛嚛也一曰歠聲又呼酷切又黑各切犬一重音二唂唃古祿切雉鳴或从角文二⿰口录盧谷切笑也一曰鳥聲文一嘿莫六切楚人謂欺曰嘿屎又密北切靜也又迄得切欸也文一重音

二噈七六切歘也又子六切又就六切又曷閤切柔也又作答切啖也文一重音四⿰口叔⿰口尗于六切行平易也又並子六切歎也一曰無聲或省⿰口叔又之六切⿰口叔⿰口叔歎聲⿰口尗又之六切呼雞重言之又並前歷切嘆也文二重音四⿸戚口⿰口⿹戉足子六切⿸戚口咨忸怩也或作⿰口⿹戉足文二喅唷余六切說文音聲喅喅然或作唷喅又域及切喅喅眾聲文二重音一哊于六切吐聲又乙六切文一重音一⿰口或喐乙六切聲也或从郁文二哠姑沃切嘏哠咽也文一囑朱欲切託辭也文一嗕奴沃切嗕居左地匈奴別種名又儒欲切囑嗕憐也一曰羌別種文一重音一

哫縱玉切哫訾以言求媚也文一局衢六切說文促也从口在尺下復局之一曰博所以行棊象形徐鍇曰人之無涯者惟口故口在尺下則為局博外有垠堮周限也文一啄竹角切鳥

食也又都木切咮也文一重音一　吒　黑角切吒嚗恚呼皃文一　[illegible]　乙角切誇聲文一

㕵　北角切怒聲文一　嚗　匹角切聲也莊子嚗然放杖而笑文一　嗍　色角切說

文吮也文一　[illegible]　力角切啅[illegible]辯捷也文一　[illegible]　職日切說文野人之言文一　叱

尺栗切說文訶也又戚悉切聲也莊子叱者吸者徐歔讀文一重音一　咰　朔律切飲也史記楚

先有熊咰是爲蚡冒文一　[illegible]　子悉切鼠聲文一　唧　子悉切啾唧衆聲又側瑟切又節力

切文一重音二　[illegible]　子悉切咇[illegible]言多也又側瑟切文一重音一　[illegible]　昨悉切[illegible][illegible]聲也文

一　嗶　壁吉切嗶[illegible]聲出皃文一　[illegible]　僻吉切[illegible][illegible]唾皃文一　[illegible]　逼密切鳴也文

一　咈　薄宓切違也又符勿切引周書咈其耇長文一重音一　[illegible]　陟栗切博雅咄也又

丁結切喹咄語無節文一重音一

呹 勑栗切聲也又弋質切疾也文一重音一

嘌 力質切嘍嘌拏也文一

咭 閱吉切笑皃又火一切喜也又其吉切又丘八切鼠聲文一重音三

吉 激質切說文善也亦姓又極乙切姑或作吉又其吉切姓也詩謂之尹吉文一重音二

叱 億姑切叱叱聲也文一

呐 女律切語不明又奴骨切言難也又儒劣切言緩也又女劣切聲不出謂之噊呐文一重音三

噊 食律切爾雅危也又允律切一曰鳴也文一重音一

㖅 雪律切聲也文一

咄 竹律切聲也文一

⿰口聿哷 劣戌切鳴也或从寽哷又力結切雞鳴又龍輟切文二重音二

⿰口瑟 色櫛切叱聲文一

⿰口桼 測乙切叱聲文一

吃 欺訖切吃吃笑皃又居乙切說文言蹇難也文一重音一

⿰口欻 許勿切气也一曰呵⿰口欻不明也文一

噔⿰口餐

紆勿切喉中鳴或从餐文二⿰口粤王伐切說文亏也審慎之詞文一⿱咅咅牙葛切說
文語相訶歫也或作咅文二吃居謁切語難文一咄嚉當没切說文相謂也一曰
呵也或从對咄又都括切吒也文二重音一⿰口聿勒没切聲也文一啒唿呼骨切博
雅啒啒憂也或作唿啒又古忽切文二重音一嗢烏没切說文咽也一曰大笑又烏八切笑也咽
也文一重音一⿰口歇許葛切訶也文一⿰口冊桑葛切聲變也文一⿰口薩桑葛切⿰口薩玉西
戎族名文一呾當割切相呼也又瞸軋切咀噠語不正又乙轄切呼聲文一重音二噠
當割切嚈噠夷國名又陀葛切又宅軋切呾噠語不正文一重音二喇郎達切喝喇言急文一
⿰口末莫葛切黑光也文一⿱氏口古活切塞口也又乎刮切博雅塞也文一重音一嘎

訖黠切嘎嘎鳴聲文一

⿰口乙 乙黠切鳥聲文一

⿰口⿰𣎆欠 烏八切說文咽中息不利也文一

嗗 烏八切飲聲謂之嗗文一

⿰口別 布拔切鳥聲文一

叭 普八切聲也文一

⿱⿱穴叕口 張滑切說文口滿食文一

⿰口哲 知戛切嘲⿰口哲鳥聲文一

⿰口⿱氏口 乎刮切息也文一

唰 數滑切小嘗也又所劣切鳥治毛也文一重音一

哳 陟轄切嘲哳鳥聲文一

咥 徒結切齧堅皃文一

⿰口⿱日土 乃結切博雅怒也一曰訶也文一

吷 呼決切疾皃又古穴切鳥聲又姝悅切歠也又翾劣切小聲一曰飲謂之吷文一重音三

⿰口心 子列切鳴也文一

嚞 喆 陟列切知也或作嚞喆文三

⿱斤口 陟列切博雅塞也文一

咧 力蘖切咧咧鳥聲文一

⿰口⿱厶月 娟悅切怒也又於列切文一重音一

⿰口⿱大丰 魚列切議罪也文一

⿰口雀 疾雀

切噬也文一噱嘘極虐切說文大笑也或作嘘文二咯歷各切訟言也又剛鶴切雉聲文一重音一㗉匹各切聲也文一噂匹各切噍皃文一各剛鶴切說文異辭也从口从夂者有行而止之不相聽也文一嗼末各切說文嗼也一曰定也又莫白切博雅安也文一重音一嘄即各切嘄嘄鳥聲又祖郭切文一重音一咢逆各切齒齗齶或作咢文一嚄黃郭切食無味又胡陌切大呼也一曰嚄唶多言又屋虢切驚怛聲又屋郭切伊尹曰甘而不餚肥而不𩟾𩟾或从口文一重音三㖪闊鑊切叩聲文一喀乞格切嘔也國語伏弢喀血文一唶助伯切唶唶聲也又側格切春秋傳行㞾唶唶又側革切大聲也又資昔切嘆聲又子夜切嗚也文一重音四𡁎乞逆切大笑文一咡嘁訖逆切聲也或

从戟文二 噱 竭戟切嗢噱笑不出文一 咩 仡戟切嘔也文一 嘖 側革切嘖嘖鳴也又士革切說文大呼也文一重音一 嘖 士革切幽深難見也文一 𠽸 嗝 各核切𠽸嗝鳥鳴也或作嗝文二 嚍 咟 胡麥切嚍嘖叫呼或从百文二 㖪 忽麥切聲也又古獲切嘓或作㖪又忽域切文一重音二 嘓 古獲切嘓嘓語煩文一 嘀 施隻切囑也文一 𦫳 伊昔切說文咽也嗌籀作𦫳上象口下象頸脉理也文一 㘁 夷益切川名文一 啺 唽 先的切啺啺鳥聲或从析文二 嚁 亭歷切聲也文一 嚦 狼狄切嚦嚦聲也文二 啇 丁歷切本也又施隻切和也文一重音一 嗀 詰歷切食也文一 嗖 忽域切聲也文一 𠿭 息入切𠿭𠿭寒聲文一 㗱 即入切說文噍也一曰歃也文一 咠

咠即入切咠咠聶語也或从口咠又七入切詩咠咠幡幡又一入切文二重音二
㗳色入切口不能言也文一
⿰口戢側立切喻也文一
⿰口霵仕戢切⿰口霅⿰口霵衆聲疾皃文一
⿰口馽陟立切⿰口馽⿰口馽鳴也文一
⿰口立力入切⿰口立⿰口泣送舟聲文一
⿰口雲域及切喅喅衆聲喅或从雲又迄及切文一重音一
吸迄及切說文内息也文一
噏迄及切歙也文一
⿰口泣乞及切⿰口立⿰口泣送舟聲文一
唈乙及切鳴唈短氣又遏閤切文一重音一
⿰口岌逆及切⿰口岌⿰口岌衆聲文一
哈曷合切食也又呼合切歠也又葛合切又鄂合切魚口皃又託合切又色洽切文一重音五
⿰口圅曷閤切食也文一
⿰口缶渴合切⿱去齒也文一
⿰口⿸尸缶葛合切聲也文一
⿰口㬎鄂合切⿰口㬎⿰口㬎衆聲文一
啑所荅切唊也又作荅切又即涉切多言又色甲切啑喋水鳥食皃又

子洽切文一重音四咂⿰口迊唼作荅切唊也或作⿰口迊唼唼又七接切捷或作唼又色甲切文三
重音二嘁作荅切嘁洛忸怩慙也文一嗒德合切舐也又託合切解體皃莊子嗒焉
似喪其耦文一重音一㗳達合切說文譅誻也誻或从口文一嗑轄臘切多言也又谷
盍切嗑嗑語也又迄甲切吸呷也文一重音二⿰口⿱垂非悉盍切⿰口⿱垂非⿰口⿱垂非醜也一曰食皃文一囃
七盍切助舞聲文一⿰口⿱曰羽德盍切口動皃文一嚈益涉切嚈噠西夷名文一喋去涉
切江南謂吃爲喋又的協切血流皃又達協切一曰多言又直甲切啑喋鳥食皃文一重音三喢
失涉切多言又色輒切又尺涉切喢囁附耳小語聲又勑涉切又色洽切喢嚅小人言又測洽切文一重
音五囁質涉切言無節一曰私罵又日涉切文一重音一⿰口巤力涉切鬣聲文一⿰口耴

的協切多語也文一⿰口⿰吳耳力協切多言文一⿰口⿰覀瓦⿰口耴⿰口⿱⿸厂欠又悉協切壞聲文一⿰口業逆怯切口動皃文一嗋迄業切合也吸也莊子口張而不能嗋文一⿰口劫乞業切⿰口劫⿰口劫聲也又訖業切文一重音一喢側洽切噍聲文一⿰口乏側洽切豕食文一呷迄甲切說文吸呷也文一

文七百四十七　重音六百三十八

凵張口也象形凡凵之屬皆从凵口犯切又苦紺切文一重音一

冂五犯切凵冂張口文一

文二　重音一

吅　驚嘑也从二口凡吅之屬皆从吅况袁切徐鍇曰或通用讙今俗别作喧非是又荀緣切呼聲又似用切爭也文一重音二

⿱吅隹　消畦切谷名文一

⿱吅𡈼　魚巾切嚚或作⿱吅𡈼文一

⿱吅辰　癡鄰切大笑皃又抽遲切又丑忍切又止忍切文一重音三

單　多寒切說文大也一曰隻也又唐干切闕姓也鄭有樂邑大夫單伯又時連切爾雅太歲在卯曰單閼一曰匈奴酋長曰單于又徒案切⿱吅思狐邑名⿱吅思或作單又黨旱切誠也又齒善切聲緩也又上演切單父縣名亦姓又之膳切單至輕發之皃又時戰切文一重音八

⿱吅貝　牛刀切諠也囂或作⿱吅貝文一

⿱吅里　囊何切卻凶惡也儺或作⿱吅里又乃且切文一重音一

𡅯𡅕𡃕尼庚切亂也一曰窒𡅯籀作𡅕古作𡃕文三 𡂝之由切𡂝呼雞聲又之六切說文呼雞重言之文一重音一 嚴𡅧魚杴切說文教命急也古作𡅧又並魚檢切嚴又魚咸切巖或省又魚窆切酷也文二重音三 𪡏他典切面見也文一 𪢏丑展切笑也又敕列切文一重音一 串五患切爾雅習也又古患切又胡慣切西戎名詩串夷載路文一重音二 𠱠七鳩切犬吐文一 丳楚限切燔肉器文一 𠷒咢五各切譁訟也隸作咢文二

文二十　重音二十一

哭哀聲也从吅獄省聲凡哭之類皆从哭苦屋切

文一

𡂤喪𡃤𡂳𡂲𡗞　息郎切亡也从哭从亡會意隸作喪古作𡃤𡂳𡂲𡗞𡂤喪

又四浪切文六重音一

文七　　重音一

類篇卷第二上

類篇卷第二中　卷之五

朝散大夫右諫議大夫權御史中丞充理檢使上護軍河内郡開國侯食邑一千三百户賜紫金魚袋臣司馬光等奉
敕修纂

歪趨也从夭止夭止者屈也凡歪之類皆从歪　徐鍇曰歪則足屈故从夭子苟切又則候切疾趨也文一重音一臣光曰今變隸作走

𧺆　七恭切急行皃又將容切文一重音一

趍　陳知切説文趨趙夂也文一

𧽘　陳知切説文𧽘隖輕薄也又待禮切文一重音一

𧺫　翹移切説文緣大木也一曰行皃又巨爲切猱升木皃又去倚切行皃又去智切博雅𧺫𧺫行也文一重音三

趀趦　千咨切説文蒼卒也

或从資文二趑趡千咨切說文趑趄行不進或作趡趑又七四切趑趥不行文二重音一⿺走幾居希切說文走也又香衣切又虛器切文一重音二⿺走希⿺走夷香衣切走皃或从夷文二⿺走豦求於切犯也一曰小跳文一趄千余切說文趑趄也文一⿺走與羊諸切安行也又演女切文一重音一⿺走瞿⿺走句權俱切說文走顧皃或从句⿺走瞿又屈縛切說文大步也又局縛切⿺走句又顆羽切行皃又斐父切健也文二重音四趨逡須切說文走也鄭康成曰行而張足曰趨又此苟切促也又逡遇切行之速也詩巧趨蹌兮又趨玉切速也文一重音三趎春朱切闕人名莊子有南榮趎又傭朱切又重株切又陳留切又蚩周切文一重音四⿺走甫滂模切⿺走余⿺走甫匍匐也又奔模切又蓬逋切文一重音二⿺走此聰徂切淺度也又淺氏切文一重音一趲

宗蘇切走也又子罕切又在坦切又祖管切又則幹切逼使走文一重音四 𧻓 通都切趛趡伏也又同都切文一重音一 䞝 汪胡切走輕皃文一 趆 都黎切趨也又典禮切又丁計切文一重音二 趧 都黎切說文趧婁四夷之舞各自有曲又田黎切文一重音一 赼 初佳切起也又初皆切又倉才切說文疑之等赼而去也文一重音二 𧻚 枯回切邪足又何開切說文留意也一曰將走有意留又魚開切文一重音二 𧽘 倉回切逼也文一 趁 知鄰切趁邅行不進皃又池鄰切邅也又止忍切走謂之趁又丑忍切又乃殄切蹈也逐也又尼展切踐也又丑刃切文一重音六 𧼯 七倫切說文行趚𧼯也又千繡切博雅趡𧼯犇也文一重音一 䞪 松倫切走皃又規倫切又俱倫切文一重音二 𧽏 敕倫切走皃文一 趣 渠人切行皃又遣忍切又

丘忍切又去刃切行緩皃文一重音三赹巨旬切獨行皃又葵營切說文田疾也文一重音一
𧻚于元切說文𧻚田易居也文一𧾍許元切說文疾也又崇玄切又隳緣切文一重音二
𧽢模元切行緩也又謨奔切又謨官切又謨還切文一重音三𧾨巨班切行傴也又逵
負切又求患切行曲也文一重音二𧽷丘閑切𧽷𧾰行皃又丘虔切文一重音一𧾬甲眠
切走意又多年切走頓也又於𧾰切文一重音二𧽸𧺼胡千切說文急走也或省文二𧽤
多年切說文走頓也又堂練切走也文一重音一䟢澄延切轉也又丈善切移行也一曰偱也
文一重音一𧾰丘虔切𧾰行𧽷𧽷也𧽷或作蹇又九件切走皃文一重音一赶渠焉
切馬走又其月切舉尾走文一重音一𧽜逵負切行𧽜𧾷也一曰行曲脊皃文一趒

他彫切雀行也又田聊切又土了切躍也又他弔切越也文一重音三

趬 堅堯切行輕也又牽幺切一曰趬舉足也又丘祅切又詰弔切又丘召切行輕皃文一重音四

䞄 卑遥切說文輕行也又紕招切文一重音一

超 癡宵切說文跳也亦姓又丑小切輕走皃又他弔切越也又抽廟切踰也文一重音三

䞤 餘招切博雅䞤䞤行也文一

趫 丘祅切說文善緣木走之才又渠嬌切又丑小切輕走皃又巨夭切文一重音三

⿺走巢 初交切競走文一

⿺走周 陟交切⿺走周趟跳躍皃又陟敎切行不正也文一重音一

趖 蘇禾切說文走意文一

趤 他郎切走皃文一

趪 姑黃切走皃又胡光切文一重音一

⿺走狂 誑王切行征伀也文一

趟 中庚切⿺走周趟跳躍也又除庚切又猪孟切又耻孟切文一重音三

⿺走旬 葵營切回疾也文一

⿺走勼

趜渠尤切足不伸也或作趜趜趜又立六切謹敬也又居六切窮也一曰趜趚足不伸又渠竹切趜趜傴僂也文二重音三𧺆渠尤切違也文一𧺤張流切𧺤趚行不進也文一趥雌由切說文行皃又將由切徒行又千仲切文一重音二趚踈鳩切𧺤趚不進又所九切走皃又千繡切犇也又所六切趜趚傴僂也文一重音三𧺍房尤切行皃又芳遇切說文疾也文一重音一趣將侯切夜戒守有所擊掫或作趣又側九切又此茍切促也周禮有趣馬官又逡遇切說文疾也又趨玉切速也文一重音四䞶徒南切𧾍䞶走皃文一𧾍倉含切𧾍䞶走也又錯盍切又錯合切文一重音二䞴知咸切坐立不動皃文一𧼇丑勇切𧼇趗小行又丑玉切又株玉切文一重音二𧼙尹竦切說文喪辟𧼙文一䞝去倚切行皃文一𧺼

古委切張跪也跪或从走又巨委切文一重音一䞨犬蘂切說文半步也司馬法凡人一舉足曰䞨文一趡取水切說文動也引春秋傳盟于趡趡地名又愈水切走皃又在呂切邪進也博雅犇也文一重音二起口已切說文能立也亦姓文一𧺳苟許切行皃文一𧽉於五切說文走輕也文一赾口隱切行難也又几隱切說文慎也文一重音一䞫𧼯牛吻切走皃或从囷𧼯又去粉切文二重音一𧾍五遠切走皃又許偃切又許建切走意也文一重音二䞩普伴切走皃文一𧾩馨究切走意又於穢切又翾縣切又其律切又決律切文一重音四趙徒了切刺也詩其鏄斯趙又起了切又直紹切說文趨趙也一曰國名亦姓文一重音二𧺆齒者切距也漢令𧺆張百人又七夜切衺逆也又充夜切距也又恥格切跬步也文

一重音三⿺走匠在兩切行皃又疾亮切文一重音一赳古酉切說文輕勁有才力也又祁幼切赳螑龍申頭行皃又古幼切文一重音二⿺走僉⿺走今丘甚切低首疾趨謂之⿺走僉或从今文二趛牛錦切說文低頭疾行也文一⿺走感虎感切走皃文一⿺走冘他感切⿺走冘踔行進退也文一⿺走斬疾染切走進也文一⿺走詹職琰切前趨皃又止染切⿺走詹⿺走詹疾趨文一重音一⿺走臭香仲切說文行也一曰⿺走豐⿺走臭文一⿺走重昌用切拵⿺走重邪行文一⿺走畢必至切又壁吉切說文止行也文一重音一⿺走弗芳未切走皃又符勿切跳也文一重音一赴芳遇切說文趨也文一⿺走音⿺走否芳遇切說文頓也一曰僵也或作⿺走否⿺走音又匹候切僵也又鼻墨切文一重音二⿺走俞春遇切馬前負謂之⿺走俞文一赽涓惠切趧赽走皃又古穴切說文踶也一

曰疾也文一重音一⿺走折征例切踰也又時制切超踰也文一重音一⿺走世丑例切說文述也一曰踰也文一⿺走契丑例切說文超特也文一趂丑刃切說文𧾖也趁或从介文一

⿺走焉隱㦥切走皃文一⿺走萌隨戀切給走意也文一⿺走歔隨戀切大也文一趠他弔切越也又竹角切疾走也又敕角切說文遠也一曰蹇也又敕教切超也文一重音三⿺走敫吉弔切循也一曰境也文一

趭才笑切走也又子肖切文一趯弋笑切走也又弋灼切說文踊也又佗歷切趯趯跳也文一重音二趮則到切說文疾也又色到切矢傍掉也周禮羽殺則趮文一重音一

⿺走宕大浪切䞶⿺走宕逸遊文一䞶郎宕切䞶⿺走宕逸遊文一⿺走幷北諍切走也或从屏文二⿺走丘丘救切跛行也文一⿺走后下遘切蹇也文一⿺走秀

他候切說文跳也過也文一⿺走殳他候切自投也又營隻切⿺走啇⿺走殳走皃文一重音一⿺走斬昨濫切說文進也文一⿺走念吉念切俯首疾行文一⿺走劦虛欠切走皃文一趚蘇谷切⿺走鹿趚走聲文一趗千木切趢趗局小皃又趨玉切趢趗小步或書作⿱足走文一重音一趢盧谷切趢趗跼也又龍玉切說文權趢也文一重音一⿺走鹿盧谷切⿺走鹿趚走聲文一⿺走复房六切⿺走甫⿺走复小兒手據地行又弼力切走也文一重音一⿺走崇初六切直皃文一⿺走蜀朱欲切說文行皃又殊玉切跳也文一重音一⿺走⿸尸夂趨玉切速也文一⿺走族昨悉切走遽也文一⿺走戠直質切說文走也文一趌喫吉切說文⿺走曷怒走也又激質切趌⿺走曷走皃又極乙切又吉屑切趌⿺走敫跳皃文一重音三⿺走乞極乙切直行也又居乙切又其迄切又魚乙切文一重音

三

趜其述切走皃文一⿺走矞其律切狂走皃又允律切又決律切文一重音二趉其律切走皃又直律切又九勿切又渠勿切又其月切文一重音四⿺走术食律切走皃又勑律切走出也文二重音一⿺走弟敷勿切說文走也又符勿切文一重音一⿺走胃王勿切行遽皃文一⿺走孑九勿切走皃文一⿺走屈渠勿切說文走也又其月切行越⿺走屈也文一重音一越越王伐切說文度也一曰墜也於也遠也亦國名又姓隸作越越又戶括切艸也春秋傳大路越席一曰瑟虛文二重音一⿺走厥⿺走屖居月切說文蹶也或省⿺走厥又其月切文二重音一⿺走曷居月切怒走也又居謁切說文趌⿺走曷也又居曷切文一重音二趃陁没切走皃又徒結切文一重音一趏戶括切艸也又丘瞎切走皃又古刹切文一重音二⿺走巿⿺走發蒲撥切說文行皃一

曰猝也文二⿺走骨戶八切走也又古滑切文一重音一⿺走韱昨結切邪出前也文一⿺走切詰結切跳皃文一⿺走薊吉屑切說文走意文一⿺走叕株劣切跳也又紀劣切文一重音一⿺走龠弋灼切說文趠⿺走龠也謂疾走文一趞七約切說文趬趞也一曰行皃又七迹切側行也又秦笿切踐也文一重音二⿺走樂式灼切走也又狼狄切說文動也文一重音一⿺走百莫白切越也文一⿺走白匹陌切逼也文一⿺走辟恥格切跬步也一曰距也⿺走斥或作⿺走辟文一⿺走各轄格切廣雅⿺走各⿺走索僵也文一⿺走索色窄切⿺走各⿺走索僵也文一⿺走責士革切走皃又查畫切急走也又七迹切忽遽也文一重音二⿺走赤查畫切急走也文一⿺走蒦求獲切⿺走蒦⿺走索足長皃文一趚七迹切側行也又資昔切說文引詩謂地蓋厚不敢不趚文一重音一⿺走石之石切行

也文一𧽑之石切走皃文一䟐令益切䟐趚盜行又狼狄切行皃文一重音一𧾊

莫狄切𧾊𧽯狂走皃文一趯他歷切𧾊𧽯狂走文一𧾌狼狄切行皃文一𧺁

六直切𧺁趩行皃文一趩逸織切說文趨進趩如也文一䞝忽域切盜走文一𧽈

遏合切𧽈𧼎走急皃文一𧼎作荅切𧽈𧼎走急皃文一𧾔疾盍切疾走皃文一趇

轄夾切走皃文一䞄色洽切䞄䞄行疾皃文一𧾘實洽切行疾皃文一

文一百九十二　重音一百六十九

止下基也象艸木出有址故以止爲足凡

止之類皆从止諸市切文一

歧翹夷切足多指也文一⿰止歸⿰止帚居韋切說文女嫁也籀省一曰還也又州名亦姓歸又求位切餉也饋或作歸文二重音一⿱金止同都切止也文一⿰止艮古痕切說文足腫也文一歬𠝣前昨先切不行而進謂之歬或作𠝣隸作前𠝣又子淺切文三重音一⿱止可虎何切止也文一⿱尚止抽庚切說文距也又除庚切又齒兩切塌也又式亮切正也周禮維角⿱尚止之又之亮切又時亮切文一重音五⿰止重豎勇切跟也文一⿰止寺陳知切說文躕也又直里切跱躕行不進也或作⿰止寺文一重音一企遣尒切舉踵也文一⿰止巨臼許切說文止也一曰搶也超也文一⿰止著丈呂切躊躇進退皃或从止文一⿱止从籠五切鈍辭魯古作⿱止从文一⿱止吅陟慮切明也文一⿱止豆陟慮切吳俗謂盛物於器曰⿱止豆文一⿰止卒秦醉切博

雅待也一曰止也文一𣥌巨靳切附也又巨謹切近古作𣥌文一重音一𣦊昌六切說文至也文一𣦃徒沃切行不止文一𣥂他達切說文蹈也文一𣦢必益切說文人不能行也文一歷𣦠郎的切說文過也古作𣦠文二歰色入切說文不滑也或作丑歰又色甲切翣或作歰文二重音一𣦛色入切𠬛立皂文一𣦘達合切足跆重也文一疌疾葉切說文疾也从止从又又手也屮聲又七接切姓也又即涉切闕人名史記衞疌伯周諸侯又子感切速也文一重音三𣦍益涉切眠不祥也文一𣦬尼輒切說文機下足所履者文一

文三十四　重音十三

癶足剌癶也从止𣥂凡癶之類皆从癶讀若撥隸作癶北末切文二

登𤼷都騰切說文上車也从癶豆象登車形籀从𣥠登又丁鄧切履也文二重音一𩯄他登切益也文二

癹普活切說文以足蹋夷艸引春秋傳癹夷蘊崇之又蒲撥切除艸也文一重音一

文六　重音二

步行也从止𣥂相背凡步之類皆从步薄故切文一

歲歳 須銳切木星也越歷二十八宿宣徧陰陽十二月一次从步戌聲律歷書名五星爲步歲又蘇卧切騔歲穀名又蘇絶切年也文二重音二

文三　重音二

此止也从止从匕匕相比次也凡此之類皆从此

此 雌氏切文一

呰呰 才之切苛也瑕也或作呰呰又津夷切爾雅此也又蔣氏切又思計切語辭又資昔切又四箇切呰又戕西切弱也又蔣氏切說文窳也一曰短也又在禮切短弱也又資昝切此也文二重音九

𣐈 祖委切說文識也一曰石鍼謂之𣐈一曰藏也文一

些 將支切啨也又桑何切減也又

思嗟切少也又息計切語辭也又思計切又四箇切見楚辭文一重音五

文五　重音十四

正是也从止一以止凡正之類皆从正古作正亞亦作疋徐鍇曰守一从止也之盛切正又諸盈切歲之首月唐武后作缶文四重音一

整之郢切說文齊也文一　䟄測革切正也文一　乏扶法切說文引春秋傳反正爲乏一曰匱也文一

文七　重音一

是直也从日正凡是之類皆从是古文作昰承旨切昰又田黎切月邊也春秋傳是月者何僅逮是月也文二重音一

韙于鬼切說文是也引春秋傳曰犯五不韙文一

尟土禮切博雅尟桰杖也又待禮切文一重音一

尟尠思淺切說文是少也尟俱存也从是少賈侍中說或作尠又並宣遇切文二重音一

文六　重音三

辵乍行乍止也从彳从止凡辵之類皆从辵讀若春秋公羊傳曰辵階而走丑略切文一臣光曰變隸作之

通他東切說文達也亦州名又姓文一逡祖叢切行也文一⿺辶從七恭切步緩也
文一逢符容切說文遇也一曰大也又蒲蒙切逢逢鼓聲又姓文一重音一⿺辶⿰刀刀牆容切說
文相聽也文一⿺辶馮癡凶切馬不行皃又株倫切又株遇切文一重音二逄皮江切塞也一
曰姓也出北海文一隨遀追旬爲切說文从也又國名亦姓古作遀追追又中葵切說文遂
也又都回切治玉也又追萃切逐也周禮比其追胥劉昌宗讀又吐內切和柔皃文三重音四迷
民卑切惑也又緜批切文一重音一迻余支切遷徙也文一逶邕危切說文逶迤衺去皃文一⿺辶至
稱脂切走皃文一遺⿺辶舁⿺辶⿱臼至夷佳切說文亡也古作⿺辶舁⿺辶⿱臼至遺又盈之切與也又旬爲切又愈
水切饋也又徐醉切周禮遺人徐邈讀又以醉切贈也鄭康成讀文三重音五遲遟[illegible]陳尼

切說文徐行也引詩行道遲遲或作遟古作遬遲又直吏切待也遲又先齊切犀或作遟文三重音二

迡 陳尼切徐行也又侍夷切闕人名迡任古賢人文一重音一

逵 渠龜切說文九逵道也文一

違 于非切說文離也又胡隈切轉也邪也文一重音一

迴 胡隈切轉也回俗作迴又胡對切曲也文一重音一

迂 雲俱切遠也曲也避也文一

⿺辶宇 雲俱切窻也文一

迃 邕俱切說文避也又委羽切曲皃又王矩切遠也春秋傳不迃其文文一重音二

逾 容珠切說文越進也引周書無敢昏逾又徒侯切車木數名文一重音一

逋⿺辶捕 奔模切說文亡也籀从捕文二

⿺辶且⿺辶虘 叢租切說文往也⿺辶且齊語籀从虘文二

辻 同都切說文步行一曰空也衆也隸也亦姓文一

途 同都切爾雅路旅途也文一

遆 田黎切姓也文一

⿺辶頼

緜批切瀕頤頭垂皃文一**逮**資辛切津古作逮又將先切自進極也一曰至也文一重音一**逡**七倫切說文復也爾雅退也一曰逡巡行不進又須閏切逡遒縣名文一重音一**遵**縱倫切說文循也文一**巡**松倫切說文視行皃又俞倫切行也尚書巡守徐邈讀又余專切相循也又殊閏切順古作巡文一重音三**遒**松倫切逡遒縣名在淮南又雎由切迫也又將由切縣名在涿郡又徐由切又茲秋切又在九切近也文一重音五**迿**松倫切先也公羊傳朋友相衞而不相迿又須閏切又熒絹切先也何休說又翾縣切文一重音三**迍**株倫切邅也文一**邍**愚袁切說文高平之野人所登文一**逯**徒渾切豚或作逯又杜本切遷也又徒困切逃也又寵戀切行也文一重音三**返**孚袁切回行也又甫遠切行還也又部版切引商書祖甲返文一重音二**遯**

徒渾切逃也又杜本切遷也逃也又都困切又徒困切文一重音三

迁 居寒切說文進也一曰遮也文一

還 胡關切說文復也又旬宣切復返也又從緣切書還歸在豐徐邈讀又胡慣切繞也鄭司農曰還市朝而爲道文一重音三

⿺辶侃 丘閑切過也又丘虔切文一重音一

迁 倉先切撫謂之迁一曰伺候也進也表也文一

邊 卑眠切說文行垂崖也或曰近也方也又姓文一

⿺辶⿱山川 縈玄切說文行皃文一

⿺辶䙴 **遷** 親然切說文登也隸作遷文二

邅 張連切屯邅難行不進皃又直碾切轉也逐也文一重音一

連 陵延切說文負連也一曰連屬又力展切難也易往蹇來連又郎旰切連石山名又連彥切及也文一重音三

⿺辶盾 抽延切相顧行也又夷然切又取緡切又延面切又俞緡切文一重音四

⿺辶羨 夷然切行皃一曰遮過文一

遄 淳沿

切說文往來數也引易曰事遄往文一迢⿺辶苕田聊切說文迢遰也一曰迢迢高皃或从艸文
二遼憐蕭切說文遠也一曰水名在遼陽縣文一邀堅堯切遮也又伊消切文一重
音一⿺辶杳伊堯切遠皃文一逍思邀切說文逍遙猶翱翔也文一遥遙餘招
切遠也或作遙文二⿺辶䌛餘招切進也一曰相隨行又夷周切說文行⿺辶䌛徑也文一重音一⿺辶交
居肴切說文會也文一遭臧曹切說文遇也一曰邐行文一逃徒刀切說文亡也文
一遨牛刀切出游也文一過古禾切說文度也亦姓又戶果切篅也又古卧切越也文
一重音二遳村戈切脆也文一迱迤唐何切逶迱行皃或作迤迤又演爾切又余支
切文二重音二邏良何切遮也又郎可切又郎佐切說文巡也文一重音二⿺辶枷迦居伽

切迦互令不得行也或从加又並居牙切迦又居迓切迦枒木如蒺䔧上下相距迦又下買切邂或从加文二重音三

迦居伽切迦譾織言文一

遮之奢切說文遏也又之夜切文一重音一

遐何加切爾雅遐逷遠也文一

遧諸良切迵遧适也文一

迋渠王切妄也應劭讀漢書迋吾兄也又俱往切欺也又求往切又于放切往也春秋傳子無我迋又古泥切欺也又具放切又局縛切文一重音六

逿徒郎切遇也又待朗切又大浪切失據倒也漢書陽醉逿地一曰遇也文一重音二

迒居郎切獸迹又寒剛切又下朗切一曰道也又胡江切車迹文一重音三

遑胡光切說文急也一曰暇也文一

䢚居行切兔逕文一

迎魚京切說文逢也又魚慶切迓也文一重音一

迸悲萌切博雅幽也一曰行急又必幸切文一重音一

征諸盈切正

行也文一⿺辶尤于求切經過也文一迈如蒸切及也往也文一逑渠尤切說文聚斂也引虞書旁逑彝功文一遊⿺辶斿遊夷周切行也或从子从斿文三逌夷周切所也文一遛力求切逗遛不進文一遒將由切縣名在涿郡遒或作迺又茲秋切迫也文一重音一⿺辶囚徐由切拘留也文一逅胡溝切又下溝切說文邂逅也又居候切文一重音二遱郎侯切說文連遱也謂不絕皃文一⿺辶壬夷針切過也文一⿺辶重杜孔切說文作也一曰躁也文一⿺辶宂乳勇切行也文一邇⿺辶壐迩忍氏切說文近也古作⿺辶壐或作迩⿺辶壐又人質切又陟栗切文三重音二⿺辶止遾想氏切說文迻也古作遾文二邐輦尒切說文行邐邐也一曰邐迤旁行連延也文一迤演爾切說文衺行也引夏書東迤北會于

匯一曰也文一

迲 遣尒切博雅避也又去智切文一重音一

𨑩 矩鮪切車轍也文一

逘 牀史切待也文一

迉 口已切能立也亦姓文一

迠 斐父切說文安也一曰循也文一

𨘱 罔甫切博雅跡也文一

逜 迕 阮古切過也或作迕又並五故切寤也文二重音一

𨑹 典禮切說文怒不進也又丁計切文一重音一

遞 递 待禮切更易也或从弟又並大計切遞又時制切文二重音二

迨 逮 蕩亥切及也或作逮逮又大計切又徒對切又待戴切文二重音三

近 巨謹切迫也又居吏切巳也辭也詩往近王舅又巨靳切文一重音二

遠 遠 雨阮切說文遼也古作遠遠又于願切離也文二重音一

遃 語偃切方言行也又語蹇切又魚肝切遨也文一重音二

遁 杜本切遷也逃也又徒困切又七倫切文一重音二

䢺

丑展切安步也文一遣去演切說文縱也又詰戰切祖奠也文一重音一遶爾紹切字

林園也文一𨗨在早切作也古作𨖼文二道𩠐杜晧切說文所行道也一達謂

之道古作𩠐道又大到切文二重音一過戶果切秦晉之間凡人語而過謂之過文一𨘎

似兩切行也文一𨑹羽兩切之也徃古作𨑹又于放切春秋傳子無𨑹文一重音一逛

俱往切欺也又古況切又具放切文一重音二𨖸必幸切行急也文一逞丑郢切說文通

也楚謂疾行爲逞引春秋傳何所不逞一曰快也又丑成切縱也又怡成切䦨人名晉有欒逞文一重音

二迥戶茗切說文遠也又胡鎣切文一重音一𨒌很口切說文遲也後古从辵文一

𨗺七漸切𨗺𨗺欲近皃文一送𨘸蘇弄切說文遣也古作𨘸文二迵徒弄切說

文迵迭也一曰遇也文一

𨑹 才用切說文隨行也文一臣光曰與前文迴字同

避 毗義切說文回也文一

遂速逋 徐醉切說文亡也一曰因也達也古作速逋逋速又陟利切前頓也又追萃切足不前也文三重音二

逯𨘋 追萃切足不前也亦作𨘋𨘋又悉協切迣𨘋走也又乙業切前頓也文二重音二

𨑬 磬致切揖也从也文一

𨑨 居吏切說文古之遒人以木鐸記詩言从辵从丌文一

遽 其據切說文傳也一曰窘也懼也又求於切又權俱切文一重音二

違 呼句切無韋也又黃外切無違也又下介切又形甸切文一重音三

遇 元具切說文逢也又魚容切曲遇地名文一重音一

遡 蘇故切逆流而上曰泝洄或作遡文一

遻 五故切遇也文一

达 他計切字林滑也又佗達切博雅逃也一曰行不相遇又陁葛切文一重

音二**遰**大計切說文去也又征例切往也又當蓋切連也文一重音二**迡**乃計切近也文一**迣**征例切說文迾也晉趙曰迣又時制切又丑例切述也一曰踰也又力制切遮也又力孼切文一重音四**逝**征例切往也又時制切又食列切文一重音二**⿺辶曳**時制切超踰也文一**遾**時制切爾雅遏遾逮也北燕曰遾一曰遠也文一**迾**力制切遮也一曰車駕清道文一**邂**下解切說文邂逅不期而遇也又下買切又戶佳切文一重音二**⿺辶貝**薄邁切說文㲄也引周書我興受其⿺辶貝文一**邁邁**莫敗切說文遠行也或不省文二**⿺辶儥**除邁切遺也文一**⿺辶内⿺辶⿱日夂⿺辶⿱日夂退**吐內切却也一曰行遲也很古作⿺辶内⿺辶⿱日夂⿺辶⿱日夂隸作退文四**逯**待戴切唐逮及也逮古作逯又龍玉切博雅逯逯衆也一曰行謹也亦姓又盧谷切行謹逯逯

又大計切文一重音三迅思晉切說文疾也又須閏切文一重音一進邇即刃切說文登也亦姓古作邇又徐刃切會禮也賮亦作進文二重音一遴良刃切行難也引易以往遴一曰慙恥也文一運王問切說文迻徙也一曰地南北謂之運文一這牛堰切迎也又魚戰切行也文一重音一遜蘇困切說文遁也文一遯都困切逃也遯古作遂又徒困切文一重音一逭⿺辶⿰兆翟⿺辶雚胡玩切說文逃也或作⿺辶⿰兆翟⿺辶雚逭又古緩切文三重音一遦古玩切行也又古患切習也文一重音一⿺辶半薄半切去也文一遍卑見切帀也文一⿺辶羨似面切又延面切說文遮⿺辶羨也文一重音一選須緰切擇也又數滑切金銖兩名又所劣切又損管切數也又緒纂切又須兖切遣也文一重音五⿺辶肯俞緰切相顧而行也文一迊多嘯

切至也文一⿺辶翏力弔切往也文一造七到切說文就也譚長說造上士也又則到切
灼龜燒荊㷊史記卜先以造又倉刀切進也又在早切作也文一重音三⿺辶亞衣駕切次第行也文
一迓魚駕切相迎也又牛據切書迓衡鄭康成讀文一重音一⿺辶倉七浪切過也文一
遉丑正切邏候也文一迸北諍切說文散走也又披耕切使也又悲萌切又壁瞑切文一重音
三逕言定切步道一曰直也文一⿺辶殷居又切說文恭謹行也文一⿺辶筶初救
切倅也齊也文一⿺辶叟初救切不進也文一逗大透切說文止也又徒侯切射也又遣尔
切曲行也又去智切又厨遇切留上也亦姓又他候切文一重音五透他候切說文跳也過也又
式竹切博雅驚也戲也文一重音一遘居候切說文遇也又下遘切文一重音一⿺辶詹時豔

切行速皃文一速遫蘇谷切說文疾一曰召也籀作遫文二逐仲六切說文追也又亭歷切逮也易其欲逐逐又直祐切奔也山海經夸父與日逐一曰壯牝合文一重音二𨘋蘇谷切鹿迹也文一𨗼徒谷切說文媟𨗼也徐鍇曰不以禮自近文一迶余六切行也轉也文一邈墨角切邈邈悶也一曰遠也文一𨘏仕角切速也文一逴竹角切又敕角切說文遠也一曰蹇也又敕略切博雅驚也文一重音二𨓈朔律切說文先道也文一迭弋質切過也漫也又徒結切說文更迭也又大計切更易也文一重音二𨘂弋質切廣雅置也文一𨒪休必切衆走皃文一述𨕖食律切說文循也亦姓籀从秫文二遻竹律切趨也文一𨑨劣戌切述也一曰遻𨑨行不美又允律切行皃文一重音一遹允律切說

文回避也一曰述也又食律切邪也詩潰潰回遹文一重音一

𨑨 文拂切遠也又乎骨切文一重音一

迄 許訖切爾雅至也文一

𨒃 王伐切說文踰也引易雜而不𨒃文一

遏 何葛切遮也又阿葛切說文微止也文一重音一

𨘢 他達切鄉飲酒罰不敬撻其背引周書𨘢以記之撻古作𨘢文一

達 陁葛切說文行不相遇也引詩挑兮達兮一曰通也一曰迭也又他達切博雅逃也文一重音一

适𨓈 古活切疾也或从𠯑适又苦活切文二重音一

𨑻 北末切說文前頓也賈侍中說又普活切廣雅猝也又蒲撥切行皃文一重音二

迾 力蘗切說文遮也

𨗨 王縛切𨗨𨗨周遊也文一

逽 女略切走也文一

逪 倉各切說文迹逪

迮 即各切倉猝也一曰起也論語二嗅而作又測格切說文迮迮起也一曰迫也文一

文一重音一

迫 博陌切說文近也文一

迮 側格切姓也文一

迟 乞逆切說文曲行也又苦席切文一重音一

逆 佐戟切說文迎也關東曰逆關西曰迎一曰却也亂也文一

逷 湯革切爾雅逷遠也郭璞讀又佗歷切遠也文一重音一

迹⿺辶責速 資昔切說文步處也或作⿺辶責速⿺辶責

⿺辶彳 丑亦切跛也文一

適 施隻切說文之也宋魯語亦姓又之石切往也又丁歷切親也又他歷切適適然驚皃又亭歷切說文仇也又陟革切罰也又治革切適適驚視自失皃文一重音六

⿺辶弔 丁歷切說文至文一

逖 他歷切說文遠也詩舍爾介逖文一

⿺辶翟 他歷切趯趯跳也文一

迪 亭歷切說文道也又徒沃切進也文一重音一

⿺辶歷 狼狄切近也文一

⿺辶是 丞職切行也文一

邀 蓄力切博

類篇二中 十八

類正

雅張也一曰開也文一逼筆力切爾雅迫也文一[illegible]極入切說文逮也文一迨曷閤切說文遝也文一迊作荅切周也文一遝達合切說文迨也文一遢託盍切邋遢行皃文一邋力盍切邋遢行皃又力涉切說文擸也一曰邁也文一重音一⿺辶耴的協切⿺辶耴⿺辶枼走皃文一⿺辶壺極業切蹪也⿺辶臿測洽切行皃文一⿺辶甲古狎切闕人名文一

文二百七十七　重音一百七十九

彳小步也象人脛三屬相連也凡彳之類皆从彳

丑亦切又甫玉切足下齊也文一重音一

徚都籠切徚然行皃文一⿰彳叢祖叢切行也文一⿰彳戎思融切姓也文一從牆容切相聽也又鉏弓切太高皃禮爾毋從從爾鄭康成讀又書容切從從容久意禮待其從容然後盡其聲又七恭切從容休燕也又將容切東西曰衡南北曰從又鉏江切髺高也鬆或作從又祖動切高大皃禮爾無從從爾又足勇切方言慫勇勸也或作從又足用切緩也一曰舍也又似用切同宗也又才用切說文隨行也文一重音十彸諸容切征彸怖遽皃文一⿰彳童諸容切埤倉蹤蹱行不進皃或从彳文一⿰彳松思恭切方言倯倯罵也倯或从彳文一從七恭切步緩也又筍勇切從從疾皃文一⿰彳夆⿰彳逢敷容切說文使也或从逢夆又襆蒙切文二重音一徥常支切說文徥徥行皃引爾雅徥則也又度皆切佳徥行皃又上紙切又丈尒切行衙衙謂之徥又土禮切止

也又徒駭切一曰細而有容又直駭切文一重音六**徙**相支切地名在蜀一說抵徙擬手期尅也又想氏切說文迻也文一重音一**徛**丘奇切說文舉足以渡也又巨綺切又居義切爾雅石杠謂之徛文一重音二**徲**陳尼切博雅徲徲往來也一曰久也又田梨切一曰後至文一重音一**彽**陳尼切彽徊裴回也又都梨切彽徊疑不進皃又徒回切文一重音二**徥**延知切說文行平易也又田黎切屖徲休息也文二重音一**𢓊**貧悲切走皃文一**微**無非切說文隱行也引春秋傳白公其徒微之亦姓文一**徐**祥余切說文安行也又州名亦姓文一**𢓭**專於切月行也詩日居月𢓭文一**𢔩**容朱切行皃文一**徂**叢租切往也退或从彳文一**徒**同都切步行一曰空也衆也隸也亦姓文一**徲**田黎切屖徲休息也文一**徯**

弦雞切待也又戶禮切文一重音一

徍 於佳切佳徥邪行皃文一

⿰彳皆 丘皆切徘⿰彳皆行惡文一

⿰彳頁 度皆切頭垂皃文一

徘 蒲枚切徘徊便旋也文一

徊 胡隈切徘徊不進皃又蒲枚切文一重音一

⿰彳崔 倉回切行急皃文一

⿰彳夋 七倫切復也文一

循 船倫切蹲循逡巡也又松倫切說文行順也又徐閏切文一重音二

徇 松倫切使也一曰徧示又須閏切行示也又隨戀切以人从死文一重音二

⿰彳先⿰彳辛 踈臻切行皃或作⿰彳辛⿰彳先又鋤臻切往來皃文二重

⿰彳爰 于元切⿰彳爰兔行皃又戶管切徽⿰彳爰徐行文一重音一

⿰彳亶 知山切走藏也又張連切文一重音一

徧 蒲眠切足不正也又紕延切頫也又卑見切迊也文一重音二

⿰彳睘 旬宣切復返也文一

愆 丘虔切說文過也文一

⿰彳兆 田聊切詩傳⿰彳兆⿰彳兆獨行皃又他刀切

徘達相見皃文一重音一徼堅堯切說文循也又伊消切遮也又吉吊切境也又吉了切邀也史
記徼一時權徐廣說文一重音三⿰彳麃悲嬌切行皃⿰亻麃或从亻文一徭蘇遭切徭⿰彳匋緩
行皃文一⿰彳匋徒刀切徭⿰彳匋行皃文一徦何加切遐或从彳又舉下切至也又居訝切又
各領切文一重音三徉余章切廣雅彷徉徙倚也文一彷敷方切害也又符方切又蒲光
切彷徉徘徊也文一重音二⿰彳襄思將切⿰彳襄徉逍遥也一曰行皃文一⿰彳章諸良切⿰彳章徨行
不正又之亮切行遽皃文一重音一徜辰羊切博雅徜徉戲蕩也文一彺于方切行遽皃
文一往于方切又雨兩切說文之也又于放切歸嚮也文一重音二徨于方切彷徨往
來又胡光切徬徨彷徉也文一重音一徬蒲光切近也又蒲浪切說文附行也文一重音一

彺 誑王切行征伀也文一 征徰 諸盈切正行也古作徰文二 ⿰彳甹 滂丁切說文使也文一 ⿰彳丁 當經切跉𧿹獨行或从彳文一 ⿰彳令 郎丁切跉𧿹行皃或从彳文一 ⿰彳夌 閭承切姓也文一 ⿰彳憂 於求切和之行也文一 徟 之由切徟⿰彳章行皃文一 ⿰彳占 夷針切冘冘行皃冘或作佔又余廉切徐行也又與甘切又弋咸切又章豔切佔徠行皃文一重音四 ⿰彳冉 如占切遲行也文一 ⿰彳同 吐孔切徿⿰彳同直行文一 徿 魯孔切徿⿰彳同直行文一 ⿰彳重 杜孔切說文作也一曰蹤也又主勇切相迹也文一重音一 ⿰彳止 想氏切說文迻也文一 ⿰彳卑 補弭切使也文一 彼 補靡切說文往有所加也一曰對此之稱文一 ⿰彳靡 ⿰彳麻 母被切行皃或作⿰彳麻⿰彳靡又母果切文一重音一 ⿰彳矣 牀史切待也文一 ⿰彳韋 羽鬼

切行皃文一[illegible]兩阮切說文遼也文一待蕩亥切俟也文一⿰彳卷苦遠切徐行也文一⿰彳反甫遠切行還也又部版切又方願切返也文一重音二很下懇切說文不聽从也一曰行難也一曰盩也又戸衮切文一重音一⿰彳款苦緩切⿰彳款⿰彳爰徐行文一⿰彳戔在演切說文迹也文一⿰彳翟徒了切行皃文一⿰彳肖七小切行皃又七肖切文一重音一徃羽兩切說文之也又于放切歸嚮也文一重音一⿰彳崔俱往切遠行也又古況切文一重音一徎丈井切又丑郢切說文徑行也又里郢切又他鼎切文一重音三⿰彳条忍九切說文復也又女九切習也文一重音一⿰彳參桑感切鎮⿰彳參動也又蘇蹔切⿰彳參⿰彳參行皃文一重音一徛居義切爾雅石杠謂之徛文一⿰彳悳陟利切施也文一⿰彳辟毗義切回也文一

徲必至切止行也文一御䘖御牛據切說文使馬也徐鍇曰卸解車馬也或彳或卸皆御者之職古作御御一曰侍也進也又姓御又偶舉切止也又魚駕切相迎也文三重音二𢕌呼外切𢕌𢕌室宇顯敞也文一徻烏外切徻徻屋宇高明也文一𢔂陟卦切立皃又陟嫁切𢔂步立也文一重音一𢓴衲吐內切說文卻也一曰行遲也或从內衲又諾盍切文二重音一徇殊閏切行示也又思晉切遍也又徐閏切引司馬法斬以徇一曰求也順也歸也文一重音二𢕟隨戀切徐行也文一𢖍巴校切越也唐制新到官府併上者謂之𢖍𢖍今俗謂程外課作者爲𢖍工文一𢓼敕教切超也文一𢓭枯化切行也文一𢕱乃浪切行皃文一𢓌魚浪切䖔仰行不耑文一𢓲恥孟切𢓲𢓲走也文一𢕾毗正切傍

側也又步定切文一重音一**儜**乃定切行皃文一**徑**吉定切說文步道也一曰直也

又堅靈切行過也文一重音一**⿰彳秀**息救切⿰彳秀⿰彳留行相待也文一**⿰彳由**直祐切行無極也又

徒沃切⿰彳由⿰彳由行皃又亭歷切文一重音二**⿰彳留**力救切⿰彳秀⿰彳留行相待也文一**後**下遘切詩

傳相導前後曰先後又很口切遲也文一重音一**⿰彳夾**舒贍切佔⿰彳夾行皃文一**⿰彳詹**時豔

切行速皃文一**⿰彳覃**徒念切⿰彳韱⿰彳覃行皃文一**⿰彳韱**先念切⿰彳覃⿰彳韱行皃文一**復**房六

切說文往來也亦州名又扶富切又也又方六切重也文一重音二**亍**丑玉切說文步止也从反

彳又株遇切又甫玉切足下齊文一重音二**彴**弼角切爾雅奔星爲彴又職略切橫木渡水曰

彴又實若切流星名又白各切又亭歷切橋也一曰流星文一重音四**⿰彳悉**息七切⿰彳悉⿰彳胥搖也文

一⿰彳⿱八月弋質切舞行列也佾古作⿰彳⿱八月文一⿰彳吉閱吉切行皃文一律劣戌切說文均布也一曰法也述也陽管謂之律文一佛敷勿切髴若似也或从彳文一⿰彳胃王勿切行遽皃文一⿰彳達他達切博雅逃也一曰行不相遇文一⿰彳兌徒活切行也文一⿰彳屑先結切徶⿰彳屑衣服婆娑皃一曰⿰彳悉⿰彳屑搖也文一徶蒲結切徶⿰彳屑衣服婆娑皃文一⿰彳矍屈縛切行皃太玄其志⿰彳矍⿰彳矍又厥縛切行皃文一重音一⿰彳乍即各切起也文一⿰彳各轄格切方言登也又各額切至也文一重音一⿰彳責士革切走皃文一⿰彳叟七役切小行皃也文一⿰彳歷⿰彳畐狼狄切行皃或作偪文二⿰彳步徝竹力切登也或作值文二⿰彳弋逸織切行也文一⿰彳㝵得的則切說文行有所得也或作得文二德的則切說文升也一曰行

之得也又竹吏切禮立容德蓋如有所置物於前也徐邈說文一重音一⿰彳耳七入切⿰彳耳行皃文一⿰彳歰息入切行皃又色入切行不進也又測入切又悉合切文一重音三彶訖立切說文急行也又極入切文一重音一徢息葉切徢徢行皃又悉協切趨行皃文一重音一⿰彳臿測洽切行皃又實洽切行疾文一重音一

文一百五十四　重音九十六

廴長行也从彳引之凡廴之類皆从廴余忍切又羊進切延也文一重音一

㢟諸盈切說文行也文一⿺廴巛余專切相循也文一廷唐丁切說文朝中也又他

定切逕庭激過也或省又徒徑切正也直也朝位也文一重音二　㢟丑忍切走也文一　建紀偃切覆也漢書居高屋之上建瓴水又居萬切說文立朝律也文一重音一

文六　重音四

㢟安步㢟㢟也从廴从止凡㢟之類皆从㢟　抽延切又丑展切又羊進切延也又延面切及也文一重音二

延　以然切說文長行也一曰陳也及也又姓亦州名又以淺切冕上覆又延面切及也文一重音二

文二　重音五

行人之步趨也从彳从亍凡行之類皆从行

戶庚切又寒剛切列也二十五人爲行又乎監切衙或作行又下浪切一曰行行剛強皃又下孟切言迹也又下朗切文一重音五

衕徒東切通街也又徒弄切文一重音一　衝衝昌容切說文通道也引春秋傳及衝以戈擊之一曰突也或从重衝又昌用切要也衝又蠢勇切衝蓯相入皃文二重音二　衜無非切隱行也微或作衜文一　街披窺切都邑中道又居膎切四通道也文一重音一　衢近虞切四達道也又權俱切又俱遇切行也文一重音二　衙牛加切彭衙地名一曰古者軍行有牙尊者所在後人因以所治爲衙又姓又牛居切衙衙行皃又偶舉切行皃一曰縣名亦姓又牛據切禦或作衙文一重音三　䘖尹竦切道也文一　𧗝矩鮪切車轍也文一　𧗿偶舉切止也文

一

衎 可旱切說文行喜皃又墟旰切文一重音一 𧗝 在衍切迹也俴或从行又才線切文一 衟 杜皓切所行道也又大到切導引也文一重音一 衖 胡降切說文里中道也文一 衛 于歲切宿衛也又國名亦姓文一 𧗳衒 熒絹切說文行且賣也或从玄又並扃縣切文二重音一 衜 火禁切衜衜暗行皃文一 𧗿 所律切將衛也文一 術 食律切說文邑中道也一曰技也又徐醉切文一重音一

文二十一　重音十九

類篇卷第二中

類篇卷第二下　卷之六

朝散大夫右諫議大夫權御史中丞充理檢使上護軍河内郡開國侯食邑一千三百户賜紫金魚袋臣司馬光等奉
勑修纂

齒口齗骨也象口齒之形止聲凡齒之類皆从齒古作𠙵𠚕昌里切一曰年也列也齒又稱拯切文三重音一

齜此莊宜切齲病或書作⿱此齒又鉏佳切說文齒相齘也一曰開口見齒皃又阻宜切又莊皆切又鋤加切又仕懈切文一重音五

齹⿰齒宜又宜切說文齒參差或从宜⿰齒宜又宜佳切⿱此齒⿰齒宜齒不齊又魚羈切文二重音二

齯如支切老而更生齒又研奚切說文老人齒文一重音一

⿰齒也⿰齒它

陳知切齒斷謂之⿰齒也亦从它文二齹仕知切齒不齊也春秋傳鄭有子齹又倉何切又才何切
又才可切文一重音三齮丘奇切齧也又去倚切齧差也又語綺切亦姓文一重音二⿰齒厓
魚羈切齹⿰齒厓齒露皃又宜佳切又牛懈切齹⿰齒厓切齒文二重音二齝⿰齒司申之切爾雅牛曰齝
吐而噍也或作⿰齒司又並充之切食已復出嚼也又並超之切文二重音二⿰齒息又緇切⿰齒司也文一
⿰齒其丘其切博雅齧也又渠之切文一重音一齗渠之切齧也文一⿰齒幾渠希切齒
危文一齬牛居切齒一前一却又訛胡切又偶舉切說文齒不相值也文一重音二⿰齒虘
臻魚切齒不齊皃又莊加切說文⿰齒語齒又鋤加切齒不正又牀所切文一重音三齵元俱切齒
重生又魚侯切說文齒不正也文一重音一⿰齒圭宜佳切齒不齊文一⿰齒來椿皆切博雅⿰齒來

⿱叕齒齧也又當來切文一重音一⿰齒豈柯開切牙謂之⿰齒豈又魚開切說文⿰齒需牙也文一重音一⿱敖齒魚巾切笑露齒又魚斤切齒出皃又擬引切博雅笑也一曰齒齊又語近切文一重音三齗齦⿰齒言魚斤切說文齒本也或从艮从言齗又牛閑切齗齗爭訟也又擬引切犬爭謂之齗又口謹切口上肉又語近切又忍善切笑也又語蹇切齦又苦本切齒起皃一曰齧也又口很切又起限切文三重音九⿱貇齒枯昆切齧也減也又苦本切豕齧物也文一重音一⿰齒夋蘇官切齒酸也文一⿰齒并蒲眠切并齒也又必郢切文一重音一齻多年切牙兩畔長者儀禮左右齻文一⿱聯齒陵延切說文齒見皃文一⿱𢍏齒齤逵負切說文缺齒也一曰曲齒或省文二齠丁聊切毀齒也又田聊切文一重音一齙蒲交切齒露文一⿱佐齒倉何切又才何切說文齒差跌

皃引春秋傳鄭有子齹又才可切文一重音二

𪗨唐何切馬齒長也文一

䶕邦加切䶕齖齒出皃又步化切文一重音一

齟莊加切齬齒也又鋤加切又在呂切嚼也又壯所切齟齬齒不正又狀所切文一重音四

𪘏陟加切博雅𪘲𪘏齧也文一

䶗丘加切字林大齧也又丘駕切又口下切又口箇切䶗䶪齒皃文一重音三

𪙊丘加切窒𪙊女媧也文一

齖牛加切齖齵齒不正又魚駕切齰齖齒不相值文一重音一

𪘯千羊切小齒文一

齡郎丁切古者謂年齡齒亦齡也文一

齱甾尤切說文齵也又仕垢切齱齵齒不正又仕六切𪙿生又測角切齷齪也齪或从齱文一重音三

齺甾尤切說文齒搚也一曰齰也一曰馬口中糜又仕角切博雅齧也一曰齒相近皃文一重音一

𪘩吾含切齒齶文一

𪙇牛廉切齒

差也又魚咸切又魚銜切又牛久切又魚窆切文一重音四

⿰齒咸 胡讒切口持不齧又居咸切說文齧也又乞洽切噍聲又訖洽切文一重音三

⿱咸齒 魚咸切齒高皃文一

⿰齒毚 鋤咸切齒高又仕儳切文一重音一

⿰齒嚴 魚銜切齒高又魚窆切齒差也又五陷切⿰齒毚⿰齒嚴齒皃文一重音二

⿰齒義 語綺切齧也亦姓文一

⿰齒巨 苟許切又臼許切齗不固曰⿰齒巨又顆羽切說文齗腫也文一重音二

⿰齒胥 寫與切齒酸也又爽阻切齒傷酢文一重音一

齭 齼 搊所切說文齒傷酢也或从楚齭又爽阻切文二重音一

齲 顆羽切齒蠹也又果羽切文一重音一

齓 楚引切博雅毀齒謂之齓又丑引切又創尤切又初堇切說文男八月生齒八歲而齓女七月生齒七歲而齓又初覲切又初問切又恥問切文一重音六

⿰齒堇 口謹切⿰齒堇齗齒皃文一

齫 ⿰齒困 牛吻切說文無

齒也或作齫齫又苦本切齒起皃一曰齧也文二重音一⿰齒干⿰齒幵語偃切齒露皃又並雅版切說

文一齒見皃⿰齒幵又語蹇切文二重音二⿰齒戔楚綰切⿰齒戔⿰齒幵齒不正皃又仕版切又仕限切齒跌皃

又士免切文一重音三齴語限切棧齴高峻皃又語蹇切笑也文一重音一⿱臤齒牽典

切⿱臤齒齞齒露皃文一齞研峴切說文張口齒見又語蹇切齒露也又倪甸切文一重音二齩

⿰齒堯五巧切說文齧骨也或从堯齩又下巧切文二重音一齨巨九切說文老人齒如臼

也一曰馬八歲齒臼也文一⿰齒齊才詣切⿰齒齊⿰齒皆齧也文一齸壹計切江東名咽爲齸齸

者齝食之所在又弋質切麋鹿受食處又伊昔切文一重音三齛始制切齝也又以制切羊粻也

又私列切文一重音二⿱制齒居例切狂犬也文一⿰齒曳以制切羊粻也又私列切文一重音

一⿰齒旨研計切⿰齒齊⿰齒旨齧也文一齘下介切說文齒相切也一曰怒也文一⿰齒害
渠介切睡中切齒聲文一⿰齒最楚快切剮齒也文一⿰齒我牛箇切⿰齒可⿰齒戢齒皃文一齰
助駕切齧也又側格切又實窄切又測革切齒相值文一重音三⿰齒客丘駕切⿰齒略⿰齒嗇齒出皃文一
齽居簷切鉤齒內曲謂之齽又巨禁切說文口閉也文二重音一⿰齒今巨禁切牛舌病
也文一⿰齒臽乎韽切怒齒也文一⿰齒占陟陷切剮齒也文一⿰齒告胡谷切齒聲又胡沃
切治象齒令白也又姑沃切又克角切文一重音三齷乙角切齷齪迫也一曰小皃文一齪
⿺足齒測角切齷齪迫也或作⿰足齒⿰足齒又初六切齋謹也又叉足切齒齊也文二重音二⿰齒至⿰齒窒
陟栗切說文齒堅也或从窒⿰齒窒又勑栗切齧齒聲又徒結切齧齒堅皃文二重音二⿰齒出測瑟切齧齒聲又

測乙切又食櫛切說文齚齒也文一重音二 ⿰齒卒 測乙切又昨沒切說文⿰齒卒齚也又士滑切博雅齧也又士列切齚也文一重音三 齕 恨竭切又下扢切說文齧也又胡骨切又奚結切文一重音三 齃 何葛切齾齃齧物聲文一 齾 牙葛切齒缺也又牛轄切文一重音一 ⿰齒列 ⿱剌齒 郎達切說文齒分骨聲或作⿱剌齒文二 ⿰齒舌 古活切說文噍聲又乎刮切齒聲文一重音一 ⿰齒卒 士滑切博雅齧齒也文一 ⿰齒骨 下八切又戶八切說文齧骨聲文一重音一 ⿰齒吉 下八切齧聲又許轄切說文齒堅聲文一重音一 ⿰齒八 普八切齒聲文一 ⿰齒截 初戛切齒利一曰殄也文一 ⿰齒葛 居轄切齒聲又力盍切噍聲文一重音一 ⿰屑齒 千結切說文齒差也文一 ⿰齒失 徒結切齧堅皃文一 齧 倪結切又詰結切說文噬也亦姓文一重音一 ⿰齒禼

私列切羊粮也文一 ⿱列齒 力櫱切齒分骨也文一 ⿰齒尃⿰齒簿 伯各切說文噍堅也或从簿⿰齒尃

又方縛切齧物聲文二重音一 齚 側格切說文齧也齰或从乍又實窄切齧也文一重音一 齶

逆各切齒齗文一 ⿰齒責 測革切又士革切說文齒相值也一曰齧也引春秋傳晳⿰齒責文一重音一

⿰齒歷⿸厤齒 狼狄切齒病或省文二 ⿰齒匿 昵力切齒病文一 ⿰齒立 力入切⿰齒立⿰齒巤咲堅物

聲又落合切齧聲文一重音一 ⿰齒合 曷閤切食也又葛合切又託合切又轄夾切盡內口中也文一

重音三 ⿰齒巤 力盍切噍聲文一 ⿰齒內 諾盍切齧也又昵洽切⿰齒臿⿰齒內齒動皃文一重音一

⿱夾齒⿰齒咸 轄夾切齒曲生皃一曰缺齒一曰噍聲或作⿰齒臿从咸亦書作⿰齒夾⿱夾齒又迄洽切文二重音一 ⿰齒臿

測洽切⿰齒臿⿰齒內齒動皃文一

文一百三十　重音一百二十七

牙牡齒也象上下相錯之形凡牙之類皆从牙古作⿱牙𠙶牛加切牙又語下切車罔又魚駕切車輮也文二重音二

⿰牙奇去奇切虎牙也文一⿰牙豈魚開切⿰齒豈牙也又敳紇切文一重音一⿰牙禹區禹切齒蠹也文一

文五　重音三

足人之足也在下从止口凡𧾷之類皆从𧾷即玉切徐鍇曰口象股脛之形又遵遇切益也一曰足恭便僻皃文一重音一

𨀰 他東切走皃文一 𨅝 盧東切𨅝𨄽行皃文一 𨁀 謨蓬切爾雅覭髳弗離也髳或作𨁀文一 𨄽 麤叢切𨅝𨄽行遽文一 蹱 諸容切埤倉躘蹱行不進皃一曰小兒行又癡凶切又丑用切躘蹱不能行文一重音二 踳 書容切博雅踳踳蹋也文一 𨆄 如容切行皃又乳勇切 蹤 將容切迹也文一重音一 踨 或省文一 躘 盧鍾切躘蹱行皃又魯勇切行正也又良用切躘踵不能行皃一曰不強舉文一重音二 跫 丘恭切行聲又虛容切莊子足音跫然又渠容切又枯江切履地聲 𨀔 虛容切人又丘勇切又區玉切文一重音五 䟵 行聲文一 跭 胡江切跭𨇨竦立也一曰行不進文一 𨇨 踈江切跭𨇨竦立文一 跂 章移切踶跂用心力皃崔譔說又翹移切說文足多指也又翹移切行也又渠羈切緩走也又犨介切又遣介

切舉踵也又去智切垂足也一曰跂望文一重音六

蹉 叉宜切跌也又倉何切說文蹉跎失時也又千个切足跌也文一重音二

跢 陳知切博雅蹢躅跢跦也又當何切攜幼行也又當蓋切小兒行皃一曰倒也又丁賀切又陟栗切文一重音四

踟 陳知切說文踟躇也文一

躧 鄰知切舞履也一曰步也又所綺切又所蟹切徐行也又所寄切履不躡跟也文一重音三

踦 居宜切旅寓也羈羇或作踦又丘奇切說文一足也廣雅脛也又渠羈切又舉綺切何休說閈一扇開一扇一人在外一人在內曰踦閭又巨綺切又隱綺切立倚也春秋傳踦閭而語又語綺切觸也莊子膝之所踦又於義切足也文一重音七

⿰足義 丘奇切器名文一

踒 邕危切折足也又儒隹切蹞踒弩名蹞踒兩足蹋也張弩必以足因為弩名又烏禾切足趺也又烏卧切文一重音三

⿰足氏 躓 張尼切跆

也或作蹢䟡又擿佳切蹢也又丁計切蹢又陟利切又陟日切文二重音四
䟗 千咨切趑趄行不進也趑或从足文一
踒 儒佳切蹞踒弩名踒或作踒文一
跠 陳尼切踞地也又延知切文一重音一
躇 陳尼切止不前也又陳如切峙躇不前也又直加切文一重音二
跜 女夷切躨跜獸動皃文一
跭 居逵切脛肉也一曰曲脛又渠龜切文一重音一
踶 陳知切躇也又徒祁切蹢也莊子怒則分背相踶又上紙切牛展足謂之踶又丈尒切踶跂用力皃又田黎切說文足也一曰蹢也又大計切躛也文一重音五
躨 渠龜切躨跜動皃文一
䠩 渠龜切脛肉也一曰曲脛又其季切足也文一重音一
𨀣 篇夷切鍾形下廣也又蘗佳切蹟𨀣行繚戾也又蒲眠切又補弭切說文股也又普弭切又部弭切又補履切文一重音六
踑 居之切踞也文

一踑𧿹居之切跡也古从亓踑又渠之切馸跡也又巨几切踞也文二重音一跙千余切趑趄也趄或作跙又在呂切跙跙行不進又狀所切又淺野切蹴跙足利又莊助切行不正也一曰馬蹄病又七夜切衺足立文一重音五踞𡱂斤於切居或作踞𡱂踞又居御切說文蹲也文二重音一臣光按說文尸部居字云俗居從足當作𡱂今本誤作踞宜無斤於一音躇陳如切說文峙躇不前也躇或作䠧又丈呂切躊躇進退皃又遟據切躊躇不進皃又敕略切超遽也春秋傳躇階而走文一重音三𨇨淩如切傳也一曰上傳語告下爲𨇨文一𨅮虧于切跛也文一

跔恭于切跓跔跳躍一曰偏舉一足曰跓跔又權俱切天寒足跔又顆羽切行皃文二重音二

䠖恭于切足寒曲也文一跼權俱切天寒足跔或作跼文一躣權俱切說文行

皃文一 跗趺𧿳 風無切足也或作趺𧿳跗又符遇切足上也文三重音一 ⿰足芻 逡須切走也趨或从足又緇尤切獸足也文一重音一 踙 遵須切足不相過文一 跦 追輸切博雅躕躅跢跦也一曰鳥跳行皃又重誅切又張留切春秋傳鸜鵒跦跦文一重音二 踰 容朱切越進也又椿俱切⿰足出踰獸走皃又餘招切遠也又勇主切史記無以踰人司馬正說文一重音三 ⿰足尌⿰足少 重株切踟⿰足尌行不進也一曰志往而行止或省亦作⿰足少文三 ⿰足甫 滂模切馬蹀跡文一 跿⿰足徒 同都切跿跔跣也或从徒文二 ⿰足胡 洪孤切⿰足胡跪夷人屈厀禮文一 跍 空胡切蹲皃文一 躋⿰足𢆶 牋西切說文登也引商書予顛躋或作⿰足𢆶又並子計切方言登也一曰墜也文二重音一 ⿰足弟 天黎切蹋也文一 ⿰足虎蹄 田黎切說文足也一曰蹋也或从帝

蹄又大計切躛也文二重音一　蹊弦雞切徑也又戸禮切待也徯或作蹊文一重音一　跬傾畦切跬踽摶物皃又犬蘂切跬踵開足皃又五委切文一重音二　⿰足𣬉篇迷切博雅踦也文一　蹪徒回切楚人謂蹪仆爲蹪又丘媿切博雅蹪也文一重音一　⿰足崔倉回切躟⿰足崔急甚也宋惟幹說文一　跆堂來切聯手而歌曰踏跆文一　⿰足辰之人切說文動也又之刃切文一重音一　跜眉貧切踔也又彌盡切獸蹄甲也文一重音一　跈池鄰切⿺走亶也文一　蹸離珍切蹸蹸行皃又里忍切說文轢也一曰行皃又良刃切文一重音二　踆七倫切偓踆也踆或作踆又壯倫切伏皃又租昆切蹲也莊子踆于竅水又徂尊切以足逆蹋曰踆文一重音三　跧蹤倫切蹴也畢也又阻頑切伏也又逡緣切屈伏也又從緣切行曲又莊緣切一曰畢也蹵也文一重音

四踚龍春切博雅遁踚行也又盧昆切行皃文一重音一⿰𧾷分敷文切蹷也文一⿰𧾷頁

蹯⿱番足⿰⿱番足頁符袁切說文獸足謂之番或作⿰𧾷頁蹯亦書作⿱番足⿰⿱番足頁蹯又符分切獸跡文四重音一

跟公渾切踵也又胡恩切足後也又古痕切文一重音二⿰𧾷奔逋昆切走也文一⿰𧾷存徂尊切踞也文一

跚相干切蹣跚行不進皃文一躝唐干切踚也又郎干切文一重音一

⿰𧾷元吾官切躦⿰𧾷元蹲也文一蹣䠙跘蒲官切蹣跚跛行皃亦作䠙跘蹣又謨官切踚也文三重音一

⿱般足蒲官切屈足也文一躦徂丸切躦⿰𧾷元聚足又才何切踏也文一重音一

蹁⿰𧾷邊卑眠切行不正皃或从邊蹁又蒲眠切說文足不正也一曰拖後足馬一曰蹁⿰𧾷邊旋行也文二重音一

跰蒲眠切胼胝皮堅或作跰又必郢切並足立皃又壁瞑切散走也文一重

音二

蹎 多年切說文跋也文一

⿰足田 亭年切躡地聲文一

趼 經天切久行傷足謂之趼又輕煙切獸跡也又倪堅切蹄平正也爾雅騉蹄趼又吉典切胝也一曰足指約中斷傷爲趼又倪甸切說文獸足企也文一重音四

躚 ⿰足䙴 ⿰足鮮 相然切跰躚猶蹣跚也或省亦作⿰足鮮文三

⿰足延 尸連切行也文一

躔 蹍 澄延切說文踐也或从展躔又丈善切移行也一曰循也文二重音一

⿰足便 毗連切行皃文一

⿰足䜌 閭貟切⿰足䜌踞足病文一

踡 ⿰足雚 逵貟切踡跼不伸也或从雚文二

跳 ⿰足條 田聊切說文蹶也一曰躍也或从條跳又徒刀切亡也又徒了切挑戰也又徒弔切行皃文二重音三

蹻 牽幺切舉足又渠嬌切又丘妖切又舉夭切爾雅蹻蹻憍也又拘玉切山行所乘以鐵如錐施之履下又迄却切方言⿱羽足也山之車曰蹻一曰燥⿱羽足皃又訖約切說

文舉足行高也引詩小子蹻蹻又極虐切文一重音七

踃　思邀切跳踃動也又七笑切足筋急病文一

⿰足票　紕招切輕行也又匹妙切文一重音一

⿰足䍃　餘招切説文跳也方言陳鄭之間曰⿰足䍃又弋笑切文一重音一

蹺　丘祅切舉趾謂之蹺文一

跤⿰足高　丘交切脛也或作⿰足高⿰足高又口到切足不前也文二重音一

跑　蒲交切蹴也又蒲沃切博雅趵也又弼角切文一重音二

⿰足巢　鋤交切行捷也文一

蹘　力交切走也一曰足相交文一

⿱敖足　牛刀切蟹大足者文一

跛　滂禾切闕人名楚有薳跛又補火切行不正也又彼義切偏任禮立無跛文一重音二

⿰足虘　才何切踏也又鋤加切行失序文一重音一

蹛　當何切蹛林匈奴地名又都甘切胡名史記李牧破殺匈奴滅襜襤或作蹛又直例切蹛林匈奴祭天處又他蓋切踶也又當蓋切一曰

蹛林匈奴繞林而祭也顏師古說又徒蓋切踶也過也又徒結切踼也文一重音六

跎⿰⻊㐌 唐何切說文蹉跎也或作⿰⻊㐌文二

⿰⻊那 囊何切足跌文一

踻 徒禾切踒踻行踖皃又姑華切足理文文一一重音一

跁 蒲巴切跁跒蹲也又部下切跁跒不前又步化切矲䂒短皃矲或作跁文一重音二

⿰⻊叚 何加切說文足所履也文一

跒 丘加切跁跒蹲也又口下切⿰⻊余跒行不進文一重音一

跏 居牙切屈足坐也文一

⿰⻊亞 於加切歧道又倚下切行不正皃文一重音一

跨 枯瓜切吳人謂大坐曰跨又枯買切蹤跨行皃又戶瓦切髀間又苦瓦切蹤跨行不進又枯化切說文渡也又苦故切股也文一重音五

⿰⻊瓜 姑華切足理文文一

趽 分房切曲脛也又蒲光切又蒲庚切又甫妄切馬曲脛謂之趽文一重音三

蹌⿱𣥠倉 千羊切說文動也一曰舞

皃古作蹩蹌又七亮切走也文二重音一蹡千羊切說文行皃引詩管磬蹡蹡或書作將又七亮

切走也文一重音一䟙徐羊切趨行也文一踼尸羊切矍踼驚動皃又徒郎切說文跌踼

也一曰搶也又他郎切跌踼行不正皃又坦朗切申足伏卧又大浪切文一重音四躟如陽切䟫

躟行遽也又汝兩切躟躟疾行文一重音一踷仲良切方言北燕之郊謂跪曰踷文一𨆢

呂張切跳𨆢走也文一踉呂張切踉䠙欲行也又盧當切踉䠙行皃一曰欲行又力讓切又郎宕

切文一重音三䟫曲王切䟫躟行遽文一蹚他郎切跌踼行不正皃踼或从堂又抽庚

切距也又除庚切文一重音二䠙蒲光切踉䠙欲行皃又蒲浪切文一重音一𨁈寒剛

切說文獸迹也文一𧿒抽庚切跉𧿒行遲皃又中莖切又丑成切跉𧿒偏行又當經切獨行文一

重音三蹚抽庚切距也文一踁丘耕切硜硜小人皃又形定切胻也文一重音一

⿰足呈馳貞切行期也又形定切脛或作踁文一重音一跉離呈切跉𧿹偏行又郎丁切文

一重音一⿱輕足牽盈切一足行也又牽正切又詰定切文一重音二⿰足升書蒸切登也文一

蹭慈陵切爾雅馬四骹皆白贈或从足又七鄧切蹭蹬失道也文一重音一蹬都騰切上

車也又丁鄧切履也又唐亘切蹭蹬也文一重音二踜盧登切蹶也一曰踜騰行皃又丑拯切止

也又郎鄧切踜蹬馬病文一重音二⿰月⿱龹足徒登切踜⿰月⿱龹足行皃文一⿰足朋蒲登切走也文一

⿰足求渠尤切蹋也文一躊⿰足𠷎陳留切廣雅躊躇猶豫也或从𠷎文二⿰足酋雌由

切行皃又七六切又子六切迫也文一重音二蹂而由切踐也詩或簸或蹂又忍九切獸足蹂地

也。又女九切，又如又切。文一，重音三。

跾　丑鳩切，足病。又式竹切，疾也，長也。文一，重音一。

䟗　當侯切，跌也。文一。

跉　鉏簪切，䠞蹟，停水也。文一。

踸　癡林切。又丑甚切，說文踸踔行無常皃。又丑減切。文一，重音二。

䠆　居吟切，坐也。又巨禁切。文一，重音一。

𨇞　盧含切，急行。文一。

䠞　祖含切，博雅止也。又徂含切，又昨合切。文一，重音二。

𨆪　嵒占切，馬急行。又昌艷切。文一，重音一。

𨀡　皮咸切，涉也。或書作𧽌。文一。

踵　主勇切，說文追也，一曰往來皃。又朱用切，蹱踵不能行皃。文一，重音一。

𨀊　方勇切，反覆也。又峯范切，倈也。文一，重音一。

踊踴　尹竦切，說文跳也，一曰刖足者屨，或从勇。文二。

䟡　上紙切，說文尌也，一曰積聚。文一。

蹝　所綺切，舞屣也。文一。

跐　阻氏切，蹈也。又淺氏切，履也。或書作𧿒。又蔣氏切，行皃，一曰足踐也。又庂

蟹切蹋也文一重音三

㚁 遣尒切舉踵也企或作㚁又去智切文一重音一

跬頍蹞 犬繠切說文半步也司馬法凡人一舉足曰跬跬三尺也兩舉足曰步步六尺也或作頍蹞跬又却垂切㪚跬用力皃李軌說又空媧切又先結切疲也一曰分外用力皃文三重音三

跪 苦委切說文拜也又古委切䟫跽也又巨委切又虞爲切屈厀也莊子跪坐以進之文一重音三

躎 母被切行皃文一

踓 取水切狂走一曰蹵也又愈水切又七六切蹴也文一重音二

跽 巨几切說文長跪也文一

趾 渚市切足也文一

跱 丈里切跱躇行不進也文一

䠊 府尾切刖也又父沸切文一重音一

距 臼許切說文雞距也文一

跙 壯所切馬傷足病文一

踽 顆羽切說文疏行皃引詩獨行踽踽又果羽切文一重音一

䟼躌 罔甫切博

雅跡也或作⿱無足文二
跓 重主切停足文一
⿰𧾷紫 子禮切走白文一
踳 尺尹切雜也又尺兖切說文對卧也又樞倫切蹋也文一重音二
踠 委遠切屈也又烏卧切足跌也文一重音一
蹇 紀偃切說文跛也又巨偃切又九件切文一重音二
⿰𧾷困 苦本切說文瘃足也一曰跡也文一
⿰𧾷㥯 鄔本切安也文一
蹲 祖本切雉名又粗本切聚也春秋傳蹲甲而射之又蹤倫切又七倫切士舞也又徂尊切說文踞也又徂丸切躦⿰𧾷元聚足躦或作蹲又趣允切蹲循緩意文一重音六
踲 杜本切遷也逃也文一
⿰𧾷旱 下罕切偏立文一
⿰𧾷䜌 土緩切禽獸所踐處文一
⿰𧾷𢇍 杜管切踐處也文一
⿰𧾷産 楚限切徒騎也文一
⿰𧾷彦 語限切跡也文一
蹨 跈 乃殄切蹈也逐也或作跈跈又在演切履也一曰列也蹨又忍善切踐也跈又尼展切

跈又徒典切止也又池鄰切⿺走亶也文二重音五

跣 蘇典切說文足親地也又此典切書若跣弗視地又蕭前切蹁跣旋行皃一曰舞容又鑠夲切裸足行也文一重音三

蹎⿰足亶 他典切行皃或从亶⿰足亶又於殄切行跡文二重音一

踐 在演切說文履也一曰列也又才線切文一重音一

䠣 須究切网也引逸周書不卵不䠣以成鳥獸䍐者羂獸足也故䍐或从足又區願切又苦倦切又都玩切足也又須絹切文一重音四

⿰足專 竪兖切說文腓腸也或作⿰足專文一

踹 竪兖切足踵也又都玩切文一重音一

蹍 知輦切蹟也又尼展切踐也文一重音一

⿰足𠬝 尼展切踐也文一

踔 徒了切路遠也又徒弔切遠騰皃史記遼東踔遠司馬正讀又陟教切說文踶也又勑教切又竹角切說文特止也又勑角切博雅踸踔無常又勑略切略踔行皃文一重音六

⿰足夒 爾紹

切躨躟足動文一

⿰足單 典可切⿰足單⿰足單小兒行態文一

跛 補火切說文行不正也一曰足挑也又彼義切偏任禮立無跛文一重音一

跥 都果切行皃又吐火切文一重音一

蹃 爾者切⿰足窊蹃距地用力也又乃嫁切⿰足窊蹃小兒始行皃又日灼切蹂也又女略切又昵格切文一重音四

踷 展賈切衺行皃文一

⿰足奢 竹下切⿰足咼⿰足奢行跨皃文一

⿰足余 宅下切⿰足余跒行不進又徒故切行不履也文一重音一

⿰足窊 烏瓦切⿰足窊跨行不正文一

踝 戶瓦切說文足踝也文一

⿰足冋 古瓦切⿰足冋⿰足奢行跨皃文一

⿰足去 力者切身不就皃又乞約切行不進文一重音一

⿰足尚 齒兩切踞也文一

⿰足亢 下朗切伸足也又舉朗切一曰擊踝文一重音一

⿰足桼 徒等切⿰足桼⿰足桼行皃文一

⿰足母 莫後切足將指文一

⿰足每 莫後切行皃文一

⿰足今⿰足冘 丑甚切踸

踔行無常皃踸或作䟴跈趻又楚錦切又丑減切趻踔行不進皃文二重音二𨂍以冉切𨂍𨂍疾行也文一𨂅衣檢切跛也文一𨇁丑犯切跧足望也文一蕄莫鳳切蕄䠞極行也一曰疲也文一䠞香仲切說文行也又牛救切跛行又輕幼切趵䠞行不正文一重音二𧿶去智切舉踵也文一踤秦醉切集也太玄鷩踤于林又昨律切蹋也又蒼没切說文犬从艸暴出逐人也又昨没切觸也駭也文一重音三𨆌陟利切礙不行也文一跮丑二切作前却也一曰忿戾又敕栗切跮喥互前卻也又徒結切文一重音二𨀁追萃切足不前也文一𨂟其季切足也文一𨁡直吏切立也文一𨀋䟛方未切行疾皃或作䟛𨀋又博蓋切步行躐跋也又蒲撥切行皃一曰猝也䟛又敷勿切說文跳也又符勿切文二重音四𨅊

父沸切跀也文一

躆 居御切手據地一曰僑躆猶動作也文一

躷 莊助切行不正也一曰馬蹄痛病跙或作躷文一

蹠 章恕切跳也又職略切跡趵也又之石切楚人謂跳躍曰蹠文一重音二

⿰𧾷卜 芳遇切說文趣越皃又鼻墨切僵也文一重音一

⿱癶足 亡遇切方言立也一曰⿰𧾷長⿱癶足跪拜又莫候切文一重音一

踄 蒲故切說文蹈也又白各切文一重音一

路 魯故切說文道也一曰道容三軌又歷各切纍也文一重音一

⿰𧾷丂 苦故切股也一曰一曰奎也又於故切踞也文一重音一

⿰𧾷毘 匹計切踦也文一

⿰𧾷必 蒲計切蹴也又蒲結切足擊也文一重音一

⿱丵疋 丁計切姓也又征例切王莽時有⿱丵疋惲又丑例切一足行也又當蓋切又徒蓋切文一重音三

⿰𧾷戾 郎計切跛足文一

趹 消惠切蹗也又馬行皃又古穴切一曰步疾也文一重音

一跩跇時制切超踰也或作跇跇又丑例切說文述也一曰踰也又以制切文二重音二

⿰⻊契丑例切超特也文一⿰⻊折丑例切跳也又去例切跛也文一重音一踅丑例切一

足行也文一⿱衛足于歲切又呼怪切過也又戶快切文一重音二蹶躛姑衛切僵也一

曰跳也或从衛亦書作⿱衛足蹶又紀劣切又居月切又其月切文二重音三⿰⻊叕株衛切博雅跳也又

株劣切又紀劣切小跳也文一重音二⿰⻊賴落蓋切跛也一曰⿰⻊賴⿰⻊貝邪行文一⿰⻊貝跋

博蓋切步行躐⿰⻊貝也或作跋⿰⻊貝又普蓋切急行皃又蒲蓋切⿰⻊賴⿰⻊貝行不正跋又北末切說文蹎跋也又蒲

撥切夲也一曰行皃文一重音四跊莫貝切跋也又莫佩切文二重音一⿰⻊最取外切行

皃文一⿰⻊耒盧對切足趺文一⿰⻊亥戶代切行急文一⿰⻊歲逹織切小溺也一曰

倦也文一躝良刃切轢也文一踺渠建切行皃文一⿰足吞佗恨切躅也文一⿰足官胡玩切逃也文一⿰足干下晏切骹也又居案切體也文一重音一⿰足見倪甸切行不正文一⿰足睘扃縣切疾跳也一曰急也文一⿰足旋隨戀切徐行也文一⿰足亶直碾切跡也文一⿰足彖寵戀切行也文一⿰足肅先弔切行皃文一⿰足敫詰弔切馬八髎也史記馬蹄⿰足敫千文一趵巴校切跳躍也又北角切以足擊也又測角切齊皃又職略切跡也文一重音三⿰足暴薄報切行皃文一⿰足蚤先到切跳也文一躁則到切疾也文一蹈大到切行皃文一⿰足羅郎佐切⿰足羅⿰足坐猶蹭蹬也文一⿰足單丁賀切踣也文一躤⿰足耤慈夜切踐也或省又並祥亦切又並秦笞切文二重音二跅充夜切岐道文一

跨枯化切渡也跨或作跨文一𧿳枯化切說文踞也文一𨂿烏化切𨂿踞距地用力也文一𨀤楚嫁切岐道也文一𨈃苦傍切路曠遠也文一𧾊蒲孟切𧽵𧾊蹋地聲又普孟切文一重音一𧽵部孕切𧽵𧾊蹋地聲文一𨀉丘救切𨀉𨀉行皃文一𨄕則候切蹋也文一𧿹他候切自投也文一𨄦郎豆切蹋也文一𨇃才候切醉行皃文一𧿒祁幼切𧿒𨁶行不正文一𨇨叉鑑切行皃文一蹔昨濫切疾進也又財甘切往也文一重音一𨇮仕懴切行皃文一𨇅蹼博木切鳥鳬鴈足間相連著爲蹼或省文二𨆝作木切𨆝𨆝曲足皃文一𨇗踛盧谷切行皃或作踛踛又龍玉切文二重音一踾方六切踾蹙聚也文一𨁈房六切屈手足伏地一曰行皃又鼻

墨切伏地也也文一重音一蹴蹙七六切說文躡也或作蹙蹴又子六切躡也逐也又就六切蹴然敬皃蹙又子六切迫也亦書作蹙又倉歷切蹙蹙縮小皃文二重音四踧⿰足卡子六切說文行平易也引詩踧踧周道或省踧又亭歷切文二重音一蹜所六切足迫也文一⿰足足初六切齊謹也文一⿰足畜敕六切足也又許六切文一重音一踛力竹切翹足也文一⿰足丑女六切行也文一踘居六切蹋也又渠竹切文一重音一⿰足尻居六切足謂之⿰足尻文一⿰足毒徒沃切行不止或省文一⿰足屬株玉切行謹皃又廚玉切蹈躅也躅或从屬又直角切蹢⿰足屬行不進文一重音二豖丑玉切走也又竹角切跳也文一重音一躅⿰足逐廚玉切說文蹈躅也或从逐躅又直角切迹也文二重音一跼衢錄切踡跼不伸也文一⿰足玉虞欲

切行不正文一⿰𧾷屋乙角切⿰𧾷屋⿰𧾷齒迫也一曰小皃文一⿱足⿰𧾷足測角切行也文一躒力角切違躒超絕也又弋灼切迅也又歷各切動也又狼狄切文一重音三蹕壁吉切止行也又必至切又毗至切文一重音二⿰𧾷筆逼密切走也文一䟻勑律切山海經流沙之東有獸左右有首名曰䟻踢文一蹻訣律切狂走也文一⿰𧾷出九勿切走皃文一⿰𧾷屈九勿切律踊多力又渠勿切博雅力也一曰足多力文一重音一跀⿰𧾷兀魚厥切斷足也或从兀又並五忽切跀又五活切又北末切又五刮切文二重音四⿰𧾷戉王伐切說文輕也又許月切走皃文一重音一⿰𧾷闕居月切僵也一曰跳也又其月切倒也文二重音一⿰𧾷隶他骨切⿰𧾷隶⿰𧾷戾前不進也一曰蹂也文一跌陁没切足傷也又徒結切踢也一曰越也文一重音一⿰𧾷戾

⿰𧾷聿 勒没切⿰𧾷聿蹶不進或从聿文二 ⿰𧾷内 奴骨切足傷又諾盍切行皃文一重音一 踤

⿱薛足 桑葛切蹳躃行不正或作⿱薛足文二 ⿰𧾷⿱巛夕 子末切蹷⿰𧾷⿱巛夕行皃文一 躂 ⿰𧾷幸 他達切足跌或省文二 ⿰𧾷末 莫葛切行過也文一 ⿰𧾷舌 苦活切⿱薛足也文一 蹳 北末切足跋物又蒲撥切文一重音一 ⿰𧾷⿱癶又 普跋切以足蹋夷艸文一 ⿰𧾷切 千結切跌也文一 踼 徒結切說文更迭也又式灼切遽皃漢書河靈矍踼又勑略切又佗歷切趹踼獸名左右有首文一重音三

⿰𧾷夾 奚結切後唐有⿰𧾷夾跌琉文一 ⿰𧾷敝 匹蔑切反足踶也又蒲結切跂也文一重音一

躠 私列切⿱敝足躠旋行皃亦書作⿱薛足文一 ⿱析足 似絶切旋倒也文一 ⿰𧾷敞 敕列切通也又直列切迹也文一重音一 ⿰𧾷孚 龍輟切蹶⿰𧾷孚跳踉皃文一 躍 弋灼切說文迅也文一 踚

⿰𧾷龠⿰𧾷籥弋灼切方言登也一曰行也或从蘥从籥文三　踖七約切行皃一曰踖陵地名又七迹切有容也詩執爨踖踖又資昔切說文長脛行也又祥亦切躐也又秦昔切跡也文一重音四　⿰𧾷叕日灼切足下文文一　躩屈縛切說文足躩如也又厥縛切又虧碧切足皃文一重音二　踱⿰𧾷厇達各切跣足一曰乍前乍却或从厇踱又勅略切超遽也文二重音一　跅⿰𧾷㡿闥各切跅落無檢局或作⿰𧾷㡿跅又昌石切斥也漢書跅⿰𧾷也之士謂士行卓異不入俗檢如見斥逐如淳說一曰跣也文二重音一　⿰𧾷豦訖逆切手據地也太玄⿰𧾷豦戰喈喈一曰動作也文一　跂竭戟切足也莊子闉跂支離文一　蹢治革切蹢躅不行也徐邈說又直隻切住足也又丁歷切踶也文一重音二　蹐資昔切說文小步也引詩不敢不蹐又秦昔切文一重音一　踈蹟跡

資昔切步處也或作蹟跡文三

跖　之石切說文足下也文一

躑蹢　直炙切說文住足也或曰蹢躅賈侍中說足垢也蹢亦作躑古作蹢文二

躃　必益切說文人不能行也或从足亦書作躄又毗亦切仆也文二重音一

⿰足狊　弃役切踧⿰足狊屈申皃又苦狊切踞也文一重音一

⿰足歷　狼狄切足所經踐文一

⿱即足　節力切蹷也文一

⿰足異　蓄力切行聲也一曰不行皃文一

踾　拍逼切又筆力切踾踧行迫也又弼力切踏也文一重音二

⿰足㝵　的則切⿰足㝵⿰足㝵行皃文一

踣　皐墨切說文僵也引春秋傳晉人踣之又蒲枚切頓踣也又蒲侯切斃也又芳遇切頓也又敷救切又匹候切文一重音五

⿰足戚　疾則切踐害之也文一

趿　七入切博雅行也又悉合切說文進足有所擷取也引爾雅趿謂之擷文一重音一

⿰足凡　息入切歛膝坐也文一

⿰足耴

陟立切足不相過又昵輒切文一重音一跲訖立切躓也禮言前定則不跲皇侃讀又訖業切一
曰代也又極業切又訖洽切又衣檢切文一重音四⿰足奄遏合切跛疾又憶笈切又乙業切又乙洽
切文一重音三⿰足荅⿰足答德合切跳也跛也或从答路又託合切又達合切文一重音二踏
託合切著地也又達合切踐也文一重音一⿰足㬎託合切足重皃又達合切文一重音一⿰足翕
蹋達合切踐也或作蹋又並敵盍切踐也蹋又託盍切文二重音二⿰足垂悉盍切⿰足垂⿰足垂行
皃文一躢敵盍切踐也文一踥七接切博雅踥踥行也文一踕疾葉切足
疾又疾協切行皃文一重音一躐⿰足葛力涉切踐也或作⿰足葛文二躡昵輒切說文蹈也文
一跕託協切行曳履又的協切跕跕墮落也一曰徐行文一重音一蹀託協切蹈也又

達協切博雅履也文一重音一⿰足疊達協切走聲文一⿱埶足⿰足習達協切說文⿱埶足足也一曰小步或作⿰足習⿰足習又悉協切文二重音一踗諾叶切行輕也文一躞悉協切躞蹀行皃文一⿰足臿側洽切足動皃文一⿰足甲古狎切行聲文一

文四百四十八　重音三百六十三

疋足也上象腓腸下从止第子職曰問疋何止古文以爲詩大疋字亦以爲足字或曰胥字一曰疋記也凡疋之類皆从疋所菹切又新於切又寫與切足也又爽阻切又所據切又語下切又縱玉切文一重音六

𤴯山於切說文門戶疏窻也又新於切泲酒具文一重音一𤕟疎山於切說文通也一曰遠也或作疎亦姓文二

文四　重音七

品衆庶也从三口凡品之類皆从品丕飲切文一

[illegible]郎丁切衆聲也从三口文一嵒眤輒切說文多言也从品相連引春秋傳次于嵒北又逆及切又日涉切文一重音二喿噪先到切說文鳥群鳴也从品在木上或从口喿又千遥切[illegible]或作喿文二重音一

文五　重音三

龠樂之竹管三孔以和衆聲也从品侖侖理也凡龠之類皆从龠以灼切一曰量名合龠爲合文一

龡姝爲切說文龡音律管壎之樂也又尺僞切文一重音一⿰龠虒陳知切說文管樂也文一

龤雄皆切說文樂和龤也引書八音克諧文一⿰龠斤魚巾切大篪也又佗靳切文一重音一

鸙先彫切參差管樂象鳳之翼簫或作鸙文一龢胡戈切說文調也一曰小笙十三管也一曰徒吹文一

⿰𠂤龠匹寐切⿰𠂤龠沄敗皃又匹備切文一重音一⿰龠昌尺亮切導也先也文一

⿰龠音於陷切下聲也⿰龠音或作⿰龠音文一⿰龠彔⿰龠鹿盧谷切東方音也或从鹿文二龥弋灼切呼也文一

文十三　重音三

冊符命也諸侯進受於王也象其札一長一短中有二編之形凡冊之類皆从冊或作冊古作笧 楚革切又並所晏切編竹木爲落也冊又初諫切編竹木補籬謂之

冊文二　重音二

扁 卑緜切扁諸吳王劒名又蒲眠切圓貞又紕延切特也又孚袁切番也又婢忍切姓也古有扁鵲又匹典切又婢善切又補典切說文署也从戶冊戶冊者署門戶之文也一曰不圓貞亦姓文一重音七

扁 紕延切特也文一

扁 補典切扁虒薄貞文一

嗣 祥吏切說文諸侯嗣

國也亦
姓文一

文六　重音九

類篇卷第二下

校勘鄉貢進士臣杜融

類篇卷第三上　卷之七

朝散大夫右諫議大夫權御史中丞充理檢使上護軍河內郡開國侯食邑一千三百戶賜紫金魚袋臣司馬光等奉

敕修纂

十四部

文一千七百五十三

重音一千二百七十

品衆口也从四口凡品之類皆从品讀若戢又讀若

㗊阻立切又測入切又側立切又訖立切又北及切文一重音四

嚚𡎏魚巾切說文語聲也春秋傳口不道忠信之言爲嚚古作𡎏嚚又牛閑切語聲文二重音一

⿳吅見吅呼官切說文呼也又虛肝切又呼玩切博雅鳴也文一重音二

囂虛嬌切說文聲也氣出頭上又牛刀切諠也一曰地名文一重音一

器去冀切說文皿也象器之口犬近以守之又姓文一

⿳吅莫吅虛肝切呼也又呼玩切博雅鳴也文一重音一

嘂古弔切說文高聲也一曰大呼引春秋傳魯昭公嘂然而哭文一

噩⿰噩各魚各切太歲在酉曰作噩籀作⿰噩各文二

文十　重音九

舌在口所以言也別味也从干从口干亦聲凡舌之類皆从舌徐鍇曰凡物入口必干於舌故从干食列切又乎刮

切塞也昏亦舌文一重音

⿰舌單 他干切譂誕言不正又亭年切又靈年切文一重音二

⿰舌延 唐干切譂誕語不正又他年切文一重音一

⿰舌闌 郎干切譂闌語不正文一

舑 他甘切舚舑吐舌皃又如占切舚舑長皃又吐濫切又他念切舌皃文一重音三

舚 嵒占切舚舑吐舌皃又他兼切又天心切又他念切文一重音三

⿰舌毚 他兼切舚或作⿰舌毚文一

甛 徒兼切說文美也从甘从舌舌知甘者文一

舓䑛舐⿰舌是 甚尒切說文以舌取食也或从也从氏从是文四

⿰舌充 粗究切欶也文一

⿰舌舌 戶快切合會善言也文一

⿰舌今 巨禁切牛舌病也文一

舕 吐濫切舚舕吐舌皃文一

⿰舌西 他念切舌皃文一

⿰舌害 居轄切舌出皃文一

⿰舌沓 通荅切歠

也文一　⿰舌枼⿰舌習託盍切歡也或从習⿰舌枼又託協切大小舐文二重音一

文二十一　重音十一

干犯也从反入从一凡干之類皆从干古寒切又侯旰切石也又居案切扞也又魚旰切豣或作干又魚澗切文一重音四

⿱干火⿱⿰干干火夷針切方言明也或作⿱⿰干干火⿱干火又徒甘切又持廉切小熱文二重音二　𢆉忍甚切說文撥也从干入一爲羊言稍甚也文一　屰佗戟切說文不順也从干下凵逆之也又匹各切月始生三日又匹陌切文一重音二

文五　重音八

谷口上阿也从口上象其理凡谷之類皆从谷或作㗟極虐切㗟又渠略切文二重音一

谷卻却乞約切說文節欲也一曰退也或作却卻卻又訖約切文二重音一㐁他點切無光也又他紺切無光一曰舌出皃又他念切舌皃文一重音二⿵冂㐁他感切吐舌皃一曰竹上皮又他念切文一重音一⿰㐁辱如巃切巃⿰㐁辱不肖也文一𧮫訖逆切相踦也又竭戟切傍也文一重音一

文八　重音六

只語已詞也从口象气下引之形凡只之

類皆从只或作𠮛 諸氏切又章移切文二重音一

𠯑 醯經切說文聲也文一

文三　重音一

㕯言之訥也从口从内凡㕯之類皆从㕯 女滑切又奴骨切下聲文一重音一

商𧶜𧷓𧸒𧷣𧸐𧷑 尸羊切說文从外知内也一曰刻也一曰契所封地名亦姓一曰徵音之所生古作𧶜𧷓𧸒𧷣𧸐𧷑文七

矞 休必切驚懼皃禮鳥不矞又女律切錐穿物又食律切博雅穿也又允律切說文以錐有所穿又古穴切權詐也文一重音四

文九　重音五

句 曲也从口丩聲凡句之類皆从句 古侯切又恭于切止也又權俱切冤句縣名又九遇切詞絕也又居候切拘也又姓文一重音四

拘攣 恭于切說文止也或作攣拘又居侯切拘樓聚也又果羽切澗水名又俱遇切拘挐不展又拘玉切戟持也文二重音四

朐 權俱切脯挺也一曰地名亦姓文一

⿰圭句 消畦切⿰豆句⿰圭句裂也又傾畦切文一重音一

鉤 居侯切說文曲也又權俱切鉤町西南夷國名又居候切鉤梯攻城具文一重音二

笱 舉后切說文曲竹捕魚笱也文一

韵 棐父切健也文一

⿰句生 朱戍切邑名文一

⿰石句 時照切到懸鉤也文一

文十　重音十一

丩相糾繚也一曰瓜瓠結丩起象形凡丩之類皆从丩或作𠛊居虯切又居尤切𠛊又渠幽切𠛊流環遶也丩又巨夭切相糾也文二重音三

⿻茻丩⿱艹⿰丩廾居虯切說文艸之相糾者或作⿱艹⿰丩廾〻又居尤切又巨夭切文二重音二⿰丩木⿰丩周祛尤切戾也或作⿰丩周⿰丩周又尼猷切又羌幽切文二重音二糾糺吉酉切說文繩三合也或作糺糾又居虬切紉也又舉夭切窈糾舒皃又巨夭切文二重音三

文八　重音十

古故也从十口識前言者也凡古之類皆从古古作𠖠公戶切古又古慕切始也文二重音一

䖘攻乎切博雅息也文一　嘏舉下切說文大遠也文一

文四　重音一

十數之具也一爲東西丨爲南北則四方中央備矣凡十之類皆从十是執切文一

千倉先切說文十百也文一　支丈雉兩切說文十尺也从又持十隸作丈文二　肸許訖切說文響布也从十从㐆徐鍇曰㐆振㐆也又黑乙切又顯結切肸蠁也又兵媚切邑名在魯文一

重音三博伯各切布也說文大通也从十从尃尃布也又州名亦姓文一𠦃歷德切說文材十人也文一𠦜即入切說文𠦜𠦜盛也汝南名蠶盛曰𠦜又叱入切又質入切文一重音二廿日執切說文二十并也古文省文一卙籍入切說文詞之卙矣文一

文十　重音五

卅三十并也古文省凡卅之類皆从卅蘇沓切文一世𠀍𠁆舒制切三十年爲一世从卅而曳長之古作𠀍𠁆文三卌息入切四十也文一

文五

言直言曰言論難曰語从口辛聲凡言之

類皆从言古文作〓語軒切言又魚巾切鄭康成曰言言和敬皃又牛堰切訟也文二重音二

詷徒東切說文共也一曰譀也引周書在夏后之詷又杜孔切謥詷急也一曰共也又徒弄切謥詷急言一曰同也文一重音二

⿰言蒙謨蓬切言不明文一

訌胡公切說文讀也引詩蟊賊內訌又沽紅切又胡貢切潰也文一重音二

誴徂宗切樂也一曰謀也文一

⿰言丰⿰言夆敷容切語㟁或不省文二

詾訩⿰言兇虛容切詩傳訟也一曰盈也一曰衆言或作訩說詾又詡拱切衆言文三重音一

譨濃江切嗔語一曰語不明又奴侯切譨譨多言也文一重音一

⿰言只章移切博雅調也又馨奚切喜笑不止皃又掌氏切文一重音二

⿰言施訑商支切多言也或省

訑又演爾切自得之語訑又余支切詑詑自得也詑或作訑又他可切言不正也一曰欺罔自誇負又待可切又徒案切慢訑弛縱意又堂練切文二重音六讉旬爲切言从也又通回切江南呼欺曰讉文一重音一誺⿰言桼⿰言⿸尸來⿰言⿸尸木抽知切方言沅澧之間凡相問而不知荅曰誺或作⿰言桼⿰言⿸尸木⿰言⿸尸來誺又洛代切誒也⿰言桼又張尼切不知也又抽遲切又丑二切又測乙切謧⿰言桼私也文四重音五謻誃陳知切別也或省又並余支切門名一曰臺名又並敞尔切說文離別也周景王作洛陽誃臺誃又待可切欺罔也又充豉切有大度也一曰慶也文二重音四謧讈鄰知切說文謧詘多言也或作讈謧又憐題切又力交切文二重音二⿰言尸許支切笑聲又馨夷切唸⿰口尸呻也⿰口尸或作⿰言尸又希佳切文一重音二諀賓彌切諀言好毀譽也又普弭切博雅諀訾毀也文一重音一

訑詑謻 余支切訑訑自得也或作詑謻詑詑又湯何切沇州謂欺曰訑詑謻又唐何切又土禾切詑又時遮切又待可切欺罔也文三重音五 訑 香支切言多皃又土禾切欺也文一重音一 ⿱陏言 翾規切說文相毀也一曰諉也又雖遂切文一重音一 䛛 居宜切語相戲文一 諉 當危切爾雅諈諉累也謝嶠讀又而睡切諈諉煩重皃又弋睡切累也文一重音二 ⿰言耆 稱脂切訶怒也又渠伊切又市之切文一重音二 ⿰言崔 川佳切就也責也又視佳切就也韓詩室人交徧⿰言崔我又遵綏切又夷佳切又倉回切又徂回切又千侯切又此宰切文一重音七 誰 視佳切說文何也文一 諮 津私切謀事曰咨或从言文一 謘 陳尼切說文語諄謘也又徒回切啍謘語不正又直利切文一重音二 ⿰言坒 篇夷切錯繆也又邊迷切文一重音一

諰篇夷切叱聲文一 詩訨申之切說文志也一曰承也持也古作訨文二 誀人之切誘也又丑里切辱也恥或作誀又仍吏切文一重音二 詒詚盈之切說文相欺詒也一曰遺也或从巳詒又堂來切懈倦皃莊子誒詒為病又蕩亥切江南呼欺曰詒又羊吏切遺也又他代切文二重音四 ⿱夌言陵之切罵也文一 譆虛其切痛也又於其切恨聲文一重音一 誒虛其切說文可惡之辭一曰誒然引春秋傳誒誒出出又呼來切又於開切又於記切又於代切文一重音四 諆丘其切說文欺也一曰謀也又居之切又渠之切文一重音二 ⿲亻⿱山言攵魚其切⿲亻⿱山言攵⿲亻⿱山言攵狐狸聲文一 諅⿰言綦居之切忌也或作⿰言綦又並渠記切說文妄也引周書上不諅于凶德文二重音一 ⿰言基居之切謀也一曰欺也文一 譩於其切忿也傷也又隱已切恨辭又於記切痛

聲也文一重音二譩於其切恨聲又於希切哀痛聲文一重音一譏居希切說文誹也一曰譴也文一諸⿰歨彡專於切說文辯也一曰衆也之也亦姓古作⿰歨彡諸又之奢切姓也文二重音一謣誇雲俱切說文妄言也或从荂又並匈于切謣輿舉重勸力歌也又𠷎俱切妄言也謣又呼瓜切譍也文二重音三訏匈于切說文詭譌也一曰訏謩齊楚謂信曰訏一曰大也又火羽切訏訏大也文一重音一譃匈于切妄言文一⿰言夫馮無切語端辭文一誣微夫切說文加也文一譕微夫切誘詞也又蒙脯切議謀也又莫故切又罔甫切文一重音三諏⿰言奏遵須切說文聚謀也一曰諮事爲諏或作⿰言奏又並將侯切諏又房尤切文二重音二誅追輸切說文討也一曰貴也文一諛容朱切說文諂也又俞戍切莊子孝子不諛其親文一重

道正

音一謨甚蒙晡切說文議謀也引虞書咎繇謨古作甚謨又莫各切漢書謨先聖之大繇顏師古讀文二重音一詸同都切詢詸語不了文一謼荒胡切嘑虖也或从言又虛交切設或作謼又荒故切文一重音二評荒胡切說文召也文一訏荒胡切博雅大也文一𧩙先齊切說文悲聲也一曰善也或書作⿰言斯又相支切聲散也文一重音一謕天黎切語相誘又田黎切方言謰謱拏也南楚謂之詀謕文一重音一⿰言尼年題切呼也又女履切言以示人又乃計切言不通文一重音二⿱殹言⿰言兮煙奚切方言欸⿱殹言然也或作⿰言兮⿰言兮又壹計切博雅⿱殹言也又戶禮切誠言也又杳禮切文二重音三誹邊迷切誤也文一謎⿰言米緜批切言惑也或作⿰言米謎又彌計切說文隱語也文二重音一⿰言咼⿰言爾公蛙切憰也黠也或作⿰言爾⿰言咼又呼卦

切說文疾言也又火跨切文二重音二⿰言色五咼切譌⿰言色惰也文一詼枯回切譏戲文
一誽居佳切埤倉詁誽言不正又女加切說文言相誽司也又研計切伺也文一重音二諧
雄皆切說文詥也文一⿰言有烏回切呼聲又戶賄切呼也又胡對切文一重音二詯䜁
⿰言阜都回切讁也或作䜁詯文三⿰言魋⿰言⿺鬼言徒回切說文譟也或作⿰言⿺鬼言又呼回切譟也文二
重音一⿰言⿱隹土丁回切落也文一該柯開切可惡辭說文軍中約也文一⿰言豈魚開
切謹也文一⿰言臺堂來切提也文一諲伊眞切又之人切爾雅敬也文一重音一訷
升人切說也文一謓稱人切說文恚也又之刃切笑也文一重音一⿱頻言毗賓切說文匹
也一曰多言文一諄⿰言⿱享羊朱倫切說文告曉之孰也一曰懇誠皃古作⿰言⿱吉羊⿰言⿱享羊又主尹切方言宋

魯凡相惡謂之譚諄又朱閏切告也春秋傳諄諄如八九十者文二重音二

訰 朱倫切心亂皃又徒渾切多言也又朱閏切爾雅訰訰亂也文一重音二

詢 須倫切春秋傳咨親爲詢文一

論 龍春切言有理也又盧昆切說文議也又盧困切文一重音二

誾訔 魚巾切說文和悅而諍也一曰語也或从中誾又魚斤切文二重音一

詵 疏臻切說文致言也引詩螽斯羽詵詵兮又先見切衆致言也文一重音一

訜 敷文切訜⿰言云語不定文一

⿰言云 于分切訜⿰言云語不定文一

訢 許斤切說文喜也又虛其切蒸也又魚巾切又許己切喜也又許訖切⿰言希⿰言希語也文一重音四

⿰言希 許斤切大言也又許八切語也又許豈切又虛器切又許旣切文一重音四

謜 愚袁切徐語又逡緣切語和也又虞怨切文一重音一

諼諠 許元切說文詐也爾雅忘也亦作諠

又並火遠切文二重音一**譠**他干切方言譠謾欺語又託山切博雅譠謾緩也又知山切又抽延切又時戰切欺也文一重音四**讕譋**郎干切說文抵讕也或从間又魯旱切詆讕誣言也又並郎旰切誣言相被也文二重音二**讙**呼官切說文譁也又許元切驩嘐也又呼玩切評也又古玩切喜數文一重音三**謾**謨官切說文欺也又謨還切博雅謾台懼也又彌延切慧黠也又免貟切又莫半切欺語又莫晏切文一重音五**𤔔**盧丸切亂也理也又南䜌縣名在鉅鹿古作䜌又並閭貟切䜌又龍卷切言不絕文二重音二**訮**牛閑切又馨煙切說文諍語訮訮一曰怒也訶也文一重音一**諓**將先切巧言也一曰淺薄皃又此演切言淺也又子淺切又在演切說文善言也一曰謔也又以淺切又才線切巧讒謂之諓文一重音六**謰**陵延切說文謰

謱也又力展切語亂文一重音一 諞 蒲眠切說文便巧言也引周書戩戩善諞言論語友諞佞又紕延切辯佞之言又俾緬切又婢善切又平免切文一重音四 謗 民堅切慧黠也文一 訞 他年切訶也文一 誸 胡千切言急莊子謀稽乎誸一曰堅正又胡消切急也文一重音一 譞譞 呼玄切多言也或作譞譞又隳緣切說文譞慧也又熒絹切譞又翾縣切流言也又扃縣切文二 謜 彌延切慧黠也重音四 一曰欺也文一 詮 逡緣切說文具也一曰擇言一曰解喻也文一 譔 逡緣切說文專教也一曰殊也又須絹切善言又雛免切述也又雛戀切文一重音三 諯 朱遄切讓也數也又淳沿切又翾縣切相責也又樞絹切又直碾切文一重音四 調 田聊切說文和也又張留切朝也詩惄如調飢又徒弔切賦也試也文一重音二 𧬊 憐蕭切𧬊

譑巧言文一**譙**慈焦切國名一曰樓之別稱亦姓又才笑切嬈譊也文一重音一**謤**卑遥切言有所止又紕招切言輕也文一重音一**䚻謠**餘招切說文徒歌或作謠䚻又夷周切或書作⿰月言文二重音一**⿰言芺訞**於喬切語祅祥一曰巧言或省文二**⿰言号**虛嬌切呺然虛大皃呺或作⿰言号文一**誵⿰言爻**何交切言不恭謹或从交詨又女加切文二重音一**譊**尼交切說文恚呼也一曰譊譊語也又馨幺切懼也文一重音一**詨謞䛗**虛交切吳人謂叫呼為詨或作謞䛗詨又居肴切矜誇也又後教切又居効切詨謞又許教切謞又黑角切謞謞崇讒慝也文三重音五**⿰言巢**初交切代人說也又莊交切⿰耳巢或从言又楚教切文一重音二**訬**初交切說文訬擾也一曰訬獪一曰書也又鋤交切又弨沼切高也擾擾也又楚絞切弄言一曰聲也又七肖切輕也

江東語又楚敎切文一重音五謿陟交切諸也文一詉尼交切讙聲也又女加切譇詉羞窮一曰言不可解又奴故切惡言又乃嫁切詐也文一重音三譹乎刀切號也又後到切文一重音一謷牛刀切說文不肖人也一曰哭不止悲聲謷謷又魚到切志遠也文一重音一訄丘刀切戲言一曰迫也又奴刀切又祛尤切又渠尤切或書作訅文一重音三䛌蒲褒切䛌䜊亂語又徒刀切往來言也一曰小兒未能正言也文一重音一䜊臧曹切䛌䜊聲亂又在到切喧也文一重音一謟他刀切爾雅疑也又叨號切文一重音一𧦅他刀切往來言也一曰小兒語不正文一𧦝徒刀切說文往來言也一曰小兒未能正言也一曰祝也文一𧭈郎刀切聲也尚書大傳𧭈然作大唐之歌又郎到切聲多也文一重音一䛤奴刀切喜也謎也文一

⿰言哥居何切詠也文一 訶虎何切説文大言而怒也文一 ⿰言何寒歌切⿰言何⿰言何衆聲文一 誐牛何切説文喜善也引詩誐以溢我又語可切吟也文一重音一 訛牛何切動也詩或寢或訛徐邈讀又吾禾切譌言也文一重音一 課苦禾切率也又苦臥切説文試也文一重音一 譌吾禾切説文譌言也引詩民之譌言又吾瓜切方言化也又古委切責也一曰詐也文一重音二 譒逋禾切敷也文一 ⿰言坐蘇禾切佞也動也又祖臥切以言折人文一重音一 ⿰言隋 ⿰言⿸𠂇月土禾切方言慧也楚謂之⿰言隋或省文二 ⿰言芋于戈切拒譍也文一 譁胡瓜切讙也又呼肥切諠也又呼瓜切又吾瓜切方言化也文一重音三 ⿱差言咨邪切説文咨也一曰痛惜也亦書作⿰言差文一 謯咨邪切博雅謯⿰言录也又子余切詠也又莊加切又側下切詐訝言戾

番岳

詐或作謯又莊助切詶也文一重音四 譇 詩車切譇詉不解又抽加切說文譇詉羞窮也文一重音一 謶 之奢切囉嗻多言嗻或从言又商署切異也又職略切博雅謫也一曰欺也文一重音二 訍 初加切訏也又抽加切博雅拏也又楚懈切疑也一曰訍持人短又楚嫁切異言文一重音三 ⿰言屠 陟加切譇詉羞窮也譇或作⿰言屠文一 ⿰言奓 抽加切譇詉羞窮譇或从奓又丑亞切誇也文一重音一 ⿰言而 女加切博雅⿰言奄⿰言而拏也文一 ⿰言加 居牙切誣也文一 誇 ⿱大言 枯瓜切說文譀也古作⿱大言誇又區遇切歌也文二重音一 詳 余章切詐也又徐羊切說文審議也文一重音一 諹 余章切譽也讙也又弋亮切文一重音一 ⿰言朢 武方切責望也文一 謒 千羊切語輕也文一 ⿰言長 中良切譸⿰言長誑也又猪孟切⿰言長⿰忄亭踈率文一重音一

譡都郎切忠言又底朗切善言又丁浪切言中理文一重音一謊呼光切說文夢言也又詡往切又虎晃切博雅忽也文一重音二諻胡盲切方言諻音也一曰大聲又呼橫切文一重音一評蒲兵切博雅評訂平也又皮命切訂也文一重音一誙丘耕切誙誙趣死皃李頤說又何耕切又下頂切文一重音二譻於莖切說文聲也文一⿰言嬰謍於莖切怒也或作謍謍又烏宏切謍⿰言寧小聲又呼宏切又維傾切又玄扃切文二重音四訇訇呼宏切說文駭言聲漢中西城有訇鄉籀不省又並胡消切訇又九峻切欺也文二重音二⿰言寧尼耕切謍⿰言寧小聲又乃定切博雅⿰言寧諫諂也文一重音一証諸盈切又之盛切說文諫也文一重音一誠時征切說文信也文一⿰言甹滂丁切言也文一詅郎丁切衒也又力正切博雅賣也文

一重音一　⿰言烝　諸仍切⿰言烝仍語煩文一　譝　神陵切譽也文一　⿰言乃　⿰言仍　如蒸切說文厚也或从仍⿰言乃又人之切厚也文二重音一　譍　於陵切荅言也又於證切文一重音一　譄　思登切說文加也又徂稜切加言文一重音一　謄　徒登切說文移書也文一　訧　于求切說文罪也引周書報以庶訧文一　⿰言求　渠尤切止也又居又切文一重音一　譸　張流切說文訓也引周書無或譸張爲幻又陳留切詞也文一重音一　⿰言舟　張流切多言也文一　⿰言甹　丑鳩切⿰言甹譠不決文一　詶　時流切說文譸也又承呪切荅也又職救切詛也文一重音二　讎　時流切說文猶譍也一曰仇也又丞呪切賣去手也文一重音一　謅　初尤切謅謱私語又甾尤切小言私授謂之謅又楚絞切弄言文一重音一　謳　烏侯切說文齊歌也又匈千切煦也莊子

於謳欲化皃又嵒俱切文一重音二
謀⿱毋言迷浮切說文慮難曰謀亦作⿱毋言文二
謱郎侯切說文謰謱也一曰謹也又重主切覼謱委曲也又朗口切方言謰謱挐也文一重音二
⿰言⿱彐又千尋切私語文一
諶時任切說文誠諦也引詩天難諶斯文一
訦時任切說文燕代東齊謂信曰訦又式荏切又食荏切文一重音二
⿰言壬如林切信也諗也一曰喉聲謂之⿰言壬又尼心切一曰諗也文一重音一
⿰言林癡林切善言文一
訡魚音切說文呻也吟或从言文一
譚徒南切大也又徒感切文一重音一
諵那含切聒語又尼咸切詀諵語聲又尼賺切諵謏私詈文一重音二
⿰言冄那含切博雅⿰言冄⿰言冄語也又乃甘切多言又汝甘切⿰言冄邯縣名又如占切文一重音三
⿱咸言呼含切愛也文一
諳⿰言酓⿰言弇烏含切說文悉也一曰諷也或作⿰言酓亦从弇諳⿰言酓又

烏紺切背誦也文三重音一⿰言庵⿰言含烏含切⿰言庵阿語不決或作⿰言含文二⿰言㬎吾含切不

慧也又鄂合切⿰言臣⿰言㬎笑語文一重音一談徒甘切說文語也文一譣思廉切說文問

也引周書勿以譣人又千廉切議也又虛檢切廣雅詖也又魚窆切博雅證也文一重音三詀

蚩占切多言又他兼切方言謰謱拏也南楚謂之詀謕又丁兼切巧言又知咸切又直陷切被誑也又尺

涉切又託協切妄言文一重音五讝之廉切疾而寐語也又女監切病人自語也文一重音一

⿰言罙時占切言不實文一⿰言利持廉切言利美也又直嚴切文一重音一⿰言廉離鹽切⿰言廉

詽言不正又直陷切被誑也文一重音一謙苦兼切說文敬也又苦簟切安靜皃禮記此之謂自

謙文一重音一⿰言嵒魚咸切戲言一曰和也文一讒鋤咸切說文譖也又仕懺切文一重

音一**諴**胡讒切說文和也引周書不能諴于小民又魚咸切戲言又姑南切嗤也又吾含切又火

斬切謷也文一重音四**⿰言乏**甫凡切言急文一**講**古項切說文和解也一曰謀也習也

文一**諟**上紙切說文理也一曰正也審也又丁計切文一重音一**諈**主縈切諈諉煩重皃

又之瑞切又竹恚切說文諈諉纍也郭璞曰以事相屬又姓又女恚切文一重音三**⿰言致**展豸切言

也又丑二切笑也文一重音一**⿰言西**演爾切自得之語文一**⿰言呈****譭**虎委切謗也或作譭

文二**詭**古委切說文責也一曰詐也文一**⿰言匕**普弭切言具也又普鄙切文一重音一

訾蔣氏切說文不思稱意也引詩翕翕訿訿亦書作訿又子禮切博雅訾訾也又將支切思也毀

也一曰不思稱意也又地名亦姓又才支切毀也莊子无譽无訾徐邈讀又津私切文一重音四**⿰𦣞言**

軫視切說文許也文一䚹普弭切言具也又普鄙切又篇夷切博雅具也文一重音二讄𧬍𧮒𧩀魯水切說文禱也累功德以求福引論語讄曰禱爾于上下神祇或作𧬍𧮒𧩀文四誄魯水切說文謚也文一訨渚市切許也文一諰想止切說文思之意也一曰直言又所佳切思意一曰語失又烏皆切呼彼稱又息改切語也文一重音三譺魚起切度也擬或从言又魚記切博雅調也一曰誑也又鄂力切小兒有知也又牛戒切騃也一曰欺悱也文一重音三𧮴偶起切博雅調也一曰詒也文一誹妃尾切又府尾切又方未切又匪微切謗言也文一重音三語𧥝偶舉切說文論也古作𧥝語又牛據切文二重音一許喜語切說文聽也又火五切滸或作許文一重音一詓口舉切聲也文一諝寫與切說

文知也又新於切博詎曰許切說文詎猶豈也又
雅𥏻也文一重音一其據切字林未知詞也文
一重詝展呂切博雅詡火羽切說文大言一講
音一𥏻也文一曰徧也和也文一
蒲補切講⿰言囪誧頗五切人相助也一曰謀也又普
言不足文一故切又謗模切博雅諫也一曰大
也又奔模切譜⿰言竝彼五切說文籍⿰言囪籠五切講
文一重音三錄也或省文二⿰言囪言不足
文詁果五切說文訓故言也引詩詁訓又⿰言亞⿰言惡
一古慕切通古今之言也文一重音一
於五切說文相毀也一曰畏或从惡又並烏故切恥
也惽也又並遏鄂切諤也⿰言亞又乙格切說文笑也又
丘駕切⿰言亞訝言不詆典禮切說文苛也又都黎切
正文二重音四訶也又田黎切又丁計切又
他歷切僻也一曰信戶禮切說文謑⿰言𡨄戶禮切
狄猶文一重音四待也文一說文恥

也或从㚔謑又吾禮切又下解切怒聲又許懈切又虛訝切怒言又牽奚切謑髁不正皃又並弦雞切文二重音六讃戶賄切中止也又胡對切引司馬法師多則人讃也文一重音一診止忍切視也又文忍切又直刃切文一重音二訒矢忍切況也詞也文一讔倚謹切廋語文一謹几隱切說文慎也文一詑委遠切慰也從也文一䜨許偃切很戾也文一䛰謇謇紀偃切方言吃也或作謇謇又並居展切又並九件切文三重音二言去偃切言言脣急皃文一言語偃切言言脣急皃文一䛀甫遠切權常合道又方願切䛀也又博温切䛀諺自矜文一重音二𧩼戶衮切謀也文一詪苦本切諃詪很皃又下懇切眼戾也又口很切又舉很切博雅詪詪語也又古恨切很戾也文一重音四𧫕古本切語不明

又古困切玩人也文一重音一
譐取本切聚語又祖本切文一重音一
⿰言典吐袞切⿰言典詪很皃文一
䛞下罕切大言也多言也文一
誕這蕩旱切說文詞誕也或省文二
⿰言㡭土緩切⿰言忝⿰言㡭言惑文一
⿰言忝他典切⿰言忝⿰言㡭言不定文一
誢胡典切諍語文一
誸古泫切誘也詐也文一
譾子踐切語煩文一
譂齒善切妄言文一
⿰言𠳋去演切小息也文一
⿰言㕣以轉切笑皃一曰善言文一
⿰言虔九件切博雅吃也謇或作⿰言虔一曰難也文一
讞語蹇切評獄也又魚戰切議罪也又魚列切文一重音二
⿰言叜謏先了切說文小也誘也引禮足以⿰言叜聞或作謏⿰言叜又息有切又先奏切私詈謏又蘇后切誘辭又所六切文二重音四
誂徒了切說文相呼誘也一曰戲也文一
譑吉了切糾也又舉夭切一曰多言又

丘召切弄言文一重音二**諘**彼小切讃也文一**討**土皓切說文治也一曰求也殺也文一**⿰言𡿺⿰言⿱羽止**乃老切語相侮也或作⿰言⿱羽止文二**⿰言舄**洗也切言以寫志文一**⿱如言**爾者切應聲又人夜切如也文一重音一**詐**側下切詐訝言戾又仕下切文一重音一**謏**數瓦切強語文一**訝**語下切詐訝言戾文一**詇**倚兩切說文早知也一曰問也又於亮切又於浪切聲也又於慶切問也一曰告也文一重音三**⿱強言**巨兩切詞不屈也文一**⿱鄉言**許兩切聲也又許亮切荅也文一重音一**誷**文紡切誣也文一**誆**求往切誑也又具放切文一重音一**讜**底朗切善言又丁浪切言中理也又他浪切美言文一重音二**誏**里黨切言之明也又郎宕切謊也一曰泛言文一重音一**警**舉影切說文戒也謂言戒文一**請**

此靜切說文謁也又疾正切又親盈切漢有請室請罪室也又慈盈切受言也文一重音三

[illegible]虎梗切嗔語又下耿切言很也又下孟切言也又亨孟切文一重音三

詗火迥切知處告言也又虛政切又丑正切又恥慶切伺也文一重音三

訂待鼎切又丁定切平議也又湯丁切又唐丁切文一重音三

謦棄挺切說文欬也又詰定切謦欬言笑也文一重音一

誔待鼎切博雅訑也一曰欺慢又徒徑切詭詐也文一重音一

詻巨九切毀也文一

誘誦以九切說文相訹呼也或作誦文二

訃他口切誘也文一

䛒他口切言悉也文一

訽去厚切說文扣也如求婦先訽叕之一曰訽訽笑也又虛加切文一重音一

諗式荏切說文深諫也引春秋傳辛伯諗周桓公又式禁切字林念也又諾協切聲止也文一重音二

譚他感切譚

譤言不定文一
詼　失冉切誘言文一
讇諂　丑琰切說文諛也讇或省讇又余廉切過恭也禮立容辨卑毋讇又之廉切䜌言文二重音二
謥　千弄切謥詷言遽又蘇綜切文一重音一
謣　去仲切多言文一
誦　似用切說文諷也文一
諷　方鳳切說文誦也一曰諷刺又方馮切告也文一重音一
訟䛦　似用切說文爭也古作䛦訟又祥容切又牆容切又餘封切文二重音三
諥　竹用切言相觸文一
䛗　支義切不知也文一
詖　彼義切說文辯論也又班糜切辨僻之辭又滂禾切頭偏也文一重音二
誼𧧤　宜寄切說文人所宜也古作𧧤文二
䛊　七賜切謀也又奇寄切又許記切又戶快切文一重音三
諫　七賜切說文數諫也一曰書也文一
議　宜寄切說文語也又魚羈切謀度也文一重音一
謚諡　神至切說

文行之迹也或省又並於賜切謚又羊至切文二重音二　譬　匹智切說文諭也文一　誶
雖遂切說文讓也國語誶申胥又秦醉切告也又蘇對切又昨律切文一重音三　譢　雖遂切告
也問也文一　謉　基位切慙也又徒回切謙也又古委切說文責也又虎猥切啍謉謔言文一重
音三　⿱陰言　囟恚切毀謗也文一　譵　直類切說文怨也文一　訵　丑二切沉澧之
間凡相問而不知荅曰⿰言桼⿰言桼或作訵又抽遲切陰知伺察也文一重音一　⿱既言　几利切言無次也文
一　⿰臣言　几利切許也文一　誌識　職吏切說文記誌也或作識識又昌志切記也又式
吏切又設職切說文常也一曰知也亦姓文二重音三　試　式吏切說文用也引虞書明試以功
又設職切用也文一重音一　⿰言事　側吏切言入也文一　⿰言吏　䟽吏切忘也文一　誖

疾置切詺也文一

記　居吏切說文疏也文一

諰　渠記切誡也一曰告也文一

誹　方未切多言也文一

謂　于貴切說文報也文一

諱　許貴切說文諰也文一

⿰言居　居御切言有則也文一

詛　莊助切說文詶也又遵遇切文一重音一

譽　羊茹切說文稱也又羊諸切稱美也文一重音一

⿰言慮　良據切詐也文一

諭　俞戍切說文告也一曰曉也文一

訃　芳遇切告也文一

詂 ⿰言附　符遇切言有所依也或从附文二

註　朱戍切拏也方言南楚謂之支註一曰解也識也又株遇切述也文一重音一

⿰言布　普故切諫也文一

訴 ⿰言朔　蘇故切說文告也引論語訴子路於季孫或作⿰言朔又昌石切毀也文二重音一

⿰言素　蘇故切諳也文一

護　胡故切說文救視也文一

⿰言互　胡故切誌也文一

誤　五故

切說文謬諦丁計切說文審也又大計切⿰言壹諦審
也文一諦也又當蓋切方言諟也文一重音
二計吉詣切說文會也亦姓又
吉屑切畫也文一重音一諦丁計切說文
審也又田黎
切文一
重音一⿰言壹壹計切諟也吳越
謂諟曰⿰言壹諦文一詣研計切說文
候至也文一譿
譓胡桂切辨察也
或作譓文二⿰言制征例切語
不正文一誓時制切說
文約束也
又以制切要言又食列切
相要以言也文一重音二詍⿰言曳時制切語多也山
東云或作⿰言曳又並
以制切⿰言曳又私列
切文二重音二讆于歲切說文讆言
不慧或从言文一⿰言列力制
切言
美也⿰言睿俞芮切恨言又弋睡切婘⿰言睿
文一曰恨言文一重音一藹於蓋切
說文臣
盡力之美引詩藹藹王多吉士譮黃外切悟也又
又何葛切茂盛也文一重音一許介切怒聲又

類篇三上　二十

大史切氣高皃又戶快切合會善言也文一重音三　譮　呼外切說文聲也引詩有譮其聲文一

詿⿰言罣　古賣切博雅誤也或作⿰言罣詿又胡卦切又古罵切相誤也文二重音二　⿰言厄　烏懈切聲不平謂之呃或作⿰言厄文一

⿰言差　楚懈切異言又千箇切言失也文一重音一

誡⿰言界　居拜切說文敫也或从界文二

⿰言萬⿰言蠆　許介切譈⿰言萬爭怒或从蠆⿰言萬又暮拜切又許邁切又莫敗切文二重音三

⿰言介　下介切言善也文一

⿰言邂　下介切誡也文一

⿰言𠯑話　戶快切說文合會善言也傳曰告之話言或作話話又胡化切言也文二重音一

⿰言厲　莫敗切說文譈也⿰言萬或不省文一

譈　徒對切怨也文一

誖⿱或言　蒲妹切亂也古作⿱或言又並方未切誖又補妹切又並分物切又並薄没切文二重音四

詯⿰言回　胡對切膽气滿聲一曰胡市也一曰決後

悔也或作詗詯又呼內切文二重音一

誨 呼內切說文曉敎也文一

訒 而振切說文也引論語其言也訒又爾軫切純也難也文一重音一

認 而振切識也又如證切文一重音一

訫 思晉切誠也文一

訊 **⿰言囟** **⿰𧥫囟** **訙** 思晉切說文問也訊古作⿰言囟⿰𧥫囟訙訊訙又須閏切問也文四重音一

⿰言親 初覲切訓言也文一

詢 九峻切博雅欺也又均俊切又下珍切誑欺也文一重音二

⿰言夗 **⿰言怨** 紆願切說文尉也一曰懟也或从怨文二

⿰言運 **謴** 古困切⿰君元人也或从貫文二

諢 吾困切弄言文一

訓 **⿱巛言** 吁運切說文說教也亦姓古書作⿱巛言訓又松倫切道也周禮土訓鄭司農讀文二重音一

⿸产言 魚旰切弔失國曰⿸产言又魚戰切傳言也文二重音一

訕 所晏切說文謗也又師閒切文一重音一

詊 普半切巧言文一

讚

則旰切偁也明也文一 諫 居晏切說文証也亦姓又居顏切諍也又郎旰切文一重音二 讌
伊甸切合語也文一 𧩫 翾縣切相責也一曰數也文一 𧧼 眠見切誘言也文一 謆
式戰切以言惑人文一 譴 詰戰切說文謫問也亦姓文一 諺 魚戰切說文傳言也又魚
旰切諺諺自矜文一重音一 訋 多嘯切博雅挈也一曰聲也文一 譥 吉弔切說文痛
呼也一曰許也文一 訆 吉弔切說文大呼也引春秋傳或訆于宋太廟文一 詔 諸曜切告
也敎也道也又之遙切言誘也文一重音一 誚 才笑切說文嬈譊也引周書亦未敢誚公文一
論 弋笑切讙也文一 詏 於敎切言逆也文一 謈 巴校切謈譟惡怒也文一 譹
後到切譹讀相欺也文一 譟 先到切說文擾也又倉刀切聲也文一重音一 𧦧 虛到切信

也文一
誥⿰火又 居号切說文告也古作⿰火又誥又沽沃切文二重音一
⿰言奥 於到切告也文一
詷 許箇切譀詷怒皃文一
⿰言賀 何佐切⿱麻言語文一
譒 補過切說文敷也引商書王譒告之文一
⿱麻言 莫卧切以大對小之言又質涉切言疾也文一重音一
⿰言朶 都唾切言相誇文一
⿰言馬 莫駕切多言也文一
謝 詞夜切說文辭去也一曰告也文一
⿰言夋 數化切俊言也一曰妄言文一
詐 側駕切說文欺也又疾各切慙語也文一重音一
⿰言作
⿰言苲 助駕切說文慙語也或从苲文二
詫 丑亞切誇也又都故切奠爵酒也⿱冖託或作詫又虛訝切告也文一重音二
諕⿰言宰 虛訝切誑也或作⿰言宰諕又相支切數諫一曰諒也又乎刀切號也文二重音二
謑 丘駕切謑詬巧言文一
訝 魚駕切說文相迎也引周禮諸侯有卿訝

頁篇三上　二十二　李洆

發文一⿰言⿱䀠大⿰言⿱䀠爪古罵切說文相誤也或从爪文二⿰言爽楚嫁切異言文一⿰言羕
弋亮切聲變也文一訪敷亮切說文汎謀曰訪文一⿰言望⿰言⿱亡王無放切說文責望也一曰
欺也或省文二⿰言妄無放切誑也文一誯尺亮切說文導也文一讓⿰言眾人様
切說文相責讓也一曰謙也古作⿰言眾文二諒力讓切說文信也亦姓又呂張切信也文一重音一
謗補曠切毀也又逋旁切文一重音一⿰言㞷誑⿰言王古況切說文欺也隸省或作⿰言王文三
⿰言盎於浪切聲也文一⿰言竞渠映切彊語也一曰逐也文一詠爲命切說文歌也文
一諍側迸切說文止也又甾莖切訟也文一重音一誁北諍切助言文一詻
彌正切目諸物也文一⿰言⿱亠女乃定切巧讇高才也文一證諸應切說文告也唐武后作⿱𡗗金

文一諍石證切促言文一謬眉救切說文狂者之妄言也文一⿰言就即就切臾
也文一詋職救切詛也文一⿰言聚鉏救切僝僽詈也或从言文一⿰言由直祐切說
文詶也文一⿰言留力救切祝⿰示留也或从言文一訽詬下遘切博雅罵也或从后又并
許候切說文謑詬恥也又并居候切又并很口切又并舉后切辱也詬又丘候切文二重音五⿰言⿱巠豆
⿰言豆丁候切埤蒼⿰言⿱巠豆譳不能言也亦作⿰言豆文二⿰言屚郎豆切⿰言屚詬暴怒文一譳乃豆
切⿰言豆譳不能言也文一讖楚譖切說文驗也文一譖側禁切說文愬也又子念切不
信也文一重音一⿰言感火禁切⿰言感訡怒言文一訡于禁切⿰言感訡怒言文一詌
古暗切口閉文一譀⿰言忘下瞰切說文誕也一曰調也或从忘又并呼濫切譀又許鑒切又乎

監切又迄甲切誕也文二重音四 **謲** 七紺切相怒使一曰伺也又蘇含切謲譚又倉含切又楚

錦切陰言讖之也文一重音三 **䛳** 於劒切方言誣䛳與也一曰拏也匿也謗也言輕也又衣廉切

䛳消克當也文一重音一 **䛁** 而豔切字林言多不盡文一 **讖** 又鑑切悔也文一 **訉**

扶泛切多言文一 **誎** 蘇谷切餗旋促也一曰飾也又趨玉切文一重音一 **⿰言菐** 普木切以

言蔽文一 **⿱敕言** 蘇谷切疾也一曰召也文一 **⿰言禿** 他谷切詆⿰言禿狡猾也一曰相欺詆又土禾

切僻誕也文一重音一 **⿰言彔** 盧谷切博雅謯⿰言彔也又龍玉切謯也諸也文一重音一 **諨**

方六切言備也文一 **諔** 之六切詭也又前歷切無人聲文一重音一 **謖** 所六切起也文

一 **⿰言休** 許六切⿰言夏⿰言休閒香皃文一 **⿰言夏** 乙六切⿰言夏⿰言休閒香皃文一 **⿱𥫗訇** 居六切窮理罪

人也文一讀徒谷切說文誦書也又大透切文一重音一謈北角切聲也又匹角切大呼自勉也又弼角切又蒲褒切痛甚稱阿謈謈又薄皓切自冤也文一重音四諑竹角切博雅責也⿰言呈也文一⿰言卓竹角切闕人名晉有韓⿰言卓文一⿰言質職日切說文野人之言文一⿰言族昨悉切語速一曰毒也文一⿰言畢壁吉切敬也文一謐覓畢切說文靜語也一曰無聲一曰慎也文一⿰言窒陟栗切諮⿰言窒言無倫脊也文一詰喫吉切說文問也又丘傑切喬詰意不平文一重音一訹雪律切說文誘也又息有切文一重音二⿰言血雪律切靜也文一詘曲勿切詰詘也一曰屈襞一曰充詘喜失節皃又勑律切說文貶下也又渠勿切充詘也又奴骨切文一重音三訖許訖切爾雅至也又居乙切說文止也文一重音一誳曲勿切說

文詰詘也一曰屈襞一曰充詘喜失節皃又渠勿切倔強梗戾也文一重音一
⿰言月 魚厥切廣雅怒也又五刮切一曰訶也文一重音一
謁 於歇切說文白也又姓又乙列切文一重音一
訐 居謁切說文面相斥罪相告訐也又蹇列切告發也又居例切又九刈切直言文一重音三
⿰言發 方伐切出言也文一
訥 奴骨切說文言難也又張骨切言不辯也文一重音一
⿰言蔡 桑葛切散言也文一
⿰言剌 郎達切謗⿰言剌語聲文一
詧 初戛切說文言微親詧也又千結切正言也又遷薛切察也文一重音二
⿰言祭 千結切正言也文一
說 輸爇切說文說釋也一曰談說又欲雪切喜也樂也服也又輸芮切誘也又儒稅切文一重音三
⿰言呈 乃結切傅雅怒也一曰訶也文一
詄 徒結切忘也又弋質切又矢利切悞也文一重音二
譎 古穴切說文權詐也

梁益曰謬欺天下曰譎文一 [⿰言穴] 呼決切博雅怒也又許月切文一重音一 訣 古穴切絕也又涓惠切決也文一重音一 設 式列切說文施陳也从言从殳使人也文一 諁 株劣切多言不止謂之諁文一 [⿰言別] 筆別切言析理也又皮列切文一重音一 [⿱⿰丰召言] 力灼切約[⿱⿰丰召言]歎美也文一 詻 力灼切聲也又歷各切詻言也又鄂格切說文論訟也文一重音二 [⿰言⿸虍卧] [⿰言⿸虍乇] 迮却切說文戲也引詩善戲謔兮或省文二 [⿰言矍] 怳縛切妄言文一 [⿰言度] 達各切廣雅欺也文一 託 闥各切說文寄也又陟嫁切誇也文一 詫 闥各切毀也文一 [⿱毀言] 疾各切詈也文一 [⿰言樂] 歷各切[⿰言樂][⿰言㐬]狂言文一 諾 匿各切說文譍也文一 諎 疾各切酬言也又陟格切大聲又實窄切又側革切又側下切誘言文一重音四 諤 [⿰言噩] 五各

胡樂

切諤諤直言或作譩文二 譮 郝格切說文言壯皃一曰數相怒又胡陌切譮譮誇也又霍虢切又
古獲切又玄圭切自伐也又戶瓦切疾言皃文一重音五 諜 霍虢切諜然速也又迄逆切疾意莊
子諜然巳解徐邈讀文一重音一 諕 郭獲切諕諕多言文一 謮 側革切怒也讓也又
士革切大呼也文一重音一 謫 讁 陟革切說文罰也或作讁又並治革切博雅責也謫
又士革切方言怒也謂相責怒又丁歷切罰也文二重音三 諽 克革切飾也謹也又各核切又
訖力切又乞力切文一重音三 ⿰言鬲 各核切博雅慧也文一 ⿰言⿱艹林 乙革切聲也文一 謚
伊昔切說文笑皃又激馨切笑聲文一重音一 譯 夷益切說文傳譯四夷之言者文一 ⿰言赤
前歷切無人聲文一 讈 ⿰言厤 狼狄切⿰言尞讈言不明或省文二 ⿰言赤 馨激切恒訟也文一 譤

吉歷切許也文一⿹戈言設職切常也一曰知也亦姓文一⿻言中乙力切說文快也文一

⿰言亟訖力切訥言也文一⿰言息悉即切喘也一曰止也生也文一諿七入切和也辯也文一

譅色入切譅譶言不止文一譶直立切譅譶言不止也又達合切說文疾言也文一重音一

⿰言翕迄及切疾言也一曰⿰言翕諙語聲文一詥曷閤切說文諧也又葛合切會言也文一重音一

⿰言⿸厂缶渴合切⿰言⿸厂缶⿰言㬎笑語文一⿰言遝諧託合切說文語相反⿰言遝也或从沓又並達合切文二重音一

譫達合切多言也又章盍切又敵盍切又質涉切又之廉切文一重音四

⿰言盍諙轄臘切多言也或作諙⿰言盍又居盍切嗑或从言諙又轄甲切⿰言翕諙語聲也又迄甲切多言也文二重音三

⿰言⿱禾非疾盍切⿰言⿱禾非⿰言⿱禾非聲也文一

⿰言⿱日羽⿰言闒託盍切⿰言⿱日羽⿰言盍多言或

作讕讕又敵盍切說文嗑也文二重音一 𧩼 疾葉切多言文一 諜 失涉切讋諜言失也

文一 謺 質涉切謺讘多言又的協切文一重音一 讘 質涉切說文多言也阿東有狐讘縣

又日涉切文一重音一 𧬄 力涉切𧬄𧬄多言文一 諜 達協切說文軍中反間又託協

切安也又悉協切言相次也文一重音二 𧭤 力協切𡅅呱多言𡅅或从言文一 䛟 吉協協

切妄語也文一 謵 尺涉切小言又敇涉切謵讋語不正又席入切說文言謵讋也文一重音二

讋 𧮬 質涉切說文失氣言一曰不止也籀从二龍又並達合切文二重音一 𧧽

測洽切儳言又側洽切譇𧧽多言又實洽切𧧽諜言不定文一重音二 譗 竹洽切譗𧭇言無倫

脊也文一 諜 五洽切𧧽諜語笑皃文一

文六百六十七　重音五百二十八

類篇卷第三上

類篇卷第三中　　卷之八

朝散大夫右諫議大夫權御史中丞充理檢使護軍河内郡開國侯食邑千三百戶賜紫金魚袋臣司馬光等奉
勅修纂

誩言也从二言凡誩之類皆从誩古文作

誩　渠慶切言又巨兩切又他紺切又徒濫切字林競言也文二重音三

譱譱善　上演切說文吉也或省隷作善文三

䛐競　渠映切說文彊語也一曰逐也隷作競文二

讟　徒谷切說文痛怨也引春秋傳民無怨讟文一

文八　　重音三

音聲也生於心有節於外謂之音宮商角徵羽聲絲竹金石匏土革木音也从言含一凡音之類皆从音 於今切 文一

韸韼 蒲蒙切逢逢鼓聲或作韸韼 韸又敷逢切文二重音一 䪫 胡公切大聲文一 䪦 呼公切大聲文一 䪭 披江切鼓聲文一 𩐙 虛江切擊也文一 䪳 陳知切咸䪳黃帝樂名文一 韶𩐳 時饒切說文虞舜樂也引書簫韶九成鳳凰來儀一曰美也或作𩐳文二 章 諸良切說文樂竟爲一章从音从十十數之終也一曰采也亦姓又之亮切隔也文一 韹 胡光切鍾聲鍠或作韹又胡肓切爾雅韹韹樂也又於莖切銅器聲文一重音一重音一

二韺於驚切博雅五韺帝嚳樂文一䪯乙榮切䪯譻聲也又於莖切呻也又初耕切又娟營切又烏熒切小聲文一重音四䪫何耕切博雅六䪫顓頊樂文一⿰音霝郎丁切音也或省文二⿰音今魚音切說文呻也文一韽於金切小聲又烏含切說文下徹聲又衣廉切小聲又鄔感切鍾病聲周禮微聲韽又烏紺切鍾聲小也又於陷切文一重音五韾伊滛切聲和靖也又烏含切文一重音一䪪烏含切聲小也文一⿺辶音五遠切樂名文一響許兩切說文聲也文一⿰音芻初口切樂音美也又楚九切⿰音芻⿰音芻衆聲文一重音一䪼𩐳徒弄切鍾聲或从通文二𩐕匹降切鼓聲文一䪝胡故切大䪝湯樂名文一䪼

韵筠呁切音和也或作韵又並王問切說文和也文二重音一竟居慶切說文樂曲盡

𩐁竟从音从人又舉影 䪰 於禁切䪰呃 䪲 子六切樂竟界也文一重音一 𩐟 不平聲文一 懸斷皃 䪬 北角切手足指節鳴也文一 𩐧 敷勿切樂聲 䪯 作息皃文一

䪯 普没切桉物聲或省文二 𩐽 諾叶切聲止也文一 𩑗 逆怯切樂聲也文一 𩐿 余業切樂器也文一 𩐙 昨合切斷聲文一

文四十一　重音十七

䇂辠也从干二二古文上字凡䇂之類皆从䇂讀若愆張林說 去虔切又丘閑切文一重音一

童𥫣重 徒冬切說文男有罪曰奴奴曰童女曰妾一曰山無艸木曰童又姓籀文童中與竊中同

从廿廿以爲古文疾字童又諸容切夫童郕地文二重音一

妾 七接切說文有皐女子給事之得接於君者春秋傳曰女爲人妾妾不娉也文一

文四　重音二

丵 叢生艸也象丵嶽相竝出也凡丵之類皆从丵 士角切又作木切文一重音一

叢 徂聰切說文聚也俗作藂非又徂外切叢木灌木也文一重音一

⿱丵巾 下赧切以飾縣鐘鼓也

對 對 都內切說文應無方也从丵从口或从土漢文以爲責對而爲言多非誠故去其口文二

業 ⿱⿰罒罒炏 逆怯切說文大版也所以飾縣鐘鼓捷業如鋸齒以白畫之象其鉏鋙相

承也从丵从巾巾象版引詩巨業維樅古作⿱从从又並
玉盍切壯也詩四牡業業業又逆及切文二重音二
文七　重音四
菐瀆菐也从丵从廾廾亦聲凡菐之類皆
从菐　瀆讀爲煩瀆之瀆一本注云丵衆多也兩手
奉之是煩瀆也蒲沃切又博木切又步木切
又方六切文
一重音三
⿱分菐　逋還切說文賦事也又　僕⿰臣菐　步木切給事者
府尾切文一重音一　古从臣僕又博
木切說文車伏兎也僕又普木切群飛皃
莊子蚉蝱僕緣又並蒲沃切文二重音三
文四　重音七

廾竦手也从𠂇从又凡廾之類皆从廾或
作拜 居竦切今變隸作廾楊雄說廾从兩手
廾又居容切又渠容切文二重音二
龏 居容切說文愨也又居用
切又乙角切文一重音二 𢍏 居容切竦
手也文一 𢍕
渠龜切說文持
弩拊也文一 𢍶 陵之切剺
也文一 𢍗 蹤倫切循
也文一 弅
敷文切隱弅丘高出皃又符分切莊
子隱弅之丘又父吻切文一重音二 兵㑴𢍤 晡明
切說
文械也从廾持斤幷力之
皃古作㑴籀作𢍤文三 𢍱 渠京切舉
也文一 𢍬丞 辰
陵
切說文翊也从廾从卩从山山高奉承之義隸省丞
又諸仍切丞陽縣名又常證切縣名在沂州文二重
音
二 𢍏承 辰陵切奉也受也又姓或作承承又蒸之上
聲縣名又諸應切漢侯國名文二重音二

⿱馮廾皮冰切據也文一 弇⿱穴⿱日廾姑南切說文蓋也古作⿱穴⿱日廾弇又那含切姓也又衣廉切弇中監道又衣檢切又於豔切鍾形中央寬也文二重音四 奉⿱丰収父勇切說文承也古作⿱丰収又撫勇切捀也又房用切俸或作奉臣光曰按說文奉扶隴切承也从手从廾丰聲變隸作奉今集韻曰古作⿱丰収非文二重音二 ⿰爿⿱夕廾子兩切勸也助也今文作獎文一 ⿱宀⿰目収衣檢切弇古作⿱宀⿰目収文一

弄盧貢切說文玩也文一 弃⿱亠⿱田廾磬致切捐也古作⿱亠⿱田廾文二 异羊吏切說文擧也引虞書岳曰异哉又盈之切發歎也文一重音一 畁渠記切說文擧也引春秋傳晉人或以廣墜楚人畀之黃顥說廣車陷楚人爲擧之又居之切擧出之也又渠之切又巨几切文一重音三 ⿱罒⿱大廾竹吏切敊也文一 弊必袂切斷也又毗祭切惡也又蒲結切文一重音二 ⿱丰廾口擧切徹

也又苟許切藏也文一重音一 具衢遇切說文共置也从廾从貝省古以貝爲貨文一 戒 㦸居拜切說文警也从廾持戈以戒不虞古作㦸文二 ⿱告廾居号切告也文一 奐呼貫切說文取奐也一曰大也亦姓又胡玩切伴奐廣大有文章也詩伴奐爾游矣文一重音一 𢍜 ⿱乑殳古倦切說文摶飯也或作⿱乑殳又並逹眷切文二重音一 ⿱䜌廾俱願切杼滿也又孚萬切量也文一 ⿱圥廾余六切說文兩手盛也又居六切文一重音一 ⿱素廾拘王切素屬文一 ⿱𥫗廾食列切閱持也文一 ⿱睪廾夷益切說文引給也又直格切文一重音一 弈余石切說文圍棊也引論語不有博弈者乎文一 ⿱辟廾必益切治也周書我之不辟或从廾文一

文四十五 重音二十八

𠬜引也从反廾凡𠬜之類皆从𠬜變隸作

大普班切文二

樊符袁切說文鷙不行一曰山邊也亦國名又姓又方煩切文一重音一

奱閭貞切說文樊也文一

文四　重音一

共同也从廿廾凡共之類皆从共古文作

𠔏渠用切共又胡公切共池地名又居容切共工官名亦姓又渠容切又古勇切斂手也又居用切設也文二重音五

龔俱容切說文給也文一

文三　重音五

異分也从廾从畀畀予也凡異之類皆从異古文作[illegible]餘志切徐鍇曰將欲與物先分異之也文二

戴戴丁代切說文分物得增益曰戴一曰首戴一曰國名亦姓古作戴文二

文四

舁共舉也从臼从廾凡舁之類皆从舁讀若余或作与[illegible]以諸切舁又苟許切文二重音一

䙴𢍰𢍱䩬䙴 親然切說文升高也从舁囟聲或从卪隸作𢍱古作䩬䙴文五 興 虛陵切說文起也从舁从同同力也又州名又許應切象也文一重音一 𦦉 苟許切舁古作𦦉文一

與𢍑𦦖 演女切說文黨與也或作𢍑𦦖與又羊諸切語辭又倚亥切又羊茹切及也𦦖又王遇切耬也文三重音四

文十二　重音六

臼 又手也从巨彐凡臼之類皆从臼 居玉切又居六切文一重音一

要𦟼𡟤 伊消切說文身中也象人要自臼之形古作𦟼𡟤又並一笑切約也要又伊鳥切騕

褭古之良馬騕或作要又以紹切偠或作要臣光曰桉篆文䙳㝐象人要自臼之形變隸从簡以幽爲西故㽹文作要文
三重音三

文四　重音四

晨早昧爽也从臼从辰辰時也辰亦聲𦥑夕爲㚏臼辰爲晨皆同意凡晨之類皆从晨

晨籒文作䢉食鄰切晨又乘人切旦也文二重音一

農𦦙䢉辳𦥸奴冬切說文耕也一曰厚也又姓古作𦦙䢉辳𦥸農又奴刀切耕也臣光桉篆文𦦙从晨囟聲變隸从簡以幽爲曲故𦦙文作農文五重音一

文七　重音二

爨齊謂之炊爨臼象持甑冂爲竈口廾推林内火凡爨之類皆从爨籒文作𤓰七亂切爨又七丸切又取絹切文二重音二

𦦶渠容切說文所以支鬲者从爨从鬲省會意又方勇切又古勇切又苟許切文一重音三

𦦷方勇切所以支鬲者𦦶或作𦦷文一　𦦿麤尊切鼎欲沸白文一　釁許慎切說文血祭也象祭竈也从爨省从酉酉所以祭从分徐鉉曰分布也文一

文六　重音五

革獸皮治去其毛革更之象古文革之形

凡革之類皆从革古文作𠦱各核切古文革之形从三十三十年而道更也曰聲革又訖力切急也又竭憶切文二重音二

⿰革童⿰革同徒東切車被具飾或从同文二

⿰革龍盧東切馬被具文一

⿰革翁烏公切吳人謂鞾靿曰⿰革翁文一

鞠丘弓切营藭香艸营或作鞠又丘六切酒母也鞠或作鞠又居六切蹋鞠也又渠竹切文一重音三

鞃丘弓切車軾中又姑弘切又胡肱切又苦弘切文一重音三

⿰革庸常容切引舩淺水中文一

⿰革茸如容切⿱穴⿰革夆毦飾又乳勇切毛盛也又而用切罽也文一重音二

⿰革丰⿰革夆敷容切⿰革丰⿰革茸⿱穴⿰革夆飾或从夆文二

韸符容切字林被縫也一曰鼓聲一曰⿰革殳韸艸名文一

⿰革雍⿰革甾於容切鞾靿或从甾⿰革甾又於用切文二重音一

⿰革巂山垂切說文綏也博雅⿰革巂謂之鞘鞘又雙隹切馬垂鞘文一重音一

軝常支切紂餘靼也又翅移切軝或作⿰革氏文一重音一

鞞蒲糜切又賔彌切牛鞞蜀縣名又駢迷切騎鼓也鼙或作鞞又補弭切劒削方言自關而西謂之鞞又補鼎切刀室也文一重音四

⿰革奇居宜切馬絡頭也文一

⿰革夷延知切韋也又他計切馬鞁具文一重音一

鞿居希切馬絡頭一曰韁在口文一

⿰革亏⿰革于雲俱切說文輨內環靼也或从于⿰革亏又匈于切又甾俱切博雅⿰革亏謂之鞶文二重音二

⿰革區甾俱切字林鞬也胡人謂之⿰革區又於候切文一重音一

⿰革句權俱切博雅⿰革句⿰革曲駻韏也文一

⿰革俞雙雛切正耑裂也又容朱切博雅餘也又春遇切刀⿰革玄一曰餘也和也文一重音二

⿰革度東徒切牛牽舟謂之⿰革度文一

⿰革余

通都切鞴𩊚屧也又同都切文一重音一鞩洪孤切鞩簏箭室文一鞮𩊉都黎切說文革履也或从氏又並田黎切𩊉又丁計切補履下也文二重音二鞋玄圭切系也又戶佳切革生鞮也又公蛙切車上系文一重音二鞵戶佳切革生鞮也又雄皆切履也文一重音一䩡莫佳切䩡鞵履也文一鞼姑回切韋繡文又丘媿切又求位切又胡對切又巨內切韁也文一重音四𩏼鞖蘇回切䩟邊帶或作鞖文二䩳廾人切大帶也文一鞇伊眞切車重席司馬相如說茵从革文一𩌂符分切大鼓謂之鼖或作𩌂文一韗于分切又王問切說文攻皮治鼓工也文一重音一䩿虛言切車後重曰䩿䩿或从革文一靬居言切乾革也一曰驪靬縣名在張掖又丘寒切弓衣也又居閑切黎靬國名又渠焉切又侯旰切馬被具又

墟旰切文一重音五鞬⿰革蹇居言切說文所以戢弓矢或从蹇文二鞎居言切車革前也又胡昆切又五根切又胡恩切又戶衮切又下懇切又古恨切文一重音六韊郎干切所以盛弩矢人所負也文一鞶⿰革殳蒲官切說文大帶也引易或錫之鞶帶男子帶鞶婦人帶絲或省文二⿰革冤⿰革宛於袁切說文量物之⿰革冤一曰抒井⿰革冤古从革从宛⿰革宛又於云切大車後壓也又並委遠切文二重音二鞔謨官切說文履空也一曰覆也又武遠切又母本切煩也文一重音二⿱龹革

於寒切說文馬鞁具或書作鞍文一⿰革㸑⿰革贊祖官切說文車衡三束也曲轅⿰革㸑縛直轅暈縛或作⿰革贊又並徂丸切⿰革贊又祖管切文二重音二⿱殹革丘閑切博雅確⿱殹革也文一⿰革厲⿰革戔將先切馬被具或从戔文二鞙圭玄切馬勒又呼玄切又胡犬切大車縳軛靼也又葵兖切文一重音三

韆親然切鞦韆北方山戎戲以習輕趫者文一𩋬抽延切鞮也又蕩旱切馬帶文一重音一鞭㝈卑連切說文驅也一曰扑也一曰馬撾古作㝈文二鞗田聊切轡也文一

鞠餘招切鼓也又徒刀切鼓木也考工記韗人爲皐鞠文一重音一鞽丘袄切泥行所乘又訖約切說文屐也文一重音一鞄蒲交切柔革工又部巧切又皮教切又蒲沃切又匹沃切又匹角切又弼角切引周禮柔皮之工鮑氏鞄即鮑也文一重音六鞘師交切博雅𩏂謂之鞘又仙妙切刀室文一重音一

鞱他刀切說文劒衣也一曰寬也文一鞀鞉徒刀切鼓名說文鞀遼也鄭康成說鼗如鼓而小持柄摇之旁耳還自擊或作鞉文二䩌桑何切䩌鞄樂器又師加切鞈䩌鞾也文一重音一

䩖𩋡唐何切說文馬尾䩖也今之般緧或从㐌文二鞾

靴⿰革爲呼肥切說文鞮屬或作靴⿰革爲文三⿰革沙師加切博雅⿰革盍⿰革沙鞾也文一靫初加切博雅靫鞴矢藏也又初佳切又測劣切文一重音二⿰革叚何加切履也一曰履根後帖文一⿰革昜余章切馬靻文一⿰革章諸良切馬⿰革爲文一鞺他郎切鼓聲也文一⿱士革

⿰革旁逋旁切治履邊也或作⿰革旁文二韁居良切說文馬紲也文一⿰革卬魚剛切說文⿰革卬角鞮屬又語兩切屩也方言東北朝鮮洌水之間謂之⿰革卬角文一重音一靪當經切說文補履下也又都挺切又待鼎切又丁計切又丁定切文一重音四鞓⿰革呈湯丁切系綬也或作⿰革呈文二

⿰革朋悲陵切車靳文一⿰革厷苦弘切車軾也鞃或作⿰革厷文一鞦雌由切⿰革呈車鞦也又鞦韆繩戲也文一鞧雌由切馬紂也文一鞣而由切說文耎也謂柔革又忍九切又如又切

又女救切文一重音三 ⿰革芻 畱尤切革文蹵也又楚九切束也文一重音一 鞪 迷浮切鞮

鞪首鎧又莫卜切說文車軸束也又墨角切輈束文一重音二 ⿰革叜 ⿰革敕 先侯切治革也或从敕文

二 鞻 郎侯切鞮鞻氏掌夷樂官又郎豆切又俱遇切四夷舞者所屝也又龍遇切靬鞻也文一

重音三 靲 居吟切鞮也又渠金切又其淹切又巨禁切鞮帶也束物韋也又其闇切竹簹也文一

重音四 ⿰革毚 ⿰革參 思廉切旌旗未也或作⿰革參⿰革毚又師炎切又鋤咸切馬韉也又仕懺切⿰革參又師銜

切馬稍垂皃文二重音四 ⿰革殳 師銜切馬鞘垂皃文一 鞛 ⿰革咅 補孔切佩刀下飾或作⿰革咅

文一 鞏 古勇切說文以韋束也引易鞏用黃牛之革一曰固也亦縣名又姓文一 ⿰革麗 所綺

切舞履也又所蟹切履也又所寄切鞮屬文一重音二 ⿰革徙 所綺切說文鞮屬謂革履也又所蟹

切又所寄切文一重音二䩹古委切鞿也文一𩌐丈八切駗具又丑展切收絲器又丑郢切文一重音二𩏇鞴件姥切靯𩏇車茵亦作鞴𩏇又蒲候切革褁車軛也又白各切博雅靯𩏇謂之鞇文二重音二靻摠古切馬𩋝也文一靯統五切鞴鞁也一曰車中薦又動五切文一重音一䩬𩍐果五切郭也鼓古作䩬或从革文二𩏂土禮切軟謂之𩏂文一𩏠乃禮切纚垂也文一𩋘𩌁乃禮切軟也或作𩌁文二𩏥下買切廣雅鞘謂之𩏥文一𩋛所蟹切履也文一䩨枯買切帶具又苦瓦切又苦故切脛衣也文一重音二靷𩍜以忍切說文引軸也籀作𩍜又並羊進切駕牛具在胷曰靷靷又丈忍切文二重音一𩊚委遠切方言自關而東履其痺者謂之𩊚文一輨古緩切說文車鞁具文一靼𩏈儻旱

切柔革或作韇又並當割切又並之列切⿰革旱又陟革切文二重音三⿰革段杜管切履後帖段或从革文一韅呼典切說文著腋鞥也一曰在背曰⿰革㬎或从顯又並馨甸切駕牛具又並輕甸切文二重音二⿰革玄胡犬切大車縛軛靻也文一⿰革尹胡犬切車弓也文一⿰革面⿰革丏彌兗切說文勒靻也或从丏⿰革面又彌箭切馬⿱䜌日當面皮文二重音一⿱陶革部巧切柔革工文一⿰革貟損果切革鎖也文一⿰革朶都果切履緣謂之⿰革朶又杜果切文一重音一⿰革取楚九切束也文一⿰革紂丈九切馬緧也文一⿰革㚇作弄切鞚⿰革㚇駕馬遽也文一鞚苦貢切馬勒也文一⿰革毛而用切⿱宂革毳飾一曰罽也文一鞁披義切又平義切說文車駕具文一重音一⿱旨革⿰革至脂利切蓋杠絲也或从至⿰革旨又軫視切文二重音一⿰革遂徐醉切綬也所以連繫瑞

王者文一⿰革致直利切字林刺履底也文一⿰革鬼丘媿切馬韁也又求位切文一重音一鞴平祕切說文車絥也又蒲故切鞴⿰革𠬝箭室又房六切文一重音二鞼巨畏切馬韁文一韄胡故切佩刀謂之韄又乙格切佩刀絲又胡陌切又屋虢切韄靳刀靶中韋又乙角切縛也文一重音四⿰革析征例切博雅鞞⿰革析刀削又之列切文一重音一靾⿰革曳許罽切被具所以逆死或从曳亦書作葦靾又以制切博雅⿰革句⿰革曳騂韏也又私列切馬被具⿰革曳又以制切車馬贈亡謂之⿰革曳文二重音三⿰革兌徒外切博雅補也文一⿰革皆口戒切鼓名文一⿰革卬伊刃切木屨有足文一靳居焮切說文當膺也一曰吝也杜預說戲而相愧曰靳文一⿰革宣呼願切治鼓工也韗或作⿰革宣文一靽博漫切駕牛具在後曰靽文一⿰革遣詰戰切韋帶謂之⿰革遣文一靿

於教切曲也俗謂靴韈曰靿文一

靶 必駕切說文轡革也文一

𩌏 之夜切石𩌏藥艸一名石韋文一

鞅 倚兩切說文頸靼也又於亮切馬駕具又於良切馬頸革又於郎切博雅鞅罔無賴也文一重音三

韔 丑亮切弓衣也又直亮切文一重音一

鞕 魚孟切博雅䩬也文一

𩏂 側救切鞁也文一

𩊾 直祐切說文攪鞶也或書作䩜文一

𩌦 蒲候切革裹車軛也又方縛切車上囊又伯各切車下索也文一重音二

𩋌 大透切說文車鞁具也文一

韂 昌豔切馬障泥也文一

𩏄 博木切絡髮謂之𩏄一曰牛絡頭又逋玉切文一重音一

韇 徒谷切說文弓矢韇也今謂之胡鹿文一

𩋯

𩎕 盧谷切胡簶箭室簶或作𩋯𩎕文二

𩋓

𩍐 方六切革帶或作鞴鞴又房六切文二重音一

𩊳 房六切車紱也紱或从革文一

鞫居六切窮理罪人也文一　⿱⺮鞫居六切鞠或作⿱⺮鞫文一　⿰革或乙六切羔裘縫也又越逼切又忽域切文一重音二　韣殊玉切弓衣文一　⿰革麗神蜀切鞮也又松玉切屨也文一重音一　⿰革嶲松玉切博雅履也又仕角切文一重音一　⿰革僕逋玉切牛首絡文一　⿰⿱士革殳黑角切急也文一　⿰革翟力角切⿰革翟⿳臼冖又皮堅也或作⿰革翏文二　⿰革室式質切刀削謂之⿰革室文一　⿰革必鞸⿰革比簿必切車束也或从畢从比鞸又壁吉切戟也⿰革必又毗至切車革又兵媚切馬轡也又薄必切又簿密切文三重音五　鞊激質切鞅也文一　⿰革弗分物切輿革後謂之⿰革弗文一　⿰革屈渠勿切倔強梗戾也倔或从革文一　韈勿發切足衣也文一　⿰革乞呼骨切坤倉急⿰扌絜縛也又紀彳切繫牛脛文一重音一　鞨何葛切博雅⿸尸⿰彳委鞨履也一曰靺鞨北狄別種又

食列切治皮也又士列切文一重音一
靺 莫葛切靺鞨北狄別種文一
⿰革見 顯結切繫牛頸一曰急也又紀彳切又訖力切文一重音二
⿰革㡀 必結切刀削飾文一
⿰革叕 株劣切說文車具也文一
⿰革睪 達各切廣雅鞣⿰革睪鞾也文二
⿰革各 歷各切說文生革可以爲縷束也文一
⿱雨革 匹各切說文雨濡革也又各核切文一重音一
⿰革薄 白各切博雅鞋⿰革薄謂之鞇亦作⿰革尃文一
⿰革莫 末各切鞊⿰革莫皮也文一
⿰革索 昔各切廣雅鞣⿰革睪屐也文一
鞹 鞟 闊鑊切說文去毛皮也引論語虎豹之鞹或省文二
⿰革客 鄂格切補履謂之⿰革客文一
⿰革朿 色責切堅也文一
⿰革鬲 下革切博雅補也又各核切又逆革切履首謂之⿰革鬲文一重音二
⿰革棘 各核切博雅⿰革奇⿰革棘勒也又訖力切又乞力切馬勒文一重音二
⿰革舄 ⿰革昔 思積切履也或作⿰革昔文二

李和

⿰革昜夷益切素⿰革昜履也文一 靮丁歷切繮也文一 ⿰革嗇殺測切車籍交錯也一曰重革之蔑所以覆軨也文一 ⿰革亟訖力切說文急也又乞力切韋堅也文一重音一 ⿰革意乙力切履首文一 勒歷德切說文馬頭絡銜也一說馬𩏂有銜曰勒無曰羈一曰刊也文一

靸息入切嬰兒履謂之靸又悉合切文一重音一 ⿰革咠即入切博雅⿰革咠謂之⿰革辡一曰車鞘文一

鞈⿰革夾葛合切橐也一曰捍防也或从夾鞈又悉合切說文小兒履也又託合切又達合切⿰革夾又訖洽切說文鞮⿰革夾沙也文二重音四 ⿰革奄過合切說文車具也又乙業切文一重音一 鞥過合切說文𩏂鞥一曰龍頭繞者又一憎切馬𩏂也又烏含切𩏂屬文一重音二 鞜託合切革履又達合切說文鼓聲文一重音一 鞳⿰革眔託合切鏜鞳鐘鼓聲亦从眔文一 ⿰革盍克盍

切⿰革盍靸革履又谷盍切又訖洽切文一重音二

鞊 託協切說文⿱宀韋飾又的協切鞊鞢馬被具文一重音一

⿰革念 諾叶切字林鞍⿰革念薄也文一

鞢 悉協切鞊鞢馬被具文一

文二百三十九　重音一百六十二

鬲鼎屬實五觳斗二升曰觳象腹交文三足凡鬲之類皆从鬲 郎激切又各核切縣名在平原一曰鼎屬文一重音一

鬷 祖叢切說文釜屬一曰總也又祖動切艸名爾雅素華軌鬷又作弄切釜屬一曰漢侯國名文一重音二

融䖝 余中切說文炊氣上出也一曰和也方言宋衛荊吳之間謂長曰融又姓籀不省文二

鬹 均窺切說文三足釜也有柄喙又俱為切又玄圭切鑊也文一重音二

⿰鬲耎

人移切有骨酤也又汝來切文一重音一⿰鬲而人之切爛也方言秦晉之郊謂孰曰⿰鬲而文一⿰鬲圭玄圭切甑空也文一⿰鬲亥何開切麧也一曰鬲中塊又魚開切文一重音一⿰鬲文無分切字林鬲上汁一曰以手拭物文一⿰鬲建居言切鬻也文一⿱嚚鬲虛嬌切說文炊氣皃文一⿱敖鬲牛刀切乾煎也文一⿰鬲午鬲古禾切說文秦名土釜曰⿰鬲午或作鬲鬲又盧戈切博雅釜也文二重音一⿱羊鬲鬺⿰鬲商尸羊切說文煑也或作鬺⿰鬲商文三⿱羊鬲居行切五味香鬻也文一⿱曾鬲即凌切爾雅⿱曾鬲謂之鬵又子孕切文一重音一鬵徐心切鼎大上小下又才淫切說文大釜也又緇岑切又鉏簪切一曰疾也又慈鹽切爾雅⿱曾鬲謂之鬵文一重音四⿱林鬲犂針切以水沃也文一鬴⿰鬲釜奉甫切說文鍑屬或作⿰鬲釜鬴又狼狄切文二重音一⿰鬲卯楚絞切說文熬也文一

䰛巨綺切又語綺切說文三足鍑也一曰滫米器文一重音二 䰞芳未切涫也又方未切文一重音一 鬳俱願切鬲也又牛堰切文一重音一 𩰾吉定切博雅鬲也文一 𩱂力救切關東謂甑文一 𩱠余六切鬻也文一 𩰫𩱐狼狄切鼎屬實五觳斗二升曰觳象腹交文三足或作𩱐文二

文三十三　重音十八

䰜歷也古文亦鬲字象孰飪五味气上出也凡䰜之類皆从䰜

䰜郎激切又父沸切上烝氣也文一重音一 𩱧洪孤切說文健也文一 𩱬馨奚切酸也文一 𩱳莊皆切說文戒潔也齋或

作鬻文一鬻鬻鬻諸延切說文麋也或作鬻鬻鬻鬻又居言切文三重音一鬻
鬻居行切說文五味香鬻也或作鬻文二鬻徐心切鼎大上小下又才淫切大釜也又
慈鹽切爾雅甑謂之鬻文一重音二鬻鬻掌與切說文亨也或鬻从水在其中文二
楚絞切說文熬也文一鬻鬻仍吏切說文粉餅也或作鬻文二鬻子孕切說文甗
也文一鬻蘇谷切說文鼎實陳畱謂𩜹爲鬻文一鬻鬻鬻余六切說文鬻也或
作鬻鬻鬻又之六切又居六切稺也詩鬻子之閔斯徐邈讀又忙皮切𩜹也文三重音三鬻之六切鬻
鬻畀謙貝又余六切生也文一重音一鬻儒欲切大鼎文一鬻薄沒切說文炊釜溢
也文一鬻莫葛切博雅饘也又莫結切文一重音一鬻弋灼切說文內肉及菜湯中薄

出之文一

文二十五　　重音九

爪丮也覆手曰爪象形凡爪之類皆从爪側狡切又阻教切文一重音一

爲𤔔于媯切說文母猴也其爲禽好爪爪母猴象也下腹爲母猴形王育曰爪象形也古作𤔔象兩母猴相對形爾雅作造爲也爲又于僞切助也文二重音一

孚𤓵芳無切說文卯孚也徐鍇曰鳥之孚卵皆如其期不失信也古作𤓵孚又芳遇切育也方言雞伏卵而未孚又符遇切文二重音二

爬蒲巴切搔也文一

⿰爪奴女加切爬⿰爪奴搔也一曰歛也文一

爪止兩切說文亦

丮也从反爪文一　爪居六切抓也又拘玉切覆手揭也文一重音一　⿰爪至陟栗切俗⿰爪至抵牾也一曰不循理文一　⿰占爪丘八切勁也文一　⿸厂⿱禾爪狼狄切以爪擇物文一

文十二　重音五

丮持也象手有所丮據也凡丮之類皆从丮讀若戟隸作丸几劇切文二

巩⿰⿱工手丮⿱巩十古勇切說文褱也或作⿰⿱工手丮⿱巩十文三　埶⿱埶云倪祭切說文種也从坴丮持而種之引詩我埶黍稷徐鍇曰坴土也一曰技能也或作⿱埶云埶又魚列切蒔也文二重音一　⿰⿱𢦏食丸作代切說文設飪也文一　⿰戈丮⿰戈丸戶瓦切說文擊踝也或作⿰戈丸文二　⿸尸丮居玉切說文持也从

反丮又古禄切 ⿰享丮孰 神六切説文食飪也引易孰飪隷作孰文二 ⿰畫丮 文一重音一 竹角切斫也斲或从丮畫文一 ⿰谷丮 極虐切説文相踦⿰谷丮也又訖約切足相踦皃也文一重音一

執秇 質入切捕罪人也一曰持也古作秇文二

文十七　重音三

鬥兩士相對兵杖在後象鬥之形凡鬥之類皆从鬥 都豆切又克角切文一重音一

⿵鬥賓 紕民切説文鬭也从鬥又匹刃切臣光曰按説文从鬥从賓省當作⿵鬥賓文一重音一 ⿵鬥燹 敷文切鬭連結⿵鬥賓紛相牽也或作⿵鬥分文二 ⿵鬥翏 力求切説文經繆殺也又狼狄切又吉了

切文一重音二

鬮 居侯切說文鬭取也又居樛切又吉酉切文一重音二

⿵鬥爾 ⿵鬥尒 乃禮切說文智少力劣也或从介⿵鬥爾又母婢切褊狹也一曰智少力劣而爭又並奴禮切智少力劣也文二重音二

鬫 虎覽切聲大皃文一

⿵鬥戈 胡犬切說文試力士錘也又胡涓切又烏宏切文一重音二

鬨 ⿵鬥巷 胡降切說文鬭也引孟子鄒與魯鬨或作⿵鬥巷鬨又胡貢切文二重音一

⿵鬥卞 皮變切摶也文一

鬧 ⿱亼巿 女教切擾也或作⿱亼巿文二

鬭 丁候切說文遇也又當侯切交爭也文一重音一

⿵鬥乞 胡骨切婞很也又五忽切括也文一重音一

鬩 馨擊切說文恒訟也引詩兄弟鬩于牆从鬥从兒兒善訟者也文一

文十八　重音十三

類篇卷第三中

類篇卷第三下　卷之九

朝散大夫右諫議大夫權御史中丞充理檢使上護軍河內郡開國侯食邑一千三百戶賜紫金魚袋臣司馬光等奉
敕修纂

又手也象形三指者手之𠛎多略不過三也凡又之類皆从又　于救切　文一

𠭥　陵之切說文引也又良脂切文一重音一　叓　升人切說文引也文一　𡕒　他刀切說文滑也引詩𡕒兮達兮一曰取也一曰戎鼓大首謂之𡕒文一　叉　初加切說文手指相錯也又象叉之形又初佳切文一重音一　𢿋　莊加切說文叉取也文一　𤕦　之奢切博雅父也

厷𠃋 姑弘切說文臂上也古作𠃋徐鍇曰象人曲肱而寫之乃得其實不爾即多相亂厷又乎萌切大通也文二重音一

曼 謨官切曼曼長也又母伴切曼㥶不分別皃又無販切說文引也又莫半切曼衍無極皃文一重音三

取 此主切說文捕取也周禮獲者取左耳又逡須切取慮縣名在臨淮又遵須切又雌由切又此苟切獲也又趨玉切文一重音五

父𠂕 奉甫切說文矩也家長率教者古作𠂕父又匪父切男子美稱文二重音一

彙 羽鬼切奇也文一

尹帬帑 庾準切說文治也从又握事者也古作帬帑尹又于倫切乎尹玉采文三重音一

反反 甫遠切說文覆也古作反反又部版切難也詩威儀反反沈重讀反又孚袁切覆也漢書録四平反之又孚萬切覆也又方願切難也詩威儀反反毛萇說一曰順習皃文二重音四

叉蚤

側絞切說文手足甲也或作蚤文二叚𠬸叚舉下切說文借也古作𠬸譚長說或作叚叚又居迓切以物貸人又何加切姓也文三重音二秉補永切說文禾束也从又持禾或曰粟十六斛

爲秉亦姓又彼病切柯也文一重音一右尤救切古文右文一友㕛𦬶云九切說文同志爲友从二又相交友也古作㕛𦬶文二叜㝕叟蘇后切說文老也或作㝕叟叜叟又

踈鳩切叟又先彫切動皃又蘇遭切文三重音三度厇徒故切說文法制也亦姓或作宅又達各切謀也又直格切所託也文二重音二𣪠之芮切楚人謂卜問吉凶曰𣪠从又持祟又輸

芮切又山芮切又莊眷切文一重音三彗旋芮切說文埽竹也从又持甡又須鋭切目中暴明也又雖遂切又徐醉切文一重音三夬古邁切說文分決也从又中象決形又古穴切所以闓弦

者文一𠭥口溉切息也又丘媿切文一重音一𠬝房六切說文治也从又卪卪事之節也又乳究切博雅弱也又尼展切一曰柔皮也又節力切理也文一重音三叔𡬹紂𠦃式竹切說文拾也汝南名收芋爲叔或从寸古作紂𠦃叔又昌六切善也文四重音一𠬛莫勃切說文入水有所取也从又在回下回古文回回淵水也又莫八切入水取物文一重音一㕞所劣切說文拭也文一𠬶子結切治也文一及𠬤乁極入切說文逮也徐鍇曰及前人也古作乁秦刻石作乁文三燮悉協切說文和也从言从又炎徐鍇曰此蓋从燮省言語以和之二字義相出入故也文一

文五十　重音三十九

𠂇𠂇手也象形凡𠂇之類皆从𠂇臧可切又子賀切文一重音一

卑賓彌切說文賤也執事也从𠂇甲徐鍇曰右重而左卑故在甲下亦姓又頻彌切償也陸德明說又毗賓切顰或作卑又逋還切水名出越嶲縣又補弭切使也又部弭切形下大也又毗至切庳或作卑又僻吉切鳥名文一重音七

庳補典切庳虎薄良文一

左子我切𠂇或从工又子賀切說文手相左助也文一重音一

𢓅子賀切𢓅𢓅行不正文一

文五　重音九

史記事者也从又持中中正也凡史之類

皆从史爽士切文二

事叓仕吏切說文職也古作叓事又上史切從所務也又側吏切植物地中謂之菑菑或作事叓又爽士切令也文二重音三

文四　重音三

支去竹之枝也从手持半竹凡支之類皆从支古文作𢁒章移切一曰分也支又翅移切令支縣名在遼西又支義切方言南楚謂謰謱曰支註文二重音二

攲丘奇切持去也文一𢻱丘奇切敧嶇也或作㱦文一敕渠羈切字林橫首枝

也文一𢿘𢻰翅移切弓彊皃或作𢾊文二𢻷株垂切鈘𢻷不齊又渠羈切垂也文一重音一𢻱攀糜切方言南楚之間器破而未離謂之𢻱文一𣪪披交切棄也文一𢼄俱爲切𢻷也文一𨔬徐侵切長也馬𩣘曰踔𨔬枝文一𢻡失冉切𢿌𢻡擧手皃文一𢿌職琰切𢿌𢻡擧手皃文一𢻶博蓋切物邪件也文一

文十五　重音三

聿手之疌巧也从又持巾凡聿之類皆从聿

尼輒切文一

肄𦘔肄羊至切說文習也籒文作𦘔篆文作肄隸又以制切勞也又神至切又息利切

文三重音三

肅𦘒 息六切說文持事振敬也从聿在𣶒上戰戰兢兢也一曰進疾也古作𦘒肅又所六切鳥飛文二重音一

筆 眠輒切箝也籋或作筆文一

文七　重音四

聿所以書也楚謂之聿吳謂之不律燕謂之弗从聿一聲凡聿之類皆从聿 余律切文一

𦘒 資辛切聿𦘒飾也俗語以書好爲𦘒文一

書書 商居切說文箸也一曰如也庶也紀庶物也或作書文二

筆 逼密切所以書也說文秦謂之筆又筆別切文一重音一

文五　重音一

畫界也象田四界聿所以畫之凡畫之類皆从畫古作畫畫隸作畫胡麥切畫又胡卦切界也俗作畫非文三重音一

晝書𦘠晝陟救切說文日之出入與夜爲界籀作書晝隸省文三

文六　重音一

隶及也从又尾省又持尾者从後及之也凡隶之類皆从隶徒耐切又神至切方言餘也秦晉之間曰隶又徒對切从後及之也又羊至切本也又大計切狐子也又蕩亥切及也文一重音五

隸隸郎計切說文附著也一曰賤稱篆作隸隸又
力智切附也又力結切僕也文二重音二
隸徒耐切及也詩曰隸天之未陰雨文一彙于貴切獸名似鼠文一
文五　重音七
臤堅也从又臣聲凡臤之類皆从臤讀若
鏗鏘之鏗古文以爲賢字苦閑切又丘寒切堅也又胡千切多
才也善也大也又輕煙切又丘耕切又
去刃切闕人名鄭襄公臤文一重音五
⿱臤衣胡關切堅也文一堅經天切說文剛也文一豎豎上主切說文豎立也
籀从殳文二緊頸忍切說文纏絲急也文一

文六　重音五

臣牽也事君也象屈服之形凡臣之類皆从臣

臣 植鄰切唐武后作悪文一

臧𨼗 茲郎切說文善也又姓籀作𨼗臧又慈郎切匿也又子朗切文二重音二

臦 嫗往切背也又求往切又俱永切闕人名周有伯臦又古況切說文乖也从二臣相違文一重音三

文四　重音五

殳以杸殊人也禮殳以積竹八觚長丈二尺建於兵車旅賁以先驅从又几聲凡殳之

類皆从殳市朱切文一

𣪊呼公切擊空聲又火宮切又徒冬切文一重音二 𣪍枯公切擊也文一 杸市朱切軍中士所持殳也司馬法曰執羽从杸又都外切木名文一重音一 殹煙奚切擊中聲又胡計切又壹計切文一重音二 𣪏丘哀切𣪏改剛卯也又柯開切又下改切文一重音二 𣪘丞眞切喜而動皃一曰擊也又鋤臻切𣪘動而喜皃又之人切文一重音二 毃丘交切擊頭也又口敎切又克角切文一重音二 殽乎刀切雜亂也又何交切說文相雜錯也又後敎切象也文一重音二 𣫊除庚切博雅揬也文一 𡏿丘耕切不可近也又牽盈切又苦丁切文一重音二 𣪕祛尤切揉屈也又尼猷切又居又切文一重音二 𣪶 鼓時流

切說文縣物毆擊毆或从壽毆又陳留切文二重音一

毆 墟侯切地名春秋傳盟于毆蛇又烏后切說文捶擊物也文一重音一

𣪈 徒侯切說文繇擊也又都外切殳也又大透切文一重音二

炈 渠金切禁也又陟甚切下擊上也又都感切又知鴆切文一重音三

殼 克講切堅固也

毀毁 虎委切缺也一曰壞也古从壬文二

𣪠 子亥切殺也文一

毃 舉夭切說文擊連也引周書敫乃干或从殳文一

𣫞 所斬切擊也文一

𣪁 呼采切毅𣪁剛卵也

㝅 乃后切乳子也文一

毅 魚既切說文妄怒也一曰有決也文一

㱿 古慕切方言爵子雛雛皆謂之㱿文一

祋 都外切說文殳也一說城郭市里高縣羊皮有不當入而欲入者暫下以驚牛馬曰祋故从示殳引詩何戈與祋一曰祋祤縣名在馮翊祋又都律切又都括

切文一重音二⿰⿱宀吉殳丘蓋切博雅辱也一曰擊也文一段徒玩切說文椎物也又都玩切小治也文一重音一殿丁練切軍前曰啓後曰殿又堂練切說文擊聲也文一重音一殸詰定切樂名也文一⿰⿱夆章殳苦紺切擊鼓也又苦濫切文一重音一㱿空谷切皮也又克角切說文从上擊下也一曰素也又黑角切歐皃又黑各切文一重音三⿰凿殳⿰丵殳租毒切穿也或省⿰丵殳又疾各切文二重音一豛都木切擊聲又都毒切說文椎擊物也又竹角切又都木切文二重音三毄詰歷切勤苦用力曰毄又吉歷切說文相擊中也如車相擊故从殳从軎文一重音一⿰歷殳狼狄切刈也文一役⿰亻⿱口又伇營隻切說文戍邊也古作⿰亻⿱口又隸省文三

文四十二　重音三十七

殺戮也从殳杀聲凡殺之類皆从殺古文作⿰⿱山儿攵⿰杀攵⿰⿱乂杀攵布⿰角⿱㕛攵⿰⿱山方攵⿰杀犬山戛切徐鍇曰說文無杀字相傳云音察未知所从殺又式吏切又所例切降也又所介切疾也又桑葛切史記望之殺然黃又私列切蹩躃旋行皃躃或作殺煞又式吏切又所介切文八重音七

弒⿰刍式式吏切殺也自外曰戕自內曰弒或作⿰刍式文二

⿰杀匕所例切害也文一

⿰杀网所例切降也又所介切疾也文一重音一

⿰杀𠬛所八切史文文殺作⿰杀𠬛臣光曰說文失收故集韻今不載文一

文十三　重音七

几鳥之短羽飛几几也象形凡几之類皆

从几讀若殊市朱切文一

鳧房無切舒鳧鶩也从鳥几聲文一

㐱之忍切說文新生羽而飛也又之刃切鳥羽始飛皃文一

重音一

文三　重音一

寸十分也人手卻一寸動𧖴謂之寸口从又从一凡寸之類皆从寸倉困切又取本切度也文一重音一

尃芳蕪切說文布也又斐父切本也拂也又博故切偏也又匹各切艸名文一重音三

專朱遄切說文六寸簿也又姓又船釧切小謹皃文一重音一

寽荀緣切博雅表也一曰手循又

余專切又先命切修也文一重音二**將**千羊切請也又資良切有漸之辭也又余章切雜名又初耕切聲也又子兩切勸也助也又即亮切說文帥也文一重音五**㝷尋**徐心切說文繹理也从工口又寸工口亂也又寸分理之彡聲度人兩臂為㝷或省又姓文二**寺**祥吏切說文延也有法度者也又時吏切寺人奄官文一重音一**㝵**牛代切止也出浮屠書文一**導**大到切說文導引也文一**⿰⿱彐彡寸**力竹切殺也文一**⿰㝵蒦**的則切約也文一**⿰㝵取**的則切取也文一

文十三　重音十三

皮剝取獸革者謂之皮从又為省聲凡皮

之類皆从皮古作⿱𥫗皮⿸尸⿱口又符羈切文一

皉攀縻切方言南楚之間器破而未離又普鄙切文一重音一⿰皮甾莊持切手足膚黑文一⿰盧皮凌如切皮也又龍都切博雅離也文一重音一⿰民皮眉貧切皮理又彌盡切細理也文一重音一皴七倫切說文細皮起也文一⿰頁皮須倫切足坼曰⿰頁皮文一皸區倫切皴也又拘云切博雅皸皺皵也又丘云切皵也又俱運切手足拆裂也文一重音二⿸虍丸胡官切博雅⿸虍丸瘤病也一曰觀⿸虍丸矢藏文一⿰𠦝皮河干切膜也文一⿰召皮⿰亶皮之遥切肉之魄莫或从亶⿰亶皮又旨善切博雅⿰亶皮⿰皮曼皮寬也又知輦切皮也文二重音二⿰交皮牛交切皮堅也又必歷切皮乾聲文一重音一皅邦加切皅皻鼻臭文一⿰查皮莊加切鼻上皰文一⿰差皮

才何切栗體又楚委切又七到切米未春或作皺又楚類切文一重音三⿰旁皮遖旁切治履邊也文一⿰夾皮於京切青皃又於亮切青血也一曰面蒼文一重音一⿰需皮奴侯切柔革文一⿰求皮渠尤切丸鞠文一⿱封皮補孔切臬履也又補講切小兒皮履又悲江切皮褁履文一重音二皻⿰耳皮五切博雅皸散皻也或省皻又莊加切鼻上炮皯又此與切又聰但切文二重音三⿰者皮董五切桑皮也又動五切文一重音一⿱臤皮遣忍切皮厚也文一⿸皮曼武遠切博雅離也謂皮脫離又謨官切皮也又無販切文一重音二⿰繭皮吉典切胝也一曰足指約中斷傷文二⿸皮需⿸皮耎而善切柔皮也或作⿰耎皮文二⿰廣皮古晃切張大皃文一⿸皮丁張梗切皮膚急皃文一⿸厭皮於琰切瘡痂也文一⿱此皮爭義切皮不展也又平義切文一重音一⿰旱皮侯旰

切射韝謂之皾文一⿰肖皮仙妙切刀室文一皯居桉切面黑气文一皺側救切皵
也俗作皱又菑尤切革文䠞也文一重音一⿰矦皮下遘切埤倉石蠱膜也一曰石墓又胡溝切文
一重音一皰皮敎切面生气也文一⿰内皮奴紺切柔革文一皾徒谷切弓矢韇
也文一⿰彔皮盧谷切⿰彔皮瘯皮肉瘦惡也文一⿱𦥯皮轄覺切⿱𦥯皮⿰告皮乾也文一⿰告皮克角
切⿱𦥯皮⿰告皮乾也文一殼克角切卵孚也一曰物之甲孚文一⿰暴皮北角切墳起也或从
勺⿰勹皮又弼角切文二重音一⿰畢皮壁吉切戟也文一⿰吉皮激質切皮黑文一⿺皮達
他達切皮起文一⿺皮蔑⿺皮末勿發切足衣或作⿺皮朱文二柀莫葛切皮也文一⿱折皮
似絶切撮取皮也文一⿰穴皮椿劣切皮剝也又徒活切又他骨切皮壞也文一重音二皵

皵倉各切皸也古作皵又並七約切皴也皵又思積切又七迹切又祥亦切木皮甲錯也又倉歷切文二重音五

𤿭恥格切皴也又力擿切姓也出東平文一重音一

𪰶德合切皮縱也文一

𥀽德盍切𪰹𥀽皮皃文一

𪰹𥀠力盍切𪰹𥀽皮皃或作𥀠文二

皶側洽切皺皶老人皮膚皃文一

文六十五　重音三十三

𤿺柔韋也从北从皮省从夐省凡𤿺之類皆从𤿺或作𤿺𩏾古作𤿺籀作𩏂乳究切徐鉉曰北者反覆柔治之也夐營也𤿺又祖峻切韋袴也文六重音一

𧝎 乳勇切說文羽獵韋絝引虞書鳥獸㲰毛或作𧞽又並乳尹切又並乳宂切文二重音二

𡕒 祖峻切韋袴也文一

文九　重音三

攴 小擊也从又卜聲凡攴之類皆从攴 普木切又匹角切臣光曰攴或書作攵文一重音一

攻 沽紅切說文擊也一曰治也又沽宗切又古送切戰伐也文一重音二

𢼄 枯公切擊也文一

𢿢 鄰知切魚𢿢陣名又里弟切說文數也又郎計切博雅布也文一重音二

敧 丘奇切說文持去也又去倚切敧敧不齊又舉綺切一曰不平文一重音二

敘 余支切遷徙也

文一敊𢼊𢻱商支切說文敷也或作𢼊𢻱文三𠩺許其切說文坼也从攴从厂厂之性坼果熟有味亦坼故謂之𠩺又陵之切又澄之切理也文一重音二𠪚良脂切又陵之切說文微畫也文一重音一𢻮篇夷切器破也又普鄙切方言南楚謂器破未離曰𢻮又部鄙切齊楚謂璺曰𢻮又匹寐切文一重音三𢿸篇夷切𢿸敝屋欲壞文一孜津之切說文汲汲也引周書孜孜無怠文一𣪏吁韋切博雅𣪏𢥞芘刺也又于非切說文戾也文一重音一毆虧于切馬馳也又於口切捶毄物又區遇切疾行也文一重音二救恭于切禁也周官有司救又居又切止也文一重音一敷芳無切說文施也引書用敷遺後人一曰陳也散也又滂模切文一重音一𢻸馮無切左也一曰相也亦姓文一𢻫微夫切撫也文一𢾌

類篇三下　十二

容朱切投也文一㪍滂模切㱚㪍屋欲壞又彼五切完衣也補或作㪍文一重音一𢿵龍都切敺𢿦欺也文一毀研奚切𣪍毀毀也又吾禮切擊聲又研計切說文𣪍也文一重音二

𢽎丘皆切揩攦摩甈也揩或作𢽎文一𢾺雄皆切裁至也文一敳姑回切闕人名隤敳高陽氏子又吾回切又魚開切又五亥切改理也又朱欲切擊鼓也又殊玉切文一重音五

敦都回切說文怒也詆也一曰誰何也又都昆切一曰大也勉也又他昆切㦃惃心不明也或省又徒渾切一曰敦煌郡名又徒官切聚皃又丁遼切畫弓也又陳留切覆也又杜本切又主尹切又杜皓切覆也禮每敦一八又都內切器名又都困切爾雅丘一成爲敦丘又太歲在子曰困敦又大到切覆也文一重音十二

𣪊盧回切推也文一𢾅丞眞切喜而動皃一曰擊也又止忍切文一重音一㑿

舛人切理也治也又癡鄰切申也引戾也又樞倫切又辰陵切又直刃切文一重音四

敶池鄰切列也又直刃切文一重音一

攽悲巾切說文分也引周書乃惟孺子攽又逋還切文一重音一

敃眉貧切勉也又敷文切亂負又美隕切強也文一重音二

軙池鄰切列也文一

⿰刍攴規倫切墾田也文一

⿰羣攴⿰君攴衢云切說文朋侵也或省文二

攼居寒切求也得也又侯旰切止也文一重音一

⿰贊攴祖官切姓也文一

畋⿰䖒攴亭年切說文平田也引周書畋爾田亦作⿰䖒攴畋又堂練切文二重音二

敹憐蕭切說文擇也引周書敹乃甲冑又離昭切文一重音一

鼔堅卉切擊也又牽幺切又牛交切文一重音二

⿰票攴卑遥切擊也又紕招切文一重音一

敲丘交切說文橫擿也又口教切擊也方言楚凡棄物謂之敲文一重音一

⿰肖攴師交

切擊也文一
寇 博毛切吳王孫休名子文一
⿰⿱吅从攴 倉刀切把持也文一
⿰巴攴 邦加加
切斂也文一
⿰虘攴 莊加切指桉謂之⿰虘攴文一
敭 余章切飛舉也文一
放 分房切併舩也方亦作放又甫兩切效也又甫妄切逐也文一重音二
⿰襄攴 思將切⿰尢攴也又如陽切推也文一重音一
㪅 古行切改也又古青切歷也又古孟切臣光曰今變隸作更文一重音二
⿰舟攴 披庚切擊聲文一
⿰亭攴
⿰𦎫攴 除耕切橦也或作⿰𦎫攴文二
⿰⿱尚小攴 除耕切揨也文一
⿰霝攴 郎丁切擊也文一
⿰烝攴 諸仍切擊也文一
攸 夷周切說文行水也又以九切懸危皃春秋傳湫乎攸乎文一重音一
⿰周攴 之由切禦也文一
收 尸周切說文捕也一曰夏冠名又舒救切穫也文一重音一
⿰哥攴
⿰壽攴 時流切說文棄也詩無我⿰哥攴兮或从壽⿰壽攴又大到切文二

重音一敄迷浮切北燕之外相勉謂之勑亦作殺又罔甫切彊也又亡遇切彊也文一重音二戡知林切擊也又陟甚切文一重音一㪁鈙渠金切說文持也或从金㪁又枯含切㪁敨不齊又其淹切脅持也又其嚴切又丘凡切又去劒切厓閒也鈙又巨禁切文二重音六廞

𢿂蘇含切猒也或省文二𢿡離鹽切擊鼓謂之𢿡文一敁丁兼切敁掇以手稱物文一㪁𣀔丘咸切鳥啄物也或作𣀔𣀔又口陷切物相值合文二重音一敨吐孔切擊也又損動切引也文一重音一𢻮虎孔切擊也文一㪜楚委切量也度高曰揣或从攴又尺究切文一重音一敉普弭切爾雅憮敉撫也孫炎讀又母婢切說文撫也周書亦未克敉公功一曰愛也安也文一重音一敳展几切說文刺也文一攺象齒切㪅攺大

剛卯也又養里切又己亥切說文⿰亥攴改大剛卯以逐鬼鬽从辰巳之巳又倚亥切文一重音三

敳 展里切剋也文一

敔 偶舉切說文禁也一曰樂器梡楬也形如木虎文一

敘 象呂切說文次第也文一

數 爽阻切目物也又聳取切數數猶汲汲也又爽主切說文計也又雙遇切枚也又蘇谷切遽也又所六切數數迫促意又趨玉切細也毛萇曰庶人不數罟又所録切汲水疾也莊子數如泆湯又色角切疾也又仕角切促也周禮數目短脰李軌讀文一重音九

⿰度攴 動五切說文閉也文一

鼔 果五切說文擊鼓也文一

⿰卑攴 普米切說文毀也又卜禮切戰毀擊聲又必計切文一重音二

⿰氐攴 典禮切博雅隱也文一

敏 美隕切說文疾也一曰足大指名又母鄙切文一重音一

敯 美隕切說文冒也引周書敯不畏死又強也文一

㪔 儻旱切㪔敳無也文

一敟多殄切說文主也文一⿰卓攴徒了切撲也又尺約切奪取物也文一重音一肇
直紹切說文擊也又杜皓切文一重音一敿舉夭切說文繫連也引周書敿乃干又渠廟切盾謂
之敿文一重音一⿰窔攴山巧切擊也文一攷苦浩切說文敂也文一⿰草攴滂保
切擊虛聲文一⿰可攴⿰旱攴許我切擊也或作⿰旱殳⿰可殳又口箇切⿰旱殳又侯旰切說文止也引周書⿰旱殳我于
艱文二重音二敤苦果切說文研治也舜女弟名敤首一曰擊也又苦卧切博雅椎也文一重音
一⿰妥攴吐火切安也文一赦始野切放因一曰置也又式夜切又測革切擊馬也文一重音
二⿰丵攴嫗往切說文放也又曲侵也文一⿰羊攴以兩切供養也一曰育也又弋亮切文一
重音一敞齒兩切說文平治高土可以遠望也一曰開也露也又恥孟切拒也又除更切磨也

文一重音二 𢾢 丈梗切廣雅盡也又待鼎切文一重音一 敂 去厚切擊也又舉后切扣也又丘候切文一重音二 敨 他口切展也文一 𢼮 都感切刺也擊也文一 敇 失冉切舉手貞文一 斂 力冉切說文收也又力驗切聚也又離鹽切斂盂地名文一重音二 𣀤 職琰切𣀤敇舉手貞又止深切文一重音一 𢾭 乙減切弃也文一 𣀶 粗送切𢿘聚不迎自來也文一 敭 以鼓切說文侮也文一 𢼄 矢利切又日涉切說文使也又陟涉切又悉協切又乳勇切又儒昆切文一重音五 𣀃 丑二切蠶析曰縣縣或从攴文一 𢿨 良據切侵也文一 𢼞 芻數切勇也又昌句切文一重音一 𢿡 郎計切𢐀戾也盭或省文一 𢿫 消惠切放也侵也文一 𢿛 充芮切博雅舂也又初芮切又楚快切除穀芒也又孚萬

切又匊眷切又測劣切一曰聲也文一重音四　敊博蓋切物衰舛也文一　敳丘蓋切博雅辱也一曰擊也又丘葛切敵也文一重音一　⿰𣪊攴古壞切毀也又胡怪切說文敗也文一重音一　敗𢿱𪏷薄邁切毀也古作𢿱𪏷敗又北邁切毀之也陸德明曰毀佗曰敗文三重音一　⿰畾攴盧對切⿱畾力推也或从攴文一　⿰𠂤攴之刃切動也文一　⿰寅攴羊進切擣也文一　⿰冀攴方問切埽除也文一　⿰屯攴都困切博雅引也一曰摩也文一　𣀆他案切嵗𣀆無文采皃文一　⿰嚴攴盧玩切煩也文一　⿰先攴先見切散也文一　⿸广㪚先見切博雅庵⿸广㪚舍也文一　⿰柬攴郎甸切擇也文一　⿰善攴時戰切補也文一　變彼卷切說文更也文一　效後教切說文象也一曰功也又吉了切方言效烓明也又下巧切事露也文一重音二　敎居效切交

類篇三下　十六

炊木文一

⿰皮攴 皮敎切手擊也文一

⿰冒攴 莫報切抵也文一

⿱⿰番攴王 補過切說文種也一曰布也亦姓古作⿱乂王文一

赦 式夜切說文置也文一

政 之盛切說文正也又諸盈切賦也周禮聽政役以比居文一重音一

⿰登攴 唐亘切擊也文一

⿰皀攴 居又切強擊也文一

⿰尗攴 舒救切穫也又勑六切⿰尗攴戳痛至皃文二重音一

⿰⿱𦥑丂攴 則候切進也奏或作⿰⿱𦥑丂殳文一

寇 丘候切說文暴也文一

敼 子鴆切擊也文一

⿰炎攴 以贍切以手散物文一

牧 莫六切說文養牛人也引詩牧人乃夢亦姓又莫候切地名尚書大傳牧之野劉昌宗讀一曰畜牧文一重音一

斀 都木切字林去陰刑又朱欲切擊也又竹角切文一重音二

⿰彔攴 盧谷切擊也又龍玉切扑聲文一重音一

⿰肅攴 息六切博雅擊也文一

⿰⿱白彡攴 莫六切和也一

曰敬也美也文一𣪊殊玉切擊也文一㱉儒欲切博雅戟其孑謂之㱉或作㱉文一

㲉𣪁北角切擊也或从勹攴又匹角切㲉又伯各切文二重音一𣪵色角切爾雅疾也文一

豛竹角切擊也一曰擿也又都木切擊聲文一重音一𣪖敕角切擊也文一

𣫒敕角切刺也一曰𣫒敊痛至也又直角切舂也築也文一重音一𣪳昵角切持也又直格切說文椄也文一重音一

𣫑壁吉切火皃又必至切畫也一曰召使疾行也文一重音一

𣫨𣫏𢿏符勿切理也或从𣫏亦作𢿏文三㪍薄沒切說文排也又姓文一

殷勒沒切殷𣪠不滑利一曰物不安皃文一𣪠苦骨切𣪠殷不滑利也一曰殷𣪠不安文一

𣪿他達切鄉飲酒罰不敬撻其背撻古作𣪿文一𣫞都括切𢧵𣫞度知輕重也一曰𣫞聚

食不速也又促絕切斷也文一重音一　敓徒活切說文彊取也引周書敓攘矯虔文一　故丘八切擊也文一　敌乎刮切畫也文一　陂子結切治也文一　徹徹敕列切說文通也古作徹文二　徹徹直列切通也道也古作徹文二　𢼛稅悅切拈也又似絕切文一重音一　繳式灼切敫繳不定皃文一　敀匹陌切說文迮也引周書常敀常任又博陌切說文迮也文一重音一　敋各頟切擊也又鄂格切又郭獲切打也文一重音二　敇測革切說文擊馬也通作策文一　𢿘測革切博雅擊也文一　斁夷益切說文解也引詩服之無斁斁猒也一曰終也斁又同都切塗也周書斁丹雘斁又都故切敗也又徒故切塗也墍也文一重音三　敵亭歷切說文仇也文一　𣀓狼狄切亂也文一　敕蓄力切說文誡

也亩地曰敕又先侯切攴也文一重音一　敀拍逼切擊聲文一　𢿾迄及切擊也文一

敆葛合切說文合會也又轄夾切文一重音一　⿰𥁞攴弃盡切敲也文一　⿰盡攴悉盡切起也文一

⿰聑攴昵輒切⿰奄攴⿰聑攴相及也文一　敜諾叶切說文塞也引周書敜乃穽又乃結切桉也文一重音一

⿰奄攴乙業切⿰奄攴⿰聑攴相及也文一　⿰爽攴昵洽切盡也又失冉切⿰爽攴⿰爽攴舉手皃文一重音一

文三百八　重音二百四十七

教上所施下所效也从攴从孝凡教之類皆从教古作𧥮效居效切教又居肴切令也效又北角切手足指節鳴也文

三重音二

斆學後教切敎也或省學又轄角切覺悟也又居效切又乙角切鷽或作學又戶八切文二重音四

文五　重音六

卜灼剥龜也象灸龜之形一曰象龜兆之從横也凡卜之類皆从卜古作𠁽博木切文二

叶乩堅奚切說文卜以問疑也引書稽疑一曰考也或作乩叶又遣禮切文二重音一

貞鼑知盈切說文卜問也从卜貝爲贄一曰鼎聲京房所說一曰正也古作鼑文二

占之廉切說文視召問也又章豔切固有也文一重音一

𠧞市沼切說文卜問也又田聊切又時饒切

又之笑切又時照切文一重音四

𠧞兆𠁧 直紹切說文灼龜坼也从卜兆象形一說十億曰兆古省或作𠁧𠁧兆又徒了切數也臣光曰桉𠁧兵列切重八也𠁧古當作𠁧文三重音一

卦 古賣切說文筮也文一

𠧪 呼內切說文易卦之上體也商書曰貞曰𠧪文一

繇 直祐切占辭文一

文十四　重音七

用可施行也从卜从中衛宏說凡用之類皆从用古文作用 余訟切文二

庸𠅘 餘封切說文用也从用庚庚更事也引易先庚三日一曰常也愚也古作𠅘文二

甬

匪父切說文男子美稱也从父用一曰大也始也亦國名又彼五切圃或作甫又博故切文一重音二

葡莆平祕切說文具也隸作莆文二甯囊丁切願也又乃定切說文所願也又邑名亦姓臣光曰今甯文並从冄非是文一重音一

文八　重音三

爻交也象易六爻頭交也凡爻之類皆从

爻胡茅切又後教切象也文一重音一

希⿱爻丰香依切寡也望也施也亦姓古作⿱爻丰文二⿰爻守山於切通也延或作⿰爻守文一棥附袁切藩也从爻从林詩曰營營青蠅止于棥文一⿰爻宁丈呂切進皃文一

文七　重音一

㸚二爻也凡㸚之類皆从㸚力几切又演爾切希明良又郎計切二文也文一重音二

爾爾忍氏切說文麗爾猶靡麗也一曰汝也从冂从㸚介聲或省爾又乃禮切滿也文二重音一

爽𡙁奭所兩切說文明也一曰差也或作𡙁古作奭𡙁又師莊切差也明也文三重音一

文六　重音四

類篇卷第三下

類篇卷第四上　　卷之十

朝散大夫右諫議大夫權御史中丞充理檢使上護軍河内郡開國侯食邑一千三百户賜紫金魚袋臣司馬光等奉

勑修纂

十四部

文二千九百七十四

重音一千九百五十八

旻舉目使人也从攴从目凡旻之類皆从旻

旻　火劣切又許月切又勿發切又莫結切又翾劣切又七役切一曰目小動也又忽域切文一重

音六閺無分切說文低目視也弘農湖縣有閺鄉又眦賓切又皮巾切又彌鄰切又眉貧切文一

重音四𡕥況晚切說文大視也又火遠切又古玩切又逵員切文一重音三夐虛正

切說文營求也　从夏从人在穴上引商書高宗
夢得說使百工夐求得之傅巖巖穴也徐鍇曰人與
目隔穴經營而見之然後指使以求之攴所敻娟
指畫也又火遠切又翾縣切文一重音二悅
切䀠夏目
深皃文一

文五　重音十五

目人眼象形重童子也凡目之類皆从目古

文作𡇢莫六切
文二

瞳 徒東切目瞳子又丑降切未有知皃莊子瞳然如新生之犢文一重音一 眮 徒東切吴楚謂瞋目顧視曰眮又徒弄切又杜孔切文一重音二 矇 謨蓬切說文童矇也一曰不明又母揔切瞈矇目不明文一重音一 睃 祖叢切視也又祖動切相竊視南楚謂之睃又作弄切一曰睩睃視皃又居拜切怒也文一重音三 矒 謨中切目不明也又彌登切文一重音一 瞛 將容切目光也又七恭切文一重音一 矃 奴冬切目怒又濃江切目不明文一重音一 䀱 敷容切目䀱或从丰文二 䀛 莫江切目暗也文一 眡 章移切視也又常支切又時利切文一重音二 眵 章移切目汁凝又侈支切說文目傷眥也一曰瞢兜文一重音一 眭 宣爲切目深皃亦姓又翾規切眭盱健也又宣佳切姓也又呼維切仰目也又玄圭切目惡視又扶畦切

又於避切小怒又消恚切文一重音七

⿰目巂 津垂切⿰目巂眭視也又玄圭切目惡視又虎癸切又香萃切文一重音三

瞝 抽知切視也賈誼曰瞝九州而相君文一

矖 鄰知切矖瞜明目者又所綺切視也又里第切又所蟹切文一重音三

瞴 忙皮切美目皃又微夫切瞴瞜微視又迷浮切又罔甫切又滿浦切文一重音四

⿰目余⿰目爾眯 民卑切眇目也或作⿰目爾眯又母鄙切物入目病又母禮切又蜜二切厭也文三重音三

⿰目它 余支切視也文一

睢 翾規切說文仰目也一曰睢盱小人喜悅皃博雅睢睢盱盱元氣也又宣隹切水名在梁郡受汴入泗又呼維切又翾眭切又香萃切恣睢暴戾一曰自得皃文一重音四

瞡 均窺切瞡瞡自得皃一曰眇視又居企切博雅視也一曰瞋皃又規恚切又其季切文一重音三

⿰目義 虛宜切目動也文一

⿱𥝢目 良脂

切目閉也文一

⿰目纍⿰目累⿰目絫 倫追切博雅視也或作⿰目累⿰目絫⿰目纍又盧懷切文三重音一

眱 延知切博雅⿰目離眱直視一曰小視也南楚謂眄曰眱古作眤又並田黎切又並大計切文二重音二

⿰目遺 夷佳切目疾又以醉切文一重音一

⿰目耆 渠伊切博雅視也又申之切文一重音一

⿰目微 旻悲切博雅覗也又無非切文一重音一

眣⿰目矣 外基切以目通指也春秋傳眣魯衞之使或从矣眣又丑鳩切失意視也又敕栗切說文目不正也又丑乙切以目使人又徒結切目出皃文二重音四

⿰目蚩 充之切目汁凝文一

⿰目而 人之切和也調也文一

⿰目司 新茲切博雅視也一曰竊見文一

眙 盈之切盱眙地名又直利切驚視皃又丑吏切說文直視也又丑證切又澄應切文一重音四

⿰目喜 虛其切說文目童子精也文一

⿱非目 芳微切說文大目也又悲巾切

文一重音一　睎　香衣切說文望也海岱之閒謂眄曰睎文一　䁱⿰目吾　牛居切馬二目白曰䁱或作⿰目吾文二　盱　雲俱切艸名爾雅盱虺牀又匈于切說文張目也一曰朝鮮謂盧童子曰盱又荒乎切又玄圭切直視也文一重音三　⿰目夸　匈于切張目也盱或作⿰目夸又荒乎切文一重音一　眗　匈于切眗瞜笑也或省又恭于切左右視也又權俱切又墟侯切埤蒼目深皃文二重音三　⿰目瞿　權俱切闕人名漢有⿰目瞿丘文一　瞀　微夫切睢瞀縣名在上谷又迷浮切俯視又亡遇切目不明又莫候切低目謹視又墨角切文一重音四　瞜　龍珠切眗瞜笑也一曰膴瞜微視又郎侯切瞜睺偏盲文一重音一　睮　容珠切睮睮媚皃文一　矑　龍都切目童子文一　眂　都黎切視皃又善旨切文一重音一　睇　天黎切視也又田黎切迎視也又大計切說文目小視也

南楚謂眄曰睇文一重音二䁢田黎切說文顯也又大計切視皃文一重音一睼田黎切迎視也又他計切又佗甸切文一重音二䁥憐題切視也又郎計切文一重音一䀘

𥃳牽奚切說文蔽人視也一曰直視目或在下又堅奚切躁視也又詰計切文二重音二𥈵牽奚切目動也又戶禮切文一重音一睽𦋗涓畦切乖也古作𦋗睽又傾畦切說文目不相聽也一曰乖也又其季切睽睢張目皃文一重音二睳翾畦切埤倉睳人視皃一曰揵而無德一曰目瞢文一蜀玄圭切姓也一曰蜀闖梁四公子名文一矆翾畦切𥌳矆面有垢文一

睚宜佳切目際一曰舉目又魚駕切睚眥恨視又五隘切文一重音二䁹莫佳切說文小視也文一䀭柯開切目大皃文一睞郎才切目偏也又洛代切說文目童子不正文一重

音一戠職倉才切博雅戠睬視也一曰睬也眒瞍
一或不省又並將來切文二重音一
升人切鳥獸驚皃一曰疾也引目也古眓䀼稱人
作瞍眒又式刃切張目也文二重音一切張
目也或从辰䀼又而振切視瞋卑民切恨視又眦
皃一曰眩也文二重音一賓切說文恨張目
也引詩國步斯瞋稱人切說文張目也又癡鄰切
瞋文一重音一瞋盛皃又亭年切瞋低目皃又之
刃切恚也又試刃切又稱脂切䁕彌鄰切俯視也
又他甸切視也文一重音六又眉貧切文一
重音一盿眗眉貧切視皃或作眗的又停年切目皃
一大戴禮人生三月目眗然有所見又胡
千切大目一曰國名又瞵離珍切說文目精也一
胡涓切文二重音三曰視皃又靈年切怒目
皃一曰以目隨又里忍切視不䴥朱倫切鈍目
明也又良刃切文一重音三·𥈇眫也或从屯䴥

又殊倫切又他昆切又並朱閏切文二重音三

瞤𥌒 濡純切說文目動也或作𥌒瞤又而宣切又輸閏切文二重音二

眴旬 須倫切目眩也或省眴又松倫切眴卷縣名在安定郡又輸閏切開闔又並熒絹切說文目搖也又並翾縣切文二重音四

眃 于分切眩眃視不明皃又戶衮切文一重音一

矄 許云切目暗也文一

䀏 許斤切視不明也文一

睻䁔 許元切大目也或从爰暖又火遠切又下罕切文二重音二

睷 居言切目數也文一

睧 呼昆切目暗也又稱脂切視也或書作眂文一重音一

瞞 謨奔切瞞然慙皃又謨官切說文平目也一曰目不明亦姓又民堅切又母本切暗也又母版切文一重音四

看𥈟 丘寒切說文晞也从手下目或从倝又並虛旰切文二重音一

睕 烏丸切睕睕深目皃又委遠切目開皃一曰嫵媚又

鄔管切又烏貫切轉目也　⿱般目　蒲官切說文轉目視
又烏括切文一重音四　也又披班切多白眼
也又普患切　眢　烏丸切說文目無明也一曰廢井
文一重音二　又嵓危切又於袁切文一重音二
⿰目𢇇　姑還切⿰目𢇇⿰目𢇇視也文一　瞏睔　胡關切大目皃或作睔瞏又邦免切兒初生瞥者又
馨究切睔又戶袞切又古本切春秋傳有鄭伯睔又魯本切又古困切又古患切文二重音七　眅
披班切說文多白眼也引春秋傳鄭游眅字子明又普版切又母版切又普患切轉目視文一重音三
盼　披班切美目也又普莧切詩云美目盼兮文一重音一　瞯　離閑切視皃文一　瞷
何間切說文戴目也江淮之間謂眄曰瞯又姓文一　睆　胡鰥切睆睆窮視皃又鄔管切小嫵媚又
戶版切說文大目皃又古刹切禮華而睆徐邈讀文一重音三　䀘　倉先切䀘瞋遙視文一　眠

瞋民堅切說文翕目也或作瞋眠又弭盡切視也
又彌殄切楚謂欺爲眠娗一曰僈劣又彌究切
眠娗不開通皃又眠見切偃息也瞋又謨耕切⿰目巠矒
視不明皃或作瞋又忙經切翕目也又毋迥切瞋睟
目不明又眠見切瞋眩劇也矈民堅切說文目旁
又莫定切閉目文二重音九薄緻矈矈也一曰
密也又弥殄切眣他年切視睊圭玄切睊睊側
文一重音一也文一目相視皃又縈
緣切視也又扃縣切孟子睊睊矎呼玄切博雅視
胥讒又縈絹切文一重音三也又翾縣切矎
矎目不正又虛政⿰目縣胡涓切目瞳子黑又隨緣
切文一重音二切又胡犬切文一重音二睘
旬宜切復返也文一⿰目縣彌延切⿰目縣⿰目縣目童子黑又弥殄切文一重音一⿰目全逡緣切目不明
也又從緣切目眇視也又睃遵全切闕人名漢有
又所負切文一重音二魯文王睃又祖峻切

視也文一重音一⿰目旋旬宣切好也文一⿰目專食川切目動也文一矔逵貟切目眶又古玩切說文目多精也益州謂瞋目曰矔一曰閉一目又古惠切方言轉目文一重音二瞭憐蕭切目明也又朗了切周官有眡瞭文一重音一⿰目臬堅𡋲切視也文一⿰目猋卑遥切惡視皃文一⿰目䍃餘招切美目皃又伊鳥切瞟眇遠視瞟或作⿰目䍃又以紹切文一重音二⿰目翏丘交切窅⿰目翏面不平文一⿱目儿於交切深目皃又於絞切又於敎切文一重音二眑於交切眑⿰目翏面不平又伊鳥切幽靜也一曰視皃又於絞切深目也又於糾切靜也文一重音三⿸攸目丑交切目不正又他刀切目不明曰⿸攸目一曰目通白又丑鳩切說文眣也文一重音二眓牛何切視也文一⿱沙目桑何切視之略也文一睉臧戈切又祖禾切說文目小也又仕怪切

睉䀼目惡又粗果切文一重音三　𥈊呼䀾切目動文一　𥉮謨加切緩視皃文一　瞗

𥄮姑華切目也或作𥄮文二　眻睗余章切眉間曰眻一曰目美也或作睗眻又弋亮切

文二重音一　相思將切說文省視也引易地可觀者莫可觀於木詩曰相鼠有皮又息將切視

也助也文一重音一　脹中良切目大皃又丑亮切望恨也文一重音一　瞠抽良切直視也

又他郎切又抽庚切又丈梗切又恥孟切又除更切文一重音五　𥇑曲王切目匡文一　䁶

他郎切直視也瞠或从棠又抽庚切又恥孟切又除更切定視文一重音三　䀶盧當切目病又

里黨切目明又力讓切又丘亮切又郎宕切文一重音四　盳蒲光切盳洋仰視皃又謨郎切又無

放切文一重音一　䀮謨郎切目不明也又呼光切又虎廣切文一重音二　眏於郎切切眏

䁱目皃又倚朗切目不明又倚兩䀮虛郎切狼䀮
切恨視又於慶切文一重音三
呼光切文䁱丘岡切映䁱䀚魚剛切舉䀒烏
一重音一目皃文一目視文一光
切䀒䀒目欲盲眉耕切說文目
泣皃文一無年子文一瞪中庚切直盯
䁎抽庚切直視也或作䁎盯又除庚切䁘盯視皃
又張梗切又豬孟切䁎又除耕切審視皃又唐
丁切目盻文瞪除庚切䁘盯視皃盯或从登又丘
二重音五耕切瞪矒視不明又持陵切直視
又澄應切文眀眉兵切視
一重音三瞭也文一䁐於驚切目深皃又
於慶切視也文一
重音䁊丘耕切瞸矒視不明或从巠
一又研領切直視文一重音一𥉁於莖切
目凈皃
又維傾切又玄扃切說文惑䁝於莖切䁝瞸
也又烏猛切文一重音三
目目無光文一矒

謨耕切瞖矃視不明皃文一 **睛** 咨盈切目睛又疾郢切昭睁不恍視睁或作睛又此靜切又丑郢切文一重音三 **⿰目爵** 咨盈切目瞑又子肖切瞋目也又即約切文一重音二 **睘** 渠營切目驚視也詩曰獨行睘睘文一 **眳** 弥并切眳睛不恍皃又母井切又母迥切目暗也文一重音二 **眐** 諸盈切眐眑獨視也又之盛切峕視文一重音一 **睲** 桑經切目睛照也又息井切視也文一重音一 **⿰目霝⿰目零** 郎丁切目光或从零文二 **睖** 丑升切睖瞪直視皃又閭承切文一重音一 **⿰目應⿸䧹目** 於陵切⿰目應睖定視或作⿸䧹目文二 **⿰月⿱龹目** 持陵切美目皃又徒登切又詩證切又以證切文一重音三 **⿰目曾** 徂棱切瞢⿰目曾目不明文一 **⿰目壽** 張流切⿰目壽悵目動皃文一 **⿰目丑** 丑鳩切眣也又吉了切重瞼也又舉夭切眣也又吉小切又於絞切深目也文二重音四 **⿰目脩**

⿲亻目攵毋鳩切失意視也古作⿲亻目攵
⿰目脩又他歷切文二重音一⿰目收尸周切⿰目黎⿰目收斂
容視皃又居虬
切文一⿱丅目方鳩切見睺胡溝切半盲也一曰深
重音一也文一目又呼侯切方言半目
爲睺又下溝切瞘⿰目堯烏侯切目深也或作⿰目堯又並
文一重音二墟侯切⿰目堯又口教切又於教
切又於絞切眫迷浮切博雅目珠⿰目巠⿰目豆當侯切
文二重音四子謂之眫文一目蔽垢
也或作瞫徒南切視也又式荏切說文深視也又
⿰目豆文二昌枕切闕人名春秋傳晉狼瞫又式禁
切低目視又徒紺眈徒南切視近志遠又都含切
切文一重音四引易虎視眈眈又陟甚切出
頭視皃又丑甚切又徒感切徐視⿰目咸枯含切博雅
又都感切又徒感切文一重音五視也又口減
切陷也又口陷切目陷⿰目替慈鹽切閉目內思也又
又乞洽切文一重音三坐五切又慈豔切一曰

憂也又子念切文一重音三 瞻 之廉切說文臨視也又章黵切視也文一重音一 䀡 之廉切目垂也又丁廉切竊視也又癡廉切闚也又吐濫切候視又日艷切又勑艷切說文窺也引春秋傳公使貼之又都念切又叉鑑切文一重音七 䁍 ⿰目彡 師咸切暫見也或省䁍又桑感切視也⿰目彡又所鑒切文二重音二 䁪 居銜切說文視也又居懺切文一重音一 ⿰目共 虎孔切矇⿰目共目不明 ⿰百頁 虎項切視文一 ⿰目徙 所綺切視也矖或作⿰目徙文一 ⿰目爲 五委切⿰目爲目好皃文一 瞇 母婢切眇目也又彌計切睥也文一重音一 眎 ⿰目爪 善旨切瞻也比也古作眡眎又時利切文二重音一 眝 展呂切說文長眙也一曰張目又丈呂切文一重音一

⿰目禹 ⿰目巨 果羽切鷩視皃文二 睹 董五切說文見也文一 ⿱砓目 董五切⿰目門仉⿱砓目梁公

類篇四上 七

子名文一

瞽 果五切說文目但有眹也文一

睥 普米切俾倪邪視或从目又匹計切文一重音一

睨 吾禮切俾倪視皃或从目又研計切說文衺視也文一重音一

眕 止忍切說文目有所恨而止一曰安重也又展引切文一重音一

睶 尺尹切大目文一

⿰目引 丈忍切怒目謂之⿰目引一曰目睛文一

眹 丈忍切目兆也文一

⿰目元 五遠切視也文一

眅 委遠切揞目也又下罕切又鄔管切又鄔版切又女吏切眭眅目惡文一重音四

⿰目匽 隱幰切視也又於殄切說文目相戲也又於扇切又伊甸切又乙黠切文一重音四

⿰目昆 戶袞切目大皃文一

睴 戶袞切大出目也一曰睴睴視皃又古困切又吾困切文一重音二

⿰目貟 鑠本切目病文一

睅 下罕切大目又戶版切又戶管切文一重音二

盰 古旱切說文目多白也一曰張

也又居案切文一重音一

矕 母版切說文目矕矕也一曰美皃又謨官切視也又盧丸切目昏也又謨還切文一重音三

眼𥃩 語限切說文目也古作𥃩眼又魚懇切出大皃周禮望其轂欲其眼也鄭康成讀𥃩又伊𢍰切望遠也文二重音二

䁕 下簡切說文大目也一曰晚䁕目視皃文一

盻 匹限切動目也一曰美目皃又普莧切詩美目盻兮文一重音一

晚 武簡切說文晚䁕目視皃或書作䀎文一

睓 他典切青徐謂慙曰㥏或作睓文一

睍 胡典切說文出目也一曰好視又形甸切目小也文一重音一

暥 於殄切說文目相戲也引詩暥婉之求一曰仰視又伊尊切視也又於諌切文一重音二

𥌀 矢善切視面色變也又旨善切說文視而止也文一重音一

䁲 旨善切視而止也文一

窅 伊鳥切說文深目也又彌延切窅然猶悵然又

於交切深目又烏熒切又一叫切窵窅深也又於絞切文一重音五**眺**土了切遠視又他吊切説文目不正也又抽廟切望也文一重音二**䁏**伊鳥切䁏眇遠視文一**眧**齒紹切以目玩人謂之眧文一**瞟䁘**匹沼切説文瞭也一曰目小白或从剽瞟又紕招切明察也又匹妙切矖也文二重音二**眇**弭沼切説文一曰小也又彌笑切成也易眇萬物而爲言文一重音一**䀰**古巧切䀛䀰邪視文一**䀛**莫飽切䀰䀛邪視文一**𥈃**武道切説文低目視也引周書武王惟𥈃又莫報切又莫候切一曰目不明又許六切又王勿切暫見也文一重音四**眆眪**撫兩切微見也或作眪眪又補永切目明也文二重音一**矘**坦朗切説文目無睛直視也文一**䀎**里黨切目明文一**䁜**戶廣切目大白又虎晃切𥇒䁜目疾文一重音一**𥇒**

母朗切無一目曰瞵文一 眚 所景切說文目病生翳也一曰過也又息非切文一重音一 瞀
古幸切瞀瞌有餘視文一 睜 疾郢切字林略睜不悅視也文一 睈 丑郢切睈睈照視也
文一 ⿰目幸 下頂切瞑目皃文一 ⿰目廷 待鼎切目出也文一 ⿰目交 瞍 蘇后切說文無目也
或作瞍瞍又先彫切文二重音一 眣 式荏切視也又舒閏切開闔目數搖也文一重音一 睒
以冉切說文暫視皃又失冉切又徒澹切倏視也又舒贍切視速皃文一重音三 ⿰目韱 子冉切笑
皃文一 䀹 失冉切睒目皃文一 瞼 居奄切眼瞼也文一 ⿰目冡 蒙弄切⿰目冡矇視皃文
一 䁅 呼貢切瞢䁅不明文一 䜶 丑降切直視也亦書作䁵文一 睡 樹僞切說
文坐寐文一 䁻 隸 力智切視也或作䁻䜶又郎計切求也一曰索視也文二重音一 ⿰目志

於避切目小睹時利切說文瞻睟雖遂切視
怒皃文一⿰目旨也或作⿰目旨文二正皃一曰
潤澤皃又祖對切⿰目⿱㕚目女利切又烏括切說文深目
目際文一重音一皃一曰塞也又女刮切文一
重音⿹弋⿱二目女利切視⿰目鬼基位切視皃⿰目冒蜜二
二也文一或作⿰目⿱歸貝文二切目
合又明祕切⿰目必兵媚切說文直視也一曰自愧恨
文一重音一曰⿰目必又莫筆切方言慙也文一重
音⿰目弗芳未切目不明或書作曹又敷勿切視⿰目乞
一皃又父沸切又普活切文一重音三
丘既切姓瞶歸謂切極視一曰⿰目虘七慮切伺⿰目賣
也文一目無精也文一視也文一
殊遇切視皃又牛懈切目際也一曰⿰目辟匹計切睥
怒視又莫懈切邪視文一重音二睨視也睥
或作⿰目辟盻胡計切說文恨視也又研計切又吾禮
文一切盻盻勤苦不休息皃文一重音二

眘 結計切說文省視也文一 眥 才詣切說文目匡也或書作眦又將支切爾雅衣眥謂之襟又鉏佳切博雅睚眥裂也又子智切又疾置切文一重音四 瞖 壹計切目疾文一 ⿰目制 征例切目明文一 ⿱折目 征例切目美也又丑例切瞥也一曰目美文一重音一 ⿰目祭 ⿰目切 七計切說文察也一曰袲視或从切⿰目祭又征例切察視又丑例切又初戛切文二重音三 瞥 必袂切瞖也又匹曳切又匹蔑切說文過目也又必列切文一重音三 ⿰目巿 博蓋切目不明也又普蓋切又普活切文一重音二 眛 莫貝切目不明也又莫佩切文一重音一 ⿰目最 先外切流視也文一 瞺 烏外切眉目開文一 眦 ⿰目崖 牛懈切目際也一曰怒視或作⿰目崖眦又仕懈切恨視文一重音一 ⿰目柴 仕懈切眦⿰目崖恨視眦或作⿰目柴文一 ⿰目勿 暮拜切又莫佩切說文目冥遠

視也一曰明且也又文拂切瞑也又莫葛切又古滑切視也又莫八切文一重音五**眛**盧對切目不正文一**眊**莫佩切博雅好也又莫報切說文目少精又墨角切又末各切文一重音三**眛**莫貝切目不明也文一**⿱能目**乃代切視不明文一**⿰目刃**而振切視皃一曰眩也文一**瞚**

瞬輸閏切說文開闔目數搖也或作瞬文二**⿰目尊**祖寸切赤目文一**⿰目丸**胡玩切睕眈轉目一曰大目皃文一**⿰目奐**呼玩切山海經⿰目奐堊國在崑崙虛東南文一**⿰目惠**烏恚切妄弃財物文一**瞯**居莧切視也文一**⿰目眔**古縣切視皃文一**⿲辛目辛**普莧切又皮莧切說文小見白眼也文一重音一**⿰目燕**伊甸切博雅視也文一**眩**熒絹切說文目無常主也又胡消切惑也一曰視不明又翾縣切瞑眩劇也又扃縣切行且賣也又胡辨切相詐惑也文一重

音
四
眄⿰目丐眠見切說文目偏合也
一曰衺視或作眄文二⿺辶⿱止目䀽延面切相
顧視而行
也或作
䀽文二⿰目川樞絹切專
皃文一眷睠⿱龹分古倦切說文顧
也引詩乃眷西
顧或从卷亦
作⿱龹分文三睔矅弋笑切視悞也或作矅睔又
弋灼切眩也文二重音一⿰目包皮教切目怒皃又彌
角切文一重音一睄所教切小
視文一⿰目馬莫駕切視
皃文一睱亥駕切緩視也又何加
切目白皃文一重音一⿰目賈居訝切視
也文一⿰目京力讓
切說文目病也又丘
亮切文一重音一⿰目羌丘亮切目
病文一⿰目往于放切視
也文一眖許放切視
也文一矌苦謗切目無眹也又古曠切目
無色又光鑊切目張皃文一重
音
一⿰目孟⿰目黽莫更切⿰目孟盯目怒皃或从黽⿰目孟又毋梗切
⿰目孟眥有餘視一曰恚皃⿰目黽又眉耕切⿰目黽盯

直視又毋耿切文二重音三瞠除更切定視也文一⿰目凡虛政切目轉也文一⿰目甹

匹正切視也文一⿰目定徒徑切見也文一⿰目亘居鄧切目起皃文一⿰目后許候切怒

目視皃太玄遠之⿰目后文一⿰目冓居候切視也文一瞉丘候切瞉霿鄙吝心不明也又居候

切文一重音一⿰目臽胡紺切目深皃又乞洽切目陷也文一重音一瞰⿰目闞⿰目嚴苦濫

切視也或从闞从嚴文三⿰目角⿰目谷古祿切目動也或从谷⿰目角又胡谷切又訖岳切文二重音二

睩盧谷切說文目睞謹也又龍玉切謹視也文一重音一⿰目鹿盧谷切⿰目歷⿰目鹿目明文一

⿰目每莫六切目病文一睦⿱坴目莫六切說文目順也一曰敬和也古作⿱坴目文二⿱六目

莫六切敬也文一⿰目内女六切視也文一⿰目隺余六切博雅望也一曰目明又訖岳切去

目睛也史記乃矐其目又曷各切又墨各切文一重音三𥈐烏酷切瞋目又訖岳切目明也文一重音一督督𥄎都毒切說文察也一曰目痛或省亦作𥄎文三矚朱欲切視之甚也文一䁤匹角切目暗也文一𣬚墨角切目少精也文一𥇩竹角切目明也文一眰職日切視也又敕栗切目不正又徒結切目出皃文一重音二𥈿莫筆切𥈿不測也文一䁥尼質切小目文一眣越筆切目動又休必切目深皃文一重音一䀏休必切直視也又呼決切驚視又古穴切目深皃文一重音二瞲䀸休必切目深皃或作䀸亦書作眓瞲又呼決切驚視也文二重音一𥋻𥊽許勿切目動或作𥊽文二䁫胡骨切濁垢文一䁩䀳郎達切眹子不正也或省文二眜莫葛切說文目不明也又

莫結切地名春秋傳公及邾儀父盟于眜文一重音一䀰古活切目暗又呼八切視也又荒刮切埤倉怒視皃文一重音二顝苦骨切目出皃文一䀢烏括切說文捾目也文一䁎訖黠切䀣䁎視皃文一䁈戶八切䀣䁈直視皃文一睧呼八切視也一曰怒視皃文一瞎𥉂許轄切目盲也或从曷文二眰丁結切眰䀏惡皃文一𥈜徒結切目出皃一曰目不正一曰以目使人也文一眣力結切轉視文一䁢奚結切䁾䁢目赤文一䀗呼決切䳜視也又古穴切說文涓目也文一重音一䀏呼決切眰䀏視惡皃文一睊古穴切又一決切說文目深皃文一重音一䁆莫結切污面也文一𥌕䁾莫結切說文目眵也一曰目赤或从蔑文二晣之列切曰明也文一睕欲雪切目玩也

文一眓翾劣切說文視高皃又呼括切文一重音一⿰目樂式灼切美目又狼狄切目暫見視文一重音一⿰目各力灼切盼也又歷各切文一重音一矆⿰目矍怳縛切說文大視也或从矍矆又局縛切遽視皃又屋虢切文二重音二瞙末各切目不明文一矐黑各切失明也史記乃矐其目又忽郭切駭視也文一重音一⿰目郭忽郭切駭視也文一⿰目享光鑊切目張皃文一眲眤格切輕視也列子見商丘開衣冠不檢莫不眲之一曰耳目不相信又尼戹切又而力切又竹力切又仍吏切凡人相輕侮以爲無知謂之眲文一重音四⿰目赫郝格切目赤文一⿰目貝郭獲切閒目皃神異經八荒有毛人見人則⿰目貝目開口文一眽⿰目永莫獲切說文目財視也或作⿰目永⿰目永又莫狄切衺視又眽蜴欺慢也楚人語文二重音二⿰目責側革切張目文一⿰目啇

陟革切目堅又丑尼切⿰目啇⿰目睪目明皃文一重音一　⿰目鬲各核切目不正文一　⿰目畫忽麥切目

病文一　⿰目介古獲切目皃文一　睗施隻切說文目疾視也文一　⿰目睪夷益切目

明皃又施隻切視皃又昌石切文一重音二　⿱⿰彳夂目營隻切視也又呼昊切文一重音一　⿰目昊

呼役切驚視皃文一　⿰目戚倉歷切見皃文一　⿰目歷狼狄切⿰目歷⿰目鹿目明文一　⿰目敫吉歷

切目不瞬文一　⿰目弋設職切目所記也文一　⿰目亟訖力切張目也文一　⿱或目忽域切睡

目皃文一　⿱宓目密逼切暫視皃又蜜北切文一重音一　⿰目惪惕德切⿰目惪⿱默目目欲臥皃文一

⿰目墨蜜北切⿰目墨⿱𡨄目視無所見文一　⿱默目蜜北切⿰目惪⿱默目目欲臥皃一曰驚也文一　⿱𡨄目

悉則切⿰目墨⿱𡨄目視無見也文一　⿰目戢　⿰目咠側立切淚出皃或省⿰目咠又即入切目動也文二重音一

⿰目翕迄及切視皃又虛涉切目眇視文一重音一⿰目㬎乞及切目睛中枯也文一⿰目⿱穴合渴合切欲睡皃文一眔達合切說文目相及也文一瞌克盍切欲睡皃文一⿰目業玉盍切睡皃文一瞸弋涉切目眇視又虛涉切文一重音一⿸厂⿱夾目益涉切目動皃文一⿰目⿱爫亏瞱⿱目華域輒切說文光也或作瞱⿱目華文三睫七接切目傍毛又即涉切又失涉切目動皃文一重音二䀹即涉切說文目旁毛也又失涉切目動皃又訖洽切眇也一曰目睫動又側洽切又五洽切婳䀹戲諈皃又七接切文二重音五⿰目⿸广疌⿰目妾即涉切說文目旁毛也或作⿰目妾⿰目⿸广疌又失冉切暫視也文二重音一⿰目聶失涉切目動皃又昵輒切文一重音一⿰目枼直涉切視不正皃又虛涉切目眇視又達協切閉一目又即協切文一重音三⿰目巤力涉切病視也

文一 ⿰目乚 眂輒切目動文一 ⿰目燮 悉協切閉目文一 ⿰目劫 訖業切急視文一 ⿰目奄 乙業切閉目文一 ⿰目合 訖洽切眇也一曰目睫動文一 ⿰目臿 色洽切目睫動皃文一 眨 側洽切目動也文一

文四百六十八 重音四百十六

䀠 左右視也从二目凡䀠之類皆从䀠 恭于切又九遇切又俱遇切文一重音二

⿻大目 恭于切說文目邪也又果羽切又俱遇切左右視也文一重音二 ⿱䀠又 舒仁切引目文一

⿱䀠方 民堅切目旁薄緻⿱䀠方⿱䀠方也⿱䀠方或作⿱䀠方又忙經切密也文一重音一 ⿱䀠弜 徒郎切⿱䀠弜

視也文一瞁許尤切目多汁文一瞁眣迥切大目也文一界俱遇切舉目驚界然

又苦礦切驚而舉目視一曰好皃又眣迥切文一重音二𥄎古倦切說文目闈也又齒九切可惡

也文一重音一𥊧雖一切罪止也文一瞐墨角切美目一曰目深文一奭迄力

切斜視皃文一

文十二　重音八

睂目上毛也从目象眉之形上象頟理也

凡睂之類皆从睂隸作眉旻悲切文一

矉弥并切眉闊謂之矉文一睃緇尤切顰也文一𥄕省所景切說

文視也从眉省从屮徐鉉曰屮通識也一曰箇也古
作𥄉隷作省𥄉省又息井切省又息淺切秋田也文
三重音二

箵 息井切察也審也省古作箵文一

文八　重音二

盾瞂也所以扞身蔽目象形凡盾之類皆从盾 食閏切又豎尹切又以準切又杜本切闕人名春秋傳晉有趙盾文一重音三

䀢 傾畦切說文盾握也一曰盾鼻又古買切又古賣切文一重音二

瞂𥈾 扶發切盾也或作𥈾瞂又房越切又普蓋切又房廢切文二重音三

文四　重音八

自鼻也象鼻形凡自之類皆从自古文作

𦣹 疾二切文二

⿱亯自 餘封切用也从亯自自知臭香所用食也又余頌切文一重音一

臱 武延切宀宀不見也闕文一

⿰自畀 ⿰自頁 毗志切犬初生子一曰首子或作⿰自頁文二

⿸尸自 倪吊切卧息文一

⿰臭曷 虚艾切臭也又於蓋切文一重音一

⿰臭柰 尼戒切⿰臭害⿰臭柰臭也又除邁切文一重音一

⿰臭害 火戒切⿰臭害⿰臭柰臭也又許邁切文一重音一

⿱自死 尺救切腐氣也文一

⿱自臭 於歇切物敗气也又許葛切大臭也文一重音一

⿰臭昷 烏没切臭氣文一

⿰臭犮 蒲撥切病氣文一

⿰臭臭

⿰臭夬 一決切⿰女臭臭文一

⿰臭孛 薄没切臭氣文一

文十六　重音五

白此亦自字也省自者詞言之气从鼻出與口相助也凡白之類皆从白疾二切文一

皆皆居諧切說文俱詞也或省文二　𣉻直由切詞也與疇同虞書帝曰𣉻咨又時流切文一重音一

魯籠五切說文鈍詞也引論語參也魯一曰國名亦姓又兩舉切旅或作魯文一重音一

者止野切說文別事詞也又董五切語辭文一重音一

𥏻智𥎿知義切說文識詞也一曰知也或作智臣光曰按說文𥎿古智字今集韻失收文三

百百𦣻博陌切十十也从一白數十百爲一貫相章也古文百从自文一

文十一　重音三

鼻　引气自畀也从自畀凡鼻之類皆从鼻父二切文一

齈　奴冬切鼻病又奴凍切多涕文一重音一　齇　莊加切鼻上皰文一　鼽⿰鼻欠　渠尤切說文病寒鼻窒也或作⿰鼻欠文二　齁　呼侯切齁⿰鼻合鼻息又苦故切折鼻文一重音一　⿰鼻替

⿰鼻𠬶　浛林切高鼻謂之⿰鼻替或从𠬶文二　⿰鼻占　丁兼切⿰鼻兼⿰鼻占鼻垂文一　⿰鼻兼　勒兼切⿰鼻兼⿰鼻占鼻垂文一　⿰鼻免　鋤咸切⿰鼻免⿰鼻免高鼻又側銜切文一重音一　⿰希鼻　許几切息也一曰臥息聲又許倚切一曰去涕文一重音一　⿰弟鼻　許几切涕也又土禮切去涕也又他計切鼻液也文一重

音二

⿰鼻希許巳切臥息又許豈切文一重音一

齂詡鬼切臥息又況僞切爾雅息也又虛器切又許貴切又呼怪切又許介切又呼八切又莫八切文一重音七

⿰鼻乚魚小切折鼻也又詰弔切仰鼻又倪弔切又丘召切文一重音三

齆烏貢切埤蒼鼻病也文一

⿰鼻疐丁計切鼻疾或作⿰鼻疐亦書作⿰王鼻文二

⿰鼻會呼外切鼻皃又烏外切鼻息又火史切臥息聲又烏快切文一重音三

鼾侯旰切說文臥息也又虛干切吴人謂鼻聲爲鼾文一重音一

⿰鼻翏力弔切⿰鼻翏⿰鼻乚鼻仰文一

⿰鼻包皮教切面生气也文一

⿰鼻犬許救切說文以鼻就臭也文一

⿰鼻丘丘救切⿰鼻丘⿰鼻乚仰鼻文一

⿰鼻乚牛救切⿰鼻丘⿰鼻乚仰鼻文一

⿰鼻丩古幼切折鼻也文一

⿰鼻卒蘓骨切鼻聲文一

齀⿰鼻危五忽切獸以鼻搖物一曰鼻仰也或从危齀又呼回切文二重音一

⿰鼻冐

許葛切臥息又何葛切鼻莖也文一重音一

⿰鼻乙 乙黠切鼻皃文一

⿰鼻歷 狼狄切鼻別臭文一

⿰鼻合⿰鼻夾⿰鼻欠 迄洽切⿰鼻合齁鼻息或从夾从欠⿰鼻合⿰鼻夾又迄洽切文三重音一

文三十六　重音二十四

皕 二百也凡皕之類皆从皕 彼力切又兵媚切文一重音一

⿻亦皕⿻亦皕奭 詩亦切說文盛也比燕召公名古作奭或作奭奭又黑各切盛也奭又郝格切怒也

文三重音二

文四　重音三

習 數飛也从羽从白凡習之類皆从習 似入

切文一

翫 五換切說文習猒也春秋傳翫歲而愒日文一

文二

羽 鳥長毛也象形凡羽之類皆从羽 王矩切又後五切緩也周禮弓而羽閷末應將發又王遇切鳥翄文一重音二

𦐇 胡公切飛聲或書作珝又古送切文一重音一

翪 祖叢切說文斂足也鵲鵙醜其飛也又祖動切鳥飛竦翼上下也又作弄切鳥斂足也文一重音二

翀 敕中切上飛也又持中切文一重音一

翁 烏公切說文頸毛也一曰老稱又姓又鄔孔切翁翁葱白色又委勇切又烏貢切文

一重音三翻又宜切翻翻燕飛不至也文一翨常支切提提羣皃或从羽又市之切飛盛皃又施智切說文鳥之強羽猛者又居企切文一重音三⿰羽也陳知切⿰羽差⿰羽也燕飛皃文一翍攀糜切張羽羽皃又滂禾切飛皃又平義切羽也文一重音二翄⿰羽氏翅移切說文翼也一曰翍飛皃或从氏亦書作翅又並施智切翼也一曰過也翍又商支切又居企切文二重音三⿱㞢羽充之切⿱㞢羽⿱㞢羽羽翼盛也又市之切說文飛盛皃又職吏切文一重音二翬吁韋切說文大飛也一曰伊雒而南雉五采皆備曰翬引詩如翬斯飛或書作揮文一⿱羽亏雲俱切說文夏祭樂于赤帝以祈甘雨或以羽雩羽舞也一曰吁嗟求雨之祭一曰遠爲百穀祈雨又王遇切緝羽也雩祭所執文一重音一翑權俱切說文羽曲也又爽主切又王遇切箭羽文一重音二⿰羽尃⿰羽甫芳無

切博雅羽也一曰細毛或从甫文二　翳　煙奚切蔭也又壹計切說文華蓋也一曰蔽也又一結切文一重音二　⿰賓羽　紕民切⿰賓羽翁飛皃文一　翷　離珍切博雅飛也文一　⿲羽辛羽　蹠臻切⿲羽辛羽⿲羽辛羽羽多文一　翂　敷文切翂翂飛也又符分切文一重音一　翧　許元切翧翧飛也又荀緣切翔也文一重音一　翻　孚袁切博雅翻翻飛也文一　翰　河干切天雞羽有五色者又侯旰切說文天雞赤羽也引逸周書大翰若翬雉一名鷐風周成王時人獻文一重音一　⿰羽戔　財千切鷙鸇急疾皃楊子鸇隼⿰羽戔⿰羽戔又阻版切迅飛皃又子賤切博雅⿰羽戔⿰羽戔武也又言善切文一重音三　翴　陵延切博雅翴翴飛也文一　⿰亶羽　虛延切⿰亶羽翧飛也文一　翩　紕延切說文疾飛也一曰翩翩往來皃文一　翾　⿰肙羽　隳緣切小飛也或作⿰肙羽文二　⿰召羽　丁聊切⿰召羽能羽

惡皃又田聊切⿰弱羽毨鳥尾翹毛又馨幺切文一重音二

翛⿰舟羽 思邀切翛翛羽敝也或作⿰舟羽翛又夷周切疾皃莊子翛而往李邈讀又以九切又式竹切飛疾皃又余六切文二重音四

翲 紕招切翲翲飛也又匹妙切文一重音一

翹 祁堯切說文尾長毛也一曰企也一曰翹翹高皃或書作翹又祁要切鳥舉尾文一重音一

⿰喬羽 祁翹切仄飛曰⿰喬羽又渠嬌切高飛文一重音一

翺 牛刀切說文翺翔也文一

翢 他刀切爾雅纛也今羽葆幢又徒刀切舞者所執又大到切左纛也以髦牛尾爲之在左騑馬首文一重音二

翿翳 徒刀切舞者所執幢或作翳翿又杜皓切翳也又並大到切文二重音二

䎬 披巴切飛皃文一

翍 滂禾切飛皃文一

翔 徐羊切說文回飛也文一

⿰羽京 居良切⿰羽京⿰羽京鵲行皃文一

⿱羽王 于方切翿也舞者執以祀星又胡光

切說文樂舞以羽䎅自翳其首以祀星辰也又逸織切舞名文一重音二

⿰亢羽盰 寒剛切鳥飛上曰翓下曰⿰亢羽或作盰⿰亢羽又下朗切又下浪切文一重音二

⿱𤇾羽⿳艹罒⿱冖羽⿰羽訇翑 呼宏切⿱𤇾羽⿱𤇾羽飛也或作⿳艹罒⿱冖羽⿰羽訇翑⿱𤇾羽又呼橫切⿳艹罒⿱冖羽又呼弘切文四重音二

⿰羽靑 咨盈切游車載旌或作⿰羽青文一

翎 郎丁切說文羽也文一

⿰曾羽 咨騰切博雅⿰曾羽翥飛也一曰舉也文一

翃 呼弘切博雅翃翃飛也或書作⿰亢羽又乎萌切文一重音一

翛 夷周切翛翛鳥飛皃文一

⿰舟羽 之由切弱羽文一

翭 胡溝切說文羽本也一曰羽初生皃又下遘切金鏃翦羽文一重音一

翕 呼含切小鳥飛皃文一

⿰咸羽 胡讒切⿰咸羽⿱雨⿰革羽疾飛也文一

⿰羽只 掌氏切說文中婦人手長八寸謂之咫咫或作⿰羽只文一

翉 普本切鳥飛上起文一

翦 子淺切說文羽生也一曰失羽又子賤切

又將仙切淺色周禮翦羽
繁鶪纓文一重音二 翦子踐切羽生也文一 ⿰羽包補抱切矢羽一
曰羽五 ⿺感羽虎感切飛皃文一 ⿰冊羽乃感切博雅䎎翀羽也
色文一 又如坎切鳥翼下細毛
又而琰切文 翠七醉切說文青羽
一重音二 雀也出鬱林文一 ⿺志羽職吏切羽盛皃文一
翡父沸切說文赤羽雀也出鬱
林一說雄曰翡雌曰翠文一 翥章庶切說文飛舉也文一
羿䍾研計切說文羽之羿風亦古諸侯一曰射師
或省羿又胡計切闕人名有窮國君文二重
音 ⿰羽惠⿰羽慧⿰羽叀⿰羽彗胡桂切博雅羽也或从慧亦並省
一 ⿰羽惠又于歲切翽未又以制切文四
重音 ⿰羽曳⿰羽世以制切飛也或从世又並
二 私列切飛皃文二重音一 翇蒲蓋切
社稷舞執之又敷勿切舞 翽呼外切說文飛聲也
羽又分物切文一重音二 引詩鳳皇于飛翽翽

其羽又苦會切文一重音一

⿰羽頁 畀見切⿰羽頁頨狡也从翩省文一

翏 力弔切高飛皃又力竹切翏翏長風聲又憐蕭切又力求切又力救切文一重音四

⿰翏寛 郎到切寛也文一

⿰羽奄 於贍切鎩羽文一

⿰羽彔 盧谷切上飛皃文一

⿰肅羽 息六切博雅鳥飛也又所六切文一重音一

⿰羽足 初六切羽髙皃文一

⿱羽豆 余六切明也尚書⿱羽豆日乙丑劉昌宗讀又逸織切明也文一重音一

翯 轄覺切說文鳥白肥澤皃引詩白鳥翯翯又下老切素羽又胡沃切又黒角切文一重音三

⿰羽失 直質切⿰羽失⿰羽失飛舒遲皃文一

⿰羽戌 休必切鷩遽皃禮鳥不矞或作⿰羽戌文一

⿰卒羽 昨律切飛疾皃文一

⿰羽矞 允律切顫飛皃文一

⿰羽戉 許月切⿰羽戉⿰羽戉飛皃文一

翓 奚結切翓⿰亢羽飛上下皃文一

⿰叏羽 ⿰叕羽劣切小鳥飛皃文一

⿰各羽 曆各切⿰各羽翻飛皃文一

⿰⿱䒑白羽⿰白羽⿰尃羽 四各切⿰白羽⿰⿱䒑白羽飛皃一或从白从尃文三

翟 直格切雉名一曰陽翟縣名又直角切鳥名又他歷切說文山雉尾長者又亭歷切文一重音三

⿰隺羽 直格切或⿰或羽⿰隺羽飛皃又郝格切又霍虢切文一重音二

⿰霍羽 霍虢切或⿰或羽⿰霍羽飛疾皃又忽麥切文一重音一

翮⿱羽尭 下革切說文羽莖也或作⿱羽尭文二

⿰革羽 下革切又各核切說文翅也又訖得切又訖力切文一重音三

⿰羽或 忽麥切⿱𤇾羽⿰羽或飛也又忽域切又越逼切文一重音二

⿰羽戉⿰糸羽 逸織切⿰羽攴也或作⿰糸羽文二

翊 逸織切說文飛皃一曰輔也一曰馮翊郡名文一

⿱羽夾 色入切說文捷也飛之疾也又色洽切一曰使也又色夾切飾羽棺也文一重音二

翕 迄及切說文起也一曰衆也盛也文一

翖 迄及切西域諸國官名有翖侯文一

⿰沓羽 訖合切飛皃文一

⿰羽眔 達合切博雅翋

翜飛也又託盍切文一重音一　翋𦒉落合切博雅翋𦒉飛也或作𦒉文二　𦐛託盍切說文飛盛　𦒏力盍切飛皃文一　翜色輒切樞羽飾又色甲切說文棺羽飾也天子八諸侯六大夫四士二下垂文一重音一　翈轄甲切博雅翈翭羽也文一　𦑶教法切𦑶䎕飛皃文一　䎕眨法切𦑶䎕飛皃文一

文一百二十五　重音八十六

隹鳥之短尾總名也象形凡隹之類皆从隹　職追切又遵綏切又祖誄切又諸鬼切山皃又祖猥切文一重音四

琟胡公切說文鳥肥大琟琟也又戶孔切文一重音一　雄胡弓切說文鳥父也一曰牡也

一曰武稱亦姓文一䧻崇工切雀也又蠢勇切䳯飛皃文一重音一蜼徒冬切山海經松果山有鳥名蜼梁狀如山雞黑身赤足可以已腂又羊諸切又魯水切獸名似狖卬鼻長尾又愈水切又以醉切又余救切文一重音五⿰隹從牆容切方言桂林之中謂雞曰⿰隹從亦書作⿱從隹文一⿰隹庸餘封切鳥也一曰⿰隹庸渠即今水雞文一⿰邑隹於容切說文⿰邑隹䲹也文一雍於容切和也亦姓又委勇切睦也祐也又於用切地名文一重音二雄章移切說文鳥也一曰雄度文一⿰阝雈山垂切說文飛也又匀規切文一重音一⿰垂隹是爲切雎也又樹僞切文一重音一雌⿰止隹七支切說文鳥母也一曰牝也古省雌又千西切文二重音一離鄰知切黃倉庚也鳴則蠶生一曰別也麗也大琴也又抽知切說文若龍而黃又輩介切離跂攘臂皃又力智切去也文一重音三⿰甲隹

賔彌切鳥名爾雅鸒斯鵯鶋文一⿰黍隹良脂切⿰黍隹黃鳥名文一⿰爾隹⿰付隹風無切鳥名山

海經基山有鳥狀如雞三首六足六目三翼名曰離鵂鵂或从隹文一⿰巫隹微夫切鵐鷡鳥名鴽

也鷡或作⿰巫隹文一雛崇芻切說文雞子也又從遇切闕人名史記有孔子弟子顏濁雛又渠竹

切鳥名文一重音二⿰朱隹追輸切鳥名山海經拒山有鳥狀如鴟而人手鴸或从隹文一⿰婁隹

龍珠切鳥名爾雅鵱鷜鵞今野鵞鷜或从隹文一⿰甫隹奔摸切鳥名文一⿰盧隹龍都切鳥

名說文鸕鷀也或作⿰盧隹文一⿰胡隹洪孤切鵜鶘鳥名似雁青身白頭或从隹文一⿰古隹攻乎

切鷓鴣鳥名出南越其鳴自呼常南飛不北或從隹文一雐荒胡切說文鳥也文一⿰夸隹

汪胡切⿰夸隹鷨鳥名或从隹文一⿰妻隹千西切博雅⿰妻隹鸝怪鳥屬或从隹文一⿰隹虎天黎切說

文鷿鷈也似鳧而小膏中瑩刀或从隹文一

⿰𥝢隹 憐題切鳥名說文鶩黃也一曰楚雀其色黎黑而黃或作⿰𥝢隹文一

巂 玄圭切說文鳥名周燕也从隹屮象其冠也冏聲一曰蜀王望帝婬其相妻慙亡去爲子巂鳥故蜀人聞子巂鳴皆起云望帝又缺規切文一重音一

雞 堅奚切說文知時畜也文一

⿰阝雈 翾畦切鳥飛皃民畀切鳥名文一

⿰氐隹 翹移切方言雞陳楚宋魏之間謂之鸍鴟或从隹文一

⿰丰隹 缺規切子雉鳥名又風無切雉雉鳥名文一重音一

離 渠羈切鵽鵨鳥名三首善笑文一

鵻 朱惟切鳥名小鳩也一名鳺鴀文一

⿰⿸𠂉力隹 朱惟切小也文一

⿸厂隹 舛脂切鳲鳩鳥名布穀也或从隹文一

⿰⿱乚止隹 ⿰至隹 稱脂切說文雖也一曰鵟也或作雖文二

⿰癸隹 渠惟切鳥名方言鳩秦漢之間其小者謂之鶉鳩或作雖文一

⿰甾隹 莊持切爾

篇四上 二十六

雅雉東方曰鶅或从隹文一

⿰而隹 人之切鳥名燕也莊子鳥莫智於鷾鴯或从隹文一

猚 魚其切鳥名又宜佳切一曰睢陽有猚水又魯水切獸名似狖又余救切獸名如猴卬鼻長尾文一重音三

⿰其隹 渠之切鵋鶀鳥名或从隹文一

⿰希隹 香衣切爾雅雉北方曰鵗或从隹文一

⿰豦隹 求於切鳥名⿰咢隹鸆也飛則鳴行則搖或作⿸虍⿰豕隹文一

雎 千余切鳥名說文王鴡也其爲鳥摯而有別或从隹文一

⿰舍隹 商居切鳥名似梟文一

⿱如隹 人余切鳥名說文年母也文一

⿰余隹 羊諸切雞雛也爾雅雞大者文一

⿰禺隹 元俱切鳥名山海經令丘山有鳥狀如梟人面四目有耳名曰⿰禺隹見則天下大旱文一又匀規切飛也文一重音一

⿰皆隹 居諧切鳥名爾雅鶉其雄鶛或从隹文一

⿰晨隹 丞真切鸇風也或从隹文一

⿰昏隹 ⿰民隹 眉貧切鳥也山海經其狀如翠而赤喙可

以禦火或作雎文二　雓殊倫切說文鷻屬文一　䨲濡純切鳥名䨲鷄也又而宣切博雅䨲鷄也又儒轉切文一重音二　雇敕倫切鳥名爾雅春鳸鴆鶞或从隹文一　𨾈無分切鳥名爾雅鶉子鳼或从隹文一　䨐符分切鳥名如鵲三目六足文一　䨣許元切䨣鵗小鳥名或从隹文一　𨿞符表切鷭鳻鳥名似鶚或从隹文一　雗雗河干切雗鷽鳥名即山鵲知來事者或省雗又侯肝切文二重音一　𨾏居寒切鳱鵲鵲也知未來事者文一　雃俄干切鳥名又輕煙切說文石鳥一名雝鶏一曰精列引春秋傳秦有士雃又倪堅切石鳥也又丘耕切又逆革切文一重音四　難難難難難難那肝切鳥也一曰艱也又姓古作難難難難難難又乃旦切文六重音一　䧷經天切鵳鵳鳥名鵳也或从隹文一　䧴

篇四上　二十二

圭玄切鳺鴂鳥名或从隹文一巂縈玄切說文鳥群也文一⿰亶隹諸延切鳥名說文鷐風也鸇或从隹文一雕丁聊切說文鷻也文一⿰刁隹雿丁聊切鳥名爾雅鳭鷯剖葦謂好剖葦皮食其中蟲或从召文二⿰尞隹憐蕭切鳥名說文刀⿰尞隹剖葦食其中蟲文一⿰要隹伊消切山海經鹿山有鳥名曰鴒鸚其名自呼服之不眯或从隹文一⿺堯隹尼交切鳭鷯黃鳥聲或从隹文一⿰皐隹居勞切鳥名方言鶡鴠韓魏謂之鴡鶡或从隹文一⿰我隹牛何切鳥名鴚鵝也或从隹文一⿸麻隹謨加切雞名文一雅於加切說文楚烏也一名鸒一名卑居秦謂之雅又牛加切人名尚書有君雅又語下切鳥名一曰正也文一重音二⿰華隹胡瓜切山雉名文一⿰方隹分房切鳥名說文鴋澤虞也字林⿰黑鳥鴋人面鳥身或从隹又符方切又甫望切文一重音二

⿰尚隹 辰羊切鷞鸘鳥名或从隹文一 䧿 渠王切鴟屬五色有冠者文一 ⿰唐隹 徒郎切鳥名爾雅鷔鶶鷵似鳥蒼白色或从隹文一 雂 千剛切鳥名麋鴰也文一 ⿰庚隹 居行切鶬鶊鳥名鵹黃也或从隹文一 ⿰嬰隹 於莖切說文鸚䳇能言鳥也或从隹文一 ⿰青隹 咨盈切鳥名說文鵁鶄也或从隹文一 ⿰零隹 郎丁切鳥鴒小者文一 ⿰寧隹 囊丁切鳥名爾雅鴐子鸋或从隹文一 ⿰巠隹 堅靈切鳥名爾雅輿鵛鷄或从隹文一 雊 吉侯切說文雄雉鳴也雷始動雉鳴而雊其鷄又俱遇切雊瞀縣名在上谷又居候切文一重音二 䧹 於陵切說文鳥也从隹瘖省聲徐鍇曰鷹隨人指蹤故从人文一 ⿰九隹 居尤切鳥名說文鶻鵃也文一 ⿱秋隹 將由切方言鷄雛徐魯之間謂之⿱秋隹子又子幽切又雌由切文一重音二 ⿰冬隹 而由切鳥名亦姓文一 雓

房尤切博雅鶵鳩也文一⿰⿱虫日隹洺林切漢中呼雞爲⿰⿱虫日隹又子鳩切文一重音一⿸𠂉隹如林切戴勝也文一⿰覃隹夷針切江南呼鷂爲鷣文一雂渠金切句喙鳥又枯含切又姑南切又胡南切又五甘切闕人名春秋傳有公子苦雂又其淹切文一重音五⿰酓隹⿰弇隹烏含切鳥名說文雜屬亦作雜文二⿰斬隹財甘切鳥名博雅⿱斬鳥鷲鵰也或从隹文一⿰尨隹毋項切雄鴟鳥名似鷹而白或从隹文一雉演爾切下雉縣名在江夏又序姊切舄或作雉又丈几切鳥名說文有十四種盧諸雉喬雉鳪雉鷩雉秩秩海雉翟山雉翰雉卓雉伊洛而南曰翬江淮而南曰摇南方曰𠷎東方曰甾北方曰稀西方曰蹲又口駭切桂林謂人短爲⿰矢罷雉又直例切野雞也文一重音四⿰危隹五委切鳥名鳭鳩也即今布穀文一⿰隹弟丈几切鳥名雉古从弟文一⿰畾隹魯水切鼠形飛走且乳之

鳥也一曰以其鶾飛文一 雓 奉甫切鳥名越父也文一 雇 後五切說文九扈農桑候鳥扈民不婬者也春扈頒盾夏扈竊玄秋扈竊藍冬扈竊黃棘扈竊丹行扈唶唶宵扈嘖嘖桑扈竊脂老扈鷃也又古慕切傭也文一重音一 ⿰買隹 母蟹切鳥名博雅⿰買隹鴟子鳺也或从隹文一 隼鶽 聳尹切鳥名說文祝鳩也亦作鶽文二 ⿰匽隹 隱㥯切鳥也其雌皇文一 雋 徂兗切肥肉也从弓所以射隹長沙有下雋縣又子兗切又將遂切文一重音二 ⿰先隹 穌典切理也說文仲秋鳥獸毛盛可選取以為器用文一 ⿰夭隹 烏浩切鳥也文一 ⿰卆隹 補抱切說文鳥也肉出尺胾文一 ⿱夊隹 巳有切姓也文一 ⿰臼隹 巨九切鳥名百舌也一曰鳥鼠鳥也文一 ⿰言隹 普后切雀名文一 ⿰母隹 莫後切鸜鵒能言鳥也或从隹文一 ⿰土隹 他口切鳥也从鳧黑色文一

⿰厃隹覘敢切鳥名羽青黃色文一進施智切鳥名又居企切文一重音一⿰七隹七四
切鳥名文一⿰意隹於記切鷾鳾鳥名或从隹文一⿱與隹羊茹切鳥名說文卑居也文一⿱敄隹
亡遇切⿱敄隹鶩雛也文一⿰兔隹土故切鳥名爾雅鷋鵵軌或从隹文一⿱路隹魯故切鳥名說
文白鷺也文一⿱敝隹必袂切⿰夫隹名文一⿰蔡隹七盖切鳩屬文一⿰旱隹丘盖切鶡鳥名
或从隹文一⿰义隹牛盖切鳥名爾雅桃蟲鷦其鴜鴱或从隹文一閵⿱冖閵良刃切鳥名說
文今閵似鸜鵒而黃从⿱冖閵省籒不省閵又郎甸切閵鸛鳥名文二重音一⿰夋隹須閏切鳥名說文鵔
鸃鷩也或从隹文一⿰彖隹徒困切鳥名文一𢿥穌幹切說文繳𢿥也一曰飛𢿥又顙旱切
文一重音一⿰安隹於諫切鳥名說文雇也文一⿰隹鳥於諫切鴽屬文一雁魚澗

切說文鳥也徐鉉曰雁知時鳥大夫以爲摯昏禮用之文一䍜陟教切說文覆鳥令不飛走也文一䧴寅謝切鳥名似雉文一𨾏之盛切鳥名鶅鴋也文一𩁅疾僦切說文鳥黑色多子師曠曰南方有鳥名羌鷂黃頭赤目五色皆備或从隹文一𨿧力救切說文鳥大雛也一曰雉之莫子爲𨿧文一𩁴居候切鳥子生哺者文一𨾆於候切鳥聲文一𨿻直禁切說文毒鳥也一曰名運文一𩀨古祿切布鷟鳥名或从隹文一惟博木切雉名黃色鳴自呼文一𩀤他谷切鵚鶖鳥名或从隹文一𨿽力竹切艸名蔞鵱文一𦾔居六切鳥也文一𨿅胡沃切鳥名說文鴻鵠也或从隹又姑沃切鳺鴶鵲也或从隹文一重音一𩀿逋沃切鳥鳿水鳥也或从隹文一𩁄朱欲切𩁄鳿鳥名似鴨而大赤目紺觜或

从隹文一 蜼 俞玉切鳥名鴝鵒也或作蜼文一 琟 虞欲切鸀瑦鳥名或从隹文一 雤
轄覺切說文雗鷽山鵲知來鳥也或从隹又乙角切文一重音一 ⿱獄隹 逆角切說文鸑鷟鳳屬神
鳥也或从隹文一 ⿱族隹 仕角切鳥名說文鸑鷟也或从隹文一 ⿰卓隹 直角切鳥名爾雅鸐
山雉又亭歷切山雉尾長者文一 ⿸厤隹 其月切白鷢鳥名似鷹或从隹文一 ⿱突隹 陁没切鶟鶦鳥
名似雉青身白首或从隹文一 ⿰犮隹 蒲撥切鳥也文一 ⿰失隹 徒結切鳥名鋪鼓也文一 ⿰夬隹
古穴切鳥名說文鴂鳺也或从隹文一 ⿰蔑隹 莫結切鳥名工雀也一曰巧婦文一 ⿰列隹 力蘖
切鳥名爾雅鴷斲木或从隹文一 ⿰昔隹 七約切鳥名說文鵲也舄古作⿰昔隹又思積切雉名文一重
音一 雀 即約切說文依人小鳥也文一 ⿰白隹 歷各切鳥之白也文一 雒 歷各切鳥

名說文鴟鳺也文一𩁗逆各切雕屬文一𪄳直格切鳥名鵜鶘也文一𩁺莫獲切鳥名文一隻之石切鳥一枚也文一𩀞營隻切方言秦漢之間謂鴆鳩小者曰𪀦鳩或从隹文一𨿸蒲歷切鳥名說文鷿鷉也或从隹文一𩀅扁闃切鳥名說文伯勞也文一隿逸織切說文繳射飛鳥也文一雦席入切山海經小侯山有鳥狀如烏而白文名曰鵖鳛或从隹文一䨎極入切鵖鳩小黑鳥或从隹文一䧻葛合切鳥名說文鳩屬文一

文三百四字　重音一百三十九

奞鳥張毛羽自奮也从大从隹凡奞之類皆从奞

奞息遺切又呼遺切又思邀切又思晉切又須閏切文一重音四

奮 方問切說文翬也从奞在田上詩曰不能奮飛一曰振也亦姓文一 ⿱奞隻奪 徒活切說文手持隹失之也或从寸奪又徒外切地名文二重音一

文四　重音五

萑鴟屬从隹从丫有毛角所鳴其民有旤凡萑之類皆从萑 胡官切 文一

雚 沽丸切水鳥也又工喚切說文小爵也又古玩切文一重音二 ⿱龹雚 逵員切曲雚也文一

舊 虛尤切怪鳥又虛牛切怪鴟也又巨救切鴟舊舊留也文一重音二 蒦彠 乙虢切說文規蒦商也从又持萑一曰遽視皃一曰蒦度也徐鍇曰商度也蒦善度人禍福也或从尋尋亦度

也楚詞曰求矩矱之所同又並胡麥切又並乙卻切又並𩰪縛切韄又屋郭切蒦又厥縛切文二重音五

文六　重音九

𦍌羊角也象形凡𦍌之類皆从𦍌工瓦切又公懷切又古買切文一重音二

𦍍𦍎乖公懷切說文戾也一曰睽也文三

[illegible]空媧切物不齊也文一

𦫳母官切說文相當也又彌延切折賄也又彌殄切文一重音二

丫於加切物之岐頭者文一

文七　重音四

苜目不正也从𦍌从目凡苜之類皆从苜

莧从此　徒結切又莫結切或作苗文一重音一

瞢　木空切說文目不明也又目數搖也又眉耕切無眸子也又彌登切又莫肯切又莫鳳切又母亙切又莫結切文一重音六　⿱苜民　謨中切寐言文一　⿱苜侵　謨郎切勉也又彌登切文一重音一　⿱苜登　徒登切⿱苜登瞢目暗又丁鄧切⿱苜登⿱苜登卧初起又唐亙切文一重音二　⿱苜佰　莫鳳切寐而有覺也文一　⿱苜夌　郎鄧切⿱苜夌⿱苜夌卧初起皃文一　⿱苜我　莫葛切食馬穀也文一　⿱苜火　莫結切說文火不明也周書曰布重⿱苜火席織蒻席讀與蔑同又莫葛切文一重音一　蔑　莫結切說文勞目無精也人勞則蔑文一　⿱苜文　莫結切目不明也瞢或作⿱苜文文一

文十一　重音十一

類篇卷第四上

類篇四上　　三十三

類篇卷第四中　卷之十一

朝散大夫右諫議大夫權御史中丞充理檢使上護軍河内郡開國侯食邑一千三百户賜紫金魚袋臣司馬光等奉

敕修纂

羊 祥也从𦍌象頭角足尾之形孔子曰牛羊之字以形舉也凡羊之類皆从羊 與章切 文一

䍶 都籠切山海經泰戲之山有獸狀如羊一角一目目在耳後其名䍶又池鄰切又多貢切 文一 重音二

𦏁𦍻 徒東切無角羊或从同 文二

羫 枯江切骨體曰腔或从羊又苦貢切

羊腊文一重音一𦍼七支切說文羊名號皮可以割桼文一羠延知切騂羊一曰野羊又序姊切文一重音一䍱䍮祥余切郊羊也皮可冒鼓擊之益急或作䍮䍱又羊諸切野羊文二重音一羭容朱切說文夏羊牡曰羭一曰美也又俞戍切文一重音一羝都黎切說文羊也文一䍶煙奚切黑羊一曰羣羊相積又伊眞切又於閑切文一重音二𦎫研奚切䍳羊胡羊又居佳切文一重音一䍸伊眞切黑羊文一羒敷文切牝羊又符分切說文牂羊也文一重音一羣𦏀𦏁衢云切說文輩也一曰獸三曰羣或作𦏀𦏁文三羱愚袁切獸名爾雅羱如羊又吾官切文一重音一羳符袁切說文黃腹羊文一𦍎羦胡官切山羊細角者或作羦文二𦎗䍐吾官切野羊名或从元文二𦏄

胡樂

䍺胡關切山海經旬山有獸其狀如羊而無口不可殺名曰⿰羊患或作䍺⿰羊患又胡玩切又胡慣切文二重音二⿰羊臭牛閑切羊臭文一羥⿰羊皆丘閑切羊名或作⿰羊皆羥又丘耕切文二重音一羶⿰羶毛尸連切羊臭也或作⿰羶毛文二羸⿳亡口⿲月連凡靈年切羸僂縣名在交阯或从連又倫爲切說文瘦也文二重音一⿰羊兆馳遙切羊未卒歲爲⿰羊兆一曰夷羊百斤爲⿰羊兆又直紹切又社皓切文一重音二羔居勞切說文羊子也文一⿰羊它唐何切⿰羊尃⿰羊它獸名如羊四耳而九尾文一羓邦加切腊屬文一⿰羊彡余章切美善也文一羌𦍋墟羊切西戎牧羊人也从人南方蠻閩从虫北方狄从犬東方貉从豸西方羌从羊此六種也西南僰人僬僥从人盖在坤地頗有順理之性惟東夷从大大人也夷俗仁仁者壽有君子不死之國古作𦍋羌又許亮切羌量烏雛飢困皃文二重音

一牂⿰羊寽兹郎切說文牡羊也或作⿰羊寽文二⿰羊爭甾莖切羚羊名文一⿰羊平披耕切駁羊名一曰使羊也文一羹居行切五味盉羹也小篆从羔从美又何庚切肉湆也又盧當切膗也文一重音二⿰羊靈⿰羊霝羚郎丁切大羊而細角亦作⿰羊霝羚文三⿰羊柔而由切耎也謂柔革文一⿰羊婁郎矦切山海經崑崙之山有獸狀如羊名曰土⿰羊婁文一羺奴矦切胡羊謂之羺文一⿰羊朁咨林切羊鯤又祖含切塭藏肉一曰獸名似羊又祖含切羊臭謂之⿰羊朁又慈鹽切羊腊又作荅切文一重音四羬其淹切羊六尺爲羬又胡讒切山羊耎者細角又魚咸切郊羊其大者羬麢文一重音二美母鄙切說文甘也从羊从大羊在六畜主給膳也美與善同意文一⿰羊委鄔毀切又於僞切說文羊相積也文一重音一⿰羊危古委切羊角不齊也文一芈母婢切說

文羊鳴也亦姓文一

羛 語綺切羛陽鄉名在鄴文一

⿰羊韋 羽思切⿰羊韋⿰羊韋羊相還皃一曰羝也文一

羜 掌與切又丈呂切說文五月生羔文一重音一

羖 ⿰羊古 果五切說文夏羊牡曰羖或从古文二

羵 父吻切土之怪又符分切文一重音一

⿰羊戔 仕限切豢羊屋也文一

⿰羊彖 寵戀切羊長尾又株戀切文一重音一

䍪 莫後切又亡遇切說文六月生羔也一曰美也文一重音一

羑 與久切說文進善也文王拘羑里在湯陰文一

羷 力冉切字林羊角三觠爲羷又虛撿切文一重音一

⿰羊責 子智切說文⿰羊委⿰羊責也又疾智切⿰羊委⿰羊責羊瘦文一重音一

⿰羊巿 方末切姓也文一

⿱與羊 羊茹切羊也文一

⿰羊尃 方遇切獸名似羊四耳無尾目附於背又伯各切美羊⿰羊耆曰⿰羊尃文一重音一

⿰羊賣 莫懈切⿰羊賣⿰羊褱垢膩皃文一

⿰羊褱 胡怪

篇四 三

切羵羪垢𧸘文一

𦏁 即刃切說文羊名汝南平輿有𦏁亭又資良切文一重音一

𦐇 須絹切羊羔也又隨戀切又式撰切未晬羊文一重音二

𦐙 丘亮切闕人名陳桓公子又魚向切文一重音一

𦏲 居候切取羊乳也文一

𦍸 徒谷切羊六尺謂之𦍸文一

𦐘 胡沃切小羊文一

𦎧 居月切羊病又株劣切羊躍而死又傾雪切博雅病也又紀劣切文一重音三

𦐗 居月切羊名文一

𦍡 北末切博雅羯𦍡𦏹也又普沽切𦍡羊名文一重音一

羯𦍿 居謁切說文羊羖犗也或省羯又巨畏切文二重音一

䍨 勿發切羖羯胡羊名文一

𦍋 當沒切𦏹𦍋羊名文一

𦏹 古忽切𦏹𦍋羊名文一

羍𦍚 他達切說文小羊也或省羍又陁葛切羊子文二重音一

𦏅 居轄切騬羊也文一

𦐦𦐥 狼狄切羖

⿰⺶歷山羊或省文二 ⿰⺶亟訖力切羊名文一 䍪越逼切羔裘之縫文一

文九十八　重音三十一

羴羊臭也从三羊凡羴之類皆从羴式連切又牛閑切又虛閑切文一重音二

羼初限切羊相厠也一曰相出前也又初莧切一曰傍入曰羼文一重音一

文二　重音三

瞿鷹隼之視也从隹从䀠䀠亦聲凡瞿之類皆从瞿權俱切又俱遇切一曰心驚皃又衢遇切懼或作瞿又訖力切瞿瞿居喪視不

審皃文一
重音三

矍九縛切隹欲逸走也从又持之矍矍也一曰遽視皃又況縛切目不正文一重音一

文二　重音四

雔雙鳥也从二隹凡雔之類皆从雔市流切文一

雙所江切隹二枚也又朔降切相偶也文一重音一　靃呼郭切飛聲也雨而雙飛者其聲靃然又選委切靃靡弱皃一曰靃靃細皃文一重音一

文三　重音二

雥羣鳥也从三隹凡雥之類皆从雥徂合切文一

雥鳥玄切說文鳥群也文一雧集秦入切說文鳥在木上也或省文二

文四

鳥長尾禽總名也象形鳥之足似匕从匕凡鳥之類皆从鳥都了切又覩老切臣光曰篆文从匕隸變之文一重音一

鶇都籠切鶇鵍鳥名美形皃一曰鵍名或書作鶇文一䳋徒東切鸏䳋水鳥黃喙長尺餘南人以爲酒器文一鸗盧東切鳧屬又盧鍾切又盧動切小鳧也文一重音二鸏謨蓬切說文水鳥也又莫江切鳩屬又母摠切文一重音二鶎祖叢切斂足也鵲鵙醜其飛也文一

鴻䲨胡公切說文鴻鵠也大曰鴻小曰鴈亦姓古省鴻又虎孔切濛鴻大水又戶孔切又胡貢

切鴻洞深遠一曰相連次皃鳿又戶孔切鳿鳿鳥肌大文二重音四

鵼 枯公切鳥名出則怪文一

䲲 沽紅切鳥名又思融切文一重音一

⿰鳥戎 **⿰木⿱公鳥** 思融切爵⿰鳥戎隼屬或从松文二

⿰鳥冬 之戎切鳥名文一

⿰厷鳥 胡弓切鳥父也一曰壯也文一

⿰冬鳥 都宗切鳥名似鳧文一

⿰虫鳥 他冬切鳥名又徒冬切山海經松果山有鳥名⿰虫鳥渠狀如山雞黑身赤足可以已⿰月暴又直衆切鳥名又堅𢍰切獺屬害魚者文一重音三

鶞 書容切鸀鶞鳥名布穀也文一

⿰鳥從 牆容切方言桂林之中謂雞曰⿰食從或从鳥文一

⿰重鳥 傳容切⿰重鳥⿰常鳥鳥名又蠢勇切⿰卯鳥飛皃一曰雀也文一重音一

鷛 餘封切說文鳥也一曰鷛渠即今水雞文一

⿰容鳥 餘封切⿰容鳥鸀鳥名文一

⿰共鳥 居容切鳥名似雉啼自呼文一

⿰邕鳥 於容切雝⿰鳥渠也文一

⿱巩鳥 渠容切水鳥名文一

鳿

⿰鳥卭 胡江

切鳥名或作駠文二䳟莫江切鳥名茅鴟也似鷹而白或書作䳁又母惣切又母湩切又母項切鴆鴞又母朗切文一重音四鸗濃江切鳥名鴻也文一鳷章移切鳥名漢有鳷鵲觀在雲陽甘泉又居企切文一重音一鳷章移切土精如鴈黃色一足謂之鳷文一䲭章移切方言雞陳宋謂之辟䲭文一鸍商支切鳥名爾雅鸍沈鳧似鴨而小長尾背有文又民卑切文一重音一鶗䲭常支切鶗鴂鷄也亦从氏文二鵻是爲切雖也又樹僞切一曰雅鳥又株遇切不飛也文一重音二鷉相支切鸒鷉雅鳥也文一鷈相支切鳥名又天黎切說文䴏鷈也似鳧而小膏中瑩刀又田黎切文一重音二鴜七支切說文鳥母也一曰牝也又將支切鳥名說文鸃鴜也又才支切水鳥又淺氏切文一重音三鸝鵹鄰知切黃倉庚也鳴則蠶

生或作鵹鶩又良脂切又憐題切文二重音二⿰离鳥⿰离鳥鄰知切鵻蘺鳥名自爲牝牡或作⿰离鳥文二

鵯賓彌切鳥名爾雅鸒斯鵯鶝又僻吉切文一重音一鴓民卑切鳥名爾雅鸍沈鳧似鴨

而小或作鴓文一鴟翹移切方言雞陳楚宋魏之間謂之鸊鴟文一鴖翹移切鳥似翠

赤喙文一⿱隨鳥⿱隋鳥勻規切飛也或作⿱隋鳥文二鴂均窺切子規鳥名或作鴂又消惠切鷤鴂

鳥名又古穴切說文鷤鴂也又古穴切伯勞也文一重音三鵸渠羈切又於宜切山海經翼望

山有鳥三首六尾善笑名曰鵸鵌文一重音一鸃魚羈切說文鵔鸃秦漢之初侍中所冠鵔鸃鷩

也似山雞而小文一鴲蒸夷切鳥名說文瞑鴲也一曰青雀一曰小鳥未翰者又脂利切雀聲文

一重音一鳲升脂切鳲鳩鳥名布穀也亦書作鳲文一鳾霜夷切鳥名文一鴟

鵄 稱脂切鳥名鶇也一曰鳶也或作鴟鵄又徒結切文二重音一

鵹 良脂切鵹黃鳥名文一

⿰虫⿱咨鳥 津私切鳥名雞身鼠毛文一

⿱咨鳥 津私切鳥名山海經女祭山有⿱咨鳥鳥人面又七四切鳥如梟又資四切文一重音二

鴺 延知切鴺鶘鳥名飛生也通作夷又田黎切說文鴺鶘汙澤也文一重音一

⿰葵鳥⿰癸鳥 渠惟切鳥名方言鳩秦漢之間其小者謂之⿰葵鳥鳩或作⿰癸鳥又渠龜切文二重音一

⿰丕鳥 攀悲切鳥名又貧悲切山海經鍾山歛⿰丕鳥化爲大鶚狀如鵰音如晨鵠文一重音一

鵧 頻脂切鵧鷑鳥名鳴自呼又貧悲切又蒲街切又蒲巴切又毘盈切又旁經切又補買切文一重音六

鶥 旻悲切鶥鴰鳥名文一

鶅 莊持切爾雅雉東方曰鶅又側吏切文一重音一

鴯 人之切鳥名燕也莊子鳥莫智於鷾鴯文一

鷥 新茲切鷺鷥鳥名文一

鶿津之切鸕鷀鳥名又牆之切文一重音一鷀鴜牆之切鳥名說文鸕鷀也或作鴜文
二⿰斯鳥鶀丘其切鳥名今江東呼鵂鶹為鵋鶀或作鶀又渠之切一曰小鷹文二重音一鵗
香依切爾雅雉北方曰鵗又扆几切文一重音一鶤吁韋切雞三尺曰鶤又公渾切又王問切
文一重音二鶋斤於切鶢鶋鳥名文一鸂鸆求於切鳥名說文雝鸂也飛則鳴行
則搖或作鸆文二鴡千余切鳥名說文王鴡也其為鳥摯而有別文一⿱舒鳥鵨商居
切鳥名似鳧或作鵨文二⿰鉏鳥牀魚切春⿰鉏鳥鳥名鷺也文一鴽人余切鳥名說文牟母也
文一鸕淩如切鳥名爾雅鸕諸雉又龍都切鳥名說文鸕鶿也文一重音一䳜羊諸切鵸
䳜鳥名山海經翼望之山有鳥焉三首六尾而善笑又同都切爾雅鳥鼠同穴其鳥為䳜文一重音一

鸒羊諸切鸒鷥斯鳥名又羊茹切鸆元俱切鸈鸆
說文卑居也文一重音一鳥名常在澤
中象主守之官⿰禺鳥⿱宀⿰禺鳥元俱切鳥名山海經令丘山
通作虞文一有鳥狀如梟人面四目有耳
名曰⿰禺鳥見則天下鷗虧于切水鳥又於求切水鴞
大旱或作⿱宀⿰禺鳥文二也山海經云股國人衣魚食
鷗又烏侯切鴝鸜⿰求鳥權俱切鳥名說文鴝鵒也或
文一重音二从瞿古作⿰求鳥鴝又居侯切鴝
鵒鵂留也又居侯切雉鳴鸜又
逵貞切鸜或作鸜文三重音三⿰羽鳥⿰明鳥權俱切鳥左
足白或从明
⿰羽鳥又胡溝切羽本⿰孚鳥芳無切⿰孚鳥鳩鳥名鳺鴀
也文二重音一也一曰一宿之鳥文一⿰付鳥
芳無切鳥名山海經基山有鳥三足三鳺風無切
翼名曰⿰山鳥鵂又風無切文一重音一鳺鴀鳥
名又馮無切鷡鵐微夫切鵭鷡鳥名鴸鍾輸切
文一重音一鴽也或作鵐文二又追輸

切鳥名山海經拒山有鳥狀如鴟而人手文一重音一**鶵**崇芻切說文雛子也一曰生噣雛鳥

子生而能自啄者或作鶵文一**鷜**龍珠切鳥名爾雅鵱鷜鵞又郎侯切鳥名舒鵝也又朧主切鸕

鷜鳥名郭公也文一重音二**鵏**滂模切鳥名鵝也又奔模切又蓬逋切鳥膺前又蒲故切鵏叔

鳥名文一重音三**鷋**同都切爾雅鳥鼠同穴其鳥爲鵌或作鷋文一**鷵**同都切鳥名爾

雅鶩鶶鷵似鳥蒼白色文一**鶘**洪孤切鵜鶘鳥名好羣飛沈水食魚文一**鶦**洪孤切鶦

鶦鳥名似雉青身白頭文一**鴣**攻乎切鷓鴣鳥名出南越其鳴自呼常南飛不北文一**䳶**

訛胡切鼠名狀如小狐似蝙蝠肉翅亦謂之飛生文一**鴮**汪胡切鴮鸅鳥名又荒故切鳥名爾

雅鵜鴮鸅善洿去河水以取魚故名云文一重音一**鶈**千西切博雅鶈鸓怪鳥屬文一**鵜**

天黎切鵜胡鳥名又田黎切文一重音一　鷤鶗鴺　田黎切鳥名博雅鷤鴂子鳺也或作
⿰示鳥鷤鶗又大計切鷤又唐于切雉子文三重音二　鶙　田黎切博雅鶙肩鷂也又他計切文一重
音一　鷄　堅奚切說文知時畜也文一　鸂⿰鳥奚　牽奚切鸂鶒水鳥或作⿰鳥奚文二　鷖
煙奚切說文鳧屬引詩鳧鷖在梁又一計切青黑色也周禮彫面鷖總劉昌宗讀文一重音一　鶃
研奚切水鳥又逆革切又倪歷切春秋傳六鶂退飛文一重音二　⿰巂鳥　玄圭切鳥名子巂鳥或作
⿰巂鳥文一　⿰比鳥　篇迷切鵧鳩鳥名文一　鶛　居諧切鳥名爾雅鶛其雄鶛又居拜切爾雅鶛
劉疾文一重音一　⿰自鳥　都回切雀屬文一　鷻　徒回切鳥名鵰也又徒官切引詩匪鷻匪
鳶文一重音一　鶀　謀杯切誘取禽者文一　⿰鳥台　堂來切鳥名文一　鶆　郎才切鳥

名字林鵏鳩䧹鳥也郭璞讀爾雅以爲⿱桑鳥字之誤文一⿰思鳥桑才切鳥名文一鷆之人切鳥名爾雅鷆蟁母似烏鸀而大黃白雜文又多年切又亭年切俗說此鳥常吐蚊故以名云文一重音二

鷐丞真切說文鷐風也文一⿰賓鳥紕民切鳥名文一⿰昬鳥鶥眉貧切說文鳥也山海經其狀如翠而赤喙可以禦火或作鶥文二

鳼眉貧切鳥名鶉子也又無分切文一重音一

⿰勻鳥⿰旬鳥呼隣切⿰勻鳥鸇小鳥亦从旬⿰旬鳥又須倫切⿰旬鳥鸇鳥名鵰鷻也又松倫切文二重音二

鶉殊倫切說文䳺屬又舩倫切又都昆切莊子鶉居而鷇食又徒官切雕也鷻或省文一重音三

⿰耎鳥濡純切鳥名鷚鷄也又儒轉切鳥名博雅雞雡也或从鳥文一重音一

鷷蹤倫切爾雅雉西方曰鷷又從倫切又租昆切又徂尊切文一重音三

鶞敕倫切鳥名爾雅春鳸鳻鶞文一

鴖

無分切鴟母鳥名文一鴍無分切鳥名山海經玄丹之山有青鴍文一⿱翁鳥敷文切翁翁飛也或从鳥又方文切說文鳥聚皃一曰飛皃又符分切文一重音二鳻敷文切鳥名爾雅春鳸鳻鶞又符分切又逋還切方言鳩秦漢之間其大者謂之鳻鳩又蒲奔切文一重音三⿰賁鳥⿱卉鳥符分切鳥名如鵲三目六足亦省⿰賁鳥又逋昆切山海經太行山有鳥狀如鵲白身赤尾六足名曰⿰賁鳥⿰賁鳥文二重音一⿰元鳥愚袁切鳥名文一鶢于元切鶢鶋鳥名文一⿰宣鳥許元切⿰宣鳥⿰白鳥小鳥名又荀緣切文一重音一鴛於袁切鳥名說文鴛鴦也又烏昆切文一重音一鵷於袁切鳳屬莊子南方有鳥名曰鵷鶵文一鶱虛言切說文飛皃文一鷭符袁切鷭鶓鳥名似鷗文一鵾公渾切鳥名鶤鷄也文一⿰盆鳥蒲奔切鳥名博雅鶻鵃⿰盆鳥鳩也文一

⿰䜌鳥 謨奔切山海經崇丘山有鳥狀如鳬一翼一目相得乃飛名曰⿰䜌鳥⿰䜌鳥又謨還切文一重音一

鶾 河干切鶾音雉肥名以祀神通作翰又侯幹切魯郊以丹雞祝曰以斯鶾音赤羽去魯侯之咎文一重音一

鳱 居寒切鳱鴠鳥也知未來事者又侯旰切鳱鴠鳥名又魚旰切小鳥又魚澗切文一重音三

鴳 於寒切鳥聲又於諫切鳥名文一重音一

鷬 那肝切說文鳥也一曰艱也又姓又許旱切又乃且切阻也文一重音二

鸛 胡官切鸛專鳥名又沽丸切水鳥也又逵貟切⿰木鸛鵒鳥名或作鸛又古玩切說文小雀也詩鸛鳴于垤文一重音三

䳂 胡官切䳂鶨鳥名鳥喙蛇尾文一

鵍 奴官切鶇鵍鳥名又呼官切又沽丸切文一重音二

⿰鳥萑 呼官切說文⿰鳥萑專畐蹂如鵲短尾射之銜矢射人文一

⿰月鳥 呼官切鳥名人面鳥喙文一

⿱般鳥 蒲官切山海經

北嚻山有鳥狀如烏人面名曰鷘鵑夜飛晝伏郭璞曰鵂鶹屬文一鷒徒官切鳥名爾雅鸛鷒鶝
鶔如鵲短尾射之銜矢射人又朱遄切文一重音一鸞盧丸切鳥名說文亦神靈之精赤色五采
雞形鳴中五音頌聲作則至周成王時氐羌獻之文一䴉胡還切水鳥名紅白深目目旁毛長
亦書作䴉又旬宣切鷃目水鳥文一重音一鵉謨還切山海經有鳥如鳧一翼一目相得乃飛
名曰鸞或省文一鷳鷴何間切鳥名說文鴟也一曰白鷳或从閑文二鵳經天切鵠
鵳鳥名鵧也文一鳽經天切鳥名說文鵁鶄也又倪堅切又諸延切鸇或作鳽又輕煙切石
一名雝鷅一曰精𠛬又古賢切鵁鶄也又丘耕切文一重音五鵑圭玄切鴂鵑鳥名文一鷃
相然切鳥名似鶴碧色文一鸇鸇鷅諸延切鳥名說文鷐風也籀从廛古作鷅鸇又稽延

切鳽屬又巳仙切文三重音二 ⿰垔鳥 諸延切又稽延切穆天子傳⿰垔鳥鳥山名文一重音一 ⿰然鳥 如延切鳥名文一 鶣 紕延切鶣鶣輕皃又婢典切姓也古有扁鶣或作鶣又婢忍切文一重音二 ⿱䒑鳥 鳶 ⿵戈鳥 余專切說文鷙鳥也或从弋亦作⿵戈鳥⿱䒑鳥又逆各切鶚屬文三重音一 ⿰欟鳥 逵貟切⿰欟鳥鴝鳥名文一 鵰 丁聊切說文鷻也籀从鳥文一 鵃 丁聊切鶻鵃鳩名又之遥切又陟交切又張留切文一重音三 鳭 鴭 丁聊切鳥名爾雅鳭鷯剖葦謂好剖葦皮食其中蟲或从召鳭又陟交切鳭鷯黃鳥鴭又田聊切鴭鵃鳥尾翹毛又馨幺切羽皃又癡宵切鳥聲文二重音四 鷯 憐蕭切鳥名說文刀鷯剖葦食其中蟲又力照切巧婦也文一重音一 ⿱敫鳥 堅堯切鳥名說文鶊鷵也似鳥蒼白色又吉了切又吉弔切又刑狄切又吉歷切文一重音四 鷦 ⿱⿰刀隹灬 兹消

切說文鷦䳮桃蟲也或从刀文二⿰票鳥紕招切鶣⿰票鳥飛輕皃文一䳮彌遙切鷦䳮鳥名桃雀也亦書作⿰目鳥文一鷂餘招切雉名爾雅江淮而南青質五采皆備成章曰鷂又弋笑切說文鷙鳥也文一重音一⿰要鳥伊消切山海經鹿山有鳥名曰鴒⿰要鳥其名自呼服之不眯文一鴞于嬌切鳥名說文鴟鴞寧鴂文一鷮居妖切雉名長尾走且鳴又渠嬌切雉尾乘輿以爲防釳著馬頭上文一重音一䴔鵁居肴切鳥名說文䴔䴖也一曰䴔鸕也或从交又並虛交切文二重音一⿰茅鳥謨交切鳥名⿰毛鳥鴟也文一⿺堯鳥尼交切鳭⿺堯鳥黃鳥聲文一鷱居勞切鳥名方言鶡鴠韓魏謂之鷱鷱一曰鳩也又古老切文一重音一鷔牛刀切不祥鳥也白身赤口似鴈所集國亡又倪虬切魚鳥之狀又魚到切夏樂章名文一重音二⿰壽鳥徒刀切⿰壽鳥河鳥名又陳留

切南方雉名文一重音一䳾郎刀切䳾鶆鳥名錦文文一鴚居河切鳥名說文鴚鵝也文一鵝牛何切鳥名說文鴚鵝也文一⿰戈鳥古禾切鳥名文一⿺過鳥⿰咼鳥古禾切鳥名廣雅⿺過鳥鸁工雀也或省文二鴕⿰陀鳥唐何切鳥名似雉或从陀文二鸁盧戈切須鸁鳥名鷿鷉也似鳧而小又魯果切鳥名博雅果鸁桑飛文一重音一鴚⿰哥鳥鴐居牙切鳥名廣雅鴚鵝鴈也或作⿰哥鳥鴐亦書作鴐文三鴉鵶於加切說文鳥也一名鸒一名卑居或作鵶鴉又語下切文二重音一鷨胡瓜切山雉名又胡化切文一重音一鴹余章切⿰商鳥鴹鳥名舞則將雨又徐羊切回飛也文一重音一⿱楊鳥鸉余章切鳥名爾雅鸉鷹白鷢似鷹尾上白或作鸉鷹又怡成切文二重音一鴋分房切鳥名說文鴋澤虞也字林鴨鴋人面鳥身又符方切文

一重音一

⿰爿鳥千羊切鳥獸來食聲也文一

鶬千羊切鳥名又千剛切說文麋鴰也文一重音一

⿰商鳥尸羊切⿰商鳥鴹鳥名一曰⿰商鳥鶊鵹黃文一

⿰昌鳥蚩良切廣⿰昌鳥鳳皇屬文一

⿰章鳥諸良切⿰鞠鳥渠水雞也文一

⿰常鳥辰羊切⿰重鳥⿰常鳥鳥名文一

鸘鷞師莊切說文鷫鷞也西方神鳥或从霜鸘又所兩切鳲鳩鷹也文二重音一

鴦於郎切鴛鴦匹鳥又於良切文一重音一

鵟渠王切鳥名鴟屬五色有冠者文一

鶶徒郎切鳥名爾雅鶩鶶鷵似烏蒼白色文一

鸕盧當切鸕鶇鳩也文一

鴧寒剛切鳥飛上曰翓下曰⿰亢羽或作鴧文一

⿱汪鳥烏光切雉名其鳴自呼文一

凰⿰皇鳥胡光切爾雅鶠鳳其雌凰或从鳥文二

鷬胡光切鸝鷬鳥名文一

鶊居行切鶬鶊鳥名鵹黃也又何庚切文一重音一

⿰明鳥鵬眉兵切博

雅鵻鵬鳳也或从朙文二鳴眉兵切說文鳥聲也又眉病切相呼也文一重音一鵿師庚
切江東呼鼬鼠為鼪或从鳥文一鶁居卿切羌鶁鳥名南方有之文一鶧於驚切繼
鶧鳥名文一鸚魚莖切說文鸚䳇能言鳥也文一鶯鸎魚莖切說文鳥也引詩有
鶯其羽或作鸎文二䳟魚莖切䳇鸎鳥名東夷有之文一鶄咨盈切鳥名說文鵁鶄也
文一鶄咨盈切鶄鴷鳥名鶅鸂也文一鴊諸盈切鳥名方言齊魯間謂題肩為鴊又之盛
切文一重音一鶄倉經切鶄鶴鳥名畜之以厭火文一鴒䴇郎丁切鶺鴒鳥名或从靈
文二䴇郎丁切鳥名鵻小者䴇文一鸋囊丁切鳥名爾雅鴽子鸋又乃定切鴟鴞鸋鴂
文一重音一鵛堅靈切鳥名爾雅輿鵛鵜文一鷹於陵切說文鳥也从隹瘖省聲徐鍇

曰鷹隨人指蹤故从人或作鷹鳥文一

䳾都騰切鳥名鵬鷭也文一

鵬悲朋切鳥名又蒲登切鳥也莊子北溟之鯤化而爲鵬文一重音一

鵂虛尤切鳥名博雅怪鴟也又巨救切文一重音一

鳩居尤切鳥名說文鶻鳩也又渠尤切爾雅中馗菌也又丈介切解也春秋傳庶有鳩乎徐邈讀文一重音二

䳑夷周切䳑夷鳥名文一

鸐陳留切南方雉名文一

鷚力求切鳥名爾雅鷚天鸙大如鷃色似鶉又迷浮切或書作鬖又羌幽切天鷚鳥名江東語又渠幽切鳥名似鶉又亡幽切又力捄切又憐蕭切文一重音六

鶹力求切說文鳥少美長醜爲鶹離文一

鹠力求切水鳥文一

鐂力求切鳥名博雅鐂鵂飛鸓文一

鷚力求切鶩卵也文一

𪁾雌由切鳥名說文禿𪁾也

鶖或从秋文二

鶔而由切鳥名爾雅鸛鷒鶝鶔射

之銜矢射人文一

⿰石鳥 方鳩切鳥名夫⿰石鳥隹也又俯九切⿰孚鳥鳩也文一重音一

⿰孚鳥⿰浮鳥 房尤切博雅⿰孚鳥鳩也或从浮文二

⿰鳥侯 胡溝切鳥名出崑崙又呼侯切又下遘切文一重音二

⿰米鳥 迷浮切鳥名⿰酓鳥也文一

⿰目鳥 當侯切鶹鶹鳥名人面鳥喙有翼不能飛又丁聊切目孰視也文一

⿰豆鳥 徒侯切鳥名似梟文一重音一

⿰朁鳥 咨林切漢中呼雞⿱爲鳥⿰朁鳥文一

⿱箴鳥 諸深切鳥名說文⿰箴鳥⿱此鳥也文一

鵀 如林切戴勝也又尼心切博雅戴鵀戴勝也又如鴆切文一重音一

鷣 夷針切江南呼鷣⿱爲鳥鷣又弋笑切鳥名負雀也文一重音一

⿰今鳥⿰金鳥 渠金切句喙鳥或从金⿰金鳥又姑南切又其淹切說文鳥也春秋傳有公子苦⿰金鳥文二重音二

鴆 徒南切鳥名又直禁切說文毒鳥也一名運日又丁紺切文一重音二

⿰酓鳥⿰含鳥⿰音鳥⿰飲鳥 鳥含切鳥

名雜屬亦作鴿鶮鶼文四⿰監鳥盧甘切⿰監鳥鶼鳥名郭公也文一⿱斬鳥財甘切鳥名博雅⿱斬鳥鷲鵰也又仕儳切文一重音一⿰炎鳥余廉切博雅⿰炎鳥離怪鳥屬又于廉切文一重音一⿰詹鳥之廉切鳥名山海經女祭山有⿰詹鳥其色青黃又覩敢切文一重音一鶼堅嫌切鳥名比翼也又丘咸切鳥啄物文一重音一鵮丘咸切鳥啄物也又知咸切文二重音一⿰奉鳥補孔切鳥亂飛皃又蒲蠓切文一重音一⿰鳥只掌氏切⿰鳥只鵌鳥名赤足善禦焚又鶂介切⿰鳥只鵌鳥名似烏赤足又支義切鳥聲文一重音二⿰危鳥五委切鳥名鳭鳩也即今布穀又古委切鷶⿰危鳥鳥名子規也文一重音一

鴙⿱彖鳥丈几切鳥名雉有十四種雉或作鴙⿱彖鳥文二⿱畾鳥鸓魯水切說文鼠形飛走且乳之鳥也一曰以其髯飛籀作鸓又並倫追切又並盧回切文二重音二⿱唯鳥愈水切雉鳴又胡了

篇四中 十五 鄭喜

切又伊鳥切又以紹切詩有嚾鳥雉鳴文一重音三⿸厂鳥曰許切鳥名文一⿰咅鳥斐父切鳥

名又普后切雀名又薄口切鴿鴮鳥名又蒲候切文一重音三⿰負鳥奉甫切鳥名鵏屬又扶缶切文

一重音一⿰父鳥⿰釜鳥奉甫切鳥名越父也或作⿰釜鳥文二⿰母鳥鵡罔甫切鳥名說文鸚⿰母鳥也

或从武⿰母鳥又莫後切能言鳥也文二重音一⿰土鳥動五切⿰土鳥鴮鳥名文一⿰⿱雩戶鳥後五

切說文九雇農桑候鳥雇或从雩从鳥亦書作鳸文二鳽⿰奊鳥古禮切鳥名鳧也或从奊文二

鷶母蟹切鳥名博雅鷶鵤子鴂也文一鵻聳尹切鳥名說文祝鳩也文一鷩美隕

切鳥名⿰弜鳥也文一鵘巨隕切雞無尾又巨運切文一重音一⿱鳥儿委遂切闕山海經女

和月母之國有人名曰⿱鳥儿文一鶠隱𢞃切說文鳥也其雌皇一曰鳳皇也文一⿰开鳥翻阮

切鷹二歲色又父遠切又邦免切又披免切文一重音三 鶾 可旱切鶾鴠鳥名似雞五色晝夜鳴又丘蓋切又侯旰切又墟幹切鶾鴠獨春也又何葛切又丘葛切文一重音五 鴠 黨旱切鶾鴠鳥名又得案切文一重音一 鴂 吉典切鸜鴂鳥名子鳺也又居悖切又消惠切又古穴切伯勞也文一重音三 鴢 伊鳥切鳥名爾雅鴢頭鵁似鳧脚近尾略不能行或書作鴢又於絞切又於交切鴢鷦鳥名曲喙又伊謬切文一重音三 䳮 弭沼切鳥名說文鷦䳮也一曰桃雀即巧婦或書作䳮文一 ⿱巧鳥 苦絞切鷦䳮鳥名巧婦也文一 ⿰芺鳥 鴁 鳥浩切說文鳥也或省文二 鵫 鴇 鳵 補抱切說文鳥也肉出尺胾或作鴇鳵亦書作鴇文三 鵎 吐火切鳥名文一 鷌 母下切鳥名文一 ⿰象鳥 似兩切鳥名文一 ⿱敞鳥 齒兩切鷩鳥羽文一 ⿰尚鳥

齒兩切鳥名山海經基山有之如雞三首六足文一鶭鴋撫兩切鳥名爾雅鶭澤虞或省又並甫兩切鳥名文二重音一鷬古晃切鷬⿰冒鳥鳳類文一⿰叀鳥火迴切鵻⿰叀鳥鳥名似鷺色蒼又呼頂切文一重音一⿱狊鳥目九切鳥名百舌也一曰鳥⿱狊鳥鳥也亦書作鶪又居六切說文鳥也又拘玉切文一重音二鴸他口切說文鳥也似鳧黑色又徒口切水鳥名文一重音一⿰貢鳥古送切鳥讓食文一鸏莫鳳切鳥名文一鳳𦐉⿰𦐉鳥馮貢切說文神鳥也引天老曰鳳五色備舉出於東方君子之國見則天下安寧古作𦐉象形鳳飛群鳥從以萬數故亦以爲朋黨字古亦作⿰𦐉鳥𦐉又蒲登切臣光按今文別有朋蓋傳寫𦐉之譌文三重音一䲴直衆切鳥名博雅劉䲴飛鸓也文一鴥戎用切鸇飛皃文一⿰侈鳥弋睡切鳥名小鳩也文一鷙脂利切說

文擊殺鳥也又陟利切又陟栗切卓鷙行不平也李軌說又敕栗切又之列切鳥擊也又陟立切文一重音五⿰七鳥七四切鳥名又尺栗鳥聲文一重音一鱀巨至切鳥名文一鷧乙異切鳥名說文鸕鷀也或書作鷧又壹計切又於例切鳥名食魚文一重音二鷩必至切雉名又必袂切又必列切說文赤雉也引周禮孤服鷩冕文一重音二鵋渠記切鳥名鵂鶹也文一鷾於記切鷾鳾鳥名文一鵥方未切鳥名或書作䳀文一鶋丘據切鳥名文一鷺良據切字林鳥名又魯故切又龍都切水鳥文一重音二鸆元具切鳥名狀如鼠文一鶩亡遇切⿱敄隹鷇雛也或作鶩文一鵵土故切鳥名爾雅鶹鵵文一⿰慮鳥鵅魯故切鳥名白鷺也鷺或从慮亦省文二鸌胡故切鳥名文一䳜大計切鳥名山海經首山有䳜狀如

梟三目又徒蓋切文一重音一

䳑以制切鳥名飛生也文一

⿰蔡鳥七盖切鳩屬文一

鴱牛盖切鳥名爾雅桃蟲鷦其鴜鴱又魚刈切文一重音一

⿰介鳥居拜切說文鳥似鶡而青出羌中文一

⿰乂鳥魚刈切鳥名爾雅桃蟲鷦其雌鴱鴱或从乂文一

⿱振鳥⿸厂鳥之刃切鷺羣飛也或省文二

⿰舜鳥輸閏切鶌⿰舜鳥鳥名文一

鵔須閏切鳥名說文鵔鸃鷩也文一

⿰去鳥王問切交廣人謂鳩曰⿰去鳥一曰雄鳩文一

鶤吁運切鶤鶘妖鳥文一

鶨徒困切鳥名又吐玩切鶨鵙老又寵戀切文一重音二

⿰粲鳥蒼案切鳥名文一

鴳鴳⿰倠鳥於諫切鴽屬或作鴳⿰倠鳥鴳又伊甸切鴳屬文三重音一

鴈魚澗切說文䳘也文一

鷰伊甸切說文玄鳥也籋口布翄枝尾象形亦書作鷰文一

鵫陟教切鳥名白雉也又竹角切又敕角切

又直角切文一重音三鸔薄報切水鳥又北角切似鵙而短頸文一重音一⿰冒鳥英報切山海經罷器山有鳥狀如鳥人面名曰⿱般鳥⿰冒鳥文一鷓之夜切鷓鴣鳥名文一䳤寅謝切鳥名似雉文一⿰匠鳥疾亮切女⿰匠鳥鳥名巧婦也文一鷲疾僦切說文鳥黑色多子師曠曰南方有鳥名曰羌鷲黃頭赤目五色皆備亦書作鷲文一鷇丘候切鳥子生哺者又空谷切卵巳孚文一重音一⿰鳥寇丘候切鳥名鴨屬文一⿰冓鳥居候切⿰冓鳥鵅鳥名文一鷇居候切字林鳥子生哺者又丘候切又克角切鳥子欲出者又墟侯切鳥哺又古慕切方言子雞鷇皆謂之鷇文一重音四⿰甘鳥古暗切鳥聲文一鴤⿰井鳥丁紺切鳥名或从井文二鷇古禄切布鷇鳥名文一鳪博木切雉名黃色鳴自呼又北角切文一重音一鸔博木

切又步木切鳥名說文鳥鸔也又逋玉切文一重音二䳤普木切鳥名善占又蒲沃切䳤鸔鳥名文一重音一鶩莫卜切鳥名說文舒鳧也文一⿰木鳥莫卜切鳥名文一鵚他谷切鵚鶖鳥名文一鸀徒谷切鸀鳿鳥名文一鶝方六切鳥名爾雅鸛鷒鶝鶔如鵲短尾射之銜矢射人又筆力切文一重音一鵩房六切妖鳥也文一鴔⿰复鳥房六切鵖鴔鳥名戴勝也或作⿰复鳥⿰复鳥又弼角切又筆力切鴔又訖立切又匐急切又極曄切文二重音五鷫⿰叜鳥息六切說文鷫鷞也五方神鳥也東方發明南方焦明西方鷫鷞北方幽昌中央鳳皇司馬相如說或从叜鷫又所六切文二重音一⿱粥鳥之六切⿱粥鳥鳩鳥名文一鵱力竹切說文蔞鵱也亦書作⿰鳥坴文一鴥于六切疾飛皃又王勿切鳥飛皃又胡決切文一重音二⿰⿱竹匊鳥鵴居六切鳥

名說文秸鵴尸鳩或从匊又並渠六切鳥名鳴鳩也文二重音一**鴧**乙六切山海經縣雍之山有鳥曰白鴧又云九切鳥名似雉文一重音一**⿱⿰氵夭鳥⿰芺鳥**鳥酷切水鳥或从芺⿱⿰氵夭鳥又屋郭切鳥名文二重音一**鷽**鳥酷切鳥名山鵲也又轄覺切說文雗鷽山鵲知來事鳥也一曰鷽鳩小鳩又乙角切又戶八切文一重音三**鵠**胡沃切鳥名說文鴻鵠也又姑沃切博雅鳿鵠鵲也一說小鳥射之難中古者畫於射質以中之雋一曰鵠澤縣名在西河郡又曷各切鶴或作鵠文一重音二**鸔**逋沃切說文鳥鸔也又伯各切文一重音一**鸀**朱欲切鸀鳿鳥名似鴨而大赤目紺觜又樞玉切山海經氐人之國有青鳥赤足六首名曰鸀又殊玉切鳥名山鳥也似烏而小穴乳出西方郭璞說又直角切文一重音三**鵒⿰虫鳥**俞玉切鳥名說文鴝鵒也古者鴝鵒不踰泲或作⿰虫鳥文二**鳿**

虞欲切鸀鳿鳥名文一

鸑逆角切說文鸑鷟鳳屬神鳥也引春秋國語周之興也鸑鷟鳴於岐山江中有鸑鷟似鳧而大赤目文一

鷟仕角切鳥名說文鸑鷟也文一

鸐直角切鳥名爾雅鸐山雉又亭歷切文一重音一

⿰桼鳥戚悉切說文鳥也文一

鷝壁吉切鷝鵖鳥名青色白面一曰水澤神文一

鴄僻吉切鳥名廣雅鳦也文一

⿰⿱必虫鳥覓畢切鳥名文一

鴓薄宓切鵖鴓鳥名又莫筆切又莫結切繼英也文一重音二

⿰密鳥⿰宓鳥⿰鳥⿱必山莫筆切⿰密鳥肌鳥名或省亦作⿰鳥⿱必皿⿰密鳥又莫結切繼英文三重音一

鷅力質切爾雅鳥少美長醜爲鶹鷅文一

鴩弋質切水鳥名又他結切爾雅鴩餔枝又徒結切文一重音二

鴶激質切秸鞠鳴鳩也或作鴶又訖黠切文一重音一

鷸⿺辶⿰朮鳥食律切翠羽鳥也或作⿺辶⿰朮鳥鷸又余律切說文天將雨鳥引禮知天文

者冠鷸文二重音一⿰祟鳥雪律切說文鳥也文一鴥允律切說文鸇飛皃引詩鴥彼晨風
文一⿺辶鷸允律切說文知天将雨鳥也文一鶌曲勿切山海經馬成之山有鳥狀如烏白
首青身黃足名曰鶌鶌又九勿切文一重音一⿰鳥戉王伐切鳥名文一鷢居月切鳥名說
文白鷢王雎也又其月切文一重音一鵓薄沒切鵓鳥名文一⿰卒鳥⿰率鳥蘇骨切⿰卒鳥
鵓鳥名或从率文二鶟陁沒切鶟鶘鳥名似雉青身白首文一鶻鳦胡骨切鳥名或
从乞鶻又古忽切鳥名說文鶻鳩也鶻又戶八切文二重音二鶡何葛切鳥名說文似雉出上黨
鶡又曷各切鶴或作鶡文一重音一鶷何葛切鶷⿰葛鳥鳥名又下瞎切文一重音一⿰葛鳥居曷
切鶷⿰葛鳥鳥名似伯勞又居轄切又乙轄切又牛轄切又居太切文一重音四⿰末鳥莫葛切鳥名博

雅鵏鴄䳑也文一鴰古活切鳥名說文麋鴰也又古刹切文一重音一䳊北末切鳥

名似雉又蒲撥切說文鳥也文一重音一鵽鴓都括切鵽鳩鳥名大如鴿無後趾或从出鵽又

徒活切又張滑切鳩屬又張刮切文二重音三⿱㓞鳥訖黠切⿱㓞鳥鶷鳥名又吉屑切文一重音一鶷

古滑切鶌鶷鳥名文一⿱殺鳥山戛切鳥飛迅疾文一⿱札鳥側八切鳥名似百舌喙長文一

⿰鳥薛居轄切⿱㓞鳥⿰鳥辥鳥名以鳧又魚列切文一重音一⿰嶭鳥牛轄切⿱㓞鳥⿰嶭鳥鳥名似鳧文一⿱絜鳥

吉屑切鳥名說文⿱㓞鳥⿰鳥辥鳧屬或从絜文一⿰決鳥古穴切鳥名鸋⿰決鳥也又鳥名伯勞也文一⿰蔑鳥

莫結切鳥名工雀也一曰巧婦文一⿰截鳥子列切說文鳥也文一⿱折鳥之列切鳥摯也文一

鴷力蘖切鳥名爾雅鴷斲木文一⿰允鳥欲雪切說文鳥也文一⿰㡀鳥必列切山海經

基山有鳥名鷦鵤一曰鵂鶹別名文一 鸙 弋灼切天鸙鳥名形如鷚色似鶉文一 ⿰削鳥 息約切鳥名文一 鵲 七約切鳥名文一 ⿱小鳥 即約切說文依人小鳥也文一 ⿱㓞鳥 力灼切鳥名文一 ⿰⿱䀠夂鳥 厥縛切鳥名如雞白身三首三足文一 鵅 歷各切鳥名說文鳥鸔也又各鵅切鳥名文一重音一 ⿰樂鳥 歷各切鳥名一曰鷹鳥赤首曰⿰樂鳥文一 鶴鶮 曷各切鳥名說文鶴鳴九皐聲聞于天或作鶮文二 鶚 逆各切鵰屬文一 鶉 光鑊切鶉公鳥名文一 鸌 屋郭切水鳥文一 ⿰白鳥 薄陌切字林⿰白鳥郁鳥名似鸛出懸雍山文一 ⿰宅鳥 直格切⿰宅鳥⿰牢鳥鳥名錦文也文一 鸅 直格切鳥名鵜鶘也文一 ⿰乍鳥 側格切鳥名博雅⿰耒鳥⿰乍鳥⿰鳥巴也文一 ⿺麥鳥 莫獲切鳥名文一 ⿱脈鳥 莫獲切鳥⿱敬鳥視文一 鸊 博厄切鳥名方言野

鳧其小好没水中者南楚謂之鸊鷉又必益切又匹歷切又蒲歷切文一重音三⿰啇鳥陟革切雉屬又丁歷切文一重音一⿰鬲⿱羽鳥下革切鳥⿰鬲⿱羽鳥鳥名文一鵖鶺資昔切鳥名爾雅鵖鴒雝渠雀屬也飛則鳴行則揺或从脊亦書作⿱即鳥⿱脊鳥又工役切鵖又節力切文二重音二鳾常隻切鳥名雝⿰氵鳥⿰役鳥營隻切方言秦漢之間謂⿰役鳥鳩小者曰鷀鳩文一鶪工役切鳥名伯勞也又扃闃切文一重音一⿰責鳥則歷切鳥名文一⿱⿰目𠂢鳥莫狄切鳥⿱艹鴝視文一⿸厤鳥狼狄切鳥名似鷹而大也文一鷊⿰赤鳥鷁倪歷切說文鳥也引春秋傳六鷁退飛或从赤从益文三鴂扃闃切鳥名說文伯勞也文一⿸厂鳥札色切鳥名文一⿰鳥息悉即切鳥食文一⿱敕鳥⿰式鳥蓄力切鸂⿱敕鳥水鳥毛有五色或作⿰式鳥文二鳨六直切鳥名小鳧也一曰⿰火鳥別

名文一

⿰弋鳥 逸織切鳥名文一

⿰或鳥 越逼切鳥名博雅⿰或鳥鶝戴勝也又忽域切又獲北切文一重音二

⿰鳥代 敵德切鴨屬文一

鷍 席入切山海經小侯山有鳥狀如烏而白文名曰鴣鷍文一

鴗 力入切鳥名說文天狗也如翠而食魚文一

鷑 力入切鷑鳩小黑鳥鳴自呼江東名烏鵖又極入切文一重音一

⿰翕鳥 迄及切鳥名文一

鴔 極入切鷑鳩小黑鳥鷑或从及文一

鵖 北及切鵖鴔鳥名戴勝也又戟葉切又貶耴切文一重音二

鴿 葛合切鳥名說文鳩屬文一

⿰沓鳥 訖合切鳥名文一

⿰眔鳥 達合切博雅⿰羽眔飛也文一

⿱刧鳥 居盍切鳥名文一

⿰巤鳥 力盍切飛皃文一

⿰鳥耴 眤輒切鳥飛皃一曰鳥名文一

⿰疊鳥 達協切鳥名山海經⿰疊鳥禦文二首四足如斑鵲文一

鵊 檄頰切鳥名又訖洽切一曰書篇名陰陽

家有鳩洽子篇鸈逆怯切鳥名知
文一重音一人吉凶文一
鳨鴨鶕乙甲切鳥
名博雅鳧鷖鳨也
或作鴨鶕文三

文五百五十　重音三百十

烏孝鳥也象形孔子曰烏盱呼也取其助
气故从於烏呼凡烏之類皆从烏古作於
緈絟哀都切於緈絟又衣虛切于也居也往也一
曰語辭烏又於加切烏秅西域國名又於諫
切文三
重音三
焉尤虔切語助又於虔切說文鳥黃色出於江淮
象形凡字朋者羽蟲之長烏者日中之禽舄者

知太歲所在燕者請子之候作巢避戊巳所貴者故皆象形焉亦是也一曰何也又依言切安也文一重音二

舄 七約切鳥名說文䧿也象形又姓又闥各切大皃又思積切履也文一重音二

文五　重音七

𠦒箕屬所以推棄之器也象形凡𠦒之類皆从𠦒 北潘切又壁吉切箕屬文一重音一

糞𡊄 方文切埽除也或作𡊄文二

糞𡍬𡒄𡊅 方問切說文弃除也从廾推𠦒棄采也官溥說似米而非米者矢字或作𡍬糞𡒄古作𡊅文五

弃棄 磬致切說文捐也从廾从推𠦒棄之从㐬㐬逆子也古作弃棄文二

畢畢 壁吉切說文田罔也从𠦒象畢形微

也一曰貫牲體木或省畢又逼密切揘畢撞也文二重音一

文十二　重音二

冓交積材也象對交之形凡冓之類皆从冓

冓古候切又居侯切數名十秭曰冓一曰邑名漢有邯冓侯文一重音一

爯處陵切說文并舉也从爪冓省又昌孕切文一重音一

再作代切說文一舉而二也从一冓省文一

⿱爫林昌孕切大也舉也文一

文四　重音二

幺小也象子初生之形凡幺之類皆从幺

於堯切文一

麼忙皮切小也又眉波切又母果切說文細也文一重音二紗於喬切紗緺尫小皃文一

紗師加切廣雅小也文一縰想氏切小皃又淺氏切文一重音一黝於九切黝

瞟輭也文一幼伊謬切說文少也又一笑切幼眇精微也又於敎切禨項又乙六切少也文一

重音三

文七　重音六

𢆶微也从二幺凡𢆶之類皆从𢆶於虯切又於求切微也又津之切黑也茲古作𢆶文一重音二

幾㡬居希切說文微也殆也从𢆶从戍戍兵守也𢆶而兵守者危古作㡬幾又渠希切近也又舉起切數也又几利切覬或作幾又其既切近也文二重音四幽於虯切說文隱也又州名亦姓又於糾切黝或作幽文一重音一⿱𢆶又舉起切數也幾古作⿱𢆶夂文一⿰幾乞其迄切相切近也文一

文六　重音七

叀專小謹也从幺省財見也亦聲凡叀之類皆从叀古作⿱山幺⿸户卣朱遄切又並船釧切叀又淳沿切又雛戀切文三重音三

疐丁易切躓也又追萃切跲也文一重音一

疐疌陟利切說文礙不行也从叀引而止之叀者如叀馬之鼻亦作疌疐又丁計切去本也爾雅棗李曰疐之文二重音一

惠𢡱胡桂切說文仁也文二

文八　重音五

玄幽遠也黑而有赤色者爲玄象幽而入覆之也凡玄之類皆从玄古文作𢆯胡消切玄又熒絹切泫或作玄文二重音一

玆津之切說文黑也引春秋傳何故使吾水玆一曰蓐也此也亦姓又牆之切龜玆西域國名又

胡消切黑也文一重音二玈龍都切黑弓春秋傳賜晉侯玈弓矢千文一玅千遙切小意文一

文五　重音三

予推予也象相予之形凡予之類皆从予

余呂切又羊諸切予我也又丈呂切闕夏帝名文一重音二

舒商居切說文伸也方言東齊之間凡展物謂之舒一曰叙也散也又姓亦州名又羊茹切文一重音一

𠄔時刃切堪𠄔魚名文一

幻𠫓胡慣切惑亂也或作𠫓幻又胡了切相詐惑也𠫓又胡困切惑亂也又並胡辦切文二重音三

𠫔胡辦切相眩惑也文一

文六　重音六

放逐也从攴方聲凡放之類皆从放甫妄切又甫兩切文一重音一

敫敖牛刀切說文出游也一曰傲也隷作敖敖又魚到切慠亦作敖文二重音一

敫吉弔切所歌也又以灼切說文光景流也又吉歷切敬也又堅堯切擊也又韋幺切文一重音四

文四　重音六

𠬪物落上下相付也从爪又凡𠬪之類皆从𠬪平小切又婢小切文一重音一

爰 于元切說文引也謂引詞也一曰于也又姓文一 爭柬 甾莖切說文引也古作柬爭又側迸切競也文二重音一 𤔔 倚謹切說文所依據也又於靳切文一重一 受𤔔 是酉切說文相付也一曰承也从𠬪舟省聲古作𤔔受又後到切姓也又刀號切又大到切文二重音三

𣪘𣪠𣪊敢 古覽切說文進也从𠬪古聲古作𣪘𣪊隸作敢文四 𤔔𤕪 盧玩切說文治也幺子相亂𠬪治之也一曰理也徐鍇曰冂坰也界也古作𤕪文二 寽 劣戌切說文五指捋也又盧活切捋或作寽文一重音一 𤔿 龍輟切說文撮也文一

文十五 重音七

𣦼殘穿也从又从歺凡𣦼之類皆从𣦼亦

作𣦼財千切文二

叡睿㕡壡俞芮切說文深明也通也古作睿㕡籀作壡文四

𣪊居代切說文𣦼深堅意也从𣦼从貝貝堅實也又何邁切又戶八切文一重音二

⿱𣦼圭下介切博雅陿也文一

𣦸疾正切說文坑也文一

㕡壑黑各切溝也或从土又並黃郭切爾雅阬虛也郭璞讀壑又郝格切文二重音二

文十一　重音四

歺𠛱骨之殘也从半冎凡歺之類皆从歺古文作𣦵徐鍇曰冎剔肉置骨也歺殘骨也故从半冎徐鉉曰義不應有中一秦刻石文

有之五割切又並居陵切骨朽之餘歺又才達切文二重音二臣光曰隸或書作歹

𣧩之戎切博雅𣧩殌竟也文一　𣦸虛容切惡也象地穿交陷其中文一　㱟攀縻切剖肉也又普靡切折也又部靡切文一重音二

𣨑居宜切又丘奇切說文棄也俗語謂死曰大𣨑又舉綺切文一重音二

𣨙邕危切說文病也又於僞切益州人取鹿殺而埋地中令臭乃食之名鹿𣨙文一重音一

𣧁居希切斷也刲也鄭康成曰刲羽牲曰刉或作𣧁文一

殍䎬芳無切餓死曰殍或从耳䎬又部鄙切又被表切文二重音二

殊慵朱切說文死也漢令蠻夷長有罪當殊之一曰絕也文一

𣩯殦孫租切爛也或作殦文二

殂𣦼殝𣧛𡖉叢租切說文往死也引虞書放勛乃殂古作𣦼殝𣧛𡖉文五

𣧏𣨥攻乎切辜

也古作⿰歹古⿰歹占又空胡切說文枯也一曰⿰歹咼也文二重音一 宷 緜批切深入也文一 媒 謀杯
切壞也文一 ⿰歹豈 柯開切博雅⿰歹豈䏿胎也又魚開切說文殺羊出其胎文一重音一 ⿰歹奏
緇訖切死也文一 殟 烏昆切博雅殙殟病也一曰極也又烏沒切說文胎敗也文一重音一
⿰歹昬殙 呼昆切說文瞀也一曰未名而死曰⿰歹昬或作殙⿰歹昬又謨奔切瞀也又矜也又莫困切氣絕
也文二重音二 ⿰歹民 呼昆切矜也莊子以黃金注者⿰歹民又彌究切文一重音一 ⿰歹肉 昨于切禽
獸所食餘也又才贊切文一重音一 殘 財干切餘也文一 殫 多寒切說文殛盡也通作
單文一 ⿰歹冊 師姦切闕單于名文一 ⿰歹芺 於喬切害物也文一 ⿰歹曹 臧曹切終也又
財勞切又徐由切又茲秋切文一重音三 ⿰歹可 丘何切死皃文一 ⿰歹差 遭哥切小疾也一曰

未婚而夭又洛雅切又才何切爾雅瘥病也或从歺文一重音二⿰歹羊徐羊切女鬼一曰殘也又弋亮切創也文一重音一殤尸羊切說文不成人也年十九至十六死爲長殤十五至十二死爲中殤十一至八歲死爲下殤又式亮切文一重音一殭居良切死不朽文一殃於良切說文咎也又於郎切敗也文一重音一⿰歹亨虛庚切⿰歹彭⿰歹亨胖也文一⿰歹彭⿰歹朋晡横切⿰歹彭⿰歹亨胖也或作⿰歹朋文二殅師庚切死而更生又新倿切文一重音二⿰歹夌閭承切⿰歹夌殑鬼出也一曰病皃又郎鄧切文一重音一殑居陵切⿰歹夌殑鬼出又巨興切殑⿰歹先欲死皃又其拯切又其孕切文一重音三⿰歹先色矜切殑⿰歹先欲死皃又色拯切文一重音一殏渠尤切爾雅終也文一⿰歹因徐由切殘也文一殲殱將廉切說文微盡也引春秋傳齊人殲于遂古作殱

娍又思廉切文二重音一 ⿰歹奉撫勇切死也文一 ⿰歹危苦委切傷也跛也文一 殍部鄙切餓死又蒲候切落也文一重音一 ⿰歹於歐許切殕也文一 殕斐父切物敗生白也又奉甫切又俯九切博雅敗也又鼻墨切說文僵也春秋傳晉人殕之文一重音三 ⿰歹米母禮切米半壞文一 ⿰歹鬼戶賄切⿰歹鬼⿰歹妥不知皃文一 殨戶賄切腫決也又胡對切說文爛也又胡骨切腫壞也文一重音二 ⿰歹畏鄔賄切⿰歹畏⿰歹妥弱也文一 ⿰歹妥吐猥切⿰歹畏⿰歹妥弱也又弩罪切文一重音一 ⿰歹宰子亥切滅也文一 殆蕩亥切說文危也一曰近也文一 殞羽敏切殁也又羽粉切文一重音一 ⿰歹宛委遠切人死皃文一 殄𠃯徒典切說文盡也古作𠃯文二 殀於兆切少殁也文一 ⿰歹高苦浩切博雅胋⿰歹高曝也文一 ⿰歹咼戶果切害也神不福

也文一　㱻　魯果切說文畜產疫病也又魯外切文一重音一　㱙　許九切說文腐也又許救切文一重音一　殠　許九切臭也又許救切腐氣也又尺救切文一重音二　⿰歹幼　於九切⿰歹幼⿰歹丑欲死文一　⿰歹丑　女九切⿰歹幼⿰歹丑欲死文一　殗　衣檢切瘞也又於贍切汚觸也又衣廉切殁也又乙業切博雅病也文一重音三　⿰歹斯　斯義切死也文一　⿰歹責　殐　疾智切鳥獸殘骨亦作殐文二　⿰歹昜　以豉切芟夷艸木曰⿰歹昜文一　⿰歹益　於賜切物凋死文一　⿰歹失　丑二切魑魅也山海經剛山多神⿰米鬼或作⿰歹失又勑栗切⿱厲鬼文一重音一　⿰歹聿　殔　羊至切說文瘞也或作殔肂又息例切埋棺坎文二重音一　⿰歹耳　仍吏切春祭以除病文一　殖　仕吏切植也文一　殬　⿰歹乇　都故切說文敗也引商書彝倫攸殬或作⿰歹乇文二　⿰歹度　徒故切敗也文

一殀殢他計切博雅極也或作殢殢又大計切又顯計切極困也文二重音一殪𡔛壹計切說文死也古作𡔛文二𣧑消惠切博雅極也文一𣩘力制切疾疫也文一𣨎力制切病也文一𣨙魯外切病也文一𣩢先外切瘠病文一𣩴𣩵於盖切死也或省亦作𣩵𣩴又克盍切奄忽也文三重音一𣩳胡怪切腐也文一𣩈摧內切殘敗文一𣩪烏廢切殘𣩪死物文一𣨬普吠切博雅殢𣨬極也文一殯必仞切說文死也棺將遷葬柩賓遇之夏后氏殯於阼階商人殯於兩楹之間周人殯於賓階文一殉徐閏切以人從死也又俞絹切又松倫切貪也尚書殉于貨色徐邈讀文一重音二殣渠吝切說文道中死人人所覆也引詩行有死人尚或殣之又巨靳切埋也文一重音一

⿰歹賁方問切博雅歺也文一⿰歹柬㱫郎旰切博雅敗也或作㱫文二⿰歹叚徒玩切卵不孚也文一⿰歹貫古患切殫也文一⿰歹冊所晏切凶奴名文一⿰歹言魚戰切弔生也文一⿰歹翟徒弔切牛羊死也文一⿰歹尞力弔切敗也文一⿰歹耶眉敎切博雅歺也文一⿰歹皃眉敎切飽懣也文一⿰歹羅郎佐切病也文一⿰歹朶都唾切殨也文一⿰歹羸盧卧切博雅病也一曰畜病文一⿰歹登唐亘切⿰歹夌⿰歹登困病皃文一⿰歹芯七鳩切艸木萎死又千尋切⿰虫眞食苗心死也文一重音一⿰歹僉力驗切衣死也文一⿰歹角古禄切博雅⿰歹角殐歺也俗作⿰歹甬非是又徒谷切又轄覺切文一重音二殐蘇谷切⿰歹角殐歺也又色角切⿰歹角殐殭也文一重音一殰徒谷切說文胎敗文一⿰歹鹿盧谷切⿰歹鹿⿰歹婁蜀人埋鹿臭而食之文一⿰歹就

七六切爾雅終也又子六切又作苔切又疾僦切文一重音三

殈 弋質切鳥卵坼也禮卵生者不殈范宣讀又呼没切又馨激切又呼臭切又忽域切文一重音四

⿰歹戌 雪律切殂也又蘇絶切博雅盡也文一重音一

⿰歹卒 即聿切說文大夫死曰⿰歹卒又蒼没切暴終也文一重音一

⿰歹屈 渠勿切殭也文一

⿰歹戉 許月切盡也又翾劣切文一重音一

歾殁 莫勃切說文終也或从殳文二

⿰歹内 奴骨切殟⿰歹内心亂文一

⿰歹未 莫葛切朽餘也文一

⿰歹宛 烏括切臭气文一

⿰歹月 五活切獸食餘又北末切又五刮切文一重音二

⿰歹犮 蒲撥切腐氣文一

⿰歹少⿰歹乚 側八切字林夭死也或作⿰歹乚⿰歹少又子列切文二重音一

⿰歹斤 之列切夭死也文一

⿰歹各 歷各切殂⿰歹各死也文一

⿰歹莫 末各切說文死宋⿰歹莫也或書作⿰歹莫又莫白切文一重音一

⿰歹辟

毗亦切死皃又必歷切博雅𣩘𣧑歺也又蒲歷切一曰欲死皃文一重音二𣧑先的切博雅𣩘𣧑極也文一𣩿狼狄切𣩿𣧑欲死皃文一殖丞職切說文脂膏久殖也一曰種也一曰興生財利曰殖文一殛訖力切說文殊也引虞書殛鯀于羽山又乙力切死也文一重音一𣧾忽域切殘裂也文一𣦼㱞逆及切危也或从及𣦼又落合切朽折也文二重音一殜弋涉切殜殗病也一曰微也又直涉切又余業切文一重音二𣩍余業切殗殜病也文一𣩋乙業切博雅病也又叵之切文一重音一殎乞洽切姞也文一

文一百五十九　重音七十九

死澌也人所離也从歺从人凡死之類皆

从死古文作𠨷𣦸想姊切文三

薧薨呼高切說文死人里或不省薨又苦浩切乾也又口到切枯也文二重音二薨呼弘切說文公侯猝也又呼宏切衆也疾也詩度之薨薨文一重音一殭巨兩切僵仆也文一

㱦息例切博雅病也又七四切又資四切說文戰見血曰傷亂或爲惛死而復生爲㱦文一重音二

斃毗祭切說文頓仆也引春秋傳與犬犬斃或从死文一

文九　重音五

冎剮人肉置其骨也象形頭隆骨也凡冎之類皆从冎或作另古瓦切文二

⿰冎卑班糜切說文別也又補美切又補買切博雅裂也又部買切文一重音三　別皮列切說文分解也又筆別切異也文一重音一

文四　重音四

骨肉之覈也从冎有肉凡骨之類皆从骨

古忽切文一

髃五公切肩前也又元俱切又吾回切又語口切文一重音三　䯪枯江切髖䯪尻骨名文一　髖傳江切髖䯪尻骨文一　骴髊才支切鳥獸殘骨或作髊亦書作⿱此骨髊又倉何切治牙骨也又並疾智切說文鳥獸殘骨骴骴可惡引明堂月令掩骼薶骴骴又仕懈切文二重音三

骰渠羈切緩走也文一𩪋傳追切項後骨文一骬雲俱切廣雅髃骬缺盆貳也或作骬文二䯌虧于切體也又春朱切骨名文一重音一髗龍都切說文頓顱首骨或从骨文一骷空胡切廣雅骷髆䯏也文一䯤傾畦切六畜頭中骨文一骸雄皆切說文脛骨也又柯開切足大指毛也文一重音一䯱都回切骨起文一骸謨杯切背肉也文一䯛魚開切頼體頭長皃文一髖枯昆切博雅髖尻也又枯官切說文髀上文一重音一𩪍徒渾切說文髀也文一䯍吾官切博雅䯍骯也文一骿蒲眠切說文并脅也晉文公骿脅文一𩪼閭負切病體拘曲也文一𩪱逵負切輔骨曰顴或从骨文一髎憐蕭切髖骨名一曰馬膀上骨爲八髎又離昭切尻骨謂之髎又力交切馬脊骨又力吊

切文一重音三髐礊幺切髐然髑髏皃又牽幺切又虛交切文一重音二䯽卑遥切體壯也文一骹𩨷丘交切說文脛也或作𩨷又居爻切又虛交切鳴鏑也又下巧切脛下也又後敎切又口敎切文二重音五髇𩩱虛交切鳴鏑也或作𩩱文二骲蒲交切骨鏃也又五巧切又博巧切又皮敎切又普木切又側角切文一重音五𩨭丘刀切骨也文一䯠牛刀切蟹大足者文一髁苦禾切骨也又苦果切髀骨又戶瓦切誤髁不正皃一曰謹刻又苦瓦切髀骨又苦會切博雅髂也又苦卧切文一重音五髍眉波切說文瘺病也謂身支半枯或書作䃺文一䯒丘靴切足病皃文一䯫詩車切骨名文一𩩲枯瓜切䯏𩩲髂上骨文一䯏吾瓜切䯏𩩲髂上骨文一䯧呂張切股內謂之䯧又盧當切博雅骫䯧骭也

文一重音一　髈　蒲光切脅也又普朗切文一重音一　骯　枯光切博雅骯⿰骨艮⿰骨可也文一

⿰骨行　何庚切牛脊後骨文一　⿰骨甹　滂丁切肋骨文一　⿰骨丁　湯丁切腨骨文一　⿰骨廷

湯丁切⿰骨零⿰骨廷長骨皃文一　⿰骨零　⿰骨令　郎丁切⿰骨零⿰骨廷骨皃或省文二　⿰骨巠　乎經切骨也文一

⿸广⿰亻骨　於陵切胷也文一　⿰骨夌　盧登切骨高皃文一　骺　⿰骨侯　胡溝切骨端謂之骺或从

矦骺又居候切骺骺骨耑一曰骨鏃文二重音一　骰　徒矦切博齒又果五切髀也文一重音一

髏　郎矦切說文髑髏也文一　⿰骨咸　魚咸切⿰骨欿⿰骨咸骨高皃文一　⿰骨欿　丘銜切⿰骨欿⿰骨咸骨高皃

文一　⿰骨重　竪勇切脛氣足腫或作⿰骨重文一　⿱此骨　蔣氏切鳥骨一曰骨有肉謂之⿱此骨或作骴文一

⿰骨隓　髓　⿰骨⿱左月　⿰阝⿱左月　選委切說文骨中脂也或作髓⿰骨⿱左月⿰阝⿱左月髓又思累切文四重音一　⿰骨奇

巨綺切小骨文一

骫 鄔毀切說文骨耑骫奊也一曰骫骳屈曲也又於僞切骫骳脛曲文一重音一

骳 部靡切骫骳脛曲也又母被切又平義切文一重音二

體 天以切四支也又土禮切說文總十二屬也文一重音一

⿰骨於⿰方⿱𠂉骨 歐許切肩骨或省亦書作膂文二

⿰骨甫 匪父切博雅⿰骨可也又匹各切文一重音一

⿰骨度 動五切顱也文一

髀⿰骨坒⿰骨毘 部禮切說文股也或作⿰骨坒⿰骨毘髀又補弭切又部弭切又母婢切又補履切文三重音四

骶 典禮切髆也又丁計切博雅背謂之骶文一重音一

⿰骨妥 吐猥切股也文一

髕 婢忍切說文厀耑也文一

⿰骨系 古本切闕人名禹父也文一

⿰骨玄 古本切細骨文一

骭 下簡切脛中也又侯旰切骹也又居案切說文體也又下晏切文一重音三

⿰骨侖 婢典切骨⿰骨侖生文一

⿰骨肖 胡了切水膁也

又子小切脅骨又以紹切文一重音二⿰骨号以紹切脅骨文一⿰骨昷烏浩切署骨文一⿸麻骨母果切細也文一⿰骨麼母果切漏病文一⿰骨莽母朗切骯髒體胖也文一髒子朗切骯髒體胖又則浪切抗髒伺立皃趙壹說文一重音一骯下朗切骯髒體胖也又口朗切文一重音一骾古杏切說文食骨留咽中也文一⿰骨省所景切瘦謂之痟或从骨文一⿰骨逢房用切灼龜坼文一⿰骨垂樹僞切桼器先以屑垸之也文一髓思累切骨脂也省文一⿰骨辟卑義切博雅⿱艹彌彊⿰骨辟也又必益切弓弭又毗亦切文一重音二⿰骨貴丘媿切說文厀脛間骨也一說以厀至地又古對切頭骨皃文一重音一⿰骨害下蓋切骨也文一⿰骨會古外切說文骨擿之可會髮者引詩⿰骨會弁如星文一骱下介切堅骨又何葛切⿰骨戠骱小骨一曰堅

也又訖黠切又下瞎切文一重音三䯟徒對切䯊䯟愚皃文一䯊古對切䯊䯟愚皃文
一骭居案切體也文一䯘胡玩切以桼和灰而髹也文一𩨐必駕切杩也文
一骻枯化切股間也文一髂𩨗𩩍丘駕切䯾骨也或作𩨗𩩍𩨗又丘何切膝骨也
文三重音一𩫊五紺切首骨高皃又乞及切朐脯一曰乾也文一重音一䯠吉念切瘦
皃文一髑徒谷切說文髑髏頂也文一𩪭吁玉切顱也文一䯿訖岳切骨
堅白又北角切骨耑文一重音一䮷匹角切骨箭文一𩪃居月切說文𩪃骨也文一
𩪃其月切博雅䯥髀𩪃也一曰尾本文一䯧許竭切䯧骬⿱會骨前骨又何葛切骨名䯧謂
之骬又許代切博雅䯧骬缺盆骨也文一重音二𩨨蒼沒切小骨又昨沒切文一重音一䯦

當沒切鳥名鳴豫知吉凶又苦骨切月䯁月所生也文一重音一

䯊苦骨切博雅勤也又苦滑切力作也文一重音一

䯋丘葛切肩髆骨又蒲撥切䯋𩩲骨高皃又房廢切骨耑也文一重音二

𩩲牙葛切䯋𩩲骨高皃文一

𩪆莫葛切䯒𩪆小骨又莫八切一曰骨堅文一重音一

䯏戶括切骨耑又古活切又戶八切䯗䯏所以礙也文一重音二

骶古活切說文骨耑也一曰䯧也文一

䯗莫八切䯗䯏所以礙也文一

𩨲徒結切骨差也文一

䯿株劣切續骨也文一

髆伯各切說文肩甲也又四各切文一重音一

骼剛鶴切牲後脛骨又各頷切說文禽獸之骨曰骼文一重音一

𩩍恥格切骨間汁又陟革切又丑厄切又治革切又思積切胯間又先的切又他歷切文一重音六

𩪻狼狄切骨病文一

𩨗逸職切缺盆骨

也文一 䯨䯝乙力切胷骨也或作䯝文二 骰悉合切骰䯟首動皃文一 䯟王盍切骰䯟首動皃文一

文一百三十八 重音七十八

類篇卷第四中

文林郎充辟廱直學臣陳堯臣校對

類篇卷第四下　卷之十二

朝散大夫右諫議大夫權御史中丞充理檢使上護軍河内郡開國侯食邑一千三百户賜紫金魚袋臣司馬光等奉
敕修纂

肉胾肉象形凡肉之類皆从肉　如六切又儒遇切又如又切錢璧之體　文一重音二

膧　徒東切肥皃又傳江切⿰骨童⿰骨空尻骨或从肉　文一重音一

朦　謨逢切方言秦晉之間凡大貌謂之朦一曰豐也又母揔切又母項切　文一重音二

肛　胡公切肛門腸耑又古雙切埤倉降肛腸脹也又虛江切博雅降肛腫也　文一重音二

腢　五公切肩前也又元俱切膊前骨謂之腢

又吾回切又魚侯切又語口切文一重音四肌符風切乳也文一⿰月宮居雄切腐刑也

文一⿰月冬徒冬切博雅痛也文一膿奴冬切腫血也文一⿰月從七恭切肥也文一

⿱凶月胷虛容切說文膺也或从匈文二肨敷容切肉耑又披江切腫也又匹降切脹臭皃

文一重音二⿰月庸癡凶切均直也文一臃於容切腫也又委勇切臃腫肉起文一重音一

腔枯江切骨體曰腔又苦貢切羊腊文一重音一胦於江切胦肛不伏又於良切脝胦臍

也又於郎切又倚兩切又倚朗切文一重音四胮𦜆披江切胮肛腫也或作𦜆胮又皮江切文

二重音一⿰月尨莫江切身大也又母惣切博雅腫也又母潼切豐大也又母項切文一重音三胑

肢章移切說文體四胑也或作肢文二⿰月差又宜切腡也又初佳切脯腵又才何切腹鳴文

一重音二

腄　是爲切臀也又株垂切說文瘢胝也一曰馬及鳥脛上結骨李舟說文殊隹切縣名又傳追切地名又崇懷切腂脽形惡脽或作腄又于求切縣名在東萊又樹僞切又馳僞切文一重音六

胔　七支切人子腸也又牆之切水腸謂之胔又秦昔切瘦也文一重音二

朘　津垂切赤子陰也又祖回切又荀緣切又遵全切縮也又臧戈切又祖耒切文一重音五

臇　津垂切臛也又遵爲切又尹捶切創裂也文一重音二

臇　遵爲切臛也又子兗切文一重音一

脾　頻弥切說文土藏也又蒲街切牛百葉周禮脾析徐邈讀又補弭切益也又部禮切股也文一重音三

䑙　魚羈切度牲體骨曰䑙文一

脂　蒸夷切說文戴角者脂無角者膏亦姓又軫視切手指也文一重音一

胵　胝　稱脂切說文鳥胃一曰胵五藏總名博雅百葉謂之膍胵或从氐胵又陟利切

肥也又陟栗切郁脛地名胝又張尼切腄也一曰蹢也又丁計切牲體之本也文二重音四
脽 川隹切又視隹切說文𡱂也一曰地名祠后土汾脽是也又之由切文一重音二
⿰月⿱罒糸 倫追切脯也又盧懷切膘腫形惡也又魯水切皮起也文一重音二
胂 胰 延知切夾脊肉或作胰胂又升人切又癡鄰切伸身也又矢人文二重音三
⿰月⿸尸矢 馨夷切脽也文一
⿰月⿸尸木 馨夷切唸吚呻也或作⿰月⿸尸木文一
肌 居狋切說文肉也又居氣切體也文一重音一
⿰月癸 渠惟切臞⿰月癸醜皃又渠龜切文一重音一
膍 肶 頻脂切說文牛百葉也一曰鳥膍胵或从比又並駢迷切肶又部禮切股也又必至切祠也文二重音三
胹 腝 臑 人之切說文爛也方言秦晉之郊謂孰曰胹或作腝臑腝又人移切有骨醢也又年題切又汝來切又乳兖切足疾又奴困切肉醢臑又汝朱切肱骨也

一曰衣名襦者本取臑義又奴刀切羊豕臂也又乃管切體燠也又乃到切文三重音九

脭 盈之切豕脾息肉文一

⿱辛月 澄之切理也文一

肥 符非切說文多肉也徐鉉曰不可過多故从卩亦姓又補美切薄也列子口有所偏肥文一重音一

腓 符非切說文脛腨也一曰病也又父沸切文一重音一

膹 符非切膗多湆又父尾切又父吻切臞也文一重音一

䐩 居希切說文頰肉也又渠希切又己亥切文一重音二

肵 渠希切敬也鄭康成曰盛心舌之俎文一

脢 莁歸切夾脊肉又呼回切易咸其脢王肅讀又莫栝切又莫佩切博雅胂謂之脢又莫代切文一重音四

胠 丘於切博雅脅也一曰旁開為胠一曰陳右翼曰胠又口舉切腋下又丘據切又迄業切又乞業切文一重音四

腒 斤於切說文北方謂鳥腊曰腒引傳曰堯如腊舜如腒又求於

切又居御切文一重音二

胥 新於切說文蟹醢也又寫與切什長也有才智者又蘇故切鄭康成所謂荊州之蟹胥文一重音二

胆 千余切說文蠅乳肉中也又七慮切文一重音一

䐗 張如切豕而三毛叢居者文一

臚膚 淩如切說文皮也一曰腹前曰臚籀省膚又風無切文二重音一

⿰月慮 淩如切傳也一曰上傳語告下文一

臞 權俱切說文肉少也又衢遇切文一重音一

朐 匈于切朐衍戎名在北地又權俱切說文脯挺也又吁句切又吁王切戎名文一重音三

肟 匈于切肟胎縣名通作肟文一

膴 匈于切肉大臠又微夫切無骨腊又蒙脯切一曰法也又荒胡切又謨杯切又火羽切脯也一曰䐑肉大臠又罔甫切美也詩周原膴膴文一重音六

膊 芳無切界埒也太玄福則有膊又鋪枚切又龍輟切又伯各切又匹各切說文膊脯膊之屋上

文一重音四

膚 風無切皮也美也文一

胕 風無切足也又馮無切腄也又符遇切人之六腑也文一重音二

膢 龍珠切說文楚俗以二月祭飲食也一曰祈穀食新曰離膢一曰臘祭名又郎侯切漢以立秋曰祭獸因以出獵還祭宗廟名貙膢又力求切文一重音二

腴 容朱切說文腹下肥也又勇主切文一重音一

膜 蒙晡切胡人拜稱南膜穆天子傳膜拜而受又末各切肉間胲膜也文一重音一

蒱 蓬逋切膞魚也一曰雉膺肉文一

脯 蓬逋切王德布大歓酒也酺或作脯又匪父切說文乾肉又蒲故切爲人物災害之神文一重音二

𦿉 孫租切酪屬文一

肐 叢租切胍肐大腹皃一曰推之大者故俗謂杖頭大爲胍肐關中語訛爲胍楇又陟加切又都故切文一重音二

胍 攻乎切大腹肐胍又胡瓜切又胡故切肐胍肥大皃文一重音

二

𦞙攻乎切埤倉𦞙膊大膊也文一

胋空胡切博雅胋⿰歹高騾也又果五切髀也文一重音一

胡戶孤切牛顄垂也又胡故切頸也漢書猝胡文一重音一

胯空胡切博雅奎也奎者兩髀間又枯瓜切股間又枯買切膢胯肥皃又苦故切又枯化切文一重音四

臡人移切有骨醢也又汝來切又囊何切文一重音二

⿱齊肉前西切說文肶⿱齊肉也或書作臍文一

腣都黎切埤倉腣胿腹胅也又田黎切又丁計切文一重音二

⿰月是都黎切曆⿰月是強脂也文一

䏲天黎切⿰月扁䏲臯不正又徒結切骨差也文一重音一

胿弦雞切腣胿腹大又涓畦切文一重音一

膎戶佳切說文脯也一曰吳人謂腌魚爲膎腩文一

腡公蛙切手文謂之腡又盧戈切又姑華切文一重音二

⿰月兒尼佳切楚人謂乳爲⿰月兒⿰𣪊乚文一

⿰月皆居諧切說文臞也又口駭

切文一重音一臛崇懷切䐘臛形惡文一膭姑回切肥也又徒對切下大皃又胡對切

肥大皃文一重音二䐇姑回切畜胎也又柯開切肥也又魚開切又可亥切文一重音三䐐

胡隈切𦙶䐐腫大皃又虎猥切又沽罪切文一重音二𦙶都回切腫也又覩猥切文一重音一

𦙃鋪枚切肉臠未成醬文一肧鋪枚切說文婦孕一月也又披尤切肧胎未成之物文一

重音一腜莫杯切說文婦始孕腜兆也一曰腜腜肥也文一脄謨杯切說文背肉也

又莫佩切又莫代切文一重音二胲何開切說文足大指毛也又已亥切頰下曰胲文一重音

一胎湯來切說文婦人孕三月也一曰始也文一䐜稱人切說文起謂肉脹起文一

臏毗賓切刖也又婢忍切鄒耑也又逋忍切文一重音二肫朱倫切說文面頯也又殊

倫切腊之全者又徒渾切腒肫餌也又主尹切頣也
又祖猥切又朱閏切全腊也又朱劣切面骨文一重
音膞殊倫切服骨也又朱遄切鳥胃又淳沿切陶
六人作器具又食川切又主兖切切肉又竪兖
切腓腸也文脣⿰月昏膰舩倫切說文口耑也或作⿰月昏
一重音五膰亦書作脤⿰月昏又彌盡切⿰月昏
合無波際皃又武腀龍春切皮⿰月寅夷眞切夾肦
粉切文三重音二也文一脊肉文一
符分切大首皃一曰衆皃又逋臐許云切臛也腱
還切頒顡謂之肦文一重音一羊曰臐文一
⿰月虔肋舉欣切肉之力也筋或作腱⿰月虔亦省腱又居
言切博雅脊腱肉也一曰筋之大者腱又渠
言切字林筋鳴也又許偃切大筋又巨偃切又渠膰
建切筋本也肋又歷德切脅骨也文三重音六
符表切宗廟火熟肉又蒲官切腒胡昆切博雅腒
大腹又蒲波切文一重音二肫餅也又公渾

切蟲之總名又戶袞切圓長皃文一重音二 臗 枯昆切博雅臗尻也一曰髀上又枯官切文一

重音一 脽臀 徒渾切髀也或作臀文二 ⿰月艮 胡恩切足後也文一 ⿰月看 丘寒切腒

⿰月看坼也文一 肝 居寒切說文木藏也文一 ⿰月冊 ⿰月散 相千切脂肪也或作⿰月散文二 ⿰夕月

⿰月戔 財千切說文禽獸所食餘也或从戔⿰月戔又仕限切腹大皃又才賛切文二重音二 ⿰月單

多寒切胍肶謂之⿰月單文一 ⿰月闌 郎干切⿰月戔也文一 脘 胡官切博雅脯也一曰胃脂又古緩

切說文胃府也又戶版切肉也又胡玩切文一重音三 ⿰月曷 呼官切⿰月曷吺四凶之一又於例切臆

下也文一重音一 ⿰月雚 呼官切山海經帶山有獸其狀如馬一角有錯名曰⿰月雚疏又逵員切博雅

⿰月雚⿰月癸醜也文一重音一 臠 盧丸切臠臠臞也又閭員切瘦皃又力轉切說文臞也一曰切肉臠

文一重音二胼蒲眠切胼胝皮堅文一肩肩經天切說文髆也一曰任也克也俗
肩从户肩又胡恩切𦡊小皃莊子其脰肩肩又丘閑切膞也又胡千切𦡊小皃李頤讀文二重音三胘
胡千切說文牛百葉也服虔說有角曰胘無角曰肚一曰胃之厚肉爲胘又胡涓切文一重音一胭
䐁因蓮切嗌也或作䐁文二肙肙縈玄切說文小蟲也一曰空也隷作肓肙又縈絹切
文二重音一脠尸連切又抽延切說文生肉醬也文一重音一肰肳脙如延切說
文犬肉也古作肳脙文三𦟛澄延切沐𦟛罔象別名文一𦡬𦙶旬宣切博雅短也一
曰便𦡬小皃或省𦡬又祥究切旋又余專切短也文二重音二臠閭貟切臆臠駋馬腸也文一
腃驅圓切身曲皃又逵貟切吻也文一重音一膫膋憐蕭切說文牛腸脂也引詩取

其血膫或从勞省膫又憐蕭切漢侯國名在南陽又郎刀切又力照切炙也文二重音三

膮 馨幺切說文豕肉羹也一曰香也又香幺又馨香鳥切文一重音二

⿰月皐 馨幺切腫欲潰皃又虛嬌切文一重音一

脩 思邀切脩脩羽敝也又他彫切縣名周亞夫所封又夷周切中尊也又思留切說文脯也一曰長也又以九切中樽也文一重音四

腰 伊消切身中也要或从肉文一

膲 茲消切三膲無形之府文一

⿰月猋 卑遥切⿰月猋⿰月皐腫潰也又紕招切文一重音一

膘 紕招切⿰目猋或作膘又子小切脅骨又四沼切說文牛脅後髀前合革肉也又婢小切文一重音三

臕 悲嬌切脂肥皃文一

胶 何交切脛骨也文一

肴 胡茅切啖也文一

膠 居肴切說文昵也作之以皮一曰欺也糾也又水名亦姓又乎刀切戾也又古巧切膠膠和也又女巧切嚗膠雜亂皃又尼效

切黏也文一重音四 胞 班交切生兒裹也又披交切又蒲交切肉吏也又方鳩切胎衣也又披敎切面生氣文一重音四 脬 披交切膀光文一 朊 丘刀切膗也文一 膏 居勞切說文肥也又居号切潤也詩陰雨膏之文一重音一 臊 ⿰月蚤 蘇遭切說文豕膏臭也或从蚤文二 ⿰月曹 臧曹切脆也又財勞切一曰腹鳴文一重音一 ⿰月麻 ⿰月靡 眉波切⿰月麻痲漏病或从靡文二 ⿰月采 倉何切大腹也又此宰切又倉代切山海經丹黒山有耳鼠以其尾飛食之不⿰月采文一重音二 脞 村戈切叢脞細碎也又徂禾切又醋加切肥也又損果切小也又取果切一曰切肉爲脞文一重音四 ⿰月罝 囊何切雜骨醬也文一 ⿰月⿱日己 於靴切手足曲病文一 ⿰月戀 臚鞾切臚腸胃也文一 ⿰月虘 莊加切皐上炮文一 膾 胗 陟加切博雅痕瘃瘢也或作膾胗胗

又陟嫁切𦙶膠不密也文二重音一

𦙶 居牙切疥也文一

𦢈 張瓜切腿也文一

𦙫 女加切膠𦙫不密也又敞爾切肉物肥美也又女下切膩也又典可切又乃嫁切文一重音四

𦛨 居牙切腸病文一

𦝫 盧戈切獸名又魯果切文一重音一

𦝇 烏瓜切𦝇𦣛臚腹下肉文一

𦣛 利遮切臚腹下肉文一

肪 分房切說文肥也又符房切脂也文一重音一

𦢅 如陽切秦晉謂肥曰𦢅又汝兩切說文益州鄙言人盛諱其肥謂之𦢅文一重音一

腸 脹 仲良切說文大小腸也或作脹脹又知亮切腹大也文二重音一

膷 虛良切牛之美者文一

𦚋 曲王切腔也又區旺切腹中寬文一重音一

膅 徒郎切肥也文一

𦢊 都郎切耳下垂謂之𦢊或从肉文一

膛 他郎切肥皃文一

膀 鋪郎切脹也又蒲光切說文脅也文一重

音一

肮 居郎切人頸也一曰咽也又寒剛切大脉謂之肮又下浪切咽也文一重音二

胻 寒剛切又何庚切說文脛耑也又下梗切又下孟切文一重音三

肓 呼光切說文心上鬲下也引春秋傳病在肓之下文一

胱 姑黃切膀胱脅下文一

䐵 ⿰月⿺辶黄 胡光切病腫或从尣䐵又姑橫切膨䐵大腹文二重音一

⿰月⿱羊美 居行切五味香鬻也又何庚切肉淯也文一重音一

脝 虛庚切膨脝腹滿皃文一

⿰月⿱罒厷 姑橫切膨⿰月⿱罒厷大腹文一

膨 蒲庚切膨脝大腹又蒲孟切脹也又普孟切文一重音二

胓 蒲兵切博雅胓脈脂也又披耕切腹脹文一重音一

胜 師庚切餼肉又桑經切說文犬膏臭也一曰不熟也又七正切山海經玉山有鳥如翟而赤其名胜遇是食魚又新佞切星見食豕令肉中生小息肉文一重音三

⿰月爭 甾莖切足筋又側杏切文一重音一

䏦

咨盈切肉之粹者文一⿰月正⿰月⿱刑酉諸盈切煑魚煎肉曰⿰月正或作⿰月⿱刑酉文二脭馳貞切肉之精
者文一⿰月盈怡成切肥也文一腥桑經切又新佞切說文星見食豕肉令肉中生小息
肉也文一重音一朎郎丁切朎朧月光文一脀⿰月烝諸仍切以牲實鼎或作⿰月烝脀又
辰陵切騃也又諸應切癡也一曰脀腫也文二重音二⿰月卬神陵切妊也又石證切又以證切裹
子也文一重音二⿰月氷披氷切腹脹皃文一膺於陵切說文胷也又於證切禮拳拳服膺
徐邈讀文一重音一⿱疑肉魚陵切肥也文一膯他登切吳人謂飽曰膯文一⿰月曾
徂棱切肥也文一肱姑弘切臂上也文一⿰月壬于求切縣名在東萊文一肬于求
切說文贅也文一⿰月休脙⿰月咎虛尤切腹脊間謂之⿰月休或作脙⿰月咎脙⿰月咎又渠尤切說文齊人謂

臞脙文三肍渠尤切說文熟⿰月壽陳留切脯也又
重音一肉醬也文一陟柳切小腹病
又丈九切髀後曰⿰月留力求切說文⿰月羞脩思留切
⿰月壽文一重音二腫也文一進獻也
一曰致滋味爲羞或⿰月秋⿰月酋雎留切股脛閒腬而
从肉亦作脩文二或从酉文二由
切說文嘉善肉也一曰盛也又忍⿰月肅踈鳩切說文
九切面色和柔皃文一重音一乾魚尾⿰月肅⿰月肅
也周禮有腒⿰月肅又先弔切臞也又如又⿰月矦胡溝切咽
切肉善者腬又女救切文一重音三也文一
膒烏侯切久脂也一曰以脂漬⿰月冓居侯切足曲
皮又於候切文一重音一也又虎項切
肥皃文一⿰月咅蒲侯切豕肉醬又薄口切⿰月牟迷浮
重音一又薄候切文一重音二切脊
也文⿰月朁咨林切烹也又相含切一曰唇病又慈鹽
一切楅肉也又子鴆切脣闕謂之⿰月朁文一重

音三䐣徐心切古姓文一肣渠金切鈙也灼龜首仰足肣又姑南切肥牛脯又胡南切

又戶感切牛腹文一重音三䐺徒南切厚味又他紺切食美也又徒紺切一曰腤䐺肥皃文一

重音二腩徒南切臑也又乃感切文一重音一𦛣胡南切肥牛脯又戶感切說文頷也

文一重音一腤𦙺烏含切烹也或从弇腤又鄔感切腤腩調飪也文二重音一𦙀

他甘切膚肉壞文一𦣏思廉切臞也又千廉切又子冉切羹也又初歛切又楚減切臉𦣏以豬腸

肩椒芥醯䀋為之文一重音四臉千廉切埤倉臞也又居奄切頰也又兩減切臉𦣏羹屬文一重

音二𦢰徐廉切說文於湯中爚肉文一臁離鹽切脛廉也文一膁牛廉切美也又

丘咸切牛馬肋後胯前又苦簟切又乎韽切餅中肉文一重音三胋䏦徒兼切肥也或作䏦

文二膧覩動切肥也文一胴杜孔切侗胴直皃也一曰食腸又徒弄切文一重音一
朧魯孔切肥皃文一⿰月邑⿰月翁鄥孔切肥也或从翁文二腫主勇切說文癰也文
一胣肔賞是切刳腸也莊子萇弘胣或作肔又並丑豸切又並演爾切文二重音二膸
選委切說文骨中脂也文一臎祖誅切博雅臎髁臀也一曰肥實謂之臎又七醉切肥也文一
重音一䐀巨几切長跽也文一肥補美切薄也列子口所偏肥文一⿱亼⿱口土胏
⿰月宰⿰月仕壯仕切說文食所遺也引易噬乾⿱亼⿱口土楊雄說⿱亼⿱口土从𠂔或作⿰月宰⿰月仕⿰月宰又息利切頭會也又思
晉切文四重音二肗忍與切魚敗曰鮑肉敗曰肗文二腑匪父切人之六腑又符遇
切文一重音一俎壯所切說文禮俎也从半肉在且上又臻魚切薦牲八春秋傳司馬折俎又所

據切禮器文一重音二 䏚重主切身皃也文一 肚董五切胃也又動五切文一重音一

股果五切說文髀也文一 腐扶甫切說文爛也文一 䏿遣禮切肥腸又古禮

切又詰計切腨腸也文一重音二 腲鄔賄切腲腇肥也文一 腿吐猥切股也文一

腇吐畏切腲腇肥又弩罪切魚敗也文一重音一 䐎弩罪切萎䐎軟弱也文一 䐌

胼倚亥切肥也或作胼䐌又演女切文二重音一 𦞣曩亥切肥也文一 胗止忍

切說文脣瘍也又頸忍切文一重音一 腎是忍切說文水藏也文一 脤𦙾是忍切社

肉盛以蜃故謂之祳祳或作脤𦙾文二 𦛚爾軫切朐𦛚縣名又儒順切朐𦛚蟲名巴郡有縣地

多此蟲故以爲名文一重音一 䐣尺尹切肥也又式允切文一重音一 朐肑尺尹切朐

玉篇四下　十一　姜明

朏縣名在漢中或从勻朐又如順切朐朏蟲名漢中有朐朏縣地名文二重音一 ⿰月引 丈忍切博雅瘷也一曰遽也又以忍切當脊肉又羊進切文一重音二 朕 丈忍切革制也周禮函人爲甲胝其朕鄭司農說文一 ⿰月取 頸忍切唇瘍文一 ⿰石脣 擬引切大脣也又尺約切碏⿰石脣大脣皃文一重音一 䐃 巨隕切獸脂聚皃一曰腸中脂文一 脪 興腎切熱气著膚也又許謹切說文曰創肉反出也又香靳切又居焮切敬也又抽遲切胵脪畜水膓文一重音四 ⿰月扁 逋忍切腱肉又婢典切脉隱起如辮繩文一重音一 肳 武粉切口邊也文一 ⿰月昬 武粉切聚筋也文一 腪 委隕切腪腯肥也又王問切膜也文一重音一 脕 武遠切愉也一曰色美澤文一 ⿰月員

⿰月巽 鎖本切說文切熟肉内於血中和也或作⿰月巽⿰月巽又蘇困切肉割冊煑曰⿰月巽又徂悶切切肉和血

爲蓄也又雛戀切文二重音三 **⿰月⿱屯灬** 吐袞切烹肉也文一 **豚腯** 杜本切行曳踵或作腯豚又柱袞切篆也莊子豚楯之上司馬彪說又敕轉切腯又徒困切牲充也又陁没切肥也又他骨切說文牛羊曰肥豕曰腯又陁没切文一重音六 **朊** 古緩切胃府也文一 **⿰月官** 古緩切胃腑文一 **膻胆** 蕩旱切說文肉膻也引詩膻裼暴虎或省胆又唐干切口脂澤也又當割切膈胆肥皃膻又尸連切羊臭也文二重音三 **⿰月産** 楚限切皮也文一 **𢿱散** 顙旱切雜肉也隸作散又並先幹切散又相干切珊或作散文二重音二 **腆⿱典日⿱⺮⿱典日⿱⺮⿱典口** 他典切說文設膳腆腆多也古作⿱典日或作⿱⺮⿱典日⿱⺮⿱典口文四 **臔** 胡典切博雅臔臔肥也一曰肉急文一 **腨** 尺兖切腓腸也文一 **腄** 竪兖切切肉又船釧切望繩取正文一重音一 **膦** 力展切膦輾無力文一 **脬**

力轉切臞也一曰切肉臠也又盧活切脅肉又龍輟切一曰腸間肥文一重音二⿰骨⿱幺月子小切脅骨文一⿰月奧烏浩切臀骨又於到切烏胃也又乙六切烏脘脛也文一重音二腦⿰月⿱巛凵⿰月⿱止囟乃老切頭髗也或作⿰月⿱巛凵⿰月⿱止囟腦又乃到切優澤也文三重音一隋徒果切裂肉也又吐火切埋祭餘也又杜果切又思果切尸所祭肺脊黍稷之屬又呼恚切尸祭黍稷肺脊也文一重音四⿰月貞損果切說文鬌也又蘇臥切文一重音一⿰月⿸𠂇月吐火切牲肉文一⿰月厄女下切⿰月采⿰月厄肥皃文一⿰月啇竹下切腏肉又陟卦切脛⿰月啇肥皃又陟革切挑取骨間肉又之石切文一重音三⿰月采烏瓦切⿰月采脆肥皃文一腂戶瓦切藥艸名生山谷中益氣延年又古臥切腫赤也文一重音一䑋以兩切䑋䑋欲吐文一脼里養切說文膎肉也一曰多味文一膾

楚兩切皮傷也又此兩切文一重音一

膙 舉兩切筋強也文一

⿰月更 古杏切食骨留咽中也文一

⿱賏月 於郢切頸瘤也文一

脛 下頂切胻也又戶孟切足也又形定切文一重音二

脡 他頂切脯朐也又待鼎切文一重音一

肎 肯 ⿵冂月 苦等切說文骨間肉肎肎著也从肉从冎省一曰骨無肉也或作肯古作⿵冂月肯肎又並可亥切文三重音一

⿰月咅 薄口切說文豕肉醬也文一

肘 陟柳切說文臂節也文一

脢 莫後切將指也文一

腍 式荏切孰也又忍甚切飪也文一重音一

⿰月壬 ⿰月恁 忍甚切大孰也古作⿰月恁文二

⿰月函 戶感切口上曰臄口下曰圅或从肉文一

⿰月冘 他感切說文肉汁滓也又丁紺切⿰月冘⿰月厥短醜皃文一重音一

⿰月甚 乃感切臛也文一

膽 覩敢切說文連肝之府文一

⿰月乏 補范切河東謂腫爲⿰月乏文一

⿰月追馳僞切足腫也春秋傳重膇之疾文一　⿰月奇居義切分牲謂之踦一曰臟也文一　臂卑義切說文手上也文一　⿰月耆時利切欲也文一　⿰月帥所類切血祭肉也一曰師祭又力遂切又劣戌切文一重音二　⿰月司息利切頭會也文一　脺雖遂切顏面澤也一曰腦也又此芮切小耎易斷也又蒼没切耎易破也又促絕也文一重音三　⿰月敢陟利切肥也文一　⿰月⿹𢦏貝

⿰月疑女利切說文上肥也或从疑文二　⿰月遺以醉切肉病文一　⿰月鼻魚器切膍肉又匹寐切方言盛也謂肥壯又毗至切又匹備切又平祕切又匹計切文一重音五　腃丘媿切筋節急也文一　胾側吏切說文大臠也文一　⿰月志職吏切黑子也或从肉文一　⿰月耳仍吏切腱也文一　⿰月甾側吏切肥皃文一　肺芳吠切說文金藏也又普蓋切茂皃詩其

葉肺肺文一重音一 𦚔胃⿰月胃 于貴切說文穀府也从图从肉象形亦作胃⿰月胃文三 ⿰月韋 于貴切皮也文一 胕 符遇切乳胕文一 腧 舂遇切五藏腧穴文一 ⿰月芻⿰月壴 芻數切膢也或作⿰月壴⿰月芻又仄遇切妍也皺也又將侯切脯也又側救切文二重音三 膆 蘇故切肥也文一 胙 存故切說文祭福肉也又即各切起也又疾各切文一重音二 ⿰月石 都故切廣腹也又闔各切⿰月石脪畜水腸一曰腹大皃文一重音一 ⿰月帶 丁計切腣胿胅腹文一 脵 郎計切跛足或从肉文一 ⿰月絜⿰月契 胡計切喉脈也一曰腹也或从契⿰月絜又奚結切博雅⿰月絜⿰月弱膜也文二重音一 ⿰月壹 壹計切瘞也文一 ⿱制肉 征例切魚醬文一 ⿰月史 睽桂切孔也又古穴切文一重音一 脃膬 此芮切說文小耎易斷也或从毳膬又充芮切又租悅切又並促絕

切脃又蒼沒切文二重音四　䐑　旋芮切挑取骨閒肉也又株衛切祭酹也又都括切又株劣切

一曰髓謂之䐑文一重音三　脫　吐外切娧娧舒遲皃一曰喜也或从肉又他括切說文消肉臞

也又徒活切一曰壞斷又欲雪切蟲新出皮悅好皃文一重音三　胈　蒲蓋切白肉也莊子股無

胈李軌讀又分物切股肉膚又蒲撥切膚毳皮文一重音二　膾　古外切說文細切肉也文一

⿱既月　古外切⿱既月痛又古對切⿱既月要者忽轉動而踠又居代切病也文一重音二　腿　吐内切肥

皃文一　背　補妹切說文脊也文一　肐　古對切⿱既月要者忽轉動而踠⿱既月或作肐文一

⿱代月　待戴切⿱代月⿱𡨄月體顫動皃文一　⿱𡨄月　先代切⿱代月⿱𡨄月體顫動皃文一　胇　芳廢切說

文金藏也又薄宓切腳大皃文一重音一　肕　而振切堅柔也文一　胤　𦙍　羊進切說文子

孫相承續也从肉从八象其長也从幺象重累也一曰國名亦姓古作𦙍胤又思忍切爾雅繼也又羊忍切文二重音二

脕 文運切艸新生菀或作脕又無販切澤也一曰愉色必有脕容文一重音一

⿰月欣 ⿰月興 香靳切創肉反出一曰膚脪熱氣著膚中脪或作⿰月欣⿰月興文二

臐 ⿰月川 吁運切羊臛也或作⿰月川文二

⿰月圂 胡困切肥皃文一

⿰月旱 侯肝切臏⿰月旱藥名出西蕃治金創文一

肒 胡玩切說文搔生創也文一

⿰月奐 胡玩切肥也文一

腕 ⿱夗月 烏貫切手⿰月睪也⿰月睪或作腕⿱夗月文二

⿰月反 薄半切肉也文一

腶 都玩切腶脩棰脯施薑桂也文一

⿲辛月辛 皮莧切股間也文一

⿰月片 匹見切半體也文一

⿰月⿸𠂉疋 ⿰月旋 隨戀切便⿰月⿸𠂉疋短小皃或作⿰月旋文二

膳 時戰切說文具食也庖人和味必嘉善故从善又上演切說文具食也文一重音一

⿰月蕭

先弔切脽也文一　朓他弔切祭肉文一　肖仙妙切說文骨肉相似也不似其先故曰不肖又思邀切衰微也史記申吕肖矣徐廣說文一重音一　⿰月翟弋笑切瘠也又所教切凡物之殺鋭曰⿰月翟文一重音一　⿰月奅披教切面生气文一　⿰月肖所教切凡物之殺鋭曰⿰月肖文一　⿰月橐四到切腫皃文一　腞之夜切燔肉文二　膪陟嫁切⿰月亞膪肥也文一　⿱加月居迓切賀膠不密也一曰瘡皮文一　⿰月亞衣駕切⿰月亞膪肥也文一　肒許放切字林水名一曰山名文一　臟才浪切腑也文一　⿰月廣古曠切腫皃文一　⿰月放滂謗切脹也文一　⿰月屏北諍切腹脹皃文一　⿰月成時正切肥也文一　⿰月丁丁定切置食也文一　⿰月馮部孕切腫滿皃文一　⿱興肉許應切腫病文一　⿰月亘居鄧切竟也文一　胄直祐切說

文胤也从肉由聲又姓文一 膄所救切臞也文一 腠千候切膚理也文一 脰大透切說文項也亦作䪜文二 䚂丑禁切私出頭視也文一 䏭於禁切字林心病文一 䏔乎韽切說文食肉不猒也又胡紺切又呼紺切又呼濫切文一重音三 䐗奴紺切䏙䐶肥皃文一 腅徒濫切博雅肉也一曰相飲也文一 脅虛欠切迫也又迄及切脅肩竦體也又迄業切說文兩膀也文一重音二 𦢊乎韽切餅中肉文一 𦝘薄鑑切膚肉踈皃文一 𦟌烏谷切膏膻也又烏酷切膏臏也又乙角切碎脂也文一重音二 腛烏谷切厚也周禮革欲其柔滑而腛脂之則需又乙角切脂豐也文一重音一 䐁都木切博雅臀也又竹角切一曰肥也文一重音一 䐈徒谷切說文胎敗也文一 𦞷盧谷切腹鳴文一

㱿胡谷切牡後足一曰足跗又古祿切又徒谷切文一重音二　腹方六切說文厚也一

曰身中又芳六切文一重音一　䐹𦢊子六切脚䐹膏澤也或从心文二　臅朱欲切狼

臆中膏又樞王切又須玉切文一重音二　䐖龍玉切脂也文一　𦢸北角切墳起也又匹

角切皮破起文一重音一　肑北角切豕腴又逋約切筋鳴又必歷切又丁歷切膂也文一重音三

𦢸弼角切肉胅起一曰皮破文一　䐈職日切䐈䏷藥也可治金瘍文一　膟朔律

切腸間脂又劣戌切血祭肉也文一重音一　膝𦢊息七切脛頭卩也或作𦢊文二　䏟必

薄宓切脟大貟又必結切又蒲結切說文肥肉也文一重音一　朏逆乙切無知意也又苦骨

切髖也又當沒切臀也又張滑切𦡉病文一重音三　肸許訖切說文振肸也文一　𦡝居月

切說文⿱殿骨骨也文一 脖 薄没切脖胦齊也文一 ⿰月突 他骨切牛羊曰肥豕曰腯或从突文

一 肭 奴骨切膃肭肥也又女滑切文一重音一 ⿰月屈 昔骨切髖也文一 膃 烏没

切膃肭肥也又烏八切文一重音一 胺 阿葛切肉敗文一 ⿰月末 莫葛切肚也文一 ⿱厥月

巨列切尻也文一 ⿰月屑 ⿰月血 先結切博雅脂也一曰臆中脂或从血文二 胅 ⿰月奎 徒結

切說文骨差也一曰腫也一曰連脽肉古从奎文二 脭 乃結切腫也文一 ⿰月喬 呼決切瘡

皃文一 ⿰月斷 ⿰月折 之列切博雅⿰月斷⿰月屑脂也或从折⿰月折又食列切文二重音一 ⿰月弱 日灼切說

文肉表革裏也文一 腳 脚 訖約切說文脛也或从却文二 ⿰月爰 極虐切牛舌文一 臄

極虐切肉也取脾胃寘膓炙之曰臄詩嘉肴脾臄又求於切鳥腊文一重音一 ⿰月睪 達各切肶⿰月睪無

檢也文一胉伯各切說文肩甲髆也或作胉又匹各切[illegible]也又匹陌切脅也又博陌切文一重音三膊匹各切薄脯膊之屋上或从薄文一臛里各切說文肉羹也又忽郭切又呼木切文一重音二胳剛鶴切說文腋下也又轄格切又各額切牲後脛骨文一重音二[月罒幸]逆各切齒斷文一脈脉莫獲切血理分袤行體者文二[月責]側革切魚子脯也文一膈[月革]各核切肓也或从革文二膕忽麥切並足也又古獲切博雅膕朏曲脚也又骨或切膝也文一重音二[舄]腊思積切乾肉也或作腊文二膌[月束]資昔切說文瘦也或作[月束]膌又秦昔切文二重音一[月卽]資昔切[月卽]臓光澤皃又節力切文一重音一腋之石切胳也又夷益切胳也在肘後文一重音一膉伊昔切脰肉也一曰豕伏槽一曰肥也文一[月辟]

匹歷切積病又蒲歷切腑也文一重音一

⿸厂⿱秝月 狼狄切⿸厂⿱秝月⿰月是強脂也文一

膱 質力切脯脡也長尺有寸文一

䐈 質力切精也又竹力切肥也又逐力切文一重音二

⿰月息 悉即切寄肉也文一

肊臆 乙力切說文胷骨也或作臆臆又隱巳切和醴酏爲飲也文二重音一

腷服 弼力切腷臆意不泄皃或作服文二

⿹弋月 逸織切缺盆骨也文一

⿰月忒 惕德切肋⿰月忒不正容止也文一

⿰月咠 即入切膏也一曰創潰出皃又側立切文一重音一

膱 側立切肥膏出也文一

⿰月習 直立切博雅淪也又直涉切一曰生熟半文一重音一

脛 直立切脯也屈曰脛文一

⿰月縣 乞及切胸脯一曰乾也文一

⿰月立 乞及切博雅⿰月菐謂之⿰月立又落合切⿰月立腄肉雜也文一重音一

⿰月及 呼合切肥也文一

⿰月合 迄及切脅肩竦體也又過合切詩箋

胎肩諂笑沈重讀又迄業切文一重音二𦢊悉盍切脸𦢊肉雜也文一膪德盍切皺皵皮

負或从肉文一臘臈力盍切說文冬至後三戌臘祭百神或作臈臘又力涉切鑞兩刃也鄭康

成說臈又居曷切臈胆肥負文二重音二脻即涉切髃也文一䐑尺涉切䐑顳肉動也

文一腜䐓質涉切切也或从聶又並直涉切說文薄切肉也䐓又日涉切肉動也又昵洽切臑

也文二重音三脥吉協切面旁也又詰叶切腹下也又迄業切又謙琰切文一重音三脇

迄業切腋下也文一腌䏶乙業切說文漬肉也或从邑腌又衣廉切又於嚴切文二重音二

𦛇測洽切腊肉也文一胛古狎切闔也文一

文五百六十五　重音四百十四

筋肉之力也从力从肉从竹竹物之多筋者凡筋之類皆从筋或作笏居銀切筋又渠言切鳴也又渠焉切大腱也文二重音二

笏渠建切筋之本也文一　筋北角切說文手足指節鳴也又逋約切又必力切文一重音二

文四　重音四

刀兵也象形凡刀之類皆从刀都牢切又丁聊切古者軍有刀斗以銅作鐎受一斗晝炊飲食夕擊行夜亦姓俗作刁非是文一重音一臣光曰隸或作刂

⿰工刂 沽紅切博雅銍謂之⿰工刂文一 ⿰宗刂 鉏弓切字林臿屬又仕仲切文一重音一 ⿰童刂 昌容切博雅⿰童刂刺也或从重文二 劑 遵爲切爾雅劑翦齊也周禮質劑謂兩書一札同而別之長曰質短曰劑又前西切又才詣切說文齊也文一重音二 㓟 攀糜切刀析也又蒲糜切又披義切剥也文一重音二 劘 ⿸麻分 忙皮切分也或从分劘又眉波切削也文二重音一 剞 居宜切又舉綺切說文剞⿰屈刂曲刀也文一重音一 刉 渠羈切割也又居希切斷也刲也鄭康成曰刲羽牲曰刉又渠希切刲也又居代切割也又逆乙切截也文一重音四 ⿰支刂 紀披切刀取物也又舉綺切曲刀也文一重音一 ⿰黎刂 良脂切直破也文一 剺 ⿱利力 里之切說文剥也劃也或作⿱利力文二 剴 渠希切摩也又柯開切字林鐮也又魚開切又牛代切又居代切近

也文一重音四初楚居切始也裁衣之始也唐武后作𡔈文一⿰魚刂雙雛切割也又吉詣
切解也又吉屑切楚人謂治魚人文一重音二⿰需刂汝朱切韋柔滑皃又乳搑切柔弱也又乳究切
刺也文一重音二⿰夸刂空胡切說文判也又墟侯切剜也文一重音一⿰⿱厸一刂前西切劑古作
⿰⿱厸一刂文一⿰烏刂汪乎切除田艸刀文一⿰犀刂先齊切⿰夾刂也文一⿰是刂都黎切剄也文
一⿰虒刂天黎切削也又丑豸切剝也文一重音一刕憐題切又良脂切姓也蜀刀逵之後
避難改焉從三刀文一重音一刲⿰奎刂傾畦切說文刺也引易士刲羊刲或作⿰奎刂刲又涓惠切割
也文二重音一⿰巂刂玄圭切博雅削也文一⿰卑刂⿰毘刂篇迷切削也或从毘⿰卑刂又頻脂切斫
也又並匹計切割也文二重音二⿰差刂初佳切小𥎊又初加切䂵物也又仕下切衺斫也文一重

音一⿰分刂紕民切分也又披巾切又悲巾切文一重音二⿰粦刂離珍切削也文一⿰虔刂居言切剔也又渠焉切削也文一重音一⿰兀刂枯昆切刊木枝也文一⿰艮刂古痕切削也文一刊丘寒切說文剟也文一刪相干切削也又師姦切說文剟也文一重音一剜⿰夗刂烏丸切說文削也亦省文二刓冠吾官切說文剸也一曰齊也或作冠文二劗祖官切吳人謂鬄髮爲劗又徂丸切剃髮也又子淺切文一重音二⿱竹刪師姦切博雅箾謂之⿱竹刪又先肝切說文竹器文一重音一⿱䜌刀烏關切削也文一⿰睘刂胡關切樸⿰睘刂縣名在武威文一⿰玄刂胡千切自刎剄謂之⿰玄刂文一⿰因刂因蓮切剜也又縈玄切挑取也文一重音一剈⿰囦刂縈玄切說文挑取也一曰窒也剜也古作⿰囦刂文一⿰扁刂紕延切削也文一⿰彖刂

荀緣切削也又逡緣切又遵全切又椿全切博雅剬也文一重音三

剶 逡緣切削也文一

剸 朱遄切擅也一曰并合制領也又之轉切斷也又徒官切截也又主兖切文一重音三

刟 刅

⿰兆刂 丁聊切博雅斷也或从刀从兆⿰兆刂又他彫切剔也文三重音一

⿰周刂 丁聊切琢文也文一

釗 堅堯切爾雅勉也一曰弩機又之遥切說文刓也周康王名又祁堯切又莊交切文一重音三

釖 都勞切兵也或从金文一

削 思邀切俏然反琴聲俏或作削又仙妙切刀室又七肖切削格所以施羅網也又所教切國甸大夫稍或作削又思約切說文鞘也一曰析也文一重音四

劁 慈焦切博雅斷也刈也又才笑切文一重音一

剽 卑遥切識也又紕招切末也又毗霄切爾雅鍾其中者謂之剽又俾小切末也又匹妙切砭刺也一曰剽刼人又毗召切刺也文一重音五

刨 蒲交

切削也文一剿初交切乂取也鈔或作剿又子小切絶也又楚教切略取也文一重音二⿰皀刂

良何切擊也又朗可切說文柯擊也文一重音一划胡瓜切舟進竿謂之划又古火切割也又

古卧切鎌也文一重音二⿰瓜刂姑華切割也文一創千羊切玉聲也又初良切傷也又楚

亮切懲也傷也文一重音二剛⿰亻⿱口二居郎切說文彊斷也古作⿰亻⿱口二文二荊居卿切說

文楚木也又姓亦州名文一剠渠京切墨刑在面也又力讓切鈔取也又力灼切說文奪取也

文一重音二⿰鎣刂於莖切刋木也賈思勰曰山澤林木大者⿰鎣刂剎之文一⿱霝刀⿰零刂⿰令刂

郎丁切刀剖物或作⿰零刂⿰令刂⿰零刂又郎定切割也文三重音一⿰井刂⿰⿱井土刂乎經切說文罰罪也古作⿰⿱井土刂文

二刑乎經切說文剄也文一⿰朋刂悲朋切斫也文一⿰亘刂居曾切剖也文一

剹居尤切剹流回轉皃又女六切削也文一重音一⿱翏刀力求切并刀也文一劉力求切殺也又姓亦邑名又力九切好也又龍珠切漢禮立秋有貙劉文一重音二⿰⿱穴乂刂踈鳩切刈也文一剾烏侯切博雅剾⿰俞刂剜也又墟侯切文一重音一⿰句刂居侯切說文鎌也文一⿰聚刂將侯切斷也又徂侯切字林細斷也又才候切又此苟切析薪也文一重音三⿰棸刂徂侯切細斷也文一剅到當侯切小穿也一曰割也剅或作到到又竹角切斫也文二重音一⿰俞刂徒侯切博雅剜也文一⿰婁刂郎侯切小穿也又郎豆切⿰婁刂⿰聚刂細切文一重音一⿰丩刀居虬切大刀文一⿰含刂姑南切吳人刈禾具文一⿰監刂盧甘切聚切也又居銜切牒切也又戶黤切利也又盧瞰切廣雅利刀也又居懺切文一重音四⿰鎌刂千廉切切也文一⿰詹刂之廉

切削也文一⿰笘刂癡簾切刻物使薄又敕豔切文一重音一劆離鹽切輕刺也文一⿰弇刂於嚴切刑也文一⿰朁刂鋤咸切刺也又壯咸切又徂感切又在敢切縮朒皃太玄曆⿰朁刂踞文一重音三⿰參刂師銜切刈也漢有⿰參刂胡子文一劖鋤銜切說文斷也一曰剽也又士減切文一重音一⿰桼刂剟⿰率刂測紀切博雅割也或作剟⿰率刂⿰桼刂又測乙切割也剟又都活切削也又株劣切⿰率刂又朔律切割也又楚律切又測乙切文三重音六剖斐父切判也又普后切文一重音一⿰⿸广乂刂⿰虍刂動五切閑也古作⿰虍刂⿰⿸广乂刂又達各切判也爾雅木謂之⿰⿸广乂刂文二重音一劙里弟切刺也又博雅瓠也一曰蠡簞也又鄰知切博雅解也又郎計切文一重音二刡弭盡切削也文一刎武粉切說文剄也文一刌取本切說文切也博雅斷也又此演切刌肺脊以祭徐邈

讀又蒼没切文一重音二

⿰尊刂 祖本切說文減也文一

⿰亶刂 黨旱切割也又音善切伐擊也又式戰切鑪或从刀文一重音二

⿰⿱⺊⿱日上刂 觀緩切戳也又都玩切決也又徒玩切文一重音二

剗 楚限切平也翦也韓詩勿剗勿敗又側展切刈也文一重音一

⿰屖刂 楚限切剷也文一

⿰孱刂 仕限切博雅攻也又子究切裁也又音善切博雅⿰屖刂攻竭也又初覲切又芻萬切又初諫切平治也文一重音五

⿰歬刂 子善切說文齊斷也又才先切行不進文一重音一

⿰㬎刂 呼典切削也文一

剬 子究切斷齊也又主究切又豎究切又多官切文一重音三

⿰耎刂 乳究切刺也文一

剿 子了切絕也又子小切說文絕也引周書天用剿絕其命又子晧切方言獪也秦晉間曰剿文一重音二

⿰止刂 乃老切頭髓也𡿺或作⿰止刂文一

⿰磊刂 朗可切說文柯擊剆或作⿰磊刂又令益切劙

也又狠狄切文一重音二⿰果刂古火切割也文一⿰貞刂損果切切也一說斫直圜曰⿰貞刂文一

剮古瓦切剔人肉置其骨也文一⿰爽刂楚兩切皮傷也文一⿰英刂於境切削也刺也文

一剄古頂切斷首也又吉定切又囊丁切刑也又下頂切文一重音三⿰夘刂力九切割

也文一⿰缶刀方九切說文刀握也一曰以刀掘取物文一⿰炎刂以冉切說文銳利也又習

琰切又疾染切銳上也又時染切縣名在會稽文一重音三⿰占刂多忝切刀缺一曰斫也又都念

切缺也引詩白圭之⿰占刂文一重音一刺七賜切說文君殺大夫曰刺刺直傷也俗作刾非是又郎

達切說文戾也又七迹切穿也傷也文一重音二⿰貞刂陟利切物相贅也質或作劕又職日切劕

劑券也長曰劕短曰劑文一重音一利𥝢力至切說文銛也从刀和然後利易利者義之和又

州名亦姓古作秎文二

⿰臬刂劓 魚器切說文刖鼻也引易天且劓或从鼻又並牛例切劓又魚既切割也尚書我乃劓殄滅之又牛戒切文二重音三

刵 仍吏切說文斷耳也又牛芮切又牛吠切文一重音二

剚 側吏切揷刀也亦書作事文一

剕 父沸切跀也文一

刉 其既切刲也又古外切說文劃傷也一曰斷也一曰刀不利於瓦石上刉之又古對切刲也一曰礪刃文一重音二

刞 七慮切耕而土起文一

⿰甫刂 博故切截也一曰裁刀文一

剃剔 他計切鬄髮也鬄或作剃剔剃又徒結切剔又施隻切又土益切治也又他歷切解也文二重音四

劙⿰甾刂 郎計切方言解也或从甾文二

⿰⿸厂仌刂 此芮切小傷也又去例切傷也又俞芮切芏也又居例切又丘謁切字林傷也文一重音四

制⿰⿱山彳刂⿰⿱上巾刂 征例切說文裁也从刀从未未物成

有滋味可裁斷一曰止古作㓲制文三

劗劕　初芮切斷也亦作劕劗又楚快切又芻萬切又初轄切聲謂之劕又側劣切又並芻括切文二重音五

劌　姑衛切說文利傷也文一

劂𠞳　姑衛切剞劂刀也劂或作𠞳劂又九芮切又居月切𠞳又九勿切又紀劣切曲也文二重音四

列　力制切比也又力蘖切分解也文一重音一

𠠆　力制切割也文一

剢　徒外切削也文一

㓞　居太切制斷也書㓞申勸寧王之德鄭康成讀又居曷切說文剝也文一重音一

劊　古外切說文斷也又古活切文一重音一

𠟰　渠吝切割也又丘近切文一重音一

券　區願切說文契也券別書之書以刀判契其旁故曰契券文一

𠞣　芻萬切斷也文一

㓤　古困切削也文一

判　普半切說文分也文一

辨　蒲莧切說文判也文一

𠠍先弔切割也文一𠞰倪弔切削也文一箌陟教切爾雅大也又刀号切又大到切文一重音二剉寸卧切說文折傷也又祖卧切斫也文一重音一剁都唾切剉也文一𠛋所嫁切刺也文一𠟶衣駕切廣雅剜也一曰剄也又於加切文一重音一𠞇楚亮切懲也傷也文一𠟚七鄧切割過傷也文一𠛴七鳩切尌也文一劍居欠切人所帶兵也文一𠛅所鑒切刈也文一剭烏谷切誅也周制誅大臣適甸師謂之剭又乙角切刑也文一重音一剝普木切力擊也攴或作剝又北角切說文裂也文一重音一剢都木切刀鉏也文一𠞉須玉切細切也文一𠚧刚北角切裂也剝或从卜亦作刚或書作㓟文一劅竹角切說文去陰之刑也引周書刖劓斀黥或作劅文一

劓剽力質切削也劓或作剽文二⿰瑟刂色櫛切刺也文一薛剌測乙切博雅割也或作剌文二剕敷勿切斷也又分物切說文擊也又符勿切文一重音二罰房越切說文皐之小者从刀从詈未以刀有所賊但持刀罵詈則應罰文一刖魚厥切說文絕也又五忽切又牙葛切又五活切又乎括切危也又五刮切斷足也文一重音五⿰⿱宀缶刂他骨切刺入皃文一割居曷切說文剝也文一⿰發刂普活切兩刃木柄可以刈艸文一⿰乎刂盧活切博雅削也文一⿰雪刂先活切削也文一⿰吉刂丘八切剝也文一劀古滑切說文刮去惡創肉也引周禮劀殺之齊文一刮古刹切說文掊把也一曰摩切文一刹剎初轄切說文柱也刹或作剎文二切千結切說文刌也爾雅骨謂之切一曰迫也要也刌也又

七計切衆也又倉代切限切急意文一重音二[戾刂]力結切割也又力孽切文一重音一[契刂]
詰結切刻也文一刔古穴切剔也文一[敝刀]匹蔑切削也又匹曳切文一重音一[絕刀]
租悅切斷也文一[舌刂]食列切治皮也文一[辥刀]私列切說文斷也又魚乙切文一重音一
[夗刂]士列切治皮也文一刷所劣切說文刮也引禮布刷巾文一[𠛯]力孽切分解也
又子末切刺[𠛯]蔵濁文一重音一[肙刂]娟悅切說文挑也又縈絹切曲也文一重音一[各刂]
歷各切剔也文一剒倉各切爾雅犀謂之剒文一[咢刂][咢刀]逆各切說文刀劒刃也籀
作[咢刀]又力灼切利也文二重音一劐黃郭切說文刈穀也又忽郭切裂也又胡麥切又忽麥切
又口獲切文一重音四[廣刂][靃刂]闊鑊切博雅解也或作[靃刂]又並廓獲切[廣刂]又古晃切文二重音

二劐廓穫切解也文一剨霍號切破聲文一劇竭戟切增也一曰艱也一
曰縣名在北海又渠力切說文尤甚也文一重音一劃胡麥切界也文一劃胡麥切裂
也又忽麥切說文錐刀曰劃文一重音一⿰或刂忽麥切劃或作⿰或刂文一劈匹歷切說文破
也又匹麥切分也文一重音一⿰勺刂丁歷切斷也文一⿱狄刀他歷切解也文一⿰歷刂
⿱厤刀狼狄切割也或省文二⿰狊刂扃闃切⿰鬲刂也文一⿰嗇刂殺測切刺也文一⿰⿱罒女刂
節力切⿱罒女⿱罒女耜利或从刀文一副疈拍逼切說文判也周禮曰副辜籀作疈疈又博厄切磔牲
也副又敷救切貳也又普木切判也又並芳六切割也文二重音四則⿰員刂⿰⿱目冊刂⿰鼎刂即得
切說文等畫物也从刀从貝貝古之物貨也一曰法也即也則古作⿰員刂⿰⿱目冊刂籀从鼎⿰鼎刂又薄邁切歡也文四

重音一

刻刪乞得切說文鏤也一曰痛也一曰豕跡古作刪文二

剋乞得切殺也文一

⿰翕刂迄及切欲劊也文一

⿰荅刂德合切鉤也文一

⿰⿱口羽刂德盍切鉤也文一

⿱刀冏曷合切人名列子⿱刀冏周穆王車右文一

⿰丵刂七接切續也方言秦晉續繩索謂之⿰丵刂又逆怯切文一重音一

⿰業刂直涉切說文薄切肉也文一

⿰巤刂力涉切博雅斷也文一

⿰疊刂達協切博雅刺也文一

刦迄業切強取也莊子刦請之賊又⿰合刂乞業切又訖業切文一重音二

⿰臿刂乞洽切陷也文一

⿰⿱千臼刂測洽切切聲文一

劄竹洽切刺箸也文一

文二百六十六　重音一百九十一

刃刃堅也象刀有刃之形凡刃之類皆从

刃而振切文一

刅刱㓠楚良切傷也从刃从一或作刱㓠文三　⿰壽刃而由切柔忍也文一　⿰君刃楚亮切懲也傷也文一　劒居欠切說文人所帶兵也文一　⿰賣刃徒谷切劒室文一　釰入質切鈍也文一

文九

㓞巧㓞也从刀丯聲凡㓞之類皆从㓞恪八切又下八切文一重音一

栔苦計切說文刻也又詰計切又詰結切鍥也文一重音二　⿱㓞肉時制切制肉也文一　契

古黠切齘契刮也一曰契畫堅也又古滑切文一重音一 䂮力灼切爾雅剡䂮利也文一

文五　重音四

丯艸蔡也象艸生之散亂也凡丯之類皆从丯讀若介古拜切又盧對切艸亂也文一重音一

提常支切毒出薑尾文一 挌古百切說文技挌也文一 砉霍虢切皮骨相離聲又胡麥切又呼役切又馨激切又苦昊切又呼昊切文一重音五

文四　重音六

耒手耕曲木也从木推丯古者垂作耒梠

以振民也凡耒之類皆从耒盧對切又倫追切又魯水切又
魯猥切又力遂切又龍輟切耒
禾麥知多少也文一重音五
𦓻祖叢切種也一曰內其中也一曰不耕而種又初江切又楚降切文一重音二𦔉傳江
切種入也文一𦓼攀縻切博雅耕也文一䎱班縻切耟屬廣雅耕也文一𦓶
邕危切田器文一𦔅𦔅良脂切種也或作𦔅文二𦔇渠伊切麥下種也文一𦔂
莊持切博雅耕也文一耔津之切壅禾根也詩或耘或耔沈重讀又祖似切文一重音一耛
澄之切耘耛除艸又盈之切耒耑也文一重音一𦔑居希切耕也文一耡耝牀魚
切起民令相佐助也周禮以興耡利甿或省耝又七慮切耕而土起謂之耝又牀據切說文商人七十而

耡文二重音二

⿰耒瞿 權俱切耜也又椿俱切文一重音一

⿰耒圭 消畦切說文⿰耒圭乂可以劃麥河內用之一曰耕也又烏蝸切文一重音一

⿰耒來 郎才切耕也文一

⿰耒侖 龍春切耕也又縷尹切禾束曰綸文一重音一

⿰耒員⿰耒芸耘 于分切說文除苗間穢也或从芸从云又並王問切除艸也文三重音一

⿰耒曼 謨官切徧種㒵又莫半切博雅種也文一重音一

⿰耒麃 悲嬌切耕禾間也引春秋傳是穮是蔉或从耒又蒲交切耕也文一重音一

⿰耒肖 師交切種也又山巧切⿰耒曼種也又所教切文一重音二

耗 謨袍切獨㒵漢書靡有孑遺耗矣文一

⿰耒加 居牙切說文拂也文一

耕 古莖切說文犂也一曰古者井田故从井文一

⿰耒爭 甾莖切犁上木文一

⿰耒丁 湯丁切耒下木也文一

⿰耒平 蚩承切耒也文一

耰 於求切說文摩田器引論

語耰而不轂文一耩居侯切耕也又古項切耕也文一重音一⿰耒咅蒲侯切博雅⿰金罷⿰耒咅耕
也又部項切耜屬文一重音一耬郎侯切種具又朗口切耕畦謂之耬文一重音一耜
⿰耒巳⿰耒以象齒切田器又臿也一曰從土華齊人語或作⿰耒巳⿰耒以文三⿰耒困縷尹切禾束曰稐稛
稛或作⿰耒困又巨隕切又牛尹切文一重音二⿰耒昆古本切耕也文一⿰耒𦰩許旱切耕也又
虛旰切耕暴田文一重音一耦語口切說文耒廣五寸為伐二伐為耦文一⿰耒奄鄔感
切種田也又乙業切博雅⿰耒奄積種也文一重音一⿰耒炎以冉切利耜也文一⿰耒尃符遇切田
器文一⿰耒啇⿰耒啻他計切種也或从啻⿰耒啇又亭歷切文二重音一⿰耒華普卦切博雅種也文
一耖楚敎切覆耕曰耖文一耮郎到切摩田器文一耤慈夜切藉也又資昔

切又秦昔切說文帝耤千畝也古者使民如借故謂之耤文一重音二 耨 乃豆切娠器也又奴沃切曰治艸也文一重音一 ⿰耒局 衢六切博雅𦓐⿰耒菐耕也文一 ⿰耒突 陁没切耕也文一

⿰耒責 槎轄切農具又士革切博雅⿰耒奄⿰耒責種也一說種灰中蓋畬田又資昔切文一重音二 ⿰耒斬 疾各切地名亦姓文一 ⿰耒蒦 黃郭切刈穀也文一 ⿰耒各 各額切耕也文一 ⿰耒睪 施隻切耕皃又夷益切文一重音一 ⿰耒昜 夷益切耕也文一 ⿰耒畟 察色切治稼畟畟進也畟或从耒又節力切文一重音一 ⿰耒異 逸織切博雅耩⿰耒異耕也文一 ⿰耒畐 弼力切治黍豆也文一

⿰耒㝵 匿德切⿰耒戒⿰耒㝵艸生皃文一 耠 曷閤切博雅⿰耒皮耠也文一

文六十五 重音三十四

角獸角也象形角與刀魚相似凡角之類

皆从角 古岳切又盧谷切獸不童也漢有角里先生文一重音一

觨 諸容切舉角也又古雙切文一重音一 䚗 古雙切舉角也文一 觶䚔觗 章移切鄉飲酒器受三升一說實曰觴虛曰觶或作䚔觗又並支義切文三重音一 觜 將支切星名又津垂切說文鴟舊頭上角觜也一曰觜觹也又遵爲切龜屬又祖委切文一重音三 觹 津垂切事佩可以解結文一 䚡 賓彌切橫角謂之䚡又邊迷切牛角橫文一重音一 觿 匀規切水蟲名涪陵郡出大龜甲可以卜緣中文似瑇瑁蠵或从角又翾規切說文銳耑可以解結又玄圭切文一重音三 觭 居宜切得也周禮觭夢又丘奇切說文角一俛一仰也又渠羈切異也又去倚

切牛角又舉綺切得也又居義切隻也莊子觭偶不仵文一重音五 ⿰角亘 虛宜切角匕也又許元切

牛角一頫一仰文一重音一 ⿰角宜 魚羈切獸角曰⿰角宜文一 ⿰角絆 延知切宗廟常器也一曰

法也彝古作⿰角絆文一 䚡 新茲切角中骨曰䚡又所佳切桑才切又先代切文一重音三 又 觺

魚其切角利皃楚辭其角觺觺又鄂力切文一重音一 觚 攻乎切說文鄉飲酒之爵也一曰觴

受三升者謂之觚文一 ⿰角是 都黎切獸角不正一曰⿱笶䖵也或書作⿺是角又田黎切文一重音一 觬

研奚切角曲曰觬一曰觬是縣名在西河郡又吾禮切文一重音一 ⿰角叉 初佳切⿰角枼也又初加切博

雅⿰角枼謂之⿰角叉文一重音一 ⿰角畏 烏回切角曲中又鄔賄切文一重音一 ⿰角巾 居銀切⿰角叉也二

十枚曰⿰角巾文一 ⿰角雚 許元切說文揮角皃梁隱縣有⿰角雚亭文一 ⿰角昆 胡昆切角全也又戶袞切

韋文

角圓皀獸角謂之⿰角昆文一重音一 ⿰角欮 公渾切昆于不可知也或作⿰角厥文一 ⿰角耑 多官切說

文角⿰角耑獸也狀似豕角善爲弓出胡休多國文一 ⿰角華 火全切角俯仰也文一 觠 逵貟

切說文曲角也一曰羷羊角三帀爲觠又古轉切又古倦切文一重音二 ⿰角麃 卑遙切角名又悲嬌

切馬銜也文一重音一 觷 牛交切轚也又刑狄切說文杖端角也又訖岳切文一重音二 ⿰角少

初交切角〻又楚敎切角上皃文一重音一 ⿰角⿱大月 苦禾切又徒禾切牛之無角者文一重音一

⿰角它 唐何切牛無角者文一 ⿰角巴 披巴切牛角張文一 觰 ⿰角奢 ⿰角奓 陟加切說

文觰拏獸也一曰下太者也或說角上張亦从奢从奓觰又展賈切⿰角咼觰牛角上張皃又陟嫁切文三重

音二 觴 ⿱爵省昜 尸羊切說文觶實曰觴虛曰觶籀作⿱爵省昜从爵省文二 ⿰角旁 逋旁切加杯酒曰⿰酉旁

或从角文一 衡 何庚切角長皃又鋤耕切文一重音一 觵觥 姑横切說文兕牛角可以飲者也其狀觵觵故謂之觵或从光文二 衡奧 何庚切說文牛觸横大木著其角引詩設其楅衡一曰横一木爲門一曰平也古作奧衡又胡肓切文二重音一 觲觪 思營切說文用角低仰便也引詩觲觲角弓或省文二 觩觓 渠尤切角皃或作觓又並居虯切角曲皃又並渠幽切說文角皃引詩兕觵其觩觓又吉酉切春秋傳展觓角文二重音三 ⿰角翏 力求切觩⿰角翏角皃文一 ⿰角酉 雌由切又茲秋切說文雉射收繳具文一重音一 觝 掌氏切側擊也又典禮切觗也文一重音一 ⿰角麗 所綺切分也文一 ⿰角虒 丑豸切說文角傾也又丈尒切角不端又普弭切文一重音二 觖 遣尒切怨望也又窺睡切又消惠切舌頭語也又古穴切文一重音

三

觤 古委切說文羊角不齊也文一

⿰角巨 **⿰角居** 臼許切說文雞距也或作⿰角居又並居御切獸名角似雞距文二重音一

解 下買切曉也教也亦姓又舉蟹切說文判也从刀判牛角一曰解廌獸名又居隘切除也一曰閒上也又下解切散也一曰地名又口賣切解垢詭曲之辭文一重音四

觟 下買切獬豸獸名或作觟又戶瓦切丈說文牝牂羊生角者也文一重音一

⿰角虎 **⿰角豸** 蟹切說文解廌獸也似山牛一角古者決訟令觸不直象形从豸省或作⿰角豸⿰角豸又丈爾切角不端文二重音一

⿰角桼 阻引切角齊謂之⿰角桼文一

⿰角玄 古本切鬬人名禹父也文一

觛 黨旱切博雅觤觛卮也又蕩旱切小觶也又得案切又徒案切文一重音三

⿰角戔 阻限切王爵也琖或从角文一

⿰角喬 舉夭切角高皃太玄⿰角喬其角又祛矯切角皃又渠廟切獸長角又渠嬌切角曲文一重音

三

⿰角肖 山巧切中角開皃又所敎切角銳上文一重音一

⿰角咼 古瓦切⿰角咼觰牛角張皃文一

⿰角酉 以九切收弋繫具文一

⿰角攸 直利切字林刺履底也文一

觢 尺制切說文一角仰也引易其牛觢又征例切竪角牛又時制切一曰牛角立謂之觢文一重音二

⿰角枼 丑例切博雅⿰角枼謂之⿰角叔又敕列切文一重音一

⿰角發 ⿰角市 放吠切說文雉射收繳具也或从市⿰角發又方伐切又蒲撥切文二重音二

⿰角侖 盧困切擊丸爲戲文一

⿰角閒 ⿰角間 居莧切角雙者爲⿰角間一曰篗也或从間文二

⿰角肖 所敎切角銳上文一

觳 古祿切器名受三斗又胡谷切說文盛觵卮一曰盡也又觳簏器名又訖岳切盡也又轄角切射具所以盛雉又克角切文一重音四

觷 胡谷切角聲又烏酷切治樸之名又克角切又轄角切又逆角切文一重音四

觫 蘇谷切觳觫懼

死皃文一觻盧谷切說文角也張掖有觻得縣又狠狄切獸角有鋒曰觻文一重音一觮
盧谷切東方音也觮或从角文一䚛胡沃切治角也文一觸𧢲樞玉切說文牴也古
作𧢲亦書作觕觸又昌句切文二重音一⿱⿱目大角拘玉切曲角文一⿰角弓乙角切說文調弓也
又昵角切文一重音一⿰爿角仕角切說文角長皃文一⿰角卓敕角切水名又昵角切握也文
一重音一⿰角弱昵角切調弓也又日灼切弓偏弱文一重音一觱⿱或角壁吉切說文羌
人所吹角屠觱以驚馬也或省俗作觱觱又王勿切又魚乙切文二重音二⿰角欮居月切說文角
有所觸發也又其月切文一重音一⿰角卒昨沒切角始生也文一⿰角夐觼古穴切說文環
之有舌者或作觼文二⿰角枼士列切治皮文一⿰角叕紀劣切抵觸也文一⿰角國王縛

切收絲者也文一⿰角鬲昵格切角似雞距又屋虢切文一重音一觡各額切說文骨角之名也一說鹿角無枝曰角有枝曰觡文一⿰角華屋虢切角似雞距文一⿰角咠測入切角多皃又側立切文一重音一⿰角戠側立切角多皃文一

文一百六　重音八十二

類篇卷第四下

類篇卷第五上　卷之十三

朝散大夫右諫議大夫權御史中丞充理檢使上護軍河內郡開國侯食邑一千三百戶賜紫金魚袋臣司馬光等奉

敕修纂

十四部

文一千八百九十六

重音九百九十五

竹冬生艸也象形下垂者箁箬也凡竹之類皆从竹　陟玉切又敕六切又張六切萹竹艸名　文一　重音二

⿱⺮通他東切竹名文一　筒徒東切竹名又徒弄切說文通簫也文一重音一　筩徒東切說文斷竹也又杜孔切候管又尹竦切箭室文一重音二　籠盧東切說文舉土器一曰笭也一曰所以畜鳥又盧冬切博雅籠畚也一曰籠鐘竹名又魯孔切竹器文一重音二　⿱⺮⿱龍木盧東切筐也文一　篷⿱⺮夆蒲蒙切方言車簍南楚之外謂之篷或省文二　⿱⺮凡蒲蒙切織竹編箬以覆舩文一　⿱⺮怱蘇叢切俗呼小籠爲桶檧或作⿱⺮怱又千弄切竹名文一重音一　⿱⺮㚇祖叢切折竹篚文一　⿱⺮聚徂聰切籠⿱⺮聚取魚器文一　篊胡公切引水也一曰竹木爲束又呼貢切竹器所以熯物者文一重音一　箜枯公切箜篌樂器師延作蓋空國之侯所好文一　篢沽紅切笠名又古覃切箱類文一重音一　⿱⺮翁烏公切說文竹皃又鄔孔切文一重音一　⿱⺮終

之戎切戎人呼篋曰䈺文一𥬗而融切竹笥謂之𥬗文一䇯而融切竹名頭有文又如容切文竹也又乳勇切文一重音二𥫸敕中切竹名文一𥳓良中切篁也文一𥴿丘弓切方言車枸簍宋魏陳楚閒謂之𥴿籠又丘恭切車弓又渠容切文一重音二笗都宗切竹名文一𥶄諸容切𥶄籠竹名文一𥫱諸容切字林無節篃文一篈方容切竹名文一𥱧餘封切𥱧䇯矢也一曰文竹文一笻渠容切竹名文一筨胡江切筨䉶酒篘也又古送切說文杯笿也一曰盛箸籠文一重音一𥫦古雙切竹名文一䉶踈江切博雅筨䉶謂之筞一曰酒篘文一箷商支切竹枝又常支切爾雅竿謂之箷所以架衣者又余支切方言槅前几文一重音二籭簛簁山宜切說文竹器也可以取粗去細或作簛簁

籭簛又霜夷切籭又所佳切盝具又所綺切簛又相支切竹節也篵又所佳切又山佳切又所綺切文三重音七 簅 又宜切篸簅竹皃又才何切筥屬又所簡切大籥又側下切炭籠長沙語文一重音三 ⿱竹是 常支切說文簧屬又余支切榹或作⿱竹寔又田梨切竹名又堅奚切簪也文一重音三 篅⿱竹圌 是爲切困也或作⿱竹圌篅又多官切竹名又淳沿切說文判竹圜以盛穀也一曰竹器又市緣切文二重音三 箠 是爲切竹名又株垂切竹節又中葵切竹名又主縈切說文擊馬也一曰策又是捶切文一重音四 ⿱竹隨 旬爲切籠也文一 簃 陳知切宮室相連謂之簃又余支切閣邊小屋也又丈尔切連閣也文一重音二 篪笹⿱竹池 陳知切說文管樂也或作笹亦作⿱竹池文三 籬 鄰知切藩也文一 篱 鄰知切笊篱竹器文一 ⿱竹能 班糜切竹名文一 ⿱竹鐔

蒲糜切闕春秋傳楚有史篺又頻彌切又
蒲街切又蒲瞻切又部買切文一重音四
箄賔彌切捕
魚器又邉迷切篝筌謂之笓笓或作箄又蒲街切大
桴也又補弭切說文箄也博雅箄篗篆也方言筡
箄折也又必至切薄也又蒲
計切又蒲歷切文一重音六
篾籋籋籋民卑切說文筡
也筡竹篾也或作籋籋籋又昵立切又昵輒
切說文箝也又諾叶切又綿批切文四重音四
篩霜夷切竹名神異經曰長
百丈南方以爲船文一
⿱竹希抽遲切竹器文一
筣良脂切筣
笓織竹爲障也又陵之切竹名出廣州西南又憐題
切竹名⿱竹黎或作莉又里弟切莉芘織荊又力至切文
一重
音四
⿱竹梨良脂切竹名文一
⿱竹沂牛肌切大篪也又魚斤切文一重音一
⿱竹矣渠惟切竹名文一
笓篦頻脂切取鰕具博雅篝筌謂之笓
可以約物或作篦又並邉迷切笓

又篇迷切又駢迷切又眦至切櫛屬又薄必切次也文二重音五 篃 旻悲切竹名江漢閒謂之箭竿一尺數節葉大如扇可以衣蓬又明祕切文一重音一 䉠 ⿱⺮敚 旻悲切又並無非切說文竹也文二重音一 ⿱⺮至 充之切竹名文一 ⿱⺮思 新茲切竹名有毒傷人即死生海畔有毛又想止切⿱⺮思篣竹名一枝百葉有毒如堇文一重音一 ⿱⺮兹 牆支切竹名文一 笞 超之切說文擊也文一 箈 ⿱⺮怠 澄之切箭⿱⺮明一曰水中魚衣或从怠又並堂來切又並蕩亥切又並坦亥切文二重音三 ⿱⺮夌 陵之切笊⿱⺮夌竹杓文一 ⿱⺮⿷匚足 居之切說文取蟣比也文一 ⿱⺮肥 符非切竹名又邦加切⿱⺮貝也文一重音一 ⿱⺮幾 居希切竹也文一 箊 衣虛切箖箊竹名文一 ⿱⺮豦 求於切又苟許切說文飯牛筐也方曰筐圜曰⿱⺮豦文一重音一 籧 求於切說文籧

篨粗竹席文一 箵 新於切竹名一曰箕屬文一 笡 千余切竹名文一 筡 商居
切⿱竹殷筡竹筐也又抽居切艸名爾雅簢筡中言中空類竹也又陳如切又同都切說文折竹筐也又丑戾
切竹名文一重音四 ⿱竹舒 商居切竹名文一 筎 人余切刮取竹皮爲筎文一 篨
陳如切說文籧篨也文一 ⿱竹閭 凌如切⿱竹閭箐竹名文一 籅算 羊諸切博雅篆也或作算
文二 竽⿱竹亏 雲俱切說文管三十六簧也或从⿱竹亏文二 ⿱竹洿 芳無切竹青皮文一 筟
芳無切說文筳也筳織緯者文一 符 馮無切說文信也漢制以竹長六寸而相合亦姓文一
⿱竹無 微夫切黑竹也又蒙脯切竹黑皮文一重音一 ⿱竹須 詢趨切魚笱文一 ⿱竹稍 雙雛
切說文飯筥也受五升秦謂筥曰⿱竹稍文一 ⿱竹朱 春朱切博雅⿱竹夆⿱竹雙謂之⿱竹朱又追輸切又初尤切又初

講切帆張也文一重音三⿱竹臾容朱切黑竹文一䈬箁蓬逋切䈬箷小竹網或作箁箁

又房尤切竹名又蒲侯切說文竹箬也又薄口切竹葉也文二重音三⿱竹都叢租切竹名文一

⿱竹途同都切說文析竹笢也又丑戾切竹名文一重音一籚龍都切說文積竹矛戟矜也引

春秋國語朱儒扶籚一曰筐也大曰籚小曰籃文一笯農都切籠也又女加切又乃故切說文鳥

籠又莫故切又奴故切文一重音四箶⿱竹乎洪孤切竹名或作⿱竹乎文二箛洪孤切稜也又

攻乎切博雅筶⿱竹隸箛也一曰竹簡小兒所書一曰方也文一重音一⿱竹孤攻乎切說文吹鞭也急就

章⿱竹孤篍起居課後先文一箍笟攻乎切以篾束物或作笟文二⿱竹鞊空胡切篾也文一

⿱竹語⿱竹吾訛胡切竹名或省文二⿱竹踶田黎切竹名一曰竹器或省又大計切文一重音一

⿱竹⿱勿尒 憐題切竹名文一 笄 堅奚切說文簪也文一 簰箄 薄街切大桴曰簰或从水文二 ⿱竹熹 居諧切黑竹文一 ⿱竹⿰㡀又 枯懷切竹箭又枯回切又苦懷切竹名又苦怪切又古萬切文一重音四 ⿱竹恢 枯回切廣雅⿱竹恢篷傘也又苦對切又古獲切車弓文一重音二 ⿱竹國 枯回切筐也又古對切婦人喪冠又古獲切文一重音二 籉 堂來切笠也可以禦雨文一 箂 郎才切竹名文一 ⿱竹眞 之人切博雅⿱竹眞⿱竹⿰㡀又箭也一曰器名文一 ⿱竹甄 之人切樂器爾雅所以鼓敔謂之⿱竹甄文一 笢 眉貧切竹膚也又彌盡切文一重音一 䈁 龍春切䈁子船具文一 筃 伊眞切竹名一曰車重席文一 筠 于倫切竹青皮文一 筍 于倫切弱竹可爲席又聳尹切說文竹胎也又須閏切齊魯以北謂竹輿爲筍何休說文一重音二 箘䇹箟

區倫切竹名或从君从昆又並巨損切說文箘簬也一曰博棊箘又巨卷切竹名文三重音二

⿱⺮兟 踈臻切簞也文一

篔 符分切帥篔弦也文一

篔⿱⺮雲 于分切篔簹竹名或从雲篔又于權切文二重音一

⿱⺮堇 舉欣切竹名通作斤又几隱切文一重音一

⿱⺮⿰犭斤 魚斤切大箎文一

笎 愚袁切竹名文一

⿱⺮袁 于元切方言榬籆所以絡絲者或从竹又于嬀切文一重音一

箮 許元切竹華也文一

⿱⺮言 魚軒切大簫也文一

⿱⺮腱 渠言切字林⿱⺮腱鳴也文一

⿱⺮幡 孚袁切蔽也又方煩切大箕也文一重音一

籓⿱⺮番 方煩切說文大箕也一曰蔽也亦省籓又逋潘切箕屬文二重音一

笲 符袁切竹器婦贄棗脩者又父遠切竹器又皮變切笥也文一重音二

⿱⺮殿⿱⺮臀 徒渾切說文榜也或从臀⿱⺮殿又丁練切文二重音一

竿 居寒切說

文竹挺也通作干又古旱切箭笴𥳆相干切竹器
也又居案切衣架文一重音二又額旱切又
損管切博雅箱謂之𥳆又所多寒切說文笥也
簡切又蘇典切文一重音四簞漢律令簞小筐也
傳曰簞食𥵯干安切竹籤也籣郎干切說文
壺漿文一𥸈或从粲文二所以盛弩矢
人所負籛子千切姓也又將先切又子踐篧沽
也文一切竹名又子賤切文一重音三丸
切竹杅𥳉逋潘切𥳉籛竹名一曰捕魚笱入而不
文一可出又蒲官切筡竹笸文一重音一
𥴽多官切竹名博雅篿徒官切說文圜竹器
𥶢𥴽桃支也文一箽也或省篿又朱遄切
楚人謂折竹卜曰箋將先切說文表識書也一曰
篿文二重音一編也古者書紀其事以竹編
次爲之𥮿將先切蔽絮簀或作籤又並才
文一籤先切𥮿又憸鹽切文二重音二𥵂

才先切蔽絜簀也文一 籤 才先切細削竹也文一 籩 卑眠切說文竹豆也文一 ⿱竹然
寧顛切竹名又如延切由吾也文一重音一 ⿱竹開 輕煙切戶板謂之⿱竹開⿱竹鮮又去演切⿱竹開⿱竹鮮籍也文
一重音一 ⿱竹衎 胡千切箭笴文一 ⿱竹燕 因蓮切竹名文一 ⿱竹鮮 相然切戶板謂之⿱竹開
⿱竹鮮一曰竹名又息淺切博雅⿱竹開⿱竹鮮籍也文一重音一 ⿱竹仙 相然切竹名文一 筵 夷然切說
文竹席也引周書度堂以筵筵一丈文一 箯 卑連切博雅㬥輿也又毗連切說文竹輿也文一重
音一 篇 紕延切說文書也一曰關西謂榜曰篇又姓文一 筌 逡緣切取魚竹器文一
⿱竹⿱目⿱大車 所負切治車軸也文一 ⿱竹卷 驅圓切揉竹又苦倦切文一重音一 簫箾 先彫
切說文參差管樂象鳳之翼或作箾箾又師交切象箾舞者所執司馬正說又色角切說文以竿擊人也

文二重音二⿱竹周丁聊切山海經中山之東有⿱竹周山文一⿱竹調田聊切竹名文一簝憐簫切說文宗廟盛肉竹器引周禮供盆簝以待事又郎刀切又魯皓切文一重音二⿱竹聊憐簫切竹名似苦竹而細軟江漢間謂之苦⿱竹聊文一篍千遙切簫管一名篍又雌由切又七肖切說文吹簫也文一重音二篻畀遙切竹長皃又眦霄切細竹又匹沼切竹名實中者又匹妙切竹名出九眞文一重音三筄餘招切爾雅屋上薄謂之筄又夷周切又弋笑切文一重音二⿱竹桃餘招切筄支竹名又徒刀切文一重音一簥居妖切爾雅大管謂之簥文一筊笅⿱竹骹何交切說文竹索也一曰簫之小者謂之筊或从爻从骹⿱竹骹又居肴切又下巧切筍也又後教切竹萌也筊又古巧切文三重音四笣虛交切竹名又班交切竹名出荔浦其筍冬生文一重音一⿱竹麃

蒲交切竹名文一 箾筲 師交切說文陳留謂飯帚曰箾一曰飯器容五升一曰宋魏謂箸筩爲箾或从肖又並色角切文二重音一 ⿱竹爵 莊交切撩罟也又側角切文一重音一 ⿱竹巢 莊交切爾雅大笙謂之巢或从竹文一 篙⿱竹咎 居勞切方言所以刺船謂之篙亦作⿱竹咎篙又居号切文二重音一 ⿱竹蚤 蘇遭切⿱竹蚤⿱竹蚤竹聲文一 ⿱竹曹 財勞切竹名文一 ⿱竹舀 他刀切飲牛器方言篆趙岱之間謂之⿱竹舀文一 籌 徒刀切方言戴也又陳留切說文壺矢也文一重音一 簩 郎刀切⿱竹思簩竹名皮利可爲刀一曰竹名一枝百葉有毒又郎到切文一重音一 ⿱竹科 苦禾切竹名文一 ⿱竹夋 蘇禾切所以行緯也文一 ⿱竹坐 村戈切竹名文一 籮 良何切方言箕陳魏宋楚之間謂之籮一說江南謂筐底方上圜曰籮文一 笆 邦加切竹之有刺者

一曰笮也又補下切又部下切文一重音二 𥬸簻 張瓜切說文箠也或作簻𥬸又杜果切箛

𥬸竹名生南陽漢時獻爲馬策文二重音一 𥱩 女加切籠也文一 𥰚䈎 余遮切竹

名或从耶文二 笳 居牙切胡人卷蘆葉吹之也文一 笌 牛加切笱也文一 𥳭

余章切博雅篙𥳭筕篖也文一 䇦 余章切竹名文一 𥫱 分房切竹器文一 箱

思將切說文大車牝服一曰竹器文一 篬 千羊切竹名又千剛切竹色文一重音一 𥲤

資良切席也又以兩切說文剖竹未去節又子兩切一曰𦨕也又在兩切又七亮切竹也文一重音四

𥴨 如陽切說文㐮也一曰漉米竹器又汝兩切一曰簊也文一重音一 筤 呂張切博雅筤

謂之笶又盧當切又里黨切說文籃也又郎宕切扇類曲柄繖蓋在乘輿後文一重音三 篖 徒郎

切筕篖竹席直文而粗者文一⿱竹棠徒郎切筸也又除庚切文一重音一簹都郎切篔簹竹
名又丁浪切車簹文一重音一篣蒲光切箕屬又蒲庚切博雅籠也文一重音一笐居郎
切說文竹列也一曰絃加竹謂之笐又寒剛切竹名又胡降切挂衣架也又下浪切文一重音三筕
寒剛切筕篖織竹也又何庚切方言筕篖籧篨直文者文一重音一簧胡光切說文笙中簧也古
者女媧作簧文一篁胡光切說文竹田也一曰竹名文一⿱竹囟⿱竹眚眉耕切竹名或作⿱竹眚
⿱竹囟又俱永切竹名文二重音一笙師庚切說文十三簧象鳳之身正月之音物生故謂之笙大者
謂之巢小者謂之和古者隨作笙文一箏甾莖切說文鼓弦竹身樂也一說秦人薄義父子爭
瑟而分之因以爲名文一⿱竹⿱皿⿱冖瓦謨耕切竹也一曰竹筍文一箐咨盈切笭箐小籠又倉甸

切張竹弓弩曰箐又千羊切竹名文一重音二箳卑盈切箳篂車轓又旁經切箳篂簸篰又必郢
切文一重音二⿱竹洴卑盈切盛絜籠文一⿱竹并卑盈切竹名又旁經切竹名一曰⿱竹并⿱竹夆戶扇文
一重音一筬時征切筬筐織具文一⿱竹呈馳貞切博雅笭⿱竹呈竹席一曰竹名可爲笛又湯
丁切笭⿱竹呈竹器又他定切笭⿱竹呈車中筳也文一重音二籯⿱竹盈怡成切說文笭也或从盈文二
篂桑經切博雅箳篂簸篰也又息幷切又鉼鋌切文一重音二⿱竹竮滂丁切吳人謂蠶曲
爲⿱竹竮文一⿱竹甹滂丁切舟車蓬文一筳湯丁切方言緪筳意也又唐丁切說文維絲筦一曰
楚人結艸折竹卜曰筳篿又待鼎切屋梁也文一重音二笭⿱竹軨郎丁切說文車笭一曰笭籯也
或从軨笭又朗鼎切笭箵也又郎定切笭⿱竹呈車中筳文二重音二⿱竹聆⿱竹靈郎丁切竹名一曰竹

器或从靈文二筂諸仍切竹炬一曰竹名皮有文文一篓閭承切竹名文一簦都騰切說文笠篕也文一籐徒登切竹器文一𥴦盧登切竹名文一䉕祖稜切簦䉕笠也文一笱居尤切竹名文一策渠尤切小籠文一簝丑鳩切竹相合也文一䉂陳留切說文䉂著或作籌䉂文二𥴾䉓力求切竹名或作䉓文二籕劉力求切說文竹聲或作籕劉又力久切竹名又力救切文二重音二篼踈鳩切竹名又乎乖切高竹節文一重音一篘䈀篗初尤切漉取酒也或作䈀篗文三箃甾尤切竹黃也文一䉓甾尤切取魚器又側救切文一重音一筟方鳩切竹有文者又房尤切又披尤切竹名文一重音二篌胡溝切箜篌樂器或說空國之侯所好故謂之箜篌文一

篕烏侯切竹器吳人以息小兒文一　篕烏侯切吳人謂育甆竹器曰篕文一　篝⿱𥫗構居侯切說文笿也可熏衣宋楚謂竹篝牆以居也一曰蜀人負物籠上大下小而長謂之篝笭或作⿱𥫗構篝又居候切竹器文二重音一　⿱𥫗鉤居侯切竹名博雅⿱𥫗鉤⿱𥫗漏桃枝也文一　篼當侯切說文飲馬器也文一　簍郎侯切說文竹籠也又郡羽切篕簍規車輞則也又隴主切博雅畚也又朗口切竹器文一重音三　⿱𥫗尋徐心切竹名長千丈可爲大舟文一　箴諸深切說文綴衣箴一曰誡也一曰竹名又姓又口減切竹名又古斬切文一重音二　篸䟽簪切說文差也一曰竹長皃又初簪切篸⿱𥫗差竹皃又緇岑切先或作篸又祖含切博雅篾謂之簪又作紺切綴也文一重音四　⿱𥫗蠶⿱𥫗甚緇岑切首笄也先或作⿱𥫗蠶古作⿱𥫗甚⿱𥫗蠶又祖含切博雅篾謂之簪或从蠶又作紺切綴

也文二重音二⿱竹冘持林切竹名文一箖持林切箖⿱竹矣竹名又力錦切博雅醫也又力朕
切文一重音二⿱竹𡈼夷針切竹名文一⿱竹剡祖含切搔馬也又徒甘切馬剡也一曰飼篦又
市甘切又癡簾切文一重音三筨⿱竹臽⿱竹涵胡南切筨隋竹實中或作⿱竹臽⿱竹涵文三籃
盧甘切說文大篝也文一⿱竹甘沽三切竹名又古覽切大竹文一重音一簷余廉切櫋也文
一⿱竹閻余廉切竹病不可折管文一籤千廉切說文驗也一曰銳也貫也文一簽
千廉切博雅簽籯籠也文一笘詩廉切說文折竹箠也潁川人名小兒所書寫爲笘又蚩占切
又託協切簡也又的協切笘⿱竹觚也文一重音三籢離鹽切說文鏡籢也文一簾離鹽切說
文堂簾也文一箝⿱竹拈具淹切說文籋也或作⿱竹拈文二⿱竹嚴魚杴切說文雉射所蔽者也文

一箽箽覩動切竹器一曰竹名或从重亦姓文二篵損動切方言箸筩自關而西謂
之桶篵文一䈡乳捶切竹葉垂生曰䈡文一𥬾蔣氏切竹名文一𥮏隱綺
切博雅𥮏篣笶矧視切弓弩笷箁也文一矢也文一䉝語綺切竹器文一篙
羽委切笴皮文一簸簸簸虎委切春謂之簸或作簸亦省文三策數軌切竹
名文一笫蔣兕切牀也方言陳楚謂之笫又壯士切說文牀簀也又阻引切又爭義切又側瑟
切文一重音四䉂䉂魯水切法也一曰法可以纍网人心李舟說或作䉂文二簋矩鮪
切說文黍稷方器也文一𥬀渚市切竹名文一𥬁上止切竹名出南方荒中長百丈圍
三丈文一𥲤相止切竹箴又息改切竹名文一重音一笖養里切笱也文一笆

口已切簞⿱竹尾武斐切竹名文一篚府尾切說文車笭也文一⿱竹⿱田長羽鬼切篚也文一⿱竹韋羽鬼切艸名文一篽籞篽魰偶舉切說文禁苑也引春秋傳澤之自篽或作籞篽或从又魚聲文四筥苟許切說文箱也又兩舉切飯器文一重音一簠匪父切說文黍稷圓器又風無切又蓬逋切文一重音二簴臼許切鍾鼓之柎也文一⿱竹巨臼許切束葦燒苣或从竹文一⿱竹亍丈呂切說文機之持緯者或从竹又遲據切文一重音一⿱竹旅⿱竹囪兩舉切飯器或作⿱竹囪文二⿱竹禹果羽切⿱竹禹簍規車輞則也文一籔爽主切聘禮十六斗曰籔又蘇后切說文炊籅也文一重音一⿱竹主重主切樂也所以調絃文一⿱竹寅勇主切玄竹也文一簿伴姥切籍也笏也又白各切蠶具又弼碧切壁柱文一重音二⿱竹掊

伴姥切竹器文一⿱竹魯籠五切竹名文一⿱竹虎火五切竹名高百丈文一⿱竹苦筈孔五切竹名或省筈又果五切䉛也文二重音一簄後五切取魚竹罔文一⿱竹豊里弟切竹名文一⿱竹奚戶禮切所以安船文一⿱竹解下買切竹名文一⿱竹灑所蟹切瑟也文一⿱竹枋杜買切取魚竹器文一⿱竹戾⿱竹買徒駭切竹器或从買⿱竹戾又徒蓋切文二重音一⿱竹廆⿱竹鬼苦猥切竹高節或省又並戶賄切文二重音一⿱竹陏杜罪切笿⿱竹陏竹名又都果切又杜果切又徒卧切⿱竹甾⿱竹陏夏笥文一重音三等打亥切齊也又得肯切說文齊簡也从竹从寺寺官曹之等平也文一重音一⿱竹申矢忍切竹名文一⿱竹彐此忍切筊也又擬忍切筊之⿱竹彐又羽敏切文一重音二⿱竹盡此忍切小竹文一笋⿱竹享⿱竹⿱旬丂聳尹切竹胎也或作

篿古作篿文三 簨⿱竹⿱頁大 聳尹切所以縣鍾磬橫曰簨植曰簴 或作簨簨又雛綰切竹器文二重音

一 簢⿱竹愍⿱竹𢡱 美隕切竹名爾雅簢筡中 空類竹或作⿱竹愍⿱竹𢡱文三 ⿱竹引 以忍 切竹

名文一 笏 武粉切笢笏手循笛皃又文拂切笢笏繁 密皃又呼骨切公及士所搢笏忽也有事

記其上以備忽 忘文一重音二 ⿱竹夗 委遠切竹 器文一 ⿱竹圈 窘遠切竹名又 巨卷切文一重

音 一 ⿱竹建 許偃切竹名又九 件切文一重音一 笨 補衮切說文竹裏也 又普本切一曰不精

也文一 重音一 ⿱竹乇 杜本切說文篅也 一曰篪也文一 笴簳 古旱切字林 箭笴也或作

簳笴又古老切弓材又古我切箭簳 又下可切簳又居案切文二重音四 篗 戶管切博 雅篱篗篰

也又于眷切斷竹 也文一重音一 筦 古緩切說文 筟也文一 管 古緩切說 文如篪六

孔十二月之音物開地牙故謂之管又沽丸切管人掌館舍之官又古滿切文一重音二

𥵃䈼 母伴切博雅𥵃篗節也或从滿文二

簸 顮旱切博雅𥵃簸桃枝竹也又先幹切又桑葛切文一重音二

算 損管切數也又緒纂切又須究切又蘇貫切文一重音三

篹簋 損管切籩屬一曰竹木素器或作簋篹又祖管切又雛綰切持也又雛免切述也文二重音三

籫 祖管切說文竹器也文一

筭 緒纂切數也又蘇貫切說文長六寸計歷數者从竹从弄言常弄乃不誤也文一重音一

笪 黨旱切博雅擊也亦姓又得案切莒也一曰笞也一曰苻篖似籧篨直文而粗江東呼爲笪又當割切一曰覆舟簟又他達切文一重音三

簅 所簡切大籥文一

簡 賈限切說文牒也一曰略也閱也誠也亦姓文一

𥳑 賈限切𥳑在也文一

箲筅 穌典切飯帚或

从先文二篔吉典切通水器又胡典切竹名文一重音一箐子淺切竹名又子賤切矢
也文一重音一篧子淺切竹名文一籑須兗切竹名文一⿱竹舛尺兗切竹以貫
物文一⿱竹臾乳兗切竹名文一⿱竹辡平免切博雅⿱竹枼⿱竹辡⿱竹觚也一曰竹簡又邦免切古書竹
簡也文一重音一篆柱兗切說文引書也文一筱篠先了切說文箭屬小竹也或作
篠文二⿱竹沼止少切竹名文一篎弭沼切說文小管謂之篎又彌笑切文一重音一
⿱竹敫古巧切笱也又下巧切文一重音一筊下巧切笱也文一⿱竹銷山巧切竹枝長
文一笊側絞切笊離竹器又阻教切文一重音一⿱竹考苦浩切⿱竹考⿱竹老屈木爲器文一⿱竹老
魯晧切栲栳柳器或从竹文一⿱竹哿⿱竹哥賈我切笱䈑或作⿱竹哥文一⿱竹俊損果切博雅𥮾䈹席

也一曰竹名一曰箄也文一

筒 古瓦切箴筒收絲具文一

䇲 初雅切竹名文一

簗⿱竹弉 子兩切方言所以隱櫂謂之簗一說前推曰簗却曳曰櫂或作⿱竹弉文二

⿱竹掌 止兩切竹名文一

⿱竹爽 所兩切竹名文一

⿱竹養 此兩切竹名文一

簜 待朗切說文大竹也引夏書瑤琨筱簜文一

⿱竹昜 待朗切說文大竹筩也一曰盛酒竹器又坦朗切文一重音一

⿱竹黨 待朗切竹名文一

⿳竹大廾 母朗切竹名其節稠文一

⿱竹央 倚朗切竹名一曰竹無色又於浪切文一重音一

箵 所景切竹名又息井切笭箵也又銑挺切箵車笭也文一重音二

⿱竹靜⿱竹靖 疾郢切竹名或从靖文二

⿱竹丁 他鼎切竹函也文一

䉹 朗鼎切⿱竹寗䉹籯也文一

⿱竹寗 乃挺切⿱竹寗䉹籯也文一

箒 止酉切古者少康初作箕帚或从竹文一

⿱竹剖篰

普后切篼篓也一曰竹牘或作蔀又並薄口切文二重音一篓箱蘇后切炊箅也亦作箱文二筀忍甚切單席又如鴆切臥席也文一重音一籫古禫切竹名有毛又都感切文一重音一簣都感切竹名文一䈴都感切篋類文一䈒乃感切竹弱文一䈲杜覽切竹名又徒濫切文一重音一簷時染切竹名文一䇇而琰切竹弱又乃玷切文一重音一𥬕丘檢切小竹又去劒切竹名文一重音一簟徒點切又徒念切說文竹席文一重音一𥲖古斬切竹名文一笵父錽切說文法也从竹竹簡書也古法有竹文一範父錽切說文範載也一曰模也文一𥬰充仲切竹尖也文一𥬱直衆切中籥也文一𥲋䉆朔降切以竹木刺物也或从木文二𥸮力智切博雅笘𥸮䉶也文一

⿱竹辟 匹智切射鳥具又蒲計切文一重音一 簐 脂利切博雅箭⿱竹媢簐也又即入切又質入切竹名文一重音二 ⿱竹隊⿱竹遂 徐醉切籧篨也或作⿱竹遂文二 ⿱竹雉 直利切幼竹文一 簭 去異切氣也文一 籄簣 求位切土籠也或省簣又苦怪切文二重音一 箅 匹寐切說文蔽也所以蔽甑底又必計切文一重音一 ⿱竹媢 明祕切博雅箭⿱竹媢簐也一曰竹名長節深根筍冬生文一 ⿱竹志 職吏切竹名文一 ⿱竹忌 渠記切竹名文一 笥 相吏切說文飯及衣之器也又新茲切竹器又相支切文一重音二 ⿱竹顡⿱竹毅 魚既切竹名或从毅文二 ⿱竹庶 商署切箕屬文一 ⿱竹署 章恕切籭屬文一 箸 陟慮切明也立也又遲據切說文飯攲也又陟略切被服也一曰置也文一重音二 筯 遲據切說文飯攲也文一 ⿱竹慮 良據切舟中簣也文

一笱俱遇切織具一曰竹名文一䈏符遇切篾也文一𥯣廚遇切壇纂竹也文一篡莫故切竹管文一簍徒故切博雅簬也文一簬簵䉡魯故切竹名說文箘簬也引夏書惟箘簬楛古作簵或从露文三篧胡故切捕魚器又側角切又仕角切又竹角切又黃郭切又闊鑊切文一重音五笠胡故切說文可以收繩也从竹象形中象人手所推握也或省文二篺荒故切籠也文一笶他計切車奞竹也文一篪大計切篪鍾樂器晉灼曰二十四鍾各有節奏聲不常也文一篥郎計切篤也文一筀消惠切竹名傷人則死文一篲𥳬䈬旋芮切埽竹也古作𥳬䈬篲又俞芮切又以醉切莊子操拔篲徐邈讀又蘇骨切𥳬又雖遂切又徐醉切䈬又席入切覆船具文三重音六箭

征例切大簞也又之列切博雅笙⿱竹折席也又食列切竹席文一重音二

簭筮⿱竹⿱巫口 時制切說文易卦用也从竹从𢍰𢍰古巫字或作筮⿱竹⿱巫口筮又以制切揲著占也文三重音一

笍 儒稅切竹名又株衞切說文羊車騶箠也箸箴其端長半分又女劣切羊箠耑有鐵文一重音二

⿱竹毳 初芮切春也文一

⿱竹罽 居例切⿱竹罽⿱竹復竹實文一

⿱竹衞 于歲切博雅簫⿱竹衞箭也一曰竹名文一

筃 直例切以竹補鈌文一

⿱竹列 力制切籌也文一

⿱竹曳 以制切箄也又羊列切挍縫箄也文一重音一

箅 以制切揲著占也文一

⿱竹敝 必袂切簞衣車戶也一曰簙籌文一

籟 落蓋切說文三孔龠也大者謂之笙其中謂之籟小者謂之箹文一

⿱竹最 徂外切⿱竹最⿱竹尾竹器文一

篕 居太切籧篨也又轄臘切文一重音一

⿱竹拜⿱竹派 普卦切竹片也或作

簏文二簀側賣切匳酒具或作簀簀又側革切說文牀棧也文二重音一簺先代切說文行棊相塞謂之簺一曰編竹木斷水取魚也文一篓於代切說文蔽不見也文一䉬𥳭放吠切籧篨也或作䉬文二𥴦𥸃良刃切竹類或作𥸃文二䉮良刃切博雅䉮謂之植文一𥶂扶萬切竹器文一笇遵蘇貫切竹器或作遵文二籫侯襉切竹枯也文一𥶇皮莧切箛也文一䈑先見切竹名文一箐倉甸切竹茂皃文一篶作甸切楚謂筏上居曰篶文一筲縈絹切竹名文一𥮴箭子賤切矢也隸作箭文二𥴩式戰切箑也通作扇文一笑私妙切說文喜也文一箹於教切管小謂之箹一曰竹節又乙角切說文小籟也又測角切奪帶或作箹又乙卻切籥小者謂之箹

文一重音三⿱竹卓陟敎切捕魚器又竹角切又敎角切文一重音二箌陟敎切爾雅大也文一箇古賀切說文竹枚也文一⿱竹綶盧卧切簀也文一⿱竹舄四夜切博雅篇章⿱竹舄程也文一笡七夜切博雅⿱竹⿱酉皿謂之笡文一笮側駕切酒盪也又側革切迫也又實窄切疾各切笮筄也文一重音三⿱竹⿱亡口莫浪切屋簀文一⿱竹杭下浪切竹竿也文一⿱竹勁堅正切筋竹文一⿱竹政之盛切竹名文一⿱竹亭丁定切竹器文一⿱竹復敷救切竹篕也文一簉初救切倅也齊也文一籀直祐切說文讀書也引春秋傳曰卜籀云一曰史籀造篆故有籀文文一⿱竹紂直祐切竹易根而死曰⿱竹紂又丈九切文一重音一簆丘候切織具文一⿱竹奏先奏切小竹文一⿱竹侵七鴆切墨漬筆也文一⿱竹躭丁紺

切竹名文一⿱竹念⿱竹⿰糸念奴店切竹索或从⿰糸念⿱竹念又諾叶切文二重音一⿱竹兼詰念切籠也文一⿱竹毂古祿切籭也文一⿱竹仆普木切小擊也文一⿱竹斛胡谷切箱也文一⿱竹毂胡谷切吳俗謂⿱竹隻為⿱竹毂文一簌蘇谷切篩也文一簇千木切小竹文一簏箓盧谷切說文竹高篋也或从彔文二簶盧谷切胡簶箭室文一⿱竹復方六切竹實文一⿱竹畐方六切織具一曰竹名又弼角切文一重音一箙⿱竹復房六切說文弩矢箙也引周禮仲秋獻矢箙或作⿱竹復文二⿱竹蹵⿱竹⿱就旦⿱竹就子六切廣雅⿱竹蹵謂之笪或从旦亦省⿱竹蹵又就六切又七六切又千繡切文三重音三筑張六切說文以竹曲五弦之樂也从竹从巩巩持之也又仲六切水名漢有筑陽縣文一重音一⿱竹⿱畐土⿱竹⿱巩女⿱竹弄張六切擣也築古作⿱竹⿱畐土或作⿱竹⿱巩女

筭文三 ⿱竹陸 力竹切竹名文一 ⿱竹匊 ⿱竹𥷛 居六切窮理罪人也或作𥷛文二 䉛 居六切說文漉米籔又乙六切又烏酷切又烏浩切移蠶具文一重音三 籙 龍玉切麓也一曰籍也文一 筁 區玉切說文蠶薄也文一 ⿱竹角 訖岳切竹欜也又乙角切竹名文一重音一

⿱竹扚 弼角切⿱竹扚篢奞帶也又測角切文一重音一 簎 測角切刺取鼈蜃也又敕角切又測窄切又實窄切又測革切又倉格切又七迹切又秦昔切文一重音七 ⿱竹旋 測角切作餅具文一

⿱竹雔 篧 竹角切說文罩魚者也或省又並闊鑊切文二重音一 ⿱竹綽 ⿱竹劉 敕角切捕魚器或作劉文二 ⿱竹擢 直角切竹名文一 篳 壁吉切說文蕃落也引春秋傳篳門圭窬又必至切文一重音一 ⿱竹密 莫筆切竹名空小而有欜文一 篥 力質切觱篥胡人吹葭管也文

一⿱竹逸弋質切廣雅置也文一⿱竹卒昨律切笭也文一笜竹律切竹筍生皃文
一⿱竹寽箻劣戌切竹管以射鳥或从律文二笰敷勿切博雅箭也又分物切一曰笄
謂之笰又方未切削矢令漸細文一重音二⿱竹屈九忽切博雅⿱竹屈謂之刷又古勿切文一重音一
筏房越切說文海中大船又北末切箄也又普活切文一重音二⿱竹突他骨切竹器文一
⿱竹末莫葛切捕魚器文一筈苦活切箭末曰筈又古活切文一重音一⿱竹犮普活切箄
也文一⿱竹擖⿱竹曷丘瞎切敔也以止樂或省⿱竹曷又居曷切竹名博雅⿱竹曷⿱竹骰桃支也文二重音一
節子結切說文竹約也一曰制也操也信也文一⿱竹截昨結切竹劑也文一篞⿱竹⿱日土
乃結切爾雅管中者謂之篞或省文二篾⿱竹密莫結切析竹也一曰桃枝竹名或从密文二

䇷筆別切分契也文一籥弋灼切說文書僮竹笘也文一箬篛日灼切說文所謂竹足皮曰箬或作篛箬又女瞎切竹病一曰竹皮文二重音一籆籰篗箴王縛切說文收絲者也或作籰篗箴箴又越逼切竹叢生文四重音一籗王縛切取魚竹器文一籜闥各切竹皮文一笿歷各切說文桮笿也一曰東也文一𥳐𥰭歷各切籬落也或作𥰭文二簙伯各切說文局戲也六箸十二棊也古者烏曹作又匹各切文一重音一䈲伯各切蠶具又白各切又弼碧切說文壁柱也文一重音二箔白各切廉也文一䈾末各切䈾箣竹名文一䈗昔各切竹絙又色窄切文一重音一筰𥮵疾各切說文筊也一說西南夷尋以渡水益州有筰橋或作𥮵笮又側革切迫也在瓦之下棼上笮又秦昔切

引舟絞文二重音二⿱竹恪克各切籠也文一⿱竹咢逆各切竹名文一⿱竹白薄陌切竹

名皮白文一簀阻尼切牀棧也文一⿱竹迮側格切迫也文一⿱竹冥莫獲切方言車

拘簍謂之⿱竹冥又莫狄切箹⿱竹冥⿱竹奄帶也文一重音一策筴測革切說文馬箠也一曰謀也一曰

著也或作筞筴又吉協切箸也曰小箕又訖洽切文二重音二⿱竹隔⿱竹槅各核切竹障或从木

文二籍秦昔切說文簿書也文一籊他歷切竹長殺皃詩籊籊竹竿又亭歷切文一重音

一笛篴亭歷切說文七孔筩也羌笛三孔或作篴文二⿱竹鬲形狄切斛注謂之⿱竹鬲又馨

激切籬屬文一重音一⿱竹直丞職切笙也文一⿱竹嗇殺測切篩也文一⿱竹息悉即

切簨⿱竹息竹器文一⿱竹弋逸織切竹索文一竻歷德切竹根文一⿱竹耳息入切織

竹器緣又藉入切覆也文一重音一

笠 力入切說文簦無柄也文一

箿 一入切挹器文一

笈 極入切負書箱又極曄切又極業切又測洽切文一重音三

笆 乙及切捕魚竹器文一

⿱⺮雜 昨合切戶簾也或从竹文一

答 畣 畗 德合切當也古作畣畗文三

⿱⺮沓 託合切竹冒也一曰竹名又達合切竹名文一重音一

⿱⺮納 諾荅切竹索文一

笚 德盍切竹相繫又諾盍切維舟竹索又轄甲切竹名又古洽切文一重音三

⿱⺮翕 敵盍切客扇謂之⿱⺮翕文一

⿱⺮図 諾盍切維舟竹索又昵洽切一曰補⿱⺮雜也文一重音一

⿱⺮枼 弋涉切說文篇也又勑涉切博雅⿱⺮觚也又達協切書篇名文一重音二

⿱⺮妾 七接切竹器又即涉切竹翣又色甲切文一重音二

箑 疾葉切竹扇也又色輒切又實洽切行書也秦使徒隷助官書艸箑以爲行事

謂艸行之間取其疾速不留意 ⿱竹百 敇涉切竹葉文一 籋 又色甲切扇也文一重音三

⿱竹⿰而瓦 力涉切竹 力協切竹笭所 ⿱竹⿰百耳 力協切竹 名文一 以乾物文一 笪也文一 ⿱竹尔

諾叶切箝也籋 ⿱竹匣 轄甲切竹 或作⿱竹尔文一 名文一

文六百九十一 重音三百六十五

箕簸也从竹𠀠象形下其丌也凡箕之類

皆从箕古文作𠀠⿱竹丌𠑹𠁠籀文作⿱竹⿱甾丌或作

⿱𠀠其⿱罒其 居之切 文八

其 居之切不其縣名又渠之切辭也豈 也又居吏切語巳辭文一重音二 簸 布火 切揚

米去糠也又補過切文一重文一 ⿰箕枼 弋涉切簸也又達協切文一重音一

文十一　重音四

丌下基也薦物之丌象形凡丌之類皆从丌

丌 居之切又渠之切文一重音一

畀畁 必至切說文相付與之約在閣上也文二

亓 渠之切辭也豈也亦姓文一

典⿱竹典 多殄切說文五帝之書也从冊在丌上尊閣之也莊都說典大冊一曰常也古从竹典又徒典切頎典堅忍皃一曰車轅束文二重音一

⿺辶丌 居吏切說文古之遒人以木鐸記詩言文一

巺巺巽 蘇困切說文具也从丌𢀩聲徐鉉曰庶物皆具丌以薦之古作巺巽篆作巺巽又雛免切持

也文三　重音一

顨蘇困切說文巽也从丌从頁此易顨卦爲長女爲風者文一

奠⿸𠂆奠堂練切說文置祭也从酋酋酒也下其丌也禮有奠祭一曰定也或从𠂆奠又丁定切假也又徒徑切置也文二　重音二

文十三　重音五

類篇卷第五上

類篇卷第五中　卷之十四

朝散大夫右諫議大夫權御史中丞充理檢使上護軍河內郡開國侯食邑一千八百戶賜紫金魚袋臣司馬光等奉

敕修纂

左手相左助也从𠂇工𠃓左之類皆从左則箇切又子我切文一重音一

差𢀩𢀳又宜切參差不齊也古作𢀩𢀳差𢀩又初佳切說文貳也差不相值也一曰擇也亦姓差𢀩又初加切差又倉何切又咨邪切咨也又初皆切又楚懈切瘉也又楚嫁切異也𢀩本篆文正𢀩爲籒文變隸作差文三重音七

文四　　重音八

工巧飾也象人有規榘也與巫同意凡工之類皆从工古文作𢒄 古紅切徐鍇曰爲巧必遵規矩法度然後爲工否則目巧也巫事無形失在於詭亦當遵規榘故曰與巫同意文二

巨榘𢀚 臼許切說文規巨也从工象手持之或从木矢矢者其中正也古作𢀚巨又求於切未央也榘又果羽切法也文三重音二

矩 果羽切法也文一

巧 苦絞切說文技也又口敎切僞也文一重音一

式 設職切說文法也又惕德切惡也又式吏切用也又蓄力切占文也古者大出師則太史主抱式文一重音三

文八　重音六

㠭極巧視之也从四工凡㠭之類皆从㠭知行切文一㘔塞𡫳悉則切說文窒也从㠭从廾窒宀中㠭猶齊也亦姓或作塞𡫳塞又先代切文三重音一

文四　重音一

巫祝也女能事無形以舞降神者也象人兩褎舞形與工同意古者巫咸初作巫凡巫之類皆从巫古作𢎁㢒微夫切文三

⿱龍巫盧鐘切博雅巫也又癡凶切文一重音一毉於其切試病工也文一靈霛
⿱⿱雨器⿱巫言郎丁切說文靈巫以玉事神一曰善也又姓亦州名或从巫古作霛⿱⿱雨器⿱巫言俗作霊非是文
四覡胡狄切能齊肅事神明也在男曰覡在女曰巫覡从見徐鍇曰能見神也又下革切文一重音一

文十　　重音二

甘美也从口含一一道也凡甘之類皆从
甘古作⿶凵厶⿶凵一沽三切甘又胡甘切又古暗切土之味文三重音二
曋徒南切博雅甞曋甘也又徒紺切文一重音一甜徒兼切說文美也文一⿸厤甘徒南切和也又枯含切又沽南切又沽三切又胡甘切又葛合切文一重音五
⿰甚冘都含切⿰甚冘⿰甚冘室

宇深邃皃又徒南切盛也又虛金切火盛皃又徒感切文一重音三

⿰甘干 沽三切南方山有⿰甘干⿰甘庶林東方朔說文一

⿰甘閻 余廉切味甘文一

猒⿰⿱甘月犬 於鹽切說文飽也从甘从肰或从吕猒又於豔切足也文一重音一

甚𠤔𢀢 食荏切說文尤安樂也从甘匹耦一曰遇也古作𠤔𢀢又時鴆切文三重音一

⿰甘炎 以冉切味甘也文一

甙 待戴切博雅甛甙甘也文一

⿰甘者⿰甘庶 之夜切艸名文二

⿱氏甘 乎刮切塞也又古活切文一重音一

文十九　重音十四

曰詞也从口乙聲亦象口气出也凡曰之類皆从曰

曰 王伐切又王勿切文一重音一

⿱棘曰曹 財勞切說文獄之兩⿱棘曰也在廷東从棘治事者从曰徐鍇曰从言詞治獄也變隸作曹文二 ⿱殸曰 囊丁切告也又女夷切文一重音一 朁 七感切說文曾也引詩朁不畏明又初朁切參差不齊古作朁又慈鹽切於朁縣名在丹陽又子念切假也文一重音三 昝 七感切姓也出蜀郡文一 曶回 呼骨切說文出氣詞也从曰象气出形引春秋傳鄭太子曶一曰佩也象形籒作回文二 曷 何葛切說文何也又許葛切相恐怯也又丘葛切鶡或作曷又阿葛切逮也文一重音三 ⿱冊曰 測革切說文告也文一 沓 達合切說文語多沓也遼東有沓縣一曰合也又託合切行擊鼓也文一重音一 ⿰沓㬎 託合切物濕附箸也文一

文十二　重音九

乃曳詞之難也象气之出難凡乃之類皆从乃隸作乃或作迺古作𢎣𢏚圝卤

乃 曩亥切 又乃代切 文七 重音一

卥圝 如蕭切說文驚聲也古作卤圝 文二

逌卣 夷周切說文氣行皃古作卣 文二

文十一 重音一

丂 苦浩切 气欲舒出丂上礙於一也丂古文以爲亏字又以爲巧字凡丂之類皆从丂 文一

丂 虎何切說文反丂也 文一

甹 滂丁切說文亟辭也一曰甹俠也三輔謂輕財者曰甹俗

作㝵非是文一寧囊丁切說文願辭也又州名又乃定切泥母地名泥或作寧文一重音一⿱艹丂口蠏切戾也文一

文五　重音一

可肎也从口丂丂亦聲凡可之類皆从可

可肯我切又居何切歌古作可文一重音一奇渠羈切說文異也又居宜切不偶也又隱綺切依也又丘寄切攲或作奇文一重音三呿虎何切開口聲文一⿰哥戈居何切博雅戓戓杙或省文二哥古俄切說文聲也从二可古文以為謌字文一哿賈我切說文可也引詩哿矣富人文一叵普火切說文不可也

文一

文八　重音四

兮語所稽也从丂八象气越亏也凡兮之類皆从兮　胡雞切文一

羲　許羈切气也又姓文一　乎　洪孤切說文語之餘也一曰疑辭又荒乎切文一重音一

⿱旬兮　須倫切驚也又悚尹切說文驚辭文一重音一　⿱恂兮　聳尹切⿱旬兮或从心文一　⿱詢兮　聳尹切謀也又須倫切文一重音一

文六　重音三

号痛聲也从口在丂上凡号之類皆从号胡到切又乎刀切號或作号又虛嬌切嗃或作号文一重音二

號乎刀切說文呼也又後到切敎令也文一重音一　翏虛交切大也文一

文三　重音三

亐於也象气之舒亐从丂从一一者其气平之也凡亐之類皆从亐隷作于雲俱切于又邕俱切大也禮況于其身文二重音一

虧虧驅爲切說文氣損也博雅小也或从兮文二　吁休居切吹也又雲俱切嘆也又

匈丐切又王遇切文一重音三

平㸦滿兵切說文語平尚从丐从八八分也爰禮說亦姓古作㸦平又毗連切平平辯治也又悲萌切使也又披□切又皮命切平物賈也漢謂之月平文二重音四

粤王代切說文丐也審慎之詞者从丐从宷引周書粤三川丁亥文一

文八 重音八

旨美也从甘匕聲凡旨之類皆从旨古作舌眉眉舌或作舌軫視切文六

嘗甞嘗嘗辰羊切說文口之味也一曰試也一曰秋祭名亦姓或作甞嘗嘗文三

文九

喜樂也从壴从口凡喜之類皆从喜或作

歖憘許巳切或从欠从心喜又虛其切末喜有施氏女名又許記切說也又昌志切湏食也歖憘又虛其切卒喜也歖又隱几切馹鳴又許巳切憘又許既切悅也文三重音七

嚭嚭普鄙切說文大也引春秋傳𠈌有太宰嚭或从丕嚭又攀悲切字林大也文二重音一

憙許記切說文悅也

文一

文六　重音八

壴陳樂立而上見也从屮从豆凡壴之類皆从壴中句切又上主切又冢庚切文一重音二

⿰壴東都籠切⿰壴東⿰壴東鼓聲文一　⿰壴熏于分切鼓鳴謂之⿰壴熏文一　鼙騈迷切騎鼓也文一

嘉居牙切說文美也又亥駕切文一重音一　鼞他郎切聲也引詩擊鼓其鼞或作⿰壴長文一

彭通旁切多皃詩行人彭彭又蒲光切壯也一曰彭亨驕滿皃王肅說又蒲庚切說文鼓聲也一曰水名在衛地一曰國名文一重音二　⿰壴兼離鹽切擊鼓謂之⿰鼓兼或从壴文一　⿰壴覃徒南切⿰壴覃⿰壴覃鼓聲文一

⿰壴董覩動切⿰壴董⿰壴董鼓聲文一　尌上主切說文立也又厨遇切又殊遇切文一重音二

⿰鼓桑⿰壴桑寫朗切鼓柧或从壴文二　⿰壴巨母朗切吳王孫休子名文一　⿰壴蚤鼜倉歷切說文夜戒守鼓禮昏鼓四通爲大鼓夜半三通爲戒晨旦明五通爲發明或作鼜俗作鼜非是鼜又七到切文二重音一

⿰壴國古獲切⿰壴國⿰壴歷鼓聲文一　⿰壴歷狼狄切⿰壴國⿰壴歷鼓聲文一　⿰壴巤

力涉切鼓聲文一⿱甄壴力協切鼓聲文一

文二十　重音八

鼓郭也春分之音萬物郭皮甲而出故謂之鼓从壴支象其手擊之周禮六鼓靁鼓八面靈鼓六面路鼓四面鼖鼓皐鼓晉鼓皆兩面凡鼓之類皆从鼓籀作⿰壴古徐鍇曰郭者覆冒之意工戸切文二

⿰鼓甬鼕徒東切鼓聲或从冬鼕又徒冬切文二重音一⿱鼓丰補蒙切鼓聲文一⿱鼓工

枯公切鼓聲文一

鼜 持中切鼓聲又徒東切文一重音一

𪔵 良中切鼓音或作𪔳又徒冬切又虛冬切又皮江切文二重音三

𪔶鼕𪔸 虛冬切鼓聲或作鼕𪔸𪔶又魯宋切文三重音一

𪔜 披江切鼓聲文一

付鼓 馮無切鼓聲也書傳乃鼓付鼓譟又斐父切軍聲喧也文一重音一

鼙 騈迷切說文騎鼓也文一

鼝鼘𪔋 於巾切又縈玄切說文鼓聲也引詩鼘鼓鼝鼝或作𪔋鼘鼝又一均切文三重音二

𪔉鼖 分切說文大鼓謂之𪔉鼖八尺而兩面以教軍事或作鼖文二

鼛 居勞切說文大鼓也引詩鼛鼓不勝文一

鼗𪔑 徒刀切鼓名鞀遼也鄭康成說鼗如鼓而小持柄搖之旁耳還自擊或作𪔑文二

𪔎 抽良切鼓聲文一

鼞 他郎切說文鼓聲也引詩擊鼓其鼞文一

鼟 都騰切鼓聲又他登

切又徒登切文一重音二鼟他登切倰鼟長也又他等切文一重音一𪔵胡讒切鼓聲文一𪔏𪔎果五切鼓籥从古或从革文二𪔬鞈達合切鼓聲又並託合切鏜鞈鍾鼓聲鼛又渴合切文二重音二𪔮託合切說文鼓鼙聲文一𪕀𪔏託協切說文鼓無聲或作鼛鼛又七入切文二重音一

文三十五　重音十五

豈還師振旅樂也一曰欲也登也从豆微省聲凡豈之類皆从豈去幾切又可亥切文一重音一𧯷渠希切說文𢁳也訖事之樂也又魚衣切危也汔也又魚開切又柯開切文一重音三𧯶

魚開切癡也一曰懛獸失志皃文一愷凱可亥切說文康也亦作凱愷又口漑切文二重音一

文五　重音五

豆古食肉器也从口象形凡豆之類皆从豆

𣅀古作𣅀徒候切臣光按說文尗豆也故吕尗豆之豆附之文二

𧯏胡江切博雅胡豆𧯏䜘文一豇古雙切豆名文一䜘踈江切𧯏䜘豆文一

𧯛𧯠邊卑切博雅𧯛豆豌豆也或作𧯠文二𧯷容朱切豆變色曰𧯷文一𧯴渠之切豆莖也文一𧯬謨杯切豆萁下葉也又母罪切文一重音一

𧯞豌烏丸切說文豆飴也一曰餾豆博雅作豌𧯞又紆勿切又於月切文二重音二𧰈𧰓郎刀切野豆謂之𧰈

豆或作⿰豆尞文二⿰豆留力求切博雅豌豆⿰豆留豆也又憐宵切并州謂豆曰⿰豆留文一重音一⿰豆句
當侯切小穿也一曰割也文一⿰豆曼千尋切幽豆也博雅⿰豆曼謂之⿰豆音一曰野豆又七鴆切豉也文一
重音一⿰豆音於金切博雅⿰豆曼謂之⿰豆音又伊淫切⿰豆音⿰豆曼豆名文一重音一⿱⿱夂廾登都騰切說
文禮器也从廾持肉在豆上或作登文二⿱卤豆籠五切豆名文一⿱艹⿱豆卺几隱切說文蠡
也一曰瓢也或作卺又並姜愍切文二重音一豉⿰豆是是義切說文配鹽幽尗也𣐻或从豆亦作
⿰豆是文二⿹𢦏豆昨代切豉也文一⿱龹豆古倦切說文豆屬又窘遠切又古轉切文一重音二
梪⿱竹豆大透切食肉器豆或从木从竹文二豏乎韽切餅中豆又下斬切豆半生也文一
重音一⿰豆臽苦紺切豉味厚文一⿰豆足初六切小豆文一⿱癶⿰豆殳莫卜切豆箕或

作𣪘𤼵又迷浮切又徒谷切豆名文二重音二䜺測窄切破豆也文一䜼直涉切豆也文一

文三十六　重音十二

豊行禮之器也从豆象形凡豊之類皆从豊

豊讀與禮同盧啓切臣光曰今隸作豊文一

豒豑直質切說文爵之次弟也引虞書平豒東作或从失文二

文三

豐豆之豐滿者也从豆象形一曰鄉飲酒有豐侯者凡豐之類皆从豐古文作豐敷馮

切文二

豔艷以贍切說文好而長也从豐豐大也引春秋傳美而豔隸作艷文二

文四

𧯸古陶器也从豆虍聲凡𧯸之類皆从𧯸許羈切文一

䖒丈呂切說文器也文一

𧇊𧯸後到切說文土鍪也或不省文二

文四

虍虎文也象形凡虍之類皆从虍古作𧆞荒胡切徐鍇曰象其文章屈曲也一曰未見皃文二

虞⿱⺈从 元俱切說文騶虞也白虎黑文尾長於身仁獸也食自死之肉一曰安也度也助也樂也古作⿱⺈从虞又元具切文二重音一 ⿸虍亐 匈于切虎吼文一 虘 叢祖切又才何切說文虎不柔不信也文一重音一 虖 洪孤切乎古文从虍又荒胡切說文哮虖也又醢經切虖池水名又後五切闕人名莊子有子桑虖文一重音三 虨⿸虍林 逋閑切說文虎文彪也或从彬省虨又披巾切文二 虔 渠焉切說文虎行皃一曰恭也固也殺也文一重音一 ⿸虍咸 魚咸切雄虎絕有力者文一 虡⿸虍共 臼許切說文鍾鼓之柎也飾爲猛獸从虍異象其下足或作⿸虍共虡又逸職切闕人名魏有荀虡文二重音一 ⿸虍魯 兩舉切細切肉也文一 虙 房六切說文虎皃古有虙犧氏亦姓文一 ⿸虍乂虐⿸虍口 逆約切說文殘也从虎足反爪人也隸省古作⿸虍口文三 ⿸虍甲

轄甲切虎習搏皃文一

文十九　重音七

虎山獸之君从虍虎足象人足象形凡虎之類皆从虎古文作⿸虍朋⿸虍昜火五切文三

⿸虍䲢徒東切黑虎又徒冬切又徒登切文一重音二 ⿸虍冬⿸虍終之戎切虎文赤黑亦从終文二 ⿸虍騰徒冬切黑虎又徒登切文一重音一 虒相支切說文委虒虎之有角者又田黎切虒奚縣名又丈尒切文一重音二 ⿸虍兔同都切春秋傳楚人謂虎於菟或作⿸虍兔文一 ⿰斤虎魚斤切說文虎聲也文一 虥鉏山切獸名爾雅虎竊毛謂之虥又昨閑切又鋤連切又士嬾切又仕版

切又仕限切又士免切又士諫切文一重音七 虓 許交切虎鳴也一曰師子文一 ⿰令虎 郎丁切獸名似虎而小出南海文一 彪 必幽切虎文也又悲幽切文一重音一 甝 胡甘切獸名爾雅甝白虎文一 ⿰去虎 苦感切甝屬又戶感切虎聲又口敢切又苦濫切又呼濫切一曰虎怒皃文一重音四 ⿰虎乞 魚既切虎皃文一 ⿱臤虎 詰計切獸很不動皃文一 ⿰乂虎 牛例切又魚刈切說文虎皃文一重音一 虣 ⿰戒虎 薄報切強侵也周官有司虣或从戒文二 ⿰谷虎 口陷切虎怒也文一 虪 ⿱攸虎 式竹切說文黑虎也或省虪又余六切文二重音一 ⿰乞虎 魚乙切說文虎皃或書作⿰虎乞文一 虢 郭獲切說文虎所攫畫明文也文一 虩 迄逆切恐懼也說文引易履虎尾虩虩一曰蝨名蠅虎也又力擿切又色責切驚懼謂之虩又火彳切虩虩恐懼也文一

重音三

覤乞逆切覤覤驚懼皃又色責切文一重音一䖘克革切虎聲文一䖔各核切說文虎聲也文一𧆣𧇘莫狄切說文白虎也或从冥省文二

文三十二　重音二十三

虤虎怒也从二虎凡虤之類皆从虤五閑切又胡犬切文一重音一

𧇡魚巾切說文兩虎爭聲又鉏救切文一重音一贙相犬切說文分別也从虤對爭貝也一曰獸名出西海大秦國似狗多力獷惡又熒絹切文一重音一

文三　重音三

皿飯食之用器也象形與豆同意凡皿之類皆从皿

皿 武水切又母梗切文一重音一

盟盟 謨蓬切說文盛器滿皃引詩有饛簋飧或作盟文二

盅 敕中切又持中切說文器虛也引老子道盅而用之文一重音一

泜皿 蒸夷切涖也又陳尼切文一重音一

齍 津私切說文黍稷在器以祀者周禮有玉齍又牋西切又才詣切和也文一重音二

盂盂 雲俱切說文飯器也或作盂文二

盨𥃍 雲其切種樓田器或作𥃍文二

浦皿 奔模切說文申時食文一

盧盧 龍都切說文飯器也一曰賣酒區亦姓籀作盧文二

盬 洪孤切器也文一

汚皿 汪湖切盤汚盂旋流文一

𥁢 枯回切器名文一

𥂴 盧回切龜目酒尊文一

醯馨奚切說文酸也文一　盠⿸厂盠憐題切瓢也一曰蟲齧木中一曰谷蠡匈奴王號或作⿸厂盠文二　盃晡枚切飲器文一　⿱敦皿都回切歃血器又都昆切盂也文一重音一　⿱豕皿徒回切器名又里弟切瓢也一曰簞也文一重音一　盆蒲奔切說文盎也又姓文一　⿱囚皿昷烏昆切說文仁也从皿从食囚也官溥說隷省昷又苟許切吳王孫休子字文二重音一　⿱干皿居寒切博雅盂謂之盤又居謁切齊人謂盤曰盂文一重音一　⿱安皿於寒切博雅盌盞盂也文一　⿱殘皿財干切博雅盌盞盂也文一　盤蒲官切承槃也籀从皿文一　⿱幵皿倪堅切椀也文一　⿱弔皿盄之遙切說文器也或作盄文二　⿰亻⿱夂皿田聊切田器也又徒弔切文一重音一　⿱喬皿渠嬌切廣雅盂也文一　盉胡戈切說文調味也又胡卧切文一重音一　⿸麻皿

眉波切博雅柸也又謨加切文一重音一

楊盌 余章切柸也又側羊切楊州謂柸爲楊盌文一重音一

盛 時征切說文黍稷在器中以祀者也又時正切多也文一重音一

盈 怡成切說文滿器也一曰國名文一

盚 渠尤切姓也文一

⿱氾皿 蒲瞻切方言桮也又甫凡切又符咸切又孚梵切文一重音三

盦 烏含切覆盖也又鄔感切又乙盍切文一重音二

盒 烏含切器口斂又昌閼切盤屬文一重音一

⿱汎皿 ⿱泛皿 ⿰皿乏 符咸切博雅杯也或作⿱泛皿亦省⿰皿乏又孚范切文三重音一

盨 爽阻切又貸取切說文櫝盨負戴器也又爽主切文一重音二

⿱宀皿 文呂切說文器也文一

簠 ⿱艹⿱甫皿 医 匪父切說文黍稷圜器也古作⿱艹⿱甫皿医簠又風無切又逢逋切又芳遇切文三重音三

盬 ⿰鹵盬 果五切說文器也或作⿰鹵盬文二

⿱台皿 許亥切酒器文一

盡 在忍切說

文器中空也一曰悉也又子忍切極也任也文一重音一**盌**鄔管切說文小盂也文一**盞**阻限切戔或从皿文一**⿱漻皿⿱獿皿⿱翏皿**古巧切說文器也一曰橈使濁或从犬亦省⿱漻皿⿱獿皿⿱翏皿又下巧切⿱漻皿又後教切器名鎢錆也又力竹切文三重音三**⿱工皿**古火切盤也文一**⿱疋皿**語下切博雅杯也文一**盪**待朗切說文滌器也又大浪切動也又他浪切一曰行也亦姓又他郎切文一重音三**盎**倚朗切盆也又於浪切文一重音一**⿱有皿⿱右皿**云九切器也或从右⿱右皿又以九切又胡隈切又並尤救切說文小甌也文二重音三**⿱用皿**余頌切大罌文一**⿱旣皿**巨至切器名一曰居⿱旣皿獸名似蝟又去吏切又許旣切又丘旣切又居氣切又其旣切文一重音五**⿱列皿**力制切器名文一**⿱龹皿**俱願切博雅盂也又苦倦切又逵貟切文一重音二**⿱𦥑皿**古玩切說文澡

手也从臼水臨皿引春秋傳奉匜沃盥文一 ⿱幼皿 於教切器中不平文一 ⿱云皿 莫浪切⿱云皿浪不精要皃文一 盝 盧谷切爾雅竭也文一 ⿰⿱吉皿巨 盧谷切吴王孫休子名文一 ⿱足皿 又足切孟也又測角切杯也文一重音一 ⿱必皿 覓畢切說文拭器也文一 盋 北末切食器文一 益 伊昔切說文饒也从水皿皿益之意也文一 ⿱⿰目犬皿 呼臭切山名漢書⿱⿰目犬皿盯山出鉛在益州郡文一 ⿱卣皿 敇合切和五味以烹也文一

文八十二　重音四十五

凵 盧飯器以柳爲之象形凡凵之類皆从凵

凵 去魚切文一

笶去魚切凵或从竹去聲文一

文二

去人相違也从大凵聲凡去之類皆从去丘據切又丘於切疾走也又口舉切徹也又苟許切藏也文一重音三

⿰去夌力膺切說文去也又六直切又訖力切又里孕切文一重音三 ⿰去卑補弭切博雅窬⿰去卑客也文一 ⿰去番孚萬切更次也又遠潘切博雅輩也文一重音一 ⿰去可丘駕切歎聲文一

朅丘竭切說文去也一曰武壯皃又丘謁切郤也文一重音一 ⿰去及訖立切急行也文一

文七　重音八

血祭所薦牲血也从皿一象血形凡血之類皆从血 呼決切 文一

𧖧 奴冬切說文腫血也文一 𧖵 津垂切赤子陰也又祖回切又臧戈切文一重音二 𧗊 居希切斷也封也鄭康成曰封羽牲曰刏刏或作𧗊又巨至切从血涂祭又舉豈切文一重音二 𧗖𧗈𧗬 側余切說文醢也从血菹聲或从缶或作葅文三 衃 鋪枚切說文凝血也又方鳩切又房尤切艸名爾雅荍蚍衃不多華少葉又披尤切胚胎未成物之始或从血又俯九切文一重音四

𧖣 資辛切說文氣液也从血𧖣聲或書作𧗃文一 衁 呼光切說文血也引春秋傳士刲羊亦無衁 甹 唐丁切說文定息也又醢經切文一重音一 𧗓 諸仍切博雅𧗓謂之

蒀文一醢𧃒𧅹許亥切說文肉醬也擂作𧃒或作𧅹文三䘌母伴切血塗也文一

𧖵於口切吐也文一䀎𥁎醓他感切說文血醢也禮有䀎醢以牛脯粱𥶄鹽酒也

或作𥁎醓文三衈仍吏切殺牲血祭名文一𧗋荒故切血污也文一衅許慎切血

祭也釁或作衅文一衊眠見切又莫結切說文污血也又莫葛切又謨官切文一重音三𧗁

𧗸𧖱𧗃苦紺切說文羊血凝也或从贛省亦从甚从敢𧗁又徒紺切又徒濫切文四重音二

𧗸徒紺切羊血凝也文一衄而六切鼻出血也又女六切文一重音一𧗄女六切說

文鼻出血也文一卹辛聿切說文憂也又蘇骨切卹勿摩也从血言憂至也文一重音一𧖥

呼決切破也文一𧖸乙恪切嘔也國語伏弢𧖸血文一𧗆古獲切犬血文一𧖳

乃歷切憂皃文一

衋 許力切說文傷痛也从血聿皕聲文一

盇盍 轄臘切說文覆也一曰何不也隸作盍盍又丘蓋切鳥名文二重音一

文三十九　重音十八

丶 有所絕止丶而識之也凡丶之類皆从丶

丶 知庾切文一

主 之庾切說文鐙中火主也徐鉉曰今俗別作炷非是又朱戍切灌也文一重音一

咅 天口切相與語唾而不受也又普后切又佗候切文一重音二臣光曰變隸或作吾

文三　重音三

丹巴越之赤石也象采丹井•象丹形凡
丹之類皆从丹古作𠂁彬多寒切文三
彤徒冬切說文丹飾也从彡彡其畫也又姓文一[⿰丹黃]他官切黃色文一雘屋郭
切說文善丹也引周書惟其斁丹雘又鬱縛切又胡故切文一重音二
文六　重音二
青東方色也木生火从生丹丹青之信言
必然凡青之類皆从青古作[⿱大丹][⿱龹目]岦倉經切青
又子丁切青青茂盛皃文四重音一

靗 癡貞切从穴中正見也竀或作靗又抽庚切又丑正切廉視也文一重音二

靜 疾郢切說文審也一曰謀也文一

䨼 胡故切黝屬山海經青丘山多青䨼文一

靛 堂練切以藍染也文一

靘 千定切靘艷青黑色又倉徑切文一重音一

⿰青盍 乙盍切飾采謂之⿰青盍文一

文十　重音四

井八家一井象構韓形、罋之象也古者伯益初作井凡井之類皆从井丼或作井 子郢切丼又都感切投物井中聲文一重音一

㓝型 戶經切說文罰罪也从井刀易曰井法也古作型文二 𤕢 烏迥切說文深池也又庚頃切文一重音一 刱 初亮切說文造法刱業也文一 阱汬 疾正切說文陷也从阜从井古文从水文二

文七 重音二

皀穀之馨香也象嘉穀在裹中之形匕所以扱之或說皀一粒也凡皀之類皆从皀

皮及切又筆力切粒也又訖立切又虛良切文一重音三

既 居未切說文小食也論語不使食既又几利切已也又許既切餼或作既文一重音二 冟

施隻切說文飯剛柔不調相箸文一 皀 卽 節力切說文卽食也一曰就也亦姓隸作即卽又疾力切又子悉切疾也文二重音二

文五　重音七

鬯 以秬釀鬱艸芬芳攸服以降神也从凵器也中象米匕所以扱之易曰不喪匕鬯凡鬯之類皆从鬯 丑諒切文一

⿱秬鬯 曰許切說文黑黍一稃二米以釀也文一 ⿰鬯疋 寫與切糧也糈或从鬯文一 ⿰鬯史 爽士切香之美者謂之⿰鬯史文一 ⿰鬯吏 疏吏切說文列也文一 鬱 紆勿切說文芳艸也

十葉爲貫百廿貫築以煮之爲鬱从臼冂缶鬯彡其飾也一曰鬱鬯百艸之華遠方鬱人所貢芳艸合釀之以降神鬱今鬱林郡也或作鬱文二

𩰪𪏽𪏽爵即約切說文禮器也象爵之形中有鬯酒又持之也所以飲器象爵者取其鳴節節足足也一曰爵位也古作爵𪏽隸作爵文四

文十一

食一米也从皀亼聲或說亼皀也凡食之類皆从食古作𩚁乘力切食又疾二切糧也又詳吏切又羊吏切闕人名漢有酈食其文二重音三

𩛷都籠切東郡館名文一　𩟗盧東切餅屬文一　蝕盧東切大長谷也豅或作

蝕又實職切敗食也文一重音一饛謨蓬切說文盛器滿皃引詩有饛簋飧文一⿰飠崇

鉏弓切⿰飠崇饞貪食文一⿰飠農奴冬切⿰飠寧⿰飠農強食又濃江切又尼絳切食無廉又匿講切河朔強食

不已曰⿰飠農文一重音三⿰飠庸常容切饞⿰飠庸不廉文一⿱雝食饔於容切說文孰食也

一曰割烹煎和之稱或从雍文二⿰飠從鉏江切欲食也或書作⿱從食文一⿰飠巂山垂切小餟也

又儒垂切又翾規切又輸芮切又俞芮切文一重音四⿰飠兊儒垂切小餟也又翾規切又式瑞切

小祭也又輸芮切又魯外切文一重音四⿰飠也陳知切飴也文一⿸麻食⿸鹿食忙皮切糝

也一說黃帝初教作⿸麻食或作⿸鹿食⿸麻食又眉波切食也一曰哺小兒文二重音一⿱次食⿰飠齊津私切說

文稻餅也或从齊⿱次食又才資切文二重音一⿰飠咨才資切稻餅也⿱次食或作⿰飠咨文一⿱此食才資

切飫也又蔣氏切惡食也管子曰餈食不肥文一重音一䬲女夷切餌也文一飢⿰飠乏饑居夷切說文餓也亦姓或从乏从幾飢又渠伊切⿰飠乏饑又居稀切說文穀不熟⿰飠乏又乃歷切一曰憂也文三重音三䭐莊持切饘名文一飴⿰飠異⿱食異⿰飠以盈之切說文米糵煎也一曰濡弱者爲飴或作⿰飠異⿱食異⿰飠以飴又祥吏切糧也文四重音一餥匪微切爾雅餥餱食也方言陳楚之間相謁而食麥饘謂之餥又府尾切又方未切文一重音二⿰飠⿱𢆶几居希切穀不熟爲饑古作⿰飠⿱𢆶几文一餘羊諸切說文饒也一曰皆也亦姓又余遮切緒餘殘也徐邈讀文一重音一飷臻魚切⿰飠蒦飷食無味又子野切又側下切文一重音二餔奔模切說文申時食一曰歠也又博故切與食也又蒲故切餹餔餌也文一重音二餬⿰飠古洪孤切說文寄食也或从古亦書作⿱胡食文

二
餬洪孤切饘也又古慕切文一重音一䬫都黎切䬫餬寄食也又田黎切文一重音一
䬾田黎切餌也兖豫謂之餹䬾文一䭈玄圭切方言餽也文一𩛿火靁切食銷也文一
䭔𩜁都回切丸餅也或作𩜁文二饋徒回切餹饋餌名屑米和蜜烝之又求位切餉也又歸謂切文一重音二
𩟀蘇回切飯也文一䬵柯開切方言餡謂之䬵又乙界切食饐也文一重音一
𩞂饙餴𩚹方文切說文滫飯也或从賁或从奔或省文四
𩚵昌袁切方言餌謂之𩚵又吾官切餌也文一重音一𩜻𩛷於袁切博雅貪也或省𩛷又摸元切貪食又武遠切文二重音二
䭉饘飦居言切鬻也鬻或作䭉饘飦又並諸延切䭉又旨善切糜也飦又居寒切燥飯文三重音三
餛餫胡昆切博雅䐊肫餅也䐊

亦作餛餫餛又公渾切餦餛餅也餫又王問切說文野饋曰餫文二重音二飧餐蘇昆切說文餔也謂晡時食或作飱餐又千安切說文呑也又蒼案切餅也文二重音二湌七安切說文呑也又蘇昆切水沃飯也文一重音一⿱敦食都昆切貪食文一飩徒渾切餛飩餌也又屯閏切味厚文一重音一饅謨官切饅頭餅也文一饘⿸厂餐⿸厂食諸延切說文糜也周謂之饘宋謂之餬或作⿸厂餐⿸厂食饘又旨善切⿸厂餐⿸厂食又則旰切以羹澆飯文三重音二⿰食連陵延切⿰食連⿰食婁寒具文一饒如招切說文飽也一曰益也多也又州名亦姓又人要切文一重音一⿰食兆餘招切餌也文一⿱夭食於喬切餳也文一餚何交切說文啖也徐鍇曰謂巳脩庖之可食也又乎刀切膳羞也文一重音一餻⿰食高居勞切博雅饔餻餌也或从高⿰食高又口到切餉也文

二重音一

饕𩟧飸𩚬他刀切說文貪也一曰貪財爲饕籀作𩟧或作飸𩚬飸又徒刀切餌也又苦紺切味過甘也文四重音二

餡徒刀切餡陰地名在齊文一

䬣苦禾切麫斗餌也象蟲形或从食文一

䭧眉波切食也一曰哺小兒文一

饠良何切餅也或从食文一

饟餉餳鬺尸羊切饁也或作餉餳鬺又並式亮切饟又人亮切饟餉又始兩切周人謂饋也鬺又始兩切說文晝食也文四重音四

餦仲良切餦餭餳也一曰餅也文一

饗虛良切享也又許兩切鄉人飲酒也文一重音一

餭于方切餦餭餳也又胡光切文一重音一

餹餳徒郎切方言餳謂之餹或作餳餳又徐盈切說文飴和饊者也又慈盈切文二重音二

䭃千剛切食也文一

䭂胡光切糜也文一

䭢尼耕切食也文一

䬌

諸盈切煑魚煎肉曰脡或作餚文一䬆郎丁切方言餌謂之䬆文一䬇郎丁切食飽也文一䬋閭承切馬食粟曰䬋又盧登切又子孕切說文馬食穀多氣流四下也又里孕切文一重音三䭀都騰切祭食謂之䭀又丁鄧切祭饌文一重音一餾力求切飯饋孰爲餾又力救切文一重音一饈思留切進獻也一曰致滋味爲羞或从食文一𩞁䭫思留切廣雅饙謂之𩞁或从修𩞁又息有切又所九切文二重音二䬐餿踈鳩切飯壞也或作餿文二餱胡溝切說文乾食也引周書峙乃餱粻文一𩚈居侯切牛飽文一餅蒲侯切餅饇食曰文一餤徒甘切進也又余廉切又於鹽切又杜覽切噍啖也啖或作餤又徒濫切說文食也文一重音四𩚴沽三切餌也文一𩛆奴兼切說文相謁食麥也又汝甘切又如

占切又尼占切文一重音三饜於鹽切飽也又於豔切文一重音一䭑離鹽切說文嘰也又力冉切嗛食又丘檢切食未猒又苦簟切食不飽一曰不足皃又乎韽切餅中肉文一重音四餂徒兼切美也又他點切取也孟子是以言餂之文一重音一饞鋤咸切饕也文一

文一百十六　重音八十一

類篇卷第五中

類篇卷第五下　卷之十五

朝散大夫右諫議大夫權御史中丞充理檢使上護軍河內郡開國侯食邑一千三百戶賜紫金魚袋臣司馬光等奉
敕修纂

𩛃䭗尹竦切食也或省文二　饔委勇切食饘也文一　餚餚選委切豆屑和餡也或作䬼餚又尹捶切文二重音一　餌忍止切米餅又仍吏切說文粉餅文一重音一　𩛔武斐切食也又無沸切饘也又明祕切又莫葛切文一重音三　𩟔鄔賄切肙而吐也文一　餧餒弩罪切說文飢也或作餒餧又於僞切食牛也文二重音一　餋九遠切祭也又古倦切常山謂祭爲餋文一重音一　飯𩚻飰父遠切食也或从弁从卞又並扶萬切文三重

音一鉢部本切粗食文一館古緩切說文客舍也俗作舘非是又古玩切文一重音一

餅補滿切屑米餅也文一饊部滿切說文熬稻粻程也文一餪乃管切博雅餪餫饋也一曰女嫁後三日餉食爲餪女又奴亂切婚三日宴謂之餪文一重音一

饌籑雛綰切具食也或作籑又並雛免切籑又株戀切饋也又雛戀切又逵眷切饌又扶萬切文二重音五

飻他典切貪也又徒典切又他結切文一重音二餮徒典切貪食爲餮又他結切文一重音一

餇於泫切飫也又熒絹切又烏玄切文一重音二餞在演切送去食也又子賤切又才絹切文一重音二

蝕丑展切長味文一䭠𩝐去演切博雅𩝐也一曰黏也一曰乾餌或省文二

飽䭋𩚦𩛞博巧切說文猒也或从采从卯从缶文四

餜

古火切餅也文一⿰飠多⿰飠舍始野切餡飫也或从舍⿰飠多又女下切饜也文二重音一餋余兩切說文供養也又弋亮切文一重音一⿰飠英䬬倚兩切博雅滿也一曰飽也或作䬬⿰飠英又於境切餌也飽也䬬又於亮切飫也又於慶切文二重音三⿰飠強巨兩切硬食文一⿰飠象始兩切說文晝食也文一⿰飠敞始兩切周人謂饋曰饟饟或从敞文一⿰飠景⿰飠竟於境切餌也飽也从竟⿰飠景又於慶切方言飽也文二重音一餅必郢切說文麪餈也文一餇畎迴切飽也文一⿰飠臭去久切食物爛也文一⿰飠卯力九切餌也文一⿰飠丑女九切雜飯也又女救切文一重音一⿰飠咅薄口切⿺麥咅⿺麥主餅也或从食文一⿰飠主他口切⿺麥咅⿺麥主餅屬或作⿰飠主又朱戍切餌也又株遇切文一重音二⿰飠朁子朕切博雅美也一曰味小甘也文一飪

餁⿰飠⿱壬夊 忍甚切說文大孰也或作餁⿰飠⿱壬夊飪又如鴆切文三重音一 ⿰飠參 楚錦切食有沙又桑感切米和羹也糝或作⿰飠參又七紺切鼓曲也文一重音二 ⿰飠甚 口敢切飢也文一 ⿰飠岩 母敢切吳人謂哺子曰⿰飠岩文一 ⿱斬食 子敢切瀐⿱斬食無味也又子冉切嘗食也曰⿱斬食⿱任酉味醨又昨濫切無味也文一重音二 ⿱敢食 杜覽切無味也文一 ⿱漸食 子冉切嘗食也文一 ⿰飠廉 兼忝切博雅祈也文一 ⿰飠垂 竹恚切飢也文一 ⿰飠耆 時利切欲也嗜或从食文一 饐⿰飠乙饖 乙異切說文飯傷溼也或作⿰飠乙饖饐又於例切飯餲也又益悉切又一結切饖又乙大切食臭敗也又烏廢切說文飯傷熱也文三重音五 ⿸厃食 求位切說文餉也鐀古作⿸厃食文一 餽 求位切吳人謂祭曰餽又歸謂切餉也又基位切文一重音二 饎⿰飠𦣝⿰飠巸⿰飠戠⿰飠叔 昌志

切說文酒食也引詩曰可以饙饎或作𩛍𩜁饎饎又充之切𩛍又虛其切文五重音二

𩚏仍吏切粉餅也文一

𩛔仕吏切糦飾文一

䬻仕吏切嗜食也文一

飤飼祥吏切說文糧也或从司文二

餼許既切說文饋客芻米也文一

𩜋許既切飽也又許訖切文一重音一

𩞄居氣切饋食生也文一

馭牛據切餞也文一

𩛁飫饇𩜵依據切說文燕食也引詩飲酒之飫或作飫饇𩜵饇又元具切飽也又於口切文四重音二

䭵章恕切犬豕食也文一

䭘衢遇切寒䭘餅屬文一

𩝃蘇故切膳徹葷也文一

飵存故切食也又疾各切說文楚人相謁食麦曰飵又側革切䭇也文二重音二

𩛆征例切臭也又之列切文一重音一

餲於例切說文飵餲也引論語食饐而餲又於邁切又乙界切又何葛切又

阿葛切食敗也文一重音四 餀 許罽切物臭又虛艾切說文食臭也引爾雅餀謂之喙又丘蓋切文一重音二 餟 株衛切祭酹也又株劣切休祭也文一重音一 ⿰食蓋 虛艾切食臭也文一

⿰食會 古外切食也文一 ⿰食孚 魯外切說文饌祭也文一 ⿰食褱 胡怪切食敗也文一 ⿰食埶 作代切說文設飪也文一 ⿰食彔 ⿰食隶 許穢切爾雅餀謂之⿰食彔或作⿰食隶文二 餕 ⿱莫食 祖峻切博雅孰食謂之餕饔一曰食餘曰餕或作⿱莫食餕又疾眷切文二重音一 饉 渠吝切說文蔬不熟為饉

文一 ⿰食㥯 烏困切說文秦人謂相謁而食麥曰⿰食㥯⿰食豈一曰飽也又於恨切文一重音一 ⿰食豈 吾困切說文⿰食㥯⿰食豈也又五恨切文一重音一 ⿰食艮 五恨切餒也文一 饡 則旰切說文以羹澆飯一曰以膏煎稻為酏也文一 ⿰食憙 焱絹切飫也文一 饍 時戰切具食也庖人和味

必嘉善故从善文一 餅 雝戀切說文具食也文一 餋 古倦切饌也文一 ⿰食召 時照切小食文一 餃 居效切飴也文一 ⿰食兒 眉教切飽瀌文一 ⿰食奧 於到切姡食文一 餓 午箇切說文飢也文一 ⿰食恙⿰食羕 弋亮切方言餌也或从羕文二 ⿰食尚 式亮切說文饟也文一 ⿰食卬 魚浪切食無廉文一 飣 丁定切置食也文一 ⿰食呈 丑正切饋也文一 ⿰食句 居又切飽也文一 ⿰食柔 如又切餾也又女救切雜飯也文一重音一 ⿰食殳 丁候切飣也又大透切又式列切陳飲食也文一重音二 餖 大透切飣也文一 ⿰食感 呼紺切食不飽也文一 ⿰食詹 時豔切賙也文一 ⿰食韱 又鑑切貪食又昨結切食也文一重音一 餗⿱敕食⿰食速 蘇谷切鼎實亦作⿱敕食⿰食速餗又測角切文三重音一 ⿰食蜀 徒谷切粥也文一

馥方六切食也文一䬇之六切祭主贊詞者祝或从食文一𩜁仲六切餅也文一𩜳居六切廣雅餅𩜳饘也文一饆壁吉切饆饠餅屬文一飶薄必切說文食之香也引詩有飶其香又蒲結切文一重音一𩛿陟栗切𩛿人地名一曰刈禾人文一𩚵益悉切食塞咽也文一𩜦𩝣紆勿切飴和豆也博雅𩜦謂之𩝣又並於月切豆飴也文二重音一餑薄没切博雅餑𩜹長也文一䬴莫葛切說文食馬穀也文一𩝐下瞎切飫也文一餇一結切飵窒也噎或作餇文一𩚟乙却切食節也文一飥𩟏闒各切餺飥餅屬或作𩟏文二餺䭦伯各切餺飥餅也或从蒪文二䭦白各切餅也文一𩟊屋郭切無味也伊尹曰甘而不餇肥而不𩟊又恥格切食無味又屋虢切文一重音二

餩乙格切飢也文一 𩞄陟革切日月𩞄蝕又治革切文一重音一 䬯飽乙革切說文飢也或作䬯文二 𩞃夷益切飯壞曰𩞃文一 𩟐令益切𩟐𩞄食相箸文一 𩝳悉即切博雅息也方言周鄭宋沛閒曰𩝳文一 𩛭拍逼切飽皃文一 餩乙得切噎聲文一 䬨力入切糂也文一 𩜽德盍切𩜽䭆食皃文一 䭆諾盍切𩜽䭆食皃文一 𩜁弋涉切餅屬文一 饁域輒切說文餉田也引詩饁彼南畝又乙業切野饋也又于法切餉也文一重音二 𩜀諾叶切餅也文一 餣乙業切博雅餣飼也文一 𩚮𩛊𩜶乙業切𩚮䭘臭也或从臭从奄𩚮又億姞切又乙及切文三重音二 餄𩜸䬬訖洽切餅也或作𩜸䬬文三 𩝤測洽切餌也文一

類篇五下 五

文一百七十八　重音七十五

亼三合也从入一象三合之形凡亼之類皆从亼　秦入切徐鉉曰此疑只象形非从入一也又席入切文一重音一

侖侖𠎝　龍春切說文思也籀作侖𠎝侖又盧昆切昆侖天形文三重音一

今　居吟切說文是時也文一

僉　千廉切說文皆也引虞書僉曰伯夷又七劍切文一重音一

舍　始也切釋也又洗野切方言發梲舍車也又式夜切說文市居日舍从亼屮象屋也口象築也又施隻切置也文一重音三

⿱合夂　巨險切約也文一

合　曷閤切說文合口也又州名又曷合切兩侖爲合文一重音一

畣　德合切當也文一

文十　重音七

會合也从亼从曾省曾益也凡會之類皆

从會古作芇佮岃𣅀𠓝黃外切會岃又古外切總合也會又戶括

切項𩓾也又古活切會撮項𩓾文六重音三

朇頻彌切說文益也文一

𣅀丞眞切說文日月合宿爲𣅀又黃外切文一重音一

文八　重音四

倉穀藏也倉黃取而藏之故謂之倉从食

省口象倉形凡倉之類皆从倉奇字作仺

七剛切倉又楚亮切喪也文二重音一

牄 千羊切說文鳥獸來食聲也虞書鳥獸牄牄文一

文三　重音一

入 內也象从上俱下也凡入之類皆从入 人汁切文一

仚 相然切山居長往也又虛延切輕舉也文一重音一

仝全𠓞 從緣切說文完也一說純玉曰全又姓或作全古作𠓞文三

𡵂 鉏箴切山之深也文一

㒳 良蔣切二入也兩从此闕文一

內𠇊 奴對切說文入也从冂自外而入也古作𠇊內又儒稅切汭或

从内又而睡切又諾荅切文二重音三

糴 徒歷切說文市穀也或省糴又徒力切闕人姓春秋傳有糴茷又直略切𥸷又昨合切不一也莊子鴆𥸷天下文二重音三

⿰柔内 諾盍切柔也文一

文十二　重音七

缶 方九切 缶瓦器所以盛酒漿秦人鼓之以節謌象形凡缶之類皆从缶或作缻 文二

⿰缶重 ⿰缶叟 諸容切量名六斛四斗曰⿰缶重或作⿰缶叟文二

缸 下江切說文瓨也文一

⿱讎缶

罋 於容切陶器或作罋又並烏貢切說文汲缾也文二重音一

⿰缶支 俱爲切器名文一

⿱垂缶 ⿰缶垂 是爲切廣雅瓶也或作⿰缶垂⿱垂缶又傳追切罌也又並馳僞切文二重音二

⿱次缶 才資

切陶器之緻堅者文一

罍𦉪倫追切酒器也古作𦉜又並盧回切說文龜目酒尊刻木作雲靁象施不窮也籀作𦉜亦書作鑸文二重音一

䍂雲俱切汲器文一

𣪠䍖芳無切博雅培也瓦未燒者或从孚𣪠又披光切文二重音一

罏龍都切𦉈也文一

䍜蘇回切器名文一

𦈅缻晡枚切甌也蓋今飲器或作缻文二

䍁丘哀切器名文一

罇祖昆切器也文一

䍃餘招切廣雅瓶也又夷周切說文瓦器也文一重音一

䍊居看切樂器塤類又訖岳切又詰歷切吹器又吉歷切文一重音三

匋徒刀切瓦器也文一

𦉜居郎切博雅缾也文一

罌於莖切說文缶也又於政切文一重音一

罃於莖切說文備火長頸缾也文一

䍋何耕切器似鍾頸長文一

缾𦈢旁經切說文罋也或从平文二

⿰缶霝⿰缶令 郎丁切說文瓦器也或从令亦書作⿱霝缶文二

⿰缶幵 乎經切似鍾而頸長一曰酒器文一

⿰缶咅 房尤切小缶也又蒲侯切又蒲候切又薄口切廣雅缾也文一重音三

缿 戶講切說文受錢器也古从瓦今以竹一曰缿如瓶可受投書又徒口切又下講切文一重音二

⿰缶亍 展呂切所以載盛米甾或从缶文一

⿰缶是 待禮切甂也方言陳魏宋楚謂之題或从缶文一

⿰缶只 知駭切缺也文一

⿰缶戔 阻限切玉爵也文一

⿰缶薦 穌典切小缶又村困切瓦器又先見切又倉甸切又才甸切文一重音四

⿰缶薦 婢典切小缶一曰紡錘文一

罄 棄挺切盡也又吉定切說文器中空也引詩缾之罄矣文一重音一

⿰缶占 多忝切器缺又都念切說文缺也文一重音一

⿱監缶 戶黯切陶也又呼濫切大盎文一重音一

罊 罊致切爾雅盡也又詰計切說文器中盡

也又克革切文一重音二⿱吅缶去冀切皿也器或作⿱吅缶文一⿰缶直⿰缶虘存故切魚醬或作⿰缶虘文二⿱興缶許愼切器裂又文運切文一重音一罐古玩切汲器文一⿰缶單時戰切瓦器縁也文一⿰缶虖虛訝切說文裂也从缶缶燒善裂也文一⿱㱿缶丘候切說文未燒瓦器又空谷切文一重音一⿰缶齒牛轄切器缺也文一缺⿰垂夬傾雪切說文器破也或从垂缺又苦穴切又犬縈切卷幘也又方九切又窺絹切文二重音四⿰缶乏鋪彳切器中平也又託盍切說文瓨也又敵盍切文一重音二⿰缶或越逼切說文瓦器也文一

文五十九　重音三十二

矢弓弩矢也从入象鏑栝羽之形古者夷

牟初作矢凡矢之類皆从矢古作⿱夭亣式視切文三

⿰矢斯相支切⿰矢卑⿰矢斯短小皃又先齊切文一重音一

⿰矢比將支切⿰矢卑⿰矢比短也又牋西切文一重音一

知⿰矢可珍離切說文詞也或曰覺也古作⿰矢可知又知義切智或作知文二重音一

⿰矢卑賔彌切⿰矢卑⿰矢比短也又邊迷切文一重音一

𠤕㕧魚其切說文未定也或作㕧亦書作矣文二

⿰矢召丁聊切博雅短也文一

矯居妖切矢躍出也神異經東王公與玉女更投壺千二百矯又舉夭切說文揉箭箝一曰安也文一重音一

矬徂禾切廣雅短也文一

⿰矢昜⿰矢倉千羊切傷也亦从倉⿰矢昜又尸羊切文二重音一

⿰昜矢徒郎切大言也唐古作⿰昜矢文一

⿰矢嬰伊盈切短也文一

矰咨騰切說文隿䠶矢也文一

⿰矢舟張留切射鳥矢或書作⿰舟矢文一

矦厌胡溝切說文春饗所射矦也从人从厂象張
布矢在其下天子射熊虎服猛也諸矦射熊
豕虎大夫射麋士射鹿豕一𥎊隱綺切博雅痤也
曰候也維也古作厌文二痔或作𥎊文一
矣羽已切說文語䂀苦委切倦矮倚蠏切矬
巳詞也文一也文一也又烏蠏
切短人也文矲部買切矲𥏝短皃又𥏝口駭切
一重音一蒲楷切文一重音一桂林謂
人短矤矧𢼊矢忍切說文況也詞也从矢取詞
文一之所之如矢也或作矧𢼊文三
短都管切有所長短𥏚徒了切矢𥏠下頂切
以矢為正文一也文一小皃文
一𥏫研領切𥏠𥏫𥏨苦會切短也又去穢切𥏮
小皃文一𥏨𥏮短也文一重音一
許穢切𥏨𥏮短皃又䠶射𢎕食夜切弓弩發於
牛吹切文一重音一身而中於遠也篆

文从十籒作𣅀䠶射又食亦切射又寅謝切僕射官名又夷益切無射九月律名射言出也陽氣上升陰氣收藏不復出也孔穎達說文三重音三

𥎦𥏆昨木切矢鋒也或作𥏆文二

𥏣步木切侏儒也文一

𥎹陟栗切短也文一

𥏑丘八切短也文一

𥎍蒲八切𥎍結短皃文一

𥏓必詰切弓類文一

𥎞姝悅切短皃又朱劣切不巧也文一重音一

𥏼株劣切博雅短也文一

文四十八　重音十四

高崇也象臺觀高之形从冂口與倉舍同意凡高之類皆从高古牢切又居号切度高曰高文一重音一

鶮

鋤交切高皃文一亮虛交切讙也文一亭唐丁切說文民所安定也亭有樓从高省文一髜輕皎切高也文一鷎下老切白皃文一高縈定切牆屋間狹徑也文一高犬頴切小堂也又傾覔切瓜屋也文一重音一髝郎到切髝髞急也又先到切又郎刀切高皃一曰性麤急文一重音二髞先到切髝髞急也又才勞切文一重音一亳白各切說文京兆杜陵亭也一曰湯都也文一亶黑各切大也文一

文十二　重音五

冂邑外謂之郊郊外謂之野野外謂之林林外謂之冂象遠界也凡冂之類皆从冂古文

作冋或作坰消熒切古从口象國邑或从土坰冂又欽熒切遠也冂同又戶茗切空也冋又犬迥切坰又扃定切文三重音四

央於良切說文中央也一曰久也又於郎切又於鷩切鮮明皃文一重音二

冘余箴切說文冘冘行皃一曰冘豫未定又夷周切文一重音一

市上止切說文買賣所之也文一

隺胡沃切說文高至也从隹上欲出冂易曰夫乾隺然又克角切隺然心志高也又曷各切鳥飛高也又忽郭切文一重音三

文七　重音十

𩫏度也民度居也从回象城𩫏之重兩亭

相對也或但从口音韋凡𩫏之類皆从𩫏古博切文一臣光曰隷或作享

𩫖餘封切城垣也文一𩫻頻彌切城上女垣俾倪也文一𩫢于元切牆垣也又姓又胡官切文一重音一𩫨時征切以盛民也文一𩫿郎侯切樓古作𩫿文一𩫱董五切垣也五版爲一堵或作𩫱𩫱文二𩬁𩬁典可切垂下皃一曰厚也廣也古作𩬁文二𩫺伯各切布也文一𩫷越逼切邦也文一𩫤傾雪切說文缺也古者城闕其南方謂之𩫤从𩫏缺省又一決切文一重音一

文十三　重音二

京人所爲絶高丘也从高省丨象高形凡京之類皆从京舉卿切　文一

就就疾僦切說文就高也从京从尤尤異於凡也又姓籒作就　文二

文三

亯獻也从高省曰象進孰物形孝經曰祭則鬼亯之凡亯之類皆从亯篆文作亭隸作享許兩切又並普庚切亯亨又許庚切享又虛良切又許亮切薦也又普孟切煮也　文三重音五

𩏊余封切用也从亯从自自知臭香所食也文一 𦎫𦎫常倫切孰也从亯从芉一曰鬻也篆文作𦎫文二 𦏧殊倫切粹孰也文一 亨虛庚切嘉之會也又披庚切煑也又普孟切文一重音二 䈞冬毒切厚也从亯竹聲文一

文九　重音七

㫗厚也从反亯凡㫗之類皆从㫗胡口切文一 覃𠧻𡆚𡍬覃徒南切說文長味也引詩實覃實訏或省古作𠧻𡍬𡆚覃文五 𠪷很口切說文丘陵之厚也从㫗从厂又姓隷作厚古作𡍬𡍬厚又下遘切厚薄也文三

重音一

文九　重音一

畐滿也从高省象高厚之形凡畐之類皆从畐

畐　芳逼切又芳六切又房六切文一重音二

𥃩良𡇒𡰯𥂖　呂張切說文善也一曰甚也亦姓隸作良古作𡇒𡰯𥂖良又里養切蜽或作良文五重音一

畗　敷救切貳也又拍逼切又筆力切文一重音二

文七　重音五

㐭穀所振入宗廟粢盛倉黃㐭而取之故謂之㐭从入回象屋形中有戶牖凡㐭之類

皆从㐭古作𢈁稟或作廩力甚切廩又盧感切懍或作廩文四重音一稟力錦切又筆錦切說文賜穀也又逋鴆切受也文一重音二啚啚補美切說文嗇也古作啚文二亶黨旱切說文多穀也又蕩旱切裼也又張連切亶爰山名文一重音二

文八　重音五

嗇愛濇也从來从㐭來者㐭而藏之故田夫謂之嗇夫凡嗇之類皆从嗇古作𤲸隷作嗇亦作𠎤所力切文五

牆牆牆牆慈良切說文垣蔽也籀作牆牆牆文四

文九

來周所受瑞麥來麰一來二縫象芒朿之形天所來也故爲行來之來詩曰詒我來麰凡來之類皆从來古作徠逨

趚洛哀切又並洛代切勞也來又陵之切至也又同都切徠也山東語又六直切來年麥也又訖力切文四重音五

秴郎才切至也勤也文一

䅘牀史切詩曰不䅘不來文一

棶六直切木名野棗酸者江南山東曰棶子文一

文七　　重音五

麥芒穀秋種厚薶故謂之麥麥金也金王而生火王而死从來有穗者从夊凡麥之類皆从麥 徐鉉曰夊足也周受瑞麥來麰如行來故从夊莫獲切又訖力切文一重音一 𪎊 盧東切餅屬或从麥文一 𪍴 補蒙切煑麥也文一 䴿 謨逢切博雅麴也䴿糒也文一 麷 敷馮切說文煑麥也鄭衆謂熬麥曰麷或書作𪏀又撫勇切又撫鳳切文一重音二 䴽 賔彌切博雅䴽𪎈𪎌也又頻彌切方言北燕謂麴曰䴽又班靡切文一重音二 𪌦 良脂切𪍌𪌦麴也文一 䴯 良脂切麥酒也文一 𪎆𪍌 頻脂切𪎆𪌦麴也或省𪍌又頻彌切文二重音一 䴺 渠之切餅屬文一 䵅 求於切麥小者䵅文一 麩麱䴸 芳無切說文小麥屑皮也

或从甫从孚文三　䴯洪孤切黏也一曰煑米及麪爲鬻文一　𪍊都回切餅也文一
麳𪎊郎才切齊謂麥曰棶或作𪎊亦从二來又並六直切來牟麥也文二重音一　𪌂
將來切方言麴也又牆來切說文餅
麴也方言晉之舊都曰𪌂文一重音一　𪍝麲𪍡胡昆切方
言麴也一曰麥不破也或从完从昆麲又胡官切女
麴也小麥爲之一名麲子又戶袞切全麥麴又戶管
切又戶版切黃蒸𪍝子𪍝又魯果
切麪也又戶瓦切文三重音六　𪎈謨官切饅頭餅也饅或从
麥文　𪎌靈年切𪎌䴼寒具干寶曰司
一　𪎌徒儀吏死祭用𪎌䴼文一　䴷圭玄切麥莖也
文　𪎨牛刀切乾煎也文一　𪍵苦禾切𪍵斗餌也象蟲形文一　䴾才何切說文䃺
麥也一曰擣也又阻　䴱湯河切餌也文一　𪎫良何切餅
氏切文一重音一　也文一

𪌭師加切碎麥也文一䴷胡光切麴麈又古猛切麥也文一重音一麰䴸迷浮切說文來麰麥也或作䴸文二䴴尼占切青䴴藥艸地節也華佗說又託協切餅屬文一重音一

䴱吐孔切餅屬文一𪍑選委切豆屑和飴也文一麮口舉切鬻麥又丘據切說文麥甘鬻也文一重音一𪍊曰許切蜜餌也吳謂之膏環文一𪍎巨隕切餅屬又窘遠切文一重音一䴹戶版切黃蒸䴹子一曰全麥爲麴文一䵁楚限切麥也又初諫切文一重音一

䵶上演切䵶麵屑一曰新麥爲餌文一𪎊麨齒紹切糗也或从少文二䵄損果切說文小麥屑之覈也或作䵄䵃又蘇臥切文二重音一䵆古猛切麥也文一

𪍲必郢切麪餈也文一䴺薄口切䴺麰餅也又薄没切文一重音一䴚當口切麥

䴸文一

䴳䴶 他口切𪌂䴳餅屬或作䴶文二

䴼 朗口切𪍿䴼餜餅也司徒儀吏死祭用𪍿䴼三十干寶說文一

𪍧 他計切滌麵也文一

䴹 去𢧵切蘖也齊人名麴䴹曰媒徐邈說又倪結切文一重音一

䵃 紆問切麴也文一

𪌭 所晏切麴謂之𪌭文一

𪍖 吉幻切麥屑文一

麪麵 眠見切說文麥屑末也或从面文二

𪎁 隨戀切麥也文一

麭 披教切餌也文一

𪍣 蘇卧切䴸𪍣粟粥文一

䴸 盧卧切䴸𪍣粟粥文一

𪍦 夤謝切𪎆𪍦麕皮也文一

𪎗 七亮切麪敗曰𪎗文一

𪍝 呼木切麥也文一

𪎈 空谷切說文餅𥶂也文一

𪎊 徒谷切𪎊𪍠煑餅文一

麴麯𩬆 丘六切說文酒母也𥶂或作麴麯𩬆文三

鞠 丘六切說文酒母也又居六切鞠或作鞠文一重音一

陳忠

⿺麥里壁吉切⿺麥里鑼餅屬文一　麧恨竭切麥糠中不破者又下扢切說文堅麥也一曰俗謂麤屑爲麧又胡骨切又奚結切屑麥文一重音三　⿺麥孛薄没切屑麥也文一　⿺麥胥⿺麥肖蘇骨切磨麥也⿺麥胥又先結切春餘也文二重音一　⿺麥勿⿺麥忽呼骨切餅屬或从忽文二　⿺麥末莫葛切⿺麥末也博雅穖謂之麪穖或作⿺麥末文一　⿺麥穴戶八切說文餅籟也又呼八切文一重音一　糵魚列切牙麥也文一　⿺麥乇闥各切餺⿺麥乇餅屬文一　⿺麥尃伯各切餺飥餅也餺亦作⿺麥尃文一

⿺麥薄白各切餅也文一　⿺麥莫末各切⿺麥莫⿺麥延礱皮也文一　⿱殸麥即各切屑麥蒸之也文一　⿺麥各各額切麥碎曰⿺麥各文一　⿺麥啇陟革切博雅⿺麥啇靡糈也又治革切麥屑又直炙切說文麥覈屑也十斤爲三斗又亭歷切文一重音三　⿺麥弋逸織切麥⿺麥肖也文一　⿺麥念諾叶切餅也文一

文九十四　重音三十二

夊行遲曳夊夊象人兩脛有所躧也凡夊之類皆从夊楚危切又山垂切行曳足又宣佳切又雙隹切文一重音三

㚇子紅切說文斂足也鵲鵙醜其飛也又作弄切鳥斂足文一重音一

夔渠追切獸名說文神魖也如龍一足从夊象有角足人面之形一曰夔夔悚懼皃亦州名文一

夋七倫切說文行夋夋也一曰倨也文一

夒奴刀切說文貪獸也一曰母猴似人从百巳止夊其手足也又奴冬切又而由切文一重音二

夌閭承切說文越也从夊从兴兴高也一曰夌偓也文一

憂於求切說文和之行也引詩布政優優又於舊切文一重音一

[illegible]時流切耕田器名文一

[illegible]祖猥切詐

也挫也又祖對切詐拜也又祖卧切又側駕切又助駕切文一重音四

夓𡕧夏 亥雅切中國之人也从夊从頁从臼臼兩手夊兩足一曰大也亦國名古作𡕧隸作夏夓夏又亥駕切夏又舉下切陽夏縣名文三重音二

竷 苦感切說文繇也舞也樂有章从夅从夊引詩竷竷舞我一曰擊也又苦紺切擊鼓也又苦濫切文一重音二

夃 亡范切說文㓜蓋也象皮包覆㓜下有兩臂而夊在下又莫坎切首飾又美秝切腦蓋也文一重音二

𡕒 美秝切腦蓋也文一

致 陟利切說文詣送也又株衛切積累也漢書致令辟爲郭文一重音一

愛 烏代切說文行皃古省文二

夎 祖卧切詐拜也又取内切又祖對切又側駕切又助駕切文一重音四

夋𡕢 步木切說文行夋夋行皃古作夎夋又所六切又衢六切行促迫也文二重音二

复 方六

切行故道也古作言复又房六切文二重音一复房六切說文行故道也文一畟初力

切說文治稼畟畟進也引詩畟畟良耜又節力切文一重音一

文二十五　重音二十六

舛對臥也从夂㐄相背凡舛之類皆从舛

昌兖切又尺尹切雜也文一重音一

舞文撫切說文樂也用足相背从舛無聲古从羽亡文二舝下瞎切說

文車軸耑鍵也兩穿相背从舛𥎨省聲𥎨古偰字或作舝舝又下介切文二重音一

文五　重音二

舜艸也楚謂之葍秦謂之藑蔓地連華象形从舛舛亦聲凡舜之類皆从舜古作𩓌隸作舜舒閏切 文三

䑞䑞胡光切說文榮華也引爾雅䑞華也篆文作䑞文二

文五

韋相背也从舛口聲獸皮之韋可以束枉戾相背故借以爲皮韋凡韋之類皆从韋古作𡓿宇非切韋又胡隈切文二重音一

⿰虛韋 吁爲切柔革平均也又驅爲切文一重音一

⿰韋攴⿰韋殳 吁韋切博雅⿰韋攴⿰忄壴乖剌也或从殳⿰韋攴又于非切說文戾也文二重音一

⿰韋丕 鋪來切爾雅山一成曰⿰韋丕韋昭讀文一

韗 于分切鼓工⿰革軍或从韋又王問切說文攻皮治鼓工又呼願切又吁運切文一重音三

⿰韋番 孚袁切群也韋平方也又符袁切韋裏曰⿰韋番文一重音一

韓韓 胡安切井垣也从韋取其帀也隸省文二

韏 巳袁切爾雅革中辨謂之韏又九遠切屈也又窘遠切又古轉切又區願切又俱願切又古倦切又逵眷切文一重音七

韞 烏昆切韣也又委隕切藏也文一重音一

⿰韋交⿰韋殳 居肴切櫜也或从交文二

⿰韋巢 鉏交切束也文一

韟 居勞切車上大櫜文一

韜 他刀切說文劒衣也一曰寬也又叨号切臂衣文一重音一

⿰韋它 唐何切皮帖履文一

⿰韋叚 何加

切說文履也文一韝墟侯切說文射臂決也又居候切文一重音一⿰韋⿱焦焦將由切說
文收束也或作⿰韋焦⿰韋焦又茲消切又茲秋切聚也又子肖切收束物也文二重音三韂余廉切衣
蔽也又昌豔切文一重音一⿰韋僉虛嚴切博雅被也又虛欠切胡被又虛檢切文一重音二韛
奉甫切幭也文一䪙伴老切鞋⿰革尃車茵⿰革尃或从韋文一⿰韋宛五遠切方言自關而東履
其庳者謂之靶或作⿰革宛文一⿰韋段土緩切說文履後帖又杜管切又徒玩切文一重音二⿰韋完
乳兖切柔韋也文一⿰韋包部巧切柔革工文一⿰韋柔忍九切韌也文一韥求位切說
文韋繡也又胡對切繡韋橐又巨內切韁也文一重音二⿰韋慧雖遂切囊組謂之⿰韋慧又徐醉切文一
重音一⿰韋惠徐醉切橐紐也一曰盛虜頭囊又胡計切又胡桂切又此芮切文一重音三⿰韋必

兵媚切弓紲也又必結切文一重音一

韍平祕切車紱也又方未切蔽膝也又分物切文一重音二

韎居氣切茅蒐染韋一入曰韎又莫貝切又暮拜切一曰北狄之樂又莫佩切赤韋文一重音三

⿰韋主朱戍切戎服蔽鄰也一曰韋綔文一

⿰韋兌此芮切囊屬文一

⿰韋戟許罽切繐也文一

韌而振切堅柔也文一

⿰韋爰⿰韋亘呼願切治鼓工也韗或作⿰韋爰⿰韋亘文二

韒仙妙切刀室文一

韔丑亮切說文弓衣也引詩交韔二弓又直亮切又力讓切文一重音二

⿰韋登豬孟切張皮也文一

⿰韋复扶富切皮衣車軛也文一

韣韥徒谷切弓衣或作韥韣又朱欲切又樞玉切韥又殊玉切文二重音三

⿰韋伏房六切車紱也文一

⿰韋甫方六切弩矢箙也文一

韠壁吉切說文韍也所以蔽前以韋下廣二尺上廣一尺其頸五寸一命縕韠再

命赤韠文一韍分物切韠也文一韤韎望發切說文足衣也从韋蔑聲或作韎韎又莫葛切韋赤色又莫入切又莫轄切文二重音三⿰韋戉王伐切斧衣也文一⿰韋尃方縛切車上囊又匹各切說文⿰車亢裏也又平碧切又扶富切皮衣車⿰車長文一重音三⿰韋矍厥縛切⿰韋睪⿰韋矍刀靶韋文一⿰韋斤恥格切韄⿰韋斤刀⿰韋巴中韋文一⿰韋睪直格切⿰韋睪⿰韋矍刀靶韋也文一韄屋號切韄⿰韋斤刀⿰韋巴中韋文一⿰韋亟乞力切韋堅也文一⿰韋沓託合切指衣又達合切縫指揩也一曰韜也文一重音一⿰韋及悉合切說文小兒履也文一⿰韋内諾荅切博雅軟也文一⿰韋冐德盍切皮服文一韘失涉切說文射決也所以拘弦以象骨韋系箸右巨指引詩曰童子佩韘又悉協切⿰韋占韘帶具文一重音一⿰韋占的協切⿰韋占韘帶具文一韐轄夾切韎韐紳也又

說洽切文一重音一

文六十九　重音五十一

弟韋束之次弟也凡弟之類皆从弟古文作手或作第大計切弟手又待禮切男子後生爲弟弟又蕩以切次也悌也又待亦切易也又徒回切弟靡不窮皃文三重音四

罤⿱日弟古竃切周人謂兄曰罤从弟从眔或作⿱日弟文二

文五　重音四

夂从後至也象人兩脛後有致之者凡夂之

類皆从夊 陟侈切文一

夅 乎攻切服也又胡江切又古巷切下也文一重音二 夆 敷容切說文啎也爾雅甹夆掣曳也又符容切又匹逢切又余頌切啎也文一重音三 ⿱夂生 良中切多也文一 夃 攻呼切說文秦以市買多得爲夃引詩我夃酤彼金罍又果五切文一重音一 㐄㐄 苦瓦切說文跨步也或作㐄㐄又枯化切舉足越一曰一步也文二重音一 ⿱夂丯 下蓋切說文相遮要害也南陽新野有夆亭又吉列切文一重音一

文八　　重音八

久从後久之象人兩脛後有距也周禮曰

夂諸牆以觀其橈凡夂之類皆从夂舉友切又居又切以蓋塞鬲口也文一重音一

文一　重音一

桀磔也从舛在木上也凡桀之類皆从桀渠列切又居謁切蒡盛皃詩維蒡桀桀又巨列切說文磔也夏之末帝號文一重音二

乘椉乗神陵切說文覆也从入桀桀黠也軍法曰乘一曰四矢曰乘亦姓篆文作椉古作乗又並石證切一曰物雙曰乘乗又堂練切甸或作乘椉又諸應切姓也文三重音三

磔陟革切辜也从桀石聲文一

文五　　重音五

類篇卷第五下

類篇

【宋】司馬光 等撰

中

上海古籍出版社

類篇卷第六上　卷之十六

朝散大夫右諫議大夫權御史中丞充理檢使上護軍河內郡開國侯食邑一千三百戶賜紫金魚袋臣司馬光等奉

勑修纂

十四部

文一千八百五十八

重音一千四百三十七

木冒也冒地而生東方之行从屮下象其根凡木之類皆从木莫卜切徐鍇曰屮者木始甲坼萬物皆始於微故木

从屮
文一
樋他東切木名文一 桐他東切輕脫皃又徒東切木名說文榮也又姓又杜孔切水名莊子自投桐水
文一重音二 橦徒東切木名華可作布又諸容切木一截也唐式柴方三尺五寸曰一橦又昌容切陷敶車也又傳江切帳極也又覩動切木名文一重音四
櫳盧東切說文檻也一曰所以養獸文一 ⿱龍木盧東切說文房室之疏也又盧鍾切文一重音一 桻蒲蒙切梁上檽文一
檬謨蓬切木名黃槐也文一 樬蘇叢切俗呼小籠爲桶樬文一 楤麤叢切檐兩頭銳者又損動切木名又千弄切擔也文一重音二
椶祖叢切椶櫚木名葉似車輪又子紅切說文栟櫚也可作箄文一重音一
杠沽紅切杠里地名又古雙切說文牀前橫木一

曰旌旗干文一重音一 ⿰木翁 烏公切木名文一 楓 方馮切說文厚葉弱枝善搖一名⿱聶木

又悲廉切木名似白楊又甫凡切文一重音二 柊 之戎切齊人謂椎爲柊楑一曰木名文一 ⿰木戎

而融切木名似櫰文一 杛 居雄切木名文一 棕 祖賨切木名蜜杼也文一 樅

昌容切崇牙也又七恭切木名說文松葉柏身又將容切文一重音二 ⿰木茸 如容切木名似檀文

一 松⿱穴木⿱宀枀 祥容切說文木也亦州名古作⿱宀枀或書作榕松又思恭切木也關內語文

三重音一 桻 敷容切廣雅木末也文一 ⿰木農 尼容切木名文一 槦 餘封切⿰木烏槦木

名村中箭笴一曰兵架謂之槦又吐孔切鴻槦木可爲矢文一重音一 榕 餘封切木名初生如

葛藟緣木後乃成樹文一 枊 渠容切說文椶据木也文一 栱 渠容切爾雅杙大者謂之

拱又古勇切文一重音一 椺 渠容切方言南楚江湖凡舩小而深者謂之椺文一 椌 枯江

切說文柷樂也又枯公切器朴文一重音一 栙 胡江切說文栙雙也一曰未張帆負文一 梆

悲江切木名文一 欆 疎江切栙欆未張帆文一 椿 株江切杙也文一 枝 章移

切說文木別生條又翹移切足多指也又渠羈切字林橫首枝也文一重音二 榰 章移切說文柱

砥古用木今以石引易榰常凶文一 梔 章移切黃木子可以染爾雅桑辧有葚梔一曰桑半有葚

半無名梔文一 枳 章移切枳首蛇名蛇有兩首者又翹夷切又頸爾切枳椇木名又舉綺切又掌

氏切木似橘文一重音四 欐 山宜切棟也一曰木名又鄰知切一曰小舡又里第切又郎計切又

輂尒切欐俺支住也一曰重累文一重音四 柴 又宜切柴池參差也又鉏佳切說文小木散材

亦姓又鋤加切又子智切積也一曰城頰旁也⿱此手或
作柴又疾智切又仕懈切藩落也又士邁切文一重
音六　榱　初危切椽也又雙隹切說文秦名爲屋
椽周謂之榱齊魯謂之桷文一重音一　提
常支切匕也又余支切　柢　常支切字林碓衡又都
椸或作提文一重音一　黎切木根又典禮切又
丁計切文　榹　相支切說文槃也爾雅榹桃
一重音三　山桃又七支切文一重音一　㯕　相
切博雅木下支謂之椑㯕又先
齊切說文櫪㯕也文一重音一　⿱斯木　相支切木
薪文一　⿰木⿱此隹
七支切朼　⿰木貲　⿰木觜　將支切⿰木貲⿰木觜木名實
也文一　可食或从觜文二　檇　欈　遵爲
切說
文从木有所擣引春秋傳越敗吳於檇李或作欈檇
又徂回切又將遂切地名檇又勻規切埤倉⿰木觜檇木
名實可食文　⿰木庛　⿰木⿸厂比　⿰木此　才支切木名郭璞曰梗屬似
二重音三　豫章或作⿰木⿸厂比⿰木此⿰木此又蔣氏切

又子禮切文三重音二　樆　抽知切布木也又鄰知切爾雅梨山樆文一重音一　杝　陳知切落也又鄰知切藩也又余支切木名又丑豸切析木又丈尒切又丈蟹切又他佐切車名文一重音六　⿰木離　鄰知切藩也文一　柂　鄰知切柯柂酒名又余支切木名爾雅椵柂又待可切正舡木

文一重音二　椑　蒲糜切博雅木下枝謂之椑檞又賔彌切又頻彌切又邊迷切椑檞小木也又駢迷切文一重音四　椑　賔彌切木名實似柹而青又邊迷切椑榼飲器又駢迷切說文圜榼一曰齊人謂斧柯爲椑又毗亦切棺也又蒲歷切文一重音四　檷　⿰木尒　民卑切檷枸山名或作柰檷又乃禮切說文絡絲檷又乃倚切絡絲跌一曰所以制動又女履切又母婢切文二重音四　栘　余支切說文棠棣也又成欐切又玄圭切又逝來切又演爾切文一重音四　椸　余支切方言榻前几

趙魏之間謂之椸一曰衣架又以豉切文一重音一槻均窺切木名仕作弓一曰樊槻木皮水漬和墨書色不脫文一槼均窺切有法度也一曰正圓之器文一槣居宜切以箸取物又倶爲切載也文一重音一㰥樝檥虛宜切蠡也或作樝檥文三桸虛宜切勺也又香衣切木名汁可文一重音一椅於宜切說文梓也又隱綺切椅梶木弱皃又於義切木名楸屬文一檹檹於宜切說文木檹旎也賈侍中說檹即椅木可作琴或从猗檹又隱重音二綺切文二檥魚羈切說文榦也一曰立木以表物又牛何切附舡著岸又語綺切文一重音一榬于嬀切籰也又于元切又姓漢有榬終吉文一重音一二桵㕣危切田器又儒隹切白桵棫栺蒸夷切指栭謂之柱一曰木名又眞兒切又軫視切又研計切文一重音一

文一重 椎朱惟切木名似栗而小或書作𣓌又傳追切擊也齊謂之終葵文一重音一
音三

桵儒隹切木名說文白桵棫文一 梋傳追切擊也文一 槌傳追切𥁋曲柱又馳僞切縣𥁋曲關東謂之槌關西謂之持文一重音一 棃良脂切說文果名或作梨又並憐題切文二重音一 樏倫追切說文木實也文一 欙樏倫追切說文山行所乘者引虞書予乘四載山行乘欙一曰前無齒或作樏樏又魯水切一曰盤隔器名一曰木實欙又魯果切木名實有皮無殼文一 柅女夷切絡柅又女履切說文木也實如梨一曰止車木又乃禮切又乃倚切文一重音二 [木彝]延知切說文木也文一 桋延知切木名說文赤棟也引詩隰有杞桋又田黎切桑也今俗呼桑樹小而條長爲女桑文一重音三 杝延知切舡名文一 [維木]

夷隹切蠻夷貨文一

杋 居狋切木名似榆山海經單狐之山多杋木可燒以糞田又舉履切說文木也文一重音一

桵 渠惟切愽雅柊桵椎也一曰度也又巨癸切說文木也一曰度也文一重音一

枇 頻脂切說文枇杷木也又篇迷切椰木又駢迷切又毗志切櫛屬一曰次也又補履切所以載牲體文一重音四

⿰木毘 頻脂切說文梠也又邊迷切楣也又駢迷切文一重音二

梐 頻脂切木名可為車轂文一

楣 旻悲切說文秦名屋櫋聯也齊謂之檐楚謂之梠文一

⿰木麋 旻悲切水中芝也爾雅蔆蕨攗文一

椔 莊時切爾雅木立死曰椔又側吏切文一重音一

榯 市之切木立皃一曰落榯⿰木寺門樞文一

栭 人之切說文屋枅上標引爾雅栭謂之楶文一

檽

⿰木耎 人之切木名一曰木栮或从耎檽又汝朱切梁上短木又尼主切木名可染又乳兖切木耳又

乃后切又乃豆切構檽木名楆又乳究切木名榑棗似柹而小文二重音六[木乃]人之切木名又如蒸切又如證切一曰止車木文一重音二杒又之切小車槷又而振切說文桎杒也文一重音一楒新慈切相楒木名文一栥津之切欂櫨也文一柌枱[辝木]詳茲切博雅柄也或作枱[辝木]枱[辝木]又盈之切說文耒耑也枱又象齒切文三重音二梩陵之切臿也司馬法周輜輦載梩又雄皆切又莊皆切又都皆切木名又象齒切又兩耳切又口已切又下楷切文一重音七[𠩺木]陵之切木名條可爲大索文一梠[木匚㠯]盈之切博雅㴿斗謂之梠所以抒水或从[匚㠯]梠又象齒切田器又詳里切說文臿也一曰從土輂文二重音二棋[木箕]居之切根柢也或从箕棋又渠之切木根也文二重音一棊櫀渠之切說文博棊或作櫀通作棋文二棐

符作切即裴漢侯國在魏郡或从木又妃尾切棐林地名又府尾切說文輔也文一重音二

機 居希切說文主發謂之機一曰織具也會也文一

楎椲 吁韋切楖也爾雅杙在牆者謂之楎或作椲椲又于悲切木名又羽鬼切說文木可屈爲杅者楎又拘云切弋在牆曰楎又胡昆切說文六又犁一曰犁上曲木又古本切文二重音五

㭇 於希切樿㭇木名可爲箭笴一曰箭箭文一

椷 於非切說文椷窬褻器一曰通陂竇文一

𣏢 丘於切說文极也文一

椐 丘於切椐樻木名節可作杖又斤於切又苟許切又居御切字林木名靈壽也文一重音三

㯫 求於切宋魏之閭謂把爲㯫挐文一

㯫 求於切博雅據栫籬也文一

楈 新於切說文木也似栟櫚皮可爲索一曰犁也又師銜切又寫與切又息據切木可爲犁柄文一重音三

梳梴 山於切說文理

髮也或作梴文二柤臻魚切以木爲闌也又宗蘇切柤中地名在淮南又莊加切木閑又鉏加切博雅匽又壯所切趄或作柤文一重音四櫧楮專於切木名似柃葉冬不落或作楮又展呂切木名穀也又丑呂切又董五切文二重音三杼常如切木名似櫧也一曰安也又象呂切栩也又展呂切又丈呂切文一重音三𣑁人余切木名文一𣝗張如切博雅杙也楬橥有所表識文一椓張如切木立死文一樗樗抽居切說文木也一曰惡木或从雩樗又通都切又胡化切說文木也以其皮裹松脂文二重音二櫖櫨凌如切木名爾雅諸慮山櫐也或作櫖櫨櫖又抽居切又良據切櫨又龍都切說文柱上柎引伊尹曰果之美者箕山之東青鳧之所有櫨橘焉夏熟一曰宅櫨木名文二重音三櫚凌如切木名博雅栟櫚椶也文一𣑁

女居切淚欅杷也文一轝羊諸切箯輿也文一杅桙雲俱切器也春秋傳杅不穿一曰因杅匈奴地名漢有因杅將軍或作桙又並迷浮切器名杅又王遇切文二重音二枸恭于切博雅枸簍軬也又欋俱切立木也莊子若橛株枸又居侯切木曲枝又果羽切說文木也可爲醬出蜀一曰枸木飴善醽酒又俱遇切文一重音四欋欋俱切齊魯謂四齒把曰欋又椿俱切耜也文一重音一櫢芳無切櫢檻木名葉如椿生吳蜀山谷中子上有鹽如霜文一桴芳無切爾雅棟謂之桴又房尤切說文棟名文一重音一柎芳無切說文編木以渡又風無切艸木房爲柎一曰華下蕚又馮無切又斐父切樂器也實以糠一曰編柎棺中方木又符遇切文一重音四㮚恭于切說文茱萸也又俱爲切文一重音一椨枎芳無切華蕚也或作枎又並風無切艸木

房一曰華下蕚柎又馮無切扶又防無切說文枎疎四布一曰木盛皃文二重音三

枹 芳無切艸名爾雅楊枹薊又風無切說文擊鼓杖一曰枹罕羌縣名又馮無切又班交切木叢生又房尤切文一重音四

榑 又馮無切說文榑桑神木日所出又符遇切木名文一重音一

模橅𣞤 蒙晡切法也或作橅𣞤橅又微夫切文三重音一

橾 雙雛切車轂中空又春朱切又千遙切䡾或作橾又蘇后切文一重音三

樞 春朱切說文戶樞也又烏侯切木名文一重音一

樬 窻俞切廣雅樬棬枸也又初尤切牛鼻繫繩文一重音一

朱 鍾輸切說文赤心木松柏屬一曰丹也又慵朱切朱提縣名在犍爲文一重音一

株 鍾輸切株檽短柱又慵朱切株楰木名可爲車輞又追輸切說文木根也文一重音二

檽 汝朱切梁上短木文一

楡 容朱切木名說文楡

白粉文一 梀 容朱切木名說文鼠梓引詩北山有梀又勇主切文一重音一 梌 容朱切剌木也又同都切楸也又直加切文一重音二 柹 滂模切蔽柹木名汁可食又博故切文一重音一 樸 蓬逋切樸劅縣名在武威又博木切樸屬叢生皃又步木切又匹角切說文木素也文一重音三 橅 孫租切木名可涂文一 桴 通都切木名說文出橐山又籠五切木名可涂又龍都切黃桴木名又荒胡切文一重音三 ⿰木荼 同都切說文苦荼也一曰茅秀荼或作⿰木荼又直加切茗也文一重音一 ⿰木兔 同都切木名楸也文一 檡 同都切楚人謂虎於菟菟或作檡又達各切棘屬又直格切又施隻切木名又夷益切文一重音四 橀 洪孤切棗大而銳上者爲橀文一 杇 洪孤切泥鏝也塗工之具又汪胡切說文所以塗也又烏故切文一重音二 柧

攻乎切說文棱也一曰柧棱殿堂高處又姑華切文一重音一 橭 攻乎切牡橭木名山榆也一曰
橭梡木枝四布通作枯又空胡切又後五切文一重音二 枯 攻乎切茶也又空胡切說文槀也引
書惟箘輅枯木名也又後五切楛或作枯文一重音二 桍 空胡切木名一曰空也文一 梧
訛胡切說文梧桐木一曰櫬亦姓又偶舉切說文禁也一曰樂器椌楬也敔或作梧又五故切魁梧大皃
文一重音二 ⿰木吳 汪胡切所以塗也杇或作⿰木吳文一 ⿰木烏 汪胡切⿰木烏椑木名青柹也出長
沙又烏没切榲或作⿰木烏文一重音一 櫅 前西切木名白棗也又淺西切說文木也可以爲大車軸
又才詣切斷木也文一重音二 棲栖 先齊切鳥棲或从西棲又千西切棲棲簡閲車馬皃又並
思計切雞所止文二重音二 梯 天黎切說文木階也文一 椊 田黎切槌也文一 ⿰木黎

憐題切木名文一栺堅奚切木名如楓文一枅⿰木肩堅奚切說文屋櫨也或从肩文
二檕堅奚切木名又牽奚切梅也又苦賣切綆耑木又吉詣切文一重音三橀馨奚
切木名爾雅䰩榽橀細葉似檀俗作榼非是文一榽弦雞切木爾雅䰩榽橀細葉似檀又戶佳
切又胡計切文一重音二⿱殹木煙奚切說文黑木也丹陽有黳縣或作⿱殹木文一⿱娃木煙奚切⿱娃木
⿰木斯弩楔又研奚切文一重音一梘研奚切大車轅耑持衡者又倪結切危也文一重音一楏
傾畦切鋤櫑也文一梋玄圭切柃梋燒麥具又圭玄切盂屬又呼玄切盌也又旬宣切又余專切
又隨戀切文一重音五梐⿰木⿱非土邊迷切說文梐枑也或作⿰木⿱非土梐又部禮切行馬文二重音一
棐邊迷切栖也文一杈初佳切枝也又初加切一曰杈杷農器又楚懈切又楚嫁切木

枝衢也一曰收艸具文一重音三**槎**鉏佳切衺斫也春秋國語山不槎蘖又鉏加切又側下切又仕下切又千个切文一重音四**楷**居諧切木也又口駭切說文孔子冢蓋樹之者文一重音一**核**居諧切木名蠻夷以木皮爲篋又柯開切又戶代切又口漑切又胡骨切果中實又下革切文一重音五**櫰**乎乖切木名葉大色黑者名爲櫰一曰中曲之山有櫰木如棠員葉赤實實大如木瓜食之多力又姑回切又戶賄切木名似槐文一重音二**槐**乎乖切說文木也又胡隈切木名守宮也亦姓文一重音一**棑**蒲皆切盾也一曰桴也又步拜切木名又蒲蓋切舟前木又蒲昧切文一重音三**梩**椿皆切枯木根文一**櫆**枯回切羮斗也文一**椳**烏回切說文門樞謂之椳又吾回切又鄔賄切文一重音一**槶**姑回切筐也又古對切又古悔切文一重

音二

桅 吾回切舟上帆干又古委切說文黃木可染者文一重音一

檄 都回切棺覆又都昆切枯也文一重音一

櫑 盧回切龜目酒尊刻木作雲雷象象施不窮也又魯猥切櫑具劍上鹿盧飾又盧對切文一重音二

檑 盧回切木名又盧對切埋倉推石自高而下也文一重音一

槯 倉回切木名又祖回切木名又祖猥切木蘊積文一重音二

樶梭 祖回切木節或作梭文二

桮杯 晡枚切說文𩓾也蓋今飲器或作杯文二

棓 晡枚切姓也漢有棓生蘇林讀又蒲枚切又蒲來切又房尤切大枚又蒲侯切高下有絕加板曰棓公羊傳踊于棓而窺客一曰木名依樹生枝如網又普后切何休曰凡無高下有絕加躡板曰棓又部項切說文棁也文一重音六

枚 謨杯切說文幹也可爲杖引詩施于條枚一曰枚箇凡也又姓文一

梅楳某槑 謨杯

切果名說文柟也可食亦姓或作楳某槑亦書作棄梅又母罪切梅伯紂諸侯某槑又莫後切酸果也文
四重音二檯堂來切木名文一梾郎才切木名材中車輞文一栽將來
切生殖也又昨代切說文築牆長版春秋傳曰楚圍蔡里而栽又作代切文一重音二村牆來
切說文木梃也又昨代切材具也文一重音一桭栕之人切屋梠也兩楹間謂之桭或从臣桭
又丞眞切柍桭屋端也文二重音一槇之人切木根相迫迮也又多年切說文木頂一曰仆木也
又亭年切又之刃切一曰木理堅密又止忍切又堂練切文一重音五柛升人切爾雅木自弊柛
文一朲而鄰切字林屋間木人文一櫬雌人切木名王蒸也又七刃切木槿又初覲切
棺也又古玩切汲器文一重音三⿰木盡資辛切盂也又子忍切又子殄切文一重音二榛

慈鄰切木名又緇詵切又鋤臻切　檳　卑民切檳榔木名無枝實木叢生又將先切文一重音三

櫇　毗賓切說文從心生木也文一

⿰木卂　測人切木名又鋤臻切又思晉切文一重音二

⿰木脣　船倫切木名文一

橁　船倫切杶也文一

⿰木筍　須倫切說文杶也又勑倫切杶或作橁文一重音一

梬　須倫切又松倫切木可爲鉏柄文一重音一

栒　須倫切說文大木可爲鉏柄文一重音一

切邑名在扶風一曰木名又聳尹切所以橫鍾磬文一重音一

檈　須倫切圜案也又旬宣切一曰以繩轉軸裁木爲器又隨戀切文一重音二

楯　松倫切欄檻也又勑倫切車約軜也又豎尹切欄檻也又庾準切干也又辭允切又勑準切案也司馬彪說又殊閏切檻也文一重音六

杊　松倫切大木可爲鉏柄文一

梭　松倫切木名又逡緣切木如餘甘又蘇禾切織具所以行緯又須閏

切木茂又思閏切文一重音四

棆 株倫切木名說文毋杶也又龍春切木名似豫章爾雅棆無枇文一重音一

杶櫄櫄杻 敕倫切說文木也引夏書杶榦栝栢或从熏亦作櫄杻杻又忍九切木名檍也又敕九切械也又女九切木名文四重音三

椿 敕倫切木名櫄也莊子大椿文一

橇 敕倫切禹治水所乘者文一

栶 伊眞切木名文二

槿 渠巾切木名又几隱切蕣也文一重音一

⿰木銀 魚巾切木名文一

亲⿰木孱樺 緇詵切說文果實如小栗引春秋傳女摯不過亲栗或从孱亦作樺亲又將先切又阻引切木衆齊曰亲樺又疏臻切方言牀杠東齊海岱間謂之樺又所斤切簀版⿰木孱又鋤連切栗屬文三重音五

榛 緇詵切木也一曰菆也文一

𣡕 疏臻切說文衆盛也引逸周書疑沮又側立切木盛皃又仕戢切文一重音二

棧 鋤臻切衆盛皃漢書叢棘棧棧又阻限切爾雅鐘小者謂之棧又仕限切棚也竹木之車曰棧又士免切又士諫切文一重音四

梤⿰木棻棻 數文切說文香木也或作⿰木棻亦省又並符分切文三

枌 符分切說文榆也一曰榆之先生葉後生莢者文一重音一

橨 符分切木名枰仲也又父尾切舟邊也又父吻切博雅橨梂柎也文一重音二

橒 于分切木名文一

桾 拘云切桾櫏木名出交趾又俱運切文一重音一

朸 渠斤切漢侯國名又六直切縣名屬平原一曰屋隅亦姓又竭憶切又力德切木文理也文一重音三

杬 愚袁切木名生南方皮厚汁赤中藏卵果又吾官切博雅椹也又虞怨切文一重音二

榞 愚袁切木名實如甘蕉皮核皆可食文一

楥 于元切木名柳一曰欄也又呼願切說文履法也又于眷切木名爾雅楥柜柳一曰籬也

文一重音二樢居言切樢子樗蒲采名文一楗渠言切欜也又渠焉切椹謂之楗文一重音一播乎袁切堅木不華而實又方煩切又符袁切又蒲波切又甫遠切文一重音四樠槾模元切木名一曰木脂出樠樠然或从曼樠又謨奔切說文松心木又里黨切又並謨官切槾又無販切槾荆木名又莫半切一曰貪也文二重音五棬九元切西棬縣名又驅圓切屈木盂也又古倦切縣名文一重音二⿰木奄胡昆切木名生南海文一棞梱胡昆切說文梡木未析也或从困梱又吾昆切木名又苦悶切齊等也儀禮既拾取矢梱之劉昌宗讀又苦本切門橛也梱又戶袞切說文梱木薪也又戶八切木也文一重音五梡胡昆切博雅梡枝也又胡官切木名可食出蒼梧又胡慣切木名如訶梨又戶袞切木薪也又戶管切斷木也又苦緩切又苦喚切俎有足者文一

重音榅烏昆切杉也柱也又委隕切柳盛皃一曰
六樻也又紆問切又烏沒切榅桲果名文一
重音棔呼昆切合棔木名槂蘇昆切公槂村
三俗轉爲合歡文一木名文一
麤尊切援也栫徂門切說文以柴木壁也又徂悶
聚也文一切又才甸切博雅籬也文一重音
二臣光曰徂門切樽租昆切林木⿰木焉胡恩切平
音今集韻不收盛皃文一量木文一
根古痕切說文栞丘寒切說文槎識也引夏
木株也文一書隨山栞木或从幵栞又
稽延切入山刊木以杆居寒切僵木也又居案
識道也文二重音一切柘也文一重音一檀
唐干切說文木也亦州名又姓又時戰切欄郎干
闞人名春秋傳有饔人檀文一重音一切閑
也又來圈切木名又欗郎干切木名桓胡官切
郎甸切文一重音二桂類文一說文亭

郵表也一說漢法亭部四角建大木貫以方板名曰桓表一曰木名似柳一曰桓桓威也又姓文一

棺宷 沽丸切說文關也所以掩户古作宷棺又古玩切以棺斂曰棺又古患切文二重音二

槃柈 蒲官切說文承槃也或作柈柈又普半切木名文二重音一

欑 祖丸切說文積竹杖也一曰穿也一曰叢木又在坦切營欑祭處又祖管切矛戟柄又祖筭切穿也文一重音三

⿰木坐 徂丸切積木以殯又徂禾切木名櫖李也文一重音一

檲 徒官切大木文一

槫 徒官切柩車也又淳沿切又竪究切文一重音二

欒 盧丸切說文木似欄禮天子樹松諸侯柏大夫欒士楊一曰曲枡木一曰鍾兩角爲欒亦姓文一

⿰木彎 烏關切曲木文一

⿰木⿸尸睘 數還切閑門機也文一

栓 數還切貫物也又逡緣切盂也又所貟切博雅栓橙釘也又數卷切概也文一

重音三楌牛姦切木名如橦文一橌何閒切木名文一閑何閒切說文闌也一曰止也以木距門一曰法也習也文一棧⿰木賤將先切趙魏之間謂栗之小者曰棧或作⿰木賤⿰木賤又子賤切果名山梅也文二重音一𣚖將先切香木名文一楄卑眠切山海經堵山有木曰天楄方莖而類葵又蒲眠切說文楄部方木也引春秋傳楄部薦榦一曰木名食之不噎文一重音一栟蒲眠切栟櫚木名又卑盈切文一重音一櫋民堅切說文屋櫋聯也文一枅⿰木肩經天切屋櫨也或作⿰木肩枅又輕煙切屋櫨也文二重音一橪⿰木垔因蓮切橪支木也一曰橪支香艸或作⿰木垔橪又忍善切木名說文酸小棗一曰染也文二重音一梋縈玄切木曲也文一櫏杄親然切椐櫏木名子如馬乳或作杄杄又倉先切文三重音一椾將仙

切箋識也又仕諫切栅也文一重音一梴抽延切說文長木也引詩松桷有梴方言碓機自關而東謂之梴又尸連切又陵延切木長皃又丑展切文一重音三⿰木冄⿰木冊諸延切⿰木冄檀香木名或作⿰木冊文二槤陵延切簃也一曰木名一曰門持關謂之槤又力展切說文瑚槤也文一重音一櫏⿰木蹇丘虔切木名或作⿰木蹇文二楩毗連切木名似豫樟又婢善切又毗面切文一重音二棉⿰木丏⿰木面彌延切木名出交阯可爲布或作⿰木丏⿰木面文三槾彌延切木密皃文一⿰木縣彌延切木名有子似栗又眠見切屋簀文一重音一⿰木還旬宣切木名說文⿰木還味棯棗又縈絹切文一重音一⿰木遄椯淳沿切說文木也或省亦書作⿱耑木椯又楚委切箠也剟也又都果切文二重音二⿰木關所負切豎木杙文一椽重緣切說文榱也又柱戀切桷也文一重

音一櫞余專切果名似橘出交趾文一桊驅圓切屈木盂也又古倦切牛鼻中環也文一

重音一權逵員切說文黃華木也一曰反常一曰稱錘又國名亦姓又古玩切樌或作權文一

重音一櫹橚先彫切櫹槮艸木盛皃或从肅櫹又雎由切木名又踈鳩切木長皃又山巧切

說文長木皃橚又息六切又所六切橚矗行木皃文二重音五條他彫切枝落也詩蠶月條桑又

田聊切說文小枝也一曰木名又癡宵切文一重音二桃他彫切長枋可以抒物於器中者又

他刀切又徒刀切說文果也又上與切又直紹切版也文一重音四樤田聊切小枝也一曰木名

文一朷田聊切枝落也又都勞切木心也一曰木名又莫卜切治桑刀文一重音二栁

憐蕭切木名又郎刀切文一重音一橑憐蕭切橑也又魯皓切又郎到切蓋弓也文一重音二

槮撛蕭切木名又居虬切木下曲又亡幽切木名又吉了切又吉酉切文一重音四梟
堅堯切說文不孝鳥也曰至捕梟磔之从鳥首在木上文一梢思邀切周禮梢溝謂水漱齧之
溝鄭衆說又師交切木也又山巧切說文長木皃又所教切剡木殺上也又色角切梢櫂無枝柯長而殺
者文一重音四椒梂茲消切木名茱萸一曰萊萸子聚生成房皃一曰椒山顛也亦姓或作梂
椒又所例切又子肖切芬香也詩有椒其馨徐邈說文二重音二樵藮藮慈焦切說
文散木也或作藮藮文三標卑遥切木杪又紕招切又俾小切莊子如標枝又匹沼切又婢小切
木名又毗召切落也又卑妙切文一重音六杓卑遥切又紕招切北斗柄星名又多嘯切物之
標準又實若切挹酌器又丁歷切文一重音四招之遥切說文樹搖也一曰射的又時饒切樹皃

又市沼切博雅床謂之招文一重音二橈如招切方言楫謂之橈又尼交切曲也又女巧切曲木也又爾紹切又女教切文一重音四榣餘招切說文樹動文一楆伊消切棗名子細要文一枖楧於喬切說文木少盛皃引詩桃之枖枖枖又於兆切木名楧又於兆切艸少長一曰木華茂文二重音二枵虛嬌切說文木根也引春秋傳歲在玄枵玄枵虛也文一橇橋丘袄切泥行所乘或作橋橋又居妖切桔槔也又渠嬌切說文水梁也一曰杷橋亦姓又居勞切起勁疾也又舉夭切闕人名秦有盛橋又渠廟切牛實臯木橇又祖芮切又充芮切又祖悅切文一重音八𣘗何交切木名博雅梔子文一校何交切𣘗也文一校何交切枋也又丘交切几足也儀禮梻几授校又古巧切疾也周禮擊兵細則校一曰柴也又下巧切又後教切學之宮

一曰木爲欄又居效切說文木囚也文一重音五⿰木⿰月亣何交切蠶棏也關中呼長杖曰⿰木⿰月亣條文一
梎於交切木柯曰梎文一柪於交切曲木也又於敎切木匕屈文一重音一⿱⺮梢
交切木也文一樔莊交切橑罟也又鉏交切說文澤中守艸樓文一重音一號椃
于刀切說文木也或省文二栲丘刀切木名又苦浩切說文山樗也又古老切木似樗文一重
音二⿰木篙居勞切方言所以刺船謂之⿰木篙又居号切進舟具文一重音一槹⿰木咎居勞切木
名一曰桔槹機器或作⿰木咎⿰木咎又下老切又老切又巨九切又居六切文二重音四槁居勞切木
名又舉夭切橈木使曲又袪夭切莊子槁項黃馘又古老切弓材又口到切枯木文一重音四⿱敖木
牛刀切舟椄首謂之⿱敖舟⿱敖角或从木文一枆謨袍切木名冬桃也文一⿰木⿱穴夊⿰木叟蘇遭切說文船

總名或作⿰木叟梭又踈鳩切木名似白楊文二重音一

槽⿰木遭 臧曹切果木華實相半也槽又財勞切說文畜獸之食器文二重音一

槄 他刀切木名爾雅槄山榎又土皓切山楸也文一重音一

⿰木𠷎檮 徒刀切說文斷木也引春秋傳⿰木𠷎柮或从壽檮又陳留切剛木也又覩老切斷木又大到切博雅棺也文二重音三

柯 居何切說文斧柄也又姓文一

⿰木⿴衣可 於何切⿰木⿴衣可橠樹枝長弱皃又倚可切木盛皃文一重音一

楇 古禾切紡車也又戶果切筩也車盛膏器又苦瓦切橫檛杖又古臥切又胡臥切文一重音四

⿰木禾 胡戈切博雅棺當謂之⿰爿禾⿰爿禾或从木文一

桫 桑何切桫欏木名文一

⿰木莎 蘇禾切木名文一

⿰木⿱⺮沙 蘇禾切織具所以行緯也文一

枙厄 吾禾切木節曰枙或省文二

⿰木座 徂禾切木名欈李也一曰車下李文一

柁 唐何切木

葉落又他可切木堅皃又待可切正舡木文一重音二 欏 良何切博雅欏落籬也一曰檖木別名又郎佐切文一重音一 椰 囊何切木名文一 ⿰木⿴衣多 ⿰木難 囊何切⿰木⿴衣可⿰木⿴衣多枝弱或作⿰木難⿰木⿴衣多又朗可切⿰木⿴衣可⿰木⿴衣多木盛皃又乃可切文二重音二 桗 都戈切株也又都唾切木本也文一重音一 ⿰木⿸左月 徒禾切圜而長也一曰堛鼓器名又都果切科⿰木⿸左月木首杌也宋惟幹說又吐火切木圜而長又杜果切說文車笭中⿰木⿸左月文一重音三 ⿰亯凡 ⿰木⿰亯凡 盧戈切木名可爲箭笴或从⿰亯凡⿰木⿰亯凡又盧臥切文二重音一 枷 求迦切梻也又居牙切淮南謂之柍文一重音一 杷 蒲巴切說文收麥器一曰枇杷果名又旁卦切田器又薄邁切又必駕切枋也又步化切文一重音四 ⿰木些 思嗟切木名文一 ⿱沙木 師加切⿱沙木棠木名文一 樝 楂 莊加切說文果似棃而酢或作楂樝又千个切拭也

文一重音一
查 莊加切查下地名亦姓又鋤加切邪斫木文一重音一
檛 莊華切馬杖又張瓜切箠也文一重音一
楂 鋤加切水中浮木一曰柴門文一
茶 直加切茗也文一
枒椰梛 余遮切木名出交趾高數十丈葉在其末或从邪从耶枒又牛加切說文木也一曰車輞會又魚駕切一曰迦枒木相拒文三重音二
椵 何加切因械也又居牙切又舉下切說文木可作牀几又居迓切博雅杙也又古雅切文一重音四
椏 於加切方言江東謂樹岐爲杈椏又倚可切橋椏樹裹又阿个切文一重音二
苿 胡瓜切說文兩刃臿也从木卝象形宋魏曰苿文一
樺 胡瓜切木名又胡化切文一重音一
楊 余章切說文木也又姓文一
样 余章切方言槌齊謂之样又徐羊切又茲郎切文一重音二
枋 分房切說文木可作車一說蜀

人以木偃魚曰枋又甫妄切舡師也引明堂月令舫人習水者或作枋又彼病切柯也文一重音二杗武方切說文棟也引爾雅杗廇謂之梁又謨郎切文一重音一欀思將切木名出交趾皮中有物如米屑之可食又寫兩切又人樣切交欀牀仕莊切說文安身之坐者或作床文二槍千羊切說文歫也一曰剡木傷盜曰槍又楚庚切爾雅彗星爲欃槍又此兩切文一重音二⿰木將資良切柯也文一檣慈良切埤倉颿柱也文一樟諸良切豫樟木名文一⿰木壯側羊切木名似豫章其小似桃文一梁𣹝呂張切說文水橋也一曰梁棟古作𣹝文二椋呂張切木名說文即來也文一橿居良切說文枋也一曰鉏柄文一框曲王切㾀門謂之框又渠王切柩也文一重音一棠

徒郎切木名說文牡曰棠牝曰杜或書作⿰木尚文一　**榶**　徒郎切木名棣也文一　**橖**　徒郎切車木又抽庚切說文衺柱也又耻孟切文一重音二　**檔**　都郎切木名又丁浪切橫木文一重音一　**桹**　盧當切高木也說文曰桄桹屑之如麪可食文一　**榔**　盧當切賔榔木名文一

欀　奴當切木名文一　**榜**　鋪郎切木名又晡橫切說文所以輔弓弩又補朗切木片也又補曠切進舡也又北孟切文一重音四　**槺**　丘岡切虛也文一　**棡**　居郎切橫牆木文一

枊　魚剛切馬柱又魚浪切一曰堅也文一重音一　**⿰木昂**　魚剛切斜桷謂之飛⿰木昂文一　**杭**　寒剛切方舟斻或作杭文一　**桁**　寒剛切木在足曰械大械曰桁又何庚切屋橫木一曰葬具又下浪切衣椸文一重音二　**橫**　姑黃切門名漢長安北有橫門又胡光切艸名又胡盲切說文闌木

一曰東西曰縱南北曰橫又戶廣切所以几器又古曠切組跗橫木又戶孟切不順理文一重音五桄姑黃切桄榔木名一曰舟前木也又古曠切說文充也文一重音一梈披庚切木弩文一棚蒲庚切說文棧也又蒲萌切博雅閣也又蒲登切文一重音二樘中庚切柱也撐或作樘又抽庚切說文衺柱也文一重音一棖除庚切說文杖也一曰法也一曰棖謂之楔文一檸尼更切吳俗謂木榫曰檸頭又拏梗切木名皮可爲藥文一重音一枰檘蒲兵切枰仲木名一曰博局或作檘枰又皮命切博雅平也一曰榻也文二重音一檠渠京切說文榜也亦書作檠又擧影切所以正弓又渠映切有足以几物文一重音二樈渠京切鐅柄文一楧於驚切說文梅也一曰江南橦材其實謂之楧文一榮于平切說文桐木也一曰屋梠之兩頭起者爲

縈又維傾切禮升自東縈劉昌宗說文一重音一 櫻 於莖切櫻桃果名又伊盈切文一重音一

棦 初耕切木東也文一 朾 中莖切伐木聲又除庚切說文橦也又癡貞切地名在宋又當經切赤蚍蜉也又湯丁切又唐丁切又除更切楔也又都冷切擊也又都挺切棓也文一重音八 橙 除耕切說文橘屬又持陵切又丁鄧切牀屬文一重音二 ⿰木甍 謨耕切屋棟也文一 橗 謨耕切木名文一

棈 親盈切木名又倉甸切文一重音一 楨 知盈切說文剛木也上郡有楨林縣一曰築牆具文一 檉 丑成切木名說文河柳也文一

楹 ⿰木嬴 桯 怡成切說文柱也引春秋傳丹桓宮楹或从嬴从呈桯又湯丁切說文牀前几一曰碓梢又乎經切又餘經切博雅桯胺俎几也文三重音三

櫿 維傾切木名文一 ⿰木熒 葵營切博子文一 ⿰木熒 葵營切木

名文一
槙 忙經切槙櫝果名又毋迴切茶晚取者文一重音一
梃 唐丁切縣名在膠東國又待鼎切說文一枚也文一重音一
㮫 唐丁切⿰木零㮫長木文一
楟 唐丁切木名梨也文一
櫺 ⿰木零 郎丁切說文楯間子也或从零文二
欞 郎丁切方言屋梠謂之欞文一
柃 郎丁切說文木也又里郢切文一重音一
桱 堅靈切說文桱桯也東方謂之簜又吉定切堅杉一曰經絲具文一重音一
⿰木冋 涓熒切木名文一
橧 慈陵切爾雅豕所寢又咨騰切聚薪以居也夏則居橧巢又租稜切圈也文一重音二
棱 楞 盧登切說文柧也或作楞棱又丑升切吳人謂酢柚爲棱又閭承切文二重音二
⿰木兟 色矜切艸木盛皃文一
⿰木亘 胡登切橧山藥艸文一
⿰木尤 于求切木名文一
朻 居尤切曲木也又居虯切說文高木

也又渠幽切木下曲文一重音二

梂 渠尤切說文櫟實也一曰鑿首又渠幽切又居六切又渠竹切又拘玉切文一重音四

朹 渠尤切木名爾雅朹繫梅又矩鮪切文一重音一

櫌 於求切說文摩田器引論語櫌而不輟文一

柚 夷周切木生條也甹或作柚文一

柚 夷周切柚梧竹名一曰橙屬又羊受切枳屬又俞戍切橘屬又余救切說文似橙而酢引夏書厥苞橘柚又伊謬切又仲六切杼柚織也文一重音五

休 許尤切息止也从人依木又香幽切美也又火羽切咻或省又吁句切氣以溫之也文一重音三

櫾 夷周切說文崐崘山河隅之長木也又余救切似橙而酢文一重音一

楢 夷周切說文柔木也工官以爲耎輪又雌由切木名山海經崌山多楢杻中車材又將由切聚也一曰柔木又茲秋切木名又齒紹切赤木名又以九切積木燎之也一

曰木名文一重音五臣光桉集韻將由切有二字一注曰聚也一注曰柔木今止用一音切

槱夷周切燎柴也又以九切木燎之也文一重音一

椆丁聊切又陳留切木名寒而不凋又之由切又職救切又巳幼切文一重音四

棸陳留切姓也又甾尤切木名又士九切又丈九切文一重音三

橊力求切若橊果名文一

檑力求切扶檑藤緣木而生其味辛可食文一

⿰木劉力求切木名文一

樇思留切木名文一

楸雌由切木名說文梓也文一

⿰木州時流切木名文一

柔而由切說文木曲直也一曰安也文一

棷甾尤切說文木薪也又將侯切戲謂之棷又楚九切博雅校棷柴也又蘇后切藪或作棷又此苟切又子口切又祖外切澤也禮麟鳳在郊棷徐邈讀文一重音六

⿰木菆甾尤切艸木子聚生又側九切文一重音一

槭甾尤

切木名可作大車輮又子六切又率楓切木枝空皃文一重音二

[木爬] 房尤切擊鼓槌文一

朴 披尤切夷姓也魏有巴夷王朴胡又蒲候切又普木切木皮又匹角切文一重音三

[木侯] 胡溝切[木侯]桃果名文一

櫙 烏侯切木名爾雅櫙莖今刺榆也文一

[木敂] 居侯切木曲枝曰[木敂]一曰木名文一

桙 迷浮切器名文一

橷 當侯切木名文一

樓 郎侯切說文重屋也又姓又龍珠切離樓參差皃文一重音一

梫 千尋切木名爾雅梫木桂又咨林切又初簪切又七稔切又子鴆切木桂葉似枇杷而大白華文一重音四

杺 思林切木名其心黃一曰車鉤心木文一

梣[木𡨄] 咨林切說文青皮木或从𡨄又並才滛切梣又鉏簪切栫也文二重音二

樴 咨林切楔也又思廉切柳也又將廉切又師銜切木名文一重音三

枔 徐心切木葉也又才滛切

文一重音一樳徐心切木名一說以爲炭煉生鐵一烹乃熟文一橝徐心切盾上竿

又徒南切說文屋梠前也一曰蠶槌一曰木名灰可染又直深切又徒點切文一重音三橬欈

才淫切青皮木名一曰江南樊雞木也其皮入水緑色可解膠益墨或作欈又並鉏簪切橬又時任切積

柴水中以取魚又慈鹽切梣也又時占切文二重音四槮初簪切木長皃文一椹枮

知林切斫木櫍也或作枮枮又思廉切說文木也又詩廉切椹又式荏切又食荏切桑實也文二重音四

枕持林切繫牛杙又章荏切說文臥所薦首者又職任切文一重音二栣夷針切通水具

文一檎渠金切林檎果名文一柟楠那含切木名或从南柟又如占切說文梅也又

而琰切文二重音二椷胡南切容也又胡讒切趙魏謂杯曰椷又居咸切說文篋也又古斬切文

一重音三

檶 胡南切治橐榦文一

梒 胡南切梒桃果名櫻桃也文一

⿰木函 胡南切潛通水具又胡讒切匱也柸也函或作⿰木函一曰木名文一重音一

𣟍⿰木奄 烏含切木名或省⿰木奄又衣檢切博雅⿰木奄⿰木藍棯也又於瞻切⿰木奄⿰木欿木名文二重音二

柑 枯甘切果名似橘又其淹切以木銜馬口也春秋傳柑馬而秣之文一重音一

檐櫩⿰木⿵門詹 余廉切說文槐也或从閻从⿵門詹⿰木⿵門詹又以冉切方言秦晉續折木謂之櫩檐又都濫切負也文三重音二

⿰木藍 余廉切木名膠可作香文一

棪 余廉切木名又以冉切說文遬其也子似奈赤而可食又習琰切木名膠可和香爲蘇合文一重音二

槧 千廉切削牘也又在感切斷木以爲槧又疾染切說文牘樸也又七豔切文一重音三

⿰木燚 徐廉切木名細葉文一

棎⿰木穾 時占切果名似柰而酢或从穾文二

槏

離鹽切仄也亷亦作槏又口減切戶也一曰牖邊柱謂之槏又胡犯切盂也文一重音二槏離鹽

切艸木踈皃又勒兼切文一重音一杴檶丘廉切泔水器或从匳又並虛嚴切鍪屬文二重音

一柉蒲瞻切木名又符咸切木名皮可為索文一重音一檆杉師銜切說文木也亦作杉

文二欃毚鋤銜切爾雅慧星為欃槍一曰木名或省欃又初銜切又仕懺切字林水門也毚又

闥各切木葉陊也文二重音三梵符咸切博雅舥謂之舷舥或作梵文一杋符咸切水

名俗呼此木皮曰水桴又甫凡切木名文一重音

文五百九十六　重音六百四十三

類篇卷第六上

類篇卷第六中　卷之十七

朝散大夫右諫議大夫權御史中丞充理檢使上護軍河内郡開國侯食邑千三百户賜紫金魚袋臣司馬光等奉

敕修纂

桶 吐孔切說文木方受六升又杜孔切廣雅桶檍箸筩也一曰方斛謂之桶又尹竦切斛也文一重音二

栱 古勇切兩手同械也文一

梆 棒 柈 部項切木杖亦从奉从丰文三

棰 主惢切說文以杖擊也又都果切木叢生皃文一重音一

橤 蘂 乳棰切垂也或作蘂文二

橤 乳捶切木名文一

杫 [木徙] 想氏切木名可以為器或不省杫又渚市切袄施於礎上柱下者又並斯義切方言俎机文二重音二

檓 虎委切木名爾雅檓大椒今椒

樹叢生實大者名爲椴文一 柀 補靡切說文檆也一曰析也又普靡切柀檆木名文一重音一

檷 展几切木枝文一 屎 女履切說文篗柄也通作柅又丑二切又女利切嚜屎欺也文

一重音二 蘽櫐𤳳 魯水切說文木名爾雅山櫐似葛虎櫐有毛刺或省櫑作𤳳文三

樻 苦軌切椐樻木名又丘媿切木名靈壽又求位切木可爲杖文一重音二 朼 補履切所

以載牲體文一 栮 忍止切木萸文一 柹 上史切說文赤實果俗作柹非是文一 榟

祖似切木名說文楸也或从宰文二 杞 象齒切田器又口巳切木名說文枸杞也一曰

國名又下楷切亩也文一重音二 李 杍 兩耳切說文果也亦姓古書作杍杍又祖似切

治木器曰杍文二重音一 梶 武斐切樹杪文一 榧 府尾切木名有實出東陽諸郡文一

柜苟許切柜柳木名又曰許切又果羽切山海經方山有青樹名曰柜格之松文一重音二

欅苟許切木名文一

⿰木虚曰許切鐘鼓之柎也文一

杵敞呂切說文舂杵也文一

杼止與切木名栩也又丈呂切說文機之持緯者又常恕切泄水槽也文一重音二

柠展呂切木名穀也又丑呂切又丈呂切文一重音二

柱展呂切支也又冢庾切州名爾雅柱扶搖車又重主切說文楹也又株遇切掌也刺也漢書連柱五鹿君文一重音三

栩丑呂切木名柞也又火羽切說文柔也其阜一曰樣又王矩切一曰栩陽地名又況羽切文一重音三

梠兩舉切說文楣也文一

⿰木旅⿰木⿸𠂉𧘇兩舉切木名中箭笴或省文二

楀果羽切又王矩切說文木也文一重音一

椇果羽切枳椇木名曰白石李一曰俎足曲而下文一

⿰木⿱夅貝郡羽切⿰木⿱夅貝盨負戴器又都

感切篋類又古送切 枓 腫庚切說文勺也又當口小杯文一重音二 切一曰枓栱文一重音一

椌 重主切樂也所以調絃文一 櫓 樐 㯭 籠五切說文大盾也或从鹵从虜文三

梱 果五切梱斗射鼠器又古慕切文一重音一 楛 後五切說文木也引詩榛楛濟濟文

一 梔 後五切藉書具一曰取魚具文一 杜 動五切說文甘棠也亦姓又同都切姓也

晉有杜蒯劉昌宗讀又董五切姓也文一重音二 柢 典禮切樀也文一 㰆 里苐切說

文江中大船名文一 棨 遣禮切說文傳信也文一 㰔 下買切松樠也又舉蟹切文一重音

一 枴 柺 古買切杖或作柺亦書作楇柺又直駭切又並古瓦切老人杖也文二重音二 采、

倉宰切捋取也又此苟切又倉代切臣食邑文一重音二 杖 杜買切杖也又雉兩切又直亮切所

以扶行也周禮共其杖函文一重音二 柭口駭切木也孔子冢蓋樹之者文一 榼許亥切酒器文一 棌此宰切木也漢書唐虞棌椽又倉代切文一重音一 枃子忍切絲梳又羽粉切又即刃切埤倉織具所以理絲經又羊進切又筠吻切又王問切文一重音五 ⿰木臭聳丑切所以縣鍾磬文一 榫聳尹切剡木相入文一 ⿰木引 ⿰木朕丈忍切木名灰可以染或从朕又直稔切文二重音一 榐丈忍切木名又知輦切又丑展切橏榐樹長皃又尼展切轢物器又直刃切木名汁可爲酒文一重音四 橉里忍切木皮曰橉一曰砌也國也又良刃切門閾也文一重音一 ⿰木緊頸忍切木名文一 檃於謹切說文栝也从木隱省聲文一 檼 ⿰阝⿱𭥴木倚謹切棟也或从隱又並於靳切棼也文二重音一 楗紀偃切馬行不利也考工記終日馳騁左

不揵杜子春讀又巨偃切拒門木又巨展切又渠建切說文門限也一曰剛木又逵眷切馬行疲也文一重音四

橎父遠切車上蓬又部本切舟蓬也文一重音一

梚武遠切木名文一

棍戶袞切束木也楊雄曰棍申椒與菌桂文一

本 **楍**補袞切說文木下曰本古作楍本又逋昆切俞德宣譽曰夲走文二重音一

⿰木笴 **⿰木竿**古旱切柄也或从竿文二

⿰木夲部本切舟蓬也文一

棵戶管切斷木也一曰木名一曰薪蒸束又苦果切俎名又苦緩切文一重音二

椀鄔管切小盂也文一

柦蕩旱切木器如檄無足文一

橺下赧切又賈限切說文大木皃文一重音一

板補綰切判也又蒲限切籍也文一重音一

⿰木産所簡切木名又所晏切牀蓐也文一重音一

⿰木盞阻限切木名文一

⿱艮木下簡切闑也文一

⿰木先穌典切木

名爾雅桄大棗出河東猗氏縣子如雞卵文一 梘 吉典切通水器又居莧切棺衣又刑甸切檢也一曰棺蓋又經電切栓也文一重音三 ⿰木繭 吉典切棧也文一 ⿰木鮮 息淺切木名文一 樿 旨單切說文木也可以爲櫛又上演切木名山海經風雨之山其木多棷樿白理中櫛文一重音一 ⿰木善 旨善切木也一曰木瘤也文一 ⿱東木 ⿰口步究切夗棗簿也文一 桁 以淺切木名文一 ⿰木小 思兆切相高也謂木生相高又子了切又七小切又子小切文一重音三 樢 丁了切艸名寄生也蔦或从木又多嘯切文一重音一 ⿰木褭 乃了切木長弱皃文一 杳 伊鳥切說文冥也从日在木下文一 ⿰木羔 以紹切木長皃文一 ⿰木尉 俾小切表也北史⿰木尉其門閭文一 杪 弭沼切說文木標末也又楚敎切文一重音一 ⿰木盈 下巧切器名文一 杲

古老切說文明也日在木上又下老切文一重音一槀苦浩切說文木枯也或書作槁又古老切槀本藥艸文一重音一⿰木⿱⺮考苦浩切箸筅屈竹木爲器文一梍在早切木名莢實者文一栳魯晧切栲栳柳器文一⿰木⿵門翏魯晧切木名文一杕待可切正舩木又大計切說文樹皃詩有杕之杜文一重音一⿰木磊朗可切⿰木磊椏樹衰又郎佐切文一重音一果菓古火切說文木實也从木象果形在木之上或作菓果又魯果切龜名前弇果文二重音一⿱乃木朵菜都果切說文樹木垂⿱乃木⿱乃木也或作朵亦从艸文三𣎆魯果切果在地曰𣎆文一樢洗野切博雅案謂之樢文一檟榎舉下切木名說文楸也引春秋傳樹六檟於蒲圃或作榎文二⿰木瓦五寡切博雅鼓𥹋謂之⿰木瓦文一樣橡似兩切說文栩實也或作橡樣又弋

亮切法也文二重音一槳子兩切方言所以隱櫂謂之篻或作槳文一⿰木兩里養切松液文一柍倚兩切屋中央一曰架屋皃一曰木名梅也又於亮切僉也方言齊楚謂之柍即今連枷又於浪切又於鴦切杏也文一重音三㰘所兩切木名一曰木茂皃文一棢方紡切車輞或从木文一⿰木㞷枉嫗往切說文裦曲也隸作枉⿰木㞷又渠王切汲具文二重音一欓底朗切木名越⿰木朮也又坦朗切木⿱⺮角文一重音一㮾里黨切木名文一櫎戶廣切說文所以几器一曰帷屏風之屬一曰兵欄又古曠切俎跗橫木又光鑊切文一重音二榥戶廣切書牀文一梗古杏切說文山枌榆有朿莢可爲蕪荑也一曰略也荒也又口浪切禦災害也周禮招梗禬禳鄭興讀又居孟切文一重音二杏下梗切說文果也文一柄棅補永

切持也或作棟又並陂病切柯也文二重音一㮨所景切說文木參交以支炊箕者也又息井切組几又斯義切又居迓切文一重音三栐于憬切木名文一頴畎迥切足几也一曰篋也又舉影切警枕又庚頃切木名一曰錐柄一曰刀環又騂頴切文一重音三梬丑郢切木名又以井切說文棗也似柹文一重音一⿰木迴⿰木冋戶茗切枰牀也或省文二⿰木鼎都挺切廣雅棓也文一⿰木甯乃挺切木名文一朽許九切腐也文一楺忍九切屈申木也又女救切木名又如又切文一重音二杽敕九切說文械也文一桺柳力九切說文小楊也一曰聚也一曰柳谷曰入處隸省文二⿰木苟枸舉后切木名博雅⿰木苟乳苦杞也或作枸文一梫七稔切木名說文桂也文一橎棯式荏切木名或从念棯又奴店切棗

屬又忍甚切文二重音二栠忍甚切說文弱皃又如鴆切文一重音一栚直稔切說文槌之橫也關西謂之⿰木巽文一槮所錦切積柴水中以取魚又斯荏切又式荏切又桑感切又所禁切又蘇遭切櫹槮木長皃又疏簪切又師銜切文一重音七檁力錦切屋上橫木文一梱以荏切鄉名在濟北文一⿰木感虎感切木裂文一⿰木⿱夅貝都感切篋類又古送切文一重音一⿰木臽徒感切木名又魯感切果名文一重音一橄古覽切橄欖果名又口減切又戶黤切姓也出河內又古⿺走斬切文一重音三欖魯敢切橄欖果名又盧瞰切文一重音一棪以冉切廣雅䉛棪謂之籧篨文一檿於琰切說文山桑也引詩其檿其柘或書作⿰木厭文一檢居奄切說文書署也一曰俗謂燕尾今世書衰簽下或作歧文一⿰木忝栝他點切木杖也一曰

炊竈木或作栝又並他念切栝又古外切木名柏葉松身又古活切說文隱桰也一曰矢栝築弦處文二重音三

槏口減切戶也一曰牖邊柱文一 栶女減切木名文一 檻戶黶切說文籠也一曰圈文一 ⿱臨木戶黶切堅土也又胡懺切樍也文一重音一 棟多貢切說文極也爾雅棟謂之桴文一 梇盧貢切說文木也益州有梇棟縣文一 ⿰木充充仲切木種也文一

欉粗送切江東謂艸木叢生文一 槰菩貢切艸木盛皃文一 橦昌用切木梳也文一 ⿰木啻施智切木名文一 梀七賜切楣屬文一 棣力智切木名文一 樲而至切木名說文酸棗也又直貳切以木拒輪文一重音一 柶息利切說文禮有柶柶匕也文一

⿰木㒸檖徐醉切說文羅也引詩隰有樹⿰木㒸或从遂文二 椊⿰木萃秦醉切木朽或从萃

椊又攢活切椊杌木短出皃又昨没切字林柱頭枘也文二重音二 楴 徒二切屬又丁計切根也又大計切笄屬文一重音二 棣 徒二切棠棣木名又他計切一曰通也漢書萬物棣通又大計切白棣也又徒對切移也又待戴切木名文一重音四 杘 丑二切籆柄也或作⿰木杘文二 ⿱减木 宜寄切周穆王駿馬名文一 檌 追卒切說文車橫軨也引周禮參分軹圍去一以箱爲轛圍轛或从木又都內切文一重音一 ⿱椽土 直類切吳俗斷木爲軸以申物文一 ⿱癸木 其季切武玄之曰木下垂皃文一 ⿰木暨 巨至切杙也又其其既切鐕也又其例切博雅檢⿰木暨釘也一曰車木鐕又巨到切又巨列切文一重音四 樻 求位切匱也文一 枈 兵媚切地名文一 柲 兵媚切說文欑也又薄必切戈柄也一曰偶也又覓畢切又蒲結切文一重音三 ⿰木⿱业用

平祕切木名蜀中有之七八月吐穗穗如鹽粉著狀可以作羹文一⿰木事側吏切木名文一梞

渠記切梞跌定綆紐之物文一檍於記切木名可爲弓幹者又乙力切杙也又乙得切文一重音

二柫無沸切木名又莫貝切又莫佩切文一重音二樻芳未切又父沸切說文木也文

一重音一槩許既切平木又古對切平斗木又居代切又古忽切哀亂皃莊子獨何能无槩文一

重音三棜依據切承樽器如案無足禮有棜禁文一橅商署切木名又章恕切又之夜

切木出發鳩山文一重音二櫡遲據切飯攲也又陟略切說文斫謂之櫡文一重音一⿱與木

羊茹切食輿也文一櫲⿰木預羊茹切櫲章木名或从預文二⿰木禺元具切像人文一樹

尌⿰壴殳殊遇切說文生植之總名亦姓樹古作尌⿰壴殳樹又上主切扶樹也文三重音一藂

𠔃數切鳥巢也文一榡蘇故切器末飾也文一⿰木路魯故切木名桐也文一枑

胡故切說文行馬也引周禮設梐枑再重文一枵荒故切栗荚坼也文一栖思計切栖

陽山名又思晉切箆也經緜具文一重音一⿰木閉必計切木名又蒲計切文一重音一⿱弥木

彌計切欄⿱弥木木名文一棙郎計切琵琶其撥曰棙又力結切木名善破血文一重音一棣

郎計切說文木名博雅篗其杘謂之棣文一栛郎計切果名似枇杷文一㮈乃計切木

立死又乃葛切棒生皃文一重音一檵吉詣切木名說文枸杞也一曰監木文一枍壹計

切枍指木名文一橞櫘胡桂切說文木也或从慧櫘又旋芮切棺櫝也文二重音一桂

消惠切說文江南木百藥之長文一檅槥須銳切小棺或作槥槥又旋芮切說文棺櫝也又干

歲切小棺文一重音二栬祖芮切小杙文一枘儒稅切刻木耑所以入鑿又奴困切
艸始生文一重音一橛姑衛切夏組名文一橜姑衛切盛肉几亦姓又居月切弋也又其
月切一曰門閫文一重音二櫔力制切木名實如栗文一栵力制切木名爾雅栵栭樹
似檞櫟而庳小又力蘖切文一重音一枻栧以制切楫謂之枻一曰柂也或从曳文一槸
槸倪祭切說文木相磨也或从艸亦書作槷文二臬九芮切射的也又倪結切又魚列切
文一重音二櫼彌蔽切櫼楔細小皃文一𣝔當蓋切博雅槌也文一柰乃帶
切說文果也一曰那也又乃个切能也文一重音一𣏟博蓋切𣏟多木名出交阯及西域葉可書
文一杮普蓋切木盛皃又蒲蓋切木生柯葉皃詩柞棫拔矣或作柿又芳廢切說文削木札樸也

又側八切文一重音三 檜 黃外切木名一曰柩飾又古外切木名柏葉松身又古活切木名文一重音二 槩 古外切杖也又巨列切杖也文一重音一 椵 胡卦切柃椵農具又下革切燒麥柃椵也又營職切種也又刑狄切文一重音三 ⿰木𠂢 卜卦切滕屬又普卦切一曰木皮蜀人以爲布又必駕切文一重音二 榨 楚懈切取油具又側嫁切酒盞文一重音一 ⿱衞木 呼怪切木名文一 ⿰木界 居拜切所以皮食器者文一 械 下介切說文桎梏也一曰器之總名一曰持也一曰有盛爲械無盛爲器文一 寨 士邁切籬落也文一 枘 奴對切枘枘艸木垂實皃文一 杚 古對切平斗又居代切文一重音一 柋 待戴切吳俗謂蠶槌曰柋文一 ⿰木疑 牛代切木名文一 櫠 放吠切爾雅櫠椵柚屬文一 橃 放吠切屋棟頭又房越切海中

大舡又北末切杬牛吠切椹也文一枂兵廢切券契也又布拔切坌具文一重音二

梕而振切桎杒也或从忍文一橓輸閏切說文木堇朝華暮落者引詩顏如舜華或作橓文一

橍儒順切木名文一榗即刃切木名一曰鼓名又子賤切說文木也書曰竹箭如榗又將先切文一重音二

桍直刃切木名汁可爲酒文一

楦呼願切履法也文一椻於建切積木爲障文一朱苦悶切故盧也困古作朱又苦本切門壓也文一重音一

榦侯旰切體也又居案切說文築牆耑木也一曰井欄承轆轤者又胡安切井垣又居寒切井上木文一重音三

榦居案切木名柘也一曰檀也文一案於旰切說文几屬一曰木名或書作按文一

爟古玩切取火於日官名文一欵苦喚

切杼聲齊也又苦綴切斷木也文一重音一 樌 古玩切木叢生文一 椴 都玩切柎也又
徒玩切木名似白楊文一重音一 槵柛 胡慣切木名無患也皮子可澣或省文二 槙
堂練切木理堅密文一 楝 郎甸切說文木也文一 椲 輕甸切橫木文一 棙
輕甸切戟屬文一 ⿰木夬 扁縣切椀也又古穴切文一重音一 檈椗 隨戀切鷹犬絏所繫
或省文二 樿 時戰切木名白理文一 槤 柱戀切木名文一 杬 俞絹切木名文
一 ⿰木絹 規掾切木名皮葉可作衣似絹出西域焉耆國文一 ⿰木弁 皮變切門欂櫨也文一
⿱削木 所敎切剡木殺上也文一 𣏕 阻敎切木刺文一 櫂棹 直敎切行舟也
或作棹櫂又直格切樹枝直上皃又直角切又亭歷切楚宋謂橈曰櫂文二重音三 櫂 直敎切燔

木餘文一 ⿰木蒿 居号切木名大苦也文一 㮘 莫報切說文門樞之橫梁又謨沃切文一重音

一 檤 大到切木名文一 橯 郎到切摩田器文一 榪 莫駕切牀端橫木文一

欛 必駕切枋也把或从霸文一 榭 詞夜切說文臺有屋也一曰凡屋無室曰榭文一

柘 之夜切說文桑也亦姓或書作⿱石木文一 榢 架 居迓切杙也所以舉物或作架文二

杹 火跨切木名皮可爲索文一 ⿰木盎 於浪切⿰木盎椿木名文一 ⿰木氷 蒲應切⿰冫平⿰木氷析

木聲文一 ⿰木帣 唐亘切負檐也文一 𣐺 亘 居鄧切說文竟也古作亘文二 榺 詩證

切說文機持經者文一 槱 余救切說文積火燎之也引詩薪之槱之周禮以槱燎祠司中司命

文一 ⿰木皀 余救切木名文一 椱 扶富切說文機持繒者又房六切文一重音一 構

居候切說文蓋也一曰木名又訖岳切榆或作構文一重音一⿰木芺千候切鳥巢文一榖居候切木名又古禄切木名楮也又訖岳切又克角切苴杖文一重音三⿰木矛莫候切果名文一楱千候切小橋也出武陵又則候切鎘楱把鐵齒者文一重音一槈乃豆切說文薅器也文一樬七鳩切墨漬筆也文一⿰木禁居廕切方言格也謂今竹木格一曰所以扞門文一栖他念切說文炊竈木文一檶力驗切掩檶木也葉可爲飲文一⿱臤木胡讖切櫃也文一⿰木芟所鑒切接檐也文一檞胡谷切檞樕木名或書作槲文一樸博木切說文棗也又普木切堅木也一曰木生密文一重音一楘莫卜切說文車歷録束交也引詩五楘梁輈文一梀蘇各切赤梀木名可爲車輞又千木切短椽又輸玉切木名又趨玉切椽也又

丑玉切又於靳切束也文一重音五 樕 蘇谷切說文樸樕小木文一 𣚋 蕭谷切木名爾雅棪𣚋文一 棴 蘇谷切棴常木名又房六切木出崑崙山文一重音一 櫝 徒谷切木名一曰小棺說文曰匱也又曰大梡也文一 樚 盧谷切樚轤井上汲水木文一 椂 盧谷切木名文一 𣝨 盧谷切𣝨心柹名文一 楅 方六切楅衡牛角耑橫木又彼即切說文以木有所逼束也詩曰夏而楅衡又柏逼切所以疲矢也又筆力切文一重音三 栿 房六切梁也文一 柷 昌六切說文樂木空也所以正音爲節又之六切一曰木名文一重音一 槒 所六切博雅皂櫪也文一 築笨 張六切說文擣也或作笨築又仲六切文二重音一 棛 余六切覆欄也或从艸文二 𣗳 椈 居六切木名柏椈也文一 杋 居六切木名又

拘玉切山行所乘以鐵如錐施之屐下又丘刀切木名又苦浩切文一重音三

梮 居六切輿食器一曰土轝又拘玉切舉食者又衢六切博雅曲道栻梮也文一重音二

𣙶 乙六切木名𣙶李也文一

棫 乙六切木名柞也又于具切木名白桵也又越逼切文一重音二

栯 乙六切山海經泰室之山有木名栯葉如梨而赤理服者不妬又云九切又尤救切木名文一重音二

梏 姑沃切說文手械也又訖岳切爾雅直也文一重音一

㯮 殊玉切木名大葉似柳而赤文一

欘 株玉切說文斫也齊謂之鎡錤一曰斤柄性自曲者一曰木名枝上曲又直角切鋤也文一

[illegible] 拘玉切說文舉食者文一

檋 拘玉切山行所乘以鐵如錐施之屐下文一

桷 訖岳切說文欀也椽方曰桷引春秋傳刻桓宮之桷文一

榷 克角切木名枳也有實如柚又訖岳

切說文水上橫木所以渡者文一重音一　檕訖岳切木名又克角切苴杖文一重音一　橈克角切木名枳也有實如柚文一　楃乙角切說文木帳也文一　樂逆角切說文聲八音總名象鼓鞞木虡也亦姓又力照切治也又魚教切欲也又力角切爆爍葉踈皃爍或作樂又歷各切娛也文一重音四　槊色角切長矛文一　⿱艹梢色角切梢櫂木無枝柯長而殺者或作⿱艹梢文一　樔色角切樔虜縣名在臨淮文一　⿰木朔色角切木名一曰柵也又測角切文一重音一　椓竹角切說文去陰之刑也引周書刖劅斀黥斀或作椓文一　桎職日切說文足械也又展几切礙也文一重音一　櫍職日切說文柎也又丁結切斫木具文一重音一　⿰木率朔律切木名文一　楖息七切木名可爲杖又戚悉切文一重音一　㯃戚悉切木可以髹物文一

楖 子悉切楖栗木名又側瑟切梳比之總名文一重音一 槉 昨悉切爾雅關謂之槉一
名枅文一 𣝣 壁吉切說文木也文一 榓樒 覓畢切字林香木也似槐或从密樒又莫
筆切文二重音一 柫 薄宓切連枷也又敷勿切又分物切文一重音二 柣 直質切爾
雅柣謂之閾一曰砌也又丈一切又徒結切桔柣鄭門名又千結切文一重音三 榁 尼質切木
名神異經南方大荒之中有樹名櫃其高百丈文一 柮 女律切斷也又昨没切榾柮短木又五忽
切樹無枝也又攅活切柮相柱崙木又女滑切文一重音四 橘 訣律切說文果出江南文一
櫛 側瑟切說文梳比之總名也文一 札 側瑟切甲葉也春秋傳蹲甲而射之徹七札徐
邈讀又乙黠切軋或作札又側八切說文牒也又昨結切瘊癘也周禮大札則不舉又側列切革緣也一

曰夭死文一重音四柭數勿切說文擊禾連枷也又北末切棓也又蒲撥切矢末又布拔切又必
列切文一重音四⿰木屈渠勿切斷木也文一杌魚屈切刑餘木又魚厥切又五忽切樹無
枝一曰檮杌頑凶無疇匹之見又五活切椊杌木短出皃文一重音三枂魚厥切鞍瓦又五活
切木陰橉曰枂一曰柮枂柱耑木文一重音一樾⿰木粤王伐切字林樹陰也或作⿰木粤文二
⿰木戉王伐切木名文一⿰木欮其月切⿰木欮株山名文一楬其謁切說文楬桀也引春
秋傳楬而書之又丘葛切桓不飾曰楬又丘瞎切又巨列切杙也文一重音三栰房越切海中大
船文一桲薄沒切方言齊楚僉或謂之桲今連枷一曰杖也一曰榅桲果名文一⿰木突
陁沒切埋倉戶持銷植也文一榾胡骨切果中實文一⿰木曶呼骨切說文高皃文一杚

古忽切說文平也謂斗槩文一

榾 古忽切枸榾木名文一

⿰木害 何葛切木轉皃又下瞎切所以正弓弩又丘瞎切敔也文一重音二

欁櫱不栓枿 牙葛切說文伐木餘也引商書若顛木之有甹欁或从木辥古無頭亦作栓枿欁櫱又魚列切不又牛代切木屈頭不出也文五重音二

⿰木祭櫒 桑葛切字林木動聲或作櫒櫒又七曷切文二重音一

⿰木⿱巛歹 子末切笮也文一

橽 他達切所以洩水也文一

楋 郎達切說文木也文一

末 莫葛切木上曰末文一

⿰木末 莫葛切木名文一

栝 古活切說文檃也一曰矢栝築弦處文一

⿰木纂 宗括切木錐文一

⿰木寽 力輟切說文木名又盧活切又龍輟切一曰舟檣文一重音二

樺 訖黠切鼓也文一

楔 訖黠切門兩旁木一曰木名荊桃也又吉屑切又思列切說文櫼也文一

重音二 朳 布拔切坒具又必列切無齒杷李舟說文一重音一 榝 山戛切艸名說文似茱萸出淮南又山列切又私列切櫼也一曰山桃文一重音二 櫒 初戛切木名梓屬文一 榍 先結切說文限也又千結切爾雅柣謂之閾或作榍文一重音一 ⿰木咨 子結切說文欂櫨也或書作楶文一 槷 乃結切木楔也又倪結切射準的也又私列切楔或作槷又魚列切闑或作槷文一重音三 槷 魚列切杌隉不安隉或作槷文一 桔 奚結切桔梜鄭門名又吉屑切說文桔梗藥名一曰直木文一重音一 㮮 ⿰木絜 吉屑切㮮槔汲水具或从絜文二 桖 呼決切木名赤苦血文一 ⿰木皀 蒲結切木也文一 梲 朱劣切梁上楹又俞芮切芒也亦姓闞或作梲又他骨切木杖又他栝切又徒活切文一重音四 棳 朱劣切說文木也益州有棳縣文一

㯙直列切楊㯙棗木名文一 栵力蘖切木名說文栭也引詩其灌其栵文一 榤巨列切爾雅雞棲於弋爲榤文一 蘖魚列切木餘也又姓又博厄切黃木文一重音一 櫟櫟弋灼切櫟陽縣名在雍或从藥櫟又式灼切地名在晉又歷各切闕人名春秋傳晉有輔櫟又狼狄切說文木也文二重音三 𣟦棤七約切木皮理麤也或省棤又思積切爾雅棤皵木皮甲錯也謝嶠說文二重音一 楉日灼切果名博雅楉榴柰也一說楉榴安石榴文一 欔厥縛切木名文一 𣝗柝闥各切說文判也引易重門擊𣝗或作柝文二 欜闥各切說文夜行所擊者引易重門擊欜文一 蘀闥各切木葉陊也文一 杔闥各切櫨木名又陟格切杔櫨盪酒具一曰柱上枅文一重音一 格歷各切籬格也又曷各切格澤星名一曰妖氣自地

屬天又剛鶴切樹枝也一曰繩束牆版詩約之格格又轄格切桿格不入也又各額切說文木長皃一曰式正也文一重音四欂榑伯各切椽木或省欂又白各切櫨也又薄陌切枅也又弼碧切壁柱也又薄革切又平碧切又蒲歷切文二重音六㮨昔各切木梢又色窄切木枝上生又色責切木名中車輞又霜狄切木文一重音三柞即各切木名又疾各切又助伯切柞鄂捕獸檻中機也又側格切除艸曰芟除木曰柞又實窄切又仕下切衺斫也文一重音五㮯逆各切穽也文一⿰木噩逆各切華盛皃文一檴黃郭切檴落木名可爲杯器素郭璞說又乎化切文一重音一椁槨光鑊切說文葬有木𩫏也或作槨文二柏栢博陌切木名說文掬也或从百柏又薄陌切文二重音一欂博陌切壁柱又弼碧切又薄革切又毗亦切文一重音三⿰木弼

昵格切木名文一㮫轄格切椸架也文一㭨轄格切角械木也一曰木名一曰案足又

各領切又竭戟切說文角械也一曰木下白文一重音二欂弼碧切說文壁柱也又薄革切文一

重音一栜色窄切木枝上生又色責切木名中車輞又丑亦切椽也又霜狄切木名文一重音

三檗博厄切說文黃木也又蒲歷切檗也文一重音一柵測革切說文編樹木也文

一樍側革切木名樫也又資昔切又則歷切又節力切文一重音三㭙棏𣚍

樀𣘿陟革切說文槌也或作棏𣚍樀𣘿又敵德切木名樀𣘿又丁歷切說文戶樀也引詩檐

謂之樀樀又直隻切磨床又亭歷切屋梠一曰卷絲具文五重音四槅下革切果中核或作槅又

各核切大車枙文一重音一枙乙革切輮前也文一㮿思積切木屧文一𣗋

資昔切屋檼木也文一 棭 夷益切木名文一 析 㭊 先的切說文破木也一曰折也亦姓或从片析又相支切艸名文二重音一 ⿰木狄 亭歷切木名文一 櫪 狼狄切說文櫪㯕椑栺也文一 ⿰木厤 狼狄切養馬器也文一 檄 刑狄切說文二尺書文一 榏 倪歷切艗首舟也或从木文一 樴 質力切說文弋也又逸職切又敵德切文一重音二 栻 設職切木局也有天地所以推陰陽占吉凶以楓子棗心爲之又蓄力切博雅曲道栻楣楇也文一重音一 植 ⿰木置 丞職切說文戶植也一曰樹立也或从置植又逐力切立也詩植我鼗鼓又時吏切樹立也史記方正倒植劉伯莊讀又竹吏切寘也書植璧秉圭鄭康成讀又直吏切種也槌也一曰將吏切春秋傳宋城華元爲植⿰木置又直吏切戶榜木文二重音六 ⿰木息 悉即切說文木名文一 ⿰木畟

節力切說文細理木也文一杙逸職切說文劉劉杙文一極訖力切殊也亟或作極又
竭憶切說文棟也一曰中也至也文一重音一檍乙力切木名杶也文一檣乙力切說
文梓屬大者可爲棺椁小者可爲弓材文一樲敵德切杙也周官有職人戚衮讀職或从木从
貳文一槭疾則切木名文一⿱析木息入切持止也文一檝楫即入切舟櫂也
或省又並籍入切又並即澀切文二重音二槢席入切說文木也一曰梁也又達協切文一重
音一⿰木歰色入切木茂皃文一⿰木臿測入切⿰木臿極林木皃又測洽切木折聲文一重音一極
直立切⿰木臿極林木皃文一⿰木合曷閤切⿰木合榴木名朝舒暮卷又葛合切劒柙又極曄切又訖業切又
極業切又轄夾切又訖洽切文一重音六榙曷閤切又德合切榙⿰木遝果名似李又託合切文一重

音二⿰木遝徒合切說文榙⿰木遝木也文一⿱雜木昨合切⿱雜木縣海鳥爰居也通作雜文一榙
託合切杜耑又達合切杜斗謂之榙文一重音一柆落合切說文析木也文一榼克盍
切說文酒器也文一榻⿰木翕託盍切牀也或作⿰木翕榻又敵盍切客扉謂之榻文二重音一枼
弋涉切說文楄也一曰薄也文一楪弋涉切牖也一曰楪榆縣名在雲中又達協切牀簀又悉
協切棱楪小楔文一重音二⿰木巤弋涉切柶端又力涉切蔓木名虎豆也纒林木而生文一重音
一⿰木猒益涉切木葉動皃文一极極曄切說文驢上負也又極業切文一重音一椄
七接切木名又即涉切說文續木也又疾葉切椄槢梁也又悉協切淮南子曰大者爲柱梁小者爲椄槢
文一重音三⿰木歛七接切飯杲也文一欇失涉切博雅枝也一曰木名似白楊一曰虎櫐

又尺涉切蔓木名虎豆也又實攝切文一重音二　欇質涉切說文木葉搖白也一曰木名似白楊或書作欇文一　⿰木耴陟涉切木小葉也又的協切⿰木耴欆蕈也文一重音一　⿰木枼達協切屋笮板文一　⿰木疊達協切木名有綿可爲布文一　⿱甄木力協切木踈皃文一　⿰木燮悉協切⿰木耴⿰木燮蕈名文一　梜訖洽切說文檢柙也一曰木名一曰木理亂文一　柙⿰木⿸虍甲⿶凵甲轄甲切說文檻也以藏虎兕或作⿰木⿸虍甲古作⿶凵甲柙又古狎切木名文三重音一　⿰木疌色甲切木理起皃文一

文五百四十六　重音三百五十六

東動也从木官溥說从日在木中凡東之類皆从東得紅切文一

㯥二東𣍘从此闕又藏曹切日出明文一重音一⿰日東他東切聲遠聞文一

文三　重音一

林平土有叢木曰林从二木凡林之類皆从林力尋切文一

⿱林風梵符風切風行木上曰⿱林風或作梵⿱林風又方馮切厚葉弱枝善搖梵又扶泛切西域種號出浮圖書文一重音二⿱林取組聰切艸叢生皃文一⿱林巴章移切木盛也文一⿰木林山於切理髮也文一⿰木林悲巾切木分也文一⿰木林疏榛切辡辡多也或从林文一彬悲巾切質備也又逋還切說文采明也文一重音一⿰林辛疏臻切多也文一棼符分切說文複

屋棟也一曰亂也又父吻切闕人名楚有伯棼文一重音一**楙**謨袍切木名桃也又武道切又莫候切說文木盛也爾雅楙木瓜文一重音二**梵**房尤切木得風也文一**森**疏簪切說文木多皃文一**棽**癡林切說文木枝條棽儷也又疏簪切木枝扶疏皃文一重音一**楚**刱所切說文叢木一曰荊一曰國名亦姓又創據切木名文一重音一**橆**罔甫切說文豐也从林奭或說模字从大卌卌數之積也林者木之多也卌與庶同意引商書庶艸繁橆文一**埜壄**以者切郊外也古作壄文二**⿲木田木**虛檢切⿰田田⿲木田木蔭也文一**⿱林㓹**充芮切州名文一**⿱林圂**七蓋切說文州也一曰國名亦姓文一**⿱林⿱九口⿱林九⿱林句**於候切地名在竟或省亦从句⿱林九又渠尤切亭名在新市一曰荊也⿱林⿱九口又烏侯切文三重音一**⿱𣡕厶**他候切地名在高陵文一**⿱林木**

居廕切承樽桉文一㥽盧感切悲愁皃一說林木君子所感故宋玉曰入林悲心或从心文二

麓𣙗盧谷切說文守山林吏也一曰林屬於山爲麓引春秋傳沙麓崩古作𣙗文二

鬱欝𣝋紆勿切說文木叢生者一曰幽也亦姓或作欝古作𣝋文三

文三十四　重音十

才艸木之初也从丨上貫一將生枝葉一地也凡才之類皆从才昨哉切徐鍇曰上一初生歧枝也下一地也又將來切哉古作才又作代切始也文一重音二

文一　重音二

類篇卷第六中

類篇卷第六下　卷之十八

朝散大夫右諫議大夫權御史中丞充理檢使上護軍河內郡開國侯食邑一千二百戶賜紫金魚袋臣司馬光等奉

勑修纂

叒日初出東方湯谷所登榑桑叒木也象形凡叒之類皆从叒籒作㕡日灼切文二

桑桒𦬆蘇郎切說文蠶所食葉木也又姓古作桒籒作𦬆文三　⿰車桑郎甸切博雅陳也一曰蠶簨文一　⿸厂桑褚几切移蠶也又丑二切蠶祈曰⿸厂桑文一重音一　⿱足桑⿱豆桑寫朗切鼓柧或从蠡文二　⿰桑甚食荏切桑實也文一　⿰桑夷⿰桑弟他計切蠶易曲也文一　⿰桑奧

乙六切育蠶器文一

文十三　重音一

之出也象屮過屮枝莖益大有所之一者

地也凡之之類皆从之古作㞢㞢止而切文三

㞷胡光切說文艸木妄生也古作㞷文二

文五

帀周也从反之而帀也凡帀之類皆从帀

周盛說子荅切文一

師𢀖𡙈 霜夷切說文二千五百人爲師从帀从𠂤𠂤四帀衆意也一曰長也範也亦姓古作𢀖𡙈文三

文四

出進也象艸木益滋上出達也凡出之類皆从出 尺律切又尺僞切出也詩杲杲出日又尺類切自內而外也又敕類切貶下也文一重音三

𢾕敖 牛刀切說文出游也一曰傲也隸作敖敖又魚到切文二重音一

賣 莫懈切說文出物貨也从出从買隸作賣賣又莫駕切博雅儥也文二重音一

糶 他弔切說文出穀也俗作粜䊮非是又徒弔切姓也晉有糶茂文一重音一

朏 苦骨切月朏月所生也文

一 ⿰出兀 五忽切博雅危也文一 ⿱出馬 松王切速也又仕足切又仕角切文一重音二 ⿰壴殳

克角切卵孚也文一 ⿰自出 五結切說文槷⿰自出不安也从出臬聲易曰槷⿰自出徐鍇曰物不安則出不在

也又五忽切又魚列切 ⿰咼出 允律切出又五滑切文一重音三 ⿱出𠂆 弋灼切岸上出

見白文一

文十三　　重音十一

𣎳艸木盛𣎳𣎳然象形八聲凡𣎳之類皆

从𣎳 普活切又博盖切又北末切臣光曰隸或作市文一重音二

南 ⿱𣎳羊 那含切說文艸木至南方有枝任也古作⿱𣎳羊文二 𠂔 祖似切說文止也从𣎳盛

而一橫止之也又蔣兕切又壯仕切文一重音二𣎵孛方未切艸木盛𣎵𣎵然或作孛孛又蒲妹切說文䔗也从𣎵人色也引論語色孛如也一曰彗星又敷勿切艸木盛皃又薄沒切色惡也文一重音三

𢍰𣠸于貴切說文艸木孛之皃或作𣠸文二

𣐺博蓋切行皃文一

𣓌普活切拂取也文一

索昔各切說文艸有莖葉可作繩索以𣎵糸杜林說曰一曰盡也法也一曰索索懼皃一曰縣名在張掖亦姓又色窄切博雅取也一曰求也又蘇故切求也文一重音二

文十一　重音九

生進也象艸木生出土上凡生之類皆从生古作𡉀所庚切又所景切育也又所慶切唐武后作𤯔文二重音二

隆良中切說文豐大也一曰物之中高也文一丯丰敷容切說文艸盛丯丯也从生上下達也或作丯丰又方馮切文二重音一甤儒隹切說文艸木實甤甤也又乳棰切草秀不實文一重音一甡踈臻切說文衆生竝立之皃引詩甡甡其鹿文一⿰因生伊眞切婿家也姻籒作⿰因生文一產所簡切說文生也又所晏切文一重音一⿰生朿所慶切刺也文一

文十　重音五

乇艸葉也从垂穗上貫一下有根象形凡乇之類皆从乇

乇陟格切又直格切文一重音一

文一　重音一

𠂹艸木華葉象形凡𠂹之類皆从𠂹古文作𥝩是爲切文二

𡍮是爲切遠邊也又是棰切木名文一重音一

文三　重音一

𠌶艸木華也从𠂹亏聲凡𠌶之類皆从𠌶或作荂況亏切荂又芳蕪切檾華也又楛瓜切𠌶又雲俱切艸木盛大皃文二重音三

韡羽鬼切說文盛也引詩蕚不韡韡文一

文三　重音三

蕚榮也从艸雩凡蕚之類皆从蕚隷作華胡瓜切華又呼瓜切華夸也又胡化切山在弘農華陰文二重音二

⿰華黃胡光切煌煇也或作⿰黃華文一　韡羽鬼切盛也文一　曄域輒切艸木白華也又域及切文一重音一　⿰華業直甲切⿰華業華葉重多皃文一　⿰華甲轄甲切華葉重多皃文一

文七　重音三

禾木之曲頭止不能上也凡禾之類皆从禾古兮切文一

⿰禾⿱尤貝翹夷切爾雅枳首蛇謂有兩首枳或作稽又掌氏切多小意而止也又居企切又頸介切文一

重音三
㮯　果羽切說文積㮯也一曰木名徐鍇曰積㮯不伸之意文一
文三　重音三
稽　留止也从禾从尤旨聲凡稽之類皆从
稽古作𩠺　堅奚切又並遣禮切文二重音一
䅲　古老切說文䅲㮯而止也从稽省又下老切綱飾又後到切一曰木名文一重音二
𥢶　陟教切特止也一曰晷也又竹角切卓立也又敇角切文一重音二
文四　重音五
巢　鳥在木上曰巢在穴曰窠从木象形凡

巢之類皆从巢 鉏交切又莊交切爾雅大笙謂之巢又徂交切又力交切國名又仕敎切棧也

文一重音四

䢾 悲檢切說文傾覆也从寸臼覆之寸人手也从巢省杜林說以爲貶損之貶文一

文二　重音四

桼木汁可以髹物象形桼如水滴而下凡桼之類皆从桼古作[illegible] 戚悉切 文二

䰍髹髤 虛尤切說文桼也一曰赤多黑少之色或从休或省文三

[illegible] 披敎切說文桼垸已復桼之又蒲交切赤黑漆文一重音一

文六　重音一

束　縛也从口木凡束之類皆从束　書玉切又春遇切約也文一　重音一

⿰束巢　子幺切蒜束也又鍬交切束也文一　重音一

⿰束它　唐何切囊也一曰馬上連囊文一

⿰束從　笱勇切敬也文一

柬　賈限切說文分別簡之也从束八八分別也文一

⿱龷束

⿱𡗗束⿰束幵　吉典切說文小束也或作⿱𡗗束⿰束幵文三

⿰束殳　蘇谷切⿰束殳⿰束殳動物文一

⿰束勺　乙覺切束也文一

剌　郎達切說文戾也从束从刀刀者剌之也徐鍇曰剌乖違也束而乖違者文一

⿰束戒　訖得切⿰束戒⿰束戒艸生文一

文十二　重音二

㯻橐也从束圂聲凡㯻之類皆从㯻戶袞切又古本切大束也又古倦切文一重音二

㯷紕招切囊張大皃又毗霄切又普刀切又乃到切文一重音三　櫜居勞切說文車上大橐从㯻省咎聲詩曰載櫜弓矢又古老切弢也又居号切文一重音二　囊奴當切說文橐也一曰有底曰囊無底曰橐亦姓隸作囊文二　㯼乎萌切圂滿也文一　㯹烏潰切大囊文一　橐𢃈闥各切說文囊也或从巾橐又之夜切橐皋地名在淮南又歷各切橐駞畜名文二重音一　㰆步拜切吹火韋囊文一　㯷乃到切囊囊張大皃文一

文十一　重音九

口回也象回帀之形凡口之類皆从口羽非切文一

圌是爲切山名在吳郡又淳沇切說文判竹圜以盛穀也又曰竹器文一重音一

圍于非切說文守也又于貴切遶也文一重音一

圖圗同都切說文畫計難也一曰謀也古作圗文二

回回胡隈切說文轉也一曰邪也一曰回中地名亦姓古作回回又戶賄切遶也春秋傳右回梅山徐邈讀又胡對切曲也漢書多阪回遠文二重音二

圁魚巾切縣名在圁水之陰因以爲名又魚斤切又牛閑切文一重音二

因㒚伊眞切說文就也一曰仍也又姓古作㒚文二

囙

于倫切說文回也一曰意不足又于分切田十有二頃謂之囩又于元切文一重音二

囷 區倫切說文廩之圜者圜謂之囷方謂之京又巨隕切文一重音一

⿴囗麇 俱倫切束也又苦磒切又去粉切又苦本切文一重音三

園 于元切說文所以樹果也又姓文一

圈 去爰切屈木也又驅圓切屈木盂也又逵員切又苦本切豢束也又苦遠切圈豚行不舉足皀又窘遠切畜閑也又巨卷切又具願切又逵眷切又渠篆切說文養畜之閑也文一重音九

囤 徒渾切廩也又杜本切篅也文一重音一

园 吾官切圓削也莊子园而幾向方又徒官切圓也文一重音一

團 徒官切說文圜也又淳沿切蕃車下庳輪又竪兗切載柩車也文一重音二

圝 盧丸切圜也文一

⿴囗淵 烏關切圜瀠水勢回旋皃文一

圜 胡關切繞也又旬宣切規也又于權切說文天體也文一重音

二㘣因蓮切火氣也文一圎呼玄切說文規也又旬宣切又縈緣切又隨戀切文一重音三圓荀緣切圓面也文一圓于權切天體也一曰全也又王問切說文圜合也文一重音一囮圝吾禾切說文譯也率鳥者繫生鳥以來之名曰囮或从繇又並夷周切捕鳥媒也囮又以九切文二重音二圊親盈切博雅圂廁也又倉經切文一重音一囹郎丁切說文獄也文一囚徐由切說文繫也文一圄偶舉切說文守之也文一圃圃彼五切說文種菜曰圃亦作圃又博故切文二重音一𡇹女蠏切博雅母也文一壼壼苦本切說文宮中道从口象宮垣道上之形引詩室家之壼又並區倫切壼又困閭切宮中巷文二重音二圐主兗切囚刑固出文一囝九件切閩人呼兒曰囝又魚厥切闕也太

陰之精文一重音一

囿 云九切苑也又尤救切說文苑有垣也又于六切文一重音二

團 符遇切樹蔬曰團文一

固 古慕切說文四塞也一曰再辭一曰堅也文一

圈 具願切養畜閑也又逵卷切邑名文一重音一

圂 胡困切說文廁也从口象豕在口中也又胡慣切文一重音一

困 苦悶切說文故廬也从木在口中一曰極也文一

𡈀 𡇸 大浪切砰𡈀石聲或省文二

园 口浪切藏也文一

圞 尤救切說文苑有垣也囿籀作圞又于六切文一重音一

圔 乙轄切馲駞聲文一

囶 丁結切下入也文一

𡈡 末各切見文文一

圛 夷益切說文回行也引尚書圛圛升雲半有半無文一

𡇛 筆力切閉也亦姓文一

國 𢦏 骨或切說文邦也古作𢦏唐武后作圀文二

𡆥 囡 𡇈 昵立切𡆥𡆥私取物𡆥或

作囧囲図囲又昵洽切說文下取物縮藏之図又女滅切文三重音二圔乙洽切宻圔聲下皀文一

文五十九　重音四十五

員物數也从貝口聲凡員之類皆从員籀文作鼎于權切徐鍇曰古从貝爲貨故數之又並于分切文二重音一

䞫于分切說文物數紛䞫亂也又王問切文一重音一䡝古困切圓貝也文一

文四　重音二

貝海介蟲也居陸名猋在水名蜬象形古者貨貝而寶龜周而有泉至秦廢貝行錢

凡貝之類皆从貝博蓋切又薄邁切毀也文一重音一

賨徂宗切說文南蠻賦也文一

貲將支切說文小罰以財自贖也漢律民不繇貲錢二十二文一

齎將支切歎聲易齎咨涕洟一曰女功絲枲之事又津私切持也戰國策齎盜糧又牋西切說文持遺也又子計切行道之財用文一重音三

䝷珍離切以財質也文一

貤余支切移也漢書無所流貤應劭讀又以豉切說文重次第物也文一重音一

資津私切說文貨也一曰助也取也亦姓又資四切縱也文一重音一

貾陳尼切蟲名爾雅貝餘貾黃質白文文一

賚陵之切賜也又郎才切與也尚書夢帝賚予良弼徐邈讀或書作⿰貝來又落蓋切又洛代切文一重音三

貽盈之切黑貝也又羊吏切遺也文一重音一

賁符非切姓也又方文切飾

也又符分切大也又孚表切山海經桂林八樹作賁隅又逋昆切勇而疾走曰虎賁又逋還切駁文也又父吻切怒也又彼義切說文飾也又方問切有勇力也又力竹切賁渾地名文一重音九

賰斤於切博雅賰賭賺賣也一曰貯也文一

⿰貝都東徒切賭勝曰⿰貝都文一

賣賤西切持遺也文一

負蒲枚切河神名又扶缶切說文恃也从人守貝有所恃一曰受貸不償一曰賀也又浦昧切違也文一重音二

賅柯開切貨也又下改切奇非常或从貝文一重音一

財牆來切說文人所寶也又昨代切貨也文一重音一

賔賓㝌賓賔甲民切說文所敬也一曰導也服也古作賓㝌賓賓又姓文五

貧⿱穴分皮巾切說文財分少也古作⿱穴分文二

⿰貝句⿰貝向眉貧切博雅本也一曰筭也稅也或作⿰貝向⿰貝向又翾營切又葵營切又許營切貨也又玄扃切文二重音四

貳

紆倫切美貟文一 貟 于倫切闕人字春秋傳有子貟又王問切姓也臣光曰貟本从口今或从
厶文一重音一 ⿰貝囷 區倫切貝也爾雅蜠大而險或从貝文一 ⿱⿰夂又貝 財干切害物貪財也又何
邁切叏深堅意也文一重音一 賢 ⿱⿰臣忠貝 胡田切說文多才也古作贒賢又下珍切又形甸切車大
穿也文二重音二 賆 蒲眠切博雅益也又卑正切文一重音一 贆 卑遥切貝名爾雅貝
居陸曰贆文一 賿 力交切廋語謂錢曰賿文一 賒 詩車切說文貰買也一曰遠也文一
𧶄 尸羊切說文行賈也文一 ⿰貝京 呂張切賦斂也又力讓切文一重音一 ⿰貝咸 兹郎
切受賕曰贓文一 賡 居行切續也又居孟切又松玉切連也續古作賡文一重音二 賏
於莖切說文頸飾也又伊盈切又於慶切文一重音二 ⿰貝青 慈盈切受賜也又疾正切文一重音

一贏夃怡成切說文有餘賈利也或作夃文二臣光按說文夃字在夊部古乎切秦以市買多得爲夃从乃从夊今變隸或譌故从兩出⿰貝享葵營切貨也文一賕渠尤切說文以財物枉法相謝也一曰戴質也又巨救切文一重音一賙之由切振贍也文一購居候切贖取也史記購吳王千金又居候切說文以財有所求也文一重音一貿迷浮切目不明皃一曰貿戎戎別種又莫候切說文易財也文一重音一賝癡林切爾雅寶也文一貪他含切說文欲物也又他紺切多欲也文一重音一⿰貝甘呼甘切戲乞也又呼紺切⿰貝監⿰貝甘貪財也文一重音一⿰貝廉賺離鹽切博雅賣也或省賺又直陷切一曰市物失實文二重音一⿰貝支巨綺切貝名又奇寄切文一重音一⿰貝耑展几切財物相當文一⿰貝寺⿰貝寺丈里切畜財也或作

賗文二
⿰貝疋 賥 爽阻切說文齎財卜問爲⿰貝疋或作賥⿰貝疋又方遇切賥又爽阻切文二重音二
貯 展呂切說文積也文一
賭 ⿰貝度 董五切博雅弈取或从度文二
賈 ⿱古貝 果五切說文賈市也一曰坐賣售或从古賈又舉下切姓也一曰國名又居訝切售直也文二重音二
買 母蟹切說文市也从网貝引孟子登壟斷而网市利文一
賄 ⿰貝每 虎猥切說文財也或从每又並呼內切文二重音一
賑 ⿰貝㐱 止忍切說文富也或作⿰貝㐱賑又丑忍切又並之刃切文二重音二
賰 式允切賱賰富也文一
賱 委隕切賱賰富也又紆聞切文一重音一
⿰貝匽 隱㥯切物相當也又於建切文一重音一
賘 戶管切⿰貝宛賘小有財又觀緩切文一重音一
⿰貝宛 鄔管切⿰貝宛賘小有財文一
⿰貝典 他典切富也文一
⿰貝玄 胡犬切儥也又熒絹切說文行且賣

也文一重音一 ⿰貝耎 乳兗切小有財又女輭切文一重音一 賲 補抱切和債物者文一

⿰貝爲 ⿰貝危 五寡切財也或从危又並居僞切說文資也一曰古貨字文二重音一 ⿱小貝 穌果

切說文貝聲也文一 ⿰貝央 倚兩切無貲也文一 賞 始兩切說文賜有功也一曰玩也文一

⿰貝覃 徒感切市先入直也又徒紺切文一重音一 賧 杜覽切蠻夷贖罪貨又吐濫切文一

重音一 ⿰貝僉 七漸切市先入直若今賻錢又悲檢切損也又徒紺切僨物預受直又力驗切文一

重音三 貶 悲檢切說文損也又蒲范切又扶法切射者所蔽文一重音二 貢 古送切說

文獻功也文一 贑 贛 古送切說文賜也籒作贛贛又古禫切水名又呼貢切愚也又陟降切又

呼降切賜也又古暗切贛榆縣名文二重音五 賵 ⿰貝凨 撫鳳切贈死之物古作凨文二 ⿰貝龍

良用切財貧也文一貤是義切物重數文一賜斯義切說文予也又姓文一贀於賜切博雅益也又弋睡切文一重音一貱披義切說文迻予也一曰貱貤次第也又彼義切又兵媚切文一重音二贄脂利切至也引周書大命不贄亦作贄又魚列切不動皃又陟立切文一重音二質脂利切至也又陟利切又職日切說文以物相贅一曰朴也成也正也形也亦國名文一重音二貳而至切說文副益也一曰疑也文一⿰貝卒雖遂切貨也文一⿰貝致陟利切賑也貝也文一⿰貝施羊至切物重有次謂之⿰貝施文一⿰貝遺以醉切贈也文一贔平祕切贔屭鼇也一曰雌鼇爲贔文一費芳未切說文散財用也又父沸切姓又分物切佹也又符勿切文一重音三⿱臾貝貴尚歸謂切說文物不賤也亦姓隸作貴古作尚文三⿱舁貝

居御切質錢也文一賦方遇切說文斂也一曰布也文一賻符遇切助也所以贈終布帛曰賻文一䝼蒲故切財相酬文一賂魯故切說文遺也文一貰始制切貸也又時制切漢侯國名又式夜切又神夜切文一重音三贅𧹞朱芮切說文以物質錢从敖貝敖者猶放貝當復取之古作𧹞贅又牛交切頞贅不媚文二重音一𧷸贎力制切貨也或省贎又落蓋切又無販切文二重音二𧸘毗祭切帛也一曰財也文一賹烏懈切記物也文一賴頼洛蓋切說文贏也一曰恃也亦姓古作頼文二貸他代切說文施也又惕德切从人求物也又敵德切文一重音二賽先代切報也文一𧷾於吠切博雅稅也文一賑之刃切眩也文一賮即刃切貨以將意曰賮又徐刃切說文會禮也文一重音

一⿰貝睿⿰貝夋須閏切博雅益也或作⿰貝夋文二䞋初覲切賑也文一⿰貝吝良刃切貪財文一販䝴方願切說文買賤賣貴者或从買文二貦五換切弄也文一贊賛則旰切說文見也从貝从兟徐鉉曰兟進也執贄而進有司贊相之隸作賛文二贗魚澗切僞物也文一賤才線切說文賈少也亦姓古書作⿱戔貝文一賀何佐切說文以禮相奉慶也亦姓文一貨呼卧切說文財也文一貺⿰貝光許放切賜也或从光文二⿰貝生所慶切富也文一⿰貝貞丑正切售也文一賸以證切說文物相增加也一曰送也副也又石證切益也餘也一曰以財贈送文一重音一贈昨亘切說文玩好相送也或書作⿱曾貝文一⿰貝侯下遘切博雅⿰貝勺⿰貝侯本也一曰⿰貝侯⿰貝婁貪財皃文一⿰貝句居候切稟給也文一賈莫候

切說文易財也文一貗郎豆切貗𧶠貪財文一賃如鴆切以財雇物又女禁切說文庸也文一重音一⿰貝監盧瞰切⿰貝監⿰貝甘貪財也文一贍時豔切賙也文一⿰貝卜普木切美財也又匹角切文一重音一賣余六切說文衒也文一贖神蜀切說文貿也又殊遇切文一重音一⿰貝血雪律切賑也文一⿰貝折陟轄切貨也文一⿰貝歲蘇絕切艸名鼠姑也文一⿱朿貝責側革切說文求也隸作責責又緇詵切又側賣切通財也文二重音二貣惕德切說文从人求物也又敵德切文一重音一貼託協切以物為質也文一⿰貝臿敕洽切博戲名文一

文二百六十五　重音九十六

邑國也从口先王之制尊甲有大小从卩凡邑之類皆从邑於汲切又遏合切唈或作邑臣光曰今偏旁變隸或作阝文一重音一

𨛱徒東切鄉名文一𨞐徒東切地名又姓文一䣝謨蓬切邑名文一𥦗渠弓切說文夏后時諸侯夷羿國文一鄸謨蓬切魯邑又謨中切邑名在曹又彌登切又莫鳳切文一重音三𨝌烏公切邑名文一酆敷馮切說文周文王所都在京兆杜陵西南又姓文一𨞴符風切說文姬姓之國文一𨛦鉏弓切國名文一𨛜居雄切山名在彭蠡又居容切亭名在宣城文一重音一𨜴徒冬切古國名文一鄘餘封切說文南

夷國一曰紂之畿內地名文一 邛 渠容切說文地名在濟陰一曰水名在蜀一曰病也亦姓文一 邦 ⿰丰巴 𡵨 悲江切說文國也一說大曰邦小曰國亦姓古作⿰丰巴𡵨文三 ⿰支阝 章移切邑名在義陽又翹移切說文周文王所封在右扶風美陽中水鄉又渠羈切地名古書作⿰女巴文一重音二 郳 如支切國名又五雞切說文齊地春秋傳齊高厚定郳田文一重音一 祁 常支切盛皃亦姓又翹夷切太原縣一曰大也又丞夷切藪名燕有昭余祁又陳尼切地名穀熟有祁亭又渠伊切盛也亦姓又兗之切祁祁眾多也又軫視切地名文一重音六 鄑 將支切說文宋魯間地又即刃切地名在宋魯文一重音一 𨚮 ⿰貲阝 將支切谷名在西海亦縣名或作⿰貲阝文二 酈 鄰知切魯地名又姓又直炙切南陽縣又狼狄切文一重音二 ⿰离阝 鄰知切鄉名文一 郫 蒲縻

切又頻彌切說文蜀縣又晉邑亦姓又蒲街切文一重音二　鄱　蒲麋切縣名在魯又蒲官切趙
地名又蒲波切說文鄱陽豫章縣文一重音二　𨚍　余支切地名文一　部　丘奇切攲嶇也
攲或作部文一　𨙻　丘奇切地名又虞爲切邑名又苦委切陸𨙻山名又古委切又巨几切又巨軌
切文一重音五　𨞼　魚羈切說文臨淮徐地引春秋傳徐𨞼楚又語綺切文一重音一　隝
鄬　呼爲切說文鄭地阪引春秋傳將會鄭伯于隝或从邑又並于嬀切鄬又俱爲切又羽委切文
二重音三　郪　千咨切縣名在廣漢又先齊切郪丘地名在齊又千西切文一重音二　郗
抽遲切說文周邑也在河內亦姓文一　鄈　渠惟切說文河東臨汾地即漢所祭后土處又渠龜
切地名文一重音一　邳　攀悲切說文奚仲之後湯左相仲虺所封國在魯薛縣又貧悲切文一重

音一郿旻悲切說文右扶風縣又明祕切縣名文一重音一⿰甾阝莊持切鄉名文一邿申之切說文附庸國在東平亢父縣邿亭引春秋傳取邿文一⿱非邑符非切聚名在河東聞喜縣又薄回切文一重音一鄿居希切沛郡有鄿縣文一郼於希切國名呂氏春秋湯立爲天子商不變肆親郼如夏文一郚牛居切郚鄉地名又訛胡切說文東海縣故紀侯之邑也文一重音一鄔衣虛切鄔陵縣名在太原又汪胡切又於五切又依據切文一重音三⿰居阝斤於切國名文一⿰豦阝⿰巨阝求於切聚名或从巨⿰巨阝又苟許切亭名在長沙文二重音一⿰且阝子余切說文右扶風鄠鄉又千余切文一重音一邪祥余切緩也又羊諸切詩其虛其邪又徐嗟切謂不正也又時遮切歸邪星名又余遮切說文琅邪郡一曰疑辭文一重音四⿰余阝祥余切地

名邾下邑又通都切又詩遮切文一重音二 𨛖 商居切鄉名在廬江又詩遮切又式夜切邑名文一重音二 𨛘𨚴 人余切說文地名或省文二 鄅 元俱切地名文一 邘

𨙸 雲俱切國名周武王子所封河內野王縣西北有邘城亦姓或作𨙸邘又匈于切文二重音一

邭 權俱切說文地名又俱遇切文一重音一 𨞙 恭于切挹也㪺或作𨞙文一 郛

芳無切說文郭也又數救切文一重音一 鄜𨟠 芳無切說文左馮翊縣或作鄜文二 郙

芳無切亭名在汝南上蔡又匪父切文一重音一 邞 風無切說文琅邪縣一名純德又馮無切

文一重音一 鄃 春朱切說文清河縣又容朱切地名文一重音一 邾 鍾輸切地名漢

衡山王吳芮所都又追輸切說文江夏縣文一重音一 𨞓 龍珠切說文南陽穰鄉又郎侯切文

一重音一

都粑　東徒切說文有先君之舊宗廟曰都引周禮距國五百里爲都一曰揔也大也嘆也美也亦姓古作粑都又張如切明都澤名在青州文二重音一

䣝　同都切邾下邑地𨛦或从荼文一

𨞛　同都切說文馮翊郃陽亭又直加切文一重音一

郀　空胡切郀首地名文一

𨟖　荒胡切地名又火五切文一重音一

𨙸𨞽　憐題切說文殷諸侯國在上黨東北引商書西伯戡𨙸或作𨞽文二

郋　弦雞切說文汝南邵陵里也又胡計切文一重音一

邽　消畦切說文隴西上邽也文一

𨟠　玄圭切說文東海之邑一曰阪險名又祖兖切地名在齊又詳兖切文一重音二

𨞬𨟃　蒲枚切說文右扶風沛城父有𨞬鄉或作𨟃𨞬又枯回切漢侯國名又房尤切又普等切國名穆天子傳而征筀于𨞬又苦怪切文二重音五

𨛘　胡隈切鄉名在雎陽

或書作䢹文一䣂盧回切地名文一郲柯開切說文陳留鄉也又何開切邑名文一重音一邰湯來切說文炎帝之後姜姓所封周棄外家國右扶風斄縣是也引詩有邰家室文一郲郎才切城名在滎陽縣東齊滅之一曰蜀地名亦姓文一⿰臣阝之人切地名又丞真切又之刃切文一重音二鄄之人切衛地名又於巾切縣名在僕陽又諸延切又稽延切又規掾切令濟陰鄄城文一重音四⿰辰阝丞真切姓也文一邠豳豳悲巾切說文周太王國在右扶風美陽又曰美陽亭即邠也或作豳豳文三鄰隣厶離珍切說文五家爲鄰一曰近也或作隣古作厶鄰又良刃切㪵也文三重音一郇⿰⿱旬亏阝須倫切說文周武王子所封國在晉地又姓亦作郇郇又胡關切文二重音一邨株倫切地名又麤尊切又都昆切又徒渾切文一重

音三

鄞 魚巾切說文會稽縣又魚斤切文一重音一

鄖䢵 于分切說文漢南之國漢中有鄖關亦作䢵鄖又王問切文二重音一

鄆 于分切沁水鄉名又王問切文一重音一

⿰羣阝 衢云切地名文一

邤 許斤切地名一曰鄰也又虛言切文一重音一

邧 愚袁切地名在秦又五遠切邑名文一重音一

鄤 模元切鄭地又謨官切鄭邑名又無販切蜀廣漢鄉又莫半切文一重音三

⿰昷阝 烏昆切鄉名在廣陵縣名在蜀文一

邨 麤尊切鄉名文一

⿰存阝 徂尊切⿰存阝鄢縣名在犍爲文一

邯 河干切說文趙邯鄲縣又胡甘切講邯縣名又戶感切邯淡豐盛意顏師古說文一重音二

邗 河干切說文國也今屬臨淮一曰本屬吳又居寒切越之別名文一重音一

⿰𠦝阝 居寒切說文地名文一

⿰安阝 於寒切當陽里名又於旰切里名文一重音一

音一邯相干切地名又師間切又相然切文一重音二鄲多寒切說文邯鄲縣又當何切

漢侯國名一曰縣名在沛文一重音一酄呼官切說文魯下邑引春秋傳齊人來歸酄或

作⿰阝雚鄻又驅圓切鄉名在聞喜縣文二重音一酇徂丸切聚居也又才何切沛國縣又祖管切又

力展切說文周邑也又則旰切說文百家爲酇酇聚也南陽有酇縣文一重音四鄟徒官切邑

名屬邾鄒又朱遄切又豎兗切地名屬魯文一重音二⿱樊邑符袁切京兆杜陵鄉文一⿰⿱丰月阝

師蕣切地名文一⿰秊阝⿰年阝寧顛切說文左馮翊谷口鄉或作⿰年阝又並囊丁切文二重音一郱

輕煙切地名在河內周公子所封文一酀因蓮切說文地名又於殄切闕人名春秋傳有曾孫

酀又伊甸切文一重音二⿰䙴阝⿰千阝親然切說文地名或作⿰千阝文二鄽澄延切一畝半一家

之居曰廛市物邸舍亦曰鄽文一

郔 夷然切說文鄭地文一

鄢 於虔切鄢陵縣名在潁川亦姓又隱憶切地名在鄭又於建切文一重音二

⿰虔阝 渠焉切說文河東聞喜聚又九件切文一重音一

鄡郻 牽幺切說文鉅鹿縣或从県鄡又堅堯切文二重音一

鄵 千遙切地名在鄭又蘇遭切長狄國也又倉刀切鄭地名又倉含切又七到切春秋傳鄭伯卒於鄵文一重音四

⿰焦阝 慈焦切地名文一

⿰票阝 毗霄切地名文一

鄂 于嬌切鄉名在清陽又乎刀切文一重音一

郩 何交切山名在弘農文一

郊 居肴切說文距國百里爲郊文一

鄗 丘交切山名又下老切邑名在常山又虛到切又墨各切文一重音三

⿰包阝 班交切說文地名又披交切又博毛切又蒲褎切文一重音三

鄛 鋤交切說文南陽棗陽鄉又莊交切文一

一重音　鄛居勞切鄉名在范陽又下老切邑名在南陽文一重音一　鄋鄋蘇遭切北

方長狄國也在夏爲防風氏在商爲汪芒氏或作鄋又並踈鳩切文二重音一　䣜才何切說文沛

國縣蕭何初封邑又鋤加切地名文一重音一　那𨙻囊何切說文西夷國安定有朝那縣一曰

何也一曰安貞亦姓古作𨙻那又那含切國名又乃可切何也又乃箇切文二重音三　耶余遮

切琅邪郡一曰疑辭文一　邡分房切說文什邡廣漢縣又敷亮切邑名文一重音一　邙

武方切洛陽北山名一曰縣名在沛又謨郎切說文河南洛陽北土山上邑文一重音一　郲武方

切郡名一曰鄉名在藍田又謨郎切文一重音一　鄣諸良切說文紀邑也文一　𨟚如陽

切說文今南陽穰縣是文一　邼邼曲王切說文河東聞喜鄉隷省文二　𨞬鄌徒郎

切說文地名或省文二 鄌 徒郎切國名文一 郎 盧當切說文魯亭也一曰官名亦姓文一 [艹美阝] 盧當切不[艹美阝]邑名文一 [旁阝] 鋪郎切鄉名在鮦陽又蒲光切說文南鮦陽亭文一重音一 邟 丘岡切城名在陽翟又居郎切縣名在潁川又寒剛切邑名在餘杭又居行切又口浪切文一重音四 [康阝] 丘岡切地名文一 鄺 呼光切姓也又古晃切文一重音一 [巟阝] 呼光切縣名文一 [皇阝] 胡光切縣名在會稽文一 [黃阝] 胡光切古國名文一 郠 居行切邑名在琅邪又古杏切文一重音一 鄳 眉耕切縣名在江夏又謨耕切又眉永切又母耿切文一重音三 [盟阝] 眉耕切縣名在義昌又眉兵切文一重音一 [英阝] 於驚切地名文一 [爭阝] 甾莖切國名文一 郕 時征切說文魯孟氏邑又辰陵切地名文一重音一 郞

知盈切地名又丑成切文一重音一⿰盈阝怡成切姓也文一⿰嬰阝伊盈切地名又於郢切文一重

音一郱旁經切說文地名在臨朐文一鄍忙經切說文晉邑也引春秋傳伐鄍

三門文一邒唐丁切亭名文一酃郎丁切說文長沙縣亦清河縣又朗鼎切文一重音

一⿰零阝郎丁切縣名又朗鼎切縣名在長沙文一重音一⿰巠阝堅靈切鄉名在密縣又乎

經切文一重音一郉乎經切說文鄭地邢亭又子郢切邢陘趙魏地山險名文一重音一邢

乎經切說文周公子所封地近河内懷又古幸切文一重音一鄫慈陵切說文姒姓國在海東文

一⿰御阝知陵切古國名文一⿰興阝虛陵切地名又許應切文一重音一郵⿰缶阝于求

切說文境上行書舍从邑垂垂邊也一曰事之過者爲郵亦姓一曰田間舍或作⿰缶阝郵又是爲切地名在

衛文二重音一　邱⿰丠阝　祛尤切說文地名或作⿰丠阝文二　⿰求阝　渠尤切說文地名一曰鄉名在陳留文一　鄾　於求切說文鄧國地也引春秋傳鄧南鄙鄾人攻之文一　邮⿰卣阝　夷周切亭名在馮翊高陵縣或作⿰卣阝邮又徒沃切又亭歷切文二重音二　⿰壽阝　陳留切又時流切說文蜀江原地又是酉切文一重音二　郮　之由切國名黃帝後所封文一　⿰⿱爫乃阝⿰柔阝　而由切鄉名或作⿰柔阝鄒又是酉切文二重音一　鄒　甾尤切說文魯縣古邾國帝顓頊之後所封一說魯穆公改邾作鄒又姓文一　郰鄹　甾尤切說文魯下邑孔子之鄉郰或作鄹鄹又在庾切民所聚居又並纂緒切亭名在新豐又從遇切會也邑落云鄹文二重音三　鄇　胡溝切地名在晉又下遘切說文晉之溫也引春秋傳爭鄇田文一重音一　郈　胡溝切鄉名在東平又很口切說文東平無鹽鄉又下遘

切文一重音二郖鄧當侯切說文恒農縣庾地郖或作鄧又並丁候切郖又大透切文二重音二鄩徐心切說文周邑也又姓文一[illegible]如林切地名又夷針切文一重音一[illegible]踈簪切地名文一郴癡林切說文桂陽縣亦州名文一[illegible]渠金切亭名在重安文一鄿徒南切說文國也齊桓公之所滅文一[illegible]祖含切亭名在貝丘又祖含切又昨合切文一重音二郯徒甘如說文東海縣帝少昊之後所封亦姓文一郼衣廉切邑名又衣檢切說文周公所誅郼國在魯文一重音一[illegible]鋤咸切說文宋地也又徒濫切國名文一重音一[illegible]符咸切地名文一[illegible]舉履切說文地名文一邔巨几切邑名在河南又象齒切國名又口巳切又苟起切又渠記切文一重音四鄙補美切說文五酇爲鄙文一

⿰⿱艹魚阝上史切鄉名在密縣文一⿰思阝想止切漢侯國名文一⿰里阝兩耳切說文南陽西鄂亭文一鄦⿱無邑喜語切說文炎帝太嶽之後甫侯所封在潁川或作⿱無邑文二郘兩舉切亭名文一鄅果羽切國名在琅邪又王矩切說文妘姓之國引春秋傳鄅人籍稻文一重音一⿰羽阝王矩切說文南陽舞陰亭文一⿰黽阝在庚切亭名在新豐文一部伴姥切分也總也又薄口切說文天水狄部一曰統也界也亦姓文一重音一⿰土阝統五切鄉名文一⿰虎阝火五切地名文一扈⿰山巴後五切說文夏后同姓所封戰於甘者在鄠有扈谷甘亭古作⿰山巴文二鄠後五切說文右扶風縣名文一邸⿸广邸典禮切說文屬國舍也或作⿸广邸邸又丁計切本也周禮四圭有邸文二重音一⿰耒阝魯猥切縣名在桂楊又盧對切文一重音一⿰釆阝

此宰切地名文一 鄤 武粉切鄉名在廣漢文一 郾 隱憶切縣名在潁川又於建切文一

重音一 ⿰先阝 蘇典切國名文一 鄯 上演切說文鄯善西胡國名又時戰切文一重音一

鄻 力展切說文周邑也文一 ⿰少阝 子了切地名在魯又子小切又始紹切又失照切文一重音三

鄝鄡 朗鳥切說文地名或作鄡文二 ⿰喬阝 舉夭切國名文一 ⿰昊阝 下老切邑名在南陽文

⿰奧阝 烏浩切邑名文一 ⿰早阝 子晧切邑名在筑陽文一 邩 虎果切說文地名文一

⿰貞阝 損果切亭名在河南文一 ⿰馬阝 母下切郁⿰馬阝縣名又莫駕切文一重音一

⿰瓦阝 五寡切地名在衛文一 ⿰尚阝 齒兩切地名又底朗切文一重音一 ⿰黨阝 底朗切地

名周禮五百家也文一 邴 百猛切邑名又補永切說文宋下邑又姓又彼病切文一重音二

⿰省阝 所景切地名文一 郢⿰王阝 以井切說文故楚都在南郡江陵北十里或省郢又於政

切文二重音一 郚 俯九切地名文一 ⿰壽阝 是酉切鄉名文一 ⿰丑阝 女九切說文地

名文一 叩 去厚切說文京兆藍田鄉文一 邥 式荏切國名亦姓文一 ⿰㐭阝 力錦

切說文地名文一 ⿰弄阝 盧貢切邑名在魯文一 鄪⿰弗阝 兵媚切邑名在魯或省⿰弗阝又芳

未切又分物切姓也漢有⿰弗阝修文二重音二 ⿱敝邑 必袂切牂牁縣又必列切文一重音一 ⿰未阝

無沸切地名文一 ⿰御阝 牛據切鄉名文一 ⿰步阝 蒲故切亭名文一 ⿰耆阝 他計切亭

名文一 ⿰契阝 吉詣切國名說文封黃帝之後於⿰契阝文一 ⿰祭阝 子例切邑名在周又側界切文

一重音一 ⿰巿阝 博蓋切說文沛郡又普蓋切邑名文一重音一 ⿰盇阝 丘蓋切地名又轄臘切又

谷盍切文一重音二 鄐 居木切地名又谷盍切文一重音一 鄶 古外切說文祝融之後妘
姓所封潧洧之間鄭滅之亦姓文一 ⿰𠙴阝 苦怪切說文汝南安陽鄉文一 ⿹𢦏邑 作代切說文故
國在陳留又將來切文一重音一 邶 補妹切古國名一曰邑名在齊又蒲昧切說文故商邑自
河內朝歌以北是也文一重音一 鄁 蒲昧切說文故商邑自河內朝歌以北是也文一 ⿰多阝
祖峻切地名文一 郡 具運切說文周制天子地方千里分爲百縣縣有四郡故春秋傳曰下大
夫受郡是也至秦初置三十六郡以監縣邑文一 ⿰萬阝 無販切說文蜀廣漢鄉也文一 ⿰旱阝
侯旴切邑名在南陽文一 ⿰貫阝 古玩切亭名文一 ⿰弁阝 皮變切邑名文一 邵 時照
切說文晉邑也文一 ⿰肖阝 梢嶠切地名又所敎切說文國甸大夫稍稍所食邑引周禮任⿰肖阝地在天

子三百里之内文一重音一鄗居号切說文周文王子所封國亦姓又姑沃切國名在濟陰文一重音一⿰坐阝寸臥切山名文一⿰昔阝慈夜切亭名在貝丘又祥亦切鄉名在臨卭文一重音一鄭直正切說文京兆縣周厲王子友所封宗周之滅鄭徙潧洧之上今新鄭是也一曰重也亦姓文一⿰丞阝常證切縣名在會稽文一鄧唐亘切說文曼姓之國今屬南陽又姓文一⿰厚阝下講切鄉名在東平文一鄮莫候切說文會稽縣文一鄔烏谷切地名在南陽文一⿰鹿阝盧谷切地名文一⿰畜阝勅六切地名在晉亦姓又許六切說文晉邢侯邑又丘六切文一重音二郁乙六切地名說文右扶風郁夷也亦姓文一鄓乙六切姓也文一⿰區阝樞玉切闕人名史記齊有邴⿰區阝又珠玉切縣名文一重音一鄏儒欲切說文河南縣

直城門官陌地也引春秋傳成王定鼎于郟鄏文一**郅**職日切說文北地郁郅縣一曰至也亦姓又陟栗切又激質切郅偈竿杠貟顏師古說又極乙切后稷妃家也姞或作郅文一重音三**郲**戚悉切說文齊地名文一**邲**壁吉切又簿必切地名在鄭又薄宓切又色櫛切瑟或作邲文一重音三**部**激質切地名文一**郣**薄没切郣海地文一**鄐**居曷切說文南陽陰鄉文一**郗**日灼切國名介於酉密秦其後遷於南陽即郗縣春秋傳秦晉伐郗是也又勑略切邑名文一重音一**⿰矍阝**乞約切鄉名在河東聞喜縣又屈縛切又局縛切文一重音二**⿰矍阝**乞約切鄉名又厥縛切地名文一重音一**鄚**末各切說文涿郡縣文一**⿰耤阝**疾各切鄉名在臨邛亦姓又秦昔切說文蜀地也文一重音一**郝**曷各切爾雅郝郝耕也又黑各切說文右扶風鄠盩

厓鄉亦姓又施隻切姓也又昌石切文一重音三

⿰亯阝郭　光鑊切說文齊之⿰亯阝氏虛善善不能進惡惡不能退是以亡國也或作郭郭又闊鑊切開也虛也又郭鑊切國名春秋傳攻郭郭則虞救之又霍虢切水名文二重音三

鄂鄂　逆各切說文江夏縣名亦姓或作鄂鄂又鄂格切柞鄂取獸阱中木文二重音一

郤郄　乞逆切說文晉大夫叔虎邑亦姓或作郄文二

⿰益阝　伊昔切地名文一

⿰厤阝⿰歷阝　狼狄切地名或从磿文二

郥　扃闃切說文蔡邑也引春秋傳郥陽封人之女奔之文一

鄎　悉即切說文姬姓之國在淮北今汝南新鄎文一

⿰翕阝　息入切邑名又迄及切說文地名文一重音一

𨙸　寔入切阦邡縣名在蜀文一

郃　曷閤切說文左馮翊郃陽縣引詩在郃之陽一曰合也又葛合切地名又轄夾切文一重音二

鄴　逆怯切說文魏郡縣

亦姓文一郟訖洽切說文潁川縣亦姓文一𨙨臣光按集韻失收說文亦無反切注曰从反邑𨛜字从此闕又按說文繫傳音怨阮切文一

文三百三十六　重音二百二十四

𨛜鄰道也从邑从𨙨凡𨛜之類皆从𨛜胡絳切變

隸作郒文一

鄉虛良切說文國離邑民所封鄉也嗇夫別治封圻之內六鄉治之又姓又許亮切面也文一重音一

鄉巷𨞰胡絳切說文里中道也或作巷𨞰文三

嚮許亮切面也文一

文六　重音一

類篇第六下

類篇卷第七上　　卷之十九

朝散大夫右諫議大夫權御史中丞充理檢使上護軍河内郡開國侯食邑一千三百户賜紫金魚袋臣司馬光等奉
勑修纂

十四部

文二千五百五十

重音一千五百二十三

日實也太陽之精不虧从口一象形凡日之類皆从日古作⊖人質切古文象形日又而力唐武后作〇文二重音一

曈他東切曈曨日欲明又徒東切又吐孔切文一重音二眮徒東切曈或作眮文一曨盧東切曈曨日出又魯孔切文一重音一矇謨蓬切矇曨日未明又母揔切文一重音一曬抽知切舒也漢書白日曬光又所寄切說文暴也又所賣切又所嫁切文一重音三暆余支切說文日行暆暆也樂浪有東暆縣文一曦曦虛宜切赫曦日光或省文二時旹市之切說文四時一曰伺也一曰是也古作旹亦姓文二嘻虛其切炙也一曰熾也熹或作嘻又許已切盛皃一曰熱也文一重音一昕虛其切旦明日將出也又許斤切文一重音一𣅀㫷居之切復時也引虞書稘三百有六旬古作𣅀㫷又並渠之切會也一曰限也要也文二重音一昲曊芳微切昲曬乾物也或从費昲又芳未切日光皃一曰乾也又芳問切又敷勿

切曝也又普活切光也文二重音四暃符非切廣雅離也文一晞香衣切說文乾也一

曰明之始升文一暉吁韋切說文光也日之光文一㬂元俱切闕人名漢有周㬂文一

昫匈于切說文日出溫也又詡拱切司馬法鼓旦明五通爲發昫又火羽切又吁句切北地有昫

衍縣文一重音三旴晇匈于切日始旦也或作晇晇又荒乎切又枯瓜切闕人名邾婁叔術

子晇文二重音二晡奔模切日加申時文一㬰通都切日陰也文一暟丘哀

切照也又可亥切方言明也文一重音一晐柯開切說文兼晐也博雅晐皆咸也文一昬

乘人切旦也文一暋彌鄰切強也又眉貧切悶也又呼昆切莊子曰慰暋沈屯文一重音二

旻眉貧切說文秋天也引虞書仁閔覆下則稱旻天文一旼眉貧切旼旼和也文一

暽 離珍切闕人名漢有俞閭侯暽文一 旾萅春 樞倫切蠢也古作萅隸作春亦姓春又尺尹切作也出也周禮春以功文三重音一 昀 俞倫切日光也文一 昐 方文切日光也文一 曛 許云切日入餘光文一 暄 許元切溫也文一 昍 許元切明也文一

晅 許元切日氣也又火遠切文一重音一 旭 許元切日始出大昕時徐邈讀又許晧切一曰明也又吁玉切說文日旦出皃文一重音二 暖 許元切柔皃莊子有暖姝者又火遠切又乃管切溫也文一重音二 昆 胡昆切闕人名漢有屬國公孫昆邪又公渾切說文同也一曰明也後也又姓又戶袞切文一重音二 昷 烏昆切日出而溫文一 昏昬旦 呼昆切說文日冥也从氏省氏者下也一曰民聲古作旦昏又呼困切暗也亦姓文三重音一 暾旽 他昆

切日始出皀亦作旽旽又朱閏切旽旽懇誠文二重音一旰居寒切日行也晚也又侯旰切晏也又居案切說文引春秋傳曰日旰君勤文一重音二暕郎干切陰乾也又賈限切明也文二重音一曫盧丸切說文日旦昏時又謨還切又郎甸切文一重音二昄披班切爾雅大也又補滿切又部滿切又補綰切又普版切又部版切又博漫切又匹見切文一重音七昖尸連切博雅更也文一暶旬宣切明也文一暸憐蕭切明也文一晍思邀切夜也宵古作晍文一㬓紕招切方言曬乾物又匹妙切文一重音一晁馳遙切匽鼂蟲名或作晁又直紹切晁陽縣名在東陽文一重音一昭之遙切說文日明也又時饒切廟佋穆或作昭又止少切明也詩其音昭昭又之笑切文一重音三暚餘招切明也文一㬿牛刀切日光也

文一⿰日蚤蘇遭切日色文一⿰日曹財勞切日晚文一⿱攸日⿰日叟他刀切日色或从叟文二暘余章切說文日出也引書暘谷文一昌尺良切說文美言也一曰光也引詩東方昌矣籀作昌文二⿰日羊⿰日羊余章切明也或从样⿰日羊又徐羊切⿰日羊又慈郎切文二重音二暲諸良切日光上進也文一⿰日㐬⿰日亡謨郎切旱熱也或省⿰日㐬又呼光切又虎晃切又呼浪切旱气文二重音三昂五剛切日升也一曰明也又魚向切昂昂君之德也文一重音一⿱日尺咨盈切精光也又時征切明也又時政切文一重音二晴暒慈盈切雨而夜除星也姓或作晴暒暒又新佞切雨止無雲星見也文二重音一暝忙經切幽也亦姓冥或从日又莫定切夕也文一昤⿰日靈郎丁切昤曨日光或从靈文二昇⿰阝昔書蒸切日之升也又州名

或作⿰阝曾文二

⿰日曾 徂稜切⿱⿱艹罒⿱冖日曾日不明文一

⿱⿱艹罒⿱冖日 彌登切⿱⿱艹罒⿱冖日曾日無光文一

昴 力求切星名詩維參與昴文一

⿰日𠬶 千尋切日光文一

曇 徒南切雲布謂之曇文一

暔 那含切國名唐天寶中封其王為懷寧王又乃感切文一重音一

⿰日冘 丁含切文一

晗 胡南切欲明也文一

暫 財甘切須臾也又昨濫切說文不久也文一重音一

暹 思廉切日光升也文一

晎 虎孔切晎晎日欲明文一

暡 鄔孔切暡矇日未明文一

暐 羽鬼切光盛負文一

昛 臼許切明也文一

暑 賞呂切說文熱也文一

暏 董五切說文旦明也又常恕切文一重音一

昈 後五切方言效昈文也一曰赤文文一

⿱竝日

普 滂古切說文日無色也隸作普文二

旿 阮古切明也又五故切文一重音一

昵 乃禮切近

也又入質切親也又尼質切日近也又乃吉切又質力切粘也周禮凡昵之類不能方文一重音四昚

遺禮切說文雨而晝姓也亦姓文一晛吾禮切日眣一曰明也文一晷居洧切說文日

景也文一昢普罪切日未明貟又滂佩切又普没切文一重音二⿱能日曩亥切埃⿱能日日無光

又乃帶切又乃代切又匿德切文一重音三昣止忍切明也文一暋美隕切謚也史

記齊有湣王或作暋文一晼委遠切景眣也文一⿰日烜晅火遠切日氣也或作晅晅又居

鄧切曝也文二重音一晚武遠切說文莫也文一暪母本切晤也文一旱

下罕切不雨也又侯旰切文一重音一暵許旱切乾也又虛旰切易燥萬物者莫暵乎离文一

重音一旻戶管切明也文一晥户管切縣名在盧江又户版切明白文一重音一

⿰日旦儻旱切明也又徒案切文一重音一暺蕩旱切曛也文一㬉乃管切温也文
一⿱日赤乃版切温溼也又乃諫切一曰小赤文一重音一⿱日赧丑赧切⿱日赤⿱日赧温溼皃又乃
諫切一曰小赤文一重音一晘户版切日出皃文一晪他典切明也文一晛
呼典切日見也又胡典切日氣一曰明皃又乃見切日光又形甸切說文見也引詩見晛曰消文一重音
三㬎呼典切頭明飾也一曰著也光也亦姓又鄂合切說文衆微杪也从日中視絲古文以爲
顯字一曰衆口皃文一重音一妟於殄切安也又於諫切又伊甸
切日出清明也文一重音二
㫐伊鳥切說文望遠合也从日匕匕合也徐鍇曰匕相近也文一曉馨鳥切說文明也文
一晈吉了切月之白也皎或从日又吉吊切文一重音一曒⿰日臬吉了切明也一曰清

別皃或作皞皦又下老切明也老子其上不皦文二重音一**昴昴**莫飽切說文白虎宿星古作昴文二**皓**下老切說文日出皃又古老切光也文一重音一**暭**下老切說文暭旰也亦姓又後到切文一重音一**暠**下老切白皃顥或作暠暠又古老切明皃也文一重音一**早早**子皓切說文晨也从日在甲上隸作早文二**曪**朗可切曮曪日無光文一**暛**想可切明也文一**㬳**鄔果切明也文一**曮**母果切曮曪日無光文一**曏**許兩切說文不久也引春秋傳曏役之三月又始兩切少時謂之曏文一重音一**昶**丑兩切通也明也又丑亮切達也文一重音一**昉昞**甫兩切明也古作昞昞又補永切又陂病切文二重音二**暀**羽兩切又于放切說文光美也文一重音一**曭**坦朗切日無光也文一**㫰**

里黨切明也亦姓又郎宕切暴也文一重音一曩乃朗切說文曏也文一⿰日卉母朗切曭

⿰日卉不明也文一晄爌古晃切光皃或作爌晄又戶廣切說文明也文二重音一⿰日荒虎晃

切旱熱也文一⿰日更古杏切日光文一景舉影切說文光也又姓又於境切物之陰影也

文一重音一暻俱永切明也文一炅俱永切火名一曰日光文一最知領

切日出皃文一炅香畎迥切貝也炅或作香又並消惠切姓也炅氏譜桂貞爲秦博士始皇阬

儒改姓香其孫溢避地朱虛改爲炅弟四子居齊改爲炔令江東多桂姓一曰漢有城陽炅横漢末被誅

有四子一守墳墓姓炅一避難徐州姓香一居幽州姓桂一居華陽姓炔四子皆九畫云炅又俱永切光

也文二重音二⿰日名母迥切日暗也文一⿰日幼於九切⿰火幼⿰火丑欲乾或从日文一⿰日帚晭

上酉切明也或作晭文二 昑 丘甚切明也文一 晻 暗 鄔感切說文不明也或作暗晻又衣檢切日無光也又並烏紺切文二重音二 昝 子感切姓也出蜀郡文一 曮 魚檢切冂躔謂之曮文一 ⿰日穹 去仲切日乾物文一 曀 乙異切又壹計切說文陰而風也引詩終風且曀又一結切文一重音二 暣 ⿰日气 丘既切日氣也古作⿰日气文一 曙 常恕切且也文一 ⿰日瞿 衢遇切姓也漢有⿰日瞿丘文一 暮 莫故切日且冥也文一 晤 五故切說文明也引詩晤辟有摽文一 暳 ⿰日慧 呼惠切小星謂之暳或不省文二 晣 ⿰日制 征例切明也或从制亦書作晢晣又式列切又之列切說文禮記晣明行事又陟列切文二重音三 ⿱彗日 于歲切說文暴乾火也文一 曞 力制切日光盛文一 昁 博蓋切不明也或从日文一 昧

莫貝切冥也一曰斗杓後星一曰縣名在益州又莫佩切說文奭旦明也文一重音一㬈於蓋切日色文一曖於蓋切晻曖冥也又於代切文一重音一䨴徒對切茂也文一㫲蒲昧切暗也又薄没切文一重音一昛莫佩切奭旦明也昧古作昛文一晬祖對切子生一歲也一曰晬時者周時也文一晦呼內切說文月盡也文一曃𣈜待戴切曖曃暗也或省曃又他代切文二重音一𦤎𣌚𣈆晉即刃切說文進也日出萬物進从日臸易明出地上臸又國名亦姓徐鉉曰臸到也古作𣌚奇字作𣈆隸省晉又子賤切水名文四重音一晙須閏切早也又祖峻切明也文一重音一暈王問切日光炁也或作暈文一晔居案切晚也文一晏於旰切晚也又於諫切說文天清也爾雅晏晏柔也亦姓文一重音一

喚呼玩切山海經喚𤇾國在崑崙虛東南文一　暺徒案切明也文一　⿱日難⿰日歎乃旦切說文安⿱日難溫也或作⿰日歎⿱日難又尼⿰魚奴切暍曰難暖也文二重音一　曣於諫切日出清濟曰曣文一　晏於諫切廣遠也文一　⿰日然乃見切日光晛或从然文一　⿱薺日輕甸切說文星無雲也文一　昪皮變切說文喜樂皃文一　晵輕甸切霽也文一　昡熒絹切日光文一　⿰日爵子肖切闕人名梁有虞⿰日爵又疾爵切闕人名宋有謝⿰日爵文一重音一　曜弋笑切光也或从光古作炅文二　炅

㬥暴⿸广⿱廿昌暴薄報切說文晞也或作暴古作⿸广⿱廿昌暴俗作曝非是㬥暴⿸广⿱廿昌又步木切日乾也㬥又北角切落陰䟽也暴又蒲沃切又弼角切歊暴乾撓又白各切周禮春暴練劉昌宗讀文四重音五　⿰日久之夜切日赫文一　暇亥駕切說

文閑也一曰嘉也文一

昰 亥駕切時也夏古作昰文一

旺 于放切光美也文一

昅 古況切明也文一

[日隹] 具放切日光文一

[日桑] 四浪切眼[日桑]暴熭也文一

[日盎] 於浪切[日盎][能日]日無光文一

曂 胡曠切曠眼明皃文一

曠 苦謗切說文明也文一

映

暎 於慶切隱也或从英又倚朗切映暎不明文二重音一

曔 居慶切日明也又渠映切明也乾也文一重音一

[日區] 於候切煖也文一

暓 莫候切昏也文一

[日敢] 苦濫切日出皃文一

曕 以贍切曬也文一

曝 步木切日乾也文一

昱 余六切說文明日也文一

[日奧] 乙六切熱也文一

[日彔] 龍玉切日無光文一

晫 竹角切明皃又敕角切明也文一重音一

晊 職日切爾雅大也一曰明也文一

暱 入質切親也又尼質切說

文日近也引春秋傳私降暱燕又乃吉切文一重音二⿱不日⿱𠀚日莫筆切說文不見也或作⿱𠀚日文二⿰日戉休必切急速文一⿰日欻許勿切不明皃文一暍於歇切說文傷暑也又許葛切熱也又阿葛切博雅暍⿰日難㷄也文一重音二昒⿰日忽呼骨切說文尚冥也或从忽昒又文拂切文二重音一⿰日難乃曷切博雅暍也或書作⿱日難文一昩莫葛切日中不明也文一昳徒結切日側文一替他結切弫也文一⿱敝日匹蔑切瞥瞥日落勢文一⿰日㡀必結切暴乾也文一暬私列切說文狎習相慢也詩曾我暬御謂侍御一曰暝晦也又諾叶切文一重音一⿰日敝敕列切明也又直列切文一重音一⿰日蒦鬱縛切勇皃東觀漢記⿰日蒦哉是翁文一⿰日矍鬱縛切明也文一⿰日尃曝伯各切暴也或作⿰日㬥文二暯末各切冥也文

一昨疾各切說文累日也文一[日隺]忽郭切暫明也文一[日昔]思積切博雅曝也文一晹夷益切說文曰覆雲暫見也又施隻切文一重音一曎夷益切光也文一𦠆昔思積切說文乾肉也从殘肉日以晞之與俎同意隸作昔昔又倉各切觕也周禮老牛之角紾而昔文二重音一晰先的切明也文一的丁歷切說文明也引易爲的顙文一[日鬲]狠狄切明也文一曆郎擊切曆象也史記通用歷文一[厂伯]昊昃札色切說文日在西方時側也引易日[厂伯]之離或作昊昃文三曄曅域及切暐曄光也或作曅曅又並域輒切文二重音一[日翕]迄及切日乾物也文一[日㬎][日巠]乞及切曝也或作[日巠]文二昅極曄切乾也又極業切日乾也文一重音一[日疌]七接切[日疌][日巤]日欲沒又即涉切文一重音一[日巤]

力涉切日欲入也文一 㬹 昵輒切熀也文一 曅 域輒切說文光也文一

文二百九十六 重音一百三十七

旦明也从日見一上一地也凡旦之類皆从旦 得案切 文一

暨 其兾切說文日頗見也又居氣切諸暨縣名在越又其旣切及也又戟乙切已也又居乙切文一重音四

文二 重音四

倝日始出光倝倝也从旦㫃聲凡倝之類

皆从倝古案切文一

𣈅朝陟遥切說文且也亦姓隸作朝又並馳遥切覲君之總稱又姓朝又追輸切朝鄁縣名文二重音二

𠦝居案切說文闕文一

幹居案切能事也一曰艸木莖一曰助也亦姓又侯旰切體也又虛旰切又居寒切正也又胡安切井垣也文一重音四

暵虛旰切乾也文一

文六　重音六

㫃旌旗之游㫃蹇之皃从屮曲而下垂㫃相出入也讀若偃古人名㫃字子游凡㫃之類皆从㫃古作㫃於幰切又並於蹇切文二重音一

施𠆸𢼌商支切說文旗皃齊欒施字子旗知施者旗也一曰設也古作𠆸𣸪施又余支切𢻱易也又賞是切捨也又以豉切及也施𠆸又施智切惠也文三重音四 旇攀糜切說文旌旗旇靡也又攀悲切麾謂之旇又母被切旌旗皃又平義切文一重音三 旖於宜切說文旗旖旎也一曰旖旎盛皃又隱綺切又於義切文一重音二 旎女夷切旖旎柔弱皃又乃倚切旖旎旌旗从風皃又女利切又乃可切文一重音三 𣄴夷佳切旌謂之𣄴又徐醉切文一重音一 旗渠之切說文熊旗五斿以象罰星士卒以為期引周禮師都建旗文一 㫢呼韋切幟也以絳徽帛箸於背又古本切旗名文一重音一 旂渠希切說文旗有衆鈴以令衆也一曰交龍為旂文一 旟羊諸切說文錯革畫鳥其上所以進士衆旟旟衆也引周禮州里建旟文一 旛孚袁切說

文幅胡也謂旗幅幅下垂者又符表切文一重音一

旃旜 諸延切說文旗曲柄也所以旃表士衆引通帛爲旃一曰之也或作旜文二

旋 旬宣切說文周旋旌旗之指麾也一曰疾也又從緣切復也又信犬切鍾縣謂之旋又隨戀切遶也文一重音三

㫾 卑遥切說文旌旗飛揚皃文一

旚𣄴 紕招切說文旌旗旚繇也或从麃文二

𣄃 餘招切說文旗𣄃謂之𣄃又夷周切又伊鳥切旗屬文一重音二

旓 師交切旌旗旒文一

旄 謨袍切說文幢也一曰獸名又武道切老毦又亡遇切山名又莫報切旄毛纕長也文一重音三

旌旍 咨盈切說文游車載旌析羽注髦首所以精進士卒又姓或作旍文二

游 夷周切旌旗之流也又力求切文一重音一

旒斿 力求切旌旗之旓廣雅天子十二斿至地諸侯九斿至軫大夫七斿至轂士五斿至

肩斿又夷周切文二重音一

旖　隱綺切旌旗從風皃又倚可切旖㫊旌旗皃文一重音一

旅𣃨　兩舉切說文軍之五百人爲旅亦姓古作𣃨旅又凌如切陳也周禮旅擯文二重音一

𣄴　伊鳥切說文旗屬一曰旗皃又以紹切文一重音一

旐　直紹切說文龜蛇四游以象營室游游而長引周禮縣鄙建旐文一

㫊　乃可切旖㫊旌旗皃文一

𣄃　衣檢切覆車罔又益涉切手網博雅罼罕罠𣄃率也又憶笈切又乙業切文一重音三

𣄛　衣檢切旌旗皃文一

旞　徐醉切說文道車所以載全羽文一

旆　蒲蓋切說文繼旐之旗沛然而垂文一

旝　古外切說文建大木置石上發以機以追敵也引春秋傳旝動而鼓又引詩其旝如林一曰旃也文一

族　先奏切使犬聲嗾或省又千候切大蔟律名蔟或作族又則候切樂變也漢書聲有節族蘇林讀又昨木

切說文矢鋒也束之族族也一曰从㫃所以摽衆矢之所集一曰聚也又作木切利也文一重音四

斾 蒲撥切旗斾文一

文四十一　　重音三十六

冥幽也从日从六冖聲日數十十六日而月始虧幽也凡冥之類皆从冥 莫經切又彌幷切又眉兵切暗也易冥豫鄭康成讀又民堅切顛冥迷惑也又母迥切又眠見切又莫定切夕也又莫狄切以繩縻取禽獸之名

文一重音七

鼆 武庚切冥也又母耿切蠅名又魯邑名文一重音一

文二　重音八

晶精光也从三日凡晶之類皆从晶子盈切文一

曟晨丞眞切說文房星爲民田時者或省晨又慈鄰切旦也關中語文二重音一

曐星𣊫桑經切說文萬物之精上爲列星从晶生聲一曰象形从口古口復注中故與日同或省古作𣊫唐武后作〇文三

曑參𠫯疏簪切說文商星也或省古作𠫯曑又倉刀切宜也莊子以參爲驗又初簪切參差不齊又倉含切謀度也間厠也又蘇甘切三也又桑感切雜也儀禮有參侯又七感切參譚衆多皃文三重音六

⿰參冘知鴆切廣雅耕也文一

曡疊達協切說文楊雄說以爲古理官決罪三日得其宜乃行之从晶从宜亡新以爲疊从三日大盛改爲三晶一曰厚

也屈也懷也文二⿺星歷狠狄切星皃文一

文十三　重音七

月闕也太陰之精象形凡月之類皆从月

魚厥切唐武后作囝文一

朣徒東切月初出文一朧盧東切朣朧月出文一朦謨蓬切朦朧月將入文一

⿱亣月朞居之切復其時也引虞書棋三百有六旬古作⿱亣月朞文二期朙渠之切說文會也一曰限也要也或作朙文二

⿰月敦朜他昆切月光也或省文二朎郎丁切朎朧月光文一

⿰月尋徐心切古姓文一䏺虎孔切䏺䏺月不明文一朏妃尾切說文月未盛

之明从月出周書曰丙午朏又普亥切文一重音一**朓**土了切說文晦而月見西方謂之朓又徒了切月側也又他吊切又丑照切文一重音三**朖脼**里黨切說文明也亦姓古作脼文一**朒**女六切說文朔而月見東方謂之縮朒又而六切文一重音一**朔**色角切說文月一日始蘇也一曰北方也亦姓古書作朔文一**霸⿱罒月**普伯切說文月始生霸然也周書曰哉生霸古作⿱罒月又並必駕切文二重音一

文三十一　重音六

有不宜有也春秋傳曰日月有食之从月又聲凡有之類皆从有古作𠂇云九切有又尤救切復也

文二重音一

朧盧東切說文兼有也又魯孔切乘馬也一曰牽也又云九切文一重音二

戫彧乙六切有文章也或作彧文二

戫越逼切疾皃文一

文六　　重音三

朙照也从月从囧凡朙之類皆从朙古文作明眉兵切又姓亦州名明又莫更切地名盟或作明文二重音一

朚呼光切說文翌也又謨郎切博雅遽也文一重音一

奣苦礦切明也又古猛切又烏猛切文一重音二

囧窻牖麗廔闓明象形凡囧之類皆从囧

文四　重音四

讀若獷賈侍中說讀與明同 俱永切 文一

𥁰盟盟盟盟 眉兵切說文周禮曰國有疑則盟諸侯再相與會十二歲一盟詔天之司慎司命盟殺牲歃血朱盤玉敦以立牛耳或从朙从明古作盟盟盟又謨耕切誓約也盟又眉永切信也坎用牲加書又莫更切盟津地名又眉病切文四重音四

文五　重音四

夕莫也从月半見凡夕之類皆从夕 祥易切 文一

夢謨忠切說文不明也又彌登切爾雅夢夢亂也又莫鳳切文一重音二 夤延知切恭也𢖍作𡖅又並夷眞切說文敬惕也引易夕惕若夤文二重音一 夝慈盈切說文雨除夜而星見也又甾埑切文一重音一 夗於阮切說文轉臥也又烏勉切方言夗專簿也文一重音一

外𡕹五會切說文遠也卜尚平旦今夕卜於事外矣古作外外外又五活切文二重音一

夜亱夤謝切說文舍也天下休舍也古作亱夜又夷益切縣名文二重音一 夝新佞切雨止無雲星見文一 𡖑夙息六切說文早敬也从丮持事雖夕不休早敬者也隸作夙文二

𡖈紆勿切𡖈屈短皃文一 𡖼莫白切說文宋也文一

文十五　重音七

多重也从重夕夕者相繹也故爲多多重夕爲多多重日爲曡凡多之類皆从多古作𡖋得何切多又章移切多也文二重音一

⿰多農尼容切⿰多邑⿰多農多也又乃潼切又匿講切文一重音二⿰多邑⿰多雍於容切⿰多邑⿰多農多也或作⿰多雍⿰多邑又鄖孔切方言南楚凡大而多謂之⿰多邑又鄖項切⿰多邑⿰多農多也文二重音二⿰多其丘其切廣雅多也又去吏切又居吏切文一重音二⿰多支章移切廣雅多也又支義切文一重音一⿰多灰枯回切大也謂志大也恢或作⿰多灰文一⿰多圣枯回切說文大也一曰多也又古壞切文一重音一⿰多亥丘哀切博雅多也又柯開切文一重音一⿰多匀俞倫切周也文一⿰多辛疏臻切博雅⿰多辛⿰多孚多

也文一⿰多周丁聊切大也多也文一⿰多委苦禾切燕人謂多曰⿰多委又鄔毀切又鄔果切文一重音二⿰多冄囊何切廣雅⿰多冄⿰多冄多也文一爹陟邪切廣雅父也又他可切文一重音一⿱尚多陟加切說文厚脣皃又抽加切文一重音一⿰多羊余章切多也又徐羊切文一重音一⿰多孚房尤切廣雅⿰多孚⿰多孚多也文一夠墟侯切多也又居侯切又居候切聚也文一重音二⿰多冘都含切博雅多也又都感切又丁紺切文一重音二⿰多占嵒占切⿰多占⿰多冄多也文一⿰多冄如占切⿰多占⿰多冄多也文一⿰多宂乳勇切⿰多宂⿰多宂衆多也文二夥戶買切多也又戶果切說文齊謂多爲夥文一重音日一⿰多貴苦猥切⿰多貴⿰多貴多皃也又戶賄切又丘畏切多得也文一重音二⿰多咼戶果切齊謂多爲夥夥或从咼文一⿰多婁朗口切多也文一⿰多甚丑甚切多皃文一⿰多吉

罊致切博雅⿰多亥結多也又去吏切　⿰多直丞職切多

⿰多其或从吉又契吉切文一重音二　⿰多直也文一

文三十一　重音二十四

毌穿物持之也从一橫貫象寶貨之形凡

毌之類皆从毌　古丸切又古玩切文一重音一

虜郎古切獲也从毌从力虎聲文一　貫沽丸切穿也易貫魚以宮人寵徐邈讀又烏關

切彎或作貫又古玩切說文錢貝之貫又古患切習也文一重音三

文三　重音四

马嘾也艸木之華未發圅然象形凡马之

類皆从马乎感切又胡南切文一重音一

𢎘胡先切艸木马盛也从二马文一

𢎗夷周切說文木條生也从马由聲商書曰若顛木之有由枿或省臣光桉徐鍇曰說文無由字今尚書作由枿盖古文省马而後人因省之通用為因由等字文二

圅胡南切說文舌也象形舌體马马又戸感切口上曰臄口下曰圅文一重音一

甬丑勇切說文艸木華甬甬然也周禮鍾上謂之甬一曰甬東地名在越又杜孔切候管文一重音一

𠧪昌閣切會也文一

文七　重音三

東木垂華實从木马马亦聲凡東之類皆

⿱从康胡感切又胡南切文一重音一

⿰𠦝東⿰𠦝束于非切說文束也徐鍇曰束之象木華實之相累也或从束文一

文三　重音一

𠧪艸木實垂𠧪𠧪然象形凡𠧪之類皆从𠧪讀若調籒作⿱𠧪⿰𠧪𠧪田聊切又多嘯切文二重音一

⿰𠧪隹所簡切米一舂也又揣縮切又初諫切又孚萬切又芻萬切文一重音四⿱𠧪米⿱𠧪⿱⿰𠧪𠧪米

粟須玉切說文嘉穀實也孔子曰⿱𠧪木之爲言續也籒作⿱𠧪⿱⿰𠧪𠧪米隸作粟文三⿱𠧪木⿱𠧪⿱⿰𠧪𠧪木⿱覀⿱⿰𠧪𠧪木

栗力質切說文木也其實下垂故从𠧪古作⿱𠧪⿱⿰𠧪𠧪木⿱覀⿱⿰𠧪𠧪木徐巡說木至西方戰⿱𠧪木亦姓隸作栗栗又力孽

切折也文四重音一

卤昌石切姓也文一

文十一　重音六

亝禾麥吐穗上平也象形凡亝之類皆从亝

亝或作齊齐前西切徐鍇曰生而齊者莫若禾麥二地也兩傍在低處也齊齐又莊皆切戒絜也齊又津私切粢或作齊又才資切等也又戕西切躋或作齊又在禮切齊齊恭皃又子計切和也周禮八珍之齊又才詣切和也又子淺切齊斷也文三重音八

齏⿱亝妻千西切說文等也或作⿱亝妻齏又祖兮切文二重音一

文五　重音九

朿木芒也象形凡朿之類皆从朿讀若刺七賜切又訖力切文二重音一

𣗥津垂切博雅石鍼謂之𣗥一曰鳥喙又遵爲切文一重音一棗子晧切說文羊棗也文一

棘𣡌訖力切說文小棗叢生者或作𣡌文二⿱棘力六直切趙魏之間謂棘曰⿱棘力又訖力切力也文一重音一

文六　　重音三

片判木也从半木凡片之類皆从片匹見切又普半切半也文一重音一臣光曰傳寫之譌片或作爿

牅餘封切城垣也文一牕麤叢切通孔也又初江切在牆曰牖在屋曰牕文一重音一

⿰片离鄰知切破木爲⿰片离文一⿰片也余支切方言榻前八椸或作⿰片也文一⿰片朱慵朱切⿰片朱

牏過水版一日横木渡水文一⿰片婁龍珠切⿰片朱⿰片婁過水版文一牏容朱切築牆短版又徒侯

切又俞戍切又朱戍切又厨遇切又大透切文一重音五⿰片虒天黎切牌也文一⿰片是田黎

切壁方丈文一牌蒲街切博雅簿牌籍也又蒲皆切文一重音一⿰片貴徒回切⿰片崔⿰片貴屋壞貟

文一⿰片崔蘇回切⿰片崔⿰片貴屋壞也又倉回切陮或作⿰片崔文一重音一⿰片咅⿰片不晡枚切版也或

作⿰片不⿰片咅又蒲枚切又蒲來切文二重音二⿰片賁符分切⿰片賁⿰片朱樹也文一⿰片分步還切片也文

一牋將先切表識書也文一牑畀眠切說文牀版也又蒲眠切又婢典切又眠見切

屋簀文一重音三 牊 時饒切牀別名文一 ⿰片多 馳遥切俎几也又祁弋切又施智切文一

重音二 ⿰片禾 胡戈切博雅棺當謂之⿰片禾文一 牁 居何切博雅戙戓杙或作牁文一 ⿰片采

慈良切颿柱也文一 ⿰片黃 姑黃切床横木文一 牓 鋪郎切履編模也又補朗切木片也文一

重音一 ⿰片靈 ⿰片零 ⿰片令 郎丁切牀第或从零从令文三 ⿰片求 渠尤切廣雅牘⿰片求栿也文一

⿰片欠 虚嚴切鍪屬或作⿰片欠文一 ⿰片且 壯所切禮俎也文一 ⿰片臺 坦亥切吴人謂逆剡木曰

⿰片臺文一 ⿰片賁 父吻切牀版文一 版 補綰切說文判也又蒲限切籍也文一重音一 牋

仕限切豢羊屋文一 ⿰片兆 ⿰片兆 直紹切博雅版也或作⿰片兆⿰片兆又徒了切牀版⿰片兆又以紹切文二重音

二 ⿰片果 苦果切俎名文一 牖 以九切說文穿壁以木為交窻也譚長以為甫上日也非

戶也牖所以見口文一⿰片壽是酉切棺也又大到切文一重音一⿰片奄衣檢切屋檐峕版也

文一⿰片施以豉切榻前几文一⿰片甫乎秘切牖也模也一曰牀橫桄文一牉普半切半

也字林牉合合其半以成夫婦也文一⿲辛片辛四見切革中絶也文一⿰片柬郎甸切析木理

文一⿰片虖虛訝切坼也文一⿰片向許亮切北出牖也文一⿰片平叵迸切析木聲文一

⿰片詹昌瞻切屋檐峕版也文一⿰片毚仕懺切字林水門也檐或作⿰片毚文一⿰片菐博木切牆

板之大者文一牘徒谷切說文書版也一曰樂器所以節行文一⿰片率朔律切板也文一

⿰片列力蘖切剖也文一⿰片𢆉闢各切判也引易重門擊⿰木𢆉或作⿰片𢆉又耻格切開也文一重音

一牔伯各切屋峕版文一⿰片辰匹陌切破物也又匹麥切分也文一重音一⿰片斤

恥格切開也文一⿰片辟博厄切豆中小硬者文一⿰片歷狠狄切木障文一⿰片歷狠狄切牀簀文一⿰片畐拍逼切說文判也又弼力切版也坼也文一重音一牒達協切說文札也又逆怯切大板也業或作牃文一重音一⿰片習達協切治也文一⿰片妾悉協切腰牒卜楔一曰簡也文一牐實洽切開城門具一曰以版有所蔽文一

文六十八　　重音二十五

鼎三足兩耳和五味之寶器也昔禹收九牧之金鑄鼎荊山之下入山林川澤螭魅蝄蜽莫能逢之以協承天休易卦巽木於

下者爲鼎象析木以炊也籀文以鼎爲貞字凡鼎之類皆从鼎古作鼑都挺切鼎又丁定切方且也文二重音一

鼒津之切說文鼎之圜掩上者引詩鼐鼎及鼒又將來切又牆來切又作代切文一重音三

⿰將鼎尸羊切煑也文一

鼐奴大切說文鼎之絶大者从鼎乃聲魯詩說鼐小鼎又寧鄧切又曩亥切文一重音二

⿰鼎圭祖芮切小鼎文一

鼏莫狄切說文从木橫貫鼎耳而舉之从鼎冖聲周禮廟門容大鼏七个即易玉鉉大吉也又圭玄切舉鼎也文一重音一

文七　重音七

克肩也象屋下刻木之形凡克之類皆从克古文作𠅏𠅐𢒚𢒌乞得切徐鍇曰肩任也負何之名也與人肩膊之義通能勝此物謂之克古作𠅏𠅐𢒚𢒌文五

文五

彔刻木彔彔也象形凡彔之類皆从彔盧谷切臣光按篆文作𥎟變隸作彔文一

文一

類篇卷第七上

類篇卷第七中　卷之二十

朝散大夫右諫議大夫權御史中丞充理檢使上護軍河內郡開國侯食邑一千三百戶賜紫金魚袋臣司馬光等奉

敕修纂

禾嘉穀也二月始生八月而孰得時之中故謂之禾禾木也木王而生金王而死从木从𠂹省𠂹象其穗凡禾之類皆从禾　戶戈切　文一

種　徒東切說文先種後熟爲種又傳容切又主勇切類也又朱用切蓺也文一重音三　秱　徒東切禾盛皃文一　穠　盧東切博雅穠穧也一曰禾病文一　稯稅　祖叢切說文布八十

縷爲稯一曰十筥曰稯籀作稅稅又祖動切禾聚束也文二重音一䅝枯公切博雅秆䅝稭稾也文一种持中切稚也亦姓文一䄬如容切穠䄬芳也一曰禾稍又乳勇切文一重音一穠如容切華多皃又尼容切文一重音一䅪七恭切䅪移治禾也文一種傳容切說文先種後熟也又主勇切類也又朱用切蓺也文一重音二𥟵渠容切稰也又丘勇切穫也又巨勇切文一重音二䅵抽江切禾不秀文一𥟖是爲切禾垂皃又都戈切博雅積也又是𥟖切又聚縈切又直婢切又吐火切又杜果切又樹僞切文一重音七䅲相支切治禾也文一䅻鄰知切長沙人謂禾二把爲䅻文一穲鄰知切苗也一曰五穀之列爲穲稭文一秛攀糜切廣雅稅也又攀悲切禾租曰秛又敝介切又普靡切又彼義切文一重音四穈

忙皮切穄也又旻悲切赤苗曰穈又床忙皮切床
謨奔切說文赤苗嘉穀文一重音二穰地名在
今秦州移⿰禾也余支切說文禾相倚移也一曰禾名
文一或作⿰禾也移又以豉切遺也羨也大也
又敞尒切張也移或稦⿰禾奇於宜切禾茂也⿰禾妥⿰禾委
作移文二重音二或作⿰禾奇文二
儒隹切長沙謂禾四把曰⿰禾妥或作⿰禾委⿰禾委私相咨切
又宣隹切桵又徐醉切文一重音二說文禾
也北道名禾主人曰私主人爾秶⿱齊禾津私切說文
雅女子謂姊妹之夫曰私文一稷也或作⿱齊禾
文⿰禾資津私切說文積禾也又才資切博
一雅積也又子智切文一重音二秖秜張尼切禾
始熟曰秖一曰再稺陳尼切幼也一曰自驕矜秜
種或作秜文二皃又田黎切文一重音一
良脂切說文稻今年落來年自生謂之秜又女⿰禾者
夷切稻再生又尼質切稻先熟者文一重音二

渠伊切麥下種也又攀悲切說文一稃二米引
市之切文一重音一 秠 詩維秬維秠天賜后稷之
嘉穀也又披尤切又普鄙切黑黍也 頻脂切穀
又俯九切又匹九切文一重音四 秕 不成也又
補美切又補履切 䅡 莊持切耕 津之切禾生貟
切文一重音二 也文一 稵 一曰時也又將
由切又子幽切 䅘 陵之切麥也又郎才切說文齊
文一重音二 謂麥曰䅘又六直切文一重音
二 稘𥝱 居之切說文復其時也引虞書稘三百有
六旬古作𥝱稘又渠之切豆莖也文二重
音 稀 香衣切說文疏也徐鍇曰从禾爻巾 稆 斤
一 爻者稀疏之義巾象禾之根莖文一 於
切蜀人謂黍 秬 求於切黍屬又曰許切黑黍一 稰
曰糖稆文一 稃二米以釀也文一重音一
新於切禾子落皃又寫與 租 子余切包也又宗蘇
切熟穫曰稰文一重音一 切說文田賦一曰畜

畜也又將侯切包裹也又子悉切秭穊禾重生文一重音三

稌 常如切藥艸署預也又通都切稻也又同都切稉稻也今俗尚謂稌糜酒又統五切沛國呼稻爲稌又動五切文一重音四

秆 雲俱切禾不秀文一

稃柎 芳無切說文穭也一曰秠一稃二米或作柎稃又房尤切穀皮文二重音一

秿 芳無切禾穳也又滂摸切大豆也又奔模切刈禾又奉甫切博雅䆍秿穧也文一重音三

秩 風無切再生稻文一

䅳 莊俱切博雅稷穰謂之䅳又祟芻切俗作秠非是又甾尤切文一重音二

䅆 滂模切大豆也一曰穧也又奉甫切文一重音一

穌 孫祖切說文把取禾若也一曰死而更生曰穌俗作甦非是文一

䅷 同都切禾穗文一

稊䅠䅺 田黎切艸名蕛荑也蕛或作稊䅠䅺䅺又直利切文三重音一

䅅 烏蝸切耕也文一

稭 居諧切又訖黠

切說文禾稾去其皮祭天以爲席文一重音一**稹**之人切艸木根相迫迮也又畀民切籬上豆又亭年切又上忍切說文種穊也引周禮稹而理之又之刃切禾穊也文一重音四**秂**而鄰切禾欲結者文一**秦⿱𡗗秝⿱亼秝**慈鄰切說文伯益之後所封國也地宜禾一曰禾名亦州名又姓籀作⿱𡗗秝古作⿱亼秝文三**⿰禾因**伊眞切禾華文一**⿰禾韋**䟽臻切穀名廣雅⿸广秝⿰禾韋也文一**秎**符分切穦也關中語又父吻切又符問切一曰秎穦禾有限也文二重音二**秐**于分切除苗間穢也文一**⿰禾昷**於云切蒕⿰禾昷香也文一**⿰禾番**符袁切稻名文一**⿰禾㒼**謨奔切赤苗嘉穀文一**穇**千安切白穇稗名文一**穳⿱⿳𥫗目大禾**徂丸切禾聚也亦作篹又並祖管切穳又粗本切又才贊切禾茂不實也文二重音二**⿰禾耑**多官切又都果切說文禾垂皃文一重音一

䅼謨還切稻名又莫半切種也文一重音一⿰禾臱⿰禾邊稨卑眠切籬上豆或从邊亦作稨⿰禾臱⿰禾邊又補典切豆名文三重音一䅌圭玄切說文麥莖也文一秊年寧顛切說文穀熟也引春秋大有秊或作年年又禰因切又乃定切闕人名周景王弟年夫唐武后作𠦚文二重音二

秈⿰禾西相然切方言江南呼稉爲秈或作⿰禾西文二⿰禾兆他彫切稻也又他刀切又除交切穭曰⿰禾兆文一重音二稠田聊切調或作稠又陳留切說文多也又徒弔切動搖皃漢書天地稠嶅文一重音二

⿰禾票卑遥切稻苗秀出者又弭沼切禾芒也文一重音一穮悲嬌切說文耕禾閒也引春秋傳是穮是蓘又披交切穮⿰禾苗禾虚皃又披敎切文一重音二穚居妖切禾秀也一曰莠艸長茂皃又渠嬌切文一重音一⿻禾曰千遥切匕也文一穘虚交切艸皃蔽或作

穘又人要切禾皃文一重音一⿰禾苗謨交切穮⿰禾苗禾不實又眉教切文一重音一稍師交
切稅也又山巧切漸也又所教切說文出物有漸也文一重音二稿居勞切秆也文一⿰禾皋居勞切禾
名文一⿰禾勞郎刀切野豆謂之⿰禾勞豆文一稞⿰禾咼苦禾切青州謂麥曰稞或
作⿰禾咼稞又魯果切無皮穀又戶瓦切說文穀之善者文二重音二科苦禾切說文程也从禾从
斗斗者量也文一⿳亡口⿲月禾凡稞盧戈切穀積也或作稞稞又思累切禾四把也一曰小積文二重音
一⿰禾虘莊加切稻也文一秅陟加切數也二秭為秅一曰麻屬又直加切引周禮二百四十
斤為秉四秉曰筥十筥曰稯十稯曰秅四百秉為一秅又女加切烏秅西域國名又都故切禾束文一重
音三⿰禾加居牙切禾也文一⿰禾牙牛加切稯也文一⿰禾華胡瓜切禾盛也文一⿰禾方

分房切禾名文一 ⿰禾亡 䅒 武方切稻稃也或从芒文二 ⿰禾昌 嵩良切穅也文一 穰

如陽切說文黍⿱㓞黍已治者一曰豐也又姓又人成切蹂禾黍之餘又汝兩切豐也文一重音二 稂

呂張切童粱也又盧當切禾粟之米生而不成者謂之董稂文一重音一 秧 於良切說文禾若秧

穰也一曰蒔謂之秧又於郎切栽也又倚兩切秧穰禾密皃文一重音二 糖 徒郎切蜀人謂黍曰

糖稆文一 ⿰禾當 都郎切稂⿰禾當禾皃文一 ⿰禾旁 蒲光切博雅⿰禾旁⿰禾皇穄也又蒲庚切文一重音一

穅 康 丘岡切說文穀皮也古作康文二 ⿰禾荒 ⿰禾㐬 䅒 呼光切說文虛無食也一曰果

不熟為⿰禾荒或作⿰禾㐬䅒文三 ⿰禾皇 胡光切說文⿰禾旁⿰禾皇也穄別名又胡盲切文一重音一 穔 胡光

切野穀文一 秔 稉 居行切說文稻屬或作稉文二 ⿰禾朋 蒲庚切禾密也文一 ⿰禾寧 尼耕

切禾芒曰稃文一 程 馳貞切說文品也十髮為程一程為分十分為寸又姓文一 程 桑經切禾稀也文一 ⿰禾靈 ⿰禾零 郎丁切艸莖疎也或从零文二 秢 郎丁切禾始熟曰秢文一 ⿰禾霝 郎丁切艸名蔓生文一 ⿰禾务 書蒸切麻屬文一 稱 蚩承切說文銓也从禾爯聲春分而禾生日夏至晷景可度禾有秒秋分而秒定律數十二秒而當一分十分而寸其以為重十二粟為一分十二分為銖故諸程品皆从禾又姓俗作秤非是又昌孕切權衡也分寸起於秒秒禾芒也故程品字皆从禾一曰宜也謂也文一重音一 ⿰禾乃 如蒸切禾名文一 稜 閭承切烏稜稻名文一 穋 居尤切藥艸又渠幽切禾類管子所種穋秜又力竹切疾熟也文一重音二 秞 夷周切禾盛曰秞一曰物初生皃文一 ⿰禾留 力求切禾名一曰禾盛皃文一 ⿰禾⿱夂月 ⿰禾脩 思留切禾

名或不省文二**秋龝𪚲**雌由切說文禾穀熟籒作秌一曰秋馬騰驤也所謂秋駕以善馭不䡾逸也又姓古作龝𪚲文三**𥢆**子幽切禾生也文一**䅟**踈簪切禾長皃文一**穇穇**初簪切禾短曰穇或省穇又師衘切穇穇禾穗不實文二重音一**𥢶**鉏簪切禾苗將秀曰𥢶又渠金切又其淹切禾名又岑譖切文一重音三**䅖**烏含切博雅馣馣香也或从禾又衣廉切䅖䅖禾苗美也又鄔感切種田也又衣檢切禾不實又於贍切又乙業切禾敗不生文一重音五

𥣫余廉切禾也文一**䅧**於鹽切䅧䅧苗齊等也又於禁切禾苗茂美也文一重音一**𥤔**思廉切稴稴艸不實又先念切文一重音一**稴𥣞**離鹽切稴𥤔艸不實或从廉稴又勒兼切說文稻不黏者又堅嫌切一曰青稻白米又賢兼切稻名又胡讒切又盧忝切又歷店切稴𥤔

禾不實皃文二重音六　秥居占切禾也文一　稴虚嚴切禾傷肥又師銜切文一重音
一　稯祖動切禾聚束也文一　䄳乳勇切柜黍文一　耩古項切耕也或从禾文一
秭蔣兕切說文五稯爲秭一曰數億至萬曰秭又子禮切禾五稯文一重音一　稖普鄙
切黑黍也爾雅秠一稃二米或从否文一　𥝢補履切不成粟也秕或省文一　秄祖似切說文壅
禾本又將吏切又吉列切禾杷文一重音二　秲丈里切稻名又時例切說文更別種文一重音
一　秜口已切禾名管子其種穋秜文一　䆧偶起切茂也引詩黍稷薿薿或从禾文一　䅏
武斐切廣雅饋也又明祕切又無沸切文一重音二　𥠖妃尾切禾穗皃文一　䅉府尾切稻
名文一　穳父尾切稻紫莖不黏者又父沸切文一重音二　穖舉豈切說文禾穖也又凡

利切稠也文一重音一**穭稆**兩舉切禾自生或从呂文二**穥**演女切苗盛也又羊茹切禾稼謂之穥一曰穥穥黍穄美皃文一重音一**穧**在禮切穫刈也又子智切積禾也又疾智切又疾二切又子計切又才詣切又子例切文一重音六**秕**女蟹切禾也文一**䆀**母罪切博雅敗也一曰禾傷雨又母亥切又莫佩切又莫代切博雅敗也一曰黑也文一重音三**稐**縷尹切禾束曰稐又魯本切文一重音一**稛**苦殞切博雅束也又去粉切又苦本切說文絭束也文一重音二**䅪**苦遠切禾相近謂之䅪又苦倦切文一重音一**䅙**武遠切禾名文一**𥞥**戶袞切束艸也文一**穩**鄔本切蹂穀聚也文一**積**部本切穩積穀未𣪏皃文一**𥢌**粗本切禾租也文一**𥟩**安很切艸名文一**稈秆**古旱切說文禾莖也引春秋傳或投

一秉稈或作秆秆又侯旰切禾藳文二重音一稩苦緩切禾病也文一秚部滿切物之相
和文一穳子罕切秿也文一⿰禾幵⿰禾見吉典切束也文二⿰禾亶亶善切束也文
一⿰禾勺丁了切說文禾危穗也又丁歷切文一重音一⿰禾褭乃了切衡不舉也文一秒
弭沼切說文禾芒也文一稾古老切說文稈也又居效切枯禾又居号切散也儀禮稾車鄭康成
讀文一重音二稻土皓切秔也關西語又杜皓切說文稌也亦姓文一重音一䆃杜皓
切瑞禾一曰治粟又大到切說文禾也司馬相如䆃一莖六種一說以粟為米曰䆃禾漢有䆃官文一重音
一⿰禾爽所兩切禾皃文一⿰禾黨底朗切頓⿰禾黨黃穀名文一穬苦猛切說文芒粟也一曰
稻未舂文一穎庚頃切說文禾末也引詩禾穎穟穟文一⿰禾廷⿰禾定待鼎切稻麥皃或从

定文一䅮忍九切轢禾也文一𥢆士九切聚也又粗送切麻束一曰積禾文一重音一䄻女九切禾耎弱者文一𥢗朗口切耕畦謂之𥢗文一稔忍甚切說文穀孰也引春秋傳鮮不五稔文一秹忍甚切禾弱也文一𥢔於琰切禾稻不實也又於豔切又益涉切文一重音二䅈他點切鄉名在濟北蛇丘文一䆠徒點切䆠穇穀名文一䄸古巷切禾垂文一䄺尺僞切糶也文一䄲而睡切內也一曰人心薄言而語謂之䄺䄲又女恚切文一重音一積子智切聚也周禮遺人掌邦之委積以待施惠或書作𥻗又資息切又則歷切文一重音二穟𥡴𥟨徐醉切說文禾采之皃引詩禾穎穟穟或省亦作𥟨文三采穗徐醉切說文禾成秀也人所以收从爪禾或从惠文二穓秦醉切稻黏者又明

秘切散種也文一重音一稺穉稚直利切說文幼禾也或不省亦作稚稊䕌文三穊直利切禾稠文一季居悸切說文少稱也又姓文一穊䅇几利切說文稠也或省穊又居氣切文二重音一稩几利切禾長穗又居氣切文一重音一稗必至切縣名在瑯邪文一秘兵媚切密也又蒲結切香也文一重音一秶側吏切穊皃文一䆏父沸切說文稻紫莖不黏文一𥝌居氣切說文稭也文一𥝠依據切燕食也飫古作𥝠文一秨存故切禾稼也一曰禾搖皃又疾各切文一重音一秺都故切禾束秅或作秺又除駕切文一重音一秅都故切漢侯國名在成武通作秅文一穫胡故切焦穫地名在周又黃郭切說文刈穀也又胡陌切收禾也文一重音二秙苦故切秙稴禾不實文一稒

古慕切稒陽縣名在五原郡文一䅍郎計切長禾文一稧胡計切吳人謂秧稻曰稧

又詰結切禾稈也文一重音一穄子計切說文穈也文一穧子例切穫也文一稅

輸芮切說文租也一曰舍也亦姓又吐外切日月已過閒喪而服曰稅又吐玩切黑衣王后之服又他括

切稅或作稅又輸藝切田賦文一重音四𥝾𥢑𥹋力制切黍穰謂之𥝾或从厲古作𥹋𥝾又

力蘖切文三重音一䅳株衛切禾皃文一䄬以制切稻名文一秇倪祭切種

也文一稡祖外切禾秀不實皃又蘇骨切𥟍稡莠也又臧没切𥝖稡禾秀不成聚向上皃文一

重音二䅣苦會切說文糠也又苦史切又古卧切文一重音二穢𥣱烏外切惡也古

作𥣱又並烏廢切說文蕪也文二重音一𥡚烏懈切稻束曰𥡚一曰稗𥡚稻種文一稗

旁卦切說文禾別也琅邪有稗縣文一䆓盧對切秷䆓稻名文一秣莫佩切飼馬文

一秏呼内切稻名又虛到切說文稻屬伊尹曰飯之美者玄山之禾南海之秏一曰減也又莫報切

秏亂不明文一重音二稕稦朱閏切束稈也古作稦文二稄須閏切秉四謂之莒

莒十謂之稄又札色切稫稄禾密皃文一重音一𥟍居覲切穰艸文一穙方問切稻

紫莖者文一䅦吾困切饐鎧也謂相謁食麥秦人語或从禾文一䅁於旰切說文轢

禾也文一穙呼玩切禾名文一稬奴亂切說文沛國謂稻又奴臥切又乃管切文一重

音一二穮作甸切獸之所食艸文一穛子肖切物縮而小謂之穛文一秏莫報切艸

覆蔓苠或从禾文一稞徒臥切禾積也文一穲䆉步化切穲稏稻也或从巴文二秺

除駕切屋皃文一

稼　居訝切說文禾之秀實爲稼莖節爲禾一曰在野曰稼文一

稏　衣駕切䆉稏稻也文一

⿰禾卷　丑亮切以秬釀鬱艸芬芳攸服以降神也鬯或從禾文一

⿰禾倉　七浪切禾頃也文一

秀　息救切實也有實之象下垂也徐鍇說文一

⿰禾胄　即就切稅也又直祐切文一重音一

穀　居候切祿也善也論語三年學不至於穀又古祿切說文續也百穀之總名一曰善也祿也一曰水名文一重音一

⿰禾屋　烏谷切禾芒文一

穙　⿰禾僕　普木切艸生穊或从僕穙又步木切文二重音一

⿰禾丵　作木切艸木叢生或从禾文一

稪　方六切穀名又房六切文一重音一

穆　莫六切說文禾也一曰敬也美也文一

稸　勑六切積也又許六切文一重音一

稑　力竹切說文疾熟也引詩黍稷種稑鄭司農曰先種後熟謂之種後種先熟謂之稑

文一　稶稶 乙六切黍稷盛皀或省文一　秙 枯沃切廣雅熟也文一　⿰禾羔 枯沃

切禾皮一曰地名又奴沃切又職略切文一重音二　⿰禾辱 奴沃切田治艸也文一　穛 側角

切早取穀也一曰生穫曰穛熟穫曰穱文一　穱 側角切稻下種麥又即約切稌也文一重音一

⿰禾卽 子悉切⿰禾弗⿰禾卽禾重生又側瑟切又節力切稷或作⿰禾卽文一重音二　⿰禾㡀 簿必切馨香也

苾亦作⿰禾苾又蒲結切文一重音一　⿰禾弗 薄密切⿰禾弗⿰禾卽禾重生又薄沒切字林⿰禾弗稡禾秀文一重音

一　秷⿰禾窒 陟栗切穫禾聲也文二　⿰禾栗 力質切⿰禾栗⿰禾栗積禾皃文一　秩 直質切說

文積也引詩穦之秩秩一曰常也次也又弋質切鳥名爾雅秩秩海雉如雉而黑在海中山上施乾讀又

徒結切庤也常也文一重音二　秸 激質切秸鞠鳲鳩也文一　秫朮 食律切說文稷之黏

者或省木又直律切山薊也文二重音一稡劣戌切糲米或从禾文一⿰禾節側瑟切

⿰禾節禾重生皃文一秇居乙切舂粟不潰又下扢切堅麥也又胡骨切麄䴱屑也或从麥又奚結切屑米

細者曰秇文一重音三䅥⿰禾桀居謁切說文禾舉出苗也或从桀䅥又丘葛切又居曷切博雅

謂糠為䅥又吉屑切禾秀又巨列切糠也⿰禾桀又具別切禾出皃文二重音五⿰禾孛薄没切字林⿰禾孛

稡禾秀文一⿰禾骨古忽切禾莖文一秣莫葛切食馬穀也文一秳戶括切說

文舂臬不潰也一曰生也謂禾生又乎刮切文一重音一秳乎刮切舂米潰也文一⿰革禾

訖黠切禾稾去其皮祭天文一⿰禾敫奚結切麥全曰⿰禾敫通作覈文一穖⿱艹⿱罒⿻禾戈莫結切說文禾

也或省文一⿰禾矍厥縛切艸名可染皁文一⿰禾白匹各切禾不實文一⿰禾索昔各切禾

鄭喜

皃又色窄切禾穗文一重音一　稓　疾各切鄉名在臨卭亦姓文一　⿰禾各　曷各切禾屬似黍而小文一　䄷　常隻切說文百二十斤也稻一䄷爲粟二十升禾黍一䄷爲粟十六升大半升文一　⿰禾易　夷益切禾終畝文一　⿰禾啇　他歷切離而種之曰⿰禾啇賈思勰說文一　稙　丞職切說文早種也引詩稙稚尗麥稙又竹力切文一重音一　稷　⿰禾⿱田儿　節力切說文齋也五穀之長亦姓或作⿰禾⿱田儿稷又札色切文二重音一　⿰禾昊　札色切禾束也文一　穡　殺測切說文穀可收曰穡文一　⿰禾則　察色切禾稠皃文一　⿰禾翌　⿰禾翼　逸織切蕃蕪皃或作⿰禾翼文二　⿰禾弋　逸織切麥䴬也或从禾文一　稫　拍逼切稫稄禾密皃又筆力切蹂禾下葉文一重音一　⿰禾导　匿德切穀穰也文一　⿰禾咠　即入切⿰禾咠⿰禾咠禾衆皃文一　⿰禾臿　測入切種也文一　秴　曷閤切博雅秡

秴也或从禾又葛合切種也文一重音一

穕 士接切土穕農具文一

⿰禾夾 檄頰切穧也又吉協切粉⿰禾夾穧也文一重音一

𥝩 訖業切艸名文一

文三百五十八　重音二百十

秝稀踈適也从二禾凡秝之類皆从秝讀若歷 郎擊切文一

兼⿰秝兼 古甜切并也从又持秝兼持二禾秉持一禾亦姓古从二秉又並吉念切兼又賢兼切疑也文二重音二

文三　重音二

黍禾屬而黏者也以大暑而種故謂之黍从禾雨省聲孔子曰黍可爲酒禾入水也凡黍之類皆从黍舒呂切文一

黐抽知切博雅黏也又鄰知切文一重音一⿸广黍忙皮切說文穄也文一黎良脂切饘也文一黎憐題切說文履黏也又郎奚切又良脂切衆也文一重音二⿰黍朱追輸切博雅⿰黍斤⿰黍朱黏也文一⿰黍古⿰黍胡⿰黍乎洪孤切說文黏也一曰煑黍米及麪爲鬻或作⿰黍胡⿰黍乎文三⿰黍斤渠巾切博雅黏也又舉欣切又口謹切又居炊切文一重音三⿱臤黍乞鄰切稔也又牽典切穄也又輕甸切又經甸切文一重音三⿰黍連陵延切轢禾也又力展切文一重音一⿰黍麻

謨加切廣雅⿰禾幸也文一　⿰黍奓陟加切⿰黍奓⿰黍奓相黏也又竹下切又陟嫁切文一重音二　⿰黍多女加切⿰黍奓⿰黍多黏著又女下切又女嫁切文一重音二　⿰黍柬居牙切⿰黍柬支穀名文一　黏尼占切說文相著也又女驗切⿰黍日也文一重音一　⿰黍兼勒兼切禾黍踈皃文一　⿰黍卑補弭切說文黍屬又旁卦切黍屬文一重音一　⿰黍女忍與切⿰黍女⿰黍啇黏也又碾與切文一重音一　⿰黍尼乃禮切黏也文一　⿰黍卷苦遠切粉也文一　⿰黍堅牽典切博雅⿰黍祭也又輕甸切文一重音一　⿰黍舀土皓切關西呼蜀黍曰⿰黍舀黍文一　⿱奴黍女下切⿰黍奓⿰黍多粘也⿰黍多或作⿱奴黍文一　⿰黍丑女九切黏也文一　⿰黍互胡故切黏也文一　⿰黍易所賣切黏也文一　⿰黍必簿必切馨香也又蒲結切文一　⿰黍日⿰黍刃入質切說文黏也或从刃又並尼質切引春秋傳不義不⿰黍日⿰黍刃又而振切文二重音二　⿰黍啇陟革

切博雅摶也黏也又竹益切又知亦切文一重音二䵒昵力切黏也文一䵗薄北切說文治黍禾豆下潰葉也又拍逼切又筆力切粘也又弼力切治黍且也文一重音三

文三十四　重音二十五

香芳也从黍从甘春秋傳曰黍稷馨香凡香之類皆从香隸省作香許良切文二

馡芳微切廣雅馡馡香也又匪微切文一重音一馪紕民切香氣盛皃文一馩

馚符分切博雅馩馧香也或作馚文一䭃奴昆切香也文一馢將先切香木名文一

䭅毗霄切䭅馛香皃文一䭌蒲庚切䭌䭓芬芳也文一馨醯經切說文香

之遠聞者文一　馟徒南切馣馟香氣文一　馠⿰香今呼含切博雅馠馠香也或作⿰香今又並胡南切文二重音一　馣烏含切博雅馣馣香也又鄔感切又衣檢切又遏合切文一重音三　馦⿰甘兼火占切香也或省又並馨兼切文二重音一　⿰香奉⿰香翁⿰翁臭鄔孔切香也或从臭文二

⿱鬼香蒲蠓切香氣盛也文一　馜乃倚切⿰香奇馜香也文一　⿰香奇隱綺切⿰香奇馜香也文一　⿱鬼香虞貴切阿⿱鬼香藥名文一　馤⿰香蓋於蓋切馣馤香氣也或从蓋馤又於代切文二重音一

馥房六切香氣也又拍逼切又弼力切文一重音二　馝簿必切馨香也又蒲結切文一　馞⿰香出普没切香盛也或从出馞又薄没切博雅馝馞香也文二重音一　馧烏没切馧馞大香也文一　⿰香害許葛切字林香氣文一　⿰香大蒲撥切博雅⿰香大⿰香大香也文一　⿰香甫⿰香朮

匹蔑切䭯䭯香也
或作馝香文三

文三十五　重音九

米粟實也象禾實之形凡米之類皆从米莫禮切
文一

粡徒東切粽也文一　𥸷胡公切說文陳臭米一曰赤米或从共文二　𥻂渠容切精米文一　䊍鄰知切熬米壞也文一　糜忙皮切說文糝也一說黃帝初教作糜文一　䊳忙皮切碎糠曰䊳又眉波切碎也精也又無被切又摸卧切說文碎也文一重音三　𥹋

麊民卑切說文漬米也交趾有𥹋泠縣或作麊又並忙皮切又並忙經切文二重音二　粎

𥸪 翅移切赤米或从支文一 粢 津私切稷也又才資切稻餅也又才詣切酒也禮粢醍在堂文一重音二 粭 才資切稻餅也文一 䊙 得追切粉餌文一 𥹙 良脂切饘也文一 粃 頻脂切穀不成也或从米又補履切文一重音一 𥹁 盈之切蘖煎也文一 糦 虛其切酒食曰糦又昌志切文一重音一 粸 渠之切餅屬文一 𥼶 渠希切小食也文一 䊰 陳如切糧也文一

糈 新於切糧也又山於切博雅饊也又寫與切說文糧也又爽阻切文一重音三

粰䊇 芳無切稃也一曰秠一稃二米或作䊇粰又房尤切粰粖饊也一曰鬻也文二重音一 𥽈糐 芳無切粉餌或省文二 𥹰糊粐 洪孤切煑米及麪爲鬻或作糊粐文一 粞 先齊切米碎曰粞又桑才切又思計切米屑文一重音二 𥻨 丘皆切米

頁篇七中 十五 一 共攻

別名⿰米崔徂回切精米文一⿰米丕鋪枚切滫粉麫爲劑文一⿰米每謨杯切酒本曰⿰米每文一⿰米思桑才切碎米文一籸⿰米先䟽臻切粉滓也粥凝也或从先文二⿰米建居言切鬻也又諸延切糜也文一重音一⿰米㒳符表切粥凝又謨奔切又謨官切文一重音二⿰米昆胡昆切博雅䐊肫餅也或从米文一⿰米屯徒渾切䐊肫餌也或从米文一糷⿰米蘭郎干切飯相箸爾雅摶者謂之糷或从蘭又並魯旱切糷又郎旰切文二重音二⿰米完胡官切粉餌又苦遠切粉也文一重音一⿰米亘呼官切白米文一⿰米曼謨官切⿰米曼⿰米曼飯澤文一⿰米專糰⿰米耑徒官切粉餌或从團从耑文三糫胡關切餌也粔籹吳人謂之膏糫文一⿰米扁卑眠切米也又補典切燒稻取米曰⿰米扁文一重音一⿱研米倪堅切博雅熟也文一⿰米山相然

切方言江南呼稉爲私文一䊪諸延切糜也周謂之饘宋謂之餬文一⿰米交居肴切⿰米交⿰米周粉餌文一糟臧曹切說文酒滓也文一⿰米它湯何切餌也文一⿰米乍莊加切滓也文一⿱加米居牙切米也文一⿰米壯⿰米壯側羊切飾也⿰米壯又側亮切文二重音一粻中良切糧也又仲良切又除庚切又知亮切文一重音三糧粮呂張切說文穀也或作粮文二粱呂張切說文米名文一糖糛徒郎切方言餳謂之糖或作糛文二糃徒郎切精米文一糠粇丘岡切穀皮也或作粇文二䊗胡光切⿰禾易程穄別名文一粳居行切稻屬文一精咨盈切說文擇也又子正切強也文一重音一⿰米名彌并切潰米也文一⿰米靈⿰米零郎丁切米餌或从零文二⿰米夌閭承切烏⿰米夌稻名文一⿰米壽陳留切厚

䊮又大到切黏也文一重音一 ⿰米求 力求切博雅粰⿰米求饊也文一 糔 思留切久泔也一曰

溲也又蘇老切又息有切又息救切文一重音三 ⿰米周 之由切敉⿰米周粉餌文一 糅 而由

切食也又忍九切雜飯也又女救切文一重音二 ⿰米芻 初尤切濾取粉也文一 糇 胡溝

切乾食也文一 ⿰米覃 徒南切糜和也又徒感切又徒紺切⿰米覃糂滓也一曰淖糜文一重音二 糝

蘇含切糝⿰米覃糜和也又桑感切文一重音一 ⿰米韱 思廉切粉餌文一 粘 尼占切說文相

箸也文一 ⿰米兼 堅嫌切稻不黏者一曰青稻白米又賢兼切稻名又胡讒切文一重音二 ⿰米咸

居咸切塗也又下斬切又古斬切文一重音二 ⿰米是 上紙切黏也又丈尒切又是義切文一重音二

⿱糸米 想氏切逡也文一 ⿸尸米 式斐切廣雅饐也又明祕切文一重音一 粔 臼許切蜜

餌也吳謂之膏環文一

籹粔 忍與切蜜餌或作粔又並碾與切粔籹餌也文二重音一

粗 坐五切說文疏也文一

⿰米罷粺 取猥切稻赤米曰⿰米罷或作粺文二

粉 府吻切說文傅面者也又方問切飾也文一重音一

⿰米卷 去粉切粥稠皃又苦遠切說文粉也文一重音一

粄⿰米半 補滿切屑米餅也或从半文一

糤 顙旱切熬稻粻程也文一

⿰米柬 魯旱切飯相箸也又郎旰切文一重音一

⿰米肖 七小切粉也文一

粿 古火切米也又戶瓦切穀之善者一曰無皮穀文一重音一

糗 許九切乾飯屑又去久切說文熬米麥也又丘救切粮也文一重音二

⿱自米 去久切熬米麥也又巨九切說文舂糗也又於九切文一重音二

粈 忍九切說文雜飯也又女九切又女救切雜也文一重音二

糂糣 桑感切說文以米和羹也一曰粒也籀从替文

二粖桑感切蜜漬瓜實曰粖文一䊲乃感切糝茹也文一糮䵛戶黤切博雅㲉
糮饘也或作䵛文二糉粽作弄切角黍也或作粽文二粞息利切糟也文一粹
雖遂切說文不雜也又蘇對切碎米文一重音一䊩匹寐切字林下出氣也又芳未切食失氣
者文一重音一𥹖粊𥻆兵媚切說文惡米也引周書有粊誓或从比亦作𥻆粊又蒲昧切惡
米又補妹切文三重音二糒平祕切說文乾也謂乾糇又步拜切文一重音一𥹚明祕
切博雅饘也又無沸切文一重音一氣𥻗許氣切說文饋客芻米也引春秋傳齊人來氣諸侯
或从既氣又丘既切雲气文二重音一、䊇𥸴蒲故切餹䊇餌也或作𥸴文二𥻸
乃計切糟濃者文一䊊充芮切穀再舂文一糲力制切米之不精者又落蓋切又郎達切

文一重音二⿰米曳以制切稻名文一⿰米萬⿰米剌落蓋切說文粟重一䄷爲十六斗太半斗

舂爲米一斛曰⿰米萬或从刺又並郎達切脫粟也文二重音一⿰米兌徒外切屑也文一⿰米頁

魯外切鮮白也一曰難曉又盧對切文一重音一糩苦會切糠也文一粺⿰𠦝桼旁卦

切說文毇也一曰粟一石舂米一斗四外或作⿰𠦝桼粺又步化切文二重音一⿰米風蒲昧切糝也文

一⿰米弁孚萬切粉也又扶萬切文一重音一粲蒼案切說文稻重一䄷爲粟二十斗爲米十斗

曰毇爲米六斗大半斗曰粲亦姓文一糯奴亂切稻名又奴卧切文一重音一⿰米見侯襉

切米屑文一⿰米冥眠見切米屑又莫定切文一重音一糋子賤切煎餌文一⿰米⿳二𢇁灬龍眷

切熬餌黏也文一⿰米肅先弔切糜也文一⿰米翟他弔切說文穀也又徒弔切又亭歷切文

一重音二 糤 子肖切說文盡酒也文一 糙 七到切米未舂文一 粡 式亮切饟也文一 ⿰米襄 女亮切粶也文一 ⿰米丁 丁定切米餌文一 ⿰米胄 即就切稻實也文一 粙 直祐切稻實文一 粶 ⿰米⿱彔灬 盧谷切火爆米曰粶或从火文二 ⿰米戚 子六切吳俗謂熬米爲餌曰⿰米戚文一 粥 之六切糜也又余六切文一重音一 ⿰米束 丑玉切糲⿰米束損米也文一 ⿱竹鞠 鞠 丘六切說文酒母或作鞠文二 ⿰米焦 側角切早取穀也一曰生穫曰⿰米焦熟穫曰稰文一 ⿰米悉 息七切⿱般米也又蘇骨切又先結切文一重音二 ⿰米率 劣戌切⿰米厲米文一 粅 文拂切粅粅粉貟文一 籺 恨竭切米粉又下扢切堅麥也一曰俗謂麤屑麩或从米又奚結切屑米細者曰籺文一重音二 粰 薄没切屑米也文一 糈 蘇骨切米粉又先結切舂餘也文一

重音一⿰米曷何葛切白米文一⿱殺米桑割切說文糝⿱殺米散之也一曰放也文一粣桑葛切糝也齊民要術時時粣之文一粖莫葛切博雅饘也又莫結切文一重音一⿰米蔑莫葛切說文麩也博雅⿰米蔑謂之⿰麥蔑又莫結切涼州謂鬻爲⿰米蔑文一重音一⿱剌米郎達切博雅孼也文一糪普入切餅半熟也爾雅米者謂之糪施乾讀又博厄切炊米者謂之糪又匹麦切米飯半腥半熟文一重音二⿰米壹一結切米餌文一⿰米必莫結切涼州謂鬻爲⿰米蔑亦作粆文二竊千結切盜自中出曰竊从穴从米卨廿皆聲廿古文疾卨古文偰或省文二⿰米丏莫結切糈也文一糵魚列切說文牙米也文一粕匹各切盪糟曰粕又匹陌切文一重音一⿰米翟黑各切黍糗文一粍陟格切粍屑米爲飲一曰粘也文一⿰米弱昵格切粉餌又

乃歷切粉餌熟曰⿰米弱文一重音一⿰米贊匹麥切米飯半腥半熟文一⿰米索色窄切煮米爲

⿰米索文一⿰米朿色責切⿰米啇⿰米朿壞米又測革切文一重音一粣色責切糝也又測革切粽也南

齊虞悰作扁米粣文一重音一⿰米責士革切白米也文一⿰米啇陟革切博雅摶黏也又丑厄切

⿰米啇⿰米朿壞米又治革切文一重音二⿰米覈下革切穀糠不破者文一⿰米睪施隻切說文漬米也

又夷益切文一重音一⿰米析先的切說文汏米也文一⿰米樂狼狄切雜也文一粒

力入切說文糂也文一⿱⿴𦥑米耳側立切以新穀汁漬舊穀汁也文一⿰米枼弋涉切餅屬文一

⿰米因昵洽切粘也文一

文二百四　重音八十六

毇米一斛舂爲八斗也从毇从殳凡毇之類皆从毇或作㲒虎委切毇又丘媿切又丘畏切又呼恚切壞也又況僞切亂也又祖毒切又即各切文二重音六

糳則各切糲米一斛舂爲九斗曰糳从毇丵聲又祖毒切又則各切文一重音二

文三　重音八

臼舂也古者掘地爲臼其後穿木石象形中米也凡臼之類皆从臼其九切又蒲侯切聚也文一重音一

舂書容切說文擣粟也古者雝父初作舂一曰山名日所入又諸容切荆山別名文一重音一

暛才何切博雅臿暛春也又阻氏切磨麥也文一重音一𦦗除更切春也文一臿

胡南切容也又胡讒切臿也桱也文一重音一舀𦥔舀以沼切説文抒臼也从爪臼詩曰或

簸或舀或舀或作𦥔舀舀又容朱切舀𦥔又夷周切文三重音二𪏸楚限切字林磨粟也文一𦧆

𦧆𣊻覩老切博雅春也文二𣈔達黨切春也又待朗切文一重音一𣈾𥊻

之瑞切杵擊也或作𥊻𣈾又主縈切春也文二重音一𣅄芳廢切博雅春也又房廢切又房越

切文一𣉙七漏切半春也又千候切文一重音一𣌭取外切小舀春文一

重音二𦥽乎舀切説文小阱也或从穴舀又苦感切文二重音一𣆚莫葛切春米碎文一𦦾

𣉏四各切説文齊謂春曰𦦾或作𣉏文二臿𣈇𦦜𦥯測洽切説文春去麥皮也

从臼干所以臿之或从臼从舂亦作臿臿臿又礤歃切文四重音一⿰臿妾七接切接也文一⿺疌臿礤歃切揚麥杴一曰古田具文一⿰臿夾迄洽切博雅臿也文一

文三十　重音十三

凶惡也象地穿交陷其中也凡凶之類皆从凶

凶許容切文一

兇虛容切又許拱切說文擾恐也从人在凶下春秋傳曰曹人兇懼文一重音一

文二　重音一

朩分枲莖皮也从屮八象枲之皮莖也凡

𣎳之類皆从𣎳 匹刃切 文一

⿰𣎳吉 空胡切⿰𣎳瓜餅文一 ⿰𣎳眞 尺人切纑也又止忍切文一重音一 ⿰𣎳瓜 踈臻切麻滓文一

⿰𣎳焦 將由切束枲也又茲秋切文一重音一 ⿰𣎳最⿰𣎳取 將侯切枲未漬也或省文二

⿰𣎳堯 馨幺切分一木也文一 ⿱台𣎳⿰辝林 想止切說文麻也从木台聲籒文从林从辝文二

⿰𣎳辛 象齒切耒端文一 ⿰𣎳隶 蕩亥切及也迨或作⿰𣎳隶文一 ⿰𣎳扁 婢善切履底又婢典切文一重音一

⿰𣎳致 直利切字林剌履底也文一 ⿰𣎳卷⿰𣎳券⿱𠔉𣎳 逵眷切履縫飾或从券亦省⿰𣎳卷又渠卷切緣編也文三重音一

⿰𣎳勞 郎到切枲大者曰⿰𣎳勞文一 ⿰𣎳失 勑栗切颿索也文一

⿰至枲 徒結切喪首戴也文一

文二十　重音四

𣏟葩之總名也𣏟之爲言微纖爲功象形

凡𣏟之類皆从𣏟或省作朩匹卦切文二

檾去穎切枲屬詩云衣錦檾衣文一　㪔⿰朩攵蘇旰切分離也古从朩㪔又穎旱切麻分也文二重音一

文五　重音一

麻與𣏟同人所治在屋下从广从𣏟凡麻之類皆从麻或作⿱艹𣏟莫遐切文二

䵋追輸切穀名博雅䵝䵋也文一 黂符分切枲實又父沸切文一重音一 䴷力求切枲也 䵉側鳩切說文麻藍也或从芻文二 𪎭徒侯切䵝屬文一 䵊父吻切分也文一 𪎮部本切麻蒸也文一 𪎯 𪎰空谷切未練治纑也或作𪎯文二 𪎱烏酷切纑未練文一 䵂倉各切油麻一榨曰䵂又即各切文一重音一 𪎲先的切細布也文一

文十五　重音二

尗豆也象尗豆生之形也凡尗之類皆从尗

式竹切文一

敊 是義切配鹽幽尗也文一

文二

耑物初生之題也上象生形下象其根也

凡耑之類皆从耑 多官切又昌緣切文一重音一

文一 重音一

韭菜名一種而久者故謂之韭象形在一

之上一地也此與耑同意凡韭之類皆从

韭 或作韮 舉友切或从艸文二

韲齏齏䪡 牋西切說文𩐁也鄭康成曰凡醢醬所和細切爲𩐁一曰擣辛物爲之或作齏齏䪡文四 䪤 符袁切說文小蒜也文一 韱 思廉切說文山韭也又將廉切文一重音一 韰 下介切說文菜也葉似韭文一 𩐁䪢 徒對切說文𩐁也或作𩐁䪢文一

文十二 重音一

瓜㼌也象形凡瓜之類皆从瓜 古華切 文一

𤬫 虛宜切𤬯瓢也文一 𤮊 龍都切𤬯𤮊匏而圜者文一 瓳 攻乎切王瓜也文一

㼨 消畦切艸名爾雅鉤藈姑或作㼨文一 𤬽 鋪枚切瓜𤬽也文一 𤬘 徒渾切𤭁𤬘瓜屬文一

𤫼 逋還切瑞瓜文一 𤭁 烏昆切博雅𤭁𤬘瓜屬文一 辧 薄閑

切瓜中實也沈重說又皮莧切又郎甸切又匹見切文一重音三

⿰扁瓜 蒲眠切博雅白⿰扁瓜瓜屬文一

⿰瓜雚 逵員切瓜轉也文一

⿰瓜系 ⿰䍃瓜 餘招切說文瓜也或作⿰䍃瓜繇又尸昭切文二重音一

瓟 蒲交切匏也从包取其可包藏物又弼角切小瓜也文一重音一

瓤 如陽切⿰當瓜瓤瓜中又尼良切瓜實又奴當切文一重音二

⿰當瓜 都郎切⿰當瓜瓤瓜中也文一

⿱𤇾瓜 于平切說文小瓜又維傾切又平經切又玄扃切文一重音三

⿰令瓜 郎丁切小瓜出南海文一

⿰句瓜 ⿰侯瓜 胡溝切王瓜或从侯⿰句瓜又居侯切字林⿰句瓜⿰婁瓜王瓜也又居候切文一重音二

⿰婁瓜 郎侯切鉤⿰婁瓜王瓜又郎豆切文一重音一

⿰兼瓜 離鹽切博雅水芝瓜也其子謂之歉又盧忝切又歷店切文一重音二

⿰瓜丰 補孔切瓜多實負詩瓜瓞⿰瓜丰⿰瓜丰文一

㼌 勇主切說文本不勝末微弱也文一

⿰朮瓜

魯猥切𤬉𤬪瓜中文一𤬪弩罪切𤬉𤬪瓜中文一𤭈語偃切博雅瓢也又語蹇切又牛堰切又魚戰切文一重音三𤭛坦朗切大瓜文一𤬛直稔切瓜青膚曰𤬛又直禁切瓜名文一重音一𤬦郎甸切天瓜也文一𤬮都毒切𤬮名文一瓝匹角切小瓜又弼角切文一重音一𤬯弼角切說文小瓜也文一𤬸苦活切瓜也又古活切文一重音一瓞𤬿𤭉𤭘徒結切說文瓞也引詩緜緜瓜瓞或从弗亦作𤭉𤭘文四瓡質入切縣名在北海文一

文四十　重音二十一

瓠匏也从瓜夸聲凡瓠之類皆从瓠胡誤切又洪孤

切爾雅康瓠謂之甈又黃郭切瓠落廓落无所容入洪孤切爾雅康瓠謂之甈一曰瓠丘瓠讘並晉地名又攻乎切文一重音四

瓢⿱票瓠 毗霄切說文蠡也从瓠省或作⿱票瓠文二

文三　重音四

宀 武延切交覆深屋也象形凡宀之類皆从宀 文一

寵 盧東切都寵縣名在九眞郡又盧鍾切又丑勇切說文尊居也一曰愛也文一重音二

寷 敷馮切說文大屋也引易豐其屋文一

宗 祖賨切說文尊祖廟也一曰尊也本也亦姓文一

容宂 餘封切說文盛也从宀谷徐鉉曰屋與谷皆所以盛受又姓亦州名古作宂容又尹竦切

勸也文二重音一 宐宜𡨱㝖 魚羈切說文所安也亦姓又州名隷作宜古作𡨱㝖文四
寪 虞爲切陧寪不安皃又羽委切說文屋皃亦姓文一重音一
宧 盈之切說文養也室之東北隅食所居李巡曰東北陽氣始起育養萬物故曰宧文一
𡩋 斤於切博雅賖賺賣也一日貯也或作𡩋文一
宸 丞眞切說文屋宇也賈逵曰室之奥者後人指帝居曰宸文一
寴 雌人切說文至也一曰近也古作宲又並七刃切屋皃寴又初覲切至也文二重音二
宲
𡫝 伊眞切絜祀也禋籀作𡫝文一
宭 衢云切說文羣居也又拘云切又俱運切文一重音二
宛 於袁切縣名在南陽又委隕切積也又委遠切說文屈艸自覆又鄔管切闕人名春秋傳使宛來歸邴又烏免切闕人名鄭有大夫宛又紆勿切心所鬱積也又於月切鄭康成曰宛爲宛脾文一重音六
寒

𡫳𡫑 河干切說文凍也从人在宀下从茻上下爲覆之下有仌又姓古作𡫳𡫑文三

安 於寒切說文靜也又州名亦姓文一

寏 胡官切說文周垣也又于眷切文一重音一

寬完 枯官切說文屋寬大也一曰緩也古作完寬又苦喚切完又胡官切全也又五忽切去髮形文二重音三

寰 胡關切寰內天子畿內也又胡慣切又熒絹切文一重音二

𡨢 民堅切說文𡨢𡨢不見也一曰𡨢𡨢不見省人

宣亶 荀緣切說文天子宣室一曰偏也揚也通也古作亶宣又許元切文一重音一

寮 憐蕭切司官爲寮文一

寥 憐蕭切空虛也又陟交切寥窌屋深皃又力交切窒寥深遠皃又狼狄切文一重音三

𡪋 牽幺切𡪋寥空也文一

宧 伊弃切說文戶樞聲也又伊鳥切又一叫切文一重音二

宎 伊弃切窔聲莊子宎者咬

者又伊鳥切又一叫切文一重音二
宵思邀切說文夜也从宀宀下冥也文一
⿱宀喬渠嬌切博雅客也文一
⿱宀孝虛交切氣上蒸文一
⿱宀余直加切⿱宀亞⿱宀余不正文一
家⿱宀方家居牙切說文居也爾雅牖戶之間謂之扆其內謂之家古作⿱宀方家家又居迓切稼或作家文三重音一
⿱宀亞於加切⿱宀亞⿱宀余不正文一
⿱宀良盧當切說文㝩也又里黨切㝩⿱宀良屋虛又郎宕切空也文一重音二
㝩丘岡切說文屋㝩⿱宀良也謂屋閑又口朗切㝩⿱宀良室虛文一重音一
⿱宀巟呼光切博雅居也又舉朗切又虎晃切廣也又呼浪切文一重音三
宏乎萌切說文屋深也文一
宖乎萌切說文屋響也又烏宏切又于萌切文一重音二
⿱宀曾鋤耕切⿱宀曾宏屋大文一
⿱宀登中莖切⿱宀登宏屋響也文一
宬時征切說文屋所容也文一
寊知盈切闕人名

後周齊王子賁文一⿳宀皿天囊丁切昊天謂之⿳宀皿天文一⿱宀求渠尤切搜室也文一⿱宀區烏侯切闇⿱宀區夷人屋文一⿱宀冓居侯切夜也又居候切文一重音一寠郎侯切甌寠猶抔摟也又龍遇切貧也又郡羽切說文無禮居也文一重音二⿱宀林犂針切室深也文一⿱穴翁鄔孔切室中闇文一宂乳勇切說文散也从宀人在屋下無田事引周書宮中之宂食俗作内非是又戎用切餘也散也文一重音一⿸宂辱乳勇切不肖也一曰⿰亻宂⿸宂辱劣也文一⿱宀危古委切通也又居僞切毀也文一重音一宄⿱宄心⿱九攴矩鮪切說文姦也外爲盜内爲宄古作⿱宄心⿱九攴文三宇㝢王矩切說文屋邊也引易上棟下宇籀从禹文二宔腫庚切說文宗廟宔祏文一⿱宀㼌勇主切嬾也史記呰窳偷生文一宷此宰切爾雅宷寮官也一曰同地爲宷又倉代切文一重音一

宰㝉傘子亥切說文辠人在屋下執事者从宀从辛辠也賈公彥曰宰者調和膳羞之名一曰官稱古作宰傘文二寋九件切爾雅徒鼓磬謂之寋文一宴於殄切爾雅宴宴居息也又伊甸切說文安也文一重音一窕土了切爾雅肆也謂輕窕放肆文一窔伊鳥切戶樞聲也室之東南隅宧或作窔又一叫切深也文一重音一寶寚補抱切說文珍也古作寚文二宗補抱切說文藏也引周書陳宗赤刀文一寫洗野切說文置物也又傷故切行水也又四夜切舍車馬也文一重音二寡古瓦切說文少也从宀从頒頒分賦也故爲少文一宧許兩切聲也文一𡩬所景切禁署文一𡬈忙肯切𡬈宣凝也文一宣孤等切𡬈宣凝也文一㝌以九切又居又切說文貧病也引詩煢煢在㝌文一重音一守

守始九切說文守官也从宀从寸寺府之事者从寸寸法度也或作㝍守又舒救切諸侯爲天子守土故稱守漢置郡太守文二重音一

寑𡪢𡧵寢寝七稔切說文卧也籀作𡪢古作𡧵寢寑文五

寁子感切說文居之速也又疾葉切文一重音一

宋蘇綜切說文居也一曰木者所以成室以居人也一曰地名商後微子所封亦姓文一

寘支義切止也置也廢也又神至切置也周禮寘之圜土文一重音一

寄居義切說文託也文一

室式吏切居也又職日切說文實也从宀从至至所止也文一重音一

寓元具切說文寄也文一

寤五故切寐覺也文一

㝞壹計切說文靜也一曰安也又詰結切又一結切文一重音二

察初芮切伺也又初戛切說文覆也文一重音一

㝡取外切說文塞也文一

害下蓋切說

篇七中　二十八

文傷也从宀从口宀口言从家起也又何割切何也文一重音一宊居拜切博雅獨也文一寯祖峻切博雅聚也文一宦胡慣切說文仕也一曰閹人文一宾眠見切說文冥合也文一奧⿱宀奧於到切說文宛也室之西南隅或作⿱宀奧奧又於求切痛念聲又乙六切室中文二重音二宱助駕切實也文一実虛訝切塀也文一客丘駕切小兒驚病又乞格切說文寄也文一重音一向說亮切說文北出牖也引詩塞向墐戶又式亮切國名一曰沛縣一曰周邑亦姓又許兩切闕人字春秋傳晉有叔向文一重音二宣⿱宀皀許亮切面也向古作宣⿱宀皀⿱宀皀又許兩切聲也文二重音一宕大浪切說文過也一曰洞屋汝南項有宕鄉文一定⿱一正徒徑切說文安也古作正定又唐丁切止也又丁定切營室星也一曰定謂之䅽文二重音二

宥 尤救切說文寬也文一 富 方副切說文備也一曰厚也又姓文一 宿 息救切列星也舍也又息六切說文止也亦姓又所六切足迫也又倉歷切衞孫文子邑名文一重音三 宙 直祐切說文舟輿所極覆也文一 𡫥 郎豆切地名文一 𡫳𡬇 都念切說文屋傾下一曰厭也或从土埶又的協切又諾叶切文二重音二 𡨄 居六切說文窮也文一 㝫 衢録切不敢伸也文一 實𡨊宲 食質切說文富也从宀从貫貫貨貝也古作𡨊宲文三 宓賓 覓畢切默也安也或作賓宓又莫筆切文二重音一 𡨆 巨列切覆也文一 寞 末各切寂寞無聲文一 索 昔各切寂寞也又色窄切說文入家搜也文一重音一 𡪙𡧤 思積切夜也或省文二 宅𡧚 場伯切說文所託也古作𡧚宅又都故切奠爵酒也

又徒故切法制也又陟嫁切奠又闐各切又耻格切裂也文二重音五宗寂家前歷切說文無人聲宗或作寂家宗又才竹切文三重音一廤狼狄切寂廤無人也文一寔丞職切說文止也一日是也文一㝓渇合切合也文一

文二百四十七　重音七十七

宮室也从宀躳省聲凡宮之類皆从宮居戎切文一

營余傾切匝居也一日度也亦姓又玄扃切辯解也文一重音一

文二　重音一

呂膂骨也象形昔太嶽爲禹心呂之臣故封呂矦凡呂之類皆从呂篆文作膂力舉切或从肉旅一曰呂陰律亦姓文一

躳躬居戎切說文身也或从弓文二

文四

類篇卷第七中

類篇卷第七下　卷之二十一

朝散大夫右諫議大夫權御史中丞充理檢使上護軍河內郡開國侯食邑一千三百戶食實封四百戶臣司馬光等奉

勑修纂

穴 土室也从宀八聲凡穴之類皆从穴 胡決切又戶橘切孔也文一重音一

窬 徒東切通也又杜孔切通穴也文一重音一

窻囪 麤叢切通孔也鄭康成曰窻助戶爲明又並初江切在墻曰牖在戶曰窗文二重音一

空 枯公切說文竅也一曰虛也又苦動切又苦貢切窮也缺也文一重音二

窾 枯公切空也莊子導大窾向秀讀又苦禾切空也又苦緩

姜杲

切又取亂切匿也文一重音三

⿱穴中 敕中切穿也文一

窿 良中切穹窿天勢文一

穹 丘弓切說文窮也爾雅穹蒼蒼天郭璞曰天形穹隆然文一

窮竆 渠弓切說文極也或作竆竆又居雄切恭貌文二重音一

⿱穴童 昌容切空也又吐孔切⿱穴童竉暗也文一重音一

⿱穴庸 常容切窳⿱穴庸器病文一

⿱穴觧 相支切穴也文一

窺 缺規切說文小視也又犬縈切半步也文一重音一

⿱穴豦 求於切空也文一

穻 邕俱切牖也文一

⿱穴區 邕俱切山穴文一

窬 容朱切說文穿木戶也一曰空中又當侯切甌窬深下又徒侯切穿也又大透切鑿垣爲戶文一重音三

窳 容朱切鄉名在絳又烏瓜切汚衺下也又勇主切說文汚窬也朔方有窳渾縣文一重音二

窏 汪胡切窏洝卑下也文一

窐 涓畦切甑空也又玄圭切又淵畦切深也又於

佳切深池也一曰曲也又鳥蝸切又於交切窐寥深遠皃尺鳥爪切空也文一重音五

窴 池鄰切久也又亭年切說文塞也又[illegible]眼切窴赧迫窄也又丑展切窴赧笛聲緩也又堂練切塞也文一重音四

窀 株倫切說文葬之厚夕引春秋傳窀穸從先君於地下一說長埋謂之窀長夜謂之穸又徒渾切瘞也一曰犬見穴中也又除鱞切文一重音二

䆠 胡官切墉也文一

䆭 謨官切穴黒皃文一

竄 七丸切入穴皃又取外切又取亂切說文匿也文一重音二

穿𥦬 昌緣切說文通也从牙在穴中或从身穿又樞絹切貫也文二重音一

竁 昌緣切穿地也周禮甫竁鄭少贛讀又此芮切又充芮切一曰小鼠又樞絹切又姝恱切文一重音四

窕 他彫切愉也又他吊切輕也春秋傳楚師輕窕又徒了切說文深肆極也一曰閑也文一重音二

寮 憐蕭

切說文穿也論語有公伯寮文一窯窰餘招切說文燒瓦竈也或从缶窯又丘交切窯寥空寂又弋笑切燒穴文二重音二窙虛交切氣上蒸文一窼莊交切鳥穴中也文一窲鋤交切寥窲屋深皃文一窌力交切深空皃又居効切地藏也又披教切說文窖也一曰南窌地名又郎到切石窌地名又力救切文一重音四寥力交切窐寥深遠皃又狼狄切博雅藏也文一重音一窠苦禾切說文空也穴中曰窠樹上曰巢文一窶苦禾切穴居也文一𥦗直加切窊𥦗深皃文一窊烏瓜切說文污衺下也又烏化切下地也文一重音一𥦒盧當切𥨐也又里黨切𥨐窅空也文一重音一𥨐丘岡切屋𥨐𥨐官也謂屋閑又口朗切文一重音一竀凝貞切說文正視也从穴中正見也又抽庚切又丑正切廉視也文一重音二宏

乎萌切屋深也文一䆵中莖切䆵宏屋響文一𥦛烏宏切幽深皃又于萌切屋響也又苦弘切文一重音二𥤢除耕切小突也文一𥨍除耕切𥨍𥦛響也文一𥦟牽盈切空也詩瓶之𥦟矣又苦丁切又苦礦切又棄定切又詰定切文一重音四𥦨唐丁切穴也文一𥩆郎丁切穴也文一𥥷渠尤切深也文一𥨘將由切𥨘空穴中鼠聲又子悉切文一重音一窶郎侯切甌窶猶杯樓也或从穴文一罙式針切說文深也又疏簪切一說俗謂深黑爲窨罙又夷針切又徒感切又所禁切文一重音四究夷針切深也文一窨伊淫切地室又於金切窨窆黑也又於禁切文一重音二𥦶徒甘切𥨝𥦶匾薄也又他甘切𥨝𥦶薄而大也又吐濫切𥨝𥦶穴文一重音二𥨝盧甘切𥨝𥦶薄也又盧瞰切𥨝𥦶深皃文

鄭喜

一重音一竉魯孔切孔竉穴也文一⿱穴危古委切穴也文一⿱穴注勇主切污也
文一⿱穴开古買切博局方目也又古瓦切文一重音一窘巨隕切說文迫也又巨畏切困
也仍也又巨運切急也莊子困窘織屨文一重音二⿱穴堅牽典切不動也文一窵丁了切窵
窅深皃又覼老切又多嘯切文一重音二窱土了切廣雅窈窱深也又他弔切又徒弔切說文杳
窱也文一重音二窈⿱穴司伊鳥切說文深遠也或作⿱穴司窈又於兆切窈⿱穴糾舒姿也又一叫切文
二重音二窔突伊鳥切戶樞聲也室之東南隅或作突又並一叫切深也文二重音一窅
伊鳥切說文冥也又一叫切文一重音一⿱穴馬母下切穴名在燕野文一空母朗切空⿱穴良空
也文一⿱穴皿母梗切博雅⿱穴皿窇窟也又眉永切說文北方謂地空因以爲土穴爲⿱穴皿戶文一重音

一 窉 補永切爾雅三月爲窉一曰穴也又陂病切又況病切又丘詠切又鋪病切文一重音四

穽 疾郢切又疾正切陷也所以取獸者文一重音一

⿱穴⿱臼廾 鄔感切窒也文一

窞 徒感切說文坎中小坎也引易入于坎窞一曰旁入也又盧感切王肅曰坎底也文一重音一

𥨒 徒感切曲內也太玄雷推歙𥨒文一

⿱穴豕 杜覽切爨突謂之⿱穴豕文一

窆 悲檢切又逋鄧切喪葬下土又彼驗切說文葬下棺引周禮及窆執斧文一重音二

⿱穴甬 他貢切穴也文一

腔 苦貢切穿垣謂之腔文一

⿱穴弄 盧貢切穴也文一

⿱穴共 胡貢切⿱穴共⿱穴共空皃文一

⿱穴乑

邃 式類切深也或作邃邃又雖遂切文二重音一

⿱穴示⿱穴氣 匹寐切字林下出氣也或作⿱穴氣文二

⿱穴吏 疏吏切穴也文一

⿱穴森 無沸切魚名山海經諸鉤山多⿱穴森魚文一

⿱穴⿰火吾 五故

切博雅竈也文一窾詰弔切說文空也文一窵吉弔切窵窱深遠也文一窔
一叫切說文窅窔深也一曰室中東南隅謂之窔文一窖居効切說文地藏也又則到切炊竈
也文一重音一竈竃則到切說文炊竈也或不省文二⿱穴乇陟嫁切窋⿱穴乇物在穴中皃
文一窊胡化切博雅寬也文一⿱穴朋逋鄧切喪葬下土也又彼險切葬下棺也文一重音
一⿱穴有尤救切空也文一究⿱穴敗居又切說文窮也一曰究究相憎惡或作⿱穴敗文二
⿱穴复扶富切菢卵也文一⿱穴由似救切山穴也文一⿱穴冓居候切穴也文一竇
大透切說文空也亦姓又徒谷切溝也文一重音一⿱穴豆大透切陷也文一⿱穴復方六切穴
地以居又芳六切說文地室也引詩一⿱穴復陶穴又房六切文一重音二⿱穴匊居六切說文窮也文

一窇弼角切博雅窖也文一　窸息七切從穴出也文一　窒陟栗切說文塞也又得悉切又丁結切又徒結切實也一曰寢門家前闕皆謂之窒皇又乃結切塞也文一重音四　突弋質切穴中皃又張刮切穴中出皃文一重音二　窋竹律切將出穴皃一曰空也一曰不也文一窋后稷子名又張滑切說文物在穴中皃又張刮切穴中出皃文一重音二　⿱穴皿直律切鑿穴居也又呼決切空皃文一重音一　窣蘇骨切說文穴中卒也又蒼沒切忽自穴出也文一重音一　窟若骨切兔窟也文一　突他骨切方言江湘謂卒相見曰突一曰出皃又陁沒切說文犬从穴中出也从犬在穴中一曰滑也又他括切又徒結切蹔出也易突如其來也文一重音三　穵窫乙黠切說文空大也或从契穵又烏八切探穴也窫又一結切文二重音二　⿱穴手烏八切穿也又女滑切文一重音一　窡張滑

切說文穴中見也文一𥨒呼決切說文空皃文一𥥍呼決切空皃又古穴切穿也又一決切文一重音二𥧬一決切說文深抉也文一𥨊闔各切穿也文一窄側格切狹也文一𥨒陟革切兔窟又治革切窟也文一重音一窢忽麥切窢然逆風聲又忽域切文一重音一穸祥亦切說文窀穸也文一𥨯狼狄切穿也文一竅古歷切回阢文一𥦫渴合切合也又乙洽切土墊文一重音一𥧌乙押切說文入䖳刺穴謂之𥧌文一

文一百四十　重音一百十

㝱寐而有覺也从宀从疒夢聲周禮以日

月星辰占六㝱之吉凶一曰正㝱二曰咢㝱三曰思㝱四曰悟㝱五曰喜㝱六曰懼㝱凡㝱之類皆从㝱或作瞢莫鳳切文二

㝲人余切假寐文一 𡫳縣批切㝱驚又母被切熟也又母鄙切又母禮切寐而未厭又吾禮切夢魘又蜜二切厭也文一重音五 𡩟謨郎切寐言也文一 𡫙披尤切寐聲文一

𡪙吾含切寐聲文二 𡬘𡪢呼含切寢不褫衣或省𡬘又徒甘切文二重音一 寐母被切熟寐也又母鄙切又母禮切說文寐而未厭文一重音二

𡬰忍與切說文楚人謂寐曰𡬰又依據切文一重音一 寎補永切爾雅三月為寎窉或作寎又陂病切又皮命切說文臥驚病

也又況病切又丘詠切又鋪病切文一重音五𥨏七稔切視皃文一𥨷寑七稔切說文病卧也或作寑文二寐密二切說文卧也文一𥧂其季切說文熟寐也文一𥨊依據切楚人謂寐曰𥨊文一寤𥨰𡧦五故切說文寐覺而有信曰寤一曰晝見而夜夢也籀作𥨰或省文三寱𥩗倪祭切說文瞑言也或作𥩗又竝牛例切寱又研計切𢡺也𢡺也文二重音二寎陂病切卧驚病通作病又況病切文一重音一𥨨毋亘切𥨪𥨨眠寤文一𥨪思鄧切𥨪𥨨眠寤文一寣呼骨切博雅覺也又呼八切說文卧驚也一曰小兒號寣寣一日河內相評也文一重音一𥧸鄂合切寢而首動也文一

文二十八　重音十八

疒倚也人有疾病象倚箸之形凡疒之類皆从疒女戹切又仕莊切病也臣光曰爿文變隸作疒文一重音一

㾽都籠切吳俗謂惡氣所傷爲㾽病文一　痌他東切痛也一曰呻吟文一　㾔徒東切創潰也瘇又時重切說文脛氣足腫引詩既微且瘇文一重音一　疘沽紅切脫疘下病文一　瘋方馮切頭病文一　痋持中切病也又徒冬切說文動病也文一重音一　癃㾯𤸇良中切說文罷病也或作㾯𤸇㾯又披江切腫也又皮江切文三重音二　疼徒東切博雅痛也文一　癑奴冬切腫血也又乃湩切又奴凍切說文痛也一曰瘡潰又奴宋切病也文一重音三　瘲將容切說文病也又足用切瘲瘲風病文一重音一　癰於容切說文腫

也文一⿸疒空枯江切喉⿸疒胡也文一⿸疒虎虎江切博雅胮肛腫也或作⿸疒虎文一痝莫江
切病困一曰病酒文一疲疷章移切病也或从氏疲又蒲糜切說文勞也疷又常支切又翅
移切文二重音三疻章移切傷也又商支切又蒸夷切積血腫也又掌氏切又諸氏切又敞尒
切文一重音五⿸疒支章移切病也文一⿸疒衰初危切說文減也又雙隹切文一重音一⿸疒妻
儒垂切說文痺也一曰兩足相及又㠭危切又儒隹切又鄔賄切⿸疒褢⿸疒⿺辶虒風病⿸疒褢或作⿸疒妻又於僞切痺濕病
文一重音四⿸疒虒相支切博雅病也一曰痠⿸疒虒痌楚又先齊切文一重音一⿸疒斯相支切噎
也又先齊切說文散聲文一重音一疵將支切甲疵倭人皃又才支切說文病也又蔣氏切毀也
又才詣切⿸疒見疵恨也又袂懈切文一重音四痴抽知切痴疵病也一曰不廉又超之切痴⿸疒涂不

達皀文一重音一**𤼵**鄰知切𪏆瘦也又犛爾切又郎計切說文癬也又力智切又郎狄切瘰𤼵病也文一重音四**𤻪**倫爲切病瘦也文一**㾹**仕知切痷㾹疫病又鉏佳切瘦也又仕懈切文一重音二**𤸎**於宜切身急弱病一曰痤也又去倚切病疽又隱綺切又倚蟹切文一重音三

㾀津私切具次山名在滎陽次或作𤵸又才資切又乞業切欠氣也文一重音二**疷**張尼切腫也一曰蘺也又典禮切病也文一重音一**痍**延知切說文傷也文一**疕**篇夷切頭瘍又普弭切又普鄙切又補履切文一重音三**癡**超之切說文不慧也文一**㾖**陵之切病也又兩耳切文一重音一**𤸷**於其切痛劇聲一曰羸也又烏懈切文一重音一**𤻊**無非切足瘡也文一**痱**𤸶符非切風病一曰小腫或从肥又並部浼切又並父沸切痱又妃尾切鬼

痡病又薄亥切文二重音四瘀衣虛切又衣據切說文積血也文一重音二疽千余

切說文癰也又子與切瘦疽痒病文一重音一⿸疒如人余切病也又如倨切⿸疒如⿸疒除不達也文一重音

一⿸疒余⿸疒除陳如切廣雅痕⿸疒余瘢也或从除⿸疒余又陟加切又直加切⿸疒除又褚遇切⿸疒如⿸疒除不達也又

遲據切字林瘇也文二重音四⿸疒禺元俱切博雅疣也文一疞⿸疒亏匈于切博雅病也或

从亐文一痀其俱切說文曲脊又恭于切又委羽切僂也傴或作痀又郡羽切痀僂身曲病文一

重音三⿸疒雈權俱切少肉也文一⿸疒付風無切病腫又馮無切博雅短也又匪父切俛病也

又奉甫切文一重音三瘻龍珠切瘻痀傴脊也又龍遇切頸腫又力救切又郎豆切說文脛腫

也文一重音三瘐瘉容朱切病也或作瘉瘐又勇主切漢律囚以飢寒而死曰瘐瘉又勇主切

病瘳也文二重音二

痡 滂模切説文病也引詩我僕痡矣又奔模切又奉甫切又普故切文一重音三

⿸疒穌 孫租切病也文一

瘏 同都切説文病也引詩我馬瘏矣文一

⿸疒盧 龍都切癖病文一

𤸎⿸疒孚 洪孤切𤸎⿸疒蒦物在喉中一曰物鳖也或作⿸疒孚文二

癠 前西切爾雅病也又在禮切凡物生而不長大也又子禮切短皃又才詣切文一重音二

⿸疒圭 研奚切凝皃又宜佳切又居隘切病也文一重音一

痎 居諧切説文一曰一發瘧又丘哀切又柯開切又戶代切文一重音三

⿸疒乖 公懷切疥疾文一

⿸疒褱 呼乖切⿰亻虫⿰亻遺馬病或作⿸疒褱又徒回切陰病又烏潰切又呼回切又鄔賄切⿸疒褱瘣風病文一重音四

瘣 姑回切病也又胡隈切一曰腫旁出又戶賄切又路罪切魁瘣木枝節盤結皃又魯猥切又苦會切文一重音五

痐 胡隈切腹中長蟲文

一𤸟都回切腫也文一㿉㿗徒回切倉頡篇陰病㿉或作㿗㿉又徒對切下㿉文一重𤵸脯枚切結病文一𤸎鋪枚切博雅肧𤸎創也一曰弱也又滂佩切文一重音一𤵜呼來切病也文一㿐魚開切病也又五對切癡㾕又牛代切文一重音二㾕魚開切癡也一曰懛獃失志皃或作㾕又語駭切病也文一重音一㾍囊來切病也一曰儜劣又汝來切疾也文一重音一㾢郎才切久疾也又洛代切惡疾文一重音一瘨稱人切腹脹病又多年切又亭年切又徒典切又之刃切又丁練切文一重音五𤶻斯人切又踈臻切說文寒病也又鎖本切𤶻𤸒惡寒也又所錦切文一重音三𤸻痻眉貧切病也或省𤸻又呼昆切文二重音一𤺺符分切𤺺沮憂也熱瘍也又父吻切病悶也又符問切𤺺脪熱腫文一重音二

瘟於云切瘟瘟痛皃又烏昆切疫也又烏没切心悶皃文一重音二𤸷𤺌衢切瘅
也或从羣又並吾還切文二重音一瘽渠巾切說文病也又巨謹切又渠吝切文一重音二瘅
吾昆切癡也文一痕五根切博雅腫也又胡恩切說文胝瘢也又古恨切腫病文一重音二
癉多寒切勞病也又他干切又唐干切風在手足病又黨旱切風病又典可切勞也怒也又丁賀
切說文勞病又得案切文一重音六瘆他干切博雅瘆瘆疲也又湯何切馬病又他案切又賞是
切衆皃一曰自放縱又他佐切又丁可切又丁賀切文一重音六瘒唐干切疫病又黨旱切風
病又得案切癬病又丁賀切勞病文一重音三𤻮鋪官切病死也文一瘢蒲官切說文痍
也文一痠蘇官切痛也文一癵盧丸切臠臠臞也或作癵又閭貟切病體拘曲文一

重音一瘝姑還切病也文一疝師閒切腹痛也又所晏切文一重音一癇何閒切說文病也文一⿸疒泉姑頑切病也文一⿸疒頑五鰥切痺病文一癲多年切腹脹也一曰狂也文一痃胡千切癖病也文一⿸疒肙縈玄切骨酸也文一癬相然切又息淺切說文乾瘍也文一重音一⿸疒朁親然切痛也又子朕切痛疾又七感切文一重音二⿸疒扁紕延切說文半枯也公孫綽有⿸疒扁枯之藥以起死者文一痊逡緣切病除也文一癵⿸疒戀閭貟切病體拘曲也或作⿸疒戀文一⿸疒卷逵貟切手屈病文一⿸疒卯憐蕭切疾也文一癆憐蕭切方言北燕朝鮮之閒飲藥而毒謂之癆一曰痛也又郎刀切又郎到切文一重音二瘳憐蕭切病損也又丑鳩切說文疾瘉也文一重音一⿸疒皐堅堯切博雅腫也又馨幺

切腫欲潰皃文一重音一痟思邀切說文酸痟頭痛引周禮春時有痟首疾文一瘬慈焦切憔悴憂患也或从疒又子肖切病也縮也又阻教切文一重音二瘭卑遥切疽病又匹妙切文一重音一⿸疒皋餘招切痓⿸疒皋疾名文一痚虛交切痚瘷喉病文一瘙蘇遭切疥也又先到切文一重音一⿸疒叏徒刀切疾也文一疴痾於何切說文病也引五行傳時即有口痾或从阿痾又阿个切痾又丘駕切小兒驚病文二重音二⿸疒瓜瘑古禾切秃也一曰創也春發爲燕⿸疒瓜秋發爲鴈⿸疒瓜或从咼又並苦禾切首瘍瘑又姑華切病也文二重音二瘥才何切爾雅瘥病也又咨邪切病也又楚嫁切愈也又楚懈切說文瘉也或省文一重音三⿸疒衰蘇禾切疾也文一痤徂戈切說文小腫也一曰族絫文一⿸疒它⿸疒㐌唐何切病也或作⿸疒㐌又二

瘰 盧戈切瘯瘰膚病又魯猥切癧病又魯果切皮肥也一日疥病文一重音二 瘑 衢韡切手足病文一

痳 謨加切風病文一 疤 邦加切節節病文一 ⿸疒烏 思嗟切瘥也文一

⿸疒虘 莊加切⿸疒乇也文一 痄 鉏加切痄疨病甚又側下切創不合也又仕下切文一重音二

⿸疒乇 抽加切癡皃文一 瘕 何加切說文女病也又虛加切喉病又居牙切又舉下切腹中久病又丘訝切文一重音四

疨 虛加切喉病又牛加切痄疨病甚又語下切文一重音二

痂 居牙切說文疥也文一

瘍 痒 ⿸疒湯 余章切說文頭創也一日創癰也或作痒⿸疒湯瘍又大浪切畜病泄痒又徐羊切瘍也又以兩切膚欲搔也又弋亮切創也文三重音四 ⿸疒向

⿸疒商 尸羊切憂病或从商⿸疒向又式亮切一日閔也文二重音一 瘡 初良切痏也又磢霜切⿸疒湯

也文一重音一⿸疒香虚郎切气疾文一癀⿸疒皇胡光切疸病也或从皇文二⿸疒盲
眉耕切目無年子文一⿸疒寧尼庚切病也文一痭蒲萌切腹滿又悲朋切女病血不止
又部孕切文一重音二癭伊盈切頸疾又於郢切說文頸瘤也文一重音一⿸疒營維傾
切病也文一疔當經切病創又尼厄切倚也人有疾病象倚著之形文一重音一⿸疒令
郎丁切疲病文一癥知陵切足瘡一曰腹病文一⿸疒登都騰切病也文一⿸疒泰
⿸疒滕徒登切痛病或从滕文二疣于求切贅也默又尤救切顫也文一重音一痳
虚尤切痳息下病又許救切泰瘡文一重音一⿸疒丩尼猷切小痛又居尤切⿸疒丩瘤肉起又居虯切又
古巧切說文腹中急也文一重音三⿸疒酉夷周切博雅病也又余救切文一重音一⿸疒壽陳留

切心悸又直祐切病也又覩老切又陟柳切小腹病文一重音三瘤力求切說文腫也又力救切文一重音一瘦踈鳩切瘠也太玄山殺瘦又所救切文一重音一𤵶房尤切火瘍文一瘊胡溝切疣病文一瘎疣時任切方言秦晉之間謂病瘎或从冘瘎又余廉切又丈減切病也又時鴆切復病文二重音三痳犂針切說文疝病也文一𤷊夷針切疾也文一瘖於金切說文不能言也又於禁切痛劇也文一重音一痷烏含切痷婪泛意又過合切跛疾又憶笈切瘦病又乙業切又乙洽切文一重音四痰徒甘切病液文一疳沽三切病也文一𤻮余廉切博雅傷創也文一痁詩廉切說文熱瘧引春秋傳齊侯疥遂痁又都念切痎病文一重音一𤵛𤸃𡵂占切說文皮剝也籀文从𠬝𤵛又如占切又昌豔

切又式劒切文二重音三㾾𤺺火占切物毒喉中病或从兼又並虛嚴切𤺺又離鹽切臞疾又馨兼切喉病又堅嫌切㾾又馨兼切蠱瘍也文二重音五瘇竪勇切脛氣足腫文一𤸌蔣氏切不思稱意也文一𤻝展豸切下病文一𤻴尹捶切說文創裂也一曰疾𤻴又羽委切病也又愈水切又呼卦切愚也文一重音三𤺄羽委切說文口咼也文一痏羽軌切說文疻痏也又尤救切顫也又于六切病也文一重音二𤹍痞補美切腸中結病或作痞又部鄙切說文痛也又俯九切病也文二重音二㾏壯仕切說文瑕也文一痔丈里切說文後病也文一𤷩羽鬼切弱病文一𤵸口舉切病也又乞業切𤺉也文一重音一𤸃寫與切痛病文一𤻊𢱧所切痛也文一𤺉賞呂切𤺉憂病又商署切病也文

一重音一瘏賞呂切腸疾文一⿸疒呂兩舉切久病文一⿸疒區委羽切僂也文一
癒勇主切說文病瘳也文一⿸疒府方榘切俛病也文一⿸疒烏於五切疾也文一瘠
在禮切方言江湘間凡物生而不長大曰瘠文一疓女解切博雅病也又奴解切又汝亥切又
曩亥切文一重音三痗虎猥切病也又母罪切又莫佩切又呼內切文一重音三⿸疒追吐猥
切重追踵疾又馳僞切足腫也又徒回切陰病文一重音二瘣戶賄切說文病也引詩曰譬彼
瘣木一曰腫旁出也又魯猥切魁瘣木枝節盤結也文一重音一⿸疒退吐猥切⿸疒畏⿸疒退風病又吐內
切文一重音一⿸疒雷魯猥切小腫文一⿸疒磊魯猥切癧病文一⿸疒采此宰切病也文
一⿸疒怠蕩亥切病也文一疹止忍切說文脣瘍也又頸忍切又丑刃切熱病又乃結切

文一重音三⿸疒⿰㐱彡止忍切疿病文一⿸疒閔美隕切病也文一疢丑忍切病也又丑刃切熱病文一重音一⿸疒敢頸忍切唇瘍文一⿸疒雋才尹切博雅⿸疒雋痠蛘也又粗兖切文一重音一⿸疒員羽敏切病也又羽粉切又王問切文一重音二⿸疒希興腎切熱气箸膚也又許謹切創肉反出也又許既切痛也又香靳切文一重音三⿸疒㥯癮倚謹切⿸疒㥯胗皮小起皃或不省文二⿸疒憲許偃切寒病文一⿸疒反芳反切方言惡也又孚萬切癡也又方願切惡病文一重音二痯古緩切爾雅痯痯病也又古玩切文一重音一疸黨旱切又得案切說文黃病也文一重音一瘓土緩切痶瘓病皃文一⿸疒歡火管切痛也文一⿸疒編婢典切風病又匹美切骨病風也文一重音一痶他典切痶瘓病也文一⿸疒⿺辶疋息淺切乾瘍也文一

⿸疒戔在演切廣雅⿸疒高⿸疒戔蛘也文一⿸疒交古巧切腹中急也文一⿸疒高古老切⿸疒高⿸疒老⿸疒乔

病文一⿸疒鳥覞老切病也文一⿸疒老魯晧切⿸疒高⿸疒老⿸疒乔疾文一⿸疒𡿺⿸疒㘞⿸疒⿱虍止

乃老切病也或作⿸疒㘞⿸疒⿱虍止文三⿸疒東魯果切瘰病又苦卧切禿病文一重音一癢以兩切膚

欲搔也文一⿸疒丈雉兩切病也文一⿸疒象寫朗切馬病文一⿸疒更古杏切病也文

一⿸疒省所景切瘦謂之⿸疒省文一痙巨井切說文彊急也文一⿸疒烝蒸上聲骨⿸疒烝病

也文一疚云九切顫疚頭搖皃又尤救切說文顫也文一重音一疞許九切病也文

一⿸疒咎巨九切病也文一疛⿸疒肘陟柳切說文小腸病或从肘疛又陟救切腹心疾又

直祐切又仲六切文二重音三痗莫後切病也文一⿸疒侵七稔切體陋也文一瘮

所錦切駭恐皃又楚錦切又力所禁切病也文一重音二 癛 筆錦切疾也又力錦切寒病文一重音一 ⿸疒剡 以冉切傷也文一 痁 乃玷切病也文一 疺 悲檢切病也又扶法切瘦也文一重音一 痛 他貢切說文病也亦姓文一 ⿸疒龍 良用切⿸疒贏⿸疒龍病也文一 ⿸疒束 七賜切風⿸疒束膚疾又色責切瘮⿸疒束寒病又資昔切瘦病又秦息切文一重音三 ⿸疒盜 於賜切病也文一 痓 充至切博雅惡一曰風病文一 ⿸疒水 式類切腫病文一 ⿸疒遂 雖遂切風病文一 瘁 秦醉切病也文一 瘌 力至切下病文一 ⿸疒季 其季切說文气不定也文一 ⿸疒器 去冀切病也文一 疪 痺 必至切說文濕病也或作痺疪又毗至切文二重音一 ⿸疒畢 毗至切說文足气不至也又必至切又必結切文一重音二 ⿸疒畢 毗至切病也文

一疫兵媚切病也文一𤸇匹備切氣滿也又平祕切說文滿也文一重音一癲
平祕切滿也文一痣職吏切黑子也或从肉文一疿方未切熱瘍也文一𤺊
父沸切𤺊痱熱悶一曰腫盛皃文一𤵸疙居氣切凝也或作疙疙又戟乙切又魚乙切文二重
音二瘃巨畏切極也又許穢切文一重音一疰朱戍切病也文一𤺊𤵜普故
切痞病或作𤵜又博故切𤺊又蒲故切文二重音二𤵾蒲故切復病文一𤴤都故切乳
病曰𤴤文一𤺋𤺵𤻝魯故切𤺊痞也或从盧从虜文三𤸫荒故切江淮謂
治病爲𤸫文一𤸬苦故切困也今人病不善弃曰𤸬車文一𤵽痼古慕切說文久病也
一曰小兒口生瘡或从固文二𤺌丁計切創也一曰下病又竹利切瘌病一曰牛頭瘍又直例切

又當蓋切文一重音三　瘛⿸疒絜瘈　胡計切博雅瘛瘲病也或作⿸疒絜瘈瘈又詰計切瘈瘲瘌疾又吉詣切狂也又尺制切引縱曰瘈又征例切狂犬又居例切又吉曳切病也瘛又尺制切說文小兒瘛瘲病也又尺例切文三重音八　瘱　壹計切靜也文一　⿸疒兒　研計切⿸疒兒疵恨也又牛懈切目際也文一重音一　瘵　子例切接也詩無自瘵焉鄭康成讀又征例切病也又側例切又側界切文一重音三　⿸疒掣瘌　尺制切說文引縱曰⿸疒掣或从制⿸疒掣又征例切又並尺列切文二重音二　⿸疒叔　朱芮切瘤腫文一　⿸疒刷　去例切頭瘍一曰傷肷也又居例切博雅禿也文一重音一　⿸疒例癘⿸疒蠆　力制切疾疫也春秋傳大瘠者何⿸疒例也或作癘⿸疒蠆癘又落蓋切說文惡疾文三重音一　疶⿸疒曳　以制切病也或作⿸疒曳又並私列切瘌病文二重音一　癩　落蓋切惡

類篇七下　十八

疾也又郎達切楚人謂藥毒曰痛瘌文一重音一瘌落蓋切楚人謂藥毒曰痛瘌又郎達切傷也疥也文一重音一⿸疒艾瘑虛艾切病也或从瘑瘑又於歇切又丘葛切內熱病文二重音二⿸疒盍烏蓋切說文跛病也又丘蓋切喉病又克盍切疲病又乙洽切文一重音三癐古外切病也文一⿸疒殹於賣切劇聲也文一疥⿸疒界居拜切說文搔也或从界文二痡步拜切憊也文一癈放吠切說文固病也文一⿸疒乂魚刈切病也文一疢丑刃切熱病文一⿸疒欣⿸疒斤香靳切創肉反出或作⿸疒斤文二⿸疒吞佗恨切病善食也吳中藥術云文一⿸疒丸⿸疒雚胡玩切生創也或作⿸疒雚⿸疒雚又古玩切爾雅痯痯病也文二重音一⿸疒馬莫晏切畜病又乃諫切又莫駕切說文目病一曰惡气著身一曰蝕創文一重音二⿸疒連連彥切疟⿸疒連惡

疾文一瘹多嘯切博雅狂也一曰小兒疾文一𤻲療力照切說文治也或从尞又並式灼切病也𤻲又弋灼切又歷各切治病也文二重音三疱披教切腫病又皮教切面生气也文一重音一𤺊於到切痛也文一𤻈先到切博雅疥𤻈創也文一𤼋郎佐切病也文一𤹪神夜切病也文一𤸪女嫁切病也文一𤵸亥駕切利疾文一瘴之亮切癘也文一瘬側亮切病熱也文一𤷍知亮切腹大也文一㾗力讓切目病也文一病皮命切說文疾加也文一癜噎甯切歐聲文一𤸇里孕切風病文一疚居又切久病文一𤸸敷救切再發之疾又扶富切再病也又房六切文一重音二瘷即就切又側救切博雅縮也文一重音一瘦所救切說文臞也文一

瘷先奏切寒病文一⿸疒心七鴆切痛也文一癊⿸疒侌於禁切字林心病或省文二⿸疒詹都濫切癡皃文一⿸疒韱又鑑切病也文一⿸疒束蘇谷切痒⿸疒束寒病文一瘯千木切瘯瘰皮膚病又作木切文一重音一⿸疒虎他谷切首瘍文一⿸疒由徒谷切痛怨也文一⿸疒复房六切方言病也一曰勞復也文一⿸疒目莫六切病也文一⿸疒叔張六切⿸疒恝⿸疒叔痛皃又敕六切腹痛文一重音一⿸疒勠力竹切病也文一瘃⿸疒彔株玉切說文中寒腫覈也或从彔文二疾廿⿰智亏⿰爿矢昨悉切說文病也古作廿籀作⿰智亏⿰爿矢文四⿸疒悉昨悉切妎也文一痆尼質切痒也又女黠切瘡也文一重音一疙逆乙切癡也文一⿸疒术休必切又敕律切爾雅狂也又呼骨切又食聿切說文狂走也文一重音三瘷欶

居月切說文屰气也或省文二瘚其月切博雅病也文一瘑五紇切⿸疒骨瘑癡皃文一⿸疒骨蘇骨切⿸疒骨瘑癡也文一⿸疒骨古忽切郄病或从疒文一⿸疒出⿸疒兀五忽切說文病也或从兀文一⿸疒奈乃曷切博雅痛也一曰螫也又女黠切又女瞎切文一重音二痥徒活切說文馬脛瘍也一曰將傷又椿劣切文一重音一癤子結切癰也文一⿸疒⿱日土乃結切痛也文一疦呼決切瘡大者又古穴切說文⿸疒爲也文一重音一⿸疒扁蒲結切枯病又匹滅切文一重音一⿸疒截子列切癰也文一⿸疒必必列切腫懣也文一⿸疒翟弋灼切淫⿸疒翟病也文一⿸疒郤⿸疒却乞約切瘡病或从却文一瘧逆約切說文熱寒休作文一瘼末各切說文病也文一⿸疒蒦黃郭切⿸疒胡⿸疒蒦物在喉文一癨忽郭切病亂也文一⿸疒索

色窄切脉動皃文一瘷色責切瘆瘷寒病从或敕文一𤸃忽域切說文頭痛也又忽麥切

文一重音一𤺄丑厄切𤺄瘷寒病文一瘍於隻切關中謂病相傳爲瘍又說文夷益

切脉瘍也文一重音一瘠秦昔切瘦也文一𤻊夷益切脉瘍也一曰病也文一疫

𤶉營隻切說文民皆疾也或作𤶉疫又以醉切字林病流行也文二重音一癖匹辟切腹

病又四歷切積病文一重音一癧狼狄切瘰癧病也文一𤷍實職切敗創也文一瘜

悉即切說文寄肉也文一𤻲逸織切病也文一𤻮乙力切病也文一𤸷的則

切病也文一㾒息入切小痛也又席入切㾐疾文一重音一㽺迄及切又訖立切又

呼合切說文病劣也文一重音二𤵹呼合切寒病又鄂合切又德合切肥皃文一重音二𤺋

渴今切病寒也文一⿸疒去去涉切病少氣也又詰叶切文一重音一⿸疒夾苦叶切病息也文一

⿸疒乏訖洽切創也一曰獸足病謂之⿸疒乏又乞洽切文一重音一痐乙洽切江淮之間謂病劣曰痐文一

文四百二十六　重音三百十

冂覆也从一下垂也凡冂之類皆从冂或作冪羃幕莫狄切文三

冠古丸切說文絭也所以絭髮弁冕之緫名也从冖从元元亦聲冠有法制从寸又古玩切男子二十加冠曰冠文一重音一⿱冖顛多年切高遠也文一⿱冖顫古禫切蓋也文一冣

才臼切精也文一　冟當故切奠爵酒也从冖託聲周書曰王三宿三祭三冟又陟嫁切文一重音一

文八　重音二

冃重覆也从冂一凡冃之類皆从冃莫保切文一

同徒紅切說文合會也从冃从口徐鉉曰同爵名也周禮曰太保受同嚌文一　冡莫紅切覆也文一　肻苦江切幬帳之象从冃㞢其飾也又克角切文一重音一　号他頂切空也文一

文五　重音一

冃小兒蠻夷頭衣也从冂二其飾也凡冃

之類皆从冃 莫報切又莫候切覆也文一重音一

䍦 鄰知切接䍦白帽也文一 ⿱冃卷 驅圓切博雅幘也一曰小兒帽文一 ⿱冃成 時征切飯匵也从冃文一 ⿱冃爾 市紙切侈或作⿱冃爾文一 冔⿱冃紆 火羽切商冠名或作⿱冃紆⿱冃于又洪孤切文二重音一 冕 美辨切說文大夫已上冠也又武遠切冠有延前俯又忙晚切文一重音二

⿱冃施 施智切博雅⿱冃施⿱冃俞謂之⿰巾婁帕又以豉切面衣文一重音一 ⿱冃俞 俞戍切廣雅⿱冃施⿱冃俞謂之⿰巾婁帕又春朱切又容朱切⿱冃施⿱冃俞面衣文一重音二 ⿱冃多 乃可切博雅宬恀也或作⿱冃多又市紙切文一重音一

最 祖外切說文犯而取也又取外切聚也又徂外切又麤括切四圭也文一重音三 ⿵冂⿱二口

⿴囗冒 莫報切說文蒙而前也古作⿴囗冒⿵冂⿱二口又密北切干也又莫佩切瑁或作冐文二重音二 ⿱冃見

莫報切觸也又密北切突前也文一重音一⿱冃卓⿱冃到陟教切覆具或从到文二⿱冃鄉疾亮亮
切少時也又許亮切不久也文一重音一⿱由月直又切垷鍪也文一⿱冃歷狠狄切冪⿱冃歷煙白文
一⿱冃⿰面目⿱冃𦣻乞洽切弁缺四隅謂之帢帢或作⿱冃⿰面目⿱冃𦣻⿱冃⿰面目又口洽切文二重音一

文二十二　重音十六

㒳再也从冂闕易曰參天㒳地凡㒳之類
皆从㒳　良獎切文一
㒼母官切說文平也从廿五行之數二十分爲一辰四㒼平也又謨還切又母伴切又眠見切博
雅當也文一重音三　兩　良獎切說文二十四銖爲一兩从一㒳平分又力讓切𠔄也匹也文一重

音一

文三　重音四

网庖犧所結繩以漁从冂下象网交文凡网之類皆从网或作罔網𠕈籒作𦉰古作

𠕈罔網　文紡切罔又武方切汪罔長狄之君文八重音一

罿　徒東切捕鳥罔又諸容切爾雅繴謂之罿又昌容切說文罬也文一重音二

罞　謨蓬切爾雅麋罟謂之罞又謨交切又莫候切文一重音二

罙罙冞　民卑切說文周行也引詩罙入其阻一曰深也冐也或作罙冞罙罙又緜批切罙又母婢切文三重音二

䍦　山宜切以

筐盪酒也又山於切文一重音一 **䍦** 鄰知切接䍦白帽也又所綺切文一重音一 **罹** 鄰知切憂也遭也又良何切文一重音一 **羅** 鄰知切帛也又良何切說文以絲罟鳥也又郎佐切巡也文一重音二 **罷** 攀縻切罷辜磔牲以祭又班縻切如熊黃白文又蒲縻切勞也又蒲巴切止也論語欲罷不能陸德明讀又部靡切弱也又補靡切又部買切說文遣有罪也从网能言有賢能而入网而貫遣之引周禮議能之辟又部下切止也又拍迫切判也文一重音八 **⿱罒馽** **⿱罒⿰革馽** **羈** 居宜切說文馬絡頭也从网从馽馽馬絆也或从革亦作羈文三 **羇** 居宜切旅寓也文一 **⿱罒巴** 頻脂切取鰕具文一 **⿱罒否** **罘** 貧悲切免罔也或省⿱罒否又芳無切覆車也又馮無切又並房尤切說文免⿱罒否也文二重音三 **罳** **⿱罒⿸厂且** 新玆切博雅罦罳謂之屏釋名罦罳在門外罦復罳思也臣將

入請事於此復重思之籀作䍐䍐又咨邪切兔网也文二重音一𦊺居之切敧也一曰星名文一罝子余切說文兔罟也又咨邪切文一重音一罦䍖芳無切爾雅罦覆車也今曰翻車有兩轅中施罥以捕鳥或从包罦又馮無切䍖又披交切又並房尤切文二重音三𦌈𦋺微夫切罟屬或省又並罔甫切說文牖中网𦌈又亡遇切文二重音二罛𦊼攻乎切說文魚罟也引詩施罛濊濊或从孤文二䍕都黎切罔也又典禮切罘不也文一重音一罤田黎切兔網文一𦌴盧回切網百囊者或从雷文二䍙謨杯切說文罔也又罔甫切雉罔又蒲補切又莫后切又莫佩切文一重音四罠眉貧切說文釣也博雅兔彘罟文一𦋼公渾切罔也文一羉謨官切爾雅彘罟謂之羉又盧丸切文一重音一𦋔咨邪切說

文免网也文一⿱罒牙牛加切免罔文一⿱罒儿⿱罒厶姑橫切罔滿也或作⿱罒厶⿱罒厶又乎萌切文二

重音一⿱罒丁當經切⿱罒令⿱罒丁小罔又湯丁切又他頂切文一重音二⿱罒令郎丁切⿱罒丁⿱罒令罔也又

百猛切又朗鼎切文一重音二罾咨騰切說文魚罔也文一⿱罒卯力求切捕鳥獸具文一

⿱罒婁郎侯切罷⿱罒婁罔也又力九切寡婦之笱魚所留也文一重音一罧疏簪切說文積柴水

中以聚魚也又犂針切又斯荏切又式荏切又所禁切文一重音四⿱罒今鉏簪切罔名文一⿱罒兼

堅嫌切絲網曰⿱罒兼文一⿱罒巨曰許切魚罟文一罜腫庚切說文罜麗魚罟也又朱戍切

又徒谷切罜麗小罟文一重音二罟果五切說文网也文一⿱罒齊在禮切博雅盝也又

子禮切茜酒也文一重音一罫古買切博雅局方目也或作罫文一罪粗賄切捕魚竹

网文一

⿱罒黽 美隕切罔密也文一

罕 許旱切說文罔也一曰希也亦姓又虛旰切袍罕地名文一重音一

罥羂⿱罒繯 古泫切挂也或作羂⿱罒繯罥又胡犬切⿱罒繯罥又扃縣切說文罔也一曰綰也文三重音二

⿱罒異⿱罒亘 須兖切說文网也亦作⿱罒亘⿱罒異又鶵免切又式撰切又所晏切魚網也又須絹切文二重音四

罵 母下切又莫駕切說文詈也文一重音一

罶⿱罒卯 力九切說文曲梁寡婦之笱魚所留也或省文二

⿱罒句 舉后切曲竹捕魚笱也文一

⿱罒某⿱罒母 莫後切罔也或从母文二

罯 鄔感切說文覆也又遏合切罯罯覆文一重音一

罱 乃感切取魚具文一

⿱罒敢 吐敢切魚罔文一

罨 衣檢切罜也所以罔魚又遏合切網也又憶笈切又乙業切文一重音三

⿱罒臽⿱罒銜 女減切魚網或从銜文二

⿱罒㚇 作弄切⿱罒㚇罟謂之九罭一

曰百囊署文一詈力智切說文罵也从网罪人文一罻於位切說文捕鳥罔也又紆胃切又紆勿切文一重音二置罬罼竹吏切說文赦也一曰立也古作罬罼置又直吏切樹也周禮凡試廬事置而搖之文三重音一署常恕切說文有所网屬徐鍇曰署置之言羅絡之若罘网也文一䍐良據切罔也文一䍊魯故切𦋇䍊取魚具文一𦊓胡故切說文罟也文一𦋇古慕切䍊𦋇取魚具文二䍥蒲計切鳥罔文一罣消惠切絓也又古賣切罥也文一重音一罽居例切說文魚网也文一罫胡卦切礙也文一䍦區願切罔也文一䍗熒絹切罔也文一𦋺私箭切魚罔文一還須絹切罔也文一䍡力弔切魚罟文一罺楚教切小網又莊交切撩罟也文一重音

一**罩**陟教切說文捕魚器又竹角切罩魚者也又敕角切文一重音二**⿱罒綽**陟教切覆鳥令不飛走也文一**⿱罒艮**郎宕切莽⿱罒艮廣大皃文一**⿱罒參**所禁切積柴水中以取魚文一**⿱罒賣**徒谷切罜麗小罟或作⿱罒賣文一**⿱罒麗⿱罒禄**盧谷切說文罜麗也或从禄文二**⿱罒削**色角切⿰扌肅⿱罒削罘罕形文一**罼**壁吉切田罔也文一**罬**竹律切雉罟又古穴切罔名爾雅罿罬也郭璞讀又株劣切罔名說文捕鳥覆車也又紀劣切文一重音三**⿱罒辟**博厄切捕鳥罔又四麥切又薄華切又眦亦切罿也文一重音三**⿱罒丁**丁歷切繫魚也文一**⿱罒歷**狼狄切冪⿱罒歷煙皃文一**罭**越逼切罔也又忽域切魚罔文一重音一**⿱罒沓**託合切罔也一曰罯署覆也文一

文一百十六　重音七十五

襾覆也从冂上下覀覆之凡襾之類皆从襾呼訝切又許下切又衣駕切文一重音二

覂方勇切說文反覆也又補范切博雅棄也又房用切文一重音二　覆敷救切說文覂也一曰蓋也又扶富切又方六切倒也審也又芳六切反也又四北切文一重音四　⿱覀取奚結切邀也文一

覈⿱雨敫下革切實也考事襾笮邀遮其辭得實曰覈或从雨覈又恨竭切麥糠中不破者又詰吊切博雅㱿覈骨也文二重音二　⿱覀服皁墨切方言農夫之醜稱博雅儓⿱覀服醜也文一

文七　重音十

巾佩巾也从冂丨象糸也凡巾之類皆从

巾 居銀切又姜愍切又居焮切衣也文一重音二

⿰巾通⿰巾同 他東切⿰巾通褶夷服也或从同文二

幢 徒東切潼容車幨帷也或从巾又傳江切幢童也又丈降切后妃之幰曰幢文一重音二

幏幪 謨蓬切說文蓋衣也又並蒙弄切幪又母揔切茂盛皃又莫鳳切文二重音三

⿰巾空 枯公切袂謂之⿰巾空文一

⿰巾冬 徒東切幡名文一

⿰巾宗 徂宗切南蠻賦也文一

幒⿰巾松 諸容切說文幝也一曰帙或作⿰巾松又並筍勇切楚人謂幝曰幒又並取勇切褌幝也文一重音二

⿰巾雙 踈江切⿰扌夆欆未張帆或从巾文一

⿰巾虒 相支切博雅⿰巾閒⿰巾虒謂之⿰巾乍又天黎切又田黎切一曰赤紙又馨奚切文一重音三

⿱支巾 章移切去竹之枝也文一

⿱此巾 將支切埤倉布名又津私切大布曰⿱此巾文一重音一

帔 攀糜切方言帬

陳魏之間謂之帔一曰巾也又班糜切又披義切文一重音二⿰巾甲賓彌切冕名通作裨又毗亦切冕也文一重音一帷⿷匚⿱一呈于龜切說文在旁曰帷一曰圍也所以自圍障古作⿷匚⿱一呈⿷匚⿱一呈又于非切器也文二重音一⿰巾几渠伊切伊⿰巾几古天子號亦地名文一⿰巾皀頻脂切帷也又邊迷切博雅⿰巾皀⿰巾炎⿰巾兼也一曰車帷文一重音一徽吁圍切說文幟也以絳徽帛著於背引春秋傳曰楊徽者公徒文一幃吁韋切說文囊也一曰單帳又于非切文一重音一希丞香衣切寡也望也施也亦姓古作丞希又展八切箴縷所紩衣文二重音一帤女居切說文巾帤也一曰幣巾方言大巾嵩嶽之南陳頴之間謂之帤巾文一⿰巾句權俱切繾繩絇也又墟侯切射決也文一重音一⿰巾夫風無切襆袂也文一⿰巾巫幠微夫切毳也方言楚曰⿰巾監⿰巾巫郭璞曰物之行敝或从

無幠又荒胡切說文覆也一曰大也有也幠又火羽切覆也文二重音二

⿰巾俞詢趨切繒采色一說帛邊也漢制以爲關門符信又雙雛切說文正耑裂也又容朱切裂衣⿰巾俞曰⿰巾曾又雙遇切殘帛也又徒侯切⿰衤侯褕短袖襦或从巾文一重音四

⿰⿱𠂊巾頁詢趨切⿰巾勺⿰⿱𠂊巾頁繒頭也文一

幬重株切幔轂之革也又徒刀切又大到切覆也又陳留切禪帳也文一重音三

⿰巾每蒙晡切⿱莫女母都醜也或作⿰巾每文一

⿱敄巾蒙晡切車衡上衣又迷浮切又亡遇切髮巾之⿱敄巾又莫候切又莫卜切又吁王切桼布覆車曰⿱敄巾文一重音五

帑農都切說文金幣所藏也又坦朗切文一重音一

⿰巾鬼姑回切博雅⿰巾鬼絲也又矩偉切文一重音一

⿰巾夒奴回切以巾拭墀又乃昆切又乃坦切又乃旦切巾攌也文一重音三

⿰巾辰之人切方言飤馬槖燕齊閒謂之⿰巾辰又之刃切文一重音一

⿰巾賓紕民切衣

鄭喜

敝白文一⿰巾盾測倫切布載米又舩倫切又株倫切說文載米斷又敹倫切又重倫切又杜本切文一重音五

⿰巾旬須倫切說文領耑也又松倫切文一重音一⿰衤巾居銀切佩巾也一曰首飾巾或从衣文一

帘鋤臻切幕也又離鹽切酒家幟又一叫切文一重音二⿱分巾敷文切說文楚謂大巾曰⿱分巾或書作帉又符分切又方文切文一重音二

幩敷文切馬扇汗又符分切說文馬纏鑣扇汗也引詩朱幩鑣鑣又彼義切又父吻切轂滿文一重音三

帬衢云切說文下裳也亦書作郡文一

⿱夗巾於袁切說文幡也文一帵於袁切裁餘曰帵又烏丸切文一重音一

幡孚袁切說文書兒拭觚布也一曰幟也又符袁切文一重音一

⿰巾軍⿰巾昆公渾切說文幒也或作⿰巾昆文二

⿰巾免謨奔切吊服又美辯切大夫巳上冠又文運切喪冠文一重音二

帴

財千切帬也帙也婦人脅衣也又將先切小兒藉也又子踐切褓也又在演切狹也又爕玷切帬幅也又所例切被也又先旰切廣雅褫也帛二幅爲帴又私箭切又山箭切又山戞切文一重音九

幝 他干切敝皃又稱延切又齒善切又足戰切說文車獘皃引詩曰檀車幝幝文一重音三

幱 郎干切衣與裳連曰幱文一

⿰巾官 沽丸切絭也所以絭髮弁冕之總名也文一

幋 蒲官切說文覆衣大巾或以爲首鞶文一

⿱⿰夕又巾 倉先切博雅頭⿱𣦼糸幧頭也又蒼案切⿰巾奄也又倉甸切文一重音二

幎 民堅切覆也儀禮士喪幎目用緇又娟營切又忙經切又眠見切又莫狄切說文幔也文一重音四

㡘 經天切說文布名出東萊㡘縣又胡千切文一重音一

⿱前巾 將仙切說文幡幟也亦書作⿰巾前文一

⿰巾全 莊緣切曲卷也文一

帣 逵員切囊有底曰帣又古轉切斂衣裹也

又古倦切說文囊也今鹽官三斛爲一桊文一重音二 㡩 憐蕭切蓋弓也文一 幧 幓 ⿱秋巾 千遥切帕頭也或作幓⿱秋巾幧又倉刀切絡頭也⿱秋巾又子了切幧頭也一曰凶首飾幓又跡簪切褖纚衣裳毛羽垂皃或作幓又師炎切旗正幅爲幓又師銜切又所咸切文三重音六 幖 卑遥切說文幟也文一 ⿰巾少 彌遥切網細者⿰巾少文一 ⿰巾召 凝宵切⿰巾召⿰巾少細絲文一 ⿰巾喬 丘祅切絝紐也文一 ⿰巾曹 倉刀切帴也又臧曹切博雅禮帴褅也或从巾文一重音一 幍 他刀切巾袟也文一 帊 披巴切殘帛又普駕切博雅帳也文一重音一 幏 居牙切又居迓切說文南郡蠻夷賨布文一重音一 ⿰巾昌 蚩良切博雅披裮不帶也或从巾文一 ⿰巾荒 ⿰巾㐬 ⿰巾芒 謨郎切周禮⿰巾荒氏掌湅絲帛或省亦从芒又並呼光切說文設色之工治絲練者一曰⿰巾㐬隔文

三重音一

⿱亡巾⿱巟巾 呼光切博雅⿱亡巾幞帳也或从巟文二

常 市羊切下帬也文一

⿰巾英 於驚切鮮明皃詩旂旐央央或作⿰巾英文一

帡 畀盈切屋蔽也又旁經切覆蓋也楊子夏屋之爲帡幪又必郢切文一重音二

幀 諸盈切射的文一

⿱炏巾 娟營切收韏也文一

幐 徒登切說文囊也又唐亘切文一重音一

幬⿰巾周 陳留切說文禪帳也或作⿰巾周文二

帿 胡溝切春饗所䠶侯也文一

幅 墟侯切射決也文一

⿰巾冓 居侯切單衣文一

幞 郎侯切方言飤馬橐自關而西謂之幞篼文一

幨 犂針切幨縿羽毛皃又離鹽切說文帷也文一重音一

幓 烏含切博雅幓篼囊也又乙業切幓頭也文一重音一

幱 盧甘切說文楚謂無緣衣文一

帴⿰巾三 蘇甘切衣破或从三⿰巾三又蘇暫切衣敝皃文二重音一

幟 千廉切標

識也又將廉切說文拭也文一重音一⿱埮巾徐廉切博雅⿰巾彖⿱埮巾巾也文一⿰巾僉幨⿰巾炎
蚩占切車⿰巾僉山東謂之裳幃或作幨⿰巾炎又並昌豔切帔衣也⿰巾僉又千廉切帔也文三重音二⿱斂巾
離鹽切鏡籢也文一⿰巾今其淹切布帛名文一⿰巾⿺乚丁丁兼切又陟涉切說文領耑也又即涉切
衣衿又託協切又的協切又即協切文一重音五帆符咸切舟上幔所以汎風又扶泛切又孚
梵切楊也杜預曰拔旆投衡上使不帆風差輕文一重音二⿰巾重杜勇切廣雅⿰巾重謂之⿰巾彖文一
帋掌氏切絮一苫也釋名紙砥也平滑如砥紙或从巾文一⿱此巾淺氏切巾也一曰布名文
一⿰巾匕部鄙切⿰巾祭裂也又補履切又伻買切文一重音二⿰巾宁⿰巾著展呂切覆棺衣或从
著文二帾董五切博雅幡也文一帍後五切方言帍裱謂之被巾文一⿰巾烏

於五切首巾謂之幯文一㡁枯買切小衫曰㡁又苦瓦切文一重音一𢅏洛駭切𢅏㡞衣破文一㡞師駭切𢅏㡞衣破文一𢅰府吻切說文以囊盛穀大滿而裂也又又吻切又方問切又符問切又敷勿切文一重音四幰𢁉許偃切張繒車上爲幰或从軒省𢁉又居案切布囊也文二重音一𢄊傘𠍮顙旱切蓋也亦作傘𠍮文三𢅩蕩旱切𢅩悗喪之輕服文一帞彌兖切幕謂之帞文一𢅡子了切拭也又朗鳥切又子小切文一重音二𢁴丁了切𢁴幁繒頭也文一𢂀於絞切韈上也文一𢁺烏浩切𢁺征巾也文一𢆗朗可切裂繒文一𢃂𢅁乃可切博雅宬𢃂也或作𢅁文二幌戶廣切帷也文一帚止酉切說文糞也从又持巾埽內古者少康初作箕帚文一𢄉

戶感切巾擁耳也文一𢅏子敢切繒末緶也文一𢅰房用切款書也文一𢅷彼義切帬也文一𢄔脂利切摶雅槃帑𢄔巾也又輸芮切又質涉切巾也又即協切文一重音三𢃵而至切飾也又女利切字林飾也文一重音一帥帨所類切佩巾也或作帨帨又湏銳切又此芮切又欲雪切又並輸芮切又並朔律切文一重音五幟𢃱職吏切旗也或从志又並昌志切幟又式吏切文二重音二帺渠記切繫也巾也文一𢂃父沸切隱也文一布博故切說文枲織也文一𢁼符遇切帛也文一𢅩子計切緝也文一帠研計切法也莊子何帠以治天下文一𢄑旋芮切盥巾謂之𢄑文一𢅙旋芮切布巾文一㡜所例切帛餘又私利切說文殘帛也又蘇絕切㡜縷今時剪繒爲華者又式列

切裂帛文一重音三㡁丑例切㡁也又以制切裂也文一重音一幆於例切直衿謂之幆
又丘蓋切非時葬謂之幆文一重音一𢃹力制切帛餘也文一幣必袂切財也周禮幣
餘之賦千寶讀又毗祭切說文帛也文一重音一帶當蓋切說文紳也男子盤革帶婦人帶絲象
繫佩之形佩必有巾从巾文一帶當蓋切帶方山名一曰郡名屬幽州文一𢅊取外切𢅊
項古服其制未聞文一𢃰祖外切采繒色又祖對切會五采繒色文一重音一𢁒居拜
切憤也文一𢁉奴對切旆垂貌文一佩蒲昧切說文大帶佩也从人从凡从巾佩必有
巾巾謂之飾文一幗古對切婦人喪冠又古獲切文一重音一帒待戴切囊屬文一
㠴𢃽而振切說文枕巾也或从忍𢃽又入質切文二重音一𢅪於靳切裹也聾也文

一幔幕莫半切說文幕也或作幕幕又末各切說文帷在上曰幕覆食案亦曰幕文二重音
一帟輕甸切幡係於帟者文一帩縈絹切曲裁文一幑吉弔切行縢文一
帩七肖切縛也文一帨眉召切幗也又眉教切文一重音一帽莫報切小兒蠻
夷頭衣也文一毡巨到切輕也文一帕普駕切博雅帳也帊或作帕文一帳
知亮切說文張也一曰幬謂之帳文一幚蒲浪切書帖也文一𢅻幀豬孟切張畫繪
也或作幀文二𢄊側救切衣不伸也文一帎丁紺切冠俯前也文一幞博木
切裳削幅謂之纀或作幞又逢王切帕也文一重音一𢅥千木切𢅻也文一幅方六
切說文布帛廣也又筆力切行縢也春秋傳帶裳幅舄文一重音一𢃤徒沃切羽葆幢文一幄

乙角切幬也文一
帞 入質切說文書衣也文一
⿰巾弗 敷勿切韜髮也文一
帗 敷勿切方言帗縷毳也謂物之行敝又分物切樂舞執全羽以祀社稷也又北末切說文一幅巾也文一重音二
帓 勿發切足衣也又莫葛切帶也又莫轄切文一重音二
幭 勿發切博雅幭帊帳也又莫結切說文蓋幭也一曰襌被又莫狄切車覆式也詩鞹鞃淺幭文一重音二
簚 莫狄切幭或作簚又莫結切文一重音一
幯 子末切拭也又宗栝切又子結切文一重音二
⿱剌巾 郎達切說文制也文一
幠 山戛切巾一幅謂之幠文一
帞 莫轄切邪巾袹頭始喪之服或从巾又莫白切博雅⿱日施⿱日俞謂之帹帞文一重音一
⿰巾龠 弋灼切幕屋謂之⿰巾龠文一
⿱車巾 闥各切說文囊也文一
⿰巾乍 疾各切博雅⿰巾虎謂之⿰巾乍文一
⿰巾閱 郝各切⿰巾閱⿰巾虎赤紙文一
帢

乞逆切麤⿱曰囟也文一幘測革切齒相值又測革切說文髮有巾曰幘一說古賤服漢元帝頂有壯髮故服之王莽秃又巾文一重音一⿰巾畫忽麥切裂帛聲文一帟夷益切在上曰帟文一飾餝賞職切刷也或作餝飾又畜力切致堅也文二重音一幦呼役切又莫狄切說文髹布也引周禮髤車犬幦又詰歷切覆苓也禮君羔幦徐邈讀又呼臭切車覆苓春秋傳以幦爲文一重音三席⿸厂因祥易切說文籍也禮天子諸侯席有黼繡純飾古作⿸厂因文二⿰巾式設職切爾雅清也或从巾文一⿰巾直逐力切緣也禮羔幦虎犆或从巾文一帠乙力切幡也文一⿱𡨄巾蠻北切萬俟虜姓萬或作⿱𡨄巾文一⿱或巾忽或切巾帛被風聲或書作幗文一帢⿰巾夾⿰巾匧⿰巾臽乞洽切弁缺四隅謂之帢或作⿰巾夾⿰巾匧⿰巾臽帢又葛合切文四重音一⿰巾及

葛合切說文蒲席䕯也一曰車籍文一 𢄔 託合切帳上覆謂之𢄔又達合切文一重音一 帹 一接切幓頭又色甲切面衣也文一重音一 帖 託協切說文帛書署也文一 𢃛 檄頬切束帶文一

文二百三十　重音一百五十七

巿 韠也上古衣蔽前而已巿以象之天子朱巿諸侯赤巿大夫葱衡从巾象連帶之形凡巿之類皆从巿 分勿切文一

𢁾𢂂 勒沒切篇射之矢謂之𢁾𢁾或作𢂂文二 𢂈 古洽切士無巿有𢂈制如榼缺四角

爵弁服其色韎韍不得與裳同鄭司文曰裳纁色又葛合切文一重音一

文四　重音一

帛繒也从巾白聲凡帛之類皆从帛　旁陌切文一

幫　逋旁切治履邊也文一　⿰帛黃　胡盲切藤屬可用織文一　⿰帛炎　崖占切衣動皃又吐敢切緂或作⿰帛炎文一重音一　⿰帛同　犬迥切樿也文一　錦　居飲切襄邑織文从帛金聲文一

⿰帛皃　眉教切帛雜文又班交切綵色文一　⿰帛彔　龍玉切帛青黃色也文一　⿰帛舌　乎刮切帛細者又古刹切文一重音一　⿰帛及　訖立切新羅謂絹曰⿰帛及文一

文十　重音三

白西方色也陰用事物色白从入合二二陰數凡白之類皆从白古作㿝蒲陌切白又博陌切又步化切文二重音二

⿰白蒙謨逢切浮醭又補孔切文一重音一　⿰白曾蘇悰切素白也文一　皚五來切說文霜雪之白也又魚衣切文一重音一

⿰白壽陳留切詞也文一　皤薄波切說文老人白也易曰賁如皤如又逋禾切又蒲官切馬作足橫行曰皤文一重音二

皒牛何切皒皒白色文一

皅普巴切說文艸華之白也又步化切色不真也文一重音一

⿰白靈⿰白霝⿰白零皊郎丁切白色或从霝零皊文四　⿰白爲鄔毀切華榮也文一　皉淺氏切玉色鮮絜又此禮切文

一重音一皠取猥切白也文一皁在早切黑色一曰馬閑一曰賤人文一皓皜皞下老切白貌或作皜皞皓又古老切又呼回切髮皓落也文三重音二⿰白春昌尹切白也文一皖戶板切明貌又胡官切地名在舒又戶袞切文一重音二皎吉了切說文月之白也詩曰月出皎兮文一皢乎鳥切說文日之白也文一皫滂表切鳥毛變色又被表切毛羽朱色不澤也周禮鳥皫色而沙鳴貍又匹沼切又滂保切文一重音二⿰白白吉了切白也又薄陌切又匹陌切文一重音二皦古了切說文玉石之白也文一皛烏鳥切說文顯也从三白又匹陌切明也又眏迥切又戶茗切文一重音三⿰白昜⿰白黨坦朗切白色或从黨文二皏普幸切博雅白也文一⿰白登得肯切白也文一⿰白走俯九切白也文一

皙 征例切博雅白也文一 㿟 彌蔽切布帛幅邊也文一 ⿰白甲 旁卦切白皮文一
皧 於代切白色文一 皔皯 侯旰切博雅白也皔又下罕切文二重音一 皘 倉甸切白也文一
皭 子肖切博雅皭皭白也又疾爵切一曰淨皃又即約切文一重音二 皫 彌笑切白色文一
⿰白翟 弋笑切白色文一 ⿱殸白 乃定切告也从白文一 ⿰白录 盧谷切白獸文一
⿰白業 普木切物氣烝白文一 皬 胡沃切鳥之白也又轄角切白也又力各切又曷各切文一重音三
皪 北角切皪犖雜色又狼狄切皪的白皃又歷各切文一重音二 ⿰白曷 何葛切白色又許葛切文一重音一
⿰白未 莫葛切⿰白市⿰白未浅白文一 ⿰白贊 七曷切白也文一
⿰白市 普活切⿰白市⿰白未浅白文一 ⿰白各 歷各切白色文一 ⿰白霍 曷各切白也文一 ⿰白責

測革切淨也文一⿰白歷狼狄切的⿰白歷白皃文一的⿰白單丁歷切明也或作⿰白單的又胡了切文一重音一㿟起戟切說文際見之白也从白上下小見文一皙先擊切說文人色白也文一

文六十　重音三十

㡀敗衣也从巾象衣敗之形凡㡀之類皆从㡀毗祭切又匹曳切文一重音一

敝毗祭切帗也一曰敗衣又必袂切塞也又蒲滅切敗也又部弭切敝跬用力皃文一重音三

文二　重音四

黹箴縷所紩衣也从㡀丵省凡黹之類皆从黹陟几切徐鉉曰丵衆多也言箴縷之功不一文一

⿱殹黹甲緜切紩也又民堅切文一重音一　䵊創舉切說文合五采鮮色詩曰衣裳䵊䵊文一

黼黼方榘切說文白與黑相次文或作黼黼又彼五切文二重音一　⿰黹米母禮切繡文如聚細米也文一

黺方吻切說文袞衣山龍華蟲黺畫粉也衛宏說文一　⿰黹扁婢典切緻謂之⿰黹扁文一

䵐子對切說文會五采繒色文一　黻黻分勿切說文黑與青相次文或作黻文二

文十一　重音二

類篇卷第七下

類篇卷第八上　卷之二十二

朝散大夫右諫議大夫權御史中丞充理檢使上護軍河内郡開國侯食邑一千三百户賜紫金魚袋臣司馬光等奉

敕修纂

十四部

文一千九百九十五

重音一千四百八十三

人天地之性最貴者也此籀文象臂脛之形凡人之類皆从人古作𠆢如鄰切唐武后作𤯔文二

倲倲 都籠切儱倲劣也或作倲倲又多貢切文二重音一 **俑** 他東切痛也又伊竦切一曰偶人文一重音一 **僮** 徒東切說文未冠也詩傳僮僮竦敬也又丑用切躘蹱不能行蹱或作僮文一重音一 **侗** 他東切大皃又徒東切倥侗童蒙也又吐孔切侗眮直皃又徒弄切誠慤皃郭象曰侗然而來文一重音三 **儱** 盧東切儱倲劣也又魯孔切儱侗未成器又良用切躘蹱不能行或从人文一重音二 **偬** 麤叢切志眾也又祖動切倥偬苦也一曰事多又作弄切文一重音二 **仜** 胡公切說文大腹也一曰朦仜肥大皃文一 **倥** 枯公切倥侗童蒙也又苦動切倥偬事多一曰苦也又苦貢切倥偬困也文一重音二 **僼** 敷馮切闕偓僼仙人名文一 **偑** 方馮切地名文一 **儚** 謨中切爾雅儚儚惛也一曰懜也又亡冰切又彌登切文一重音二 **佟**

徒冬切姓也文一儂奴冬切我也吳語文一倧祖賨切上古神人文一伀諸容切說文志及衆也文一倯書容切博雅倮倯罵也又思恭切郭璞曰羸小可憎之名一曰嬾也文一重音一伴敷容切闕人名文一傭癡凶切又餘封切說文均直也一曰顧作謂之傭文一重音一傛餘封切漢制傛華婦官名一曰傛傛便習意一曰不安又尹竦切文一重音一供居容切說文設也一曰供給又居用切文一重音一𠐐渠容切方言𠐐倯罵也又佬莫江切佬傋不媚又母項切文一重音一傑义宜切傑池參差也文一倕是爲切重也黃帝時巧人名或作倕倕又樹㒎切闕人名𡍮時有工倕又馳㒎切硾或作倕文二重音二㒋相支切析薪養馬者文一傂陳知切佌傂參差也一曰別植貞又相支切輪

之類太玄作傂又丈爾切參差皃文一重音二**儷**呂支切說文棽儷又郎計切偶也文一重音一**⿰亻離**鄰知切偶也又郎計切文一重音一**伎**翹移切舒皃詩鹿斯之奔維足伎伎又巨綺切說文與也詩曰籥人伎忒又去智切跂或作伎又支義切很也文一重音三**俾**賓彌切安俾縣名在定安郡又邊迷切使也又補弭切說文益也一曰俾門寺人又普米切俾倪邪視又匹計切文一重音四**⿰亻歈**余支切⿰亻歈愉動皃通作歈文一**倚**居宜切不耦也又於值切曲也書倚乃身徐邈讀又巨綺切立也易參天兩地而倚數又隱起切說文依也又卿義切奇也又於義切因也加也文一重音五**儀**魚羈切說文容也度也亦姓又州名文一**佹**俱爲切幾似皃列子佹佹成者又古委切重累也一曰依也文一重音一**倭**于危切順皃引詩周道倭遲又烏禾切女國名在東海中

又鄔果切倭墮髻皃文一重音二

僞 虞爲切假也又吾禾切動也吪或作僞又危睡切詐也又居僞切僞娗優也文一重音三

傺儽傫 倫追切博雅傺傺疲也一曰敗也欺也或作儽傫傺又盧戈切疲勞也儽又盧回切又並魯猥切垂皃儽又魯果切袒也又力僞切病困謂之儽儽儽傫又盧對切垂皃傫又魯水切姓也春秋傳飲之無傫氏文三重音七

儡 倫追切勞心也又語韋切又盧回切說文相敗也一曰同也又魯猥切傀儡木偶戲又盧對切極也一曰重大而偏又魚鬼切儡然意不安定皃文一重音五

侇 延知切尸也一曰侇之言移也文一

伊𢻱 於夷切說文殷聖人阿衡尹治天下者一曰伊維侯也又姓亦州名古作𢻱从古文死文二

⿰亻癸 渠惟切左右視謂之⿰亻癸又渠龜切文一重音一

⿰亻歸 渠龜切方言使也又丘追切文一重音一

仳 篇夷切又

頻脂切博雅仳倠醜也又普弭切别也又補美切離也又普鄙切又部鄙切又部浼切又必至切及也文一重音七

伾 攀悲切說文有力也引詩以車伾伾一曰衆也又貧悲切一曰大力又晡枚切山名又鋪枚切爾雅山一成又鋪來切又並鄙切山名又部鄙切又五忽切文一重音七

侕 人之切衆多皃文一

仍 人之切因也關中語又如蒸切又如證切文一重音二

偲 新慈切切切偲偲相切責也又倉才切說文彊力也引詩其人美且偲又想止切不安也文一重音二

仔 津之切說文克也一曰仔肩任也又祖似切又將吏切文一重音二

従 超之切不慧也文一

僖 虛其切說文樂也亦姓文一

倛 丘其切詐欺也或作倛又渠支切淮南祈雨土偶人曰倛又去吏切倛儗不前文一重音二

倈 陵之切至也又郎才切玄孫之子爲倈孫又洛代切勞也文一重音

二僛⿰亻⿰其頁丘其切說文醉舞皃引詩屢舞僛僛不能自正也或作⿰亻⿰其頁文二偯於其切痛聲又於希切又羽已切哭餘聲又隱豈切文一重音三儗魚其切惑也又偶起切說文僭也一曰相疑又魚記切俱儗不前也又許代切儓儗癡也又牛代切文一重音四俟渠之切萬俟虜姓又渠希切又羽已切大也又牀史切說文大也引詩伾伾俟俟文一重音三𢼸無非切說文妙也徐鉉曰从耑省耑物相生之題尚微也文一微無非切賤也或引虞書舜側微文一僟居希切深練於事曰僟又渠希切說文精謹也引明堂月令數將僟終文一重音一⿰亻歸居韋切往也使也又歸謂切文一重音一俙香衣切依俙猶言髣髴也一曰訟也面相是心相非又休皆切又呼乖切又許豈切文一重音三依於希切說文倚也一曰祿也又隱豈切譬喻也文一重音

一倨斤於切傲也春秋傳直而不倨徐邈讀⿰亻⿱巨木
又居御切說文不遜也文一重音一
求於切吳人偦新於切疏也又寫與切什長伹
呼彼稱文一也有才知者文一重音一
千余切廣雅鈍也又祥余切說文拙也徐祥余切
又搃古切淺也又坐五切文一重音三說文緩
也亦姓又商居切徐州伽人余切均儲陳如切
地名在齊文一重音一也文一說文偫
也一曰副君伃羊諸切說文婦官也漢有倢伃伃
也亦姓文一美皃又象呂切方言豐人楚謂之
伃又演女切大也佝恭于切止也又俱遇切病僂
安也文一重音二又許候切佝愁愚也或从人
又立候切務也又居俱恭于切說文偕也傅芳
候切文一重音四一曰具也文一無
切施也敷或作傅又方遇切俘芳無切說文軍所
又符遇切著也文一重音二獲也引春秋傳以

爲俘馘一曰取也文一

侏 鍾輸切侏儒短人一曰伶侏古樂人名又追輸切大也又張流切華也文一重音二

㑳 莊俱切俑㑳小人皃又崇芻切又側救切娵也又鉏救切又昵洽切文一重音四

儒㒰 汝朱切說文柔也術士之偁或作㒰文二

伮仅 農都切奴婢皆古之辠人奴古从人或作仅文二

㑄 農都切戮力也努或作㑄文一

俉 訛胡切倨俉壯大皃又五故切遇也文一重音一

侉 尤孤切怪亂也又胡瓜切怯也痛也又杜瓜切說文備辭也又何佐切痛呼也又安賀切文一重音四

低 都黎切俛也下也文一

傒 弦雞切闕人名春秋傳齊有高傒又戶禮切說文待也文一重音一

倪 研奚切說文俾也又宜佳切極際也莊子不知端倪又吾禮切俾倪視皃又五味切顧視也鄭康成曰龜左倪靁又研計切睨或作倪又倪結切危也文

一重音五 ⿰亻亏 研奚切⿰亻亏俾陽不知皃文一 佳 居膎切說文善也又居牙切美也文一重
音一 偕 居諧切說文彊也引詩偕偕士子又雄皆切偕偕強壯皃文一重音一 僓 呼乖
切順也又徒回切又戶賄切滙僓長大皃又吐猥切說文嫺也又胡對切文一重音四 傀 呼乖
切大也莊子達生之情者傀又姑回切說文偉也又徒回切又虎猥切傀儡木偶戲文一重音三 儕
牀皆切說文等輩也引春秋傳吾儕小人又才詣切等也文一重音一 俳 步皆切說文戲也又
蒲梅切俳佪便旋也文一重音一 偎 烏回切愛也一曰北海之禺有國曰偎人文一 ⿰亻褢
⿰亻褱⿰亻嵬 姑回切偉也或作⿰亻褱⿰亻嵬文三 佪 胡隈切俳佪不進皃文一 ⿰亻夏 奴回切古
之善塗塈者文一 催 倉回切說文相擣也引詩室人交徧催我一曰促期又徂回切沮也又取

内切文一重音二

倗 蒲枚切說文輔也亦姓又皮冰切依也厚也滿也又蒲登切又普亥切不可也又普等切又步鄧切文一重音五

倍 蒲枚切河神名一曰倍尾山名又蒲來切又部涗切反也又薄亥切又補妹切加也莊子遁天倍情文一重音四

侅 丘哀切又柯開切說文奇侅非常也又何開切飲食至咽曰侅莊子侅溺於馮氣又下揩切又下改切又牛代切文一重音五

儓 湯來切鈍劣皃又堂來切方言南楚凡罵庸賤謂之田儓一曰陪儓臣也又他代切儓儗癡也一曰不前文一重音二

偝 蒲來切不正鄉禮記毋偝立又蒲昧切違也又蒲代切文一重音二

侲 之人切養馬者一曰侲子童男女稱又丞眞切又癡鄰切欲什也又之刃切漢制儺於禁中用侲子文一重音三

㑗 升人切說文神也又姓文一

伸 **信** 升人切說文屈伸經典作信信又斯

人切引華也周禮華引而信之欲其直也劉昌宗讀伸又癡鄰切申也引戾也信又思晉切說文誠也文二重音三

仁忎𡰥 而鄰切說文親也亦姓古作忎𡰥𡰥又延知切平也文三重音一

儭 雌人切父母稱通作親又七刃切婚姻相謂爲儭又初覲切藉也文一重音二

儐 卑民切敬也孔穎達曰賓以禮曰儐又必刃切說文導也文一重音一

份 悲巾切說文文質備也引論語文質份份又數文切文二重音一

僎 七倫切介僎也又蹤倫切鄉飲禮輔主人又俱倫切又須兗切具也又雛免切又祖峻切又逡眷切又雛戀切文一重音七

侚伨 松倫切使也一曰徧示或作侚伨又須閏切遠也又徐閏切說文疾也又縈絹切迷也文二重音三

倫 龍春切說文輩也一曰道也又姓文一

侁 疏臻切說文行皃文一

俽 許斤切笑喜也文一

傆 愚袁

切怒也又虞怨切說文黠也
又五恚切習也文一重音二⿰亻軍胡昆切說文人姓
又吾昆切文一重音一俒胡昆切又胡困切說文完也引逸周
書朕實不明以俒伯父文一重音一⿰亻昏呼昆
切闇也太玄闡僨逋昆切僨驕不可禁之勢又方
諸幽⿰亻昏文一問切說文僵也文一重音一
俊祖尊切踞也又輸閏切艸也𨸏䢃或作俊又
須閏切才千人也又祖峻切文一重音三侒
於寒切說文
宴也文一僤唐干切疾也明也又稱延切地名
在魯又時連切態也又黨旱切速
也動也又儻旱切又蕩旱切又齒善切地名在魯又
上演切行動皃漢書象輿婉僤顏師古說又徒案切
說文疾也又當葛切
傍驚也文一重音九儃唐干切說文何也又時連
切態也又黨旱切儃儃舒
閒皃又蕩旱切何也又旨單切倮也又徒案
切儃漫縱逸又時戰切讓也文一重音六倌沽
丸

切詩傳主駕人也又古患切說文小臣也詩命彼倌人文一重音一 **倇** 烏丸切歡也又委遠切方言歡也文一重音一 **僈** 謨官切健也又莫晏切惰也文一重音一 **僔** 祖丸切偕也又祖本切博雅僔僔衆也又粗本切說文聚也引詩僔嗒背憎又祖管切文一重音三 **偳** 多官切闕或曰人名又他官切文一重音一 **仟** 倉先切千人之長曰仟文一 **㒪傷** 卑眠切身不正一曰傍也或省又並蒲眠切㒪僊舞容或省文二重音一 **𠑓傎** 多年切倒也或省文二 **佃** 亭年切治土也古者一夫一婦佃田百畝一曰古卿車又堂練切說文中也春秋傳曰乗中佃一轅車文一重音一 **俓** 輕煙切忮恨也急也又倪堅切文一重音一 **仚** 馨煙切說文人在山上又虛延切輕舉也文一重音一 **伭** 胡千切說文很也一曰亭名在安邑又胡消切文一重音一

佡 胡消切很也文一 儇 胡消切慧也又旬宣切姓也黄帝之後又隳緣切說文慧也一曰利也一曰舞皃文一重音二 僊僊 相然切說文長生僊去隸作僊通作仙文二 仙 相然切木名出祁連文一 偏 尸連切盛也文一 僆 陵延切僆孿生也一曰僆僂不相及又力展切雞未成者一曰江東人謂畜雙產曰僆又力偃切僆僂相从也又力健切又連彥切僆僂行相及文一重音四 僁 丘虔切過也文一 偏 紕延切說文頗也又姓史游章有偏呂張又匹善切不正也 便 毗連切說文安也人有不便更之一曰便便辯也亦姓又毗面切安文一重音一 緜 彌延切緜緜低皃文一 佺 逡緣切說文偓佺仙人也又所員切文一也文一重音一 傳 重緣切說文遽也一曰轉也又株戀切驛遽也又柱戀切釋名傳傳也所以傳示人重音一

文一重音二

僒 拘負切困也漢書僒若囚拘蘇林讀又逵負切肩傴皃又苦碩切又巨隕切又苦會切文一重音四

佻 他彫切說文愉也引詩視民不佻又田聊切詩傳佻佻獨行皃又他刀切又郎刀切詩佻佻公子沈重讀又丁了切遠也又徒了切又他弔切方言病也又弋笑切剽姚勁疾皃姚或从人又大到切傲也文一重音八

僚 憐蕭切賤稱春秋傳隸臣僚又姓又朗鳥切說文好皃一曰戲也又魯晧切文一重音二

僇 憐蕭切且也願也又力救切說文癡行僇僇也一曰且也又古幼切又力竹切殺也文一重音三

僥儌 堅堯切僞也或从敫僥又倪幺切說文南方有焦僥人長三尺短之極又而由切又吉了切僥倖求利不止皃文二重音三

⿰亻𤋮 牽幺切⿰亻𤋮保多智文一

俏 思邀切俏然反琴聲李頤說又仙妙切骨肉相似也又七肖切好皃文一重音二

僬

玆消切短人謂之僬僥又慈焦切文一重音一**僄**卑遙切體壯也又紕招切輕也又匹妙切又毗召切文一重音三**儦**悲嬌切說文行皃引詩行人儦儦文一**佋**時饒切說文廟佋穆父爲佋南面子爲穆北面或作卲又市沼切介行也文二重音一**傜**餘招切使也文一**㑾**餘招切說文喜也自關以西物大小不同謂之㑾文一**傜**虛嬌切驕也又蘇遭切文一重音一**僑**渠嬌切說文高也又舉夭切佒僑不伸文一重音一**倄**何交切說文剌也一曰痛聲又于包切又戶賄切又於罪切文一重音三**佼**何交切效也像也又居肴切友也又古巧切好也又下巧切說文交也又後敎切庸人之敵謂之佼又居効切文一重音五**僇**丘交切方言陳宋之閒謂盛曰僇又披交切又力交切文一重音二**侾**虛交切侾佬大皃文一**傲**

牛刀切出游也一曰傲也又魚到切說文倨也文一重音一 傮 臧曹切說文終也又財勞切儕

也又徐由切又茲秋切文一重音三 僗 郎刀切劇也又郎到切伴也文一重音一 侔 郎刀

切膠侔麤大皃文一 何 寒歌切說文儋也徐鉉曰儋何即負何也亦姓又下可切文一重音一

俄 牛何切行頃也引詩仄弁之俄又語可切文一重音一 𠍯 苦禾切美皃文一 僠

甫禾切番番勇也或从人文一 傞𠈇 桑何切說文醉舞皃引詩屢舞傞傞或从沙傞又倉何切

又此我切文二重音二 侳 臧戈切安也又粗果切又祖卧切文一重音二 侈 當何切姓

也文一 佗他 湯何切彼之稱或从也佗又唐何切說文負何也一曰美也亦姓又待可切引

也又他佐切加也他又唐佐切馱或作他文二重音四 儸 良何切儦儸健而不德也又利遮切

文一重音一儺囊何切說文行有節也引詩佩玉之儺又乃可切文一重音一俄於靴切恒俄癡皃文一伽求迦切伽倍國名文一佉去伽切人姓一曰神名文一恒去伽切恒俄癡皃文一僬之奢切僬儸健而不德也文一侘抽加切侘傺失志皃又丑亞切文二重音一假何加切已也又舉下切說文非眞也一曰大也亦姓又亥駕切美也又居訝切以物貸人也又各額切至也文一重音四俹於加切傲也又衣駕切倚也文一重音一𠈐

莢枯瓜切𠈐邪離絕皃或作莢𠈐又姑華切文二重音一佯余章切弱也又徐羊切又慈良切文一重音二傷余章切頭創也又尸羊切文一重音一仿符方切仿佯徙倚又撫兩切說文相似也文一重音一儴思將切爾雅因也又如陽切文一重音一倡思將

切狂也太玄物咸倜倡又蚩良切樂也又尺亮切文一重音二**倬**諸良切夫之兄曰兄嫜或从人文一**償**辰羊切說文還也又始兩切報也莊子世俗之償又時亮切文一重音二**倀**中良切又抽良切說文狂也一曰仆也一曰倀倀無見皃又仲良切又除庚切獨立皃又猪孟切倀悻踈率文一重音四**俍**呂張切良工也又里黨切儻俍不平又郎宕切文一重音二**倞**居良切強也又力讓切遠也又其亮切又渠映切文一重音三**僵**居良切說文僨也文一**佒**於良切身傴謂之佒一曰樂也又於郎切傴佒體不伸皃又倚兩切偃佒不能俯皃一曰守分歸謂之佒陸德明說文一重音二**俇**渠王切俇儴惶遽也又居況切說文遠行也又求往切文一重音二**傏**徒郎切挨也文一**儅**都郎切俼儅不當也又丁浪切一曰了也文一重音一**倘**他郎

切止皃莊子倘然止又但朗切一曰自失皃又齒兩切文一重音二傍蒲光切說文近也又蒲橫切傍傍然不得已也又蒲庚切車聲又補朗切左右也又蒲浪切近也文一重音四偟胡光切說文急也一曰暇也文一傖千剛切傖囊亂皃又鋤耕切吳人罵楚人曰傖文一重音一伉居郎切剛正皃後漢書難經伉伉劉太常又下朗切闞人名又口朗切又苦杏切健力也何休曰辨護伉健者爲里正又口浪切說文人名論語有陳伉一曰匹也健也文一重音四仰魚剛切靈威仰青帝號又語兩切說文舉也又魚向切廣雅恃也文一重音二侊姑黃切盛也又古橫切說文小皃引春秋國語侊飯不及一餐文一重音一僙姑橫切武皃文一俓侀魚莖切急也枝也或作侀俓又堅正切伎也又吉定切直也堅也文二重音二僜中莖切僜倜不仁文一

儜 尼耕切弱也文一 伻 悲萌切爾雅使也又披耕切文一重音一 偵 知盈切卜問也又癡貞切博雅偵質問也又豬孟切廉視也又丑正切問也文一重音三 佂 諸盈切方言佂伀惶遽文一 伶 離貞切縣名又郎丁切說文弄也益州有建伶縣亦姓又力正切又郎定切文一重音三 傾 ⿰阝頃 窺營切說文仄也或从阜傾又犬潁切俄頃少選也文二重音一 㒌 葵營切獨也或作儝文二 俜 滂丁切說文俠也又匹正切文一重音一 停 唐丁切止也文一 侀 乎經切成也文一 偁 蚩承切說文揚也又昌孕切譽也文一重音一 僧 慈陵切僧倰不平也又思登切浮屠道人文一重音一 僜 丑升切倰僜病行皃又都騰切上車也又諸應切又丁鄧切倰僜不親事又唐亙切又徒登切倰僜長也文一重音五 倰

闇承切侵尚也又盧登切博雅長也又郎等切倰僜長皃又里孕切又郎鄧切倰僜不親事文一重音四

𢾊 余陵切理也文一

仱 居陵切大也慎也又渠金切仱侏古樂人又其淹切文一重音二

儯 徒登切倰儯長也文一

倗 悲朋切阿黨也又蒲登切姓也前漢有南山盜倗宗又部洴切姓也又簿亥切又逋鄧切阿黨也文一重音四

傮 彌登切爾雅儚儚惛也或作傮文一

佷 胡登切佷山縣名在武陵文一

儚 呼弘切說文惛也文一

俅 渠尤切說文冠飾皃引詩弁服俅俅文一

仇 𠃬 渠尤切說文讎也一曰仇匹也亦姓或作𠃬文二

優 於求切說文饒也一曰倡也又烏侯切伊優亞者辭未定東方朔說文一重音一

偤 夷周切侍也文一

侜 張流切說文有廱蔽也引詩誰侜予美文一

倜 張流切菲也太玄物咸倜

倡又多嘯切倜傾癡皃又他歷切倜儻不羈也文一重音二 儔倜翢 陳留切說文翳也一曰侶也古作儔或从朋儔又徒刀切又大到切隱也文三重音二 攸 尸周切縣名在長沙文一 傁 踈鳩切闕人名春秋傳齊有公孫傁又蘇后切老也文一重音一 僽偢 甾尤切愁皃或省偢又七肖切傻偢不仁僽又鉏救切僝僽詈也文二重音二 侔 迷浮切說文齊等又莫候切上下等也文一重音一 侸侸 當侯切佔侸極疲一曰僂侸下垂或作侸侸又上主切立也又殊遇切又廚遇切文二重音三 偷 他侯切苟且也文一 僂 郎侯切僂侸下垂又委羽切手病春秋傳曹公子手僂又隴主切說文尫也周公韈僂或言背僂又力九切喪車飾也又龍遇切痀僂身曲病又郎豆切僂佝短醜也文一重音五 侵 千尋切說文漸進也从人又持帚若埽之進又

早也一曰五穀不升謂之大侵文一

僭 千尋切侵也詩以籥不僭又咨林切侵也又初簪切侵越也又子糸切差也又側禁切數也又子念切假也文一重音五

任 如林切說文保也又姓又忍甚切佞也又如鴆切克也又女禁切庸也文一重音三

傪 跡簪切歡也衆也又倉含切說文好皃又桑感切顉傪動也又七感切好皃又七紺切鼓曲也又錯合切壯猛皃文一重音五

僋 他含切癡謂之僋傪又即紺切又他感切無檢也又他紺切老無宜適也文一重音三

㑣 盧含切㑣儖鷙鈍皃郭璞說文一

儑 吾含切下慧也又五紺切傝儑不自安也又鄂合切傝儑無儀檢文一重音二

倓⿰亻剡 徒甘切說文安也或从剡又並他甘切又並杜覽切靜也倓又吐敢切安也荀子倓然見管仲之能又徒濫切動也又吐濫切恵人以財贖罪也文二重音五

儋 徒甘切姓也又都甘

切說文何也又都濫切嬰也又時豔切瞯也文一重音三 儖 盧甘切儖儳皃惡文一 ⿰亻憨 呼甘切愚也文一 佄 胡甘切酒樂也又古暗切僋佄無儀文一重音一 佔 蚩占切衣動皃又癡廉切闞也又丁兼切佔侸下垂也一曰疲劇又陟陷切立也文一重音三 儳 鋤咸切說文儳互不齊也又鋤銜切又士減切又乂鑑切又仕懺切輕賤皃又才鑒切蹔也又蒼鑒切文一重音六 ⿰亻凡 符咸切博雅⿰亻凡儳輕也又扶泛切相輕薄又孚梵切文一重音二 俸 補孔切併俸小皃一曰窋不見又撫勇切又房用切秩祿也文一重音二 ⿰亻茸 乳勇切眾也文一 ⿰亻從 筍勇切從從疾皃又雙講切齊立皃文一重音一 傋 古項切佬傋不媚皃又虎項切文一重音一 ⿰亻翁 鄔項切⿰亻翁傋很戾或从人文一 ⿰亻窻 初講切眾齊也文一 侈 侶 敞爾切說文掩

𢼸也一曰奢也大也古作㑥侈又賞是切又尺𢻃切字林汏也又齒者切文二重音三

佪𠈌想氏切說文小皃引詩佪佪彼有屋或作𠈌又並淺氏切仳又蔣氏切佪又演爾切文二重音三

伲㑜𠈌

儞你乃倚切汝也或作儞你你又乃里切文三重音一

𠑊羽委切動搖也文一

㑥母婢切撫也文一

彼補靡切埤倉邪也又彼義切論語子西彼哉文一重音一

𠌮補靡切遺有罪也文一

侑羽軌切祐也又云九切勸也又尤救切耦也文一重音二

使爽士切說文令也又疏吏切將符者文一重音一

仕上史切說文學也文一

佀似仙象齒切說文象也或作似仙文三

佁象齒切至也呂氏春秋佁儗之機高誘讀又養里切癡也又丈蟹切又己亥切又夷在切又蕩亥切又丑吏切佁儗不前也又待戴切又他代切文一重音八

儓

丈里切爾雅供峙具也或作𩜁文一偫直里切說文待也文一俚兩耳切說文聊也一曰下俚或曰南夷種名又良志切博雅聊也一曰勸也文一重音一俷妃尾切背也史記燕王策曰無俷德又父尾切薄也又父沸切文一重音二僾隱豈切僾俙仿佛也又倚亥切又於代切詩僾而不見一曰唈也文一重音二偉羽鬼切說文奇也一曰美也又于貴切大也文一重音一佇丈呂切久立文一侶兩舉切儷也文一儢兩舉切儢儢不欲爲也文一伃演女切大也安也文一㒜演女切謹也倚也文一俁⿰亻圄五矩切說文大也引詩碩人俁俁或作⿰亻圄文二傴委羽切說文僂也文一偊王矩切偊偊行皃文一俌⿰从甫奉甫切助也古作⿰从甫俌又斐父切又匪父切文二重音二俛俯匪父切低頭也

或作俯俛又武遠切俯也又美辨切文二重音二 儛 罔甫切樂也用足相背文一 侮 ⿰亻女⿰亻毋 罔甫切說文傷也一曰慢也古作⿰亻女⿰亻毋侮又莫候切傷也詩受侮不少徐邈讀又亡遇切輕也文三重音二 ⿰亻無 罔甫切失意皃又滿補切文一重音一 ⿰亻堅 上主切立也又殊遇切神名文一重音一 估 果五切市稅又攻乎切專權也文一重音一 伍 阮古切說文相參伍亦姓文一 仵 阮古切偶也亦姓又五故切同也莊子觭偶不仵文一重音一 侳 部禮切侳儽行張足文一 儽 遣禮切開衣也又充䟡切文一重音一 ⿰亻解 舉蟹切鷈獬豪強皃或从人文一 僞 都買切豪強皃文一 倠⿰亻𠂤 虎猥切仳倠醜皃或从𠂤倠又呼維切文二重音一 ⿰亻⿷匚隹 苦猥切⿰亻⿷匚隹僓長大皃又戶賄切貿物價文一重音一 ⿰亻妥 吐猥切弱也文一

類篇八上 十五

俖 普罪切不可也又普亥切文一重音一
儡 魯猥切傀儡木偶戲文一
偆 尺尹切說文富也一曰喜樂皃又式允切又敕準切文一重音二
僢 尺尹切雜也又樞絹切蠻夷卧以足相向也文一重音一
僶 弭盡切勉也又彌兖切文一重音一
僯 里忍切憗恥又良刃切行難也文一重音一
⿰亻君 巨隕切偪也文一
伆 武粉切離也文一
傁 去偃切健傁相从也又虔彦切健傁行相及也文一重音一
⿰亻蹇⿰亻⿱⿱宀共巳 巨偃切倨也一曰偃⿰亻蹇不從或从⿱⿱宀共巳⿰亻蹇又九件切偃⿰亻蹇傲慢也文二重音一
偃 隱幰切說文僵也亦姓又於殄切仰也又於幰切說文僵也文一重音二
傿 隱幰切地名在鄭又於靳切依止也又於建切引爲賈也文一重音二
仮 甫遠切反覆也文一
倱 戶衮切倱伅不慧也文一
⿰亻㥯 鄔本切安也文一

体部本切倴劣也又蒲悶切文一重音一　伅杜本切倱伅不慧文一　僠杜本切僊去也文一　仟古旱切長也又俟旰切伎也一曰儁也文一重音一　伴部滿切說文大皃一曰侶也又普半切詩傳伴奐廣大有文章也一曰自縱弛之意又薄半切件件相拒一曰偶也文一重音一　儹祖管切說文最也一說聚而計事曰最文一　但蕩旱切裼也又徒案切文一重音一　侒阿侃切侒侒不懼也文一　僩下赧切說文武皃引詩瑟兮僩兮一曰寬大皃又賈限切文一重音一　僝仕限切說文具也又子究切又雛免切又雛戀切文一重音三　倎他典切厚也文一　俔胡典切譬喻也一曰磬也又輕句切一曰聞見引詩俔天之妹文一重音一　俴在演切說文淺也又士免切又才線切文一重音二　㒄矢善切意臟也一曰意急

而懼一曰難也又忍善切文一重音一 ⿰亻譱僐 上演切說文作姿也或作僐僐又旨善切又時戰切博雅態也文二重音二

件 其輦切說文分也牛大物故可分又迷浮切齊等也文一重音一

偄 乳兖切選愞劣弱也懦或作偄又奴亂切說文弱也又奴臥切文一重音二

偭 彌兖切鄉也一曰偭偭焉不顧皃又彌箭切說文鄉也引少儀尊壺者偭其鼻一曰偝也文一重音一

⿰亻蚩 丑展切人形長皃文一

⿰亻⿱𡨄亏 九件切偃蹇傲慢也或作⿰亻⿱𡨄亏文一

倦 巨卷切怠也又逵眷切說文罷也文一重音一

伄 丁了切伄儅不常又多嘯切文一重音一

⿰亻瞿 徒了切獨立皃文一

⿰亻褭 乃了切美也文一

偠 伊鳥切偠⿰亻褭美皃又以紹切偠紹舒緩皃文一重音一

仸 於兆切侹弱謂之仸一曰仸僑不伸文一

⿰亻眇 弭沼切微也文一

仯 弭沼切焦

仯驚竦皃一曰小皃又楚絞切小也又楚教切小皃文一重音二

㑿 士絞切長皃又側絞切文一重音一

俵 補抱切珍也文一

𠇫𥝅𠌛保呆 補抱切說文養也一曰任也守也亦姓古作𠇫𥝅隷作保呆保又博冒切文六重音一

倒 都老切仆也又刀号切顛倒也文一重音一

𠐊 乃老切姓也文一

佐 子我切助也又子賀切手相左助也文一重音一

倮 魯果切祖也又戶瓦切文一重音一

傻 數瓦切傻俏不仁一曰輕慧皃又數化切文一重音一

價 口下切價大皃又居訝切售直也文一重音一

㑲 古瓦切㑲㑲行皃文一

像 似兩切說文象也又弋亮切寫也文一重音一

倆 里養切伎倆也文一

倰 楚兩切惡也文一

仉𠆩 止兩切仉督梁四公子名或从爪文二

儻 齒兩兩

切弘敞無偏也又底朗切助也一曰倜儻卓異皃又
坦朗切又他浪切倜儻大志一曰希望也又恥孟切
動意文一 儆 齒兩切寬 仗 雉兩切刀戟揔名一
重音四 也文一 曰憑也又直亮切文
一重 倆 撫兩切相似也又甫兩 倣 甫兩切效
音一 切效也文一重音一 也文一 催
俱往切遠 僨 俱往切僨負 傷 待朗切說文放也
行也文一 戴器也文一 又坦朗切㫗也一
曰長皃文 儻 坦朗切惝然也又恥孟 儣 苦晃切
一重音一 切不動意文一重音一 儣佷不
平文 㑅 百猛切詐 儖 張梗切海岱之人 所
一 僞文一 謂勇悍曰儖文一 偤 景
切直皃 儆 舉影切說文戒也引春秋傳 下耿
文一 儆宮又渠映切文一重音一 倖 切儌
倖也一曰親也又下頂 僒 蒲幸切偕也又蒲
切很也文一重音一 迸切文一重音一 倂

蒲幸切博雅安也又必郢切合和也又部迥切並立也又毘正切並也又蒲眠切列也文一重音四**侱**丑郢切役也又他頂切徑也文一重音一**偋**必郢切偋俸密皃又毗正切僻寠也又步定切文一重音二**佲𠊧**母迥切酩酊醉甚或作佲𠊧文二**仃**都挺切酩酊醉甚或作仃文一

侹他頂切說文長皃一曰著地一曰代也勇也又待鼎切徑侹直也又他定切文一重音二**咎**其九切說文災也从人从各各者相違也又居牢切姓文一重音一**佑**云九切佐佑助也又尤救切文一重音一**倃**巨九切說文毀也文一**偩**扶缶切依也禮樂偩天地之情文一**偶**語口切說文桐人也一曰儷也又牛講切不期會也又元具切像人文一重音二**傁**蘇后切老也又側救切娠也文一重音一**伈**斯荏切傳雅伈伈懼也又力錦切又七鴆切恐也文一重音二

僸 牛錦切仰頭也又女禁切北夷之樂文一重音一 儑 五感切癡也又丑減切又丑犯切文一重音二 倸 桑感切傛倸無儀又蘇紺切傛倸老無宜適一曰癡皃文一重音一 伔 徒感切髮垂皃文一 俨 五敢切仰首皃一曰好皃又魚檢切癡也文一重音一 儉 巨險切說文約也或作貪儉又居奄切束也文二重音一 儼 魚檢切說文昂頭一曰好皃一曰恭也文一 伒 魚檢切俺伒癡也又魚窆切文一重音一 㑣 口減切意不安也文一 偡 丈減切齊進謂之偡一曰偡偡齊整也又徒感切文一重音一 傱 蘇弄切遣也文一 㑝 盧貢切㤶戇愚也或从人文一 傯 粗送切聚也文一 仲 直衆切說文中也文一 㑳 去仲切小皃一曰寒皃一曰屈也又欺用切文一重音一 偅 朱用切躘踵不能行皃或从人文一

僖陟降切立皃文一　企⿱人足去智切說文舉踵也或从足文二　伿支義切惰也又以豉切文一重音一　偒施智切盡也又斯義切文一重音一　⿰亻易是義切輕也又以豉切又夷益切交偒也文一重音二　儥而至切副益也文一　佽七四切說文便利也引詩決拾既佽一曰遞也助也又資四切文一重音一　⿰亻致陟利切又直利切字林會也文一重音一　佴女利切疑也又仍吏切說文佽也一曰貳也又乃代切文一重音二　⿰亻既羊至切主也又君代切文一重音一　⿰亻四火季切靜也文一　⿰亻癸其季切說文⿰亻癸左右兩視文一　位于累切說文列中庭之左右謂之位又越筆切居有著定文一重音一　⿰亻畀必至切及也文一　佖毗至切又薄必切說文威儀也引詩威儀佖佖又薄宓切又必結切滿皃文一重音三　備

俻 平祕切說文愼也古作俻備又步拜切成也王褒說文二重音一 僿 式吏切無悃誠皃又相吏切一曰細碎又先代切文一重音二 偫 昌志切衆盛也文一 侍 時吏切說文承也文一 倳 側吏切植物地中謂之倳文一 伺 相吏切奄闚也一曰候也又新慈切察也文一重音一 値 直吏切說文措也又丞職切又逐力切文一重音二 佛 芳未切仿佛見不諟也又方未切形似也又薄宓切佛仡勇壯又敷勿切說文見不審也又符勿切大也一曰戾也又薄没切文一重音五 ⿰亻氣 許既切怒也文一 ⿰亻徒 創據切不滑也文一 仆 芳遇切說文頓也一曰僵也又鼻墨切又敷救切又匹候切又普木切文一重音四 付 方遇切說文與也从寸持物對人又符遇切祔或省文一重音一 ⿰亻取 尊遇切促也文一 侸 殊遇切立也文

一住株遇切立也又廚遇切止也亦姓文一重音一佈博故切徧也文一傣蘇故切鄉也文一僻蒲計切辟也一日从旁牽又博厄切又匹辟切邪也又毗亦切便僻舉止輕傷也又匹歷切說文避也引詩宛如左僻又蒲歷切糾擿邪辟也文一重音五偙僀丁計切偙僀困劣皃或作僀偙又他計切文二重音一健丁計切博雅健憭也一日疾也文一⿰亻离郎計切偶也文一⿰亻戾郎計切博雅怒也又力至切文一重音一係胡計切說文絜束也又吉詣切又吉棄切縛也文一重音二儶胡桂切偙僀困劣皃文一傺子例切方言逗也逗謂住也又丑例切一日侘傺失意皃文一重音一⿰亻折丑例切刻也又以制切又之列切文一重音二偈去例切息也又其例切武皃又居謁切偈偈用力皃又其謁切又何葛切又丘傑切

博雅疾也又巨列切文一重音六例㑯力制切說文比也或作㑯㑯又力蘖切遮也文二重音一伕徒蓋切地名在海中文一伂博蓋切顛伂什也文一侻吐外切舒緩皃一曰輕率又他括切博雅可也一曰狡也一曰輕也文一重音一儈古外切會合市人也文一伌烏懈切困也文一債側賣切逋財也又測革切文一重音一价㑘居拜切說文善也引詩价人惟藩或作㑘文二㒀下介切博雅陋也一曰速也或省文一佅莫敗切東夷樂名又莫佩切西戎之樂曰佅文一重音一儯都內切說文市也文一佅盧對切俓也文一㐻奴對切闕人名文一倅取內切副也又倉愛切又臧没切兵百人曰倅文一重音二代待戴切說文更也亦州名文一㑷他代切意也文一伐

房廢切擊也亦星名又房越切說文擊也一曰敗也文一重音一 仞 而振切說文伸臂尋八尺也文一 佼 殊閏切理也順也古作佼文一 㐰 思晉切說文誠也信古作㐰文一 ⿱⿰亻囟亏 須閏切遠也又徐閏切疾也文一重音一 儁 祖峻切才千人也文一 僅 渠吝切說文材能也一曰劣也文一 伒 居焮切相也文一 傆 虞怨切說文黠也文一 ⿰亻㥯 於靳切依止也文一 健 渠建切說文伉也文一 ⿰亻⿰冃元 吾困切戲也文一 們 莫困切們渾肥滿皃文一 ⿰亻𦰩 虛旰切姓也文一 㑘 墟旰切剛直也文一 倌 胡慣切仕也一曰閹人或省文二 倩 倉甸切說文人字東齊壻謂之倩一曰美也一曰無廉隅亦姓又七正切假也文一重音一 ⿰亻柬 郎甸切雞未成也文一 傓 式戰切說文熾盛也引詩豔妻

陳言

偏方㲗文一 倦逵眷切說文罷也倦或作倦文一 偭彌箭切鄉也少儀尊壺者偭其鼻一曰偝也偭或作偭文一 弔多嘯切說文問終也古之葬者厚衣之以薪从人持弓又丁歷切至也文一重音一 儑倪弔切倜儑癡皃文一 僺七肖切俜僺長皃文一 俵彼廟切分與也文一 傚後教切象也一曰功也文一 㑃於教切很戾也文一 㑤眉教切博雅好皃文一 㑿仕教切長皃文一 個居賀切偏也文一 㑶胡臥切和也文一 𠏆盧臥切弱也文一 傌莫駕切闕人名文一 借子夜切假也又資昔切又秦昔切文一重音二 仛丑亞切少女也又達各切他也又闥各切寄也又陟革切人所豎也文一重音三 俈人夜切姓也文一 㒡弋亮切立動皃文一 傹其亮切強

也又渠映切文一重音一儴乃浪切寬緩也文一儭楚慶切佞也文一佞乃定切說文巧讇高才也又囊丁切文一重音一倂僂以證切說文送也呂不韋曰有侁氏以伊尹倂女古文以爲訓字或作僂文二伏扶冨切菢卵也又房六切說文司也又鼻墨切伏地文一重音二僦即就切賃也文一伷直祐切胤也文一候胡遘切伺望也文一傋居候切㲉霿鄙吝也㲉或作傋文一㒇㒖莫候切㲉霿鄙吝也霿或作㒇㒖文二佟時鴆切頼頷俯首或作佟文一㒣力鴆切頼頷俯首或作㒣文一賃女禁切說文庸也文一俺於贍切又乙業切說文大也文一重音一傔詰念切侍從文一㒈許鑒切覽㒈高危也文一倲蘇谷切獨倲動也一曰短也又輸玉切文一重音一傶作木

切邑名亦姓又租毒切又倉歷切博雅近也文一重音二

獨 他谷切獨俠不寧又徒谷切短陋謂之獨俠又殊玉切文一重音二

儥 徒谷切見也動也又余六切說文賣也又他篤切買也又許六切又亭歷切文一重音四

復 方六切漢法除其賦役也文一

偪 方六切偪陽國名在宋文一

㑛㑋 息六切早敬也夙古作㑛㑋文二

𠈇 息六切傗𠈇不伸也又式竹切文一重音一

俶 昌六切說文善也引詩令終有俶一曰始也又神六切又昌志切耕發地也詩俶載南畝鄭康成讀又他歷切俶儻卓異也文一重音三

傶 初六切憂也或讀易傶嗟若吉文一

傗 勑六切色憤起皃一曰傗𠈇不舒也又許六切文一重音一

俈 枯沃切閼帝高辛之號文一

㑿 徒沃切動也或作㑿文一

傉 奴沃切姓也虜有禿髮傉檀又女足切愁惋也文一重音

一促趨玉切說文迫也又測角切齪或作促文一重音一俗徃松玉切說文習也古作徃文二偈齪録切偈促短小皃文一傕訖岳切闕人名漢有李傕又克角切姓也文一重音一偓乙角切說文偓佺也文一倬竹角切說文箸大也引詩倬彼雲漢又敕角切文一重音一侄職日切博雅堅也又陟栗切癡皃一曰侄仡不前也又脂利切堅固也依也文一重音二𠍵朔律切行皃文一僁傦息七切爾雅聲也或作傦傦僁又蘇骨切傦僁不安又並先結切說文聲也一曰呻吟也文二重音二㑵昨悉切說文妎也一曰毒也文一俾壁吉切止行也文一佚弋質切說文佚民也一曰佚忽也又他結切佚蕩簡易也又徒結切方言佚惕緩也文一重音二佾弋質切說文舞行列也文一佶極乙切說文正也引詩既

佶且閑又其吉切壯仡極乙切壯勇也又許訖切
健皃文一重音一又其迄切又魚乙切引周
書仡仡勇夫又烏沒切舩其述切狂屈倂張似
行不安也文一重音四僪人而非也屈或作僪
又其律切狂鬼又允律切日傍氣也⿰亻出竹律切短
吕不韋說又古穴切文一重音三皃文一
伆文拂切雜⿰亻⿱或亘分物切亂倔渠勿切倔強傑
也文一也文一梗戾也文一
居謁切偈偈用力皃偈或从桀又居謁切負持
也又其謁切又巨列切說文傲也文一重音三⿰亻討
房越切擊也一⿰亻⿱罒戍勿發切⿰亻⿱罒戍羯東夷名又莫侼
曰敗也文一結切僣也文一重音一
薄沒切強也侓勒沒切律䰠㒓他達切博雅逃
很也文一大皃文二也一日行不相
遇文佅莫葛切肥皃一曰佸戶括切又苦活切
一四夷樂名文一說文會也又古活

切又乎括切一曰生也勤力於田也文一重音三佸古活切會也文一傄呼八切㑼傄健也又許轄切㑼傄無僤又荒刮切文一重音二㑼莫八切㑼傄無僤一曰健也文一𠐩子結切傳𠐩猶趣節也文二僣他結切狡也文一𠐚蒲結切徶徻衣服婆娑皃或从人文一偰私列切說文高辛氏之子卨司徒殷之先古文一伳私列切侈也文一仢實若切流星名又亭歷切說文約也又弻角切文一重音二偖陟略切施安也亦姓文一御極虐切說文儌御受屈也又竭戟切方言傍也文一重音一侂𠊗闥各切說文寄也謂依止也或作𠊗文二作則洛切說文起也又揔古切造也又宋祚切又子賀切文一重音三佫曷各切姓也又各額切至也文一重音一僫遏鄂切過也文一偔逆各

切夕也文一佰莫白切說文相什佰也又博陌切百人之長文一重音一伯博陌切說文長也一曰爵名亦姓文一傺色窄切倜傺惡皃文一⿰亻執俗竭戟切方言倦也文一倜陟革切無憚也又展賈切倜⿰亻冏行皃文一重音一⿰亻⿱罒天必益切君也一曰除也辟古作侵又匹辟切邪也文一重音一儮狼狄切闕人名文一⿰亻⿱罒天扁闑切黠也文一側札色切說文旁也文一⿰亻㐭殺測切愛濇也亦作⿰亻㐭文一傻節力切小也文一⿰亻悳⿰亻步竹力切登也或作⿰亻步文二侙蓄力切說文惕也引春秋國語於其心侙然文一仂六直切勤也一曰稅什一也又歷德切文一重音一僰⿰亻棘訖力切縣名或从人又並弼力切地名在蜀僰又鼻墨切犍爲蠻夷文二重音二僡⿰亻畱億乙力切說文安也一曰度也辭也或

作儓億億又於其切恨聲文三重音一恤忽域切說文靜也引詩閟宮有恤又火季切靜也文一重音一偪拍逼切滿也又筆力切爾雅迫也文一重音一⿰亻集即入切人聚也文一⿰亻執質入切執事者文一什寔入切說文相什保也文一偛測入切偛偈小人皃又莊輒切偛假黠皃一曰皮皺又測洽切又測洽切文一重音三偮側立切人衆皃文一俋直立切俋俋耕人行皃又乙及切莊子俋俋乎耕而不顧又直質切俋俋勇皃文一重音三⿰亻翕乞及切斂也老子將欲⿰亻翕之文一位乞及切位集人衆皃文一伋訖立切說文人名又極入切伋伋虛詐皃文一重音一⿰亻屰逆及切⿰亻屰⿰亻屰人衆文一佮渇合切姓也又葛合切說文合也又託合切文一重音二⿰亻⿱罒足悉合切⿰亻⿱罒足譶疾皃文一⿰亻沓達合切儑⿰亻沓不任事也文

一

𠈃㒓悉盍切博雅𠈃俠惡也或作㒓文二偈託盍切偈㒓惡也一曰不謹皃又他紺切偈㒒不自安一曰無恥也文一重音一偞弋涉切輕也一曰疾不甚皃又直涉切又虛涉切畏迫自甲也一曰美容又實洽切行疾文一重音三僷弋涉切說文宋衞之間謂華僷僷一曰詘也容也又直涉切又勑涉切文一重音二倢七接切倢倢諳言又即涉切說文佽也一曰倢仔女字又疾葉切文一重音二偼疾葉切博雅疾也次也一曰斜出皃文一偮尺涉切說文心服也一曰懼也又質涉切說文失气也文一重音一儠力涉切說文長壯儠儠也引春秋傳長儠者相之又力盍切儠㑽惡皃文一重音一佴的協切佴㒈輕佻皃文一俠檄頰切說文俜也一曰傍也亦姓或省又吉協切又訖業切文一重音二㒈悉協切佴㒈輕佻皃文一偺

竹洽切偺僁忽觸人也文一

文六百九十九　重音六百七十七

類篇卷第八上

校正

類篇八一

二一六

類篇卷第八中　卷之二十三

朝散大夫右諫議大夫權御史中丞充理檢使上護軍河内郡開國侯食邑一千三百戸賜紫金魚袋臣司馬光等奉

敕修纂

匕變也从到人凡匕之類皆从匕呼跨切又呼瓜切文一重音一

𠤕𠤕語期切說文未定也从匕矢矢古文矢字或作𠤕亦書作𠤕文二

眞𠤎側鄰切說文僊人變形而登天也古作𠤎文二

化佮呼跨切說文教行也古作佮亦姓文二

文七　重音一

匕相與比叙也从反人匕亦所以用比取

飯一名柶凡匕之類皆从匕卑履切又婢忍切牝或作匕文一重音一

匙是支切說文匕也亦書作堤文一卬五岡切說文欲望有所庶及也又魚殃切卬卬

君德也又語兩切文一重音二頃去營切說文頭不正也又犬縈切半步也又犬頴切田百畝也

文一重音二𠤏博抱切說文相次也又席入切文一重音一匘奴皓切說文頭髓也

从匕匕相匕箸也巛象髮囟象匘形文一𢻫去智切說文頃也詩曰𢻫彼織女文一艮

古恨切說文很也从匕目匕目猶目相匕不相下也易曰艮其限又胡 切又 切望遠也臣光曰今

隸作艮文一重音二卓卓竹角切 高也早匕爲卓匕卩為 隸作卓卓又陟教切

卓鷙行不平又勑角切又尺約切焯或作卓文二重音三

文十　重音十一

从相聽也从二人凡从之類皆从从古作

刀刀疾容切文二

幷并府盈切說文相从也从从幵聲一曰从持二爲并隷作幷幷幷又必郢切合和也又畀正切並也文二重音二

𨑌從慈用切說文隨行也从辵从从隷作從從從又鉏弓切太高皃禮爾母從從爾鄭康成讀又書容切從從容久意禮待其從容然後盡其聲又七恭切從容休燕也又將容切東西曰衡南北曰從又並牆容切相聽也從又祖動切高大皃又足勇切慫或作從又足用切緩也文二重音八

文六　重音十

比密也二人爲从反从爲比凡比之類皆从比古作夶必志切比又頻脂切和也一曰相次也又補履切並也又普弭切治也具也又普鄙切又毗志切近也又兵媚切説文愼毗義切又薄必切文一重音七

毖也周書曰無毖于卹

文一

文三　重音七

北菲也从二人相背凡北之類皆从北博墨切又補妹切違也又蒲昧切文一重音二

冀𡒞几利切北方州也或省文二 北補過切關東謂冢大曰北文一

文四 重音二

丠土之高也非人所爲也从北从一一地也人居在丠南故从北中邦之居在崐崘東南一曰四方高中央下爲丠象形凡丠之類皆从丠隷作𡊣或作𠀉去鳩切文四

虚䖭休居切空也亦姓古作䖭虚又丘於切大丘也崐崘丘謂之崐崘虚古者九夫爲井四井爲邑四邑爲丘丘謂之虚文二重音一 屔奴低切反頂受水丘又女夷切山名文一重音一

文七　重音二

㐺眾立也从三人凡㐺之類皆从㐺魚音切文一

眾𥅫佁之仲切說文多也从㐺目眾意又姓古作𥅫佁眾又之戎切艸名爾雅灤管眾又姓春秋傳有眾父文三重音一

臮𦈢其冀切說文眾詞也書曰臮皋繇古作𦈢文二

聚才句切會也邑落云聚又在庾切文一重音一

文七　重音二

𡈼善也从人士士事也一曰象物出地生也凡𡈼之類皆从𡈼徐鉉曰人在土上𡈼然而丘也他鼎切又唐丁切𡈼

也又知陵切又展里切證也又丑郢切善也文一重音四

徵𢼛𢽘 陟陵切召也从微省壬爲徵行於微而文達者即徵之古作𢼛徵又持陵切縣名又展里切宮音所生數又尅也文三重音二

𡈼 余箴切說文近求也从爪壬壬徵幸也又如林切貪也文一

現 胡典切山名一曰山小而險重音一一曰嶺上平或作峴文一

望𦣠𡈼 無放切月滿與日相望以朝君也从月从臣从壬壬朝廷也古文省𦣠又武方切𦣠又文紡切誣也文三重音二

文九　重音九

重厚也从壬東聲凡重之類皆从重古文

作壘柱用切徐鍇曰壬者人在土故爲厚也重又傳容切複也又並儲用切厚也文二重音二

量量呂張切說文稱輕重也古作量量又力讓切斗斛曰量文二重音一墨儲用切厚

也文一鍾種竹用切乳汁亦省文二雧即入切物相重累文一𨤶託合

切積厚也文一𨤹息葉切漸也文一

文十　重音三

臥休也从人臣取其伏也凡臥之類皆从臥

臥吾貨切文一

虒𦣞虒天黎切臥也一曰虎臥息微或从匚虒又田黎切文二重音一監譼

古銜切說文臨下也古从言或作譼監又苦濫切臨
地名在東平郡監譼又居懺切臨也文三重音二
臨力尋切說文監臨也一說以尊適卑曰臨亦𩟚
姓古作臨臨又力鴆切哭也文二重音一
尼阸切說文楚謂小兒
嬾𩟚一曰餅屬文一

文九　重音四

身躳也象人之身从人厂聲凡身之類皆
从身失人切
文一

𨈖𨈢章移切體回胑也𨉖居宜切一身也又丘
胑或作𨈖𨈢文二奇切字林隻也文一
重音𨉛𨉟𨉣頻脂切𨊟𨉛體柔𨉦何開切𨊟𨉦
一或作𨉟𨉣文三體長貟又魚

開切文一重音一軀豈俱切體也从身區聲文一⿰身出癡鄰切走皃文一⿰身叚虛加切身傴皃文一⿰身夸枯瓜切⿰身夸骫體柔文一躴盧當切長身也文一躿丘岡切長身謂之躿躴文一軁郎侯切軀軁傴也又隴主切尩也又龍遇切痀僂身曲病或从身文一重音二⿰身監盧甘切⿰身監⿰身毚身長皃文一⿰身毚財甘切⿰身監⿰身毚身長又鋤咸切文一重音一⿰身同吐孔切⿰身龍⿰身同身不端文一⿰身龍魯孔切⿰身龍⿰身同身不端文一⿰身主重主切身直皃文一軆土禮切總十二屬也俗作躰文二躽隱憾切傴也又於⿰女㐱切曲身也又於建切怒腹也又伊甸切又於扇切文一重音四⿰身亶旨善切倮也又之善切體搖也文一重音一䠷土了切身長皃又他弔切文一重音一⿰身少山巧切⿰身少⿰身少體長皃文一躶魯果切袒也文

一⿰身穹去仲切曲躬也文一⿰身重儲用切娖也文一⿰身付符遇切⿰身付⿰身俞服稱也文一⿰身俞舂遇切⿰身付⿰身俞服稱也文一⿰身壽⿰身卓大到切⿰身勞⿰身壽身長或从卓文二⿰身勞郎到切⿰身勞⿰身壽身長文一躹居六切躹躬也文一⿰身國古獲切⿰身國⿰身歷倮也文一⿰身歷狼狄切⿰身國⿰身歷倮也文一⿰身戠質力切記微也一曰主也業也文一

文三十八　重音十一

㐆歸也从反身凡㐆之類皆从㐆於機切徐鍇曰古人所謂反身修道故曰歸也又倚謹切又隱起切文一重音二

殷於身切作樂之盛稱殷易曰殷薦之上帝又於斤切憂也又於閑切赤黑色又倚謹切雷聲詩

般其雷又於近切當也文一重音四

文二　重音六

衣依也上曰衣下曰裳象覆二人之形凡衣之類皆从衣於稀切又於既切服之也文一重音一

襱裥盧東切方言齊魯之間謂之襱關西謂之袴一曰裙也或从同襱又魯孔切袴之兩股曰襱裥又吐孔切衣短袖又並柱勇切說文絝踦也襱又良用切襱褈衣寬皃文二重音四袶補蒙切艸名爾雅困衱袶文一𧞣謨蓬切𧞻襠衣文一䙕𧝏祖叢切博雅䙕褋襌衣也或作𧛱䙕又筍勇切又足勇切文二重音二𧝓烏公切𧞣𧝓衣名文一𧘥昌嵩切襌衣方

言襜褕布而無緣闌西謂之⿰衤充⿰衤䍃文一**襛**⿱艹⿰衤戎而融切衣厚也或作⿱艹⿰衤戎襛又如容切引詩何彼

襛矣又尼容切文二重音二**衷**陟隆切說文裏褻衣一曰善也中也文一**⿰衤弓**居雄切博

雅裀袾⿰衤弓⿰衤尃也文一**⿰衤松衳**諸容切幝也又並取勇切博雅褌裩也一曰帙也文二重音一**⿰衤童**

褈昌容切博雅⿰衤童褣襜褕也或从重又並常容切又並傳容切增益也一曰厚也⿰衤童又傳江切衣

也褈又儲用切繒縷也文二重音四**䙘**符容切蕢山神名文一**褣**餘封切方言南楚謂

襜褕曰⿰衤童褣文一**𧞪⿰衤邕**於容切襛靭吳俗語或从邕又並於用切文二重音一**⿰衤春**

株江切短衣又⿰衤同不恭謂之⿰衤春又抽江切文一重音一**衼**章移切毛衣也褩裟謂之衹衼又章

移切安福也又攀糜切廣雅裮被不帶也文一重音二**衹**章移切適也又翅移切褩裟謂之衹

枝又土禮切帛丹黃色文一重音二 禔章移切安福也又陳知切又田梨切說文衣厚禔禔一曰衣好又上紙切美衣服貟又丈尒切文一重音四 襹褷山宜切䙴襹毛羽衣貟或从徙襹又所綺切襂襹旌旂貟又所寄切毛羽衣貟文二重音二 衰𧘊雙佳切浸微也古作𧘊衰又初危切又丘熙切又倉回切縗或作衰又並蘇禾切艸雨衣秦謂之萆𧘊又雙佳切浸微也文二重音五 𧙘將支切複襦又爭義切衣不伸又平義切又才詣切衣交衿文一重音三 褫陳知切說文奪衣也又丑豸切又丈尒切易終朝三褫之文一重音二 褵鄰知切爾雅婦人之褘也即令香纓文一 䙮襬班糜切方言帬自關而東謂之䙮或从罷襬又彼義切文二重音一 裨賓彌切說文接益也又頻彌切將之偏副一曰冕名亦姓文一重音一 䙨衪余支切博雅袖也或作衪

衪又演爾切衣緣也褫又以豉切文二重音二

袲余支切地名在宋又乃可切裛袲衣皃文一重音一

袘余支切衣中謂之袘又以豉切裳下緣文一重音一

袿均窺切衣袪文一

衹蒸夷切衹裯單衣又都黎切說文衹裯短衣也方言汗襦自關而西謂之衹裯又曲禮切文一重音二

𧝓霜夷切裂衣𧝓衣破文一

齌津私切說文緶也謂裳下緝或書作𧟌文一

𧜟陳尼切衣也文一

𧞤良脂切黎𧝓衣敝文一

䙡夷隹切衣也又徐醉切衣死人也文一重音一

𧘨人之切裝也又而宣切衣縫襵也文一重音一

裶芳微切裶裶衣長皃又匪微切文一重音一

裴匪微切又符非切即裴漢侯國在魏郡又蒲梅切說文長衣皃文一重音二

禕吁韋切說文蔽厀也引周禮王后之服禕衣一曰婦人邪交落帶繫於體者又于非切文

一重音一⿰衤圍于非切說文重衣皃引爾雅襛襛襀襀或書作𧞣又羽鬼切文一重音一袪丘於切說文衣袂也一曰袪褢也褢者袌也袪尺二寸引春秋傳披斬其袪一曰舉衣皃又丘據切袂末也文一重音一裾斤於切說文衣袌也一曰衣後裾又求於切又居御切不遜也文一重音二⿰衤虛求於切繫也文一袽人余切絲袽也又女居切說文絜縕也一曰敝絮引易需有衣絮或作袽文一重音一⿰衤與羊諸切衣揚舉皃文一⿳亠亐𧘇衧雲俱切說文諸⿳亠亐𧘇也一曰大掖衣或作衧文二⿰衤瓜匈于切大袑謂之⿰衤瓜文一⿰衤區邕俱切臬頭衣又春朱切又烏侯切涎衣謂之⿰衤區又委羽切編臬衣又於口切博雅⿰衤區次衣也又居候切文一重音五衭風無切說文襲衭也博雅衭襓劍衣一曰衣前襟又馮無切文一重音一襦⿰衤專汝朱切短衣也一曰㬎衣

方言襦關西謂之袛裯或作褠襦又詢趨切文二重音一⿰衤朱⿰衤殳春朱切說文好佳也引詩靜女其袾或作⿰衤殳袾又鍾輸切衣身曰袾又追輸切衣好也文二重音二裯重株切牀帳又丁聊切短衣也又都勞切說文衣袂裯方言汗襦自關而西謂之袛裯文一重音二褕容朱切說文翟羽飾衣一曰直裾謂之襜褕一曰衣美也又餘招切褕翟王后之服又徒侯切⿰衤侯褕短袖襦一曰近身衣文一重音二⿰衤胡洪孤切衣被也或書作⿱胡衣文一⿰衤夷田黎切衣名裲襠文一⿰衤尼年題切喪禮首服又乃倚切椅⿰衤尼衣好貝文一重音一⿱殹衣煙奚切⿱殹衣格次衣文一⿰衤兒研奚切爾雅衣裗謂之⿰衤兒一曰女上服又吾禮切裗⿰衤兒衣飾又倪結切文一重音二袿涓畦切釋名婦人上服曰袿其下垂者上廣下狹如刀圭文一⿰衤巂玄圭切一幅巾文一⿰衤奚戶佳切埤倉衣

袖也又胡計切帶也文一重音一 裓 居諧切堂涂鄭康成曰若今令辟又柯開切說文宗廟奏裓樂又訖黠切裓夏樂章名又訖得切衣裾也文一重音三 褢⿰衤褱 乎乖切說文袖也一曰藏也或作褢褱文三 褱 乎乖切說文曰俠也一曰囊橐也文一 ⿰衤敫 都回切棺覆也又徒回切文一重音一 ⿰衤畾 盧回切劒飾文一 ⿰衤衰 倉回切說文服衣六寸博四寸文一 裁 牆來切說文製也又昨代切文一重音一 袗 之人切衣同也儀禮兄弟畢袗玄又止忍切說文玄服又之刃切文一重音二 裑 升人切博雅裀衧裑也文一 裬 七倫切袴⿰衤同曰裬文一 裀 伊眞切博雅複襂謂之裀文一 袀 規倫切戎衣也偏裻謂之袀文一 衯 敷文切說文長衣皃或書作衮又方文切衣大謂之衯又捕奔切衣長好皃文一重音二 ⿰衤熏 許云

切浅絳也文一裠衢云切下裳也文一袁羽元切長衣皃从衣叀省聲文一褑褤于元切衣也或从袁褑又于願切佩袷又于眷切佩絞也文一重音二裷於袁切方言幡裷謂之幭郭璞曰即帊幞也又委遠切又苦遠切又窘遠切文一重音三襎孚袁切幡裷帳也又符袁切又補過切長袂文一重音二袢符袁切袢延衣熱詩蒙彼縐絺是紲袢也又普半切衣無色一曰袢迅盛服皃文一重音一褌裩公渾切惚也或作裩文二褞烏昆切褞褐衣也又委隕切文一重音一袸徂尊切衣帶爾雅衿謂之袸又徂悶切又才甸切文一重音二⿱敦衣都昆切衣褚文一⿱夗衣烏痕切說文炮肉以微火温肉也又於刀切煨也文一重音一襌多寒切說文衣不重文一襴郎干切衣與裳連曰襴文一⿱般衣鋪官切衣表也

吴俗語文一褸謨官切胡衣文一襸徂丸切補也又則旰切鮮衣謂之襸文一重音一褍褍多官切說文衣正幅亦从端褍又他官切衣寬也又徒困切衣長也又都玩切正衣也又都果切文二重音四褊蒲眠切褊䙴衣貟又俾緬切說文衣小也文一重音一𧝍縈玄切衣曲也又縈絹切袂曲文一重音一䙴相然切褊䙴衣貟文一䘰尸連切說文車溫也一曰巾也一曰帑䘰牛領衣又夷然切文一重音一襢諸延切旗曲柄也旃或作襢又澄延切袒禮禪也又旨善切露也又知輦切丹縠衣又唐干切爾雅襢裼肉袒也又時戰切去下上服也又陟扇切又蕩旱切文一重音七褰䙭裷𧜟丘虔切說文絝也引春秋傳徵褰與襦或作䙭裷𧜟褰又紀偃切裷褰又九件切文四重音二𧛔而宣切衣縫襵也一曰緣也又乃管

切短襦也又乳兗切說文䋎也文一重音二**䙚䙗**丁聊切說文短衣也引春秋傳有空䙚或作䙗䙚又丁了切文二重音一**袇**丁聊切說文棺中縑裏或書作衷文一**䘨**千遥切博雅䘨袩衽謂之褸衩又師交切袵袺襊也文一重音一**褿**慈焦切袓也一曰衣齊好又倉刀切說文帴也又臧曹切博雅褿帗⿰衤弗也又財勞切一曰衣失浣文一重音三**襓**如招切博雅袂襓劒衣又人要切文一重音一**䙅**伊消切衣襻也又一笑切衣褑文一重音一**⿴衣呆襃裦**

襃博毛切說文博裾也一曰奬飾又姓或作褒裦襃裦又房尤切聚也又蒲侯切文四重音二**袍**蒲襃切說文襺也引論語衣弊縕袍亦書作袌又薄報切衣前襟文一重音一**裪**徒刀切裪⿰衤矞袖褾也文一**⿰衤我**牛何切衣盛飾文一**⿰衤叵**滂禾切衣貟文一**袉**唐何切裾

也又佗可切長皃又待可切論語朝服袉紳又佗佐切文一重音三 纙 良何切衣也宋王敬弘婢箸青紋袜纙又郎佐切女上衣也文一重音一 裸 都戈切博雅褔裸袖也又都果切文一重音一 袓 咨牙切祖厲縣名又在呂切說文事好也文一重音一 衺 徐嗟切說文𧟽也亦書作衸文一 裟 師加切毛衣謂之袈裟文一 褨 鋤加切衣見裼又想可切衣長也又此我切文一重音二 ⿱奴衣 女加切說文敝衣文一 ⿱髟衣 袈 居牙切毛衣謂之⿱髟衣裟或作袈文二 襄 ⿳亠吅⿱㚇衣 ⿱爾韋 思將切說文漢令云解衣耕謂之襄一曰除也上也駕也成也篆作⿳亠吅⿱㚇衣古作⿱爾韋襄又如陽切推也文三重音一 裮 蚩良切博雅披裮不帶也文一 裳 辰羊切說文下帬也文一 裝 側羊切說文裹也又側亮切行具文一重音一 襠 都郎切裲襠衣名文一 ⿰衤黃

胡盲切字林⿰衤黃褡小被也文一　**褮**　於塋切又娟營切說文鬼衣又玄扃切爾雅䘕謂之褮又褮定切衣襇文一重音三　**⿰衤嬰**　於塋切間采又於孟切雜采相映文一重音一　**⿰衤青**　咨盈切旌或作精又倉甸切綪也一曰美衣文一重音一　**⿰衤正**　諸盈切⿰衤正衳小兒衣也文一　**裎**　馳貞切倮也一曰佩紟謂之裎又丈井切深衣又丑郢切袒也又直正切文一重音三　**⿰衤星**　桑經切燐光箸衣文一　**⿰衤靈⿰衤零袊**　郎丁切衣光也或从零从令袊又里郢切方言袒飾謂之直袊謂婦人初嫁上服一曰繞袊謂之帬江東通言下裳曰袊文三重音一　**⿰衤曾**　慈陵切汗襦又徂稜切楚謂襦曰⿰衤曾又子孕切又子鄧切複也文一重音三　**⿰衤夌**　閭承切馬腹帶文一　**裗**　力求切袿衣之飾文一　**裒**　房尤切聚也又蒲侯切文一重音一　**⿰衤侯**　胡溝切⿰衤侯褕短衫文一　**⿰衤歐**

烏侯切涎衣文一袧墟侯切辟兩側空中央曰袧儀禮喪服裳幅三袧又居侯切又丘侯切博雅襞也又居候切文一重音三褠居侯切單衣文一袤𧟌迷浮切長衣籀作𧟌又並莫候切說文衣帶以上一曰南北曰袤東西曰廣文二重音一褸郎侯切博雅袿謂之褸南楚凡人貧衣破謂之褸裂又隴主切說文衽也文一重音一襑徐心切衣博大也又他感切文一重音一襂疏簪切襂纚衣裳毛羽垂皃又蘇含切又師銜切旌旗之斿也文一重音二衾袪音切說文大被也文一衿居吟切衣系也又渠金切又其淹切又巨廞切文一重音三裣襟䘳居吟切說文交衽也或作襟䘳裣又巨禁切衣系文二重音一䘿𧜙胡南切博雅䘿褓袖也或从圅䘿又户感切巾擁耳也文二重音一裺烏含切博雅裺篼囊也或从衣又衣

撿切說文褗謂之裺又於贍切方言裺謂之襦一曰緣也一曰衣寛皃文一重音二

襤盧甘切衣名說文裯謂之襤文一

襳思廉切小襦又師炎切襳襹毛衣皃又師銜切旌旗之斿又子列切小衣文一重音三

襜袡襝蚩占切說文衣蔽前一曰襌襦謂之襜亦作袡又如占切博雅褘袡蔽厀也一曰衣下襈又尼占切襝又離鹽切襝襜衣垂皃襜又昌豔切披衣也文三重音四

裧蚩占切車襜山東謂之裳幃一曰潼容又吐敢切毾毲衣謂之裧又昌豔切披衣也或从巾从炎文一重音二

袩蚩占切衣動皃又丁兼切衣衽也方言褙謂之袩又的協切又諾叶切博雅袩衽謂之褸衩文一重音三

⿰衤凡丁兼切領耑或从衣又即涉切衣衿又的叶切文一重音二

衫師銜切小襦通作襂文一

⿰衤咸師銜切旌旗之游也文一

襩魯孔切袴之兩股曰襱襩或从𧶠又柱勇切說文絝踦也又徒谷切韜也又殊

玉切短衣也又神燭切文一重音四
⿱封衣 補孔切枲履也一曰小兒皮履文一
⿰衤悤 取勇切禪幝也文一
袳⿰口⿱多衣 敞尒切說文衣張也引春秋傳公會齊侯于袳亦書作袲袳又遺禮切開衣也又典可切衣弱皃一曰被也文二重音二
⿰衤此 阻氏切⿰衤卒也又蔣氏切衣縫文一重音一
⿰衤敫 展豸切袴⿰衤敫敝衣文一
裿 去倚切博雅襌襦謂之襜裿又舉綺切又隱綺切裿⿰衤尼衣皃文一重音二
褍⿰衤敫 展几切說文紩衣也或作⿰衤敫文二
裏 兩耳切說文衣內也又良志切文一重音一
⿰衤戚 朔所切美皃文一
褚 展呂切囊也又丑呂切說文卒也一曰製衣又止野切衣赤也方言卒謂之褚文一重音二
⿰衤宁 展呂切敝衣也文一
裋⿰衤豎 上主切方言襜褕自關而西其短者謂之裋褕或从豎文並殊遇切說文豎使布長襦裋又都緩切文二重音二
補

彼五切說文完衣也一曰數也十兆曰經十經曰垓十垓曰補文一褢戶禮切開衣也文一襰洛駭切懶㩼衣破或从衣文一襒師駭切懶㩼衣破或从衣又所介切又山戞切衣縫餘又所例切衣袲縫文一重音三裉止忍切說文玄服又之刃切文一重音一裷委遠切韈也一曰袖耑屈文一褗隱𢟪切說文褗領也又於建切衣領文一重音一䘷武遠切服也文一䘼苦本切絭束也文一衮古本切說文天子享先王卷龍繡於下幅一龍蟠阿上鄉文一䘾苦緩切襱也又古緩切博雅綺其䘾謂之襱又古玩切韋袴文一重音二袒蕩旱切說文裼也又直莧切衣縫解也或作綻文一重音一襰魯旱切惰於祭也文一裷戶版切衣褞文一襇襉賈限切帬幅相襵也或省襉又居莧切文二重音一襺吉典

切說文袍衣也以絮曰襺以縕曰袍文一襃知輂切丹穀衣又陟扇切文一重音一衦
朗鳥切方言小袴謂之袨衦又力弔切文一重音一褭乃了切說文以組帶馬也一曰騕褭馬名
或書作褭又爾紹切文一重音一袨吉了切袨衦小袴又下巧切又吉弔切文一重音二⿰衤焦子小
切式也文一袑市沼切說文綺上也袴襠也一曰衣襟文一褾⿰衤少裱俾小切袖耑或从少从表
褾裱又彼小切裱又彼廟切領巾謂之裱褾又早妙切袂也文三重音三表⿴衣毛⿰衤麃⿸麃衣
彼小切說文上衣也从衣从毛古者衣裘以毛爲表一曰識也明也古作⿴衣毛⿰衤麃⿸麃衣表⿰衤麃又俾小切外也表
又畀遙切識也文四重音二襖烏浩切袍也文一褓補抱切小兒衣也文一袌
簿晧切說文褱也又彼教切袌⿰衤褱衣緩皃文一重音一⿴衣可倚可切⿴衣可袲衣皃文一裹

古火切說文纏也又古卧切包束也文一重音一⿰衤過都果切太衣也文一臝裸魯果
切說文祖也或从果文二裲里養切衣名博雅裲襠謂之袙服文一襁⿰衤⿱厶虫舉兩切負
兒衣或省文二⿰衤𧰼襐待朗切博雅飾也或作襐襐又似兩切飾也一曰未笄冠者首服文二重
音一⿰衤良里黨切⿰衤良⿰衤桑衣敝文一⿰衤桑寫朗切⿰衤良⿰衤桑衣敝文一⿰衤并必幸切急也文
一褧犬迴切說文檾也引詩衣錦褧衣文一⿰衤丑女九切衣耎也文一襡當口
切衣袖又徒口切一曰短衣又殊遇切又竹角切又丁候切又徒谷切又殊玉切文一重音六衽
忍甚切說文衣裣也又如鴆切文一重音一衴都感切緣也文一⿰衤弄盧貢切衣一襲
文一⿰衤宂戎用切鬼衣文一袶古巷切艸名爾雅困衱袶文一被披義切弘農謂

帬帔帗或作袚又平義切說文寢衣長一身有半一曰加也又都靡切文一重音二　襚　徐醉切說
文衣死人也引春秋傳楚使公親襚文一　襀　丘媿切紐也又丘畏切又黃外切會五采繡也繪或
作襀文一重音二　裨　毗至切幝也一曰無裥之袴爲裨文一　褀⿰衤忌　渠記切繫也巾
也或作⿰衤忌文二　袚⿰衤弗⿰衤巿襏　方未切蠻夷衣也一曰蔽厀或作⿰衤弗⿰衤巿襏袚又分物切博雅袚
䘺褅也又方未切又敷物切⿰衤巿又北末切博雅襧⿰衤巿袂也又普活切襏又分物切襏襫雨衣又北末切文
四重音七　⿰衤孛　方未切衣袖文一　⿱毀衣　丘畏切紐也文一　褽　紆胃切說文袵也一
曰薦也一曰⿰甾寸也又烏潰切袵也文一重音一　裕　俞戍切說文衣物饒也引易有孚裕無咎一曰
寬也古書作袞文一　袝　符遇切盛服文一　⿰衤戍　春遇切⿰身付褕服稱也褕或作⿰衤戍文一　⿰衤亟

胡故切短衣文一袴苦故切說文脛衣也文一裚子計切斷也管子裚領刎頸文一⿰衤啻裼褅他計切說文緥也引詩載衣之⿰衤啻或作裼褅裼又先的切說文袒也文三重音一⿰衤笑他計切補也文一⿰衤系胡計切帶也文一⿰衤癸睽桂切衣裾分也文一製征例切說文裁也謂裁衣也文一袂儒稅切衣袖莊子被髮揄袂李軌讀又倪祭切方言複襦謂之筩褹褹或作袂又彌蔽切又古穴切文一重音三衲儒稅切補也又諾荅切文一重音一裂力制切帛餘也文一袣⿰衤曳以制切衣長皃一曰袖也或从曳袣又羊至切褁也文二重音一裔⿱商衣⿳亠回衣⿱衣冂以制切說文衣裾也一曰邊也末也或作⿳亠回衣古作⿱衣冂裔又羊列切遠也末也文三重音一祱輸芮切說文贈終者衣被曰祱又俞芮切又吐外切文一重音二褹

倪祭切方言複襦謂之筩㯰又女介切又女黠切文一重音二𧝓毗祭切帛也幣或从衣文一

襘古外切說文帶所結也又黃外切衣緩帶文一重音一衸居拜切說文袥也一曰布

幅又下介切文一重音一𧜁𧞁居拜切上衣也或从蓋文二𧙵丑邁切蔕芥刺鯁也

或作絜文一褙補妹切襦也或从系文一䘹蘇對切單衣又取內切副衣也又祖對切

文一重音二袋待戴切囊屬文一襶丁代切褦襶不曉事文一褦乃代切褦

襶不曉事文一襯初覲切近身衣文一䙱於靳切褰也文一衦居案切說

文摩展衣也又古旱切文一重音一褖吐玩切黑衣王后之服文一襻𧟌𧘞

普患切衣系曰襻或作𧟌亦从廾文三䙮求患切衣褑文一𧙓居莧切衣名文一

䘺直莧切說文衣縫解也或作綻又堂練切衣坼也又治見切文一重音二袨袧熒絹切好衣也或作袧袧又翾縣切又松倫切領耑也文二重音二襈雛戀切緣也又逵眷切又鶵免切文一重音二袎於敎切襪頸或省文一褒𧞤薄報切衣前襟一曰褱也或从麃文二𧜀莫報切小兒蠻夷頭衣也冐或作𧜀文一𧝔刀号切中縫謂之𧝔又大到切衣背縫又都毒切說文衣躬縫文一重音二袔口箇切夾衣又何佐切博雅䘧袖也又苦瓦切文一重音二𧞣何佐切䘧袖也文一袏子賀切禪衣也趙魏之間謂之袏文一𧝎𧞥吐卧切說文無袂衣謂之𧝎或从隋𧝎又徒卧切方言無緣衣謂之𧝎文二重音一袙普駕切博雅帳也文一榭詞夜切吳人謂衣曰榭文一褯慈夜切小兒衣又祥亦切

袚䘙褅也文一重音一衩楚嫁切廣雅䘿袺衽謂之褸衩一曰襢衣又楚懈切文一重音一
𧟌乃浪切寬緩也文一褎余救切盛飾皃詩褎如充耳文一褔敷救切衣一稱
文一褏袖似救切說文袂也或从由一曰盛飾一曰褎褎禾黍盛皃文二𧝞側救切衣
不伸也衽袵如鴆切衣衿也亦書作𧙍文二𧞣胡谷切𧞣𧞬衣聲文一襆
博木切說文裳削幅謂之纀或作襆又逢玉切帕也文一重音一𧟅蘇谷切𧟅𧟅新衣皃文一
𧞶都木切衣至地文一𧟅都木切𧟅𧟅衣聲文一裻盧谷切裻𧛔衣聲文一
複方六切說文重衣也一曰褚衣又芳六切重也文一重音一𧜗莫六切衣縫文一
𧜻七六切博雅好也又子六切衣鮮明皃又祖毒切文一重音二䘾余六切車闌幔也文

一⿰衤畜許六切褚也文一襮逋沃切爾雅黼領謂之襮又伯各切文一重音一襮

蒲沃切說文黼領也引詩素衣朱襮又逋玉切黼衿也文一重音一裻蘇篤切又都毒切說文新

衣聲一曰背縫文一重音一⿰衤篤⿰衤督都毒切說文衣躬縫或从督文二褥奴沃切小

兒衣又儒欲切藉也文一重音一襡殊玉切說文短衣也又朱欲切長襦文一重音一⿰衤屋

乙角切幬也文一⿱斲衣⿱詠衣竹角切博雅補也一曰長衣或从詠文二衵入質切說文曰

日所常衣又尼質切婦人近身衣文一重音一⿰衤率朔律切衣也文一⿰衤桼息七切博雅袮

袥⿰衤東⿰衤桼也文一袠直質切說文書衣也亦姓文一袟直質切紩衣文一袕食律

切衣開孔也又胡決切文一重音一袜食律切紩衣又直律切文一重音一⿰衤屈⿰衤出渠勿

切方言自關而西謂襤褸曰裗⿰衤屈或省袦又女刮切帶襦也文二重音一⿰衤厥居月切揭衣渡也又

其月切短衣文一重音一襪袜勿發切說文足衣也亦作袜又莫葛切所以束衣也文二重音

一卒臧沒切說文隸人給事者衣爲卒卒衣有題識者又促律切終也又即聿切又昨律切崒

或作卒又倉沒切忽也又取内切副也文一重音五⿰衤突陁沒切博雅幝無襠謂之⿰衤突文一褐

⿰衤歇何葛切說文臬鞿也一曰粗衣或从歇又居曷切文二重音一袜北末切蠻夷衣袚或

作袜文一⿰衤最麤括切緇布冠謂之⿰衤最文一裰都括切補也文一袺訖黠切說

文執衽謂之袺又吉屑切文一重音一⿰衤祭女黠切人奴衣文一袹莫轄切邪巾袹頭始

喪之服又莫白切廣雅⿰衤爾襠謂之袹腹文一重音一襭奚結切說文衽扱物謂之襭文一褉

顯結切襦也文一襭古穴切博雅裯襭袖也文一袦必結切袂也文一襒蒲結切衣也或書作襒又匹滅切衣貟文一重音一褻私列切說文私服引詩是褻袢也文一

⿱𠛱衣裂力蘖切說文繒餘也隸作裂裂又力制切囊有飾緣之曰鞶裂文二重音一袀職略切方言袀繵謂之襌又皮教切衣襟又丁歷切襌衣文一重音二襗達各切說文絝也又直格切又夷益切文一重音二

袥闥各切說文衣衸文一⿰衤乇闥各切開衣令大也文一袼歷各切博雅⿰衤區次衣也又剛鸖切袖也一曰衣腋縫文一重音一⿰衤尃伯各切衫短袂謂之⿰衤尃又白各切博雅襌也文一重音一⿰衤索昔各切衣聲又色窄切文一重音一⿰衤敫下革切衣領中骨文一⿰衤鬲克革切裘裏也文一⿰衤朿七迹切⿰衤朿膝裙衸也文一襀資昔

切襞積衣閒蹙也又則歷切襞襞也文一重音一 襫 施隻切襏襫蓑襞也文一 ⿰衤夜⿰衤無 之石
切袖也或作⿰衤無⿰衤夜又夷益切文二重音一 ⿰衤亦 夷益切長衣也文一 襞 必益切說文韏衣也
徐鉉曰韏革中辨也衣襞積如辨也文一 ⿰衤冥 莫狄切髹布也幦或作⿰衤冥文一 ⿴衣丰⿸厤衣 狼狄
切急纏也或作⿸厤衣文二 ⿰衤弋 逸職切黑衣文一 襋⿰衤亟 訖力切說文衣領也引詩要之
襋之或作⿰衤亟文二 ⿰衤疌 七入切說文襝緣也又即入切又七接切緶衣也又色甲切⿰衤立⿰衤疌衣敝文
一重音三 襲⿱龖衣 席入切說文左衽袍也一曰因也籀作⿱龖衣文二 ⿰衤臿 測入切衣重緣又側
洽切文一重音一 雜襍 昨合切說文五彩相合也一曰集也或从衣集雜又七盍切集合意
文二重音一 褡 德合切被橫謂之褡一曰衣敝文一 ⿰衤立 落合切⿰衤立⿰衤乖衣敝又力洽切文

一重音一 ⿰衤盍克盍切⿰衤盍襠婦人袍文一 ⿰衤𣅀悉盍切⿰衤𣅀粒衣敝文一 ⿰衤巤力盍切⿰衤巤衣敝又力涉切衣負文一重音一 衱極曄切交領謂之衱又訖業切裾也文一重音一 ⿰衤妾七接切衣衿文一 襵質涉切博雅詘也謂衣襞積又陟涉切領耑也文一重音一 褺達協切說文重衣也巴郡有褺江縣文一 ⿰衤葉褋達協切說文南楚謂褌衣曰褋或省文二 褶達協切襲也儀禮襚者以褶一曰褶衣之在上者也短身廣袖一曰左衽之袍又席入切袷也襲也一曰袴褶騎服又寔入切文一重音二 ⿱瓡衣力協切衣相著文一 裌檄頰切衽也一曰褱裌藏也又訖洽切衣無絮也文一重音一 袷訖業切交領也又轄夾切又乞業切衣縫一曰衿也又訖洽切說文衣無絮也文一重音三 裛乙業切說文書囊也又乙及切書囊一曰香襲衣也又憶

笈切文一重音二⿰衤臽乞洽切弁缺四隅謂之帢帢或作⿰衤臽文一⿰衤甲韐甲切衿也又古狎切廣雅襦也文一重音一

文四百四十三　重音三百九

裘皮衣也从衣求聲一曰象形與衰同意凡裘之類皆从裘古文作求巨鳩切古文省衣求又恭于切裘又渠竹切文二重音二

⿰鬲裘指華切裘裏也又吉歷切文一重音一

文三　重音三

老考也七十曰老从人毛匕言須髮變白也凡老之類皆从老盧皓切文一

耆者渠支切說文老也一曰至也至於老境一曰㾽者或省者又軫視切致也文二重音一

考苦浩切說文老也一曰成也文一

壽𠷎殖酉切說文久也又姓古作𠷎壽又承呪切又徒刀切戴也文二重音二

耇耈古厚切說文老人面凍黎若垢或不省文二

𦒱常句切說文老人行才相逮从老省易省行象文一

𦓎耄𦓐莫報切說文年九十曰𦓎或作耄古作𦓐耄又武道切又謨袍切文三重音二

𦒾𦓔大到切博雅老也一曰七年曰𦒾或作𦓔文二

孝呼教切說文善事父母者从老省从子子承老也又居效切效也文一重音一

者

丁念切說文老人面如點也又多忝切文一重音一耊耋𢧱徒結切說文年八十曰耋或不省亦作𢧱耊又地一切𢧱又他結切又直質切文三重音三

文十九　重音十

毛眉髮之屬及獸毛也象形凡毛之類皆从毛

毛莫袍切又莫報切擇也文一重音一

氃徒東切氋氃毛皃文一　氋謨蓬切氋氃毛皃文一　氄而融切氄毳細毛又如容切又乳勇切說文毛盛也引虞書鳥獸氄毛又乳尹切文一重音三　𣯽如容切博雅𣰆𣯽罽也文一　𣯛將容切博雅𣯛氍罽也文一　𣰶農江切埤倉鬞鬤髮亂或从毛文一　𣬛

章移切博雅毦毻罽也文一 𣯫 鄰知切接䍦白帽也或作𣯫文一 毸 雙佳切毿毸毛長皃又所乖切毛稀垂皃文一重音一 麾 吁爲切旗屬周禮建大麾以田又呼恚切又況僞切招也春秋傳周麾而呼文一重音二 𣯷 渠伊切毛文會也文一 毞 頻脂切氐罽也文一

𣯍 陵之切氈曲毛可以箸起衣又郎才切文一重音一 𣮛 匪微切細毛爲𣮛文一 氍 𣰦 求於切氍毹氈也或作𣰦氍又權俱切文二重音一 毹 㲣 毺 山於切毛席也或作㲣毺毹又春朱切氍毹織毛也又並雙鶵切毹又踈鳩切氍毹毛織有文者文三重音三 𣭛 女居切犬多毛皃文一 氍 𣯴 權俱切織毛蓐曰氍毹或从渠文二 𣭉 芳無切鳥解毛曰𣭉一曰罽也文一 毹 春朱切氍毹織毛也又雙雛切織毛蓐氍毹者曰毾㲪文一重音一 𣱋

雙雛切毛磔起皃八荒中有毛人似猴毛長𣯫𣱄東方朔說文一

氀 雙雛切織毛褥又龍珠切博雅氀罽也或書作𣯧文一重音一

毸 蘇回切毰毸鳳舞皃或从

𣯬 崔毸又桑才切毰毸鳥羽張皃文二

毰 蒲枚切毰毸毛羽

𣬉 皃或从陪文二重音一

毢 桑才切毰毢鳥羽張皃文二

𣭈 疏臻切布也又相然切𣭈𣯏罽也文一重音一

𣰍 數文切𣰍𣰍毛落也又方文切又符分切文一重音二

𣰆 方文切博雅𣰆𣯏罽也又符分切又逋還切又彼義切文一重音三

𣯸 謨奔切說文以毳爲罽色如虋故謂之𣯸引詩毳衣如𣯸文一

𣯷 河干切獸豪也又侯旰切文一重音一

𣭤 將先切毛屬文一

𣭘 靈年切毛長總結也周禮羊冷毛而毳氈徐邈讀或作𣭘又郎丁切毛結不理文一重音一

氈 諸延切說文撚毛也文一

𣭃

田聊切毜𣮈鳥尾翹毛又丁聊切毜𣮈羽惡皃文一重音一 𣮈 思邀切毜𣮈鳥尾翹毛也又稍

妖切𣰆𣮈氍毹也又思留切毜𣮈羽悴皃文一重音二 𣯵 兹消切胄顛毛曰𣯵文一 𣰆 渠姚

切𣰆𣮈氍毹也文一 毫 乎刀切長銳毛文一 𣭛𣮡 普刀切毛起皃一曰輕也或从巾文

二 旄 謨袍切說文幢也一曰獸名又武道切老稱又莫報切麠毛猥長也文一重音三 𣭥 毛

謨袍切毛或作𣭥又莫報切輕毛文一重音一 𩢬 謨袍切車𩢬以禦風塵一曰馬長毛又力涉切

文一重音一 毠 居牙切毛衣謂之𩭩毠或作毠文一 氱 如陽切髦𩯒髮或从毛又乃朗

切氀氱氍毹毛深亂皃文一重音一 𣯸 徒郎切博雅𣯸𣯸𣯸也文一 𣰰 尼庚切犬多毛

謂之𣰰 𣬶 師庚切𣬶𣰤毛起皃文一 𣰢 都騰切𣯱𣰢羽悴皃文一 毬 渠尤

切丸蹋文一毿蘇含切毛長也又師咸切文一重音一⿰毛韱思廉切毛也文一⿰冄毛
⿰鹽毛如占切頰須也亦作⿰鹽毛文二⿰毛茸乳勇切⿰毛龠⿰毛茸猥雜負一曰不肖文一⿰毛隹⿰鬲犬
⿰革茸⿰甬毛乳勇切說文毛盛也引虞書鳥獸⿰毛隹髦或作⿰鬲犬⿰革茸⿰甬毛⿰鬲犬又如融切⿰毛隹又乳尹切文四重音
二⿱知毛展里切獸毛夂夂曰⿱知毛文一⿰毛崔取猥切毛髮皃或从毛文一⿱氶毛阻引切毛
髮齊皃文一毨穌典切理也說文仲秋鳥獸毛盛可選取以爲器用又私列切文一重音一
⿰扁毛婢典切⿰扁毛⿰毛菐毛不理文一⿸尸毛女巧切⿸尸毛⿰襄毛氍⿰舟毛毛深亂者文一⿱敝毛齒兩切鷩
羽文一⿰並毛⿺毛旁補朗切博雅⿰並毛⿰昏毛罽也一說邪文曰⿰並毛或从旁文二⿰弃毛毋朗切⿰並毛⿰弃毛毛
布文一毯吐敢切毳席文一毦仍吏切博雅⿸广毛毦罽也一曰績羽爲衣一曰兜鍪上

飾文一⿺毛戉春遇切毛也文一⿺毛柰乃帶切獸毛密曰⿺毛柰文一耗博蓋切耗⿺毛柰多毛又薄邁切文一重音一⿰育毛毻吐外切博雅解也謂鳥獸解毛羽也或从兊又並吐卧切毻又欲雪切文二重音二⿰乎毛魯外切鳥羽斑色又龍輟切馬毛雜斑謂之⿰乎毛文一重音一⿺毛介居拜切獸毛細曰⿺毛介文一⿺毛埶女介切毛髮衆皃文一毥徐閏切毛羽利也文一⿺毛鳥莫報切輕毛文一毷莫報切博雅解也文一氉先到切毛皃文一⿺毛也叵到切輕也文一⿺毛馮部孕切⿺毛馮⿺毛乃犬毛文一⿺毛乃尼證切⿺毛馮⿺毛乃犬毛文一毭大透切博雅⿰育毛毭罽也又匿各切氈屬極細可以禦雨文一重音一⿰菐毛步木切⿰扁毛⿰菐毛毛不理文一⿱羽毛莫卜切思皃一曰好也又墨角切又莫報切目少精也文一重音二⿱雨毛莫卜切鳥澤羽文一⿺毛翏

渠竹切蹋鞠也或从毛文一

⿰㮚毛⿰粟毛 須玉切博雅⿰㮚毛毦罽也或作⿰粟毛文二

笔 逼密切所以書也說文秦謂之筆或作笔文一

⿰孛毛 薄没切⿰孛毛⿰卒毛毛短文一

⿰卒毛 蘇骨切毛短謂之⿰卒毛又昨没切毛生皃文一重音一

⿰昷毛 烏没切⿰昷毛⿰卒毛毛皃文一

毼 何葛切博雅⿰並毛毼罽也文一

毲 都括切蠻夷織毛罽也文一

⿺毛里 毗亦切毛也文一

⿺毛㝵 丁力切毛少也文一

⿺毛合 葛合切⿺毛合⿺毛及目睫長皃文一

⿺毛及 悉合切⿺毛合⿺毛及目睫長皃文一

⿰聑毛 託盍切說文⿰聑毛㲪也文一

⿺走毛⿰毛妾⿰毛習 即涉切說文目旁毛也或作⿰毛妾⿰毛習文三

⿰毛聶 日涉切毛弱皃文一

⿺毛巤 力涉切說文髮鬣也或作⿺毛巤文一

⿰葛毛 力涉切車翣以禦風塵也文二

氎⿰眔毛 達協切毛布或从眔又並徒合切文二重音一

文一百十九　重音四十五

毳獸細毛也从三毛凡毳之類皆从毳此芮切又充芮切又儒稅切又祖說切禹治水所乘形如木箕又姝說切文一重音四

⿱非毳甫微切說文毛紛紛也又芳微切文一重音一

文二　重音五

類篇卷第八中

類篇卷第八下　卷之二十四

朝散大夫右諫議大夫權御史中丞充理檢使上護軍河內郡開國侯食邑一千三百戶賜紫金魚袋臣司馬光等奉

敕修纂

尸陳也象卧之形凡尸之類皆从尸 式脂切 文一

屍 升脂切說文終主一曰在牀曰屍 又矢利切似皺皃文一重音一

屎屓 千咨切倉頡篇此也或从資文一

尼 女夷切說文從後近之徐鍇曰妮也又延知切平也又乃禮切爾雅定也又尼質切止也文一重音三

屎 馨夷切呻也又呼維切又矧視切糞也文一重音二

居⿸尸足 斤於切說文蹲也俗居从足居又居之切語助又居御切居居懷惡不相親比皃文二重音二

⿸尸且千余切此也文一屠同都切說文刳也亦姓文一屖先齊切說文屖遲也文一⿸尸目牽奚切說文尻也文一⿸尸⿱夂又祖回切赤子陰又臧戈切文一重音一尻苦刀切髀也从尸九聲或从尾省文二⿸尸几徒黿切髀也又堂練切文一重音一屏卑盈切屏營征忪也又旁經切所以蔽也又必郢切又卑正切除也又步定切偃廁文一重音四層洛騰切又徂稜切說文重屋也文一重音一⿸尸矢⿸尸囟⿸尸比矧視切糞也或作⿸尸囟⿸尸比文三⿸尸矢牀史切待也文一⿸尸臾養里切踞也文一屢丘羽切數也文一屒是忍切重脣又展引切說文伏貟又丞眞切文一重音二⿸尸⿱㠭衣展知輦切說文轉也一曰誠也舒也省視也隷省展又陟扇切丹縠衣文二重音一⿸尸又人善切說文柔皮也文一⿸尸奠都挺切博雅重

也展也又堂練切說文侍也文一重音一

屖古巷切博雅差也文一

𡰥磬致切說文尻也一曰歆坐皃又詰計切廣雅臀也又㚔奚切文一重音二

屓虛器切臥息也又于累切文一重音一

眉屭虛器切奰眉壯大皃亦作屭眉又許介切說文卧息也文一重音一

屁屁匹寐切字林下出氣也或作屁文二

𡲢去例切息也文一

屝父沸切說文履也文一

𡲍苦會切博雅臀也又苦卧切髀骨又枯化切又苦果切臀骨文一重音三

屆屆居拜切說文行不便也一曰極也至也或作屆屆又訖黠切至也文二重音一

屋屋臺烏谷切說文居也从尸尸所主也一曰屋形从至至所至所至止一曰具也籀从厂或作臺屋又乙角切幬也文三重音一

㞘都木切博雅臀也文一

屑屑蘇骨切博雅勞也一

曰勃屑行皃或作屑又並先結切說文動作切切也一曰敬也勞也不獲已也文二重音一 屖 莫白切履也靑絲頭履又床史切又胡卦切又戶瓦切文一重音三 屆 測入切屆屣從後躡也一曰少也又色軋切又色洽切又測洽切又側洽切揳也文一重音四 屣 直立切說文屆屣謂少也又極曄切屆屣從後躡一曰小步文一重音一 屉 的協切下也文一 屧 蘇叶切說文履中薦也又他計切文一重音一

文五十二　重音三十七

尺十寸也人手卻十分動脈爲寸口十寸爲尺尺所以指尺規榘事也从尸从乙乙

所識也周制寸尺咫尋常仞諸度量皆以人之體爲法凡尺之類皆从尺 昌石切 文一

咫 ⿱尺止 諸氏切中婦人手長八寸謂之咫周尺也从尺只聲或作⿱尺止文二

文三

尾 微也从到毛在尸後古人或飾系尾西南夷亦然凡尾之類皆从尾隸作尾古作

⿸尸⿱丿几 無斐切 文二

⿸尸⿱毛水 尿 奴弔切人小便也从尾从水或省文二

⿸尸⿱毛出 屈 九勿切說文無尾也从尾出聲

隷省又地名亦姓又並渠勿切博雅短也屈又丘月切又居月切屈駱地名又其述切狂屈佣張似人而非也文二重音四⿸尸⿰出欠曲勿切曲也請也文一屬之欲切連也从尾蜀聲又朱戍切灌也又殊遇切又殊玉切附也類也俗作屬非是文一重音三

文八　重音七

履足所依也从尸从彳从夂舟象履形一曰尸聲凡履之類皆从履或作⿰⿱舟足复古作⿰⿱舟足頁

⿰足頁⿰亻⿱舟夊⿸尸⿰彳舟兩几切履又里弟切踐也文六重音一

⿸尸⿰彳昌⿸尸⿰彳巴舉屐切赤舄或作⿸尸巴文二⿸尸⿰彳妥⿸尸⿰彳委徂回切粗履不借也或作⿸尸⿰彳委⿸尸⿰彳委又呼肥切⿸尸⿰彳妥又

子扁切又戸瓦切文二重音三

𡳖呼肥切鞮屬文一

𡲕屦徐呂切履屬从履省子聲或从夂屛又演女切文二重音一

屣所寄切履不躡跟也又斯義切文一重音一

屨九遇切履也从履省婁聲一曰鞮也文一

𡲼遟據切履也文一

屜𡳃他計切履中薦或作屜文二

屩居勺切屐也从履省喬聲文一

屐奇逆切屩也从履省支聲文一

𡳐郎擊切履下也从履省歷聲文一

屟託協切履中薦又悉協切文一重音一

文二十二　重音七

舟船也古者共鼓貨狄刳木爲舟剡木爲楫以濟不通象形凡舟之類皆从舟　職流切　臣光曰

隸或作月文一

⿰舟同艟徒東切博雅舟也或作艟艟又昌容切艟艨戰舡所以突敵又昌用切又丈降切短船也

文二重音三⿰舟龍盧東切舟名又盧鐘切扁舟蓋謂之⿰舟龍文一重音一艂補蒙切織竹編

箬以覆船文一艨謨蓬切博雅艨艟舟也又蒙弄切又忙用切文一重音二艐⿰月㚇祖叢

切說文船著不行一曰三艐國名隸作⿰月㚇艐又口箇切又居拜切爾雅至也文一重音二艂符風

切舟名文一⿰舟朵⿰舟共⿰舟卬渠容切方言南楚江湖凡船小而深者或作⿰舟共⿰舟卬⿰舟共又胡公切又古

勇切文三重音二舡枯江切舽舡舟名又虛江切文一重音一舽皮江切舽艭船也文

一艭踈江切舽艭舟名文一艃陵之切博雅⿰舟其艃舟也又兩耳切文一重音一⿰舟其

⿰舟基⿰舟斤渠之切博雅⿰舟其⿰舟里舟也或从基从亓文三艅羊諸切艅艎吳舟名文一⿰舟符⿰舟付芳無切廣雅舟也一曰艇短而深者或作⿰舟付⿰舟符又蓬逋切又蒲故切文二重音二⿰舟芻莊俱切⿰舟良⿰舟芻海船又甾尤切⿰舟公名⿰舟玄謂之⿰舟芻文一重音一俞容朱切說文空中木爲舟也一曰然也又舂朱切漢侯國名欒布所封又夷周切然也又勇主切俞俞容皃和恭也又俞戍切呴俞色仁也又丑救切姓也又舂遇切隃或作俞文一重音六⿰舟俞容朱切⿰舟侖⿰舟俞舟名文一艫龍都切舟名說文舳艫也又淩如切舡尾文一重音一⿰舟侯訛胡切船名文一艖⿰舟叉初佳切舟名或从叉又並初加切艖又才何切又側下切小舟文二重音三⿰舟豈魚開切船名文一⿰舟隹⿰舟聿資辛切水渡也古作⿰舟隶文二⿰舟侖龍春切船前桄也又盧昆切舟名又圭玄切文一重

音二

⿰舟番 孚袁切舟飾也文一 ⿰舟桑 千安切舟名文一 般 般 逋潘切說文辟也象舟之旋从殳所以旋也一曰移也亦數別之名古从攴般又蒲官切爾雅樂也又逋還切還也又補滿切漢縣名在今齊州地又普伴切一曰面平皃文二重音四

歬 ⿰歬刂 前 才先切先也說文不行而進謂之歬或作⿰歬刂隸作前文三

舷 胡千切船邊也文一

船 食川切說文舟也方言自關西謂之船又余專切文一重音一

艘 先彫切船名又蘇遭切文一重音一

⿰舟召 ⿰舟周 丁聊切舟名或作⿰舟周⿰舟周又都勞切小船也文二重音一

⿰舟寮 憐蕭切舟名文一

⿰舟堯 如招切方言楫謂之⿰舟堯或从舟文一

艄 師交切船尾又所教切舟名文一重音一

⿱敖舟 牛刀切舟接首謂之⿱敖舟文一

艚 財勞切舟也文一

舠 都勞切小船也文一

艞 ⿰舟舀 他刀切博

雅⿰舟兆舸舟也或从舀⿰舟兆又徒刀切又戈笑切大舟文二重音二 ⿰舟戈 居何切船名文一 ⿰舟贊 才何切艑艖舟也艖或从贊文一 舥 披巴切浮梁謂之舥文一 艢 慈良切埤倉颿柱也文一 艡 都郎切艜艡舟也又丁浪切文一重音一 艆 盧當切舟名文一 航 ⿰舟行 寒剛切方舟也或从行文二 艎 ⿰舟黃 胡光切艅艎吳大舟名或从黃⿰舟黃又胡盲切博雅筏也文二重音一 ⿰舟并 晡橫切舟名文一 ⿰舟呈 桑經切舩名文一 ⿰舟霝 ⿰舟靈 舲 ⿰舟零 郎丁切舟也一曰舟有窻者或从靈从令从零文四 ⿰舟斿 夷周切舟行也文一 艀 房尤切舟短小者文一 ⿰舟句 ⿰舟冓 居侯切博雅⿰舟句⿰舟鹿舟也或从冓文二 艛 郎侯切舟也文一 ⿰舟彡 癡林切說文船行也又丑禁切文一重音一 艬 鋤銜切博雅⿰舟周艬舟也又仕懺切舟也文一重

音一䑺符咸切舟上幔所以汎風文一⿰舟巳符咸切博雅⿰舟巳謂之舷文一艤語綺切南方人謂整舟向岸曰艤文一⿰舟賁父尾切舟邊也文一⿰舟舞罔甫切長舟謂之⿰舟舞文一⿰舟虜籠五切所以進船也文一⿰舟氐典禮切⿰舟氐艡舟名又丁計切一曰水戰船文一重音一⿰舟弟待禮切船名又大計切文一重音一⿰舟蠡里弟切江中大船名文一⿰舟奚戶禮切所以安船文一⿰舟宛⿰舟夗委遠切舟也或作⿰舟夗文二舨補綰切艫舨舟也文一艑婢典切艑艖舟也文一⿰舟了朗鳥切⿰舟鳥⿰舟了船長皃文一舸賈我切大船也方言南楚江湖謂之舸文一舵⿰舟也待可切正船或作⿰舟也文二⿰舟將子兩切方言所以隱櫂謂之⿱⺮槳⿱⺮槳或作⿰舟將文一艋母梗切博雅舴艋小舟文一艇待鼎切小船文一⿰舟首始九切舟

也文一朕⿰舟并直稔切我也古作⿰舟并文二䑢下斬切船也文一艦戶黤切戰船四方施板以禦天狀如牢文一⿰舟胃子貴切運舟也文一⿰舟步蒲故切舟也方言艇短一曰深謂之⿰舟步文一⿰舟契詰計切博雅舟也文一舦他蓋切舟行文一艜當蓋切方言艇長而薄者謂之艜文一⿰舟非步拜切船後木文一⿰舟尊徂悶切舟漏謂之⿰舟尊文一⿰舟青倉甸切輕舟謂之⿰舟青文一⿰舟龍弋笑切大舟文一⿰舟少楚教切舟不寧謂之⿰舟少文一⿰舟告七到切說文就也譚長說造上士也从舟又在早切作也文一重音一⿱架舟⿰舟架居訝切具舟也或从架文二舫甫妄切說文船師也引明堂月令舫人習水者又補曠切並兩舡又分房切併船也文一重音二艕補曠切並兩舩又北孟切船也文一重音一舳

余救切舟首也又直祐切又仲六切說文艫也
漢律名船方長爲舳艫一曰舟尾文一重音一⿰舟富
方副切舟⿰舟岑⿰舟今巨禁切蜀人謂
名文一舟或从今文二⿰舟兼吉念切舟⿰舟鹿
盧谷切⿰舟向⿰舟鹿
舟也文一⿰舟畐方六切⿰舟畐䑿
大舟文一服⿰月𠬝⿰舟复房六切
說文用
也一曰車右騑所以舟旋从𠬝一曰事也古作⿰月𠬝或
作⿰舟复服又扶缶切牝服車箱也又弼角切啼呼也又
弼力切又鼻墨切伏
地也文三重音四艒⿰舟目莫六切博雅艒䑿舟也
或省艒又謨沃切南楚
謂小船曰艒䑿又莫卜切又蜜
北切又莫報切文二重音四䑿息六切博雅艒
䑿舟也文一
⿰舟日入質切舟
飾文一⿰舟乚逆乙切舟行皃又魚
乙切文一重音一⿰舟弗符勿
切大
舩文
一⿰舟敫⿰舟曷許謁切⿰舟敫艎大
舟或省文二⿰舟突陁浸切釣舟
謂之⿰舟突文一⿰舟刂

⿰舟瓦五忽切說文船行不安也或从兀文二⿰舟舌戶括切舟行文一⿰舟發北末切海中大船又房越切文一重音一⿰舟敝敷列切船行也文一舶⿰舟帛薄陌切蠻夷汎海舟曰舶或从帛文二舴陟格切舴艋小舟又實窄切文一重音一⿰舟歷狼狄切船也文一艗⿰舟兒倪歷切艗首舟也文二⿰舟⿱習⿱龍舟席入切覆舡具或作⿱龍舟文二⿰舟⿱里土蜜北切小舟文一⿱⿰舟舟舟逆及切舟行文一⿰舟合⿰舟及鄂合切舟動皃或从及文二⿰舟翕⿰舟⿱日羽託盍切大船曰⿰舟翕或作⿰舟⿱日羽文二艓弋涉切舟名又達協切文一重音一⿰舟戠即涉切舟櫂也文一⿰舟疌疾葉切舟行也又悉協切文一重音一舺轄甲切艞艒舟名又古狎切文一重音一

文一百五十九　重音六十三

方併船也象兩舟省總頭形凡方之類皆从方分房切又符方切方與縣名又蒲光切彷徉俳佪也仿或作方又文紡切蛧或作方又甫兩切效也文一重音四

斻寒剛切說文方舟也天子造舟諸侯維舟大夫方舟士特舟文一⿰方尃匹灼切姓也文一

文三　重音四

儿仁人也古文奇字人也象形孔子曰在人下故詰屈凡儿之類皆从儿如鄰切又居拜切文一重音一

充昌嵩切說文長也高也或曰實也備也文一　兒兒如支切說文孺子也一說男曰

兒女曰嬰亦姓古作兇兒又研奚切齊地郳或作兒文二重音一　党底朗切党項虜名文一

允庾準切信也又余專切允吾縣名在金城郡文一重音一　兌徒外切說文說也古作兊文二

兊吐外切成蹊也詩行道兌矣又余芮切芒也銳或作兌又徒活切龍兌地名在趙又欲雪切喜也文一重音三　兀五忽切說文高而上平也从一在人上文一　亮力讓切信也亦姓又呂張切文一重音一

文十一　重音七

兄長也从儿从口凡兄之類皆从兄呼榮切又訏放切古況作兄文一重音一

兢兢居陵切競也从二兄二兄競意从丰聲一曰敬也或作兢兢兢又巨興切兢兢兢堅彊皃文二

重音一

文三　重音二

兂首笄也从人匕象簪形凡兂之類皆从兂

兂或作簪緇岑切俗兂从替簪簪又祖含切博雅篸謂之簪簪又子感切速也易朋盍簪王肅讀文二

重音二

兓子林切朁朁銳意也又則旰切二人屈已以贊也文一重音一

文三　重音三

皃頌儀也从人白象人面形凡皃之類皆从皃或作貇貌 眉教切或从頁豹省籒作 貌皃又墨角切文三重音一

覍弁 皮變切說文冕也周曰覍商曰吁夏曰收 从皃象形籒从廾上皆象形或作弁文三

卞 皮變切縣名在魯又蒲官切樂也臣光按說文無卞字 又按弁不从厶變隷作弁故卞止从弁省文一重音一

文七 重音二

兜廱蔽也从人左右皆蔽形凡兜之類皆从兜或作兠 果五切 文二

兜 當侯切說文兜 鍪首鎧也文一

文三

先前進也从儿从之凡先之類皆从先蕭前切又先見切相導前後曰先文一重音一

兟所臻切說文進也文一

文二　重音一

禿無髮也从人上禾粟之形取其聲凡禿之類皆从禿王育說倉頡出見禿人禾中因以制字未知其審籀作毛几他谷切文二

穨 徒回切說文秃皃一曰暴風文一

文三

見視也从儿从目凡見之類皆从見 古甸切又居莧切又刑甸切顯也一曰朝也文一重音二

覓 謨蓬切說文突前也徐鉉曰冃重覆也犯冃而見是突前也又莫報切䙌也又謨沃切又蜜北切文一重音二

⿱𠔉見⿰卷見 抽江切說文視不明也一曰直視或从卷亦書作⿰卷見又並丑降切⿱𠔉見又丈降切文二

⿰童見 傳江切視不明也又丈降切⿰卷見⿰童見直視文一重音一

⿰乇見 專垂切規⿰乇見面柔不能仰又商支切又陳知切又勻規切文一重音三

⿰台見⿰也見 商支切司人也一曰規⿰乇見

面柔覞或作覞覞文二　覹　昘悲切博雅覗也又無非切文一重音一　覼　鄰知切察視皃又所綺切又力智切又力至切求視也又郎計切求也一曰索視皃文一重音四　覣　于危切說文好視也一曰怒也又烏禾切視皃文一重音一　覫　千咨切盜視也又七賜切覫覰闚觀也文一重音一　覩　渠伊切博雅視也又市之切文一重音一　䙿　渠龜切說文注目視也又區韋切又丘追切又苦軌切又基位切又丘畏切溪視文一重音五　覗　新茲切博雅視也一曰竊見又相吏切奄闚也一曰候也文一重音一　覰　䁦　千余切相伺視也或作䁦覰又逡遇切拘覰未致窓也又並七慮切文二重音二　覦　容朱切說文欲也又俞戍切又從遇切覬也文一重音二　𧢪　五圭切視也文一　𧠼　䚏　緜批切說文病人視也或作䚏覭又民堅切文二重音二

覔莫佳切小視也文一 䚂郎才切視也又洛代切內視也文一重音一 親推人切說文至也一曰近也文一 覕紕民切觀𧢄暫見又畀民切又匹忍切又必仞切又匹刃切文一重音四 覠俱倫切視也文一 𧢄𧡫符袁切說文觀𧢄暫見也或省𧡫又孚袁切又飛阮切又孚萬切文二重音三 𧢍胡昆切視也又吾昆切又王問切文一重音二 觀𥴰沽丸切視也古作𥴰𥴰觀𥴰又古玩切說文諦視也文三重音一 𧡺丘閑切說文很視也齊景公之勇臣有成𧡺者或作覵文一 覵居閑切視也又起限切又邦免切又居莧切又伊甸切文一重音四 𧡿稽延切視皃又規掾切文一重音一 䚈紕延切斜視文一 𧡾達貞切大視也又火遠切又下罕切又戶管切文一重音三 覜他彫切見也又土了切遠視又

侘弔切說文諸侯三年大相聘覜覜視也文一重音二 ⿰皋見 居勞切見也文一 覒 謨袍切說文擇也文一 覶 盧戈切說文好視也一曰覶縷委曲也俗从爾非是又力轉切視皃又盧玩切委曲也文一重音二 ⿰巟見 呼光切視也文一 覮 維傾切覮然能視也文一 覭 忙經切說文小見也引爾雅覭髮弗離又莫獲切又莫狄切微見也文一重音二 ⿰自見 夷周切深視文一 ⿰卣見 夷周切說文下視深也文一 ⿰孚見 披尤切視也文二 ⿰巠見 當侯切說文目蔽垢也文一 ⿰婁見 郎矦切瞜⿰婁見偏音一曰細視或作⿰婁見又朧主切視也文一重音一 ⿰甚見 充針切內視也又徒南切又都含切又徒感切徐視謂之⿰甚見文一重音三 ⿰月見 癡林切說文私出頭視也又丑禁切臣光曰說文从見形聲讀若郴今變隷作⿰月見文一 覘 都含切緩頰也一日舉首

又癡廉切闚也又丑琰切視也又敕豔切引春秋傳公使覘之文一重音三 **覝** 離鹽切說文察

視也文一 **覩** 董五切見也文一 **⿰厓見** 五買切博雅視也又語駭切文一重音一 **⿰彡見**

止忍切視也文一 **覑** 匹典切視皃文一 **莧** 戶版切莧爾笑皃文一 **⿰宣見** 須兗

切見也文一 **⿰窔見** 伊鳥切深視皃文一 **⿰召見** 市沼切見也召也又時照切文一重音一 **⿰票見**

俾小切說文目有察省見也又匹沼切文一重音一 **⿰朔見** 普朗切視物皃文一 **⿰英見** 於境切視

皃文一 **靚** 疾郢切召也一曰女容徐又疾正切文一重音一 **覾** 式荏切深視也一曰

下視一曰竊見文一 **覽** 魯敢切說文觀也文一 **覢** 失冉切說文暫見也引公羊傳覢然

公子陽生文一 **⿰東見** 多貢切視皃文一 **視** 時利切說文瞻也又善旨切文一重音一 **⿰癸見**

其季切視也文一覬虛器切幸也又几利切文一重音一覟職吏切審視也文一覷

逡遇切說文拘覷未致密也文一䚂大計切視皃一曰顯也文一⿱殹見壹計切視皃文

一⿰兒見研計切說文旁視也文一⿰叕見旋芮切破碎也文一⿰厲見力制切視也文一

覕⿰必賓必仍切不見謂之覕或作⿰必賓又必至切暫見也覕又壁吉切又測乙切又莫結切又匹蔑

切文二重音五覲渠吝切說文諸侯秋朝曰覲勞王事文一⿰負見王問切說文外傳眾多視

也文一⿰龠見弋笑切說文視誤也又弋灼切眩也文一重音一覴丑證切直視皃又都

騰切久視也文一重音一⿰卢見居又切眾視也文一覯下講切又居候切說文遇見也又古

項切明也和也史記顜若畫一或从見又訖岳切文一重音三⿱斬見莊陷切⿱斬見傲高危又子鑒切又

側銜切避也文一重音二

⿰录見 盧谷切又龍玉切說文笑視也文一重音一

規 七六切規覘面柔又倉六切文一重音一

覺 ⿺見交 ⿺見爻 訖岳切說文寤也古作⿺見交⿺見爻覺又居效切文三重音一

⿱敝見 匹蔑切過目也一日目翳一日財見也文一

⿰矍見 乞約切視皃文一

⿰⿱罒亏見 逆各切久視皃文一

⿰赤見 郝格切見也文一

覤 乞逆切覤覤驚懼皃又色責切又迄力切文一重音二

⿰厄見 ⿰尼見 乙革切善驚也一日視見或作⿰尼見文二

靚 七迹切觀也又亭歷切文一重音一

⿰智見 覿 ⿰知見 前歷切說文目赤也一曰遙視皃或作覿亦省⿰智見覿又他歷切覿又亭歷切又徒谷切文三重音三

⿰到見 亭歷切見也又職日切視也文一重音一

⿱見寸 ⿱罒寸 的則切行有所得也古省或作⿱罒寸文二

文一百七　重音九十一

覞竝視也从二見凡覞之類皆从覞或作⿺見䍃弋笑切覞又昌召切又施隻切又昌石切文二重音三

覵若閑切說文很視也齊景公之勇臣有成覵者文一　䨩虛器切見雨止息也文一

文四　重音三

欠張口气悟也象气从人上出之形凡欠之類皆从欠古作⿱𠂊欠或作⿰亻欠去劔切文三

欺山宜切唱聲文一　龡姝爲切噓也周禮吹作龡又尺僞切說文籥音律管壎之樂也

文一重音一

⿰此欠⿰止欠 將支切倉頡篇嘍⿰此欠也一曰歐也或省⿰此欠又才支切又疾智切嗟也文二重音二

⿰呰欠 將支切⿰口取⿰呰欠無廉也文一

歔⿰戲欠 虛宜切相笑也或作⿰戲欠文二

欹 丘奇切鼔嘔也敧或作歆又於宜切歎美辭文一重音一

㕧欯欭 聲夷切說文唸吚呻也吚或作㕧欯欭欯又虛其切呻吟也又馨兮切痛聲文三重音二

⿰比欠 篇夷切氣出聲文一

歖 充之切笑也文一

⿰匜欠 盈之切廣匜也一曰長也美也或从欠文一

欺 丘其切說文詐欺也文一

欸 於其切方言欸譬然也又於開切說文訾也一曰然也又許介切乙界切怒聲文一重音三

欷 香衣切說文歔也一曰歔欷懼皃又虛器切悲也又許器切泣餘聲文一重音二

歔 休居切說文欷也文一

歟欤 羊諸切說文安氣也或作欤歟又演女切歎也又羊

茹切歎也文二重音二 ⿰夸欠 匈于切廣倉歈⿰夸欠樂也又荒胡切喜也文一重音一 欨 匈于切說文吹也一日笑意一日欠也又火羽切又吁句切氣以溫之也文一重音二 歈 容朱切說文歌也徐鉉曰渝水之人善歌舞漢高祖采其聲後人因加此字文一 炊⿰臾欠 容朱切炊炊呼犬子或作⿰臾欠文二 歑 荒胡切說文溫吹也文一 歍 汪胡切說文心有所惡若吐也一日口呴也文一 ⿰奚欠 聲奚切歎思文一 歅 煙奚切闕人名莊子有九方歅善相馬李軌讀又伊眞切又因蓮切文一重音二 ⿰叉欠 希佳切欸⿰叉欠氣逆文一 ⿰圭欠 於佳切邪皃一日聲也文一 歄 公蛙切姽也弱也文一 ⿰蚩欠⿰巳欠 呼來切⿰蚩欠⿰蚩欠戲笑聲或从⿰巳欠文二 ⿰台欠 呼來切飲也文一 ⿰申欠 外人切吟也文一 ⿰分欠 悲巾切气分文一 ⿰旬欠⿰旬气 須倫

切歆欽喜皃一曰氣逆也或从气文二

欭 伊真切欭歖嚘也又乙巽切說文嚘也文一重音一

欣 俽 許斤切說文喜也或作俽文二

歅 呼昆切歅歅不可知也文一

歕 鋪䰟切說文吹氣也又普悶切文一重音一

歎 他干切太息也又他案切說文吟也文一重音一

歡 呼官切喜樂也文二

𣤬 盧丸切說文欠皃一曰心惑不悟皃又古倦切欠也文一重音一

歂 淳沿切說文口氣引也亦姓又尺兗切疾息也又竪兗切文一重音二

欩 丑招切欩歊氣上烝一曰健皃文一

𣤁 𣣔 餘招切說文𣤁𣤁氣出皃或作𣣔文二

歊 𣤃 虛嬌切說文歊歊氣出皃或从喬歊又呼酷切又黑各切嗃也文二重音二

歌 謌 居何切說文詠也或从言文二

㰤 虎何切博雅呵呵啞啞笑也一曰氣出或从欠又許可切大笑又許箇切

又企夜切張口息也關中謂權𣁽爲欹一曰歋余
⿰至欠歌不意又丘駕切博雅息也文一重音四遮
切擨歈舉手相⿰阝欠何加切⿰傲欠⿰阝欠咽病又亥虛
弄或省文二駕切飲也文一重音一⿰㬎欠加
切博雅息⿰容欠丘加切出⿰至欠於加切氣逆又倚下
也文一氣也文一切歖⿰至欠⿰鼓蒙鳴也又衣
駕切文一歄姑華切弱⿰似欠吾瓜切歄⿰似欠弱飲
重音二皃文一⿰瓜欠皃或从瓜文二
盧當切飲⿰亢欠⿰亢欠虛郎切飲⿰亢欠⿰康欠丘岡切説文飢
貪皃文一貪皃文一虛也通也文一
⿰丘欠丘耕切⿰夾欠⿰夾欠閭承切欺⿰憂欠於求切歐⿰憂欠嚘
也文一也文一也一曰气逆老
子終日號而歐烏侯切姓也一曰歐刀又歈夷
不歔文一於口切吐也文一重音一周
切擨歈舉手相弄又徒⿰傲欠胡溝切歔⿰阝欠⿰幽欠於虯
矦切歌也文一重音一氣出皃文一切鹿

一二二一

嗚聲又於糺切愁也又乙六切愁皃文一重音二

歆　虛金切說文神食氣也文一

欽　祛音切說文欠皃一曰敬也古作欽欽欽又魚音切文二重音一

欱炊歛　他含切說文欲得也或作炊歛欱又枯含切貪淋也又苦感切欱然不自滿足意一曰欲得也又戶感切文三重音三

欱欲㰹　呼含切含笑也或省亦从咸欱㰹又火占切貪欲也又並虛咸切欱又奴兼切博雅歛欱欲也又丘嚴切一曰多智也又丘凡切又丘檢切又口广切又火斬切㰹又許鑒切叫也又虎感切气盛也文三重音十

歛　呼含切欲也一曰戲乞曰歛又呼甘切又丘嚴切又丘凡切又力冉切說文收也又力驗切聚也又呼濫切欲也予也文一重音六

坎　呼甘切愚也文一

歁　胡甘切方言澉或也或作歁文一

𣤯　鋤咸切笑也文一

㱇　古委切疲極也文一

𣢕

歠測紀切𧯤也或作歠又並楚快切一舉盡臠也歠又姝恱切飮也文二重音二 欸倚亥切譍也文一 弞矢忍切說文笑不壞顏曰弞又以忍切文一重音一 㰻是忍切說文指而笑也又時刃切文一重音一 款款苦緩切說文意有所欲也或从柰款又許斤切闕人名曹有公子款時文二重音一 軟乳兖切柔也文一 𣤶歀以紹切出气也或作歀文二 㰤巨夭切博雅吐也又被表切歐吐也又巨九切蹴鼻也又於九切又於糺切又於口切又於候切文一重音六 𣤌於郢切怒氣文一 𣣋𣢲以九切說文言意也或省文二 𣢕四九切唾聲一曰唾而不受文一 㰫於口切吐也文一 𣢆於糾切愁也文一 𣤹渠飮切闕人名漢有劉𣤹又巨禁切文一重音一 歁苦感切說文食不滿也又丘檢切意不掩

也又枯含切又丘咸切又渴含切歁歁癡皃文一重音四
歃 戸感切欲得也文一
歜⿱艹歜 徂感切昌蒲葅也或从艸歜又樞玉切說文盛气怒也文二重音一
歉 苦簟切食不飽也一曰不足皃又口減切又詰念切說文歉食不滿又口陷切博雅貧也一曰食不滿文一重音三
次⿱亠冂𠑹 七四切說文不前不精也古作⿱亠冂𠑹次又資四切楡次地名又千資切行不進也又津私切榗次縣名在武威郡又才資切具次山名文三重音四
欬 去異切謦欬言笑也一曰俗謂嗽爲欬又乙界切說文飽食息也又口漑切并氣也文一重音二
钦 几智切說文钦⿱大亍也文一
钦 丘既切气也又居氣切不便言也一曰幸也文一重音一
⿰去欠 丘據切張口皃文一
⿰世欠 呼惠切⿰世欠欲笑也又呼世切气聲又許罽切文一重音二
[illegible] 苦怪切太息也文一
欯 口戒切聲

也文一 歖欣 許介切急氣皃或作欣文二 歡 渠吝切欠也文一 歐 於建切大呼用力皃又伊甸切又於扇切又於殄切文一重音三 歎 他案切吟也文一 ⿰⿸尸共欠 ⿰念欠 丁練切叩也或作⿰念欠⿰念欠又都念切呻吟也文二重音一 歗 先弔切說文吟也引詩其歗也謌文一 歊 馨叫切悲意文一 ⿰焦欠 子肖切飲酒盡也文一 ⿰夏欠 所嫁切聲變也文一 ⿰令欠 馨正切笑也文一 ⿰壴欠 許候切數⿰壴欠凶麤也文一 ⿰咅欠 匹候切不語受也文一 欶 先奏切嗽或省又蘇谷切皃也又所六切吮也又色角切文一重音三 ⿰豆欠 他候切相與語唾而不受也文一 ⿰婁欠 郎豆切數⿰豆欠小兒兇悪文一 ⿰尗欠 子六切說文愁然也引孟子曾西⿰尗欠然一曰悲皃又就六切文一重音一 ⿰鼀欠 子六切說文歍⿰鼀欠也又就六切又仕

六切又作苔切歔欻聲也文一重音三

歒 余六切驚辝文一

㰲 乙六切說文吹气也又忽麥切又忽域切文一重音二

𣢷 乙六切愁皃文一

㰲 歜 朱欲切吹氣也或作歜文二

欲 俞玉切說文貪欲也又俞戍切文一重音一

𣢑 簿必切吹也文一

欪 勑栗切笑也又閱吉切說也一日無憝又喫吉切又勑律切一日無腸意又許勿切又呼八切詞也文一重音五

歊 黑角切歊暴木器乾而撓減也文一

欯 閱吉切博雅喜也又火一切文一重音一

㰰 雪律切聲也文一

欶 促律切口飲謂之欶文一

欥 弋質切詮詞一日喜也又允律切引詩欥求厥寧文一重音一

𣢟 居乙切言蹇難也文一

欻 許勿切說文有所吹起文一

𣤇 於月切气啎也文一

歇 許竭切說文息也一日气越泄又許葛切短喙

戴

犬又乙轄切闕人名史記有趙王歇徐廣讀又虛又切息也文一重音三[⿰骨欠]烏没切咽中息不利也又古滑切又烏八切文一重音一[⿰杳欠]顯結切[⿰杳欠][⿰杳欠]气皃文一[⿰蔞欠]胡陌切吐聲又屋號切文一重音一歕士革切[⿰厄欠]歕語文一[⿰厄欠]乙革切[⿰厄欠]歕笑語文一[⿰䓱欠]乙革切聲也文一歝夷益切說文解也引詩服之無歝歝猒也一曰終也古从欠文一歒他歷切歒[⿰赤欠]小人喜笑也文一[⿰翟欠]他歷切痛也又亭歷切又竹力切文一重音二[⿰赤欠]馨狄切笑聲又迄力切文一重音一[⿰鼓欠]馨激切說文且唾聲一曰小皃又他計切又顯計切又天黎切一曰小笑文一重音三[⿰嗇欠]殺測切恐懼也春秋傳[⿰嗇欠]款而駭又迄力切說文悲意文一重音一[⿱叟欠][⿰皀欠]疾力切錯喉或作[⿰皀欠]文二[⿰黑欠]蜜北切靜也又乞得切欬也文一重音一歙迄及

切說文縮鼻也丹陽有歙縣又失涉切歛氣也又虛涉切懼皃文一重音二**欱**呼合切說文歠也又迄洽切嘗也文一重音一**㰰**呼合切㰰欱呷也又詰叶切羡欲也又呼帖切喘息又迄洽切息也文一重音三**㰸**呼合切瘷瘷也又黑盍切大𠻜也文一重音一**歍**鄂合切歁歍癡皃文一**𣤊**達合切彭𣤊聲也文一**𣤡**落合切𣤡歁不滿皃文一**歐**色輒切貪也又詰叶切吹气也文一重音一**歃**色輒切盟歃血也又迄洽切博雅嘗也又色洽切歠也文一重音二**𣤇**尸涉切𣤇𣤇氣動皃文一**𣤌**逆怯切口動皃文一**歛㪘**迄業切說文翕氣也或省文二**㰱**色洽切歠皃文一**𣢘**迄甲切𣢘𣢘鼻息文一

文一百八十九　重音一百三十一

歙歠也从欠酓聲凡歙之類皆从歙或作飮古作𣲖𩚍𠓷酓於錦切歙又於禁切歠也一曰度聲曰飲文六

重音一

歠姝說切說文歙也从歙省叕聲文一

文七　重音一

次慕欲口液也从欠从水凡次之類皆从次或作㑦涏㵪羨徐連切亦書作㳄涎又延面切涏涎水流皃羨又延面切水益

皃文五

重音二

㱦余支切說文歔也或書作欹文一　盜大到切私利物也文一　羨延知切沙羨縣名在江夏又虛延切登也又延善切溢也又才線切車道又龍眷切延也餘也又似面切說文貪也文一重音五

文八　重音七

旡歙食气逆不得息曰旡从反欠凡旡之類皆从旡古作旡居未切今變隸作旡文二

旤乎果切說文逆惡驚辭也文一　𣄴力讓切薄也又呂張切事有不善言𣄴也文一重音一

文四　重音一

類篇卷第八下

類篇卷第九上　卷之二十五

朝散大夫右諫議大夫權御史中丞充理檢使上護軍河內郡開國侯食邑二千二百戶賜紫金魚袋臣司馬光等奉

敕修纂

十四部

文二千二百四十八

重音一千四百六十四

頁頭也从百从儿古文䭫首如此凡頁之類皆从頁百者䭫首字也　胡結切　文一

顢呼公切顢顢頭悶皃文一𩕄烏公切頸毛也又鄔孔切屈強皃文一重音一頌額餘封切說文皃也籀作額頌又似用切一曰告成功之詩文二重音一顒魚容切說文顒大頭也引詩其大有顒一曰顒顒溫皃文一𩕐莫江切頭皃文一𩕙相支切靚𩕙頭不正一曰好皃文一𩓨津垂切小頭皃文一頗蒲糜切闕人名春秋傳楚有薳頗又滂禾切說文頭偏也又普靡切又普火切不正也又普過切偏也一曰疑辭文一重音四𩔈窺切小頭𩔈𩔈也又津垂切又居悸切文一重音二𩖬𩕲於宜切美容也一曰睇皃或作𩕲文二頺邕危切女隨人也又徒回切下墜也文一重音一顀傳追切說文出領也文一𩑺於夷切又庚準切說文面目不正皃又羽敏切又余準切文一重音三頄居逵切權

骨也又渠龜切一曰厚也又琴威切又區倫切又渠尤切文一重音四

頯 渠龜切說文權也一曰厚也又渠尤切又苦委切爾雅貝蚆傅而頯又苦執切大朴皃又矩鮪切鸁屬中央廣而兩耑銳者又苦會切文一重音五

䫠 攀悲切大面謂之䫠又蘗皆切又蒲枚切曲頤也文一重音二

頤 盈之切說文顄也又曳來切文一重音一

䫏 丘其切說文醜也今逐疫有䫏頭䫏頭方相也文一

䰠 丘其切大頭也又苦猥切說文頭不正也又五賄切廣雅大皃文一重音二

顡 香衣切顡頊頭動皃文一

頎 渠希切說文頭佳皃一曰長皃又口很切至也一曰惻隱又居欣切文一重音二

䪴 子余切頷也文一

頊 匈于切顡頊頭動皃文一

顬 汝朱切耳穴動謂之顬文一

顱 龍都切說文頓顱首骨文一

頶 洪孤切胡或作頶又空胡切頷車文

一重音一頶訑胡切大頭也文一䪼都黎切頭垂下皃文一顊天黎切顛顊頭

不正文一題田黎切說文頟也一曰署也文一䫣弦雞切頭不正文一䫋緜批

切䫋頭頭垂皃文一䪾初佳切顡䪾頤旁又初加切文一重音一碩蒲皆切曲頤又蘖皆

切大面皃又蒲枚切文一重音二𩓵幢乖切頟朕皃文一顪度皆切頭垂皃文一顝

枯回切倉頡篇相抵觸也一曰醜也一曰大頭又枯昆切又苦猥切又苦瓦切又苦骨切文一重音四

頧都回切毋頧夏冠名又都猥切頭不正文一重音一頹徒回切下墜也又吐卧切委廢

皃周禮頹爾如委李軌讀文一重音一䫌蒲枚切說文曲頤也文一頦柯開切博雅醜

也又何開切又己亥切又下改切頟也文一重音三顂郎才切顂頭長皃文一顋桑才

切顉也文一䫋甲民切頭憒也又眂賔切方言眂䫋濊也文一重音一頣頤䪾眉貧切彊頭也或从昏古作䫂顅又呼昆切瞀也又謨奔切說文繫頭殙也謂頭被繫無知也文三重音二䫃船倫切口耑也文一頵紆倫切說文頭頵大也又俱倫切又巨隕切文一重音二頒𩕄符分切眾皃亦作𩕄頒又逋還切說文大首皃一曰鬢也引詩有頒其首一曰賜也𩕄又馨幺切廣頟謂之𩕄又丘祆切又馨叫切文二重音四𩖆符分切又孚袁切說文大醜皃又符袁切又𩙪阮切文一重音三顡于元切面不正曰顡又五袁切又雨阮切又虞怨切文一重音三煩符袁切說文熱頭痛也一曰勞也文一𩕏符袁切大醜皃文一𩔲符袁切白喙又逋禾切老皃又蒲波切文一重音二顐胡昆切頣顐禿無髮也又吾昆切又五困

切文一重音二頣枯昆切說文無髮也一曰耳門又苦本切又苦悶切文一重音二顐謨奔切繫頭殟也謂頭被繫無知也亦省文一頇河干切顢頇大面皃又虛于切又丘寒切頭無髮皃又魚旰切一曰冠歉後謂之頇文一重音三顢謨官切顢頇大面文一顔𩕄⿰彦色牛姦切說文眉目之間也籒作𩕄或作⿰彦色顔又宜佳切厓或作顔文三重音一顅丘閑切說文頭鬢少髮也一曰長脰皃又經天切又輕煙切又戶弔切長項皃文一重音三頑五鰥切說文梱頭也春秋傳心不則德義之經爲頑文一⿰臱頁民堅切博雅健⿰臱頁孌也一曰美也文一顛多年切說文頂也又傳年切憂思皃禮色容顛顛又典因切又他甸切以玉充耳也文一重音三⿰玄頁胡消切顋後又熒絹切文一重音一顫尸連切鼻徹爲顫謂審於氣臭也又

言善切首動皃又之膳切說文頭不正也文一重音二 ⿰旃頁⿰栞頁 諸延切方言頜江湘之間謂之⿰旃頁或从栞文二 ⿰羽頁 紕延切說文頭妍也从頁翩省又隱緣切又王矩切文一重音二 顎 荀緣切圓面也又先命切文一重音一 顓 朱遄切說文頭顓顓謹皃亦姓文一 ⿰卷頁 逵貟切曲角也文一 顴 逵貟切輔骨曰顴文一 顟 憐蕭切高鼻深目皃又力交切大首深目文一重音一 ⿰羔頁 牽幺切說文大頭也文一 ⿰幼頁 伊堯切頭小皃文一 顤 倪幺切高長頭皃又丘交切窅膠面不平或作顤又虛交切⿰幽頁顤胡人面又倪弔切又人要切又丘召切舉首也文一重音五 顦 慈焦切說文顦顇也文一 顠 紕招切髮亂皃又匹妙切髮白皃又匹沼切又婢小切文一重音三 頝 丘交切頝顟不媚也又口教切文一重音一 ⿰幽頁 於交切大首深

目皃文一

⿰皋頁平刀切⿰壽頁⿰皋頁大面皃又居勞切又古老切文一重音二

顤牛刀切又魚到切說文顤顤高也文一重音一

⿰壽頁都勞切⿰壽頁⿰皋頁大面又徒刀切文一重音一

頫他刀切盥也又匪父切說文低頭也又武遠切又他弔切俯首而聽謂之頫文一重音三

⿰可頁虎何切傾頭也又許我切又待可切文一重音二

⿰我頁牛何切博雅衺也一曰齊皃又語可切行也文一重音一

⿰叵頁滂禾切頭偏也文一

⿰麻頁⿰奠頁謨加切⿰麻頁⿰叚頁難語或作⿰奠頁文二

⿰車頁昌遮切牙車文一

⿰叚頁何加切⿰麻頁⿰叚頁言不正也一曰⿰麻頁⿰叚頁難制文一

⿰咼頁姑華切短頭也文一

⿰彖頁千羊切又蘇郎切又寫朗切說文也文一重音二

⿰匡頁曲王切目厓文一

頏居郎切人頸也一曰咽也亢或从頁又寒剛切咽也又下朗切又口朗切又舉朗切又下浪切又口浪切文一重音六

⿰成頁渠京切博雅⿰金頁⿰成頁項也又時征切項也文一重音一頸渠成切項也又吉城切又經郢切說文頭莖也又九領切文一重音三頩滂丁切博雅艴頩色也又普迴切美皃一曰斂容又普幸切文一重音二顊忙經切眉目閒也引詩猗嗟顊兮文一頲湯丁切狹頭皃又他頂切文一重音一⿰霝頁郎丁切說文面瘦淺⿰霝頁⿰霝頁也文一顭彌登切爾雅儚儚惽也或作顭又呼弘切⿰求頁渠尤切說文冠飾皃引詩弁服俅俅或从頁文一⿰月頁而由切說文面和也又忍九切文一重音一⿰侯頁胡溝切⿰侯頁⿰區頁楊言也一曰健皃文一⿰區頁烏侯切⿰區頁頭面折文一頭當侯切⿰區頁頭面折文一頭徒侯切說文首也文一⿰婁頁郎侯切說文髑髏也或从頁文一⿰岑頁鉏簪切⿰木頁⿰岑頁俯首文一⿰木頁犂針切⿰木頁⿰岑頁俯首又

力鳹切文一重音一**顉頜**祛音切曲頤也或作頜頜又胡南切面黃也又戶感切顉又丘甚切又並五感切低頭也文二重音四**顲**盧含切顲䫲俯首皃文一**頷**呼含切醜也又枯含切又丘凡切文一重音二**顄**胡南切說文頤也又戶感切文一重音一**頜**胡南切面黃也又戶感切顄也又五感切低頭也又曷合切頜車也又渴合切姓也遂之強族又葛合切頤旁一曰耳下骨亦姓又遏合切春秋傳有頜氏文一重音六**䫲**常含切顲䫲俯首皃文一**顃**徒甘切面長也又余廉切文一重音一**顩**牛廉切顑顩醜皃又丘咸切又魚咸切說文頭頰長也又口減切醜皃又五減切又口陷切又公陷切文一重音六**顑**丘咸切頭頰長也又虎感切說文飯不飽面黃起行也又苦感切首動也又苦紺切又呼紺切又五陷切顩顑面長文一重音五**⿰毚頁**初

切⿰毚頁⿰毚監頭白皃又仕懺切文一重音一

顩⿸厂顩頋 丘凡切顩頣醜皃或作⿸厂顩頋顩又丘甚切頣曲上又丘檢切顩⿸厂顩面不平也又魚檢切⿰齒兼皃又呼濫切煩顩癡皃⿸厂顩又丘廉切⿸厂顩⿰兼頁醜也又魚檢切又牛錦切文三重音七

⿰冋頁 吐孔切直項文一

⿰丰頁 補孔切耳本又補講切文一重音一

⿰蒙頁 母揔切⿰蒙頁⿰丰頁頭昏文一

⿰丰頁 虎孔切⿰蒙頁⿰丰頁頭昏文一

⿰章頁 虎孔切肥皃文一

頼 苦動切頭直也文一

顜 古項切明也和也直也又訖岳切文一重音一

項 戶講切說文頭後也文一

頍 犬繠切說文舉頭也引詩有頍者弁又五委切弁皃又居㥣切又窺絹切一曰弁小而銳文一重音三

頠 五委切說文頭閑習也一曰靜也又五賄切文一重音一

⿰畀頁 普弭切又普米切說文傾首也又匹寐切文一重音二

顗 語豈切說文謹莊皃又五亥切爾雅顗靜也文

一重音一顢奉甫切人頰車也文一顧果五切視也書我不顧行遯徐邈讀又古慕切說文還視也文一重音一頸於五切首巾謂之頸文一顫戶賄切顫顫頭皃又胡對切無髮皃文一重音一額五賄切聉額愚也又魚既切頭不聰也又迮怪切擊頭聲一曰聉毅無志文一重音二⿰乞頁沽罪切頰高皃又戶袞切又苦本切又古本切又舉很切說文頰後也又其懇切又苦紇切又苦骨切禿也一曰頰起也文一重音七頤已亥切頰下曰頤文一⿰貝彡止忍切說文顏色⿰貝彡⿰貝粦慎事也一曰黰也又之刃切文一重音一頣矢忍切說文舉目視人皃文一⿰貝粦里忍切少髮皃又良刃切⿰貝彡⿰貝粦也文一重音一⿰員頁羽敏切說文面色顚顚皃又胡昆切面急也又羽粉切又戶袞切一曰面首俱圓謂之顚又鄔本切文一重音四⿰弗頁父遠切無髮也

文一

⿰艮頁 古本切頰高也又舉很切說文頰後也又多殄切又吉典切又古恨切文一重音四

⿰旦頁 儻旱切面平也文一

顯 呼典切說文頭明飾也一曰著也光也亦姓又馨甸切闕人名秦有子顯文一重音一

⿰頁頁 須兖切選具也又鶨免切又蘇困切又雛戀切文一重音三

⿰善頁 旨善切說文倨視人也文一

顥 下老切說文白皃引楚詞天白顥顥南山四顥白首人也文一

⿰午頁 五老切大頭也文一

⿰多頁 典可切醜皃文一

顆 苦果切說文小頭也又苦緩切艸名爾雅莬溪顆涷文一重音一

頋 五果切靜也文一

⿰㚇頁 數瓦切面醜文一

⿰爽頁 楚兩切醜也又所兩切文一重音一

⿰𣎳頁 舉影切警枕又庚頃切木名一曰錐柄一曰刀環又騂頻切足八也又眣迴切文一重音三

頨 疾郢切⿰具頁頨好皃又疾正切文一重音一

領 里郢切說

文項也文一⿰嬰頁於郢切說文頸瘤也文一⿰綦頁渠領切博雅怒也又渠飲切一曰⿰甚頁⿰綦頁儒劣文一重音一頂⿰丁⿱巛貝⿰鼎頁⿰定頁都挺切說文顚也或作⿰丁⿱巛貝亦从鼎从定⿰定頁又丁定切題也文四重音一⿰壬頁他鼎切狹頭頲也文一⿰寧頁⿰寗頁乃挺切項顚也或从寗文一⿰首頁始九切産而不齵謂之⿰首頁或曰人初産子文一⿰⿱彐又頁七稔切體陋也文一⿰朁頁七稔切儒劣也又子朕切⿰朁頁⿰朁頁頭長又章荏切頭俯皃一曰頭銳而長也又側禁切又側踸切文一重音四⿰甚頁昌枕切弱也又丑甚切又時鴆切⿰甚頁⿰甚頁頭皃文一重音二⿰森頁所錦切⿰甚頁⿰森頁儒弱皃文一顲力錦切作色謂之顲一曰⿰感頁顲不飽一曰瘠也又盧感切說文面顑顲皃文一重音一⿰虗頁丘甚切醜皃文一⿰感頁苦感切首動也或省又胡紺切顲⿰感頁頭面不平又呼紺切不飽而面黃皃文一重音二⿰㐱頁

桑感切顉⿰參頁首動皃又七感切顉⿰參頁搖頭文一重音一 頕 都感切顲頕醜也又丁紺切頕頕顉癡
皃又章荏切說文項枕也文一重音二 ⿱彡貝 失冉切狄姓文一 顩 頩 丘檢切顩顩面
不平也或作頩顩又口广切顩顲醜也顩又士瘁切又丘甚切文二重音三 顇 秦醉切說文顇
顇也又昨律切顱顇短皃一曰關中謂癯弱爲顦顇文一重音一 頯 其季切大口文一 頛
無切面俯前也文一 預 羊茹切說文安也文一 籲 俞戍切說文呼也引商書率籲
戚一曰和也文一 ⿰臾頁 四計切傾頭皃文一 ⿰契頁 胡計切說文伺人也一曰恐也又結計切
又乙轄切怒皃又詰結切⿰𣲖頁⿰契頁短皃文一重音三 頋 落蓋切說文贏也一曰恃也文一 ⿰盍頁
⿰蓋頁 丘蓋切頭骨皃或从蓋⿰蓋頁又谷盍切⿰盍頁車頷骨文二重音一 顡 呼怪切又五怪切說

韋文

文癡不聰明也文一重音一　顡　五怪切說文頭蔽顡也謂頭癡文一　顢　五怪切闕人名

漢有北平康侯顢文一　頪　盧對切說文難曉也一曰鮮白皃又魯外切文一重音一　頛

頛　盧對切說文頭不正也从頁从耒耒頭傾也或省頛又魯猥切文二重音一　䫉　莫佩

切說文昧前也又呼內切文一重音一　頮　呼內切大首也文一　顪　許濊切頤下毛一曰

頪謂之顪文一　頋　之刃切頭動也文一　順㥧　殊閏切說文理也古作㥧文二　顋

顖　思晉切頭會匘蓋也象形文二　願𩖤　虞怨切說文大頭也一曰每也雖也或从愿願

又五換切又五遠切面短皃文二重音二　𩕄　虞怨切說文顚頂也文一　頓　都困切說文下

首也又徒困切不利也文一重音一　𩔗　徒困切𩔗顫禿也文一　䫂　魚旰切額也文一

頖 普半切諸侯鄉射之官文一 ⿰幵頁 倪甸切⿰幵頁⿰幵頁狡也文一 ⿰弁頁 皮變切冠傾也文一 ⿰奈頁 力弔切⿰奈頁顤長頭文一 ⿰幼頁 於教切頸不隨也文一 ⿰高頁 口到切⿰高頁贅大頭又苦浩切文一重音一 ⿰尤頁⿰又頁 尤救切說文顫也亦从又文一 ⿰句頁 許候切勤也一說⿰句頁顬老稱又居候切⿰句頁勤也文一重音一 ⿰岑頁 時鴆切⿰木頁⿰岑頁俯首又士瘁切醜皃文一重音一 顉 丘禁切顉⿰口頁首動文一 ⿰口頁 宜禁切顉⿰口頁首動文一 ⿰禾頁 蘇紺切搖首皃文一 ⿰㐭頁 丁紺切⿰㐭頁顲頭皃文一 顲 郎紺切面色黃皃文一 ⿰占頁 都念切垂首也文一 ⿰蜀頁 徒谷切說文髑髏頂也文一 ⿰毛頁 徒谷切說文顱也又達各切⿰毛頁顱首骨又闥各切又陟格切又恥格切文一重音四 ⿰彔頁 盧谷切項也文一 顣 子六切顣頞⿰齒頁鼻也又倉歷切文一重音

一

頶 胡沃切高皐謂之頶文一

項 吁玉切說文頭項項謹皃一曰顓項帝高陽之號又虞欲切人腦頰文一重音一

顱 吁王切顱也文一

⿰凹頁 ⿰岳頁 逆角切說文面前岳岳也隸作⿰岳頁文二

⿰出頁 之出切說文頭頡⿰出頁也又古忽切面顴又朱劣切面骨文一重音二

⿰屈頁 魚屈切⿰屈頁頯面短文一

⿰乞頁 丘謁切禿也文一

⿰𠬛頁 莫勃切内頭水也又烏没切文一重音一

顝 苦骨切說文大頭也一曰醜也一曰相抵觸文一

⿰兀頁 五忽切髡刑或作頑文一

⿰曷頁 何葛切傾⿰曷頁揚言也一曰頼⿰曷頁健也一曰頼⿰曷頁鼻面平也又許葛切又丘葛切鬢禿或作⿰曷頁文一重音二

頞 阿葛切說文鼻莖也文一

頢 牙葛切又戶括切說文短面也又五活切又張滑切文一重音三

頱 盧活切頱頢面醜文一

頡 訖黠切頡漢侯名又奚

結切說文直項也文一重音一 頄 丑刮切頄頢小頭一曰面短皃文一 頢 乎刮切小頭皃文一 顁 丁結切顁頡小頭皃文一 頡 吉屑切頭小皃文一 䫁 蒲結切䫁類短皃文一 䪜 朱劣切頭短又株劣切文一重音一 䪏頩 匹各切面大醜皃或从并頩又逆各切恭嚴也文二重音一 顎顭𩕢 逆各切恭嚴也或作顭𩕢文三 頟額 鄂格切說文顡也或作額文二 𩕅 側革切頭不正文一 碩 常隻切說文頭大也文一 頔 亭歷切好也文一 𩕔 殺測切頰也文一 𩔿 王盍切𩔿髏首動皃或从頁文一 顳 日涉切顳顬耳前動也文一 頰𩒨 吉協切說文面旁也籀作𩒨文二

文三百八十二　重音二百三十八

百頭也象形凡百之類皆从百書九切文一

脜耳由切面和也文一

文二

面顏前也从百象人面形凡面之類皆从

面彌箭切文一

⿰面𠂤都同切⿰面占⿰面𠂤面陋文一　⿰面免謨官切塗面又毋伴切文一重音一　⿰寽面荀緣切圓

面也又從緣切又徒玩切又先命切文一重音三　⿰面焦茲消切說文面焦枯小也又慈焦切又子

肖切文一重音二　⿰面巴披巴切面廣文一　⿰面含呼含切面赭色文一　⿱⿰臣𠂉面盧甘切⿱⿰臣𠂉面

⿱斬面長面皃文一⿱斬面財甘切⿱斬面⿱斬面面長皃又作三切又鋤銜切面長醜皃又子鑒切文一重音三⿰面占丁兼切⿰面占⿰面舌面陋又知咸切⿰面占⿰面今小頭文一重音一⿰面今虛咸切⿰面占⿰面今小頭又乎監切文一重音一⿰面甫奉甫切說文人頰車也文一⿰面宛委遠切面柔也韓詩青揚⿰面宛兮又烏括切目開皃或書作⿱宛面文一重音一⿰面干古旱切說文面黑气也又居案切文一重音一奤普伴切面大文一⿰面乍阻版切⿰面乍⿰面柰老也一曰色慙文一⿰面柰⿰面⿱罒又乃版切⿰面乍⿰面柰色慙或作⿰面⿱罒又文二⿰面官鄔版切曲面謂之⿰面官又烏患切文一重音一靦⿰面旦⿰面亶他典切說文面見也引詩有靦面目或作⿰面旦⿰面亶文三⿰面然乃殄切靦⿰面然少色文一⿰面尞朗鳥切⿰面尞⿰面尞面白也文一⿰面幼於絞切⿰面幼⿰面巧面曲又於九切⿰面幼⿰面臭面醜文一重音一⿰面巧楚絞切⿰面幼⿰面巧面曲文一⿰面夋

數瓦切面醜文一⿰面羅朗可切懡㦬慙也或从面文一⿰面麽⿰面靡⿰面麻母果切懡㦬慙也懡或作⿰面麽⿰面靡⿰面麻文三⿰面臭去久切⿰面幼⿰面臭面醜文一⿰面音鄔感切⿰面音⿰面參感容也又乙減切文一重音一⿰面參七感切⿰面音⿰面參感容文一⿱斬面子冉切色弱文一⿰面丰匹降切面腫文一⿰面比是義切字林⿰面宜⿰面比面皃文一⿰面宜宜寄切字林⿰面宜⿰面比面皃文一靧呼內切洒面也文一⿰面頁⿰面毎呼內切面多肉謂之⿰面頁或从毎文二⿰面冥眠見切⿰面冥炫汗血文一靤皮教切面生气也文一⿰面巠馨正切⿰面冘⿰面巠頑劣皃文一⿰面冘丁紺切頑劣皃文一⿰面韱子豔切面包文一⿱面婺竹律切面短皃婺或作⿱面婺文一⿰面舌戶括切說文短面也文一⿰面蔑莫結切⿰面蔑小面小也文一靨⿱猒面益涉切頰輔也或省靨又於琰切面上黑子文二重音一

文五十一　重音十七

丏不見也象壅蔽之形凡丏之類皆从丏彌兗切　文一

文一

𦣻百同古文百也巛象髮謂之鬊鬊即巛也凡𦣻之類皆从𦣻或作首書九切首又舒救切嚮也禮寢

𦣻首文二重音一

𩠐盈之切說文顄也或作頤文一　𩠢大丸切截也又止元切斷首也又朱遄切又旨沇切

文一重音三

⿰彥𦣻 牛姦切說文眉目之間也籀作⿰彥𦣻亦姓文一 ⿰旨𦣻 康禮切首也文一

⿰火𦣻 方伐切根也又姓文一 馘𢦏 古獲切軍戰斷耳也亦作𢦏文二 ⿰𦣻或 骨或切割耳也文一

⿰夾𦣻 吉協切說文面旁也籀作⿰夾𦣻文一

文十一　重音四

県到首也賈侍中說此斷首到縣県字凡県之類皆从県 古堯切 文一

縣 胡消切繫也从系持県臣鉉等曰此本是縣挂之縣借爲州縣之縣今俗加心別作懸義無所取又熒絹切釋名縣縣也縣於郡也文一重音一

⿱⿱無縣⿱無縣 杜皓切翳也舞者所執或作⿱⿱無縣⿱無縣又

大到切又徒沃切羽幢又徒刀切文二重音三

文四　重音四

須面毛也从頁从彡凡須之類皆从須徐鉉曰此本須鬚之須頁首也彡毛飾也借爲所須之須俗書从水非是相俞切又逋還切班也禮笏大夫以魚須文竹文一重音一

頿即移切口上須也从須此聲徐鉉曰今俗別作髭非是文一　顊府移切須髮半白也文一

䫏頶攀悲切短須髮皃或省又並貧悲切䫏又芳無切美髮謂之䫏又普溝切又蒲侯切文一重音四

𥪸𩑦詢趨切說文待也或省文二　䫝芳無切美髮文一　𩕋𩕏

汝鹽切頰須也冉亦聲徐鉉曰今俗別作髯非是或省䫇又而銜切莊子黑色而䫇文二重音一

文十　重音六

彡毛飾畫文也象形凡彡之類皆从彡所銜切又思廉切韉飾謂之彡又纖琰切羌姓漢有西羌彡姐文一重音二

彤余中切商人祭名文一　肜余中切船中也文一　⿰工彡沽紅切說文巧飾也象人有規榘古从彡文一　彮餘封切重影也一曰彤彮文一　彲抽知切若龍而黃文一　彫都僚切琢文也文一　彰諸良切文彰也文一　形戶經切象形也文一　修修思留切說文飾也古省文二　⿰容彡尹竦切垂帶飾皃文一　縰所綺切毛垂皃文一　⿰糹甫彼五

切完衣也文一㐱之忍切稠髮也詩曰㐱髮如雲又之刃切文一重音一彩倉宰切文

章也文一影於境切物之陰影也葛洪始作影或書作㬌文一⿰青彡〓疾郢切清飾也

古作〓文二⿰粲彡蒼案切文彩盛皃文一⿰柬彡郎旰切博雅粲⿰柬彡文也文一彯

匹妙切畫飾也文一⿰冉彡七孕切毛張皃文一⿰彔彡⿰貞彡彼卷切更也變也古作⿰彔彡⿰貞彡文二㣎

莫卜切細文也又亡幽切文一重音一彧乙六切說文有章也文一⿰占彡所鑒切相接物

也一曰利也文一弱而勺切橈也上象橈曲彡象毛氂橈弱也弱物并故从二𢎘文一

文二十九　重音四

彣㦽也从彡从文凡彣之類皆从彣無分切文一

彦 魚變切美士有文人所言也从彣厂聲又蒲官切大也常也文一重音一

文二 重音一

文 錯畫也象交文凡文之類皆从文 無分切又眉貧切飾也又文運切文一重音二

斄 里之切微畫也从文𠩺聲文一 斕𢿰 郎干切斒斕色雜也或作𢿰又並離閑切斕又郎旰切文二重音二 𣀔 謨官切無文也又莫半切文一重音一 辬 布還切駁文也辡聲文一 斒紋 逋閑切斒斕色不純也或从幷文二 斐 敷尾切分別文也易曰君子豹變其文斐也又府尾切文章皃又逋眉切姓也又匪微切文一重音三 𣁋 毗祭切獸名似犬有文文

一

⿺文奐 呼玩切⿺文奐爛文采文一 ⿰炭文 他案切⿰炭文數無文采皃文一

文十二 重音八

髟長髮猋猋也从長从彡凡髟之類皆从

髟 必凋切又師銜切又必幽切髮垂皃又悲幽切又匹妙切文一重音四

⿱髟東 都籠切⿱髟東鬆髮白皃又多貢切文一重音一

⿱髟夆 ⿱髟逢 補蒙切字林⿱髟夆鬆髮亂皃或作⿱髟逢文二

髳 謨逢切爾雅覭髳弗離也郭璞曰艸木之叢茸翳會又謨袍切髮至眉也漢令有髳長又迷浮切文一重音二

⿱髟蒙 謨逢切馬垂鬐文一

鬆 鬆 蘇叢切髮亂或作鬆又並蘇宗切又並思恭切又並七恭切鬆又蘇弄切文二重音四

鬉 祖叢切鬉亂文一

⿱髟悤 祖叢切繫

髮鬗曰頭鬆又蘇宗切又祖動切馬鬛一曰鬆角文一重音二 ⿱髟最 徂聰切毛髮聚生文一 ⿱髟戎

思融切⿱髟戎氀毳布一曰髮細皃文一 鬃 祖宗切高髻也又鉏江切文一重音一 ⿱髟耳 ⿱髟茸

如容切說文亂髮也或作⿱髟茸⿱髟耳又仍吏切去髮飾文二重音一 ⿱髟從 七恭切⿱髟卭⿱髟從髮亂又祖動切馬

鬛一曰⿱髟從角文一重音一 鬞 尼容切髮長又濃江切埤倉鬞鬤髮亂又奴凍切又尼降切文一重

音三 ⿱髟容 餘封切髮長皃一曰飾也文一 ⿱髟巽 居容切⿱髟巽鬆髮亂文一 ⿱髟巩 渠容切⿱髟巩

⿱髟從髮亂文一 ⿱髟尨 莫江切毛蒼也文一 ⿱髟舂 株江切⿱髟舂鬞亂髮文一 髭 將支切口

上須也文一 ⿱髟有 重垂切髮隋也又翾規切又傳追切又吐火切嬰兒翦髮又都果切剃餘髮又

杜果切又徒卧切子生三月翦髮也文一重音六 ⿱髟垂 傳追切髮隋也⿱髟有或作⿱髟垂文一 鬐

渠伊切馬項鬣文一髬攀悲切髬髵猛獸奮鬣皃一曰被髮走又貧悲切又鋪枚切鬃髬多須皃

文一重音二䯱貧悲切被髮走文一髵人之切髬髵獸作鬣皃文一䰈陵之

切鬃䰈髮起皃文一鬛淩如切又龍都切說文鬣也文一重音一䯽芳無切美髮謂之䯽

又風無切又蒲侯切又匪父切又補抱切䯽也一曰髮未長又普后切髮短皃文一重音五𩬆

芳無切博雅鬃也又風無切露髮䯽又匪父切又方遇切說文結也文一重音三鬒詢趨切

毛也文一𩮀煙奚切黑髮文一𩯣蘇回切髮亂垂皃文一鬙當來切鬙髮毛

亂皃又都騰切文一重音一䯼湯來切䯼䰅婦人偽髻文一䯮囊來切鬙䯮毛亂皃

又奴登切文一重音一䰄桑才切鬃䰄多須皃又疏吏切鬢䰄多須皃文一重音一䰇

松倫切亂髮也又尺尹切又輸閏切說文髯髮也文一重音二

髡髠 枯昆切說文鬄髮也或从元髡又苦骨切又五忽切去髮刑文二重音二

䯎 吾昆切髮也文一

䰉 蒲官切說文卧結也又逋還切髮半白又補滿切卧髻又薄半切文一重音三

鬘 謨官切髮美皃又謨還切文一重音一

鬗 謨官切說文髮長也又無販切文一重音一

鬟 胡摜切屈髮爲髻文一

鬜 丘顏切寡髮也文一

鬝 鉏山切又丘閑切說文鬢秃皃又鋤連切又丘葛切又丘八切文一重音四

𩯁 民堅切說文髮皃一曰燒煙染眉謂之𩯁文一

鬋 將仙切女鬢垂皃又子踐切又子賤切文一重音二

鬈 驅圓切長也又逵員切說文髮好也引詩其人美且鬈一曰髮曲又窘遠切文一重音二

𩭍 丁聊切留髮也一曰髮多又田聊切又陳留切又職救切文一重音

三

髫田聊切髫髦童子垂髮文一

鬕紕招切鬕鬕髮亂皃又匹沼切又婢小切髮白皃又匹妙切又鋪結切髮皃文一重音四

髦謨交切西南夷有長髦牛也又謨袍切說文髮也爾雅髦士官也又迷浮切髮至眉也文一重音二

髾師交切髮末又山巧切毛髮長又所教切髮皃文一重音二

髜呼高切髮皃文一

⿱髟敖牛刀切髮皃文一

⿱髟敄謨袍切說文髮至眉也引詩髧彼兩⿱髟敄又迷浮切文一重音一

⿱髟蚤蘇遭切⿱髟蚤⿱髟蚤髮皃文一

⿱髟差才何切髮多也又楚委切髮好皃又想可切又此我切文一重音三

髿蘇禾切鬖髿髮美也又桑何切又師加切髟髿髮垂皃文一重音二

⿱髟巴披巴切髻皃又步化切⿱髟巴鬖髮亂皃文一重音一

髽莊華切說文喪結引禮女子髽衰弔則不髽魯臧武仲與邾戰于狐鮐魯人迎喪者始髽文一

鬤如陽

切⿱髟匡鬤髮亂又尼庚切鬇鬡髮亂皃又汝兩切文一重音二⿱髟匡曲王切⿱髟匡鬤髮亂文一⿱髟益

蒲光切⿱髟益鬤髮亂也又蒲庚切又甫兩切⿱髟益⿱髟彔髮亂又補朗切又蒲浪切文一重音四鬡尼庚

切鬇鬡髮亂皃文一鬇⿱髟盛鋤庚切鬇鬡亂髮或作⿱髟盛鬇又鋤耕切又中莖切文二重音二⿱髟霝

⿱髟令郎丁切髮踈也文二鬅蒲登切鬅鬙髮亂文一鬙思登切鬅鬙髮亂文一

⿱髟壽陳留切說文髮多也文一⿱髟酋將由切髮接髮也又茲秋切文一重音一⿱髟柔而由

切馬繫⿱髟亂一曰黃髮文一⿱髟敫⿱髟叜先侯切⿱髟兜⿱髟敫髮亂或从叜文二⿱髟兜當侯切⿱髟兜⿱髟敫髮亂文

一鬖踈簪切鬖髿毛皃又初簪切髮亂皃又蘇含切⿱髟監鬖髮垂皃又蘇甘切⿱髟監鬖獸無毛皃又

師咸切鬖髿髮垂又所斬切亂髮也又蘇暫切長毛皃文一重音六⿱髟監盧甘切說文髮長也又力

銜切又盡瞰切文一重音二

鬖思廉切髮也又斯兼切髮垂皃文一重音一

髯如占切說文頰須也又而豔切文一重音一

髺癡廉切博雅髻也又丁兼切髺鬑髮踈文一重音一

鬑離鹽切說文鬋也一曰長皃又勒兼切一曰髺鬑髮垂文一重音一

⿱髟甘其淹切去髮著鉗之刑又古暗切髮青紺色文一重音一

髺斐父切髮好也文一

⿱髟不奉甫切髮謂之⿱髟不文一

⿱髟虜籠五切⿱髟鼠也文一

⿱髟韱在禮切髻小而高為⿱髟韱文一

⿱髟爾乃禮切說文髮皃讀若江南謂酢母為⿱髟爾或作⿱髟系文二

⿱髟系

⿱髟囟陟賄切假髻文一

⿱髟采此宰切髻謂之⿱髟采又倉代切一曰覆巾文一重音一

鬒止忍切說文稠髮也引詩㐱髮如雲或作鬒又之刃切髮黑文一重音一

⿱髟贊子罕切髮好也一曰光澤皃文一

⿱髟示補抱切髻也一曰髮未長文一

⿱髟兆 杜皓切髮長又大到切文一重音一 ⿱髟出 乃老切髮皃文一 ⿱髟委 鄔果切⿱髟委⿱髟胥髮皃文一

⿱髟朵 都果切剃餘髮文一 髣⿱髟丙 撫兩切相似也或作⿱髟丙文二 ⿱髟臽 戶感切髮短皃文一

髧 都感切髮垂皃又徒感切詩髧彼兩髦文一重音一 ⿱髟惷 陟降切⿱髟惷鬞髮亂皃文一

髲 平義切說文鬄也文一 ⿱髟次 七四切說文用梳比也一曰婦人首服文一

⿱髟桼髤 七四切以漆塗器或作⿱髟桼文二 ⿱髟貴 丘媿切說文屈髮也又丘畏切文一重音一

⿱髟賁 兵媚切⿱髟賁⿱髟恖多須又父沸切髮也文一重音一 ⿱髟彔 芳未切⿱髟益也一曰忽見也又博木切文一重音一

⿱髟截 子計切露髻曰⿱髟截又子列切說文束髮少也文一重音一 鬀 他計切說文⿱髟剔髮也大人曰髡小兒曰鬀文一

⿱髟曲⿱髟曳 他計切髮也或从曳文二 鬄⿱髟也 大計切說

文髮也又並思積切鬄又施隻切剃也又池歷切髢又徒二切文二重音四**髻**吉詣切束髮也又喫吉切竈神名著赤衣狀如美女又激質切莊子竈有髻李軌讀又奚結切又吉屑切文一重音四

鬠黃外切骨擿之可會髮者又古外切又戶括切絜髮也又古活切文一重音三**⿱髟卒**求卦切⿱髟卒⿱髟内髮亂又蘇對切髮皃又推内切⿱髟卒⿱髟内髮亂又臧没切又昨没切文一重音四**⿱髟内**奴卦切⿱髟卒⿱髟内髮亂又奴對切⿱髟卒⿱髟内毛亂皃文一重音一**⿱髟介**居拜切說文簪結也一曰覆髺巾文一**鬢**必仞切說文頻髮也文一**⿱髟尊**祖寸切項上委髮文一**⿱髟桑**蒼案切髮光文一**⿱髟贊**則旰切髮光澤也又子末切多毛文一重音一**⿱髟敫**魚敎切⿱髟敫⿱髟敫髺高文一**髱**皮敎切多須皃文一**⿱髟堯**女敎切多須皃文一**⿱髟莫**莫駕切⿱髟莫袜額也一曰帶結飾又末各切髺飾文一

重音一 髿 側駕切毛多皃文一 鬖 乃嫁切髬鬖髮亂文一 鬤 乃浪切髮亂文

一 ⿱髟畐鬸 敷救切博雅假髻謂之鬸或不省鬸又芳六切婦人首飾文二重音一 ⿱髟毚

仕懺切髮皃文一 ⿱髟菐 博木切⿱髟卉⿱髟賁文一 ⿱髟暴 步木切毦毿毛不理或作⿱髟暴文一 ⿱髟兒

⿱髟九 居六切髮亂也或省文二 ⿱髟曲 區玉切⿱髟曲⿱髟局鬈髮皃文一 ⿱髟局 衢録切⿱髟曲⿱髟局鬈⿱髟矣皃

文一 髴 敷勿切說文髴若似也又分物切首飾又芳未切髣髴髮亂皃又方未切文一重音三

⿱髟首 分物切首飾文一 髮⿰乂頁⿰犮頁 方伐切說文根也又姓古作⿰乂頁⿰犮頁髮又放吠切文三

重音一 ⿱髟卉 牙葛切鬄餘髮文一 髺 戶括切絜髮也又古活切文一重音一 ⿱髟發

北末切⿱髟發⿱髟賁⿱髟賁多毛文一 ⿱髟取 麤括切髺也文一 ⿱髟契 丘八切博雅秃也又訖黠切又牛轄

切文一重音二⿱髟善⿱髟咼許轄切博雅禿也或作⿱髟咼⿱髟善又丘瞎切又牛轄切文一重音二⿱髟背而轄切細毛文一⿱髟剔徒結切剔髮也又他歷切說文鬀髮也文一重音一⿱髟⿺辶小子列切束髮少也文一⿱髟尃伯各切髮也文一⿱髟桼色窄切髮竪白文一⿱髟戟許逆切髮白文一⿱髟歷狠狄切髮踈白文一⿱髟戠質力切髮垢也文一⿱髟沓達合切髮也文一鬣弋涉切帚端又力涉切說文髮鬣鬣也文一重音一⿱髟萬力涉切說文髮鬣也文一⿱髟夾力協切髮踈白文一

文一百七十一　重音一百三十五

后繼體君也象人之形施令以告四方故

厂之从一口發號者君后也凡后之類皆从

后 胡口切又下遘切文一重音一

㖃 呼后切厚怒聲又很口切欲吐也又許候切文一重音二

文二　重音三

司臣司事於外者从反后凡司之類皆从

司 息兹切又相吏切主也文一重音一

詞𧥢 似兹切意内而言外也从司古作𧥢或書作⿱口司文二

文三　重音一

卮圜器也一名觛所以節飲食象人卪在其下也易曰君子節飲食凡卮之類皆从卮章移切又丘奇切文一重音一

⿰卮專市沇切小卮有耳蓋者又主兖切又主縈切文一重音二

⿰卮耑旨沇切小卮也从卮耑聲讀若捶擊之捶又主縈切文一重音一

⿰卮尃符遇切器也文一

文四　重音四

卪瑞也守國者用玉卪守都鄙者用角卪使山邦者用虎卪土邦者用人卪澤邦者

用龍卩門關者用符卩貨賄用璽卩道路用旌卩象相合之形凡卩之類皆从卩子結切文一

𠨗香衣切骨節間也文一卲時饒切擊也文一𠨷魯猥切𠨬𠨷墝埆也文一

厄五果切說文科厄木節也賈侍中說以爲厄裹也一曰厄蓋也文一卶充豉切說文有大度也又敝介切又支義切又施智切文一重音三𠨘兵媚切說文宰之也文一𠨬戶賄切𠨬𠨷墝埆也又鄎賄切文一重音一

卯鶨戀切說文二卩也巽从此闕又鶨免切齊也文一重音一

卷居轉切說文厀曲也又驅倫切眴卷縣名又丘云切縣名在鄭又渠言切又驅圓切

縣名在河南又逵員切曲也又巨隕切又去粉切又九遠切巒卷不舒也又苦遠切區也禮一卷石之多范宣讀又窘遠切斂也又古本切衮或作卷又古倦切摶飯也文一重音十二臣光曰今隸作卷

巹紀偃切爾雅徒鼓磬謂之蹇又巨偃切文一重音一

卲寔照切說文高也又時饒切文一重音一

卸司夜切說文舍車解馬也文一

令力正切說文發號也又陵延切令居縣名在金城郡又離貞切使也又郎丁切又盧景切官署之長又郎定切文一重音五

⿱殸令離貞切多聲也文一

𠨍則候切說文卪也闕文一

厀息七切說文脛頭卪也从卪桼聲徐鍇曰今俗作膝非是文一

⿰比卩毗必切說文輔信也从卪比聲虞書曰⿰比卩成五服又薄宓切文一重音一

卻去約切說文節欲也从卪谷聲文一

⿰咢卩逆各切口中上咢也文一

文二十　重音二十五

印執政所持信也从爪从卩凡印之類皆从印　於刃切　文一

𢑏𢪂抑　乙力切說文按也从反印或从手隸作抑文三

文四

色顏气也从人从卩凡色之類皆从色古文作𢒎　所力切　文二

艂　謨蓬切醜也又謨中切　文一重音一

⿰奚色⿰兮色　馨奚切黃病色或从兮　文二

艴

普丁切說文縹色也又普迥切文一重音一 **⿱穴色** 烏瓦切色敗又烏化切文一重音一 **艵** 普朗切艵艴色晴也文一 **艴** 母朗切艵艴色晴文一 **⿺熏色** 吁運切物被熏色文一 **⿺龍色** 千定切⿺冥色⿺青色青黑色文一 **⿺冥色** 莫定切⿺冥色⿺青色青黑色又母迥切文一重音一 **⿺曾色** 七鄧切⿺瞢色⿺曾色色惡文一 **⿺瞢色** 母亙切⿺瞢色⿺曾色色惡文一 **艷** 以贍切好而長也从豐豐大也文一 **艴** **⿺孛色** 蒲没切說文色艴如也或作⿺孛色艴又普没切艴又敷勿切色怒孟子艴然不悅一曰畫工設色又蒲昧切又滂佩切文二重音四 **⿱癶色** 普活切⿱癶色⿰末色色淺赤文一 **⿰末色** 莫葛切⿱癶色⿰末色色淺文一

文十九　重音八

卯事之制也从卩卪凡卯之類皆从卯闕

去京切又子禮切文一重音一

卿去京切章也六卿天官冢宰地官司徒春官宗伯夏官司馬秋官司寇冬官司空从卯皀聲文一

千夘耶子幺切事之制也或作夘耶文一

文五　重音一

辟法也从卩从辛節制其辠也从口用法者也凡辟之類皆从辟父益切又補弭切肱也又必郢切莊子至信辟金又母媲切止也又匹智切諭也又毗義切回也又匹計切又博厄切禮廱爲辟雍一曰冠裳辟積又必益切君也又匹辟切邪也又匹歷切避也又蒲歷切糾擿邪辟也又必歷切除也又賔彌切緣也文一重音十三

⿱辟乂 魚廢切治也从辟乂聲虞書曰有能俾⿱辟乂文一 ⿱辟井 必益切說文治也从辟从井周書曰我之不辟又毗亦切法也文一重音一 ⿱宀辟 必益切君也辟或作⿱宀辟文一

文四　重音十四

勹裹也象人曲形有所包裹凡勹之類皆

从勹 布交切文一

匑匔 渠弓切謹敬皃或作匔又並丘弓切文二重音一 匔 居雄切恭皃又丘六切文一重音一

匈𠣨胷 許容切說文膺也从勹凶聲匈或作𠣨胷文三 匍 簿乎切說文手行也从勹甫聲又馮無切文一重音一

勻 羊倫切說文少也一曰均也又規倫切文一重音一

姜杲

⿹勹夋 七倫切偓竣也引國語有司已事而竣或从勹又壯倫切伏貟文一重音一 旬㫬 詳遵切徧也十日爲旬从勹日古文作㫬旬又船倫切均也又須倫切又規倫切文二重音三 ⿹勹舟 職流切說文帀徧也文一 勼 居求切說文聚也从勹九聲讀若鳩文一 ⿹勹豕 知隴切說文高墳也文一 ⿹勹囪 籠五切⿹勹囪⿹勹囪伏地文一 勹 薄皓切說文覆也又武粉切又皮敎切鳥伏卵又博冒切文一重音三 匓 居又切說文飽也祭祀曰厭匓又依據切文一重音一 ⿹勹尃 符遇切伏也又鼻墨切文一重音一 ⿹勹冒 補妹切闕人名晉有⿹勹冒督文一 ⿹勹復⿹勹复 扶冨切說文重也或省⿹勹复又房六切又匹北切文二重音二 ⿹勹𥷚 丘六切說文曲脊也文一 匊 居六切說文在手曰匊从勹米徐鉉曰今俗作掬非是文一 匐 蒲北切說文伏地也又房六切又步

木切文一
重音二

匌 侯閤切說文帀也从勹从合合亦聲
又呼閤切又渴合切又葛合切文一

重音
三

㔩 乙盍切飾采
謂之㔩文一

匒 德合切匒匌
重疊也文一

文二十八　重音二十

包象人褢妊巳在中象子未成形也元气起於子子人所生也男左行三十女右行二十俱立於巳爲夫婦褢妊於巳巳爲子十月而生男起巳至寅女起巳至申故男秊始寅女秊始申也凡包之類皆从包 布交切又
蒲交切匏

或作包又房尤切包來邑名在紀國文一重音二

胞匹交切說文兒生裹也又班交切又蒲交切肉吏也又方鳩切又披教切面生氣文一重音四

匏瓟薄交切說文瓠也从包从夸聲包取其可包藏物也或从瓜又蒲交切又弻角切小瓜也文二重音二

⿰彔包部巧切廣雅耕也文一　⿰朮包部巧切木名文一

文六　重音八

茍息急敕也从羊省从包省从口口猶慎言也从羊羊與義善美同意凡茍之類皆从茍古作⿱⺷句居力切文二

敬 居慶切說文肅也文一

文三

鬼人所歸爲鬼从人象鬼頭鬼陰气賊害从厶凡鬼之類皆从鬼或作䰠 居偉切或从示臣光按說文本部字竝从鬼今集韻文或从鬼省文二

𩳁 都籠切鬼名一曰醜皃文一 魑 抽知切說文鬼屬文一 𩴸鬾 渠羈切童鬼或从支鬾又袖知切說文鬼服也一曰小兒鬼韓詩傳曰鄭交甫逢二女鬾服又巨綺切文二重音二

魋 傳追切椎頭髺漢尉佗魋結又徒回切說文神獸也文一重音一 魌 丘其切醜也今

逐疫有䫏頭或作魌文一⿱幾鬼魕渠希切鬼俗⿱幾鬼或从幾⿱幾鬼又居希切又舉豈切南方之鬼曰⿱幾鬼一說吳人曰鬼越人曰⿱幾鬼文二重音二魀渠希切山海經北號山有鳥白首鼠足名曰魀雀一曰星名文一魖休居切說文耗鬼也文一䰧⿰鬼虍荒胡切說文鬼皃或省文二䰢盧回切雷鬼文一䰠升人切神名又乘人切文一重音一⿰賓鬼紕民切鬼皃又卑民切又眦賓切文一重音二魂戶昆切陽氣也文一魈思邀切山鬼文一⿰鬼苗眉鑣切蟲鬼文一⿰鬼堯初交切疾皃楚俗謂鬼剽輕爲害者又鋤交切博雅健也又士絞切黠也又虛廟切文一重音三⿰鬼𦰩尼交切見鬼驚詞又囊何切又乃旦切又乃箇切文一重音三魔眉波切鬼也文一⿰霝鬼⿰靈鬼郎丁切山神人面獸身亦書作⿱霝鬼或作⿰靈鬼文二⿰鬼令郎丁切鬼名文

一魗時流切棄也又齒九切可惡也文一重音一䰭奴侯切鬼聲又奴豆切又乃豆切說文鬼皃聲䰭䰭不止也又汝朱切鬼皃聲不止文一重音三傀古委切恠異也文一⿰𠦝鬼羽鬼切鬼也文一⿰鬼甫匪父切北斗星名文一⿰齒鬼⿰者鬼齒者切醜⿰齒鬼惡也或省⿰者鬼又東徒切山鬼文二重音一魎里養切蝄蜽也或作魎文一⿺鬼強巨兩切鬼名文一魍文紡切蝄蜽山川之精物或作魍文一⿰鬼巠烟頂切巫厭文一醜齒九切說文可惡也文一鬽魅⿱甶𧰨录明祕切說文老精物也从鬼彡彡鬼毛或作魅籀作⿱甶𧰨亦作录文四⿰鬼失䰡丑吏切說文厲鬼也或作䰡魅又抽知切又丑二切魑魅也山海經剛山多神䰠又勅栗切文二重音三⿰鬼疑魚記切博雅懼也又魚既切文一重音一⿰鬼殺⿰杀鬼所介切鬼名或省文二

類篇九上　二十七

魕 良刃切鬼也文一 ⿰孝鬼 魚敎切醜也文一 魹 虛到切虛厲文一 ⿰化鬼 火跨切說文鬼變也文一 ⿺鬼奄 於贍切污黷也文一 ⿺鬼束 蘇谷切鬼名文一 ⿺鬼啇 其律切狂鬼文一 ⿺鬼率 劣戌切鬼名文一 魃 蒲撥切說文旱鬼也周禮有赤魃氏除牆屋之物引詩旱魃爲虐文一 ⿺鬼察 初戛切羅⿺鬼察鬼名文一 魄 闥各切落魄無節又匹各切一曰肉顫又白各切聲也歐陽尚書火流于王屋爲鵶其聲魄又匹陌切說文陰神也文一重音三 ⿸厤鬼 狼狄切鬼名文一 ⿱或鬼 越逼切鬼名又穫北切鬼⿱或鬼回風一說鬼因風伺人或書作魊文一重音一 魘⿸厭止 益涉切眠不祥也或从止魘又於琰切驚夢文二重音一

文六十二　重音二十八

由鬼頭也象形凡由之類皆从由 敷勿切又方未切文

一重音一

𤰞畏 於非切姑也威或作𤰞𤰞畏畏又烏回切引淵也𤰞畏又於胃切說文惡也从由虎省鬼頭而虎爪可畏也畏又羽鬼切山皃又鄔賄切畏或作畏文三重音四

禺 牛具切說文母猴屬頭似鬼从由从内又魚駈切番禺越地名又元俱切一曰日在巳曰禺中又三遇切闕人名公子禺人魯昭公子文一重音三

文五　重音八

厶姦衺也韓非曰蒼頡作字自營爲厶凡

厶之類皆从厶 自夷切又莫後切且字也文一重音一

羑穤 與久切說文相詸呼也或作穤文二 篡 初官切說文屰而奪取曰篡从厶算聲又芻眷切文一重音一

文四　重音二

嵬 高不平也从山鬼聲凡嵬之類皆从嵬 語韋切又乎乖切嵔或作嵬又烏回切又吾回切又羽畏切山險也又魚鬼切又五賄切山皃文一重音六

巍 語韋切說文高也从嵬委聲又牛威切徐鉉曰今人省山以爲魏國之魏又吾回切文一重音二

魏 吾回切魏然獨立皃又語韋切又苦委切細也秦晉之間凡細而有容謂之魏又虞貴切

春秋傳魏大名也一曰
象魏闕名文一重音三

文三　重音十一

類篇卷第九上

類篇卷第九中　　卷之二十六

朝散大夫右諫議大夫權御史中丞充理檢使上護軍河內郡開國侯食邑一千三百戶賜紫金魚袋臣司馬光等奉

勑修纂

山宣也宣气散生萬物有石而高象形凡山之類皆从山所閒切又所旃切土高有石曰山文一重音一

崠都籠切山名一曰山脊又多貢切文一重音一　峒徒東切崆峒山名又杜孔切山穴又徒弄切山嵾嵳不齊也文一重音二　㠉徒東切㠉㠓山皃文一　巃盧東切巃嵸山高曰或書作巄又盧鍾切山峻皃又魯孔切巃嵸山孤皃文一重音二　㠓謨蓬切山名文一　嵏

麤叢冣切山皃文一嵏祖叢冣切說文嵏山在馮翊谷口或書作嵕又祖動切文一重音一嵸祖叢切巃嵸山皃又祖動切又才緫切山高峻皃文一重音二屸胡公切山名文一崆枯公切崆巄山高又枯江切又克講切又苦貢切崆峒山深皃文一重音三嵡烏公切山名文一⿰山兒五公切崆⿰山兒山高皃又胡江切又吾江切文一重音二⿰山豐敷馮切山名文一嵩崇思融切說文中岳嵩高山又姓古作崇崇又鉏弓切說文崇高也一曰充也聚也終也又姓或作崈文二重音一崧思融切爾雅山大而高崧郭璞曰今中嶽嵩高山蓋依此名文一嶐良中切嶐豐山形文一⿱山穹丘弓切⿱山穹⿱山躬山形文一⿱山躬⿱山窮渠弓切⿱山穹⿱山躬山形或从窮文二峯⿱山丰敷容切說文山耑也或作⿱山丰文二崶方容切山名在封州文一

峪 餘封切山名在容州又尹竦切峪嵷山峯皃文一重音一 𡾬 餘封切山名在建州文一

⿱山降 胡江切山名文一 ⿰山頁 吾江切崆⿰山頁山峻文一 𡷪 莫江切五𡷪山名在蜀文一

岐 ⿱枝山 常支切山名或作⿱枝山又並翹移切周文王所封在右扶風美陽中水鄉又並渠羈切文二重音二

嵯 叉宜切嵾嵯山不齊或書作嵳又才何切山皃又倉何切文一重音二 ⿱山离 抽知切山神獸也文一

崥 頻彌切崥嶀山皃一曰山足又邊迷切又駢迷切又補弭切山足也一曰兩石間文一重音三

⿱山爾 㟜 民卑切山形或作㟜文二 ⿱山移 余支切山也文一 巇 虛宜切嶮巇山險或作巇嶬嶬又魚羈切山峯嶢巖曰嶬文二重音一

崎 丘奇切崎嶇山險又渠羈切又於宜切上黨崎氏阪又渠希切曲岸也又去綺切嶎崎山皃文一重音四 崖

魚羈切崎崕石危皃文一 𡴭 虞爲切在高而懼也从人在山上文一 峗 虞爲切三峗山名在鳥鼠西或書作峞又吾回切又五委切峻峗山皃又巨委切山皃又魚屈切峗崪山皃文一重音四

岻 蒸夷切又陳尼切山名在青州又都黎切文一重音二 崔 朱惟切高大皃詩南山崔崔又遵綏切又倉回切齊邑名因封爲姓又徂回切又取猥切動皃一曰連皃又息罪切文一重音五

嶉 遵綏切崔崔高大也或作嵟又祖誄切山曲也又子尾切文一重音二 㠥 𡾬 𡾕 𡾖 倫追切嵔㠥山皃或作𡾬壘𡾖壘又劣戍切鬱壘不平皃壘𡾖又魯猥切又並魯水切文四重音三

屔 女夷切山名顏氏禱於屔丘生孔子文一 𡼬 渠龜切闕人名文一 巋 丘追切爾雅山小面衆曰巋又區韋切山皃又苦軌切又魚鬼切又丘媿切猥獨皃莊子巋然而有餘文一重

音四岯攀悲切山再成曰岯一曰山一成又貧悲切大岯山名又鋪枚切又普鄙切又部鄙切文一重音四嵋旻悲切山名在蜀文一崰莊持切崰嶷不齊皃文一峏人之切山名文一嵫津之切崦嵫山名曰所入處文一嶷魚其切說文九嶷山舜所葬在零陵營道又鄂力切小兒有知也文一重音一岓渠希切山旁石曰岓文一⿰山虛休居切又丘於切崎⿰山虛山峻或書作虛文一重音一崌斤於切山名此江所出或書作崌文一岨千余切說文石戴土也引詩陟彼岨矣又壯所切又狀所切文一重音二⿰山盧淩如切山名文一嵎元俱切山名說文封嵎之山在吳楚之間汪芒之國又魚侯切⿰山取嵎山皃文一重音一⿱巳山元俱切山節也又子結切說文陬隅高山之節又昨結切山高峻皃文一重音二嶇岴虧于切敺

也或作岴文二峋恭于切峋嶁衡山別名又果羽切又舉后切又居候切文一重音三⿰山取遵須切⿰山取嵎高厓也一曰山石相向皃或書作⿱山取文一⿱山婁龍珠切⿰土甲蒼山巔也或書作嶁又郎侯切又龍主切峋嶁衡山也又朗口切又郎豆切文一重音四崳容朱切崳次山名在鴈門文一峬奔謨切峬峭好皃文一⿰山雩通都切山名文一⿱胡山洪孤切山名文一峿⿰山吳訛胡切嶇峿山皃或从吳峿又偶舉切文二重音一⿰山單都黎切⿰山單狐山名又多寒切山孤高者曰⿰山單或作⿱單山文一重音一嵇胡雞切山名亦姓文一崹天黎切崥崹山名又田黎切崥崹山形漸平皃文一重音一⿱山⿵几圭玄圭切姓也蜀或作⿱山⿵几圭文一嵠牽奚切山瀆無所通者又戶佳切溪谷名文一重音一崴烏乖切崴⿱嵬衣不平也一曰山形又烏回切又羽

鬼切又烏買切文一重音三 ⿱嵬衣㠢 乎乖切崴⿱嵬衣不平或作㠢文二 ⿱山豺 牀皆切山名在平林又楚解切 嵔 烏回切山曲又於非切嵔⿰山壘文一重音一 山名又羽鬼切文一重音二 ⿱山非 祖回切說文大高也亦書作⿰山隹又粗誄切巢⿱山非山皃又粗賄切文一重音二 峐 柯開切爾雅山無艸木曰峐又口已切文一重音一 嵦 魚開切崍嵦山皃又可亥切文一重音一 崍 郎才切山名中江所出文一 ⿱昬山⿱敃山岷崏 眉貧切說文山在蜀湔氐西徼外或作⿱敃山岷崏文四 豳⿶山分 悲巾切說文周太王國在右扶風美陽又曰美陽亭即豳也俗以夜市有豳山或作⿶山分豳又逋閑切色不絕也文二重音一 嶙 離珍切嶙峋山厓重深皃又里忍切隱嶙山峻皃文一重音一 ⿱山鱗 離珍切山名文一 峋 須倫切嶙峋山形又松倫切嶙峋深無厓皃文一重

音一嶟七倫切嶟嶟竦峭皃又蹤倫切山銳也又祖昆切山高皃又祖本切文一重音三崙
龍春切崑崙山文一崘龍春切崘㟩山皃又盧昆切或書作崙文一重音一⿱山言魚巾切山
名文一峮紆倫切嶙峮山皃又區倫切又俱倫切又衢云切文一重音三⿰山囷區倫切峮
嶙山相連皃亦从困文一峷緇詵切獸名狀如狗有角文身五采司馬彪說又疏臻切獸名狀如
狗文一重音一⿱山原愚袁切崟⿱山原山巔或書作⿰山原文一⿰山宛於原切山名又委遠切文一重
音一⿰山甗魚軒切山形似甗又牛堰切文一重音一崐公渾切崐崘山名或書作崑文一
⿰山瓫蒲奔切山形似瓫文一⿱敦山都昆切山皃文一峖於寒切山名又於旰切又
阿葛切文一重音二⿱⿰山刂言俄干切山高皃亦姓或書作⿰言⿰山刂文一峘⿰山丸⿰山完胡官切爾雅小

山岌大山峘或从丸从完亦書作⿱亘山⿺九山峘又胡登切⿰山完又戶管切山多皃又戶版切山名文三重音三

岏 吾官切巑岏山銳皃文一 巑 徂丸切巑岏山皃文一 ⿰山耑 多官切山名文一

巒 盧丸切說文山小而銳文一 巔 多年切山頂也或省文二 岍 輕煙切山名在雍州文一 ⿰山鮮 相然切小山別大山曰⿰山鮮又息淺切文一重音一 峑 逡緣切山頂也文一

⿰山肙 縈緣切山阿文一 巏 逵員切巏務山名在柏人城東北又古玩切文一重音一

岧 田聊切岧嶢山高皃或書作岹文一 ⿰山周 田聊切山皃文一 嶚 憐蕭切廣雅嶚巢高也或作嵺亦書作嶛嵺文二 ⿰山聊 憐蕭切山名又力交切又郎刀切⿰山聊嶆山險文一重音二

嶢 倪幺切說文焦嶢山高皃或書作嶤又倪弔切文一重音一 嶕 茲消切山名又

⿱山巢 慈焦切嶕嶢山峻皃文一重音一 巢 慈焦切廣雅⿱山尞巢高也又鋤交切文一重音一 嘌 卑遙切山峯出皃又紕招切又俾小切文一重音二 ⿰山䍃 餘招切山皃文一 嵒 虛嬌切山名文一 嶠 居妖切山銳而高又渠嬌切或書作嵪又渠廟切一曰石絕水一曰山徑文一重音二 崤 何交切山名在弘農又乎刀切文一重音一 岰 於交切山曲又於糾切又於教切文一重音二 嶅 牛交切說文山多小石也又牛刀切又魚到切山高皃又五沃切文一重音三 ⿰山包 班交切山名文一 ⿰山麃 蒲交切山名文一 ⿰山茅 謨交切山名文一 ⿰山豪 乎刀切山名在弘農文一 ⿰山蒿 呼高切山名文一 嵪 丘刀切嵪嶅山峻文一 ⿰山皋 居勞切⿰山皋崪山名文一 嶆 臧曹切峁嶆山皃又財勞切文一重音一 ⿰山舀 他刀切山名又

苦感切陷也文一重音一⿰山牢郎刀切⿰山皋⿰山牢山皃文一嶗郎刀切嶗嶆山險文一嵍謨袍切丘前高後下文一峱巎嶩奴刀切說文山在齊地引詩遭我于峱之閒兮或从夒从農文三峨牛何切說文嵯峨也又語可切文一重音一岥逋禾切博雅陂陁衺也或作岥又滂禾切阪也文一重音一嶓逋禾切嶓冢山名又補過切文一重音一⿰山摩眉波切山名文一㟇徂禾切山名又粗果切又祖卧切山摧也文一重音二岮唐何切博雅陂陁衺也或作岮文一⿱山羅良何切山名或書作⿰山羅文一⿱難山⿰山那曩何切山名或作⿰山那文二⿰山垂都戈切小山皃又都果切文一重音一⿰山咼徒禾切山形似碢者文一⿸麻山謨加切山名文一峫徐嗟切山皃又余遮切山名文一重音一⿰山車昌遮切山名文一

岈 虛加切谽谺谷中大空皃或从山文一 崋 胡瓜切山名又胡化切說文山在弘農華陰文一重音一 崵 余章切說文崵山在遼西一曰嵎鐵崵谷也一曰首崵山在洛陽又待朗切文一重音一 ⿱山忘 武方切山名文一 嶈 千羊切山高皃文一 ⿰山羊 徐羊切山名文一

⿱山戕 慈良切說文山峻也文一 嵣 徒郎切虻嵣山名又待朗切嵣岨山皃又太浪切文一重音二 㟍 盧當切峻㟍山名冬至日所入文一 ⿰山亡 謨郎切硭碭山名或从山文一 ⿰山藏 慈郎切岇⿰山藏山高文一 嵻 丘岡切嵻㟍山名在西羌文一 岡 古郎切山脊也文一 岇 魯剛切岇⿰山藏山高皃文一

崲 胡光切地名南史始寧郡有休崲湖文一 嶸嵤 于平切崢嶸山皃或省又並乎萌切嵤又玄扃切文二重音二 ⿰山巠 丘耕切又乎經切說文谷也文一重音一

嵤 乎萌切崝嶸也或作嵤又呼宏切大聲也又岭嵤山深又玄扃切臣光按集韻嵤有二字呼宏切一云大聲也一云岭嵤山深宜同用一音切文一重音三

峵㟗 乎萌切崝嶸也或作峵㟗文二

崝崢嶒 鋤耕切說文嶸也或作崢嶒嶒又慈陵切崚嶒山皃又徂稜切文三重音二

峸 時征切山名文一

峌 牽盈切深谷文一

嵉 唐丁切山名在白登文一

岭 郎丁切山深也或書作岺文一

⿰山刑 乎經切山名文一

嵊 神陵切亭名在吳又石證切山名在剡縣文一重音一

崚 閭承切崚嶒山皃或書作⿱山夌又盧登切文一重音一

⿰山朋 悲朋切說文山壞也文一

⿰山求 渠尤切山名文一

岫 夷周切爾雅山有穴爲岫又余救切又似救切又直祐切文一重音三

⿱山攸 夷周切山海經硜山有獸狀如馬而羊目四角名曰⿱山攸⿱山攸

文一嵧力求切峋嵧山皃文一崷茲秋切崷崒山皃文一⿰山孚房尤切山名文
一⿰山侯胡溝切山名文一嶜咨林切山高大皃又才淫切又慈鹽切又集荏切文一重
音三岑才淫切岑崟高皃一曰岸也又鉏簮切說文山小而高又姓又犂針切岑巖山高皃又魚
音切又士瘁切山厓又牛錦切莊子未離於岑文一重音五嵾初簮切嵾差山不齊皃或書作
嵾又倉含切山皃文一重音一⿰山朁鉏簮切嶜崟高銳皃或書作嶜文一⿰山品犂針切山名文
一嵚魚音切兩山相向文一崟巖嵒魚音切說文山之岑崟或作巖嵒巖
又吾含切又五緘切又魚杴切又牛廉切又魚銜切說文岸也嵒又魚咸切山巖也文三重音六嶔
虛金切嶔巇山險皃通作廞又祛音切山高險也公羊傳殽之嶔巖又丘廉切山高峻皃又丘銜切文一

重音三　岑　渠金切岑崟險也又魚音切文一重音一　嵐　盧含切山氣一曰嵒嵐山名在
太原又州名文一　峆　呼含切大谷也文一　嵁　枯含切嵁巖不平又吾含切嵁崿山皃又
丘嚴切又丘咸切又丑甚切山高也又五感切又仕檻切文一重音六　嵅　姑南切嵅嵅山名又
胡南切又古暗切文一重音二　㟏　沽三切山名文一　嶦　之廉切山峯又時艷切山阪文
一重音一　崦𡸞嶖　衣廉切山名山海經鳥鼠同穴山西南曰崦嵫或从弇从翕崦𡸞又
衣檢切崦嵫山名日所入文三重音一　嵰　丘廉切山高峻皃又丘銜切又丘檢切又口減切文
一重音三　嶮　牛廉切嵰嶮山皃又虛檢切說文阻難也又魚檢切高峻皃文一重音二　岒
其淹切山名文一　崡　胡讒切山名在肴陵文一　嵌　乎監切嵌嵒深谷又口銜切說文山

類篇九中

深皃又丘銜切嵌巖山嶮又虎覽切溪谷皃又巉在敢切山皃又苦濫切岸嵌峻文一重音五

嶃鋤銜切巉巗高也或作嶃又並士減切嶃又疾染切文二重音二嵡鄔孔切山皃文一

嵷筍勇切嵱嵷山峯皃文一⿰山彖展勇切山名文一崼上紙切山也文一

嶲巂選委切越嶲郡名或作巂巂又粗兖切文二重音一峛輦介切峛崺丘名文一

崺演爾切峛崺丘名文一⿱山義語綺切岌嶬山高皃亦書作嶬文一崣鄔毀切嶊崣山高皃文一

嵬鄔毀切山皃又苦猥切文一重音一⿰山靡母被切山名文一嶊祖誄切山皃又丑水切又取猥切又祖猥切文一重音三

⿱山累⿱山絫魯水切磥礧山皃或作⿱山累⿱山絫又並魯猥切嶵也⿱山絫又落猥切文二重音二

⿱畾山魯水切山海經⿱畾山山其上有玉文一⿰山几舉履

切說文山也一曰女屼山弱水所出文一**峞**苦軌切峞巍山皃又藝蓶切又五賄切又五忽切說
文石山戴上也文一重音三**峙**丈里切爾雅供峙具也文一**⿰山待**丈里切山獨立皃文
一**屺**口巳切說文山無艸木也引詩陟彼屺兮又後五切文一重音一**⿰山忌**口巳切山
高皃又去吏切又居吏切文一重音二**⿰山尾**武斐切山名文一**⿱山隗**羽鬼切山險也文一
⿰山圄偶舉切山名文一**⿰山午**喜語切山名文一**⿰山胥**寫與切山名文一**嶼**
象呂切山在水中文一**⿰山父**奉甫切山名文一**⿱山柱**重主切山名文一**⿰山老**滿補
切山名在丹陽文一**⿰豈支**果五切山名文一**岵**後五切說文山有艸木也引詩陟彼岵兮
文一**⿰山扈**後五切山罕而大曰⿰山扈文一**嵨**於五切山名文一**嶰**下買切山澗又

舉蟹切谷名又居隘切山名文一重音二⿱山褱戶買切崴⿱山褱山谷不平皃文一⿰山果苦猥切⿰山果

磈山皃文一嵔鄔賄切嵔壘山名或省亦書作⿰山畏文一嶵祖猥切山皃文一⿱山辠

粗賄切說文山皃文一⿱山櫐魯猥切⿱山辠也文一⿱山隱倚謹切嶾嶙山高皃或从隱亦

書作嶾文二⿰山蹇紀偃切⿰山蹇嵼山阿也又巨偃切又九件切山皃又巨展切文一重音三巘

語偃切山形似甗或書作巚又語蹇切文一重音一嵃語偃切⿰山戔嵃山皃又雅版切又語蹇切又

所簡切⿰山蹇嵼山曲皃又語限切又魚戰切文一重音五⿰山卷巨偃切⿰山卷嵼山皃文一⿰山匽

隱㦩切山形文一岅甫遠切坡者曰阪一曰澤障一曰山脅也文一崀魚懇切山名文

一⿰山旱下罕切山名在南鄭文一⿰山爰戶管切山名文一⿰山戔⿱山棧阻限切⿰山戔嵼山

峻皃或作㟧又並仕限切說文尤高也文二重音一**峴現**胡典切山名一曰山小而險一曰嶺

上平或作現文二**巙**乃了切嶼巙山皃文一**岆**伊鳥切山名又於兆切文一重音一

⿰高屏丑小切山皃文一**⿰山羔**以紹切山形文一**⿰山要**以紹切山名文一**峼**

下老切山皃文一**⿱山号**下老切山名文一**島嶹**覩老切說文海中往往有山可依止

曰島亦作嶹文二**岢**口我切岢嵐山名文一**⿱山頗**普火切⿱山頗峩山皃文一**⿰山朵**

都果切山皃又都唾切文一重音一**⿰山妥隓嶞**吐火切山長皃或作隓嶞又並杜果切說

文山之墮隓者隓又句爲切⿰山妥又吐猥切⿰山妥⿱山非山高皃文三重音三**⿰山象**似兩切山名文一**岟**

倚兩切山足也一曰山名又倚朗切山形文一重音一**⿱山湯**待朗切山名崵或从湯文一**崀**

里黨切㟐崀山虛文一 㟐𡶼 母朗切嵣㟐山皃或从芒㟐又謨郎切山名𡶼又莫浪切文二
重音二 嵻 口朗切嵻崀山虛文一 峺 古杏切礙也文一 嶺 里郢切阪也文
一 嚶 於郢切嚶嵤山皃又煙頂切文一重音一 嵤 母迥切嚶嵤山高皃文一 ⿱山頁
都挺切山名文一 ⿱丁山 於口切山名在陽羨文一 ⿰山咅 薄口切博雅培塿冢也或作⿰山咅文一
⿰山斗 當口切山名文一 ⿱山覃 式荏切山名文一 嶔 於錦切山岑也文一 ⿰山會
戶感切山皃文一 ⿱山甾 在敢切山皃文一 ⿰山責 呼貢切⿰山責峒山谷深皃文一 ⿰山寘
支義切山名文一 ⿰山未 無沸切山名文一 ⿰山庶 章恕切山名文一 ⿰山慮 良據切山
名在河內文一 嵍 亡遇切說文山名文一 嶑 子計切山名文一 ⿰山囟 思計切山

名文一嵥七計切山名文一嵽大計切嵽嵽山形文一嶡姑衛切山皃又
居月切組名文一重音一𡾊巁𡾰力制切說文巁巍高也或从厲亦省巁又力蘖切山高
皃古有巁山氏文三重音一峞徒外切峞嵢山皃文一岁黃外切合也又古外切文
一重音一嵢黃外切峞嵢山皃又古外切文一重音一𡵂𡷼烏懈切險也或从益文二
𡾜卜卦切山谷阸也一曰蜀中謂山谷閒田曰𡾜文一岕居拜切山名文一𡾃
徒對切山名或書作𡾃文一𡼯胡對切山無屮木也文一岱待戴切說文太山也文一
岃而振切山高形文一𡾊儒順切地名後魏常景發兵守白𡾊文一𡹛即刃切山
名文一陖峻嶲須閏切說文高也或作峻嶲峻又祖峻切大也書克明峻德文三重

音一⿱山運⿱山軍王問切大⿱山運山名或省文二⿰山衮古困切山形文一⿰山旱屽旰切山名或省屽又魚旰切文二重音一⿰山曼莫半切山名文一⿰山間居莧切山夾水也澗或作⿰山間文一嵮堂練切山名文一⿱山敫倪弔切山皃文一峭七肖切陖也文一嶅魚敎切山高皃文一⿱告山居号切說文山皃一曰山名又枯沃切又沽沃切文一重音二崋胡化切山在弘農華陰文一嶂之亮切山之高險者文一⿰山強其亮切山名文一⿰山兄許放切山名文一⿰山囊乃浪切山隈文一岇魚浪切山名在越文一⿰山廣苦傍切山名文一嶝丁鄧切仰也文一⿱山就疾僦切山名文一⿰山乏孚梵切山名文一⿰山复芳六切山名文一⿱山鞠居六切山高皃文一⿱山族仕六切聚

齊皃文一**峪**俞玉切爾雅水注谿曰谷或从山文一**嶨**克角切爾雅山多大石也又轄覺切文一重音一**嶽岳㟂𡶳**逆角切說文東岱南靃西華北恒中泰室王者之所以巡狩所至古作岳㟂出或書作嶽峇文四**密峚**美畢切山如堂者或省密又覓畢切黙也文二重音一**⿰山畢**壁吉切終南山道名文一**⿰山栗**力質切山名文一**屹**逆乙切山危皃又魚乙切屹崪山皃文一重音一**崒**即律切山高皃又昨律切又昨没切又遵綏切文一重音三**嵂**劣戌切崒嵂山高皃文一**岉**文拂切崛岉高皃文一**岪**敷勿切說文山脅道也又分物切又符勿切岪鬱山皃一曰山曲或書作岪文一重音二**崫**九勿切山皃文一**崛**渠勿切說文山短高也又之出切又魚屈切崛然獨立皃又苦骨切文一重音三**屼**

魚屈切峴崪山皃又五忽切山皃又牙葛切文一重音二 岄 魚厥切山名文一 𡶳 許月切山皃文一 嵑 其謁切石山名又何葛切又丘葛切文一重音二 㟮 陁没切㟮屼山皃文一 峍 勒没切硉矹山崖也或作峍文一 崫岀 苦骨切崫屼山皃一曰童山或作岀文二 嶱 丘葛切山皃又牙葛切文一重音一 嶭巕 牙葛切說文巀嶭山也或作巕嶭又倪結切文二重音一 ⿰山齧 牛轄切山中絶皃又倪結切屼⿰山齧山皃又魚列切文一重音二 岊 子結切說文陬隅高山之節文一 巀 昨結切山高峻皃又才葛切說文巀嶭山在馮翊池陽又才達切文一重音二 嵽⿰山窒⿱室山峌 徒結切山皃或从窒从室或省文四 嵲峴峊 倪結切嵽嵲山高或作峴峊亦書作峊皃又並魚列切危高也文三重音一 嵥 巨列切嵥峊高皃文

一 峛 皮列切大峛山名文一 峈 歷各切峈嶧山皃文一 岝 疾各切岝崿山高皃又側格切又實窄切文一重音二 崿⿱山噩 逆各切崖也或从噩文二 ⿱山郭 闊鑊切⿱山郭嵺山谷深文一 ⿰山𩫖崞 光鑊切說文山在鴈門隸作崞文二 嵮 莫白切嵮岶密皃文一 岶 匹陌切嵮岶密皃文一 峉⿱山頟 鄂格切山高大皃楚辭山阜峉或从頟文二 ⿰山蒦 屋虢切陂名一曰村名在吳王舊城側文一 ⿰山昔 實窄切嶛⿰山昔山形文一 嵴 資昔切山脊文一 嶧 祥亦切山名又夷益切說文葛嶧山在東海下引夏書嶧陽孤桐文一重音一 ⿱山易 他歷切山名文一 崱 札色切山連皃又實側切崱屴山大皃又疾力切山皃文一重音二 ⿱山臭 ⿱山关 實側切⿱山臭嶷山峻皃或省文二 ⿰山直 逐力切山皃文一 屴 六直切屴崱山皃文

一𡾊訖力切山名文一嶯側立切山名在越又側洽切文一重音一岦力入切岦岌山皃文一岌逆及切高過也爾雅小山岌大山峘又鄂合切危也又詰叶切山皃文一重音二峆曷閤切峆𡺽山皃文一峇渴合切山形文一岋鄂合切動皃漢書天動地岋文一𡾟昨合切磼礏山高皃又王盍切又疾業切又即入切山名又籍入切文一重音四𡺽達合切山重皃文一巘益涉切山谷形文一崨疾業切山皃文一嶪逆怯切岌嶪山皃或書作嶫又逆及切文一重音一岬古狎切兩山之間爲岬文一𡵓昵法切靜也文一

文四百五十九　重音二百五十九

屾二山也凡屾之類皆从屾 所臻切又所晏切文一重音一

嵞峹 同都切會稽山一曰九江當嵞也民从辛壬癸甲之日嫁娶从屾余聲虞書曰予娶嵞山亦作峹 文二

⿱屾仓 戕西切登也文一

文四 重音一

屵岸高也从山厂厂亦聲凡屵之類皆从屵

屵 五葛切又語偃切仰也又魚列切又巨列切文一重音三

崖 五佳切說文高邊也从屵圭聲又魚羈切文一重音一

嵟 都回切說文高也从屵隹聲又杜罪切文一重音一

⿱山⿸厂⿱龶儿 牛交切博雅岸也又尼交切文一重音一

⿱山⿸厂⿱彐彡 丘交切山谷深

廣皃嶏符鄙切說文崩也从屵肥聲又普弭切又普鄙切文一重音二⿱屵言語偃切仰也又魚旰切廣厚也文一重音一岸五旰切說文水厓而高者从屵干聲文一⿱屵配蒲没切說文崩聲从屵配聲讀若費又滂佩切又敷勿切石隕聲又匹埋切山陊聲文一重音三

文九　重音十二

广因广爲屋象對刺高屋之形凡广之類皆从广讀若儼然之儼魚檢切　文一

⿸广同他東切舍響又徒東切文一重音一龐盧東切充實也詩四牡龐龐又蒲蒙切充牣也又盧鍾切都龐縣在九眞又皮江切說文高屋也又蒲江切文一重音四⿸广悤麤叢切說文屋階中

會又祖動切文一重音一廱於容切說文天子饗飲辟廱一日辟廱學名又委勇切揭寒也文一重音一廝山宜切析也又相支切析薪養馬者文一重音一□將支切思也毀也文一□鄰知切厦也文一庛才支切耒下歧木也文一廲鄰知切廲廔綺窗又憐題切文一重音一庳賓彌切下也又頻彌切爾雅鶼鶼其雄鵖其牝庳又都弭切說文中伏舍一日屋庳又部靡切舍下也又平祕切文一重音四□虛宜切廞巇山險文一庀頻脂切地名又普弭切治也具也又普鄙切又普米切又必至切說文蔭也又兵媚切覆也文一重音五□子余切說文人相依□也又子與切依也又在呂切又七賜切文一重音三廬凌如切說文寄也秋冬去春夏居一日粗屋揔名亦州名文一□權俱切倉也文一廡微夫切蕃廡艸

木盛皃又罔甫切說文堂下周屋文一重音一

廚　重株切說文庖屋也一曰箭室一曰斯條國有廚木汁肥可用煑餅文一

廔　龍珠切窻也又郎侯切說文屋麗廔也一曰種也文一重音一

⿸广俞　容朱切又徒侯切行圊受糞函也又勇主切水漕倉也一曰倉無屋者文一重音二

庯　奔模切庯庩屋不平文一

⿸广穌　孫租切博雅廜⿸广穌庵也文一

庩　通都切庯庩屋不平又同都切文一重音一

廜⿸广者　同都切博雅廜⿸广穌庵也一曰屋平曰廜或省⿸广者又動五切文二重音一

⿸广隹⿸广享⿸广𠂤　都回切說文屋從上傾下也或作⿸广享⿸广𠂤⿸广隹⿸广享又徒回切文三重音一

庲　郎才切博雅舍也一曰長庲齊臺名庲降蜀地名文一

廑⿸广勤　渠斤切說文少劣之居或从勤廑又渠吝切博雅⿸广侌也一曰小屋又巨靳切⿸广勤又渠吝切材能也一曰劣也廑又八隱切闕人名衞有治廑文二重

音四

庉 徒渾切居也又徒困切舍也又杜本切樓牆也一曰室中藏文一重音二

𢋾 鋪官切峙居也又逋潘切儲物也文一重音一

戌 胡擐切說文屋北瓦下一曰維綱也文一

廯 相然切廯也又息淺切困倉也文一重音一

廛 澄延切說文一畝半一家之居一曰廛市物邸舍文一

⿸广䜌 閭貟切樊也文一

庣 他彫切不滿也又田聊切過也文一重音一

廫 憐蕭切說文空虛也又力交切室中虛也文一重音一

廖 憐蕭切闕人名春秋傳有召伯廖亦姓又丑鳩切闕人名春秋周有瑕廖又力求切又力弔切姓也又力救切國名文一重音四

庨 丘交切宮室高邃皃又虛交切庨豁宮室高皃文一重音一

庖 蒲交切說文廚也文一

廋 蘇遭切博雅求也文一

庶 之奢切遏也又掌與切驅除毒蠱之言周禮有庶氏又商署切說文

屋衆也又章恕切文一重音三 ⿸广虘 莊加切屋隤貟又鋤加切文一重音一 庛 陟加切又直加切說文開屋也濟陰有庛縣文一重音一 庌 牛加切庌庌不齊又魚駕切廡也又語下切周禮夏庌馬文一重音二 廂 思將切廡也文一 庠 徐羊切說文禮官養老夏曰校殷曰庠周曰序文一 廧 慈良切廧咎如赤狄別種或省文二 ⿸广章 諸良切⿸广章壄也又之亮切說文隔也文一重音一 廊 盧當切博雅康廊舍也文一 ⿸广良 盧當切器也文一 ⿸广京 居卿切廣雅倉也文一 ⿸广英 於驚切長廊又於境切廡也文一重音一 廎 窺營切屋側也又犬潁切說文堂也又棄挺切又傾夐切瓜屋也文一重音三 廳 湯丁切古者治官處謂之聽事後語省直曰聽故加广文一 庁 湯丁切碑材文一 庭 唐丁切說文宮中也又他定切

逞庭激過也一曰不近人情文一重音一⿸广靈郎丁切巖穴文一㢠郎丁切屋宇通負文一⿸广向消熒切外開之關也扃古作⿸广向又扃定切明察也文一重音一庱丑升切亭名在吳又閭承切又丑拯切文一重音二⿸广倠於陵切闕人名漢有⿸广倠文一庲渠尤切偏厦文一⿸广憂於求切地名文一庥虛尤切說文息止也从人依木或从广文一庮⿸广卣夷周切簷梔謂之庮或从卣庮又以九切說文久屋朽木引周禮牛夜鳴則庮謂臭如朽木又余救切文二重音二廋踈鳩切廣雅匿也一說索室曰廋又蘇后切隱也文一重音一廞虛金切說文陳輿服於庭也又祛音切像車服以送死也又丘銜切山險又羲錦切興也喪禮有廞車服又牛錦切文一重音四庈渠金切闕人名春秋傳魯有費庈父文一庵烏含切圜屋曰

庵又遏盍切豕屋文一重音一 廉⿸广廉庴 離鹽切說文仄也一曰自檢也亦州名古作⿸广廉

庴庴又盧甘切說文大篝也文三重音一 ⿸广⿰盧欠⿸广欠 虛嚴切櫃也或从欠⿸广⿰盧欠又丘廉切⿸广欠又丘嚴切

又丘凡切文二重音三 ⿸广僉 丘凡切櫃也文一 庬 母揔切庬澒未分之象又母項切豐

也厚也詩爲下國駿庬徐邈讀文一重音一 ⿸广從 祖動切衆立也一曰兩屋舍文一 ⿸广乏

方勇切反覆也文一 㢋⿸广多 敞介切說文廣也引春秋國語俠溝而㢋我或省⿸广多又賞是切闕人

名莊子有謬⿸广多文二重音一 庋庪 舉綺切閣藏食物也或作庪又並古委切又並居僞切薜

起物也文二重音二 ⿸广奇 隱綺切庋藏也又倚蟹切倚坐文一重音一 庀 普弭切治也具

也又普鄙切又普米切周禮庀其委積文一重音二 ⿸广矣⿸广侯 牀史切待也或作⿸广侯文二 庤

丈里切說文儲置屋下也文一 庡 隱豈切隱翳也文一 序 象呂切說文東西牆也文一

启 兩舉切闕人名晉有大夫启文一 ⿸广于 庽 王矩切屋邊也或从禹文二 府 匪父切說文文書藏也一曰聚也公卿牧守稱府道德之所聚帑藏稱府財物之所聚文一 ⿸广舞

庑 罔甫切說文堂下周屋或作庑文二 庾 勇主切說文水漕倉也一曰倉無屋者文一

⿸广虜 ⿸广魯 籠五切說文廡也或作⿸广魯⿸广虜又龍都切文二重音一 底 典禮切說文山居也一曰下也文一 廆 戶賄切廦也又五賄切闕人名晉有慕容廆又姑回切山名在中山西文一重音二

⿸广崔 祖猥切⿸广崔⿸广崔垂皃文一 庫 舉蘊切儲積也文一 ⿸广亶 黨旱切偏舍謂之⿸广亶文一

⿸广保 補抱切藏也文一 ⿸广舍 始野切小室文一 ⿸广乍 側下切屋也又仕下切又鋤加

切庌庠不齊文一重音二廈亥雅切大屋文一廠齒兩切屋無壁也又尺亮切露舍也

文一重音一廣古晃切說文殿之大屋一曰闊也又古曠切度廣廣曰廣一曰兵車名又姑黃切

馬回毛在背曰闕驪或作廣文一重音二廮於郢切說文安止也鉅鹿有廮陶縣文一庰

必郢切說文蔽也一曰覆也又毗正切廁也又步定切文一重音二廞羲錦切興也喪禮有廞車

服或从今文一㢋牛錦切大屋文一㡯魚檢切峻也文一㢅盧貢切廈也屏

也文一庛七賜切博雅舍也文一庪居僞切毀也文一㡱式類切屋深也

文一㢞羊至切廡也文一廙羊至切恭也一曰行屋下聲又羊吏切又逸織切說文行

屋也文一重音二庳毗至切有庳國名象所封文一廁初吏切說文清也一曰間也又

札色切側或作廁又察色切莊子廁足而墊之文一重音二
庽元具切寄也文一
庫苦故切說文兵車藏也从車在广下文一
⿸广世以制切度謂之⿸广世文一
廗當蓋切屋邪文一
廥古外切說文芻稾之藏也文一
廨居隘切公舍文一
⿸广𠂢卜卦切舍別也文一
庎居拜切所以庋食器者文一
廢放吠切說文屋頓也一曰置也文一
⿸广反孚萬切更次也文一
⿸广困苦悶切廩也文一
⿸广旦得案切小舍一曰小柸文一
⿸广戔仕諫切屋笮文一
⿸广㪔⿸广散先見切博雅庵舍也或从散文二
⿸广喬丘召切高屋文一
廟庿眉召切說文尊先祖皃也古作庿文二
座徂卧切坐具文一
⿸广馬莫駕切博雅庵也文一
⿸广午充夜切山名文一
⿸广朩所嫁切旁屋也文一
⿸广架居訝切搆

屋也文一　廏　居又切說文馬舍也引周禮馬有二百十四匹爲廏廏有僕夫古从九俗作廐非是文二　廇　力救切說文中庭也一曰屋大梁文一　廕　於禁切庇也文一　㢊　式禁切廕㢊屋深文一　廞　火禁切猛意謂物新美者意嚮之文一　店　都念切偫物舍也文一　廘　盧谷切庾也文一　𢈔　趨玉切舍也又郎達切庵也文一重音一　庢　陟栗切說文礙止也一曰盩庢縣名文一　㢋　於歇切屋迫也又阿葛切文一重音一　㢚　郎達切博雅庵也一曰獄室文一　废　蒲撥切說文舍也引詩召伯所废文一　𢊯　末各切定也空也文一　𢋝　黃郭切廓𢋝空遠皃文一　廓𢌅　闊鑊切開也虛也或省古作𢌅文二　𢇇　陟格切張設屋也一曰縣名在濟陽文一　𢈈　七迹切縣名在清河又資昔切又秦

昔切又七約切文一重音三 㡿 昌石切說文郤屋也文一 廦 必益切又必歷切說文牆也文一重音一 庢 逸織切說文行屋也或作庢文一 㡯 渴合切閉也文一 𢈈 渴合切壓也又乙洽切低下也文一重音一 庅 落合切屋聲文一 盧 轄臘切藏也太玄盧其缺又乙盍切文一重音一 庙 疰輒切藏也一曰屋庘皃文一 𢈞 諾叶切壓也文一 庮 昵洽切庘庮隘也文一 庘 乙甲切壞屋謂之庘一曰豕屋文一

文二百八十 重音一百

厂山之厓巖人可居象形凡厂之類皆从厂籀文作厈 呼旱切又並虛旰切厈又魚杴切雉雉所蔽者又闔各切又恥

格切又昌石切文二重音五

厖莫江切說文石大皃一曰厚也文一

厜是爲切又津垂切說文厜㕒山巔又才規切爾雅崒者厜㕒郭璞說又視佳切文一重音三

𠂢蒲糜切水邪流文一

㕒魚羈切山峯巉巖曰厜㕒又虞爲切又語韋切文一重音二

厓魚羈切水邊也又宜佳切說文山邊也又牛懈切目際文一重音二

厞符非切隱也又父沸切文一重音一

⿸厂甫芳無切說文石間見也又滂模切文一重音一

厎都黎切至也又軫視切柔石也又陟利切致也史記震澤厎定又丁計切至也文一重音三

厗田黎切說文唐厗石也从厂犀省聲文一

⿸厂隹都回切聚土文一

⿸厂享朱倫切漬也文一

⿸厂顛⿸厂真多年切塚也或省文二

厘澄延切一畝半一家

之居文一 屐 牛何切嵯峨也峨或作屐文一 厄 吾禾切木節曰枙或省文一 厰 魚音切說文崟也一曰地名又虛金切又魚杴切嶔巖險也又苦感切陖岸又虎覽切山險又口敢切又五敢切山石皃又吐敢切山地文一重音七 ⿸厂今 魚音切山之岑崟也又渠金切文一重音一 ⿸厂金 渠金切說文石地也又其淹切又巨⿸广侌切文一重音二 厱 枯含切山穴間又丘嚴切又盧甘切說文厱諸治玉石又丘咸切山穴間又居銜切礪也又丘銜切又魚檢切厓岸危也文一重音六 厭 於鹽切說文安也又衣廉切溼意詩厭浥行露沈重讀又鄔感切沈溺意莊子其厭也如緘又於琰切開藏也一曰厭次地名又於豔切足也又於瞻切服也又乙及切厭浥溼意又益涉切笮也又乙甲切壞也一曰塞補也文一重音八 ⿸厂丰 部項切周地名文一 厬 居洧切說文仄出泉

也文一**厃**五委切說文仰也从人在厂上一曰屋梠秦謂之桷齊謂之厃又余廉切梍也又之廉切仰也文一重音二**𠪚**想止切說文石利也又養里切又逸職切文一重音二**㕈**隱豈切隱翳也又倚亥切藏也又烏潰切文一重音二**𠩺**董五切又後五切說文美石也文一重音一**𠩧**洗野切仄也文一**厏**側下切厏厊不相合又仕下切文一重音一**厊**語下切厏厊不相合文一**㕢𠪱**所九切隈也或从変又並蘇后切文二重音一**𠪕𠩻**商署切屋下衆也庶古作𠪕𠩻文二**厝**倉故切置也又倉各切說文厲石也引詩他山之石可以爲厝文一重音一**𠩾**奴故切石名文一**厲𠪿**力制切說文旱石也或从蠆厲又落蓋切病也詩厲假不瑕鄭康成說一曰祖厲地名一曰鄉名又力蘗切嚴也文二重音二**𠫅**九芮

切迨逩也文一厚牛代切石名又陟革切文一重音一⿸厂殳徒玩切推物也文一⿸厂焉四夜切傾也文一厙式夜切姓也又充夜切文一重音一厦所嫁切旁屋也文一厥昏乓居月切說文發石也一曰其也古作昏通作乓厥又九勿切突厥夷屬文三重音一屵以灼切岸上見也文一厇陟格切張也文一厄乙革切隘也文一⿸厂兒逆革切礪⿸厂兒石地又倪歷切說文石地惡也文一重音一⿸厂辟之石切仄也又呼役切又匹辟切又匹歷切文一重音三厤狼狄切說文治也文一⿸厂豩狼狄切分也文一仄⿸厂昊⿸厂夨札色切說文側傾也从人在厂下或从昊籀从夨文三⿸厂立力入切石聲又落合切文一重音一厒⿸厂⿱人缶渴合切山左右有岸曰厒或从⿸厂合厒又乞業切厓也文二重音一⿸厂合渴合切壓

類篇九中　二十二

也文一

㕎 克盍切山傍穴一曰地名又乙盍切文一重音一

𠩂 乞業切厓也文一

𠩄 轄夾切說文辟也又訖洽切文一重音一

文六十六　重音六十五

丸圜傾側而轉者从反仄凡丸之類皆从丸

丸 胡官切又胡玩切文一重音一

㼋 奴禾切丸之孰也又人之切又奴卧切文一重音二

𢁴 於跪切鷙鳥食已吐其皮毛如丸从丸咼聲讀若骫又虎委切又烏禾切文一重音二

奿 闕芳萬切又于願切文一重音一

文四　重音六

危在高而懼也从⼫自卪止之凡危之類皆从危 魚爲切 文一

⿰危支⿱吅⿰危支 丘竒切說文⿰危支嘔也或作⿱吅⿰危支⿰危支又居僞切 ⿰危臬 疲極也又古委切重累也文二重音二

⿰兀危⿰出兀 五忽切博雅倪結切危也凶也又魚列切又逆乙切又魚一切文一重音三

⿰兀危 危也或作⿰出兀 ⿰兀危 又魚厥切不安也又五活切文二重音二

文六　重音七

類篇卷第九中

類篇卷第九下　卷之二十七

朝散大夫右諫議大夫權御史中丞充理檢使上護軍河内郡開國侯食邑一千三百戶賜紫金魚袋臣司馬光等奉

敕修纂

石山石也在厂之下口象形凡石之類皆从石古作𥐘常隻切文二

硐硧徒東切博雅磨也或从甬硐又杜孔切硧又吐孔切又尹竦切文二重音二

礱盧東切說文䃀也天子之桷椓而礱之又盧貢切小磨文一重音一

䂬祖叢切石名文一

𥑮胡公切𥑮磅

硿呼公切石落聲又枯公切硿石隕聲文一

碽青礞石出會稽文一重音一

沽紅切礱聲又沽宗切文一重音一　硹　思融切地名在遼文一　碱　而融切石也文一

礲　良中切硿礲石落聲又虛冬切又魯宋切文一重音二　䃔　丘弓切硿礲石聲硿或作䃔又乎攻切䃔礲石隕又酷攻切又故宋切文一重音三　硧　於宮切石名文一　磫　將容切廣雅磫礭礪也一曰石路文一　䂬　渠容切水石之島又古勇切說文水邊石也引春秋傳闕䂬之甲文一重音一　矼　古雙切聚石水中以爲步度彴又枯江切堅實皃又虛江切又苦貢切莊子德厚信矼文一重音三　䃥　傳江切石皃文一　𥖝　相支切博雅磨也文一　磃　招支切漢有上林磃氏館又想氏切又田黎切一曰磄怪石文一重音二　砅　鄰知切履石渡水也又力智切又力制切引詩深則砅文一重音二　碑　班糜切說文豎石徐鍇曰紀功德也釋名被也

葬時設施鹿盧以繩被其上引下棺鄭康成曰宮有碑所以識景宗廟則麗牲焉其材宮廟以石空用木文一

碕 丘奇切聚石爲䂎又渠羈切曲岸又渠希切又去倚切石皃文一重音三

砥 蒸夷切磨石也又都黎切石也又掌氏切平石又軫視切柔石也又典禮切文一重音四

磓 傳追切落也又都回切小石投下文一重音一

磥 倫追切東齊謂磨曰磥又魯猥切衆石也文一重音一

砒 頻脂切石藥又篇迷切又駢迷切文一重音二

礠 磁 牆之切石名可以引鍼又州名或省文二

碁 渠之切說文博碁或作碁文一

⿰石尾 無非切磥⿰石尾磨也齊人語又武斐切文一重音一

磯 居希切博雅磧也一曰感激孟子是不可磯也又渠希切又居代切文一重音二

磑 居希切⿰石靡石又魚衣切又魚開切博雅礱也一曰磑磑高皃又吾回切又五對切古者公輸班

作磑又居代切近也又牛代切文一重音六 礚 休居切石皃文一 磲𥕢 求於切博雅硨磲石之次玉或省文二 砠碴 千余切說文石戴土或作碴砠又子余切文二重音一 䃴 專於切博雅礛䃴礪也可以攻玉文一 礜 羊諸切石藥又羊茹切說文毒石也文一重音一 硢 羊諸切石名文一 𥗋 恭于切磫𥗋礪石又權俱切文一重音一 𥗃 微夫切䃤𥗃石也又罔甫切碔或作𥗃文一重音一 硃 鍾輸切丹砂文一 䂊𥓴 容朱切石名或作𥓴文二 砮𥔚 農都切說文石可以爲矢鏃引春秋國語肅慎貢楛矢石砮古作𥔚又暖五切又奴故切石名文二重音二 䃂 汪胡切小嶂又於五切文一重音一 磾 都黎切黑石可染繒出琅邪文一 䃺 田黎切唐厗石也或从石文一 碮 田黎切砥也文一

磎牽奚切山瀆無所通者一曰水注川谿或从石文一䃜煙奚切美石黑色文一磇篇迷切藥石文一⿰石乂初佳切小石文一⿰石皆居諧切石名又雄皆切文一重音一⿰石乖公壞切碎也文一碨烏乖切碨磑石不平皃又烏回切又鄔毀切磈⿰石委石皃磈或作碨又羽鬼切又鄔賄切文一重音四磈烏乖切碨磑石不平皃又五委切碨硊石也硊或从鬼又鄔毀切又羽鬼切又矩偉切又苦猥切又五賄切又苦會切文一重音七⿰石褱烏乖切石不平皃又乎乖切又姑回切小石又胡隈切又古壞切石似玉文一重音四⿰石妻楚懷切甀也又取內切方言磑謂之⿰石妻文一重音一⿰石𠂤都回切小石投下文一礧盧回切擊也石轉突也又魯水切碨礧山皃又魯猥切大皃又盧對切埤蒼推石自高而下也文一重音三磪徂回切大高也又取猥切

文一重音一砛之人切石不平皃太玄石砛砛一曰礪也又止忍切以石致川之廉也文一重

音一磌之人切博雅礎碏磌礩也一曰磌然聲也又滂君切石落聲又亭年切文一重音二礩

紙民切碎石聲文一砏披巾切博雅砏礮聲也又悲巾切石也又敷文切大聲又披班切文一重

音三𥐙碈砇眉貧切石之美者或作碈砇文三磷離珍切水生厓石閒鄰或

从石又力耕切砰磷峻皃又里忍切石皃又良刃切薄石論語磨而不磷文一重音三碖龍春

切石也又魯本切碖硱石落皃又盧困切石皃文一重音二⿰石垔伊真切山名山海經東山之南

有⿰石垔山又之人切石也文一重音一礥下珍切難也又胡千切太玄有礥首一曰地險也又胡典

切堅也文一重音二⿰石匀俞倫切石名文一硱區倫切硱磳石危皃又欺矜切又苦本切

碖硱石落聲文一重音二

磤 於斤切砏磤聲也又倚謹切雷聲文一重音一

礬 符袁切藥石也有白青黃黑絳五種文一

⿰石昆 公渾切鍾病聲又丘耕切周禮高聲⿰石昆杜子春說又戶衮切又古本切文一重音三

⿱敦石 都昆切石可踞者文一

矸 居寒切石皃甯戚歌曰南山矸又苦旱切碾繒也又侯旰切石也又居案切硟也又魚旰切山石皃文一重音四

⿰石亶 唐干切石⿰石亶也文一

磐⿰石半 蒲官切大石一曰山石之安者或作⿰石半文二

磻 蒲官切溪名又逋和切說文以石箸堆繳也又補過切石可爲矢鏃文一重音二

磚 徒官切闕人名鄭有石磚文一

⿰石般 逋還切石文文一

硍 居閑切鍾高聲又丘耕切又下簡切石聲又苦恨切吳俗謂石有痕曰硍文一重音三

⿰石先 蕭前切石次玉也又鎖本切文一重音一

碊 將先切博雅樺碊故也又

財仙切坂也又仕限切一曰蜀道文一重音二　研　倪堅切說文䃺也又倪甸切石滑也文一重音

一　硯　倪堅切闕人名越有計硯文一　⿰石延　相然切擣繒石又尺戰切以石扞繒也文一重

音　⿰石連　抽延切銅屬一曰廾也又陵延切文一重音一　⿰石虔　渠焉切磌也文一　硂

逡緣切衡也一曰度也或从石文一　硝　思邀切硭硝藥石又七肖切石堅皃文一重音一　磦

畢遙切山峯出皃文一　磽　礉　磝　丘交切說文磬石也或作礉磝又並牛交切山多小

石也礉又牛刀切磽又倪了切山田曰磽又輕皎切又五巧切石皃又口教切石不平又魚教切又逆角

切礉又下革切實也文三重音九　⿰石交　丘交切⿰石交磝戎名文一　硣　虛交切硣磟山勢文

一　⿰石巢　鋤交切附國之民壘石爲巢而居又損果切文一重音一　碙　⿰石農　尼交切碙沙藥

石或作礝文二砮謨袍切丘前高後下文一⿱𤇾石⿰石牢磱郎刀切石器或从牢从勞⿱𤇾石又

力角切石相叩文三重音一硪牛何切說文石巖也又語綺切石自又語可切砐硪山高自文

一重音二碆逋禾切石也可為矢鏃又蒲波切石名又補過切文一重音二磨眉波切治

石謂之磨又莫卧切石磑也文一重音一䃺眉波切石磑也又莫卧切文一重音一磋

倉何切博雅磨也又千个切文一重音一碢徒禾切碾轉文一⿰石有砣徒禾切飛軶戲

也或作砣文二磚徒禾切圜自文一硨昌遮切博雅硨磲石之次玉者文一砂

師加切水散石也文一⿱沙石師加切⿱沙石地名在樓煩西又此我切又取果切又蘇卧切又寸卧

切又祖卧切史記擊韓信軍於⿱沙石文一重音五碬何加切說文厲石也引春秋傳鄭公孫碬

類篇九下 五 東言

字子石文一⿰石加居牙切石名文一⿰石亞於加切土不平謂之⿰石亞一曰石名文一⿰石夸

枯瓜切磐石文一⿰石虘七邪切石也文一硭武方切硭硝藥石山石中採之布於芒上

沃以水以盎覆之經宿飛著盎故曰硭硝其布於木皮曰朴硝又謨郎切硭碭山名文一重音一礓

居良切礫也文一磄徒郎切磄磃恠石文一碭徒郎切石之有文者一曰山名又待

朗切說文文石也又大浪切文一重音二硠盧當切說文石聲一曰硠硠堅也又里黨切又郎宕

切硠硠石聲文一重音二磅鋪郎切隕石聲又蒲光切又披庚切擊石文一重音二⿰石亡

謨郎切⿰石亡碭山名文一砊丘岡切砊礚雷聲又丘庚切砊硠石聲又口浪切文一重音二⿰石康

丘岡切石聲文一硄枯光切石聲文一磺胡光切石名又古猛切說文銅鐵樸石也

文一重音一 硎 丘庚切石也又乎經切砥石文一重音一 磞 披庚切擊石文一 碤 於驚切水中石文一 ⿰石⿱大名 乞榮切⿰石⿱大名⿰石⿱大名石聲文一 硜 丘耕切硜硜小人貞又詰定切磬或作硜文一重音一 硻 丘耕切說文餘堅也又苦杏切剛也文一重音一 ⿰石形 丘耕切臨⿰石形山名在吳郡吳宮以爲門名一曰磨石一曰谷名文一 砿硡 乎萌切博雅砿礚聲也或从宏硡又呼宏切石落聲文二重音一 ⿱艹⿰石㽁 ⿰石訇 ⿰石營 呼宏切石落聲文三 ⿰石爭 鋤耕切破聲文一 磳 鋤耕切硱磳石皃又士冰切又洛騰切文一重音二 砰硑 披耕切廣雅砰磅聲也或作硑砰又披氷切水擊山也又叵迸切石落聲文二重音二 硼⿰石彭 披耕切石名或从彭文二 ⿰石嬴 怡成切石名文一 ⿰石縈 娟營切石名文一 ⿰石星 桑經切石名文一 ⿰石亍

湯丁切碑材或省文一砱𥗼𥕸郎丁切石也或从靈从零文三碙欽熒切石聲文

一砯披氷切水激山也又蒲應切文一重音一碐閭承切石皃又盧登切文一重音一

磴都騰切益石也又丁鄧切仰也文一重音一硫磂力求切硫黃藥石或作磂磂又

力救切梁州謂釜曰磂文一重音一𥑮之由切石也文一𥒂披尤切破聲文一𥔲

居侯切𥔲碻堅也又居候切碻也文一重音一𥓏洛林切小石又才淫切石門文一重音一䃸

洛林切楔也又七紺切䃸磹電光又先念切文一重音二碪砧知林切擣繒石或从占碪又五

感切碪崿山形又苦紺切巖崖之下文二重音二碄犂針切碄碄深皃文一碞魚音

切山石皃一曰僭也又魚杴切嶜碞山皃又魚咸切說文磛碞引周書畏于民碞孔安國曰僭也取參差

不齊之意又牛錦切文一重音三

碒 魚音切山之岑崟也或从石文一

⿰石欽 祛音切山高險也公羊傳殺之嶔巖或作⿰石欽文一

⿰石感 姑南切以石蓋也又古禫切一曰石篋文一重音一

礷礛 盧甘切說文厱諸治玉石厱或作礛亦省礛又居銜切文二重音一

磏 離鹽切說文礪石一曰赤色又勒兼切文一重音一

硽 衣廉切石名又衣檢切巖也文一重音一

⿰石酓 牛廉切山名文一

⿰石乏⿰石巳 悲廉切說文以石刺病也或作⿰石巳又並陂驗切文二重音一

礹 魚銜切說文石山也又魚檢切磛礹山石皃文一重音一

磛 鋤銜切說文礹石也或書作磛又疾染切磛礹石皃又士減切高峻皃文一重音二

⿰石冬 覩動切石墜聲又覩鴆切文一重音一

⿰石虎 部項切蜃屬一曰美珠又母項切石皃文一重音一

⿰石丰 部項切石皃文一

礒 語綺切石

皃文一 硊 五委切碨硊石也硊又巨委切山皃又居僞切石硊江名在宛陵西文一重音二

⿰石委 鄔毀切磈硊石皃磈或作⿰石委又魚鬼切又鄔賄切文一重音二 ⿰石爲 虎委切敗也列子事

之破⿰石爲文一 ⿰石矢 矧視切石墮聲文一 ⿱畾石 魯水切⿱畾石空小穴一曰小封也又魯猥切又路

罪切堀⿱畾石平下皃又盧對切文一重音三 砋 渚市切擣繒石太玄較于砋一曰礪石文一 ⿰石矣

牀史切石墮聲文一 ⿰石衣 隱豈切石聲文一 碏 子與切⿰石甫碏磑也又資昔切文一重音一

礎 搠所切磧也文一 ⿰石甫 匪父切⿰石甫碏磑也文一 碔 罔甫切碔砆石似玉文一

砫 腫庾切宗廟室柘或从石文一 磠 籠五切砂也文一 ⿰石嵬 苦猥切礧⿰石嵬山皃又

五賄切衆石皃文一重音一 ⿰石威 鄔賄切石皃文一 磊 礌 魯猥切說文衆石也亦作

礧礧又盧對切埋蒼推石自高而下也文二重音一磥礨魯猥切大皃或作礨文二𥓓里亥切磨也文一𥐻里忍切石皃文一磒羽敏切說文落也引春秋傳隕石于宋五隕或作磒又羽粉切文一重音一𥐰匹忍切石也文一𥓂口很切石皃文一碥補典切弁石皃通作扁文一𥖍上演切白土也文一碝礝乳兗切說文石次玉者或作礝文二碾砐尼展切磨也或从及又並女箭切所以轢物器也文二重音一䃤先了切黑砥石也山海經京山有玄䃤又息六切廣雅䃤也文一重音一硣先了切山石文一𥕔丁了切𥗽𥕔懸石皃又土了切又覩老切文一重音二𥔵䂲徒了切磽𥔵石名或从兆䂲又輕皎切山田也文二重音一𥗽朗鳥切𥗽𥕔石垂皃文一䃕乃了切山曰謂之䃕一曰

郎喜

硛石文一　⿰石杲古老切女⿰石杲石名燕玶也文一　碯磠乃老切博雅碼碯石次玉也或作磠

文二　⿰石岢下可切磪⿰石岢山皃文一　砢　⿰石羅朗可切衆石皃說文磊砢也或从羅砢又

吕下切又丘何切石之次玉文二重音二　⿰石⿱山羅朗可切⿰石⿱山羅⿰石岢山皃文一　⿰石果鄔果切⿰石果砈石

皃文一　砈五果切⿰石果砈石皃文一　⿰石⿱小貝損果切小石文一　⿰石坐取果切碎石又

楚瓦切石藥雌黃也一曰小石皃文一重音一　硾都果切石皃又馳僞切鎭也一曰揣量物重也

文一重音一　碼母下切碼碯石之次玉文一　砎女下切⿰石奓砎石垂皃文一　⿰石奓

竹下切⿰石奓砎石垂皃文一　磢楚兩切磨滌也或作碶文一　⿰石襄汝兩切雌黃之惡者文一

⿰石羌丘仰切石名文一　磉寫朗切柱下石文一　硬古杏切礙也又魚孟切博雅⿱臤革

也文一重音一礦𥑍卝古猛切銅鐵樸石也或作𥑍卝卝又胡猛切金玉未成器也又古患切束髮皃詩總角卝兮文三重音二䂜莫後切雲䂜藥石文一䃮蘇后切石也文一䃙朗口切石也文一磣楚錦切物雜砂也又錯合切文一重音一𥗪陟甚切用石椽也文一𥗨居飲切石名文一𥕪徒感切再舂又達合切說文舂已復擣之曰𥕪文一重音一𥕞古覽切𥕞窞摸未賾大食國酋長名文一𥗀覘敢切石𥗀藥石文一𥕝盧貢切穴也又盧穫切𥕝研石聲文一重音一碂蘇綜切碎也文一礩脂利切柱下石又職日切文一重音一𥔵䃍直類切爾雅落也𥔵又徒對切說文陊也文二重音一硫創據切石不滑者文一𥗼良據切石名文一𥑲符遇切白石文一

砌 七計切磩也文一
礪 力制切礳也文一
硫 俞芮切磨使消也文一
䃀 先外切小石文一
磕礚 丘蓋切石聲或从蓋磕又丘葛切又轄臘切又克盍切文二重音三
砈砨 烏懈切玉名范睢曰周有砥砨或作砨砈又乙革切文二重音一
砦䃚 仕懈切藩落之柴砦又士邁切文二重音一
硁 古壞切石似玉文一
砎𥓓 居拜切硬也或从界砎又訖黠切砎礣小石一曰磨也又下瞎切文二重音二
碓 都內切說文舂也文一
碎 蘇對切說文礳也文一
硘 胡對切石貝文一
䃗 待戴切埭水也文一
礙硋 牛代切說文止也或从亥礙又魚其切礙礭青石文二重音一
砩 放吠切石遏水又房廢切又符勿切石名文一重音二
䃉 初覲切水石也文一
𥗽 郎旰切𥗽𥗽玉石皃文一

碫 都玩切博雅礱碫礪也又徒玩切文一重音一 硯硱 倪甸切說文石滑也或作硱硯又吉典切濡石文二重音一 碥 式戰切攻玉石文一 磝 口敎切石不平文一 ⿰石幼 於敎切石不平文一 礮砲⿰石豹 披敎切機石也或从包从豹砲又匹沃切聲也又弼角切砲砆石文文三重音二 破⿰石叟 普過切說文石碎也古作⿰石叟破又披義切壞也文二重音一 ⿰石霸 必駕切堰也文一 砟 助駕切碑石也又疾各切石也文一重音一 砑 魚駕切碾也文一 ⿰石襄 乃浪切山隈文一 ⿱壴石 蒲孟切⿰石虎⿱壴石石聲文一 張 除更切磨也文一 ⿱彭石 普孟切⿰石虎⿱彭石石聲文一 磬殸 詰定切說文樂名也从石殸象縣虡之形殳擊之也籀作殸磬又棄挺切擊石聲文二重音一 碃 千定切石也文一 矴碇磸 丁定切錘

舟石也或从定从䡇文三 碼 部孕切碼彭石聲文一 [石亘] 居鄧切石貟文一 磡 [石臽] 苦紺切巖崖之下或作[石臽][石臽]又乎韽切石名文二重音一 磹 徒紺切礣磹電光又徒念切文一重音一 礐 胡谷切石聲又烏酷切治樸之名又胡沃切石名又克角切爾雅山多大石也又轄覺切說文石聲又逆角切治角也又離宅切又力摘切文一重音七 [石族] 千木切碌[石族]石地不平皃又仕角切文一重音一 碡 [石蜀] [石賣] 徒谷切碌碡田器或从蜀亦作[石賣]碡又仲六切又徒沃切文三重音二 磟 [石鹿] 盧谷切磟碡田器或作[石鹿]磟又力竹切又盧篤切文二重音二 [埶石] 神六切石名文一 [石足] 初六切小石文一 磩 側六切[石足]謂之磩又倉歷切礇磩石次玉文一重音一 礇 乙六切石似玉文一 砡 逆菊切琙砡齊也又虞欲切文一重音一 硞

枯沃切碌硞石皃又克角切說文石聲一曰犖也又克革切礐硞水激石不平皃文一重音二⿱叔石都毒切落石也文一碌龍玉切石青色又力角切碌⿰石矦石地不平又盧谷切碌硞石也文一重音二

確碻克角切堅也或作碻文二⿱㱿石确克角切山多大石也或从角又並轄覺切說文⿱㱿石也文二重音一⿰石剝北角切石也又測角切文一重音一⿰石卜匹角切⿰石卜硝礫石文一

⿰石暴匹角切石聲文一礫力角切逴躒超絕也躒或从石又狼狄切說文小石也又歷各切白石皃文一重音二⿰石鬱紆勿切⿰石鬱⿰石褱小石文一⿰石厥居月切發石也或書作⿱厥石文

碣⿰阝⿳日曰◎居謁切碣石山名古作⿰阝⿳日曰◎又並巨列切碣一又其例切又丘葛切石皃又乙轄切勁怒皃文二重音四⿰石肙蘇骨切磨也文一⿰石矦硉勒沒切⿰石矦矹山崖也文二⿰石窋苦骨

切嵫屹山皃一曰童山文一矻苦骨切石也又丘八切固也一曰石堅文一重音一矻古忽切磨也文一矹五忽切硉矹山崖文一礍丘葛切石皃文一磆丘葛切石可爲器又戶八切磆石藥文一重音一砗牙葛切礍砗石皃文一礤七曷切摩也又子末切麤石文一重音一礸子末切麤石文一𥗽子末切水激石皃或省文二瀨郎達切灘名文一砞莫葛切碎石文一硈丘八切爾雅固也又訖黠切說文石堅也一曰突文一重音一𥐟乙黠切石皃文一𥐯普八切石破聲文一礣莫入切礣砎小石又莫結切堅石又下八切文一重音二磍下瞎切碣磍勁怒皃又丘瞎切又居轄切又乙轄切磍磤石地不平文一重音三𥑫乃結切羽𥑫礬石也文一硷乃結切石

名文一 砄 古穴切石也文一 ⿰石毳 促絶切石破也文一 碟 食列切治皮也文一

硩 敕列切說文上摘山巖空青珊瑚墮之引周禮硩蔟氏一曰石中矢又直列切毀也又陟革切又思積切摘也又先的切又佗歷切文一重音五

碏 七約切石雜色一曰敬也又倉各切闕人名春秋傳衞有石碏又思積切礙也文一重音二

斫 職略切說文擊也又尺約切碏斫不解悟貞文一重音一

⿰石箸 陟略切說文斫也一曰碎石文一

⿱召石 力灼切磨刃文一

⿰石岸 逆約切⿰石岸⿰石胥大脣貞一曰磑也文一

矺 闥各切矺鼠木名一曰王棘又當各切磓也又陟格切又德盍切擲地鳴也文一重音三

硌 歷各切磊硌石貞又狼狄切小石也文一重音一

礴 匹各切旁礴混同也又白各切文一重音一

⿰石莫 末各切北方流沙也文一

碏 倉各切厲

石也文一⿰石咢逆各切碪⿰石咢石危皃文一⿰石郭光鑊切葬有木⿰石郭也蓋古或用石文一礋
直格切神異經西方有人長短如人羊頭猴尾名礋⿰石卉健行文一䂵乞格切石堅文一磀
⿰石卉鄂格切礋磀西方獸名或省文二砉霍虢切皮骨相離聲又呼役切又馨激切又苦
昊切又呼昊切文一重音四⿰石夋色窄切說文碎石隕聲文一⿰石蒦力摘切⿰石蒦礋田器文
一砳力摘切石聲文一⿰石鬲下革切說文石地惡也又各核切地多石文一重音一
礊克革切說文堅也又忽麥切鞕聲文一重音一⿰石或古獲切擊石文一⿰石國口獲
切石硬聲文一磶思積切博雅礎磶碵礩也文一磧七迹切說文水渚有石者文一礔
匹歷切礔靂雷之急激者文一礕匹歷切礕礰石聲文一⿰石啇⿰石適⿰石勺丁歷切博雅磓

也或从適从勺一曰水磿番車文三磿礰狠狄切說文石聲也文二礫狠狄切小石也文一𥔲測入切石皃文一䃎側立切石皃文一砬力入切砬礘石聲一曰石藥能制藥毒又落合切文一重音一礘乞及切砬礘石聲又鄂合切礘礘石皃文一重音一礏逆及切礏礏山高皃又昨合切又玉盍切文一重音二硆砐鄂合切硆硆石皃或作砐文二𥖁落合切𥖁磼破物聲文一砝居盍切石聲又訖業切硬也文一重音一磼乞盍

𥗼力盍切石墮皃又力涉切𥗼硾山連屬皃文一重音一硾切石多皃或書作礐文一疾葉切𥗼硾山連屬皃文一𥓛訖業切硬也文一磼士劫切𥖁磼破物聲文一硤轄夾切硤石縣名文一𥑮古狎切兩山之間爲𥑮許慎說文一

文四百三十　重音二百七十四

長久遠也从兀从匕兀者高遠意也久則變化亡聲𠂆者倒亡也凡長之類皆从長古文作長𠑹𠑷直良切長又展兩切孟也進也又直亮切度長短曰文一曰餘也文四重音二

镾民甲切說文久長也文一　⿰長支翹移切長⿰長支國名其人髮長於身文一　⿰長敖牛刀切長貟文一　⿰長勞郎刀切⿰長勞⿰長敖長貟文一　⿰長差遭哥切易大耋之嗟古作⿰長差文一　⿰長左遭哥切丘名又沓雅切山名在東海又子我切丘名文一重音二　⿰長差沓耶切沓也一曰痛惜也

文一　镽朗鳥切博雅镽𨲓長也文一　𨲠乃了切𨲆𨲠長而不勁文一　𨲆伊鳥切𨲆𨲠長而不勁文一　𨲓巨夭切镽𨲓長也文一　镺烏浩切镺𨲗長也又於到切文一重音一　𨲗杜皓切𨲗镺長也又乃老切又乃到切文一重音二　𨱗展兩切孟也進也長古作𨱗文二　𨲉所景切長皃文一　镹已有切長也文一　肆肆息刺切說文極除也一曰遂也故也或作肆肆又羊至切習也又息七切放也又他歷切解也文二重音三　𨲳魚旰切長大文一　𨲵奴弔切柔長也文一　镻徒結切說文蛇惡毒長也文一

文二十六　重音十

勿州里所建旗象其柄有三游雜帛幅半

異所以趣民故遽稱勿勿凡勿之類皆从

勿或作𣃦文弗切或从㫃勿入莫勃切卹勿撥摩也文二重音一

昜與章切開也一曰飛揚一曰長也一曰彊者衆皃文一

文三　重音一

冄毛冄冄也象形凡冄之類皆从冄古作

枏如占切又並而銜切冄又那含切又而琰切文二重音三

䫇汝甘切須也文一　冉而琰切冄或作冉又姓文一　⿰冄占乃玷切劣也文一

文五　重音三

而頰毛也象毛之形周禮曰作其鱗之而凡而之類皆从而如之切又奴登切安也易宜建侯而不寧鄭氏讀文一重音一

耏耐耏乃代切說文罪至不髡也或从寸諸法度字从寸亦作耏耏又人之切又汝來切須髮多皃耐又奴登切

熊屬文三重音三

文四　　重音四

豕彘也竭其尾故謂之豕象毛足而後有尾讀與豨同凡豕之類皆从豕古文作豕式視切

文二

𧱳他東切獸名山海經泰山有獸狀如豚而有珠其鳴自呼又徒東切野𧱳文一重音一
䝉謨蓬切獸似豕目出於耳又謨中切文一重音一
豵祖叢切說文生六月豚一曰一歲豵尚叢最聚也又將容切豕生三子
䝒胡弓切說文獸似豕山居冬蟄文一
𧲃又牆容切文一重音二
𧲃癡切土精如㹠謂之𧲃文一
豟章移切豕高五尺爲豟文一
豙商支切豕也文一
𧳜旬爲切豕牝謂之𧳜文一
𧲗𧲗𧳠勻規切獖豕小者爲𧲗子或作𧲗𧳠𧲗𧲗又丑棰切又徒卧切豕名𧲗又以水切𧲗又徒果切文三重音四
䝨虛宜切豕屬文一
豨香衣切豬也方言南楚謂之豨又許豈切說文豕走豨豨古有封豨脩蛇之害文一重音一
豦求於切說文鬬相丮不解也或从豕虍豕虍之鬬不相捨引司馬相如說豦封豕之屬一曰虎兩足舉又

曰許切又居御切獸名爾雅豦迅頭大如狗似獼猴黃黑色多鬛獵好奮迅其頭文一重音二

豠 祥余切說文豕屬又牀魚切又叢租切文一重音二

⿰豕助 牀魚切豕屬文一

豬 張如切說文豕而三毛叢居者文一

豞 權俱切爾雅馬後足皆白又許候切字林豕鳴也又黑角切又果羽切文一重音三

豧 芳無切說文豕息也又滂模切又芳遇切豕聲又蒲故切豕謂之豧又敷救切又匹候切文一重音五

⿰豕聚⿰豕取 崇芻切牝豕也或作⿰豕取又並撰禹切又並仕垢切文一重音二

⿰豕婁 龍珠切豕求子謂之⿰豕婁又郎侯切又龍遇切文一重音二

豯 弦雞切說文生三月豚腹豯豯皃文一

⿰豕土 呼回切豕發土也文一

豗 呼回切相擊也文一

豥 柯開切爾雅豕四豴皆白豥又何開切豕白足又魚開切又下楷切文一重音三

豩 悲巾切說文二豕也

又呼關切文一重音一⿰豕粦離珍切獸名山海經凡山有獸如彘黃身白首尾名曰開⿰豕粦文一⿰豕侖龍春切獸名文一豶符分切說文羠豕也或从犬文一⿰豕軍拘云切豕也又俱運切野豕小者曰⿰豕軍文一重音一豲愚袁切博雅豲豕又胡官切說文逸也引周書豲有爪而不敢以撅文一重音一豱烏昆切爾雅豕奏者豱謂今豱豬短頭皮理腠慼文一⿰豕昆枯昆切齧也減也文一豘徒渾切說文小豕也文一⿰豕冊相干切豕名文一⿰豕亘胡官切逸也博雅豕屬一曰邑名文一⿰豕雚呼官切野豕也文一⿰豕先蕭前切豕類文一豣豜經天切說文三歲豕肩相及者引詩並驅從兩豣兮豣又輕煙切又吉典切獸名爾雅獸絕有力者又倪甸切麕也文二重音三⿰豕幸輕煙切獸三歲曰豣豣或作⿰豕幸文一⿰豕孝虛交

切說文豕驚聲也又許教切豕走皃文一重音一豝邦加切說文牝豕也一曰二歲能相把拏

也引詩一發五豝文一豭居牙切說文牡豕也文一⿰豕唐徒郎切豕名文一⿰豕冥

忙切小豚也又莫定切文一重音一⿰豕丁湯丁切豕皃又他定切文一重音一⿰豕夌⿰豕令

郎丁切猪⿰豕令藥名或从令文二⿰豕曾慈陵切爾雅豕所寢橧或从豕又徂棱切博雅圈也文一重音

一⿰豕尤于求切豕名文一隊尹捶切豶也文一⿰豕爲羽委切豕名文一⿰豕夷

姊切豶豕文一⿰豕閔美隕切豕名文一豤苦本切豕齧物也又口狠切又牽典切又

枯昆切減也文一重音三⿰豕毋莫後切豕名文一⿰豕宗作弄切牡豕又子宋切豕子文一重

音一豷虛器切闕人名寒浞之子又許位切說文豕息也引春秋傳生敳及豷又壹計切文一重

音二

⿰豕氣 許既切豕息也文一

豙 魚既切說文豕怒毛豎一曰殘艾也又魚記切文一重音一

⿰豕婁 龍遇切求子豕也文一

⿰叕豕 株衛切豕㡯地又俱運切豕發土也一曰豕求食也又九勿切又渠勿切又居月切又紀劣切又巨劣切文一重音六

⿰豕介 暮拜切⿰豕介⿰豕舌頑惡文一

⿰豕舌 呼怪切⿰豕介⿰豕舌惡也文一

豛 牛盖切字林豕三毛聚居者一曰豕老謂之豛文一

豢 胡慣切說文以穀圈養豕也又戶管切又胡滿切莊子民食芻豢文一重音二

豰 居候切唊豬也又呼木切豕名一曰狐子又胡谷切豰貑也又都木切豰豰動物又呼酷切小豚又黑角切爾雅貔白狐其子豰又弼角切文一重音六

⿰豕奏 千候切豕也文一

⿰豕尨 丁候切尾星名又竹角切龍尾一曰東方星名文一重音一

⿱殸豕 呼木切豕聲文一

⿰豕巳⿰豕尾 都木切星名文二

豖

勑六切說文豕絆足行豕从豕繫二足又株玉切又丑玉切文一重音二

豖株玉切豕絆足行皃又丑玉切文一重音一

⿰豕暴弼角切說文小豚也文一

⿰豕出女滑切豕名文一

豝

豟乙革切爾雅豕絕有力者古作⿰豕粦文二

豛⿰豕役營隻切說文上谷名豬或不省文二

⿰豕見莫狄切白豕黑頭謂之⿰豕見文一

豴丁歷切蹄也文一

⿰豕聶質涉切博雅豕屬文一

⿰豕巤力涉切豕長毛謂之⿰豕巤文一

⿰豕建色甲切博雅⿰豕建⿰豕彔牝豕也文一

⿰豕妾色甲切獸名文一

文九十　重音六十三

㣇脩豪獸一曰河内名豕也从彑下象毛

足凡㣇之類皆从㣇籒文㣇古文㣇羊至切籒作㣇古作𢑏又田黎切文三重音一

豪豪豪豪乎刀切說文豕鬣如筆管者籒从豕或省文三

𢑞𢑞息利切說文㣇屬引虞書𢑞類于上帝古作𢑞又羊至切文二重音一

𧰲彙于貴切說文蟲似豪猪者隸作彙文二

𦅺㬎㣇豩呼骨切說文豕屬也或作㬎豩文三

文十三　重音二

彑豕之頭象其鋭而上見也凡彑之類皆从彑居例切文一

𢑚何加切說文豕也从彑下象其足文一　彖式視切說文豕也文一　彘直例切說文豕也後蹏廢謂之彘从彑矢聲从二匕彘足與鹿足同文一　彖通貫切豕走也从彑从豕省又賞氏切豕屬又敞尒切又犨尒切文一重音三

文五　重音三

𧱓小豕也从彖省象形从又持肉以給祠祀凡𧱓之類皆从𧱓篆作豚徒黿切豚又杜本切行𢧵踵又徒困切文二重音二

䝐于歲切豚屬从豚衞聲文一

文三　　重音二

豸獸長脊行豸豸然欲有所司殺形凡豸之類皆从豸或作⿰虫豸池尔切豸又丈蟹切蟲無足文二重音一

⿰豸同他東切獸名山海經泰山有獸狀如豚而有珠其鳴自呼又徒東切野彘文一重音一

⿰豸眾之式切獸名如豹而角文一

⿰豸冬都宗切獸如豹有角文一

⿰豸庸餘封切說文猛獸也或从犬文一

⿰豸雍於容切獿屬文一

⿰豸离抽知切鷙獸文一

⿰豸多余支切獸名似犬赤喙白首見則荒文一

⿰豸奇於宜切說文犗犬也文一

⿰豸尼女夷切獸名文一

豾攀悲切狸子曰豾又貧悲切貔也文一重音一

貔豼頻脂切說文豹屬出貉國引詩獻其貔皮或省文二

豾貧悲切貔也方言北燕朝鮮謂之豾又部鄙切文一重音一 貍⿰豸來陵之切說文伏
獸似貙或作⿰豸來⿰豸來又郎才切獸名言貔陳楚江淮之間謂之⿰豸來貍又謨皆切又暮拜切瘞也又紆勿切臭
也周禮鳥皫色而沙鳴貍文二重音四 ⿰豸求求於切⿰馬蒙⿰豸求獸名文一 貙敕居切虎之大
者又椿俱切獸名說文貙貗似貍者文一重音一 貗龍珠切獸名字林貗子也又容朱切豕求
子又郡羽切文一重音二 貐容朱切⿰豸契貐獸名又尹捶切⿰豸契貐類貙虎爪食人又勇主切文一重
音二 貕弦雞切貕養澤名在幽州文一 ⿰豸契煙奚切⿰豸契貐獸名似貙又壹計切文乙黠切虎
爪食人又一結切文一重音三 貎研奚切說文狻麑獸也一曰麑鹿子或从豸文一 ⿰豸皆
休皆切獸名文一 ⿰豸希呼乖切獸名文一 豺牀皆切說文狼屬狗聲文一 ⿰豸袁

于元切善援馬屬文一 貆 許元切貉類又胡官切又呼官切又野官切貛或作貆文一重音三 貇 枯昆切齧齒也減也文一 豻 河干切胡地野犬又俄干切又丘顏切又牛姦切又侯旰切又魚旰切文一重音五 貚 他干切獸名貙屬又唐干切又亭年切又結案切文一重音三 貛貒 呼官切說文野豕也爾雅狼牡亦作貒貛又逵員切貒又他官切說文獸也似豕而肥又吐玩切文二重音三 貦 吾官切貉屬文一 𧳜 謨官切獸名似貍又吾販切又莫半切文一重音二 狻 蘇官切說文狻麑如虦猫食虎豹者或从豸从鹿文一 貘獌 謨還切狼屬似貍又莫半切貘又莫白切似熊而黃黑色出蜀中文二重音二 貂 丁聊切說文鼠屬大而黃黑出胡丁零國文一 獠 憐蕭切爾雅宵田爲獠或从豸又竹絞切戎夷別名又魯皓切西南夷謂之獠

文一重音二貓眉鑣切爾雅虎竊毛謂之虦貓一曰食鼠貍又謨交切文一重音一𧳜乎刀切咆也譚長說嘷或从豸文一𧲣邦加切獸醜狀文一貑居牙切獸如熊黃白文闕西呼曰貑𧲮於郎切江東呼貔爲𧲮文一貅虛尤切摰獸名或省𧲡又香幽切文二重音一𧳅夷周切玃屬又將由切犬名又茲秋切良犬也又余抹切字林獸名如猴卬鼻長尾文一重音三𧳟踈鳩切貗獀獸名文一貏補靡切貏豸漸平貟又部靡切文一重音一𧲴爽士切獸名似犬又踈吏切江東呼貉爲𧲴文一重音一𧳎爾紹切獸名如獼猴健捕鼠文一𧳮被表切獸名似狐善睡文一𧴂𧴃乃老切獸名雌貀也或作𧴃文二𧳘止酉切獸名文一豿舉后切熊虎子也漢律捕虎購錢三其豿半之

是也又許侯切文一重音一

貄貄 羊至切爾雅貍子貄或作貄貄又渠記切又以制切又息利切獸名爾雅貄脩毫文二重音三

𧳜 于貴切蟲似豪豬者文一

貊 思晉切獸名文一

貋 侯旰切胡地犬名豻或作貋文一

貒 吐玩切獸名野豕也文一

豹 巴校切獸名說文似虎圜文文一

貉 莫駕切說文師行所止恐有慢其神下而祈之曰禡引周禮禡於所征之地或作貉又末各切爾雅靜也又曷各切似狐善睡又莫白切說文北方豸種也文一重音三

貁 余救切字林獸名如猴卬鼻長尾文一

豿 許侯切熊虎子名文一

貀 女律切獸名無前足又當沒切貀貀獸名又女骨切獸名無前足形如猴又女滑切漢律能捕豺貀購百錢文一重音三

䝒 古忽切䝒貀獸名文一

㺯 女滑切獸名文一

貊 莫轄切邪巾袹頭亦作貊

又莫白切北方豸種也貉或从百文一重音一 貜 王縛切獸名說文𤜕貜也又厥縛切猿類似犬食猴又局縛切又俱碧切文一重音三 ⿰豸尃 伯各切獸名似人有翼文一 貈貥⿰豸彖 曷各切說文似狐善睡獸引論語狐貈之厚一曰說文从舟誤當从亢聲或作⿰豸彖文三 ⿰豸乇 陟格切馲騆獸名驢父牛母或作⿰豸乇文一 貖 乙革切鼠屬文一 ⿰豸歷 狼狄切獸名或作⿰犭歷⿰犭樂亦省文一 ⿰豸力 六直切犬名出遼東文一 ⿰豸妾 色甲切獸名文一

文八十二 重音五十七

兕 序姊切如野牛而青象形與禽离頭同凡兕之類皆从兕古作兕𠒋光文四

共文

文四

易蜥易蝘蜓守宮也象形祕書說日月爲易象陰陽也一曰从勿凡易之類皆从易羊益切又以豉切輕也又是義切文一重音二

易乙革切鼠屬文一

文二　重音二

象長鼻牙南越大獸三秊一乳象耳牙四足之形凡象之類皆从象古作𤉢似兩切文二

豫𢌰余羊茹切說文象之大者賈侍中說不害於物一曰逸也叙也亦姓古作𢌰或作余豫又商居切伸也豫又詞夜切榭或作豫文三重音二𧰟必益切𧰟邪獸名鳥喙又必歷切文一重音一

文六　重音三

類篇卷第九下

類篇卷第十上　卷之二十八

朝散大夫右諫議大夫權御史中丞充理檢使上護軍河内郡開國侯食邑一千三百户賜紫金魚袋臣司馬光等奉

敕修纂

十四部

文二千六百二十六

重音一千八百八十五

馬怒也武也象馬之頭髦尾四足之形凡馬之類皆从馬古作影影　莫下切又滿補切文三重音一

⿰馬東 都籠切馬名文一 ⿰馬童 徒東切馬名文一 驡 盧東切充實也龐或从馬又蒲蒙切充牣也又閭江切又良用切重騎文一重音三 ⿰馬冡⿰馬蒙 謨蓬切說文驢子也或从蒙又並蒙弄切文二重音一 驄 麤叢切說文馬青白雜毛也文一 騣 祖叢切馬鬣也文一 馮 符風切說文馬行疾也又姓又披耕切馮閎大也又蒲萌切又披冰切又皮命切據也又父吻切濿也文一重音五 駥 而融切馬高八尺也爾雅絶有力駥文一 䮭 書容切騖馬文一 ⿱龍馬 盧鐘切野馬又子朗切⿱龍馬⿰馬坴良馬文一重音一 ⿱巩馬 渠容切獸如馬而青一走千里又古勇切文一重音一 ⿰馬空 枯江切馬行皃文一 駹 莫江切說文馬面顙皆白文一 馶 章移切說文馬彊也又翹移切又施智切又居企切文一重音三 ⿰馬垂騬 專垂切馬小皃或作騬⿰馬垂又津

垂切馬小行皃又遵緌切馬駒謂之騒又馳𩢊駗
並主縈切小皃或書作騗文二重音三
陳知切說文大驅也又姓古作𩢊或
作駗馳又唐何切走也文三重音一驪鄰知切驢
子曰驪文
一驪鄰知切說文馬深黑色一曰駕二馬又陳尼
切驪靬縣名在張掖又憐題切馬黑色文一
重音騹居宜切良馬又几利切說文千里馬也
二孫陽所相者天水有騹縣文一重音一騎
渠羈切說文跨馬也又
奇寄切文一重音一䮗魚羈切馬名文一騅朱惟切
說文馬
蒼黑雜毛騙駓霜夷切野馬
亦姓文一或省文二䮽騋良脂切駹驪
獸名似馬或
从犁文二駷延知切馬名文一騩居逵切馬淺黑色又居韋
切山名山海經大騩山在
滎陽密縣一曰馬色又語韋切又騤渠龜切說文
徒回切又基位切文一重音四馬行威儀引

陳言

詩四牡騤騤又古穴切爾雅馬回毛在背文一重音一駓駍攀悲切說文黃馬白毛也或从
平又並貧悲切馬駁色爾雅黃白雜毛文二重音一䮆貧悲切馬走也又補美切獸趨行皃又部
鄙切䮆騃獸行也文一重音二騦新茲切馬名文一騏馸渠之切說文馬青驪文如
博棊也古作馸文二騑⿰馬斐芳微切騑騑馬行不止皃或从斐騑又匪微切說文驂旁也又妃尾
切馬名文二重音二騛匪微切說文馬逸足也引司馬法騛衛斯輿文一䮝吁韋切山
海經太行山有獸狀如麢四角馬尾而有距名曰䮝又胡昆切山海經太行山有獸狀如騉駼四角而
名曰䮝騱文一重音一⿰馬魚牛居切馬二目白曰鰢或作⿰馬魚文一驉休居切驉獸名文
一駔牀魚切闕齊公子名又聰徂切馬壯又坐五切會也一曰駿馬名又子朗切說文壯馬也

一曰馬蹲駔也一曰市會又在朗切大也文一重音四

驢⿰馬婁 凌如切獸名說文似馬長耳或从婁⿰馬婁又郎矦切馬類一曰大騾文二重音一

⿰馬衣⿰馬旅 凌如切傳也如今遽馬或从旅⿰馬旅又良據切傳語之⿰馬旅文二重音一

⿱與馬 羊諸切說文馬行徐而疾引詩駟牡⿱與馬⿱與馬又羊茹切文一重音一

驅 虧于切說文馬馳也俗作駈非是又祛尤切疾馳又區遇切文一重音二

駒驕 恭于切說文馬二歲曰駒或作驕驕又虛嬌切犬名獢或作驕又丘袄切馬壯皃又居妖切說文馬高六尺爲驕引詩我馬惟驕一曰野馬又渠嬌切闕人名陳有袁驕又舉夭切儐驕不可禁之勢又嬌廟切嬌騺馬行皃駒又俱遇切駒麗國名文二重音七

⿰羽馬⿰求馬⿰瞿馬 權俱切爾雅馬後足皆白或作⿰求馬⿰瞿馬文三

⿰馬瞿 權俱切馬行也文一

騶⿸虍騶 崇芻切廐御也一曰騶虞獸名或作⿸虍騶騶又逡須切馳也

又追輸切夷國名又甾尤切說文廄御也亦姓文鉏救切馬步疾也又才候切疾馳文一重音五 騟

容朱切馬雜色文一 駛 容朱切疾也文一 䮒 滂模切馬名文一 駼 同都切獸

名說文黃牛虎文文一 駑 農都切駘也文一 䮏 訛胡切騉䮏馬名文一 騠

都黎切駃騠良馬又田黎切孟康曰駿馬生七日而超其母文一重音一 驒 都黎切驒騱駏驉類

又他干切馬青白文曰驒又唐千切驎驒青驪馬又多年切驒騱馬屬一曰白馬黑毛又亭年切又唐何

切說文驒騱野馬也文一重音五 ⿰馬犁 ⿰馬黎 ⿰馬𥝢 憐題切博雅駣⿰馬犁馬屬或从黎从𥝢文三 騱

堅奚切爾雅馬前足皆白又弦雞切說文驒騱馬也文一重音一 ⿱殹馬 煙奚切黑色馬文一 驨

玄圭切獸名爾雅驨如馬一角文一 騧 ⿰馬爾 公蛙切又並姑華切說文黃馬黑喙文二重音一

䮗雄皆切說文馬和也文一
騆胡隈切馬名文一
𩡧何開切又胡關切說文馬一歲也从馬一絆其足亦書作𩡧又胡犬切又熒絹切文一重音三
駘湯來切狐駘邾地一曰臺駘汾神又堂來切說文馬銜脫也一曰駑馬也一曰駘蕩曠遠也又丈蟹切駘騃馬不進又蕩亥切疲也一曰駘蕩散也文一重音三
騋郎才切說文馬七尺爲騋八尺爲龍引詩騋牝驪牡又洛代切文一重音三
駗之人切駗驙馬載重難行皃又知鄰切又離珍切又株倫切又止忍切又丑忍切又知忍切又陟刃切文一重音七
驞紕民切驞䮚衆聲文一
驎離珍切馬班文爾雅青驪驎驒又里忍切隱驎馬色駮也一曰白馬黑脣又良刃切文一重音二
馴殊倫切順也又舩倫切又松倫切說文馬順行又俞倫切道也又吁運切易馴致其道徐邈讀文一重音四
駀

松倫切馬逆毛又庚準切又以轉切文一重音二

駰 伊眞切說文馬陰白雜毛黑引詩有駰有騢又於巾切又紆倫切文一重音二

駪 踈臻切說文馬衆多皃文一

駇 無分切說文馬赤鬛縞身目若黃金名曰駇吉皇之乘周文王時犬戎獻之引春秋傳文馬百駟畫馬也西伯獻紂以全其身或書作⿰文馬文一

⿰馬分 敷文切馬行疾皃文一

騵 愚袁切爾雅駵馬白腹騵文一

騝 居言切爾雅駵馬黃脊騝又渠焉切文一重音一

⿰馬樊 符袁切⿰馬樊駓馬躊躇不行也文一

騉 公渾切野馬屬爾雅騉蹄趼善陞甗文一

⿰馬昷 烏昆切騉驪良馬文一

⿰馬賁⿰馬奔 逋昆切馬走或从奔文二

驐 都昆切字林去畜勢也文一

⿰馬寒 河干切馬多皃文一

⿰倝馬 河干切駭⿰倝馬馬名又侯旰切說文馬尾長也文一重音一

馯 河干切東夷別種名亦姓漢有馯臂又丘

顏切馬青黑色亦姓又侯旰切文一重音二
驙 他干切騏驎謂之驙又唐干切博雅白馬黑脊驙又張連切說文駗驙也引易乘馬驙如一曰馬載重難行又陟扇切馬臥也文一重音三
驩 呼官切說文馬名文一
⿰馬耑 多官切馬名文一
⿰馬間⿰馬閑 何間切說文馬一目白曰⿰馬間二目白曰魚或从閑文二
騚 才先切馬四蹢白謂之騚文一
駢 蒲眠切說文駕二馬也又旁經切地名論語駢邑三百文一重音一
⿰馬眞 多年切馬顙戴星謂之⿰馬眞文一
驠 因蓮切馬名爾雅白州驠又伊甸切說文馬州也文一重音一
駽 呼玄切說文青驪馬引詩駜彼乘駽又胡犬切又翾縣切又熒絹切又犬縣切文一重音四
⿰馬玄 胡涓切馬一歲名一曰馬黑色又熒絹切文一重音一
騫 丘虔切馬腹縶也一曰虧也又祛建切馬腹上也又九件切騖也文一重音二

駩騡從緣切白馬黑脣或从泉駩又逡緣切文二重音一　騷先彫切愁也一曰蒲騷地名又蘇遭切說文擾也一曰摩馬又先到切拚除也文一重音二　駣他彫切馬三歲曰駣又徒刀切馬四歲謂之駣又直紹切駣騂馬屬又杜皓切又大到切文一重音四　驍堅堯切說文良馬也一曰健也文一　驫甲遥切衆馬走也又必幽切又香幽切又悲幽切說文衆馬也又仕戢切文一重音四　駋之遥切馬名文一　驁牛刀切駿馬以壬申日死故乘馬忌此三一曰驁夏詩名又牛召切驕驁馬行皃又魚到切驁夏樂章名文一重音二　⿰馬舀他刀切說文馬行皃文一　騊徒刀切說文騊駼北野之良馬文一　騀牛何切博雅騀驋馬屬又語可切說文馬搖頭也文一重音一　⿰馬少⿱沙馬桑何切駞⿰馬少馬行皃或从沙文二　駝駞唐何切橐駝匈

女奇畜或从㐌文一　馱唐何切馬負物文一　驘⿰馬𣎆騾盧戈切說文驢父馬母或从𣎆亦作騾文三　騢何加切說文馬赤白雜毛謂色似鰕魚文一　駕居牙切闕人名左氏傳有滎駕鵝又居迓切說文馬在軛中文一重音一　驊⿰龠旬胡瓜切駿馬名或作⿰龠旬文二　騧姑華切黃馬黑喙文一　⿰馬昜余章切馬名文一　驤思將切說文馬之低仰也一曰馬後右足白又如陽切文一重音一　驦騻師莊切驌驦良馬名或从爽騻又所兩切文二重音一　⿰馬喪師莊切騯⿰馬喪馬淺黃色又蘇郎切文一重音一　駺呂張切山海經大封國有文馬縞身朱⿰馬巤名曰吉駺又盧當切馬尾白駺文一重音一　騜于方切馬黃白色又胡光切文一重音一　⿰馬唐徒郎切馬色文一　騯蒲光切又晡橫切騯騯馬盛皃又蒲庚切詩四牡騯騯又補朗

切騯⿰馬桑馬皃文一重音三⿰馬桑蘇郎切馬色黃尾白又寫朗切騯⿰馬桑馬皃文一重音一䭲魚剛切䭲䭲馬怒皃一曰馬白腹謂之䭲又語朗切馬驡謂之䭲又魚浪切文一重音二⿰馬羔⿰馬⿱艹羔呼光切說文馬奔也或从荒文二⿰馬廣姑黃切馬回毛在背曰闋⿰馬廣文一騜胡光切爾雅馬黃白文一⿰馬亭除庚切馬住皃文一驚居卿切說文馬駭也文一⿱馬耳乎萌切馬一歲也一曰縣名文一駍披耕切馬聲文一駖力耕切馬眾聲又郎丁切駖轞車騎聲文一重音一騂思營切牲赤色又許營切文一重音二駉消熒切說文牧馬苑也引詩在駉之野文一駫消熒切說文馬盛肥引詩四牡駫駫文一騬⿰馬椉神陵切說文犗馬也或从椉又並慈陵切又並石證切文二重音二驓慈陵切爾雅馬四骹皆白又徂

棱切又昨亘切文一重音二䮚閭承切馬食粟又郎鄧切䮚驓馬病文一重音一驓他登切馬傷穀病又唐亘切文一重音一騰徒登切說文傳也一曰騰犗馬也俗作驣非是文一

駀于求切馬名文一傌虛尤切說文馬名文一、駲張流切駲騪馬名文一

騮駵力求切說文赤馬黑毛尾也或作駵文二騥而由切爾雅馬青驪繁鬣曰騥文一

騪踈鳩切駲騪馬名文一駸⿰馬侵千尋切字林馬行疾也或从侵又初簪切又楚錦切

文二重音二駸咨林切說文馬行疾也引詩載驟駸駸文一驔徒南切馬豪骭曰驔又徒點切說文驪馬黃脊也又徒念切文一重音二

驂倉含切說文駕三馬也又七紺切騑也文一重音一

䮐胡讒切䮐驩縣名文一颿⿰馬凡符咸切說文馬疾步也或从凡颿又扶之

切博雅驅之走也一曰馬疾馳文二重音一**駷**損動切揺馬銜走又筍勇切又蘇后切文二重

音二**䮞**淺氏切說文馬名文一**駬**忍止切騄駬馬名文一**駛**爽士切疾也文

一**騃**牀史切獸行皃又丈里切又羽已切又偶起切又語駭切說文馬行仡仡也又坦亥切疲

也又五亥切童昏也文一重音六**駏**臼許切駏驉獸名文一**駁**匪父切牡馬又奉甫

切文一重音一**駭**下楷切說文驚也文一**駴**下楷切疾雷擊鼓曰駴又倚亥切又居拜

切上不問下文一重音二**⿰馬宰**子亥切馬雜毛騘毛文一**⿰馬春**尺尹切駮馬也文一**⿰馬産**

所簡切馬名文一**騕**伊鳥切騕褭古之良馬或作⿰馬夭文二**褭**爾紹切騕褭良馬文

一**⿰芺馬**烏浩切馬名文一**駂**補抱切馬名烏驄也或書作⿰卜馬文一**騲**采早切牝

馬文一⿰馬𠷎騳覩老切禱牲馬祭也或作騳又並刀号切爲牲馬祭求肥大文二重音一⿰馬𡿺
乃老切褭⿰馬𡿺馬名文一駊⿰馬叵普火切馬行皃駊騀也或作⿰馬叵駊又補火切文二重音一騇
始野切牝也又式夜切文一重音一⿰馬者止野切馬名文一駚倚兩切駚伞獸跳踏自撲
也一曰駚讋馬皃又倚朗切文一重音一⿰馬卬⿰馬亢語朗切馬驚謂之⿰馬卬或作⿰馬亢文二罵
眉永切罵汗馬名文一騁⿰馬馬丑郢切說文直馳也古作⿰馬馬文二⿰馬凡如顛切馬行疾
皃又日涉切又昵輒切文一重音二馹巨九切馬八歲謂之馹文一⿰馬皁隲扶缶切馬
盛也一曰益也或作隲隲又莫駕切方言益也文二重音一犸莫後切畜父也文一駿
蘇后切搖馬銜走文一闖丑甚切馬出門皃又丑禁切文一重音一馾都感切馬名又

丁紺切馬睡皃文一重音一
驣 戶黤切馬走也文一
駧 徒弄切說文馳駧去也文一
駟 息利切說文一乘也又息七切乘馬文一重音一
⿰馬卒 七醉切馬卒文一
騺 陟利切說文馬重皃又丑二切騺曼馬距抳遟頓皃一曰馬旁也文一重音一
駤 陟利切博雅駤駤止也一曰馬高大文一
⿰馬豈 几利切冀及也文一
駛 踈吏切馬行疾也文一
⿰馬希 許既切馬走皃文一
馭 牛據切使馬也文一
駙⿰馬附 符遇切說文副馬也一曰近也一曰疾也或从附文二
騖 亡遇切說文亂馳也文一
馵 春遇切馬膝以上皆白曰馵又朱戍切說文馬後左足白也又朱欲切文一重音二
駐 株遇切說文馬立也又厨遇切文一重音一
⿰馬步 蒲故切習馬也文一
⿰馬本 蒲故切馬名文一
騞 顯計切解牛聲莊子奏刀騞然

徐邈讀又呼惠切又霍虢切又莫獲切馬切又士益切又他歷切文一重音五⿰馬歲姑衛切馬性惡又烏廢切⿰馬歲騠馬怒文一重音一⿱列馬⿰馬厲力制切說文次弟馳也一曰馴也或从厲亦書作駠⿰馬厲又力蘖切驟也或書作駠文二重音一駄徒蓋切馬畜負物也一曰縣名在江夏又唐佐切文一重音一駾吐外切說文馬行疾來皃引詩昆夷駾矣又徒外切一曰突也文一重音一⿰馬寽魯外切馬毛班也又盧卧切騂歲穀名賈思勰說又盧活切文一重音二⿰馬巿普蓋切馬皃文一⿰馬介居拜切說文系馬尾也文一駃苦夬切馬行疾又古穴切說文駃騠馬父驘子也文一重音一駿須閏切大也又祖峻切說文馬之良材者文一重音一⿰馬吝良刃切牡馬文一⿰馬斤居㷴切車中馬文一⿰馬旱侯旰切說文亦姓或省文一⿰馬岸魚旰切說文馬

頭有發赤色者一曰䮽⿰馬岸馬行皃一曰馬流星貫脣謂之⿰馬岸又魚澗切馬首文一重音一

䮽 博漫切䮽⿰馬岸馬行皃文一

⿰馬段 徒玩切款⿰馬段馬行緩文一

騴 於諫切爾雅馬尾本白者文一

駨 翾縣切馬驪謂之駨又熒絹切又犬縣切文一重音二

⿰馬展 陟扇切馬臥也文一

⿰扁馬 匹羨切躍而乘馬也或書作騙文一

驃 毗召切說文黃馬發白色一曰白髦尾又毗召切馬行疾皃又卑妙切馬黃色文一重音二

⿰馬卓 敕教切馬馳也又竹角切⿰馬卓驁馬行不前皃文一重音一

⿰馬敖 魚到切驕⿰馬敖馬怒通作驁文一

驀 莫駕切登也又莫白切說文上馬也文一重音一

驟 鉏救切說文馬步疾也又才候切文一重音一

驗 魚窆切說文馬名也文一

䮷⿰馬賣 徒谷切騼䮷野馬一曰馬行皃䮷又仕足切騼䮷野馬文二重音一

騼 盧谷切博雅⿰馬戠騼馬屬一曰野

馬文一　**駥**　房六切馬名文一　**驌**　息六切驌騻良馬又所六切馬名文一重音一　**⿰馬逐**　仲六切獸名文一　**⿰馬坴**　力竹切⿱龍馬⿰馬坴良馬文一　**驧⿰馬匊**　居六切又渠竹切說文馬曲脊也或省⿰馬匊又丘六切文二重音二　**⿱𦥯馬**　烏酷切馬鳴腹謂之⿱𦥯馬又訖岳切又乙角切說文馬行徐而疾也一曰馬腹下聲文一重音二　**篤**　都毒切說文馬行頓遲文一　**騄**　龍玉切騄耳馬名文一　**駶**　衢録切馬立不常謂之駶文一　**⿰馬隺**　訖岳切馬白頟又逆角切又昌各切苑名又忽郭切又五郭切馬名文一重音四　**駮**　訖岳切雜也一曰獸名又北角切說文獸如馬鋸牙食虎豹文一重音一　**駁騡**　北角切說文馬色或从复騡又簿必切馬飽也文二重音一　**⿰馬孛**

⿰馬包　弼角切獸名馬形牛尾一角或作⿰馬包⿰馬孛又薄没切山海經敦頭之山多⿰馬孛馬牛尾白身一角其

音如呼文二重音一⿰馬質職日切馬名文一騭職日切說文牡馬也一曰陞也定也又竹力切登也文一重音一馹⿰馬刃入質切說文驛傳也或作⿰馬刃文二駜簿必切說文馬飽也引詩有駜有駜又簿宓切馬肥皃又毗至切文一重音二⿰馬失弋質切馬足疾又徒結切文一重音一⿰馬吉喫吉切馬色文一驈越筆切驪馬白跨也又戶橘切又食律切引詩有驈有騜又允律切文一重音三⿰馬聿食律切馬白胯驈或从聿又允律切文一重音一⿰馬屈曲勿切⿰馬屈産良馬文一⿰馬匃居謁切馬走皃又居曷切說文馬疾走也文一重音一⿰馬出當没切⿰馬骨⿰馬出獸名出北海文一⿰馬骨古忽切⿰馬骨⿰馬出獸名出北海文一騔⿰馬葛居曷切馬疾走也或从葛文二⿰馬末莫葛切馬走皃文一驋北末切馬搖首又普活切馬行皃文一重音一

䮀蒲撥切䮀輪馬名文一 䭲布拔切說文馬八歲文一 騞丘瞎切馬駁文一

驖他結切說文馬赤黑色引詩四驖孔阜又徒結切文一重音一 𩡧徒結切說文馬有疾足文一

䮍徒結切馬赤黑色文一 䮕株劣切馬名的盧也文一 䮾厥縛切獸名鹿形馬足人手文一

馲駝驝闥各切馲馳畜名或作駝驝馲驝又歷各切馲又屋郭切又陟格切馲駬獸名驢父牛母文三重音三

駱䮥歷各切說文馬白色黑鬣尾也亦姓或作䮥文二

䮝莫白切獸名說文馲駬一說似騾而小文一 𩢐陟格切馲駬獸名驢父牛母文一

𩤟陟革切𩤟駿騾屬文一 驛夷益切說文置騎也文一 䮗莫狄切馬囓謂之䮗一曰馬驚視文一

馰丁歷切說文馬白頟也一曰駿也引易爲馰顙文一 䮠

狠狄切馬色文一⿰馬喜迄力切馬走文一⿰馬或越逼切⿰馬畐⿰馬或馬走皃又忽域切文一重音一⿰馬畐筆力切⿰馬畐⿰馬或馬走文一騽席入切說文馬豪骭也一曰驪馬黃脊又域及切馬豪也文一重音一⿰馬集仕戢切馬衆也文一⿰馬戢仕戢切⿰馬戢⿰馬戢馬行皃文一馽陟立切說文絆馬也引春秋傳韓厥執馽馬前又德合切縶也又食律切文一重音二⿰馬屰逆及切馬行皃文一馺悉合切說文馬行相及也一曰馳也文一⿰馬沓達合切馺⿰馬沓馬行疾也文一⿰馬⿱冃羽託盍切⿰馬巤⿰馬⿱冃羽馬不行皃文一⿰馬巤力盍切⿰馬巤⿰馬⿱冃羽馬不進又力涉切馬行皃文一重音一⿰馬枼弋涉切馬行輕皃又實洽切馬騄皃文一重音一⿰馬臿磣歃切馬行皃又實洽切馬騄皃文一重音一⿰馬毛力涉切車耍以禦風塵也文一⿰馬聶昵輒切馬步疾也文一⿰馬業

逆怯切馬高大謂之驜文一䮳竹洽切馬行皃文一

文三百四十一　重音二百十八

廌解廌獸也似山牛一角古者決訟令觸不直象形从豸省凡廌之類皆从廌宅買切又丈尒切文一　重音一

𢊁古孝切解廌屬从廌孝聲闕又許教切又居效切文一重音二

薦薦作甸切獸之所食艸从廌从艸古者神人以廌遺黃帝帝曰何食何處曰食薦夏處水澤冬處松柏或从豕薦又才甸切重也文二重音一

灋法金方乏切刑也平之如水从水廌所以觸不直者去之从去省文

作法古文作金文三

文七　重音四

鹿獸也象頭角四足之形鳥鹿足相似从匕凡鹿之類皆从鹿盧谷切文一

麠常支切麋牝曰麠又丞真切又船倫切又是君切文一重音三

䴈邕危切䴈鹿鄭康成曰今益州有鹿䴈一曰鹿之美者文一

麈朱惟切鹿一歲爲麈文一

麋旻悲切說文鹿屬冬至解其角亦姓文一

麒渠之切說文仁獸也麋身牛尾一角文一

麆千余切鹿子曰麆又牀魚切麞子一曰關中謂小兒爲麆子取此義又坐五切䟽也又聰徂切行超遠也又牀據切爾雅

麕子文一重音四⿸鹿與羊諸切郊羊大者曰羬⿸鹿與又象呂切又羊茹切獸名說文似鹿而大文一重音二麌元俱切獸名爾雅麕牡麌又訛胡切又五矩切麌鹿羣相聚皃文一重音二⿸鹿需詢趨切博雅麛也又汝朱切鹿子曰⿸鹿需又奴矦切又奴亂切說文鹿麛也文一重音三麡前西切獸名如麋角前俯入林則挂常在平野又牋西切獸名似麋又牀皆切獸名似鹿而小角長五尺文一重音二麑研奚切說文狻麑獸也一曰麑鹿子又緜批切文一重音一⿸鹿圭消畦切說文鹿屬文一⿺辶鹿緜批切鹿跡一曰鹿媒文一麛⿸鹿弥⿸鹿巂緜批切說文鹿子也或从弥从巂文三麐⿸鹿厷離珍切說文牡麒也陸機曰麕身牛尾黃色貟蹄角端有肉音中鐘呂行中規矩王者至仁則出或作⿸鹿厷麐又良刃切牡鹿文二重音一麟離珍切說文大牝鹿也文

一麐魚巾切獸名如駱八目又魚斤切文一重音一麇麕麏俱倫切說文麞也或从囷从君亦國名麇又拘云切麞也又衢云切羣也春秋求諸侯而麇至又去粉切文三重音三䴫公渾切鹿屬文一𪊶蘇官切狻或作𪊶文一𪊨胡官切鹿三歲也文一麉經天切說文鹿之絕有力者亦書作麉又輕煙切又倪堅切又詰戰切又詰定切文一重音四麃悲嬌切麃麃武皃又蒲交切說文麠屬又匹沼切又滂表切鳥毛變色文一重音三麅蒲交切麠屬文一麔居勞切牝麠又巨天切又被表切又巨九切文一重音三麚䴥居牙切說文牡鹿以夏至解角或作䴥文二麞諸郎切說文麇屬文一麘虛良切麝麘獸名文一麈師庚切獸名似鹿而小一曰大兔文一麠麖居卿切說文大鹿也

牛尾一角或从京文二　**麢**⿸鹿零　郎丁切説文大羊而細角或从零文二　**麀**⿸鹿幽　於求
切爾雅牝鹿也或从幽文二　**麙**　其淹切羊六尺爲羬或从鹿又胡讒切又虚咸切羊絶有力又
魚咸切郊羊其大者羬麌或作麙文一重音三　**麀**　舉履切鹿二歲曰麀又象齒切文一重音一
⿸鹿旨麂　舉履切説文大麇也狗足或从几文二　**麌**　五矩切麇鹿羣相聚皃文一　**麆**
腫庚切説文麇屬文一　**⿸鹿本**　部本切牡麇文一　**⿸鹿夭**　於兆切獸名爾雅麇其子⿸鹿夭又烏浩
切獸名文一重音一　**⿸鹿廷**　他頂切鹿走皃文一　**⿸鹿助**　牀據切爾雅麕子麆或从助文一　**麗**
丽⿰朩朩　郎計切説文旅行也鹿之性見食急則必旅行从丽聲引禮麗皮納聘蓋鹿皮也一曰美
也著也古作丽⿰朩朩麗⿰朩朩又鄰知切施也麗又山宜切析也又憐題切高句麗東夷國名又里弟切彭麗澤

也又知義切美也又郎狄切縣名文三重音六
麝神夜切獸名說文如小麋臍有香一說冬食栢夏食諸蟲又食亦切獸名爾雅麝父脚似麕有香文一重音一
𪋻蘇谷切說文鹿迹也文一
[⿸鹿皮]盧谷切獸皮有文皃文二
麜力質切牝麕也文一

文六十　重音四十四

麤行超遠也从三鹿凡麤之類皆从麤或作[⿰土麤]滄胡切文二

[⿱麤土]塵[⿱𣫥土][⿱𣫥土][⿱𣫥土]池鄰切說文鹿行揚土也籀作[⿱𣫥土]古作[⿱𣫥土]俗作尘非是塵又亭年切久也又直刃切土汚也文五重音二

文七　重音二

㲋獸也似兔青色而大象形頭與兔同足與鹿同凡㲋之類皆从㲋篆作⿱⺈用丑略切文二

毚士咸切說文狡兔也兔之駿者又初銜切辰星別名文一重音一　⿺兔監力銜切⿺兔監⿺兔監頭皃又力陷切文一重音一　⿱㲋吾司夜切說文獸名聲讀若寫又洗野切又元具切又五故切文一重音三　⿱㲋叟疏吏切江東呼貉為獀獀或作⿱㲋叟文一　⿱㲋夬古穴切說文獸也似牲牲文一　⿺兔㲋四陌切疾皃文一

文八　重音五

兔獸名象踞後其尾形兔頭與㲋頭同凡兔之類皆从兔湯故切又同都切又初咸切晨星別名文一重音二㕙七旬切說文狡兔也又七倫切又祖峻切文一重音二冤於袁切說文屈也不得走益屈折也文一⿰冗兔吾官切兔子也文一⿰需兔⿱丷兔奴侯切江東呼兔子為⿱需兔或作⿱丷兔亦書作⿺兔需⿺兔需又乃俱切文二重音一免武遠切黜也又美辨切釋也止也又文運切喪冠又無販切文一重音三嬎芳萬切說文兔子也嬎疾也又無販切媚也又美辨切婏嬎順也文一重音二⿱兔⿰兔兔芳遇切說文疾也又匹陌切文一重音一逸⿰爿⿱夂亖夷質切說文失也兔謾訑善逃也古作⿰爿⿱夂亖文二

文十一　重音十一

萈山羊細角者从兔足苜聲凡萈之類皆从萈讀若丸寬字从此徐鉉曰苜徒結切非聲疑象形又胡官切

文一重音一

文一　重音一

犬狗之有縣蹏者也象形孔子曰視犬之字如畫狗也凡犬之類皆从犬苦泫切

文一

[犭東]都籠切山海經泰戲之山有獸狀如羊一角一目目在耳後其名䍶或从犬文一

狪他東切獸名山海經泰山有獸狀如豚而有珠其鳴自呼又徒東切野彘文一重音一

獞徒東

切犬名文一⿰犭龍盧東切獸名文一⿰犭從祖叢切說文生六月豚一曰一歲猣尚叢聚也

或从犬文二猣祖叢切爾雅犬生三猣又祖動切犬生三子文一重音一⿰犭翁烏公切猪

也文一⿰犭風方馮切⿰犭風拇獸名如猿行逢人即叩頭微擊即死得風還活文一⿰犭冬之戎

切犬名文一狨而融切獸名禺屬其毛柔長可籍文一⿰犭窮渠弓切獸名似虎文一

⿰犭農奴冬切說文犬惡毛又尼容切又尼交切犬名又奴刀切又乃湩切文一重音四⿰犭庸

餘封切猛獸也文一⿰犭空枯江切骨體曰腔或从犬文一尨莫江切說文犬之多毛者引詩

無使尨也吠又謨蓬切尨茸亂皃文一重音一⿰犭夅胡江切⿰犭雍⿰犭夅犬不服牽也文一⿰犭雍於江

切⿰犭雍⿰犭夅犬不服也文一⿰犭离抽知切鷙獸文一⿰犭虎陳知切縣名在濟南又于嬌切又何

交切虎聲又虛交切又于包切國名一曰犬聲又夷周切文一重音五

彼 攀糜切彼猖飛颺也文一

猈 蒲糜切闞春秋傳楚有史猈又頻彌切又蒲街切又蒲皆切狗屬又蒲瞻切人名又部買切說文短脛狗文一重音五

獼猻狝 民卑切博雅猱狙獼猴也或作猻狝文三

㹂

狏 余支切獸名似犬赤喙白首見則荒或作狏又並唐何切獸名文二重音一

𤢺 虛宜切豕屬文一

猗 於宜切說文犗犬也又隱綺切猗狔弱負又倚可切柔負詩猗儺其枝又於義切相附著也詩兩驂不猗文一重音三

㺔 吁爲切西荒有獸長短如人著百結敗衣手足虎爪名獏㺔出舌丈餘食人腦東方朔說文一

㹻 邕危切㹻猗犬屬又烏禾切小犬文一重音一

獅 霜夷切犬生二子或省文二

狮

𤢊 雙隹切犬名文一

狋 遵綏切义牛肌切說

文犬怒皃一曰犬難附代郡有狋氏縣又俟畄切狋䶂獸角皃一曰不平皃又逵貟切文一重音三

狶 抽遲切狶韋因氏名官也又盈稀切又虛其切又香依切豬也方言南楚謂之狶或从犬又賞是切狶韋氏古帝王號李軌讀又許豈切豕走有封狶脩虵之害文一重音五

狔 女夷切猗狔物从風皃又乃倚切文一重音一

㹫 延知切獸名文一

猤 渠惟切壯勇皃又巨癸切獷悍也又其季切武猛也文一重音二

狉 攀悲切狸子又貧悲切貔也方言北燕朝鮮謂之狉文一重音一

犻 頻脂切豹屬出貉國又並履切獸名似豕文一重音一

猸 旻悲切獸名文一

⿰犭蚩 充之切獶⿰犭蚩犬也文一

狸猍 陵之切伏獸似貙或作猍猍又郎才切文二重音一

猉 渠之切汝南謂犬子爲猉文一

玂 渠希切爾雅犬生一子文一

⿰犭虚 休居切駏驉獸名或

从犬文一　⿰犭豦求於切犬狙惡也又居御切獸名文一重音一　⿰犭胥新於切猨屬文二　狙千余切猿屬又子余切又七慮切說文玃屬一曰狙犬也又莊助切猿類莊子狙公賦芧文一重音三　猪張如切豕而三毛叢居者文一　⿰犭與羊諸切獸名一曰猗⿰犭與犬子文一　狳羊諸切犰狳獸名山海經餘莪山有獸狀如兔而鳥喙鴟目蛇尾見人則眠文一　⿰犭瞿恭于切博也文一　⿰犭朱鍾輸切獸名山海經耿山有獸狀如狐而魚鱗有翼名曰⿰犭朱獳文一　⿰犭甹鍾輸切鄉名文一　獳汝朱切朱獳獸名如狐魚翼又奴侯切怒犬貝又乃豆切文一重音二　⿰犭婁龍珠切豕求子謂之⿰犭婁又容朱切文一重音一　⿰犭欠容朱切⿰犭欠⿰犭欠呼犬子文一　獏蒙晡切獸名文一　獹龍都切博雅韓獹犬屬文一　狐洪孤切說文祅獸也鬼所乘之有三德其

色中和小前大後死則丘首亦姓文一 猢 洪孤切斬⿰胡鼠鼠黑身白署或作猢文一 ⿰犭乎 洪孤切犬聲文一 ⿰犭吾 ⿰犭吳 訛胡切獸名如猿善啼或从吳語又五故切猿類犬而有騂色黃文二重音一 ⿰犭是 田黎切犬名文一 ⿰犭奚 弦雞切東北夷名文一 猰 煙奚切猰貐獸名似貙或从犬又壹計切又訖黠切犬也又乙黠切又居轄切雜也又詰結切又一結切文一重音六 猊 研奚切狻麑獸也或从犬文一 狴 邊迷切陛牢謂之獄或作狴又部禮切文一重音一 ⿰犭米 皀邊迷切⿰犭米犴獸名文一 ⿰犭斤 宜佳切犬欲齧又魚巾切犬吠聲又魚斤切又擬引切文一重音三 犲 牀皆切狼屬狗聲文一 猅 蒲皆切犬短首文一 獿 奴回切古之善塗墍者一曰獿技拭也又尼交切說文獿⿰犭翏謂犬吠又爾紹切犬驚也又女巧切又奴刀切貪獸也文一

重音四 ⿰犭開 丘哀切獸名文一 猜 倉才切說文恨賊也文一 獱猵 毗賓切博
雅獺也或作猵又並甲眠切獱又甲民切獺屬猵又紕延切猵狙猿類一曰非類爲牝牡也又婢忍切又
鋪畏切又匹羨切文二重音六 ⿰犭⿱絲灬 癡鄰切犬走謂之⿰犭⿱絲灬⿰犭⿱絲灬又丈山切又抽延切又澄延切又陵延
切又丑刃切文一重音五 獙 癡鄰切獙猭連延皃文一 狆 癡鄰切狂也文一 獜
離珍切說文犬健也引詩盧獜獜又郎丁切犬聲又里忍切又良刃切山海經依軲山有獸虎爪有甲名
曰獜文一重音三 狺 魚巾切犬吠聲楚辭猛犬狺狺又魚斤切又擬引切犬爭文一重音二
狠 魚巾切犬鬬聲又吾還切又牛閑切獸名又口很切文一重音三 獖 符分切說文羠
豕也又父吻切博雅狂獖又部本切廣雅犬屬一曰守犬文一重音二 獯⿰犭軍 許云切獯鬻匈

奴別号或作猑猑又胡昆切山犬也人面而毛又吁韋切山海經獄法山有獸狀如犬而人面是善投見人則笑其名山猑文二重音二

獂 愚袁切博雅獂豕屬或从犬又胡官切一曰邑名在天水文一重音一

猨猿⿰犭元 于元切善援禺屬或作猿⿰犭元文三

狟 許元切貉類又胡官切說文犬行也引周書尚狟狟文一重音一

犿 孚袁切連犿大宛轉皃又方煩切一曰相從皃又呼官切又甫遠切文一重音三

⿰犭番 符袁切說文犬鬭聲又皮變切文一重音一

猑 公渾切獸名大犬也文一

猻 蘇昆切猴猻獸名文一

⿰犭屯 徒渾切小豕也文一

犴 河干切胡地野犬又居寒切野犴獸名也又俄干切又侯旰切又魚旰切詩宜犴宜獄又魚㵎切又居莧切文一重音六

狦 相干切闕漢有單于稽侯狦又師姦切博雅狠也又所晏切說文惡健犬也文一重

音二

貛呼官切野豕也又逵貞切狋氏縣名屬代郡文一重音一

獙蒲官切獙狐犬短尾文一

獌⿰犭㒼謨官切獸名似貍或作⿰犭㒼獌又無販切說文狼屬引爾雅貙獌似貍又莫半切文二重音二

狻蘇官切說文狻麑如虦猫食虎豹者又謨還切狼屬似狸又須閏切犬急也文一重音二

猯他官切獸也似豕而肥文一

⿰犭⿰文王逋還切獸名文一

⿰犭單充山切犬噬也又稱延切文一重音一

⿰犭堅丘閑切獸名文一

⿰犭間⿰犭閑牛閑切犬爭曰⿰犭間或从閑文二

⿰犭田亭年切平田也文一

猏經天切三歲豕肩相及或作猏文一

⿰犭开輕煙切犬名又居莧切逐虎犬又眼莧切又倪甸切獸名說文獟犬也文一重音三

㹊因蓮切獸名如牛四角白首又一結切文一重音一

狷圭玄切有所不爲也又古泫切又規掾切文一重音二

狗

胡消切獸名似豹而文少又崇玄切獸名文一重音一 ⿰犭玄 胡消切性褊急也文一 獧 胡消切犬疾躍也又隳緣切疾也又古泫切有所不爲也又肩縣切說文疾跳也一曰急也文一重音三 猭 尸連切獸名似兔又抽延切又椿全切又重緣切⿰犭䜌猭獸走皃又余專切又寵戀切文一重音五 ⿰犭然 如延切猓⿰犭然猿屬色青赤有文文一 狿 抽延切又夷然切獸名麈也又延面切獌狿獸名似貍而長文一重音二 ⿰犭召 丁聊切犬之短尾者文一 獠 獠 憐蕭切爾雅宵田爲獠亦作獠獠又竹狡切戎夷別名又魯晧切又力照切獵也文二重音三 獥 堅堯切狼子又吉弔切獸名爾雅狼其子獥一曰牝狼又刑狄切又吉歷切文一重音三 獟 馨幺切獷也漢書誅獟駻又丘祆切獷也又倪弔切獸名說文⿰犭开犬也又火弔切狂也又丘召切勇也又魚敎切狂犬文一重音五

犳 伊尭切山海經隄山有獸狀如狗而文首名曰犳又職略切獸如豹而無文文一重音一

猶 思邀切狂也文一

獿 思邀切山鬼又蘇遭切神異經西方深山有人長尺餘袒身捕蝦蟹以食名曰山獿又䟽簪切犬容頭進皃又師咸切又師銜切又所斬切又山檻切獿犬聲又士檻切犬齧皃又所鑒切犬毛又仕懺切文一重音九

猋 卑遥切說文犬走皃又紕招切說文回風也文一重音一

猫 眉鑣切爾雅虎竊毛謂之虦猫又謨交切食鼠貍文一重音一

狣 馳遥切獸名絶有力又直紹切狗也又杜皓切文一重音二

猶 餘招切徒歌又夷周切獸名說文玃屬一曰隴西謂犬子為猶一曰似麂居山中聞人聲豫登木無人乃下世謂不決曰猶豫一曰猶若也可止之辭又居又切獸名又余救切文一重音三

猺 餘招切獸名一曰獏猺狗種文一

獢 虚嬌切犬名說

文獡獢也一曰犬短喙者文一⿰犭鄉虛驕切犬黃白色文一⿰犭翏何交切獿⿰犭翏駭犬吠聲一曰獪也又丘交切博雅擾也一曰⿰犭翏⿰忄牙多詐訥澀皃又於交切又力交切又虛交切說文犬獿獿咳吠也又古巧切擾也又下巧切又女巧切文言猥也文一重音七⿰犭孝⿰犭高虛交切說文犬獿獿咳吠也或作⿰犭高⿰犭孝又許教切豕走皃文二重音一狍蒲交切獸名目在腋文一獋乎刀切咆也譚長說嘷从犬又居勞切闕人名晉靈公夷獋文一重音一⿰犭高呼高切豕名文一獒牛刀切說文犬如人心可使者引春秋傳公嗾夫獒文一獓牛刀切山海經三危之山有獸焉其狀牛身四角豪如被蓑名曰獓㹞是食人文一⿰犭蚤蘇遭切獸名文一獿猱奴刀切貪獸也或从柔獿又於求切犬名又奴侯切南越謂犬爲獿猱又而由切玃猱獼猴類又女救切又乃豆切

文二重音五獿獳奴刀切說文犬惡毛也或作獳獳又諾盇切犬食白文二重音一猧烏禾切小犬文一狏唐何切獸名文一犭巴邦加切牝豕也文一犭邪徐嗟切猪犭邪獸名文一奘慈良切妄強犬也又側羊切又在朗切又徂朗切又才浪切又側亮切文一重音五犭也時遮切山海經虵山有獸如狐白尾名曰犭也狼又上紙切文一重音一猳居牙切說文牡豕也文一犭哥居牙切獿也文一犽牛加切獸名似貛而長文一猖蚩良切猖狂也文一獐諸良切說文麞屬文一獽如陽切獸名狨屬也文一獇墟羊切西戎牧羊人也文一犭央於良切獸名狢也又於郎切江東呼貉爲犭央文一重音一犭匡曲王切犭匡勸遽也文一犭㞷狂渠王切狾犬也一曰躁也狂又古況切惑也又具放切軋也狂

又局縛切狂犬走
貞文二重音三
狼盧當切說文似犬銳頭白頰高前廣後亦姓又里黨切狼犺獸名似猴又郎宕切博狼地名在陽武文一重音二
⿰犭荒呼光切狼屬文一
獚⿰犭皇胡光切博雅楚獚犬屬或从皇文二
㹴居行切彼㹴犬名文一
⿰犭彭晡橫切犬也文一
猩狌師庚切猩猩獸名能言者或从生又並桑經切狌又息正切鼠屬莊子褫鼠不如狸狌文二重音二
猙甾莖切獸名似豹一角三尾又中莖切猙獰犬毛又疾郢切獸名飛狐也一說義山有獸如赤豹一角文一重音二
獰尼耕切猙獰犬毛一曰惡也文一
⿰犭盈怡成切獸名黃狐也文一
⿰犭冥忙經切小豚也文一
⿰犭廷⿰犭庭唐丁切⿰犭廷猱猨屬或从庭文二
狑⿰犭霝⿰犭靈郎丁切良犬如秦有狑或作⿰犭霝⿰犭靈狑又居陵切獸名文二重音一
⿰犭休虎尤切摯

獸或省文一 犰 渠尤切犰狳獸名鳥喙鴟目蛇尾文一 猷 夷周切道也謀也文一

𤡹 力求切執𤡹狗名言善執留禽獸文一 獀 踈鳩切說文南楚名犬獿獀一曰春獵又先侯切又所九切國語獀于農隙文一重音二 猴 胡溝切獸名說文夒也文一 獳 奴侯切怒犬皃文一 𤢸 思廉切獸名文一 獫 離鹽切爾雅犬長喙又力冉切又虛檢切一曰黑犬黃頭又力驗切長喙犬名又力劒切文一重音四 猎 於咸切說文竇中犬聲又於陷切文一重音一 㺂 魚咸切羊牡謂之㺂又古禫切犬名文一重音一 獑 鋤咸切狡兔也又鋤銜切文一重音一 獑 鋤咸切又在銜切獸名獑猢類猿而白腰以前黑文一重音一 獷 古勇切獷平縣名在魚陽服虔說又俱往切獷獷不可附又古猛切又俱永切惡皃文一重音三 狧

甚尒切以舌取物又託合切說文犬食也文一重音一⿰犭陏⿰犭隨選委切牸豚或不省又並尹捶切積也又並直婢切文二重音二⿰犭惢聚繠切獸多雌狢也又秦醉切又下介切又才⿸广祭切文一重音三⿰犭畾⿰犭累魯水切鼠形飛走且乳之鳥也一曰以其髯飛或作⿰犭累文二犰舉覆

切獸名兔喙而虵尾文一⿰犭吏爽士切獸名似犬文一⿰犭思想止切不安也文一⿰犭伊養里切獠姓文一⿰𧾷犬詡鬼切獸名又徒谷切⿰𧾷犬⿰犭谷獸名如虎而豕鬣文一重音一⿰犭巨

曰許切獸名文一⿰犭氐典禮切犬名文一獬下買切獬豸獸名又舉蟹切⿰犭廌獬豪強貞文一重音一⿰犭廌都買切豪強貞後魏時語莫⿰犭廌獬文一⿰犭多丈蟹切解⿰犭多獸也似山牛一角古者決訟令觸不直象形文一狠鄔賄切說文犬吠聲一曰幷雜又烏潰切犬衆吠文一重

音一犺庚準切獵犺匈奴別號文一狚黨旱切獸名獵亶也又得案切猖狚獸名巨狠也又當割切山海經丿號山有獸如狼赤首鼠目名曰獦狚文一重音二⿰犭戔楚綰切說文齧也又楚限切又仕限切犬食曰⿰犭戔文一重音二⿰犭壐獮⿰犭𧓍息淺切說文秋田也或作獮⿰犭𧓍文三狢巨小切博雅狢犺健也又巨夭切獊也又俾小切又被表切文一重音三狡古巧切說文少狗也匈奴地有狡犬巨口而黑身一曰獊也疾也又下巧切犬吠文一重音二㺃於絞切獸名文一⿰犭巢⿰犭爪側絞切西南夷種或从爪⿰犭巢又竹狡切又魯皓切文二重音二⿰犭𡿺⿰犭巠乃老切獸名雌⿰犭舟也或作⿰犭巠文二猓古火切猓然獸名似猴文一⿰爿臭子兩切說文嗾犬厲之也文一犺舉朗切犺狼獸名又口浪切健犬也文一猛母梗切說文健犬文一

狩 始九切冬獵也又尸救切說文犬田也引易明夷于南狩文一重音一

狃 女九切說文犬性驕也又女救切習也又女六切獸名文一重音二

犼 許后切北方獸名似犬食人文一

狗 舉后切說文孔子曰狗叩也叩气吠从守又許候切熊虎子名文一重音一

⿰犭毋 莫後切猵⿰犭毋獸名文一

⿰犭主 他口切犬名黃身黑首又朱戍切文一重音一

⿰犭敢 虎覽切犬大聲又乙減切又虎檻切小犬吠南陽新亭有⿰犭敢鄉又下瞰切又呼濫切又許鑒切又又鑑切文一重音六

⿰犭炎 以冉切山海經女和月母之北有國曰⿰犭炎氏文一

玁 虛檢切周謂北夷曰玁狁文一

⿰犭兼 下忝切犬吠也又下斬切一日兩犬爭又午陷切文一重音二

⿰犭監 戶黤切犬撓謂之⿰犭監文一

犯

狻 父鋑切說文侵也古作狻文二

⿰犭聿 息利切獸名又羊至切爾雅狸子文一重音一

⿰犭壴

虛器切闕人名寒浞之子又許位切豕息也豷或从犬文一重音一類力遂切說文種類相似唯犬爲甚又劣戍切似也又路罪切偏頗也春秋傳獄之頗類又盧對切文一重音三狒父沸切說文周成王時州靡國獻䴋人身反踵自笑笑則上脣掩其目或作狒文一猬于貴切蟲似豪豬者文一⿰犭付方遇切獸名似羊四耳無尾目附於背文一⿰犭⿸户馬朱戍切鄉名在河南文一⿰犭素蘇故切獸名文一⿰犭互胡故切獸名似玃尾長文一獲胡故切爭取也禮毋固獲又胡化切爭取也又黃郭切隕獲困迫失志皃又忽郭切恢廓皃又胡陌切說文獵所獲也一曰獸名亦姓文一重音四戾⿰⿸户隹犬郎計切說文曲也从犬出戶下戾者身曲戾也一曰至也古作⿰⿸户隹犬戾又力結切謚也無其功有其意謂之罪有其功無其意謂之戾文二重音一猘⿰犭折吉詣切狂犬或作⿰犭折

又並征例切春秋傳猘犬入華臣氏之門又並居例切猘又尺制切文二重音三⿰犭帶⿰犭⿱祭心尺制切狂犬或作⿰犭⿱祭心文二狛居例切狂犬也文一⿰犭曳以制切爾雅貍子貄或作⿰犭曳文一獘毗祭切說文頓仆也引春秋傳與犬犬獘又蒲結切又便滅切文一重音二獙毗祭切山海經姑逢山有獸狀如狐有翼名曰獙獙文一⿰犭厲落蓋切狂也文一⿰木犬博蓋切犬張齘皃文一狽博蓋切獸名狼屬也生子或欠一足二足相附而行離則顛故猝遽謂之狼狽文一猲虛艾切犬臭又居謁切虜別號又許竭切短喙犬也引詩載獫猲獢又許葛切又居曷切又乞法切文一重音五、獪古外切狡獪兒戲也又古邁切博雅擾也一曰狡也又戶八切亂也文一重音二⿰犭夬狤古邁切博雅擾也一曰狡也或作狤狤又激質切狂也一曰狤掘獸名出西域敢熏陸香

身無毛又極乙切又吉屑切狤据獸名狭又古穴切獸名文二重音四

犻 蒲昧切犬過也一曰犬怒皃又房廢切又薄没切遇弗取也文一重音二

吠

犮 房廢切說文犬鳴也或作犮文二

獩 烏廢切獩貊東夷國名文一

犯 思晉切小獸文一

㹜 魚僅切說文犬張齗怒也文一

㺀 於靳切獸名山驢也形如殺羊文一

獻 許建切說文宗廟犬名羹獻犬肥者以獻之又魚羈切儀也又桑何切酒罇名文一重音二

㹘 徒困切犬也文一

犴 魚澗切胡犬也文一

㹶 皮變切犬爭謂之獙或作㹶文一

㺇 後教切㺇㺇犬吠文一

𤟤 陟教切獸名又直角切犬猛噬文一重音一

𤞤 後到切犬聲文一

獁 莫駕切獸名似貛長尾文一

狛 步化切獸名似狼又伯各切又匹各切獸名又筆戟切文一重音三

犽

魚駕切獸名似貛長尾文一⿰犭恙⿰犭羕弋亮切獸名如猨猊食熊羆或作⿰犭羕文二狀助亮
切說文犬形也一曰類也文一獍居慶切獸名文一犹尤救切獸名文一⿰犭畜
許救切⿰犭産也文一臭許救切逐氣也禽走臭而知其迹者犬也故从犬又尺救切徐鍇曰以臯
知臭故从自又赤又切文一重音二⿰犭⿱穴儿⿰犭⿱穴𠂢狖余救切鼠屬善旋一曰禺屬或作⿰犭⿱穴𠂢狖文三
⿱㱿犬居候切獸名似犬食猴又呼木切說文犬屬署以上黃署以下黑食母猴一曰⿱㱿犬似牂羊出蜀
北嚻山中犬首而馬尾文一重音一⿰犭豆大透切犬吠文一狛乎齰切犬聲文一⿰犭焦
莊陷切獸名文一⿰⿱士⿱冖犬殳呼木切犬屬又黑角切文一重音一⿰犭谷古祿切獸名山海經
北嚻之山有獸狀如虎白身馬尾彘鬣名獨⿰犭谷又俞玉切文一重音一獛博木切山海經獛鈆南極

之夷文一

獥 蘇谷切山名山海經東山之首曰獥螽文一

獨 徒谷切說文犬相得而鬬也羊犬爲獨一曰老而無子曰獨文一

默狎 徒谷切獸⿰犭谷獸名如虎而豕鬣古作狎文二

⿰犭戚 子六切勁也文一

倏 式竹切說文走也又丑鳩切犬走文一重音一

⿰犭匊 居六切獸名黃要也文一

猼 匹沃切蒪且艸名蘘荷也或作猼又伯各切獸名似人有翼一曰地名信都有下猼縣又匹各切文一重音二

⿰犭足 趨玉切宋良犬也又七約切文一重音一

猇 竹角切龍尾一曰東方星名文一

⿰犭翟 直角切獸名似鹿曰尾文一

⿰犭畢 壁吉切獸名文一

獝 休必切驚遽皃禮鳥不獝又允律切獸走皃文一重音一

⿰犭术 勑律切山海經流沙之東有獸左右有首名曰跊踼或从犬文一

猝 許勿切獸名文一

⿰犭屈 九勿切狤⿰犭屈西域獸

名食香無毛但自鼻有毛廣寸至尾燒刺不能傷文一屈渠勿切埤倉短尾犬也文一狘許月切獸走皃文一猲許竭切短喙犬也又許葛切又乞法切一曰恐逼也文一重音二猝蒼沒切說文犬从艸暴出逐人也文一突陁沒切獸名文一猲許葛切短喙犬又居曷切猲狙巨狼又力涉切戎姓文一重音二犮蒲撥切說文走犬皃从犬而丿之曳其足則刺犮也文一獺㺚他達切獸名說文如小狗也水居食魚或从達㺚又逖鎋切捕魚獸文二重音一猾戶八切亂也文一狳初轄切水獸名文一㺠奚結切山海經鵞山有獸狀如犬有鱗名曰㺠文一猎獡七約切宋良犬名或作獡獡又式灼切說文犬獡獡不附人也南楚謂相驚曰獡又並思積切山海經先民之山有黑虫狀如熊猎又祥亦切又秦昔切文二重音四

⿰犭䜌 式灼切犬不附人也又狼狄切獸名文一重音一 㲋 敕略切小兔也獸名文一 玃 厥縛切獸名母猴也引爾雅玃父善顧玃持人也亦省玃又俱碧切博也文二重音一 狢 曷各切似狐善睡獸文一 狛 莫白切獸名馲⿰馬百或作狛文一 ⿰目犬 薄陌切獸名似狼文一 ⿰犭乇 陟格切馲⿰馬百獸名驢父牛母或作⿰犭乇文一 ⿰犭風犱 訖逆切獸名窮玃也或作犱文二 ⿰犭易 陟革切說文犬張耳皃文一 ⿰犭厄 乙革切爾雅豕絕有力者文一 ⿰犭辟 必益切辟邪獸名鳥喙或作⿰犭辟文一 狄 他歷切遠也又亭歷切說文赤狄本犬種狄之爲言淫辟也亦姓文一重音一 ⿰犭商 亭歷切博雅⿰犭商特雄也文一 ⿰犭歷⿰犭厤 狼狄切獸名亦省文二 狊 扃闃切說文視皃爾雅鳥曰狊張兩翅也又呼狊切犬視文一重音一 ⿰犭畟 節力切犬生三子曰

貜文一 ⿰犭力六直切犬爭貞文一 默密北切說文犬暫逐人也文一 ⿰犭合德合切犬食文一 ⿰犭沓託合切犬食也文一 ⿰犭荅⿰犭枼託盍切犬食或作⿰犭枼文二 ⿰犭𦐇敵盍切獸走貞文一 ⿰犭聶質涉切博雅豕屬文一 獵力涉切說文效獵逐禽也文一 ⿰犭占託協切犬小舐文一 ⿰犭去乞業切說文多畏也文一 狹轄夾切隘也文一 ⿰犭及測洽切犬食也文一 狎轄甲切說文犬可習也文一

文三百七十　重音二百八十

犾兩犬相齧也从二犬凡犾之類皆从犾語斤切文一

〓息茲切說文司空也復說獄司空又相吏切獄官也文一重音一　獄〓魚欲切說文确也二犬所以守也古从口文二

文四　重音一

類篇卷第十上

類
篇
二
一

二
九

類篇卷第十中　　卷之二十九

朝散大夫右諫議大夫權御史中丞充理檢使上護軍河內郡開國侯食邑一千三百戶賜紫金魚袋臣司馬光等奉

敕修纂

鼠穴蟲之總名也象形凡鼠之類皆从鼠書呂切　文一

鼨鼨之戎切說文豹文鼠也或省鼨又徒冬切文二重音一　䶂七恭切䶂鼩小鼠又將容切文一重音一　鼶相支切說文鼠也又先齊切又田黎切鼶鼬鼠名文一重音二　鼭將支切說文鼠似雞鼠尾或書作鼭又律私切文一重音一　䶅鄰知切䶅䶅小鼠相銜而行文

一鼺倫爲切鼺鼠別名文一䶆朱惟切博雅鼠屬方言新野人謂鼠爲䶆或書作⿰亻⿱隹鼠

文一鼭市之切爾雅鼠名文一鼰新兹切風皃文一鼩權俱切說文精鼩鼠

也文一⿰鼠盧龍都切鼠名文一⿰胡鼠⿰鼠乎洪孤切說文斬⿰胡鼠鼠黑身白⿱要月若帶手有長白

毛似握版之狀類猿蜼之屬或作⿰鼠乎亦書作⿰鼠翅文二鼯⿰鼠吳訛胡切鼠名狀如小狐似蝙蝠肉翅

亦謂之飛生又姓或作⿰鼠吳文二⿰鼠帝田黎切鼶鼬鼠名或从帝文一鼷弦雞切說文小鼠也

一曰有螫毒者或謂之甘鼠春秋食郊牛角者是文一鼤無分切班鼠又文運切爾雅鼠屬文

一重音一鼢⿰鼠賁符分切鼠名行地中者或从賁又並父吻切說文地行鼠伯勞所作也一曰偃

鼠鼢又符問切文二重音二⿰鼠元愚袁切鼠名文一⿰鼠番符袁切說文鼠也文一鼲

胡昆切說文鼠出丁零胡皮可作裘又公渾切博雅鼠屬文一重音一**鼦⿰鼠刀**丁聊切鼠屬大而黃黑出胡丁零國亦省文一**鼧**湯何切鼠名又唐何切文一重音一**⿰鼠方**分房切地鼠文一**鼶**徒郎切⿰鼠尃鼶鼠屬一曰易腸鼠謂一月三易腸文一**鼪**師庚切江東呼鼬鼠爲鼪又所慶切又息正切鼠屬文一重音二**鼱**咨盈切鼱鼩小鼠文一**⿰鼠平**旁經切說文⿰鼠平令鼠一曰鼠子文一**鼮**唐丁切鼠名文如豹漢武帝時得此鼠終軍知之又徒徑切文一重音一**⿰鼠令**郎丁切博雅⿰鼠回⿰鼠令鼠屬文一**⿰鼠回**消熒切博雅⿰鼠回鼠文一**⿰鼠亞⿰鼠留**力求切說文竹鼠也如犬或从留文二**⿰鼠今⿰鼠含**姑南切鼠屬或从含又並胡南切文二重音一**⿰鼠韱**鋤咸切博雅鼠名腰黑又初銜切鼠名黑耳白腰者文一重音一**⿰鼠冗**乳勇切說文鼠屬文一

䶊忍止切䶊鼲鼠屬一說鼠形如獸文一

鼹鼴隱憶切鼠名或从匽鼴又於蹇切文二重音一

𪕒力九切竹鼠文一

鼸丘檢切鼠屬說文䶃也又下忝切文一重音一

𪖈於例切小鼠也又於蓋切𪖇𪖈小鼠相銜尾而行文一重音一

鼥𪖐房廢切鼠名其鳴如犬吠或从發又並蒲撥切鼠肥者文二重音一

𪕘須閏切石鼠名又祖峻切文一重音一

䶂巴校切鼠屬又即約切鼠出胡地又疾雀切鼠似兎而小又職略切又丁歷切文一重音四

鼬𪕺余救切說文如鼠赤黃而大食鼠者或从穴文二

䶆淫沁切鼠名文一

𪖀古祿切𪖀䶉鼠名文一

䶉博木切爾雅䶉𪕷鼠屬文一

𪕷普木切䶉𪕷鼠屬文一

𪕱趨玉切𪕱鼩小鼠文一

鼵陁没切鳥鼠同穴其鳥爲鵌其鼠爲鼵文一

𪖦

昨結切⿰鼠韱⿰鼠胡猿類長毛善走文一　⿰鼠頁　奚結切鼠名色蒼又刑狄切鼠名狀如鼠在樹木上文一重音一　⿰鼠各　歷各切鼠名出胡地皮可爲裘又曷各切文一重音一　䶈　伯各切䶈鼠名又白各切文一重音一　⿰鼠益　乙革切說文鼠屬又伊昔切文一重音一　鼫　常隻切說文五技鼠也能飛不能過屋能緣不能窮木能游不能渡谷能穴不能掩身能走不能先人一日形大如鼠頭似兎尾有毛青黃色好在田中食粟豆郭璞說文一　⿰鼠歷　狠狄切鼠名文一　鼶　刑狄切鼠名狀如鼠在樹木上又扃閴切獸名爾雅鼶鼠身長須而賊秦人謂之小驢一日鼠名今江東山中有狀如鼠而大蒼色郭璞說文一重音一　⿰鼠乙　馨激切去涕也文一

文六十九　重音二十八

能熊屬足似鹿从肉㠯聲能獸堅中故稱賢能而彊壯稱能傑也凡能之類皆从能或作𦙶 奴登切能又胡弓切又湯來切三能星名又囊來切爾雅鼈三足能一曰獸名又乃代切忍也又奴等切夷人語多也 文二 重音五

𪊨 囊何切山海經甘棗之山有獸狀如䖴鼠而文題名曰𪊨食之已癭 文一

文三　重音五

熊獸似豕山居冬蟄从能炎省聲凡熊之類皆从熊或作𤠙𤌲 羽弓切熊又矣㒁切 文三 重音一

羆⿱龍皮⿱能皮 班糜切說文如熊黃白文古作⿱龍皮⿱能皮文三

文六　重音一

火 燬也南方之行炎而上象形凡火之類皆从火 呼果切文一

熥 他東切以火煖物文一

烔爞燑 徒東切博雅烔爇也或作爞燑爞又持中切旱灼也又徒冬切爾雅爞爞薰也謂旱熱薰炙人烔又徒弄切火皃文三重音三

烛 持中切旱灼也文一

熢 蒲蠓切熢㶿煙鬱皃又蒲蠓切熢㶿火氣文一重音一

熜⿰火怱 麤叢切博雅爟熜炬也一曰熅也或省熜又祖動切說文然麻蒸也文二重音一

爜 祖聰切火皃文一

烘

灴 胡公切字林燎也或从工烘又呼公切說文尞也引詩卬烘于煁又居容切又渠容切又胡貢切火皃一曰火乾物又呼貢切文一重音五

焢 呼公切火氣皃文一

⿰光空 呼公切光色文一

⿰火彤 余中切火氣文一

焪熍 丘弓切曝也燼也或从宮焪又去仲切火乾物文二重音一

炵 他冬切火盛皃又徒冬切文一重音一

炂 諸容切暍仆也文一

⿱從火 將容切火出穴中文一

⿱逢火烽 敷容切說文燧候表也邊有警則舉火顏師古說夜曰熢晝曰燧或省文二

炊 姝爲切說文爨也又尺僞切炊累動升也文一重音一

⿱𦍌火 又宜切說文東炭也又扌支切博雅曝也又仕知切又疾智切文一重音三

燍 相支切煙也又先齊切煙燍焦皃又銑挺切文一重音二

⿰火雋⿰火巽 遵爲切臛也或作⿰火巽又並子究切火皃文二重音一

⿰火离

抽知切火焱又鄰知切帷中之大曰熇文一重音一

焷 班糜切炰也又頻彌切大熟也又毗亦切文一重音二

爢 忙皮切說文爛也廣雅熱皃一曰壞也文一

熪 余支切熪熪火不絕皃文一

爔 虛宜切赫爔日光文一

啖 虛宜切啖欲欲食也又香衣切文一重音一

炬 延知切火皃文一

烲 人之切爛也文一

熈 虛其切說文燥也一曰廣也和也古作熈熙又盈之切闕人名春秋傳鄭有公子熙文二重音一

熹 虛其切說文炙也一曰熾也亦書作熺文一

㶼 虛其切火盛也又阿開切博雅㶼爆爇也一曰熱甚文一重音一

𤆢 居之切然也文一

烯 香衣切火色文一

煦 匈于切方言熱也又虛尤切痛念聲咻或作煦又詡拱切昫或作煦又火羽切烝也一曰溫潤又吁句切文一重音四

煇煒

吁韋切光也或作煒煇又許云切灼也史記斷戚夫人手足去眼煇之又許元切光也又胡昆切赤也煒又羽鬼切說文盛赤也引詩彤管有煒煇又戶袞切煌也又王問切日光炁也又呼願切泊鼓工也文二重音七

爈 凌如切山火曰爈又良據切燒也南史山澤熛爈文一重音一

煹 元俱切煑食也文一

燸 汝朱切溫也燒也文一

爐 龍都切方鑪也一曰火凾或从火火所居也文一

齌 前西切炊餔疾也又千西切又戕西切又才詣切文一重音三

焍 天黎切灼龜木又大計切史記梁卯焍黃文一重音一

烓⿱覀烓 淵畦切說文行竈也一曰明也或作煙烓又犬縈切又大頮切又於避切又涓惠切又口定切又一決切文二重音六

灰 呼回切說文死火餘叏从火又手也火既滅可以執持文一

⿰火閔 呼回切爛也又虎猥切又母罪切熟謂之⿰火閔文一重

音二煨烏回切說文盆中火也一曰煻火又紆勿切畜火文一重音一焴胡隈切光也又都回切又虎猥切火色又倚亥切爤皃又胡對切文一重音四焞通回切焞盛也又殊倫切博雅明也一曰灼龜炬又他昆切春秋傳焞燿天地又徒渾切又祖管切又祖寸切然火也又徂悶切文一重音六⿰火追⿱推火通回切以湯除毛或从推文二熣蘇回切熣煤煙塵又胡沃切說文灼也又吾沃切文一重音二煤謨杯切炱灰集屋者文一烗丘哀切熾也又口戒切文一重音一炱湯來切煤塵又堂來切說文灰炱煤也文一重音一⿱能火囊來切熱也文一烖灾⿰扌火災⿱乃火⿰火甾將來切說文天火曰烖或从宀从手从巛从乃亦作⿰火甾⿱乃火又虎果切燬也南方之行炎而上象形文六重音一烟伊眞切絪緼天地合氣也或作烟又因蓮切火氣也

類篇十中　六　一　長弌

文一重音一**炆**無分切熅也文一**燹**敷文切火皃又穌典切野火又息淺切又許位切又妨正切文一重音四**焚燓炃燌燔**符分切火灼物也或作燓炃燌古作燔燔又符袁切說文爇也燓又符袁切說文燒田也炃燌又蒲悶切火豔焚又方問切文五重音四**熉**于分切黃皃又羽粉切文一重音一**熅**於云切說文鬱煙也又烏昆切煒熅火微又鄔本切熅炳熱也又紆問切以火伸物又烏沒切煙皃文一重音四**焄**許云切香臭之氣也禮焄蒿悽愴文一**勳**許云切說文能成王功也文一**炘**許斤切熱也又許謹切博雅爇也又香靳切炙也文一重音二**烜**許元切溫也又火遠切溫也文一重音一**焜**胡昆切煌也又公渾切服虔曰明也又戶袞切文一重音二**燉**他昆切火色一曰燉煌郡名又徒渾切文一重音一**煒**

他昆切說文明也引春秋傳焞燿天地一曰灼龜炬文一

炖 他昆切風而火盛皃又徒渾切又杜本切文一重音二

衮爈熅 烏痕切說文炮肉以微火溫肉也或作爈熅熅又烏昆切衮又於刀切煨也文三重音二

烷 胡官切火也文一

爤爛 郎干切光也或从蘭文二

煓 他官切方言赫也一曰火熾盛皃文一

熞 經天切灼鐵淬之文一

煙⿱宀垔歅 因蓮切說文火氣也古作⿱宀垔籀作歅文一

焆 圭玄切明也又縈玄切火皃又古穴切煙皃又一決切火光火始然也又娟悅切又於列切文一重音五

煎 將仙切說文熬也又子淺切減也又子賤切或書作爀文一重音二

煽 尸連切火盛也又式戰切文一重音一

烻 尸連切光也又抽延切又延面切光熾也文一重音二

燀 稱延切炊也又黨旱切厚熯也呂氏春秋衣不燀熱又齒

善切春秋傳燀之以薪又旨善切文一重音三然爇如延切燒也一曰如也又姓古作爇文二

爟逵貟切烽火又古玩切說文取火於日官名舉火曰爟引周禮司爟掌行火之政令文一重音一

𤆍逵貟切蟲入火貟文一熽先彫切焇也文一尞燐蕭切燔柴祭天也又朗鳥切說文放火也又力照切文一重音二

燎燐蕭切縱火焚也又離昭切火在地曰燎又朗鳥切說文放火也又力照切柴祭天也文一重音三

熮燐蕭切說文火皃引逸周書味辛而不熮又力求切火皃又力九切一曰灼爛又力弔切文一重音三

燆牽幺切火行又虛嬌切炎氣也或从喬文一重音一

焇思邀切曝也爍也又師交切乾也文一重音一

𤏸七邀切麻苦雨生壞也文一

爑焦𤓰兹消切說文火所傷也或省亦作𤓰又姓焦又慈焦切焦夷楚

地名又將由切釜屬文三重音二龜兹消切說文灼龜不兆也引春秋傳龜龜不兆或書作爑文一燋兹消切說文所以然持火也引周禮以明火爇燋又慈焦切灼龜木周禮掌共燋契李軌讀又即約切火炬又疾雀切又職略切又資昔切又則歷切又子肖切又側角切文一重音八熛㶾卑遥切說文火飛也或省又並紕招切文二重音一㶾卑遥切輕脆也又彌遥切又祖芮切又四妙切文一重音三灬卑遥切烈火文一爂紕招切火飛也文一燒尸昭切說文爇也又朱照切文一重音一炤之遥切日明也董仲舒曰食祝从火亦姓又止少切光也又之笑切明也又職略切詩亦孔之炤文一重音三烑餘招切光也文一燿餘招切昭也又弋笑切說文照也又所教切凡物之殺銳日䏚或作燿又弋灼切烙也又式灼切銷金也文一重音

四

熇 虛嬌切炎氣也又虛交切暴也又口到切熇也又呼木切說文火熱也引詩多將熇熇又呼酷切又枯沃切又黑各切又苦浩切文一重音七

灱 虛交切暴也又丑交切熱也文一重音一

炮炰 蒲交切說文毛炙肉也或作炰炰又府九切火熱之也炮又披教切灼也齊民要術有胡炮肉文二重音二

爑 莊交切焱也文一

烋 虛交切炰烋自矜氣又虛尤切美也又香幽切微也文一重音二

爊 於刀切煨也文一

熬 牛刀切說文乾煎也文一

𤒎 臧曹切說文焦也文一

㷉 烏禾切煖負文一

煆 虛加切火氣又許下切熱也又虛訝切博雅爇也文一重音二

煬烊 余章切爍金也或作烊煬又尸羊切謚也魯有煬公徐邈說又弋亮切說文炙燥也又式亮切文二重音三

⿱昜灬 余章切炙燥也文一

煻 徒郎切熱灰謂

之煻煨烷虛郎切張也爾雅守宮槐葉晝聶宵烷文一又丘岡切灼也又口浪切說文乾也文一重音二光炗𤎫𤐫姑黃切說文明也又州名亦姓古作炗𤎫𤐫或作灮光又古曠切飾也文四煌熿胡光切說文煌煇也或從黃熿又胡盲切火光又並戶廣切說文明也煌又胡曠切燿也文二重音三烹披庚切煑也文一煐於驚切闕人名南史有張煐文一𤇾思營切博雅赤也文一𤒅諸盈切煑魚煎肉曰胚或作𤒅文一炡諸盈切炡爚煠也文一煋桑經切火烈也文一熐忙經切熐蠡匈奴聚落也又莫狄切夷人聚落謂之熐文一重音一灯當經切火烈也文一爧㶲郎丁切火光也或从零文二熲消熒切光也文一𤎩慈陵切置魚筩中炙或書作熷又洛騰切文一重音一烝

諸仍切說文火氣上行也一曰君也進也衆也滛上也又蒸上聲氣上達皃又諸應切文一重音二 燈 都騰切錠也鐙也或从火文一 烌 虛尤切吳俗謂灰爲烌文一 燠 於求切燠休痛念聲又烏浩切甚熱也又威遇切又於到切說文熱在中也又乙六切文一重音四 煪 張流切燥也又將由切火皃又茲秋切或書作煎又以九切文一重音三 燾 陳留切溥覆照也或書作燽又大到切文一重音一 烐 之由切火行文一 烰 房尤切說文烝也引詩烝之烰烰又平幽切火氣也文一重音一 熰 烏侯切炮也文一 燂 燖 徐心切火孰物或作燖又並徐廉切說文於湯中爚肉燂又徒南切又茲鹽切博雅煗也一曰炙爛燖又茲鹽切沈肉於湯也文二重音四 煁 時任切說文烓也文一 燣 盧含切熱也爋也色焦也又盧感切焦黃色文一重音一

爁 盧甘切火延㒵又魯敢切火焚也又盧瞰切火行也又力驗切爁焱火延文一重音三

炶 胡甘切火上行又舒贍切文一重音一

爓 又徐廉切於湯中爚肉又余廉切火門也又以贍切火光文一重音二

熸 將廉切吳楚謂火滅爲熸又慈鹽切文一重音一

熑 燫 離鹽切說文火煣車網絕也引周禮煣牙外不熑一曰火不絕㒵或作燫又並勒兼切熑又苦兼切燥輞也熑又余廉切燫熪火不絕㒵文二重音三

⿰火僉 虛嚴切字林⿰火僉熇熱也文一

⿰火彔 胡動切⿰火彔⿰火彔火㒵文一

⿰火翁 鄔孔切⿰火翁然煙氣文一

⿰火奉 蒲蠓切煙塵雜起㒵文一

⿱乔火 委勇切吳王孫休子字文一

⿰火多 敞尒切說文盛火也文一

⿰火奎 犬縈切火貌文一

燬 ⿰火尾 ⿰火鬼 虎委切火也或作⿰火尾⿰火鬼燬⿰火尾又詡鬼切說文火也引詩王室如⿰火尾引春秋傳衛侯燬一曰

楚人曰焜燬又呼卧切爾雅火也郭璞讀文三重音二烜虎委切取火官名周禮司火氏掌以夫遂取明火於日又火遠切光明也又古玩切文一重音二炬臼許切說文束葦燒文一煑⿱⿲弓者弓火掌與切亨也或作⿱⿲弓者弓火文二⿰火宁展呂切熏也文一⿸广灸奉甫切說文爛也文一炷腫庚切說文鐙中火主也又朱戍切燈也文一重音一焨頗五切火白文一⿰火邑後五切光也文一⿰火果虎猥切方言火也又古玩切楚人謂火曰⿰火果文一重音一烸許亥切燥也文一⿱宷灬子亥切烹也文二⿱肔灬吐衮切烹肉也文一⿰火内弩本切博雅⿰火聶⿰火内煗也又奴困切熱也文一重音一熯焊許旱切乾也或作焊熯又忍善切熯又虛旰切文二重音二焌祖管切灼龜也又祖峻切然火也又祖寸切又祖悶切又促律切燒也一曰火滅文

一重音四 煗煖 乃管切說文温也或作煖煖又許元切又火遠切文二重音二 烍 蘇典切熑氣也文一 炫 胡犬切說文爛燿也又熒絢切明也文一重音一 爾 息淺切野火文一 㸐 力展切小然謂之㸐文一 烄 古巧切說文交木然也又魚教切又居號切文一重音二 𤍠熬 古巧切說文交灼木也或作熬文二 𩱦煼炒𤎌 楚絞切熬也或作煼炒𤎌煼亦書作𤎌文四 燺 苦浩切燥也文一 燥 蘇老切乾也俗作㷋非是又先到切文一重音一 𤈦𤎫𤇯 乃老切熱皃或作𤎫𤇯文三 炧炨 待可切燭餘或从也又似也切燭㶳也文二重音一 𤈣 側下切博雅曝也一曰束炭又仕下切文一重音一 炴 倚兩切火光又倚朗切氣皃又於境切又於郢切文一重音三 爙 汝兩切火也文一 爣

坦朗切爣烺火皃文一 ⿰兑光 待朗切光皃文一 烺 里黨切爣烺火皃文一 ⿺光廣

⿺光黃 苦晃切明皃或从黃⿺光廣又戶廣切文二重音一 爌 戶廣切說文明也又虎晃切寬明也

又苦晃切又苦謗切文一重音三 炳 百猛切明也又補永切又陂病切文一重音二 烱

俱永切炎蒸也文一 煚 俱永切火名一曰日光文一 烴 經郢切烴燍焦皃又古頂切又

研領切文一重音二 炯 戶茗切光也又眏迥切文一重音一 煛 火迥切火光文一 熲

眏迥切說文火光也文一 ⿱殸火 棄挺切火乾出也文一 烶 待鼎切火皃文一 灸

己有切說文灼也又居又切或書作糸文一重音一 ⿰火幼 於九切⿰火幼炄欲乾也又於糾切文一重音

一 缹 府九切火熟之也亦書作⿰火缶文一 ⿰火阜 扶缶切熾盛也文一 煣 忍九切屈申木

也又如又切文一重音一炄女九切⿰火幼炄欲乾文一⿰亻灸忍甚切大孰也文一熘戶感切灼爛文一

炐匹降切火聲文一爔香義切燒也文一燧徐醉切取火也論語鑽燧改火或書作⿰遂火文一

煝蜜二切旱气又明袐切博雅焅謂之煝一曰旱熱文一重音一

⿰亻⿱艹火平袐切火乾也文一熾⿰⿱音火戈昌志切說文盛也古作⿰⿱音火戈文二炥芳未切火

負又方未切一曰熱氣又敷勿切又分勿切熚⿱賁火火不時出而滅一曰鬼火⿱賁火或作炥又符勿切又普活切文一重音五

⿱非火父沸切塵也文一熂許既切薙艸燒之曰熂又許竭切火焚山艸也文一重音一

炁丘既切雲气也文一煟于貴切火光文一尉尉紆胃切說文从上案下也从𡰪又持火以尉申繒也一曰候也又姓隸作尉又並紆勿切从上案下也文二重音二

⿱𦥯火 朱戍切銷金也文一 ⿰火菆 芻數切火行謂之⿰火菆或書作⿱菆火文一 炔 消惠切煙出皃又古穴切又翾劣切㶶炔火始然也又娟悅切文一重音三 熭 于歲切說文暴乾火也或作熭熭又胡桂切又主代切文二重音二 爄 力制切止火文一 㸊 落蓋切火之炎毒又郎達切火皃文一重音一 ⿰火蓋 丘蓋切火也文一 ⿰火戒 炌 口戒切⿰火矣⿰火戒熾也或从介文二 ⿰火背 焙 蒲昧切煏也或作焙文二 焠 取內切說文堅刀刃也文一 ⿰火萬 他代切⿰火萬⿰火宛煙皃又他達切又力蘗切火斷也文一重音二 ⿰火宛 於代切⿰火萬⿰火宛煙氣又於月切煙火皃又於代切又烏括切文一重音三 ⿱聿火 燼 徐刃切說文火餘也一曰薪也或从盡文二 ⿵門火 ⿱亠⿵門火 良刃切說文火皃从火⿱亠門省聲或不省⿱亠門又力忍切燭息火存謂之⿱亠⿵門火文二重音一 焮

香勒切炙也春秋傳行火所焮一曰爇也文一 焄呼困切火皃文一 煥呼玩切明也文一 ⿸厂⿱隹火魚旰切又魚澗切說文火色也文一重音一 炍普半切煥也文一 燦蒼案切明皃文一 熶取亂切爨或作熶文一 炭他案切說文燒木餘亦姓文一 ⿰𠦝火居旰切乾也文一 爤爛燗煉郎旰切說文孰也或从闌从閒从柬煉又郎甸切說文鑠治金也文四重音一 ⿰光柬郎甸切光也文一 熽先弔切火熾文一 爝子肖切說文苣火祓也呂不韋曰湯得伊尹爝以爟火釁冔以犧豭文一 照之笑切說文明也或从火亦省唐武后作曌文一 燿炅弋笑切光也古作炅文二 熎一笑切熇也文一 ⿱覀火毗召切勁疾皃文一 ⿰火䓬爟直教切爨急也或作爟⿰火䓬又所教切熾火急然謂之⿰火䓬文二重音一

焅口到切熇也又枯沃切說文旱气也文一重音一燾大到切溥覆照也文一烤
鳥卧切煖也文一灹陟嫁切火焱也又乙六切熱也文一重音一焋側亮切實米於甑也
文一煹居候切舉火也文一顑胡紺切臨火气也又呼紺切文一重音一焰餤
爦以贍切火光或作餤爦爦又力驗切火也文三重音一熌舒贍切火行也文一燂
虛欠切火乾也又余輒切文一重音一焀呼木切火貞又胡谷切文一重音一炇普木
切火烈又匹角切文一重音一熝盧谷切煉也文一焂式竹切光動也文一煜
焴余六切說文燿也或从育煜又域及切文二重音一燠乙六切熱也文一熟
神六切說文食飪也引易孰飪隷作熟文一焯都毒切明也又竹角切小熱又職略切周書焯

見三有俊心又尺約切闕人名魯有孟公焯文一重音三

燭 朱欲切說文庭燎火燭也亦姓文一

⿰⿱士⿱冖火殳 黒角切火聲又呼木切又胡谷切文一重音二

燩 克角切博雅曝也又詰歷切文一重音一

⿱𦥯火 轄覺切爍也文一

爆⿰火⿱日⿱共言 北角切爇也一曰火聲或从暴㬥爆又四角切又弼角切又伯各切火乾也文二重音三

烞 匹角切烞熚竹火聲文一

爑⿰火卽 子悉切博雅煨也或省爑又子結切爁謂之爑又節力切燒土周棺也文二重音二

熚 壁吉切說文熚火皃文一

烕 休必切狂也齊人語一曰怒也文一

炪 竹律切火聲又勑律切一曰炪爩煙皃又朱劣切說文火不光也文一重音二

㶳 直律切煙也文一

燏 允律切火光皃文一

⿹戈⿱口⿱一火⿱或火 敷勿切說文熚⿹戈⿱口⿱一火也或省又並分物切熚⿹戈⿱口⿱一火火不時出而滅一曰火盛皃文二重音一

⿰火豕

⿰火彔許勿切博雅曝也煨也或从彖文二熨⿱鬱火紆勿切持火展繒也一曰火斗或从鬱文二爩紆勿切炪爩煙出也文一⿰火曷於歇切說文傷暑也或从火文一爡丑代切爡爡燒皃起又敕列切爡烷煙皃文一重音一⿰火孛⿰火勃薄没切煙起皃或从勃文二炟當割切火起也文一⿰火剌郎達切火皃文一⿰火末莫葛切火色文一⿰火㡀⿱敝火必結切灼物焦也或作⿱敝火文二炦蒲結切火氣又蒲撥切文一重音一爇焫儒劣切說文燒也引春秋傳爇僖負羈或作焫文二杰巨列切⿰鬲兒杰桀四公子名文一焎敕列切火然也又許列切火氣文一重音一熱而列切說文溫也文一⿱⿰𡿪刂火烈力蘖切說文火猛一曰業也光也隸作烈文二⿰火薰椿劣切竈中煙文一烕翾劣切說文滅也从火戌火死於戌陽氣至戌而盡引詩赫赫宗周褒姒烕之

又莫列切文一重音一爚弋灼切說文夏祭也禴亦从火文一爚爍弋灼切說文火飛也一曰爇也或作爍爚又式灼切僞爚光皃爍又式灼切說文灼爍光也又歷各切暴爍木支葉缺落皃又力角切爆爍葉踈文二重音四⿰火夜弋灼切火光又夷益切文一重音一爝⿰火雀即約切火炬或作焳⿰火雀爝⿰火雀又疾雀切文三重音一⿰火蕉疾雀切炬火文一⿰火藥式灼切灼爍光也或从藥文一灼職略切說文炙也文一⿰火芍職略切灼爍艸木華色盛皃文一

⿰火豦極虐切火熾文一烙歷各切燒也文一⿰火尃伯各切火乾也一曰熱也或作煿文一⿰火莫末各切火皃或書作⿱莫火文一⿰火蒦黃郭切熱也文一⿰火隺光鑊切灼也又胡沃切又吾沃切文一重音二⿰火𠦝郝格切燒也文一焅霍號切火光文一焟

思積切博雅曝也文一⿰災睪夷益切災也文一⿰光睪燡夷益切光也或从火文一煬

夷益切字林火光也又先的切乾也文一重音一熤夷益切闕人名後魏有張熤又逸織切文

一重音一炈營隻切陶竈窻也文一⿰火鼏莫狄切熐蠡乾酪或从鼏文一⿰光啇他歷

切光皃文一⿰火皀丁歷切說文望火皃又他歷切文一重音一爏⿸厤火狼狄切火皃或

省文二烒設職切火皃文一熄悉即切說文畜火也一曰滅火文一熼逸織

切火皃文一烅忽域切火光也文一⿱稫火煏⿱備灬弼力切說文以火乾肉或作煏⿱備灬⿱備灬

又鼻墨切趙魏謂熬曰⿱備火文三重音一爅蜜北切火皃文一爗熠域及切暐爗光

也或作熠又並域輒切說文盛也引詩爗爗震電熠又席入切又弋入切文二重音三燁域及

切火盛皃又域輒切盛也文一重音一熻迄及切博雅熱也文一⿰火奄遏合切藏火也文一⿰火菴遏合切烹菜也文一熆轄臘切吹火文一⿰火闒敵盍切爛也文一爉力盍切火皃又力涉切火聲文一重音一煠弋涉切爚也又敇涉切又實洽切文一重音二⿰火聶呢輒切煗也文一⿱⿰耎瓦火力協切火聲文一⿰火闇乙業切火不明文一烚轄夾切火皃文一⿱耳火測洽切火乾也文一炠轄甲切火乾也文一

文四百二十七　重音二百八十九

炎火光上也从重火凡炎之類皆从炎于廉切又徒甘切美辯也又于凡切又以贍切文一重音三

燅 徐鹽切於湯瀹肉从炎从熱省又徐心切文一重音一 **⿰火炎** 徒甘切爁也文一 **炶** 胡甘切火上行或作⿰火甘炶又思廉切木名又徐鹽切於湯中瀹肉又慈鹽切又師銜切又舒贍切火行也又以贍切又他念切文二重音七 **⿱炎舛燐燐** 良刃切說文兵死及牛馬之血爲⿱炎舛或作燐燐⿱炎舛燐又離珍切文三重音一 **⿱炎回** 力荏切侵火也又式荏切又力錦切又以荏切火盛也文一重音三 **燄** 以冉切火行微燄燄也又疾冉切又以冉切又以贍切文一重音二 **⿰炎舀** 乎䲧切魚名山海經留水多⿰炎舀父之魚文一 **⿰炎舌** 以冉切火光也又他點切又他念切火行也文一重音二

文十二　重音十九

黑火所熏之色也从炎上出㖪㖪古窻字

凡黑之類皆从黑 呼北切文一臣光曰隸或作黒

⿰黑冬 徒東切黑皃又徒冬切又徒登切文一重音二 ⿰黑庸 癡凶切深穴中黑文一 ⿰黑農

尼容切⿰黑庸⿰黑農黑甚文一 ⿰黑夅 披江切黑皃文一 ⿰黑尨 莫江切方言黮⿰黑尨私也郭璞曰皆冥

闇故爲陰私文一 ⿰黑离⿰黑來 鄰知切赤黑色或从來⿰黑來又郎才切⿰黑來⿰黑臺大黑又洛代切文二重音

二 黟⿰黑伊 於夷切縣名在丹陽一曰黑木或作⿰黑伊黟又煙奚切文二重音一 黴⿰黑敄

昦悲切說文物中久雨青黑一曰敗也或省黴又莫貝切又莫佩切文二重音二 墨 昦悲切墨

杘默詐皃又莫佩切讒衺敗善曰墨又密北切說文書墨也亦姓一曰度名五尺曰墨文一重音二 ⿰黑茲

津之切深黑色文一䵱虛其切黑色又施皮切方言色也一曰䵱然赤色又訖力切青黑色曰䵱文一重音二⿰黑旅龍都切黑弓旅或作⿰黑旅文一黸龍都切說文齊謂黑爲黸文一黧黧憐題切黑黃也或作黧黧又良脂切又力皆切文二重音二黳煙奚切說文小黑子一曰黑也又於佳切文一重音一黊淵畦切汙也文一⿰黑乚英皆切深黑也又於閑切又於旣切又止忍切黑謂之黰⿰黑乚又乙黠切文一重音四⿰黑臺當來切⿰黑棘⿰黑臺大黑貞又堂來切又丁代切文一重音二⿱穴黑許云切浅絳也文一黗他昆切博雅黑也又吐袞切說文黃濁黑文一重音一⿰黑奔逋昆切黑也文一⿰黑冊相干切⿱般黑⿰黑冊色下文一⿱般黑蒲官切說文⿱般黑⿰黑冊下色文一⿱睘黑謨還切畫車輪文一黰黫於閑切黑也或作黫黰又止忍切文

二重音一䵸尸羊切黑也文一䵺虛郎切黑皃文一黥剠渠京切說文墨刑在面也又姓古作剠文二䵛于求切說文贅也文一黝於虬切黑色又於夷切縣名又云九切博雅黝堊塗也又於九切又於糾切說文微青黑色又一笑切一曰用黑塗地文一重音五

黬諸深切又居咸切說文雖皙而黑古人名黬字皙一曰釜底黑文一重音一

黔渠金切黑色春秋傳邑中之黔又地名亦姓又其淹切說文黎也秦謂民有黔首謂黑色也周謂之黎民引易爲黔喙又其嚴切黃黑色又居嚴切又居奄切文一重音四

黚䵖黬渠金切淺黃黑亦从禽从葴黚又紀炎切水名南至鱉邑入江在犍爲又其淹切又古暗切博雅黑色文三重音三

黯鄔甘切深隱也又於咸切深黑色又鄔感切又乙減切文一重音三

點之廉切闕人名魯有豐點

齊有鮑點又多忝切小黒也又丁賀切艸葉壞也故墟種麻有點葉夭折之患賈思勰説又都念切郭璞曰以筆滅字爲點文一重音三

黬居咸切雖皙而黒又魚咸切黒色又鄔感切釜底黒也又於琰切中黒也又乙減切直聚氣也文一重音四

黚居咸切説文黃黒也文一

䶨鋤咸切刋書謬也文一

䵹展豸切䵹黈艸書勢崔子玉説又展八切文一重音一

𪐗尚呂切黒也文一

黈冢庾切有所絶止而識之也文一

䵣虎本切黒也文一

𪑾吐衮切怨睡行無廉隅或从黒文一

䵟古旱切面黒气也文一

黰多殄切黒色又吉典切説文黒皴也又胡典切文一重音二

黨止兩切姓也又底朗切説文不鮮也又坦朗切鼻也漢書黨可徼幸文一重音二

黮陟甚切博雅黮黵私也一曰深黒又直稔切汚也一曰黭黮果實壞

皃又他感切說文桑葚之黑也又徒感切又時染切黑甚也又丈減切又他紺切黮闇不明皃文一重音六

黕 陟甚切汙也又祁感切說文滓垢也文一重音一

黭 於錦切黭甚果實壞皃又鄔感切說文黭黯黑也又衣檢切又乙減切文一重音三

黤 鄔感切深黑色黤又乙減切青黑皃又倚檻切說文青黑也又衣檢切文一重音三

黲 七感切說文淺青黑也一曰敗也文一

黬 烏敢切博雅忘也又於琰切又乙減切又倚檻切說文黬者忘而息也又乙鑒切文一重音四

黵 覩敢切說文汙也又吐敢切黑也又止染切文一重音二

黶 於琰切說文中黑也又乙減切闞人名晉有欒黶文一重音一

䵡 居奄切黑也文一

䵎 乃玷切點䵎艸書勢文一

䵵 亡范切闇行也文一

䵕 力遂切黑色文一

黖 許既切不明皃文一

䵅 都故切色

深黑文一⿰黑太他蓋切黑甚又徒蓋切文一重音一⿰黑未莫貝切深黑色又莫佩切淺黑也文

一重音一⿰黑會烏外切說文沃黑色又火夬切又烏快切文一重音二⿰黑惠暮拜切黑皃又

許邁切文一重音一⿰黑萬莫敗切⿰黑萬⿰黑會黑皃文一⿰黑逮⿰黑隊徒對切黮⿰黑逮黑也或从隊⿰黑逮又

待戴切曖曃暗也亦从黑文二重音一黱黛待戴切說文畫眉也或从代黱又直稔切黑色

文二重音一⿱𢦏黑作代切染也文一⿰黑㐱之刃切黑也文一⿰黑昆古困切純黑色又昏

困切⿰黑享⿰黑昆不幹事文一重音一⿰黑享暾頓切⿰黑享⿰黑昆不幹事文一⿰黑⿸尸八⿰黑殿堂練切說文⿰黑⿸尸八謂之

垽垽滓也或作⿰黑殿文二⿰黑見倪甸切濡墨也文一⿰黑肖七肖切⿰黑肖⿰黑黽面點文一⿰黑者

之夜切黑也文一⿰黑易弋亮切說文赤黑也一曰淺青文一⿰黑登澄應切米壞也文一⿰黑亭

澄應切雲色文一

䵶⿰黑黽 昨亘切奸䵶面黑氣或从黽⿰黑黽又以證切面黑子謂之⿰黑黽文二重音一

⿰黑屋 烏谷切墨刑又乙角切刑也文一重音一

⿰黑業 普木切色暗一曰淺黑色或从⿰黑卜文二

黷 徒谷切說文握持垢也引易再三黷文一

⿰黑鹿⿰黑彔 盧谷切⿰黑歷⿰黑鹿垢黑也或从彔文二

⿱雨儵 式竹切闕人名晉有庚⿱雨儵字玄默文一

儵 式竹切說文青黑縉發白色一曰黑色一曰儵儵罹禍毒也又亭歷切又丑鳩切山海經彭水多儵魚其狀如雞三尾六足四首又陳留切闕人名春秋傳有伯儵文一重音三

⿰黑辱 儒欲切黑垢文一

⿰黑谷 俞玉切黑貟文一

黢 促律切黑也文一

黜 勑律切說文貶下也文一

黦⿰黑冤 紆勿切玄黃也或从冤又並於月切說文黑有文也黦又於歇切色變也文二重音二

⿰黑⿱䜌彡 紆勿切黑貟文一

⿰黑曷

於歇切色變也文一⿰黑旦當割切說文白而有黑也五原有莫⿰黑旦縣文一⿰黑歲呼括切黑色文一⿰黑最麤括切黑也文一⿰黑予盧活切黑也文一黠下八切說文堅黑也一曰慧也文一⿰黑系初轄切黑也文一⿱算黑芻刮切說文黃黑而白也一曰短黑又側劣切黑色體瘁謂之⿱算黑文一重音一⿰黑勺職略切婦人以點飾又丁歷切博雅龍須謂之⿰黑勺一曰婦人面飾一曰黑子箸面文一重音一⿰黑責七迹切⿰黑責⿰黑冥色敗黑又倉歷切文一重音一⿰黑冥⿰黑覓莫狄切⿰黑責⿰黑冥色敗黑一曰闇也或从覓文二⿰黑歷狼狄切黑皀文一黓逸織切黑也爾雅太歲在壬曰玄黓文一⿰黑或忽域切縫也又乙六切羔裘縫也文一重音一⿰黑沓託合切黑也晉書羊曼州里稱爲⿰黑沓伯又達合切文一重音一⿰黑妾七接切絲壞色文一⿰黑枼的協切竹裏黑

又達協切又力協切文一重音二

文一百二十五　重音九十二

囪在牆曰牖在屋曰囪象形凡囪之類皆从囪古文作四楚江切囪又麤叢切文二重音一

怱恖倉紅切多遽怱怱也古作恖文二　悤麤紅切通孔也文一　⿰囪胥寫與切囪也文一

文六　重音一

焱火華也从三火凡焱之類皆从焱以冉切又以贍

切燚燚火盛皃又夷益切又營僂切又呼役切又馨香激切又呼昊切文一重音六

燊 所臻切盛皃从焱在木上讀若詩莘莘征夫一曰役也又胡爪切熾也又所內切文一重音二

熒 戶扃切屋下燈燭之光又乎萌切火光又維傾切又翾營切水名又玄扃切又烏迥切聽熒疑惑也又縈定切火光又胡鎣切暫明皃文一重音七

文三　重音十五

炙 炮肉也从肉在火上凡炙之類皆从炙

籀文作⿰炙柬 之石切又之夜切文二重音一

⿰炙番 附袁切宗廟火熟肉春秋傳曰天子有事燔焉以饋同姓諸侯文一

⿰炙圭⿰炙夭 徐廉切湯

中瀹肉或作燅文二**錕**古本切鵝鴨炙也文一**鐐鑠**朗鳥切炙也或从巢鑠又莊交切然也鐐又力照切文二重音二**鐮**胡暫切餅中肉文一**鉻**胡紺切食肉不猒文一

鍊趨玉切弗鍊炙筋文一

文十一　重音三

赤南方赤色也从大从火凡赤之類皆从赤古作**烾**昌石切赤又七迹切撥除也周禮赤犮氏文二重音一

䞒胡公切皮肉腫赤文一**赨𧹞**徒冬切說文赤色也或从冬赨又余中切赤蟲又胡弓切文二重音二**赥**章移切赬赥面飾文一**䞕**汝朱切火色一曰色𧹓落又容朱切

文一重音一䞓因蓮切䞓赦婦人面飾文一赮何加切赤色文一赯徒郎
切赤色文一䞓赬赪丑成切說文赤色也引詩魴魚䞓尾或作赬赪文三䞖呼含
切赤色文一䞒杜孔切赤色文一𧹈武斐切赤色文一𧹓戶管切赤色一
曰濁也又居案切大赤也又虛旰切又胡玩切文一重音三赧𧹞乃版切說文面慙赤也周
失天下於赧王或从皮𧹞又尼展切眞𧹞笛聲緩也文二重音一赭止野切說文赤土也文一
𧹯昌志切盛也文一𧹥呼木切說文曰出之赤文一赫爀𤆍焃郝格
切說文火赤皃或从火亦作𤆍焃赫一曰明也爀又馨激切焃又霍虢切赫又虛訝切以口距人文四重
音三赩郝格切赤皃又迄力切說文大赤也文一重音一𤆍乞格切𤆍𤆍懼也文一

⿰赤畐忽域切赭色文一

文二十九　重音十二

大天大地大人亦大故大象人形古文大也凡大之類皆从大徒蓋切又他蓋切又唐佐切又佗佐切太也文一重音三

夷以脂切東方之人也文一　奃都兮切大也又典禮切又丁計切文一重音二　奚弦雞切獸迹文一　奎苦圭切兩髀之間又苦委切奎踽開足行皃又犬繠切文一重音二　⿻大卌蒙晡切說文模或从大卌文一　夻口觚切大也文一　奒丘哀切大也又柯該切文一重音一　奄常倫切大也讀若鶉文一　奤河干切大口也又胡官切又雨阮切奢也大也又火

遠切文一重音三

⿱大隺⿱大雈 呼官切方言始也化也或作⿱大雈文二

⿱大周 丁聊切大也多也文一

⿳大土灬 馨幺切博雅大也又牽幺切又丘妖切肥也文一重音二

夸夲 苦瓜切奢也或作夲又匈亏切美皃又虧于切又苦瓦切自大也又區遇切文二重音四

⿱大巴 披巴切大也文一

奓 詩車切張也又陟加切又敞介切又齒者切又充夜切文一重音四

⿱大瓜 烏瓜切說文⿱大瓜大也又攻乎切文一重音一

⿱大且 徐嗟切⿱大旦⿱大且大皃又才邪切文一重音一

⿱大⿵冂月 晡橫切大力也又肯登切倰⿱大⿵冂月彊大皃文一重音一

⿱大吕 離鹽切說文鏡籢也文一

⿱此大 淺氏切直大也又許戒切文一重音一

⿱大畐 柳罪切大也文一

⿱大云 魚吻切大也文一

⿱大乍 仕下切夸⿱大乍自大文一

奄 依檢切覆也大有餘也又欠也申展也又於贍切精氣閉藏文一重音一

契 苦計切大約也易曰後代聖人易之以書契又欺訖切字林契丹北夷号又訖黠切戲也又詰結切契闊勤苦也又私列切文一重音四 奆 顯計切大肥也又顯結切文一重音一 夳太 他蓋切說文滑也一曰大也通也或省太又他達切文二重音一 夵 古拜切大也讀若蓋文一 奔 乎萬切上大也文一 ⿱大丘 火戒切瞋大也文一 奅 匹皃切大也又披教切文一重音一 套 叨号切地曲後唐與梁人戰于胡盧套又土晧切長大也文一重音一 ⿹𢦏大 直質切大也讀若詩⿹𢦏大⿹𢦏大大猷又旋結切文一重音一 ⿱大弗 房蜜切大也讀若予違汝弼又分物切又符勿切文一重音二 奯 呼括切空大也讀若詩施罟泧泧文一 ⿱大爾 必結切巨力也文一 ⿱大矍 厥縛切健皃又扃縛切文一重音一 ⿱大或 忽域切博雅方也一曰大也又越逼切文

一重音一 㕓 狼狄切㕓落大也文一 𡗖 訖力切博雅𡗖肥也文一 夾 古狎切持也俠二人又檄頰切俜也又吉協切傍也文一重音二

文四十五　重音四十一

亦人之臂亦也从大象兩亦之形凡亦之類皆从亦 羊益切文一

夾 失冉切盜竊褱物也从亦有所持俗謂蔽人俾夾是也又施隻切文一重音一 奭 施隻切盜竊褱物又賞力切文一重音一

文三　重音二

夨傾頭也从大象形凡夨之類皆从夨阻力切又力結切又詰結切文一重音二

⿱隹夨渠龜切博雅眷⿱隹夨顧也文一

吴⿱卄夨訛胡切姓也亦郡也一曰吴大言也古作⿱卄夨吴文二重音一

⿱吉夨古㬰切頭傾也又詰結切文一重音一

奊⿱丵夨又元俱切虞或作奊又力結切奊⿱吉夨頭衺態一曰多節目或作⿱丵夨奊又胡結切頭衺猷又扶畦切傾頭作態文二重音二

⿰夨爾必結切引戾謂之⿰夨爾文一

文八　重音六

夭屈也从夭象形凡夭之類皆从夭於兆切又於喬

切夭和舒皃又汚老切少長曰夭又烏酷切地名山海經軒轅國有諸夭之野文一重音三

奔 逋昆切說文走也一曰堂上謂之步門外謂之趨中廷謂之走大路謂之奔又方問切覆敗也又補悶切急赴也文一重音二

喬 巨嬌切說文高而曲也引詩南有喬木又居妖切木枝上又丘袄切竦也又舉夭切喬詰意不平又渠廟切文一重音四

毊 虛嬌切大磬謂之毊又渠嬌切文一重音一

㚔幸 下耿切說文吉而免凶也从屰从夭夭死之事故死謂之不㚔隸作幸文二

文六　重音十

交 交脛也从大象交形凡交之類皆从交

交 古爻切文一

䪏 羽非切說文衺也从交韋聲文一　絞 古巧切說文縊也一曰縛也亦姓又國名文一

乂 居肴切乂文一

文四

尣 𡯁曲脛也从大象偏曲之形凡尣之類皆从尣或作尪 烏光切文二

𡰝 倫爲切𡯁病也又盧鯠切𡰝尫膝病又魯果切文一重音二　𡯂 邕俱切說文股𡯂也李陽冰曰體屈曲文一

𡰴𡱀 都黎切說文𡯁不能行爲人所引曰𡰴𡱆或从奚又並田黎切𡰴𡱆行跛文二重音一　𡱆 玄圭切說文𡰴𡱆也文一　𡯖 呼乖切𡯖𩓨馬病又呼回切文一重

音一尵幢乖切虺尵馬病又徒回切文一重音一⿺尢豕呼回切虺尵馬病或作⿺尢㒸文一⿺尢王

於寒切殷也文一⿺尢雚渠鰥切⿺尢盧⿺尢雚膝病文一⿺尢皀民堅切邪行文一⿺尢亶珍全

切⿺尢亶⿺尢盧行不正皃文一⿺尢肖思邀切酸痟頭痛或作⿺尢肖文一尥披交切牛行足外出也又

蒲交切又力弔切說文行脛相交也文一重音二⿺尢包蒲交切脛交也又力弔切文一重音一

⿺尢皮逋禾切蹇也又補火切又補過切足橫病文一重音二⿺尢左遭哥切⿺尢皮⿺尢左足橫皃又子

我切⿺尢皮⿺尢左行不正又則箇切文一重音二⿺尢木虛尤切廢也文一尲姑南切尲尬行不進

又紀炎切又堅嫌切又居咸切說文不正也又力協切文一重音四⿺尢奄烏含切跛也又衣檢切又

過合切跛疾又鄔感切又乙洽切文一重音四⿺尢童尰豎勇切脛氣足腫或作尰文二⿺尢水

主縈切⿺尢兆⿺尢旦小皃又數軟切文一重音一⿺尢奇去倚切蹇也又舉綺切一曰一足行又隱綺切又卿義切傍也文一重音三⿺尢危⿺尢委苦委切博雅傍也一曰跛也或从委⿺尢危又居義切又居僞切又丘僞切⿺尢委又吐内切⿺尢畏⿺尢委風疾文二重音四⿺尢旦汝水切⿺尢兆⿺尢旦短皃文一⿺尢畏鄔賄切⿺尢畏⿺尢妥行疾又烏潰切文一重音一⿺尢妥吐猥切⿺尢畏⿺尢妥行病又㚬罪切又吐内切⿺尢畏⿺尢妥風疾文一重音二⿺尢皀五遠切小弱皃文一⿺尢企居拜切說文尲⿺尢企也又訖黠切又牛轄切又力結切文一重音三⿺尢昆弋笑切說文行不正也一曰腫也又彌佊切文一重音一⿺尢卓敕教切蹇也又勑角切又尺約切齊楚謂跛曰⿺尢卓又勑略切文一重音三⿺尢咅步卧切仆也又蒲候切文一重音一⿺尢垂都垂切尣也文一⿺尢盧盧卧切郪病文一⿺尢果盧卧切不正也文一⿺骨尢雪律切不能行文一

尳胡骨切說文䣛病也又古忽切又戶八切文一重音二⿺尢差子末切⿺尢扁⿺尢差足大文一

⿺尢舌戶括切⿺尢扁⿺尢舌行廣文一⿺尢扁北末切⿺尢扁⿺尢差足大文一⿺尢穴戶八切足病文一

尥六直切行脛相交也文一

文四十六　重音四十一

壺昆吾圜器也象形从大象其蓋也凡壺之類皆从壺戶吳切文一

壼於云切壹壼也不得泄凶也易曰天地絪縕又於斤切又紆倫切又伊眞切又委隕切又紆問切又一結切文一重音六⿰壺盍克盍切酒器也文一

文三　重音六

壹嫥壹也从壺吉聲凡壹之類皆从壹於悉切文一

懿懿歕乙冀切專久而美也或不省古作歕歕又於其切恨聲文三重音一

⿰壹谷乙冀切痛聲文一

⿰壹乚乙冀切又億姞切博雅貪也文一重音一

文六　重音二

㚔所以驚人也从大从羊一曰大聲也凡㚔之類皆从㚔一曰讀若瓠一曰俗語以盜不止爲㚔隸作幸尼輒切㚔又日執切又日涉切文二重音二

盩 張流切引擊也扶風有盩厔縣又陳留切諸盩周先公名又直祐切文一重音二 圉 魚舉切囹圉所以拘罪人一曰圉垂也一曰圉人掌馬者文一 報 博号切當罪人也艮服罪也又博毛切進也又芳遇切疾也文一重音二 ⿱⺮⿰匊言⿱⺮⿰㚔人 居六切窮理罪人也竹聲文二 睪⿱日㚔 羊益切司視也令吏將目捕罪人也古作⿱日㚔睪又都故切敗也又睨軏切又夷益切文二重音三 執 之入切說文捕罪人也一曰持也古作秇文二 秇 ⿰幸瓜 質入切縣名在北海文一

文十二　重音九

奢 張也从大者聲凡奢之類皆从奢籒文作奓 式車切奓又陟加切文二重音一

奲 丁可切富奲奲皃又齒者切寬大也又齒善切文一重音二

文三　　重音三

亢 人頸也从大省象頸脈形凡亢之類皆从亢古郎切又寒剛切咽也又居衡切闕人名老聃弟子有亢倉子又丘庚切跡也又舉朗切又下浪切又口浪切高極也一曰星名文一重音六

𠅩 胡朗切直項莽𠅩皃夋倨也亢亦聲又罔朗切又下朗切文二重音二

⿰高亢 丘召切⿰高亢⿸虍亢不安也又詰弔切高也又牛召切文一重音二

⿸虍亢 牛召切⿰高亢⿸虍亢不安也文一

⿰宕亢 口浪切⿰高亢⿰宕亢高下不平文一

⿰龠亢 ⿰籥亢 弋灼切仰也或从籥文二

頁篇十中　二十九　彦甫

文七　重音十

夲進趣也从大从十夲猶兼十人也凡夲之類皆从夲　土刀切　文一

皋　古勞切气皋白之進也禮祝曰皋登謌曰奏故皋奏周禮曰詔來鼓皋舞皋告之也又乎刀切呼也又後到切又攻乎切櫜皋地名在壽春臣光曰今變隸作皋文一重音三

㲋　余準切進也易曰㲋升大吉文一

㚖　簿報切疾有所趣也文一

𡴑奏𢍜𢾺𡲬　則候切奏進也屮上進之義隸作奏𢍜𢾺𡲬奏又千候切湊或作奏文五重音一

𡴎　呼骨切疾也拜从此又許勿切又居悖切又訏貴切文一重音三

文十　重音七

夰放也从大而八分也凡夰之類皆从夰古老切又下老切文一重音一

昦胡老切春爲昦天元气昦昦臣光曰今俗作昊文一

臩具往切驚走也一曰往來皃又俱永切文一重音一

䀏九遇切舉目驚䀏然也䀏亦聲文一

奡五到切嫚也夰亦聲虞書曰若丹朱奡讀若傲論語奡湯舟文一

文五　重音二

大籀文大改古文亦象人形凡大之類皆

从大 他達切 文一

奚 胡雞切大腹也𦃃省聲𦃃籀文系字文一 耎 而沇切稍前大也讀若畏偄又奴亂切文一重音一 皐 古老切大白澤也古文以爲澤字又直格切又施隻切又昌石切文一重音三 奘 子兩切勸也助也文一 奰 平祕切壯大也从三大三目二目爲䀠三目爲𥆎益大也一曰迫也讀若易虙羲氏詩曰不醉而怒謂之𡚁奰或省文二 奜 父沸切大也又匪微切姓也春秋傳有奜豹文一一重音一 𡚁 乙獻切大貝或曰拳勇字一曰讀若傿又虛延切又逵貟切文一重音二 臭 昌石切大白澤也文一 奕 羊益切大也詩曰奕奕梁山文一

文十一　重音七

夫丈夫也从大一以象簪也周制以八寸爲尺十尺爲丈人長八尺故曰丈夫凡夫之類皆从夫甫無切又馮無切語端辭文一重音一

規居隨切有法度也又均窺切又規恚切規規驚視自失皃文一重音二

扶薄旱切竝行也从二夫輦字从此讀若伴侶之伴文一

⿱扶言都濫切負也文一

文四　重音三

立住也从大立一之上凡立之類皆从立力入切文一

竩魚羈切容也度也亦姓又州名文一⿰立取遵須切傴⿰立取羸也文一⿰立芻竬相俞切待也亦作⿰立芻竬文二⿰立甫奔模切物之端文一竣七倫切偓竣也國語曰有司已事而竣又壯倫切伏皃又逡緣切文一重音二竴七倫切喜皃文一端多官切直也一曰正也始也布帛六丈曰端文一竵火畫切不正也又空媧切文一重音一竲士耕切北地高樓無屋者又慈陵切高也又咨騰切文一重音二竑胡萌切度也周禮竑其輻廣又七層切文一重音一竮⿰立并傍經切竛竮行不正或省竮又滂丁切文二重音一⿰立甹滂丁切使也文一竛郎丁切竛竮行不正文一⿰立甚知林切坐立不移皃文一竳都騰切竳竳立皃文一站知咸切坐立不動文一竦息拱切敬也束自申束也文一竢⿰立巳

牀史切待也或作⿰立巳文二

竘 丘羽切健也一曰匠也讀若齲逸周書有竘匠又委羽切又果羽切文一重音二

竚 壬呂切久立也又去厚切又許后切文一重音二

⿰立支 古委切閣藏食物又舉綺切又居僞切⿰立奇起物也文一重音二

⿰立奚 戶禮切待也文一

⿰立亥 下改切竪⿰立亥神人也文一

⿰立可 下楷切短人文一

⿰立屈 虎猥切⿰立屈然獨立皃文一

⿰立寺 蕩亥切俟也文一

⿰立𦎫 丁罪切磊⿰立𦎫重聚也又杜罪切又都昆切厚也文一重音二

⿰立享 觀猥切磊⿰立享重聚也文一

竱 旨兗切等也春秋國語曰竱本肇末又陟兗切齊也又都玩切又株戀切又多官切博雅齊也文一重音四

竫 疾郢切亭安也文一

靖 疾郢切立竫也一曰細皃文一

⿰立隶 力至切臨也又力遂切又力入切文一重音二

竩 宜寄切人所宜也文一

⿰立圣 胡怪切切度

也文一**竪**居拜切極也文一**竨**徒弔切竨⿰立堯高危也文一**⿰立堯**倪弔切竨⿰立堯危也文一**⿰立肖**七肖切立皃文一**⿰立卑**傍下切短人立⿰立卑⿰立卑皃又篇夷切又部買切又毋也切又步化切文一重音四**⿳亡口⿲月立凡**力臥切痿也又奴臥切㖩𣎆立皃文一重音一**⿰立委**烏臥切立皃文一**⿰立录**房六切見鬼鬽皃录籀文鬽字讀若虙羲氏之虙又盧谷切又莫筆切文一重音二**⿰立足**初六切齊謹也又測入切闕人名文一重音一**⿱旋立**于木切立待也文一**⿰立孛**普没切按物聲文一**⿰立戈**王伐切屹立也文一**竭**渠列切負舉也又其謁切盡也文一重音一**⿰立昔**七雀切驚皃又倉各切竦也又七迹切敬也文一重音二**⿰立夾**力協切行不正也文一

文五十三　重音三十二

竝併也从二立凡竝之類皆从竝隸作並蒲迥切又並部滿切同竝縣名並又蒲浪切近也又蒲幸切偕也文二重音三

㬱㬱𣌭他計切廢一偏下也文三

文五　重音三

囟頭會匘也象形凡囟之類皆从囟或作⿰月宰⿶凵十息進切又思忍切又息利切文三重音二

⿰囟比毗頻脂切人臍也从囟囟取气通也一曰明也輔也厚也隸作毗文二

⿱霝囟郎丁切天⿱霝囟人頂骨可為藥文一

⿰囟臭思晉切腋氣病文一

⿱囟𠔉莫晏切憤也文一

⿱巛鼠良涉

切毛巤也象髮在囟上及毛髮巤巤之形文一

文九　重音二

恖容也从心囟聲凡恖之類皆从恖古作⿱囟甘⿱囟电隷作思　息兹切思又桑材切又相吏切慮也文四重音二

崽　所佳切博雅子也一曰呼彼稱又山皆切子也方言江湖之間凡言是子謂之崽自高而侮人也又想止切又子亥切湘沅呼子曰崽文一重音三

慮　良據切謀思也又龍珠切取慮縣名文一重音一

文六　重音六

類篇卷第十中

類篇卷第十下　卷之三十

朝散大夫右諫議大夫權御史中丞充理檢使上護軍河内郡開國侯食邑一千三百戶賜紫金魚袋臣司馬光等奉

敕修纂

心　人心土藏在身中象形博士說以爲火藏凡心之類皆从心　息林切臣光曰或書作小小文一

悚　都籠切愚皃文一　恫　他東切說文痛也一曰呻吟或作恿恫又杜孔切痛也又徒弄切憁恫不得志恿又尹竦切氣也一曰健也文二重音三　憧　徒東切憧憧往來不絕皃徐邈讀又諸容切又書容切駷昏也又昌容切說文意不定也又徒弄切又儲用切遲也又丈降切文一重音

六𢥞盧東切𢥞忽遽皃文一㦕盧東切㦕悷多惡皃又魯孔切㦕悷佷也又盧貢切

文一重音二懵懜謨蓬切懵懵無知皃或从夢懜又謨中切爾雅懜懜惛也一曰慙也或作

懜又並彌登切懜懜惛也又並母揔切廣雅闇也又並母亘切懵又忙肯切惛也文二重音五懞

謨蓬切瞉厚皃又蒙弄切心暗又母揔切文一重音二憽蘇叢切惺憽了惠皃文一愡

麤叢切愡恫無知又祖動切悾愡倊不得志又千弄切一曰心急文一重音二㥮祖叢切困㥮刻

賊不通也李頤說又先奏切困㥮氣臭薰鼻不通文一重音一㤨胡公切說文戰慄也又居容切

博雅懼也又古勇切文一重音二愩胡公切愩也又沽紅切悒愩皃又虎孔切心恍惚又古送

切文一重音三悾枯公切信也一曰慤也又枯江切又苦貢切誠也又苦動切悾愡倊不得志文

一重音三忊沽紅切急意文一㤝昌嵩切埤蒼心動也文一忠陟隆切說文敬也亦州文一忡𢥞敕中切說文憂也引詩憂心忡忡楚辭作𢥞𢥞又徒冬切博雅𢥞𢥞憂也文二重音一㤚持中切憂也文一𢛹𢠳㣊丘弓切廣雅憂也或作𢠳㣊𢛹又於宮切文三重音一㤏他冬切博雅恎㤏懼也又徒冬切文一重音一憹奴冬切𢤱憹悅也又濃江切心亂也又奴刀切懊憹痛悔又乃老切有所恨也文一重音三悰徂宗切說文樂也一曰謀也文一慒徂宗切說文慮也又臧曹切又徐由切文一重音二忪諸容切心動也文一恭居容切說文肅也或書作㳟文一慵常容切嬾稱文一惷書容切駿昬也又抽江切說文愚也又竹用切又丑降切又丑用切又陟降切文一重音五恟忷

虛容切說文擾恐也引春秋傳曹人兇懼或作恟忷忷又詡拱切文二重音一

⿰忄尨 莫江切⿰忄尨憹惛也又尨巷切⿰忄尨戇愚也文一重音一

愯 踈江切懼也春秋傳駟氏愯又荀勇切文一重音一

忮 章移切害也又翅移切彊也又遣尒切健也又支義切說文很也一曰懻忮強害也又居企切很戾又奇寄切詩不忮不求韋昭讀文一重音五

忯 常支切忯⿰忄斯不憂也又翅移切說文愛也又盈之切忯忯和適也又掌爾切又上紙切又待禮切文一重音五

⿰忄斯 相支切慄也又先齊切偍⿰忄斯心怯也文一重音一

⿰忄虒 相支切忯⿰忄虒不憂事又余支切又田黎切楚人謂慸曰憪⿰忄虒又賞是切又演爾切文一重音四

⿰忄离⿱離心 鄰知切支⿰忄离多端也一曰思也或作⿱離心文二

⿰忄詈 鄰知切多言也一曰弄言又憐題切⿰忄詈⿰忄也欺謾語又郎計切文一重音二

⿰忄靡 忙皮切散也又眉波切心病文一重

音一**懏**翾規切有二心也又玄圭切文一重音一**倚**丘奇切慽倚愉意又去倚切文一重音一**恑**虔爲切獨立皃又古委切說文變也一曰悔也文一重音一、**恣**千咨切恣睢自得皃又資四切說文縱也文一重音一**懠**才資切怒也又前西切又戕西切懠疑猶猜疑也又疾智切又疾二切又才詣切愁也疾也文一重音五**怩㞾**女夷切忸怩心慙也古書作㞾文二**恞**延知切爾雅恱也文一**惟**夷隹切說文凡思也一曰謀也一曰語辭文一**忔**聲夷切廣雅喜皃文一**愭**渠伊切畏也敬也文一**㥞**渠惟切方言悸也又渠龜切又巨癸切又其季切文一重音三**⿰忄毘**篇夷切性之惡者又頻脂切文一重音一**⿰忄坒**篇夷切錯繆也又𨗨迷切意併也又普米切愼也文一重音二**怌**攀悲切恐懼也㛹子柔則怌文一**悲**

逋眉切說文痛也文一　愢新兹切切切愢愢相切責也又桑才切意不合也又想止切謙也文一重音二　慈㤵牆之切說文愛也亦州名或作㤵文二　怡盈之切說文和也亦姓文一　怠盈之切懈也又湯來切又蕩亥切說文慢也文一重音二　𢡆良脂切恨也一曰怠也悦也又憐題切文一重音一　憘虛其切卒喜也又許已切樂也又許記切文一重音二　意𢡊於其切恨聲古作𢡊意又於記切說文从心察言而知意也又乙力切安也一曰度也辭也文二重音二　㥋於其切博雅審也又壹計切恭也靜也文一重音一　惎渠之切心有所繫也文一　㦒陵之切愁憂皃楚潁間語文一　悕香依切願也悲也春秋傳在招丘悕矣文一　𢡱丘於切志怯也文一　懅求於切怯也又其據切懼也文一重音一　㥠新於切智

也又寫與切文一重音一怚千余切姤也又聰徂切心不精也史記怚而不信人又宗蘇切劇也又咨雅切驕也又在呂切又將豫切文一重音五[忄閭]淩如切憂也文一悇羊諸切樂也又通都切憚悇禍福未定也一曰憂也又同都切苦憂也又楮御切又羊茹切博雅悇憚懷憂也文一重音四懙惥羊諸切懙懙行步安舒也或作惥亦書作惥又並演女切文二重音一愚元俱切說文戇也从心禺禺猴屬獸之愚者文一㥥元俱切說文懽也琅邪朱虛有㥥亭文一忏恗匈于切說文憂也或从夸恗又空胡切博雅恇恗怯也又荒胡切一曰憂也又枯瓜切心自大也又恢盤切心恢也一又苦瓦切文二重音五怤芳無切說文思也一曰悅也又匪父切又方遇切文一重音二懯芳無切懯懯急速皃文一憮微夫切空也又荒胡切失意皃一曰

慠也又大羽切媚好也孟康說又罔甫切說文愛也韓鄭曰憮一曰不動文一重音三㥇微夫切爾雅愛也又罔甫切說文撫也又滿補切或書作愖文一重音二懦愞汝朱切說文駑弱者也漢倪寬儒於武或作愞又並乳尹切劣弱也又並乳兗切又並奴亂切又並奴卧切文二重音四慺慺龍珠切悅也一曰慺慺謹敬皃古作僂慺又郎矦切慺慺恭謹皃一曰勤也又隴主切姓也文二重音二愉容朱切說文薄也引論語私覿愉愉一曰樂也和也又俞戍切又他矦切苟且也又他候切文一重音三愈容朱切勝也益也老子動而愈出又勇主切文一重音一悻攻乎切怯也文一㦆荒胡切㦆㤢夸誕也又虛加切文一重音一悽千西切說文痛也又七計切恨也文一重音一憒戕西切憒疑猶猜疑也文一忚馨奚切方言㥳忚欺謾也

又力者切忚忚心不欲又顯計切文一重音二

⿰忄彖　玄圭切心不平又戶佳切說文怨恨也文一重音一

⿰忄坒　邊迷切意併也又普米切慎也文一重音一

⿰忄米⿰忄迷　緜批切心惑也或从迷⿰忄米又母媲切撫也⿰忄迷又彌計切慺也文二重音二

⿰忄奚　戶佳切⿰忄買⿰忄奚心不平又乃計切恨也文一重音一

⿱貍心　莫佳切博雅⿱貍心譪慧也又謨皆切文一重音一

⿰忄買　莫佳切⿰忄買⿰忄奚心不平文一

⿰忄甲　蘗佳切⿰忄甲恂自容入也文一

懷　乎乖切說文念思也一曰人情也一曰來也又州名亦姓文一

恢　枯回切說文大也謂志大也又苦虺切一曰恢恑譎怪文一重音一

悝　枯回切說文啁也引春秋傳有孔悝一曰病也私也又兩耳切憂也文一重音一

愄　烏回切中善文一

恛　胡隈切昏亂白太玄疑恛恛文一

⿰忄⿸广隹　徒回切縱弛也文一

慛　徂回切博雅慛慛悲也文

一

懛 當來切懛㱇憿怳也文一

㥒 倉才切恨賊也又此宰切說文姦也一曰恨也文一重音一

忡 外人切憂也文一

悬 稱人切恚也文一

⿰忄賓 紕民切心伏也又卑民切文一重音一

怋 彌鄰切亂也又呼昆切怓也又謨奔切怋恨不明也文一重音二

忳 朱倫切告曉之熟也一曰懇誠皃又殊倫切又巨旬切又徒渾切又杜本切又都困切愚皃老子忳忳兮梁簡文讀又徒困切忳⿱遜心意不樂文一重音七

惇 朱倫切厚也又殊倫切又都昆切文一重音二

⿱鈞心 ⿰忄勻 殊倫切憂也或作⿰忄勻⿰忄勻又巨旬切又並葵營切文二重音二

恂 悛 須倫切信心也一曰均也樂也慄也或作悛悛又七倫切改也恂又松倫切恂恂善誘也又逡緣切說文止也又聳尹切又輸閏切恂然遽也又須閏切容皃嚴慄也文二重音六

恮 蹤倫切謹也又逡緣切又從緣

切又莊眷切文一重音三惀龍春切欲知貞一日思也又盧昆切又盧困切濦也又縷尹切思求曉知謂之惀又魯本切文一重音四憖魚巾切地名春秋會于厥憖又魚僅切說文問也謹敬也一日說也一日甘也引春秋傳昊天不憖兩君之未憖又香靳切笑皃又語靳切博雅傷也文一重音三

慇於巾切憂也又於斤切說文痛也又倚謹切文一重音二愍敷文切心亂又忙覲切強也鄭康成曰民不愍作勞又美隕切說文痛也文一重音二愪于分切說文憂貟一日動也又羽敏切又羽粉切文一重音二惞許斤切笑喜也文一忻許斤切說文闓也引司馬法善者忻民之善閉民之惡亦州名又居惞切爾雅察也文一重音一㥯於斤切憂也又倚謹切憂病也哀也又於靳切說文謹也文一重音二懃渠巾切慇懃委曲意文一慬懄渠巾

切憂也或不省懂又几隱切慇也又渠吝切又巨靳切春秋傳慬後得免文二重音三 [忄原] 愚袁

切測量也文一 葱 於袁切博雅婑葱敗也文一 愿 愚袁切慇慎也周禮上愿糾暴劉昌

宗讀又虞怨切說文謹也文一重音一 愋 于元切方言愋諒智也又許元切一曰很也文一重音一

愃 許元切快也又荀緣切江東呼快爲愃又火遠切文一重音二 [忄憲] 許元切博雅愋諒諝

也或作[忄𡨄]又許偃切恨也文一重音一 惌 於袁切𩝀也恚也又紆阮切屈艸自覆又紆勿切心

所鬱積也文一重音二 忶[忄䰟] 胡昆切心悶也或从䰟又王問切心迷也文二重音一 惃

胡昆切亂也又公渾切博雅惃憝亂也又古本切文一重音二 怋惛 呼昆切怓也又謨奔切不

明也亂也悶也又眠見切文一重音二 悶 謨奔切悶然不覺皃一曰有頃閒也又母本切悶然

混然也又莫困切說文遯也文一重音二憞他昆切憞惃心不明也或省又徒困切憞溷惡亂也

文一重音一恩烏痕切說文惠也文一忏居寒切說文極也又俄干切博雅善也一

曰秦晉謂好曰忏又侯旰切博雅善也一曰好也文一重音二㥬財干切忮也文一懽

𢥞呼官切喜樂也古作懽又沽丸切憂無告也又古玩切說文喜欵也引爾雅懽懽愮愮憂也

文二重音二悹沽丸切憂也亦書作悺又古緩切悹悹無依也一曰憂也又古玩切文一重音

二忨吾官切又五換切說文貪也引春秋傳忨歲而愒日文一重音一悗謨官切惑

也文一慲謨官切說文忘也一曰慲兆也文一慱徒官切爾雅慱慱憂也又從緣切又

粗兖切文一重音二⿱冊心師姦切嫉利口也又思廉切商書相時⿱冊心民又七漸切文一重音二⿱昰心

居顏切私也一曰僞懁胡關切辨急也莊子有順
也[illegible]古作悬文一懁而達又呼關切性戾也
又噮緣切又局縣切說
文急也文一重音三憪憪何間切說文愉也一
曰靜也或从閑憪又
下赧切愉也慳何間切老人智也又丘
閑切怯也文一重音一忏倉先切方
文二重音一
言自關而西秦晉之間呼好爲⿰忄臱民堅切忘
忏又七典切怒也文一重音一也文一憐
怜靈年切說文哀也或作怜憐又離珍切怜
又朗鼎切憭也又郎丁切文二重音三慈
胡千切說文急也河⿱玄心呼玄切急懸胡消切繫
南密縣有慈亭文一也文一也文一
悁縈玄切忿也魯連曰棄忿悁之節又縈緣切忿
也一曰憂也又規掾切躁急也文一重音二
⿱連心抽延切泣貟又陵延切說文泣下也引易
泣涕⿱連心如又力展切留意文一重音二⿰忄焉

於虔切憶也又於靳切依止也文一重音一愆𢓴丘虔切說文過也亦作𢓴文二⿱創心縈緣切忿也一曰憂也文一⿰忄蠻免貟切恐也文一惓逵貟切惓惓謹也又逵眷切疲也文一重音一慅先彫切又蘇遭切說文動也一曰起也又倉刀切愁也又釆早切爾雅慅慅勞也又七到切文一重音四怊田聊切悵也莊子怊乎若嬰兒之失其母郭象讀又蚩招切奢也一曰怊悵失意又癡宵切文一重音二憀憐蕭切說文憀然也又力求切賴也且也文一重音一憭憐蕭切方言慧或謂之憭又朗鳥切說文慧也一曰快也文一重音一憢堅堯切偽也又馨幺切懼也文一重音一憔慈焦切憔悴憂患也文一憿堅堯切說文幸也又輕皎切又吉了切憿憭以誠告也又吉歷切疾也或書作⿱敫心文一重音三怮伊堯切博雅憂也又於求

切㤘㤘憂也一曰含怒又於虯切說文憂皃一曰含怒不言又於糾切又於教切心戾又乙六切抑志也文一重音五

愀 千遙切色變也莊子愀然變容又雌由切又茲秋切又子了切又七小切又子小切又子酉切又在九切文一重音七

慓 紕招切博雅急也又匹妙切疾也又毗召切勇悍也又匹沼切又婢小切下急也文一重音四

愮 餘招切爾雅愮愮憂無告也一曰亂也又弋笑切方言愮療治也文一重音一

恌 餘招切方言理也謂情理文一重音一

憍 居妖切逸也矜也又渠嬌切虛嬌高仰也又舉夭切小人得志文一重音二

㤹 何交切㤹也文一

恔 何交切說文憭也又後教切方言快也文一重音一

㤞 丘交切㤞㤉伏態又口教切僞也文一重音一

㤉 牛交切㤞㤉伏態又丘加切又牛加切又魚駕切恪㤉心不合文一重音三

怓 尼交切說文亂

也引詩以謹惛怓又尼猷切愁也文一重音一⿰忄夲⿰忄皋居勞切局知也或从皐文二懊於刀切懊憹痛聲又烏浩切恨也又於到切爾雅忼也一曰頑也又乙六切貪也文一重音三慠牛刀切慠慠憂心也亦書作慜又魚到切倨也文一重音一慅蘇遭切愁也文一愁財勞切憂也楊雄有畔牢愁又將由切聚也愀或作愁又鋤尤切說文憂也或書作愁文一重音二忉都勞切忉忉憂勞也亦書作忍文一惆都勞切方言惛江湘謂之惛惆又丑鳩切說文失意也又即就切悲也又丑救切惆悵失志文一重音三慆他刀切說文悅也一曰慢也一曰慆慆久也又徒刀切文一重音一⿱𤇾心郎刀切劇也文一⿱𤇾心郎刀切苦心也一曰疲病文一⿰忄柔奴刀切劣也或从夒文二⿱加心居何切法也文一⿱出心蘇禾切⿱出心題縣名在清河

乙

黎式

郡文一⿰忄邪徐嗟切心不直文一惹人奢切博雅挐也又爾者切詭也⿰言奄也絓也又日灼切一曰綽惹不定皃或書作⿰忄若文一重音二⿰忄奢陟加切誕也文一㤞抽加切㤞傺未定也又達各切忖也又直格切懲也文一重音二⿰忄拏女加切心亂文一⿱麻心謨加切顱頣難語或作⿱麻心文一⿰忄叚何加切怨也文一⿱叚心何加切傾頣言不正也或从心文一愘丘加切恐⿰忄牙伏態或从客又丘駕切愘⿰忄牙多伏計文一重音一⿰忄華胡瓜切心侈也文一⿰忄瓜呼瓜切夸誕也文一愓余章切方言媱愓遊也又尸羊切愓愓行直疾皃又徒郎切方言佚愓緩也又待朗切說文放也又大浪切文一重音四㤃敷方切害也文一忘武方切說文不識也又無放切棄忘也文一重音一慯尸羊切痛也又式亮切說文憂也一曰閔也文一重音一

慞　諸良切慞惶懼也文一

𢜽　辰羊切人行五常也文一

懹　如陽切恇懹怯遽又人㨾切慱雅難也文一重音一

愴　初良切悲也又楚兩切愴怳失意又楚亮切說文傷也文一重音二

悵　仲良切恨也又丑亮切望恨也文一重音一

惊　呂張切悲也又力讓切文一音一

怏　於良切怏然自大之意又倚兩切又於亮切說文不服對也文一重音二

惶　于方切恐也又胡光切文一重音一

恇恇　曲王切說文怯也隸省恇又丘往切懼也文二重音一

𢗰　渠王切狾犬也一曰躁也狂古作𢗰或書作崽又俱王切狂也文一重音一

㥬　蒲光切㥬惶恐也文一

忙　謨郎切心迫也文一

恾　謨郎切憂也文一

忼　虛郎切咉忼也又丘岡切忼慨歎也或作慷又下朗切慢也又口朗切又口浪切文一重音四

慷　丘岡切慷

慨歎也又下朗切又口朗切文一重音二㤚寒剛切恍也文一㤺慌呼光切愽雅忘也或作慌又並虎晃切昏也慌又呼浪切惚也文二重音二恍姑黃切武也又虎晃切昏也文一重音一㤨胡盲切憕㤨失志又于萌切文一重音一㤣披庚切忼慨也一曰志懣又披耕切文一重音一悙披庚切憉悙自矜健皃又虛庚切又亨孟切文一重音二怦披庚切愽雅急也一曰忠謹皃文一憉蒲庚切憉悙自矜健皃文一憕除庚切憕㤨失志又中莖切又持陵切說文平也又澄應切心靜又丁鄧切懵憕神不爽文一重音四㥦悥呼宏切㥊㥦怒皃或作悥文二㥊披耕切忼慨也又蒲萌切㥊㥦怒皃文一重音一𢡫謨耕切心所在也俗作𢡫非是又弥登切文一重音一情慈盈切說文人之陰氣也有欲者文一

怔 諸盈切方言征伀惶遽或从心文一 惸 葵營切惸惸憂也文一 惺 桑經切惺惚了慧又息井切悟也又銑挺切文一重音一 寍 囊丁切安也从心在皿上皿人之飲食器所以安人文一 ⿰忄靈 郎丁切心了也或以靈文一 憴 神陵切爾雅憴憴戒也文一 憑 皮冰切依也厚也滿也又皮殑切濿也文一重音一 ⿰忄爯 蚩承切⿰忄爯⿰忄乘愚皃又尺拯切文一重音一

懲 持陵切說文⿱乂心也文一 應 於陵切說文當也亦姓又於證切荅也文一 㥄 閭承切憐也怖也又盧登切方言憐憮哀也文一重音一 ⿰忄⿱关氺 徒登切憎⿰忄⿱关氺迷亂文一 憎 咨騰切說文惡也文一 怣 于求切異也尤古作怣文一 忧 于求切又尤救切說文不動也文一重音一 ⿰忄咎 居尤切聚也文一 ⿱咎心⿰忄求 渠尤切怨也或作⿰忄求⿱咎心又巨九切說

文怨仇也文二重音一𢝊懮於求切說文愁也或作懮懮又於九切舒遲皃詩曰舒懮受兮

𢝊又烏侯切文二重音二悠夷周切說文憂也一曰遠也又式竹切疾也文一重音一怞

夷周切憂皃又張流切又陳留切又余救切又直祐切詩憂心且怞文一重音四懤陳留切朗

也憂也又丈九切愁毒也又直祐切又覩老切文一重音三懰⿰忄留力求切懰慄憂皃一曰怨

也或从留又力九切好也文二重音一⿱劉心力求切定意文一⿰忄酋將由切慮也文一

⿰忄囚徐由切爾雅慮也文一⿰忄酋⿰忄猷茲秋切博雅⿰忄酋鉗惡也一曰慠也或从猷文二⿱壽心

⿵周心時流切猶麐也一曰忛也古作⿵周心文二⿱矛心而由切心安也又莫候切勉也懋或省文

一重音一⿰忄侯胡溝切⿰忄侯⿰忄奚怒皃文一⿰忄后胡溝切和解也文一慪烏侯切恪也文

一恈迷浮切愛也文一忱愖時任切說文誠也引詩天命匪忱或从甚又並都含切說文樂也愖又知鴆切癡也又火禁切愖愖心不止文二重音三恁如林切博雅思也又尼心切弱也信也又忍甚切說文下齎也又如鴆切文一重音三惏犂針切惏慄寒也又盧含切說文貪也婪或作惏又盧感切不謹也一曰卜人詐告吉凶文一重音二愔伊淫切愔愔安和也又於金切春秋傳祈招之愔愔徐邈讀文一重音一㦗居吟切懃也又渠飲切又巨禁切心堅固也文一重音二忴渠金切忴惧健了白又其淹切忴惧心急也文一重音一憛徒南切憂也又余廉切惶遽也又於鹽切博雅悇憛懷憂也又他紺切博雅思也一曰憛悇憂惑也一曰惶遽也一曰禍福未定意㤷呼含切踈縱也文一惔徒甘切說文憂也引詩憂心如文一重音三

惔又他甘切又于廉切又杜覽切安也又謙琰切恨也又徒濫切動也文一重音五憺徒甘切恬
也又杜覽切安也又徒濫切動也文一重音二懢盧甘切貪懢嗜也又戶黤切健也文一重音一
慙財甘切說文媿也或書作慚文一憨呼甘切愚也又下瞰切又呼濫切文一重音二
㤌沽三切心伏也文一懕㥷於鹽切說文安也引詩懕懕或作㥷又並於豔切足也懕
又益涉切心可也文二重音二㤿於鹽切㤿憸多意氣皃又衣廉切愛也又衣檢切又於贍切文
一重音三憸思廉切說文憸詖也憸利於上佞人也又千廉切博雅彊也又七漸切一日㤿憸多
意也又虛檢切文一重音三𢗰思廉切疾利口也文一𢙈怗蚩占切音敝不和或
作怗怗又多忝切博雅靜也一日服也又託協切文二重音二𪏮尼占切心有所箸文一𢗧

凝廉切惉懘樂音不和文一

惐 丘廉切惐倚意不安皃又湛咸切又口減切文一重音二

恬 徒兼切說文安也文一

慊 苦兼切意不足又賢兼切又苦簟切恨也一曰不滿也一曰愜也又詰叶切足也文一重音三

⿰忄毚 鋤咸切吝也文一

懂 覩動切懵懂心亂文一

⿰忄贛 虎孔切心怳惚曰⿰忄贛文一

愯悚 荀勇切說文懼也引春秋傳駟氏愯或作悚文二

慫 荀勇切說文驚也文一

⿰忄重 柱勇切說文遲也文一

悀⿰忄勇⿰忄容 尹竦切心喜也一曰凡以器盛而滿謂之悀或从勇从容文三

恿 尹竦切勸也文一

恐⿱工心⿱曲心 丘勇切說文懼也古从工或作⿱曲心恐⿱工心又欺用切疑也文三重音一

⿰忄冓 虎項切⿰忄翁⿰忄冓很戾文一

⿰忄項 虎項切⿰翁力⿰忄項多力又戶講切文一重音一

⿰忄翁 鄔項切⿰忄翁⿰忄冓假戾文一

⿰忄奉⿰忄丰 部項切⿰忄奉

惝佷戾或从丰文二**侈**掌氏切爾雅侈怙恃也又敝介切恃事曰侈又上紙切文一重音二**憏**敝介切悊憏音不和又充至切昔敝不和又尺制切又丑例切怘憏樂音不和又丑邁切文一重音四**媞**是捶切不恱皃又伊捶切怒也文一重音一**㥝**母婢切厲也又彌兖切一曰止也文一重音一**恉**軫視切說文意也又脂利切文一重音一**恃⿰忄市**上止切說文賴也或从市恃又丈里切心不明又時吏切伕也文一重音二**悠**羽已切說文痛聲文一**恥**丑里切說文辱也文一**懝**偶起切度也又牛代切說文騃也一曰惶也或書作⿱疑心又鄂力切小兒有知也文一重音二**悱⿰忄匪**妃尾切心欲也或从匪⿰忄匪又府尾切文二重音一**悲**妃尾切博雅悵也又父沸切文一重音一**愇**羽鬼切恨也文一**怇**曰許切慢也文一**憷**

翔所切痛也文一

⿰忄宁 展呂切博雅𥡴也又丈呂切文一重音一

⿰忄呂 兩舉切慢也文一

⿱與心 演女切說文趣步⿱與心⿱與心亦書作懙文一

⿰忄母 罔甫切傷也一曰慢也文一

⿰忄臾 勇主切懼也文一

⿰忄幷 滿補切⿰忄幷⿰忄鹵心惑文一

⿰忄鹵 ⿰忄虜 籠五切⿰忄幷⿰忄鹵心惑或从虜文二

怙 ⿰忄固 後五切說文恃也或作⿰忄固文二

悌 待禮切易也又蕩亥切又大計切又待亦切文一重音三

⿰忄爾 乃禮切心弱也文一

⿰忄甫 部買切疲劣也又平祕切極也又步拜切憊也文一重音二

悔 虎猥切恨也或書作⿱每心又呼內切說文悔恨也文一重音一

憒 戶賄切亂也又活罪切又胡對切又古對切文一重音三

憝 杜罪切恨也文一

悖 必每切博雅強力也又補妹切亂也亦書作⿱孛心又蒲昧切又薄沒切文一重音三

忋 已亥切博雅恃也又下改

切又紆願切文一重音二恄布亥切恃也文一忍爾軫切說文能也又而振切堅柔也
文一重音一惷尺尹切說文亂也引春秋傳王室曰惷惷焉一曰厚也文一⿰忄巽聳尹
切愞⿰忄巽劣弱皃又式撰切文一重音一惛弭盡切昏意莊子惛然若亡而在又虎本切惛濍不
憭也文一重音一⿱昬心[illegible]美隕切痛也或作[illegible]昬亦書作⿰耳恩文二愍美隕切聰也文
一憫美隕切憂也或書作閔文一惲巨隕切重厚也又委隕切文一重音一忞
武粉切博雅忞忞亂也或書作忟又文運切彊也文一重音一憤⿰忄奮父吻切說文懣也或从奮
文二忿撫吻切說文悁也又父吻切怒也或作賁又芳問切怒也又眉貧切說文強也引周書在
受德忞文一重音三㥯倚謹切憂病也哀也文一愠委隕切心所蘊積也又鄔本切愠惀

煩憒又紆問切又紆勿切心鬱積文一重音三

⿰忄匽 隱⿰忄憲切⿰忄匽惼性狹又於殄切文一重音一

悃 苦本切說文愊也文一

懇 苦本切誠也又口很切文一重音一

⿰忄袞 古本切博雅惃愍亂也或从袞文一

⿰忄⿱㒼心 古本切⿰忄⿱㒼心⿰忄⿱㒼心懣也又於靳切⿰忄⿱㒼心⿰忄㐱煩懣也文一重音一

⿰忄本 部本切性不惠文一

懣⿳艹兩心⿰忄悶 母本切煩也或省亦作⿰忄悶懣⿳艹兩心又母伴切懣又莫困切文三重音二

悗 母本切廢忘也莊子悗乎忘其言一曰無正皃文一

忖 取本切度也或省文一

黗 吐衮切黗⿰忄衮不明文一

怨 魯本切怨畽無廉隅又魯管切文一重音一

涊 弩本切淟涊濁也文一

悍 下罕切性急也又戶版切又侯旰切說文勇也文一重音二

憚怛 黨旱切勞也或作怛憚又唐干切驚怛之也又蕩旱切勞也難也又齒善切慢傷也又得案切又徒案切

東言

通作⿱罒⿱里心又尺戰切方言齊魯曰憚又丁賀切又並當割切憯也文二重音八 懶⿰忄柬㦨 魯旱切說文懈也怠也一曰臥也亦作⿰忄柬㦨懶又落蓋切憎懶嫌惡文三重音一 ⿰忄⿱𢆶皿 土緩切悿⿰忄⿱𢆶皿心惛文一 ⿱毳心 千短切說文精戇也又呼骨切一曰憨寐又呼入切臥覺也又呼沒切文一重音三 ⿱赧心 乃版切面慙赤也文一 戁 乃版切說文敬也又忍善切懼也文一重音一 悺 鄔版切闕人名漢有左悺文一 ⿰忄産 所簡切全德也又楚恨切又揣縮切又芻萬切又初諫切夥也文一重音四 惼 補典切愝惼性狹又俾緬切文一重音一 ⿰忄典 他典切說文青徐謂慙曰⿰忄典文一 㦓 呼典切意難也又胡典切又忍善切意⿱髟非也又乃見切文一重音三 ⿰忄鮮 息淺切慚也文一 ⿰忄反 乳兖切選愞劣弱也或作恨文一 ⿲辛平辛⿱辡心 俾緬切憂也一曰急也或

作𢠽𢠽又婢善切又平免切文二重音二

愐㤄 彌兖切說文勉也一曰想也文二

𢖽 丁了切憂也文一

恔 吉了切說文憭也又古巧切慧也又下巧切又後教切方言快也文一重音三

悄𢗆 七小切說文憂也引詩憂心悄悄或从小悄又七肖切急也文二重音一

怉 博巧切悖也又簿晧切懷也文一重音一

㥮 楚絞切心迫也文一

悎 下老切懼也又居效切驚也又枯沃切怖也又訖岳切文一重音三

㤇 烏浩切恨也文一

懆 采早切說文愁不安也引詩念子懆懆又七感切說文愁不申也又先到切貪也又七到切文一重音三

悼 采早切悼恅心亂文一

恅 魯晧切悼恅心亂文一

惱𢛁 乃老切有所恨也今汝南人有所恨曰惱或作惱𢛁文二

㦬 朗可切懡㦬慙也文一

惈 古火切惈敢勇也文一

懡

母果切懡㦬憜也文一

憜惰㥲 杜果切說文不敬也引春秋傳執玉憜或省古作㥲惰又吐火切不敬也惰㥲又徒臥切懈也惰又徒禾切美也又盧臥切文三重音四

懩 以兩切心所欲也文一

想 寫兩切說文冀思也文一

慡 所兩切性明也文一

㦎惝 齒兩切㦎怳驚皃或省惝又坦朗切惝然惘也文二重音一

惘 文紡切惘㦎失志文一

怳 詡往切說文狂之皃又虎晃切昏也又吁諸切文一重音二

像 待朗切說文放也文一

𢡣 待朗切博雅𢡣潒動也文一

戃 坦朗切戃慌失意文一

悢 里黨切懭悢意不得也又力讓切博雅悢悲也文一重音一

懬 口朗切大意又虎晃切又苦晃切又古晃切又苦謗切說文闊也文一重音四

愰 戶廣切愰懩心不足文一

懭 苦晃切懭悢意不得也又古猛切悍

也又苦謗切恨也文一重音一⿰忄更古杏切恨也文一⿰忄巠下梗切又下頂切說文恨也文一重音一怲補永切說文憂也引詩憂心怲怲又彼病切文一重音一憬俱永切說文覺寤也引詩憬彼淮夷一曰遠行皃又孔永切又畎切文一重音二⿱耿心古幸切憂也文一悻下耿切悻悻很怒也又下頂切引楚詞鯀婞直或作悻文一重音一⿰忄省息井切悟也文一悜丑郢切憂也文一慏母井切慏悜意不盡一曰憂也又母迥切又莫狄切文一重音二⿰忄柬丑拯切⿰忄朋⿰忄柬愚皃文一⿰忄受是酉切闞人名漢有武安侯⿰忄受文一忸女九切愧也文一⿰忄壴⿰忄咅匹九切小怒也或从音⿰忄壴又尺制切文二重音一⿰忄某莫後切愛也文一懍力錦切懼皃又盧感切坎懍困極文一重音一感古禫切說文動人心也又戶感切恨也又徒感

司亮

切又胡紺切文一重音三惂苦感切說文憂困也文一憾戶感切恨也或省又徒感切不

安也又胡紺切文一重音二憯七感切說文痛也一曰憯也又此忝切文二慚祖感

切頷慚望也文一⿰忄寻他感切⿰忄寻忐心不寧文一⿳𠆢林心盧感切悲愁皃一說林木君子所感

故宋玉曰入林悲心或从心文一悏子冉切悏悏恨也文一⿰忄弇衣檢切博雅愛也又

於黶切快也又於瞻切文一重音二忝⿱天心他點切說文辱也古作⿱天心忝又他念切文二重音一

悿他點切弱也又他典切悿⿰忄⿱𢆶皿心惑文一重音一戇贛五用切愚也或作贛戇又多貢

切⿰忄弄戇愚皃又胡貢切又古送切又丑用切又陟降切又呼紺切文二重音六慟徒弄切說文大

哭也文一⿰忄弄盧貢切⿰忄弄戇愚也文一⿰忄夅古巷切恨也文一⿱巷心赫巷切⿱巷心憧志

氣凌突文一　懥丈降切意不定也一曰愚皃文一　惴之瑞切說文憂懼也引詩惴惴其慄又古賣切性多阻礙也文一重音一　㥞倭女恚切思也或从委文二　恚於避切說文恨也文一　怶彼義切心怶憸也文一　懫脂利切忿戾也周書有夏氏之民叨懫亦作懫又陟利切止也忿也又丑二切又職日切文一重音三　懥脂利切怒也又陟利切恨也又直利切又羊至切又丑利切文一重音四　恎充至切恢恎惡性也恎⿰忄冬惶遽也又職日切佷也又丁結切又徒結切恎⿰忄冬懼也文一重音三　⿰忄彖⿰忄遂雖遂切說文深也一曰智也或作⿰忄遂文二　悴徐醉切廣雅困悴也又秦醉切說文憂也又昨律切文一重音二　⿰忄屎丑二切惰也文一　悷力至切懔悷悲也又郎計切文一重音一　⿰忄貳女利切怏性也文一　懟直類切說文怨也文

一⿱維心以醉切忘也文一悸其季切說文心動也文一⿰忄異八利切彊直皃文一
⿰忄壹乙冀切專乆而美也文一愧基位切慙也文一志⿱㞢心職吏切說文意也古
作⿱㞢心又並式吏切記也志又昌志切旗也文二重音二⿰忄志職吏切忘也文一⿰忄吏良志
切憂也文一⿰忄四許異切忻也文一忌⿱旡心居吏切語已詞詩叔善射忌或作⿱旡心忌又
渠記切說文憎惡也又巨已切戒也⿱旡心又許既切息也文二重音三惎⿱甚心⿱亓心渠記切說文毒
也引周書來就⿱甚心⿱甚心一曰教也意也或作⿱甚心古作⿱亓心亦書作⿰忄其⿱甚心又居之切文三重音一⿰忄忌渠記
切敬也文一忍魚記切又魚既切說文怒也又魚刈切文一重音二怫芳未切忿皃莊
子怫然作色又父沸切怫悁心不安又符勿切鬱也又蒲昧切亂也文一重音三愾許既切說

文大息也引詩愾我寤歎又丘蓋切博雅滿也又口既切一曰怒也又許訖切爾雅至也文一重音三

忥 許既切說文癡皃一曰靜也息也一曰忥忥喜也又虛器切文一重音一

⿱既心 許既切息也又於代切恵也文一重音一

⿰忄胃 于貴切博雅忼慨也一曰心不安皃文一

慰 紆胃切說文安也一曰恚怒也文一

懪 鋪畏切用力極也文一

⿰忄助 將豫切驕也文一

憷 創據切心利也文一

恕⿱女心 商署切說文仁也古作⿱女心⿱女心又奴故切恚也文二重音一

⿰忄女 如倨切度也文一

⿰忄慮 楮御切憂也文一

忬 羊茹切先也安也文一

悆 羊茹切說文忘也嘾也引周書有疾不悆悆喜也文一

懼愳恖 衢遇切說文恐也或省古作愳恖懼又權俱切怖也又俱遇切無守皃文三重音二

⿰忄付 符遇切心附也文一

慕 莫故

切說文習也一曰思也文一 悑怖 普故切說文惶也或从布文二 愬 蘇故切說文告
也引論語訴子路於季孫或作愬文一 愫 蘇故切誠也文一 怒悠 奴故切說文恚
也古作悠怒又暖五切文二重音一 忢 古慕切四塞地一曰再辭一曰堅也文一 悞 五故
切欺也疑也文一 悟⿱吾心⿱吾吾 五故切說文覺也古作憲籀作𢣇文三 忤 五故切逆
也文一 ⿸尸⿱夂心 儒互切鈍也文一 憊 蒲計切困病莊子先生之憊又步拜切又鼻畀墨切文
一重音二 怟 丁計切悶也文一 ⿰忄关 他計切字林寧⿰忄关心安也文一 ⿱泥心 乃計切心
柔密也文一 ⿱毄心 詰計切說文㦪也又吉詣切憂也又磬致切又口責切難也又苦席切怖也又
詰歷切敕也文一重音五 恝 詰計切心有事也文一 慧 胡桂切說文儇也文一 憓

胡桂切愛也順也文一⿰忄慧旋芮切謹也文一慸⿰歹慸尺制切音敗不和也亦作⿰歹慸慸

又大計切說文高也一曰極也一曰困劣又丑例切困劣也文二重音二忕時制切習也又以制

切狃忕過度又徒蓋切奢也又食列切文一重音三⿱歲心朱芮切謹也又稱芮切文一重音一惙

丑例切困劣也又株劣切憂也文一重音一憏丑例切侘憏未定也文一⿱祭心此芮切謹

也文一懘丑例切怗懘樂音不和或作懘懘又丑邁切懘悇心不安也或書作慸又徒結切文

一重音二⿱衛心於例切夢言不慧也又于歲切又于外切又乙劣切文一重音三愒憇

去例切說文息也或作憇愒又可亥切貪也又丘蓋切又許葛切相恐也又並丘竭切文二重音四⿰忄葛

去例切恐也文一憩許罽切息也詩召伯所憩徐邈讀文一⿰忄例⿰忄厲力制切驚也或

从厲㦤又郎達切惡也文二重音一 ⿰忄曳忕怈 以制切說文習也一曰明也或作忕怈⿰忄曳又丑例切文三重音一 懥 以制切怒也文一 忲⿰忄泰 他蓋切奢也或作⿰忄泰文二 ⿰忄巿⿰忄犮 普蓋切博雅怒也或从犮⿰忄巿又博蓋切又芳廢切又匹代切又拂伐切恨怒也又北末切意不悅也文二重音五 ⿰忄害 下蓋切快也又戶代切文一重音一 ⿰忄歇 丘蓋切貪也文一 ⿰忄蓋 於蓋切謹也文一 ⿱乂心 牛蓋切創乂懲也或作忩又魚刈切文一重音一 快 苦會切史記廐侯固不快劉伯莊讀又苦支切說文喜也文一重音一 懀 烏外切懀懶嫌惡也一曰悶也又烏快切心惡又烏括切憎也文一重音二 懈 居隘切說文怠也或書作⿱解心文一 ⿰忄厓 牛懈切恨也文一 怪 古壞切說文異也俗作恠非是文一 忦 苦怪切恨也又居太切懼

也又居拜切又牛戒切說文憂也一曰懂也又訖黠切又牛轄切急也文一重音五悈居拜切說文飾也引司馬法有虞氏悈於中國一曰急也懂也又訖力切又乞得切駭而自專也文一重音二㤉居拜切又許介切說文忽也引孟子孝子之心不若是㤉一曰不和皃或書作忦又訖黠切憂憂皃文一重音二恝居拜切無愁皃孟子不若是恝丁公著讀文一𢣾下介切忖度也文一𢤧下介切博雅悵也一曰傾心也果敢也文一𢡉牛戒切忦𢡉吝也文一𢤉丑邁切𢤉芥刺鯁也文一憝𢡮懟徒對切說文怨也引周書凡民罔不憝古作𢡮或作懟亦書作憞憝又徒回切文三重音一㥆徒對切廣雅忘也又吐內切博雅𩭹也忘也一曰肆也又待戴切緩也文一重音二怢吐內切博雅𩭹也忘也一曰肆也文一態他代切說文意也从

心从能徐鍇曰心能其事然後有態度也又乃代切意也文一重音一忕他代切失常也又愓德切文一㤥戶代切說文苦也重音一一曰愁畏文一慨口漑切說文忼慨壯士不得志也文一㤅愛𢙛於代切說文惠也或作愛古作𢙛通作㤅文三慎昚昚時刃切說文謹也一曰獸五歲爲慎亦姓古作昚昚慎又之人切縣名在汝南又之刃切又丞眞切文三重音三忍而振切心能於事也文一懏祖峻切慧也文一悋恡良刃切鄙也或作悋文二怨㤪夗惌紆願切說文恚也古作㤪夗惌怨又於袁切𢘬也又紆問切文四重音二㤆孚萬切急也悔也又方願切褊狹也文一重音一慁胡困切說文憂也一曰擾也一曰辱也文一惛呼困切不憭也又莫困切濊也文一重音一恨恨

下艮切說文怨也隸作恨文二　愻　蘇困切說文順也引唐書五品不愻通作遜文一　愌　胡玩切怑愌不順也一曰拔扈或作援又呼玩切文一重音一　惋　烏貫切驚歎也文一　怑　薄半切怑愌不順文一　憚　得案切說文勞病也又徒案切說文忌難也又尺戰切又丁賀切文一重音三　罳　徒案切罳狐邑名在洛南百五十里秦遷周赧王於此又乃旦切文一重音一　憲　許建切說文敏也一曰傷也一曰周禮懸法示人曰憲法後人因謂憲爲法亦姓又呼典切興盛皃詩憲憲令德文一重音一　慣　古患切說文習也引春秋傳慣瀆鬼神文一　患⿵門心⿱𠱠心　胡慣切說文憂也从心上貫吅吅古从關省或作⿱𠱠心患又胡關切弊也文三重音一　慢⿱囟㚇　莫晏切說文惰也一曰慢不畏也古作⿱囟㚇慢又眠見切慢弛縱意也又謨官切惑也文二重音二　悓　輕甸

切說文譬諭也一曰聞見引詩俔天之妹或从心文一 ⿰忄延 私箭切憐也文一 䜌

龍眷切慕也古作䜌文二 惓 逵眷切罷也文一 忭 皮變切說文喜樂皃文一 ⿰忄爵

子肖切性急也文一 ⿰忄高 居号切煩也文一 㥆 莫報切貪也文一 ⿰亻⿱喿心 先到切性

踈也文一 悛 先到切快也文一 慥 七到切慥慥言行相顧皃文一 悼 大到切說

文懼也陳楚謂懼曰悼一曰傷也文一 憦 郎到切懊憦悔也文一 憜⿱隓心 徒卧切懈

也古作⿱隓心憜又盧卧切文二重音一 怕⿰忄霸⿰忄巴 普駕切懼也或从霸从巴文三 怍

助駕切⿰忄牙作多姦也又疾各切慙也文一重音一 ⿰忄拏 乃嫁切心亂也文一 ⿱解心 居迓切廣

雅嬾也文一 ⿰忄家 居迓切心不安也文一 ⿰忄亞 衣駕切心鬱也文一 恙 弋亮切說

文憂也一曰蟲入腹食人心古者艸居多被此毒故相問無恙乎文一 㦤 弋亮切恨也文一 恦 式亮切念也文一 悢 力讓切悲也文一 ⿱狂心 于放切又古況切說文誤也文一重音一 㤮 于放切方言獪也文一 ⿱狂心 古況切說文誤也文一 愰 胡曠切心明也文一 憼 居慶切說文肅也或从心又舉兩切敬也又舉影切文一重音二 慶 丘正切說文行賀人也从心从久吉禮以鹿皮爲贄故从鹿省古作[illegible]慶又丘京切又墟羊切亂也文二重音二 性 息正切說文人之陽气性善者也又新佞切心悸也文一重音一 ⿰忄塋 縈定切忊⿰忄塋恨也文一 忊 他定切忊⿰忄塋不得志皃又徒徑切忊⿰忄塋恨也文一重音一 愗 居又切悅也謹也文一 ⿰忄富 ⿰忄豆 敷救切怒也或作恒⿰忄豆又大透切詎也文二重音一 怐 許候

切怐愗愚也又丘候切又居候切又俱遇切恐也文一重音三慪丘候切慪慪勤也文一⿱拘心
居候切㲉霿鄙吝也或作⿱拘心文一懋莫候切說文勉也引書惟時懋哉文一愗⿰忄敄
莫候切㲉霿鄙吝也或作愗⿰忄敄文二⿰忄岑巨禁切心堅固也文一懍巨禁切心怯也文一
⿰忄宋蘇紺切憛⿰忄宋憂惑也文一慘七紺切憂戚又楚錦切毒也又七感切文一重音二⿰忄罙
他紺切博雅思也一曰憛⿰忄罙憂也一曰惶遽也一曰禍福未定意文一㦨盧瞰切貪也文一
⿱殿心都念切⿱殿心屎呻吟也文一念念奴店切說文常思也又姓古作念文二⿰忄敢
許鑒切怒也文一懺叉鑑切悔也文一⿰忄鹿盧谷切心開一曰心轉文一慼
子六切博雅慼也一曰憂也文一⿱倐心⿱儵心式竹切說文疾也長也或作⿱儵心文二慉勑六

切起也又許六切引詩能不我慉一曰驕也文一重音一恧忸⿰恧丑女六切說文慙也或作忸⿰恧丑恧又眤力切愧也文三重音一⿰忄育余六切心動也文一⿰忄匊居六切謹慎也文一⿰忄有乙六切心動六一惐乙六切痛心也文一⿰忄毒徒沃切憧也文一⿱辱心⿸厂⿱辰心儒欲切恥辱也古作⿱辰心或省文二慄須玉切詭隨也文一⿰忄彔龍玉切心從也文一慾俞玉切情所好也又俞戍切貪也文一重音一愨⿱𣪊志克角切說文謹也或从志文二懪北角切懪懪悶也又弼角切文一重音一⿰忄暑弼角切⿰忄暑⿰忄暑悶也文一懪匹角切心懣文一⿱䫉心⿱貌心墨角切說文美也或从貌文二⿰忄蜀直角切心不安也文一⿸疒悉昨悉切說文妎也一曰毒也文一怭簿必切怭怭慢也詩威儀怭怭又薄宓切文一重音一⿱毌心

薄宓切輔也重也文一　慄惈力質切爾雅懼也或从梟文二　恄閲吉切怖也文一
怵怴休必切博雅狂也或作怴怵又雪律切誘也又勑律切恐也文二重音二　恤雪律切說文憂也收也文一
怞竹律切憂心皃又勑律切憂怖也又普没切心怞然起也又當没切文一重音三　悴劣戌切憂也悶也文一　愂分物切亂也又薄没切文一重音一　忔許訖切博雅喜也又魚乙切不欲也史記數忔飲食文一重音一　忥許訖切癡皃又魚乙切文一重音一
怴許月切字林戇皃一曰怒皃又翾劣切文一重音一　懕其月切強力也文一
悷他骨切說文肆也文一　怢他骨切忽忘也又他結切佚蕩簡易也文二重音一　㤑奴骨切瘟㤑憂悶文一　忽呼骨切說文忘也一曰輕也文一　惚呼骨切怳惚失意文

一愲古忽切心亂也文一　憒子未切懵憒心慢怠文一　⿱制心當割切憒也怛或作⿱制心又尺列切⿱制心⿱制心心動文一重音一　怽莫葛切忘也文一　⿱銛心⿱鍲心⿰金⿱昏耳古活切說文善自用之意也亦作⿱鍲心⿰金⿱昏耳文三　⿰忄發蒲撥切心起也文一　恝訖黠切無愁皃又牛轄切急也憂也文一重音一　⿰忄祭初戛切審也文一　⿰忄屑先結切憂也文一　⿰忄節子結切心有度也文一　憰古穴切說文權詐也一說心恅曰憰文一　憋蒲結切惡也或書作⿰忄敝文一　懱莫結切說文輕易也引商書以相陵懱一曰末也文一　⿱丵心私列切不安皃文一　悊陟列切知也文一　⿱列心力孽切博雅⿱列心⿱列心憂也或書作⿰忄列文一　⿰忄寽龍輟切少也憂也文一　悅欲雪切喜也樂也服也文一　憋必列切惡也一曰性急又匹滅

切博雅惡也一曰姓急文一重音一

⿰忄勺 職略切痛也驚也怒也文一

⿰忄卻 極虐切說文勞也文一

戄⿰忄蒦 怳縛切驚也一曰遽視或作⿰忄蒦戄又局縛切諦視也又鬱縛切史記晏子戄然攝衣冠謝⿰忄蒦又黃郭切戄也文二重音三

⿰忄乇⿰忄度 達各切忖也一曰企也或作⿰忄度文二

⿰忄樂 歷各切娛也文一

⿰忄若⿰忄叒 匿各切心然也古作⿰忄叒文二

怕 白各切憺怕靜也又四陌切說文無為也古書作息文一重音一

慔 末各切勉也又莫故切文一

⿱作心 疾各切說文慙也文一

愙恪 克各切說文敬也引春秋傳以陳備三愙或作恪文二

惡悪 遏鄂切說文過也隸作悪惡又烏故切恥也憎也又衣駕切惡也易言天下之至賾而不可惡也文二重音二

⿰忄㗁愕 逆各切說文相遇驚也隸作愕⿰忄㗁又五故切倉卒也漢書錯⿰忄㗁不能對文二重音一

𢤱忽郭切恐懼皃文一𢡆郝格切楚人謂慙曰𢡆又馨激切慙也文一重音一恄霍號切心驚皃文一㤼乞逆切疲也又訖逆切又竭戟切方言傜也文一重音二愬色責切驚懼謂之愬文一憡㥽測革切博雅痛也或省文二𢠵測革切耿介也又側革切情也文一重音一愅克革切又各核切說文飾也一曰謹也更也又訖力切文一重音二㥛克革切博雅愛也一曰疾也又訖力切文一重音一㦤各核切智也文一㦊忽麥切博雅敎㦊乖剌也又胡麥切文一重音一㦎古獲切悖也又古對切埤蒼恨也文一重音一惜思積切說文痛也一曰貪也文一懌夷益切說文悅也文一惁先的切博雅惁惁憂也一曰敬也文一慽倉歷切說文憂也文一憵匹歷切博雅猝也文一㤕

一歷切博雅怒也一曰痛也文一惕悐惖𢡊他歷切說文敬也或从狄亦作惖𢡊
古書作惖文四㦒狼狄切心所營也文一惄乃歷切說文飢餓也一曰憂也引詩惄如
調饑又奴沃切文一重音一㥄愵乃歷切說文憂皃或作愵亦書作𢚧文二𢙼馨激
切心不自安謂之𢙼文一懎殺測切恨也文一惻察色切說文痛也或書作𢚊文一
息悉即切說文喘也一曰止也生也文一恜蓄力切說文惕也引春秋國語於其心侙
然或从心文一慗蓄力切從也文一㥾昵力切愧也方言梁宋曰㥾又泥質切又惕德
切慗也文一重音二慝昵力切隱情飾非曰慝又惕德切惡也文一重音一忒逸織切心
動也文一㥛迄力切怒也文一憶乙力切思也文一𢡃意乙力切說文滿

也一曰十萬曰蕙籀作意文二 **愅** 乞力切飾也謹也更也文一 **惐** 越逼切惻惐傷痛也

又忽域切心惑也文一重音一 **愊** 拍逼切說文誠志也又弼力切文一重音一 **愎** 弼力

切戾也文一 **悳惪** 的則切說文外得於人內得於已也古作惪文二 **寒寋寨**

悉則切說文實也引虞書剛而寋古作寋寨寒又丘虔切說文過也或从寒省亦作愆文三重音一 **忒**

惕德切說文更也文一 **⿰忄㝵** 惕德切心懼文一 **⿰忄黑** 迄得切惛也文一 **惑** 稷北

切說文亂也文一 **⿰忄咠** 七入切不正也文一 **慴** 席入切又質涉切說文懼也又實攝切又

達協切文一重音三 **慹** 籍入切說文怖也又質入切又陟立切又質力切不動皃又諾叶切文一

重音四 **⿰忄歰** 色入切⿰忄歰也文一 **念** 迄及切合也大玄應而念之又乞洽切文一重音一

⿰忄翕迄及切心熱皃文一⿱及心急訖立切說文福也一曰疾也隸作急文二悒乙及切說文不安也文一⿰忄⿱大耳德盍切心恐也文一怯去涉切弱也又乞業切說文多畏也杜林說从心文一重音一懾失涉切懾慴恐懼也又質涉切一曰服也文一重音一⿰忄耴失涉切怪也又尺涉切佔⿰忄耴黠皃又敕涉切一曰心動皃又的協切⿰忄耴⿰忄燮志輕也文一重音三惵虛涉切懼皃又託協切靜也又達協切安也文一重音二⿱帖心達協切安也文一⿱耴心力協切懕⿰忄耴輕薄皃文一惗諾叶切思也文一⿱匧心悏詰叶切說文快也或作悏亦書作愜悏又失涉切怯也文二重音一⿸广⿱夾心詰叶切叶也太玄⿸广⿱夾心而念之文一⿱夾心詰叶切說文思皃文一⿰忄燮悉協切意不平一曰⿰忄耴⿰忄燮志輕也文一⿰忄業逆怯切懼也文一⿰忄⿱𠂊月

恊迄業切博雅怯也或省文二　恰乞洽切說文用心也文一　㤶轄甲切悅也文一

文八百七十九　重音六百五十八

惢心疑也从三心凡惢之類皆从惢才規切又將支切善也又才累切又損果切文一重音三

繠如壘切垂也又汝垂切文一重音一

文二　重音四

類篇卷第十下

類篇二十

二八

類篇

【宋】司馬光 等撰

下

上海古籍出版社

類篇卷第十一上　卷之三十一

朝散大夫右諫議大夫權御史中丞充理檢使上護軍河内郡開國侯食邑一千三百户賜紫金魚袋臣司馬光等奉
敕修纂

十四部

文二千九十三

重音一千七百一

水準也北方之行象衆水並流中有微陽之气也凡水之類皆从水式軌切　文一

姜呆

涷 都籠切說文水出發鳩山入於河爾雅暴雨謂之涷郭璞曰今江東呼夏月暴雨爲涷雨引楚辭使涷雨兮灑塵一曰瀧涷沾漬又多貢切文一重音一

潼 他東切水名又徒東切說文水出廣漢梓潼北界南入墊江又諸容切瀧潼溼皃又昌容切水名一曰水壞道文一重音三

通 他東切水聲文一

洞 徒東切洪洞縣名在晉州一曰洚洞水無匡皃又杜孔切洞洞孝敬心至也又徒弄切說文疾也流也一曰通也文一重音二

湩 徒東切湩容車幨帷也又覩動切水濁又展勇切又覩鳩切乳汁又多貢切又冬宋切又竹用切文一重音六

瀧 盧東切說文雨瀧瀧皃又盧鍾切又踈江切水名在嶺南亦州名又閭江切奔湍又盧貢切瀧涷溼也文一重音四

漨浲 符容切水名山海經畢狐山漨水出焉一曰漢漨池在開封縣或从夆漨又蒲蒙切漨浡煩鬱也又蒲蠓切漨

滃水潰皃文二重音二 濛 謨蓬切說文微雨也又母摠切一曰濛鴻大水一曰小溝文一重音一

漗 蘇叢切水聲文一

潀灇潨漎 徂聰切說文小水入大水曰潀詩傳水會也或作灇潨漎潨又之戎切厓也又徂宗切又將容切水外之高者又仕巷切水聲文四重音四

洪潠 胡公切說文洚水也一曰大也古作潠洪又古巷切水名文二重音一

洚 胡公切說文水不遵道一曰大水一曰下也又祖賨切又乎攻切又胡江切又胡貢切洪水也又古巷切文一重音五

渱 胡公切水聲一曰潰渱水沸涌又古送切水皃文一重音一

涳 枯公切說文直流也一曰涳濛細雨又枯江切又虛江切又濃江切亦姓又苦貢切文一重音四

灃 敷馮切水名在咸陽文一

渢 符風切大聲又符咸切渢渢中庸之聲又孚梵切春秋傳渢渢乎徐邈讀

文一重音二渢符風切水聲文一洸昌嵩切流淙水聲又統冬切文一重音一汷之戎切說文水也一曰水名在襄陽亦作泈文二潨鉏弓切水聲又鉏江切雨急謂之潨又仕莊切又仕巷切水所衝也又助亮切雨疾下文一重音四沖敕中切沖瀜水深廣皃文一沖持中切說文涌搖也一曰和也又杜孔切涌也文一重音一漨漋良中切高下水也或作漋文二瀜余中切沖瀜水深廣皃文一涫居雄切縣名在酒泉文一浵徒冬切汪浵水深一曰水名文一濃奴冬切又尼容切說文露多也引詩零露濃濃文一重音一淙祖宗切說文水聲又鉏江切又仕巷切又朔降切水出皃文一重音三淞思恭切江名在吳郡又祥容切文一重音一溶餘封切說文水盛也一曰安流也亦水名又尹竦切

文一重音一

滽 餘封切水名山海經亘蘇之山滽水出焉文一

洶汹 虛容切水勢或作汹洶又笱勇切洶湧水皃又詡拱切涌也一曰洶湧水聲文二重音二

灉澭 於容切說文河灉水在宋爾雅水自河出爲灉或作澭澭又委勇切水聚又並於用切文二重音二

江 古雙切說文水出蜀湔氐徼外崏山入海又姓亦州名文一

浝 莫江切說文水也文一

湷 株江切深水立也文一

湤 商支切水名文一

澌 山宜切又相支切說文水索也又先齊切又斯義切文一重音三

㴲 相支切說文水出趙國襄國東入湡一曰水厓文一

沱池 陳知切穿地鍾水又姓亦作池沱又唐何切說文江別流也出崏山東別爲沱一曰滂沱大雨池又唐何切呼池水名又徒可切水皃文二重音二

灕漓 鄰知切滲灕流皃一曰水滲入地或省文一

濟 髓隨切滑也又選委切齊人謂滑曰濟又思累切文一重音二 浬 賔彌切水名在弋陽文一 瀰 民卑切渺瀰水皃又母婢切水盛皃又母禮切水流皃又乃禮切文一重音三 漇 余支切埤倉水室也文一 沲 余支切水名文一 汥 翹移切水都也又章移切一曰分流又哥寄切水戾又平義切文一重音三 瀻 虛宜切水名在新豐文一 渏 於宜切水波爾雅河水清且灡漪文一 涯 魚羈切水邊也又宜佳切文一重音一 溈 于嬀切水名在新陽又俱爲切文一重音一 泜 蒸夷切水名在常山又都黎切水名又丈几切水出南陽魯陽堯山東北入汝又丁計切水在常山文一重音三 汦 陳尼切說文著止也又掌氏切文一重音一 [氵旨] 蒸夷切水皃一曰水名文一 溮 霜夷切水名文一 濉 宣佳切水名在

梁郡受汳入泗文一

湊 宣佳切浽溦小雨或作滖文一

凄 千咨切又千西切說文雲雨起也引詩有渰凄凄又此禮切又倉甸切凄浰疾皃文一重音三

㳄 津私切具㳄山名在滎陽文一

澬 津私切說文久雨涔澬也一曰水名又才資切文一重音一

汷渚沶 陳尼切小陼或作渚沶沶又盈之切水名又上止切縣名又神至切又直利切文三重音四

瀃 倫追切說文水出鴈門陰館累頭山東入海一曰治水也又魯水切文一重音一

洟⿰氵荑 延知切鼻液或从荑洟又土禮切又他計切文二重音二

濰 夷佳切說文水出琅邪箕屋山東入海徐州浸引夏書濰淄其道文一

洢 於夷切水名在河南陸渾山入河文一

沘 頻脂切水名出盧江天柱山又補美切水名北至壽春又補履復切水名在盧江灊縣文一重音二

湄⿰氵睂溦⿰氵縻

瀌旻悲切說文水草交爲湄或作湄溦瀌瀌湄又乃管切湯也溦又無非切小雨也文五重音二

溦旻悲切谷與瀆通也爾雅谷者溦又無非切說文小雨也文一重音一

洼烏雖切方言洿也又涓畦切深也又淵畦切曲也又於佳切又烏蝸切又烏瓜切說文深池也又烏乖切文一重音六

淄莊持切水名出泰山梁父縣亦州名文一

漦申之切沫也又充之切流涎也又俟甾切說文順流也一曰水名一曰盋也一曰次流出皃又超之切博雅盋也一曰龍吐沫又陵之切又魚其切又湯來切又郎才切地名又棧山切魚龍身濡滑者或說蛟將齧人先以漦被之齧死者身漦厚尺許以鐵刮之乃散夏后所藏龍漦是也文一重音八

溡辰之切水名在齊文一

洏人之切說文洝也一曰連洏流涕皃文一

濡人之切水名在河間春秋傳盟于濡上一曰耳肉和湆又

人余切安也莊子有濡需者又詾趨切水名春秋傳盟于濡上又汝朱切又奴官切水名在遼西又而由切柔忍也又乳兖切柔也又儒遇切沾溼也又奴亂切沐浴餘潘也又奴卧切水皃文一重音九

泀 新兹切水名文一

滋滋㴬 津之切說文益也一曰滋水出牛飲山白陘谷東入呼沱一曰蕃也旨也古作滋㴬滋又牆之切文三重音一

濨 牆之切水名在定州旱則竭文一

治 澄之切說文水出東萊曲城陽丘山南入海又盈之切又湯來切水名漢書鴈門累頭山治水所出東至泉州入海又直吏切理也文一重音三

浬 陵之切泥浬波斯酋長名文一

洍 盈之切江水決復入爲洍又象齒切說文水也引詩江有洍又養里切文一重音二

淇 渠之切說文水出河內共北山東入河一曰出隆慮西山文一

濝 渠之切水名山海經沮洳之山濝水出焉文一

淝

符非切水名出九江山入淮一曰所出同所歸異曰淝泉文一浠香依切水名文一湋吁韋切振去水也文一⿰氵衣於希切水名文一沂魚衣切說文水出東海費東西入泗一曰沂水出泰山蓋青州浸又魚斤切器之釿鍔釿或作沂又魚巾切水名文一重音二湋于非切說文回也一曰水名文一潿于非切說文不流濁也文一淤衣虛切泥澱又依據切說文澱滓濁泥文一重音一涺⿰氵⿸尸豆⿰氵尻斤於切說文水也或从屋从尻文一渠求於切說文水所居也一曰渠渠勤也一曰州名亦姓又曰許切詎或作渠又其據切字林未知詞也文一重音二⿰氵冡求於切宋魏之間謂杷爲⿰氵冡拏文一澽求於切廣雅乾也又曰許切博雅曝也又居御切又其據切文一重音三沮千余切止也又子余切水名說文出漢中房陵東入江又臻魚

切姓也沮誦黃帝時史官又將先切消沮小流又他年切又象吕切敗也又在吕切壞也一曰丘名水出其後又壯所切一曰沮陽縣名在上谷又將豫切文一重音八

瀘 千余切水名在北地入馮翊洛水又莊加切說文水出北地直路西東入洛文一重音一

⿰氵諸 專於切水名在恒山又陳如切水名在堂邑文一重音一

洳 人余切水名在南郡又如倨切漸溼也文一重音一

瀦潴 張如切水所停曰瀦或作潴潴又徒東切停水文一重音一

滁 陳如切水名一曰州名文一

涂 陳如切水名在堂邑又同都切說文水名出益州牧靡南山西北入澠又直加切沮洳也又余遮切涿涂山名在匈奴中文一重音三

⿰氵閭 陵如切泥⿰氵閭泄海水出外者文一

⿰氵與 羊諸切說文水也文一

澞 元俱切爾雅淩夾水澞文一

湡 元俱切說文水出趙國襄國之西山東北

入寖又語口切又吾蓊切文一重音二汙雲俱切水名在鄴西南項羽擊秦軍汙水上又汪胡切濁水不流又烏瓜切鑿地也禮有汙尊又烏卧切活也又烏故切說文薉也文一重音四污邕俱切深也文一灈權俱切說文水出汝南吳房入瀙文一溥芳無切布也又頗五切大也又伴姥切塗也又伯各切水名又溥漠切水皃文一重音四泭⿰氵符芳無切說文編水以渡一曰庶人乘泭或作⿰氵符又並馮無切泭又房尤切文二重音二⿰氵凫馮無切水名出桂陽文一涪馮無切涪陵地名又房尤切說文水出廣漢剛邑道徼外南入漢又蒲侯切涪漚水泡文一重音二溲雙雛切博雅尿也又師交切水盛皃又踈鳩切又所九切浸浂也文一重音三洙慵朱切說文水出泰山蓋臨樂山北入泗文一⿰氵⿱甫灬汝朱切水出涿郡故安東入漆涑一曰霑溼也

文一

漊 龍珠切漊漊雨皃一曰飲酒不醉又郎侯切水名出武陵蠻中又隴主切雨皃又朗口切溝也文一重音三

渝 容朱切說文變污也一曰渝水在遼西臨俞東出塞一曰本巴國亦州名又俞戍切水名在遼西一曰色染也又大透切水名文一重音二

洩 容朱切污也文一

潳 同都切山名在南郡又陟加切潳澤沾濕也文一重音一

瀘 龍都切水名出牂柯一曰州名文一

湖 洪孤切說文大陂也楊州浸有五湖浸川澤所仰以灌漑也文一

沍 洪孤切漫沍水皃又胡故切水漫也又曷各切渴也又轄格切凍堅也文一重音三

沽 攻乎切說文水出漁陽塞外東入海一曰水名在高密又果五切略也又古慕切賣也文一重音二

泒 攻乎切說文水起鴈門俊人戍夫山東北入海文一

滹𤄷𣽧淲泘 荒胡切滹池水名或作𤄷𣽧淲泘滹

又火五切淲又皮虬切說文水流皀引詩淲沱北流文五重音二 **浯** 訛胡切說文水出琅邪靈門壺山東北入維文一 **浂** 訛胡切戎人名唐有鐵利鞅鞨浂地蒙文一 **洿** 汪胡切說文濁水不流也一日窊下又後五切水深謂之洿又荒故切杅水也又烏故切穢也文一重音三 **溘** 汪胡切盤溘旋流又雍俱切又烏故切穢也文一重音二 **濟** 前西切濟濟祭祀容又在禮切雨止也又子禮切水出常山房子賛皇山東入泜一日齊也一日州名亦姓又子計切度也文一重音三 **渧** 田黎切號也又丁計切泣皀一日滴水文一重音一 **⿰氵⿸尸辛漽** 田黎切米瀾也或从屖文一 **泥** 年題切說文水出北地郁郅北蠻中亦姓又乃禮切露濃也又乃計切滯也又乃定切泥母地名文一重音三 **溪** 牽奚切說文山瀆無所通者一日水注川日谿或从水文一 **涀** 研奚切水際也

又宜佳切極際也莊子不知端倪或作泥又研計切文一重音二

湀 涓畦切湀闢流川也又傾畦切水通川又頸詠切又巨癸切說文湀辟深水處也又苦穴切文一重音四

漄 宜佳切水畔也涯或作漄文一

㴓 所佳切漉米也文一

湝 居諧切說文水流湝湝也一曰湝湝寒也引詩風雨湝湝又雄皆切文一重音一

瀤 烏乖切滖瀤水不平皃又乎乖切說文北方水也文一重音一

溾 烏乖切溾渨濊濁也又烏回切一曰回淵又虎猥切又戶賄切又鄔賄切文一重音四

淮 乎乖切說文水出南陽平氏桐柏大復山東南入海亦姓文一

汰 度皆切沙汰擇也又他計切又以制切又他蓋切太過也又徒蓋切淅瀟也文一重音四

洃 呼回切溲粉文一

渨 烏回切說文沒也又鄔賄切博雅穢也文一重音一

洄 胡隈切說文溯洄也又胡對切洄湜水清

也文一重音一**潰**胡隈切溢也散也又戶賄切決溢也又胡對切說文漏也又戶代切沆瀣露氣瀣或作潰又胡骨切決也文一重音四**洎**都回切聚土文一**⿰氵雷**盧回切澤名文一**漼**徂回切漼溰雪霜積聚皃又取猥切說文深也引詩有漼者淵文一重音一**⿰氵某**謨桮切壞也文一**淶**郎才切說文起北地廣昌東入河并州浸文一**渽⿰氵𢦏**將來切水名禹貢蒙山谿大渡水東南至南安入渽或作⿰氵𢦏又並牆來切文二重音一**滇**之人切滇陽縣名在汝南又多年切益州池名又亭年切滇污大水皃又之刃切水名在汝南又他甸切又堂練切文一重音五**瀙**雌人切水名在南陽又緇詵切字林水名在豫州又楚莘切又七刃切說文水出南陽舞陽中陽山入潁又初覲切水名在瀙陽文一重音四**津⿰氵⿺彡聿**資辛切說文水渡也古作⿰氵⿺彡聿文二

洓資辛切棠棗木汁可以染又莊加切棠木汁又丑成切文一重音二津資辛切潤澤也文一

濵涄卑民切水厓也古作涄又毗賔切文二重音一泯彌鄰切滅也又眉貧切澤

名山海經空桑之山西望泯澤又弭盡切水皃一曰盡也又眠見切泫泯混合也文一重音三汃

悲巾切說文西極之水也引爾雅西至汃國謂四極又普八切水皃文一重音一湣眉貧切謚

也史記齊湣王又美隕切又眠見切泫湣混合也文一重音二潾離珍切水清皃又離閑切瀾潾

水皃文一重音一淳𣽴朱倫切漬也古作𣽴又殊倫切說文淥也一曰質也淳又主尹切布

帛幅廣也文二重音二沌屯軘殊倫切粹也古作屯軘沌又徒渾切水流皃又杜本切水

不通又柱兖切水名在江夏又都困切愚皃文三重音四漘[illegible]船倫切說文水厓也引詩寘諸

河之漘或省文二洵須倫切說文渦水中也一曰水名一曰信也揮涕也又松倫切爾雅均也文一重音一⿰氵盾松倫切流皃史記汗出⿰氵盾⿰氵盾文一淪龍春切說文小波爲淪引詩河水清且淪漪一曰沒也又姑頑切姓也古有泠淪氏又縷尹切沒也尚書商其淪喪徐邈讀又魯本切混淪水轉流皃又倫峻切博雅沒也又盧困切文一重音五汮龍春切水名又俞倫切又規倫切水出沂縣又俱倫切又九峻切水名在沂又怡成切文一重音五湮伊眞切說文沒也爾雅落也又因蓮切塞也又壹計切又伊甸切沒水中也又一結切文一重音四洇伊眞切說文水也又一結切文一重音一泿魚巾切水名山海經禱過之山泿水出焉又吾昆切又語斳切文一重音二⿱沂山魚巾切⿱沂山淪水回旋皃又魚斤切文一重音一奫紆倫切奫潫水深廣皃文一涒

紑倫切涒鄰水流曲折皃又俱倫切又於云切又他昆切說文食已而復吐之文一重音三

湏　于倫切水名出南陽入夏水又于分切又羽敏切湏盡水波皃文一重音二

溍　緇詵切說文水出鄭國引詩溍與洧方渙渙兮又洛騰切文一重音一

溱　緇詵切說文水出桂陽臨武入匯文一

淨　緇詵切魯城北門池也又鋤臻切又鋤耕切又疾正切水名文一重音三

汸　無分切水名在魯北又謨奔切汸濛沾辱也又眉貧切山在蜀又武粉切又文運切說文水出琅琊朱虛東泰山東入濰桑欽說汸水出泰山萊蕪西南入泲文一重音四

⿰氵翂　敷文切翂翂飛也亦作⿰氵翂文一

汾　方文切水名在太原又符分切說文水出太原晉陽山西南入河或曰出汾陽北山冀州浸又蒲奔切水名在潯陽文一重音二

濆　符分切說文水厓也引詩敦彼淮濆一說汝爲濆大水溢

出別爲小水之名又鋪昆切潩水也又父吻切涌也文一重音二 澐 于分切說文江水大波謂之澐文一 沄 于分切說文轉流也又胡昆切又戶袞切文一重音二 濦濦溵 於斤切說文水出潁川陽城少室山東入潁或从隱从殷濦濦又倚謹切又並於靳切文三重音二 源 愚袁切水泉本也文一 沅 愚袁切說文水出牂柯故且蘭東北入江又五遠切文一重音一 洹 于元切說文水在齊魯閒又胡官切博雅洹洹流也文一重音一 溒 于元切水流皃又姓文一 湲 于元切潺湲水流又胡鰥切又于權切文一重音二 涴涴 於袁切水名山海經英鞮之山涴水出焉或从涴涴涴又委遠切涴演水皃又具願切水名又烏卧切污也文二重音三 潘 孚袁切說文大波也文一 潘 孚袁切米瀾也文一 瀿 浮袁切楚人謂水暴溢爲

⿰氵⿱敝糸文一

渾 胡昆切說文混流聲也一曰洿下亦姓又戶袞切豐流也一曰雜流又古本切大水流皃文一重音二

溷 胡昆切燉溷鬱熱皃又戶袞切濁也亂也又胡困切水濁皃又胡慣切文一重音三

混 胡昆切闕人名漢有屬國公孫昆邪或作混又公渾切混夷西戎名又戶袞切說文豐流也一曰雜流又古本切大水流皃文一重音三

温 烏昆切說文水出犍爲涪南入黔水一曰燖也和也亦州名又紆問切温藉也詩飲酒温克文一重音一

涽 呼昆切滑涽未定皃又呼困切涽涽濁水文一重音一

泍 逋昆切水急也又部本切泉湧皃文一重音一

湓 蒲奔切水名在潯陽一曰水溢也湓又芳問切水聲又普悶切又蒲悶切博雅漬也文一重音三

⿰氵亹 謨奔切山絶水也一曰浩亹縣名在金城郡文一

澊 麤尊切水名又徂尊切水皃文一重音一

瀳

租昆切水至也又將先切水名也又才先切又徂悶切又才甸切文一重音四

洊 祖尊切洊騶縣名在犍爲又粗本切再也易水洊至又徂悶切再至也又才甸切文一重音三

渜 奴昆切濡湯也又奴官切水名在遼西肥如南又海陽又乃管切又努本切水也又乳兗切濯也又奴亂切沐浴餘潘文一重音五

汗 河干切可汗戎酋稱又居寒切餘汗縣名在豫章又侯旰切說文人液也文一重音二

漧 丘寒切燥也又居寒切文一重音一

淺 財干切水流皃又將先切水疾流皃又此演切說文不深也又在演切減也又則旰切灑汗也又子賤切水激也文一重音五

𤅩灘 他干切說文水濡而乾也引詩𤅩其乾矣或从隹灘又唐干切爾雅太歲在申曰涒灘又並許旱切灘又他案切又徒案切又乃旦切水奔流皃𤅩又虛旰切文二重音六

潬 他干切水中沙出又蕩旱切江

東呼水中沙堆爲潬今河陽縣南有潬城又上演切宛潬水相薄也文一重音二

漢 他干切太歲在申曰汭漢又虛旰切說文漾東爲滄浪水文一重音一

瀾漣 郎干切說文大波爲瀾或从連瀾又郎旰切漣又陵延切風行水成文曰漣文二重音二

灡 郎干切說文瀋也又魯旱切又郎旰切文一重音二

汍 胡官切汍瀾泣皃文一

涫 活丸切說文灊也酒泉有樂涫縣又胡玩切又古玩切文一重音二

潘 鋪官切說文淅米汁也一曰水名在河南滎陽又孚袁切又逋禾切潘於縣名在臨淮又蒲波切又普半切文一重音四

瀊 蒲官切水洄也文一

漫 謨官切水廣大皃又莫半切水敗物也一曰大水皃一曰偏也又莫晏切文一重音二

浼 謨官切汚也孟子汝安能浼我又母伴切又美辨切浼浼水皃又母罪切又莫半切洿池文一重音四

濽

徂丸切水集皃又財仙切汛也又則旰切說文汗灑也一曰水中人又子末切水濺文一重音三 湍 他官切說文疾瀨也又朱遄切水名出鄮縣又吐玩切文一重音二 漙湪 徒官切漙漙露多皃或省漙又朱遄切水名出鄮縣又竪兗切文一重音二 灓灤 盧丸切說文漏流也一曰漬也或从欒灓又盧玩切沙丘絕水横流也又龍眷切文二重音二 潸 師姦切說文涕流皃引詩潸焉出涕又數版切又所晏切又刪彥切文一重音三 灣 烏關切水曲也文一 瀠 烏關切奫瀠水深廣又縈緣切瀠窊弦水深也又紆權切奫瀠大水文一重音二 澴還 胡關切水名一曰漩澴水漬起皃或从還澴又隨緣切又熒絹切聚流也又翾縣切又俞絹切文一重音四 汕 師閒切魚樛也又所簡切魚游水也又所晏切詩烝然汕汕文一重音二 潺 鉏山切潺湲流水皃又鋤

連切一曰水聲文一重音一

澗 居閑切山夾水曰澗又居莧切一曰澗水出弘農新安東南入洛文一重音一

漹 於閑切水名又尤虔切又於虔切說文水出西河中陽北沙南入河又於建切水名在襄陽文一重音三

汘 倉先切說文水也文一

瀳 將先切水名一曰水至也文一

濺濺 將先切淺淺水疾流皃或作濺濺又子賤切水激也又才線切又則旰切說文汗灑也一曰水中人文二重音三

⿰氵邊⿰氵臱 甲眠切水名出番侯山或省文二

沺 亭年切水勢也文一

泠 靈年切毛長總結也周禮羊泠毛而毳羶徐邈讀又郎丁切說文水出丹陽宛陵西北入江吴人謂冰曰泠澤又朗鼎切水皃文一重音二

汧 輕煙切說文水出扶風汧縣西北入渭爾雅汧出不流謂水泉潛出自停成汙池一曰水決入澤中者又倪堅切淨也又輕甸切水潛出爲池又詰

定切水名在扶風文一重音三

泫 胡千切混流一日泫氏縣名在上黨又圭玄切又乎涓切囦泫水深廣皃一曰水名又胡犬切說文湝流也又滎絹切泫潛混合也文一重音四

涓 圭玄切說文小流也引爾雅汝爲涓亦姓又縈絹切涓潔流皃文一重音一

渊𣶒囦𠛒 縈玄切說文回水也从水象形左右岸也中象水皃一曰深也古作𣶒囦𠛒淵又圭玄切又一均切深也文四重音二

湔 將仙切說文水出蜀郡緜虒玉壘山東南入江一曰手瀚也洒也傍沾也又阻限切王爵也又子踐切水名又則旰切灑汗也又子賤切文一重音四

澶 時連切說文澶淵水在宋又張連切水靜皃又澄延切水名在衞一曰水皃又池案切漫也又徒案切文一重音四

瀍 澄延切水名出河南北山入于河文一

𤅢 陵延切山海經𤅢水出王屋山西北流注于秦澤又力展

切水名文一重音一

漩漩 旬宣切說文回泉也或不省又並隨戀切文二重音一

洤 從緣切水原也文一

沿 余專切說文緣水而下也引春秋傳王沿夏又以轉切水出河東垣王屋山文一重音一

瀟潚 先彫切瀟瀟風雨暴疾皃一曰水名或作潚文二

漻 憐蕭切說文清深也又力求切水清皃又朗鳥切漻洌水清又下巧切清也一曰水中絕一曰涷也又郎狄切變化皃莊子油然漻然李軌讀文一重音四

潦 憐蕭切山海經潦水出衛皐東一曰渫也又郎刀切說文水出扶風鄠北入渭又魯晧切雨水大皃又郎到切積水文一重音三

澆滜 堅堯切說文渼也一曰薄也或从臯澆又力交切水洄洑皃又倪弔切闕人名寒浞子又女教切湍也一曰水回波又魚到切人名文一重音四

激 堅堯切幸也又詰弔切風聲莊子激者譹者李軌讀又吉弔切

湍流也又吉歷切水礙衺疾波也一曰半遮也亦姓淮南傳有激章文一重音三 消 思邀切說文盡也文一 湫 茲消切夫湫地名在吳一曰人名魯有子服湫又宗蘇切又茲焦切水名在朝那又雎由切集也又將由切水名又子了切說文隘下春秋傳晏子之宅湫隘一曰水名又子小切又在九切一曰著也春秋傳壅閉湫底服虔讀文一重音七 潐 茲焦切水名山海經常丞之山潐水出焉又子肖切盡也又子小切釃酒也文一重音二 漂 卑遙切疽病又紕招切說文浮也一曰擊洋水中也又匹紹切又匹妙切文一重音三 [氵剽] 紕招切浮也文一 瀌 悲嬌切說文雨雪瀌瀌又蒲嬌切瀌瀌雨雪盛皃又平幽切又皮虯切又毗召切又卑妙切文一重音五 淖 潮 馳遥切說文水朝宗于海隸作潮文二 洮 餘招切湖名在陽羨西又他刀切說文水出隴西臨

洮東北入河又徒刀切盥也一曰淅也又直紹切水名在淮南又杜皓切水名在江淮間文一重音四

淆 何交切混淆濁水文一

洨 何交切說文水出常山石邑井陘東南入于泜邢國有洨縣又居肴切邑名漢有洨侯又後教切水名文一重音二

漻 居肴切漻漻水廣皃文一

涍 虛交切水名在南都又許教切水名在河南文一重音一

泑 於交切水名在長沙又於虬切泑澤在崑崙下一名蒲昌海去玉門關五百里又於糾切山海有泑山蓐收居之文一重音二

泡 班交切僇泡盛也又披交切說文水出山陽平樂東北入泗或曰浮漚又蒲交切泡泡流也一曰盛也又皮教切水泉文一重音三

渵 謨交切水皃文一

漅 鉏交切湖名又子了切又于小切又損果切文一重音三

洶 匈 尼交切洶沙藥石本作匈文一

濠 乎刀切水名在鍾離亦州名文

一滶牛刀切說文水出南陽魯陽入城父文一⿰氵旄謨袍切水名文一溞蘇遭切爾雅溞溞淅也又踈鳩切文一重音一溲蘇遭切便也國語少溲於豕牢又踈鳩切溺謂之溲又所九切浸渼也文一重音二澡倉刀切澡澡欲沸文一漕財勞切衞邑名又祖侯切水運也又在到切說文水轉穀也一曰人之所乗及舡文一重音二滔他刀切說文水漫漫大皃又徒刀切聚也莊子滔乎前而不知所以然文一重音一淘徒刀切淘淘水流文一濤徒刀切說文大波也又陳留切潮也又是酉切水名在蜀又大到切普覆照也文一重音三澇郎刀切說文水出扶風鄠北入渭又魯晧切水名又郎到切文一重音二浶郎刀切浶浪鷔擾皃文一渮居何切說文多汁也廣雅渮溏淖也文一河寒歌切說文水出焞煌塞外昆崙山

發原注海文一

菏渮居何切說文菏澤水出山陽胡陵或作渮又並寒歌切文二重音一

涐牛何切說文水出蜀汶江徼外東南入江又語可切文一重音一

濄渦古禾切說文水受淮陽扶溝浪蕩渠東入淮或省亦姓又並烏禾切水名渦又姑華切文二重音二

涹烏禾切濁也漚也楚人曰漚齊人曰涹亦山名又弩罪切又於僞切水所聚也一曰漚也文一重音二

澕胡戈切水深皃文一

𣲘胡戈切水名文一

波逋禾切說文水涌流也又班縻切阪也又彼義切循水行也漢書傍南山北波河文一重音二

⿰氵頗滂禾切水皃文一

沙桑何切摩抄也又蘇禾切亭名在元城又師加切說文水散石也又所嫁切聲澌也周禮鳥皫色而沙鳴貍又山宜切水傍文一重音四

溠倉何切水名又咨邪切又莊加切又鉏加切又叉宜切又側駕切說文水在漢

鄭嘉

南荊州浸也又助駕切水在美陽文一重音六**沲**唐何切江別流也出蛕山又徒可切水皃文一

重音一**汰**唐何切淅也又他蓋切太過也又徒蓋切說文淅𥳑也文一重音二**⿰氵羅**良何

切水名在長沙羅縣文一**涶**土禾切說文河津也在西河西又吐卧切口液也文一重音一**⿰氵琶**

蒲巴切水名文一**⿰氵斜**徐嗟切水名文一**⿰氵蛇**時遮切水名文一**沙**師加切說

文水散石也譚長說沙或从小又子結切文一重音一**沙**師加切挓沙開語文一**渣**

莊加切水名又助駕切文一重音一**⿰氵挐**女加切潳⿰氵挐沾溼也又如倨切文一重音一**泇**

居牙切水名文一**⿰氵亞**烏瓜切深池也一曰曲也文一**窪**屋瓜切說文清水也一曰窊也

又於佳切深池也又一潁切又庚頃切文一重音三**溛**烏瓜切污衺下也文一**湯**余章

切日出也暘或作湯又尸羊切湯湯水流皃又他郎切說文熱水也又姓又他浪切熱水灼也文一重音三

洋 余章切洋洋盛大也又徐羊切說文水出齊臨朐高山東北入鉅定一曰洋洋水盛皃文一重音一

滂汸 敷方切山海經箕尾之山滂水出焉或从方汸又分房切併船也又符方切水名文二重音二

汒 武方切谷名在盩厔又謨郎切谷名在京兆又母朗切忽遽皃莊子汒若於夫子之所言又無放切谷名在京兆

瀼 思將切水皃又莫浪切水大皃文一重音四又如陽切瀼瀼露也又奴當切露盛皃又汝兩切水淤也又乃朗切水流皃又人攘切水名在蜀文一重音五

湘 思將切說文水出零陵陽海山北入江又師莊切文一重音一

𣲡𣲡漿 資良切說文酢𣲡也古作𣲡或作漿𣲡又助亮切文三重音一

湯 尸羊切水流皃文一

𣲗 尸羊切水名文

一漡尸羊切水名文一淐蚩良切水名文一漳諸良切水名說文濁漳出上黨長子鹿谷山東入清漳清漳出沾山大要谷北入河南漳出南郡臨沮文一漲仲良切水大皃又展兩切又知亮切文一重音二涼呂張切說文薄也亦州名又力諒切佐也詩涼彼武王一曰洽也文一重音一洸墟羊切水名文一漒渠良切水名在河南文一泱於良切說文滃也謂雲氣起皃一曰泱泱水深廣也又於郎切泱泱弘大也春秋傳泱泱乎大風一曰水深廣皃又於鷩切泱泱雲皃又倚朗切滃泱水皃又於浪切水皃文一重音四洭洭曲王切說文水出桂陽縣盧聚山洭浦關爲桂水隷省文二汪渠王切水皃文一溏徒郎切河溏淖也一曰池也文一漟徒郎切溪也文一澢都郎切水也文一蕩[氵+簜]

他郎切水名東至内黄澤西山或从竹蕩又待朗切水出河内蕩陰東入黄澤一曰大也放也文二重音一

浪 盧當切滄浪水名南入江一曰浪浪流皃又里黨切孟浪較略之言又郎宕切説文滄浪水也文一重音二

滂 鋪郎切説文沛也又蒲光切水流聲漢書滂湟沆瀣郭璞讀又披庚切水聲文一重音二

茫 謨郎切芒芒廣大皃或从水文一

滄⿰氵仝⿰氵⿱山仝 千剛切説文寒也古作⿰氵仝⿰氵⿱山仝滄又楚亮切文三重音一

⿰氵臧 慈郎切没也文一

漮 丘岡切説文水虚也一曰水名在伊闕文一

沆 寒剛切水流皃一曰渡也又下朗切漭沆大水一曰大澤一曰沆瀣露氣又舉朗切大水文一重音二

⿰氵⿱山王汪 烏光切説文深廣也一曰池也隷作汪又姓汪又烏宏切水皃又並嫗往切⿰氵⿱山王陶縣名汪又于放切又烏曠切停水臭文二重音四

洸 烏光切又姑黄切説

文水涌光也引詩有洸有潰又戶廣切水深廣皃文一重音二**滉**呼光切水廣也文一**潢**姑黃切水涌光也又胡光切說文積水也又戶廣切水深廣皃又胡曠切釋名染紙也文一重音三**湟**胡光切說文水出金城臨羌塞外東入河又訏放切寒水也一曰益也文一重音一**浭**居行切水名出北平文一**湞**虛庚切水名又抽庚切又除耕切湞陽縣名屬始興郡又知盈切說文水出南海龍川西入溱又癡貞切水名文一重音四**洐**河庚切說文溝水行也文一**潢**胡盲切博雅筏也又戶孟切說文小津一曰以舡渡也文一重音一**浜**晡橫切溝納舟者曰浜又百猛切浦名文一重音一**洴泙**披庚切水聲或作泙洴又旁經切洴澼漂絮聲泙又蒲兵切說文谷也文二重音二**澎**披庚切澎濞水皃又蒲庚切縣名在東海一曰水皃文一重音一**澄**

除庚切水清定也又持陵切清也又直拼切又澄應切清皃又唐亘切清濁分也文一重音四

湦 師庚切闕人名曹桓公終湦文一 泩 師庚切水深廣皃文一 渶 於驚切水名出青丘文一

汯浤 乎萌切汯浤迅流也或从宏文二 泓 烏宏切說文下深皃一曰水皃又乙肱切文一重音一

⿱穴弘 烏橫切小水也文一 ⿰氵薨 呼宏切水相激聲又呼弘切文一重音一

漰 披耕切漰滂水聲又披朋切水激有聲也文一重音一 ⿱馮水 蒲萌切⿱馮水⿰氵⿱罒旲水勢相激皃又披冰切又皮冰切文一重音二

清 親盈切說文朖也澂水之皃又疾郢切絜也又七正切寒也又疾正切無垢穢也文一重音三

⿰氵旍⿰氵旌 洛盈切水名在南郡或从旌文二 洺 弥并切水名文一。

泟 丑成切棠棗之汁文一 溋 怡成切闕人名魯有大夫溋文一 瀛

怡成切海也楚人名澤中日瀛亦州名文一漀牽盈切側器傾酒漿也又苦丁切又棄挺切說文側出泉也文一重音二瀴伊盈切瀴溟水絕遠皃又烟頂切瀴涬水皃又於孟切瀴濚冷皃文一重音二瀯瀠濴維傾切瀠瀯水回皃或从縈从滎从縈濴又玄扃切回波曰濴文四重音一滎翾營切水名又娟營切滎瀯波浪涌起皃又玄扃切說文絕小水又烏迥切又縈定切文一重音四瀅吉成切絕小水也又消熒切水名在襄陽又烏迥切又縈定切文一重音三涄滂丁切水皃文一溟恾經切說文小雨溟溟也又母迥切溟涬水皃又莫狄切溟溟雨小皃文一重音二汀渟湯丁切說文平也謂水際平地或从亭渟又唐丁切水止曰渟汀水平又待鼎切汀濘泥淖也又他定切汀瀅小水文二重音三澪郎丁切水名文一涔

郎丁切水名文一⿰氵霝⿰氵靈郎丁切水曲或从靈文一濘囊丁切汀濘小水又足挺切水皃一曰淖也又乃定切滎濘也一曰清也又乃計切涵也文一重音三涇堅靈切說文水出安定涇陽开頭山東南入渭雝州之川也又棄挺切泉也又吉定切涇涏直流也文一重音二泂醯經切滄也又古營切地名又玄扃切泂澤名又消熒切大泂地名一曰水皃又欽熒切又況永切又戶茗切又畎迥切寒謂之泂文一重音七濙玄扃切濎濙小水皃又烏迥切泋濙小水又胡鎣切文一重音二⿰氵螢烏熒切水皃又烏迥切小水文一重音一⿰氵丞辰陵切博雅潛⿰氵丞没也文一澠神陵切水名又彌盡切水名又彌兖切澠池縣名文一重音二溗⿰氵椉神陵切淩溗疊波一曰水不流也一曰水名或从椉文二淜悲陵切無舟渡也又坡冰切淜滂水聲又皮冰

切又符風切又皮咸切徙涉也文一重音四 **澂瀓** 持陵切說文清也或作瀓文二 **凌** 閭承切說文水在臨淮又姓文一 **澄** 都騰切小水相益又他登切又台隥切文一重音一 **㴄** 奴登切水名文一 **滕** 徒登切說文水超涌也又國名亦姓文一 **沋** 于求切說文水名文一 **㳓** 虛尤切水皃文一 **㳋** 祛尤切水也文一 **浗** 渠尤切水名文一 **汼** 魚尤切水名又倪虬切魚鳥之狀文一重音一 **瀀** 於求切說文澤多也引詩既瀀既渥文一 **汓** **泅** 夷周切浮行水上也汓或从囚又徐由切文二重音一 **汥攸** 夷周切說文行水也徐鍇曰攴入水所杖也又姓秦刻石嶧山文作汥或作攸文二 **滺浟** 夷周切流皃詩淇水滺滺或作浟浟又亭歷切速也文二重音一 **油** 夷周切說文水出武陵孱陵西東南入江一曰膏也

一曰油油和謹皃又余救切浩油油地名文一重音一

浭 夷周切治帛也文一

𣲷 力求切水行也文一

瀏 力求切水清皃又力九切說文引詩瀏其清矣文一重音一

溜 力求切水名出鬱林又力救切文一重音一

滫 思留切說文久泔也一曰溲也又踈鳩切淅米汁又息有切溲也又息救切文一重音三

湭 徐由切說文浮行水上也又茲秋切博雅湭滋液也一曰水名在雍州文一重音一

湫 茲秋切腹中有水氣又鋤尤切又子了切又子小切文一重音三

洲 之由切渚也文一

淍 之由切水名一曰水匝文一

洀 之由切水文也文一

渘 而由切水名文一

浮 房尤切說文氾也亦姓又普溝切漂也文一重音一

漚 烏侯切水泡也又於候切說文久漬也文一重音一

溝 居侯切說文水瀆廣四尺深四尺又古巷切水分流

也文一重音一 泃 居侯切水聲又俱遇切水名文一重音一 汻 迷浮切廣雅陴汻厓也文一 涑漱 先侯切說文澣也一說以手曰涑以足曰澣或作漱一曰涑水名在河東一曰浣也涑又所救切水有所敗也又蘇谷切又須玉切漱又所救切盪口也又先奏切文二重音五 漊 於虯切深也文一 ⿰氵⿱馬馬 必幽切水聲文一 滮 平幽切水流也又皮虯切文一重音一 浸滲濅 千尋切浸淫漸漬或作滲濅滲又踈簪切又所禁切說文下漉也浸又子鴆切漬也濅又子朕切濕也漸也又子鴆切說文水出魏郡東北入呼沱水文一重音五 寖 咨林切溉也亦水名文一 沁 思林切水名又七稔切又斯荏切又所錦切水出上黨又七鴆切又所禁切文一重音五 灊 徐心切水名出巴郡又才淫切又鉏簪切又慈鹽切文一重音三 潯潯

潭徐心切說文旁深也或作潯潭潯又夷針切寖潯漸也又徒南切傍深也潭又夷針切水名在武陵又徒南切一曰楚人名深曰潭亦州名又忍甚切水動皃又以荏切又徒紺切擊水聲文一重音七

涔徐心切漬也又才淫切罧也又鉏簪切一曰涔陽渚在郢中又慈鹽切涉水也又在銜切𧿹跡水也又仕濫切窪也又仕儳切水厓文一重音六

深㴱式針切說文水出桂陽南平西入營道一曰邃也又州名古作㴱深又式禁切度深曰深文二重音一

瀐諸深切水州名酸漿也又古斬切文一重音一

湛時任切水名在襄城春秋傳戰于湛阪又夷針切久雨又都含切說文樂也又持林切陵上滈水也又將廉切禮湛熾必潔又丑甚切湛潭水皃又以荏切水動皃又徒感切又媟琰切湛湛露也又大減切沒也又子鴆切漬也又直禁切又知鴆切文一重音十二

汵鉏簪切池

𢦏宗

也泠又姑南切水入舟隟謂之泠一曰水名又胡南切水潭也又古暗切一曰泥也文一重音三

沈持林切說文陵上滈水也一曰濁黕也一曰溺也又徒南切沈沈深邃皃又長含切又式荏切國名亦姓又昌枕切汁也又直禁切沒也文一重音五

淋犂針切說文以水沃也又力鴆切文一重音一

瀶[⿰氵⿱亼品]犂針切說文谷也一曰寒也一曰瀶瀶雨也或省又書作驟文二

淫夷針切說文侵淫隨理也又以贍切巴東有淫預石文一重音一

[⿰氵禁]渠金切水名文一

[⿰氵貪]他含切水名也一曰沒也又他紺切浮皃文一重音一

[⿰氵耽]都含切涇也文一

淦姑南切水名又胡南切方言沈也又古暗切說文水入舟中一曰泥也文一重音二

涵[⿰氵函]胡南切說文水澤多也引詩僭始既涵或从函涵又胡讒切同也涵又戶感切文二重音二

浛[⿸匚浛][⿰氵⿱亼酉][⿰氵⿱亼品]

胡南切方言沈也或作险湆涵洽又姑南切水入舟隙又胡紺切文四重音二

淡澹徒甘切水皃或作澹澹又都甘切胡名史記李牧破匈奴滅襜襤或作澹𨅊淡又杜覽切說文薄味也又以冉切灩或作淡又徒濫切又以贍切水皃澹又杜覽切水皃又徒濫切水搖也又時豔切賙也文二重音八

⿰氵冄他甘切水壞岸也文一

⿰氵冄⿰氵耼他甘切𣶒⿰氵冄峻波皃或作⿰氵耼文二

濫盧甘切邑名在邾又杜覽切竹聲又魯感切漬果也一曰染也又戶黤切爾雅濫泉正出又盧瞰切說文氾也一曰濡上及下引詩觱沸濫泉一曰清也又胡暫切陶器如甀大口以盛水文一重音五

泔沽三切說文周謂潘曰泔又戶感切滿也漢書曰秬鬯泔淡一曰泔淡水皃文一重音一

⿰氵邯胡甘切方言⿰氵邯或也沅澧之間凡言或如此者曰⿰氵邯如是一曰⿰氵邯湖不定也又侯旰切文一重音一

⿰氵閻⿰氵鹽余廉切說

文海岱之間謂相汙爲瀾一曰水進或作灡瀾又徐廉切又以冉切文二重音二瀸思廉切又將廉切說文引爾雅泉一見一否爲瀸一曰冷也文一重音一漸將廉切流入也又慈鹽切涉水也又側銜切流皃楚辭涕漸漸兮又疾染切說文水名出丹陽黟南蠻中東入海一曰漬也又子豔切漸如濕皃又之列切江名淅或作漸文一重音五潛慈鹽切說文涉水也一曰藏也一曰漢水爲潛亦姓又慈豔切藏也一曰伏流文一重音一𣲙師炎切澰𣲙波皃文一沾蚩占切沾沾自整頓也又之廉切沾沾輕薄也又知廉切水名又癡廉切闚也又他兼切說文水出壺關東入淇又都念切水出上黨壺口關一曰縣名在樂平又的協切又乙業切文一重音七溓離鹽切說文薄水也一曰中絕小水又尼占切相著也又勒兼切又胡監切漬水沾物又犁針切谷也又力冉切漬也一

日氷其薄者又盧忝切恬靖皃又兩減切味薄也又乎韽切沈物水中使冷文一重音八

淹 衣廉切說文水出越巂徼外東入若水一曰漬也留也又於嚴切久也又衣檢切水涯也一曰繅絲出緒也又於贍切没也又憶笈切漬也文一重音四

添 他兼切益也又他念切味益也文一重音一

湉 徒兼切澶湉安流皃文一

濂 勒廉切中絕小水又燮玷切濂溓輕薄皃文一重音一

氾 扶嚴切水名又符咸切一曰地名在鄭亦姓又甫凡切又孚豔切說文濫也文一重音三

淊 胡南切沈也又於咸切没也又戶感切泥水涵涵也一曰繅絲湯又以冉切瀲灩水滿皃灩或作淊又於陷切水淖也文一重音四

瀺 鋤咸切瀺灂水落皃又士冉切瀺灂魚鳥沈浮皃又士減切水聲文一重音二

淰 尼咸切水濁又式稔切魚駭皃又鄔感切又乃感切又乃玷切又女減切水無波也又奴

檻切又失冉切淰躍踊逸也文一重音七湴皮咸切行淖中也又薄鑑切文一重音一泛甫凡切深也文一

文五百五十九　重音七百十八

類篇卷第十一上

秘書監校勘臣張璞校正

類篇卷第十一中　卷之三十二

朝散大夫右諫議大夫權御史中丞充理檢使護軍河內郡開國侯食邑一千三百戶賜紫金魚袋臣司馬光等奉

勑修纂

漌靚動切物墮水聲文一　澒虎孔切說文丹砂所化爲水銀也或作汞又並戶孔切又並戶講切又並胡貢切文二重音三　渢虎孔切水風也文一　滃鄔孔切說文雲氣起也一曰大水皃文一　沆乳勇切沆沆水皃文一　漨撫勇切水也文一　泛方勇切反覆也又孚梵切浮也又扶法切文一重音二　溕展勇切偃水也又蒙弄切微雨也文一重音一　涌湧尹竦切說文滕也一曰水名在楚國或作湧文二　港古項切水分流也又

胡貢切港洞水皃又胡降切文一重音二**沢**掌氏切水名山海經拘扶之山沢水出焉又頸尒切
水名文一重音一**灑**所綺切汛也落也爾雅大瑟謂之灑言琴瑟多變聲流離布出如灑也又
時禮切汛灑也又爾者切又所下切又所寄切又所蟹切又所賣切文一重音六**漇**所綺切潤
也文一**泚泚**蔣氏切水名在長沙或作泚泚又淺氏切水清也又此禮切文二重音二**洈**
五委切又古委切說文水出南郡高城洈山東入繇又虞爲切文一重音二**渳**母婢切說文飲
也周禮大渳謂浴尸也又美隕切又彌兖切文一重音二**洱**母婢切水名入洛又忍止切山海經
水在熊谷山又仍吏切水在西域文一重音二**瀰洋**母婢切水盛皃或作洋瀰又母禮切瀰瀰
水流皃又乃禮切衆也文二重音二**灖**母被切水流皃文一**濢**祖誄切說文小溼也又七

醉切下溼一曰物之小霑溼文一重音一

滍 丈几切說文水出南陽魯陽堯山東入汝又丈里切水名出魯山又直吏切文一重音二

⿰氵畾 魯水切渨⿰氵畾水波涌起皃又魯猥切水名文一重音一

漯灅 魯水切水名出鴈門或作灅灅又力軌切水出右北平浚靡東南入庚又魯猥切文二重音二

濻 愈水切濻濻魚行相隨皃一曰魚盛謂之濻一曰膏液又杜罪切濻沱水汎沙動皃又徒外切文一重音二

洧 羽軌切說文水出潁川陽城山東南入潁文一

湀⿰氵軌⿰氵宄 矩鮪切說文仄出泉也或作⿰氵軌⿰氵宄文三

氿 矩鮪切說文水厓枯土也引爾雅水醮曰氿又渠尤切水厓也文一重音一

渼 母鄙切水名在京兆一曰水波文一

潎 補履切以水潎物又鋪市切又匹曳切說文於水中擊絮也一曰清也一曰魚游皃又匹妙切又匹滅切潎洌流輕疾皃文一重音

四沚洔諸市切說文小渚曰沚引詩于沼于沚或从寺洔又上止切水中小陼也又丈里切說文水暫益且止未減也沚又職吏切文二重音三㳅諸市切水名一曰原名霸陵在其上文一溡上止切水中小陼也文一汜象齒切說文水別復入水也一曰汜窮瀆也詩曰江有汜又養里切文一重音一滓壯仕切說文澱也文一浭爽士切水名在河南又踈吏切水名又良志切文一重音二涘牀史切說文水厓也引周書王出涘文一㳇象齒切水也文一涕天以切目汁又土禮切說文泣也又待禮切又他計切文一重音三浘武斐切浘潤海浼一曰水流皃一曰泉底文一渨羽鬼切渨溫水波涌起皃文一溾詡鬼切水流皃文一洰臼許切水中物粿曰洰文一湑寫與切說文莤酒也一曰浚也一曰露皃

引詩有酒湑我又新於切文一重音一潊潩象呂切水名或从與文一汿象呂切溝
也文一濋初所切水名文一⿰氵予此與切姓也文一渚掌與切說文水出常
山中丘逢山東入湡文一汝忍與切說文水名出弘農盧氏還歸山東入淮文一泞丈呂
切澄也文一滏奉甫切水名在鄴文一潕⿰氵舞罔甫切說文水出南陽舞陰東入潁
或从舞文一⿰氵乳縈主切酒厚也醹或作⿰氵乳又乃后切說文水也文一重音一浦頗五
切說文瀕也文一潽頗五切水也文一滷澛籠五切說文西方鹹地也象鹽形安
定有鹵縣東方謂之㡿西方謂之鹵或从水从土亦作澛滷又昌石切苦地又亭歷切文一重音二滸
火五切水厓也又喜語切文一重音一沪火五切舟中渫水器又後五切文一重音一⿰氵蠱

姜呆

果五切水瀘蟲名文二
滬後五切玄滬水名文一
鴻於五切水名一曰水大皃文一
洒洗小禮切說文滌也古爲灑埽字或作洗洒又所蟹切洒也又取猥切高峻皃詩新臺有洒又蘇很切驚皃莊子洒然異之又蘇典切肅恭皃禮一爵而色洒如又所寄切汛也又所賣切又思晉切又先見切洗又蘇典切洒足也文二重音九
洤子禮切說文水出常山房子贊皇山東入泜一曰齊也一曰州名亦姓濟古作洤文一
泲子禮切說文沇也東入于海文一
洣母禮切水名在茶陵文一
澧里弟切說文水出南陽雉衡山東入汝亦姓一曰州名文一
涀戶禮切水名出高陵又吉典切小溝又形甸切水名出馮翊縣又輕甸切文一重音三
澥下買切說文勃澥海之別也一曰澥谷也文一
⿰氵罷部買切水名文一
⿰氵買母蟹切說文水出豫章艾

縣西入湘文一

汛 所蟹切洒也又所賣切又思晉切又先見切文一重音三

潣 虎猥切水皃又母罪切又美隕切說文水流浼浼皃又美辯切文一重音三

⿰氵萃 取猥切深也文一

⿰氵皋 取猥切說文新也文一

⿰氵罪 取猥切泚⿰氵罪清也文一

洅 祖猥切雷震謂之洅又作代切文一重音一

潰 杜罪切遺沱水汎沙動皃遺或从隤文一

洡 魯猥切縣名在桂陽又盧對切相潰染也文一重音一

浽 弩罪切博雅濁也又儒佳切小雨又宣佳切浽溦小雨文一重音二

海 許亥切說文天池也以納百川者或書作⿱㐭木文一

沴 止忍切沴汈溼相著又徒典切淩亂也又力至切祅氣又郎計切水不利也又乃結切莊子陰陽之氣有沴文一重音四

涊 爾軫切水名又弩本切淟涊濁也又乃殄切文一重音二

汈 爾軫切沴汈溼相著又乃見切說文

類篇十一下　四

賈[illegible]

水也出上黨濜子忍切湏濜水波皃又在忍切水
文一重音一急流皃又鉏引切又徐刃切水名
在襄陽文演以忍切水名又以淺切說文長流
一重音三也又延面切淺流文一重音二渷
以忍切渷潫水脉行地中沇庾準切水名又以轉
又羊進切文一重音一切說文水出河東垣
王屋山東又愈水切沇溶準章主尹切說文平也
水流潤谷中文一重音二或作章準又數軌
切一曰車輮脊不停水又朱劣切汶武粉切水名
皐也漢高祖隆準文二重音二汶或从攵文
一湣武粉切水絕皃又吐內切漬去色曰湣又漌
呼內切青黑色又呼骨切文一重音三
八隱切清湕紀偃切水名滾古本切大水流皃
也文一出南郡文一又古困切文一重
音潣母本切水淟吐衮切淟涊水濁又他典切
一盈皃文一博雅淟涊垢濁也文一重音

一
潡 杜本切大水文一
浫 許旱切水名文一
瀚澣浣 戶管切濯衣垢也或作澣浣瀚又胡玩切澣又侯旰切北海名浣又古緩切滌也史記身自浣滌劉伯莊讀又戶版切水名在江夏又胡玩切文三重音五
漶 戶管切漫漶難測也又胡玩切又呼玩切文一重音二
⿰氵款 苦緩切水名文一
滿 母伴切說文盈溢也亦姓又莫困切煩也文一重音一
湲 火管切弄水也文一
滻 所簡切說文水出京兆藍田谷入灞一曰出涕貌文一
⿰氵簡 賈限切說文浙也文一
⿰氵⿰目丏 彌殄切洟⿰氵⿰目丏水貌又眠見切滇⿰氵⿰目丏大水文一重音一
灦 呼典切灦渙水貌又馨甸切水澄深也文一重音一
汱 古泫切水落貌又胡犬切文一重音一
⿲辛氵辛 婢典切旋流又眦沔切急流也文一重音一
⿰氵⿰目犬 古泫切淖耕也文一
衍 以淺切說文水

朝宗于海也一曰廣也達也樂也散也又延面切水溢一曰大也多也又夷然切進也文一重音二 ⿰氵鮮

息淺切水也文一 ⿰氵䙴 此演切不深也文一 灛 齒善切水名爾雅汸爲灛文一 澶

上演切宛潬水相薄也或作澶文一 湎 彌兖切說文沈於酒也引周書罔敢湎于酒文一 沔

彌兖切說文沔水出武都沮縣東狼谷東南入江一曰入夏水一曰流滿皃又美隕切水名又母婢切水

盛皃文一重音二 ⿰氵辡 邦免切水皃文一 ⿰氵輦 力展切水也文一 ⿰氵兖 以轉切水

出河東垣王屋山東文一 漻 朗鳥切漻洌水清文一 ⿰氵皛 胡了切渺⿰氵皛水遠也一曰⿰氵皛溔

水深皃文一 ⿰氵窅 伊鳥切⿰氵窅溟深不測文一 ⿰氵⿱罒焦 子小切說文⿰酉⿱罒焦酒也一曰浚也盪也盡也

又樵小切文一重音一 沼 止少切說文池水又之笑切文一重音一 溔 以紹切浩溔大

水皃文一漂匹沼切水皃文一渺弭沼切渺溔水皃文一泛被表切水皃文
一灚古巧切撓水聲文一澩澩下巧切水聲或作澩又竝呼酷切水自渭出為
澩一曰夏有水冬無水曰澩又竝轄角切又竝仕角切文二重音三泖莫飽切水名又力九切水
皃文一重音一潲山巧切博雅潲濯澹也又所教切水激也文一重音一淏下老切清
皃文一浩澔下老切說文澆也引虞書洪水浩浩或从皓浩又古老切以水沛酒曰浩又葛
合切浩亹縣名澔又古老切澔汗大水皃又居号切水名在金城郡文二重音四灝下老切說
文豆汁也一曰灝灝夷曠也又古老切文一重音一滈下老切說文久雨也一曰水名在鄠又呼
酷切又黑角切滈瀑水沸湧皃又黑各切又光鑊切文一重音四灝下老切博雅灝灝大也文

一涍苦浩切水乾文一澡子晧切玉飾如水藻之文璪或从水文一淖在早
切水名文一⿰氵陀⿰氵陁徒可切水皃或从陁文二淉古火切說文水也又古玩切灌祭也
文一重音一⿰氵叵普火切水皃文一⿰氵⿱巛貝損果切說文水也文一洧吐火切水
名文一瀉洗野切去水也一曰鑑形又四夜切鹵也泄也文一重音一⿰氵奢齒者切皟
⿰氵奢不潔也吳俗語文一⿰氵叏楚瓦切泥也文一⿰氵埜以者切泥淖也文一瀁漾
潒以兩切滉漾水皃或从羕从象潒又似兩切漭潒水急皃又待朗切說文水潒瀁也漾瀁又弋
亮切說文水出隴西氐道東至武都爲漢一曰水皃潒又待朗切文三重音四滰巨兩切說文浚
乾漬米也引孟子夫子去齊滰淅而行文一漺楚兩切淨也又所兩切文一瀼汝兩

切水淤也文一㴏文紡切水名在蜀又母朗切水大皃文一重音一⿰氵枉嫗往切滍陶縣名在鴈門亦从枉又鄔晃切大水一曰水名在譙郡又于放切又烏曠切停水臭文一重音三⿰氵往羽兩切去也楊雄弔屈原作此以其去水中故从水又古況切文一重音一漲展兩切大水也又知亮切文一重音一湯待朗切說文水出河內蕩陰東入黃澤或从揚文一灙底朗切漭灙水皃又坦朗切文一重音一灢乃朗切決灢水濁又乃浪切文一重音一⿰氵曩乃朗切水流皃文一漭母朗切漭沆水大皃又莫浪切文一重音一汻許朗切姓也又虎晃切文一重音一滉瀇戶廣切水深廣皃或作瀇瀇又鄔晃切文二重音一⿰氵宔鄔晃切池不流文一澋胡猛切泗澋水回旋皃又俱永切又呼猛切水皃文一重音二渻烏猛切水

淨皃文一⿰氵囧烏猛切⿰氵囧澋水回旋皃又俱永切文一重音一渻清所景切爾雅水出其

前渻丘一曰水名一曰少減亦姓或作清渻又息井切文二重音一⿰氵靚差梗切楚人謂冷曰⿰氵靚又

千定切冷寒也又楚慶切文一重音二汬疾郢切陷也文一潁庚頃切說文水出潁

川陽城乾山東入淮豫州浸文一浧涅丈井切通流也或省浧又丑郢切塗泥也又以井切

泥滓又於政切水名一曰濎也文二重音三涬下頂切溟涬自然氣文一洴棄挺切洴

涏小水皃又徂醒切洴濙水皃又他甘切洴或作洴文一重音二濎湏都挺切濎濘水皃或

作湏濎又他頂切濎滎水皃又他定切文二重音二涏待鼎切洴涏小水一曰波直皃又他定切

又堂練切涏涏光澤皃文一重音二⿰氵羑以九切水名文一⿰氵受是酉切水皃文一沑

忍九切說文水吏也一曰溫也又女九切溼也又而六切淑汩水皃又女六切泥也文一重音三[叜女]所九切浽古作[叜女]文一洇女九切水名在汝南文一浸子朕切溼也漸也文一寖子朕切地名孫叔敖邑文一[氵闖]式荏切[氵闖]淪水流漂疾又桑感切水皃又所感切又賞敢切一曰泉勇也又失冉切又他紺切浮皃文一重音五淰式荏切淰瀋水動皃文一瀋昌枕切汁也引春秋傳猶拾瀋又鴟禁切置水於器文一重音一[氵朕]直稔切水流皃文一澟力錦切淒清也文一潭以荏切潭藻水動也文一[氵闇]於錦切水大至也又鄔感切又古暗切又烏紺切文一重音三灨贑贛古禫切水名出南康或作贑贛灨又古暗切邑名在豫章又古送切文三重音二[氵贛]古禫切豆瀋也文一[氵欿]苦感切濁也文一涾

子感切地濕文一⿰氵感都感切水窪文一澰盧感切清也漬也又力冉切瀲灩水溢皃澰或省又力驗切文一重音二漤盧感切汁也文一浨盧感切字林藏梨汁也文一

湳乃感切說文西河美稷保東北水文一澉古覽切澉⿰飠蒦味淡又胡敢切澹澉洒滌也又古蹔切又吐濫切文一重音三灠魯敢切漬果也一曰染也又盧瞰切氾也一曰濡上及下文一重音一

灩以冉切瀲灩水滿皃又以瞻切文一重音一⿰氵閒失冉切流皃文一⿰氵⿱亽心失冉切淰躍踊逸也淰或作⿰氵⿱亽心文一⿱⺮潭徒點切⿱⺮潭灔水滿文一染而琰切說文繒染爲色又姓又而豔切漬色也文一重音一瀲力冉切瀲灩水溢皃又力驗切文一重音一

渰衣檢切說文雲雨皃文一減下斬切耗也禮以減爲文又古斬切說文損也一曰

減水名出番條山又公險切損去也史記減仲之產又姓文一重音二

㵸 丈減切說文没也一曰湛水豫章浸又姓湛古作㵸文一

㵐 户黤切爾雅濫泉正出或作濊文一

⿰氵瓶 戶黤切懸水皃文一

⿰氵弄 盧貢切水名文一

澒 古送切水名出豫章文一

⿰氵穹 去仲切水急皃文一

⿰氵封 芳用切深泥文一

澭 於用切爾雅水自河出爲灉灉或作澭文一

潟 斯義切泄水門一說停水曰潟南史有石潟文一

漬涑 疾智切說文漚也古作涑涑又色責切雨零皃又七迹切水名在北地文二重音二

⿱辟水 匹智切水中洲也又毗義切又博厄切水分流文一重音二

泗 息利切說文受泲水東入淮又州名文一

澻䢸 徐醉切田閒小溝也或作䢸文二

⿰氵致洷 陟利切涇也或省洷又直質切水也文二重音一

泣 力至切泣

也一曰泣泣下瀨水聲又郎計切文一重音一

洌 力至切疾流也又郎計切淒洌疾皃又郎甸切倩洌疾也文一重音二

淚 力遂切目液也又郎計切疾流皃淮南子曰水淚破舟又劣戌切關中謂目汁曰淚又力結切漻淚水皃文一重音三

⿰氵⿱聿青 以醉切津青清漢侯國名一曰藥艸名文一

⿰氵季 居悸切水名文一

洎 八利切又巨至切說文灌釜也一曰及也文一重音一

湶 巨至切說文水也文一

淠 必至切水名在弋陽又匹鼻切又匹計切博雅淠淠茂也一曰舟行皃又普蓋切動也又普卦切文一重音四

泌 兵媚切說文俠流也又壁吉切水皃又簿必切泉水皃文一重音二

⿰氵費 兵媚切闕人名史記鄭悼公⿰氵費又方未切泉涌出皃又父沸切⿰氵費渭水溢皃又怖拜切水聲文一重音三

濞 匹備切說文水暴至聲又平祕切水聲又匹計切文一重音二

活

泙匹備切水名亦从丕文二濞平祕切水皃文一㳏疏吏切水名在河南文一

潩羊吏切水名在河南密縣大騩山南又吒力切又逸織切文一重音二沬無沸切水名又莫貝切水名在蜀又莫佩切微晦也又呼內切說文洗面也文一重音三

沸𤅩方未切涫也或从䰞沸又敷勿切灑也又分物切詩之滭沸濫泉文二重音二

汽丘既切水乞也又居氣切相摩近也又居代切近也文一重音二

渭于貴切說文水出隴西首陽渭首亭南谷東入河杜林說夏書以爲出鳥鼠山雝州浸也文一

泋許貴切灌泋水皃又詡鬼切文一重音一澽居御切乾也文一

沮將豫切沮洳浸潤也一曰澤名文一㵭商署切水名文一濐常恕切溝也文一

濾良據切洗也潑也文一㴸尼據切溼也文一澦灩

羊茹切灩湏水名或从豫文二注朱戍切說文灌也一曰屬也又株遇切述也解也又陟救切咮
也又丁候切口也文一重音三澍朱戍切時雨澍生萬物又殊遇切文一重音一沛博故
切地名周世宗遣將破賊於東沛洲文一泝溯蘇故切說文逆流而上曰泝洄泝向也水欲下
違之而上也或作溯文二𣸧倉故切博雅㢼也所以壅水又存故切又測革切說文引漢律及其
門首洒𣸧又色責切又思積切文一重音四渡渡徒故切說文濟也或作渡文二
潞魯故切說文冀州浸也幽州有潞縣文一濩胡故切布濩散也又黃郭切說文雨流霤下皃一曰
濩渃大水一曰蠖濩宮室深邃一曰汚也一曰湯樂名又胡陌切濩澤縣名在澤州又屋虢切文一重音
三涸胡故切水竭又曷各切說文渴也又轄格切文一重音二洿烏故切穢也文一

㴐思計切說文水出汝南新郪入潁又思晉切文一重音一㳷匹計切水出汝南弋陽垂山東入淮文一沴郎計切水不利也文一𣽁郎計切滯𣽁泣也一曰漉也文一湆研計切燒松枝取汁曰湆文一潓胡桂切說文水出廬江入淮文一決涓惠切疾皃莊子麋鹿見之決驟徐邈說又呼決切疾皃又苦穴切破也又古穴切說文行流也廬江有決水出於大別山一曰斷也又一決切噬也周禮銳喙決吻文一重音四洼涓惠切水名又伊甸切大水皃文一重音一㴵子例切水涯文一泧須銳切泲和也盎齊謂之泧酌又此芮切又輸芮切說文財溫水也引周禮以泧漚其絲又蘇絕切拭勻以酌酒文一重音三滯懘尺制切音敗不和也或从心滯又丑例切水灑散也又直例切說文凝也一曰積也文二重音二溴此芮切飲

也文一

淛浙 征例切江名或作浙浙又之列切說文江水東至會稽山陰爲浙江文二重音一

澨 時制切說文埤增水邊土人所止者引夏書過三澨又以制切水名一曰水涯文一重音一

汭 儒税切說文水相入也又他昆切食已復吐之又而睡切小水入大水也又儒劣切水北也春秋傳及滑汭文一重音三

濊 於例切博雅清也一曰蓋也又居曷切漻濊水廣也一曰水名文一重音一

瀱 居例切說文井一有水一無水謂之瀱汋又許罽切文一重音一

砅

濿 力制切說文履石渡水也引詩深則砅或从厲文一

洌 力制切水清也又力蘖切文一重音一

泄 以制切說文水受九江博安洵波北入氐又私列切除去也文一重音二

⿰氵裔 以制切溶⿰氵裔水皃文一

渫 以制切孫葱又私列切除去也又食列切治也又七接切去水也又

達協切渫渫波連皃又實洽切水名洩以制切舒
在上黨又直甲切水皃文一重音六散也又私
列切除去也潎匹曳切於水中擊絮也一泰他
文一重音一曰清也一曰魚游皃文一蓋
切說文滑溙他蓋切水瀨落蓋切說文水渿
也文一皃文一流沙上也文一
乃帶切說文沛之也浿博蓋切水名又普蓋切又
一曰水波皃文一怖拜切說文水出樂浪鏤
方東入海一曰出浿水縣沛博蓋切沛郡又普蓋
又薄邁切文一重音三切說文水出遼東番
汗塞外西南入海沛又蒲蓋切艸瀨魯外切饌
生水曰沛又宗括切文一重音三祭也文一漈
七蓋切水渴丘蓋切貪也又丘葛切說文盡濭
名文一也又巨列切水盡文一重音二
丘蓋切船著沙又克盍濊呼外切說文水多皃又
切依也文一重音一烏外切汪濊深廣也又

褢史切水多皃又烏廢切濁也又呼括切礙流也引詩施罛濊濊文一重音四

澮 古外切說文水出靃山西南入汾澮又烏外切汪濊深廣也或作澮又古邁切爾雅水注溝曰澮文一重音二

沛 ⿰氵⿱山乃 古外切說文水流澮澮也方百里爲巜廣二尋深二仞巜古作沛⿰氵⿱山乃文二

澅 胡卦切水名在齊文一

派 卜卦切谷名在安邑又普卦切說文別水也又莫獲切泉潛通文一重音二

渒 普卦切說文水在丹陽又匹計切文一重音一

瀤 旁卦切水也瀤又步拜切水涌文一重音一

⿰氵丽 所賣切汛也文一

⿰氵圣 楚懈切水浦也文一

⿰氵圣 古壞切水名文一

瀫 呼怪切瀤瀫水相激聲文一

⿰氵戒 居拜切水名又下介切文一重音一

瀣 下介切沆瀣海氣又胡對切沆瀣露氣一曰北方夜半氣又戶代切一曰水皃文一重音二

湃 怖拜

切滂湃水聲又步拜切文一重音一⿰氵殺所介切流疾也又山戛切寒也文一重音一濧徒對切博雅漬也又都內切濡也文一重音一⿰氵⿱罒隹徒對切漇也文一没莫佩切沈溺也春秋傳何没没邪又母果切不知而問曰拾没又莫勃切文一重音二沕莫佩切潛藏也又莫筆切一日塵濁謂之沕又文沸切沕穆深微皃又呼骨切文一重音三淬取內切說文滅火器也又即聿切淬没水皃又昨律切流也文一重音二⿰氵冒呼內切青黑色文一湏頮呼內切說文洒面也或作頮湏又虎猥切水皃文二重音一瀻丁代切酒不清文一漑居代切說文水出東海桑瀆覆甑山東北入海一日灌注也又居氣切灌也又戶代切瀣或作漑文一重音二⿰氵墍居代切仰涂也或省古作垦文一汉魚刈切水名文一⿰氵薉烏廢切濁也又

於月切又呼括切說文礙流也引詩施罟濊濊文一重音二潤濡順切說文水曰潤下文一溍即刃切水名文一濬濬須閏切說文深通川也从谷𣦵𣦵地坑坎意也引虞書睿畎澮距川或作濬濬文二浚須閏切說文杼也一曰水名在今京都一曰深也敬也又祖峻切浚稽山名在匈奴文一重音一𣸣須閏切水名在魯文一瀶良刃切水名文一㴞羊進切小水文一瀵芳問切說文水浸也引尾下一說泉涌出也蒲同二州夾河皆有瀵泉傳云隔河相通又普悶切水名在汾陰文一重音一瀵方問切水名爾雅瀵大出尾下在河東汾陰縣壅其流爲陂以種稻又普悶切水名在汾陰文一重音一⿰氵郡具運切水名又古困切大水又牛加切縣名在馮翊文一重音二瀗許建切水名文一汳孚萬切水名在陳留入泗

又彼卷切文一重音一　激孚萬切水名在睢陽文一　涃苦悶切水名文一　湓

蒲悶切水出皃文一　潠蘇悶切噴水也或作噀又須絹切文一重音一　淪盧困切水中电

舟曰淪文一　瀚侯旰切北海名一曰混瀚水皃文一　汧侯旰切汧汧水迅流皃又居案

切文一重音一　㵄虛旰切說文漾東爲滄浪水漢古作㵄文一　洝於旰切說文渜水也

又於諫切水名又阿葛切穿洝濕潤也文一重音二　湏魚旰切灝湏水皃文一　灌胡玩

切水流盛皃詩方灌灌兮顏師古說又古玩切說文水出廬江雩婁北入淮一曰漑也又古緩切澡手也

文一重音二　渙呼玩切說文流散也又呼外切水名一曰縣名在亳文一重音一　泮

普半切說文諸侯鄉射之宮西南爲水東北爲牆文一　沜普半切水流也一曰厓也文一　灝

莫半切瀨湏水皃文一　潵先旰切水散也文一　濢蒼案切濢灡水皃文一　湠他案切字林湠漫水廣皃文一　湪吐玩切水名又直角切地名文一重音一　𣿅所晏切洗馬又須絹切飲也一曰吮也又先活切又色洽切說文飲歃也文一重音三　涮數患切滌也又數眷切洗也又所劣切水名文一重音二　瀭數患切洗馬也文一　清倉甸切凄涮疾皃凄或从倩文一　淀堂練切淺泉文一　澱堂練切說文滓垽也文一　湅郎甸切說文瀾也文一　漱郎甸切說文辟漱鐵也文一　潠須絹切噴也文一　渲須絹切小水文一　淃逵眷切水也文一　汴被卷切說文水受陳留浚儀陰溝至蒙爲雝水東入于泗汳或从卞文一　洴皮變切導水使平文一　滌徒弔切養牲室又亭歷切說文

洒也文一 溺 奴弔切人小便也又昵角切莊子大浸稽天而不溺又日灼切說文水自張掖删丹西至酒泉合黎餘波入於流沙桑欽所說又乃歷切没也文一重音三 ⿰川肖消 七肖切浚波也或作消文一 灂 子肖切車轃漆也又仕角切小水聲文一重音一 ⿰氵敎 居効切水也文一 ⿰氵奅 披敎切漬也文一 ⿰氵皃 眉敎切大水皃文一 淖 直敎切和也儀禮普淖謂黍稷也德能大和乃有黍稷又女敎切說文泥也一曰和也又竹角切姓也又直角切濡甚也又尺約切鬆也文一重音四 濯 直敎切博雅瀞濯滫也又式灼切水皃又仕角切明也詩鉤膺濯濯又直覺切說文澣也文一重音三 澳 於到切深也一曰水名又乙六切說文隈厓也其内曰澳其外曰隈文一重音一 ⿰氵芺 於到切漑也又烏酷切文一重音一 瀑 薄報切說文疾

雨也一曰沫也一曰暴霣也引詩終風且瀑亦水名文一⿰氵冒莫報切水漲文一渏口箇

切船着沙不行文一⿰氵賀何佐切水名文一⿰氵戈古卧切水名文一⿰氵化呼卧切水

名文一灞必駕切水名文一⿰氵射詞夜切水名出瞻諸山又夤謝切又食亦切文一重

音二涻式夜切說文水出北囂山入邛澤文一⿰氵彖之夜切膗屬文一⿰氵窄側駕

切湮也又疾各切水也文一重音一渃人夜切城名在彭城文一汊楚嫁切水歧流也文

一淌尺亮切大波文一⿰氵壯側亮切實米於甑也文一⿰氵狀助亮切水瀺灂皃文

一況克許放切說文寒水也一曰益也矧也譬也亦姓古作克文二瀇烏曠切停

水臭一曰水皃文二渹楚慶切冷也吳人謂之⿰氵靚⿰氵靚亦作渹又呼宏切水相激聲文一重音一

滰渠映切盪也文一泳爲命切說文潛行水中也文一瀞疾正切說文無垢薉
也或作清通作淨文一⿰氵聚鉏救切水流急也文一洉下遘切沾濡也文一滱
丘候切說文起北地靈丘東入河滱水即漚夷水并州川又墟侯切水名在常山文一重音一渥
於候切久漬也漚或作渥又烏谷切水聲又乙角切說文霑也文一重音二⿱艹漚於候切飲水也文一
⿰氵⿱林云於候切罧也積柴水中以取魚文一湊千候切說文水上人所會也文一浢
大透切水名在河東文一⿰氵⿱宀賣⿰氵窬大透切水也或作⿰氵窬文二瀆大透切句瀆宋地名又徒
谷切說文溝也一曰江河淮濟爲四瀆又直角切數也文一重音二漏郎豆切說文以銅受水刻
節晝夜百節一曰泄也文一沊丁紺切沊沊水聲文一潭徒紺切沒也文一⿰氵⿱㐺面郎紺切

之灊文一淰奴店切消也文一泹陟陷切江岸地名文一[illegible]胡讖切沉物水中使冷也
又居讖切文一重音一汎孚梵切說文浮皃又扶法切汎𣸣聲微小皃又符風切文一重音二
瀫古祿切水名在河內文一瀫瀔胡谷切水聲或作瀔文二𣲒博木切水名文
一濮博木切說文水出東郡濮陽南入鉅野又州名文一濼普木切水名又盧谷切說
文齊魯閒水也引春秋傳公會齊侯于濼又盧篤切地名在濟南又力角切水名又弋灼切又式灼切又
歷各切又匹各切又郎狄切文一重音八瀑步木切縣水又弼角切滈瀑水沸聲文一重音一
沐莫卜切說文濯髮也一曰水名在青州又姓文一漉盧谷切說文浚也一曰滲也文
一𤁳盧谷切爾雅竭也文一澓方六切姓也又房六切伏流也一曰澓姓也文一重

音一洑房六切伏流也文一潚息六切廣雅清也又子六切又所六切深清也潚潚水皃文一重音二⿰氵宿息六切濕也又初六切文一重音一潐式竹切波也文一淑昌六切淑汩水皃又神六切說文清湛也文一重音一滀勑六切滯也文一⿰氵筑仲六切水名漢有筑陽縣在南陽或从水文一淕力竹切澤名文一淯余六切說文水出弘農盧氏山東南入沔一曰出酈山西文一泦居六切水厓外也文一淗居六切水文文一沃烏酷切說文漑灌也或作芺沃亦姓又鬱縛切茂皃文一重音一⿰氵隺胡沃切水聲又訖岳切漬也又克角切說文灌也又忽郭切又光鑊切文一重音四⿰氵凤蘇篤切博雅⿰氵凤⿰氵凤雨也又色角切大風雨皃文一重音一⿰氵屬朱欲切博雅⿰氵屬⿰氵屬恭也又株玉切目汁文一重音一溽

類篇十一中　十七

明亭

儒欲切說文溼暑也文一**淥**龍玉切水清一曰水名在湘東又姓又盧谷切浚也文一重音一

浴俞玉切說文洒身也或書作⿱谷水文一**瀥⿰氵暠**黑角切滈瀑水沸湧皃或作⿰氵暠瀥又轄覺切瀥瀑水皃文二重音一**⿰氵⿱日言**弼角切滈瀑水沸聲瀑或从⿱日言文一**⿰氵雹**弼角切水激也文一

⿰氵削溯色角切⿰氵削濯潘也或从朔文二**消**色角切澩消水聲文一**⿰氵⿹勹力**側角切健也文一

汋側角切井一有水一無水又仕角切又弋灼切挹也一曰水名又七約切陂名在宋又職略切挹取也又尺約切水聲又實若切文一重音六**浞**仕角切說文濡也文一**㶁**仕角切說文水小聲也文一

⿰氵斲竹角切水名在臨湘文一**涿⿰日乙**竹角切說文流下滴也上谷有涿縣奇字从日乙涿又直角切地名又都木切又徒谷切文二重音三**濁**竹角切闕

人名史記孔子弟子有顏濁雛又直角切說文水出齊郡厲嬀山東北入鉅定文一重音一 休 昵角切沒也莊子大浸稽天而不溺溺或作休又乃歷切說文沒也文一重音一 溢 食質切米二十四分升之一也一曰滿手爲溢儀禮一溢米劉昌宗說又弋質切說文器滿也又神至切愼也詩假以溢我徐邈讀文一重音二 漆柒 戚悉切說文水出右扶風杜陵岐山東入渭一曰入洛亦姓或作柒漆又千結切漆漆祭之容也又七賜切以漆塗器文二重音二 沏 子悉切灑也文一 洼 子悉切淖濈也文一 𤄷淢滭 歷吉切泉沸也或省亦从畢文三 溢𤃳淧 覓畢切溢溢水皃或作滵亦省文三 泾 覓畢切泾洼泥淖文一 潷滗𣲩 逼密切博雅盝也一曰去滓或从笔从皀文三 滵 莫筆切水流疾皃文一 溧

力質切說文水出丹陽溧陽縣文一　泆　弋質切說文水所蕩泆也又徒結切文一重音一　洫　弋質切器滿也溢或省文一　洁　激質切水名文一　⿱日川　汩　越筆切說文水也或作汨汩又胡骨切涌波也又古忽切治也一曰水聲又莫狄切說文長沙汨羅淵屈原所沈之水文二重音三　泧　休必切水流皃文一　沭　⿴行沭　食律切說文水出青州一曰技也沭又允律切水名出東莞文二重音一　潏　食律切爾雅水中可居者曰洲人所爲潏又允律切水流皃又古穴切涌出也文一重音二　泏　竹律切說文水皃又勑律切又苦骨切字林水定也文一重音一　瀄　側瑟切瀄汩水流皃文一　沏　測乙切水流皃又千結切水聲文一重音一　⿱弗水　敷勿切灑也文一　汔　許訖切說文水涸也引詩汔可小康一曰泣下一曰幾也又其迄切又億佶切文一

重音二灪紆勿切灪滃大水皃文一泧王伐切大水皃又許月切又桑葛切泧濊拭搣又呼括切一曰泧泧流也又先結切水皃文一重音四⿰氵厥⿰氵闕丘月切水名在義陽或从闕文二滊許竭切字林鹽池一曰以甘水和鹹水爲鹽曰滊又許既切水也文一重音一浡薄没切浡然興作皃文一渤潡薄没切渤澥海名或从敦文二⿰氵窣蘇骨切没也文一湥他骨切流也又陁没切文一重音一淈下扢切博雅淈淈流也又胡骨切穿也又呼骨切水皃又古忽切說文濁也文一重音三滑胡骨切亂也又古忽切又戶八切說文利也一曰州名亦姓文一重音二淴乎骨切水皃又烏没切淴泱水流疾皃又呼内切文一重音二⿰氵窟苦骨切水深也文一⿰氵遏何葛切水皃文一⿰氵歇丘葛切說文欲歠也通作渴文一⿰氵闕

阿葛切水名文一⿰氵⿱巛夕子末切水濺也文一⿰氵截子末切小水出也一曰灑也又子列切文
一重音一⿰氵截才達切雨聲文一澾他達切字林滑也文一汰他達切過也文
一⿰氵羍陁葛切水出皃文一沫莫葛切說文水出蜀西徼外東南入江文一濊
莫葛切說文拭滅皃一曰塗也又莫結切文一重音一活⿰氵聒戶括切水流皃或从聒又並古
活切文二重音一濊呼括切水聲文一⿰氵⿱氏口活古活切說文水流聲或作活文二
⿰氵斡烏括切取水也文一潑⿰氵⿱癶殳普括切弃水也或省文二⿰氵截宗括切滿也又資昔
切水出也文一重音一⿰氵頢呼刮切⿰氵頢⿰氵頑不淨也一曰言不了文一⿰氵札槎轄切⿰氵札⿰氵札水
流皃文一⿰氵頑丑刮切⿰氵頢⿰氵頑不淨也文一⿰氵悉⿰氵屑先結切瀎⿰氵悉水皃或从屑文二涅

乃結切說文黑土在水中也一曰化也一曰水名一曰縣名在上黨又其兼切愚谷篇有飛涅劉昌宗讀文一重音一

絜 詰結切水名出雍州南山又吉屑切清也文一重音一

潔洯 吉屑切清也亦省文二

⿰氵壹 一結切水流皃文一

⿰氵臬 倪結切水名文一

泬 呼決切說文水以孔穴出也又古穴切涌出也文一重音一

涑 私列切說文除去也一曰漏也渫或作涑文一

⿰氵貫 私列切注也文一

澈 直列切水澄也文一

洌 力蘗切說文水清也引易井洌寒泉食文一

涰 株劣切泣也文一

浖 龍輟切博雅湄浖厓也一曰山上有水曰浖文一

渫 巨列切水激回旋也文一

瀱 魚列切讞罪也文一

滅⿸厂烕 莫列切說文盡也古作⿸厂烕文二

淪瀹 弋灼切說文漬也一曰水皃或作瀹淪又弋笑切水清也文二重音

一 灤弋灼切水名一曰水動皃又式灼切州名文一重音一 潟七約切鹵也周禮醎潟用貆又思積切又昌石切又亭歷切文一重音三 澔日灼切濩澔水大皃文一 汑闥各切滑也文一 沰闥各切赭也又當各切滴也文一重音一 洛歷各切說文水出左馮翊歸德北夷中東南入渭古書作条文一 溥伯各切溥濼水皃文一 ⿰氵⿱雨革⿰氵革匹各切陂澤或作⿰氵⿱雨革亦省文二 薄匹各切薄薄驅車也文一 泊白各切止也一曰水白皃又匹陌切嵮岶密皃岶或作泊文一重音一 漠末各切說文北方流沙也又莫白切客皃文一重音一 溹昔各切水皃一曰水名在滎陽又色窄切雨皃一曰水名在滎陽一曰水出聞喜縣文一重音一 ⿰氵咢逆各切水名文一 漷忽郭切淢漷水勢相激皃又闊鑊切說文水在魯又光鑊

切又霍虢切又廓獲切又郭獲切文一重音五 濩 忽郭切濩濩水皃文一 洦 ⿰氵陌 莫白
切浅水或从陌洦又匹陌切又博陌切文二重音二 漠 ⿰氵嵈 莫白切嵈岶密皃亦作⿰氵嵈文一 ⿰氵岶
匹陌切嵈岶密皃或作⿰氵岶文一 ⿰氵柏 博陌切浅水皃文一 澤 直格切說文光潤也又夷益切
苦酒一曰醇酒又達各切格澤星名一曰妖氣一曰澤索張掖縣名文一重音二 ⿰氵閲 郝格切⿰氵閲
沐惶遽也又馨激切文一重音一 湱 霍虢切漰湱大波相激聲文一 㶁 霍虢切水聲又
郭攫切說文水裂去也文一重音一 泎 灂 實窄切瀺泎水落皃或作灂文一 㴙 色責
切雨零皃文一 滆 下革切湖名在陽羨又各核切文一重音一 澅 胡麥切水名在齊漢
有澅清侯國文一 ⿰氵関 忽麥切流也文一 漍 古獲切水也文一 ⿰氵⿰知亏 潪 治革

切土得水也或省潪又知義切水名又竝竹益切㵠又亭歷切土水和也又直隻切文二重音四

汐 祥亦切水名出陽城山一曰海潮汐池也文一

液 施隻切漬也周禮春液角沈重讀又夷益切說文盡也文一重音一

洂 夷益切說文盡也文一

⿰氵弈 夷益切水名文一

⿰氵驛 夷益切水流白貝文一

澼 匹辟切腸閒水又匹歷切漂也莊子洴澼絖又詰歷切文一重音二

淅 先的切說文汏米也文一

⿰氵寂 前歷切無人聲文一

⿰氵覓 莫狄切長沙汨羅淵屈原所沈之水汨或作⿰氵覓文一

⿰氵幕 莫狄切水浅負文一

滴 **⿰氵適** 丁歷切說文水注也或从適文二

瀝 **⿰氵磿** 狼狄切說文浚也一曰水下滴瀝或作⿰氵磿文二

湨 扃闃切水名在河內文一

⿰氵戠 質力切粘也文一

瀷 叱力切水出大騩山南入潁一曰水潦又蓄力切水湊急也又逸織切說

文水出河南密縣東入潁文一重音二

湜𣸈 丞職切說文水清底見也引詩湜湜其止或从寔文二

淔 丞職切水名又蓄力切說文水也一曰出潁川一曰州名文一重音一

汷汄 札色切湢汷水流皃或省文一

濇 殺測切不滑也文一

測 察色切說文深所至也文一

溭 察色切溭淢水皃又實側切溭淢奔湍文一重音一

⿰氵息 悉即切水皃文一

⿰氵⿱弋月 逸織切肥澤也文一

⿰氵啇澺 乙力切說文水出汝南上蔡黑闇潤入汝隷作澺文二

淢 越逼切說文疾流也又忽域切又越筆切文一重音二

洫 忽域切說文十里爲成成間廣八尺謂之洫引論語盡力于溝洫又呼臭切水名在漁陽又況碧切深意又弋質切文一重音三

湢 筆力切湢汷水驚涌皃文一

得 丁力切得滴水少文一

淂 的則切水皃一曰水名文

一泐歷德切說文水石之理也引周禮石有時而泐又六直切文一重音一氻歷德切水聲文一溨疾則切博雅泚溨測也又昨代切文一重音一潶迄得切水名出黒山西文一淢穫北切水流也文一潗湒七入切湁潗水沸皃或作湒又即入切水潗也湒又即入切雨下也一曰沸湧皃又側立切和也文二重音三汁即入切汁光紀黒帝號又質入切說文液也又寔入切什邡縣名亦作汁又檄頰切文一重音三漝席入切潝漝水皃又實入切文一重音一濕席入切坂下溼也隰或作濕又失入切幽溼也又叱入切牛呞動耳皃又鄂合切濕陰漢侯國名又託合切水名又悉協切春秋有公子隰隰或作濕文一重音五溼失入切說文幽溼也从水一所以覆而有土故溼也文一涆質入切脣聲文一濇澀澁歰

色入切不滑也或作澀澁歰文四

澁 色入切蠻夷酋長名唐有澉達國王摩倶澁思文一

濈 側立切說文和也又實洽切澉濈湍流文一重音一

湁 敕立切說文湁湒鬻也文一

漐 直立切汗出皃文一

漐 直立切漐漐小雨文一

泣 力入切泆泣疾皃又乞及切說文無聲出涕曰泣文一重音一

洇 昵立切濕洇水皃文一

潪 昵立切潗潪沸聲文一

㴔 域及切急流皃又迄及切水疾聲文一重音一

湆 乞及切說文幽溼也文一

湇 乞及切博雅謂之䏓或作腤又乞業切羹汁又乞洽切肉汁文一重音二

汲 訖立切說文引水於井一曰縣名亦姓又極入切伋伋虛作皀或作汲文一重音一

浥 乙及切說文溼也又乙俠切窊陷也漢書踰波趨浥郭璞讀又乙業切潤也詩厭浥行露又乙洽切水窊陷也史記踰波趨浥又乙甲切水流

下皃文一重音四 洽 葛合切水名又轄夾切說文霑也一曰和也偏也文一重音一 沛 作荅切沸皃文一 浹 作荅切浹辰十二日也又即協切說文洽也徹也又轄夾切浹渫水皃又訖合切激也文一重音三 ⿰氵雜 昨合切絕皃又七盍切沸皃文一重音一 溚 德合切濕也又竹洽切文一重音一 漯 託合切水名出東郡東武陽入海桑欽曰出平原亭文一 涾 達合切說文涫溢也河朔方言謂沸溢爲涾文一 溘 克盍切說文奄忽也文一 溻 託盍切濕也文一 淁 七接切說文水也又即涉切水名又即入切文一重音二 ⿰氵疌 即涉切⿰氵疌溊水出皃又夫涉切裁有水也又的協切文一重音二 灄 失涉切水名在西陽又日涉切又昵立切澀灄露皃文一重音二 ⿰氵耴 尺涉切⿰氵疌⿰氵耴水出又日涉切水皃又勑涉切文一重音二 ⿰氵巤

力涉切水聲文一　㵪逆怯切擖水大版文一　⿰氵脅迄業切水流皃文一　⿰氵欲迄洽

切⿰氵欲濈湍流文一　潝乙洽切水窊陷也史記踰波趨浥或从翕又迄及切說文水疾聲文一重

音一　濕色洽切溢也文一　⿰氵臿側洽切⿰氵甲⿰氵臿下溼一曰滴水也又實洽切博雅淪也又莊

輒切文一重音二　⿰氵最昵洽切水動皃文一　⿰氵甲乙甲切⿰氵甲⿰氵臿下溼文一　⿰氵霅直甲

切水名文一　⿰氵⿱山几昵法切水皃文一

文七百十五　重音四百八十七

類篇卷第十一中

類篇卷第十一下　卷之三十三

朝散大夫右諫議大夫權御史中丞充理檢使上護軍河内郡開國侯食邑一千三百戶賜紫金魚袋臣司馬光等奉

敕修纂

沝二水也闕凡沝之類皆从沝　主縈切又之壘切閩人謂水曰沝文一重音一

㳅流　力求切水行也从沝㐬㐬突忽也篆文从水文二

淼　弭沼切大水文一

[illegible]

涉𣥫　時攝切徒行厲水也从沝从步篆文从水古作𣥫涉又的協切血流皃文三重音一

文七　重音二

頻水涯人所賓附頻蹙不前而止从頁从涉凡頻之類皆从頻古作顰或作瀕毗賓切顰瀕又卑民切文三重音一臣光曰頻變隸从省

顰符眞切涉水顰蹙从頻卑聲又頻彌切文一重音一

文四　重音二

𡿨水小流也周禮匠人爲溝洫相廣五寸二相爲耦一耦之伐廣尺深尺謂之𡿨倍𡿨謂之遂倍遂曰溝倍溝曰洫倍洫曰巜从凡

巜之類皆从巜古作甽畎古泫切古文巜从田川篆文巜从田犬畎又苦泫切畎戎西戎之種又畎迴切田畝也甽又朱閏切文三重音三

文三　重音三

巜水流澮澮也方百里爲巜廣二尋深二仞凡巜之類皆从巜古外切又呼官切濡也文一重音一

粼力珍切水生厓石間粼粼也从巜粦聲又丈忍切隱粼川形又良刃切竹類爾雅粼堅中文一重音二

文二　重音三

川貫穿通流水也虞書曰濬巜距川言深巜之水會爲川也凡川之類皆从川昌緣切又樞倫切文一重音一

邕㠲於容切四方有水自邕城池者从川从邑籀文邕㠲又巨勇切揭塞也又於用切地名文二重音二

巛祖才切害也从一雝川春秋傳曰川雝爲澤凶文一

巟呼光切說文水廣也引易包巟用馮河文一

巠坙古靈切水脈也从川在一下一地也壬省聲一曰水冥巠也古巠不省巠又堅靈切又乎經切地名在趙又下頂切又並古頂切文二重音四

州𠩄𡿧職流切說文水中可居曰州周遶其旁从重川昔堯遭洪水民居水中高土故曰九州詩曰在河之州一曰州

疇也各疇其土而生之古作⿵冂刈劍 侃 空旱切說文
又姓又並之由切文三重音一 剛直也从㐰
㐰古文信从川取其不舍晝夜論語曰 ⿱曰巛 于筆切
子路侃侃如也又墟旰切文一重音一 水流也
从川曰聲又胡犬切 ⿱巛歺 逆乙切水 ⿰巛隹 厥律切谷
切文一重音一 流皃文一 名文一 ⿰巛月
良辥切水流⿱巛歺⿱巛歺也 ⿱或巛 于逼切水流也从川或聲
从川列省聲文一 又穫北切文一重音一

文十六　重音十一

泉水原也象水流出成川形凡泉之類皆
从泉 疾緣切又疾眷切文一重音一
⿱䋣泉 符萬切泉水也从泉䋣聲讀若飯又孚
萬切又符袁切泉名在魏郡文一重音二

文二　重音三

灥三泉也闕凡灥之類皆从灥 詳遵切又從緣切又昌緣切又取絹切雨而泉出文一重音三

厵原 愚袁切水泉本也从灥出厂下篆文从泉徐鉉曰今別作源非是文二

文三　重音三

永長也象水巠理之長詩曰江之永矣凡永之類皆从永古作𣱵 于憬切文二

羕 余亮切水長也从永羊聲詩曰江之羕矣文一

文三

𠂢水之衺流別也从反永凡𠂢之類皆从𠂢匹卦切徐鍇曰永長流也反即分𠂢也又普卦切文一重音一

𧖴脈脉莫獲切說文血理分衺行體者或从肉亦作脉文三衇莫獲切說文曰籒文衇臣光曰今集韻失收文一

覛覓莫狄切說文衺視或作覓亦書作覓覛又莫獲切相視也⿰貝𠂢莫狄切說文曰籒文覛臣光曰今集韻失收文一

文二重音一

文八　重音二

谷泉出通川爲谷从水半見出於口凡谷

之類皆从谷

谷 古祿切又盧谷切谷蠡匈奴王又俞玉切文一重音二

豅 盧紅切大長谷也从谷龍聲讀若龏又盧貢切石洞文一重音一

谾 呼公切谾豅澗谷空皃又盧東切又枯江切又虛江切文一重音三

谼 胡公切大壑文一

䜪 古雙切谷名在南郡文一

谿 苦兮切說文山瀆无所通者从谷奚聲又堅奚切蠰谿土螽似蝗而小又弦雞切文一重音二

豀 弦雞切反戾也莊子曰婦姑勃豀文一

𧮰 前西切闕人名列子𧮰肩周穆王車右文一

䜫 方文切谷名在臨汾文一

𧯁 模元切𧯁䜬上谷亭名又謨官切文一重音一

䜬 胡官切𧯁䜬亭名文一

豂 洛蕭切空谷也从谷翏聲文一

𧯜 乎刀切𧯜𧯊深谷皃又呼高切又居勞切又牽幺切文一重音三

𧯊 郎刀切𧯜𧯊深也又憐宵切文

一重音一谺⿰谷閜⿰谷閑虛加切谽谺谷中大空皃或从山亦作⿰谷閜⿰谷閑文三⿰谷英於驁切谷
名文一⿰谷靈郎丁切巖穴也文一⿰谷九渠尤切⿰谷曼欲亭名在上黨文一⿰谷周陳留切谷
名又馨幺切谷大皃文一重音一⿰谷后⿰谷侯胡溝切谷名在城皐或从侯⿰谷侯又下遘切又許候切
文二重音二谽⿰谷今呼含切谽谺谷空皃或省又並虛咸切文二重音一⿰谷敢虎檻切開
皃又古覽切溪谷皃文一重音一㕡私閏切深通川也从谷从𣦵𣦵殘地阬坎意也虞書曰㕡
畎澮距川又逵貟切文一重音一⿱㕡目須閏切深谷文一⿰谷戔仕諫切谷名在上艾一曰
在城皐文一⿰禾谷倉絢切望山谷⿰禾谷⿰禾谷青也从谷千聲又倉先切博雅道也文一重音一⿰谷勞
郎到切谷空皃文一⿰谷由似救切山穴也文一⿰谷賣徒谷切通溝也文一⿰谷匊居六切谷

名在上艾又渠竹切文一重音一䜾呼括切通谷也从谷害聲文一䜪乞逆切壁際孔也文一𧯞狼狄切谷名文一

文三十七　重音二十一

仌凍也象水凝之形凡仌之類皆从仌或作冰筆陵切冰又魚陵切水堅也又逋孕切冷迫也又並悲陵切亦書作冫文二重音三凍都籠切凌也又多貢切說文仌也文一重音一冬𣅡𣆊都宗切說文四時盡也又姓古作𣅡𣆊文三凇思恭切字林凍洛也又祥容切又蘇弄切凍凇冰堅文一重音二凘山宜切流冰也又相支切又先齊切文一重音二𠗨余支切埤倉冰室也或從水文一凒

魚衣切博雅凗溰霜雪也又吾回切又魚開切文一重音二
凄 千西切寒凉也文一
凗 徂回切凗溰雪霜積聚皃文一
凐洇 伊眞切寒皃或从因文二
凋 丁聊切說文半傷也又多嘯切文一重音一
凔 初良切寒也又千剛切一曰水名亦州名又楚耕切冷皃又楚亮切說文寒也文一重音三
凉 呂張切薄寒曰凉文一
漒 居良切凍凝也文一
溏 徒郎切滂溏凍相箸皃文一
滂 鋪郎切滂溏凍相着皃文一
洤 楚耕切冷皃文一
净 初耕切冷皃文一
滕凌 閭承切說文仌出也引詩納于滕陰或从夌凌又里孕切冰也文二
凝冰 魚陵切水堅或作冰凝又牛孕切止水也文二重音一
漱
凍 先侯切冷也一曰冰氣或作凍文二
漻 力求切漻涑手足凍皃文一
凛癛

𠗨凚渠金切寒也或从廩从禽从禁癛癛又力錦切凚又羲錦切又渠飲切又巨禁切文四重音四涵胡南切說文寒也文一𠘅魚杴切𠘅凝寒也又魚窆切文一重音一洪巨勇切凝也文一冶以者切說文銷也一曰女態文一凔楚兩切冷皃文一冷魯打切說文寒也又朗鼎切涬冷寒也文一重音一涇丈井切寒也又巨井切文一重音一溟母井切溟冷寒皃又母迥切凓皃文一重音一洞戶茗切說文倉也又火迥切北燕謂凚曰洞又畎迥切寒謂之洞文一重音二涬下頂切涬冷寒也文一淫棄挺切寒也文一浼其拯切浼浼寒皃文一冼色拯切浼浼寒皃文一浸七稔切浸浸寒皃又七鴆切冷氣又子鴆切文一重音二淼澀所錦切凚淼寒皃或从澀文二溓盧忝切薄冰文一

㓊徒弄切冷也文一 濃奴凍切凍濃寒皃文一 冱胡故切固寒也文一 凅古慕切凝也文一 冽力制切寒也又力蘖切文一重音一 瀨落蓋切說文寒也文一 淬取內切博雅寒也又祖對切文一重音一 靚瀙七刃切博雅寒也或从親瀙又千定切文二重音一 泮普半切冰釋文一 潐子肖切冰裂文一 謝詞夜切凋也文一 况許放切寒冰文一 凊七正切說文寒也文一 沁七鴆切冷氣文一 滲所禁切寒皃文一 淕力竹切雨也文一 潪職日切寒皃文一 滭壁吉切說文風寒也文一 凓力質切說文寒也文一 冹分物切寒也詩一之日滭冹又方伐切寒冰也一曰風寒文一重音一 凙達各切冰結也楚辭冬冰之洛澤文一 洛

歷各切冰謂之洛澤又曷各切洛澤冰皃又轄格切凍堅也文一重音二　㓕率摑切寒皃文一

瀝狼狄切瀝瀝寒也文一　渫達協切浹渫凍相箸又直甲切文一重音一　浹檄頰切浹渫凍相著又即協切又轄夾切又訖洽切文一重音三

文七十七　重音三十八

雨水从雲下也一象天冂象雲水霝其間也凡雨之類皆从雨古作〓〓〓王矩切又歐許切又王遇切自上而下曰雨文四重音二

靇盧東切靇靇雷聲文一　靀謨蓬切微雨也文一　雺霚霿霧謨蓬

切爾雅天氣下地不應曰雺或作霚霧雺霿又迷浮切霧又蒙弄切霿霧又莫鳳切霿雺又莫宋切霚雺霧又亡遇切霿雺又莫候切㲉霿鄙吝也文四重音六

霻 數馮切霻霳雷師文一

霥 之戎切說文小雨也引明堂月令曰霥雨又之仲切文一重音一

霳 良中切靁霳雷師文一

𩂓 都宗切雨皃文一

𩅽 奴冬切博雅露多也又尼容切引詩零露濃濃濃或从雨文一重音一

𩆜 踈江切雨皃文一

𩆨 相支切說文小雨財雺也又蘇禾切小雨也又先見切雪也文一重音二

𩃯 宣隹切浽微小雨或作叜文一

𩃝𩅸 津私切雨聲或从資𩅸又才資切亦書作𩅸文二重音一

𩂯 才資切雨聲文一

𩃒 中葵切博雅雷也又延知切又徒回切文一重音二

𩅍 無非切小雨也文一

霏𩅟 芳微切雰也詩雨雪霏霏或从飛文

二**霼**香依切雨止皃又丘開切又靈器切說文見雨而止息文一重音二**雩**休居切雩婁地名又雲俱切說文夏祭樂于赤帝以祈甘雨一曰吁嗟求雨之祭一曰遠爲百穀祈雨又匈于切又汪胡切又王遇切一曰吴人謂虹曰雩文一重音四**雽**邕俱切麗雽㬥雨文一**需**詢趨切說文顉也遇雨不進止顉也引易雲上於天需一曰疑也又汝朱切韋柔滑皃又汝兗切柔也又奴亂切弱也文一重音三**霋**千西切說文霽謂之霋婁文一**霙**田黎切霽雲謂之霙一曰雨止文一**霓**研奚切說文屈虹青或白色陰气也又研計切又倪結切又倪歷切雌虹文一重音三**䨙**宜佳切霖雨也又宜皆切南陽謂霖曰䨙又鉏簪切又魚音切文一重音三**霾𩄞**謨皆切說文風雨土也引詩終風且霾或作𩄞霾又暮拜切文二重音一**靁𩆜𤳳𩂜**

𤳳𩇓雷 盧回切說文陰陽薄動雷雨生物者也亦姓籀文靁間有回回靁聲也古作𤳳𩂯𤳳靁雷又魯水切推石下也又盧對切𡑾倉推石自高而下也靁又力救切龜名左倪靁文八重音三

䨗 魚開切霜雪之白也文一

雯 無分切雲成章曰雯文一

雰 敷文切詩傳雰雰雪皃又符分切說文祥氣也文一重音一

𩆌䨶 公渾切齊人謂雷曰𩆌籀作䨶䨶又唐丁切說文雷餘聲也鈴鈴所以挺出萬物又並羽敏切一日雲轉起也𩆌又王問切文二重音三

霕 徒渾切大雨皃文一

𩅞 謨官切雨露濃皃又莫半切雲皃文一重音一

䨘 蘇官切說文小雨也文一

𩅦𩃬 徒官切漙漙露多皃或作𩅦或省𩅦又豎兖切文二重音一

𩆫 烏關切吳王孫休子名文一

𩂣 多年切雨聲一曰雨甚文一

零 靈年切先零西羌名零又

郎丁切說文餘雨也又姓又郎定切落也文一重音二霄䨢思邀切說文雨霓爲霄或从雲霄又仙妙切文一重音一䨽普刀切雪皃文一𩃻才何切雨聲文一霞何加切雲日氣相薄文一𩃳烏瓜切蹄涔也文一霷余章切十月爲霷文一雱敷方切雰雱雪皃又鋪郎切說文沛也文一重音一𩆐如陽切瀼瀼露也或作𩆐又奴當切文一重音一𩂯霶鋪郎切沛也或省文二霜師莊切說文喪也成物者又色壯切霣霜殺物也文一重音一霖仕莊切霖霖急雨文一雵於良切雲皃又倚朗切文一重音一䨣姑橫切吳王孫休子名文一霙於驚切霰也文一靘親盈切靘青女神名文一𩂢滂丁切𩂢𩂢雨皃文一霆唐丁切說文雷餘聲也鈴鈴所以挺出萬物又他頂切迅雷又待鼎

切爾雅疾雷爲霆又徒徑切雷也文一重音三

⿱雨弜 ⿱雨器 郎丁切靈巫以玉事神靈古作⿱雨弜⿱雨器文二

霝 郎丁切說文雨零也引詩霝雨其濛文一

零 ⿱霝令 ⿴囗巛 郎丁切說文餘雨也又姓零或作⿱霝令零亦从泠古作⿴囗巛文三

雽 房尤切雽雽雨雪皃文一

⿱雨不 房尤切霧也又匹九切文一重音一

⿱雨朁 鉏簪切博雅霤⿱雨朁霖也一曰雨聲又時鴆切雨皃文一重音一

霃 持林切說文久陰也文一

霖 犂針切說文雨三日以往文一

霪 夷針切久雨爲霪文一

⿱雨兼 ⿱雨淋 盧含切久雨或从淋⿱雨兼又離鹽切文二重音一

䨡 ⿱雨函 胡南切說文久雨也或作⿱雨函文二

⿱雨甘 五甘切霜也文一

⿱雨韱 霋 思廉切微雨或省又並將廉切⿱雨韱又師炎切微雨又並師咸切霋又師銜切文二重音四

霑 知廉切說文雨䨒也文一

⿱雨彡 師咸切細雨謂之⿱雨彡

又師銜切又所感切文一重音二 ⿱雨僉 鋤咸切小雨又子豔切又章豔切又力驗切又莊陷切又子鑒切文一重音五 ⿱雨翁 鄔孔切⿱雨翁⿱雨翁雲皃文一 ⿱雨委 委勇切雲氣文一 靃 選委切靃靡弱皃一曰靃靃細皃又忽郭切說文飛聲也雨而飛者聲靃文一重音一 ⿱雨鬼 詡鬼切雷聲文一 ⿱雨禹 王矩切說文雨皃方語也又火五切北方謂雨曰⿱雨禹呂靜說又吁句切又王遇切博雅舒也文一重音三 ⿱雨羽 王矩切說文水音也又王遇切文一重音一 ⿱雨要 隴主切雨皃文一 霽 在禮切雨止也洪範曰雨曰霽又子禮切又子計切又才詣切晴也文一重音三 ⿱雨鼎 羽敏切說文雨也霣古作⿱雨鼎文一 ⿱雨君 牛尹切雨也文一 ⿱雨隱 倚謹切⿱雨隱⿱雨隱雲皃文一 ⿱雨潛 數版切雨皃文一 ⿱雨泫 胡犬切露皃文一 ⿱雨垂 都果切雲不族也文一 ⿱雨弃

母朗切霿霿雲色文一
⿱雨更 古杏切雲皃文一
䨄 鄔感切雲氣盛也又衣檢切文一重音一
⿱雨湛⿱雨甚⿰雲甚 徒感切⿱雨湛䨴繁雲或省亦作⿰雲甚⿱雨湛⿰雲甚又徒濫切雲皃文三重音一
⿱雨染 而琰切說文濡也又而豔切沾也文一重音一
霥 蒙弄切靁聲文一
⿱雨宗 仕巷切雨皃文一
霨 紆胃切雪起皃文一
霔 朱戍切時雨澍生万物或作⿱雨主文一
露 魯故切說文潤澤也一曰彰也文一
霈 普蓋切多澤也文一
靄⿱雨曷 於蓋切雲皃或省靄又阿葛切雲霧皃文二重音一
⿱雨會 黃外切雨也又烏外切小雲謂之⿱雨會文一重音一
⿱雨厄 烏懈切霧也文一
⿱雨叓 所介切雨疾也文一
䨴⿱雨隊⿺辶⿱雨貝 徒對切⿱雨甚䨴雲皃或从隊从退文三
震⿱雨⿰鬲欮 之刃切說文劈歷振物者引春秋傳震夷伯之廟籀作⿱雨⿰鬲欮震又升人切女妊身

動也文二重音一 霫伊刃切氣流行謂之霫文一 䨲無販切䨲杰梁四公子名文一

霰䨘霰先見切說文稷雪也或从見亦作霰文三 電𩃎堂練切說文陰陽激

燿古作𩃎文二 𩂢延面切𩂢𩂢雲皃文一 𩃗吐卧切雨下皃文一 霜色壯切隕

霜殺物也文一 𩂶北諍切雷聲文一 靐蒲迸切雷聲文一 𩇓蒲應切靐靐雷

聲文一 𩃵台隥切大雨文一 霤力救切說文屋水流也文一 屚郎豆切說

文屋穿水下也文一 𩄒居候切大雨也文一 霮徒紺切久雨也文一 𩅦都念切說

文寒也一曰旱霜而寒謂之𩅦或从土文一 𩅥尼賺切雨淖也文一 霂莫卜切說文霢

霂也謂小雨文一 𩆍盧谷切暴雨文一 𩆬芳六切𩆬水也文一 雹靁弼角

切說文雨冰也古作𩆷雹又蒲沃切文二重音一𩃎徒沃切雨皃又亭歷切文一重音一𩅦
直角切大雨文一霱允律切卿雲謂之霱文一𩂢敷勿切雲皃文一雯分物
切雨皃文一𩃁普沒切雲皃文一𩆐薄沒切雲皃文一𩄔呼骨切雨皃文
一䨮雪蘇絕切說文凝雨說物者一曰除也隸省文二𩅰拂縛切大雨又匹各切文
一重音一𩂯歷各切說文雨零也文一霍歷各切州名又曷各切又忽郭切山名在荆州
一曰揮霍猝遽也文一重音二䨣匹各切說文雨濡革也又古厄切雨也文一重音一䨼
木各切雨皃文一𩆜黃郭切霞𩆜大雨又之石切文一重音一霩忽郭切雲消謂之霩
又闊鑊切說文雨止雲罷皃文一重音一𩆂𩃰色窄切雨也或从索𩆂又先的切𩆂𩆂小

類篇十二下　十二　又三

雨一曰霰皃文一重音一霯側格切雨貞文一霢霡⿱雨麦莫獲切說文霢霂小雨也或作霢⿱雨麦霡又莫狄切文三重音一⿱雨冊色責切霰也文一⿱雨朿色責切小雨零皃文一⿱雨責側革切雨貞文一⿱雨役營隻切⿱雨役⿱雨隻大雨文一霹匹辟切霹靂迅雷又匹歷切文一重音一靂狼狄切霹靂也文一靋⿱雨森狼狄切⿱雨森靋雨不止皃或省文二⿱雨聶霵七入切雨下皃或省又並側立切雨聲文二重音一霫雭息入切雪霫大雨一曰奚霫東北夷名或作雭霫又席入切雭又色入切文二重音二⿱雨執陟立切小濕也又的協切寒也一曰早霜又都念切文一重音二⿱雨立勑立切博雅雨也又力入切⿱雨立霫大雨文一重音一⿱雨言域及切⿱雨言霵雨聲又悉合切博雅⿱雨言⿱雨言雨也又質涉切⿱雨言⿱雨言震電又轄甲切衆言聲

一曰霅陽地名在樂浪又色甲切散也漢書霅然陽開又直甲切説文霅霅震電皃又斬甲切地名文一重音六

霎 悉合切博雅霅霅雨也或从妾又色輒切⿱雨乇霎疾雨又色甲切雨聲一曰小雨文一重音二

⿱雨立 落合切雨聲文一

⿱雨盍 悉盍切雨下也文一

⿱雨乇 勑涉切⿱雨乇霎小雨文一

⿱雨疌 息葉切雨雪皃文一

[illegible] 力協切小雨文一

⿱雨合 轄夾切徹溼也文一

⿱雨由 側洽切雨聲又竹洽切文一重音一

文二百五　重音二百三

雲山气也从雨云象雲回轉之形凡雲之類皆从雲古作云𠄘 于分切 文二

霒霠雺侌㕦於金切說文雲覆日又姓或作霠雺古作侌㕦文五䨺思邀切雨霓爲䨺文一霼凶尾切雲皃文一靉隱豈切靉靆雲皃文一靅䨽芳未切雲布皃或省文二靆待戴切靉靆雲皃又蕩亥切文一重音一䨥蒲撥切雲皃文一

文十四　重音一

魚水蟲也象形魚尾與燕尾相似凡魚之類皆从魚語居切文一

鰊靚籠切魚名似鯉文一鮦𩹏徒東切魚名爾雅鰹大鮦或从童鮦又傳容切又杜

勇切一曰⿱魚䖵也又丈九切鮻祖叢切魚名石首也
鮦陽縣名文二重音三出南海頭中有石又
作弄切文魟胡公切白魟魚名一曰魚肥又呼公
一重音一切魚名似鼈又沽紅切⿰魚公⿰魚斯魚名似
鱟或从工又戇公切又⿰魚公沽紅切⿰魚公⿰魚斯魚
古雙切文一重音四名似鱟文一⿰魚翁烏公
切說文魚鱅鰫常容切說文魚名一作鰫鱅又餘
名文一封切魚名如犎牛音鰫又餘封切
說文魚也似鱣而黑又鰅魚容切說文魚名皮有
尹竦切文二重音三文出樂浪東暆神爵四
年初補收輸考工周成王時揚州獻鰅一曰
鰅鱅狀如犂牛鰅又元俱切文一重音一⿰魚雙踈
江
切海魚⿰魚斯相支切魚名鮆將支切魚名又仕知
名文一一曰鮒文一切又津夷切又淺氏
切又自爾切又在禮切說文飲而不食刀魚也鱺
又子智切又疾智切又才豉切文一重音八

鄰知切魚名小鮦也又憐題切又里弟切文一重音二

鮍⿰魚披 攀糜切說文魚名一曰破魚或从披文一

⿰魚卑 賓彌切魚名又蒲街切博雅黑鯉謂之⿰魚卑又匹寐切文一重音二

⿰魚巂 匀規切水蟲名涪陵郡出大龜甲可以卜緣中文似瑇瑁又玄圭切文一重音一

鰖⿰魚隓 翾規切魚子巳生者籀作⿰魚隓又並愈水切又並杜果切鰖又吐火切又徒卧切魚初化又吐卧切魚去鱗曰鰖文二重音五

⿰魚義 魚羈切魚子文一

⿰魚爲 于嬀切魚大者曰⿰魚爲又吁爲切魚名文一重音一

鮨 蒸夷切說文魚䏙醬也出蜀中一曰魚名鮪也又渠伊切鮨屬爾雅魚謂之鮨又市之切又研計切魚名山海經瀤水多鮨犬首如嬰兒文一重音三

鰤魳 霜夷切老魚一說出歷水食之殺人或省魳又作荅切魚名文二重音一

⿰魚氏⿰魚至 稱脂切魚名博雅河⿰魚氏魠也或从至文二

鮧

才資切魚名鮎也江東語又延知切鱁鮧魚名一曰
鹽藏魚腸宋明帝蜜漬鱁鮧一食數升又田梨切文
一重音二 **鯬** 良脂切鯬鯠魚名又憐題切魚名埤倉鯬鯠⿰魚丕也文一重音一 **鱖** 居逵切魚
名又姑衛切又居月切又於月切文一重音三 **鰭** 渠伊切魚脊上骨禮羞濡魚者夏右鰭文一
⿰魚祁 **⿰魚示** 渠伊切鮓屬爾雅魚謂之⿰魚祁或从示文二 **⿰魚癸** 渠惟切魚名文一 **⿰魚丕** 攀悲
切魚名說文大鱯也又頻脂切魴也又貧悲切文一重音二 **魮** **⿰魚毘** 頻脂切魚名山海經文魮
其狀如覆銚鳥首而魚尾是生珠玉或作⿰魚毘魮又補履切魚名尾有毒文二重音一 **⿰魚平** 頻脂切魚
名魴也文一 **鮬** 貧悲切魚名爾雅鱊鮬鱖鮬施乾讀又匈于切又虧于切魚似鮒子而黑俗呼
爲婢江東謂之妾魚又空胡切又枯瓜切又蒲故切鱊鮬小魚又苦故切藏魚子也文一重音六 **鯔**

莊持切魚名文一鰣鰣市之切魚名魚之美者或省文二鮞人之切說文魚子也一日魚之美者東海之鮞文一鰦津之切魚名爾雅鮂黑鰦文一⿱夌魚陵之切魚名文一⿰魚𦣞盈之切魚名博雅鯸⿰魚𦣞魠也背青腹白觸物即怒其肝殺人文一鮐盈之切魚名爾雅鮐背壽也又湯來切又堂來切說文海魚也文一重音二鯕⿰魚斤渠之切說文魚名或从斤文二⿰魚飛鯡匪微切魚名似鮒出溇水或从非鯡又方未切魚子一日海魚名文二重音一⿲彳魚攵⿰魚微吁韋切爾雅魚有力者或作⿰魚微文二鰄於非切魚名文一⿰⿸虍魚攵魰牛居切捕魚也篆省或作魰又牛據切文二重音一魼鱋丘於切說文魚也一日比目或作鱋魼又迄業切魚脅也山海經鯥魚羽在魼下又託盍切文二重音二⿰魚居斤於切蜛蝫蟲名一頭尾有數條左

有脚狀如蠶可食或从魚又居御切魚名文一重音一

⿰魚胥 新於切說文魚也文一

鯺 專於切蜛蠩蟲名一曰蝦蟆或作鯺文一

鱮 羊諸切鱑鱮魚名又蒙呂切文一重音一

鯃 元俱切鮈鯃魚名又訛胡切又五矩切文一重音二

鰸 邕俱切魚名又虧于切說文魚狀如鰕足長寸大如叉股出遼東又烏侯切水蟲似蝦無足又委羽切文一重音三

鮈 恭于切鮈鯃魚名又權俱切闕人名漢有鮒鮈又舉后切鯷鮈魚名文一重音二

⿰魚瞿 權俱切魚名又俱遇切又果羽切文一重音二

⿰魚夫 風無切說文鯕魚也出東萊文一

鯫 逡須切淺鯫小人負又將侯切小魚也又徂侯切魚名又士九切又此苟切又仕苟切說文白魚一曰小也又才垢切亦姓又陟涉切膊魚不鹽也漢書鯫鮑千鈞顏師古讀文一重音七

鮢 鍾輸切魚名山海經鮢鱬似鰕無足又慵

頁篇十一下 十六 一 邢遂

朱切文一重音一　鱬汝朱切魚名山海經即翼之澤其中多赤鱬其狀如魚人面食之不疥文一　鱋龍珠切魚名又郎侯切說文魚名一名鯉一名鰜文一重音一　鱄鯆滂模切魚名博雅鱄䱐鮈也一曰江豚或从甫鯆又奔模切魚名尾有毒又匪父切大魚也又彼五切文二重音三　[illegible]奔模切魚名江豚也又普故切文一重音一　[illegible]奔模切魚名尾有毒或从逋文一　鮒蓬逋切小魚名莊子守鮒鯢又符遇切文一重音一　鱸龍都切魚名文一　魱洪孤切海魚也似鯿而大鱗肥美多鯁一曰出有時吳人以爲珍即今時魚又胡故切文一重音一　鯃訛胡切[illegible]鮈魚名或从吾文一　鰞汪胡切鰞鰂魚名九月寒烏入水化爲之文一　[illegible]前西切魚名出漢水似鯉而小文一　鯑田黎切魚名山海經少室山休水出焉其中多鯑魚一曰魚黑

色又丁計切魚名大鯉也文一重音一

鮷鯷 田黎切魚名說文大鮎也或作鯷鮷又大計切魚名鮎鯷又上紙切魚名重千斤又是義切又大計切文二重音四

鯢 研奚切說文刺魚也郭璞曰似鮎四足文一

鮭 洧畦切魚名山海經敦薨之水多赤鮭又戶佳切吳人謂魚菜揔稱又烏蝸切鮭蠪神名又戶瓦切楚冠名文一重音三

鰃 烏回切魚名文一

鮠 吾回切魚名鯷之小者文一

⿰魚不 鋪枚切魚名一曰魚臠未成鮺文一

⿰魚每 謨杯切魚名又迷浮切文一重音一一

䲄 何開切魚名博雅蜅蟹雄曰⿰魚良䲄又魚開切⿰魚良䲄牡蟹文一重音一

鯠 郎才切鱉鯠魚名⿰魚不也文一

鰓 桑才切魚頰中骨文一

⿰魚賓 卑民切魚名又卑眠切魚名似魴文一重音一

鱗鯪 離珍切說文魚甲也或从令通作鱉又姓鯪又離貞切魚蟲連行紆行又郎丁

切文二重音二鰲離珍切說文魚也文一鰆樞倫切海魚名文一鱒殊倫切魚名文一鯩龍春切魚名山海經來需之水多鯩魚黑文狀如鮒文一魿渠巾切蟲連行紆行者又才淫切小魚又魚音切魚名似鼈又才箴切又式荏切又食荏切又牛錦切又徂感切文一重音七⿰魚莘⿰魚辛疏臻切魚名長尾貟或省文二魰無分切魚名文一魵符分切魚名出薉邪頭國郭璞曰小鰕又撫吻切又芳問切魚小曰魵文一重音二鮶拘云切水蟲名似魚文一魭愚袁切魚名說文大鼈也又五管切魭斷無圭角貟又五換切文一重音二鱕孚袁切魚名又方煩切南越志鱕魚鼻有橫骨如鐇海舩逢之必斷又符袁切文一重音二⿰⿱罒魚欠⿰魚⿱罒欠公渾切說文昆于不可知也或作⿰魚⿱罒欠文二鯤⿰魚⿱罒弟鱞公渾切爾雅鯤魚子或作

鱞鰥鯤又胡昆切大魚鰥又姑頑切說文魚也一曰
丈夫六十無妻曰鰥又古本切鯀或作鰥又古幻切
視貟文三 ⿰魚餐 千安切魚名 鱣 唐千切魚名又張
重音四 或省文一 連切又上演切文
一重 鰻 ⿰魚㒼 謨官切說文魚名或从蔒鰻 鱄 徒官
音二 又無販切魚名文二重音一 切山
海經雞山黑水出焉其中有鱄魚狀如鮒而彘尾音
如豚又朱遄切魚之美者又主兖切說文魚也又竪
兖切魚名又龍眷切闕人名春 鯿 逋閑切魚名又
秋傳有衞侯弟鱄文一重音四 卑眠切魚名似
魴文一 ⿱罒魚 姑頑切魚也鰥 鰹 經天切魚名爾 鮮
重音一 古作⿱罒魚文一 雅鰹大鮦文一
相然切說文魚名出貉國一曰鳥獸新殺曰鮮一曰
善也亦姓又息淺切是少也或作鮮又私箭切姓也
文一重 鱻 相然切說文新魚精也从三魚不變又
音二 息淺切是少也尟或作鱻文一重音一

鯅 尸連切魚醬又抽延切又矢忍切文一重音二 鱣⿰魚廛 張連切魚名鯉也或从廛文一

鰱 陵延切說文魚名文一 鰬 渠焉切魚名似鱓博雅大⿰魚果謂之鰬文一 鯾 卑連切魚名似魴而大又毗連切說文魚名文一重音一 鏇 旬宣切魚名出梁州文一 鰁 從緣切魚名文一 ⿰魚彖 余專切魚名文一

鯛鮉 丁聊切說文骨端脆也一曰小魚名或从召文二 鰷鯈⿰魚攸 田聊切白鰷魚名或作鯈⿰魚攸鯈⿰魚攸又夷周切白魚鯈又陳留切說文魚名一曰魚子鰷⿰魚攸又先了切文三重音三 鮡 田聊切魚名似鮎白色又餘招切爾雅鮉大者鱯小者鮡又直紹切說文魚名大鮎也又杜皓切文一重音三 ⿰魚幼 伊堯切魚名博雅鱃⿰魚幼鱮又於虬切又於九切又於糾切又乙六切文一重音四 鮹 思邀切魚名又師交切海魚名形如鞭旒

文一重音一

鰩 餘招切魚名山海經泰器之山灌水出焉是多鰩魚鳥翼蒼文白首赤喙文一

鱎 居妖切白魚又舉夭切又祛矯切文一重音二

鮫 居肴切說文海魚皮可飾刀文一

鮑 班交切闕人名楚有申鮑胥又披交切魚名又部巧切說文饐魚也文一重音二

⿰魚巢 鋤交切魚子又子皓切魚名雛足也又損果切文一重音二

鰲 牛刀切魚名文一

鱢 蘇遭切說文鮏臭也引周禮膳膏鱢文一

鰠 蘇遭切山海經鳥鼠同穴之山有鰠魚其狀如鱣文一

魛 都勞切魚名飲而不食文一

⿰魚舀 他刀切魚名文一

魺 寒歌切魚名廣雅魺⿰魚氐魠也又賈我切鮓也南越曰魺文一重音一

⿰魚化鮀 吾禾切魚名或从厄鮀又五果切文二重音一

鮻 蘇禾切魚名文一

鮀鮑 唐何切魚名說文鮎也或作鮑文二

鱓

唐何切水蟲似蜥易長大又上演切說文魚名皮可爲鼓一曰蛇鱓黄質黑文文一重音一

⿰魚羅 良何切魚名一身十首文一

⿳亡口⿲月魚凡 盧戈切魚名有翼見則大水又倫爲切文一重音一

鮁 蒲巴切魚名又步化切文一重音一

魦鯊 師加切說文魚名出樂浪潘國或从沙魦又蘇禾切又先照切鯊又所嫁切文二重音三

鰕 何加切魚名說文魵也又虛加切又舉下切爾雅鰝大鰕文一重音二

鰑 余章切魚名文一

魴鰟 符方切說文赤尾魚或从旁文二

鱂 資良切鱃鱂魚也文一

鯧 蚩良切鯧鯸魚名文一

鱨 辰羊切魚名說文楊也文一

⿰魚畺鯨 渠良切大魚也或作鯨又並渠京切說文海大魚也一說雄曰⿰魚畺雌曰鯢常以五月生子於岸八月導而還海鼓浪成雷噴沫成雨水族畏之文二重音一

⿰魚央 於良切又於郎

切魚名善醒酒文一重音一⿰魚王于方切魚名鮪也文一⿰魚狂渠王切大魚或書作⿱狂魚文一⿰魚唐徒郎切魚名博雅魧⿰魚唐魠也文一⿰魚良盧當切蟹其雄曰⿰魚良⿰魚豈文一魧居郎切說文大貝也一曰魚膏又下朗切又舉朗切文一重音二鱑鰉胡光切魚名或从皇文二⿰魚爭甾莖切魚名博雅竹頭⿰魚爭也又鋤耕切文一重音一鮏甾莖切魚名又桑經切說文魚臭也文一重音一鯖親盈切魚名又諸盈切煑魚煎肉曰鯖又倉經切又於丁切魚名青色有枕骨文一重音三⿰魚巠渠成切說文魚名又下頂切文一重音一鯹桑經切魚臭也文一⿰魚亭鯅唐丁切魚名⿰魚乙也或从廷鯅又他頂切全魚鰌文二重音一鱦神陵切江東謂魚子未成者曰鱦又母耿切魚名又石證切又以證切爾雅鱦小魚文一重音三鯪閭承

切鯪鯉魚名一曰獸名一曰石鯪藥名文一 䲢鰧 徒登切魚名山海經來需之水多䲢魚其

狀如鱖或作鰧䲢又直稔切文二重音一 魧鱛 彌登切魚名說文⿰魚亘魧也或从曽又並母亘切

文二重音一 ⿰魚亘 居曾切魚名說文魧也又居鄧切文一重音一 鮋 夷周切小魚又陳留

切又時流切文一重音二 ⿰魚壽 陳留切魚之大者文一 ⿰魚卯鰡 力求切魚名或从留文二

鱐 思留切魚腊又踈鳩切說文乾魚尾鱐鱐也或从魚又息六切魚名鮀母也文一重音二 鰌

鰍 雌由切魚名說文鰌也或从秋鰌又玆秋切鰍又亭歷切文二重音二 鱃 雌由切魚

名博雅鱃鰷鱮也山海經蒼體之水多鱃魚狀如鱧犬首食之不疣文一 鮂 將由切烏化爲魚者

頸有骨毛又徐由切魚名烏賊也文一重音一 鯦鰽 徐由切魚名似鯿而大鱗肥美多鯁或作

鰽又並兹秋切鮥又戶賄切叔鮪也又倚兖切又巨九切說文當互也又巨救切文二重音五**鮂**之由切魚名山海經英鞮之山涴水出焉是多鮂魚文一**鰇**而由切魚名文一**⿰魚叟**踈鳩切關人名韓將有⿰魚叟申差文一**⿰魚孚**房尤切魚名又芳無切蘆⿰魚孚魚名似鰌鳌而細文又普溝切鯆⿰魚孚魚多又悲幽切魚名博雅鱄⿰魚孚鰗也文一重音三**鯸**胡溝切說文魚名文一**⿰魚豆**他侯切魚名又他口切又大透切文一重音二**⿰魚朁**洺林切魚名一說南方謂⿱艹魚曰⿰魚朁又徐心切又才淫切又時任切又鉏簪切文一重音四**鱏**徐心切魚名文一**⿰魚岑**才淫切博雅⿰魚岑⿱艹魚也一說大魚曰⿱艹魚小魚曰⿰魚岑又鉏簪切博雅⿰魚岑⿱艹魚也又士瘁切又徂感切文一重音三**鱵**諸深切魚名文一**魷**持林切魚子也又式荏切文一重音一**⿰魚隹**夷針切說文魚名引傳曰伯牙

鼓琴鯡魚出聽文一䱈呼甘切蚶屬魁陸也横縱其理五味自充炮則羞又胡甘切文一重音一鮎尼占切又奴兼切魚名說文鮼也文一重音一䲓牛廉切䲓喁魚口動皃又魚檢切文一重音一鰜堅嫌切說文魚也又賢兼切又胡讒切又吉念切又詰念切魚名大而青文一重音四鰔胡讒切魚名又居咸切又古禫切魚名魠也一曰黄頰又古斬切文一重音三䱋古勇切魚名博雅鯤也文一䰾部項切蜃屬一曰美珠文一魮蔣氏切山海經汾水多魮魚狀如儵而赤鱗文一䲛愈水切魚始生者鰖或作䲛文二鮪羽軌切魚名說文鮥也引周禮春獻王鮪一曰水名鞏縣西北臨河有周武山武王伐紂使膠革禦之鮪水上盖其處也相傳山下有穴通江穴有黄魚春則赴龍門故曰鮪岫今爲河所侵不知穴之所在又云九切魚名似鱣

長皐文一重音一 鯉⿰魚裏 兩耳切魚名說文鱣也或从裏文二 ⿰魚予 象呂切魚名文一

⿰魚虜 籠五切說文魚名出樂浪潘國文一 鱭 在禮切說文歛而不食刀魚也又才豉切文一

重音一 鮢 母禮切魚名一曰魚子文一 鱧 里弟切魚名說文鱯也文一 ⿰魚蠡

里弟切魚名說文鮦也文一 ⿰魚解 下買切魚名鮦也文一 鯘鮾 弩罪切魚敗也或作

鮾文二 鰵 美隕切海魚名文一 鱝⿰魚忩 父吻切魚名大鮋也形圜有毒或从忩⿰魚忩又芳

問切魚小曰⿰魚忩一曰魚名又普悶切文二重音二 鰎 紀偃切魚名文一 ⿰魚晏鰋 隱㥯

切魚名說文鮀也或从匽文二 鮸 武遠切又美辨切說文魚名出薉邪頭國文一重音一 鯇

鯶 戶袞切魚名似鱒而大或作鯶又並古本切又並戶管切鯇又戶版切又胡玩切文二重音四

鯀古本切說文魚也文一鱒粗本切說文赤目魚又鵵免切大魚也詩鱒魴沈重讀又

柱兗切魚名鮅也又徂悶切魚名又雛戀切文一重音四鯇戶管切魚名文一⿰魚款苦緩

切魚名又苦喚切魚⿰魚蜀罔也文一重音一魬部版切魚名文一⿰魚戔⿰魚孖仕限切魚名或

从孖文二⿰魚先蘇典切魚名文一⿰魚旦上演切魚名皮可爲鼓一曰蛇⿰魚旦黃質黑文文一

鱔上演切魚名文一⿰魚巽鵵免切魚名無骨文一⿰魚蹇九件切魚名文一⿰魚了

先了切魚名又朗鳥切文一重音一⿰魚小思兆切魚名文一鰝下老切魚名爾雅鰝大鰕

又古老切又黑各切文一重音一鰾婢小切魚胞也文一⿰魚員損果切魚名文一鰢

母下切魚名文一⿱羞魚⿰魚差⿱艹⿰魚昔鮓側下切說文藏魚也南方謂之紟北方謂之

或作⿰魚差⿱皆魚鮓文四 ⿰魚果 户瓦切魚名說文鱧也文一 鱌 似兩切魚名白魟也文一 鯗鱶 寫兩切魚腊或从養文二 鯁 古杏切說文魚骨又居孟切文一重音一 鯭 母梗切胡蜢蝦蟆屬或从魚文一 ⿰魚丙 白猛切蟲名又補永切說文拌也文一重音一 ⿰魚竝鮩 蒲幸切魚名或从并鮩又部迥切白魚又簿必切文二重音二 ⿰魚日 巨九切魚名文一 ⿰魚奥 於九切魚也又於到切博雅鱃魩⿰魚奥也文一重音一 鯞 止酉切爾雅鱖鯞小魚也文一 ⿰魚主 他口切魚名文一 ⿰魚失 式荏切大魚文一 ⿺尢魚 章荏切魚首骨文一 鱤 古禫切魚名魹也一曰黃頰文一 ⿰魚貢 古禫切魚名文一 ⿰魚農 而用切鮐魚也文一 ⿱執魚 脂利切魚名山海經崌山之江多⿱執魚魚文一 ⿰魚致 直利切魚名文一 鱀⿰魚旡 巨至切魚

名鮍也大腹喙小銳而長齒羅生上下相銜或从无鱀又居氣切魚名胎生鼻長丈又其既切魚名鼻在額文二重音二鮇無沸切魚名山海經諸鉤山多寐魚或作鮇文一䲁于貴切魚名如蛇文一鳚紆胃切魚名文一鮒符遇切魚名文一鱯胡故切魚名似鮎又胡化切又胡陌切魚名大鮎也文一重音二鯝古慕切魚腸一曰杭越之間謂魚胃為鯝文一魝吉詣切解也又吉屑切說文楚人謂治魚人文一重音一鰶鯯子例切魚名或作鯯鯯又征例切文二重音一鱥姑衛切魚名文一䱥直例切魚名文一鮤力制切魚名又力孽切爾雅鮤鱴刀文一重音一鱱力制切魚名文一鯻落蓋切說文魚名文一𩷖乃帶切鰶𩷖魚名文一𩵖博蓋切說文魚名出樂浪潘國文一鰨

虛艾切魚名文一 鱠 古外切細切肉也文一 魪 居拜切魚名比目也文一 ⿰魚⿱圣隹 下介切魚名文一 鮣 伊刃切鮣鱗魚名如篆一曰首象印文一 鮟 於旰切魚名文一

⿰𠦝魚 侯旰切魚名文一 鱹 古玩切闕人名宋有鱹鱹文一 鰊 郎甸切魚名如繩文一

魡 多嘯切釣魚也又丁歷切繫魚也文一重音一 鮊 步化切魚名又薄陌切說文海魚名廣雅鱎也文一重音一 魤 火跨切說文魚名文一 ⿰魚孕 以證切爾雅鱦小魚文一

⿰魚亘 居鄧切魚名文一 鮜 下遘切魚名鯸也又許候切文一重音一 鱟 下遘切魚名似蟹有子可爲醬又許候切又莫候切魚名出日南又烏酷切又乙角切文一重音四 ⿰魚臽 古念切魚名又乎鰡切文一重音一 鰒 步木切海魚名又房六切又弼角切說文海魚一說石決明藥

旁有七空者良文一重音二 ⿱族魚 昨木切魚名文一 鱳⿰魚鹿 盧谷切說文魚名出樂浪潘國或从鹿鱳又歷各切又並狼狄切魚名博雅⿰魚乚也文二重音二 ⿰魚尗鮛 式竹切魚名王鮪也小者日⿰魚尗或不省文二 ⿰魚皿 而六切魚子初生日⿰魚皿文一 ⿰魚畜 勑六切魚名出梁州文一

鱁 仲六切魚名爾雅暨是鱁體似鱏尾如鱮魚郭璞說文一 鯥 力竹切山海經魚名羽在魼下而蛇尾文一 ⿰魚匊⿰革⿹勹魚 丘六切魚名鱄也或作⿰革⿹勹魚又居六切說文魚名出樂浪潘國一日⿰魚匊魚出江東有兩乳又渠竹切又區王切文二重音三 ⿰魚录 龍玉切魚名文一 ⿰魚局 衢録切魚名文一 ⿰魚卓 竹角切魚名文一 ⿰魚桼⿰魚七 戚悉切魚名或从七文二 鮅⿰魚畢 壁吉切魚名或从畢鮅又簿必切文二重音一 ⿰魚失 直質切魚名文一 鮚 極乙切蚌也會稽有

鮚醬又其吉切鮪鮚大蛤又丘八切魚名又吉屑切漢書鄞縣有鮚埼亭文一重音三 鱊 食律切鱊鯙魚名又允律切魚名爾雅鱊鯙鱖歸又古穴切文一重音二 䱣 即聿切魚名鯈也一曰鮹別名文一 ⿰魚乞 居乙切魚游也一曰魚名文一 ⿰魚骨 古忽切魚名山海經稷澤多⿰魚骨其狀如蚍四足食魚又戶八切山海經餘如之澤多⿰魚骨魚鳥翼出入有光文一重音一 ⿰魚頼 他達切魚名文一 ⿱剌魚 郎達切魚名或書作鯻文一 鮇 莫葛切魚名文一 魩 莫葛切魚尾文一 鮁鱍 北末切說文鱣鮪鮁鮁或从發又並普活切魚游貟鮁又蒲撥切魚名似鯉而赤又房廢切文二重音三 鮵 徒活切魚名青州呼鱺為鮵文一 ⿰魚劫 丘八切魚名文一 ⿰魚乚 乙黠切⿰魚夬⿰魚乚魚名文一 鱊 古滑切魚名文一 ⿰魚節 子結切魚名文一 ⿰魚㡀 必結

切魚行白文一鱴莫結切鱴魛魚名鮆也文一⿰魚斤似絶切鮆⿰魚斤魚名似蝤蛑生海中文
一鱉必列切甲介蟲也文一鯌七約切魚名又食各切魚名鼻前有骨如斧斤一說
生子在腹朝出食暮還入文一重音一魠闥各切說文哆口魚也文一鮥歷各切魚
名說文叔鮪也又剛鶴切魚名如鼉喙長三尺利齒虎鹿度河擊之斷卵如鴨又各頟切魚名文一重音
二⿰魚薄⿰魚蒪白各切魚名如鯉或省文二⿱噩魚遏鄂切魚名如蛇或書作⿰魚亞文一鰐
鱷逆各切魚名說文似蜥蜴長一丈水潛吞人即浮出日南或作鱷文二鮥各頟切魚
名文一⿰魚契鄂格切鰝⿰魚契魚名皮有文文一鰿側革切小魚又士革切又資昔切魚名鮒
也文一重音二⿰魚鬲各核切魚名又狼狄切博雅⿰魚乚也文一重音一⿰魚脊鯽資昔切說文魚

名或从即鯽又節力切又疾則切文二重音二⿰魚役⿰魚殳營隻切魚名有四足如龜而行疾或省文二鰍亭歷切馬鰍魚名出東海文一⿰魚歷狼狄切魚名博雅鮎也文一鰋晲力切魚名似鯇而小文一⿰魚或忽域切魚名文一鰂鱡疾則切說文烏鰂魚名或从賊文二⿰魚黑迄得切魚名鰜也文一鰼席入切魚名說文鰌也文一⿰魚岌逆及切魚眾也文一鮯葛合切博雅東方有魚如鯉六足鳥尾名曰鮯文一魥鄂合切魚名又乞業切枯魚文一重音一⿰魚欠作荅切魚口動皃又黑盍切魶⿰魚欠魚名文一重音一魶諾荅切說文魚似鼈無甲有尾無足口在腹下文一鰪谷盍切魚名似鰿而小又乙盍切鰪鯆魚名文一重音一鰈託盍切說文比目魚也又七接切魚名出樂浪潘國又達協切東方比目魚名又實洽切

⿰魚甲鰈鱗次衆多也一曰裝飾鰨託盍切魚名說文
衆皃又直甲切文一重音四鱋鰨也又諾盍切
魚名鯢也似鮎四足聲如嬰兒郭璞說魶諾盍切
又達協切東方比目魚名文一重音二魚名鯢
也似鮎四足聲如⿰魚邑憶笈切魚名又乙鯜七接
嬰兒郭璞說文一業切文一重音一切說
文魚名出樂浪潘國又即鱲力涉切魚⿱⿰而瓦魚力協
涉切魚名文一重音一名文一切魚
名文⿰魚業逆怯切魚鱻逆怯切魚⿰魚奄乙業切魚
一名文一盛皃文一名一曰河
豚一曰漬⿰魚甲轄甲切魚名又迄甲切⿰魚甲鰈
魚也文一鱗次衆多皃文一重音一

文四百六　重音二百七十七

𩺰二魚也凡𩺰之類皆从𩺰語居切又訛胡切魚之大

者文一

重音一

𤅩漁 語居切捕魚也从𩺰从水篆文𤅩从魚漁 又牛據切說文澱滓濁泥文二重音二

文三

重音三

燕玄鳥也籋口布翄枝尾象形凡燕之類皆从燕 於甸切又因連切國名又於殄切宴或作燕文一重音二

文一

重音二

龍鱗蟲之長能幽能明能細能巨能短能長春分而登天秋分而潛淵从肉飛之形

童省聲凡龍之類皆从龍古作竜龟䶬亀力鍾切龍又莫江切黑白雜色也又魯勇切隴或作龍文五重音二

龏古賢切龍耆脊上龏龏从龍幵聲又隳緣切龍背堅骨又倪結切龍鬐又魚列切又的協切文一重音四

龗靇䨺郎丁切龍也从龍霝聲古作靇䨺文三

龕口含切龍皃从龍合聲文一

龖徒合切飛龍也从二龍讀若沓又悉合切文一重音一

文十一　重音七

飛鳥翥也象形凡飛之類皆从飛古作飛甫微切文二

飜孚袁切飛也文一䎫胡關切禽繞飛也又𤒭緣切小飛也文一重音一𩙮稽延切𩙮翾飛也文一𩙼翼與職切翍也从飛異聲篆文𩙼翼从羽文二

文七　重音一

非違也从飛下翍取其相背凡非之類皆从非

甫微切又妃尾切誹謗也文一重音一

𩇧攀悲切鳥名又非尾切說文別也又府尾切又匹寐切槖𩇧鳥名又平祕切文一重音四

靡𢊍忙皮切分也易曰吾與爾靡之或从分靡又眉波切散也又謨加切收靡縣名又文彼切披靡也又縻詖切偃也曳也文二重音四

陫邊兮切說文牢也所以拘非也又邊迷切又篇迷切文一

重音二靠苦到切相違也从非告聲又枯沃切或書作𤕧文一重音一⿱夭非疾盡切惡也亦姓又悉盡切文一重音一

文七　重音十三

卂疾飛也从飛而羽不見凡卂之類皆从

卂息晉切又須閏切文一重音一

煢渠營切回疾也从卂營省聲文一⿰粦卂良刃切獸名似貍身黃尾白文一

文三　重音一

類篇卷第十一下

類篇卷第十二上　卷之三十四

朝散大夫右諫議大夫權御史中丞充理檢使上護軍河內郡開國侯食邑二千二百戶賜紫金魚袋臣司馬光等奉

勑修纂

十四部

文二千四百二十六

重音二千一百三十九

乙玄鳥也齊魯謂之乙取其鳴自呼象形

凡乙之類皆从乙或作鳦 鳥轄切或从鳥鳦又億姞切文二重音一

孔 康董切通也从乙从子乙請子之候鳥也乙至而得子嘉美之也古人名嘉字子孔文一 乳 而主切人及鳥生子曰乳獸曰産从孚从乙乙者玄鳥也明堂月令玄鳥至之日祠于高禖以請子故乳从乙請子必以乙至之日者乙春分來秋分去開生之候鳥帝少昊司分之官也又儒遇切育也文一重音一 䰯 逆乙切䰯䰯魚鳥之狀文一

文五　重音二

不 鳥飛上翔不下來也从一一猶天也象形凡不之類皆从不 方久切又風無切柎或作不又方鳩切鳥名又方副切弗也又分物切無也文一重音四

否 方久切不也从口从不不亦聲徐鍇曰不可之意見於言故从口又補美切惡也又部鄙切塞也文一重音二

文二　重音六

至鳥飛从高下至地也从一一猶地也象形不上去而至下來也凡至之類皆从至古作㞷 脂利切至又徒結切單至輕發皃文二重音一

臺 徒哀切觀四方而高者亦姓俗作臺非文一

臻 側詵切至也从至秦聲又將先切文一重音一

𦤺𦤺 陟利切忿戾也从至至而復遜遜遁也周書曰有夏氏之民叨𦤺古作𦤺又並脂

利切𦤺又丑吏切文二重音二⿱埶至脂利切車重也又陟利切文一重音一𦤺丑吏切忿戾也文一臷他計切國名在三苗東文一⿰至存徂悶切再至也又才甸切重也文一重音一到都悼切至也从至刀聲文一臸人質切到也从二至又竹力切又而力切又眞而切文一重音三⿰至各各額切至也文一

文十三　重音九

西鳥在巢上象形日在西方而鳥棲故因以爲東西之西古作𠧧卥卤先稽切西又蕭前切金方也又相洛切又乙却切平量也文四重音三

⿱覀圭 戶圭切姓也从西圭聲文一 ⿱覀开 胡千切吳王孫休子字又胡消切文一重音 ⿱覀大

⿱覀巳 相然切升高也或从卪臣光曰卥變隸作西文二

文八　重音四

鹵 西方鹹地也从西省象鹽形安定有鹵縣東方謂之㡿西方謂之鹵凡鹵之類皆从鹵 郎古切文一

⿱差鹵 仕知切鹹也河內語又才何切或書作鹺文一重音一 ⿰鹵褱⿰鹵鬼⿰鹵畏 烏乖切⿰鹵昷⿰鹵褱戎鹽也或作⿰鹵鬼⿰鹵畏⿰鹵褱⿰鹵鬼又乎乖切文三重音一 ⿰鹵昷 烏昆切戎鹽文一 ⿰鹵肖 思邀切博雅鹽

也又仙妙切煎鹽也文一重音一鹷郎丁切鹽也文一鹶居陵切爾雅滷鹶鹹苦也又渠金切苦也文一重音一⿰鹵殳⿰鹵俞徒候切鹵地或作⿰鹵俞文二覃覃⿱鹵早⿱鹵旱

⿱鹵旱徒南切說文長味也引詩實覃實訏或省古作⿱鹵早⿱鹵旱⿱鹵旱覃又徐廉切利也又式荏切臣光曰隸變鹵作西文五重音二鹹胡讒切說文衘也說文味也又古蹔切文一重音一⿰鹵臽居咸切鹹也又古蹔切⿰鹵臽⿰鹵監無味又古斬切文一重音二⿰鹵占知咸切鹹也又竹減切又陟陷切文一重音二

⿰鹵扁婢典切⿰鹵昷⿰鹵扁鹽也文一⿰鹵亢⿰酉亢舉朗切鹽澤或从酉文二⿰鹵感⿰酉感古禫切鹹味或从酉文二⿰鹵敢口敢切⿰鹵敢⿰鹵念苦又苦濫切又古蹔切味過鹹文一重音二鹻古斬切鹹也文一⿰鹵齊才詣切鹹也文一⿰鹵最楚快切博雅鹽也文一⿰鹵奏千候切博

雅鹽也一曰南夷謂鹽曰鹺文一 ⿰鹵甚 苦紺切味厚也文一 鹽⿰鹵炎 吐濫切⿰鹵臽鹽無味也或从炎文二 ⿰鹵矞 其述切博雅醬也或从鹵文一 ⿰鹵翟 亭歷切鹹也文一

文三十四　重音十三

鹽鹹也从鹵監聲古者宿沙初作煑海鹽凡鹽之類皆从鹽或作⿱鹵皿⿰土⿱鹵皿 余廉切或省亦从土鹽又以贍切以鹽漬物一曰歆艷之禮而鹽諸利文三重音一

盬 公戶切河東鹽池袤五十一里廣七里周百十六里从鹽省古聲又攻乎切陳楚謂鹽池爲盬又古慕切攻緻也文一重音二

鹼 魚欠切鹵也从鹽省僉聲又古斬切又千廉切鹽在水曰鹼文

戴前

一重音二

文五　　重音五

戸護也半門曰戸象形凡戸之類皆从戸

古文作㦾侯古切㦾又口減切文二重音一

扅戹余支切門關謂之扊扅或作戹文二　扉甫微切戸扇也从戸非聲文一　扃古熒切外閉之關也从戸同聲又扃定切明察也文一重音一　房符方切室在旁也从戸方聲文一

扆於豈切戸牖之間謂之扆从戸衣聲又於希切文一重音一　戺上史切爾雅落時謂之戺一曰砌也文一　𢨳爽阻切所古作扂文一　肁治小切始開也从戸从聿徐鉉

曰聿者始也又杜皓切文一重音一 扈 下簡切閾也文一 扂 徒點切戶牡或作非文二 扊 以冉切關謂之扊扅文一 戾 徒蓋切輜車旁推戶也又他蓋切又大計切文一重音二 扇 式戰切說文扉也一曰竹曰扇一曰動也助也又尸連切搖翣也文一重音一 戹 於革切隘也从戶乙聲文一 ⿸戶及 極入切博雅戶壯也文一 ⿸戶去 口盍切閉也从戶劫省聲 又葛合切又轄臘切文一重音二 ⿸戶辛 蝎合切閉也文一 ⿸戶盍 克盍切閉戶也文一

文二十二 重音九

門 聞也从二戶象形凡門之類皆从門 莫奔切文一

⿵門中諸容切門外開文一⿵門也余支切門日也文一闚缺規切說文閃也謂傾頭門中
視也又窺睡切小視文一重音一⿵門奇虛宜切⿵門奇墉壁隙也文一闈吁韋切爾雅宮中謂
之闈又于非切說文宮中之門文一重音一⿵門魚牛居切門名文一閭凌如切說文里
門也引周禮五家爲比五比爲閭閭侶也二十五家相羣侶也一曰居也一曰獸名如驢一角歧蹄亦姓
文一⿵門俞容朱切闚⿵門俞私視也文一闍東徒切說文因闍城門臺也又之奢切又時遮切文
一重音二⿵門余同都切地名文一閨消畦切說文特立之戶上圜下方有似圭文一⿵門咼
⿵門爲空媧切門不正開或作⿵門爲⿵門爲又枯懷切門邪也⿵門爲又羽委切說文闢門也引春秋國語⿵門爲門而
與之言亦姓或从毀文二重音二開開丘哀切說文張也一曰姓也亦州名古作開開又輕

煙切山名在雍州文二重音一**闓**丘哀切明也又可亥切又口溉切文一重音二**閩**眉貧
切鄉名文一**闉**伊眞切說文城內重門也引詩出其闉闍又因蓮切曲也文一重音一**闍**
呼昆切說文常以昏閉門隸也文一**閐**徒渾切闐門也文一**闌**郎干切說文門遮也一曰
晩也希也失也又郎旰切文一重音一**䦨**郎干切說文安入宫掖也通作闌又盧丸切文一重
音一**關閞**姑還切說文以木橫持門戶也一曰通也亦姓或省俗作関非是關又烏關切持弓
關矢也開又居閑切隟也文二重音二**闤**胡關切市垣也文一**間**居閑切說文隟也一
曰近也中也亦姓又何間切又居莧切廁也廖也代也又賈限切地名春秋傳大蒐干昌間又下瞎切爾
雅代也施乾讀文一重音四**闐**亭年切說文盛皃又堂練切于闐國名文一重音一**閍**

因蓮切匈奴謂妻曰閼氏又於虔切又依據切閼與容暇皃又於歇切止也塞也一說太歲在卯曰單閼又阿葛切說文遮攤也文一重音四⿵門廛澄延切市門文一⿵門鳥馨幺切門大開皃文一

⿵門焦兹消切木名皮堅黑若鐵生水中文一閉虛加切門閉也又魚駕切開裂也文一重音一閍分房切巷門文一⿵門倉千羊切門聲文一閶闛蚩良切說文天門也楚人名門曰閶闔或作閶闛又徒郎切說文闛闛盛皃又並他郎切鼓聲也文二重音二⿵門匡曲王切門周木也文一⿵門唐閬徒郎切高門謂之⿵門唐或从良閬又盧當切高門也又郎宕切巴郡有閬中縣又里養切又里黨切文二重音四⿵門當他郎切鼓聲也文一閌丘岡切門高也又口浪切文一重音一⿵門黃姑黃切門開也文一閎乎萌切說文巷門也又姓又呼宏切閎廓

深遠也一曰大也文一重音一**閛閞**披耕切闔扉聲或从并閛又叵迸切文二重音一**閮**唐丁切門中也又待鼎切門外啓謂之閮文一重音一**閝⿵門霝**郎丁切門上窻謂之閝或从霝文二**⿵門冋**消熒切外閉之關也一曰鼎扃文一**⿵門翏**力求切說文經⿵門翏殺也又吉了切又郎狄切文一重音二**⿵門米**迷浮切開也文一**闖**癡林切馬出門皃一曰出頭皃又丑甚切又丑禁切文一重音二**闇**於金切默也何休曰高宗諒闇又烏含切治喪廬也又鄔感切隱晦皃禮記君子之道闇然而日章又乙減切又烏紺切閉門也文一重音四**⿵門詹**余廉切說文⿵門詹謂之櫩櫩廟門也又丘檢切門屋又昌豔切視皃又去劒切小開戶也文一重音三**閻**余廉切說文里中門亦姓又徐廉切鬼閻地名在潁川又以冉切又以贍切好而長也文一重音三**⿵門占**癡廉切小開門

以偎望也文一⿵門奄衣廉切說文竪也宮中奄閽閉門者又衣檢切閹閽宮中守門者文一重音一⿵門毀羽委切闢門也引春秋國語⿵門毀門而與之言或从毀文一⿵門幸偶舉切小門文一⿵門啓遺禮切開門也文一閡下改切藏塞也又戶代切又牛代切說文外閉也又紇得切礙也文一重音一閔美隕切說文弔者在門也又眉貧切旻或作閔文一重音一⿵門建巨偃切拒門木或从門又巨展切文一重音一閫苦本切說文門橛也又苦悶切文一重音一⿵門完古緩切所以出鍵也文一⿵門且黨旱切戾彥也又儻旱切開也文一重音一⿵門艮下簡切閾也文一闡齒善切說文開也引易闡幽又稱延切明也文一重音一⿵門𢇍主兖切說文開閉門利也一曰縷十絃又馨兖切文一重音一闄伊鳥切隔也又以紹切廣雅遮也又於兆切文一重

音二

閜閜倚可切說文門傾也或省閜又口我切又許下切大開也文一重音二

闀許兩切又許亮切說文門響也爾雅兩階間謂之闀一曰牖屬明堂位刮楹達闀天子之廟飾文一重音一

⿵門省所景切禁署文一

⿵門壬他鼎切門上關文一

⿵門丑女九切門開也文一

閃失冉切說文闚頭門中也从人在門中又舒贍切又式劒切文一重音二

閧胡降切說文里中道也文一

⿵門致直利切太玄䦯名陰氣閉陽緻密也王涯說文一

闠求位切市門又胡對切說文市外門也文一重音一

閟兵媚切說文閉門也引春秋傳閟門而與之言文一

⿵門寺時吏切寺人奄官或从門又禪吏切廷也有法度者也文一重音一

⿵門主丑注切直開也文一

閉必計切說文闔門也从門才所以歫門也俗从下非是又必結切文一重音一

閞胡計切扇扉也

又下介切說文門扇也文一重音一⿵門益烏懈切閙也文一⿵門叕楚快切石抑⿵門叕穀名文一

𨳇直刃切說文登也从門二二古下字文一閞扶萬切門欂櫨也又皮變切文一重音一

閈侯旰切說文閭也汝南平輿里門曰閈文一⿵門扁所晏切編竹木爲落也文一⿵門鳥

才甸切門次謂之⿵門鳥文一⿵門少所嫁切開也文一⿵門乇陟嫁切說文奠爵也文一⿵門石

大浪切門不開文一闞苦濫切說文望也一曰邑名在魯又姓又許鑒切獸怒聲又虎檻切虎聲

文一重音二⿵門豕都木切水名又竹角切水名山海經成山⿵門豕水出焉文一重音一⿵門執⿵門墊神六

切門側之堂謂之塾或作⿵門執⿵門墊又並余六切夾門堂文一重音一閦初六切衆在門中或書作

閦文一⿵門臼居六切閑也文一⿵門告胡沃切門聲謂之⿵門告文一⿵門至職日切門閾謂

之閨又丁結切閉也又徒結切文一重音二　**闕**丘月切說文門觀也一曰乏也空也又其月切

穿也文一重音一　**閥**房越切閥閱功狀文一　**闥**他達切博雅闥謂之門文一　**⿵門舌**

呼栝切大開門皃又苦滑切文一重音一　**闊**苦活切說文疏也一曰遠也又苦滑切疏也遠也文

一重音一　**⿵門吉**下八切門聲又奚結切桔柣鄭門名或作⿵門吉文一重音一　**⿵門曷**乙轄切說文門

聲也文一　**関**徒結切桔柣鄭門名或从門文一　**⿵門貝**奚結切門聲文一　**⿵門壹**一結

切⿵門貝也文一　**関**呼決切⿵門助関無門戶也文一　**闋**苦穴切息也止也又古穴切爾雅馬

回毛在背曰闋廣又傾雪切說文事已閉門也又睽桂切文一重音三　**⿵門助関**苦穴切⿵門助関無

門戶也或不省文二　**⿵門戔**士列切城門版也文一　**閲**欲雪切說文具數於門中也一曰察

也出門者察而數之文一 闑 魚列切說文門梱也又九芮切門中橛又倪結切爾雅橛謂之闑文一重音二 ⿵門龠 弋灼切說文開下牡也文一 閣 女略切牽引也文一 閣 剛鶴切說文所以止扉也一曰觀也一曰庋藏之所亦姓文一 閱 郝格切恨也懼也文一 ⿵門示 霍虢切開也文一 ⿵門畫 忽麥切開也文一 闃 求獲切靜也又苦狊切靜也文一重音一 闢 眦亦切說文開也引虞書闢四門或从𠬞闢又匹辟切爾雅涹闢流川謂通流也文二重音一 ⿵門麗 狼狄切開也文一 閾⿵門洫 越逼切說文門榍也引論語行不履閾古从洫又並忽域切門榍也文二重音一 ⿵門血 忽域切說文靜也引詩閟宮有侐或从門文一 闟 色入切鋌也又迄及切安定意史記闟然更始文一重音一 閤 葛合切說文門旁戶也文一 ⿵門畫

轄朧切說文門扇也文一 闒 託合切鏜鎝鐘鼓聲亦作闒又託盍切闒茸意下又敵盍切說文樓上戶也一曰閶闔里也又力盍切文一重音三 閘 乙甲切說文開閉門也文一

文二百三十九 重音九十二

耳主聽也象形凡耳之類皆从耳 而止切又如蒸切昆孫之子爲耳孫又仍拯切耳也關中河東語文一重音二

聾 盧東切說文無聞也或書作聾文一 聰聰 麤叢切說文察也一說耳病晉殷仲堪父患耳聰古作聰文二 ⿰耳共 呼公切耳有聲文一 ⿰耳農 濃江切耳聲文一 ⿰耳監⿰耳监 民甲切汗面謂之⿰耳監或作⿰耳監文二 ⿰耳奇 丘奇切側耳也文一 ⿸麻耳⿸鹿耳 旻悲切金飾馬耳或作⿸麻耳

䎳又忙皮切又母被切文二重音二 聥匈于切張耳有所聞又果羽切又王矩切又王遇切文一重音三 𦔮馮無切希望也文一 聧傾畦切方言聾之甚者秦晉之間謂之聧一曰私吁也文一 聞䎽𦖞𦕓無分切說文知聞也古作䎽𦖞𦕓又文運切聲所至也文四重音一 耺于分切耳中聲又筠冰切耺耾聲也文一重音一 𦗡民堅切埤倉注意聽也又忙經切行而聽又弭盡切文一重音二 𦗟亭年切聲盈耳也文一 聯陵延切說文連也从耳耳連於頰也从絲絲連不絕也又閭貢切係也又連產切文一重音二 聎他彫切耳病也一曰耳鳴又他刀切又徒刀切文一重音二 聊𦗶𦖭憐蕭切說文耳鳴也又姓或作𦗶𦖭聊又力求切又力吊切𦗶又郎刀切文三重音四 𦔸伊弄切𦗶𦔸耳鳴文一 𦗤𦗬

慈焦切⿰耳曹⿰耳曹耳鳴或作⿰耳焦⿰耳曹又財勞切文二重音一　聱牛交切不聽也又牛刀切又魚到切文一

重音二　⿰耳巢莊交切⿰耳巢⿰耳巢聲擾耳文一　⿰耳當都郎切耳下垂謂之⿰耳當文一　耾⿰耳宏

乎萌切博雅聾也一曰耳中聲一曰耾耾大聲或从宏耾又烏宏切又呼厷切文二重音二　聙

咨盈切善聽也文一　聲殸書盈切說文音也亦姓古作殸文二　聖書盈切無形而響文一

⿱𤇾耳維傾切聲也文一　聠滂丁切耳閉也文一　耵湯丁切耵聹耳垢又都挺切文

一重音一　聽湯丁切聆也又他定切文一重音一　聤唐丁切耳病文一　聆郎丁

切說文聽也文一　聹囊丁切耵聹耳垢也一曰耳聒又乃挺切文一重音一　⿰耳秋⿰耳酉

將由切耳鳴或作⿰耳酉⿰耳秋又茲秋切文二重音一　耹渠金切地名國語回祿信於耹遂人其淹切文

一重音一 耽 都含切說文耳大垂也引詩士之耽兮文一 耼⿰耳甘 他甘切說文耳曼也或从甘又並都甘切耼又郁含切國名又謨甘切耳垂又乃甘切闕人名古有祝耼文二重音四 聸 都甘切說文垂耳也南方有聸耳國文一 ⿰耳占 丁兼切說文小垂耳也又的協切文一重音一 聺 勒兼切聺⿰耳占耳垂文一 ⿰耳录 戶孔切⿰耳录⿰耳录耳中鳴文一 聬 鄔孔切聬聬耳聲文一 聳 笱勇切說文生而聾曰聳一曰高也又雙講切博雅聾也一曰欲也悚也臣光按說文聳息拱切从耳从從省文一重音二 ⿰耳里 兩耳切地名文一 ⿰耳宰 子亥切說文益梁之州謂聾為⿰耳宰秦晉聽而不聞聞而不達謂⿰耳宰文一 聄聜 止忍切告也或引禮聄于鬼神亦作聜聜又之刃切昭告也文二重音一 ⿰耳善 旨善切耳門也文一 ⿰耳喿 子小切耳鳴文一 ⿰耳果 戶瓦切地名文

一⿰耳冏文紡切耳疾文一耿古幸切說文耳著頰也从耳烓省杜林說光也从光聖省又畎迥切光也又消熒切明白也文一重音二⿰耳叟⿰耳夋蘇后切字林聰也或作⿰耳夋文二⿱刺耳七賜切聽不相當文一⿰耳鬼基位切慙也文一⿰耳必兵媚切方言慙也趙魏之間謂之⿰耳必又莫筆切文一重音一⿰耳申仍吏切神聽告響謂之⿰耳申文一⿰耳音仍吏切聽音也文一⿰耳朱春遇切顲也呼也又朱戍切文一重音一⿰耳吾五故切聽也文一⿰耳祭⿰耳切七計切聰也或从切⿰耳祭又征例切⿰耳祭又初戛切又千結切文二重音三⿰耳制⿰耳折征例切聞也或作⿰耳折文二⿰耳貴⿱⿰臾又耳⿱蒯耳五怪切說文聾也或作⿱⿰臾又耳⿱蒯耳文三⿰耳⿵門祭五怪切聾也文一⿰耳豙牛戒切不聽也文一⿰真耳他甸切說文以玉充耳也引詩玉之瑱兮或从耳文一⿰耳票匹妙切行聽也

釐定

一曰聽裁聞又毗召切文一重音一⿱入耳所嫁切姓也出新鄭文一⿰耳壬他定切聆也文一

聖⿰耳井式正切說文通也古作⿰耳井唐武后作𨲢文二聘匹正切說文訪也又匹名切文

一重音一⿰耳周職救切耳明也文一⿰耳录盧谷切私聽也文一⿰耳鹿盧谷切耳鳴文一

⿰耳恧聏女六切慙也或作聏聏又人之切和也調也文二重音一⿰耳窒陟栗切聽不聰也又

都括切不聽也又典禮切耳病文一重音二⿰耳月魚厥切說文墮耳也又五刮切文一重音一

⿰耳黑胡骨切⿰土甲倉地名一曰耳聾文一⿰耳骨胡骨切耳聲文一⿰耳剌郎達切聽不相

當也或書作⿱割耳文一聒古活切說文讙語也文一⿱銛耳⿱䤽耳古活切善自用之意也引商書

今汝懖懖或从耳亦作⿱銛耳文二聐五滑切顡聐癡不能聽又牛轄切不聽受也文一重音一聉

五滑切說文無知意也又張滑切又吐猥切文一重音二聵五滑切說文吳楚之外凡無耳者謂之聵言若斷耳為盟一曰聾聵也文一聺千結切聰也文一𦗲匹蔑切暫聞也文一聅敕列切說文軍法以矢貫耳也引司馬法小罪聅中罪刵大罪剄又羊列切文一重音一𦗅𦗿光鑊切大耳或从廣文二𦗏陟革切耳豎皃文一聝古獲切說文軍戰斷耳也引春秋傳以為俘聝文一𦗮狼狄切耳審聞文一職質力切說文記微也一曰主也業也文一𦗶失入切牛耳動皃文一耷德盍切大耳曰耷文一聶弋涉切揲揲動皃揲或从三耳又尺涉切又質涉切又實揲切又曰涉切又昵輒切說文附耳私小語也亦姓文一重音五𦗔質涉切耳也文一耴䎟陟涉切說文耳垂也从耳下垂象形引春秋傳秦公子耴者其耳下

垂故以爲名亦姓或作耼耴又昵輒切文二重音一**聑**的協切說文安也又陟隔切耳堅皃文一重音一**⿰㚒耳聗**力協切耳垂也或从夾文二

文二百二十五　重音六十一

𦣝顄也象形凡𦣝之類皆从𦣝篆文作頤

籒文作**𩕄**與之切𦣝又曳來切文三重音一

巸戺與之切廣𦣝也古作戺巸又虛其切樂也文二重音一**⿰𦣝責**士革切幽深難見也孔頴達說文一

文六　重音二

手拳也象形凡手之類皆从手古作𠦬書九切文二

攏盧東切理也又魯孔切持也掠也一曰柳攏籌也文一重音一擝謨蓬切收斂也文一

揔祖叢切字統揔摵也俗謂之捉頭文一控枯公切除也又枯江切打也又苦貢切說文引也詩控于大邦又克講切文一重音三

摓符風切紩衣也又符容切文一重音一㧓而融切爾雅相也博雅推也又如蒸切因也又乳勇切又戎用切文一重音三

摏書容切衝也文一

搑如容切推擣也一曰收也又濃江切一曰窒也又乳勇切又匿講切撞也文一重音三

摐七恭切博雅撞也又初江切文一重音一

捀拝捧符容切奉也孫伷曰兩手分而數亦作拝

捧搼又敷容切拌捧又撫勇切鞠也又父勇切搼又房用切奉也拌又部項切打也文三重音五

搈 餘封切博雅動也又尹竦切文一重音一

拱 居容切大壁也春秋傳與我其拱壁徐邈讀又古勇切說文斂手也又居用切又渠竹切廣雅法也文一重音三

⿱雝手 於容切遮也文一

⿱巩手 朱容切舉兩手取曰⿱巩手文一

⿱龍手 盧冬切擊也文一

扛 古雙切說文橫關對舉也又居郎切又虎項切山東謂荷擔曰扛文一重音二

撞 傳江切說文凡擣也又丈降切撞擊也文一重音一

撕 山宜切折也又相支切又先齊切提撕也文一重音二

提 常支切提提羣皃或从羽又帀之切朱提縣名在犍為又田黎切說文挈也又典禮切絕也一曰史記以冒絮提文帝又大計切擲也文一重音四

撋 儒垂切擩也又儒佳切兩手相切摩也又宣佳切祭食也又儒純切拭也

又而宣切煩撋猶挼莎也又奴禾切文一重音五

摛 **攡** 抽知切說文舒也楊子雲作攡又並鄰知切張也太玄幽攡萬類文二重音一

拸 陳知切拆也莊子介者拸畫又余支切搏雅加也又丑豸切栘也又演尒切又齒者切大皃又他可切加也又待可切文一重音六

披 攀糜切說文從旁持曰披一曰開也分也又普靡切又披義切散也又彼義切柩行夾引棺者又平義切文一重音四

㩎 攀糜切剖肉也文一

㧥 余支切遷從也又親然切文一重音一

擜 **搋** 余支切說文人相笑相擜瘉或作擜亦省搋又攎佳切以拳加物又仲皆切又丑豸切栘也又演爾切擜又余遮切文二重音五

技 翹移切不端也又匹角切擊也文一重音一

挼 翾規切祭食也一曰釁薦血又儒隹切又宣佳切又如禾切推也又奴回切又蘇回切擊也推也又思累切尸所祭肺脊

黍稷之屬又呼恚切又盧卧切理也又奴卧切文一重音九**撱**翾規切棄也又尹捶切棄也文一重音一**摫**均窺切方言梁益間裂帛爲衣曰摫文一**掎**居宜切偏引也又舉綺切又隱綺切又卿義切文一重音三**㩟㩘**虛宜切博雅擊也或作㩘㩟又丘奇切又許八切又許倚切又香義切文二重音四**麾**吁爲切說文旌旗所以指麾文一**撝**于嬀切佐也太玄撝肅又吁爲切說文裂也一曰手指也又羽委切文一重音二**推**川佳切順遷也一曰窮詰又通迴切排也文一重音一**擩㨎𢫬**儒隹切揾也周禮擩祭以肝肺或作㨎𢫬擩又縈主切說文染也又尼主切又擩遇切手進物也擩㨎又而宣切又儒劣切擩又乃豆切搆擩不解事又儒垂切又奴回切𢫬又而宣切文三重音九**捼**儒隹切兩手相切摩又烏禾切手縈也又而宣切又如禾

切推也又如祁切揉也關中語又鄔毀切捫也文一重音五

⿱次手 千咨切挐也文一

⿱𥝢手 良脂切手持物文一

⿰扌⿱厶糸 倫追切博雅理也文一

抳 女夷切研也又乃倚切止也又女履切一日手指物又乃禮切文一重音三

抷 攀悲切披也又鋪枚切手掬也文一重音一

抬 超之切擊也文一

摴 超之切摴里地名在秦又抽居切摴蒲戲也文一重音一

持 澄之切說文握也文一

抾 丘其切兩手挹也又丘於切方言抾摸去也一日捧也又去笈切廣雅去也又乞業切持也挹也文一重音三

掑 渠之切拎掑堅勇也或書作搴文一

揮 ⿰扌⿱吅軍 吁韋切說文奮也一日竭也或作⿰扌⿱吅軍揮又吁運切又胡昆切文二重音二

⿰扌幾 丘衣切扱取也文一

⿰扌虛 丘於切博雅擊也文一

据 斤於切說文戟挶也韓詩曰足為事曰拮据又居御切拮据手病文

一重音一**揟⿰扌疋**新於切說文取水沮也武威有揟次縣或从疋揟又子余切文二重音一**挐**人余切說文擣也又女居切牽也煩也持也又女加切又尼據切拘挐不展又乃嫁切文一重音四**攄捈**抽居切博雅舒也或作捈捈又直加切擲也又余遮切抒也又通都切又同都切攄又魯故切摴攄收斂也文二重音五**摢**抽居切摴蒲戲也或作摢文一**擧**羊諸切說文對舉也又羊茹切文一重音一**扝**匈于切指摩也又邕俱切文一重音一**捄**恭于切說文盛土於梩中一曰擾也引詩捄之陾陾一曰捊也又渠幽切長皃又居尤切又渠尤切又居又切止也文一重音四**擨**芳無切張也揚也文一**扶**風無切側手曰扶春秋傳扶寸而合又蓬逋切手行也文一重音一**拊**風無切闕人名漢有張山拊又匪父切說文揗也又彼口切衣上文又方遇切

以手箸物也文一重音三摟龍珠切曳也聚也一曰挽使申又郎侯切文一重音一揄⿰扌歈容朱切說文引也一曰動也一曰邪揄手相弄或从歈揄又舂朱切又餘招切褕或作揄又夷周切捋曰也又他侯切垂也莊子揄袂又徒侯切引也又丑鳩切垂手行也又徒口切文二重音七摹蒙晡切說文規也謂有所規倣亦書作摸又莫故切文一重音一抪滂模切說文捫持也一曰舒也擊也又奔模切展舒也又蓬逋切又博故切文一重音三捗蓬逋切捗攎收亂艸又蒲故切又竹力切打也文一重音二⿰扌穌孫租切摸也文一攎龍都切說文挐持也一曰引也張也斂也又良何切揀也文一重音一挎空胡切持也易挎木爲舟禮挎越內弦又墟侯切繑也文一重音一扝空胡切方言扝揚也又汪胡切引也文一重音一擠戕西切又子禮

切排也又子計切說文排也文一重音二 𢰉 傾畦切刺也封或作挂文一 攜 玄圭切說

文提也一曰離也亦姓文一 抱 批 篇迷切說文手擊也或作批批又駢迷切又頻脂切琵或

作批抱又頻脂切博雅轉也又薄結切文二重音四 㨙 戶佳切挾也挾也又胡計切杭越之間謂

換曰㨙又戶禮切捐也文一重音二 捱 宜佳切拒也文一 扠 初佳切打也又櫨佳切以

拳加物又初加切行也文一重音二 掜 居佳切搦也又吾禮切擬也一曰不從也又研計切文一

重音二 揩 丘皆切揩摩甎也又口戒切楷排強突又訖黠切歇也文一重音二 挨

英皆切推也擊也文一 擓 𢴦 枯懷切博雅擓技拭也或省文二 𢸱 山皆切散失也

文一 排 蒲皆切說文擠也一曰推也又步拜切排揩強突文一重音一 𢷲 尼皆切博雅揩

摨摩也文一擺崇懷切方言損也又粗賄切拉也又仕壞切文一重音二抵直皆切又
典禮切說文擠也又掌氏切側擊也又翹移切擬手期剋又壯仕切戟撮也文一重音四扳呼回
切相摩也文一揋烏回切掎也文一搥掉都回切博雅搥控擿也或作掉文一攂
擂盧回切研物也或省又並盧對切急擊鼓文二重音一摧祖回切爾雅至也方言摧
詹楚語又徂回切說文擠也一曰挏也折也又遵綏切退也又祖猥切推也又催內切減也又寸卧切斬
芻也文一重音五⿰扌豈柯開切觸也又何開切文一重音一擡堂來切博雅擡揌動也文
一揌桑才切博雅擡揌動也又倉才切擇也文一重音一振之人切振振盛也奮也厚
也又止思切禮振絺綌又之刃切說文舉救也文一重音二搸資辛切琴瑟聲又緇詵切文一

一重音

捪抿 眉貧切說文撫也一曰摹也或省文二

抻 癡鄰切申也引戾也又試刃切展也文一重音一

揗 松倫切博雅順也一曰摩也又豎尹切又殊閏切摩也又徐閏切文一重音三

掄 龍春切擇也周禮邦工掄材又盧昆切文一重音一

捆 伊眞切就也因或作捆文一

⿰扌巾 居銀切以巾覆物也又居覲切又居焮切文一重音二

扟 疏臻切說文從上把也博雅掊扟減也又思晉切振也文一重音一

扮 敷文切并也太玄以扮天又方文切并也一曰握也又虎買切亂也又府吻切動也又父吻切又博幻切文一重音五

拚 方文切掃除也又孚袁切博雅翻翻飛也或作拚又方問切又皮變切拊手也文一重音三

⿰扌責 符分切拭也文一

掀 許斤切舉出也又虛言切又胡思切博雅引也又丘近切又許訖切文一重音四

⿰扌⿱虍又

丘言切相援也又居言切又渠言切又丘顏切又居閑切又丘虔切文一重音五

⿰扌臬 居言切⿰扌臬子樗蒲采名文一

揵 渠言切舉也又渠焉切又紀偃切難也又巨偃切又九件切文一重音四

⿰扌煩 符袁切⿰扌煩撋挼也文一

摱 模元切引也又莫晏切擊也文一重音一

捫 謨奔切說文撫持也引詩莫捫朕舌文一

搎⿰扌⿱孫廾 蘇昆切捫也或从廾文二

拵 徂尊切据也又徂悶切揷也文一重音一

⿱敦手 都昆切擊也文一

⿰扌殿 徒渾切榜也文一

拫 胡恩切博雅拫攎引也又下貇切又下艮切文一重音二

撣 他干切持不堅也又唐干切觸也太玄撣擊其名一曰西南夷國名又時連切博雅撣援牽引也又澄延切相纏不去也又亭年切堵名又蕩旱切說文提持也又旨善切挑急也又徒案切觸也文一重音七

⿰扌歎攤 他干切手布也或从難亦書作⿱難手攤

又乃坦切按也又乃旦切文二重音二㨏他干切㩼㨏婉轉皃又他案切文一重音一捖胡官切捖摩治王也又古管切擊也摩也又苦緩切又古刹切說文捁把也文一重音三捥𢪛烏丸切捩也或作𢪛又並烏貫切手腕也捥又烏管切又紆勿切拗戾也文二重音三抏吾官切圓削也莊子园而幾向方或作抏又五換切文一重音一拌鋪官切方言楚人凡揮棄物謂之拌又蒲官切弃也又普伴切又部滿切又普半切文一重音四搫蒲官切說文搫擭不正也一曰除也又蒲波切斂聚也文一重音一攢祖官切治擇也禮祖梨曰攢之又子罕切折也又則旰切聚也又徂畔切文一重音三攛七丸切擲也又取亂切文一重音一摶擟徒官切說文圜也謂以手圜之亦从團摶又朱遄切擅也又柱兖切百羽為摶又住戀切文二重音三攣

盧丸切聚也擇也文一攔姑還切手相關付也太玄攔神明而定摹文一攀扳披班切說文引也或作扳亦書作攀扳又逋還切春秋扳隱而立之又普患切文二重音二掔丘閑切說文固也引詩赤舄掔掔又輕煙切文一重音一摃亭年切擊也引也楊也文一㧥經天切縣名在東萊又胡千切文一重音一摼擊輕煙切引前也古作擊摼又丘耕切又苦杏切擊鍾也摼又輕甸切文二重音三揅倪堅切說文摩也文一拪親然切登也文一擙親然切插也文一挻尸連切說文長也方言楚部謂取物而逆曰挻一曰揉也又抽延切博雅長也又夷然切文一重音二攓搴丘虔切方言取也楚謂之攓一曰縮也或作搴搴又己仙切引取也史記搴長芟又並九件切拔取也文二重音二攐丘虔切說文摳衣也

又丘言切文揎撏擐荀緣切手發衣也或作撏擐
一重音一撏又先命切倮肱也文三重
音拴逡緣切揀㨨旬宣切引也又隨戀切捐
一也文一手挑物文一重音一
余專切說文掾余專切把拳驅圓切拳拳奉持
棄也文一也文一皃又逵員切說文
手也一日拳拳憂也一日受也又己袁切力捲逵
也詩日無拳無勇又九遠切文一重音三員
切說文氣勢也引國語有捲勇一日收也治也又九
遠切摶也又窘遠切歛也又古倦切西捲縣名又古
轉切文一攣閭員切說文係也又龍眷⿰扌肅先
重音四切手足曲病文一重音一⿰扌蕭彫
切擊也或从蕭⿰扌肅又先了切打也又先挑田聊
弔切又息六切又所六切文二重音四⿰扌周切撓
挑宛轉也一日攪也或作⿰扌周挑又他彫切說文撓也
又他刀切抒物之器又徒了切博雅疾也一日弄也

又徒弔切搖也捫又直紹切文二重音五

撩 憐蕭切說文理也一曰取物又朗鳥切抉也取也又魯皓切又力弔切又郎到切文一重音四

撬 牽幺切舉也文一

撨 思邀切擇取也拭也又茲焦切又先侯切又才笑切文一重音三

搋 千遥切廣雅陗搋高也文一

描 眉鑣切畫也又謨交切打也又眉敎切擲也文一重音二

招 之遥切說文手呼也又姓又時饒切虞舜樂也又祁堯切舉也漢書以招人過文一重音二

搖 餘招切說文動也又姓又弋笑切文一重音一

撟 丘祅切舉也又居妖切博雅取也一曰選也又渠嬌切舉手謂之撟又離招切擕也一曰縛殺又吉了切撓曲也又舉夭切又巨夭切又若詰切又渠廟切又嬌廟切撟抄略取也文一重音九

摎 居肴切來也又力交切物相交也又居尤切說文縛也又力求切又居虯切一曰姓也又古巧

切摎蓼捜索也又女巧切擾也文一重音六

摮搞丘交切擭摘也或作搞摮又牛交切擊也又牛刀切搞又口到切相違也文二重音三

抝於交切戾也又於絞切拉也又於糾切抑也又乙六切文一重音三

抛披交切棄也又披教切擲也文一重音一

捎師交切說文自關而西凡取物之上者爲撟捎又山巧切擊也又捎嶠切又所教切又思邀切博雅揣抗摇捎也文一重音四

抄摷初交切說文叉取也或作摷摷又憐蕭切動也又莊交切擊也拘也又郎刀切又子小切抄又楚絞切掠也又楚教切略取也文二重音六

抓莊交切博雅搔也又阻教切又側絞切又止兩切批擊也文一重音三

撓[扌向]尼交切抓也或从向撓又呼高切擾也又馨幺切撓挑宛轉也又女巧切說文擾也一日抓也又爾紹切屈也又人要切纏也又女教切文二重音六

搔

搔 蘇遭切說文把持也或从虫搔又側絞切手足甲也又先到切擢搔搏也文二重音二 㩝 呼刀切較多少曰㩝文一 操 倉刀切說文把持也又七到切持念也文一重音一 搯 掏 他刀切說文搯也引周書師乃搯搯者拔兵刃以習擊刺詩左旋右搯一曰抒或作掏掏又徒刀切擇也文二重音一 挑 他刀切抒物之器又夷周切又勇主切刺也又以紹切杼臼也又食荏切又陟甚切深擊也又弋笑切又都感切文一重音七 撈 郎刀切沈取曰撈又憐蕭切又力弔切又郎到切文一重音三 抲 居何切又虎何切說文抲撝也引周書執打又女加切搦也又丘加切抳也又下可切擔也又待可切文一重音五 㧴 牛何切搓也又語可切文一重音一 擵 蒲波切斂聚也除也文一 摩 攠 眉波切說文研也或作攠摩又忙皮切漢有施摩神荊巫所祠攠又忙皮

切繫鐘虡摩又莫卧切礕也攠又莫卧切文二重音四**挱**桑何切摩挱也文一**搓**倉何

切搓挪也又此我切邪皃又初皆切推擊也文一重音二**挓拖扡**湯何切說文曳也或作拖

亦省又並唐何切引也又並大可切又並他佐切扡又余支切遷徙也又丑豸切析也又文尒切又文蟹

切又是義切牽也拖又演爾切折也文三重音九**攞**良何切揀也又朗可切文一重音一**挪**

囊何切搓挪也文一**⿰扌化**徒禾切撝也又呼肥切撝也又呼瓜切僞也文一重音二**摞**盧戈

切博雅理也文一**挱**師加切拘引也文一**抯齟**莊加切說文挹也一曰取物泥中古

作齟文二**摣**莊加切又取也又女加切又莊蛙切擊也文一重音二**挓**陟加切挓抄開

皃文一**撾**張爪切擊也文一**拏**女加切說文牽引也文一**揶**余遮切擨歈舉

手相弄亦作挪又羊諸切文一重音一揢𢪃丘加切扼也或作𢪃𢪃又牛加切扱𢪃不正又魚駕切礙也揢又丘駕切又乞格切搦也文二重音四找胡瓜切舟進竿謂之划或从手文一抓姑華切引也擊也又烏爪切文一重音一揚余章切說文飛舉也又州名文一牂仕莊切扶也文一相思將切及也文一搶千羊切集也突也又千剛切搶搪鉅也又鋤庚切又楚兩切又此兩切文一重音四摪資良切說文扶也又七亮切刺也文一重音一攘如陽切說文推也又尼庚切亂皃又汝兩切擾也又式亮切鑲也又人樣切卻也文一重音四𢹿渠良切扶持皃文一抂渠王切抂攘亂皃文一搪徒郎切方言張也又他郎切揬也文一重音一摚徒郎切博雅距也又除庚切文一重音一挷逋旁切捍也並也文一抰

於郎切打也又倚兩切以車鞅擊也文一重音一

掆抗 居郎切舉也或作抗抗又寒剛切又口浪切說文扞也掆又居浪切字林捎掆舁也文二重音三

撗 胡光切州名爾雅傳撗目一名縷州又古曠切充也文一重音一

揘 胡肓切揘畢撞拯也又呼撗切擊也又于平切文一重音二

搒⿰扌方 晡撗切相牽也或作⿰扌方搒又逋旁切掠也又蒲庚切笞擊也又北孟切進舟也又補曠切⿰扌方又撫兩切相似也文二重音五

揨 披庚切打也文一

撐 中庚切柱也文一

掁 除庚切博雅挨也文一

挰 除庚切博雅挰掄擇也一曰舉也又馳貞切文一重音一

抨 蒲兵切使也又披耕切說文揮也又悲萌切文一重音二

擎 渠京切舉也又渠映切文一重音一

⿰扌身揁 丘耕切琴聲論語⿰扌身爾捨瑟而作或作揁揁又知盈切引也又苦杏切文二重

音二

摼 丘耕切說文擣頭也文一

揈 拘 呼宏切揮也或作拘揈又乎萌切又並翾縣切擊也文二重音二

掙 初耕切博雅刺也文一

撜 中莖切張也又豬孟切張畫繪也文一重音一

⿰扌尚 中莖切引也文一

揨 除耕切說文橦也文一

拼 悲萌切爾雅使也又披耕切又卑正切博雅除也文一重音二

攍 ⿰扌盈 怡成切方言儋齊楚陳宋曰攍或从盈文二

攖 伊盈切拈也亂也又娟營切有所繫著也文一重音一

拎 ⿰扌零 ⿰扌靈 郎丁切懸捻物也或从零从靈⿰扌靈又郎定切插也文三重音一

承 ⿱丞手 辰陵切說文奉也受也又姓或作⿱丞手承又諸仍切承陽縣名又持陵切又蒸上聲抍或作承又諸應切承鄉漢侯國文一重音三

扔 如蒸切說文因也一曰引也又如證切一曰就也推也數也文一重音一

掤 悲陵切說文所以覆

矢也引詩抑釋掤忌通作冰文一掕閭承切止馬也又盧登切愽雅止也又里孕切文一重音二揯搄居曾切說文引急也或省文二扏渠尤切扏扏緩持也一曰不固文一揂夷周切掩也又茲秋切捊聚也文一重音一㨨抽𢭏丑鳩切說文引也或从由从秀㨨抽又陳留切㨨又力救切築墻布土也又力竹切又式竹切文三重音四擣陳留切聚也史記上有擣著文一⿰扌劉力求切束也捋也文一揫將由切說文束也引詩百祿是揫一曰聚也又兹秋切一曰細也文一重音一揉而由切以手挺也又忍九切屈申木也又女九切撓之也又爾紹切又如又切順也詩云揉此萬邦文一重音四⿰扌叜搜𣪧踈鳩切說文衆意也一曰求也引詩束矢其⿰扌叜或作搜古作𣪧⿰扌叜搜又先侯切求也搜又先彫切搜搜動皃又蘇遭切又蘇后切又

山巧切攪搜亂也又於侯切闞人名莊子有王子搜又先奏切文三重音七

搊 初尤切博雅搊拘也俗作摇非是又莊俱切又側九切文一重音二

⿰扌麃 方鳩切引取也又被表切折縛也文一重音一

掊 房尤切又蒲侯切說文把也今鹽官入水取鹽爲掊又蒲交切引取也又彼口切擊也又普后切又方遇切頓也又蒲枚切克也文一重音六

捊抱 房鳩切引取也或从包又並蒲侯切捊又芳蕪切又普溝切掬也又方鳩切引取也又蒲交切文二重音五

摳 墟侯切說文繑也一曰摳衣升堂又於口切捶擊物也又虧于切褰裳也文一重音二

抔 蒲侯切引取也文一

擻 先侯切樓擻取也又損動切摇馬銜走文一重音一

掫 將侯切說文夜戒守有所擊引春秋傳賓將掫又初尤切手取物也又菑尤切又此茍切擊手也又側九切又遵須切文一重音五

⿰扌兜 當侯

切批也文一

投投　徒侯切說文擿也一曰合也亦姓古作投又大透切止也文二重音一

抖　居虯切束也又尸周切補也文一重音一

撏　徐心切取也又祖含切方言衞魯楊徐荆三郊謂取曰撏又時占切又徐廉切摘也取也文一重音三

撍　緇岑切疾也又祖含切疾也又慈鹽切摘也又子感切手動也又作紺切綴也文一重音四

揕　知林切刺也一曰斫木聲又陟甚切又知鴆切擊也史記持匕首揕之文一重音二

捦㩒擒扲　渠金切說文急持衣衿也或从禁从禽从今㩒又巨禁切持也擒扲又巨禁切捉也扲又其淹切博雅留扲專職業也文四重音三

探撢　他含切說文遠取之也探又時占切取也又並他紺切撢又徐心切修也又夷針切探也又他含切遠取之也又徒感切揞也又徒紺切文二重音七

抩　那含切廣雅持也又他甘切說

文并持也又如占切文一重音二撖枯含切柱也又口減切危也文一重音一摻攕思廉切摻摻女好手皃或作攕又並師咸切摻又將廉切拭也又師炎切又疏簪切林離摻攦也又倉含切摻搓也又所斬切取也又素擥切方言細也又千遙切持物也文二重音八揃千廉切驗也一曰銳也貫也又子淺切說文搣也一曰擇也或作翦又將先切文一重音二攀𢺕徐廉切摘也或从艸文二搛離鹽切擊鼓謂之搛又堅嫌切夾持也文一重音一拈其淹切說文脅持也又奴兼切掫也又職琰切又章貶切文一重音三[illegible]斯兼切拈[illegible]手稱物文一揞於咸切方言摩滅也荊楚曰揞又於陷切弃也又鄔感切搏雅藏也又古闇切揞也又烏紺切又益涉切揑也文一重音五摲師咸切芟也禮有摲而播又賞感切又疾染切又所斬切又土減切除也

又叉鑑切投板堰水又仕懺切又許偃切擬也文一重音七 攙 鋤咸切刺也又初銜切博雅鋭

也一曰刺也又初簪切天攙星名又仕懺切完補也一曰傍挈文一重音三 㨂 覲動切擊也文

一 捅 吐孔切進前也引也又損動切擊也文一重音一 挏 杜孔切說文㩻引也漢有

挏馬官作馬酒又徒東切推復引也文一重音一 ⿰扌送 損動切推也文一 揔 摠 祖動

切聚東也或作摠揔又蘇叢切手進物又作弄切文二重音二 捒 㨂 筍勇切敬也或作㨂捒又

先侯切又所據切裝也又春遇切裝持也又雙遇切又輸玉切縛也又測角切刺取鼈蜃也又色責切擇

也又測革切扶也文二重音八 㩳 ⿰扌隻 筍勇切執也推也或省㩳又雙講切文二重音一 拲

丘勇切又古勇切說文兩手同械也引周禮上皋桔拲而桎又居六切又拘玉切文一重音三 拜

古勇切說文竦手也揚雄說廾从兩手文一 拲 古勇切㚇也文一 ⿰扌雝 擁 ⿰扌翁

⿰扌雝 委勇切說文抱也或作擁⿰扌翁⿰扌雝亦書作⿱雝手⿱雍手擁又於容切遮也文四重音一 揰 覩鴆

切擊也又昌用切文一重音一 ⿰扌頁 虎項切山東謂擔荷曰⿰扌頁文一 ⿰扌農 匿講切撞也刺也文

一 ⿰扌暴 普講切擊也文一 抧 掌氏切說文開負也又遣尒切又犬縈切又仄蟹切繫也

文一重音三 抵 批 掌氏切說文側擊也或作批批又才支切又此禮切又子禮切又阻氏切

又莊氏切捽也文二重音五 攦 所綺切折也莊子攦工倕之指徐邈讀又犛尒切折也又郎計

切又力結切又所賣切又狠狄切文一重音五 揣 楚委切說文量也度高曰揣一曰捶也又主縈

切治也又朱惟切治擊也老子揣而銳之梁簡文讀又徒宮切聚貟又都果切搖也又尺兖切又之瑞切

又樞絹切又船釧切文一重音八

捶 主縈切說文以杖擊也又是捶切又都果切玷捶物輕重

也文一重音二

⿰扌有 尹捶切博雅棄也一曰捫也又兪水切又吐火切揲也又杜果切文一重音三

掎 舉綺切閣藏食物也又居義切戴也文一重音一

技 巨綺切說文巧也文一

⿰扌⿱亠奇 隱綺切⿰扌⿱亠奇匜不正也文一

⿱毀手 虎委切說文傷擊也或書作撴文一

⿰扌危 古委切毀撤也又魚鬼切懸也文一重音一

捭 補弭切挾持也文一

指 軫視切說文手指也文一

⿰扌畾 魯水切壘⿰扌畾喪家之樂文一

撌 兪水切博雅棄也文一

揆 巨癸切說文葵也一曰度也文一

⿰扌𢼸 展里切刺也文一

⿰扌直 丈里切持也又直吏切投也文一重音一

擬 偶起切說文度也文一

⿰扌韋 羽鬼切迸追也文一

擧舉 苟許切說文對擧也亦姓

或作舉舉又居御切稱舉也禮其任舉有如此者文二重音一

⿰扌於 歐許切廣雅⿰扌於拍擊也又依據切文一重音一

抒 象呂切又上與切說文挹也一曰除也又丈呂切文一重音二

拒 果羽切方陳也史記攻其前拒又荀許切捍也又曰許切違也又居覲切又居欻切文一重音四

⿰扌禹 果羽切姓也詩⿰扌禹維師氏文一

撫 斐父切說文安也一曰循也又蒙晡切規也又莫故切文一重音二

捬 匪父切捍也又彼口切捬摟振也又方遇切以手著物文一重音二

拄 冢庚切掌也文一

擄 籠五切獲也文一

⿰扌鹵 籠五切博雅強也一曰動搖文一

⿰扌扈 後五切柿把不順理文一

捭 普米切說文毀也或从手又部買切兩手擊也文一重音一

搋 典禮切擠也又丁計切適也文一重音一

⿰扌弟 土禮切去涕也又他計切物拭也文一重音一

掛

古買切別也又古賣切文一重音一擺補買切開也或書作⿱罷手又部買切撥也文一重音一⿱扒手

柱買切攙物也文一挨倚駭切說文擊背也又倚亥切擊也又英皆切文一重音二攋

洛駭切把攋弃去也又落蓋切毀裂也文一重音一⿸广聿部浼切手起物文一挴母罪切慹

也文一⿰扌阜取猥切摸也文一⿰扌享覩猥切排也文一⿰扌亥下改切動也減也又

戶代切又許既切又子貴切一曰擔也文一重音三挴母亥切貪也文一採此宰切說

文捋取也文一捪美隕切撫也摹也又武粉切拭也文一重音一撛里思切扶也挺也又

良刃切文一重音一⿰扌衍以忍切申布也又以淺切又羊刃切文一重音二搳牛尹切束

也文一抆武粉切拭也一曰拒也又文運切文一重音一捴府吻切握也動也文一

抎 羽粉切說文有所失也引春秋傳抎子辱矣又羽敏切從高下也文一重音一 攇 許偃切博雅擬也一曰手約物文一 撪 紀偃切覆也漢書居高屋之上建瓴水或作撪文一 挽 武遠切說文引之也又美辨切文一重音一 掍 戶袞切博雅同也又古本切文一重音一 㨡 戶袞切博雅相也又古本切拙也又胡昆切手推之也又胡骨切又苦骨切文一重音四 捆 苦本切齊等也孟子捆屨織席又胡昆切文一重音一 損 鎖本切說文減也文一 [illegible] 取本切博雅料也文一 撙 祖本切挫也禮恭敬撙節文一 [illegible] 杜本切推也文一 擀 古旱切以手伸物或省扞又侯旰切忮也衞也文二重音一 撖 苦緩切捉也文一 担 黨旱切博雅擊也亦姓又丘傑切舉也又蹇列切文一重音二 攋 魯旱切方言壞也又

郎達切手披也文一重音一**攋**觀綏切博雅轉也一曰轉篗也文一**拃**阻版切摸也文一**撊**下赧切忿皃春秋傳撊然授兵登陴又賈限切武皃爾雅瑟兮撊兮文一重音一**捍**下赧切止也又戶版切捍撻搖動又侯旰切忮也文一重音二**撻**所簡切捍撻子精擇物也又所恨切文一重音一**揀**賈限切分別之也又郎甸切擇也文一重音一**㧥**穌典切捵㧥手捻物文一**搷**弥殄切博雅搷培封塗也文一**⿰扌㒼**弥殄切飾也文一**捵**他典切手伸物也又乃殄切說文執也一曰蹂也又丑忍切文一重音二**撚**乃殄切說文執也一曰蹂也文一**抮**

⿰扌㬎呼典切偕也或作⿰扌㬎抮又徒典切又乃殄切又止忍切了戾也文一重音三**挸**

⿰扌爾吉典切博雅拭也或作⿰扌爾文二**擶**子淺切說文搣也文一**揙**俾緬切又婢善

切說文搏也又婢典切又卑民切擊也又蒲眠切文一重音四搌知輦切博雅搌搌展極也一日
縛束也又丑展切又陟扇切捲也拭也文一重音二⿰扌蚩丑展切擊也文一摙力展切負
擔也又連彥切按也文一重音一抁⿰扌兖以轉切動也揣也或从兖抗又粗兖切又愈水切又
俞芮切又俞絹切文二重音四⿰扌𡨄九件切說文拔取也南楚語引楚詞朝⿰扌𡨄阰之木蘭文一扚
丁了切說文疾擊也又丁歷切又乙却切手指節文又郎狄切按也又職略切文一重音四⿰扌褭
乃了切擿也文一摷子小切拘擊也文一⿰扌夒擾爾紹切說文煩也一日順也或作擾
擾又如招切又乃老切文二重音二⿰扌剽匹沼切落也文一摽⿰扌⿱𦥯大婢小切擊也一日絜
關牡也古作⿰扌⿱𦥯大摽又被表切落也詩摽有梅徐邈讀摽又卑遙切又紕紹切又披交切棄也又匹妙切又

眦召切又匹歷切文二重音七扚苦絞切說文拔也又許九切勒扚力也文一重音一攪捁古巧切說文亂也引詩祇攪我心或作捁攪又下巧切捁又枯沃切打也文二重音二挍古巧切接物也一日戾也文一捘於絞切拉也文一㩅下巧切亂也文一拷苦浩切掠也文一抱簿皓切褱也又披交切棄也又蒲交切引取也文一重音二抈武道切持也文一掃蘇老切說文弃也又先到切拚除也文一重音一搗擣㨶捯覩老切說文手椎也一日築也或作擣搗捯文四㧉下可切博雅僋也文一掗倚可切掗攞搖也又倚下切文一重音一攞朗可切掗攞搖也文一捰鄔果切捰扼摘也又盧卧切理也文一重音一扼五果切捰扼摘也又努果切趙魏之間謂擿爲捰扼文一重音

一揁損果切揣擊也一曰動也文一挆都果切揺也文一把補下切說文握
也又蒲巴切搔也文一重音一担淺野切取也又子野切又似也切又慈野切文一重音三捨
始野切說文釋也文一撦齒者切裂也文一𢭏齒者切擊也又止野切文一重音一
搲烏瓦切吳俗謂手爬物曰搲文一攁以兩切發動也文一掚里養切整飾也
春秋傳御下掚馬又力讓切文一重音一摬倚兩切擊也又巨兩切又於境切文一重音二[illegible]
楚兩切磨滌也又此兩切突也文一重音一掌止兩切說文手中也姓也文一攩止兩
切推也又底朗切朋羣也又坦朗切攩搅擊也又戶廣切又胡曠切打也又古曠切充也文一重音五
扙雉兩切傷也文一搡寫朗切塡也又四浪切撑也文一重音一[illegible]挭古杏

切攬也或作挭文二[扌景]胡猛切撗也文一掟張梗切張也文一抦[扌秉]補永切持也或作[扌秉]文一擏舉影切戒也文一[扌擎]舉影切除也文一[扌頴]騂頴切又犬頴切搏雅竟也文一重音一打都挺切擊也文一挺他鼎切直也又待鼎切說文拔也一日直也持也一日縣名在膠東又丈梗切文一重音二抍承撜拯蒸上聲說文上舉也引易抍馬壯吉或作承撜拯承撜又除庚切揆也抍又諸仍切取也又辰陵切抍撜又書蒸切又常證切承又諸應切漢侯國名文四重音六搝去久切搝揭手舉文一[扌州]止酉切執也又側九切文一重音一扭陟柳切手轉也一日按也又女九切又陟救切文一重音二[扌卯]力九切捫也文一扣去厚切說文牽馬也又丘候切擊也文一重音一[扌保]彼口切說

文衣上攴也文一**拇**莫後切說文將指也文一**擻**蘇后切抖擻舉索物也文一**抖**當口切抖藪舉索物也文一**⿰扌林**力錦切方言殺也一曰自關而西謂打爲⿰扌林又盧感切文一重音一**拰**尼凜切搦也一曰拰搦調弓皃文一**扲**丘甚切持物文一**撼揻**戶感切說文搖也或从咸文二**⿰扌⿱𠂊木**桑感切撼⿰扌⿱𠂊木搖也文一**揝**子感切手動也文一**揇**乃感切搦也文一**⿱斬手**在敢切擊也又疾染切取也又山險切博雅次也又所斬切又士減切又山檻切又俎紺切又財甘切暫也文一重音七**擥攬⿰扌監**魯敢切說文撮持也或从覽从監又盧甘切取也文三重音一**撿**力冉切說文拱也又居奄切束也文一重音一**掩**衣檢切說文斂也小上曰掩一曰撫也止也又鄔感切又於贍切纖絲以手振出緒也又乙業切打也文一重

音三　揜衣檢切說文自關以東謂取曰揜一曰覆也又鄔感切文一重音一　扣口犯切取也文一　摝盧貢切搖也周禮摝鐸鄭司農讀又盧谷切振也文一重音一　⿰扌穹去仲切捺也文一　⿰扌施施智切把也或作⿰扌啻⿰扌啻又陟利切棄也文二重音一　抐而睡切內也又奴骨切搵抐擩也又昵立切挹抐中制也又諾荅切打也又奴稅切捽也又奴困切字林擾抐没也文一重音五　⿱此手子智切又疾智切說文積也引詩助我舉⿱此手一曰摵頰旁也又奇寄切又鉏佳切文一重音三　撎於賜切俯手拜也又乙異切又伊志切又壹計切文一重音三　摯脂利切說文握持也又國名又陟利切廣雅解也又尺制切又職日切姓也又倪結切隉或作摯又魚列切又尺列切文一重音六　⿰扌貳而至切相當也又直利切文一重音一　⿰扌疐陟利切礙不行也文一

㨖 陟利切說文刺也一曰刺之財至也一曰摶也又直利切又展豸切文一重音二 ⿰扌屖 直利切樗蒲采名文一 擳 直利切持物使相當也文一 ⿰扌畀 必至切說文相付與之約在閣上也畀或作⿰扌畀文一 ⿰扌必 毗至切戲擊也列子攩⿰扌必挨抌又僻吉切博雅刺也又簿必擊也又必結切捩也又蒲結切文一重音四 ⿰扌次 側吏切治髮也莊子簡髮而⿰扌次又子結切又側瑟又鎖本切減也又苦感切擊也文一重音四 ⿱非手 方未切覆手也文一 ⿰扌費拂 父沸切楚謂搏擊曰⿰扌費或省⿰扌費又芳未切又方問切拂又方未切⿰扌方拂形似也又薄宓切弻或作拂又普密切拂泊風動也又數勿切說文過擊也又符勿切大也文二重音七 抚 許旣切博雅取也文一 ⿱尉手 紆胃切以手布物也文一 攈 鋪畏切用力極也又九峻切拾也又俱運切文一重音二 據 居御

切扶持也亦姓又其據切有形皃文一重音一搏捕方遇切擊取也或作捕搏又符遇切捕也
又並蒲故切搏又伯各切索持也又匹各切擊也文二重音四捸蘇故切暗取物也文一措
倉故切說文置也又側格切追捕也又七迹切穿也文一重音二擭胡故切布擭分解也又胡
化切又胡谷切又黃郭切捕獸機檻又屋虢切文一重音四摢胡故切擁障也文一捂
𢭏五故切斜相抵觸也或从吳文二摖七計切桃取也又初戛切推也文一重音一
擮彌計切拭滅也又莫八切又莫結切文一重音二揥丁計切捎也戲也又他計切所
以摘髮詩象之揥也又丑例切又他歷切取也又都黎切文一重音四摕摖⿱折示丁計
切說文撮取也或从折从示兩手急持人也亦作桀摕又大計切取也又尺制切又當蓋切又陁没切擊

也又徒結切捎取也又之石切拾也文三重音六⿰扌隸郎計切裂也文一⿰扌系胡計切杭越之間謂換曰⿰扌系文一⿰扌慧⿰扌惠胡桂切裂也挂也或从惠⿰扌慧又祖芮切又旋芮切文二重音二⿰扌彗祖芮切裂也又于歲切又蘇絶切掃滅也文一重音二掣⿸厂掣尺制切爾雅曳牽掣曳或作⿸厂掣文二拽時制切拕也山東語又羊列切捈也又以制切文一重音二捝輪芮切拭也又俞芮切動也又他括切說文解捝也又徒活切文一重音三⿰扌芮儒稅切⿰扌凡也文一揭丑例切褰衣渡水又去例切說文高舉也又其例切揭陽縣名在南越又丘竭切舉也又巨列切檐也又蹇列切又語訐切長皃詩葭菼揭揭又丘謁切又其謁切又居謁切又丘言切文一重音十撅姑衛切揭也又紀劣切撥也又其月切穿也又居月切手有所把也文一重音三撇

頁第十二上 三十四 戴宗

匹曳切摽也又必結切揎衣文一重音一⿰扌凧蒲蓋切撥也又蒲昧切轉戾文一重音一抹

莫貝切摸也又莫佩切文一重音一擓古外切收也文一挂古賣切說文畫也一曰懸

也又胡卦切礙也又涓畦切別也莊子以挂印名一曰中鉤取物文一重音二⿰扌褱⿰眔土古壞切毀

也古作⿰眔土文二⿰扌戊古壞切擾也文一⿰扌戒下介切持也文一⿰扌⿱巛夲拜⿰手⿱⿰丰丰𠦑⿰扌皃

⿱⿰⺊⺊廾布怪切說文首至地也揚雄說拜从兩手下古作⿰手⿱⿰丰丰𠦑⿰扌皃⿱⿰⺊⺊廾文五扒布怪切扶也又布拔

切破也又筆別切剖分也又皮列切文一重音三扢古對切摶雅磨也又戶代切取也又居代

切又語訖切擊也又吉屑切又古紇切文一重音五摡居代切說文滌也引詩摡之釜鬵又許既

切博雅取也文一重音一挋之刃切說文給也一曰約也拭也文一擯必仞切弃也文

一搢即刃切插也又子賤切又戩西切文一重音二㨷居覲切拭也又居焮切又渠斤切又舉欣切又居閑切又几隱切文一重音五擈方問切說文埽除也拚或作擈文一㩟

𢷎於靳切劑也一曰平量或从焉文二据攟俱運切說文拾也亦作攟攟又舉蘊切取也文二重音一㨰古困切轉也文一搵烏困切說文没也又委隕切博雅拄也又於云切又烏没切揾抐擩也文一重音三𢪰佗恨切擬也文一捹蒲悶切手亂皃文一扽都困切博雅引也一曰摩也文一按於旰切說文下也又阿葛切捋也文一重音一換胡玩切說文易也文一援胡玩切伴援不順也又于眷切助之也又于願切引持也又于元切文一重音三睪烏貫切說文手睪也文一𢯷都玩切搥也文一摜古患切說

文習也引春秋傳摜瀆鬼神文一
擐古患切貫也春秋傳擐甲執兵又胡慣切又師還切又古泫切繫糸也文一重音三
⿰扌班博幻切絆也引擊也文一
⿰扌孱初莧切插也文一
擶子賤切射歒
搧式戰切批也又尸連切文一重音一
擅時戰切說文專也文一
⿰扌善時戰切博雅振⿰扌善展極也又旨善切引也又九件切文一重音二
⿰扌叀舩劍切望繩取正又徒官切圜也文一重音一
撰雛戀切持也集也又須絹切擇也又須兖切遣也又鶵免切又損管切數也又鶵管切文一重音五
掾俞絹切說文緣也一曰官名又重緣切陳掾馳逐也
抃皮變切說文拊手也又方煩切連抃宛轉皃文一重音一
掉徒弔切說文搖也引春秋傳尾大不掉或从兆挑又女教切聲甄動也一曰正也又尼角切又徒了切文一重音三

撽詰弔切說文旁擊也又吉了切持也又詰力切文一重音二 摽彼廟切分與也文一

挍居效切報也又居肴切亂也一曰憤意又古巧切文一重音二 𢯱於教切很戾也文一

扷於到切量也文一 摮魚到切動也文一 㨺莫報切抵也文一 托

莫報切擇也鄭康成說文一 搔先到切擢搔搏也文一 槽在到切攪也文一 播

𢾲補過切說文種也一曰布也亦姓古作𢾲播又補火切摇也又逋禾切水名文二重音二 抯

千个切拭也文一 挫祖臥切說文摧也又徂臥切搦也又祖加切折也又臧戈切案也文一重

音三 𢲍都垂切量也文一 攎盧臥切擊也文一 揸七夜切衺梧也文一 摦

摦胡化切鍾撗大也春秋傳大者不摦或作摦摦又胡瓜切寬也文二重音一 搲搲

烏化切吳人謂挽曰搲或作攨搲又烏瓜切手捉物文二重音一　摾其亮切字林施罟於道一

曰日以弓罥鳥獸文一　摥他浪切排也文一　擋丁浪切摒也文一　𢰻郎宕切擊也文一　擴胡曠切打也又古曠切充也又闊鑊切又光鑊切又古獲切文一重音四　摒卑正切除也文一　掅七正切捽也又千定切博雅持也文一重音一　𢫬唐亘切負擔也文一　揯居鄧切博雅急也文一　𢶾即就切攬也又就六切擊也文一重音一

授𥠢承呪切付也又姓亦作𥠢唐武后作𥠢授又是酉切說文與也文二重音一　㩆鉏救切擊也文一　搆居候切擩也又居侯切文一重音一　㲉居候切取牛羊乳也文一　揍千候切揷也文一　𢫫大透切四匊曰𢫫又覩緩切文一重音一　搙乃豆切博雅柱也又

昵角切搵也又奴沃切文一重音二揔扐七鳩切揷也或从心文一捜子鳩切擊也文一㩅子鳩切深掘也文一捦丘禁切按也文一抩奴紺切魚食皃文一擔都濫切負也亦作儋又以贍切假也禮記擔主又時豔切又都甘切何也文二重音三擹以贍切擹舒也文一掞㨛舒贍切舒也一曰疾動或从閃掞又以贍切掞舒也又以冉切銳利也㨛又朱冉切疾動也文二重音三撲扑普木切小擊也或作扑撲又博木切撲桃西域地名又博木切拭也扑又匹候切扣也又並匹角切撲又弼角切挨也又拍逼切文二重音六擈普木切方言盡也又弼角切挨也文一重音一𢹿昨木切歛也文一揬他谷切杖指也文一擿徒谷切抽也文一摝盧谷切振也文一摵子六切又就六切廣雅至也又

所六切又色責切隕落謂之摵又緜批切批也文一重音四

掓 式竹切拾也汝南名收芋爲掓又張六切文一重音一

摍 所六切說文蹴引也一曰抽也或書作⿱穴享文一

搜 所六切擊也文一

⿱筑手 張六切以手築物文一

搐 勑六切牽制也文一

抐 女六切搐抐不申文一

掬 居六切說文在手曰匊或从手文一

⿰糹匊 **⿱⺮⿰糹匊** 居六切說文撮也或作⿱⺮⿰糹匊文二

⿰扌早 租毒切收早熟禾曰⿰扌早文一

⿰扌屬 株玉切博雅執也文一

擉 樞玉切刺也又殊玉切刺取龜鼈又株玉切又測角切又側角切又敕角切文一重音五

挶 拘玉切說文戟持也文一

㩴 拘玉切說文爪持也又欋拘切㩴踈枝葉敷布皃文一重音一

捔 訖岳切博雅擿也又測角切刺取鼈蜃也又仕角切文一重音二

搉 訖岳切博雅揚搉都凡也又克角切說文

敲擊也又忽郭切手反覆也文一重音二　握𡐦乙角切說文搤持也古作𡐦握又烏谷切小皃易若號一握鄭氏讀又於候切喪束手者文二重音二　⿰扌岳逆角切抨也文一　⿰扌⿱日彔匹角切博雅擊也又北角切又弼角切又博麥切文一重音三　⿰扌暴弼角切博雅擊也文一　⿰扌貌墨角切擊也文一　搠色角切博雅塗也文一　⿱削手色角切說文人臂皃引周禮輻欲其⿱削手又思邀切長臂皃一曰纖殺也又所教切又師咸切好手皃文一重音三　簎測角切刺取鼈蜃也文一　捉側角切說文搤也文一　⿰扌族矠仕角切刺也或作矠文二　⿰扌豖竹角切擊也一曰擿也又作木切方言鐫也又都木切文一重音二　擢直角切說文引也一曰拔也文一　⿰扌必攕子悉切擿也或作攕⿰扌必又子列切文二重音一　揤昨悉切拭也又側瑟切又

節力切捽也文一重音二⿰扌益薄必切拭也文一⿰扌筆逼密切刺也文一挃陟栗切說文穫禾聲也引詩穫之挃挃又頁質切又徒結切擿也文一重音二抶陟栗切擊也莊子抶其背又敕栗切說文笞擊也又直質切文一重音二⿰扌室陟栗切擣也文一⿰扌栗力質切以手理物文一拮激質切拮据手病詩余手拮据又吉屑切手口共有所作也又訖轄切又丘傑切文一重音三失式質切說文縱也又弋質切放也文一重音一抗越筆切搏雅投也又土勿切又胡決切抗揘擊也文一重音二⿰扌室得悉切廣雅擿也又丁結切又徒結切文一重音二捽昨律切博雅持也又祖對切推也又蘇骨切又蒼没切捽擦行艸聲又昨没切持頭髮也文一重音四⿰扌聿劣戌切去滓汁曰⿰扌聿文一扢許訖切奮舞皃一曰喜也又居乙切擊也又其

迄切又魚乙切又下扢切摩也又胡骨切又古忽切又蹇列切拔也又九傑切文一重音八搰

⿰扌運王勿切擲也或从運文二⿰扌孑九勿切以杖掘出也文一⿰扌鬱紆勿切拗戾也文一

抈魚厥切說文折也又五活切文一重音一抏魚厥切動也引詩天之抏我又五忽切又

五活切文一重音二掘其月切穿也文一撅居謁切說文高舉也文一揭其謁

切擔也又巨列切文一重音一⿰扌孛薄没切拔也文一⿰扌切蒼没切字林摩也文一捸

他骨切滑利文一揬陁没切搪揬觸也文一⿰扌聿勒没切捽也捋也文一搰

胡骨切說文掘也又苦骨切搰搰用力皃又呼八切又苦滑切文一重音三⿰扌日胡骨切博雅裂

也穿也一曰牽動又呼骨切又古忽切亂也文一重音一⿰扌忽呼骨切楚謂擊為⿰扌忽一曰去塵也又

苦骨切方言南楚凡相推搏曰拀文一重音一擜牙葛切擊也又才達切文一重音一撒摖擦擦桑葛切糝粲散也一曰放也或作擦擦又七曷切摩也文二重音一摋桑葛切側手擊也春秋傳摋仇收一曰抹摋掃滅也又山戛切擊也又私列切又師駭切擺摋斗揀也文一重音三拶子末切逼也文一撻⿰扌⿺辶虍他達切說文鄉飲酒罰不敬撻其背古作⿰扌⿺辶虍文二⿰扌⿱萬皿他達切博雅擊也文一⿱刺手郎達切博雅擘也文一揦郎達切撥攋手披也或从刺文一捺乃曷切字林捺搦捎也文一抹莫曷切字林抹摋滅也文一括捪古活切說文絜也一曰撿也或作捪括又戶括切方言閞也又苦活切箭末曰括文二重音二捾烏括切說文搯捾也一曰援也又烏八切抉也又下瞎切擖也又鄔版切取也文一重音三撥北末

切說文治也又蒲撥切絕也文一重音一**拔**北末切把也又蒲撥切迴也又蒲蓋切木生柯葉皃又蒲在切撮取也又房越切艸名又蒲八切說文擢也又筆別切晉俗謂平地除坌曰拔文一重音六

撥普活切以足蹋夷艸文二**抪**普活切說文撻也一曰擊也又蒲撥切推也一曰抪搶自任無憚也文一重音一

撮麤括切說文四圭也一曰兩指撮也又宗括切挩也又初買切指取物也又祖外切會撮頭椎也又祖官切舁載器又祖悅切行具文一重音五

揉麤括切擢揉搏也又初轄切搏也文一重音一**攥**宗括切把也文一

掇都括切說文拾取也又株劣切又朱劣切短皃文一重音二

捋盧活切說文取易也又龍輟切采也文一重音一

揳訖黠切繫持也又私列切攕揳械滅也文一重音一

扴訖黠切說文亂也文一

揠

扎

乙黠切說文拔也或作扎扎又青八切文二重音一**擖**古滑切博雅折也搔也又丘瞎切說文刮也一曰撻也又居轄切又居曷切揩擖揳木聲又力盍切又弋涉切箕舌又益涉切又力涉切理持也又直甲切押擖重接貝又去例切文一重音九**捌**布拔切破也又筆別切剖分也又皮列切又必結切捩也文一重音三**擟**莫八切打也文一**搳**下瞎切說文擖也又丘瞎切博雅搔也文一重音一**㨝**先結切挺出物也一曰揲也文一**㧖**千結切博雅磨也文一**擳**子結切拭也文一**擮**昨結切斷也文一**𢹂**他結切𢹂也文一**捩**力結切抑也文一**捏**乃結切搦也文一**捻**乃結切按也又諾叶切捏也文一重音一**擷**奚結切以衣衽扱物謂之襭或从手又顯結切文一重音一**㩦**奚結切博雅束也又顯結切文

一重音一

挈 奚結切縣持也又詰結切又詰計切鑽龜也又尺制切制掣或作挈又時制切又訖點切博雅獨也文一重音五

抉 古穴切剔也又一決切又娟悅切文一重音二

撆 匹蔑切說文別也一曰擊也拂也又蒲結切拭也又匹滅切又息約切殺小也文一重音三

⿰扌畢 匹蔑切牽也文一

⿱絶手 租悅切斷也文一

⿰扌⿱旦又 ⿰扌⿱乇又 扢 似絶切拈也或作⿰扌⿱乇又扢⿰扌⿱旦又又子結切斷也文三重音一

折 之列切又食列切說文斷也从斤斷艸隷从手又田黎切折折安舒皃又征例切春秋傳司馬置折俎又時制切曲也文一重音四

揲 抴 ⿰扌筮 食列切說文閱持也或作抴⿰扌筮揲又松列切持數也易揲之以四又式列切又羊列切又吉列切又弋涉切閱持也又達協切又悉協切又直甲切抴又以制切文三重音九

拙 朱劣切說文不巧也文一

撤 敕列切抽也又直列

也又直列切去也文一重音一挒力蘖切捩也文一揲巨列切擔也又陟格切手度物

文一重音一搣莫列切說文批也文一擽弋灼切竭也又力灼切擊也又歷各切又

狼狄切文一重音三⿰扌爵即約切博雅擇也一曰捎也摑也文一擆陟略切廣雅擊也又

直略切文一重音一⿱略手力灼切撩取也文一掠力灼切說文奪取也又力讓切搒也文一

重音一攫怳縛切摶也又厥縛切說文扟也又屋號切取也又俱碧切又拘玉切爪持也文一

重音四拓⿰扌橐托闥各切手推物或作⿰扌橐托拓又之石切拾也又施隻切文三重音二摸

末各切摸捸捫搎也文一捸昔各切摸也又色窄切擇也文一重音一擢忽郭切手反覆

也文一擲闊鑊切張大也又光鑊切文一重音一⿰扌百拍莫白切擊也或从白又並

匹陌切說文拊也拍又伯各切肩甲也文二重音二[illegible]陟格切手度物文一㨎拆恥格
切說文裂也引詩不㨎不疈亦作拆拆又昌石切擊也文二重音一擇直格切說文柬選也又夷
益切闕人名漢有司馬無擇文一重音一搦昵格切說文桉也又昵角切文一重音一挌
各額切說文擊也又歷各切又昌各切挌拏引也文一重音二捇𢷋霍虢切說文裂也或
从赫捇又郝格切掘土謂之捇又七迹切除撥也又昌石切又丑亦切文二重音四[illegible]郭獲切打
也文一撠訖逆切拘持也文一擘博厄切說文撝也一曰大指或書作擗又蒲歷切文
一重音一[illegible]博厄切博雅裂也文一[illegible]匹麥切[illegible][illegible]中聲文一[illegible]色責切[illegible]
[illegible]捕鳥也文一[illegible]測革切博雅擊也又率摑切拂也文一重音一[illegible]測革切扶也文一

⿰扌畫 簪摑切裂聲又胡麥切擗也又忽麥切文二重音二

搹 各核切把也又乙革切文一重音一

⿰扌華 各核切改治也文一

搤 乙革切說文捉也又壹結切持也又壹計切拉也又烏懈切文一重音三

⿰扌戹 扼 乙革切說文把也或作扼文二

摑 古獲切批也文一

⿰扌馘 古獲切挻也文一

⿰扌適 湯革切博雅搔也又治革切投也又陟革切取也又直隻切又丁歷切挑也磓也又佗歷切文一重音五

⿰扌脊 秦昔切擊也文一

摭 之石切說文拾也陳宋語又職略切又施隻切文一重音二

擲 直炙切搔也文一

掖 夷益切說文以手持人臂投地也一曰臂下也一曰門旁小門也文一

擗 毗亦切撫也文一

⿰扌剔 他歷切挑也文一

⿰扌啇 他歷切說文拓果樹實也一曰指近之又陟革切取也文一重音一

⿰扌歷 狼狄切博雅擊

也文一

擊撽 吉歷切說文攴也或作撽擊又刑狄切覡或作擊又吉詣切闕人名春秋晉有屠擊撽又堅𡋯切遮也又口教切文二重音四

拭 設職切爾雅清也文一

揤 札色切打也又疾力切文一重音一

[扌昊] 實側切攴也文

掝 忽域切裂聲又忽麥切文一重音一

揊 拍逼切擊聲文一

[扌㝵] 惕德切擊也挨也文一

扐艻 歷德切說文易筮再扐而後卦一日指間也通作艻扐又六直切文二重音一

[扌犬] 鼻墨切擊也文一

揖 即入切聚也詩螽斯羽揖揖兮又籍入切又側立切又一入切說文攘也一日手著胷曰揖又乙及切抒也又乙冀切文一重音五

拾 寔入切說文掇也一日射韝一日劒削又極曄切更也又實攝切躡足升也又極業切文一重音三

扱 測入切取也又迄及切斂持也禮以箕自向而扱又乞及切手至地

儀禮婦拜扱地劉昌宗説又訖立切引也又逆及切又測洽切説文收也又七接切摺也又磣揷切文一重音七

挹 一入切酌也又乙及切行也文一重音一

抸 作荅切持也文一

撘 託合切冒也一日摹也或作格撘又達合切説文縫指撘也一日韜也格又德合切擊也文二重音二

拉搚拹 落合切説文摧也或作搚拹搚拹又迄業切揩也搚又虛欠切引從也文三重音三

⿰扌納 諾荅切打也文一

搕 克盍切取也又谷盍切以手覆也文二重音一

㩉 悉盍切破聲一日持也又疾盍切擸㩉和攪皃文一重音一

搨⿰扌翕 德盍切打也或作⿰扌翕搨又託合切冒也⿰扌翕又落合切摧也又迄業切又迄及切擊也文二重音四

擸 力盍切折也又弋涉切箕舌禮執箕膺擖又益涉切箕舌又力涉切理持也文一重音三

揲 弋涉切揲揲動皃文一

擪 益涉切說文一指按也或書作擫又於琰切持也又乙甲切又諾叶切文一重音三 揷 七接切摺也又測洽切刺肉也又磣歃切文一重音二 捷 七接切捷捷讃言又疾葉切說文獵也軍獲得也引春秋傳齊人來獻戎捷一曰亟也又尺涉切插也文一重音二 接攕 即涉切說文交也一曰捷也亦姓或作攕接又疾葉切勝也易晝日三接又測洽切收也又色甲切⿱羽女或作接又檄頰切文二 攝 失涉切說文引持也一曰假也一曰龜名又質涉切曲折也一曰龜名又諾叶切持也一曰攝然安也又詰叶切小龜名又色甲切⿱羽女或作攝文一重音四 摺 質涉切說文敗也又落合切摧也文一重音一 ⿰扌耴 陟涉切持也又眤輒切拈也又的協切文一重音二 ⿰扌疊 達協切排也又敵盍切文一重音一 擟摖 諾叶切撅擟中制或作摖文二 挾 檄頰切說

文俾持也一曰輔也又吉協切又即協切詩既挾我矢又尸牒切又訖洽切又作荅切持也又子洽切文一重音六

搜悉協切取也文一　拗訖業切持也文一　掐乞洽切抓也又側洽切攝也文一重音一　捷測洽切刺肉也文一　押轄甲切檢押隱括也顏師古說又古狎切輔也又乙甲切按也文一重音二

文八百九十六　重音一千九十五

𠦬背呂也象脅肋形凡𠦬之類皆从𠦬公懷切文一

乑沽罪切背呂也文一　脊資昔切背呂也隸作脊脊又秦昔切死胥也文二重音一

文四　　　　重音一

類篇卷第十二上

類篇卷第十二中　卷之三十五

朝散大夫右諫議大夫權御史中丞充理檢使上護軍河內郡開國侯食邑一千三百戶賜紫金魚袋臣司馬光等奉

勅修纂

女婦人也象形王育說凡女之類皆从女古作⿸尸乜碾與切女又人余切如或作女又忍與切又奴蟹切楚人謂女曰女又尼據切以女妻人也書女于時文二重音四

娻都籠切國名又多貢切女字文一重音一⿰女通他東切女字文一⿰女悤麤叢切女字文一⿰女㚇祖叢切女字文一娂妅胡公切女字或从工文二娀思融切說

文帝高辛之妃偰母號也引詩有娀方將又姓文一

㚇 都宗切女字文一

婃 徂宗切女字文一

妐 諸容切夫之兄爲兄妐一曰關中呼夫之父曰妐文一

嫞 常容切女字又癡凶切文一重音一

媶 如容切妦媶美皃文一

⿰女從 七恭切女字文一

妦 ⿰女夆 敷容切方言凡好而輕者趙魏燕代之間曰妦或作⿰女夆⿰女夆又補蒙切女字文一重音一

⿱封女 方容切女字文一

媑 傳容切女字又住勇切文一重音一

嫆 餘封切女字文一

⿰女豐 於容切女字文一

娏 莫江切埤倉女神名文一

孇 踈江切女字文一

⿱施女 商支切女字文一

孈 山垂切說文愚戇多態也又翾規切又演爾切又尹捶切又羽委切又兪水切又呼恚切又胡卦切文一重音七

姼 ⿰女氏 常支切方言南楚謂婦妣曰母姼婦父曰父姼或作

⿰女氏姼又侈支切姑姼美皃又田黎切安也又當何切又巨綺切婦人小物也又敞爾切說文美女也一曰姑姼輕薄又上紙切又典可切又敞爾切文二重音八

⿰女斯 相支切女字又先齊切文一重音一

姕 七支切姕妓婦人不媚皃又將支切說文婦人小物也引詩屢舞姕姕又才支切姕妓女皃又仕知切又津私切又津氏切文一重音五

嫢 津垂切盈姿又勻規切一曰秦晉謂細⿱罒胥爲嫢又均窺切一曰婦人審諦皃又才規切又聚惟切又巨癸切好也小也秦人謂細而有容曰嫢又胡典切又規恚切文一重音七

孋 鄰知切孋姬晉獻公伐孋戎所獲女又姓又郎計切美也文一重音一

㛥 攀糜切女字文一

⿱彌女⿱弥女 民卑切齊人呼母曰⿱彌女或作⿱弥女又並緜批切⿱彌女又息淺切女字文二重音二

嬀 俱僞切說文虞舜居嬀汭因以爲氏亦州名又居僞切方言嬀娗僈也一

日健狡也文一重音一 ⿱師女 霜夷切女巫或書作⿰女師文一 婑 儒隹切女皃文一 娞 宣隹切安也又駑罪切⿰女畏娞研也文一重音一 姿 津私切說文態也又資四切媚也文一重音一 ⿰女希 抽遲切女字又香衣切文一重音一 嫠 良脂切寡婦又陵之切說文無夫也文一重音一 嫘 ⿰女纍 倫追切姓也黃帝娶于西陵氏之女是爲嫘祖好遠遊死於道後人祀以爲行神或作⿰女纍又並力僞切文二重音一 妮 女夷切女字文一 姨 延知切說文妻之女弟同出爲姨文一 婎 ⿱雋女 呼維切說文姿婎姿也一曰醜也或作⿱雋女婎又虎癸切姿婎自縱皃又香萃切又必至切文二重音二 ⿰女尹 於夷切女字文一 媲 頻脂切女字又邊迷切嫛媲小自又匹寐切字林配也又匹計切文一重音三 ⿱山女 媸 充之切侮也癡也或作媸文二 妬 人之

切女字文一 媤⿰女司 新茲切女字或从司文二 嬨 牆之切女字文一 姫 盈之切衆妾總稱又象齒切文一重音一 嬉 虛其切博雅戲也又許已切末嬉夏桀妃字又許記切美姿也文一重音二 ⿱巸女 虛其切說文說樂也又盈之切文一重音一 娭⿰女熙 虛其切婦人賤稱或从熙娭又於開切婢也又倚亥切戲也文二重音二 娸婢 丘其切說文人姓一曰詆娸漢書娸蘗其短或作婢文二 姬 居之切說文黃帝居姬水以爲姓一曰妾稱又盈之切衆妾總稱文一重音一 妃⿱巸女 芳微切說文匹也一曰嘉偶曰妃或作⿱巸女妃又盈之切衆妾總稱又滂佩切文二重音二 婓 芳微切說文往來婓婓皃一曰醜皃列仙傳江婓二女又符非切婓婓往來皃文一重音一 ⿰女衣 於希切說文女字也文一 媁 於非切美皃又于非切說文不說皃又羽

鬼切文一重音二

威 於非切說文姑也引漢書律婦告威姑一曰有威可畏謂之威文一

娪 牛居切吳人謂女爲娪又訛胡切㚷倉美女也又五故切青州呼女曰娪文一重音二

婅 於斤切女字文一

娽娽 求於切女字或省文二

如 人余切說文从隨也一曰而也若也往也然也又如倨切似也左氏傳不如從長陸德明讀又乃箇切若也文一重音二

妤 羊諸切說文婦官也漢有倢伃伃美皃或从女文一

嬩 羊諸切說文女字也又演女切文一重音一

娛 元俱切說文樂也又五故切文一重音一

媀 元俱切女字又語口切又元具切女姤男曰媀又魚容切文一重音三

姁 匈于切姁媮美也又權俱切姁姁和好皃又火羽切說文嫗也又吁句切又區遇切文一重音四

姱 匈于切美皃又虧于切奢也又枯瓜切奢皃一曰好也又後五切性

不端良謂之㛂姱文一重音三**𡤞**權俱切蠻夷歌一曰女字又烏侯切文一重音一**姡**芳無切不肖又普溝切又補美切姓也文一重音二**㚆**芳無切美色又房尤切玉采又方遇切文一重音二**嬎嫥娐**芳無切女字或作嫥娐娐又房尤切文三重音一**妋**風無切貪負又於求切皐目閒有恨文一重音一**𡝰**馮無切女字文一**嬬**詢趨切說文弱也一曰下妻又汝朱切博雅妻謂之嬬一曰婦人弱也又乃豆切女字文一重音二**娵**遵須切星名爾雅娵觜之口營室東壁也又菑尤切又此苟切美女文一重音二**㚾姝**春朱切說文好佳也引詩靜女其株或作㚾姝又追輸切文二重音一**媰**窻俞切女字又崇芻切嬼婦謂之媰崔子王曰惠於媰孀又菑尤切說文婦人妊身引周書至于媰婦又遵遇切妊也又仄遇切又側救切好也又

鉏救切娘也文一重音六嬃詢趨切說文女字也引楚詞女嬃之嬋媛文一⿰女甫滂模切女字文一奴農都切說文奴婢皆古之辠人引周禮其奴男子入于罪隸女子入于舂藁徐鉉曰又手也持事者也又奴故切賤稱文一重音一媩⿰女乎洪孤切女字或从乎文二嫴攻乎切說文保任也博雅嫴媮苟且也文一姑攻乎切說文夫母也爾雅父之姊妹爲姑一曰且也文一嫭荒胡切婦人美皃又胡故切妒也文一重音一⿶齊女前西切好也材也又牋西切又莊皆切文一重音二妻妛千西切說文婦與夫齊者也从女屮又又持事妻職也古作妛妻又千咨切又七計切以女嫁人文二重音二⿰女氏都黎切女字文一媞田黎切媞媞安也又章移切又常支切又上紙切諦也又待禮切媞婗無媚又得懈切方言茇媞欺謾也又陟嫁切文一重音

六媂田黎切女字又丁計切圍室神名一曰黠媂女皃文一重音一⿱秇女堅奚切女字文一㜎弦雞切說文女隸也又胡計切怯也文一重音一嫛煙奚切說文嫛婗也釋名人始生曰嫛婗嫛是也言是人又於夷切又壹計切文一重音二婗研奚切說文嫛婗也一曰嗁聲一曰婦人惡皃又吾禮切媞婗無媢一曰疑不決文一重音一⿰女戚緜批切批也文一娾宜佳切女媿也又倚駭切喜也又逆格切好皃文一重音二娃於佳切說文圜深目皃一曰吳楚之間謂好曰娃文一媧嬭公蛙切說文古之神聖女化萬物者也籀作嬭媧又姑華切文二重音一⿰女奎空媧切姱⿰女奎女皃文一⿰女買莫佳切意黠也文一媘居諧切女字文一⿰女褱乎乖切安和也文一⿰女犀尼皆切美也文一⿰女屖直皆切娃⿰女屖媢皃文一

⿰女畏烏回切女字又鄔賄切⿰女畏腲肥也文一重音一⿰女𠂤⿰女追都回切女字或从追文二妥
通回切安坐也一曰執器下於心又吐火切又土猥切文一重音二⿰女崔倉回切女字文一⿰女丕
鋪枚切婦孕一月也文一婄鋪枚切博雅娸婄醜也一曰婦人皃又蒲枚切婦容又普溝切女皃
又俯九切又普后切婄⿰女乳婦人肥皃又薄口切女字文一重音五⿰女缶鋪枚切好色又鋪來切又
班交切又俯九切切文一重音三媒謨杯切說文謀也謀合二姓又彌登切媒媒晦皃又莫貝切貪
也又莫佩切媒媒晦皃文一重音三姟柯開切數也十兆曰經十經曰姟文一嬯湯來
切鈍劣皃又堂來切說文遲鈍也闒嬯亦如之文一重音一婡郎才切女字又落蓋切好皃文
一重音一嫃之人切女字文一娠升人切說文女妊身動也引春秋傳后緡方娠一曰

官婢女隷謂之娠又之刃切文一重音一

妽 升人切女字文二

婞 斯人切女字文

⿰女亲 雌人切至也一曰近也寀或作⿰女亲文一

嫀 慈鄰切女字又疏切蓁或作嫀文一重音一

⿰女頻 毗賓切姿也文一

嬪⿰女⿱宀丏嬪嬪 毗賓切說文服也爾雅婦也一曰妻死曰嬪古作⿰女⿱宀丏嬪嬪嬪又卑民切文四重音一

⿰女𡰥 眉貧切女字文一

媋 樞倫切女字又式勻切文一重音一

姰 須倫切狂也又松倫切又規倫切說文鈞適也男女併也又熒絹切又翾縣切文一重音四

姻婣⿰因生 伊眞切說文婿家也女之所因故曰姻或作婣籒作⿰因生文三

㚼 規倫切女始粧文一

⿱新女 疏臻切有⿱新女國名文一

⿰女卂 疏臻切女字文一

姺 疏臻切說文殷諸侯爲亂疑姓也引春秋傳商有姺邳又蕭前切姍或作姺又小禮切古國名又鎖本切

又蘇典切文一重音四

妏 無分切女字又文運切文一重音一

妢 符分切妢胡胡子國在楚出美笴者文一

妘 ⿰女鼎 于分切說文祝融之後姓也一曰女字古从鼎文二

妡 許斤切女字文一

嫤 渠巾切女字又几隱切好皃又渠吝切文一重音二

嫄 愚袁切說文台國之女周棄母字也文一

妧 愚袁切女字又吾官切又五換切字林好皃文一重音二

媛 于元切嬋媛牽引皃一曰美也又于願切美女又于眷切詩曰邦之媛兮文一重音二

媴 于元切女名文一

媗 許元切女字又荀緣切又火遠切文一重音二

婉 ⿰女惌 於袁切宴婉也或从惌婉又紆願切文二重音一

嬛 於袁切博雅嬛姍好也又逶鰥切容媚也又縈玄切嬛嬛美容又縈緣切又紆權切文一重音四

⿰女言 魚軒切女字文一

⿰女舉 丘言切舉也文一

嬔孚袁切免子又方遇切文一重音一嬎孚袁切匹偶又符袁切文一重音一嬏孚袁切女字又符袁切又鋪官切文一重音二媈胡昆切女字又吾昆切又吁韋切文一重音二婫公渾切女字又戶衮切文一重音一婚𡣍呼昆切說文婦家也禮娶婦以昏時籀作𡣍文二婨盧昆切女名文一𡟯烏痕切女字文一嫨虛干切老嫗皃一曰怒也又忍善切敬也文一重音一奸姧居寒切說文犯也亦作姧奸又居顏切犯淫也文二重音一姍相干切好也一曰誹謗也又鋪官切醜也又師姦切毀也漢書姍咲三代又簫前切姍姍行皃又所晏切謗也又桑葛切妓姍婦人行衣皃地皃文一重音五𡣶嬶呼官切喜樂也或作嬶文二婠烏丸切說文體德好也又在玩切又烏八切又乎刮切文一重音三媻

蒲官切博雅媻盤往來也一曰奢也又蒲波切又薄半切一曰下妻文一重音二 媏 多官切女
字文一 𡤝 烏關切女字文一 嬛 數還切女字又旬宣切續也又隳縁切說文材緊也
引詩嬛嬛在疚又縈縁切便嬛輕麗又葵營切獨也文一重音四 奻 尼還切說文訟也又女患
切諠訟也文一重音一 姦 居顏切私也文一 嫺嫻 何閒切說文雅也或从閑文二
婜 丘閑切說文美也又頸忍切文一重音一 奸 倉先切女字文一 媊 才先切說
文甘氏星經曰太白上公妻曰女媊居南斗食厲天下祭之曰明星又將仙切又將支切又津私切又子
淺切又子賎切文一重音五 嫾 靈年切女字文一 㜝妶 胡千切說文有守也亦省
或書作㜝妶又胡涓切文二重音一 姸 倪堅切說文技也一曰不省録事也難侵也惠也安也文

一娟縈玄切女字又縈緣切美皃文一重音一　灿相然切女字文一　嬋嬗時連切嬋娟美容亦作嬗嬗又他干切緩也又黨旱切嬋也又儻旱切又蕩旱切又上演切吉也又時戰切說文緩也一曰傳也文二重音六　⿰女然如延切姓也蒼梧有⿰女然氏又失善切姿也又忍善切又乃見切文一重音三　⿰女連陵延切⿰女連娟眉細長皃文一　嫣稽延切好皃一曰長也又於虔切又隱㥯切又於蹇切又於建切文一重音四　娫夷然切女字文一　媥紕延切說文輕皃文一　㛹毗連切㛹娟美麗皃文一　媔彌延切目美皃又彌兖切妬也文一重音一　⿰女綿婂彌延切女字或省文二　姾逡緣切女字又從緣切文一重音一　嫙旬宣切說文好也又隨戀切美謂之嫙文一重音一　嫥⿰女叀朱遄切說文壹也一曰女嫥嫥一曰可愛

皃或省嫥又徒官切⿰女戠也文二重音一婘⿰女雚⿰女關逵貟切博雅好也或从雚从關婘又古倦切親也史記呂須婘屬文三重音一⿰女肅先彫切女名文一嬥他彫切嬥嬥往來皃又田聊切好也又徒了切說文直好皃一曰嬈也一曰巴歌又徒吊切又他歷切又直角切直好也文一重音五⿱攸女田聊切女字文一嫽憐蕭切說文女字也一曰相戲又朗鳥切又力吊切好也方言青徐之間曰嫽文一重音二⿰女㬎堅𢀖切女字文一嫶茲消切女字又慈焦切嫶悴憂患也或从女文一重音一嫖卑遙切女字又毗招切說文輕也又匹妙切又毗召切文一重音三⿰女剽紕招切女字文一妱之遙切女字文一媱餘招切說文曲肩行皃一曰戲也又夷針切私逸也文一重音一姚餘招切說文虞舜居姚虛因以爲姓或爲姚嬈也史

篇以爲姚易也又徒刀切闕人名春秋傳有顏叔姚
子又他吊切輕也又弋笑切剽姚勁疾皃文一重音
三 媄妖 於喬切說文巧也一曰女子笑皃引詩桃
之媄媄或省妖又[illegible]巧切好也文二重音
一 嬌 居妖切女字禹娶塗[illegible]之女謂之女 姣婺
嬌又渠嬌切又舉[illegible]刀文一重音二
何交切說文好也或作婺妶又古 婋 虛交切女 [illegible]
巧切又後教切淫也文二重音二 字文一
於交切女名又伊鳥切美 媌 謨交切說文目裏好
皃又於絞切文一重音二 也方言河濟之間謂
好而輕者爲媌又莫飽切妙也又眉教切 娋[illegible] 師
博雅好皃又謨沃切好皃文一重音三 交
切博雅娋孟姊也或从稍[illegible]又山巧切娋又所教切
博雅侵也謂爲人所侵侮又息約切小小侵也又七
約切文二 [illegible] 鋤交切女 嫯 牛刀切侮易也又魚
重音四 字文一 到切文一重音一

嫸財勞切廣雅好也文一嫍他刀切女字又以紹切又丑琰切又以贍切文一重音三

妿居何切姆也又於何切說文女師也杜林說加教於女文一重音一要於何切說文陰

要也謂媕要不決文一妸婀於何切說文女字也或不省妸又虎何切又並倚可切妸娜弱

態文二重音二娥牛何切說文帝堯之女舜妻娥皇字也秦晉謂好曰娙娥文一⿰女禾胡戈

切女字文一婆蒲波切奢也一曰女老稱婆文一⿸麻女眉波切女美稱文一娑

桑何切說文舞也引詩市也媻娑又想可切駁娑殿名又此我切文一重音二⿰女坐蘇禾切女字穆

天子傳盛姬之喪叔⿰女坐爲主又村戈切訬疾也一曰叔⿰女坐周穆王女字又臧戈切小皃又祖禾切又醋伽

切又祖卧切輕也文一重音五⿰女夋蘇禾切女字文一⿰女羅良何切女字文一娜

囊何切女字又乃可切婀娜美皃文一重音一

㚢去伽切女字文一

妑披巴切女字又邦加切女名文一重音一

嫅咨邪切女字又想可切女皃文一重音一

嫬之奢切女字又商署切文一重音一

㜘鋤加切女名又七慮切博雅妬也又將豫切嬌也又遵遇切文一重音三

⿰女余直加切美也文一

⿸亞女丘加切⿱穴亞⿸亞女女媚也文一

婭於加切婭⿰女余態也又倚下切婭姹作姿又衣駕切兩婿相謂曰婭文一重音二

⿰女瓜姑華切女名文一

婸余章切女名又大朗切放也文一重音一

妨敷方切說文害也又敷亮切博雅娉也文一重音一

嬙徐羊切女字又慈良切婦官也又殺測切文一重音二

娼蚩良切樂也文一

嫜諸良切夫之兄曰兄嫜文一

孃如陽切煩擾也一曰肥大又尼良切又奴堂切又女兩切文一重音

三孀師莊切嫠也又色壯切文一重音一⿱壯女側羊切飾也文一娘尼良切女

字文一姜居良切說文神農居姜水以爲姓文一⿱強女渠良切女字或書作嬙文

一⿰女唐⿰女堂徒郎切女字亦从堂文二嫎蒲光切女字文一⿰女㐬謨郎切女字又呼光

切文一重音一姎於郎切女人自稱又倚朗切又於浪切文一重音二嫝丘岡切女字文

一妔寒剛切女字又丘庚切美也文一重音一⿱汪女烏光切女字文一姯姑黃

切女字文一媓胡光切南楚謂母曰媓文一婛居卿切女字文一媖於鸚

切女人美稱文一嬫于平切女字文一娙丘耕切女身長謂之娙又魚莖切說文長

好也又乎經切又五刑切文一重音三嫈於莖切說文小心態一曰嫈嫈好皃嫈嫇下俚婦人

貞又娟營切一曰嬛嫈漢侯國名又於郎切小心態又玄扃切好也又於丁切又烏熒切又火螢切女人絜清貞又於迸切文一重音七

嬣 尼耕切嫇嬣女劣貞又囊丁切女字文一重音一

⿰女崩 悲萌切謹也文一

⿰女平 披耕切博雅急也一曰忠謹貞文一

姘 披耕切說文除也漢律齊人予妻婢姦曰姘又畀盈切姦也又滂丁切又毗賓切服也文一重音三

婧 遃盈切竦立也一曰有才又疾郢切又績領切女有才又七正切又子正切又疾正切女貞也文一重音五

姃 諸盈切女字又之盛切文一

娍 時征切女名又時正切長好貞一曰美也文一重音一

媜 知盈切女字文一

⿰女呈 馳貞切女名文一

⿰女𣎆 怡成切方言娍嬴好也文一

嬴 怡成切說文少昊氏之姓文一

嬰 伊盈切說文頸飾也纓或省一說女曰嬰男曰兒又於慶切關

中謂孩子曰嬰又於政切 ⿰女享 葵營切獨 嫇 怡經
嬰累小弱文一重音二 也文一 切說
文嬰嫇也一曰嫇嫇小人皃一曰嫇奵面平又謨耕
切嫈嫇幼婦又母迥切嫇奵自持皃文一重音二
奵 當經切女名一曰嫇奵面平又他典切㜣奵 娗
好皃又都挺切嫇奵自持皃文一重音二
婷 唐丁切博雅娗娗容也一曰女出病或从亭娗
又他典切欺謾也又徒典切眠娗不開通皃又
待鼎切文二重音三 姈 郎丁切女 孁 郎丁切說文 ⿰女刑 乎經
女字也文一
切好也 ⿰女爯 蚩承切女字文一 婈 閭承切女名文一 嬁 都騰切美女皃
文一
文 ⿰女曾 洛騰切女字文一 姮 胡登切女字文一 ⿰女尤 于求切女 ⿰女休
一
虛尤切女 ⿰女丘 袪尤切女字文一 ⿰女求 渠尤切女字文一 ⿱攸女 夷周切女
字文一

字文一

妯　丑鳩切動也悼也又陳留切又盧谷切又仲六切兄弟婦相呼爲妯娌又徒沃切動也又亭歷切文一重音五

婤　丑鳩切女字又陳留切春秋傳衛襄公嬖人婤姶又之由切又丁聊切女名文一重音三

嬦　陳留切女字又承呪切文一重音一

嬼　力求切美也又力九切嫠婦又力救切埤蒼妖也文一重音二

媹　力求切女字文一

⿰女修　思留切女名文一

⿱秋女　雌由切女字文一

媃　而由切女名文一

⿰女侯　胡溝切女字文一

嫗　墟侯切闕人名陳有夏嫗夫通作彄又居侯切闕人名春秋傳陳有夏彄夫或作嫗又委羽切以氣曰煦以體曰嫗又威遇切說文母也文一重音三

⿱數女　先侯切女字文一

媮　他侯切說文巧黠也又容朱切薄也文一重音一

婁⿱⿴臼中女⿱⿴囗女女⿱⿴臼女女　郎侯切說文空也从母中女空之意也一曰宿

鄭遂

名又姓籀作𡢽古作㛹婁婁又倫爲切墊婁地名在西羌又朧主切卷婁猶拘攣也又朗口切又龍珠切

婁㚢又龍遇切文四重音五 𡟭 郎侯切女字又朧主切婦無廉文一重音一 𡢃 徐心

切女名文一 妊𡜊 如林切孕也或从𡜊亦書作姙妊又忍甚切又並如鴆切文二重音二

𡠟 疏簪切婬也又倉含切婪也又七感切楚也又錯合切貪也文一重音三 𡣍 虛金切又

徒南切貪也愛也又烏含切文一重音二 𡢔 徒南切女字又式荏切貪頑也一曰志下又徒感切

又他點切婦人細長皃又乃玷切說文下志貪頑也又式禁切文一重音五 媅妉 都含切說

文樂也或从冘文二 婪 盧含切說文貪也杜林說卜者黨相詐驗爲婪又盧感切不謹也文一重

音一 㜗 祖含切女字又祖含切又七感切楚也文一重音二 姶 胡南切女字文一 𡞯

烏含切女志不靜文一 婒 徒甘切女字文一 ⿱斬女 財甘切女名又七黵切嬮嬮美皃文一重 姏 沽三切老女稱又謨甘切音一又莫紺切文一重音二 ⿰女閻 余廉切女字文一

嬮 於鹽切說文好也又於黶切女字又益涉切文一重音二 嬐 思廉切說文敏疾也一曰莊敬皃又牛錦切仰頭也又魚檢切文一重音二 孅 思廉切兗細也又千廉切說文巧倿也史記孅趨而言

⿱沾女 詩廉切姈⿱沾女喜皃又凝簾切說文姈也又火占切文一重音二 嬚 離鹽切女字又力冉切文一重音一 媕 衣廉切女皃又衣檢切諲拏也又於贍切文一重音二

婖 他廉切女字又他點切文一重音一 妗 聲兼切說文⿱沾女姈也一曰喜笑皃又盧咸切女輕薄皃又豈占切又巨禁切俗謂舅母曰妗文一重音三 嫌 賢兼切說文不平於心也文一 孍

魚枕切女字又魚檢切好貞文一重音一娚尼咸切詁諵語聲東哲作娚文一嬞覩動
切女字文一㛚吐乳切女字又尹竦切女名文一重音一姛杜孔切項直貞或書作姛
又徒弄切文一重音一嬭甚爾切姉謂之嬭又女蟹切博雅母也又乃計切女字文一重音二
婍去倚切博雅好也文一妓巨綺切說文婦人小物也又居宜切妓娑女容文一重音
一㛦語綺切婍㛦好貞又宜寄切女字文一重音一姽五委切博雅好也又古委切說
文閑體行姽姽也又吾爪切婐也文一重音二委鄔毀切說文委隨也一曰棄也任也安也又於
僞切委積牢米薪芻之總名又雍危切委委行委曲也文一重音二㜫虎委切說文惡也一曰女
字或書作嫛文一婢部弭切說文女之卑者也文一孊母被切女字漢許皇后姊孊文

一

姊 蔣兕切說文女兄也文一

嬧 矩鮪切竦身也又舉夭切又吉酉切又苦糺切又兼忝切又訖得切文一重音五

⿰女歲 母鄙切善也文一

媄 母鄙切說文色好也文一

妣 補履切說文殁母也籒省妣又必至切文二重音一

始乿乨𠃧 首止切說文女之初也古作乿乨𠃧始又式吏切始也禮蟬始鳴文四重音一

姒 象齒切爾雅娣婦謂長婦爲姒婦亦姓文一

娌 兩耳切妯娌娣姒婦也文一

妀 苟起切說文女字也文一

娓 武斐切說文順也一曰美也又詡鬼切又㝵悲切又明祕切文一重音三

⿰女慮 兩舉切慮慮不欲爲也或从女文一

⿰女呂㛎 兩舉切醜皃或作㛎文二

娒 罔甫切傷也一曰慢也又滿補切女師也又莫候切文一重音二

嫵娬 罔甫切說文媚也或从武文二

姥 滿補切女老稱

亦姓文一**姆**滿補切女師也又莫候切文一重音一**媽**滿補切博雅母也一曰牝馬文一**⿱汙女**後五切說文⿱汙女鹵貪也又胡故切又烏故切文一重音二**娣**待禮切說文女弟也又大計切文一重音一**妳**女蟹切博雅母也文一**婇**此宰切女字又倉代切文一重音一**姫**止忍切慎也文一**嬧**在忍切女字文一**妴**委遠切說文婉也又於袁切又於願切文一重音二**婉**委遠切說文順也引春秋傳太子佐婉又鄔管切詩燕婉之求徐邈讀文一重音一**娩**武遠切婉娩容順又文運切女字文一重音一**嬾孄孏**魯旱切說文懈也怠也一曰臥也亦作孄孏文三**媆**乃管切垣外餘地又乳兗切說文好皃又奴困切少弱也又儒轉切文一重音三**⿰女旱**母版切傲慢也又下晏切文一重音一**婰**多殄

切女名文一娊胡典切女字文一嬉旨善切説文好技格人語也一曰靳也文一㜊知輦切㜊奵好皃文一嫥陟兖切女名又株戀切文一重音一孌力轉切説文顔也引詩婉兮孌兮或作孌孌亦書作𢿲孌又閭員切樊也又盧丸切女字也又謨還切又龍眷切從也文二重音四𡝗語蹇切博雅𡝗嫧齊也一曰好也文一嬝乃了切美也文一嫋乃了切説文姌也又日灼切弱也又昵格切又乃歷切文一重音三嬈乃了切説文苛也一曰擾戲弄也一曰嬥也又爾紹切亂也又伊鳥切婹或作嬈又裊聊切煩也一曰心不欲也又馨叫切不仁也又女教切博雅弱也文一重音五婹伊鳥切婹㒡美皃文一婊彼小切女字文一𡛷苦絞切女字文一姣古巧切好也文一媌莫飽切博雅妙也文

一⿰女告下老切女字又居号切文一重音一好⿰丑子⿰丑女許晧切說文美也古作⿰丑子⿰丑女⿰丑女
⿰丑子又虛到切人姓也文三重音一媪烏浩切說文女老偁也又於云切女字又烏昆切又委隕
切又紆問切文一重音四㛮嫂蘇老切說文兄妻也或从叟文二⿰女𡿺⿰女⿱巛凶⿰女⿱罒比乃老
切說文有所恨也今汝南人有所恨曰⿰女𡿺或作⿰女⿱巛凶⿰女⿱罒比文三婐婑鄔果切說文姽也一曰女侍孟
軻曰舜爲天子二女婐或作婑婐又枯瓜切又姑華切文二重音二姽五果切說文婐姽也一曰
弱也好也又努果切文一重音一⿰女朵都果切說文量也一曰女字又都垂切文一重音一媠
嫷吐火切好也或作嫷嫷又杜果切說文南楚之外謂好曰嫷嫷又努果切婐妒好貞或作媠又
杜果切不敬也又盧卧切又奴卧切又並吐卧切又並徒卧切文二重音七姐她媎子野

切說文蜀謂母曰姐淮南謂之社或作她媎姐又慈野切弥姐羌族名又臻魚切嬳姐女態姐她又子我切姐又蔣氏切又將豫切嬌也又祥豫切嫧也她又陳知切女字文三重音七

姹 丑下切說文小女也文一

嘏 舉下切博雅好也文一

婸 待朗切婺也戲也文一

⿰女省 所景切說文滅也文一

婞 下耿切傲倖也一曰親也又下頂切說文很也引楚詞鮮婞直文一重音一

姘 疾郢切博雅絜也一曰靜也又疾正切文一重音一

姳 母迥切好也文一

奻 已有切說文女字也文一

妚 俯九切好皃一曰女儀也文一

婦 扶缶切說文服也从女持帚灑掃也文一

媨 在九切博雅好也又以九切醜也又即就切又子六切文一重音三

媿

⿸尸四 齒九切說文可惡也古作⿸尸四又姓媿又基位切說文慙也文二重音一

⿰女卯 力九切好

也文一

妞 女九切姓也高麗有之文一

㲉 乃后切乳子也又居候切取乳也又丘候切文一重音二

姓 他口切說文女字也文一

⿰女乳 乃后切婄⿰女乳女肥皃文一

母 莫後切說文牧也从女象褱子形象乳子也又罔甫切䳇或作母文一重音一

嬸 式荏切俗謂叔母曰嬸文一

⿰女酓 戶感切含怒也又鄔感切又五感切一曰難知也引詩碩大且⿰女酓又烏含切媕或作⿰女酓又於鹽切又衣檢切美也又魚檢切文一重音六

⿰女林 盧感切好皃文一

⿰女岩 母敢切鄉名在河東文一

媕 於琰切女有心媕媕也又衣檢切又烏含切又遏合切婦名文一重音三

婯 失冉切說文不媚前却婯婯也文一

㚩姌 而琰切說文姌弱長皃或作姌姌又如占切又乃玷切纖細也文二重音二

媣⿰女杂 而琰切說文諟也一曰媞也或省⿰女杂又沾三切⿰女杂又辱紺切淮

南呼母文二重音二⿰女广魚檢切婦人齊整皃文一⿹咸女下斬切博雅健也文一⿰女弄
盧貢切女字文一⿰女貢古送切女字文一妕陟仲切女字文一娷樹僞切女
字亦姓又竹恚切諈諉纍也或从女又馳僞切又女恚切又是爲切文一重音四⿰女恚於避切說
文不說也又益涉切嬈⿰女恚女態文一重音一⿱執女脂利切說文至也引周書大命不⿱執女一曰虞書
雉⿱執女文一⿰女自疾二切姤也或作⿰女自文一嬘⿰女㒸徐醉切女字亦省文二妼毗至
切女多容止也又簿必切婦容文一重音一⿱比女兵媚切女名文一媢明祕切說文說
也文一娡職吏切有莘氏之女鯀娶之文一⿰女耳仍吏切說文女號也文一⿰女忌
渠記切惌也文一嬑於記切女字文一妭方未切羌人謂婦曰妭文一媦

于貴切說文楚人謂女弟曰媦引公羊傳楚王之妻媦文一妛許貴切女名文一⿰女署常恕切女字文一娩芳遇切兔子也㛍或省文一婺亡遇切說文不繇也一曰星名州名又迷浮切女貞又莫卜切美貞丈一重音二娶逡遇切說文取婦也又新於切又詢趨切闕人名荀卿子有閭娶子奢又遵須切又雙雛切又此至切文一重音五⿰女豈殊遇切女字文一屢婁龍遇切數也或作婁屢又龍珠切文二重音一⿰女巿普故切美女文一嫊蘇故切女字文一妒都故切說文婦妒夫也文一奼都故切美女又丑下切說文少女又陟嫁切又丑亞切文一重音三嫮⿰女亏胡故切奼也一曰好貞亦作⿰女亏文二婟胡故切說文嫪也一曰戀也又古慕切嫪惜也一曰女字又後五切好也文一重音二婿思計切夫

也文一⿰女囟思計切女字文一嬖必計切說文便嬖愛也又卑義切賤而得幸曰嬖文
一重音一⿰女迷彌計切吳俗呼母曰⿰女迷文一嫛詰計切難也又口蠏切又口賣切文一重
音二嫕嫛壹計切婉嫕順從也或作嫛文二⿰女懿壹計切靜也又杳禮切婉也文一重
音一姸研計切姥也文一⿱帝女征例切病子在娠謂之⿱帝女又以制切婦人病娠文一重音
一⿱制女許罽切尣恣也文一⿰女奈乃帶切女字文一⿰女貝博蓋切女字文一娧
吐外切娧娧舒遲皃一曰喜也或从肉又徒外切說文好也又欲雪切姚娧好皃文一重音二⿰女凧
蒲蓋切女名又蒲昧切文一重音一妹莫貝切女弟又莫佩切文一重音一⿰女蔡七蓋切女
字文一⿰女最祖外切女字文一妎㛫下蓋切說文妒也或作㛫妎又居拜切又下介

切妎又胡計切爾雅苛妎也一曰姡也文二重音三 **嬒** 古外切說文女黑色也引詩嬒兮蔚兮又烏外切又烏括切文一重音二 **⿰女逢** 下介切女字文一 **嬇** 胡對切女字一曰女嬇陸終氏妻又苦怪切文一重音一 **𡤛嬔** 孚萬切說文生子齊均也或作嬔文二 **⿺尢女** 孚萬切女字文一 **嬔** 孚萬切匹偶文一 **嫩** 奴困切少弱也一曰好皃文一 **婩** 魚旰切博雅好也謂婦人齊正皃又語蹇切婩婧齊也又魚戰切又逆約切婩斫不解悟皃文一重音三 **婉** 烏貫切嬿婉婦人皃文一 **姅** 博漫切說文婦人污也引漢律見姅變不得侍祠一曰褁子傷也又普半切傷孕也文一重音一 **⿱叛女** 薄半切⿰女炭⿱叛女無儀適文一 **⿰外女⿱外女** 蒼案切說文三女爲⿰外女⿰外女美也或作⿱外女文二 **⿰女賛** 則旰切說文白好也一曰不恭又才賛切博雅好也一曰不謹文一

重音一⿰女炭他案切⿰女炭婆無儀適皃文一⿰女𤔔盧玩切說文順也又盧戈切順也又力轉

切文一重音二姲於諫切女字文一嫚莫晏切說文侮易也文一婝堂練切女

字文一⿰女柬郎甸切女字文一姩乃見切美女或作⿰女秊姩⿰女秊又寧顛切女字文二重

音一嬿伊甸切說文女字也又於殄切嬿婉安順皃又因連切文一重音二⿰女巽離戀切女

字文一⿰女戀龍眷切從也文一嬓吉弔切闕人名史記齊有太史嬓或省文一妙

彌笑切精微也又彌沼切嫽妙女皃文一重音一⿰女皋後到切女名文一⿰女毛虛到切虛

厲文一[illegible]虛到切愛也好古作[illegible]文一嬹於到切妬也文一⿰女敖魚到切倨

也文一媢莫報切說文夫妬婦也一曰相視又武道切又謨沃切又某王切又蠠二切文一重

音四嫪郎到切說文婟也亦姓又郎刀切嫪嫪嫭姡也文一重音一嫁居迓切說文女適人

也文一嫭胡化切女名文一⿰女羕弋亮切女字文一妄無放切說文亂也又

武方切無也禮妄常以儒相詬病文一重音一姠式亮切女字又許亮切文一重音一妋

直亮切女字文一娉匹正切說文問也謂昏禮問名文一姓⿱生囟息正切說文人所生

也古之神聖母感天而生子故稱天子引春秋傳天子因生以賜姓亦姓古作⿱生囟姓又師庚切闕人名春

秋傳公孫姓文二重音一⿰女爭疾正切女字文一媵以證切說文送也又詩證切女字又

石證切美女文一重音二⿰女黽以證切說文褭子也又余陵切蠅或从女文一重音一嬹

許應切說文說也又虛陵切一曰女名文一重音一姷尤救切說文耦也文一⿰女酉余救

切醜也文一媾居候切說文重婚也引易匪寇婚媾文一姤居候切易卦名遇也陰陽

相遇也又佷口切文一重音一⿰女⿱𢀖豆⿰女豆丁候切埤蒼謣譳不能言也或从女亦作短短又大透切

文二重音一妠⿰女⿱内口奴紺切女字一曰取也入也或作媢妠又乃甘切又並女剖切媢婠小兒

肥皃又諾荅切娶也文二重音三婻奴紺切美皃一曰小肥文一嬧⿰女覽虛瞰切說

文過差也引論語小人窮斯嬧矣或从覽嬧又盧甘切女名文二重音一⿱欠女虛欠切好皃文一

媉烏谷切好也又乙角切一曰媉媉容也文一重音一⿰女菐博木切女字昌意娶蜀山氏女

曰昌⿰女菐又方六切又蒲沃切文一重音二嬻徒谷切說文媟也文一娽盧谷切顓頊之

妻一曰隨從也又龍玉切文一重音一⿰女鹿盧谷切女字文一⿰女复房六切女字文一

媨七六切說文醜也一曰老女文一 婌神六切後官女官文一 𡡆勑六切又許六切說文媚也一曰石也文一重音一 ⿰女育仲六切方言今關西兄弟婦相呼爲妯娌或作婧文一 ⿰女坴力竹切女字文一 ⿰女匊居六切女名文一 孎朱欲切說文謹也又殊玉切女字又株玉切嫡孎女謹愼皃又測角切又竹角切文一重音四 媷儒欲切懈惰也又女足切嬾也文一重音一 娕趨玉切婧娕齊謹也又叉足切婧也又測角切文一重音二 娖叉足切婧也亦作媡又並測角切謹也文二重音一 ⿱娕足測角切謹也一曰善也文一 ⿰女匕尺栗切女不謹也文一 ⿰女質職日切女字文一 嫉昨悉切妎也一曰毒也又疾二切文一重音一 ⿰女畢壁吉切博雅母也文一 ⿰女匹僻吉切女字文一 姪妷

直質切兄弟之子或从失妷又弋質切博雅㚤婸也或作妷姪又徒結切兄弟之女也文二重音二

嬄 益悉切嬄⿸厭女婦人皃文一

姞 極乙切說文黃帝之後百鯀姓后稷妃家也文一

⿱窶⿱罒婁 竹律切面短皃或作⿱罒婁窶又張滑切又張刮切文二重音二

⿰女戉 王伐切說文輕也一曰愚也文一

⿸厭女 居月切嬄⿸厭女女皃又於月切或書作嬮文一重音一

⿰女孛 普沒切乳母字文一

⿰女⿱巛夕 子末切婢也文一

妲 當割切妲己有蘇氏女又得案切文一重音一

妺 莫葛切妺嬉有施氏女文一

姡 戶括切詐也又古活切說文面醜也又乎刮切方言獪也文一重音二

妭 北末切羗人謂婦曰妭又蒲撥切說文婦美也文一重音一

嫼 乙黠切嫉而怒也又密北切又迄得切文一重音二

娺 側滑切說文疾悍也又張刮切又姝悅切又中葵切又株衛切文一重音

道正

四

媎 先結切小皃文一

⿰女疊 徒結切兒之女也姪或作⿰女疊文一

㛃 吉屑切女嫯清也文一

妜 古穴切美皃又一決切鼻目間皃又娟悅切一曰怒也憂也文一重音二

嫳 匹蔑切說文易使怒也又蒲結切或書作⿰女敝又便滅切一曰輕也文一重音二

媟 私列切說文嬻也或作⿰女曳文二

⿰女截 子列切好也文一

⿰女折 之列切女字文一

⿱列女 力蘖切美也文一

娎 許列切說文娎婡也又顯計切喜也又馨叫切文一重音二

⿰女樂 弋灼切美皃又式灼切文一重音一

妁 職略切媒也又實若切酌也斟酌二姓也文一重音一

婥 尺約切婥約好也又女敎切女病也又亭歷切文一重音二

婼 尺約切又勑略切說文不順也引春秋傳叔孫婼又施隻切闕人名春秋傳叔孫婼徐邈讀又人奢切婼羌戎國名又如之切文一重音

四

妰陟略切靜也文一　嬳𡤚鬱縛切作姿態也江南謂之呷山東謂之嬳顏師古說一曰惜也或作𡤚又並星郭切作姿態也嬳又胡故切文二重音二　嫫莫白切靜也文一

嫧嫧測革切博雅好也齊也或作嫧嫧又側革切一曰善也又七迹切文二重音二　嫡陟革切嫿也又竹益切嫡嫿女審諦皃又丁歷切文一重音二　嫿胡麥切好皃又忽麥切說文靜好也文一重音一

㛭思積切女字文一　嫡施隻切婦人謂嫁曰嫡文一　嬕施隻切女字文一　妬常隻切女無子又都故切妒或作妬文一重音一　嫕伊昔切女字文一

婸先的切女名文一　𡣬狼狄切女字文一　𡣵質力切女字文一

嫟昵力切女字文一　㚤逸職切說文婦官也文一　嫼蜜北切怒也文一　媿

娔 乞得切老女卑賤謂之⿰女乞或省文二 ⿰女⿱壬日 昵立切⿰女邑⿰女⿱壬日婦皃文一 嬆 迄及切女

姓淨文一 姶 ⿰女邑 遏合切說文女字也春秋傳嬖人婤姶一曰無聲古从邑⿰女邑又乙及切⿰女邑⿰女⿱壬日婦

皃姶又乙洽切女巧文二重音二 ⿰女及 悉合切⿰女弇⿰女及女字文一 ⿰女荅 德合切⿰女荅姶女皃文

一 ⿰女沓 託合切說文俛伏也一曰服意又達合切文一重音一 婕 七接切女皃又即涉

切說文女字也又疾業切美也文一重音二 ⿰女占 尺涉切說文小弱也一曰女輕薄善走一曰多

技藝又多念切又都念切又嵒占切文一重音三 ⿰阝⿱夾女 尺涉切女態一曰前却不媚文一 ⿰女耴

陟涉切⿰女耴婦女不善皃文一 ⿰女⿱千日 敕涉切說文疾言失次也又丑聶切又測洽切又實洽切女皃

文一重音三 ⿰女夾 呼帖切說文得志⿰女夾⿰女夾一曰⿰女夾息也一曰少气又虛檢切性不端良謂之⿰女夾姱

又即協切气劣皃又轄夾切女行急皃又詰叶切快也文一重音四 㛍 悉協切治也文一 㜸 昵洽切美也文一 姂 扶法切說文婦人皃又弗乏切博雅好也又乞法切又孚梵切又匹軋切文一重音四

文六百八十八　重音五百七十二

類篇卷第十二中

類篇卷第十二下　　卷之三十六

朝散大夫右諫議大夫權御史中丞充理檢使上護軍河內郡開國侯食邑一千三百戶賜紫金魚袋臣司馬光等奉

勑修纂

毋止之也从女有奸之者凡毋之類皆从毋武扶切又蒙晡切敹餌也禮曰淳毋又迷浮切毋追夏后氏冠名文一重音二

毒玄圭切姓也蜀或作毒文一

𣫬蔣氏切毋也文一

毐過在切人無行也从士从毋賈侍中說秦始皇母與嫪毐淫坐誅故世罵淫曰嫪毐讀若娭又鋪枚切又於開切又何開切文一重音三

毑子野切姐或作毑文一

文五　重音五

民衆萌也从古文之象凡民之類皆从民古作𢦏𠈌彌鄰切文三

氓武庚切民也从民亡聲讀若盲文一

文四

丿右戾也象左引之形凡丿之類皆从丿房密切徐鍇曰其爲文舉首而申體也又於兆切又匹蔑切文一重音二

乂刈魚廢切芟艸也从丿从乀相交乂或从刀乂又牛蓋切創乂懲也文一重音一

弗弜

分勿切橋也从丿从乀从韋省古作弜弗又符勿切文二重音一

乀 分勿切左戾也从反丿讀與弗同

文一

文六　重音四

𠂆抴也明也象抴引之形凡𠂆之類皆从𠂆虒字从此 徐鍇曰象丿而不舉首余制切文一

弋 與職切橜也象折木衺銳著形从𠂆象物挂之也文一

文二

乁流也从反𠂆讀若移凡乁之類皆从乁

弋支切又以制切曳足也又力結切左戾也文一重音二

匜余支切單于名又唐何切闕人名後魏桓帝猗匜文一重音一也⿱艹乜羊者切女陰也象形秦刻石作⿱艹乜也又演爾切詞也斯也文二重音一乜母野切虜姓文一

文五　重音四

氏巴蜀山名岸脅之㫄箸欲落墮者曰氏氏崩聞數百里象形乁聲凡氏之類皆从氏楊雄賦響若氏隤承旨切又章移切月支西域國名一曰閼氏匈奴妻又掌氏切文一重音二

氏咨盈切祢氏縣名在代郡文一　氒居月切木本从氏大於末讀若厥文一

文三　重音二

氐至也从氏下著一地也凡氐之類皆从氐丁禮切又張尼切氐池縣名又都黎切戎種一曰宿名又軫視切氐道地名又脂利切總也又丁計切東方宿名文一重音五

⿰氐垔煙奚切什也又於進切臥也又陟利切文一重音二　⿰氐重陟利切䟡也文一　⿱𦥑氐闕徐鉉曰按今篇韻音晧又音效注云誤也一曰地名文一　⿰氐失徒結切觸也又陟栗切文一重音一

文五　重音八

戈 平頭戟也从弋一横之象形凡戈之類皆从戈 古禾切 文一

戙 徒東切舟纜所繫曰戙 文一 戎 而融切說文兵也一曰西夷名一曰大也或作戎戎又如蒸切因也文二重音一 𢧵 餘封切兵器文一 戣 渠龜切兵也說文引禮侍臣執戣立于東垂又求位切文一重音一 戵 權俱切戟屬文一 戲 荒胡切外息也呼或作戲文一 𢦒 追輸切博雅殺一曰戈名文一 𢦏 將來切說文傷也文一 戔 昨干切說文賊也从二戈周書曰戔戔巧言又相干切狹少意又將先切戔戔猥積皃又楚限切擣傷也又子淺切又在演切狹也又旨善切賊也又匹見切文一重音七 𢧜 𢦼 牛刀切戟鋒謂之𢧜或省

文一划找胡瓜切舟進竿謂之划或从手文二𢧵余章切戈也文一戕資良切戕戕擨也又慈良切說文槍也春秋傳自外曰戕又慈盈切殺也又財千切文一重音三戧初良切傷也創或作戧文一𢦢渠尤切矛飾文一戡枯含切說文刺也一曰勝也又陟甚切文一重音一𢦟𢧁枯含切說文殺也引商書西伯既𢦟黎或从含文二笺將廉切說文絕也一曰田器文一韱苦兼切戈屬文一𢦚乳勇切戟屬文一武罔甫切說文楚莊王曰夫武定功戢兵故止戈爲武又微夫切亡也文一重音一戚遣禮切傳信也一說形如戟有幡書之吏執爲信文一戭以忍切長戈又柱兖切闕人名擣戭古才子又以淺切說文長槍也引春秋傳有擣戭又以九切長盾又羊進切矛屬文一重音四戩戚子淺

切說文滅也引詩實始戩商爾雅履復戩福也或作戓戩又旨善切又子賤切戓又追萃切路也文二重音

三

肈直紹切謀也始也又杜晧切文一重音一

⿰戈丮戶瓦切說文擊踝也或作⿰戈丸文二

⿰飠戈亡范切刃也文一

戲香義切說文三軍之偏也一曰兵也又居宜切鳴戲嘆辭又吁爲切旗屬又驅爲切傾側也又荒乎切外息也文一重音四

戍春遇切說文守邊也文一

⿱旱戈侯旰切說文盾也又居寒切文一重音一

戰⿰嘼戈⿱止廾之膳切說文鬭也一曰懼慄也亦姓一曰以戈擊罟故作戰古作⿱止廾文三

⿱翏戈力六切說文殺也又憐蕭切并力也文一重音一

⿰辱戈儒欲切博雅戟其子謂之⿰辱戈文一

⿰犭戈竹角切擊也一曰擿也文一

伐房越切說文擊也从人持戈一曰敗也又房廢切擊也亦星名文一重音一

⿸厂伐房越切說文盾也或

从戈文一**戛**丘八切爾雅常也又訖黠切說文戟也一曰轢之也文一重音一**𢧵擮**昨結切說文斷也或作擮文二**戜**徒結切說文利也一曰剔也文一**⿹戈⿱从从口**士略切斬也又側略切文一重音二**⿹戈各**各額切捕也鬭也文一**戟㦸**訖逆切說文有枝兵也引周禮戟長丈六尺或作㦸文二**戠**質力切說文闕又式吏切黏土又昌志切文一重音二**或**越逼切說文邦也从口以戈从守一一各也又穫北切疑辭文一重音一**戝賊**疾則切說文敗也从戈則聲隸作賊文二**⿹戈⿱彐目**席入切兵掩也文一**戢**側立切說文藏兵也引詩載戢干戈文一**⿰爿戢**側立切及立貟文一

文六十　重音三十四

戉斧也从戈乚聲司馬法曰夏執玄戉殷執白戚周左杖黃戉右秉白髦凡戉之類皆从戉 徐鉉曰今俗別作鉞非是王伐切文一

戚 倉歷切戉也又昨木切縣名在東海又趨玉切迫也又子六切文一重音三

文二 重音三

我施身自謂也或說我頃頓也从戈从手手或說古垂字一曰古殺字凡我之類皆从我古作𢦐 五可切文二

義羛宜寄切己之威儀也从我从羊徐鉉曰此與善同意故从羊墨翟書義从弗魏郡有羛陽讀若錡今屬鄴本內黃北二十里又並虛宜切莊子有義臺義又魚羈切善也文二重音二

文四　重音二

亅鉤逆者謂之亅象形凡亅之類皆从亅

讀若橜衢月切文一

𠄌居月切鉤識也从反亅讀若捕鳥罬又株衞切鉤戟皃又紀劣切文一重音二

𠃌古本切鉤逆鋌也文一

乜居月切乜丩動皃文一

丩居謁切乜丩動皃文一

文五　重音二

琴禁也神農所作洞越練朱五弦周加二弦象形凡琴之類皆从琴古作珡𤫶鑋巨金切文四

琵房脂切琵琶樂器从珡比聲文一琶蒲巴切琵琶也从珡巴聲義當用枇杷文一

瑟𤫳𤫲𤫷所櫛切庖犧所作弦樂也从琴必聲古作𤫳𤫲𤫷瑟又疏吏切臣光曰今隸書琵琶瑟等字並从珡省文四重音一

文十 重音一

乚匿也象迟曲隱蔽形凡乚之類皆从乚

於謹切

文一

卣余救切驚聲文一

矗初六切艸木盛也一曰直貞又敕六切文一重音一

直㮕㮕除力切正見也从乚从十从目徐鍇曰乚隱也今十目所見是直也古作㮕㮕㮕直又直吏切措也文三重音一

文六　重音二

亾逃也从入从乚凡亾之類皆从亾或作亡武方切亡又微夫切文二重音一

𣞤無无武扶切亡也从亡無聲或作無無奇字作无通於元者王育說天屈西北爲无文三

朚𦣱 謨郎切博雅遽也或作𦣱又並眉耕切目無眸子朚又莫更切朚倀失道皃文二重音二

乍 鉏駕切止也一曰亡也从亡从一徐鍇曰出亡得一則止暫止也又存固切止也又即各切起也文一重音二

朢望 巫放切出亡在外望其還也或从立望又武方切文二重音一

匃丐 古代切說文气也逯安說亡人爲匃或作丐匃又居謁切求也又古活切文二重音二

文十二　重音八

匸衺徯有所俠藏也从乚上有一覆之凡匸之類皆从匸讀與徯同 胡禮切 文一

區 豈俱切踦區藏匿也从品在匸中品衆也又恭于切艸木屈生曰區又烏侯切量名四豆爲區

又區尤切又居侯切曲也又羌幽切域也又丘候切文一重音六

匩 ⿰爿⿷匚巳 慈郎切匩也或作⿰爿⿷匚巳匩又茲郎切善也文二重音一

⿷匚今 胡南切受物器文一

匽 於蹇切匽也从匚妟聲又於建切路厠也文一重音一

匾 補典切器之薄者曰匾文一

医 於計切盛弓弩矢器也國語曰兵不解医文一

⿷匚丙 盧候切側逃也从匚丙聲一曰箕屬臣鉉等曰丙非聲義當从内會意疑傳寫之誤文一

匹 普吉切四丈也从八匚八揲一匹八亦聲文一

匿 女力切亡也从匚若聲讀如羊騶箠又尼質切隱也又惕德切朔而月見東方曰側匿文一重音二

文十一 重音十

匚受物之器象形凡匚之類皆从匚讀若

方古作匚𠥓府良切匚又甫妄切匚匚又甫王切文三重音二

㔯祖聰切盛米器又旬宣切箕也又從緣切文一重音二⿷匚虒天黎切匾⿷匚虒薄也文一

⿷匚丕⿷匚否晡枚切⿷匚頁也或作⿷匚否文二匰都寒切宗廟盛主器也周禮曰祭祀共匰主从匚單聲文一

匾⿷匚㬱卑眠切竹豆也文二⿷匚全逡緣切方言簙或謂之⿷匚全璇一曰竹器又此與切簙也文一重音一

⿷匚全從緣切箕也文一匩匡去王切飲器筥也亦省文二⿷匚倉七岡切古器也从匚倉聲文一

⿷匚攸徒聊切田器也从匚攸聲又徒弔切文一重音一⿷匚乏餘招切鼓也文一⿷匚汵胡南切方言沈也文一

匬度侯切甌器也从匚俞聲又勇主切量也文一重音一匳⿷匚⿱大品⿱大品離鹽切鏡籢也或作匳⿷匚⿱大品⿱大品文三

匜移爾切似羮魁

柄中有道可以注水从匚也聲又余支切盥器又唐何切文一重音二

⿷匚飢匭 矩鮪切黍稷方器也古作匭文二

⿷匚卑 補彌切籠也文一

匪 非尾切器似竹筐从匚非聲逸周書曰實玄黃于匪又芳微切又方文切別也文一重音二

⿷匚無 罔甫切刀室文一

医 匪父切黍稷圓器文一

匴 穌管切淥米藪也从匚算聲又式撰切筥也文一重音一

⿷匚㠯 式撰切筥也文一

⿷匚贛 古送切小桮也从匚贛聲又古禫切又都感切文一重音二

⿷匚弁 皮變切博雅笥也文一

匯 胡罪切器也从匚淮聲又胡對切水回合也又枯懷切文一重音二

匱 求位切匣也从匚貴聲文一

⿷匚䍃 大計切刀鞞文一

匠 疾亮切木工也从匚从斤斤所以作器也文一

柩匶 巨救切棺也从匚从木久聲又並巨九切文二重音一

匵 徒谷

切匱也从匚賣聲文一 匤 區王切匣也文一 𠥋 匢 呼骨切古器也从匚𠥋聲或作匢文二 ⿷匚歐 阿葛切大呼用力文一 ⿷匚異 ⿷匚翼 與職切田器也从匚異聲或从翼文二 ⿷匚乙 乞逆切物曲也文一 匣 胡甲切匱也从匚甲聲又古狎切文一重音一 匧 篋 詰叶切說文藏也或从竹文二

文五十　重音十八

凹象器曲受物之形或說曲蠶薄也凡凹之類皆从凹隷作曲古作𠃑 區王切曲又顆羽切曲遇地名亦姓文三重音一

𡇷匰與 土刀切古器也从曲匰籀作匰與文三 凹 於交切窊也文一 𡆿

𡊆 丘玉切㪺曲也从曲玉聲隸作𡊆文二 凸 陁没切出皃又徒結切高也文一重音一

冋 昵洽切凹冋物低垂皃文一

文十一　重音二

甾 東楚名缶曰甾象形凡甾之類皆从甾

古作甾 側詞切文二

𤲂 馮無切博雅𤲂𤰈畚也文一 𤮐𤮤 龍都切說文𦉜也古作𤮤文二 𤳊 堅奚切博雅𤳊𤲂筲簏也文一 𤭢𤭯 旁經切說文㡧也杜林以為竹筥楊雄以為蒲器或从弁𤭯又

必郢切畚也文二重音一畚⿱大甾補衮切說文𠁁屬蒲器也所以盛種或作⿱大甾文二⿰甾丁他鼎切田器也文一⿰甾庶⿰甾⿱𥫗庶⿰畚庶章恕切博雅⿰甾夬⿰甾庶畚也亦作⿰甾⿱𥫗庶⿰畚庶文三⿰甾夬胡桂切⿰甾奚⿰甾夬大㫖又消惠切⿰甾奚也文一重音一⿰甾鹿作木切畚也文一⿰甾疌千結切爾雅庣謂之⿰甾疌沈施讀又便滅切古田器斛也又磣歃切楊麥柭又測洽切文一重音三

文十七　重音五

瓦土器已燒之總名象形凡瓦之類皆从瓦

瓦五寡切又五委切屋甃瓦也莊子累瓦結繩又吾化切施瓦於屋也文一重音二⿰童瓦徒東切博雅甋瓬甃也又朱用切甕屬文一重音一⿰甬瓦⿰同瓦徒東切⿰甬瓦⿰亞瓦小牡瓦也或从同文二⿱龍瓦

盧東切築土以磨穀一曰瓦礱物文一

瓨 胡公切陶器又乎攻切又古雙切說文似罌長頸受十升又胡江切又寒剛切博雅瓶也文一重音四

⿱從瓦 徂宗切甖屬方言江湘之間謂之⿱從瓦又鉏江切博雅瓶也長沙謂罌曰⿱從瓦文一重音一

⿰容瓦⿰庸瓦 餘封切博雅瓶也或作⿰庸瓦⿰容瓦又常容切說文器也一曰瓶也文二重音二

甀 是爲切廣雅瓶也又重垂切方言甖其大者晉之舊都謂之甀又傳追切又馳僞切說文小口罌文一重音三

⿱斯瓦⿰其瓦 相支切字林罋破也一曰瓶也或省亦書作⿰斯瓦又並先齊切瓦破聲文二重音一

⿰畀瓦 頻彌切方言罃謂之⿰畀瓦又駢迷切又部鄙切文一重音二

瓷 才資切陶器之緻堅者文一

瓻 抽遲切畜瓻瓶也一曰盛酒器古以借書文一

⿰絫瓦 倫追切博雅⿰絫瓦甌甎也文一

⿺瓦而 人之切瓦也文一

瓵 盈之切說文甌瓿謂

之瓬文一　**瓯**盈之切博雅甈瓯瓶也文一　**瓿**馮無切罌也又蒲侯切小缶也又薄口切說文甂也文一重音二　**𤭛**慵朱切方言罌陳魏宋楚之間曰𤭛文一　**𤭞**容朱切方言罌陳宋楚之間曰𤭞文一　**瓐**龍都切罌也文一　**瓳**洪孤切博雅甗瓳甗甎也文一　**𤭢**訛胡切甌也文一　**𤭯𤬸**田黎切博雅𤭯甌甂也或从弟𤭯又待禮切文二重音一　**𤬫**憐題切小瓶文一　**𤮐㼄**消畦切甑空也或作㼄又並玄圭切𤮐又淵畦切甑空也文二重音二　**𤮚**初佳切博雅𤮚甊磨也一曰屑瓦滌器又謨皆切又初加切文一重音一　**𤭣**居諧切壯瓦謂之𤭣文一　**𤮺**盧回切屋櫺瓦也文一　**𤬪**鋪枚切瓦未燒者文一　**𤮾**符袁切博雅𤮾瓳墫也又鋪官切文一重音一　**瓫**蒲奔切說文盎也又姓文一　**𤮰**祖昆

切酒器也文一 ⿰享瓦 都昆切陶器似甌者文一 甂 卑眠切方言自關而西盆盎小者曰甂又紕延切說文似小瓿大口而卑用食文一重音一 ⿰肙瓦 圭玄切陶器又扃縣切盎下窾文一重音一 甄 諸延切察也勉也又稽延切說文匋也亦姓又之人切博雅甄匋窯也又之刃切掉也鍾病聲又規戀切衛地鄄或作甄文一重音四 甎㼷 朱遄切燒墼也或从耑㼷又並淳沿切江東呼盆曰㼷文二重音一 ⿰哥瓦 居何切結謂之合⿰哥瓦文一 ⿰它瓦 唐何切缶也文一 ⿰奢瓦

⿰豕瓦 徒禾切飛甎戲也或作⿰豕瓦⿰豕瓦又杜果切甌也文二重音一 ⿰長瓦 仲良切方言朝鮮洌水之間謂罃為⿰長瓦又丑亮切博雅鉼也又直亮切文一重音二 ⿺瓦唐 徒郎切小鉼有耳者曰⿺瓦倉⿺瓦唐文一 ⿰當瓦 都郎切甌屬一曰題瓦謂之⿰當瓦溝文一 ⿰盧瓦 盧當切器名文一 ⿰廉瓦⿰蒹瓦 丘岡

類篇十二下　十二　華宗

切甂瓬陶器或从荒又並枯江切甂也瓶又胡光切器也又枯光切瓶瓬破甇文二重音三　㼚

𤭛居郎切博雅缾也一曰大瓮爲㼚或作𤭛文二　𤭁呼光切器也文一　𤮊胡盲切小瓦謂之𤮊文一　甖甇於莖切缶也亦作甇甖又於正切博雅缾也文二重音一　𤭏

𤭸何耕切器似鍾頸長或作𤭸又並乎經切一曰酒器文二重音一　甍𤭐謨耕切說文屋棟也亦作𤭐甍又忙成切屋棟又母亘切文二重音二　𤭯時征切甑也又時正切器也文一重音一　瓶旁經切甖也文一　㼗唐丁切甎也文一　瓴𤮜𤭶郎丁切說文甖似瓶或作𤮜𤭶文三　𤮐都騰切禮器也文一　甌烏侯切說文小盆也又於口切西甌駱越別種文一重音一　瓭持林切方言甖其小者謂之瓭又都含切甖容一石又都感切博雅

餅也文一重音二⿰曇瓦徒南切甒屬文一甔都含切罌也容一石又都甘切又覩感切

又都濫切又又濫切文一重音四⿰土瓦枯含切瓦器又動五切慱雅⿱豈瓦⿰土瓦覽也又徒故切土餅丈

一重音二⿰倉瓦姑南切器斂口者又胡南切⿰倉瓦⿰虒瓦小餅文一重音一瓴胡南切治槖韍一曰

似餅有耳文一⿰甘瓦枯甘切土器也文一⿰兼瓦乎監切瓦施屋也又下斬切又莊陷切又叉鑑

切文一重音三⿱工瓦古勇切瓶也文一⿰臣瓦象齒切⿰氏瓦甌甎也文一甒⿸广甒罔甫

切方言甖周魏之間謂之甒或以廡文二⿱夗瓦鄔管切小盂也文一瓪補滿切牝瓦又補綰

切說文敗也又甫遠切文一重音二甗語蹇切甑也又語偃切又魚軒切無底甑又牛偃切又魚

戰切文一重音四⿰考瓦苦浩切器名文一⿰嘝瓦⿰斝瓦戶瓦切甖大口曰⿰嘝瓦或省⿰斝瓦又戶管

切文二重音一㼜倚兩切盆也又倚朗切又於浪切文一重音二𤮒𤭛楚兩切說文瑳

垢瓦石或从相又所兩切半瓦也或作𤭛文二重音一瓬甫兩切說文周家摶埴之工也文一

㼚舉朗切罌屬文一𤮍所景切博雅執㼿瓶也文一𤬯下耿切博雅執㼿瓶

也又下頂切文一重音一𤭁扶缶切瓦器文一𤭿語口切博雅缶也文一甎

朗口切博雅瓿甎瓶也文一𤭉多貢切博雅𤭉㼿㼿也文一瓮甕烏貢切說文罌

也亦从雍甕又委勇切㼜類又於用切又於容切文二重音三𤭢余頌切大罌文一𤭯

力僞切廣雅𤭉也文一㽈魚記切博雅瓶也文一㼵丁計切㼵甂大瓮文一𤮓

𤮠甈去例切爾雅康瓠謂之甈或作𤮠亦省甈𤮠又九芮切又並牛例切甈又丘傑切又魚列

切文三重音四甎都內切器名周禮珠槃玉敦一曰似瓿無緣盟以歃血者或作𤮊文一瓶
蘇對切說文破也文一甐良刃切器也文一𤮭尺戰切瓦器緣也又時戰切文一重
音一𤬪吾化切施瓦於屋也文一瓽丁浪切說文大盆也一曰井以甓爲甃者顏師古說
亦姓又底朗切博雅瓽坬甓也文一重音一𤭊蒲孟切瓨屬又普孟切罌屬文一重音一𤮐
亶正切瓶屬文一甑子孕切說文甗也又慈陵切炊器文一重音一甃側救切說文井
壁也文一𤮾力救切博雅甍謂之𤮾文一𤮸呼濫切大盎又胡暫切陶器如甀大口以
盛冰又胡懺切博雅瓽坬甓也又居銜切文一重音二𤭢徒念切楮也通作磹文一𤬺
去劒切陶器小瓶有耳者又巨欠切文一重音一㼝乂鑑切罌也又仕懺切大盎以盛潘者又

類篇十二下　十四　一

又濫切文一重音二　⿰瓦凡扶泛切瓦也文一　⿱𦥯瓦胡谷切瓦器一曰坯也文一　⿰鹿瓦盧谷

切博雅瓴甋⿰鹿瓦甎也文一　⿰出瓦　⿱臤瓦女刮切⿰甾瓦也或作⿱臤瓦亦書作⿱岂瓦文二　⿱㓞瓦詰結切器受一

斗北燕謂瓶爲⿱㓞瓦又詰計切文一重音一　瓸博陌切⿰章瓦瓸甓也文一　⿰白瓦薄陌切瓦屋不

泥也文一　甓博厄切爾雅瓴甋謂之甓又蒲歷切說文瓴甓也引詩中唐有甓文一重音一　⿰去瓦

⿰谷瓦丑亦切盛酒器或作⿰谷瓦文二　甋丁歷切瓴甋謂之甓文一　⿸厤瓦狼狄切鼎屬也

文一　⿱弋瓦逸職切瓦坯也文一　⿰翕瓦悉合切器破文一　⿰夾瓦即涉切瓦相掩一曰半瓦

又即協切文一重音一　⿰聶瓦質涉切盎屬文一　⿱耎瓦　⿰而瓦力協切說文蹈瓦聲一曰瓦薄也或

省文二　⿰燮瓦悉協切瓦破聲文一

文二百四十四　重音八十五

弓以近窮遠象形古者揮作弓周禮六弓王弓弧弓以射甲革甚質夾弓庾弓以射干侯鳥獸唐弓大弓以授學射者凡弓之類皆从弓　居戎切　文一

⿰弓同　徒東切象弭謂之⿰弓同　文一

⿰弓從　麤叢切山海經大荒之南有⿰弓從淵　文一

彌弥　民卑切說文弛弓也一曰益也終也亦姓或作⿰弓㸏　弥古作⿰弓㸏張揖說彌又研奚切嫛也又緜批切

嫛彌嬰兒也又母婢切止也

周禮彌哭兵　文三　重音三

弫　盈之切弓名　文一

張　龍都

切黑弓春秋傳賜晉侯張弓矢千文一 弧 洪孤切說文木弓也一曰往體寡來體多曰弧又汪胡切曲也周禮無弧深杜子春讀文一重音一 㢸 洪孤切弸㢸帷張起皃又胡盲切又乎萌切弸弦弓聲弦或作㢸文一重音二 弙 空胡切又汪胡切說文滿挽弓有所向也文一重音一 ⿰弓巾 居銀切弰也文一 ⿰弓番 符表切生育也文一 弴弫 都昆切說文畫弓也或从民弫又彌鄰切旗弧也弴又丁聊切文二重音二 彈⿰弓丸 唐干切丸射也一曰糾也或从丸彈又多寒切射也又並徒案切說文行丸也文二重音二 彎 烏關切說文持弓關矢也文一 ⿰弓雚 巨班切弓曲皃又驅圓切又逵員切又苦遠切又俱願切又求患切文一重音五 弲 呼玄切廣雅彈弲弦也又縈玄切說文角弓也洛陽名弩曰弲又[illegible]緣切文一重音二 ⿰弓耑 縈玄切弓隈也文一

⿰弓垔 諸延切弓觲又稽延切廣雅彇⿰弓垔觲也又規掾切文一重音二 ⿰弓扁 紕延切弓反張也文一

弮 驅圓切弩弮又古倦切連弩也文一重音一 彇⿰弓蕭 先彫切弓弭頭也或作⿰弓蕭文二

弤 丁聊切畫弓也文一 ⿰弓喬 牽幺切引弓也文一 弨彯 蚩招切說文弓反也引詩彤弓弨兮或作彯弨又之遥切弛弓又齒紹切反曲也文二重音二

⿰弓䌛 餘招切說文弓便利也文一

弰 師交切弓末文一 ⿰弓皮 他刀切說文弓衣也文一 ⿰弓羊 余章切弓曲文一

張 中良切說文施弓弦也一曰開也亦姓又知亮切陳設也周禮邦之張事一曰自侈大文一重音一

彊 渠良切說文弓有力也又居良切界也又巨兩切勉也又居亮切死不朽也文一重音三

⿰弓旁⿰弓方 蒲光切弦急也或省文二 ⿰弓幷 披庚切張弦也又悲萌切彈也文一重音一

⿱敬弓渠京切說文榜也或从弓亦書作檠文一
弦乎萌切弸弦弓聲又烏宏切文一重音一
⿰弓曾鋤耕切弓弦聲文一
弸披耕切弸弦弓聲又蒲耕切說文弓彊皃一曰滿也楊子弸中彪外又悲陵切弓彊皃又披朋切弸彋弓聲文一重音三
弘胡肱切說文弓聲也一曰大也文一
彄彀墟侯切說文弓弩耑弦所居也或作彀彄又居侯切闞人名春秋傳陳有夏彄夫彀又居侯切張弓也又居候切文二重音三
⿰弓朁祖含切弓弦謂之⿰弓朁又徂感切弓張弦也文一重音一
弛⿰弓施㢮賞是切說文弓解也一曰捨也或作弛㢮弛又丑豸切又商支切又余支切又施智切改易也文三重音四
弭⿰弓皃母婢切說文弓無緣可以解轡紛者古从皃文二
⿱彌土毋婢切弛弓又想氏切文一重音一
弣斐父切弓把中也文一
弩暖五切說文弓有臂

者引周禮四弩夾弩庾弩唐弩大弩文一弤典禮切弓名文一弡止忍切弓強也文一

𢏉矢忍切長也文一引㧄以忍切說文開弓也一曰道也古从手引又羊進切牽車紖也一曰曲引文二重音一弓苦遠切弓曲謂之彏或作弓文一𢐀紀偃切弓強也

又九件切文一重音一𢑆汝兩切弓曲文一𢐅徂感切弓張弦也文一𢐗是義切青州謂彈曰張又陟利切博雅𢐗謂之彈又竹吏切又上紙切文一重音三𢐔𢐄女恚切彼𢐔張弓皃或从垂𢐔又而睡切弓曲謂之𢐔一曰張弩又於僞切文二重音二𢏹平義切絲皮飾弓也一曰所以張弩一曰弓曲也文一𢐏平祕切以絲被弓也文一𢐿蒲計切弥也文一

𢏛胡計切闕人名有窮國君又研計切說文帝嚳射官夏少康滅之引論語𢏛善射文

一重音一⿰弓夋須閏切弓簫文一⿰弓眞陟刃切彈也文一⿰弓干⿰弓旱侯旰切弓拒也
一曰縣名或不省文一弖徒案切行丸也文一⿰弓彖俞絹切弓緣也文一弝必駕
切弓把也文一弶其亮切字林施罟於道一曰以弓罥鳥獸文一⿰弓舊⿰弓区巨救切弓強也
或作⿰弓区文二彃壁吉切說文䠶也引楚詞羿焉彃一曰弦也又必至切文一重音一發
方伐切說文䠶發也又北末切鱍或作發文二重音一⿰弓夬古穴切所以闓弦者詩決拾既次或
从弓文一⿰弓㒳彆⿱折弓必結切弓戾謂之⿰弓㒳或作彆⿱折弓彆⿰弓㒳又必袂切文三重音一彏
怳縛切說文弓急張也又厥縛切急弦謂之彏文一重音一⿰弓黄彍忽郭切張弩也或作彍又
並闊鑊切說文弩滿也又並光鑊切彍又怳縛切文二重音三⿰弓鬲下革切束弓弩衣又各核切又

逆華切文一重音一 ⿰弓勺 丁歷切射質也文一 弽⿰弓合 虛涉切射波也或从合弽又悉協切又失涉切⿰弓合又迄業切弓強文二重音三

文九十四　重音六十一

弜 彊也从二弓凡弜之類皆从弜 其兩切又𦐇移切弓強皃又渠羈切又渠良切文一重音三

⿲弓缶弓 符表切生育也文一 ⿲弓䍃弓 余招切弓便利也文一

⿰弓西⿲弓西弓⿲弓西弓⿰弓矢攸⿱弗曰 弼⿱弗力 易密切輔也重也从弜西聲徐鍇曰西舌也舌柔而弜剛以柔以剛輔弼之意或从二西餘並古文文八

文十一　重音三

弦　弓弦也从弓象絲軫之形凡弦之類皆从弦　胡田切　文一

玅　於霄切急戾也从弦省少聲又伊尭切又彌笑切精微也又一笑切文一重音三

盭　郎計切弼戾也从弦省从盩讀若戾又力結切又引戾切文一重音二

𢏽　於罽切不成遂急戾也从弦省曷聲又乙列切文一重音一

文四　重音六

糸　繫也从糸丿聲凡糸之類皆从糸或作

⿱毄處籀文作𦃟胡計切系又乎肄切著也文三重音一

孫思魂切子之子曰孫从系系續也又蘇困切遁也文一重音一緜武延切聯微也从系从帛文一

繇余招切隨從也从系䍃聲徐鉉等曰今俗从䍃文一繇夷周切爾雅迪繇道也又余招切文一重音一⿰夸系胡故切佩印系文一

文八　重音三

類篇卷第十二下

類篇卷第十三上　卷之三十七

朝散大夫右諫議大夫權御史中丞充理檢使上護軍河內郡開國侯食邑一千三百戶賜紫金魚袋臣司馬光等奉

敕修纂

十四部

文二千二百九十四

重音一千六百七十三

糸細絲也象束絲之形凡糸之類皆从糸讀若覛或作幺　徐鍇切曰一蠶所爲忽忽爲絲糸五忽也糸又莫狄切幺又新兹切

絲或省文
二重音二
絧他東切緩而直通皃又徒東切布名又徒弄切鵃絧深遠一曰相連次皃文一重音二⿰糸蒙
謨蓬切絲亂緒皃又母摠切文一重音一繱緫麤叢切說文帛青色一曰輕絹或作總緫又祖
叢切絲數詩素絲五總又作弄切又並祖動切文二重音三緵祖叢切爾雅緵罟謂之九罭郭
璞曰今百囊罟又祖動切東也又作弄切文一重音二纃祖聰切合絲織也文一縱
徂聰切髺高大皃禮爾無縱縱爾劉昌宗讀又將容切東西曰衡南北曰從或从糸又祖動切趨事皃又
足勇切從慫或作縱又足用切緩也文一重音四紅胡公切說文帛赤白色又沽紅切功或作紅又
古項切絳或作紅文一重音二⿱艹⿵几糸方馮切竹名出南海文一終⿱日⿱夂大⿱⿱亠人大⿱日冬

𡕝夂之戎切說文絿絲也一曰盡也又姓古作𣅀𠔄㚇𡕝隸作夂文六 絨而融切布細者曰絨文一 縱將容切說文紘屬絨采章也一曰車馬飾又足用切文一重音一 縫綘符容切說文以鍼紩衣也或省縫又房用切衣會也周官有縫人文二重音一 緟傳容切說文增益也一曰厚也又儲用切繒縷也文一重音一 紋章移切字林縴紋挽舟繩文一 纚章移切繒屬又商支切又侈支切又相支切又展几切紩衣也文一重音四 纒絁絁商支切粗緒也一曰繒屬或作絁絁纒又侈支切博雅納也一曰繒屬又相支切文三重音二 縒叉宜切說文叄縒也謂絲亂皃又想可切繒鮮潔又此我切又刺五切繒色鮮皃又倉各切縒綜亂也一曰鮮絜白皃文一重音四 䋩如支切䋩繻繒美皃又山皆切繻色文一重音一 纗津垂

切維綱中繩又玄圭切又竹恚切絃中絶又弋睡切博雅纗紳䋎帶也又胡卦切文一重音四

縭 鄰知切說文絲介履文一

彝彞𢑱 延知切說文宗廟常器也一曰法也古作彞𢑱文三

縻絼 忙皮切說文牛轡也一曰繫也或作絼縻又旻悲切分也又母被切散也易吾與爾縻之徐邈讀又靡寄切羈縻也絼又弋睡切垂也又以豉切重次弟物也文二重音五

綼 賔彌切鄭康成曰飾裳在幅曰綼在下曰緆又頻彌切又薄必切給也又必力切又蒲歷切文一重音四

綏 翾規切祭食也又雙佳切毿毸毛長皃或作緌又儒佳切說文系冠纓也一曰垂也一曰注髦於干首又宣佳切說文車中把也亦州名又通回切安坐也又土火切又思累切尸所祭肺又呼恚切文一重音七

緌 儒佳切說文系冠纓也一曰垂也一曰注髦於干首文一

絘 津夷切績所緝也文一

絧才資切又詳茲切博雅補也文一重音一絺抽遲切說文細葛也又展几切箴縷所紩衣文一重音一纍縲倫追切說文綴得理也一曰大索一曰不以罪死曰纍或作縲縲又盧兒切纍纍又魯猥切㟪壘山名或作纍又路罪切又力僞切文二重音四纝綠倫追切博雅纝縲絡也或作綠文二維夷佳切說文車蓋維也一曰網也繫也隅也文一紕䋛篇夷切繒欲壞或作䋛紕又頻脂切邊飾謂之紕又賓迷切緣也又頻彌切又並邊迷切并也事謬織疏也紕又蒲眠切纇布又補履切氐人纇也又此禮切又必至切飾也理也又毗至切文二重音九緶頻脂切細布文一縻旻悲切分也又苦磒切博雅束也文一重音一緇紂莊持切說文帛黑也周禮七入為緇或作紂緇又側八切又側吏切黑色文二重音二緦㣻新茲切說文十

五升布也一曰兩麻一絲布也古作㚇文二**綀**陵之切繮曲毛可以箸起衣又郎才切文一重音一**綥綦綨**渠之切說文帛蒼艾色引詩縞衣綥巾未嫁女所服一曰不借綥亦姓或作綦古作綨或書作綨紤綦又渠記切屨飾文三重音一**緋**匪微切絳色一曰赤練文一**徽𢼸**吁韋切說文衺幅也一曰三糾繩也古作𢼸文二**縔縔**求於切博雅履其緣謂之無縔一曰絲名或作縔文二**綀**山於切綌屬後漢禰衡著綀巾文一**𥿌**山於切繼也又口舉切又所據切條陳也文一重音二**紓絟**商居切說文緩也一曰解也或作絟紓又上與切緩也文一重音一**絮**女居切說文絜縕也一曰敝絮引易需有衣絮又女下切文一重音一**紆**匈于切曲也周禮連行紆行李軌讀又邕俱切說文詘也一曰縈也又烏侯切陽紆山名文一

重音二絇絽權俱切說文纑繩絇也鄭康成曰絇謂之拘著舄屨頭以為行戒或作絽絇又恭于切又拘遇切文二重音二紨⿰糸敷芳無切博雅紨紞紬也一曰大絲曰紨或从敷紨又馮無切說文布也又符遇切縛繩文二重音二綒芳無切麤網也文一紶風無切說文襲袂也或从系文一繻緰縳詢趨切說文繒采色一說帛邊也漢制以為關門符信春秋傳紀履繻或从俞亦作縳繻又汝朱切帛邊一曰細密網緰又容朱切裂繒曰緰又餘招切帛也又他侯切布名又徒侯切說文緰貲布文三重音五⿸戶系洪孤切履也又尸瓦切文一重音一絑鍾輸切說文純赤也引虞書丹朱如此一日赤色繒又追輸切文一重音一纑龍都切說文布縷也文一結攻乎切結縷艸名文一縷千西切說文帛文皃引詩縷兮斐兮成是貝錦又此

禮切文一重音一紙都黎切說文絲縡也文一緹都黎切赤縑又天黎切赤色又田黎切又天以切又土禮切說文帛丹黃色文一重音四綈田黎切說文厚繒也文一⿰糸虒憐題切說文繫⿰糸虒也一曰維也又憐知切惡絮文一重音一緀牽奚切繫⿰糸虒也令惡絮文一緊煙奚切說文戟衣也一曰赤黑繒一曰詞也又壹計切歎聲一曰語助一曰緊袼小兒次衣一曰赤黑繒文一重音一纗玄圭切說文維網中繩文一⿰糸⿺辶非邊迷切并也事謬織疏也文一緺公蛙切說文綬紫青也又古禾切綬文又盧戈切又姑華切文一重音三⿰糸皆丘皆切說文大絲也又口駭切文一重音一⿰糸畏烏回切斷色絲兩紐中而糾之文一縗蘇回切編鷺羽爲衣又倉回切說文服衣六寸博四寸直心又雙隹切鷺首毛又蘇禾切文一重音三⿰糸亥柯開切博

雅纏絯束也又下楷切挂也又下改切又下革切文一重音三紳升人切說文人帶也文一紉而鄰切合縷也又尼鄰切說文繟繩也又居覲切合絲爲繩文一重音二繽紕民切繽紛亂也一曰盛皃⿰糸頻毗賓切擣衣也文一緍眉貧切說文釣魚繁也吳人解衣相被謂之緍一曰錢一曰國名或作緡又並彌延切緡蠻小鳥皃緡又呼昆切又弭盡切合也又美隕切痛也文二重音四⿰糸⿸尸巳眉貧切說文釣也博雅兔㬎罟文一縝癡鄰切博雅纑也一曰縝紛衆盛又之人切密緻也又稱人切又止忍切又之刃切文一重音四繗離珍切紹也理絲也文一純朱倫切告曉之孰也又殊倫切說文絲也引論語今也純儉又船倫切門名春秋傳有純門又規倫切鄭司農曰緣也又徒渾切束也詩白茅純束又從緣切投壺禮二筭爲純又莊持切帛黑也又主尹切緣也

又杜本切束也又朱閏切文一重音九紃殊倫切釆成文也又舩倫切釆也又松倫切又昌緣
切字林圜緣緍也文一重音三緍松倫切縫也方言繞緍謂之䙡裺郭璞曰謂衣⿰衤督脊文一約
松倫切圜釆也一曰條也又于權切釆成文曰約文一重音一綸龍春切青絲綬一曰邑名又估
頑切文一重音一絪伊真切絪縕天地合氣也文一緸伊眞切經宛搖動皃文一縜
于倫切說文持綱紐也引周禮縜寸又于分切又羽敏切又羽粉切文一重音三⿰糸稟俱倫切束
也文一紋無分切織文文文一紛敷文切說文馬尾韜也一日衆也亂也又符分切紛
縕亂皃文一重音一紜于分切物數紛紜亂也或从糸文一縕於云切說文紼也一曰亂
麻又烏昆切赤黃間色又委隕切枲也又許鄖本切士縕紋又紆問切文一重音四纁⿰糸薰許云

切說文淺絳也或从薰纁又吁運切絳三入曰纁文二重音一

繙 孚袁切繽繙風吹旗也繙紕亂也又符袁切又蒲官切文一重音二

䋣 符袁切多也概也又蒲官切馬上飾又蒲波切姓也文一重音二

緐䋸 符元切說文馬髦飾也引春秋傳可以稱旌緐乎或作䋸緐又蒲官切又蒲波切姓也文二重音二

緷 胡昆切周禮十羽謂之緷一曰百羽又吁韋切大束又公渾切又窘遠切又戶袞切又苦本切又古本切又王問切緯也文一重音七

緄 公渾切混夷西戎名或作緄又戶袞切又古本切說文織帶也文一重音二

繜 祖昆切說文蘵貉中女子無絝以帛為脛空用絮補核名曰繜衣狀如襜褕文一

繟 唐干切帶緩也又時連切繟聯不絕又黨旱切又齒善切又尺戰切又時戰切文一重音五

絙 胡官切說文緩也文一

紈 胡官切說文素也文

一綄胡官切舩上候風羽楚謂之五兩又戶管切博雅纏也又烏患切繫桊也文一重音二縏蒲官切小囊文一⿰糸弁蒲官切馬上飾春秋傳縏纓以朝或作⿰糸弁又符元切馬髦飾又皮變切冕也文一重音二絻謨官切連也又美辨切冕或作絻又無販切引舟繂文一重音二⿰糸薦將先切馬被其文一⿰糸前才先切織一畨也文一編卑眠切說文次簡也字林以繩次物曰編又蒲眠切緶衣也又紕延切列也又補典切絞也又婢典切細也文一重音四⿰糸匾卑眠切褰謂之⿰糸匾又補典切文一重音一緶蒲眠切說文交枲也一曰緁衣也又毗連切又補典切褰衣文一重音二⿱堅糸⿰糸臣経天切緊也或作⿰糸臣文二縴輕煙切縴⿰糸虎惡絮文一絃胡千切八音之絲也又翾縣切繩也文一重音一纏纒澄延切說文繞也一曰束也或省纒又直

碾切文三 纏 陵延切纏縷不解文一 綖 夷然切冠上覆又以淺切又延面切重音一

又私箭切纏也 緜綿 彌延切說文聯微也一曰纊之別名亦州名或从系緜又文一重音三

莫列切弱也漢書緜力薄材孟康說文二重音一 絟 逡緣切說文細布也又從緣切又促絕切

又測劣切文一重音三 繎 如緣切又而宣切絲難理一曰絲勞又人見切又奴戰切文一重音

三 緣 余專切因也一曰衣飾又俞絹切說文衣純也文一重音一 𦆽 驅圓切博雅憒

也一曰小兒帽又逵員切布名出蜀又求恚切衣褑文一重音二 繑 牽幺切說文絝紐也又丘

妖切又訖約切履也文一重音二 綃𦂃 思邀切說文生絲也一曰綺屬或作𦂃綃又師交切

文二重音一 𦄽 千遙切麻苦雨生壞也又茲消切布屬文一重音一 緢 彌遙切又眉鑣

切說文旄絲也引周書惟緢有稽又謨交切緢旋曰緢又莫飽切又眉教切文一重音四繚離昭切繞也又憐蕭切又力照切又朗鳥切說文纏也又爾紹切闕人名莊子有黃繚文一重音四⿰糸要伊消切衣襻也或从系文一絞何交切蒼黃色文一綃師交切維舟謂之綃文一繷尼交切博雅紛繷不善也又乃湩切博雅絲繷不善也文一重音一繅繰⿰糸蚤蘇遭切說文繹繭爲繅或从喿从蚤繅又子皓切文采也繰又千遥切又子晧切博雅繰謂之縑又七小切帛如紺色文三重音四絛縚他刀切說文扁緒也或从舀文二綯徒刀切絞也詩宵爾索綯文一⿰糸⿵冂可⿰糸可於何切博雅絅縞練也或省文二紴逋禾切說文絛屬一曰錦類又補靡切又普靡切錦屬又平義切裝束皃一曰絛屬文一重音三紽唐何切絲數也詩素絲五紽文

一[illegible]盧戈切綾紋文一紗師加切縛屬一曰紡纑又弭沼切微也文一重音一縀何加切履也一曰履根後帖文一緗思將切淺黃色又師莊切文一重音一纕思將切佩帶一曰馬腹帶又如陽切援臂也又蘇郎切緗纕淺黃或从襄又汝兩切緣棼也文一重音三綡呂張切纕也文一繮居良切說文馬紲也文一紻於良切纓謂之紻又倚兩切說文纓卷也文一重音一縍逋旁切治履邊也又補曠切吳俗謂[illegible]絮曰縍文一重音一[illegible]謨郎切緜曼延也又呼光切文一重音一[illegible]蘇郎切緗纕淺黃也又四浪切文一重音一綱居郎切說文維紘繩也文一[illegible]呼光切說文絲曼延也文一[illegible]晡橫切結也文一紘紭乎萌切說文冠卷也一曰纓从下而上者或从弘文二綃綪甾莖切說文紆

朱紫繩一曰急弦聲或作綪綪又倉君經切淺碧色又倉甸切說文赤繒也以茜染故謂之綪文二重音二

繃綳悲萌切說文束也引墨子曰禹葬會稽桐棺三寸葛以繃之或作綳文二絣悲萌切說文氐人殊縷布也又卑盈切雜也太玄錯絣又披庚切張弦也又普幸切又必幸切急絙也一曰無、文綺文一重音四⿶凵丝悲萌切繩以直物文一⿰糸正諸盈切說文乗輿馬飾也文一⿰糸貞丑成切赤色也䞓或作⿰糸貞文一⿰糸盈⿰糸呈怡成切絲綬也或作経又並湯丁切文二重音一纓伊盈切說文冠系也又於政切馬犬頸飾文一重音一縈娟營切說文收縈也文一⿰糸甹滂丁切吴人數絜文一⿰糸名忙經切絲也文一綎湯丁切說文系綬也又唐丁切綬謂之綎文一重音一紷郎丁切綼絜一曰絲細湅為紷布細湅為繐文一⿰糸零郎丁切絜也文一經経坙堅靈切說文織也一曰常也又國名古作経坙經又古定切織也文三重音一緈乎經切直也文一絅涓熒切說文急引也又欽縈切又戶茗切襌也又犬迥切又口定切襌衣也禮衣錦尚絅文一重音四繩神陵切說文索也又石證切徵也又以證切艸含實曰繩周禮秋繩而芟之又弭盡切繩繩無涯貞一曰運動不絕意文一重音三繒䋠慈陵切說文帛也籀从宰省楊雄以為漢律祠宗廟丹書告繒又咨騰切又祖稜切又昨亘切文二重音三綾閭承切說文東齊謂布帛之細者曰綾文一𦁤息凌切繒也文一𦃇縢徒登切說文緘也或作縢文一絿渠尤切說文急也引詩不競不絿又渠幽切糾也文一重音一緪絚居曾切說文大索也一曰急也或省絚又居鄧切文二重音一紈渠尤

切急也文一

紬丑鳩切引絲緒也又陳留切説文大絲繒也又似救切緒也又直祐切博雅業也文一重音三

綢陳留切説文繆也又他刀切韜也一曰繆束又徒弔切蜩蟉龍首動皃或从糸文一重音二

綂力求切旌旗之旒文一

⿰糸留力求切綺屬文一

繆力求切枲十絜也又迷浮切又居虬切細也又亡幽切一曰綢繆束也又陳留切又憐蕭切又朗鳥切纆也又力弔切蟉或作繆又眉救切戾也又莫六切謚也古有魯繆公秦繆公文一重音九

緧⿰糸秋⿰糸叟雌由切説文馬紂也或从秋从叟緧又茲秋切文三重音一

緅甾尤切色也周禮染羽五入為緅又將侯切帛青赤色又遵須切又遵遇切又仄遇切文一重音四

紑方鳩切衣絜鮮也又披尢切説文白鮮衣皃引詩素衣其紑又普溝切又方無切繒色鮮又蒲枚切又孚不切又匹九切又分物切文一

重音七

纋 烏侯切屈笄以安髮又塸侯切又於求切笄中央狹文一重音二

緱 塸侯切緱氏地名又居侯切說文刀劒緱也又胡溝切文一重音二

⿱敄糸 塸侯切博雅⿱敄糸繱絹也又迷浮切縛也又亡幽切文一重音二

⿰糸兜 當侯切結縷囊文一

綅 千尋切又咨林切說文絳綫也詩貝胄朱綅又思廉切繒名白經黑緯文一重音二

⿰糸尋 徐心切續也文一

纖 諸深切刺也禮記其刑罪則纖剸文一

綝 䟽簪切襂纚衣裳毛羽垂皃或作綝又癡林切說文止也一曰善也文一重音一

絍 ⿱任糸 如林切機縷也⿱任糸又尼心切織也又如鴆切文一重音二

紝 ⿰糸南 尼心切織也或作⿰糸南紝又如鴆切說文機縷也文二重音一

⿰糸㸒 夷針切久綏皃文一

紟 ⿰糸金 居吟切說文衣系也籀从金又並渠金切又並其淹切布帛名紟又女禁切單被又並巨

禁切文二重音四紞姑南切絲貟文一緂充含切衣鮮色又他甘切衣白鮮也又充甘切女衣又蚩占切說文白鮮衣貟又吐感切帛騅色文一重音四⿰糸詹都甘切緂也文一繿盧甘切衣名說文裯謂之襤或从糸文一⿰糸閻余廉切續也又以冉切方言未續也文一重音一纖思廉切說文細也又將廉切刺也文一重音一綅思廉切繒名白經黑緯一曰綫也文一縿思廉切旌旗未也又思邀切說文生絲也一曰綺屬又蘇遭切說文繹繭爲絲又師炎切旗正幅為幓或从糸又師銜切說文旌旗之游也又七感切淺紺繒又所感切文一重音六⿰糸冄如占切博雅褘袡蔽厀也一曰衣下襈或从糸文一⿰糸廉離鹽切縿也文一⿱㰹糸火占切口閉也又磬兼切又苦兼切持意堅固謂之⿱㰹糸又居咸切說文監持意口閉也又沽南切文一重音四⿰糸忝

他廉切蜀也文一**縑**堅嫌切說文并絲繒也文一**緘**居咸切說文束篋也又公陷切棺旁所以繫者文一重音一**纔**鋤咸切說文帛雀頭色一曰微黑色如紺纔淺也又墻來切繒色一入又師銜切帛青色又初銜切帛紺色又左銜切又昨代切僅也又所鑒切又仕懴切文一重音七

⿰糸封補孔切枲履也一曰小兒皮屨又補講切文一重音一**總⿱北干**祖動切聚束也一曰皆也古作⿱北干文二**⿰糸茸**乳勇切博雅索也又而用切安革毳飾文一重音一**紙**掌氏切說文絮一苫也釋名紙砥也平滑如砥一說古以擣絮蔡倫後以敝罔樹膚爲之一曰姓也文一

纚縰所綺切說文冠織也謂以緇帛韜髮或作縰纚又鄰知切縷也又輦尒切連也又並所蟹切文二重音三**紫**蔣氏切說文帛青赤色文一**綺**去倚切說文繒也又語綺切闕人名莊子

有士成綺文一重音一 累 魯水切增也案或作累又倫追切摞或作累又魯猥切嵔壘山名又路罪切又力爲切事相緣也又龍遇切譁連累匈奴單于名又力涉切地名鉅鹿下曲陽縣西南有肥累城文一重音六 ⿰糸止 醜止切績苧一紕謂之⿰糸止文一 ⿰糸耳 忍止切⿰糸耳⿰糸耳纚盛皃文一 ⿸尸糸 林史切履也方言西南梁益之間謂之⿸尸糸又胡卦切又戶瓦切又莫白切說文青絲頭履文一重音三 紀 苟起切說文絲別也又國名文一 ⿰糸匪 府尾切器似竹篋匪或作⿰糸匪文一 緒 象呂切說文絲耑也又詩車切緒餘殘也徐邈讀文一重音一 紶 口舉切緒也文一 紵 ⿰糸⿱耂亍 丈呂切說文⿱林糸屬細者爲絟粗者爲紵或从者省紵又展呂切⿱林糸之粗者史記用紵絮翫陳漆文二重音一 絽 兩舉切廣雅絣也文一 ⿰糸無 斐父切說文治敝絮也文一 ⿰糸頁

⿰糸頁聳取切說文絆前兩足也漢令蠻夷卒有⿱須糸或省又並筍勇切⿰糸頁又詢趨切又宣遇切又息有切⿰糸頁又雩律切文二重音五

縷隴主切說文綫也又郎侯切褸或作縷文一重音一

⿰糸甫彼五切說文完衣也一曰數也文一

組揔古切說文綬屬其小者以爲冕纓又千余切邑名在海中文一重音一

⿰糸米母禮切說文繡文如聚細米也文一

綮遣禮切說文⿰扌致繒也一曰徽幟信也有齒一曰肉結處也又棄挺切莊子肯綮又壹計切結也李軌說又詰定切文一重音三

⿰糸殳師駭切懶⿰忄殺衣被或从糸文一

⿰糸畾魯猥切傀儡木偶戲或作⿰糸畾文一

絠已亥切彈彄也一曰釋繩又倚亥切一曰冠卷文一重音一

綵此宰切繒也文一

紿緿蕩亥切說文絲勞即紿一曰纏也或从怠紿又湯來切緜緼又丑升切又待陵切文二重音三

紾止忍切說

文轉也又頸忍切纏絲急也又他典切垂絕皃又徒典切角理犅也周禮老牛之角紾而昔一曰垂絕皃又上演切又知輦切又丈善切文一重音六

紖絼 丈忍切說文牛系也或作絼紖又以忍切文二重音一

䌥 倚謹切博雅絣也一曰縫衣相合文一

𦃇 八隱切織紋緻密文一

綩𥿋 委遠切冠卷也一曰纁色衣一曰冃也或省𥿋又於袁切繙𥿋亂也文二重音一

總 虎本切結也文一

綑 苦本切織也文一

緩 戶管切舒也又苦緩切舒也又火遠切寬綽也文一重音二

綆 補滿切車輪箄也又俾緬切文一重音一

繖傘傘 顙旱切說文蓋也亦作傘傘繖傘又先旰切文三重音一

纂纂纗 祖管切說文文組而赤一曰集也或作纂纗文三

纘 祖管切說文繼也文一

繵 黨旱切束也史記繵緣中經維

絡又蕩旱切襌也一曰大帶謂之纏又唐干切繩也一曰紫色又澄延切說文繞也一曰束也文一重音三

緞 杜管切履後帖或从糸从革文一

綰 鄔版切說文惡也一曰絳也絹也繫也又古玩切絳淺色又烏患切史記獨擅綰事文一重音二

辮 婢典切說文交也文一

縜 胡典切綴也又磬兖切又犬迥切說文絭也引詩衣錦褧衣古或作顈又消熒切襌也文一重音三

䌮

繭絸 吉典切說文蠶衣也从糸从虫芇声或作䌮古作絸俗作蠒非是文三

緁 似淺切博雅緁緁緶也又齒善切說文編緶也又直碾切又延面切文一重音三

緛 乳兖切說文衣⿰糹戚也文一

緬 彌兖切說文微絲也文一

繾 去演切繾綣不相離也又遣忍切繾綣纏綿也文一重音一

縯 以淺切長也又以忍切引也又延面切文一重音二

縲 下兖切維也一

曰旗紐一曰槌耳又以轉切維也又胡犬切說文絡也又胡慣切文一重音三綄以轉切紖也文一綣九件切縮也文一⿰糹愆起輦切縮也文一紗於兆切紗緺理絲未成約急戾也文一繳吉了切行縢謂之懰或从糸又吉吊切糾戾也劉向曰紛繳争言又下革切衣領中骨文一重音二絞吉了切繚也又居效切繒墨黃色又何交切蒼黃色又古巧切說文縊也一曰縛也又國名文一重音三紹⿱卲糸市紹切說文繼也一曰紹緊糾也亦姓古作⿱卲糸紹又蚩招切緩也詩匪紹匪游鄭康成讀文二重音一繞爾紹切說文纏也又人要切史記苛察繳繞文一重音一絩直紹切說文綺絲之數也漢律曰綺絲數謂之絩布謂之總綬組謂之首又徒了切繒長白又杜皓切五色縷又他弔切文一重音三縹匹紹切說文帛青白色又匹妙切文一重

音一

縞 古老切說文鮮色也一曰細繒又居号切白縑也文一重音一

緥 補抱切說文小兒衣也文一

⿰糸翟 杜晧切色在青黃間曰⿰糸翟文一

⿰糸朵 都果切㒚前垂也文一

綞 都果切字林綞子綾也文一

⿰糸奢 竹下切紾絮緜絮相著也或从奢文一

⿰糸爽 所兩切博雅⿰糸爾⿰糸爽絞也一曰履底繩文一

縔 所兩切⿱桑糸中薾文一

繈 舉兩切說文捔類也文一

⿰糸巨 舉兩切闕人名鄭伯⿰糸巨文一

紡 撫兩切說文網絲也文一

綆 古杏切說文汲井綆也又必郢切輪箄也文一重音一

絖 古杏切說文汲井綆也文一

⿰糸丁 張梗切絲繩絙直皃文一

緈 下頂切說文直也文一

絙 孤等切急也一曰大索文一

緧 息有切絆前兩足文一

綹 力九切說文緯十縷為綹一曰絲十為綸綸倍為綹文一

紐 女九切說

文糸也一曰結而可解文一
⿰糹斗 他口切絲黃色文一
紞 都感切說文冕冠塞耳者文一
⿰糹剡 吐敢切說文帛騅色引詩毳衣如⿰糹剡文二
⿰糹僉 纖琰切槌紐也又力冉切方言所以縣襜關西謂之⿰糹僉一曰索也文一重音一
⿰糹空 苦貢切絲屬文一
綜 子宋切說文機縷也又子鄧切織文文一重音一
統 他綜切說文紀也一曰攝理文一
⿰糹从 足用切說文緩也文一
絳 古巷切說文大赤也文一
縋⿰糹耒 馳僞切說文以繩有所縣也引春秋傳夜縋納師或从耒文二
縊 於賜切說文經也引春秋傳夷姜縊又壹計切文一重音一
⿰糹朿 七四切以漆塗器文一
絘 七四切說文績所緝也一曰絘布稅布也又疾二切文一
⿱次糸 資四切理絲也文一
⿰糹祟 雖遂切卷絲爲締也文一
綷 七醉切綷縩紈素聲又蘇回切五色雜又

取内切又祖對切說文會五采繒色又即聿切周也宋衛語文一重音四繸⿰糹㒸徐醉切爾雅綏
也所以連繫瑞玉者或省文二⿰糹屎丑二切結固也文一緻直利切說文密也文一乿
直吏切理也文一⿰糹犀⿰糹遲直利切紩也或从遲文二⿰糹匱求位切織餘也文一絥
平祕切說文車絥也文一⿰糹志職吏切織文也文一⿰糹忌渠記切博雅鈦⿰糹忌鍼也一曰秤綍文
一緭于貴切說文繒也文一緯于貴切說文織橫絲也又羽鬼切束也文一重音一
絮息據切說文敝緜也一曰冒絮頭上巾也又楮御切調也禮無絮羹又尼據切姓也漢有絮舜
又乃嫁切絲棼也又人余切又女居切又女加切絲絭曰絮文一重音六縛符遇切縛繩也文一
⿰糹舞亡遇切繅絲餘也文一⿰糹聚仄遇切絺也文一縸莫故切惡絮也齊人語文

一絚胡故切可以收繩也文一絝苦故切說文脛衣文一細細思計切說文微也隸作細文二綼必計切緝也文一締丁計切又大計切說文結不解也又田黎切又丈尒切又徒二切文一重音四綟郎計切說文帛戾艸深色又力結切綟謂之綬文一重音一縘胡計切帶也文一絜詰計切提也文一繫吉詣切說文繫纊也一曰惡絜一曰維也或作毄又㚔奚切又胡計切又吉棄切聯也文一重音三繼吉詣切說文續也一曰反㡭爲繼又吉棄切縛也文一重音一繐胡桂切疎布又須銳切說文細疏布也又旋芮切文一重音二繐須銳切又旋芮切說文蜀細布文一重音一繐須銳切說文細疏布也文一𦆝𦄼居例切說文西胡毳布也或作𦄼文一絏以制切衣長皃一曰袖也或从

曳亦作絏又私列切說文系也引春秋傳臣負羈紲文一重音一 綐徒外切博雅紬也文一

繪黃外切說文會五采繡也引虞書山龍華蟲作繪引論語繪事後素又古外切五采束髮又胡對切織餘也文一重音二 繣古賣切微也又胡卦切文一重音一 絓古賣切罥也又空媧切博雅紬也又公懷切又胡卦切說文繭滓也一曰絓頭一曰以囊絮練也又空媧切又公懷切文一重音五

⿰糸卦胡卦切礙也或从网亦作挂通作絓文一 繲居隘切故衣也文一 ⿰糸𠂢卜卦切又普卦切說文散絲也文一重音一 ⿰糸執女介切絮亂皃文一 纇盧對切說文絲節也文一

⿰糸背補妹切繻也文一 繀蘇對切說文箸絲於莩車也又取猥切絲大皃文一重音一 繢胡對切說文織餘也一曰畫也又胡隈切采色鮮又戶賄切畫也又求位切又胡骨切文

一重音四 絗 胡對切衣領緣白文一 綷 作代切事也又昨代切又子亥切文一重音二

縩 倉代切綷縩鮮衣文一 䌙 兵麋切闕周禮朱緫鄭康成曰故書緫或爲䌙李軌讀又基位切繒也文一重音一 縉 即刃切說文帛赤色也引春秋傳縉雲氏又將支切文一重音一

紊 文運切說文亂也引商書有條而不紊又無分切文一重音一 緷 王問切染閒色文一

絭 區願切又俱願切說文攘臂繩又苦倦切又古倦切又驅圓切弩弮又拘玉切文一重音五

綣 區願切繾綣厚志又苦遠切繾綣不相離散也文一重音一 絻 無販切引舟綷或省

文一 絆 博漫切說文馬縶也文一 縵 莫半切說文繒無文也引漢律賜衣者縵表白裏又謨官切又莫晏切緩也周禮教縵樂文一重音二 繝 居莧切錦文也唐有大繝錦文一 組

直莧切說文補縫也文一

縝 堂練切文繒文一

綻 堂練切衣坼也又治見切縫解也又直莧切文一重音二

練 郎甸切說文湅繒也亦姓文一

絹 熒絹切射侯綱紐又規掾切說文繒如麥稍又古泫切挂也又胡犬切文一重音三

絢⿰糹荀 熒絹切采成文也或从荀又並翾縣切文皃說文引詩素以爲絢兮一曰成也又須倫切又松倫切文二重音三

⿰糸丏 眠見切細也又莫結切又莫列切又彌延切又彌兗切文一重音四

綫線絤⿰糸鮮 私箭切說文縷也古从泉亦作絤⿰糸鮮綫又相然切文四重音一

繏⿰糸選 須絹切博雅⿰糸僉繏索也或从選繏又逡緣切所以縣持也又並聳取切方言所以縣㨀東齊海岱之間謂之⿰糸選或省文二重音二

縓 取絹切說文帛赤黃色一染謂之縓再染謂之䞓三染謂之纁又逡緣切又取亂切文一重音二

縼綻

隨戀切說文以長繩繫牛也或省文二 繕 時戰切說文補也文一 縳 樞絹切雙縳繳繒也紡熟絲爲之又柱戀切束也周禮百羽爲縳又規掾切說文繒如麥稍又古倦切說文鮮色也又升絹切繒也又重緣切卷也又柱兖切說文白鮮色文一重音六 ⿰糸車 船釧切望繩取正周禮置臬以縣是揰或作⿰糸車又柱戀切束也周禮百羽爲摶或作縳亦省又規掾切繒如麥稍絹或作⿰糸車又柱兖切說文白鮮色文一重音三 緛 儒轉切織也文一 ⿰糸翟 居号切色青黃謂之⿰糸翟又大到切又杜晧切又亭歷切緣也文一重音三 ⿰糸毛 莫報切繒帛有毛刺者文一 纙 郎佐切錢緡也文一 纑 盧卧切說文不均也一曰絲有落文一 縛 符卧切束也文一 ⿰糸斥 充夜切以繩維持也文一 ⿱加糸 ⿰糸奓 乃嫁切絲棼也或从奓⿰糸奓又竹下切⿰糸奓絮絲絮相著也又展賈切文

二重音二

緉 力讓切又里養切說文履兩枚也一曰緉緉絞也文一重音一

⿰糸囊 乃浪切寬緩也文一

⿰糸黃 胡曠切繩束也文一

纊絖 苦謗切說文絮也引春秋傳皆如挾纊或从光又並古曠切綿也周禮共其絲纊文二重音一

絎 下孟切緣也文一

⿰糸咅 數救切治敗絮也又匹候切又斐父切文一重音二

繡 息救切說文五采備也又先彫切綺屬文一重音一

綬 丞呪切𣪠維又是酉切文一重音一

縐 側救切說文絺之細也引詩蒙彼縐絺又側又切聚文也又緇尤切細絺也又仄遇切又楚教切文一重音四

⿰糸冑 直祐切博雅蒙也一曰緒也文一

⿰糸宙 直祐切古今無極謂之⿰糸宙文一

⿰糸柔 女救切雜色繒文一

⿱敄糸 丘候切博雅絹也文一

⿰糸屋 於候切喪束手者或从系文一

綉 他候切吳俗謂綿一片文一

⿰糸禁 女禁切青色陶隱居

說藍染緤碧所用文一

紺古暗切說文帛深青揚赤色文一　纜盧瞰切維舟絙文一

𦃈於贍切繅絲以手振出緒也文一　𦂏奴念切引舟繩也文一　縠胡谷切說文細縳也文一　纀博木切說文裳削幅謂之纀又逢玉切帕也文一重音一　𦅾步木切頸聯也又伯各切文一重音一　𦆯盧谷切純也文一　𦃃方六切布帛廣也文一　絥房六切說文車絥也文一　縬子六切縮也一曰繒文又側六切聚文也文一重音一　縮所六切說文亂也一曰蹴也一曰牆紝也文二　𦃓側六切聚文也文一　緕余六切說文帛青經縹緯一曰育陽染也文一　𦇻𦆽朱欲切襟綴帶謂之𦇻或省文二　縟儒欲切說文蘩采色也又乳勇切華或作縟文一重音一　續松玉切說文連也又辭屢切詩陰靷鋈續徐邈

說文一重音一⿰糸菐逢玉切帊也一曰裳削幅文一綠龍玉切說文帛青黃色也文一⿱㬥糸拘玉切說文約也文一⿱削糸色角切繳也或書作⿰糸削文一縪壁吉切博雅縫也一曰約束一曰冠縫箸武也又簿必切縫也又必結切以組約圭也周禮天子圭中必或作縪文一重音二紩勑栗切縫也又直質切索也文一重音一⿰糸栗力質切黃色繒文一⿰糸宂弋質切縷一枚也又食律切又允律切又胡決切又古穴切文一重音四繘厥律切綆也又其律切又食律切又允律切又決律切又古穴切文一重音五絀式聿切縫也一曰出自又竹律切縫謂之絀又勑律切文一重音二繂劣戌切索也文一⿰糸聿允律切長也文一⿰糸瑟色櫛切⿰糸瑟⿰糸瑟色也文一紱⿰糸巿分物切綬也或从巿文二綍分物切引車索又方未切文一重音一紼

分物切說文亂系也或書作⿱埶糸又芳未切緼也文一重音一⿰糸屈九勿切翟衣一曰結也又丘月切⿰糸屈狄后夫人之服文一重音一⿰糸戉王伐切說文采彰也一曰車馬飾一曰細布文一紇恨竭切說文絲下也春秋傳有臧孫紇又下扢切又胡骨切又奚結切大絲又蹇列切覲也又九傑切文一重音五⿰糸曷於歇切繒壞也文一⿰糸末勿發切說文足衣也又莫葛切所以束衣也文一重音一⿰糸切蒼沒切索也又千結切文一重音一縎胡骨切繒類又古忽切說文結也文一重音一絗胡骨切縷縈也文一⿰糸忽呼骨切博雅徽也文一縩桑葛切綃屬又七曷切又七蓋切綷縩⿰糸丸素聲文一重音二繓宗括切結也一曰縫餘文一絜丘八切苦也又詰黠切博雅獨也又奚結切爾雅河名即九河之一也一曰絜束知其大小也又顯結切莊子絜之

百圖徐邈讀一曰河名以其水勢約挈也又吉屑切說文麻一耑也文一重音四

紮 側八切纆束也文一

縖 下瞎切束也文一

⿰糸窒 丁結切結也文一

絰 徒結切說文喪首戴也文一

纈 奚結切繫也謂繫繒染爲文也文一

緳 奚結切帶也莊子正緳係履又吉屑切文一重音一

結紒 吉屑切說文締也或作紒結又胡計切繫也又並吉詰切束髮也紒又居拜切綰也結又激質切文二重音四

⿰糸夬 古穴切縷也文一

⿱折糸 匹蔑切編繩又必列切說文扁緒也一說弩署銅帶一說御左回曰⿱折糸文一重音一

⿱敝糸 必結切劍帶謂之⿱敝糸又毗祭切惡綿文一重音一

紲緤 私列切說文系也引春秋傳臣負羈紲或从枼緤又弋涉切繒帛番數也文二重音一

絬 私列切說文引論語絬衣長短右袂文一

絕𢇍 徂雪切說文斷絲也

古作𢇍象不連體絕二絲絕又祖稅切文二重音一⿰糸敝直列切衣破文一紓吉列切絲束文一⿰糸樂弋灼切說文絲色也又式灼切又狼狄切治絲也文一重音二縛伏約切說文束也文一⿱敫糸職略切說文生絲縷也或書作繳文一約乙却切說文纏束也又一笑切契也又於教切屈也又吉歷切又乙角切文一重音四綽尺約切緩也文一⿱略糸力灼切博雅絣也一曰紩也文一絡歷各切說文絮也一曰麻未漚又克各切文一重音一緒匿各切絖諾蠻夷布名文一⿰糸暴伯各切黼領謂之襮一曰表也或从糸文一縸末各切絡縸張羅皃文⿰糸昝昔各切大綯文一⿰糸昔⿰糸乍疾各切綯⿰糸昔艸絚或从乍⿰糸昔又秦息切引舟筊⿰糸乍又仕下切繒紕皃文二重音二絈莫白切博雅⿱品㐌⿱呆前謂之幧帞或作絈文一

綌⿰糸卻乞逆切說文麤葛也或作⿰糸卻文二縌⿰糸屰仡戟切說文綬維也或省文一繴博厄切捕鳥罔又匹麥切又薄革切說文繴謂之罿罿謂之罬罬謂之罦捕鳥覆車也又毗亦切又必歷切文一重音四⿰糸辟博厄切織絲帶也又匹麥切又必益切緰⿰糸辟絜也文一重音二纀下革切衣領內謂之纀文一⿰糸華克革切緯也紩也又鄂刀切文一重音一繣胡麥切徽也一曰結礙也又勿麥切文一重音一繹祥亦切祭也宗廟有繹徐邈說又施隻切又夷益切說文抽絲也一曰陳也理也文一重音二緆先的切說文細布也又以豉切裳下緣也文一重音一績則歷切說文緝也一曰業也文一⿰糸覓莫狄切博雅索也一說并州謂帆索曰⿰糸覓文一⿰糸歷狼狄切繩爲界埒也文一織⿰糸式⿰糸赤⿱戠糸⿹戠糸質力切說文作布帛之總

名也樂浪挈令从糸从式徐鉉曰挈令盖律令之書也或作綀古作𢧵裁織又脂利切織文也又職吏切⿰糸式又式吏切旗也又昌志切又職吏切織文也又說職切織己經未緯也文五重音六

繬 殺測切博雅縫也文一

繶 乙力切博雅繶紃條也文一

緎 越逼切羔裘之縫又忽域切又乙六切文一重音二

⿰糸黑纆 密北切說文索也或从墨文二

緝 七入切說文績也又即入切緝緝口舌聲文一重音一

縶 陟立切繫也文一

給 訖立切說文相足也又極入切敏言也禮恭而不中禮謂之給又極業切又乙業切又轄夾切歲在未曰汁給文一重音四

級 訖立切說文絲次第也文一

⿰糸度 達合切字林縃重也文一

納 諾荅切說文絲濕納納也一曰入也文一

⿰糸亂⿰糸萬 力盍切⿰糸亂颯絲雜皃或作⿰糸萬文二

⿰糸劫 戟業切博雅⿰糸劫⿰糸業補縫也

又憶笈切又訖業切文一重音二緁緝七接切說文緶衣也或作緁緝又疾葉切又並七入切文二重音二⿰糸妾即涉切續⿰糸妾也文一⿰糸集疾葉切合也一曰遠夷物又即入切一曰蠻夷貨文一重音一⿰糸步實攝切繒屬文一⿰糸疊達協切絲數文一綊檄頰切說文紅綊也文一⿰糸業逆怯切紃縤補縫也又昵輙切文一重音一綞側洽切縫也文一

文六百三　重音五百五十四

⿱乑糸白經絕也从糸乑取其澤也凡⿱乑糸之類皆从⿱乑糸隸作素桑故切文二

⿰⿱乑糸爰緩胡玩切韓也从素爰聲緩或省文二⿱⿱乑糸廾⿱素廾居玉切素屬从素収聲隸作⿱素廾文二

繂 所律切素屬从素率聲又劣戌切博雅紑繂素也文一重音一 𦃃 職略切博雅縞謂之𦃃文一 𦃃 以灼切白𦃃縞也从素勺聲文一 繛 昌約切緩也从素卓聲文一 𦃏 歷各切絜也文一

文十一　重音一

絲 蠶所吐也从二糸凡絲之屬皆从絲 息茲切文一 𢇇 古還切織絹从絲貫杼也从絲省卝聲又古患切文一重音一 㬎 渠飲切絜中小繭文一 轡 兵媚切馬轡也从絲从軎與連同意詩曰六轡如絲文一 繘 𦇧 允律切綆也籀从日繘又訣律切博雅繘絡綆也文二重音一

文六　重音二

率捕鳥畢也象絲罔上下其柄也凡率之屬皆从率古作[糸+率]所律切[糸+率]又所類切又力遂切計數名又劣戌切又所劣切量名　文二重音四

[斗+率]劣戌切索也文一

文三　重音四

類篇卷第十三上

類篇卷第十三中　卷之三十八

朝散大夫右諫議大夫權御史中丞充理檢使上護軍河内郡開國侯食邑一千三百戶賜紫金魚袋臣司馬光等奉

勑修纂

虫一名蝮博三寸首大如擘指象其卧形物之微細或行或毛或蠃或介或鱗以虫爲象凡虫之類皆从虫許偉切　文一

蝀都籠切爾雅螮蝀虹也又覩動切又多貢切文一重音二

蠪盧東切說文丁螘也一曰蠪蛭如狐九尾虎爪音如小兒食人名蟜蠪又盧鍾切博雅蚵蠪蜤蜴也文一重音一

蜂蠭

補蠓切蒼頡篇螽蜂蟲名或从逢蜂又敷容切說文悟也爾雅甹夆掣曳也或作蜂文二重音一

蠓 謨蓬切方言蠭蝱燕趙之間謂之蠓螉又母揔切說文蠛蠓也文一重音一

蛖 謨蓬切蟲名爾雅蝶蛖螻又莫江切又部項切文一重音二

蜙蚣 蘇叢切蟲名爾雅蜇螽蜙蝑或从公亦書作蚣又沽紅切又並思融切又並諸容切又並思恭切說文蜙蝑以股鳴者文二重音四

蟌 麤叢切蟲名淮南子水蠆爲蟌一曰蜻蜓文一

蝬 祖叢切三蝬蛤屬文一

⿰虫從 祖叢切說文蝑⿰虫從也一曰似蟒又徂聰切又祖宗切又七恭切蟲名蠮螉也又牆容切文一重音四

⿰虫旬 祖叢切蛪⿰虫旬蟲名似蟬又松倫切文一重音一

虹 胡公切說文螮蝀虹也狀似蟲引明堂月令虹始見或書作蛩又胡江切潰也詩實虹小子鄭康成讀又古項切鄭司農曰白虹彌天又胡貢切虹洞相連也又古

送切螮蝀一曰縣名在沛郡又古巷切文一重音五 蜶 枯公切蟲蜕曰蜶文一 螉 烏公切說文蟲在牛馬皮者又鄔孔切文一重音一 ⿰虫戎 思融切蟲名文一 ⿰虫眾 之戎切蝗也又之仲切方言螻蛄謂之⿰虫眾蛉文一重音一 ⿰虫夅蠬 良中切蟲名或从隆文二 ⿰虫宮 居雄切守⿰虫宮蟲名文一 ⿰虫丹 徒冬切說文丹飾也文一 独 徒冬切博雅刺也文一 蝩⿰虫童 諸容切蝗也或从童蝩又傳容切夏蠶文二重音一 蝽 書容切蝽蟓蟲名文一 ⿰虫茸 如容切蟲行白文一 ⿱逢虫⿰虫⿱山丰 敷容切飛蟲螫人者蠭或作⿱逢虫⿰虫⿱山丰文二 ⿰虫庸 餘封切山海經蜂⿰虫庸狀如黃虵魚翼出入有光文一 ⿱雍虫 於容切蟲名蚌也又委勇切文一重音一 蛩⿱卭虫 渠容切說文蛩蛩獸也一曰秦謂蟬蛻曰蛩或从卭又古勇切蟲名文二重音一 蛬 渠容切爾雅蟋

⿰虫卒蛬又古勇切又居用切文一重音二 **⿱枝虫** 章移切蟲名如蜥蜴食人而善藏文一 **⿱施虫** 商支切說文姑⿱施虫強芊也謂米穀中蠹小黑蟲又施智切又羊至切文一重音二 **⿰虫麗** 山宜切博雅⿰虫長⿰虫麗蛐蜒又鄰知切又郎計切文一重音二 **蜤** 相支切蟲名爾雅蜤螽蜙蝑文一 **蟴** 相支切郭璞曰青州人呼蛓為蛅蟴文一 **螔** 相支切方言守宮在澤者海岱之間謂之螔⿰虫侯郭璞曰似蜤易而大有鱗今通言蛇醫一曰螔蝓蝸牛也又余支切文一重音二 **⿱此虫** 將支切蟲似蟬又津夷切蟲名蠋化也又女蟹切蟲也文一重音二 **蟕** 津垂切蟕蠵龜屬又遵為切文一重音二 **⿱知虫** **蜘** 珍離切鼅鼄蟊也或作⿱知虫蜘文二 **螭** 抽知切說文若龍而黃北方謂之地螻文一 **蛇** 陳知切毆蛇地名春秋傳盟于毆蛇又余支切委蛇曲首又湯何切虫也从虫而長象寃

曲垂尾形它或从虫又唐何切蟲名蠖也又時遮切虵屬又余遮切關中謂毒蟲曰蛇文一重音五⿰虫離鄰知切螹⿰虫離龍無角一曰蟲名文一蜱賓弥切蜱蛸蟷蠰夘又頻弥切又部迴切蜃屬文一重音二螷頻彌切蚌狹而長者爲螷又蒲街切又母梗切又部迴切文一重音三蚑翹移切說文行也蟲行或䞨䞨又渠羈切蟲名一曰蟲行也又渠希切水蛭也又去智切又明祕切蟲名如蝦寄龜殼中食文一重音四蠵⿰虫夐匀規切水蟲名涪陵郡出大龜甲可以卜緣中文似玳瑁一名靈蠵司馬相如作⿰虫夐又並亥圭切文二重音一蠘虛宜切蠡蟲也文一⿰虫奇丘奇切蜘蛛長足者又巨綺切蟬也方言海岱之間謂之⿰虫奇文一重音一蟡邕危切逶或从虫爲又古委切涸水之精曰蟡文一重音一蜲邕危切水精也形如蛇紆曲長八尺以名呼去可使取魚又鄔毀切

類篇十三中　三

蟲名黍負也文一重音一 蛳 霜夷切蟲名螺也文一 ⿰虫⿱資𧖧 才資切蟦螬蟲名或作⿱齊虫亦書作蠐蟦又千資切又津夷切又節力切蜫或作蟦⿱齊虫又前西切文二重音四 蚔 ⿺廴虫 陳尼切蟲名說文螘子蚔周禮有蚔醢古作⿺廴虫蚔又翅移切又稱脂切龜蚔獸名山海經鳧麗山有獸狀如泒九尾九手虎爪食人又丁計切虹也文二重音三 ⿰虫屖 陳尼切蟲名蛭也逸詩倭人如⿰虫屖文一 蜊 良脂切蛤蜊蟲名海蚌也文一 ⿱利虫 ⿰虫黎 良脂切蟍⿱利虫蟲名似蝗大腹長角食蛇腦或从黎又並憐題切文二重音一 蠝 倫追切鳥名鼠形飛走且乳之鳥又魯水切文一重音一 蚭 女夷切蟲名博雅蚰蜒也方言北燕謂之蚰蚭文一 雖 帷 宣佳切蟲名說文似蜥蜴而大一曰不定一曰況辭古作帷文二 蛦 延知切蟓蛦蟲名又田黎切蠍蛦蟲名山雞也文一重音一

螔 延知切螔蝓蟲名蝸也文一 ⿰虫遺 夷佳切蜰⿰虫遺蛇名山海經泰華山有蛇六足四翼見則天下旱又以醉切文一重音一 蚒 蛜 於夷切蟲名說文蛜威委黍委黍鼠婦也或从伊文二 虮 居狋切蟲名爾雅密虮繼英文一 螝 居逵切蠶蛹也文一 ⿰虫癸 渠惟切蟲名文一 蚍 螕 頻脂切蟲名說文⿱比䖵蜉大螘也或作蚍螕蚍又普弭切艸名爾雅莥蚍衃又必至切文二重音二 ⿰虫琵 頻脂切蟲名文一 蚩 充之切說文蟲也一日蚩蚩敦厚皃文一 蜞 渠之切蟲名水蛭也文一 蜝 渠之切彭蜝蟲名似蟹而小不可食蔡謨渡江不識噉之幾死歎曰爲勸學所誤文一 蜚 匪微切蟲名又府尾切負蠜也又父沸切獸名如牛白首蛇尾行水則竭行艸則枯見則大疫又滂佩切蜚林地名文一重音三 蜰 符非切蟲名說文盧蜰也

又府尾切又父沸切蜰蟦符非切虫名出北海水
蠙神蛇也文一重音二丘狀如凝脂一曰水母
也蠐螬也又父尾[虫希]香衣切蟲蝛於非切蛜蝛
切文一重音一名文一蟲名一曰鼠
負文一蚚渠希切蟲名說文強也蓋蠅類又[虫魚]牛
一胡隈切又胡對切文一重音二居
切囊魚蜛斤於切蜛蝫蟲名一頭尾有數蟝求
也文一條左有脚狀如蠶可食文一於
切蟲名蟲[虫京]也朝生暮死蚷求於切商蚷蟲名北
豬好啖之或作渠文一燕謂之馬蚿文一
蝑新於切蟲名說文蜙蝑也又寫與切又蛆
象呂切又四夜切蟹醢文一重音三[虫虘]
千余切蠅乳肉中也亦作[虫虘]蛆又子余蠩專於
切蚚蛆蟲名又七慮切文二重音二蝫切蜛
蠩蟲名一曰蝦蟆或省蠩蜍常如切蟾蜍蟲名或
又常如切文二重音一从諸又羊諸切蟲名

鼅鼄也方言北燕朝鮮洌水之間謂之蝳蜍又時遮切姓文一重音二

蠦 淩如切諸蠦蟲名又良據切文一重音一

蝺 元俱切蟲名博雅蟱蝺魚伯青蚨也一曰蝦蝺似蟬而長味辛可食又魚容切文一重音一

虶 雲俱切蟲名方言蚰蜒趙魏之間或謂之蚨虶又邕俱切文一重音一

蚼 恭于切蟲名方言蚍蜉齊魯之間謂之蚼蟓又權俱切一曰蝁蠶其蛹蝰蚼又居侯切蚼犬如犬食人又吁句切蟲名幺蠶也又許后切又舉后切說文北方有蚼犬食人文一重音五

蛷 恭于切肌蛷蟲名文一

蠷 權俱切蠷螋蟲名文一

蚹 芳無切蛇腹下齟齬也又符遇切又步木切蚹蠃蟲名蝸牛也文一重音二

蚨 馮無切說文青蚨水蟲可還錢文一

蝥蟱 微夫切蝥蟊蟲名或作蟱蝥又謨交切又亡遇切又莫侯切又並迷浮切文二重音四

螋 雙雛

切蠷螋多足蟲文一

蠕汝朱切蟲行皃又而宣切又乳兖切又乳尹切文一重音三

蛛追輸切蟲名鼅鼄也或从虫文一

蝓⿰虫臾容朱切蟲名說文虒蝓也或作⿰虫臾蝓又夷周切文二重音一

螸容朱切蟲名爾雅蠭醜螸或書作⿰虫欲又俞玉切文一重音一

蜅蓬逋切蟲名蛤也又匪父切蟹屬又奉甫切文一重音二

蠦龍都切蜚蠦蟲名蠜也方言守宮秦晉或謂之蠦⿰虫⿸厂⿱林土文一

⿱胡虫洪孤切蜂屬文一

蛄攻乎切蟲名說文螻蛄也文一

蜈⿰虫吾訛胡切蜈蚣蟲名或作⿰虫吾文一

螐汪胡切螐蠋蟲名似蠶文一

⿰虫惡汪胡切田蟲文一

蝭都黎切蝭蟧蟬屬又田黎切蝭蟧蟪蛄也又常支切茋母或作蝭又丁計切文一重音三

⿰虫弟田黎切蝭蟧蟲名蟪蛄也或作⿰虫弟文一

⿰虫笄堅奚切蟲名博雅蛾也一曰螢火文一

螇牽奚

切蟲名土蠭也又弦雞切蟲名說文螇鹿蛁蟟也文一重音一⿰虫谿⿰虫谷牽奚切蟲名土蠭也亦省

文二蜺研奚切蟲名說文寒蜩也一曰似蟬而小青赤又研計切虹也又倪結切文一重音二

⿱圭虫傾畦切蟲名蠆也又烏蝸切文一重音一蝰傾畦切蟲名蠽蛹也文一螕邊迷

切說文齧牛蟲也文一蛙烏蝸切蟲名說文蝦蟇也又呼瓜切又烏瓜切文一重音二蝔

居諧切蟲名猥狗也知雨則緊葉又椎皆切蟲名得雨輒出淮南呼爲雨母文一重音一蝝呼回

切豕發上也文一蛕蚘蛔胡隈切說文腹中長蟲或作蚘痐蛕又虎猥切土蟲名蚘又于

求切蚩尤古諸侯文三重音二⿰虫台湯來切又堂來切蟲名字林黑貝也文一重音一螓

慈鄰切蟲名似蟬而小文一蠙毘民切水苔也莊子蛙蠙之衣又毗賓切說文珠也引宋弘云

淮水中出玭珠玭珠之有聲者夏書从虫賓又婢忍切文一重音二

蠙 毗賓切蟲名負盤也文一

閩 眉貧切說文東南越蛇種又無分切又蒲宮切蠻別種周禮七閩文一重音二

蚆 眉貧切蟁也文一

蜦蜧 龍春切說文蛇屬黑色潛於神泉能興風雨或作蜧又並郎計切蜦又縷尹切蝹蜦蛇行皃又倫浚切蟲名蝦蟆也文二重音三

螾 夷真切蟲名寒螿也又羊進切文一重音一

蚼 規倫切蟲名馬𧌒也文一

蚙 渠巾切蟲連行紆行者文一

蝹 紆倫切蝹蝹龍皃又於云切又縈緣切又烏昆切動也又委隕切蝹蜦蚘行皃又烏皓切蟲名形若羊若豕在地中食屍腦殺之以柏葉覆首乃死陳倉人得之文一重音五

蚊 無分切說文齧人蟲文一

蚉螈 愚袁切重蠶為螈或作蚕螈文二

蚖螈 愚袁切說文榮蚖蛇醫以注鳴者或作螈

又並吾官切蠑螈析易也蚖毒虵文二重音一 **蝯** 于元切說文善援禺屬文一 **蝖** 許元切方言蟦螬自關而東謂之蝖螜又荀緣切文一重音一 **蜿** **𧊅** 於袁切蜿蜿龍皃亦作𧊅又並烏丸切博雅蜿蜿蝹蝹動也又並委遠切蜿蟺蚯蚓也文二重音二 **蠜** 符袁切說文阜蠜也文一 **蟠** 符袁切蟲名說文鼠婦也又蒲官切大也曲也委也一曰龍未升天謂之蟠又蒲波切文一重音二 **蜫** 胡昆切蟲之惣名又公渾切文一重音一 **蟦** 逋昆切蟵也南方人燔以羞又父費切蟲名文一重音一 **𧐖** 蘇昆切方言蜻蛚南楚謂之蚟𧐖文一 **蜳** 都昆切墪蜳氣不安定也又他昆切蟵蝺蟲名似蟬而長又主尹切又庾準切又敕轉切文一重音四 **蟵** 都昆切蟵蝸蟲名青蚨也又他昆切蟵蝸蟲名似蟬而長又他典切文一重音二 **虷** 河干切井中赤

蟲又居寒切蟲名一曰犯也文一重音一
𧒅𧍵河干切蟲名𧒅蠦蚯蚓也或作𧍵文二
蟺唐干切水蟲名似蜥蜴又時連切以旁鳴者方言蜩秦晉謂之蟺又唐何切又上演切又徒案切蟲名土
蠭也文一重音四
蠸呼官切蟲名守瓜也又逵員切說文蟲也一曰大螌也文一重音一
螌蒲官切負盤臭蟲又逋還切說文盤蝥毒蟲也又呼玩切蟲名大鼈也文一重音二
蟃蒲官切蟲名又無販切文一重音一
蟤徒官切山海經雞山黑水出焉其中有蟤魚狀如鮒而彘尾音如豚
文一
𧕬姑還切蝸𧕬蟲曲息貞文一
蠻謨還切說文南蠻蛇種文一
蛝何間切爾雅蛝馬䗃一曰蝮蝠也一曰蚍蜉子又魚巾切文一重音二
蝙卑眠切蟲名說文蝙蝠也又蒲眠切魚名文一重音一
蚈輕煙切蟲名熒火也文一
蚿胡千切馬蚿蟲名又胡涓

切文一重音一蜆胡千切蟲名爾雅蜆縊女謂小黑蟲赤頭喜自經死又呼典切小蛤又胡典切又形甸切又輕甸切文一重音四⿰虫垔因連切蟲名文一蠲圭玄切蟲名說文馬蠲也引明堂月令腐艸爲蠲一曰明也絜也又消畦切文一重音一蜎圭玄切蜎蜵巧蟲又縈玄切蜎蠉井中小蟲也又隳緣切蟲行皃又縈緣切又於泫切又馨香兖切又下兖切又以轉切又巨卷切又逵眷切文一重音九蜵縈玄切蜎蜵巧蟲名又以轉切井中小蟲文一重音一⿰虫戔⿱錢虫蟬財仙切蟲名或从錢亦作蟬蟬又時連切說文以旁鳴者方言蜩秦晉謂之蟬又田黎切黏蟬縣名在樂浪⿰虫戔又仕版切又仕限切又仕免切又仕諫切文三重音六⿰虫廛澄延切蟲名方言守宮秦晉謂之蠦⿰虫廛文一⿰虫連陵延切蜷⿰虫連蟲皃又力健切赤⿰虫連蚰名文一重音一蜒夷然切蟲名方

言燕北謂易析白祝蜒一日蝘蜓獸名一曰蜿蜒龍皃又延面切文一重音一𧍯夷然切蚰𧍯蟲名亦書作𧍯文一𧍧尤虔切𧍧蠻蟲曲息也又於虔切文一重音一𧍖眦連切𧍖蜁蟲名沙蝨也文一蝒𧍞弥延切蟲名說文馬蝒也或作𧍞文二蚒弥延切說文蚒蚗蟬屬文一𧓈蜁旬宣切蟲名博雅沙蝨𧍖𧓈也或省文二𧍏從緣切貝白質黃文曰餘𧍏通作泉文一蟤從緣切蜿蟤虵名又莊緣切蜿蟤龍屈皃又茁撰切蜿蟤蟲不申皃文一重音二𧕿閭員切𧕿蜛蟲文一蝝余專切蟲名說文復陶也一曰蚳蜉子一曰蝗子又馨兗切井中小蟲又俞絹切文一重音二蠉隳緣切蟲行皃一曰井中小赤蟲文一蜷逵員切蟲名詰屈也文一蟰蠨先彫切蟲名說文蠨蛸長股者或作蠨蟰又息六切文二重音一

蛁蚵 丁聊切說文蟲也一曰蛁蟧小蟬或省文二 䖸 田聊切水蟲名山海經末塗水中有䖸蟰狀如黃虵魚翼文一 蜩䑿 田聊切說文蟬也引詩五月鳴蜩或从舟蜩又徒弔切蜩蟉龍動首皃文二重音一 蟟 憐蕭切蟲名馬蜩也文一 蟂 堅堯切獺屬害魚者文一 蟯 伊堯切蟲名在人腹又倪幺切又如招切說文腹中短蟲也又伊消切又人要切蟲動皃文一重音四 蛸 思邀切蟲名說文蟲蛸堂蜋子又師交切蠨蛸蟲名文一重音一 蟭 兹消切蜅蟭蟲名螵蛸也又將由切文一重音一 螵𧒂 紕招切蟲名螵蛸也或作𧒂又並眇霄切𧒂又迷遙切文二重音二 蚥 彌遙切蠶初生者文一 𧊒 餘招切蟲名文一 𧌑 伊消切青𧌑蛇名文一 蛟 居肴切說文龍之屬也池魚滿三十六百蛟來爲之長能率魚飛置笱水中即

蛟夫文一**蝥蟊**謨交切蟲名說文盤蝥也或作蝥蟊蟊又迷浮切文二重音一**蝥**牛刀切蟹大足者文一**蛑**謨袍切蟢蜋也文一**螬**財勞切蟲名蠐螬也或省又茲秋切文一重音一**蜪**他刀切螋蜪蝗子又徒刀切爾雅螋蜪文一重音一**蟧**郎刀切蟲名小蟬也一曰螺屬又憐蕭切文一重音一**蚵**寒歌切蟲名博雅蚵蠪蜥蜴也又口箇切商蚵蟲名文一重音一**蛾**牛何切蠶化飛蟲又語綺切蚍蜉也文一重音一**蝸**古禾切不蝸蟲名蟢蜋也又古卧切文一重音一**蝸**古禾切蝸牛蟲名又公蛙切又姑華切說文蝸蠃也蝸又盧戈切蚌屬又古大切文一重音四**蜾**古禾切蜾蠃桑蟲又魯果切蟲名虒蝓也又古火切文一重音二**蝌**苦禾切蝌斗蟲名或書作蝌文一**蠃螺**盧戈切蚌屬大者如斗出日南張海

中或作螺蠃又魯果切蟲名螺蠃也文二重音一

蠡 盧戈切蕃夷聚落謂之螟蠡又里弟切蟲齒木中也文一重音一

蟆 謨加切蟲名說文蝦蟆也或書作蟇文一

蚆 披巴切蠃屬形中央廣兩頭銳又邦加切文一重音一

蝉 昌遮切蝉螯蟲名如蜆而大通作車文一

虵 時遮切虵屬又余遮切又余支切委虵委弗自得貞又以者切虵咥氏虜姓也文一重音三

蝦 何加切蟲名說文蝦蟆也一曰蝦蟲與水母游又虛加切又舉下切至也文一重音二

⿱加虫 居牙切米中黑蟲文一

蟼 居牙切蟲名蟼蟆蛙類又居卿切蟲名又舉影切文一重音二

⿰虫華 胡瓜切大蛇名善咬小蛇文一

蚄 分房切蚄蚄蟲名食苗者文一

蠰 思將切蟷蠰蟲名螗蜋也又尸羊切蟲名爾雅蠰齧桑似天牛又如陽切又師莊切又奴當切又汝兩切蠰谿蟲名土螽也又

息將切又式亮切文一重音七

螿 資良切蟬屬文一

蝪 尸羊切方言蚍蜉犂鼠之蝪謂之抵蝪文一

螪 尸羊切蟲名爾雅蛶螪何一曰蜥蝪類文一

強 渠良切蟲名說文蚚也又巨兩切勉也又舉兩切負兒衣文一重音二

⿰虫昌 蚩良切小蠃文一

⿰虫長 仲良切蟲名博雅⿰虫長⿰虫麗蚰蜒也文一

蜋 呂張切蟲名爾雅蛣蜣蜋又盧當切說文堂蜋也一名蚚父文一重音一

蜣螂 墟羊切蜣蜋蟲名或作螂又並乞約切蟲名天神也螂又極虐切說文渠螂蜋一曰天社文二重音二

⿰虫畺 居良切蠶死負文一

蚟 于方切蟲名方言促織南楚謂之蚟⿰虫孫文一

⿰虫匡 曲王切火蝦文一

螗 徒郎切蜩螗蟲名蟬也文一

螳 徒郎切螳蜋蟲名文一

蝪 徒郎切蟲名爾雅王蛈蝪形似鼅鼄又他郎切文一重音一

蟷 都郎切蟲

名說文蟷蠰不過也或書作蟷文一**蠰**奴當切蟷蠰蟲名螗蜋也或从囊文一**螃**蒲光切螃蜞蟛屬又悲萌切蝦蟇類又補朗切蟲名陸居蝦蟇也又補曠切又蒲浪切文一重音四**⿰虫康**丘岡切⿰虫康蛜蟲名蜻蛉也文一**蚢**寒剛切紫蚢海貝一曰蟲名食蒿者又下朗切又口浪切文一重音一**蝗**胡光切蟲名說文螽也又胡盲切又户孟切又爲命切文一重音三**蟥**胡光切蟲名說文螭蟥也文一**蟚**蒲庚切蟚蜞蟹屬或書作蟛文一**虻**眉耕切齧人飛蟲文一**蚲**蒲兵切蟲名博雅蚲蠪蛘也文一**蝧**於驚切蜂屬文一**蠑**于平切方言易蜥南楚或謂之蠑螈文一**⿰虫厷**乎萌切蟲名文一**虰**除耕切蠪虰螘屬又丑成切蟻屬又馳成切又當經切蟲名赤蚍蜉也文一重音三**⿱精虫**咨盈切蟲名說文蜻蛚也或从精蜻又慈

盈切蟲名如蟬而小又倉經切蜻蛉蟲名蝍蛉也六足四翼又此靜切又疾正切蟬屬文二重音四 蟶 丑成切蚌也文一 ⿰虫星 桑經切⿰虫星蜓蟲名文一 蛢 旁經切蟲名說文蟜蟥也又北孟切獸脊蟲也文一重音一 螟 忙經切說文蟲食穀葉者吏冥冥犯法即生螟文一 蜓 唐丁切蜓蚞蟲名螅蛄也又他鼎切又待鼎切又徒典切蝘蜓也文一重音三 ⿰虫霆 唐丁切⿱替䖵息也文一 蝏 唐丁切蝏螠水蟲名文一 ⿰虫霝 郎丁切說文螟⿰虫霝桑蟲也文一 蛉 郎丁切蟲名說文蜻蛉也一曰桑根文一 ⿰虫靈 郎丁切蟲名丹良也文一 ⿰虫寧 囊丁切說文蟲名一曰螻蛙又乃挺切蟲名似蛙文一重音一 蛵 醯經切蟲名爾雅虰蛵負勞即蜻蛉也又乎經切文一重音一 螢⿰虫熒 玄扃切火蟲或从熒螢又于平切文二重音一 ⿰虫夌 丑升切蛉屬文一 蠅

余陵切說文營營青蠅蟲之大腹者文一

⿰虫應 於陵切蟲名寒蜩也文一

螣⿰虫⿱龹虫 徒登切說文神蛇也一曰蝗也或作⿰虫⿱龹虫螣又敵德切說文蟲食苗葉文二重音一

蚯 袪尤切蚯蚓蟲名文一

⿱求虫 渠尤切說文多足蟲也文一

蝣⿰虫㐬 夷周切蟲名爾雅蜉蝣渠略也或从㐬又並力求切蜉⿰虫㐬蟲名朝生暮死文二重音一

蚰 夷周切蚰⿰虫衍蟲名又仲六切蟲名方言北鄙謂之馬蚿文一重音一

蝤 夷周切蝤蛑水蟲又將由切蝤蛑大蟹一曰蟲名木蝎也又玆秋切蟲名說文蝤⿱齊虫也又才勞切文一重音三

⿰虫不 力求切蟲名似蟹而小十二足又房尤切文一重音一

蟗⿱秋虫 雌由切蟲名爾雅次蟗鼅鼄或从秋文二

蝚 而由切蟲名說文蛭蝚至掌也又奴刀切貪獸也文一重音一

蝬 踈鳩切蟲名博雅蛷蝬蟱蛷也又雙鶵切多足蟲文一重音一

類篇十三中　十二　張氏

蜉房尤切蟲名說文蚍蠹蟲也或从孚文一蝬胡溝切蟲名方言守宮東齊海岱之閒謂之蠬蝬又下遘切水蟲似龍出南海文一重音一⿰虫母迷浮切魚名或省文一蛑⿰虫某迷蜉切蝤蛑蟹屬或作⿰虫某文二螻郎侯切蟲名說文螻蛄也一曰螲天螻又郎豆切內病又龍珠切天螻蟲名文一重音二蚴於虯切方言蠭之小者燕趙之間謂之蚴蜕又於求切龍皃又於糾切又伊謬切文一重音三⿰虫幽於虯切蟲名說文⿰虫幽蟉也又於糾切文一重音一虯⿱艹黽渠幽切說文龍子有角者或作⿱艹黽虯又居虯切又巨小切蟉虯曲皃又渠糾切文二重音三蟉渠幽切又力幽切⿰虫幽蟉蟲名又力求切又憐蕭切又朗鳥切蟉虯曲皃又力九切蚴蟉龍皃又於糾切又渠糾切又力弔切文一重音八蟫徐心切蟫蟫物動皃又夷針切說文白魚也又徒南切衣書中白

魚文一重音二**蠄**渠金切蟲名文一**蜬**呼含切水蟲名爾雅蠃小者蜬又胡南切又沽三切文一重音二**蚶**呼甘切蚌屬甝陸也横縱其理五味自充炮則蓋又沽三切蠃之小者又胡甘切文一重音二**蚺**汝甘切大蛇名出嶺表又如占切說文大蛇可食又他念切蚺蜷獸吐舌皃文一重音二**螹**慈鹽切螹蠬蟲名一曰螹胡似猨又鋤咸切又疾染切一曰魚名文一重音二**蛅**之廉切蟲名說文蛅斯墨也又如占切文一重音一**蟾**之廉切蟲名爾雅鼁䵷蟾諸似蝦蟆居陸地文一**蠊**離鹽切說文海蟲也長寸而白可食一曰蚰名又胡讒切海蟲又虛咸切蛤屬文一重音二**𧓍**離鹽切蜚𧓍蟲名輕小能飛文一**蚙**其淹切蝦蟹距也文一**蝛**胡讒切海蟲又虛咸切蛤屬文一重音一**蛯**鋤銜切蟹屬文一**蜂**補孔切蟲

亂飛良又蒲蠓切文一重音一⿱丞虫戶孔切蟲名文一蚢乳勇切小蟲行文一蛹尹竦切說文繭蟲文一蛬古勇切蟲名博雅蛬趗織文一⿸广⿱隹虫委勇切蟲名廣雅蠶也一曰蝆也文一蚌蜯部項切說文蜃屬一曰美珠或作蜯又並母梗切文二重音一蚔丈尒切蟲蚑也文一螘蟻語綺切蟲名說文蚍蜉也或作蟻蟻又舉豈切蝨之子螘蟻又語豈切蚍蜉也又虛宜切文二重音三蛫苦委切又古委切說文蟹也一曰蟹六足者一曰鼠負也一曰猿類一曰獸名似龜善禦火文一重音一蝆母婢切蟲名爾雅蛄蠪強蝆今米穀中小黑蟲一曰蝆蝆螗蜋也文一⿱唯虫愈水切蟲名似蜥易有文文二蜌並履切小蛤文一虸祖似切虸蚄蟲名害稼文一⿰虫止丑里切蟲伸行或書作蚩文一蟢許己切蟢子蟲名蟰

蛸也文一　蟣蠽　舉豈切說文蝨之子一曰齊謂蛭曰蟣或作蠽蟣又渠希切蟲名文二重音一

虺　詡鬼切蟲名說文虺从注鳴引詩胡爲虺蜥文一

⿰虫去　口舉切蟲名爾雅鼁𪓰蟾諸一曰去父或作⿰虫去文一

蚷　臼許切商蚷蟲名文一

⿱從虫　在呂切蟲名方言春黍謂之⿱從虫蝑文一

⿰虫黍⿰虫鼠　賞呂切蟲名博雅螌蝑蝽⿰虫黍一曰⿰虫黍蝜或从鼠亦書作⿱黍虫文二

⿰虫宁　展呂切蟲名文一

⿰虫羽　火羽切蜂房也太玄螮其⿰虫羽一曰蟲飛文一

⿱父虫　匪父切蟲名食瓜者又奉甫切文一重音一

蚥　匪父切去蚥蟲名蟾諸也又奉甫切爾雅不蜩王父文一重音一

⿱癶虫　暖五切水⿱癶虫蟲名文一

⿰虫虎　火五切蟲名善捕蠅文一

蜌　部禮切字林小蛤也又部下切文一重音一

蠏　下買切蟲名說文有二敖八足旁行非蛇鱓之穴無所庇文一

螝　户賄

切蟲名說文蛹也又胡對切又基位切𧕚蛹又居逵切文一重音三

蜃是忍切蛤也說文雉入海化爲蜃又婢忍切又柱允又時刃切文一重音三

蜳主尹切螴蜳蟲行文一

蝽尺尹切雜也文一

蝡⿰虫⿱非几乳尹切蝡蠢蟲動皃亦从⿱非几蝡又乳兗切說文動也一曰狄號文二重音一

螴丑忍切螴蜳蟲行一曰不安定意又敕準切又池鄰切又丑刃切文一重音三

螼遣忍切說文螾也又丘忍切蚓也又匹忍切螼螾蟲名又口謹切又羌刃切文一重音四

螾蚓⿴行虫以忍切蟲名說文側行者或从引亦作⿴行虫⿴行虫又以淺切文三重音一

⿰虫允庾準切蟲名文一

蜠巨隕切貝屬爾雅蜠大而險文一

蚡父吻切地行鼠伯勞所作也一曰偃鼠文一

⿰虫憲蚓許謹切蟲名蚯蚓也吳楚呼爲寒⿰虫憲或作蚓又並許偃切文二重音一

蝘

隱㦩切蟲名蜩蟪也一曰蝘蜓守宫又於殄切蟲名說文在壁一曰蝘蜓在艸曰蜥易文一重音一 ⿰虫官古緩切蟲名文一 蜑蕩旱切蠻屬文一 蛃乃版切蟬屬文一 蝂補綰切蝜蝂蟲名或書作蜸文一 蚕他典切蟲名蜸蟺也文一 ⿰虫㐱徒典切蟲名蝘蜓或从殄文一

⿱顯虫呼典切小蛤文一 蜸牽典切蟲名蜸蟺也文一 ⿰虫鮮息淺切虵屬文一 蟮上演切蟲名蟺或作蟮文一 ⿰虫耑尺兗切蠉⿰虫耑動蟲一曰無足蟲又楚委切文一重音一 ⿸展虫知輦切說文蟲也文一 ⿱屮虫丑展切說文蟲名曳行也文一 ⿴行虫以淺切蟲名蚰蜒也文一

蠉馨兗切說文蟲行也又下兗切井中小蟲文一重音一 蟜舉夭切說文蟲也一曰夭蟜龍皃一曰野人身虎文亦國名又姓又渠嬌切有蟜古諸侯文一重音一 蚤⿰虫爪⿰虫造子皓

切說文齧人跳蟲亦作⿰虫爪⿰虫造文三
蠣古火切蟲名說文蠣嬴蒲盧細腰土蠭也天地之性細腰純雄無子引詩螟⿰虫靈有子蠣嬴負之文一
蚾補火切蟲名蟾蜍也文一
蛘⿰虫養蟓以兩切說文搔蛘也一曰北燕人謂蚍蜉曰蛘或从養从象蟓又似兩切蟲名食桑葉作繭者蛘又余章切文三重音二
蜽里養切說文蝄蜽也文一
蠁蚼許兩切說文知聲蟲也司馬相如作蚼一曰醯雞名文二
蛧蝄文紡切說文蛧蜽山川之精物淮南王說蛧蜽狀如三歲小兒赤黑色赤目長耳美髮引國語木石之恠夔蛧蜽文二
⿱湯虫待朗切博雅⿱湯虫遏動也文一
蟒母朗切大蛇又母梗切蚝蜢蝗類文一重音一
⿰虫更古杏切蟲名文一
蜢母梗切蚝蜢蝗類又莫更切蝦蟆也文一重音一
蛃白猛切博雅白魚也又補永切蟲名蟫也又陂病切文一

重音二

⿰虫省所景切蟲也又乃定切蟲名似蟬文一重音一

⿰虫並蒲幸切水蟲名似蛤文一

⿰虫向眏迥切蟲名似蛙文一

⿰虫寗乃挺切蟲名似蛙又乃定切蟲名似蟬文一重音一

⿱能虫奴等切蜂類又乃代切蟲名又匿德切蟲名免鈌也文一重音二

⿰虫缶俯九切蠶卧文一

⿱皀虫扶缶切蟲名爾雅⿱皀虫螽蠜文一

蝜⿰虫帚扶缶切蝝蝜蟲名或从帚文二

⿰虫取側九切蟲名文一

⿰虫寸陟柳切海蟲名似人肘形文一

⿰虫后許后切蟲名蚍蜉文一

蚪當口切科蚪蟲名通作斗文一

蜭户感切蟲名說文毛蠹蟲也文一

⿱泡虫父鋑切蟲名博雅蠭蟲也文一

蛓蚝⿰虫慈⿰虫司⿰虫束蟌七賜切說文毛蟲也或作蚝⿰虫慈⿰虫司⿰虫束蟌⿰虫司又七吏切⿰虫束又先奏切又先的切蟿⿰虫覓⿱肥虫也文六重音三

螠於賜切蟲名縊女也文一

⿱次虫七四切蟲名似鼅鼄

文一蟿磬致切蟲名似蜙蝑細長又詰計切又占詣切文一重音二⿱維虫以醉切蟲名蛘也文一⿰虫必毗至切蟲名又簿必切蠭屬文一重音一蝐明祕切蟲名如蝦寄龜殼中食之益顏文一⿰虫耳仍吏切釣魚食也文一蛂方未切甲蟲也爾雅蛂蟥蛢又大計切又蒲結切又分物切又敷物切又軿迷切文一重音五蟦父沸切蟲名方言蟦螬謂之蟦文一⿹气虫⿱既虫許既切蟲名或从既文二⿰虫韋于貴切蛒⿰虫韋蟲名文一蝟于貴切蟲似豪豬者文一⿱尉虫紆胃切飛螘或从虫文一⿱魏虫虞貴切再蠶也文一⿰虫區吁句切蟲名幺蠶也或作蚼又區遇切又王遇切文一重音二⿰虫欲俞戍切螽飛負文一蟱亡遇切蟲名博雅蛷螋蟱蛷也文一蛀朱戍切蠹也文一⿰虫布博故切⿰虫頁⿰虫布蟲名似蜆文一⿰虫⿱聿口都故

切木中蟲文一螮丁計切說文螮蝀虹也又當蓋切蟲名文一重音一蝭丁計切蝭蟧蟲名蛁蟟也又田黎切文一重音一蛶郎計切蜃屬也文一蠿吉詣切蠿英蟲名文一〓壹計切蟲名文一蟪胡桂切蟪蛄蟬屬文一〓此芮切蟲名又朱芮切又山芮切又取外切又祖外切文一重音四〓征例切蟲名蝗子也文一蛻輸芮切說文蛇蟬所解皮也又吐外切又吐臥切又欲雪切方言燕趙謂蠭小者曰蚴蛻又輸爇切復蛸也文一重音四蜹蚋儒稅切蟲名說文秦晉謂之蜹楚謂之蚊或省又並儒劣切文二重音一〓蠣力制切說文蚌屬似螊微大出海中令民食之一曰雕百歲化爲蠇或作蠣蠣又落蓋切文二重音一蜹俞芮切毒蟲名文一蚧居拜切搔也文一蝝牛戒切蟲名食木葉文二蠆

⿱厲虫 丑邁切說文毒蟲也象形亦作⿱厲虫蠆又丈尒切郭象曰無蠆介於胷中⿱厲虫又落蓋切又力制切旱石也又他達切文二重音四 蝐 莫佩切瑇蝐龜屬又莫代切又謨沃切文一重音二 蚮 他代切蟲名食葉者方言蟒宋魏之間謂之蚮文一 蜄 之刃切動也又時刃切蚑屬文一重音一

⿰虫進⿰虫晉 即刃切蛤類或从晉文二 ⿰虫粦 良刃切螢火文一 蛢 扶萬切蟲名文一 ⿰虫困 苦悶切蟲名文一 ⿰𠦝⿱亼虫 侯旰切小蟲名黑身赤頭一曰天雞一曰莎雞文一 ⿰虫貫 古玩切蟲名螺也文一 ⿰虫扇 式戰切蟲名說文蠅醜⿰虫扇搖翼也文一 ⿱豦虫 寵戀切免罟文一

⿱龹虫 古倦切蟲名蠀螬也方言自關而東謂之⿱龹虫蠋文一 ⿰虫告 口到切蟲名蝎也文一

⿰虫夜⿰虫卸⿰虫舍 四夜切蟹醢或从卸舍⿰虫舍又式夜切文三重音一 蟅 之夜切說文蟲也一

曰蝗類一曰鼠婦或書作蟨又之石切文一重音一

蚱 側駕切蟬屬又助駕切海魚名又側格切蚱蜢蟬屬又實窄切文一重音三

蜡 助駕切說文蠅蜡也引周禮蜡氏掌除骴又除駕切蟲名南越志水母東海謂之蛇或作蜡又七慮文一重音二

蛇 陟嫁切蛇蟦蟲名水母也又除駕切又陟格切土蛇蟲名似蝗而小文一重音二

蠁 許亮切蟲名文一

蜏 余救切蟲名不知晦明者又息救切朝蜏蟲名孳母也又以九切文一重音二

⿰虫區 於侯切蠶眠也文一

⿰虫業 蒲候切⿰虫業蝀蟲名又博木切又蒲沃切又匹角切蛇屬又步木切文一重音四

螑 輕幼切赳螑龍申頸行貟又火幼切文一重音一

蜭 胡紺切毒蟲名文一

⿰虫炎 吐濫切蚺⿰虫炎獸吐舌貟文一

蜬 胡紺切毒蟲名文一

螜 胡谷切蟲名螻蛄也一曰蟦謂之蝖螜文一

蚞

莫卜切蟲名爾雅蜓蚞螇螰也文一⿰虫速⿰虫欶蘇谷切⿰虫業⿰虫速小蟲或从欶文二⿰虫華作木切⿰虫華蟲集負文一⿱族虫作木切蝦蟲頭上距文一蝝盧谷切字林蝝聽蟲名似蜥蜴出魏興居樹閒輒下齧人人必死復上樹垂聽聞人哭乃去文一螰盧谷切蟲名爾雅蜓蚞螇螰一名蟪蛄文一盝盧谷切蟲甲文一蝠方六切蟲名說文蝙蝠服翼也文一蝮芳六切說文虫也爾雅謂之蝝一曰虺博三寸首大如擘又房六切蛇名廣三寸色如綬鼻有針一名反鼻大者百斤一曰蝮蛸蛻也又蒲沃切蟲名蝝也爾雅蝝蝮蜪郭璞讀又鼻墨切文一重音三⿱服虫房六切⿱服虫蟦神蛇也二身同首六足四羽見則不雨文一⿱戚虫七六切蟲名說文先鼀詹諸也先亦作⿱戚虫又倉歷切文一重音一⿰虫就子六切蟲名博雅蚇蠖蟦⿰虫就也又所六切文一重音一⿰虫宿

所六切蟦蝑蟲名蚇蠖也文一 𧒂 仲六切蟲名方言北鄙謂馬蚿大者曰馬蚰或作𧒂文一 蛙 力竹切海蛤負厚而有文文一 蚎 女六切蟲名蚰蜒也北燕謂之蚎蚭文一 蜟 余六切伏蜟蟬蛻文一 𧊵 丘六切蟲名廣雅蛩蟺也一曰𧊵蝛螃也又居六切蟲名說文𧊵鼀詹諸以脰鳴者又渠竹切文一重音二 蠚 呼酷切蟲毒文一 蝳 徒沃切蝳蜍蟲名蛛蝥也文一 蜀蠋蠾 殊玉切說文葵中蠶也从虫上目象蜀頭形中象其身蜎蜎者蜀或作蠋亦从屬蜀亦地名蠋又廚玉切躑蠋蟲名又樞玉切蠋蠾又並朱欲切文三重音三 蛐 區玉切蟲名引也文一 蚟 虞欲切蟙蚟蟲名文一 蠗 直角切說文禺屬一曰小蜃文一 蛭 職日切蟲名說文蟣也一曰水蛭又陟栗切蟲名爾雅蟯至掌又他一切又竹例切又丁結切又徒結切文一

重音五蟀⿱帥虫朔律切蟋蟀蟲名或从帥文二蟋息七切蟋蟀蟲名又色櫛切文一重音一⿰虫⿱小乚子悉切蟲名方言蜻其雌者謂之⿱小乚或从虫又子列切文一重音一蝍子悉切又節力切蟲名爾雅蒺蔾蛆似蝗而大食蛇腦又子結切蝍蛆蟲名蜈蚣也文一重音一螏昨悉切螏蟄蟲名似蝗食蛇腦或書作⿱疾虫文一⿰虫畢壁吉切蟲名文一蜜覓畢切說文蠭甘飴也一曰螟子文一螲陟栗切蟲名方言螻螲謂之螻蛄又丁結切螲蟷蟲名似鼅鼄在穴中有蓋又徒結切螲蟷穴蟲王蛈蝪也文一重音二⿰虫日越筆切蟚⿰虫日似蟹又王伐切彭⿰虫日水蟲似蟹而小文一重音一⿰虫矞食律切蝗也又允律切蟲名說文⿰虫矞蟥也文一重音一⿰虫戌雪律切水蟲名海蟀也文一⿰虫律⿰虫聿劣戌切蟲名或省文二⿰虫瑟色櫛切⿰虫瑟⿱帥虫蟲名促織也文一

[虫屈] 曲勿切蟲名又九勿切蛣[虫屈]蟲名文一重音一

螖[虫越] 王伐切彭蚏水蟲似蟹而小或作螖[虫越]螖又古忽切螺屬又丘葛切又戶八切文二重音三

[虫戉] 王伐切蠊[虫戉]水蟲名似蚌文一

蟨 居月切說文鼠也一曰西方有獸前足短與蛩巨虛比其名謂之蟨又姑衞切文一重音一

蟩 居月切蛣蟩水蟲文一

蠍 許竭切毒蟲文一

[虫兀] 五忽切蛤屬文一

蝎 何葛切蟲名說文蝤蠐也又居曷切又胡公切螮蝀也文一重音二

螛 何葛切輵螛龍搖目吐舌負又丁瞎切蟲名仙姑也文一重音一

蟽 他達切蟽[剌虫]蟲名蝎也文一

[剌虫] 郎達切蟲名廣雅蠆也一曰蝎也或書作蝲又七迹切又先的切文一重音二

蛞 戶括切蟲名科斗也又苦活切一曰蛞蝓無殼蝸又古活切螻蛄也又石列切文一重音三

[虫乙] 乙黠切蟲聲文一

[札虫]

側八切蟲名爾雅蚻蜻蜻如蟬而小又昨結切文一重音一

蠞 昨結切蟲名海蟹也文一

⿰虫荼 昨結切水蟲名海菹有⿰虫祟⿰虫夜或省文二

螲 丁結切螲蟷蟲名似鼅鼄在穴中有蓋文一

蛈 他結切蟲名螲蟷也又徒結切又他計切文一重音二

蝢 奚結切肸蝢國名月支也文一

⿰虫⿱匡八 奚結切又吉屑切蟲名蠸也一曰蝗屬文一重音一

蛣 詰結切瑣蛣蟲名長寸餘腹中有蟹子如榆莢合體爲蛣一曰蚌之小者又吉詰切又吉屑切蛣蟨井中小蟲又倪結切又喫吉切說文蛣蚰蝎也又激質切文一重音三

蛪 詰結切蛪蚼蟲名似蟬而小又吉屑切又一結切又倪結切屈虹也文一重音三

蠮 ⿰虫燕 ⿰虫塵 一結切蠮螉蟲名土蜂也或作⿰虫燕亦从塵文三

⿰虫⿱医心 一結切⿰虫⿱医心⿰虫意蟲名文一

蚗 古穴切蛥蚗蟲名蟪蛄也一曰龍屬又一決切蟲名說文

蛜蟟也一曰蟪蛄秦謂之蛈蚗又傾雪切蛚蚗雷師或省文一重音二 **蟞** 匹蔑切蟞蜉蟲名蟻也又必結切博雅蛺蜨蟞蚗又蒲結切又必列切甲介蟲也文一重音三 **蠛** 莫結切說文蠛蠓細蟲也文一 **蠘** 子列切蟲名說文小蟬蜩也文一 **蜇** 似絕切魪鮩魚名以蝤蛑生海中或从虫又丁計切文一重音一 **蛥** 之列切蛥蚗蟬類又食列切蟪蛄也文一重音一 **蝃** **蚍** 朱劣切蟲名蜘蛛也或从出蝃又株劣切又丁計切又都括切蚍又曲勿切又五忽切文二重音五 **蛆** **蜇** 陟列切蟞也或从折蛆又乃葛切博雅痛也文二重音一 **蛚** 力蘖切蟲名說文蜻蛚也一說蛚蚗雷師文一 **蜉** 龍輟切蟲名說文商何也又盧括切文一重音一 **蚗** 傾雪切蛚蚗雷師文一 **蠂** 丘傑切土蠂蟲名似蝗而小文一 **蠥** 魚列切說文衣

服謌謠艸木之怪謂之祅禽獸蟲蝗之恠謂之蠥或作蠥文二 蜦 弋灼切𧒒蜦蟲名螢也文一

𧍢𧍪 力灼切蟲名說文蟲𧍢也一曰蜉游朝生暮死者或作𧍪𧍢又極虐切文二重音一 蠖 王縛切蠖略行步進止皃又鬱縛切屈伸蟲也又屋郭切說文尺蠖屈申蟲也文一重音二 蠼 厥縛切獸名母猴也文一 蠌 達各切爾雅蝟蠌螺屬又直格切小蟲爾雅蝟蠌小者蟧螺類也文一重音一 蛒 歷各切蛒螒鳴蟲又轄格切蛭蛒蟲名地蠶也又各額切蟲名方言蛄諸謂之杜蛒一曰蝤蠐文一重音二 蟤 伯各切蟤蟭蟲名螳蜋卵也又匹各切文一重音一 蝁 逆各切魚名說文似蜥蜴長一丈水潛吞人即浮出日南或作蚅蛢又匹各切文二重音一 蟇 未各切蟇蛢蟲名螗蜋也文一 蠚蠚螫 黑各切說文螫也亦作蠚螫螫又施隻切說文

蟲行毒也又式夜切蛆也螫又勑略切蟲毒一曰痛也文三重音三**蝁**遏鄂切虫屬說文蚨也文一**蛨**莫白切蚝蛨蟲名螢蝑也文一**蠂蚝**陟格切土蝶蟲名似蝗而小或作蚝蚝又側格切文二重音一**蟦**側革切小貝又士革切又資昔切爾雅蟦小而橢又側歷切蟲名文一重音三**蚅**乙革切蟲名爾雅蚅烏蠋似蠶文一**蟈蜮**古獲切螻蟈蟲名蛙也或作蜮又並越逼切蟲名說文短狐也似鼈三足以气射害人又並獲北切蟈又骨或切蟲名蝦蟇也文二重音三**蜥**思積切蟲名似蝗爾雅蟿螽螇蜥孫炎讀又昌石切螇蜥蟲名似蜙蝬細長飛翅作聲者又狼狄切文一重音二**蝷**昌石切螇蜥蟲名蜥或作蝷又先的切說文蜥易也文一重音一**蚇**昌石切蚇蠖蟲名今蝍蝛文一**蚸**之石切蟲名蝚蝜也文一**螪**之石切字林蟲名文一

⿰虫鄭直炙切⿰虫鄭蠋蟲名文一蜴夷益切蟲名說文蜥易蝘蜓守宮也象形或作蜴又先的
切楚謂欺慢爲脈蜴文一重音一⿰虫殳營隻切⿰虫殳刺蟲名文一蜥先的切說文蜥易也
文一⿰虫覓莫狄切蟲名博雅蛪⿰虫覓⿱罒⿱巴虫也文一⿰虫歷狼狄切野蠶文一蟙⿰虫式質力
切蟙䘃蟲名蝙蝠也或从式⿰虫式又設職切⿰虫式䘃蟲名仙鼠也文二重音一⿰虫嗇殺測切蟲名文一
⿱匿虫⿱黑虫昵力切蟲名博雅⿱罷虫蠪⿱去䖵也或作⿱匿虫⿱黑虫文二⿰虫異逸織切蟲名文一蝕
實職切說文敗創也又盧東切說文大長谷也文一重音一蛡逸織切蜂房也太玄螮其蛡
曰蟲行負文一螠乙力切蟲名博雅⿰虫懕螠也文一⿱代虫惕德切蟲名博雅蟱蟒⿱代虫也又敵德
切關中謂蛇蠆毒曰⿱代虫或書作蚮文一重音一蟘⿰虫貣⿱式虫敵德切說文蟲食苗葉者吏乞貸則

生引詩去其螟蟘或作蟦⿱弋虫文三⿱匕虫必墨切華也文一⿰虫墨蜜北切蟲名齊人呼蝠爲蟙⿰虫墨文一⿰虫黑蜜北切蟲名爾雅⿰虫黑蛅蟴蛓屬通作⿰虫墨文一⿱賊虫⿰虫則疾則切蝗食禾節者或从則文二⿰虫覆匹北切蟲名蝗也文一⿰虫習席入切⿰虫習⿰虫習蟲皃又弋入切⿰虫習蜦蟲名螢火也文一重音一蟄叱入切和集也又質入切靜也莊子蟄蟲始作郭象讀又直立切說文藏也文一重音二⿰虫昱弋入切⿰虫習蜦蟲名螢火也或从昱文一⿰虫岌逆及切蟲行皃文一⿱合虫葛合切說文蜃屬有三皆生於海千歲化爲⿱合虫秦謂之牡厲一曰百歲燕所化魁⿱合虫一名復累老服翼所化或書作蛤又鄂合切蟲也文一重音一⿰虫妾作荅切蟲多皃文一⿰虫盍黑盍切⿰虫盍蝔蟲名又克盍切又谷盍切文一重音二蠟力盍切蜜滓文一蠂失涉切蟲名蝗也文一⿰虫耴

類篇十三中　二十三　陳忠

日涉切蟲行貟文一**蝶**託協切蝶蛤蟲名又達協切蛺蝶也或作蝶文一重音一**蜨**達協切蟲名說文蛺蜨也又悉協切蟲名博雅蛺蜨蝥蛈又尸牒切又色甲切文一重音一**蛺**力協切蛺蜨蟲名胡蝶也又吉協切又詰叶切又於叶切又轄夾切又訖洽切文一重音五**⿱⿰而瓦虫**力協切蟲行貟文一**⿰虫燮**悉協切蟲名博雅蛺蜨蝥蛈或从燮文一**⿰虫切⿰虫去**訖業切石⿰虫切蟲名足如龜或省文二**⿰虫⿴囗乂**竹洽切蚊蟲名文一

文六百六十五　重音四百八十三

䖵䖵之總名也从二虫凡䖵之類皆从䖵讀若昆古䰟切文一

蝀都籠切蛣蝀科斗文一　螽𧑄𧒒之戎切說文蝗也或作𧑄𧒒文三　蠭敷容切說文飛蟲螫人者古作𧖅逢蠭又匹匈切蟲名爾雅土蠭文二重音一　𧓻賓彌切蟲蛸蟷蠰卵又頻彌切又邊迷切說文䗆𧒜牛蟲又紕招切又彌遥切文一重音四　蠯𧓏頻彌切蛙挾而長者為蠯或作𧓏又並蒲街切蠯又駢迷切蛤也周禮蠯醢徐邈讀𧓏又母梗切文二重音三　𧔹翅移切說文𧓁也文二　𧓵才資切蠀螬蟲名或作𧔠文一　蚔陳尼切蟲名說文蟓子蚳周禮有蚳醢或从䖵文一　𧔃𧕂求於切蟲名說文𧔃蟓也朝生暮死猪好啖之或作𧕂𧔃又臼許切獸名蹶也文二重音一　𧓕田黎切食苗蟲名文一　𧒂𧓛𧐏無分切說文䗆人飛蟲或从昏以昏時出也亦作蟁文三　𧑆𧖰愚袁切重𧒾為𧑆或作𧓉𧑆又吾官

切再蝵也文二重音一 蟊 謨交切蟲名說文蟊蟊蟲也方言蜩蟧謂之蟊蠽又迷浮切蟲食艸根者文一重音一 蠤 則勞切蟲名說文蠀蠤蟲也文一 蛾 牛何切說文蠶化飛蟲文一 蟬 唐何切獸名山海經驕山有神蟬狀如人面羊角虎爪出入有光文一 彊 渠良切蟲名說文蚚也文一 蝱 眉耕切說文齧人飛蟲文一 蝏 囊丁切說文蟲名一曰螻蛀文一 蛷 渠尤切說文多足蟲也文一 蝤 雌由切蟲名爾雅次蟗鼅鼄亦作蝤文一 蠹 房尤切蟲名說文蚍蠹也文一 蟊 迷浮切說文蟲食艸根者吏抵冒取民財則生古作爾蟊又謨蓬切龜兆氣不澤也洪範曰圛曰蟊又莫候切文二重音二 蠶 祖含切蟲名說文任絲也文一 蚶 胡甘切桑葉上蟲又乎監切蟲名食瓜者又胡紺切又呼紺切又呼濫切文一重音四 蠩 掌氏

切毒蟲名又掌與切又章恕切文一重音二

蟻螘 語綺切蟲名說文蚍蜉也或作螘文二

𧒂 楮八切移䗬蟲也文一

蠡 里弟切說文蟲齧木中也古作彖干彖蟲又鄰知切瓠勺也一曰谷蠡匈奴君長號又憐題切瓢也又盧戈切蚌屬又魯果切瘰蠡皮肥一曰疥病又力至切蟲名又郎計切參蠡分也文三重音六

蜃 是忍切蛤也說文雉入海化爲蜃文一

蠢𢧵𢧵 尺尹切說文蟲動也周書我有蠢于西或作𢧵𢧵𢧵文四

𧓍 隱憶切蟲名蜩螗也又於殄切蟲名說文在壁曰蝘蜓在艸曰蜥易或从蚰文一重音一

蜒 蕩旱切蠻屬或从蚰又以淺切文一重音一

𧑅 子兗切說文蟲食也又粗兗切蟲食創也文一重音一

𧕯 知輂切說文蟲也文一

𧔥 子皓切說文𧒭人跳蟲文一

蠃 魯果切瘰蠃皮肥也一曰疥病文一

⿱能䖵奴等切蚌類又匿德切蟲名免鈌也一曰小蝨文一重音一⿱阜䖵扶缶切蟲名爾雅蠜
螽蠜文一⿱朿䖵七賜切蟲名博雅⿱朿䖵蠆蝦也文一⿱非䖵父沸切說文臭蟲負蠜也文一⿱肥䖵
父沸切獸名䖵也文一⿱尉䖵紆胃切飛螘文一蠹都故切說文木中蟲或从木象
蟲在木中形譚長說文二蠡郎計切瓠勺文一蠇力制切蚌屬似嗛微大出海中今民
食之一曰雕百歲化爲蠇文一蠆丑邁切說文毒蟲也象形又他達切文一重音一蠚
呼酷切蟲毒又日灼切螫痛也又勑略切又黑各切又施隻切文一重音四蠠⿱宓䖵覓畢切說
文蠭甘飴也一曰螟子或从宓从䖵文二蠠⿱黽䖵覓畢切爾雅蠠没勉也蠠又莫筆切又美隕切
文二重音二⿱匿䖵尼質切蚕蟲一曰蟲食病又昵質切文一重音一蝨⿱虱䖵色櫛切說

文蠚人蟲或省文二𧕿何葛切蟲名說文螻蛄也又下瞎切文一重音一蠽側八切蟲名爾雅蛰蜻蜻如蟬而小或作蠽又昨結切又子列切說文小蟬蜩也文一重音二蠿側八切蟲名說文蠿蟊作罔蛛蟊也又朱劣切文一重音一蛪詰結切蛪蚼蟲名似蟬而小或从蚻文一

蠿株劣切蟲名蛛蟊也文一𧕋力灼切蟲名說文𧓝蟟也一曰蜉游朝生暮死者文一

𧔫乙力切蟲名博雅蟔螠也或作𧔫又乙得切文一重音一

文七十八　重音四十二

蟲有足謂之蟲無足謂之豸从三虫凡蟲之類皆从蟲直弓切又直衆切蟲食物也文二重音一

⿱比蟲類脂切蟲名說文⿱比蟲蜉大螘也文一 ⿱一⿵門蟲眉貧切蟲也又良刃切文一重音一 ⿵門蟲無分切東南越名文一 蟊迷浮切說文蟲食艸根者从蟲象其形吏抵冒取民財則生文一

蠱果五切腹中蟲也引春秋傳皿蟲為蠱晦淫之所生也梟桀死之鬼亦為蠱从蟲从皿皿物之用也又以者切腹病又古暮切事也文一重音二 ⿱弗蟲父沸切獸名如牛白首虵尾行水則竭行艸則枯見則大疫文一 蜚父沸切說文臭蟲負蠜也文一

文八　重音四

風八風也東方曰明庶風東南曰清明風南方曰景風西南曰涼風西方閶闔風西

北曰不周風北方曰廣莫風東北曰融風風動蟲生故蟲八日而化从虫凡聲凡風之類皆从風或作飌古作凬凮方戎切風又甫凡切又方鳳切諷或作風　文四重音二

⿸風凡蒲蒙切風皃又皮虬切　文一重音一　䫹胡公切風聲　文一　䫺呼公切風聲　文一　⿸風宮乎攻切大風謂之⿸風宮　文一　䬐是為切風偃物皃　文一　䬔余支切回氣謂之䬔　文一　颸⿸風甾又緇切博雅風也一曰颸疾也或从甾颸又新茲切　文二重音一　颫馮無切大風也　文一　⿸風畀駢迷切風也　文一　⿰皆風居諧切疾風　文一　⿸風貴徒回切風

也文一⿰風委⿱委畏烏回切低風謂之⿰風委風或作⿱委畏⿰風委又儒垂切又邕危切文二重音二⿰風乇
徒渾切風文一⿰風專徒官切摶風也文一⿰風夋旬宣切風回也文一⿰風肅⿰風叜先彫切涼
風謂之⿰風肅或作⿰風叜⿰風叜又踈鳩切博雅⿰風叜飋風皃⿰風叜又所九切文二重音二飉憐蕭切小風也文一
飂憐蕭切飂戾風聲又力求切說文高風也又力救切長風聲又力竹切文一重音三颵
思邀切颵颵風聲又師交切又所教切文一重音二飆颮⿰風勺飄卑遙切說文扶搖風也或
从包从勺亦作飄飄又紕招切說文回風也又毗霄切又匹妙切颮又蒲交切風聲又皮教切風皃又匹
角切颮颮眾多皃又彌角切颮颮物自空墮皃文四重音七⿰麃風紕招切⿰麃風⿰⿱𡗗灬風風吹皃又匹好切
風皃文二重音一⿰風召癡宵切清風曰⿰風召文一颻餘招切上行風也文一⿰風高

虛交切⿺風高⿺風刀熱風文一⿺風周陟交切風皃又職救切文一重音一⿺風刀丑交切炎風謂之⿺風刀

又尼交切文一重音一⿺風号乎刀切風聲文一⿱敖風牛刀切風聲文一⿺風毛普刀

切輕風文一颾⿺風喿蘇遭切風聲或从喿颾又踈鳩切博雅颾⿺風瑟風也又先到切文二重音二

⿺風壽⿺風𠷎徒刀切風也或从𠷎又並陳留切文二重音一⿺風牙虛加切風吹謂之⿺風牙文一颺

余章切說文風所飛揚也又弋亮切文一重音一⿺風京⿺風良呂張切說文北風謂之⿺風京或从良⿺風京

又力讓切文二重音一⿺風唐徒郎切風皃文一⿺風黃胡盲切暴風文一⿰黃風呼橫

切⿰黃風⿺風旧風皃文一⿰棠風中庚切⿺風黃⿰棠風暴風文一⿺風棠除庚切⿺風棠⿺風厷風聲文一⿺風英

於驚切高風也又於境切文一重音一⿰厷風乎萌切大風也或書作⿺風厷又呼弘切文一重音一

⿺風訇⿺風豐 呼宏切風聲或从⿺風豐又呼弘切大風也文二重音一 ⿺風登 中莖切⿺風登風聲文一 ⿺風令 郎丁切寒風文一 ⿺風夌 盧登切⿺風夌⿺風豐大風文一 ⿺風求 渠尤切小風文一 ⿺風攸 夷周切⿺風攸⿺風昜風聲文一 ⿺風羞 思留切風也文一 飀⿺風劉 力求切說文高風也⿺風劉又力九切文二重音一 ⿰虎風 披尤切風吹物皃文一 ⿺風侯 胡溝切風皃又下遘切文一重音一 ⿺風柬 先侯切⿺風柬⿺風柬風聲文一 ⿺風幽 於虯切風聲文一 飍 必幽切風也又香幽切又步幽切文一重音二 ⿺風今 姑今切風也文一 ⿺風录 戶孔切風皃文一 ⿺風奉 蒲蠓切風起皃文一 ⿺風尾 武斐切⿺風尾⿺風尾風偃物文一 ⿰韋風 羽鬼切大風謂之⿰韋風文一 ⿰妥風 弩罪切風勁謂之⿰妥風文一 颽 可亥切南風文一 ⿰兖風 以轉切小風文一 ⿺風幼 於九切緒

風謂之颵飀又於糾切颵飀風聲文一重音一

飀力九切緒風謂之颵飀文一

颭職琰切風動物文一

颲力至切暴風又力制切風駃也又力質切說文風雨暴疾也文一重音二

⿰風胃于貴切風也又越筆切大風也文一重音一

颶衢遇切越人謂四方之風曰颶文一

⿰風刕⿰風荔郎計切急風或作⿰風荔文二

⿰風戾郎計切飉⿰風戾風聲文一

⿰風兑徒外切小風文一

⿺夗風俞絹切⿺夗風⿺夗風小風一日轂再颺日⿺夗風文一

飄匹妙切風皃文一

颼所救切颼飂風聲文一

⿰風后下講切風皃文一

⿰風肅⿰風宿息六切廣雅風也或从宿⿰風肅又所六切寒風文二重音一

⿰風䜌朔律切風聲文一

⿰風畢⿰風必壁吉切風寒也或作⿰風畢⿰風必又匹蔑切小風謂之⿰風必又蒲結切又筆力切又弼力切文二重音四

⿰風栗力質切風雨暴疾也文一

⿰風吉閱吉

篇第十三中　二十九

切風皃文一⿰風日越筆切說文大風也文一⿰風戌休必切風也文一⿰風术雪律切小

風又翾劣切文一重音一⿰風矞允律切疾風文一⿰風瑟色櫛切⿰風瑟⿰風瑟風皃文一⿰風弗

颰分物切小風謂之⿰風弗一曰疾風或作颰颰又方伐切颰颰風疾皃又蒲撥切文二重音二⿰風忽

⿰風勿⿰風豖許勿切疾風也或省亦从豖⿰風忽⿰風豖又呼骨切文三重音一⿰風出⿰風屈曲勿切風也或

省文二⿰風戉許月切⿰風戉⿰風戉風也一曰小風謂之⿰風戉文一⿰風孛薄沒切風皃文一飌

呼骨切疾風也文一⿰風杀⿰風𣏂桑葛切⿰風𣏂⿰風𣏂風也或作⿰風𣏂文二⿰風剌郎達切風皃文一⿰風夬

呼決切風也又翾劣切小風文一重音一⿰風析敕列切⿰風析⿰風戉風皃文一颲力蘖切說文烈

風也文一⿰風索昔各切風聲又色窄切風聲文一重音一⿰風赤霍虢切風熱皃文一⿰風或

古獲切⿰風虢⿰風虢赤氣熱風之佐也又忽域切風皃文一重音一⿰風歷狼狄切⿰風析⿰風歷風聲文一⿰風畐筆力切風也文一飁席入切颯飁大風文一颯力入切颯飁大風又落合切翔風也又盧合切文一重音二⿰風業弋涉切風動皃文一⿰風聶失涉切風皃文一⿰風巤力涉切風聲文一⿰風疌息葉切風皃文一⿰風劦力協切風也又檄頰切風調也文一重音一⿰風燮悉協切風皃文一⿰風夾色洽切風急皃文一

文二百三十三　重音五十九

它虫也从虫而長象冤曲垂尾形上古艸居患它故相問無它乎凡它之類皆从它

或作蛇託何切又並余支切美也又並時遮切文二重音二

𡖋抽知切若龍而黃文一

文三　重音二

龜舊也外骨内肉者也从它龜頭與它頭同天地之性廣肩無雄龜鼈之類从它爲雄象足甲尾之形凡龜之類皆从龜古作𠁴居逵切龜又俱倫切手凍坼也又祛尤切龜兹國名文二重音二

𪚮徒冬切龜名又之戎切文一重音一

𪛁郎丁切黃𪛁龜名文一

䶱汝閻切龜

甲邊也从龜冉聲天子巨𪚾尺有二寸諸侯尺大夫八寸士六寸文一⿰主龜重主切⿰主龜龜名文一⿸𠆢龜五果切龜屬文一

文七　重音三

黽黿黽也从它象形黽頭與它頭同凡黽之類皆从黽籒文作𪓕莫杏切徐鍇曰象其腹也又眉耕切地名在秦又弭盡切勉也又彌兖切澠或作黽文二重音三

䵶式支切䵶䵶詹諸也詩曰得此䵶䵶黽言其行䵶䵶从黽爾聲文一⿰角黽將支切⿰角黽蠵龜屬又遵為切文一重音一⿱此黽將支切龜屬文一⿱智黽陟离切鼅鼄蟊也从黽智省聲又知

義切文一重音一⿱兒黽⿱弭黽緜批切鼂⿸麻黽龜屬如龜而多聲賣或作⿱弭黽文二鼃於佳切諂聲也文一⿰奚黽胡雞切水蟲也蔵貉之民食之从黽奚聲文一⿰黽句⿱局黽權俱切說文⿰奚黽屬頭有兩角出遼東或从局亦書作⿱局黽文二重音一鼄陟輸切鼅鼄也从黽朱聲文一黿黿黿愚袁切大鼈也从黽元聲或作黿黿黿又吾官切文三重音一⿰亶黽多年切⿰亶黽⿰奚黽鼄類似蜘蛛出遼東土人食之文一鼂⿱皀黽直遙切匽鼂也讀若朝楊雄說匽鼂蟲名杜林以為朝旦非是篆从皀文二鼇五牢切大鼈也又牛刀切文一重音一鼉徒何切水蟲似蜥易長丈从黽單聲又唐干切又時戰切文一重音二鼃烏媧切蝦蟇也从黽圭聲又乎乖切又胡瓜切文一重音二⿸麻黽謨加切鼂⿸麻黽似龜生海邊沙中文一⿱奄黽於郎切龜屬頭喙似鵝文

一蠅余陵切營營青蠅蟲之大腹者从黽从虫文一鼀䵶⿱秋黽雌由切先鼀蟲名或作䵶⿱秋黽鼀䵶又七宿切先鼀詹諸也其鳴詹諸其皮鼀鼀其行先先从黽从先先亦聲鼀又子六切文三重音二⿱艹黽渠幽切龍子有角者文一⿰冉黽乃甘切龜甲邊文一鼀口舉切爾雅鼀䵶蟾蜍又丘據切文一重音一⿸辰黽時刃切大蛤又是忍切文一重音一⿱皮黽補火切蟲名蟾蜍也文一⿰冒黽丘葛切蛙類文一鼈并列切甲蟲也从黽敝聲文一鼊必歷切⿱皀黽鼊龜屬文一鼆母耿切蟲名博雅冥也一曰句鼆魯邑名文一

文三十七　重音十五

卵凡物無乳者卵生象形凡卵之類皆从

卵盧管切又魯果切文一重音一

孵⿰卩孚芳無切孵化也陸績曰自孵而㲉或从卩孵又俞戎切育也文二重音一

⿰卵占攻乎切巫⿰卵占祠名在雲陽越人祀之一曰嬰兒病鬼爲巫⿰卵占文一

卵公渾切鯤魚子文一

毈徒玩切卵不孚也从卵段聲又杜果切文一重音一

⿰卵賣徒谷切卵内敗文一

㲉克角切卵孚也又空谷切文一重音一

文八　重音四

二地之數也从偶凡二之類皆从二古作

弍而至切文二

屯二殊倫切粹也文一

亘須緣切求亘也从二从回回古文回象亘回形上下所求物也徐鍇曰回風回轉所以宣陰陽也文一

恒亟亙胡登切常也从心从舟在二之間上下心从舟施恒也詩曰如月之恒古作亟亙文一

凡浮咸切最括也从二二偶也从了了古文及文一

亟去吏切敏疾也从人从口从又从二二天地也徐鍇曰承天之時因地之利口謀之手執之時不可失疾也又紀力切又竭憶切文一重音三

竺冬毒切厚也通作篤又張六切天竺西域國名亦姓文一重音一

文十　重音四

類篇卷第十三中

類篇十三中

類篇卷第十三下　卷之三十九

朝散大夫右諫議大夫權御史中丞充理檢使上護軍河内郡開國侯食邑二千六百户賜紫金魚袋臣司馬光等奉

勑修纂

土地之吐生物者也二象地之下地之中物出形也凡土之類皆从土　統五切又動五切桑根也又丑下切土苴不真物又許下切又片賈切文一重音四

埬　都籠切上埬地名文一　塳塚　蒲蒙切塵也崔譔作塚塚又展勇切高墳文一重音一　堫　祖叢切說文種也一曰内其中也一曰不耕而種又楚降切文一重音一　垬　胡公

切埭也文一埪枯公切龕謂之埪文一堸符風切蟲室曰堸文一⿰土夢謨中
切澤名文一墉餘封切說文城垣也文一封⿱㞢土⿰丰土方容切說文爵諸侯之土也古
作⿱㞢土⿰丰土封⿱㞢土又芳用切封又逋鄧切喪葬下土也又彼驗切文三重音三⿱雝土於容切塞也又渠用
切文一重音一⿱巩土渠容切水石之島曰⿱巩土文一⿱逄土其江切說文涂也又方勇切又魯勇
切又蒙弄切又良用切文一重音四垹悲江切土精如手謂之垹文一⿰土麗鄰知切草木相
附麗土而生或作⿰土麗文一埤賔彌切又頻彌切說文增也一曰厚也又匹計切埤堄城上垣又部
弭切田百畝又部靡切下隰也春秋國語松栢不生埤又卜禮切又補買切兩手擊也文一重音六坨
余支切地名文一⿰土虧壦虛宜切毀也或作壦又並驅爲切文二重音一埼渠羈切曲

岸又渠希切文一重音一**垐堲**才資切說文以土增大道上古从即引虞書龍朕堲讒說殄又疾力切堲又子悉切疾也一曰燒土禮夏后氏堲用又節力切又疾力切文二重音四**墀墀**陳尼切說文除地也引禮天子赤墀或作墀文二**坻坁**陳尼切說文小階引詩宛在水中坻或作坁坻又掌氏切隴阪也又典禮切文二重音二**垂埀**是爲切說文遠邊也隸作垂垂又樹僞切將及也又馳僞切文二重音二**坯**攀悲切山再成曰岯一曰山一成又貧悲切瓦未燒又鋪來切又部鄙切又五忽切文一重音四**堳**旻悲切壇埒文一**塒**市之切說文雞栖垣為塒令寒鄉穿墻棲雞又丈里切文一重音一**圯**盈之切說文東楚謂橋爲圯又象齒切又部鄙切說文毀也虞書方命圮族文一重音二**基坖**居之切說文牆也一曰始也本也古作坖基又渠之

切坙又渠記切憎惡也文二重音二

圻

畿 渠希切天子千里地以遠近言之則言畿也一曰限也或作圻畿圻又魚斤切地埒岸也又五根切垠也又口謹切界也文二重音三

墟 丘於切大丘也文一

坦 千余切說文益州部謂壙場曰坦又七慮切又衢遇切隄塘也文一重音二

壚 淩如切黑土又龍都切說文黑剛土也文一重音一

堣 元俱切說文堣夷在冀州陽谷立春日日值之而出引尚書宅堣夷文一

坿 芳無切編木以渡一曰庶人乗泭或作坿又馮無切藥石白石美也又符遇切益也文一重音二

垺

埰 芳無切郭也古作埰垺又鋪枚切陶器範一曰大也又方鳩切盛也又蒲侯切又薄口切培或作垺文二重音四

墲 微夫切冢地又蒙晡切規度墓地也方言凡葬無墳謂之墓所以墓謂之墲又滂模切又罔甫切墓域文一重音三

堥 微夫切瓦

器又謨袍切丘前高後下又而田切又迷浮切堆隴又罔甫切又莫後切又亡遇切文一重音六**堬**容朱切冢也方言秦晉之閒謂之堬文一**⿰土麤**聰徂切行超達也文一**㙤**通都切坼也又後五切又虛訏切文一重音二**墿**同都切爾雅路旅途也途或作墿又徒故切道也又夷益切博雅軌道也文一重音二**塗**同都切泥也亦姓又直加切沮洳也又徒故切金飾也又除駕切飾也文一重音三**垀**荒胡切埒也文一**圬**汪胡切所以塗也文一**堤**都黎切唐也又直兮切防也又典禮切滯也又常支切博雅隄封都凡也或从土又勻規切沫堤郡名文一重音四**埿⿱尼土⿱妮土**年題切塗也或作⿱尼土⿱妮土埿又乃計切又薄鑑切文三重音二**⿱⿰立尼土**年題切反項受小丘文一**堅**煙奚切說文塵埃也文一**圭**消畦切說文瑞玉也上圜下方公執桓圭

九寸侯執信圭伯執躬圭皆七寸子執穀璧男執蒲璧皆五寸以封諸侯从重土楚爵有執圭一曰六十四黍爲圭文一

堦 居諧切陛也文一

垓 居諧切壇級又柯開切說文兼垓八極地也引國語天子居九垓之田文一重音一

埋 謨皆切瘞也文一

塠 **⿱誰土** 都回切落也或从誰又倉回切讁也文二重音一

堆 **垖** 都回切聚土或作垖文二

埻 都回切攢塗所覆又主尹切又朱閏切壘土也一曰射臬又徒卧切又光鑊切文一重音四

墤 徒回切下墜也文一

墔 徂回切堆墔土聚皃文一

坏 鋪枚切說文丘再成者又蒲枚切牆也又貧悲切瓦未燒又披尤切文一重音三

培 鋪枚切瓦未燒者又蒲枚切說文培敦土田山川也又蒲來切封也又房尤切闕人名魯有申培公又簿亥切重也莊子乃今培風又薄口切博雅培塿冢也又鼻墨切重也

文一重音六

坶塺 謨杯切塵也或作塺坶又莫六切朝歌南七十里地又莫後切文二重音二

埃 於開切說文塵也又丈八切城三堵也文一重音一

坮臺 堂來切觀四方而高者亦姓臺古作坮或省文二

𡏊 資辛切潤澤也文一

塡 知鄰切說文塞也一曰定也又池鄰切久也又亭年切又徒偃切塡塡質重皃又徒典切盡也又陟刃切定也又堂練切塞也文一重音六

壣 離珍切蔬畦曰壣又陵延切壠也文一重音一

垔堙㘻𡏬𡒄 伊眞切說文塞也引尚書鯀垔洪水或作堙㘻籀作𡏬古作𡒄文五

𡋸 夷眞切場也文一

均 規倫切說文平編也亦書作𡊅又王問切和也文一重音一

墐 渠巾切黏土也又渠吝切塗也又巨靳切文一重音二

㘳 渠巾切土壁也文一

垠𡐝 魚巾切地埒也岸也或作𡐝又並魚

斤切說文地垠也一曰岸也垠又五根切厓也又若恨切土有起跡文二重音三

坌𡑞𡋯坌方文切掃除也或从糞𡑞亦作𡋯古作坌坌𡑞又方問切坌又皮戀切平土也文四重音二

墳符分切說文墓也方言冢秦晉之間謂之墳取名於大防又父吻切土膏肥也又部本切土起文一重音二

垣于元切說文牆也又姓又胡官切文一重音一

壎塤壦坃許元切說文樂器也以土爲之六孔或从貟从雚从元壎又許云切又吁運切盄也文四重音二

播符袁切博雅播垠冢也或書作𡊅又鋪官切文一重音一

坤巛與枯昆切說文地也易之卦也从土从申土位在申古作巛與文三

𡊻五根切博雅厓也垠古作𡊻文一

墫租昆切酒器也尊或从土文一

墩都昆切平地有堆者文一

𡎸胡昆切土也洛陽有大𡎸里又胡關切又

丘貴切又苦會切墣也文一重音三

坉 徒渾切州土塡水曰坉一曰田隴又杜本切塞也文一重音一

壇 唐干切說文祭場也又儻旱切平也又上演切野土也又徒案切壇曼寬廣皃又時戰切除地也文一重音四

垸 胡官切補也以桼和灰而髹也又胡元切文一重音一

埦 烏丸切穴也又鄔管切小盂文一重音一

⿰土㒼

墁 謨官切土覆或作墁又曰鐵杇也墁又莫半切塗具文二重音一

塼 徒官切說文圜也周禮作專莊子作园太玄作塼又朱遄切燒墼也又淳沿切紡錘文一重音二

⿰土睘 胡關切環堵謂面一堵墻也文一

⿰土座 鉏山切⿰土座門聚名在睢陽又昨閑切又鋤連切又澄涎切文一重音三

圲 倉先切三里田為圲或書作阡文一

⿰垂并 蒲眠切縣名在郎邪文一

塝 民堅切所以平地也文一

埏 尸連切和土也又時連切地際

也又夷然切登也方也墓道也又延面切文一重音三

壥⿰土厘 澄延切說文一畝半一家之居一日廛市物邸舍或从土亦作壥文二

堧壖 而宣切城下田也一日㬉郤也一日游地或作壖又並奴亂切水濵地又並奴卧切又並如轉切文二重音三

埢 驅圓切圓墻也又逵負切埢垣曲墻也又古轉切塚土又古倦切限曲也文一重音三

⿰土尞 憐蕭切周垣又朗鳥切又力照切文一重音二

墂 卑遥切封土爲識文一

墧 渠嬌切說文水梁也一曰圯墧或从土亦姓又克角切堅不可拔也文一重音一

墽墝⿱敲土塙 丘交切磽也或作墝⿱敲土塙墽又牽幺切又牛交切小石也墽墝又口敎切土不平墝又魚敎切塙又克角切土高也文四重音五

坳 於交切地窊下也又於敎切文一重音一

⿰土巢 莊交切地名在聊城又鋤交切文一重音一

壕

乎刀切城下池文一

堝 古禾切甘堝液金器文一

⿰土過 烏禾切地阬也文一

坡 滂禾切說文陂也又彼義切阪也文一重音二

埵 都戈切鑄金具又覩猥切堅土又杜果切文一重音二

堶 徒禾切飛甎戲也文一

⿰土累 盧戈切盛土籠文一

垟 余章切墳垟土怪文一

坊 分房切邑里之名又符方切隄也又甫妄切又符訪切文一重音三

墻 慈良切說文垣蔽也文一

塲場 尸羊切方言蚍蜉犂鼠之塲塲謂之坻塲一曰浮壤或作場塲又仲良切說文祭神道也一曰田不耕一曰治穀田也文二重音一

墇 諸良切壅也又之諒切文一重音一

⿰土長 仲良切祭神道也一曰田不耕一曰治穀田也又知亮切沙墳起也文一重音一

壃 居良切界也畺或作壃文一

堂坣⿱高土 徒郎切說文殿也古作坣橊从高省文三

塘

徒郎切偃瀦也文一坱於郎切塵埃也又倚朗切又於亮切又於浪切文一重音三堈居郎切隴也文一垙姑黃切陌也文一堭壙胡光切博雅堂堭壂也或从黃文二埂居行切秦晉謂坑爲埂又古杏切文一重音一坑丘庚切閬也文一⿰土兵晡橫切冢口穴文一坪蒲兵切地平也或書作垩又皮命切文一重音一埩甾莖切耕治也又鋤耕切又疾郢切文一重音二垟垶思營切說文赤剛土也或作垶文二城時征切說文以盛民也文一塋維傾切說文墓也文一坰窺營切遠也詩在坰之野又消熒切說文邑外謂之郊郊外謂之野野外謂之林林外謂之冋或从土又欽熒切又扃定切文一重音三型乎經切說文鑄器之法也一說以土爲法曰型以金爲法曰笵以木爲法曰模文一塍

塍塖神陵切說文稻中畦也或作塍塖文三 堋披冰切削牆土隤聲又披朋切振動皃也又蒲登切射埒又逋鄧切喪葬下土也文一重音三 墱都騰切墱墱築墻皃又丁鄧切飛陛謂之墱文一重音一 增洛騰切說文益也又子鄧切贈也文一重音一 塸烏侯切聚沙又於口切沙堆文一重音一 坄徒侯切陶窻文一 塿郎侯切說文塺土也一曰部塿小阜又朗口切文一重音一 埐千尋切地名又洛林切說文地也又才淫切文一重音二 𡎖徐心切地名文一 埁才淫切土也文一 坘諸深切坘鄩古國名在河南禹後也通作斟文一 壜墰徒南切甒屬或作墰文二 堪枯含切說文地突也一曰任也又姓又楚綿切土也文一重音二 坍他甘切水壞岸也文一 坩枯甘切土器也文一 壛

余廉切里中門文一 壧 丘嚴切地穴又魚銜切文一重音一 墥 觀動切壙壇封垤也又吐孔切又土緩切文一重音二 埲 補孔切塵也又蒲蠓切埲埲塵起文一重音一 塕 鄔孔切塵也文一 坑 乳勇切地名文一 埱 乳勇切地名文一 埫 丑勇切埫塎不寧文一 壠 魯勇切說文丘壠也一曰田埒或省亦書作壟又盧東切文一重音一 埇 尹竦切地名在淮泗一曰道上加土文一 塎 尹竦切埫塎不寧文一 壅 委勇切堨塞也又烏貢切縣壅山名在晉陽郭璞說又渠用切塞也一曰加土封也又於容切文一重音三 垑 敞余切說文恃也謂恃土地文一 壐 想氏切說文王者印也所以主土文一 坻 掌氏切說文箸也又淺氏切阪也又丈尒切秦人謂阪曰坻文一重音二 垝 苦委切又古委切說文毀

垣也引詩乘彼垝垣又居僞切坫也可以鼓物文一重音二

垁 丈几切城三堵也太玄閑黃垁或作埃文一

壘 魯水切說文軍辟也亦姓又良斐切山皃又魯猥切嵔壘山名又劣戊切又倫追切重也文一重音四

壝 是捶切又愈水切埒也又欲鬼切起土爲埒也又杜果切又以醉切又于累切又夷佳切文一重音六

址 渚市切說文基也或从土文一

⿱非土 府尾切塵也又父尾切又父沸切文一重音二

⿰土予 象呂切東西牆也文一

⿰土序 象呂切博雅反坫謂之⿰土序文一

墅 上與切田廬也又以者切說文郊外也文一重音一

坾 展呂切積塵也又丈呂切文一重音一

⿰土尃 彼五切闕人名衞有石⿰土尃文一

堵 董五切說文垣也五版爲一堵又止野切縣名亦姓又東徒切闍或作堵又時遮切文一重音三

⿰土度 動五切塞也文一

⿰土鹵

陳忠

籠五切西方鹹地也鹵或从土文一

垢後五切坼也文一

塢埡於五切小障也一曰庳城也或作埡塢又烏故切野聚也文二重音一

壀普米切壀堄陴也文一

坒部禮切說文升高階也文一

堄吾禮切埤堄城上垣又研計切文一重音一

𡒊下買切地名文一

塊苦猥切大塊天地間又戶賄切又枯回切塩也一曰獨處皃又苦怪切土也又苦會切說文墣也文一重音四

𡍩努罪切重垂也文一

塏可亥切說文高燥也文一

在晝亥切居也存也察也文一

埰此宰切博雅冢也文一

埨縷尹切壟土又盧困切坎陷也文一重音一

㙊柱允切耕壟也又柱兖切耕土卷又柱戀切耕發土文一重音二

坋父吻切說文塵也一曰大防又符分切又方問切又符問切文一重音三

堰隱𢙬切壅水也又於

建切又於扇切文一重音二坂甫遠切坡者曰坂又部版切文一重音一墾苦本切耕
也又口狠切文一重音一垾下罕切小堤又侯旰切文一重音一坢普伴切平坦也一日
發地又薄半切坋也文一重音一坦儻旱切平也明也文一圢⿰土鼎他典切町疃鹿
跡一日餉田人衆貞或作圢⿰土鼎⿰土鼎又都挺切⿰土鼎墥蟻封又並他頂切田踐處文二重音二垷吉典
切塗也又胡典切文一重音一埍古泫切說文徒隸所居一日女牢一日亭部又胡犬切又熒絹
切又扃縣切文一重音三墠齒善切寛也老子墠然而善謀河上公讀又上演切說文野土也一
曰除地祭處又他干切寛也又時戰切文一重音三墡上演切白土也文一⿰土遣去演切小
垍也文一垗徒了切埒也又直紹切說文畔也爲四時界祭其中引周禮垗五帝於四郊文一重

音一⿱⿰阝召土市沼切耕休田一曰爪膝文一⿱虎土下老切土鍪也又後到切文一重音一堡補抱切隄也墇也或書作堢文一埽蘇老切說文弃也又先到切拚除也文一重音一堝壔都老切說文堡也一曰高土或从壽壔又神六切文二重音一坷口我切坎坷不平一曰亭名在寧陵又苦我切又口箇切文一重音二堁苦果切堀堁塵起皃又苦臥切又烏臥切又古會切文一重音三塺母果切細土又莫臥切文一重音一⿱卯土坐祖果切止也或作坐又並祖臥切文二重音一⿰土耑都果切動也易觀我⿰土耑頤京房讀文一垜都果切說文堂塾也又杜果切一曰射堋又都戈切小堆文一重音二埵都果切說文堅土也文一⿰土⿰阝有杜果切落也文一塽所兩切高明處文一壤⿱叕土汝兩切說文柔土也古作⿱叕土壤又如

羊切土也文二重音一墏此兩切基也文一壙苦晃切𥨍也一曰壙埌原野迥皃又苦謗切塹穴也文一重音一境舉影切界也文一⿰土卯於九切邑名文一垕很口切說文丘陵之厚也文一坸舉后切說文濁也一曰塵也或作坸文一墋楚錦切土也一曰不清澄文一坅丘甚切埋蒼坎也又牛錦切坑也又子感切文一重音二墈虎感切土起又苦感切墈坷不平又戶感切文一重音二坎苦感切陷也又苦紺切險岸文一重音一埯鄔感切阬也又衣撿切土覆謂之埯又倚广切又烏含切文一重音三壈⿰土廩盧感切坎壈不平一曰失志也或作⿰土廩文二壏虎覽切堅土也又戶黤切又盧瞰切壏埮地平而長文一重音二⿰土毚士減切兆名文一⿰土弄盧貢切穴也文一⿱贛土古送切地

名或作墳文二堹竹用切池塘塍埂文一⿰土遂徐醉切墓道也文一地墬墜坔徒二切說文元气初分輕清陽爲天重濁陰為地萬物所列也籀作墬墜或作坔地又大計切唐武后作埊文四重音一墊直利切埶也文一墜直類切爾雅落也又直律切文一重音一墜直類切吳俗斷木爲軸以申物文一埍巨至切說文堅土也文一塈巨至切說文仰塗也或書作墍文一⿰土壹乙冀切陰晦也又壹計切說文天陰塵也引詩⿰土壹⿰土壹其陰文一重音一壝求位切累土又渠龜切九達道也文一重音一坒毗至切說文地相次坒也又薄必切地相連次又部禮切文一重音二⿰土比毗至切配合也太玄陰陽⿰土比參文一墍許既切仰塗也古作⿱旡土又並居代切文二重音一⿱旡土……

其據切地名文一 ⿱舁土 羊茹切高平陸也文一 埾 ⿱聚土 從遇切說文土積也或不省文二

墓 莫故切說文丘也一曰葬地又蒙晡切文一重音一 塑 塐 蘇故切埏土象物也或从素文二

壀 匹計切壀堄城上垣文一 墆 丁計切博雅墆翳障蔽也又直例切又大計切又徒結切貯也止也文一重音三

⿱灑土 郎計切滿也莊子陰陽之氣有⿱灑土崔譔說文一

瘞 壹計切幽隱也又於例切埋也文一重音一 ⿱殹土 壹計切天陰塵也文一 ⿰土内 儒稅切深也靜也又若對切又諾叶切文一重音二

堨 去例切壁隟又其例切堰也又於蓋切青土謂之堨又何葛切又阿葛切遮擁也又魚列切壁間隟文一重音五

⿰土夳 徒蓋切浙灡也文一 ⿰土賴 博蓋落蓋切博雅墮也文一 垻 博蓋切坡也又必駕切平川謂之垻文一重音一 坒 博蓋

切姓也又普蓋切又補妹切文一重音二壒丘蓋切塵也又於蓋切文一重音一坈徒外

切牆隤也文一壞𡏏古壞切毀也或作𡏏𡏏又胡怪切壞又乎乖切壞隤地名文二重音二

堺居拜切境也文一𡐓薄邁切堤也文一𡓇盧對切塊也文一墤

凷苦怪切土也或作墤凷凷又苦會切說文墣也文二重音一𡌴胡對切地形回屈文

一𡋯待戴切壅水也文一埰倉代切臣食邑謂之埰或省文一埭待戴切壅

水也文一𡐠居代切仰涂也文一墢𡑍放吠切坺也或不省文二埈須潤切說

文陗高也或从土文一垽魚僅切澱也又語斬切文一重音一𡋣垪方問切埽除也

或作垪文二𡊽古困切土皃文一坌普悶切並也又蒲悶切塵也或書作坋文一重

音一

壂 堂練切博雅堂埕壂也文一

堜 郎甸切墟名在博平文一

⿰阝召土 之笑切說文耕以臿浚出下壚土也一曰耕休田也一曰隄也或省文一

⿰土尻 口教切屋外又丘六切曲屋外也又居六切又拘玉切文一重音三

墺 ⿰土兆 ⿰土乇 於到切四方土可居古作⿰土兆⿰土乇文三

壩 必駕切堰也文一

⿰土虎 虛訝切地名在晉文一

坬 古罵切土埵也文一

⿰土長 知亮切沙墳起也文一

埌 郎宕切博雅壙埌冢也一曰壙埌原野迥皃又里黨切文一重音一

⿰土囊 乃浪切塵也一曰土窟文一

塝 蒲浪切地畔也文一

墭 時正切器也文一

塴 逋鄧切喪葬下土也文一

堋 逋鄧切蜀郡謂塘曰堋文一

堩 居鄧切博雅道也曾子曰葬引至于堩又口鄧切道也文一重音一

⿰土究 居又切耕隴中或作畂又力救切耕地起土也一曰

[illegible]也或作甌文一重音一塯力救切瓦器堯舜飯土塯通作溜文一㲄丘候切未燒瓦器又空谷切土墼文一重音一堠下遘切記里堡文一垢丘候切解垢詭曲之辭又居六切不淨也文一重音一埳苦紺切埳坷不平又乎韽切說文高下也一曰陊也从土又苦感切陷也文一重音二墈苦紺切險岸文一埮吐濫切壏埮地平而長文一塹壍七豔切說文阬也一曰大也或作壍塹又七漸切文二重音一[illegible]昌豔切蔽也又章豔切文一重音一坫都念切說文屏也一曰反爵亢圭處又知林切攢塗謂之坫文一重音一墊埝都念切說文下也引春秋傳墊隘或作埝墊又的協切地下又達協切江名在廣漢埝又諾叶切益也一曰陷也文二重音三墣圤普木切又並匹角切說文塊也或从卜文二重音一塶

盧咎切地名梁有墉口城文一

⿱土復⿰土复 方六切穴地以居亦省又並芳六切引詩陶寝復陶穴或从土復又並房六切博雅窟也文二重音二

垘 房六切土壅曰垘史記川塞谿垘又鼻墨切文一重音一

坶 莫六切說文朝歌南七十里地周書武王與紂戰于坶野文一

埱 昌六切說文气出於土也一曰始也文一

塾 神六切門側之堂謂之塾又余六切文一重音一

墕 神六切堡也文一

⿰禾⿱巳土 側六切塞也文一

坴 仲六切又力竹說文土塊坴坴也一曰坴梁文一重音一

堉 余六切肥壤謂之堉文一

墺圫⿰土号 乙六切說文四方土可居也古作圫⿰土号文三

⿰土豖 儒欲切牛馬所蹈處又丑玉切文一重音一

埆 訖岳切獄也又克角切爾雅山多大石也又轄角切文一重音二

壆 訖岳切器之舋坼又轄角切土堅文一重音一

⿰土學

克角切爾雅山多大石也又轄角切文一重音一 塛 力質切塞也文一 圪 逆乙切說文牆高皃引詩崇墉圪圪又於乞切文一重音一 𡑣 逆乙切小山也文一 垤 他一切蟻封又徒結切引詩鸛鳴于垤文一重音一 𡊾 食律切高也文一 坲 符勿切坲垺塵起也又蒲結切文一重音一 堀 渠勿切搰也又苦骨切突也引詩蜉蝣堀閱一曰堀堁塵起文一重音一 垡 墢 房越切耕起土也或从發亦書作坺墢又北末切發土也國語王耕一墢文二重音一 坺 房越切地名又北末切發土也國語王耕一發或从犮又蒲撥切說文治也一曰臿土謂之坺引詩武王載坺文一重音二 圽 莫勃切埋也史記以至圽身文一 𡋯 𡓈 薄没切博雅塵也或从勃文二 埣 蘇骨切土落也又蘇對切土之不黏者文一重音一 𡎸 蘇骨

切塵也文一堗陁沒切竈窗謂之堗文一埻勒沒切土埂埒也文一堀𡐁苦骨切說文兔堀也或从穴亦作𡐁文二圣苦骨切說文汝潁之間謂致力於土曰圣文一𡊯莫葛切塵壤也文一圿訖黠切垢也文一𡒄戶八切說文囚突出也文一圠乙黠切山曲文一埋圼乃結切下也塞也或省文二𡑆詰結切界也又丘傑切文一重音一坹胡決切空深皃又呼決切博雅深也文一重音一𡋯力蘖切塍也文一埒龍輟切說文卑垣也一曰丘名文一𡊱巨列切礫也文一𡐤必列切大阜在左馮翊池陽縣文一墌職略切築土爲基又之石切基址也文一重音一圴職略切土跡文一塻末各切塵也文一堊遏各切說文白塗也又烏故切文一重音一堮

⿰土噩⿰土罕逆各切折也或作⿰土噩⿰土罕文三墎光鑊切度也民所度居也文一⿰土𩫏埻
光鑊切國名山海經⿰土𩫏端國在流沙中隸作埻又並郭獲切文二重音一⿰土㡿坼恥格切說文裂
也引詩不⿰土㡿不副文二⿱弱土昵格切水土和也又乃歷切文一重音一垎轄格切說文水
乾也一曰堅也文一埥秦昔切薄土文一坧之石切基址也文一埸夷益切畔
也文一垼營隻切說文陶竈窻也或作垼文一壁必歷切說文垣也文一塓
莫狄切塗也春秋傳塓館宮室文一墒丁歷切階謂之墒文一⿱敵土亭歷切堞也文一
壢⿸厤土狼狄切坑也或省文二⿸厤土狼狄切積也文一墼吉歷切說文瓴適也
一曰未燒也文一埴⿱直土⿱戠土承職切說文黏土也或作⿱直土⿱戠土埴又質力切埴⿱戠土又昌志切文

三重音二

[⿰土則] 察色切說文遏遮也文一

[⿰土卬] 乙力切邑名文一

域 越逼切邦也又乙六切區處也莊子無所畛域文一重音一

堛 拍逼切說文甴也又筆力切又方六切文一重音二

墄 七則切階級也文一

[⿰土集] 即入切泉出於上也文一

[⿰土臿] 測入切㙎累土也又敕立切文一重音一

㙎 敕立切說文下入也又直立切博雅益也一曰累土又直涉切又直業切田實也賈思勰曰秋田㙎實文一重音三

[⿰土巠] 直立切博雅益也一曰累土又直涉切一曰墊也文一重音一

圾 逆及切危也莊子殆哉圾乎天下又鄂合切文一重音一

塔 [⿰土沓] 託合切物墮聲或从沓[⿰土沓]又達合切累土也文二重音一

[⿰土⿱丿非] 悉盍切[⿰土⿱丿非][⿰土⿱丿非]土墮皃文一

[⿰土奄] 德盍切地之區處文一

塌 託盍切地下也又敵盍切墮也文一重音一

[⿰土闒] 敵盍切墮也一

日地下也或作堨文一 堞弋涉切女墻也春秋傳環城傳於堞徐邈讀又託協切又達協切文一重音二 壓益涉切說文笮也一曰伏也合也又諾叶切一指按也又乙甲切壞也又託協切又於琰切塞也文一重音四 ⿰土巤力涉切土皀文一 ⿰土葉說協切又達協切說文城上女垣也文一重音一 ⿱亟土力協切堅土文一 ⿰土脅乞業切隄也文一 埉訖洽切水旁地文一

文四百七十九　重音三百四十八

垚土高也从三土凡垚之類皆从垚吾聊切又倪弔切文二重音一

堯吾聊切說文高也从垚在兀上高遠也古作⿰夫兀文二 ⿱垚兀丘召切高也文一

文四

堇說文黏土也凡堇之類皆从堇古作𡎸

𦰩巨斤切堇𦰩又渠斤切又並几隱切艸名堇又渠吝切又居焮切堇陰地名在晉文三重音四

𡐊堇渠斤切黏土也文二　艱囏𡂀居閑切說文土難治也或作囏古作𡂀文三

文八　　重音五

里居也从田从土凡里之類皆从里兩耳切文一

釐𨤏里之切家福也或作𨤏釐又虛其切禮吉也又落蓋切賜也文二重音二　野以者切說文郊外又上與切又演女切文一重音二

文四　重音四

田陳也樹穀曰田象四口十阡陌之制也凡田之類皆从田 待季切又地因切文一重音一

⿰田東 都籠切地名文一 畽 他東切町畽鹿跡又吐衮切怨畽行無廉隅又土緩切文一重音二 ⿰田共⿰田恭 居容切埤倉⿰田共⿰田恭非畦也或从恭文二 ⿱雍田 於容切塞也文一 畦 宣為切土埒也又勻規切田有埒又涓畦切起堳埒也又玄圭切說文田五十畝曰畦文一重音三 ⿰田皮 攀糜切博雅耕也又攀悲切又普火切畷皮小高皃文一重音二 ⿰田卑 班糜切田也文一 畸 居宜切說文殘田也又渠羈切異也文一重音一 ⿰田兹 津之切地名或書作菑文一 畿

渠希切說文天子千里地以遠近言之則言畿也一曰限也文一

畬畭 羊諸切說文三歲治田也引易不菑畬田或作畭亦書作畭畬又詩車切火種也又羊茹切文二重音二

⿰田句 權俱切⿰田句町王西戎君長號文一

⿰田奚 弦雞切徑也或从田文一

⿰田巂 玄圭切說文田五十畝曰畦或作⿰田巂文一

畡 柯開切說文兼垓八極地也引國語天子居九垓之田或从田文一

⿰田來 當來切荒田又郎才切舊場也休不耕者通作萊文一重音一

畛⿰田辰 之人切溝上涂也田界也或从辰畛又止忍切說文井田閒陌也文二重音一

⿱𤇾田 船倫切墾田皃又須倫切又松倫切又規倫切又舒均切又堂練切又胡犬切田平均也文一重音六

畇⿰田旬 須倫切爾雅畇畇田也郭璞曰墾辟或作⿰田旬又並松倫切又並俞倫切墾田也畇又規倫切又亭年切地名在絳又胡犬切田平均也又

堂練切文二重音六

甽 松倫切山下受雷處文一

甸 亭年切說文平田也又堂練切說文天子五百里地又石證切六十四井爲甸文一重音二

⿰田耎⿰田需 而宣切說文城下田也一曰⿰田耎郤也一曰游地或作⿰田需⿰田需又奴禾切博雅土也⿰田耎又乳兗切又並儒轉切又並奴卧切文二重音四

⿰田差 才何切說文殘薉田也引詩天方薦⿰田差又咨邪切殘田也文一重音一

⿰田瓜 烏瓜切⿰田瓜留地名在絳文一

畼 尸羊切方言蚍蜉犂鼠之場謂之坻場一曰浮壤文一

疅 居良切界也文一

當 都郎切說文田相值也又丁浪切主也底也中也文一重音一

甿 謨郎切曠野或書作畝又謨耕切說文田民也又彌登切野民又毋亘切癡也文一重音三

⿰田亢 居郎切說文境也一曰陌也趙魏謂陌爲⿰田亢又舉朗切又居浪切文一重音二

⿰田光 姑黃切陌也文一

畊 古莖切犂也一曰古者井田故从井文一 町 湯丁切說文田踐處曰町又他典切町疃鹿跡一曰餇田衆貟又丈梗切町除地為墠也又都挺切又他鼎切又待鼎切鉤町縣名文一重音五

𤲞 塍 神陵切稻中畦或作塍文二

𤰫 𠷎 疇 陳留切說文耕治之田也从田象耕屈之形亦作𠷎疇𤰫𠷎又時流切文三重音一

𤳘 力求切說文燒種也漢律曰𤳘田茠艸又許六切又呼酷切文一重音二

留 畱 力求切說文止也又力九切星名又力救切榴或作畱文二重音二

𤲕 而由切說文和田也一曰鄭地名文一

畇 居侯切畦也文一

畾 魯水切口間謂之畾文一

𤳳 詡鬼切闕人名仲𤳳湯左相文一

畤 諸市切說文天地五帝所基址祭地右扶風有五畤好畤鄜畤皆黃帝時祭一曰秦文公立也又上止切一曰平畤地名又丈里切

又時吏切更別種文一重音三畤丈里切儲置屋下也文一⿰田臣止忍切井田閒陌也文一

疄里忍切高壠謂之疄又良刃切說文轢田也又離珍切蔬畦文一重音二⿰田侖縷尹切壠

土文一⿰田分父吻切⿰田分泉地名在魯文一畹⿱夗田委遠切田三十畮也或作畱又並紆

願切文二重音一⿰田𦰩許旱切耕也又虛旰切文一重音一疃⿰田爰土緩切說文禽獸所

踐處引詩町畽鹿場或作⿰田爰文二⿰田系地典切⿰田系畽鹿跡文一⿰田兆徒了切田界又直紹

切畔也為四時界祭其中文一重音一⿰田朶吐火切⿰田朶⿰田皮小高皃文一⿰田干許朗切鹵地名

文一頃⿰田頁犬頴切田百畝也文二⿰田曾子等切水田文一畮畒畝莫後

切說文六尺為步步百為畮或作畒畝文三⿰田幼於糾切黑壤文一⿰田奄鄔感切種田也

又乙業切文一重音一

𤳉 覩敢切𤳉楙蔭文一

畷 稱芮切田中道又株衛切又株劣切兩陌間道也廣六尺文一重音二

畍介 居拜切說文境也或作介亦書作界文二

畯 祖峻切說文農夫也一曰典田官一曰農神文一

畈 方願切田也文一

畔 薄半切說文田界也文一

畼𤳭 丑亮切說文不生也或从長又並直亮切畼又仲郎切祭神道也文二重音二

畂 居又切耕隴中或作畋又力救切耕地土也一曰𡒊也文一重音二

𤳍 七紺切田隴相聯文一

畜𤲬 勑六切說文田畜也引淮南子玄田爲畜魯郊禮畜或从茲茲益也又並許六切養也畜又丑救切又許救切文二重音三

𤳖 許六切火田種也又呼酷切文一重音一

𤱏 居六切非畦文一

𤱲 龍輟切耕田起土也文一

略 力灼切說文經略土地也

一曰智也行也要也取也利也文一 畟 察色切說文治稼畟畟進也引詩畟畟良耜文一 ⿰田或 越逼切邦也文一 ⿸厭田 益涉切地名文一 ⿰田夾 轄夾切溝相接文一

文九十四 重音六十七

畕 比田也从二田凡畕之類皆从畕 居良切文一

畺 疆 居良切說文界也从畕三其界畫也或作彊畺又居亮切死不朽也文二重音一

文三 重音一

黃 地之色也从田从炗炗亦聲𡕛古文光

凡黃之類皆从黃古作𡕛 乎光切文二

⿰黃充 昌嵩切博雅黃也又地綜切文一重音一

黊 玄圭切說文鮮明黃也又户瓦切⿰黃斗黊黃也又胡卦切文一重音二

撗黗 他昆切黃色或从屯黗又徒渾切撗又他官切又他根切文一重音三

⿰黃耑 他官切說文黃黑色也一曰黻⿰黃耑梁四公子名文一

⿰月黃 他官切黃色文一

黇⿰黃戔 將先切黃色或从戔黇又知廉切又他兼切說文白黃色也⿰黃戔又美辨切文二重音三

⿰黃舌 他年切黃白色文一

⿰黃亢 寒剛切黃也又口浪切又苦謗切文一重音二

⿰黃殳 胡光切夘中黃文一

黌 胡盲切學舍文一

黅 居吟切博雅黃也文一

⿰黃𤎅⿰黃炎 持廉切黃色或从炎文二

⿰黃夾 火占切黃色又馨兼切說文赤黃色也一曰輕易人⿰黃夾姁也文一重音一

黆 羽軌切黃色又虎猥切說文青黃色也又户賄切又胡對切又古對切文一重音四

⿰黃單

齒善切廣雅⿰黄彡⿰黄單黄也文一⿰黄彡魯晧切博雅⿰黄彡⿰黄單黄也又郎到切文一重音一黈他口切黄色文一⿰黄斗他口切字林⿰黄斗⿰黄斗奪取物文一⿰黄或胡對切黄色文一⿰黄惑古對切病皃文一⿰黄丞諸應切黄色文一

文二十六　重音十七

男夫夫也从田从力言男用力於田也凡男之類皆从男那含切文一

甥所更切謂我舅者吾謂之甥也文一嬲乃了切戲相擾也或省嫐又乃老切嬈也⿰男男又數眷切一乳兩子也文二重音二舅其久切母之兄弟爲舅妻之父爲外舅文一

文五　　重音二

力筋也象人筋之形治功曰力能圉大災凡力之類皆从力　林直切　文二

勭徒東切成人也又杜孔切作也文一重音一　功沽紅切說文以勞定國也或作糼文二　⿰畾力倫追切推之勉也又盧回切勉也或書作⿱畾力又盧對切說文推也文一重音二　勤渠之切耄勤老稱也又渠巾切說文勞也又渠吝切憂也春秋傳勤雨文一重音二　劬權俱切勤也文一　務微夫切務婁邑名又謨袍切丘前高後下又迷浮切又罔甫切又亡遇切說文趣也一日事也又莫候切昏也文一重音五　勴龍都切助也文一　努農都切勠力也又暖

五切方言勉也文一重音一劸於佳切逼也文一⿰乖力枯懷切⿰乖力劥有力皃文一扐

牆來切壯也文一勳勛許云切說文能成王功也古作勛又並吁運切文二重音一劤

許斤切多力又許謹切又居覲切又居焮切文一重音三勫方煩切健也文一努財干

切殺害也故从奴从力文一勯多寒切力竭也文一勮渠馬切負物也文一勬

莊緣切彊健皃又拘負切勤力也又俱願切又古倦切文一重音三⿺䜌力閭負切係也文一勌

拘負切勤力也一曰健皃又區願切說文勉也文一重音一勠憐蕭切并力也古作⿱⿰彐彐劦又

並力求切也又並力救切又並力竹切文二重音三劭時饒切爾雅勉也又祁𢍰切精異意漢書

劭農蘇林說又時照切文一重音二勦初交切說文勞也引春秋傳安用勦民以力又鋤交切又

子了切又子小切又子肖切又子六切截也文一重音五

勂 乎刀切休謁也漢書告歸之田或从力文一

勞 魯刀切說文劇也又憐蕭切又郎到切慰也文一重音二

⿱埶力 乎力切健也彊也又牛力切說文健也文一重音一

加 丘加切膠加戾也王逸說又居牙切說文語相增加也又居迓切文一重音二

勒 余章切勸也文一

勷 如陽切勴勷遽皃文一

勥 ⿱彊力 渠良切說文迫也古从彊又並巨兩切追也勥又舉兩切⿰兩力勥力拒也文二重音二

劻 曲王切劻勷遽也文一

勆 盧當切有力也文一

劥 丘庚切劥扐有力文一

⿰并力 ⿰朋力 晡橫切大力也或作⿰朋力⿰并力又披耕切大也⿰朋力又肯登切文二重音二

勍 渠京切說文彊也引春秋傳勍敵之人文一

⿰夌力 閭承切侵尚也文一

勝 ⿱坐夂 識蒸切說文任也古作⿱坐夂又並詩證切克

也文二重音一⿰丩力居尤切絶力也文一⿰區力烏侯切足觔謂之⿰區力文一劺迷浮切北燕之外相勉努力謂之劺文一⿰求力居虯切輕勁皃文一勘枯含切能也又苦紺切校也文一重音一勦初銜切抄也文一動覩動切振動拜也以兩手相擊而拜一曰今倭人拜以兩手相擊蓋古之遺法又杜孔切說文作也一曰躁也文一重音一勜鄔孔切勜尢屈強皃又鄔項切勜傾多力文一重音一勈⿰甬戈恿尹竦切說文氣也一曰健也或从戈从心亦書作勇文三⿰解力口蟹切⿰罷力⿰解力疲也文一⿰罷力部買切⿰罷力⿰解力疲也一曰惡怒文一劾下改切窮因也又口戒切勤力也一曰勉也又戶代切說文法有罪也又紇得切法有罪也文一重音三勔弭盡切爾雅勉也又彌兗切爾雅劭勔勉也文一重音一勄美隕切說文疾也一曰足

大指名文一

⿰干力 紀偃切難也又九件切力也文一重音一

勉 武遠切勗也又美辨切說文彊也文一重音一

⿰𠦝力 下罕切勤也文一

勨 以淺切又以兩切說文繇緩也一曰動也勉也又待朗切文一重音二

⿰劣典 徒典切⿰劣典劣皃文一

⿰劣韋 力展切⿰劣典⿰劣韋劣皃文一

⿰養力 以兩切勸也文一

⿰兩力 里養切⿰兩力勥力拒也一曰體急皃文一

劶 去厚切⿰咅力劶用力皃文一

⿰咅力 薄口切⿰咅力劶用力文一

⿰冘力 陟甚切用力也文一

⿰忽力 作弄切勸厲也文一

⿺走力 居僞切疲極文一

勩 ⿰𦘒力 神至切爾雅勞也或作⿰𦘒力勩又羊至切詩莫知我勩又並以制切文二重音二

⿰費力 ⿰弗力 平祕切博雅扶也一曰壯也或省⿰弗力又父沸切武猛皃一曰迫也文一重音一

勮 其據切說文務也又良據切疾也文一重音一

助 牀據切說文左也文一

募亡遇切以財使也又莫故切廣求也文一重音一 勴勴勴良據切說文助也或从慮从盧文三 勢始制切盛力也文一 勵力制切勉也文一 勓口戒切勸力也一曰勉也文一 勱莫敗切說文勉力也引周書用勱相我邦家文一 勸區願切說文勉也文一 劵逵眷切說文勞也一曰止也文一 勡匹妙切說文劫也又眦召切文一重音一 効後教切象也一曰功也文一 [illegible]子賀切手相佐助文一 勁堅正切說文彊也文一 [illegible]里孕切止馬也文一 [illegible]巨禁切用力也文一 [illegible]思沈切[illegible][illegible]用也文一 勎力竹切并力也文一 勖許六切勉也文一 勗吁玉切說文勉也引周書勗哉夫子文一 [illegible]墨角切勤也文一 [illegible]側角切健也文一 劮弋質切博

雅劫嫣也文一劼喫吉切用力也又丘八切固也慎也又訖黠切愽雅勤也文一重音二⿰乞力
極乙切有志力也文一⿱薛力逆乙切斷也文一⿰⿱巛多力億姞切⿰⿱巛多力⿰⿱巛多力動也又魚乙切文一重
音一⿰弗力符勿切多力皃或書作⿱弗力文一⿸厂⿰屰力居月切勥也又其月切文一重音一勃
薄没切說文排也又姓文一⿰乞力苦骨切⿰乞力⿰乞力勞極皃文一⿰骨力苦骨切愽雅勤也又苦滑
切力作也文一重音一⿰曷力何葛切勤也又許轄切⿰曷力⿰曷力用力聲文一重音一⿰害力下瞳
切用力也文一劜乙轄切劜劜屈強也文一⿰足力必結切巨力也文一⿱徹力敕列切說
文發也又直列切去也文一重音一⿱列力力⿱薛力切有力也文一劣龍輟切說文弱也文一
⿱絕力翾劣切拽也文一勪極虐切舉足行高也文一⿰莫力末各切動也文一勣

側歷切功也文一⿰畐力殺測切助也文一勑勅飭蓄力切誠也勑本音賚世以爲敕字行之久矣或作勅勑又洛代切勞也文三重音一劢歷德切廣雅力也文一勊乞得切說文尤極也一曰自彊也文一劫訖業切說文人欲去以力脅止曰劫一曰以力止去曰劫又極業切說文躓也文一重音一⿰答力竹洽切謹力也文一

文二百三十　重音六十五

劦同力也从三力山海經曰惟號之山其風若劦凡劦之類皆从劦擸頰切又力協切力不輟也文一重音一

恊胡頰切同心之和文一 勰檄頰切同思之和文一 恊叶叶檄頰切說文衆之同和一日合也服也古从日十或从口文三

文六 重音一

類篇卷第十三下

類篇卷第十四上　卷之四十

朝散大夫右諫議大夫權御史中丞充理檢使上護軍河內郡開國侯食邑一千三百戶賜紫金魚袋臣司馬光等奉

敕修纂

十四部

文一千七百七十一

重音一千一百二十五

金五色金也黃爲之長久薶不生衣百鍊不輕从革不違西方之行生於土左右注

象金在土中形今聲凡金之類皆从金古作金居音切文二

鍊都籠切方言轄軑趙魏之閒曰鍊鏅文一銅徒東切說文赤金也文一鑨盧東切器也文一鏠補蒙切首著兠鉼也莊子鏠頭文一鍐謨蓬切博雅鏵鍐鏊也又蒙弄切一曰鏊刀又莫鳳切文一重音二鏓蘇叢切又麤叢切說文鎗鏓也一曰大鑿一曰平木刻又損動切刀通竹節中文一重音二鉷胡公切埤倉弩牙辟致也文一釭沽紅切博雅鍋錕釭也謂車轂中鐵又沽宗切又古雙切文一重音二鎓烏公切鍬也文一鉖徒冬切鈞也文一鉵⿰金蟲徒冬切說文相屬或从蟲文二鏧盧冬切鼓聲文一鍾

諸容切說文酒器也一曰聚也當也又姓又朱用切文一重音一

鐘銿 諸容切說文樂鐘也秋分之音物種成古者垂作鐘或从甬銿又餘封切文二重音一

鈆 諸容切鐵也文一

鏦錄 七恭切說文矛也一曰矟小者或从彖又並初江切文二重音一

鏠鋒 敷容切說文兵耑也或从夆文二

鎔 餘封切說文冶器法也文一

鏞 餘封切說文大鐘謂之鏞文一

鋊 餘封切鉤鋊取炭器又俞玉切說文可以鉤鼎耳及鑪炭一曰銅屑文二重音一

銎鈎 虛容切方言矛骹謂之銎或从凶銎又丘恭切說文斤斧穿也文二重音一

鏓 初江切方言矛鏦文一

鍦鉈 商支切方言矛吳楚之間謂之鍦或作鉈鍦又施智切文二重音一

鍉 常支切鑰也又都黎切歃器一曰鋒也又田黎切又丁歷切喢器文一重音三

鐁 相支

切平木器釋名斤有高下之跡斷彌而平之文一鑴宣爲切日旁氣反鄉也又匀規切博雅鼎屬又消哇切錐也又玄圭切說文党也又將廉切鑴也文一重音四⿱此金將支切說文⿱此金鉀斧也又七支切文一重音一鈹攀糜切說文大鍼也方言鏃謂之鈹一曰劒如刀裝者文一⿱陂金攀糜切鉏也文一⿰金罷⿰金羆班糜切說文耜屬廣雅耕也或从羆⿰金罷又補買切鐵杖又部買切又步化切文二重音三⿱陂金⿱波金班糜切埤倉鐲⿱陂金鉏也或作⿱波金⿱陂金又攀糜切文二重音一⿱彌金⿱弥金民卑切青州謂鎌爲⿱彌金或作⿱弥金文二錐朱惟切說文銳也文一鋖相咨切平木器文一鎚傳追切金推也一曰權也又馳僞切銅半熟又都回切鍛也文一重音二錘傳追切說文八銖也又陳知切博雅錘謂之權又主縈切鍛也又是捶切又之瑞切又竹恚切又馳僞切

文一重音六**鑗銐**良脂切黑金也或作銐鑗又憐題切說文金屬一曰剥也文二重音一**銕**延知切銕東表之地又田黎切鐵謂之銕古以爲鐵字又他結切文一重音二**鏔**延知切戟無刃又夷眞切博雅鏔矛戟也文一重音一**鍺**渠伊切軸耑鐵文一**鍨**渠龜切兵也或从金又求位切文一重音一**鈚鎞錍**頻脂切犂也一曰箭名或作鈚錍又並篇迷切方言箭鏃廣長而薄鐮謂之錍又邊迷切又班麋切斧屬又賓迷切說文鈭錍也博雅錍謂之銛文三重音四**釒匕**篇迷切箭鏃文一**鉟**攀悲切靈姑鉟旗名文一**錙**莊持切說文六銖也一曰八兩曰錙文一**鎡**津之切鎡錤鉏也文一**鈶**詳茲切博雅柄也又盈之切耒耑也又象齒切矛屬文一重音二**錤**居之切鎡錤鉏也又渠之切文一重音一**鐖**無非切鉤

也方言自關而西謂之鐖文一鐖居希切鉤逆鋩淮南子無鐖之鉤不可以得又渠希切大鑣鐖
又魚開切文一重音二鍏于非切臿也方言宋魏之間謂之鍏文一鉏祥余切闕人名
春秋傳有西鉏吾又牀魚切說文立薅所用也又鋤加切鉏牙物傍出也又壯所切鉏鋙相距皃文一重
音三鋤牀魚切立薅所用也又壯所切鋤鋙相距皃文一重音一鐦淩如切矛戟受柄處
又良據切錯銅鐵也文一重音一鍝元俱切鉀鋸也一曰鐻鍝蠻夷穿耳物文一釪
雲俱切鐏釪樂器以和鼓文一鑺權俱切戟屬文一鋪芳無切陳也詩鋪敦淮濆又滂
模切說文普門鋪首也一曰陳也又奔模切設也又普故切文一重音三鈇風無切說文莝斫刀
又匪父切文一重音一鑐⿰金須詢趨切鎖牡也或作⿰金須鑐又汝先切金鐵銷而可流者鑐又而

由切鐵之耎也文二重音二

銖 慵朱切說文權十分黍之重也一曰十黍爲絫十絫爲銖文一

鑪 龍都切說文方鑪也火函文一

鍸 鈷 洪孤切黍稷器夏曰鍸商曰璉周曰簠簋或作鈷鈷又果五切鈷⿰金莽溫器又古慕切斷也文二重音二

鋘 釫 洪孤切泥鏝也塗工之具或作釫鋘又訛胡切錕鋘山名出金可作刀以切玉釫又汪胡切說文所以塗也又胡瓜切兩刃臿也又時遮切文二重音四

鍏 攻乎切鏌鍏矢名文一

鈲 攻乎切鐵鈲文一

鋙 訛胡切錕鋘山名出金可作刀以切玉或从吾文一

鎢 汪胡切鎢錥溫器文一

⿰金朿 ⿰金妻 前西切說文利也或从妻⿰金妻又戕西切文一重音一

鑇 戕西切切也文一

銻 田黎切說文鎕銻謂火齊也文一

⿰金虒 鍗 田黎切說文器也一曰釜屬或从帝文二

⿰金稽 堅奚切博雅鞶也又

遣禮切文一重音一鍷傾畦切鏟也文一釵初佳切岐筓也文一鍇居鍇切白鐵謂之鍇又雄皆切九江謂鐵爲鍇又口駭切又古駭切堅也文一重音三鐓都回切下垂也一曰千斤椎又都昆切鐏也又杜罪切矛戟平底又徒對切矛戟柲下銅鐏也又都玩切文一重音四鑘盧回切龜目酒尊刻木作雲雷象象施不窮也文一鐳盧回切古缾也文一鋂謨杯切說文大環也一鐶貫二者引詩盧重鋂又謨耕切艸矛也文一重音一鑌卑民切利鐵也文一鉁知鄰切寶也文一鈱彌鄰切鐵也又眉貧切業也文一重音一鍲鍲眉貧切說文業也賈人占鍲博雅稅也或从民鍲又彌鄰切鐵也文二重音一鏻離珍切鏈也又良刃切文一重音一錞殊倫切金器錞于也圜如碓頭大上小下所以和鼓又都昆切又杜罪切

又徒對切矛戟柲下銅鐏也又徒卧切覆殯也禮大夫殯以錞文一重音四

⿰金脣 殊倫切器名文一

鈞銁 規倫切說文三十斤也一曰陶旋輪古从旬又姓文二

銀 魚巾切說文曰金也又州名文一

釿 魚巾切器之釿鍔又舉欣切斫木也一曰斤權輕重之數一曰明也又魚斤切平木具又擬引切說文劑斷也文一重音三

⿰金孱 緇詵切又鉏山切趙魏謂小鑿爲⿰金孱又鋤連切文一重音二

鐼 符分切鐵也又許云切又逋昆切平木器又吁運切文一重音三

⿰金冤鋺 於袁切鉏頭鐵曲或从宛文二

鐇 孚袁切博雅椎也一曰廣刃斧又方煩切一曰鏟也又符袁切文一重音二

錕 公渾切赤金謂之錕鋙又如延切車釭又戶衮切又古本切文一重音三

錛 逋昆切平木器文一

⿰金𦎫 都昆切錞釪如鍾以和鼓錞或作⿰金𦎫文一

鏝 謨官

切說文鐵圬也又莫半切鏝胡戟也秦晉語文一重音一鎜蒲官切說文承槃也文一鑽祖官切說文所以穿也又祖筭切博雅鍴謂之鑽文一重音一鋑七丸切刀也又遵全切穿木鐫又將廉切鐫也文一重音二鍴多官切方言鑽謂之鍴文一鏄徒官切塊鐵文一鑾盧丸切說文人君乘車四馬鑣八鑾鈴象鸞鳥聲和則敬也文一鐶胡關切金環也又隨戀切車鐶也文一重音一鍰胡關切說文鋝也引虞書罰百鍰一曰金六兩爲鍰又胡慣切鋝也又于眷切量名文一重音二⿰金眔姑頑切犂釪也文一鈿⿰金奠亭年切金華飾亦作⿰金奠又並堂練切以寶飾器文二重音一鋻經天切剛鐵又輕甸切說文堅也文一重音一銒經天切闕人名六國時有宋銒文一鋗呼玄切說文小盆也一曰無足鐺又胡犬切玉聲又隨戀

切車鏍文一重音二

錢 財仙切貨泉也一曰田器亦姓又子淺切說文銚也古田器詩庤乃錢鎛又在演切文一重音二

鐫 遵全切說文穿木鐫一曰琢石也又子兗切鑿也文一重音一

鋋 時連切說文小矛也又夷然切文一重音一

⿰金蚩 抽延切長引也又丑展切文一重音一

鏈 抽延切銅屬一曰丱也又陵延切文一重音一

鍹 荀緣切銚也文一

銓 逡緣切說文衡也一曰度也文一

鐉 逡緣切說文所以鉤門戶樞也一曰治門戶器又椿全切文一重音一

鉛 余專切說文青金也文一

錈 驅圓切屈鐵又窘遠切屈金也文一重音一

鍣 丁聊切銚也又田聊切又之遙切文一重音二

銚 他彫切田器又田聊切長矛也呂氏春秋長銚利兵又千遙切又餘招切說文溫器也又他吊切燒器又徒吊切又弋笑切銚弋艸名文一重音六

鐐

憐蕭切說文白金也又力吊切又郎到切文一重音二⿰金県堅垚切戟屬文一銷思邀切說文鑠金也文一鐰鍫千遙切爾雅斛謂之疀或作鐰鍫鐰又才勞切剛折謂之鐰文二重音一鉊之遙切說文大鎌也文一鏒千遙切以箴紩衣又七紺切文一重音一鐎茲消切溫器說文鐎斗也又慈焦切溫器形如銚又將由切釜屬文一重音二鐦鏢卑遙切刀鋒曰鐦或省鏢又紕招切說文刀削末銅也文一重音一鑣悲嬌切說文馬銜也文一鐈渠嬌切說文似鼎而長足文一鏖悲嬌切津名在匈奴中又於刀切盡死殺人曰鏖糟漢霍去病合短兵鏖皐蘭下文一重音一鐃尼交切說文小鉦也軍法卒長執鐃文一鏊牛刀切釜屬又牛召切燒器又魚到切文一重音二鎟蘇遭切鎟鉡銅器文一鏪財勞切穿也文

一鏖於刀切說文温器也一曰金器又乙六切文一重音一錭鋾徒刀切說文鈍也或作鋾一曰鋾鑄也錭又都勞切鈍也文二重音一⿰金牢鐒郎刀切廣雅⿰金牢鑪鏑也一曰⿰金𠫭⿰金牢銅器或从勞文二鈳錒於何切鈳⿰金莽釜屬或从阿鈳又倚可切文二重音一鐹古禾切廣雅鐹錕釭也又古火切刈鉤又古臥切車釭也方言齊楚海岱之間謂之鐹文二重音二鍋鈛古禾切鍋䥈温器或作鈛又古火切刈鉤文二重音一鉌胡戈切鉌鑾鈴也文一鈋吾禾切說文吪圜也文一鉕滂禾切鉕鑼銅器文一⿰金沙⿰金娑桑何切鈔鑼銅器或从娑鈔又師加切文二重音一鑼良何切鈔鑼銅器文一䥈羸鏍盧戈切温器銼䥈也或作羸鏍文三鈀披巴切博雅鈀錍鏑也又邦加切說文兵車也一曰鐵也引司

馬法晨夜内鈀車文一重音一　鍦　詩車切方言南楚五湖矛謂之鍦又時遮切文一重音一　鉈　時遮切短矛也文一　釵　初加切婦笄文一　鎈　初加切錢名文一　釾鋣鎁　余遮切說文鏌釾也或从邪从耶文三　鍜　何加切說文錏鍜頸鎧也文一　錏鐚　於加切說文錏鍜頸鎧也或从鐚錏又衣架切柔剛鐵也文二重音一　鋘鏵　胡瓜切兩刃臿也或作鏵文二　鐊鍚　余章切說文馬頭飾也引詩鉤膺鏤鍚一曰鍱車輪鐵或作鍚文二　鈁　分房切說文方鍾也博雅鑍謂之鈁一曰鑊屬文一　鋩　武方切刃端文一　鑲　思將切又如陽切說文作型中腸也一曰兵器又尼良切文一重音二　鏘鎗　千羊切玉聲也瑲或作鏘鎗鎗又楚耕切說文鐘聲也鎗又鋤庚切又初耕切鏗鏘聲也文二重音三　鋿鏛　辰羊切磨

也一曰車輪繞鐵或从常文二鉠於良切鈴聲謂之鉠又於郎切鉠鉠鈴聲又於驚切文一重音二鎕徒郎切說文鎕銻火齊文一鐺都郎切說文鋃鐺也又他郎切鍾鼓之聲一曰鐵貫物又楚耕切釜屬文一重音二鏜他郎切說文鍾鼓之聲引詩擊鼓其鏜一曰鐵貫物謂之鏜文一鋃盧當切說文鋃鐺鎖也文一鎊鋪郎切削也文一鑶慈郎切鈴聲文一鋼居郎切堅鐵又居浪切文一重音一鍠胡光切說文鍾聲也引詩鍾鼓鍠鍠一曰兵器又胡盲切鍾聲又呼橫切文一重音二鑅胡盲切鍾聲文一鐄胡盲功大鍾也大鎌也文一⿰金烹披庚切鍊金也文一⿰金蝱⿰金䖟眉耕切鎖也或省文二鉎師庚切鐵衣也又桑經切文一重音一鐣楚耕切說文鍾聲也鎗或作鐣文一鍈於驚

切鈴聲文一⿰金身鑋鍞丘耕切博雅⿰金身鎗聲也或从堅亦作鍞文三鎣於莖切器也又維傾切一曰采鐵也又玄扃切博雅磨也又於丁切又畎迴切冶器以金為之又縈定切一曰磨也文一重音五鈃何耕切又乎經切說文似鍾而頸長一曰酒器又下頂切文一重音二鋞何耕切鏁⿰𠦝余又乎經切說文溫器也圜而直上又下梗切又下頂切又形定切長鍾也鏄謂之經文一重音四鋐乎萌切鏗鋐鍾鼓聲文一鍧⿱鞫金呼宏切鏗鍧鍾鼓聲或作⿱鞫金文二錚鏳初耕切金聲或从曾錚又甾莖切鏳又鋤耕切玉聲文二重音二鑏尼耕切刃柄又乃定切吴俗謂刃柄入處為鑏文一重音一鉦諸盈切說文鐃也似鈴柄中上下通文一⿱輕金牽盈切金聲也一曰斷也又棄挻切一足行也又牽正切又詰定切或書作⿰金輕文一重音三⿱賏金

伊盈切博雅鑍謂之鈁文一**鋥**桑經切鐵衣文一**鉼**旁經切漢侯國名又必郢切金飯一曰鬴也又畀正切北燕謂釜曰鉼文一重音二**銘**忙經切志也文一**釘**當經切說文鍊鉼黃金郭璞曰鶴鄰矛江東呼爲鈴釘一曰鐵銑又都挺切又丁定切黃金也文一重音二**鈴**郎丁切說文令丁也文一**鉶⿰金形**乎經切說文器也即禮盛和羹器或从形文二**鐙**都騰切說文錠也徐鉉曰錠中置燭故謂之鐙又丁鄧切馬鞴具一曰豆也文一重音一**釚⿰金丩⿰金仇**渠尤切弩機謂之釚或从丩从仇釚又渠幽切文三重音一**銶**渠尤切鑿屬又渠幽切文一重音一**鎦**力求切說文殺也又力救切梁州謂釜曰鎦文一重音一**鏐鉚**力求切說文弩眉也一曰黃金之美者或从丣鏐又憐蕭切白金也又渠幽切又力幽切鏐又力救切文二重音四**鎏**

力求切美金謂之鎏文一鏅思留切博雅鏅鋇鋌也文一鍒而由切說文鐵之耎也文一鋑踈鳩切鏤也一曰馬耳也又雙雛切文一重音一鉜錇房尤切鉜鏂大釘或作錇又蒲侯切文二重音一鍭胡溝切說文矢金鏃翦羽謂之鍭又下遘切文一重音一銗胡溝切頸鉗也博雅鋞鍜謂之鏂銗文一鏂烏侯切門鋪謂之鏂銗又墟侯切剜也文一重音一鏂墟侯切剜也文一鏲居侯切說文曲也文一𨥖迷浮切說文酋也矛建於兵車長二丈象形或从金文一鉾迷浮切劒端文一鍪迷浮切說文鍑屬或書作鍫又莫侯切博雅釜也文一重音一鎪先侯切彫也文一鍮鋀他侯切石名似金或从豆鋀又徒口切酒器也文二重音一鋟千尋切鐫也又千廉切刻也春秋傳鋟其板又將廉切博

雅銳也又七稔切爪刻也又子朕切又子鴆切文一重音五

鐔 徐心切說文劒鼻也亦姓又夷針切博雅劒珥謂之鐔又徒南切又徒感切劒口也又尋浸切刀本又達各切文一重音五

鈂 ⿰鼎冘 才淫切博雅耕也一曰臿屬或作⿰鼎冘鈂又時任切又並持林切⿰鼎冘又知鴆切重也文二重音三

鍼鑯針 諸深切說文所以縫也或从箴从十鑯針又職任切鍼又巨鹽切針也又其淹切闞人名春秋傳有鍼虎文三重音三

銋鈓 如林切字林濡也博雅鞏聲不進皃文二重音一

鐕 緇岑切又祖含切說文可以綴著物者一曰釘也一曰綴衣又祖感切文一重音二

鉆 知林切鬼谷篇有飛鉆涅鐕又渠金切又知廉切又癡廉切說文鐵銸也一曰膏車鐵又其淹切以鐵有所劫束也又託協切文一重音五

鋡 胡南切博雅鋡甲介鎧也又胡

讒切匱也杯也文一重音一 鋡 胡南切方言齊謂受曰鋡博雅鋡⿰金遺謂之鑷文一 ⿰金奄 烏含切溫器又衣掩切搥也又憶笈切又乙業切文一重音三 錟 徒甘切說文長矛也又他甘切錟鏦矛也錟又思廉切銛屬一曰利也又以冉切利刀也史記錟戈在後文一重音三 鏨 財甘切鏨也又鋤咸切又在敢切鑴謂之鏨又疾冉切又昨濫切文一重音四 鉗 五甘切刃也又其嚴切鐵束文一重音一 銛 思廉切銛屬一曰利也又習琰切又他點切博雅鉀謂之銛又古活切斷也又古剎切文一重音四 釤 思廉切刀名又師咸切闞人名晉有沙樓國帥釤加又所鑒切大鐮也文一重音二 鑯 千廉切刻也春秋傳鏝其板或作鐵又將廉切說文鐵器也一曰鑴也文一重音一 銐 癡廉切銳也文一 鎌鐮 離鹽切說文鍥也或从廉文二 鈐 丘廉切曲

頭鑿又丘嚴切又丘凡切文一重音二

鈐 其淹切說文鈐鐀大犂也一曰類梠又千尋切鈦也又胡南切文一重音二

鏩 鋤咸切鏩鏩銳進貟又疾染切文一重音一

銜 乎監切說文馬勒口中从金从行銜行馬者也文一

鑱 ⿰金岑 鋤銜切說文銳也一曰犂鐵或从岑鑱又仕儳切文二重音一

銾 戶孔切鍾聲文一

鉹 鉙 賞是切爾雅鬵鬲鉹也或作鉙又並敞介切說文曲鉹也一曰鬵鬲一曰小刀鉹又余支切涼州呼甑爲鉹文二重音二

鑈 乃倚切絡絲趺一曰所以制動又女履切又乃禮切文一重音二

錡 巨綺切釜也又語綺切說文鉏鎁也江淮之間謂釜曰錡一曰鑿屬又渠羈切文一重音二

鈘 巨綺切又語綺切三足鑊也一曰滫米器文一重音一

⿰金危 古委切說文臿屬一曰瑩鐵文一

鉃 矧視切箭鏃文一

鑈

展几切鑽也文一鈰上止切劍名文一釪鋅祖似切剛也或作鋅文二鋁

釲象齒切博雅鉊鉿鋌也或作釲文二䤵父尾切小丁文一⿰金御⿰金禦鋙偶舉

切說文鉏⿰金御也一曰白錫謂之⿰金御或不省亦从吾⿰金御鋙又牛車切一曰釜屬文三重音一鐻⿰金虞

曰許切鍾鼓之柎也亦作⿰金虞鐻又求於切金銀器名又居御切器名似鍾文二重音二鉅曰許

切說文大剛也一曰引名文一釜釡奉甫切說文鍑屬或省文二鉧滿補切鈷鉧溫

器又母朗切文一重音一鐪鑥籠五切說文煎膠器一曰刀柄或作鑥文二鈮乃禮

切絡絲檷文一銙枯買切帶具又苦瓦切文一重音一鍡鄔賄切說文鍡鑸不平也文一

鏙取猥切鱗甲謂之鏙錯一曰文采皃文一⿰金⿱左月杜罪切博雅鍊⿰金⿱左月鈥錧也又都果切車轄

頭又杜果切說文鈐鍺也文一重音二　鑸　魯猥切說文鍡鑸也文一　鎧　可亥切說文甲
也又口溉切文一重音一　釔　鑗　里亥切連鉤釣曰釔或从禮文二　鋠　是忍切圓鐵又
時刃切文一重音一　鈏　是忍切錫也又以忍切爾雅錫謂之鈏又時刃切又羊進切文一重音三
鎨　聳尹切金之萌生曰鎨文一　銳　庾準切說文侍臣所執兵也引周書一人冕執銳又
俞芮切又徒外切矛屬文一重音二　鍵　紀偃切門牡也周禮授管鍵鄭司農讀又巨偃切說文鉉
也一曰車轄又九件切篇牡也又巨展切又渠建切鉉也又渠焉切文一重音五　鑳　巨偃切篇
牡也又巨展切文一重音一　鏂　隱㥼切戟三刃者謂之㥼或从金文一　錪　吐衮切方
言錪鍾重又多殄切又他典切說文朝鮮謂釜曰錪文一重音二　鐓　苦緩切燒鐵也文一　錧

苦緩切田器愽雅鍊鏅錧也又古玩切一日車軸耑鐵文一重音一鏋母伴切金精謂之鏋文一

鉡部滿切鍪也文一鏾顈旱切弩機緩謂之鏾文一鋎戶版切刃也文一

鈑補綰切爾雅鉼金謂之鈑文一鏟楚限切說文鏶也一日平鐵又齒善切愽雅籤謂之鏟又初諫切文一重音二銑穌典切說文金之澤者一日小鑿一日鍾兩角謂之銑文一鍌穌典切闕人名唐有竇維鍌文一鑋呼典切削也文一鋧胡典切銑鋧小鑿也文一

鉉胡犬切說文舉鼎也易謂之鉉禮謂之鼏又姑還切又居開切又圭玄切又消熒切文一重音四鐥旨善切說文伐擊也又式戰切齊謂相築曰鐥文一重音一釕丁了切鞭釕也又朗鳥切鞭鈌謂之釕文一重音一鐃馨烏切說文鐵文也又吉了切又他吊切文一重音二

釥 七小切好也方言青徐謂之釗一曰微也又子小切利也文一重音一 鈔 齒紹切取也又楚教切略取也文一重音一 鐃 爾紹切說文煩也一曰順也又女教切擾也屈也文一重音一 鐈 舉夭切溫器似鼎高足又渠廟切文一重音一 鉸 古巧切交刀刀也又居効切一曰以金飾器文一重音一 鎬 下老切說文温器也武王所都在長安西上林苑中文一 鐁 朗可切曳釣也文一 錁 古火切車膏器曰輠或从金又苦瓦切帶具文一重音一 鎖鏁 損果切鋃鐺也或作鏁文一 ⿰金朵 都果切鈌也文一 鎢 洗野切範金也文一 鐌 似兩切鐌皐器鈕一曰錦名文一 ⿱彊金 巨兩切鉛屬文一 鏹 舉兩切以繈貫錢文一 鋹 丑兩切利也文一 鎟 寫朗切鈴聲文一 ⿱壯金 在朗切鈴聲文一 鎤

戶廣切鍾聲又虎晃切鍾聲文一重音一鑛⿰金卝古猛切說文銅鐵樸石也或作⿰金卝文二鈵補永切博雅固也文一鋌他鼎切廣雅鑯鍱鋌也又侍鼎切說文銅鐵樸也文一重音一鉼

鈕敕九切說文械也或从丑鈕又女九切說文印鼻也文二重音一鉚力九切美金文一釦去厚切說文金飾器口又丘候切文一重音一鈄他口切姓也又徒口切文一重音一鋀韭徒口切說文酒器也从金豆象器形亦省文二鍖丑甚切鍖錐聲不進皃文一錦居飲切說文襄邑織文文一⿰金冉而琰切鐵器也文一釩峯范切器也又孚梵切文一重音一鋄⿰金乏亡范切馬首飾或从乏⿰金乏又孚梵切盞盌杯也文二重音一⿰金夢莫鳳切博雅鏍也又世亘切文一重音一銃充仲切斧穿也文一鉈施智切江淮南楚之

間謂矛爲鉈文一**鉹**充豉切鬵鼎也文一**錗**女恚切說文側意也又弋睡切懸也文一

重音一**𨭆**脂利切說文羊箠耑有鐵一曰田器又蒲計切又私列切又質入切一說東夷謂𨭆爲𨭆又的協切又達協切文一重音五

鐩　**鐆**徐醉切說文陽鐩也取火之鑑也或作鐆文二

鐀求位切匣也文一**鋕**職吏切銘也文一**𨧫**側吏切插刀也文一**鎎**許既切說文怒戰也引春秋傳諸侯敵王所鎎又口溉切文一重音一**鋸**居御切說文槍唐也文一

鏣商署切器名文一**鑢**　**鋁**良據切說文錯銅鐵也或从呂文二**鐭**羊茹切鉏謂之鐭或書作鑿文一

鑄朱戍切說文銷金也一曰國名亦姓文一**鉒**朱戍切博雅署置也一曰以物送終謂之鉒又株遇切祭器文一重音一**錯**倉故切金塗謂之錯亦姓文一

鍍徒故切金飾也又同都切文一重音一 錮古慕切說文鑄塞也文一 銐才詣
切利也又尺制切除艸器又直例切又力制切文一重音三 鐾蒲計切治刀使利文一 ⿱折金
蒲計切銅生五色又時制切說文車樘結也又直例切小車耳鉤又以制切銅生五色又俞芮切文一重
音四 釱大計切說文鐵鉗也又他蓋切博雅錧也一曰在項曰鉗在足曰釱又徒蓋切文一重音
二 錑郎計切鑽也鋸也又盧對切平版具又盧回切文一重音二 鏏胡桂切廣雅鬻
鼎也又旋芮切大鼎又于歲切文一重音二 鏸胡桂切銳也一曰矛三隅謂之鏸又旋芮切大
鼎又俞芮切侍臣所執兵文一重音二 鈌涓惠切刺也又古穴切文一重音一 ⿱制金尺制
切除艸器文一 鎩鎩所介切說文鈹有鐔也或作鎩鎩又所例切戟屬又山戛切長矛謂之鎩

一曰羽傷也或作鏉又色八切鋋也文一重音三

鈉儒稅切刻木耑所以入鑿又諾荅切治鐵也文一重音一

⿰金芮儒稅切鋭也又除芮切曲刀又株劣切策耑有鐵文一重音二

錣株衞切羊車騶箠也著箴其耑長半分又張刮切策端有鐵又株劣切文一重音二

鋭俞芮切說文芒也亦姓又徒外切矛屬又欲雪切楚宋謂梡曰銚鋭文一重音二

鋇博蓋切博雅鋌也文一

鉞鐬呼外切說文車鑾聲也引詩鑾聲鉞鉞或从歲鉞又王伐切斧也文二重音一

銶盧對切說文平版具或从耒文一

錊祖對切鍊也又祖毒切姓文一重音一

鎮鈂陟刃切說文博壓也古作鈂鎮又知鄰切寶器也周禮國之玉鎮又亭年切塞也文二重音二

鑂吁運切金色渝也文一

鐏祖寸切柲下銅又祖悶切又祖昆切又祖管切文一重音三

⿰金存

徂悶切鑽也文一　鈍　徒困切說文錭也文一　釬銲　矦旰切說文臂鎧也或从旱一日固金鐵藥一日矛鐏謂之銲釬又居寒切器也一日急也文二重音一　⿰金岸　魚旰切柔鐵文一

⿰金款　苦喚切埤倉燒鐵久也一日灼鐵以識簡次文一　鑵　古玩切汲器文一　⿰金貫　古玩切鏍手謂之⿰金貫文一　鏾　先旰切弩也文一　鑹　取亂切小稍也文一　鑭　郎旰切金采也文一

鍛　都玩切說文小台也文一　鍊　居晏切博雅車軸鐵又郎甸切說文治金也文一重音一　鋬銚　普患切器系或从北文二　鐧　居莧切說文車軸鐵也文一　⿰金闐　堂練切以寶飾器文一　鏇　隨戀切說文圜鑪也一日裁木器又旬宣切轆轤也文一重音一

釧　樞絹切鐶也又昌緣切車釧文一重音一　釣　多嘯切說文鉤魚也文一　⿰金卓　他弔

切鐵未煉又徒弔切文一重音一鑃鑵徒弔切燒器或作鑵文二鉋皮教切治木器一曰搔馬具又弻角切杵頸謂之鉋文一重音一⿰金尖楚教切鏊也文一⿰金帚先到切碎鐵文一鐰先到切金鐵大剛曰鐰文一銼寸卧切銼⿰金羸溫器又昨木切又徂禾切鍑也文一重音二錣都唾切剉也文一⿰金夜寅謝切鏡也文一鍚⿰金宕他浪切治木器或从宕文一鏡居慶切說文景也文一鋥除更切磨也文一鈵陂病切廣雅固也文一錠丁定切說文鐙也一曰豆屬有柎曰鐙無柎曰錠又徒徑切又堂練切鐙有足也文一重音二鏪母亘切博雅鋂鏪鐶也文一鍑方副切說文釜大口者又方六切文一重音一鏥銹鏽息救切鐵上衣也或作銹鏽鏽又息六切文三重音一鏉

所救切說文利也一曰鍬鍽鐵上衣又先奏切利也又蘇谷切鏤也又蘇侯切文一重音三
鎪千侯切槍屬文一
鍽大透切鍬鍽鐵生衣又郎豆切文一重音一
鏤郎豆切說文剛鐵可以刻鏤引夏書梁州貢鏤一曰釜屬又龍朱切屬鏤劒名文一重音一
鎒乃豆切薅器也文一
鈊七鳩切利也文一
錎古蹔切鑪屬又乎韽切連鐶也又苦感切文一重音二
鑑胡暫切陶器如瓺大口以盛水周禮春始治鑑又胡懺切博雅甇瓨甖也可以盛水或从金又居懺切說文大盆也一曰鑑諸可以取水於月或書作鑒又居銜切文一重音三
鏷博木切鏷姑矢名文一
鏃作木切利也一曰矢末文一
鏃昨木切銼鏀温器或从族又測角切鋤也諺曰欲得轂馬耳鏃賈思勰說又千候切博雅鏃努鏑又千木切又作木切說文利也一曰矢末又

側角切矢鏑文一重音五 鑟 徒谷切印之匵文一 鏕 盧谷切釜名一曰鉅鏕縣名文一

錄 盧谷切錄錄不自異又龍玉切說文金色也一曰采也記也又良據切寬省也文一重音二

銃 昌六切鋆也文一 錆 余六切鎢錆溫器文一 鋈 烏酷切說文白金也又過

鄂切又屋郭切文一重音二 鐭 鋮 乙六切溫器或作鋮文二 鏷 蒲沃切鏷鍏矢文一

⿱叔金 都毒切艖舌文一 鐲 殊玉切鎢錆溫器又竹角切小鋋又直角切說文鉦也軍法司

馬執鐲文一重音二 钃 殊玉切鋤也又株玉切說文斫也文一重音一 ⿰金粟 須玉切金也文

一 鋦 ⿱局金 拘玉切鐵束物也古作⿱局金文二 ⿰金隺 逆角切齊人謂大椎曰⿰金隺文一 釙

匹角切金釙文一 ⿰金雹 弼角切杵頭謂之⿰金雹文一 鎙 色角切矛文一 ⿱削金 色角用

切鐶也文一 錠 測角切鋤也諺曰欲得轂馬耳鏃或从足又仕角切足鈴文一重音一 鑡 測角切闕人名王莽時有廉斯鑡文一 鑕 職日切鐵椹文一 鏃 昨悉切鏃鏵鐵橛文一 鏎 壁吉切簡也文一 鉍 壁吉切矛積謂之鉍又薄必切戈柄也一曰偶也又逼密切又兵媚切櫕也文一重音三 銍𨫒銍 陟栗切說文穫禾短鎌也或从窒隸作銍銍又職日切縣名文三重音一 鉄 直質切縫也文一 鎰 弋質切二十四兩為鎰一曰米謂二十四分升之一文一 鉥 食律切說文綦鍼也又雪律切誘也文一重音一 鉞 雪律切鋸聲一曰鈯鉞瑣處也文一 銉 允律切針也文一 鐍 允律切錐也又古穴切環之有舌者文一重音一 釳 許訖切說文乘輿馬頭上防釳插以翟尾鐵翮象角所以防綱羅釳去之又魚乙切

文一重音一鈯曲勿切鈯鏁鈯也文一鈅魚厥切兵器文一鐝其月切磨

也文一钀語訐切馬勒旁鐵爾雅鑣謂之钀又魚列切又魚羈切車衡載轡者文一重音一

鍻居謁切金飾鼓名大駕鼓吹有金鍻文一鍻於歇切以鐵爲揭也文一鋍薄没

切吹釜溢也文一鈯陁没切博雅鈍也文一鍎鍨陁没切槍也或从突文二鉢

北末切食器文一鏺䥽普活切說文兩刃木柄可以刈艸或省鏺又北末切鎌也文二重音

一鈸蒲撥切鈴屬文一釟布拔切治金謂之釟文一鎩山戞切長矛謂之鎩

一曰羽傷也或作鎩又色入切鋋也文二重音一鎋下瞎切說文車聲也一曰鍵也文一銛

古刹切斷也文一鏄槎轄切斷艸刀也文一鐵鐡𨭆他結切說文黑金也或省

古作鐵文三鐵徒結切利鐵也文一鍥⿰金挈詰結切說文鎌也或从挈又並吉屑切鍥又詰計切文二重音二⿰金絜⿰金結吉屑切博雅鎌也或从結文二鑖莫結切博雅鑖鍱鋌也又彌計切小釜文一重音一鋝⿰金率龍輟切說文十銖二十五分之十三也引周禮重三鋝北方以二十兩爲鋝東萊以鍰爲權重百二十斤亦曰鋝古从率鋝又所劣切量名文二重音一釨古列切方言戟楚謂之釨文一鐅匹滅切說文河內謂臿頭金或書作⿰金敝文一鑰弋灼切開下壯也文一鑠弋灼切烙也莊子鑠絕等瑟一曰銷也又式灼切說文銷金也又郎狄切鼎屬文一重音二錯⿰金昝倉各切說文金涂也一曰雜也乖也鑢也亦姓古作⿰金昝⿰金昝又⿰扌刂五切博雅鋁謂之⿰金昝錯又倉故切又七約切理麤也文二重音三鐯陟略切斫謂之櫡或从金文一

鐯 直略切爾雅斫謂鐯文一 钁 厥縛切說文大鉏也文一 鐸 達各切說文大鈴也軍法五人爲伍五伍爲兩兩有司馬執鐸文一 鉻 歷各切說文鬄也又洛頟切鉤也文一重音一 鎛 伯各切說文鎛鱗也鐘上橫木上金華也一曰田器引詩庤乃錢鎛文一 鑮鑮 伯各切十二辰頭鈴鍾也或省鑮又匹各切說文大鐘淳于之屬所以應鐘磬也堵以二金樂則鼓鑮應之又白各切文二重音二 鉑 白各切金薄也文一 鏌 末各切說文鏌鋣也文一 鏼 昔各切鐵繩又色窄切鐵弗文一重音一 鑿 即各切鮮明皃詩白石鑿鑿又七到切穴也又在到切穿孔也又昨木切鏤也文一重音三 鈼 疾各切甑也梁人呼爲鉹吴人呼爲鈼文一 鑩 逆各切鉤也文一 鍔 逆各切劒刃也文一 鑊 黃郭切說文鑴也文一 銆 莫白

切鉐刀兵器文一 ⿰金𠂢 匹麦切梁益謂裁木爲器曰⿰金𠂢又匹歷切文一重音一 鏼 色責切槍也文一 ⿰金冊 測革切鐵器文一 ⿰金會 古獲切鐵器文一 錫 思積切細布也劉昌宗說又先的切說文銀鉛之間也一曰與也亦姓又他歷切髮也又大計切髮也文一重音三 鉐 常隻切鍮鉐以石藥冶銅又作木切姓也出彭城文一重音一 鈠⿰金役 營隻切小矛或从役文二 鐴 必益切犂耳也又必歷切文一重音一 鏚 倉歷切戊也文一 鏑 丁歷切說文矢鏠也文一 ⿰金鬲⿰金歷⿱歷金 狼狄切鼎屬或作⿰金歷⿱歷金文三 鉽 設職切鼎屬文一 鈰 蓄力切飾也文一 釴 逸織切爾雅鼎附耳外謂之釴文一 鈒 息入切小鉾又色入切鋋也又迄及切戟名又悉合切鋋也文一重音三 鏶鍓 籍入切說文鏶也或作鍓又七接切文二

重音一鉝力入切胡食器林邑王獻流離蘇鉝文一⿱汲金訖立切鋤屬文一鉿
渴合切博雅鋌也又葛合切文一重音一鎝悉合切鏤也文一錔託合切說文以金有
所冒也文一⿰金闒託合切物墮聲文一鉀鑉轄臘切方言箭小者長中穿二謂之鉀鑪
或从蓋鉀又谷盍切又古狎切鎧也鑉又託盍切文二重音三鎑谷盍切鎑⿰金莽溫器文一⿰金奄
德盍切鉤也文一鑞⿰金⿱廿昌力盍切錫也或作鎬文二鍱弋涉切說文鏶也齊謂之鍱又
實攝切又虛涉切⿰金疌也鐶也又達協切文一重音三鍤磣歃切春穀去皮又勑涉切綏衣鍼又測
洽切說文郭衣鍼也一日鍪也文二重音二⿰金步實攝切鐵也文一鑷鑈銸昵輒
切箝也亦作鑈銸又並諾叶切博雅正也銸又陟涉切鉆也鑈又諾叶切又奴刺切文三重音四鐷

虛涉切鋋也鐷也又達協切博雅鋋也
鏶達協切文一重音一鍱一曰鐷也文一
鉩諾叶切博雅正鍂諾叶切小叙一
也文一鋏曰小頭釘文二鋏吉協切說文可
以持冶器鑄鎔者一曰若挾持鈷鉣訖業切說文組帶
鐵也或从刧文二一曰劒也文一

文六百二十八　重音四百十八

類篇卷第十四上

類篇卷第十四中　卷之四十一

朝散大夫右諫議大夫權御史中丞充理檢使上護軍河内郡開國侯食邑一千三百户賜紫金魚袋臣司馬光等奉
勑修纂

幵平也象二干對構上平也凡幵之類皆从幵　徐鍇曰幵但象物平無音義也古賢切又輕煙切羌謂之幵又倪堅切　文一　重音二

勺挹取也象形中有實與包同意凡勺之類皆从勺　之若切又實若切勺藥調五味也又陟略切又丁歷切射質也又之笑切詩頌

篇名劉昌宗説文一重音四　与　余呂切賜予也一勺爲与此與與同文一　⿰卓勺　披敎切起也文一

文三　重音四

几踞几也象形周禮五几玉几雕几彤几髹桼几素几凡几之類皆从几　居履切文一

尻凥　九魚切以處也从尸得几而止孝經曰仲尼尻謂閒居如此或作凥文二　𠘭　葵營切惸惸憂也或作𠘭文一　凭　皮冰切説文依几也引周書凭几玉几又部孕切文一重音一　処　昌與切止也得几而止或从虍文二　處　凴　部孕切依几也凭或作凴文一　凳　丁鄧

切字林𣐄

屬文一

文九　重音一

且薦也从几足有二横一其下地也凡且之類皆从且　子余切又千余切又叢租切語辭匪我思且又此與切多皃又淺野切文一重音四

亹亹　武斐切亹亹勉也或从文亹又謨奔切山絕水也文二重音一　虘　坐五切疏也文一

𢆶　坐五切大也又子朗切文一重音一　組　側吕切禮組也从半肉在且文一　丒

且　淺野切薦也一曰略詞且古作丒且文二　虘　昨誤切往也文一　豐　許慎切鋪

拆也又文運切
文一重音一

文十　重音七

斤斫木也象形凡斤之類皆从斤　舉欣切又許斤切斤
仁也又居焮切又香靳切
爾雅斤斤察也文一重音三

斯所　相支切說文析也引詩斧以斯之古作所一
曰此也亦姓斯又山宜切又山於切又所蟹
切䰄髮也又所綺切又斯
義切盡也文二重音五

斪斸　權俱切說文斫也
一曰鉏名或作斸
斪又恭于切爾雅斪斸謂之定又
居侯切斪斸鉏屬文二重音二

新　斯人切說文
取木也一曰
初也亦
姓文一

斦　魚斤切說文
二斤也文一

⿰𠂢斤⿰𠂢句　他彫切田器或作
⿰𠂢句又並千遙切文

二重音一 **斨** 千羊切說文方銎斧也引詩又缺我斨又先的切破木也文一重音二 **⿰朋斤**

悲朋切斸也文一 **⿰區斤** 烏侯切⿰區斤⿰俞斤傴鉏也文一 **⿰俞斤** 當侯切⿰區斤⿰俞斤傴鉏文一 **所**

爽阻切說文伐木聲也引詩伐木所所一曰處也文一 **斧** 匪父切說文斫也文一 **斳**

几隱切朋也文一 **斷⿰卣召⿰卣斤** 覩緩切截也古作⿰卣召⿰卣斤又並杜管切絕也又並都玩切決也又

並徒玩切說文截也文三重音三 **⿰可斤** 口我切斫⿰可斤掣也文一 **斬** 阻減切說文截也从

車从斤斬法車裂也文一 **⿰庶斤** 章恕切斫也文一 **⿰算斤** 此芮切斷也又初芮切又芻刮切文

一重音二 **⿰齒斤** 時制切約束也文一 **斶** 樞玉切闕人名呂氏春秋齊有顏斶文一 **斸**

株玉切說文斫也文一 **斮** 側角切斬也又七略切文一重音一 **⿰巠斤⿰壴斤⿰豕斤** 竹角切說文斫

也徐鉉曰豎器也斤以斵之或作斲斵文三斮側略切說文斬也又士略切文一重音一斮陟略切斫謂之斵文一斱歷各切剔也又各額切捔也斸也文一重音一

文三十三　重音二十一

斗十升也象形有柄凡斗之類皆从斗當口切又腫庚切文一重音一斞舉朱切挹也又墟侯切文一重音一魁苦回切又枯回切說文羹斗也一曰北斗首星又苦猥切魁瘣木枝節盤結也又苦會切魁然無徒文一重音三料洛蕭切量也春秋傳㠯料虞君又力弔切文一重音一𣂔土雕切斛旁有𣂔一曰突也一曰利也又千遙切文一重音一

斜似嗟切杼也从斗余聲文一⿰旁斗普郎切量溢也又蒲光切又蒲庚切文一重音二
升識蒸切十龠也文一斟職深切句也文一斞斜以主切量也周禮曰求三
斞或作斜文二斝古雅切玉爵也夏曰琖商曰斝周曰爵或作斚文二戽火五切舟中渫
水器又後五切又荒故切文一重音二斢朗口切字林斢剫奪取物文一枓當口切料
栱一曰勺也文一料博慢切量物分半也文一⿱䜌斗俱願切杼滿又孚萬切又方願切文
一重音一斠居效切平斗斛也又訖岳切又古岳切文一重音二斚居迓切鬱鬯酒之尊畫
禾稼者文一斛⿰百斗胡谷切十斗也或作⿰百斗文二斣昌六切相易物俱等爲斣又丁
候切又樞玉切文一重音二斡烏括切說文蠡柄也又古緩切轂端沓也文一重音一⿰舌斗

烏八切斗取物也又呼括切博雅杅也又烏括切文一重音二 ⿰商斗 丁歷切量器文一 ⿰合斗 乞洽切入也文一

文二十六　重音二十

矛 酋矛也建於兵車長二丈象形凡矛之類皆从矛古作𢦓 莫浮切文二

䂆 祖叢切錐也文一 䂇 徒冬切博雅刺也文一 ⿰矛童 ⿰矛重 昌容切廣雅短矛也或从重文二 ⿰矛茸 如容切矛屬文一 ⿰矛逢 ⿰矛夅 敷容切矛屬或从夅又並符容切字林矛有二樸曰⿰矛逢⿰矛茸或从夅文二重音一 ⿰矛悤 初江切方言矛吳楚之閒謂之鏦亦作⿰矛悤文一 ⿰矛施

⿰矛也 商支切方言矛吳楚之間謂之鍦或作⿰矛施⿰矛也⿰矛施又時遮切說文短矛也文二重音一

⿰矛爾 民甲切矛屬文一

矜 ⿱矜木 ⿰矛雚 渠巾切說文矛柄也或作⿱矜木⿰矛雚⿰矛雚矜又渠斤切矜又姑頑切丈夫六十無妻曰矜又渠京切戈戟柄又居陵切又居覲切文三重音五

⿰矛贊 七丸切遥捉矛也又取亂切小矟也又祖筭切鋋也文二重音二

⿰矛良 盧當切說文矛屬文一

⿰矛英 於莖切以羽飾矛文一

⿰矛鹵 居陵切博雅⿰矛鹵衍大也文一

⿰矛眔 居陵切寡也文一

⿰矛侯 胡溝切矛屬文一

⿰矛𠬶 千尋切錐也又咨林切又將廉切又子鴆切文一重音三

⿰矛豙 丈爾切矛屬又丈蟹切又犬蟹切文一重音二

⿰矛危 古委切短矛文一

⿰矛與 象呂切矛屬文一

⿰矛豊 里第切戟屬鈒謂之⿰矛豊文一

⿰矛解 下賣切矛也文一

⿰矛建 紀偃切博雅⿰矛建矟矛

也又九件切文一重音一𥎷隱㥯切戟三刃者謂之𥎷文一矛号下老切矛屬文一矛丑女九切說文刺也又女六切文一重音一矛象羊茹切獬豫矛屬文一矛折征例切矛謂之矛斤文一矛吉丘蓋切說文矛屬又渴合切文一重音一矛爨取亂切小矟也文一矛桼弼角切矟槊唐備仗名文一矟色角切長矛文一矠仕角切刺也或作矠又測窄切說文矛屬又實窄切又測革切刺取也國語矠魚鼈文一重音三矛矍厥縛切矛屬文一矛責矛勺呼臭切矛屬又詰歷切文二重音一殺矜刑狄切矛屬長殺謂之勳盧或作矜又並馨激切殺又營隻切小矛又呼狊切矜又詰歷切文二重音四矛巛馨激切博雅矛也文一

文四十五　重音二十五

車輿輪之總名夏后時奚仲所造象形凡車之類皆从車籒作𨏥𨏥昌遮切車又斤於切又丘於切

文三重音二

䡁盧東切方言車轊齊謂之䡁文一

䡫補蒙切方言車簍南楚之外謂之蓬亦作䡫文一

䡓補蒙切車聲文一

𨎮麤叢切載因檻車又祖動切車輪文一重音一

䡯祖叢切輪也又祖動切文一重音一

𨊧沽紅切博雅鍋錕釭也謂車轂中鐵文一

䡴昌容切說文陷敶車也又丈降切衝城車也文一重音一

䡵𨏉將容切說文車迹也或作𨏉文二

䡗䡡餘封切車行皃或从容文二

輁渠容切輁軸士喪遷柩者又古勇切文一重音

一𨋩虛江切擊也文一軙章移切軙軝長轂又修支切轂飾又常支切以朱絡轂又翅移切文一重音三䡇章移切車器也文一軝常支切又翅移切說文長轂之軝也从朱約之引詩約軝錯衡文一重音一𨍏相支切輪之類文一轙魚羈切說文車衡載轡者又語綺切文一重音一𨋅𨐔千咨切博雅塞也却車抵堂爲𨋅或作𨐔又並才資切連車又並鉏皆切𨋅又初皆切又牀皆切文二重音四軧陳尼切車兩尾又展几切大車後至又典禮切文一重音二輜莊持切說文軿車前衣車後也字林載衣物車前後皆蔽若今庫車又乂緇切又側吏切車輜入牙曰輜文一重音二輀轜輭人之切說文喪車也或作轜輭轜又乳究切柔也文三重音一𨏴求於切博雅𨏴輮輞也文一䢇祥余切車軨也文一輂

專於切木名似柃葉冬不落文一

輿⿰車与 羊諸切說文車輿也一曰始也眾也亦姓或作⿰車与輿又演女切闞人名春秋傳楚有閨輿能又羊茹切舁車也文二重音二

軥 恭于切軛下曲者又權俱切車軛兩邊又馬頸者又居侯切夏日軥車又居候切文一重音四

⿰車胥 新於切相和集也文一

輸 春朱切說文委輸也又春遇切文一重音一

轤 龍都切⿰車賣轤井上汲水木文一

軲 攻乎切博雅輅軲也一曰山名亦姓又空胡切依輅山名文一重音一

軱 攻乎切軱戾大骨一曰槃結骨皃文二

軤 荒胡切姓也文一

⿰車烏 汪胡切博雅⿰車烏頭柳車也又於五切一曰車首文一重音一

⿰車开 堅奚切車兩轊文一

輗⿰車宜 研奚切說文大車轅耑持衡者或作⿰車宜輗又研計切⿰車畀輗車名又語支切轅端橫木文二重音二

⿰車巂 玄圭切輪轉一周爲

轎文一輫蒲皆切方言車箱楚衛之閒謂之輫又蒲枚切文一重音一䡅⿰車𠂤通回
切車盛皃或作⿰車𠂤文二轠盧回切轠轤不絕皃又魯水切轤車文一重音一⿰車昏眉貧
切車軶也文一轔離珍切轔轔車聲又丈忍切又良刃切轢也文一重音二⿰車巛松倫切視
行皃文一⿰車川輴⿰車旬輇敕倫切說文車約⿰車川也引周禮孤乘夏⿰車川或从盾从旬从全⿰車旬又呼
宏切說文羣車聲也輴又堅尹切車轉者文四重音二輪龍春切說文有輻曰輪無輻曰輇文
一⿱頻車毗賓切車也文一輑區倫切車軸相連曰輑又虞云切輑車前橫木又牛尹切
又牛吻切文一重音三轃緇詵切說文大車簀也又將先切文一重音一轒符分切說
文淮陽名軍隆穹爲轒應劭曰轒輼匈奴車博雅以爲柳車又父吻切轒輐大車文一重音一輐

於云切說文大車後壓也又委隕切轒輐車也又戶管切圜也刑截之所用又王問切文一重音三 輼 於云切轒輼匈奴車又烏昆切說文臥車也文一重音一 軍 ⿱罒天 拘云切說文圜圍也四千人爲軍从車从包省軍兵車也周制二千五百爲軍古作⿱罒天文二 ⿰車單 多寒切⿰車單⿰車瞿車名又鉏山切輞也又時連切⿰車單⿰車瞿車輞又鋤連切文一重音三 轅 于元切說文輈也又于眷切地名在齊春秋傳取犁及轅文一重音一 ⿰車⿱人車 虛言切車後重曰⿰車⿱人車文一 軒 虛言切說文曲輈藩車又許偃切又許旱切闕人名鄭有軒虎又許建切肉加藿葉也文一重音三 轓 孚袁切博雅輫轓箱也又逋遠切車蔽文一重音一 ⿰車賛 祖管切說文車衡三束也曲轅⿰車賛縛直轅暈縛又徂丸切文一重音一 ⿰車晉 將先切大車簣文一 軿 蒲眠切婦人車四面屏蔽者又披庚切軿訇車馬聲又旁

經切說文輕車文一重音二輷䡘亭年切輷輷車衆聲或从田文二𨊼亭年切𨊼𨊼喜動皃文一輇逡緣切又淳沿切說文蕃車下庳輪也一說無輻曰輇又逵員切量度也莊子輇才諷說又豎兖切載柩車文一重音三輲淳沿切說文蕃車下庳輪也一說無輻曰輇或从耑又豎兖切載柩車文一重音一軺丁聊切博雅柳車也又慈焦切輕車也又時饒切又餘招切說文小車也文一重音三𨋊他彫切愉也佻或作𨋊文一轑憐蕭切轑陽邑名在楚一曰軸也又郎刀切橈也漢書轑釜又朗鳥切燎或作轑又魯皓切說文蓋弓也又力弔切車輪又郎到切車軸又歷各切頡釜也又狼狄切捎也文一重音七𨍏堅毫切𨍏轕車亂皃文一䡣餘招切小車也文一轎居妖切車名又渠嬌切竹輿又渠廟切博雅軺也又嬌廟切牛車文一重音三

轇 居肴切轇轕長遠皃一曰雜亂又下巧切轇轕車多文一重音一 軪 於交切車聲一曰軪軋奇皃文一 軳 蒲交切車軫一曰戾也又蒲褒切文一重音一 輎 師交切兵車以鹿皮爲飾文一 轈轈 鉏交切說文兵高車加巢以望敵也引春秋傳楚子登轈車或省文二 軞 謨袍切公車也文一 𨏔 倉刀切蒼色練所乘也又祖動切文一重音一 軻 丘何切車接軸亦姓又口我切一曰坎軻失志又口箇切文一重音二 輠 古禾切車盛膏器又胡卧切文一重音一 䡐 唐何切車疾馳文一 䡀 邦加切兵車也文一 輰 余章切博雅輰𨏉柳車也文一 輬 呂張切說文卧車也故遂爲喪車合二名而呼之也文一 軭 曲王切車戾謂之軭又渠王切文一重音一 軖 曲王切繅輪也又渠王切說文車戾也文一重音一 𨋩

渠三切說文紡車也一日一輪車文一𨎵䡆𨋰徒郎切兵車也或从堂亦省䡆又抽庚切小車轅也文三重音一𨏔都郎切車𨏔也文一𨋍盧當切𨎵𨋍兵車文一𨏚輄姑黃切車下橫木或从光文二輡𨐈𨎁蒲庚切車聲也或作𨐈𨎁文三輣蒲庚切說文兵車也又蒲登切文一重音一𨍉丘耕切搏雅轝也文一𨐋𨎖丘耕切說文車堅也或从冥𨐋又苦杏切文二重音一𨋽丘耕切𨋽輘車聲文一𨋕乎萌切度也周禮竑其輻廣或作𨋕文一轟輷𨋲𨌑呼宏切說文羣車聲也或作輷𨋲𨌑轟𨍏又呼迸切衆車聲文四重音一𨍲甾莖切車聲文一軯悲萌切車聲又披耕切又叵迸切文一重音二輘力耕切輷輘車聲又閭承切車轢也又盧登切輘輷車聲又郎鄧切軸也

文一重音三
輕輕 牽盈切說文輕車也古作輕輕又牽正切春秋傳戎輕而不整文二重音
一 ⿱𤇾車 葵營切說文車輮規也一曰一輪車文一 ⿰車屏 旁經切輕車文一 軨⿰車霝
郎丁切說文車轖間橫木或从霝司馬相如說軨又里郢切車有和鈴也文二重音一 ⿰車靈 郎丁
切⿰車靈輅廐名文一 ⿱丞車⿸广⿱丞車 辰陵切說文軺車後登也或从广⿱丞車又書蒸切登車也⿱丞車又音蒸上
聲或書作⿰車丞又常證切又石證切文二重音三 ⿱乘車⿰車乘 神陵切車一乗也或作⿰車乘文二 ⿰車弘
姑弘切車軾中靶又苦弘切說文車軾也引詩鞹鞃淺幭文一重音一 ⿰車厷 苦弘切車軾也文一
⿰車丩 居尤切車長軫也又己幼切車軫上⿰車余又祁幼切文一重音二 輶 夷周切說文輕車也
引詩輶車鑾鑣又以九切又余救切文一重音二 輈⿰車⿱𢦏舟 張流切說文轅也籀从⿰車⿱𢦏舟文二 ⿰車盖

思留切⿰車盈⿰車坴載麥之箱車河南穫麥用之文一**輖**之由切說文重也一曰低也又陟利切抵也又多嘯切車前重也文一重音二**輮**而由切車輞也又忍九切說文車軔也又女九切又如又切又女救切文一重音四**⿰車壬**尼心切紡車文一**軐**思林切車鈎心制軸者文一**軡**渠金切地名在江南又其淹切軡中地名文一重音一**⿰車廉**離鹽切車輞文一**輱**胡讒切車聲又丘咸切又居咸切又下斬切又苦紺切輱軻車行不平文一重音四**⿰車韱**師咸切車聲文一**軵⿰車茸⿰車冗**乳勇切說文反推車令有所付也一曰輕車或从茸从穴軵又符遇切車廂外一曰立木承重較之材文三重音一**⿱巩車**古勇切車輞一曰轢也又巨勇切曲輮文一重音一**軹**掌氏切說文車輪小穿也一曰地名又舉綺切又止忍切語辭一曰是也莊子奚來爲軹夫文一重音二

輢 隱綺切說文車旁也又卿義切又奇寄切車旁兵邪揷處又於旣切文一重音三

軌 矩鮪切說文車徹也文一

⿰車胥 寫與切車下文一

輔 ⿰車父 奉甫切說文頰車或作⿰車父文二

軧 典禮切說文大車後文一

⿰車多 ⿰車启 遣禮切說文礙也一曰至也或从启⿰車多又戶禮切文二重音一

⿰車鬼 戶賄切車轉也文一

輆 可亥切博雅輆軩不平也一曰礙也又已亥切又下改切又母亥切又口溉切輆沐國名在越東文一重音四

軩 蕩亥切博雅輆軩不平文一

⿰車⿴衣亥 曩亥切輆也又乃可切輆也文一重音一

軫 ⿰車眞 止忍切說文車後橫木亦姓或作⿰車眞俗作⿰車尓非是⿰車眞又丘閑切文二重音一

⿰車𠭥 弭盡切又美隕切說文車伏兔革下也从𠭥古昏字文一重音一

⿰車㥯 ⿰車殷 倚謹切車聲或从殷文二

⿰車反 逋遠切說文車耳反出也文一

軬 父遠

切車上篷又部本切文一重音一輓武遠切說文引也又無販切文一重音一輥戶衮切又古本切說文轂齊等貟引周禮望其輻欲其輥文一重音一⿰車袞古本切車轉文一轓部本切車篷也文一輨古緩切說文轂端沓也文一輐五管切輐斷刑截所用也一日圜貟又胡滿切又胡玩切又五換切文一重音三輚轏仕限切埤蒼卧車也一日兵車或作轏轏又士免切車名又並仕諫切文二重音二軋膺眼切車輾又億姞切又乙黠切文一重音二⿰車尹⿰車肙胡犬切車引也或从肙文二轉主兖切無窮也太玄軫轉其道王涯說又陟兖切輾轉反側也又株戀切說文運也文一重音二⿰車及軟乳兖切柔也或从欠輭又尼展切說文轢也文二重音一⿰車扁婢善切車也文一輾知輦切卧而不周日輾又尼展切轢也又

女箭切轉輪治轂也文一重音二輦力展切說文輓車也从扶在車前引之文一輠古火切車膏器曰輠又戶果切箭也又戶瓦切車轂轉皃又胡卧切又虎猥切又苦猥切又戶賄切又戶管切回也禮叔孫武叔見輪人以杖關轂而輠輪者文一重音七輞文紡切車輞文一軦詡往切黄軦虫名又許放切文一⿰車桑寫朗切車輞文一⿰車亢口朗切車軌也又苦晃切車名又口浪切文一重音二軮倚朗切軮軋遠相映皃文一⿰車卬語朗切軌⿰車卬車名一曰竹輿又魚向切轎也文一重音一⿰車卯⿰車留力九切喪車飾也或作⿰車留文一輡轗昔感切輡轗車行不平也一曰不得志或从感又並苦紺切文二重音一⿰車禀盧感切輡⿰車禀車不進文一轞戶黤切車聲文一⿱監車戶黤切載四車通作檻文一軓⿰車己父錽切說文車

十二

軾前也引周禮立當前軓或作軋文二 軟 七四切以髹飾車也文一 轋 徐醉切博雅轋栁車也文一 䡖輊墊𨎹 陟利切說文抵也或作輊墊𨎹文四 轛 追萃切說文車橫軨也引周禮參分軹圍去一以爲轛圍一曰車箱又株衞切車式下立木又都內切又都回切文一重音三 轝 羊茹切舁車也文一 軴 株過切車止也文一 輅 魯故切說文車軨前橫木也一曰王之五輅又魚駕切相迎也又歷各切又轄格切文一重音三 𨍰 匹計切𨍰輗車名文一 軑 他計切韓魏謂車輪曰軑又大計切說文車轄也一曰地名又他蓋切地名故弦子國又徒蓋切文一重音三 轚 吉詣切舟車序行也又吉歷切說文車轄相轚引周禮舟輿轚互者文一重音一 轊𨏓 胡桂切車軸頭或从惠轊又旋芮切又並子歲切轊又干芮切文二重音

三

軎旋芮切車軸頭又于歲切說文車軸耑也从車象形杜林說文一重音一䡇以制切車馬贈亡謂之䡇文一轄轞丘蓋切車聲或从蓋轞又苦會切又何葛切輵轄轉搖皃又下瞎切說文車聲一曰鍵也轞又丘葛切輵轞車聲文二重音四輩輩補妹切說文若軍發車百兩爲一輩也或从北文二載作代切說文乘也又莊持切耕也又將來切生殖也又子亥切季也唐武后作𠑺文一重音三軔而振切說文礙車也又如戰切又人之切文一重音二軓思晉切車也又先見切轉軓車迹文一重音一轥良刃切說文轢也文一䡎羊進切車名文一𨍳無販切戰車一曰衣車蓋也又莫半切方車蓋也一曰戰車以遮矢也又莫晏切車衣蓋文一重音二轘胡慣切車裂人也引春秋傳轘諸粟門又逵卷切車裂也又胡關切轘轅

闕名在緱氏縣文一重音二　輤倉甸切車飾鄭康成說文一　⿰車扇式戰切車扇也文一
⿱⺮⿱車廾數眷切說文治車軸也文一　⿲彳車亍扃縣切車搖也又虛言切車後重又縈絹切文一重
音二　轎吉弔切車轄又一叫切又倪弔切博雅轄也文一重音二　較⿰車爻居效切直也一
曰不等或从爻又並訖岳切說文車騎上曲銅也文二重音一　軪於教切車有機也文一　⿰車也
披教切飛石車文一　⿰車皃眉教切博雅引車一曰車鉤心文一　⿰車⿴衣乃乃箇切轎也又乃嫁切文
一重音一　⿰車乍側駕切車裂文一　輂才浪切修車也文一　⿸广⿱丰亘石證切副車也文一
⿰車氺蒲應切軿⿰車氺車聲文一　⿰車登台隥切車羽文一　輻方副切輪轑也又方六切
文一重音一　輳千候切輻共轂也文一　轐博木切說文車伏兔也引周禮加軫與轐

馬或作轐又步木切又蒲沃切文一重音二 轂𨏼 古祿切說文輻所湊古作𨏼文二 輂

⿰車楘 莫卜切車軸束也亦作⿰車⿱敄糸文二 ⿰車賣 徒谷切車名文一 轆⿰車录 盧谷切博雅車

執道謂之轣轆一曰維車或从录文二 輹 方六切車軸縛也又芳六切說文引易輿脫輹又房

六切文一重音二 輻 房六切說文車笭閒皮篋文一 ⿰車伏 房六切車下縛也文一 軸

仲六切說文持輪也文一 ⿰車坴 力竹切轓⿰車坴三箱車文一 輍⿰車育 俞玉切車枕謂之輍或从

育文二 輂 拘玉切說文大車駕馬也文一 ⿱日輂 拘玉切說文直轅車⿰車贊也文一 ⿱執車

職日切車前重文一 ⿰車栗 力質切車名文一 ⿰車力 力質切刷纑具文一 軼 弋質切說

文車相出也一曰侵軼又徒結切又直列切文一重音二 軏軏 魚厥切說文車轅耑持衡者或

从兀軏又五忽切又牛吹切文二重音二軏魚厥切車釭文一⿰車獻語許切高車貟又牙
葛切說文載高貟又魚列切文一重音二⿰車圂胡骨切轉物軸也文一輵丘葛切輷⿰車盍車
聲或从曷又居曷切轇輵車馬喧雜貟又阿葛切輵轄轉搖貟又乙轄切漢書皇車幽輵又丘傑切車疾
也文一重音四軷蒲撥切說文出將有事於道必先告其神立壇四通樹茅以依神爲軷既祭軷
轢於牲而行爲範軷引詩取羝以軷又蒲蓋切文一重音一轕居轄切轇轕雜也文一轍
直列切說文迹也文一輟⿲彳車乚株劣切說文車小缺復合者一曰止也古作⿲彳車乚輟又株衛切文
二重音一⿰車矍厥縛切⿰車瞿⿰車矍車輞文一⿰車度達各切⿰車度輅轉也文一⿰車磊歷各切車
聲文一⿰車尃伯各切說文車下索也又匹各切⿰車工⿰車尃柳車也文一重音一⿰車薄白各切博

雅靯䪅謂之鞇或从車文一

⿰車客 轄格切車前橫木文一

⿰車𠬝 竭戟切車軸伏兔文一

軶 乙革切說文轅前也文一

轢轣轥 狼狄切說文車所踐也或作轣轥轢又郎達切又歷各切文一重音二

軾 設職切說文車前也文一

⿰車色 殺測切搏雅軫⿰車色轉戾也文一

轖 殺測切說文車籍交錯也一曰重革之蔑所以覆軨也文一

輯 七入切斂也又即入切又籍入切說文車和輯也又側立切文一重音三

⿰車奄 遏合切車具也文一

䡨 託合切車釭文一

軜 諾荅切說文驂馬內轡繫軾前者引詩渼以觼軜又奴對切文一重音一

䡙 克盍切車聲文一

輒 陟涉切說文車兩輢也一日專也又的協切輒然不動皃文一重音一

⿰車疊 達協切車聲文一

文三百六　重音二百十三

類篇卷第十四中

類篇卷第十四下　卷之四十二

朝散大夫右諫議大夫權御史中丞充理檢使上護軍河內郡開國侯食邑一千三百戶賜紫金魚袋臣司馬光等奉

敕修纂

𠂤　小𠂤也象形凡𠂤之類皆从𠂤　都回切文一

⿰𠂤丕　攀悲切山再成又貧悲切又部鄙切文一重音二

⿰𠂤豦　求於切博雅將⿰𠂤豦帥也文一

⿰𠂤坐　都回切坐𠂤文一

⿰𠂤不　鋪枚切山一成文一

⿰𠂤允　余專切高也文一

官　⿵冂𠂤　古丸切吏事君也从宀从𠂤𠂤猶衆也古作⿵冂𠂤文二

⿰垂𠂤　覩猥切隉⿰垂𠂤木實垂皃文一

⿱屮𠂤　魚列切危高也又倪祭切土高皃文一重音一

文十　　重音三

𠂤大陸山無石者象形凡𠂤之類皆从𠂤或作𨸏阜古作𨸐房九切文四

𨼮謨蓬切𠂤名文一　陖祖叢切國名文一　𨹔胡公切博雅𨹔坑也文一　𨸛胡公切從𨸛山名在益州或作𨸝文二　𨽍方馮切地名文一　𨻐傳容切地名文一　𨼩餘封切城垣也文一　陲是爲切說文危也文一　陏旬爲切从也文一　隋旬爲切順裂肉也隋文帝省隨之辵以爲代號又䦧規切祭食也一曰䰉薦血又宣佳切又土禾切中高四下也文一重音三　陼陳知切丘名又直加切文一重音一　陂班縻切說

文阪也一曰池也一曰澤障又蒲糜切陂池旁頹負又彼義切傾也易無平不陂文一重音二　陴　賓彌切接益也又頻彌切說文城上女垣俾倪也又蒲街切文一重音二　阰　頻彌切山名楚辭朝搴阰之木蘭又頻脂切文一重音一　隓隓墮　翾規切說文敗城𠂤曰隓徐鉉曰盖从二左衆力左之或作隓墮墮又吐火切墜也又思累切尸所祭肺脊黍稷之屬又呼恚切隓又杜果切落也文三重音四　陒　虛宜切毀也文一　陭　於宜切說文上黨陭氏阪又於希切又隱綺切隑也又奇寄切又於義切文一重音四　䧞　于嫣切阪名又吁爲切說文鄭地阪引春秋傳會鄭伯于䧞又羽委切又于僞切文一重音三　䧦　宣佳切地名文一　隮　津私切陞也又子計切方言登也文一重音一　𨽍　遵綏切崔崔高大也或作陮又倉回切陮隤崩也文一重音一　陡

延知切博雅隇⿰阝夷險也文一　阢渠伊切伊帆古天子號或作阢文一　⿰阝毘頻脂切山名楚詞朝搴阰之木蘭或作⿰阝毘又邊迷切陛牢謂之獄或作⿰阝毘文一重音一　⿰阝圭充之切地名文一

陑隭人之切地名湯伐桀所升在河曲南或作隭文二　陾人之切陾陾築牆聲又如蒸切詩捄之陾陾又乃后切衆也文一重音二　⿰阝衣於希切說文酒泉天⿰阝衣阪也漢有天⿰阝衣縣又隱豈切陵名文一重音一　隇於非切博雅隇⿰阝夷險也文一　阮語韋切石山戴土又吾回切高皃又魚屈切又五忽切文一重音三　阹丘於切說文依山谷爲牛馬之圈文一　⿰阝豦求於切階也文一　除商居切四月爲除又陳如切說文殿陛也一曰去也又羊諸切文一重音二　隅元俱切說文陬也一曰廉也文一　⿰阝句匈于切鄉名又權俱切地名在河南又火

羽切博雅離也文一重音二陓邕俱切藪名秦有楊陓在扶風汧縣西又汪胡切文一重音一⿰阝區虧于切說文敺也一曰嘔嘔不安又烏侯切⿰阝區竇深下貞文一重音一⿰阝無微夫切說文弘農陝東陬也文一隃詢趨切陵名一曰越也又舂朱切又容朱切縣名在扶風又餘招切遠也又舂遇切說文北陵西隃鴈門是也文一重音四陎慵朱切陎⿰阝婁縣名文一陠滂模切又奔模切博雅衺也又普故切又蒲故切舍下也文一重音三⿰阝孛逋都切圻也又後五切又虛訏切塝也文一重音二陼同都切馮翊郃陽亭又掌庚切爾雅小洲曰陼又董五切垣也文一重音二⿰阝瓜攻乎切地名文一⿰阝亝⿰阝婁牋西切登也或作⿰阝婁文二隄⿰阝定田黎切隄防或从定隄又直兮切防也春秋傳弃諸隄下又常支切博雅隄封都凡也又並都黎切唐也

文二重音三　階　居諧切說文陛也文一　隈　阸　烏回切說文水曲隩也一日厓內爲

隩外爲隈或作阸隈又烏潰切阸又居六切文二重音二　隗　吾回切高皃又俱爲切山名又五賄

切說文隗隗亦姓文一重音二　陮　都回切陮隗原阜高皃又覩猥切又杜罪切文一重音二　隤

徒回切說文下墜也文一　阫　鋪枚切牆也莊子曰中穴阫又蒲枚切文一重音一　陪　蒲枚

切說文重土也一日滿也文一　陫　蒲枚切山名又父沸切隱也又父尾切文一重音二　⿰阝殳

呼來切毅⿰阝殳剛夘也文一　陔　柯開切說文階次也一日隴也文一　隑　柯開切方言陭也江

南人呼梯爲隑又魚開切博雅脩長也又魚衣切岸曲皃又五亥切又戶代切陭也又口溉切又巨代切

切文一重音六　⿰阝來　郎才切階也一日⿰阝來隑長皃文一　陙　丞真切又殊倫切說文小𠂤也

又船倫切文一重音二

⿰阝頻 卑民切水厓也文一

陳陣 池鄰切說文宛丘舜後嬀滿之所封一曰布也一曰堂下徑又姓古作陣陳又直刃切文一重音一

隣厸 離珍切五家爲鄰古作厸文二

陯 龍春切又盧昆切說文山阜陷又盧困切坎陷也文一重音二

陻 伊眞切塞也引尚書鮌陻洪水或作陻文一

隫 符分切墓也文一

⿰阝吞 他根切阬也文一

⿰阝雚 呼官切魯下邑文一

阡 倉先切路南北曰阡東西曰陌又倉甸切文一重音一

⿰阝田 亭年切地名文一

⿰阝建 渠焉切上出也文一

陶 餘招切陶陶和樂也又徒刀切說文再成丘也在濟陰引夏書東至于陶丘陶丘有堯城堯嘗所居故堯號陶唐氏又大到切陶陶驅馳皃文一重音二

⿰阝皋⿰阝豪 乎刀切壄謂之⿰阝皋一曰城下道或从豪文二

隞 牛刀切地名文一

阿

於何切說文大陵也一曰曲阜一曰比也陂逋禾
一曰慢應又倚可切柔貟文一重音一切博
雅陂陁衺也一曰山阪又滂禾切陋
陁不平也又蒲波切文一重音二陋滂禾切陋
陁不平也
文陀陁唐何切博雅陂陀衺也或作陁陀又待可
一切博雅壞也陁又丈爾切小𨻐也又演爾
切文二陽隢余章切說文高明也又姓古作隢臣
重音三光按說文隢古文陸字力竹反疑集
韻之誤防陸符方切說文隄也或作陸防又分房
文二切比也又符訪切陸又分房切邑里
之名文二障諸良切壅也又之亮隚徒郎切殿
重音三切隔也文一重音一基謂之隚
文隚徒郎切爾雅廟中
一路謂之隚文一
隒丘岡切虛也文一
阬居郎切地
名又丘庚切又口浪
切坑也文一重音二
陇姑黃切陌也
或从阜文一
隍胡光切
說文城

池也有水曰池無水曰隍引易城復于隍又爲命切壑也文一重音一⿰阝旁蒲庚切車聲也又蒲浪切近也文一重音一⿰阝成時征切地名文一⿰阝貞知盈切說文丘名文一⿰阝正癡貞切丘名文一⿰阝乑披耕切砰磅聲也古作⿰阝乑文一⿰阝頁窺營切又犬潁切仄也文一重音一⿰阝丁當經切說文丘名文一⿰阝令郎丁切顛⿰阝令阪名又里郢切文一重音一⿰阝霝郎丁切⿰阝巢也文一陘乎經切說文山絕坎也亦姓又吉定切海陘魯隘道文一重音一陞阩書蒸切登也或省文二⿰阝乃如蒸切地名文一陵餕閭承切說文大阜古作餕文二⿰阝朋⿰阝崩悲朋切山壞也或作⿰阝崩⿰阝朋又步等切山名文二重音一⿰阝酋徐由切⿰阝酋縣名在臨淮文一陬⿰阝聚緇尤切隅也一曰魯邑或作⿰阝聚又並將侯切說文阪隅也陬又遵須

切隅也文二重音二𨻻郎侯切羸𨻻縣名在交阯又隴主切又朗口切文一重音二⿰阝尋
徐心切小阜也在三輔文一陰隂於金切說文闇也水之南山之北隸作陰陰又烏含切治
喪廬也又於禁切瘞藏也禮陰爲野土文二重音二隌於金切隱闇也又鄔感切不明也又於禁
切文一重音二阽余廉切說文壁危也又都念切墊或作坫文一重音一⿰阝⿱林禺慈鹽切縣
名在廬江通作灊文一⿰阝毚鋤銜切地名又仕懺切陷也文一重音一隴魯勇切說文天
水大坂也因以爲州名文一阤賞是切壞也又丈尒切說文小堋也一日崖際又待可切博雅
壞也文一重音二⿰阝氏上紙切巴蜀山名岸脅之旁箸欲落墒者曰氏或作阺文一陊
丈尒切小堋也一日崖際又待可切博雅壞也又杜果切文一重音二⿰阝虎丈尒切地名文一

隵 語綺切岌嶬山高皃或作隵文一 ⿰阝蚩 丈几切山名文一 阯 諸市切說文基也文一 ⿰阝子 祖似切地名文一 ⿰阝里 兩耳切南隄西鄂亭文一 ⿰阝匪 父尾切陋也文一 ⿰阝予 象呂切東西牆也文一 阻 壯所切說文險也又莊助切行不正也文一重音一 ⿰阝楚 剏所切阪也文一 陚 罔甫切平原又方遇切說文丘名文一重音一 隝 於五切說文小障也一曰庳城也文一 陛 部禮切說文升高階也文一 阺 典禮切說文秦謂陵阪曰阺又丁計切又陳尼切文一重音二 ⿰阝爾 乃禮切地名文一 ⿰阝解 下買切說文水衡官谷也一曰小溪文一 隊 杜罪切群也又直類切爾雅落也又徐醉切墓道也又徒對切從高隊也文一重音三 隧 杜罪切徑也春秋傳當陳隧者徐邀切讀又雖遂切說文深遠也又徐醉切

墓道也又直類切爾雅落也文一重音三

陲 魯猥切說文磊也文一

阭 俞罪切高危也一曰地名又庚準切說文高也一曰石也又粗充切又以轉切文一重音三

⿰阝盾 堅尹切階一

隕 羽敏切說文從高下也引易有隕自天又于倫切隊也又于權切均也又王問切文一重音三

⿰阝彖 柱允切道旁短垣又柱兖切愽雅院也一曰道邊庳垣文一重音一

隱 倚謹切說文蔽也一曰安也又於刃切據也又於靳切築也文一重音二

阮 五遠切說文代郡五阮關也又愚袁切文一重音一

⿰阝卷 窘遠切聚名在河東又古轉切又古卷切縣名在安邑文一重音二

隁 隱㥯切阪也又於建切障水也文一重音一

阪 甫遠切說文坡曰阪一曰澤障一曰山脅也又部版切又蒲限切阪泉地名文一重音二

限 魚懇切限切急意又下簡切說文阻也文一重音一

⿰阝縣户衮切說文大阜也文一 ⿰阝典他典切⿰阝典華藥艸文一 ⿰阝見胡典切限也文一

陏胡犬切博雅坑也文一 ⿰阝戔在演切說文水阜也文一 ⿱睿書去演切說文睿商小塊也隸省文二 ⿰阝單齒善切地名在魯又尼展切文一重音一 ⿰阝專豎兖切地名屬魯文一

院以轉切高也一曰地名文一 隝丁了切水中可居曰隝又覩老切文一重音一

⿰阝褭乃了切偃低皃文一 隢爾紹切地名文一 ⿰阝丂苦絞切地名文一 ⿰阝高下老切邑名在常山文一

⿰阝罙都果切小崖又杜果切堂墪一曰射堋又都戈切文一重音二 陃補永切闕人名宋有鮑陃文一

阱疾郢切陷也文一 陖蘇后切阬也文一 阧陡當口切峻丘也或从走文二 陜失冉切說文弘農陜也古國虢王季之子所封也文

一隒力冉切厓也爾雅重甗隒又丘檢切又居奄切字林山形似重甑又魚檢切說文崖也文一重音三險虛檢切說文阻難也又巨檢切約也又希掩切峻也又所斬切艱難也又魚銜切岸也文一重音四⿰阝冉他點切亭名在京兆又乃玷切又他念切文一重音二⿰阝虫古送切山名在雲南文一降古巷切說文下也又胡降切星名爾雅降婁奎婁也文一重音一隊直類切爾雅落也文一阼存故切說文主階也又叢租切又疾各切酢或作阼文一重音二陸壹計切幽隱也文一⿰阝惠胡桂切陲也文一際子例切說文壁會也文一陸於例切埋也文一隘阸阨烏懈切陋也亦从尼从尼阸阨又乙革切說文塞也文三重音一⿰阝界居拜切境也文一阠試刃切字林陵名又思晋切爾雅東陵阠又所陣切又疏

臻切文一重音三　陖須閏切說文陗高也文一　陣直刃切說文列也文一　⿰阝焉於建切障水也文一　阡侯旴切闕名文一　⿰阝段都玩切險也文一　院于眷切周垣也又委遠切垣中也又胡官切文一重音二　陗七肖切說文陖也文一　⿰阝⿱召土⿰阝召之笑切說文耕以臿浚出下壚土也一曰耕休田也一曰隄也或省文二　隩於到切說文水隈崖也又乙六切四方土可居也文一重音一　阱疾正切陷也所以取獸者文一　隥丁鄧切說文仰也文一　附扶冨切說文附婁小土山也从𨸏付聲引春秋傳附婁無松柏又芳無切卵孚也又薄口切蟠或作附又符遇切近也託也文一重音三　⿰阝豎⿰阝豆丁候切峻也或从豆文一　陋郎豆切說文阨陝也文一　⿰阝詹昌豔切陷也又乂鑑切文一重音一　陷乎韽切說文高下也

一曰陊也或从土文一䧤博木切彭䧤蠻夷國名或作䧤文二隫徒谷切說文通溝也陸力竹切說文高平地𨻖籀作𨻖亦姓文二𨹧居六切養也盈也文一𨹈姑沃切說文大皋也一曰右扶風鄠有𨹈皋文一𨻯雪律切頹也文一阣於乞切屹崪山皃文一隉𨼐倪結切說文危也徐巡以爲隉凶也賈侍中說隉法度也班固說不安也引周書邦之阢隉或作𨼐隉又魚列切文二重音一陕呼決切陵自突也或作陕又古穴切又拍逼切地裂謂之陕文一重音二𨼇祖悅切隔也文一𨺗剛鶴切闕人名漢有張路又各額切文一重音一𨻁逆各切阜皃文一𨽁光鑊切度也民所度居也文一𨹹光鑊切山在鴈門文一陌莫白切阡陌田閒道南北曰阡東西曰陌文一陖

色窄切碎石隕聲文一隙𧮳𨻶乞逆切說文壁際孔也一曰閒也或作𧮳𨻶文三隔

各核切障也又吉歷切支也文一重音一𨻵直炙切縣名在南陽文一𨼆悉即切地名文

一陟竹力切說文登也又的則切得也周禮陟夢言夢之所得文一重音一𨺿越逼

切邦也文一隔拍逼切地裂謂之隔文一𨹧弼力切山陊文一阞歷德切說

文地理也文一隰𨼯𨽇席入切說文坂下溼也或作𨼯古作𨽇隰又悉協切闕人名春秋傳

有公子隰文三重音一𨸔寔入切𨸔郲縣名在蜀文一隰昵立切隉隰陜貞文一

𨸬訖立切階等也文一隉乙及切隉隰陜文一𨼱北及切厓險危貞又逆怯切文

一重音一𨻳託合切墊也文一𨼹益涉切地險隘也文一陜陘轄夾切說

文隘也或作陿陝又訖洽切文二重音一

文二百六十二　重音一百六十六

𨺅兩阜之閒也从二阜凡𨺅之類皆从𨺅

隸作𨸏扶缶切又並扶富切文二重音一

𨽻隧徐醉切塞上亭守湊火者从𨺅从火遂聲篆文省文二𨽌徐醉切墓道也隧古作𨽌文一

𨽕烏懈切陋也从𨺅蒜聲文一𨽓踈吏切阜也文一𨽊呼決切陵阜突也又古穴切文一重音一

文八　重音二

厽絫坺土爲牆壁象形凡厽之類皆从厽力軌切又力僞切文一重音一

絫力軌切增也絫十黍之重也又倫追切又盧戈切文一重音二垒力軌切絫墼也又魯水切又力僞切文一重音二

文三　重音五

四陰數也象四分之形凡四之類皆从四古作𠃢籀作亖息利切四又息七切關中謂四數爲四文三重音一

文三　重音一

宁辨積物也象形凡宁之類皆从宁直呂切又展呂切門屏間也又遲據切又陳如切文一重音三

⿰甾宁展呂切⿰忄盾也所以載盛米从宁从甾甾缶也文一⿰宁者展呂切積也文一

文三　重音三

叕聯也象形凡叕之類皆从叕陟劣切又紀劣切速也又養里切張羅皃文一重音二

⿰叕己測己切齕也文一綴株衛切合箸也又都外切表也禮行其綴兆又株劣切綴聯也文一重音二

⿰叕出側律切吳人呼短又之出切又竹律切又竹勿切又都括切又株悅切又朱劣

切又陟利切文一重音七⿰叕白側律切鷄子出殼聲又之出切又側劣切文一重音二⿰叕允朱劣切麼⿰叕出短皃或作⿰叕允文一

文六　重音十三

亞醜也象人局背之形賈侍中說以爲次第也凡亞之類皆从亞衣駕切又於加切伊優亞者辭未定東方朔說

文一重音一

𦉫⿱亞日衣駕切說文義闕一曰姓也或作⿱亞日文二

文三　重音一

五五行也从二陰陽在天地閒交午也凡五之類皆从五古文作㐅疑古切文三

文三

六易之數陰變於六正於八从入从八凡六之類皆从六力竹切文一

文一

七陽之正也从一微陰从中衺出也凡七之類皆从七親吉切文一

文一

九陽之變也象其屈曲究盡之形凡九之類皆从九舉有切又居尤切聚也文一重音一

馗渠追切九達道也似龜背故謂之馗馗高也从九从首又渠尤切爾雅中馗菌也文一重音一

⿰求九渠尤切觓也又巨救切文一重音一

文三　重音三

厹獸足蹂地也象形九聲尔疋曰狐貍貛貉醜其足蹞其迹厹凡厹之類皆从厹人九切女

九切又如又切

文一重音二

离 呂支切山神獸也从禽頭从厹从屮歐陽喬說离猛獸也徐鉉等曰从屮義無所取疑象形又抽知切文一重音一

禽禽离 巨今切走獸總名一說二足而羽謂之禽古作禽文二

禹命禸 王矩切蟲也从厹象形古作命禸文三

𥝋畾禺萬萬 符未切周成王時州靡國獻費費人身反踵自笑笑即上脣掩其目食人北方謂之土螻尒疋云費費如人被髮一名梟陽从厹象形或作費費禺禺萬文五

萬𤃬命𢇛 無販切蟲也一曰舞也古作𤃬命𢇛文四

禼𥜺 私列切蟲也从厹象形或作𥜺文二

𥝉 乙力切數也文一

文十九　重音三

嘼犍也象耳頭足厹地之形古文嘼下从厹凡嘼之類皆从嘼許救切又丑救切又許六切文一重音二

⿱如嘼人余切獸名鼻赤毛青食虎豹文一

獸舒救切守備者从嘼从犬文一

文三　重音二

甲東方之孟陽气萌動从木戴孚甲之象一曰人頭宜爲甲甲象人頭凡甲之類皆从甲古作𠇓古洽切文二

⿰甲冉郁含切龜甲邊也又乃甘切又如占切文一重音二

⿸厭甲於琰切蟹腹下甲文一

⿰甲毒

待戴切瑇瑁也或从甲又徒沃切文一重音一𤰧密北切戝帽水蟲名又莫佩切又莫代切又謨沃切文一重音三䀹轄夾切相箸也又訖浹切文一重音一

文七　重音七

乙象春艸木冤曲而出陰气尚彊其出乙乙也與丨同意乙承甲象人頸凡乙之類皆从乙於筆切文一

乿澄之切理也文一乾乾乾渠焉切上出也从乙乙物之達也一曰易卦名揵也亦姓籒作乾乾乾又居寒切燥也文三重音一尤羽求切異也从乙又聲徐鍇曰乙欲出而見閡

則顯其尤異也文一⿰翁乚鄔項切很戾也文一⿰粦乚文忍切憂也文一亂亂𤔔𤔔郎段切治也从乙乙治之也一日紊也李斯从寸古作𤔔𤔔𤔔文五乞欺訖切取也又丘既切文一重音一乩奚結切乩毒國名文一⿱折乙似絶切拈也文一⿰丵乚逆快切引也文一

文十七　重音二

丙位南方萬物成炳然陰气初起陽气將虧从一入冂一者陽也丙承乙象人肩凡丙之屬皆从丙兵永切徐鍇日陽功成入於冂冂門也天地陰陽之門也又陂病切

日名文一
重音一

文一　　重音一

丁夏時萬物皆丁實象形丁承丙象人心凡丁之類皆从丁古作个當經切又中莖切伐木聲文二重音一

⿰登丁中莖切張也文一　⿰采丁湯丁切評議也文一　⿰令丁郎丁切撞也文一

文五　　重音一

戊中宮也象六甲五龍相拘絞也戊承丁象人脅凡戊之類皆从戊莫候切又莫后切文一重音一

成𢦩氏征切就也从戊丁聲古文成从午徐鍇曰戊中宫成成於中也成又辰陵切地名文二重音一

文三　重音二

己中宫也象萬物辟藏詘形也己承戊象人腹凡己之類皆从己古作王居擬切己又口己切姓也又居吏切語己文二重音二

巷居之切疾恚也文一

㠱曁己切長踞也又口己切古國名衛宏說與杞同文一重音一

巹居隱切謹身所承也又苟起切文一重音一

文五　重音四

巴蟲也或曰食象蛇象形凡巴之類皆从巴伯加切徐鍇曰一所吞也指事文一

𩇯符非切山海經揄次山有鳥狀如梟人面一足名曰橐𩇯冬見夏蟄服之不雷文一巷方鳩切姓也文一⿰帚巴博下切掜擊也从巳帚闕文一爸必駕切吳人呼父曰爸又部可切文一重音一

文五　重音一

庚位西方象秋時萬物庚庚有實也庚承己

象人齎凡庚之類皆从庚 古行切 文一

康 丘岡切樂也爾雅道五達爲康又州名亦姓又口浪切舉置也禮祟坫康圭文一重音一

文二　重音一

辛秋時萬物成而孰金剛味辛辛痛即泣出从一从辛辛辠也辛承庚象人股凡辛之類皆从辛 息隣切 文一

辤辝 似玆切不受也从辛从受受辛宜辤之籒文辤从台文二

辭𤔲⿰𤔔亐 似玆切訟也从𤔔𤔔猶理辜也𤔔理也籒从司古作⿰𤔔亐文三

辜𣦼 古乎切辠也从辛古聲古作𣦼文二

𨐲苦兼切𨐲苦艱也文一　辠徂賄切犯法也从辛从自言辠人蹙鼻苦辛之憂秦以辠似皇字改爲罪徐鉉曰自古者以爲鼻字故从自文一　辜苦故切揭茱萸爲之味辛而苦文一

辢桑葛切辛味文一　辣郎達切辛味文一　辥私列切辠也从辛𡿺聲文一

𨐻忽麥切味辛也文一　燮㸐悉協切大孰也从又持炎辛辛者物孰味也籒从羊文二

文十七

辡辠人相與訟也从二辛凡辡之類皆从

辡方免切又平免切文一重音一

辧悲巾切駮也文一　辨逋還切次也班或作辦又平免切別也又邦免切又悲檢切指

也又皮莧切說文判也又畀見切匪也又匹見切旋流也文一重音六

辯平免切治也从言在辡之閒又邦免切辯或从言又眡連切巧言也又皮莧切下辯縣名又畀見切匪也又筆別切文一重音五

辦皮莧切具也文一

辮匹見切革中絶也文一

文六　重音十二

壬位北方也陰極陽生故易曰龍戰于野戰者接也象人裹妊之形承亥壬以子生之敘也與巫同意壬承辛象人脛脛任體也凡壬之類皆从壬

壬如林切又如鴆切佞也文一重音一

文一　重音一

癸冬時水土平可揆度也象水從四方流入地中之形癸承壬象人足凡癸之類皆从癸古作　居誄切　文二

文二

子十一月陽气動萬物滋入以爲偁象形凡子之類皆从子古作孚𡿺　即里切李陽冰曰子存襁緥中足併也　文三

孮 祖賨切子孫隆盛曰孮文一 𡥈 七支切人子腸也又祖似切縣名在健爲文一重音一

疑 語其切惑也从子止匕矢聲徐鍇曰止不通也𠤕古矢字反匕之幼子多惑也又偶起切度也又於乞切正立自定皃儀禮婦疑立于席西又鄂力切文一重音三

孳孶䜌 子之切汲汲生也从子茲聲古作孶籀作䜌文三 孜 津之切說文汲汲也引周書孜孜無怠文一

孖 津之切一產二子也又祥吏切文一重音一 孷孷 陵之切方言陳楚之間凡人嘼乳而雙產謂之孷或省文二

孤𦣞 古乎切無父也从子瓜聲或作𦣞文二 孡 湯來切婦孕三月也文一

孩孙 何開切小兒笑也或作孙文二 孥 農都切子也又暖五切文一重音一

存 徂尊切恤問也又徂悶切又才旬切在也文一重音二 𡦄𡦃 呼玄切貪色也或省

文二 𡥉 居肴切說文放也謂放效文一 ⿰子牙 居牙切吴人謂赤子曰⿰子牙子文一 ⿱𤇾子 葵營切獨也文一 ⿰子禹 𦥑許切孤也文一 ⿰子弟 土禮切孩也文一 㝅 ⿱㱿子 ⿺乚㱿 乃后切乳子也或作㝅⿺乚㱿穀又古候切一曰穀瞀也穀又乃豆切文三重音二 ⿰子予 象呂切山海經豣山有堪⿰子予之魚狀如夸父而彘尾一曰魚子文一 㝃 亡辯切生子免身从子从免徐鍇曰說文無免字疑此字从⿰魚婁省以免身之義通用爲解免之免晚冕冕之類皆當从㝃省又武遠切又美辨切文一重音二 字 ⿱宀孚 疾置切說文乳也从子在宀下一曰文也古作⿱宀孚字又津之切養也鄭康成曰小國貢輕字之也文二重音一 ⿱寻子 詳吏切嗣古作寻文一 季 居悸切少稱也从子从稚省文一 孺 而遇切乳子也一曰輸也輸尚小也又汝朱切幼弱也文一重音一 ⿰子芻 仄遇

類篇十四下　十八　古逸

切婦人妊身文一

[⿰子斤][⿰子蜇]征例切蟲名蝗子也或从虫[⿰子斤]又之列切蟲蝝之子文二重音一

孿[⿱䜌孖]生患切一乳兩子也从子䜌聲或从兩子[⿱䜌孖]又數眷切文二重音一

孟[⿱子八]莫更切長也古作[⿱子八]孟又母朗切無趣舍之謂又莫浪切不精要皃文二重音二

孕[⿱夃子]以證切說文褢子也古作[⿱夃子]孕又石證切文二重音一

[⿰孚⿺乚各][⿰孚各]歷各切乳[⿰丬彖]也或省文二

孽魚列切庶子也从子辥聲文一

文四十九

重音十九

了尦也从子無臂象形凡了之類皆从了

盧鳥切文一

乚幺乚 丁了切縣也方言趙魏之間曰乚或从幺文二 孑 居桀切無右臂也从了乚象形又激質切文一重音一 孓 九勿切博雅孓孑短也一日無右臂或作孓孑又居月切又古勇切孑孓井中小蟲文二重音二

文六　　重音三

孨 謹也从三子凡孨之類皆从孨讀若翦 旨兗切又子淺切又以轉切又之轉切謹也又雛戀切又昵立切聚皃文一重音五 孱 士連切迮也一日呻吟也从孨在尸下徐鍇曰尸者屋也又鉏山切弱也又昨閑切窄也又將先切窘也今俗有孱䠞語又士免切孱陵縣名又仕限切惡也文一重音五

孴孴孖 魚紀切盛皃从孨从日讀

若薿薿一曰若存籒作孴或作孖孴又昵立切聚皃又弋入切孖又即刄切登也文三重音三

文五　重音十三

𠫓不順忽出也从到子易曰突如其來如不孝子突出不容於内也凡𠫓之類皆从𠫓或作㐬他骨切㐬又陁没切文二重音一

疏所葅切通也从㐬从疋疋亦聲又孫租切粗也鄭司農曰疏食菜羹又所據切博雅條陳也文一重音二

育毓余六切養子使作善也从𠫓肉聲虞書曰教育子徐鍇曰𠫓不順子也不順子亦敎之況順者乎育又直祐切胤也文二重文一

丑紐也十二月萬物動用事象手之形時加丑亦舉手時也凡丑之類皆从丑敇九切文一

文五　重音四

羞息流切進獻也从羊羊所進也从丑丑亦聲文一　䏔女九切食肉也从丑从肉又陟柳切臂節又如又切肉善者又而六切鼻出血又女六切文一重音四

文三　重音四

寅髕也正月陽气動去黃泉欲上出陰尚彊象宀不達髕寅於下也凡寅之類皆从

寅古作𨑃𡨼𡩟𠍲弋真切徐鍇曰髕斥之意人陽气銳而出上閡於宀臼所以擯之也寅又延知切東方之辰文五重音一

𨑃𦥑延知切東方之辰寅古作𨑃𦥑文二

文七　重音一

卯冒也二月萬物冒地而出象開門之形故二月爲天門凡卯之類皆从卯古作丣莫飽切文二

文二

辰震也三月陽气動靁電振民農時也物皆生从乙匕象芒達厂聲也辰房星天時也从二二古又上字凡辰之類皆从辰古

作𨑃植鄰切徐鍇曰匕音化乙屮木萌初出曲卷也徐鉉曰三月陽气盛屮木生上徹於土故从上厂非聲疑亦象物之出文二

辱儒欲切恥也从寸在辰下失耕時於封畺上戮之也辰者農之時也故房星爲辰田候也文一

文三

巳巳也四月陽气已出陰气已藏萬物見

成文章故巳爲蛇象形凡巳之類皆从巳詳里切又養里切止也又羊吏切卒事之辭文一重音二

㠯以羊止切用也从反巳賈侍中説巳意巳實也象形或作以以又象齒切象也文一重音一

文三　重音三

午啎也五月陰气午逆陽冒地而出此予矢同意凡午之類皆从午疑古切又五故切逆也文一重音一

啎五故切逆也从午吾聲文一

文二　重音一

未味也六月滋味也五行木老於未象木重枝葉也凡未之類皆从未無沸切文一

文一

申神也七月陰气成體自申束从臼自持也吏臣餔時聽事申旦政也凡申之類皆从申古作[illegible]⿰目彐失人切申又試刃切引也又思晉切伸也莊子能經鳥申

文三重音二

臾羊朱切束縛捽抴為臾一曰善也一曰須臾不久皃又尹竦切勸也文一重音一

⿰申登

他登切伸之長也文一

曳 余制切臾曳也又女劣切西戎有河名曳咥文一重音一

朄 羊進切擊小鼓引樂聲也又以忍切文一重音一

暢 丑亮切長也通也文一

文八　重音五

酉就也八月黍成可爲酎酒象古文酉之形凡酉之類皆从酉古文作丣 與久切古文酉从卯卯爲春門萬物已出酉爲秋門萬物已入一閉門象也文二

酮 徒東切⿰土甲倉馬酪也一曰酢也又傳容切酒欲酢又杜孔切文一重音二

⿰酉冡⿰酉蒙 謨蓬切說文籒生衣也或作⿰酉蒙文二

⿰酉盜⿰酉盅 謨蓬切⿰酉悤⿰酉盜濁酒也或作⿰酉盅文二

⿰酉悤⿰酉窻 麤叢

切醪謂之醓濛或作醓文二𨡨思融切酒名文一𨢐徒冬切酒醋壞文一䣯如容切說文酒也一曰酒重醲者又女利切文一重音一醲尼容切說文厚酒也又濃江切文一重音一酏商支切粥清也周禮醫酏劉昌宗讀又余支切酏飲粥稀之清也鄭康成說或作酡酡又唐何切飲而赭色著面文一重音二釃山宜切以筐盝酒也又鄰知切以水晉糟又山於切又所綺切說文下酒也又所寄切文一重音四𨢊𨡲也或省文二醨珍離切說文酒鄰知切說文薄酒也文一醾醿醾忙皮切酴醾酒名一曰麥酒不去滓而飲或作醿醾文三醫於其切治病工也殹惡恣也醫之性然得酒而使从酉王育說一曰殹病聲酒所以治病也文一酏䤈余支切酏飲粥稀之清也鄭康成說或作䤈酏又演爾切說文黍酒也文二重音一

醵酟求於切合錢飲酒或从巨又並其據切又並極虐切會飲酒也文二重音二⿰酉盂雲俱切宴也一曰能飲者飲不能飲者止又匈于切宴也文一重音一⿰酉盓邕俱切宴也文一䤈蒙晡切䤈酴揄醬又迷浮切又莫候切文一重音二酺蓬逋切說文王德布大歙酒也又蒲故切爲人物灾害之神文一重音一酥⿰酉穌⿰酉魚孫租切酪屬或作⿰酉穌⿰酉魚文三醏東徒切醬也文一⿰酉俞通都切䤈醬⿰酉俞醬也又同都切又徒侯切又大透切文一重音三酴同都切說文酒母也文一醐⿰酉互洪孤切醍醐酥之精液或从互文二酤攻乎切說文宿酒也一曰買酒又果五切又後五切又古慕切賣也略也文一重音三⿰酉瓜攻乎切鄉飲酒之爵也觚或从酉文一醍⿰酉氏田黎切醍醐也或从氏醍又土禮切酒赤色文二重音一⿰酉蠡

憐題切醍醽酒滓一曰酪母又里弟切又狼狄切文一重音二醯馨奚切說文酸也作醯以鬻以酒从鬻酒並省从皿皿器也俗作醯非是文一醿緜批切麴蘖謂之醿文一䤍緜批切醚䤍白生醬酢上又鋪官切又謨官切文一重音二䣽吾回切醉皃文一䤋奴回切字林一䤋飯文一醅䣳鋪枚切說文醉飽也一曰酒未泲或作䣳醅又披尤切又普后切文二重音二酶謨杯切酒本曰䊈或从酉文一䤈謨杯切醯也文一醇𨠵醕殊倫切說文不澆酒也或作𨠵古作醕𨠵又船倫切酒厚也又重倫切文三重音二醺許云切說文醉也引詩公尸來燕醺醺文一𨣫謨官切醭䤍醬醋敗或从曼文一酸𨣣蘇官切說文酢也關東謂酢曰酸籀从畯文二䣺圭玄切說文䤔酒也又扃縣切文一重音一𨠝

酘 何交切沽也或作酘文二 酕 謨袍切酕醄極醉皃文一 ⿱曹酉 醩 臧曹切說文酒滓也或作醩文二 醄 徒刀切酕醄醉皃文一 醪 郎刀切說文汁滓酒也文一 ⿰戈酉 古禾切酒之色文一 醝 才何切白酒又此我切山醝粟名文一重音一 酡 唐何切飲而赭色著面或作酏又待可切將醉謂之酡文一重音一 ⿰酉昜 尸羊切觶實曰觴或从酉文一 䣼 呂張切博雅漿也又力讓切說文雜味也清漿曰䣼文一重音一 ⿰酉旁 逋旁切加杯酒曰⿰酉旁文一 酲 癡貞切又馳貞切說文病酒一曰醉而覺也文一重音一 醒 桑經切醉解也又銑挺切又新佞切文一重音二 醽 ⿰酉靈 ⿰酉零 ⿰酉令 郎丁切湘東美酒或不省亦作⿰酉零⿰酉令文四 酬 陳留切報也易是故可與酬酢徐邈讀又時流切說文主人進客也文一重音一 ⿱秋酉 將由切酒

官又茲秋切繹酒也禮有大酋掌酒官也或作⿱关酉文一重音一⿰酉𠷎醻時流切說文主人進客也或从壽醻又大到切美酒名又承呪切報爵文二重音二醙醩踈鳩切白酒也一曰桼酒古作醩文二醔初尤切漉取酒也文一酘徒候切酒再醸又大透切文一重音一卣夷周切中尊也又以九切文一重音一⿰酉甚才淫切博雅寑⿰酉甚幽也又時任切又持林切熟麴又夷針切文一重音三⿰酉音於金切醉聲又烏含切醉謂之⿰酉音又於禁切醸氣文一重音二酓徒南切酒味苦也又呼含切又於錦切歠也又於琰切又於豔切酒盈量也又於念切文一重音五醰徒南切厚味又徒感切又徒紺切酒味苦也文一重音二酖都含切說文樂酒也文一⿰酉含呼含切面赭色文一⿰酉炎徒甘切酒醋薄也又杜覽切文一重音一酣胡甘切說文酒樂也

或省又呼紺切文一重音一醃衣廉切博雅醃藍葅也又於嚴切漬藏物也又烏紺切文一重音二酟他兼切和也文一𨣊古勇切鹹葅文一䣀部鄙切毀也文一𨠋𨟴補履切酒名或省文一醷隱已切和醴酏為飲也又乙力切釀醴酏為漿也文一重音一醴隣以切濁酒又里弟切說文酒一宿孰文一重音一䤒舉豈切酒浮也又其既切沐酒也謂既沐飲酒文一重音一醑寫與切釃酒也文一䤄象呂切美也詩釃酒有藇或作䤄又演女切美也文一重音一醹𥛱主切說文酒厚也引詩酒醴惟醹又尼主切又汝朱切文一重音二𨤁里弟切䤁𨤁酪滓或省文一醢許亥切酒器文一醖委隕切說文釀也又紆問切文一重音一䤎戶袞切醨相沃謂之䤎又王問切文一重音一醆

阻限切盎齊也禮醆在户又旨善切梧也文一重音一⿰酉燕於殄切合飲也又伊甸切文一重音一⿰酉亶旨善切酒苦謂之⿰酉亶文一䤄⿰酉丏彌兖切沈於酒也或作䤄文二醥匹沼切酒清謂之醥文一酐許朗切苦酒文一酩母迥切酩酊醉甚文一酊都挺切酩酊醉甚文一醙息有切酒白謂之醙又所九切文一重音一⿰酉朁七稔切甘也一曰歃酒又子朕切文一重音一醦楚錦切博雅酢也又初斂切又所斬切文一重音二⿱贊酉古禫切說文酒味淫也文一⿰酉沓他感切血醢也文一醂盧感切藏柹也一曰桃菹文一⿰酉南乃感切䐶也文一⿱任酉乃感切醬也又而琰切說文闕一曰⿱贊酉⿱任酉味⿰酉南又奴紺切餡也文一重音二⿱贊酉子敢切醬也又疾染切說文闕一曰⿱贊酉⿱任酉味⿰酉南文一重音一⿰酉韱七漸

切博雅酢也又初斂切酢皃文一重音一

⿱淰酉 乃玷切消也又奴店切文一重音一

酢 之瑞切病也文一

醏 時利切欲也嗜欲喜之也或从酉文一

醉 將遂切說文醉卒也各卒其度量不至於亂也一曰潰也文一

酨 將遂切漿屬又待戴切說文酢漿也又作代切又昨代切文一重音三

⿰酉耳 女利切字林重釀也又仍吏切酘酒也一曰次釀文一重音一

醧 依據切說文私燕飲也又烏侯切又於候切酒味和文一重音二

⿰酉句 酗 吁句切說文醉醟也或作酗文

酢 醋 倉故切說文醶也或作醋又並疾各切客酌主人也文二重音一

⿰酉齊 才詣切博雅醬也文一

⿰酉畢 ⿰酉卑 蒲計切說文擣榆醬也或作⿰酉卑文二

⿱制酉 征例切魚醬文一

醊 株衛切祭酹也又株劣切文一重音一

酹 魯外切說文餟祭也又盧對切餟祭

也又盧活切祭酒也文一重音二 ⿰酉責 所賣切簀酒也又側賣切壓酒具又側駕切文一重音二 醡 側賣切壓酒具又側駕切酒盪也文一重音一 ⿰酉最 楚快切廣雅醬也文一 配 滂佩切說文酒色也文一 ⿰酉豈 五對切醉皃文一 酨 ⿰酉代 待戴切博雅酤戠甘也一曰酤也或从酉亦作⿰酉代文二 ⿰酉肖 士刃切漱酒也又羊進切又千勅切小飲也又士靳切文一重音三 ⿰酉匀 羊進切說文少少飲也文一 ⿰酉勿 文運切酒器名文一 ⿱弁酉 孚萬切說文酒疾熟也一曰不釋米而釀或書作⿰酉并又方願切酤謂之⿱弁酉又飜阮切文一重音二 ⿰酉間 居莧切醎也文一 醮 子肖切說文冠娶禮祭又阻教切酌而無酬酢儀禮士冠醮用酒劉昌宗說又慈焦切文一重音二 釂 子肖切說文飲酒盡也文一 ⿰酉孝 居效切酒滓文一 ⿰酉包 皮教切酒

之色文一

𨣸 薄報切一宿酒也文一

醡 側駕切酒盪也文一

醬𤖇𤗁 即亮切說文醢也从肉从酉酒以和醬也古省籀从皿文三

釀 女亮切說文醞也作酒曰釀文一

醠䤁 於浪切說文濁酒也或省又並倚朗切文二重音一

𨣗 烏曠切酒也文一

醟𨠳 爲命說文酗也或作𨠳醟又虛政切沉酗也文二重音一

酭 尤救切醻酒也文一

酎 直祐切說文三重醇酒也引明堂月令孟秋天子飲酎文一

𨣉 力救切酒名文一

𨣻 盧瞰切說文泛齊行酒也又魯敢切文一重音一

𨠮 於念切苦也文一

醶釅 魚窆切說文酢漿也或从嚴醶又盧感切又兩減切又楚檻切又虛咸切鹵味文二重音四

𣪊 胡谷切濁酒文一

醭 博木切酒上白又普木切文一重音一

醁 盧谷切又龍玉切醽醁酒

名文一重音一酷枯沃切說文酒厚味也一曰甚也又黑各切虐也文一重音一⿰酉樂黑角切廣雅酢也又黑各切文一重音一⿰酉益壁吉切又簿必切飲酒俱盡一曰榆醬又覓畢切又莫筆切⿰酉益⿰酉齊醬也文一重音三⿰酉喬其述切博雅醬也又其律切醬也又訣律切又古穴切蚌醬文一重音三⿰酉伐房越切俗謂釀酒一成曰⿰酉伐文一⿰酉蔑莫葛切字林醬也又莫八切又莫結切文一重音二⿰酉舌户枯切未泲酒文一⿰酉巿普活切說文酒色也文一醱⿰酉⿱癶殳普活切酘謂之醱或省文一⿰酉犮蒲撥切字林酒氣也文一⿰酉茶姝悅切鹹葅又朱劣切文一重音一醛測劣切酒味變也文一酌職略切說文盛酒行觴也一曰取也又實若切挹也春秋傳不內酌飲文一重音一酪歷各切說文乳漿也又魯故切醴屬文一重音一醳思積

切昔酒也徐邈說又施隻切漬也又夷益切苦酒一曰醇酒也文一重音二

䤁⿰酉鼏 莫狄切⿰火鼏蠡乾酪或作䤁亦从鼏文二

⿰酉鬲⿰酉歷 狼狄切說文⿰酉鬲也或从歷文二

⿰酉弋 逸職切說文酒色文一

醘 克盍切酒器也文一

文二百七　重音一百二十四

酋繹酒也从酉水半見於上禮有大酋掌酒官也凡酋之類皆从酋 字秋切又茲由切長也又將由切終也又徐由切方言久熟曰酋文一重音三

⿱酋廾尊 租昆切說文酒器也从酋廾以奉之或从寸文二

⿰酋卒 祖對切闕人名晉有

邯鄲醉文一醎乙六切面黃貞文一

文五　重音三

戌滅也九月陽氣微萬物畢成陽下入地也五行土生於戊盛於戌从戊含一凡戌之類皆从戌

𢧵雪律切文一

𧲉休必切驚遂貌文一

文二

亥荄也十月微陽起接盛陰从二二古文

上字一人男一人女也从乙象褱子咳咳之形春秋傳曰亥有二首六身凡亥之類皆从亥古作豖豣下改切文三

文三

類篇卷第十四下

類篇卷第十五上　卷之四十三

朝散大夫右諫議大夫權御史中丞充理檢使上護軍河內郡開國侯食邑一千二百戶賜紫金魚袋臣司馬光等奉
勅修纂

目録

類篇卷第二上　卷之四

類篇卷第二中　卷之五

類篇卷第二下　卷之六

類篇卷第三上　卷之七

東言

古部五十四　十部五十五

卉部五十六　言部五十七

類篇卷第三中　卷之八

誩部五十八　音部五十九

辛部六十　丵部六十一

業部六十二　廾部六十三

𠬞部六十四　共部六十五

異部六十六　舁部六十七

類篇卷第三下　卷之九

類篇卷第四上　卷之十

奞部一百十一　雈部一百十二

𦫳部一百十三　苜部一百十四

類篇卷第四中　卷之十一

羊部一百十五　羴部一百十六

瞿部一百十七　雔部一百十八

雥部一百十九　鳥部一百二十

烏部一百二十一　華部一百二十二

冓部一百二十三　幺部一百二十四

類篇卷第四下　卷之十二

豊部一百六十五　豐部一百六十六

䖒部一百六十七　虍部一百六十八

虎部一百六十九　虤部一百七十

皿部一百七十一　凵部一百七十二

去部一百七十三　血部一百七十四

丶部一百七十五　丹部一百七十六

青部一百七十七　井部一百七十八

皀部一百七十九　鬯部一百八十

食部上

類篇卷第五下　卷之十五

類篇卷第十五上

類篇卷第十五中　卷之四十四

朝散大夫右諫議大夫權御史中丞充理檢使上護軍河內郡開國侯食邑一千三百戶賜紫金魚袋臣司馬光等奉

敕修纂

類篇卷第六上　卷之十六

木部上二百六

類篇卷第六中

木部下二百七　東部二百八

林部二百九　才部二百十

類篇卷第六下　卷之十八

類篇卷第七上　卷之十九

月部二百三十八　有部二百三十九

朙部二百四十　囧部二百四十一

夕部二百四十二　多部二百四十三

毌部二百四十四　马部二百四十五

𠧪部二百四十六　卤部二百四十七

亝部二百四十八　朿部二百四十九

片部二百五十　鼎部二百五十一

克部二百五十二　彔部二百五十三

類篇卷第七中　卷之二十

禾部二百五十四　秝部二百五十五

黍部二百五十六　香部二百五十七

米部二百五十八　毇部二百五十九

臼部二百六十　凶部二百六十一

朩部二百六十二　林部二百六十三

麻部二百六十四　尗部二百六十五

耑部二百六十六　韭部二百六十七

瓜部二百六十八　瓠部二百六十九
宀部二百七十　宮部二百七十一
呂部二百七十二

類篇卷第七下　卷之二十一

類篇卷第八上　卷之二十二

類篇卷第八中　卷之二十三

類篇卷第八下　卷之二十四

類篇卷第八下　卷之二十四

類篇卷第九上　卷之二十五

彡部三百三十三　文部三百三十四
髟部三百三十五　后部三百三十六
司部三百三十七　卮部三百三十八
卩部三百三十九　印部三百四十
色部三百四十一　卯部三百四十二
辟部三百四十三　勹部三百四十四
包部三百四十五　茍部三百四十六
鬼部三百四十七　甶部三百四十八

類篇卷第十上　卷之二十八

類篇卷第十中　卷之二十九

類篇卷第十下　卷之三十

類篇卷第十五中

類篇卷第十五下　卷之四十五

朝散大夫右諫議大夫權御史中丞充理檢使上護軍河內郡開國侯食邑一千三百戶賜紫金魚袋臣司馬光等奉

敕修纂

類篇卷第十一上　卷之三十一

水部上部四百十一

類篇卷第十一中　卷之三十二

水部下部四百十二　沝部四百十三

頻部四百十四

類篇十五

類篇卷第十一下　卷之三十三

類篇卷第十二上　卷之三十四

手部四百四十三　巫部四百四十四

類篇卷第十二中　卷之三十五

女部四百四十六

類篇卷第十二下　卷之三十六

毋部四百四十七　民部四百四十八

丿部四百四十九　丿部四百五十

乀部四百五十一　氏部四百五十二

類篇卷第十三下　卷之三十九

類篇卷第十四上　卷之四十

金部四百九十三

類篇卷第十四中　卷之四十一

幵部四百九十四　勺部四百九十五

八部四百九十六　且部四百九十七

斤部四百九十八　斗部四百九十九

矛部五百　車部五百一

類篇卷第十四下　卷之四十二

𠂤部五百二　𨸏部五百三
𨺅部五百四　厽部五百五
四部五百六　宁部五百七
叕部五百八　亞部五百九
五部五百十　六部五百十一
七部五百十二　九部五百十三
禸部五百十四　嘼部五百十五
甲部五百十六　乙部五百十七

目録

類篇卷第十五下　目錄　卷之四十五

目錄

類篇卷第十五下

寶元二年十一月翰林學士丁度等

奏今脩集韻添字既多與顧野王玉

篇不相參協欲乞委脩韻官將新韻
添入别爲類篇與集韻相副施行時
脩韻官獨有史館檢討王洙在職詔
洙脩纂之洙卒嘉祐二年九月以
翰林學士胡宿代之三年四月宿奏
乞光禄卿直祕閣掌禹錫大理寺丞
張次立同加校正六年九月宿遷樞
密副使又以翰林學士范鎮代之治

平三年二月范鎮出知陳州又以龍
圖閣直學士司馬光代之時已成書
繕寫未畢至四年十二月上之

影宋鈔本《類篇》跋

《類篇》四十五卷，舊題宋司馬光撰。按宋陳振孫《直齋書録解題》謂「丁度等既修《集韻》，奏言今添字既多，與顧野王《玉篇》不相參協，乞委修韻官别爲《類篇》，與《集韻》並行」。溯自寶元二年歷王洙、胡宿、掌禹錫、張次立、范鎮、司馬光始成書，至治平四年光上之，熙平中頒行。蓋光於是書雖曾與參修，特薈萃衆力，繕寫奏進而已，實非一人所作。光所著别有《名苑》一書，當即纂《類篇》》時所爲，迨後《類篇》既行，《名苑》遂晦。即晁公武《郡齋讀書志》及陳振孫《直齋書録解題》兩書皆不著録，至馬端臨《文獻通考

》僅從序文列其目云。即此可証《類篇》作者，當以王洙始其事，而司馬光終其業焉。《類篇》繼《說文解字》、《玉篇》而成。雖不及兩書之謹嚴，然推原析流而輕重、淺深、清濁之變，迭用旁求，不改《倉頡篇》部居之舊，猶存始一終亥之旨。書凡十五卷，卷各分上中下，故作四十五卷。卷末一卷為目錄，用《說文解字》例，其分部五百四十三，編例有九，所收重文五萬三千一百六十五字，已遠過《說文解字》、《玉篇》舊數。《玉篇》已增《說文》，此書又增於《玉篇》，蓋字者孳也，時會所趨，輾轉相生，亦自然之規律。顧此書間有失誤處，如清朱士端《彊識編》所舉《類篇》蔾荃連文，《說文》明云蔾香草也，荃芥脃也。《類篇》乃云蔾亦作荃，此不當幷而幷也。《說文》趌與跬同，《類篇》趌下引《說文》云半步，而不言與跬同；跬下又引《說文》云半步，反言或作蹞蹞，而不言與趌同。《說文》齲𤘘連文，皆訓齒蠹，《玉篇》、《類篇》齒部齲下引《說文》齒蠹，牙部𤘘下又引《說文》齒蠹，此不當分而分也。諸如此類甚多。其他《類篇》所引《說文》，亦時有舛誤字，不勝枚舉。總之，此書自《玉篇》以後，繼往開來，集文字訓詁之大成，爲學者不可不備之著，大醇小疵，不足爲此書病焉。

《類篇》宋刻本今已無傳，僅有影宋鈔本

二

見著錄。現通行本以清康熙間曹寅刻《楝亭五種》本為善。光緒中姚氏咫進齋即舉曹本重刻。曹本未言所據是刻是鈔，又變易行款，已失宋本真面。上海圖書館藏有毛氏汲古閣影宋鈔本，經藏朱氏結一廬，影摹精工，與宋刻不爽毫黍。茲即据第一卷互校之。如示部禧下㐫字，曹本誤囟。襤下盧甘切，甘字誤目。祉字誤祉，禶字誤襸，祝下古作祝，祝字誤祝，禝下穀字，穀誤穀。玉部琮下天地記合之象，記字誤訢，琨瓚下引虞書之虞字，誤作夏，瓚下才溪切，溪誤作淫，瑋下瑰瑋琦，詭也，琦誤作埼，珇下又謨淡切，淡字誤作波。此外點畫之微異，更不勝僂數。即此一卷，可証曹刻之失、至姚氏重刻曹本更無論矣。近上海古籍出版社既重印上海圖書館所藏述古堂影宋鈔本《集韻》行世，茲復假所藏汲古閣影宋鈔本《類篇》重付墨版，合垂藝林，堪稱雙璧，俾兩宋要籍，并惠學人之研習，豈非盛業歟。屬撰數語，略為考証。衰年學殖荒蕪，率爾操觚，其徵引載籍，容有舛誤。至希讀者有以指正，尤所感幸。

一九八四年一月潘景鄭識時年七十有八

三

圖書在版編目(CIP)數據

類篇 / (宋) 司馬光等撰. — 上海 : 上海古籍出版社, 2021.11

ISBN 978-7-5732-0049-5

Ⅰ. ①類… Ⅱ. ①司… Ⅲ. ①漢語—字典—中國—北宋 Ⅳ. ①H162

中國版本圖書館 CIP 數據核字(2021)第 226701 號

類　篇

（全三册）

（宋） 司馬光　等撰

上海古籍出版社出版、發行

（上海市閔行區號景路 159弄A座5F　郵政編碼 201101）

(1)網址:www.guji.com.cn

(2)E－mail:gujil@guji.com.cn

(3)易文網網址:www.ewen.co

常州市金壇古籍印刷廠有限公司印刷

開本 890×1240　1/32　印張 70.625　插頁15

2021 年 11 月第 1 版　2021 年 11 月第 1 次印刷

印數:1-1,300

ISBN 978—7—5732—0049—5

H·243　定價:298.00 元